Christoph Böttigheimer

# Lehrbuch der Fundamentaltheologie

Christoph Böttigheimer

# Lehrbuch
# der
# Fundamentaltheologie

## Die Rationalität der
## Gottes-, Offenbarungs- und Kirchenfrage

HERDER

FREIBURG · BASEL · WIEN

2., durchgesehene und aktualisierte Ausgabe 2012

© Verlag Herder GmbH, Freiburg im Breisgau 2009
Alle Rechte vorbehalten
www.herder.de
Umschlaggestaltung: Finken & Bumiller, Stuttgart
Satz: SatzWeise, Föhren
Herstellung: fgb · freiburger graphische betriebe
www.fgb.de
Gedruckt auf umweltfreundlichem, chlorfrei gebleichtem Papier
Printed in Germany

ISBN 978-3-451-32491-8

# Inhaltsverzeichnis

5

# Vorwort

In einer Zeit, in der der christliche Glaube an die kommende Generation immer schwerer zu vermitteln ist, die biblische Botschaft an gesellschaftlicher Selbstverständlichkeit einbüßt und die christliche Hoffnung im Kontext des Religionenpluralismus einen Plausibilitätsverlust erleidet, ist eine bewusste Verantwortung der Glaubensoption vor dem Forum der Vernunft umso drängender. Inwiefern kann sich der christliche Glaube gegenüber neueren wissenschaftlichen Erkenntnissen, kritischen Anfragen und im Wettbewerb mit anderen Weltanschauungen argumentativ behaupten? Wie lässt sich sein Heils- und Wahrheitsanspruch gegenüber anderen religiösen Traditionen theologisch aufrechterhalten? Mit welchen rationalen Argumenten kann der Gottesglaube Nicht-Glaubenden verplausibilisiert werden? Solche und ähnliche Fragen fallen in den Bereich der Fundamentaltheologie, die ganz allgemein mit dem Rationalitätsaufweis des christlichen Glaubens betraut ist. Näherhin geht es ihr im Horizont der Wahrheitsfrage sowohl um die rationale Erschließung des Fundaments der christlichen Botschaft nach innen wie auch um die Selbstbehauptung des christlichen Glaubens nach außen.

Die Dialektik der Säkularisierung resultiert aus der Entfremdung von Glaube und Vernunft und zeigt unverkennbar gesellschaftliche Folgen, so dass eine argumentative Vermittlung und Verantwortung des Glaubens eine immer größere Rolle in Schule und Gemeinden spielt. Ohnehin hat die Rechtfertigung des Glaubens nach christlichem Verständnis stets rational zu erfolgen und zwar im Sinne einer diskursiven Einlösung des christlichen Heils- und Wahrheitsanspruchs (1 Petr 3,15). Dies setzt eine entsprechende Kompetenz voraus. Das Lehrbuch möchte allen, denen eine rationale Verantwortung ihres Glaubens ein ernsthaftes Anliegen ist, ob persönlich, im Studium oder im Beruf, eine Hilfestellung bieten.

Der Aufbau des Lehrbuchs, das u. a. durch meine Lehrer an den Universitäten in Tübingen, Max Seckler, und in München, Peter Neuner, beeinflusst ist, ist systematisch gewählt: Nach einer grundlegenden Einführung in die Disziplin der Fundamentaltheologie und Theologische Erkenntnislehre werden die drei klassisch gewordenen Themenfelder behandelt, nämlich die Frage nach der Existenz Gottes, nach seiner Offenbarung in der Geschichte sowie nach der Kirche als dem Ort der Bewahrung und Tradierung des Offenbarungswortes. Diese klassische Gliederung wurde bewusst beibehalten, legt sie sich doch nicht nur sachlogisch nahe, sondern spiegelt sich zudem auch in der Lehramtsprüfungsordnung des Bayerischen Staatsministerium für Unterricht und Kultus wider. Selbstredend können innerhalb eines so großen thematischen Rahmens nicht alle theologischen Fragestellungen und Detailaspekte umfassend zur Darstellung kommen. Viele Themenblöcke bedürften der weiteren Reflexion, doch musste zugleich dem Anspruch eines Lehrbuchs Rechnung getragen werden. Eine thematische Auswahl und Akzentuierung, die als solche immer diskutabel bleibt, war darum unumgänglich.

Die einzelnen Traktate sind so verfasst, dass sie weitestgehend je für sich einen eigenständigen Zugang zum jeweiligen Thema bieten, also in sich abgeschlossen und verständlich sind. Gewisse Wiederholungen wurden aus diesem Grund bewusst in Kauf genommen. Zudem sind den einzelnen Abschnitten zum Eigenstudium Literaturhinweise vorangestellt, bei denen bewusst auf die Angabe ganzer Monographien verzichtet und stattdessen auf überschaubare Fachbeiträge oder einschlägige Kapitel Bezug genommen wurde. Der wissenschaftliche Apparat ist absichtlich lesefreundlich gestaltet, das bedeutet, dass die literarischen Fundorte in den Fußnoten stets umfassend, ohne größere Abkürzungen angegeben werden, so dass ein leidiges Blättern entfällt und auf ein Literaturverzeichnis verzichtet werden konnte.

Edeltraud Halbig, Raphael Wolf, Joachim Braun, Hortense Mayr und v. a. Florian Bruckmann danke ich für ihre kundige Hilfe bei der Erstellung der Anmerkungen und Register sowie für das mühsame Korrekturlesen.

Eichstätt, im März 2009

# Grundlegung

# I. Fundamentaltheologie als theologische Grundwissenschaft

## 1. Theologie als »Gott-Rede«

### 1.1. Grundtypen von Theologie

*M. Seckler*, Theologein. Eine Grundidee in dreifacher Ausgestaltung. Zur Theorie der Theologie und zur Kritik der monokausalen Theologiebegründung: ThQ 163 (1983), 241–264; Theologie als Glaubenswissenschaft: HFTh 4 (²2000), 131–184; *W. Kern, F.-J. Niemann*, Theologische Erkenntnislehre, Düsseldorf 1981, 16–54; *H. Waldenfels*, Kontextuelle Fundamentaltheologie, Paderborn ³2000, 31–42; *S. Wiedenhofer*, Theologie als Wissenschaft. Eine theologische Revision: A. Franz (Hg.), Bindung an die Kirche oder Autonomie. Die Theologie im gesellschaftlichen Diskurs, Freiburg i. Br. 1999, 90–124; *W. Kluxen*, Analogie: Historisches Wörterbuch der Philosophie, Bd. 1 (1971), 214–227; *E. Coreth*, Gott im philosophischem Denken, Stuttgart 2001, 89–93.

*a) Theologie als Rede von Gott*

Das Wort »θεολογία« entstammt der griechischen Antike und wurde vom christlichen Glauben nur zögernd aufgenommen.[1] Das Lehnwort setzt sich aus den Bestandteilen »θεός« (Gott) und »λόγος« (verantwortete Rede, Kunde, Wissenschaft) zusammen und bezeichnet dem etymologischen Wortsinn nach »Gott-Rede«, »Rede von Gott« (sermo de deo[2]).

θεολογία kann als genitivus objectivus die Rede von Gott, narrative Gott-Rede, oder als genitivus subjectivus das von Gott Geredete, Offenbarung, bezeichnen und meint ganz allgemein alles Reden, das Gott zur Sache hat. Die der θεολογία aufgegebene Sache ist zunächst und zuallererst der praktizierte Zusammenhang zwischen Sprache und Gott als die alle und alles bestimmende, richtende und erlösende Wirklichkeit. Theologie meint dem

---

[1] *M. Seckler*, Theologie als Glaubenswissenschaft: HFTh 4 (²2000), 131–184.
[2] *Augustinus*, De civitate Dei, VIII,1 (CCSL 47,217).

ursprünglichen Wortsinn nach also mehr als das ausschließlich verobjektivierende Reden von Gott.

Identitätspunkt der Theologie ist Gott. Ihr Thema ist die Gottesfrage, sei es thematisch direkt die Wirklichkeit Gottes betreffend, sei es indirekt Welt und Mensch im Hinblick auf Gott betreffend. So gibt das Wort »Gott« den Gegenstandsbereich der Theologie an. Augustinus (354–430) definiert die Theologie als »rationem sive sermonem de divinitate« (vernünftiges Reden oder Denken vom Göttlichen).[3] Gott ist das eine und einende Thema der Theologie. Dieselbe Ausrichtung findet sich später etwa auch bei Albertus Magnus[4] (um 1200–1280) und Thomas von Aquin[5] (um 1224/25–1274) wieder.

In sachlicher wie auch in zeitlicher Hinsicht liegt der Ursprung der Theologie im Gott-Künden. Schon im altgriechischen Sprachraum kristallisierte sich das Wort θεολογία zur Bezeichnung des kultischen und religiösen Redens von Gott, dem Göttlichen oder den Göttern heraus, sei es in der direkten Gottesverehrung, Anbetung und im Kult, sei es in der Praxis mythischer Rede von Göttern und Göttlichem oder in der religiösen Dichtung. Als Theologen bezeichnete man sowohl die Prediger im Kult, die mythischen Göttergeschichtenerzähler als auch die Dichter, die das Göttliche besangen. Homer, Hesiod und Orpheus konnten in der Antike deshalb als Theologen bezeichnet werden.

Die originäre Form von θεολογία ist mithin das narrative, prädikative und evokative Gott-Künden. Dieser vor- und außerwissenschaftlichen Form der Theologie kam eine eigene sprachliche Macht zu, denn der Mythos legitimierte die bestehende Ordnung als göttlich und hatte damit eine integrierende Funktion für das Gemeinwesen (πόλις). Im ursprünglichen Sinn von θεολογία ging es nicht um eine ausgearbeitete, reflektierte Lehre vom Göttlichen, sondern um das ansagende Zur-Sprache-Kommen des Göttlichen; nicht die wissenschaftliche Umsetzung religiöser Gehalte in systematisch ausgebildete Lehrsysteme war gemeint, sondern der unmittelbare Vollzug des Gott-Kündens. Hier liegt der sachliche Ursprung aller Theologie. Weil der Glaube seinen Gegenstand Gott nicht zuerst in Begriffen vergegenwärtigt, sondern in Symbolen, und sich das Glaubensleben nicht zuerst in Unter-

---

[3] Ebd.

[4] *A. Magnus*, Über die Theologie als Wissenschaft, übers. v. M. Burger: K. Lehmann, Zum Begriff der Theologie bei Albertus Magnus (Lectio Albertina, Bd. 8), Münster 2006, 17–26, hier 18 f.

[5] Theologie hat nach Thomas »secundum revelationem« (S.th. I q. 1 a. 1) bzw. »sub ratione dei« zu erfolgen (S.th. I q. 1 a. 7c).

suchungen und Reflexionen entfaltet, sondern in Bezeugung, Bekenntnis und Ritus, geht sachlich wie zeitlich das Gott-Künden der systematisch ausgearbeiteten Lehre von Gott bzw. dem Göttlichen voraus.

### b) Theologie als λόγος-hafte Gott-Rede

Als in altgriechischer Zeit die Kraft der mythischen Religion schwand, kam es zur sog. ersten Aufklärung (6.-4. Jh. v. Chr.): »Eigenmenschliches Denken setzt ein, das sich nicht mehr mit mythischen Erzählungen begnügt, sondern Vernunftgründe sucht, sich nicht mehr auf alte Tradition und Autorität, sondern auf eigene Erfahrung und Einsicht beruft.«[6] So entwickelte sich neben der θεολογία im Sinne des Gott-Kündens eine neue, reflektierte Form der Theologie, die von den antiken Philosophen wahrgenommen wurde (4. Jh. v. Chr.). Für die sog. Vorsokratiker war die Frage nach dem Grund aller Dinge (ἀρχὴ τῶν παντῶν), dem letzten Ursprung der Welt, d. h. dem ersten Grund von allem, leitend. Die Antwort wurde mit Hilfe der Vernunft gesucht, nicht um dadurch den Mythos auszumustern, sondern um den Gedanken des Göttlichen zu bewahren, nun aber auf eine begriffliche Weise kritisch verwandelt. Die neue Theologie nach Art der Philosophen, also in Form eines vernunftgeleiteten Diskurses, versuchte das, was der Mythos bislang geleistet hatte: Die Frage nach Heil zu beantworten und die religiöse Legitimierung der bestehenden Ordnung auf rationale Weise zu erreichen.

Die Philosophie übernahm den religiösen Begriff »Gott« bzw. »Göttliches« zur Bezeichnung des von ihr zu reflektierenden allgemeinen Grundes. Als Ontologie ist sie somit zugleich Theologie und Religionsphilosophie. Die (Erst-)Philosophie (Metaphysik) entspringt also der Religion und teilt mit ihr die religiöse Grunderfahrung, die Erfahrung der Transzendenz. In Bezug auf die Gottesfrage kam man in der vorsokratischen Philosophie u. a. zu folgenden Einsichten:

- das göttliche Prinzip verbleibt im Rahmen der Naturerklärung; es ist ein Gott des Kosmos, ein Gott, der die Welt ordnet und gestaltend durchwirkt;
- Gott ist nicht mehr ein Gott des mythischen Glaubens, sondern ein Gott des rationalen Denkens; er drängt sich dem Denken auf;
- der Mensch ist in die göttliche Ordnung des Naturgeschehens eingebunden, ohne dass er jedoch zu Gott eine persönliche Beziehung aufnehmen könnte; der Gott philosophischen Denkens vermag darum nicht, den Gott oder die Götter des religiösen Glaubens zu ersetzen.

---

[6] *E. Coreth*, Gott im philosophischen Denken, Stuttgart 2001, 23.

Im 5. Jh. v. Chr. erschütterte der Sophismus die Annahme einer allgemeingültigen Wahrheit und brachte damit die Frühzeit der griechischen Philosophie zum Abschluss. Nun kam der Mensch als Wahrheitskriterium mit ins Spiel. Indem die Sophisten den subjektiven Ansichten eine relative Wahrheit zuerkannten, wurde die Wahrheit fortan durch unterschiedliche Interessen bestimmt. Bei Protagoras (um 480–410 v. Chr.) wird der Mensch gar zum Maß aller Dinge.[7] Dadurch war das friedliche Zusammenleben in der πόλις, dem Stadtstaat, gefährdet. Wird nämlich eine transzendente, übergreifende Wahrheit als letzte Voraussetzung von allem verworfen, kann weder eine friedliche, freie Gesellschaft garantiert werden, noch die Unbedingtheit menschlicher Würde gewahrt werden. Freiheit, Frieden, Gerechtigkeit kann es nur geben, wenn eine transzendente Wahrheit angenommen und sie als höchstes, alle verpflichtendes Gut geachtet wird.

Sokrates (469–399 v. Chr.), Platon (um 427–347 v. Chr.) und Aristoteles (384–322 v. Chr.) erkannten die Gefahr des Subjektivismus. Sie begründeten darum eine natürliche Theologie, die zwar die anthropologische Wende des Sophismus übernimmt, nun aber ausgehend von den erfahrbaren, innerweltlichen Phänomenen auf vernunfthafte Weise nach dem letzten Grund zurückfragt und dadurch eine rein geistige, rationale Gotteserkenntnis gewinnt. So wird die Wirklichkeit, in der sich eine objektive Wahrheit entbirgt, die das höchste Interesse eines jeden und aller ist, vom Denken her rekonstruiert.

- *Sokrates:* Weil es ein richtiges und falsches Reden vom Göttlichen gibt, wurde hinsichtlich der ursprünglichen, mythisch-poetischen Theologie eine kritische Kontrolle verlangt. Sokrates, dem es als praktischem Denker um den Menschen ging, verstand unter Philosophie nicht die Anmaßung absoluten Wissens, sondern die Kunst des kritischen Fragens gegenüber vermeintlich menschlichem Wissen, gleich ob es aus der Vernunft des Menschen oder aus göttlichen Quellen stammt. »Denn nicht nur jetzt, sondern schon immer habe ich ja das an mir, daß ich nichts anderem von mir gehorche, als dem Satz, der sich mir bei der Untersuchung als der beste zeigt.«[8] Die Gottheit des Sokrates ist geistig geläutert; sie kümmert sich im Gegensatz zum kosmischen Denken der Vorsokratiker um den Menschen und bringt sich in seinem Innern als Bindung an das Gute in Erfahrung. So bindet Sokrates das praktisch-anthropologische Denken der Sophisten an Gott, der zum Inbegriff des Guten wird.

---

[7] *Protagoras*, Fragm. 1: Die Vorsokratiker. Deutsch in Auswahl mit Einleitung v. W. Nestle, Wiesbaden 1956, 173.
[8] *Platon*, Kriton, 46b.

- *Platon:* In seinem Dialog »Πολιτεία«[9] nennt Platon Normen und Maßstä-be (τύποι) bzgl. des rechten Redens über das Göttliche (οἱ τύποι περὶ θεολογίας). Angesichts der Verdorbenheit vieler mythischer Erzählungen möchte er das Gottsein Gottes und des Göttlichen durch sachkritisches Denken retten. Das heißt, er forderte eine philosophisch-kritische Ver-nunftkontrolle der narrativen Theologie unter dem Gesichtspunkt des rechten Begriffs des Göttlichen: Der Übergang vom Mythos zum λόγος findet seine Vollendung. Theologen sollen die Göttersagen auf ihren blei-benden Sinn hin prüfen, indem sie den allgemeingültigen Gehalt aus singulären Mythen und Erzählungen eruieren. Theologie ist demnach der kritisch beurteilte und interpretierte Mythos. Platon nannte die kri-tisch-philosophische Vernunftkontrolle des Mythos erstmals »θεολογία«. Fortan wurde die kritische Kontrolle religiöser Gott-Rede als eine genuine Aufgabe der Theologie selbst erkannt, was die Entwicklung des Theologie-verständnisses nachhaltig prägte. Theologie hat eine sachkritische Funk-tion gegenüber dem religiösen Sprechen von Gott.
Die höchste Idee aller Ideen ist das Gute (ἀγαθόν). Der Inbegriff alles Guten ist als geistiges (intelligibles) Sein von den sinnlich-materiellen Dingen wesentlich verschieden, dennoch aber nicht schlechterdings we-senlos, sondern höchste Seinswirklichkeit, höchste Aufgipfelung des Sei-enden. Das rechte Reden von Gott hat darum zu bekunden, dass das Göttliche oder Gott gut und Ursache nur des Guten und nicht des Schlechten sein kann. Platon denkt sich Gott als ein höchstes Wesen, als das Absolute, von dem alle Normen menschlich guten Handelns und auch alle Ordnung und Schönheit der Welt ausgehen. Menschliches Den-ken, Sehnen und Streben hat sich auf diesen Gott hin als geistiges, ver-nünftig wirkendes Wesen auszurichten. Die Idee des Guten als letzte Ori-entierung und Ziel aller Menschen hat die Tradition nachhaltig geprägt, bis hinein in die Mystik.
- *Aristoteles:* Nach Aristoteles behandelt die Theologie das Seiende in sei-nem Sein; sie fragt nach den Ursprüngen und Gründen des Seienden als Seienden und ist die Erste Philosophie (später Metaphysik genannt), weil alle anderen Wissenschaften von ihr ihre Begrifflichkeiten übernehmen und ihr folgen. Aus der transzendenten Idee bei Platon, dessen Ideenlehre Aristoteles ablehnt, wird die den Dingen immanente Wesensform. So überwindet Aristoteles den platonischen Dualismus zwischen Gott und Welt und macht die konkrete Erfahrungswelt zum Ausgangspunkt seiner

---

[9] *Platon*, Politeia 379a.

philosophischen Analysen und Reflexionen. Die Welt ist für ihn wesentliche Wirklichkeit, die in Bewegung ist. Ihr kann nur eine ewige und notwendige Urwirklichkeit zugrunde liegen, die Aristoteles den Gott (ὁ θεός) nennt. Dieses höchste Prinzip ist reine Tätigkeit, reines Wirken in sich selbst, höchstes Leben und reines Denken, das keinen anderen Inhalt als sich selbst hat. Trotz aller Unterschiede kommen Platon und Aristoteles »darin überein, daß Gott die ursprünglich unbegrenzte Fülle aller Vollkommenheit ist, mag diese in der Idee als dem Inbegriff alles Wahren, Guten und Schönen oder in der ewig lebendigen Urwirklichkeit ausgesprochen sein. ... dieser Gedanke [wurde] zu einem Grundelement und immer neuen Impuls aller weiteren, auch christlichen Tradition philosophischen Denkens.«[10]

Aristoteles spricht von einem theologischen Erkennen innerhalb der Philosophie, von einer philosophischen Gotteslehre. Sie macht im Rahmen der philosophischen Erkenntnismöglichkeiten Aussagen über Gott. Diese vernunftgeleitete Erkenntnisbemühung um das Göttliche stellt ausdrücklich eine theologische Erkenntnisbemühung dar (θεολογικὴ φιλοσοφία: Theologik bzw. Theologie), wird in ihr doch nach dem ersten Ursprung aller Dinge, dem metaphysischen Grundprinzip der Welt gefragt. Diese Wissenschaft befasst sich mit dem Seienden als Seienden sowie mit dessen Prinzipien und Ursachen. Sie besitzt also eine zweifache Aufgabe: die Untersuchung der gesamten Wirklichkeit in ihren fundamentalsten Bestimmungen (Ontologie) sowie der höchsten Ursache, des Göttlichen (Gotteslehre). Obgleich diese Erkenntnisbemühung von ihrem Gegenstand her theologisch ist, ist sie der Art nach philosophisch, da sie ausschließlich vernunftgeleitet ist. Diese Art von θεολογία ist die Erste Philosophie, die höchste der theoretischen philosophischen Wissenschaften[11] im Unterschied zu den zwei anderen grundlegenden Erkenntnisweisen der Philosophie, nämlich Mathematik (ἐπιστήμη ματηματική) und Logik bzw. Physik (ἐπιστήμη λογική). Theologie ist demnach eine philosophisch-metaphysische Betrachtung, jene Wissenschaft, die nach dem Sein als solchem und im Ganzen fragt.

Jene Art von Theologie, in der die Vernunft eigenständig und autonom darüber reflektiert, was sie mit ihren Mitteln und Methoden über Gott auszusagen vermag, wurde in der Folgezeit Metaphysik, metaphysische bzw. ontologische Theologie oder philosophische Theologie genannt. Philosophie

---

[10] *E. Coreth*, Gott im philosophischen Denken, Stuttgart 2001, 54.
[11] *Aristoteles*, Metaphysik V(Δ), 1025a 19; X(I), 1064b 3. Aristoteles bezeichnet daneben auch die Mythendichter weiterhin als Theologen (ebd., B 1000 a 9).

zeigt hier im Sinne des Aristoteles einen Vernunftdiskurs an, der auf Gott gerichtet ist. Die reflektierende Frage nach Gott ist kein Vorrecht oder Monopol der Philosophen, vielmehr liegt ein solcher Diskurstypus überall vor, sofern die Gottesfrage vernunftwissenschaftlich, d. h. in einem konsistenten, systematischen Diskurs behandelt wird.

### c) Christliche Theologie

In der Stoa kam es zu einer weiteren Differenzierung der Theologie, so dass am Ende drei Theologietypen vorlagen.[12] Über die theologische Dreiteilung berichtete im 1. Jh. v. Chr. der Stoiker Marcus Terentius Varro (116–27 v. Chr.)[13]:

- *theologia mythica (Götterzählungen):* Sie sind Sache der Dichter; ihr Ort ist das Theater. Die theologia mythica umfasst den großen Rahmen der Göttermythen;
- *theologia civilis (öffentlicher Götterkult):* Er ist die in der πόλις öffentlich anerkannte Theologie. Die πόλις hatte den Kult zu regeln, der in der Antike den Stellenwert eines Grundgesetzes hatte. Als Staatsreligion ist der öffentliche Götterkult die Sache des Gesetzgebers; der Ort der politischen Theologie ist die Polis;
- *theologia naturalis* bzw. *physica (natürliche Theologie):* Sie ist die Sache der Philosophen, die nach dem wahren Wesen der Götter fragen. Natürliche Theologie ist im eigentlichen Sinne Metaphysik; sie hat mit der Wahrheit des Wirklichen, der Seinswahrheit des Göttlichen zu tun. Der λόγος hatte sich gegen den Mythos gestellt, der Gott der Philosophen gegen die Götter der Religion, die Wahrheit gegen die Frömmigkeit und Gewohnheit. Ort der natürlichen Theologie ist nicht die πόλις, sondern der Kosmos. Es besteht also ein innerer Gegensatz zwischen theologia mythica bzw. civilis und der natürlichen Theologie. Dabei ist für Varro eigentlich nur der Kult, die theologia civilis, Religion im strengen Sinne. Die theologia naturalis dagegen ist Privatmeinung; sie kann eventuell auf die civitas korrigierend einwirken, doch die Religion ist nicht von ihr abhängig.

Die Dreiteilung wurde von vielen Kirchenvätern bzw. -schriftstellern, wie Tertullian (um 160–220)[14], Augustinus[15], Eusebius von Caesarea (260/265–

---

[12] *M. Seckler*, Theologein. Eine Grundidee in dreifacher Ausgestaltung: ThQ 163 (1983), 241–264.
[13] *M. T. Varro*, Antiquitates rerum humanarum et divinarum libri XLI (46 v. Chr.).
[14] *Tertullian*, Ad nationes II, I–VIII.
[15] *Augustinus*, Civ. Dei IV,27; VI,5–10.12; VII,5 f.

339)[16] u. a. teils kritisch übernommen, wenn auch der Theologiebegriff nur zögernd auf die christliche Gottesrede bezogen wurde. Die Rezeption erfolgte insbesondere im 4./5. Jh. Zwar wird in der Alten Kirche das christliche Denken noch weithin als »vera philosophia« bzw. »vera religio«[17] bezeichnet, doch ging der Heilsanspruch von der Philosophie auf die Theologie über, in der sich langsam die Unterscheidung zwischen »θεολογία« (Gotteslehre, Lehre vom innersten Wesen Gottes) und »οἰκονομία« oder »sacra doctrina« (Lehre vom geschichtlichen Heilshandeln Gottes) herausbildete. Augustinus definierte die Theologie als wahre Gotteskunde und verband die theologia naturalis mit der theologia civilis: Der sich offenbarende christliche Gott ist nicht Teil der Natur, sondern der Metaphysik.

Schon in der Hl. Schrift ist die Zuordnung des Erkennens und Verstehens zum Glauben präsent. Im AT spricht Gott den Menschen an, er handelt frei, rettet, heilt, schenkt Erbarmen und lässt erkennen, wobei Erkennen eine persönliche Beziehung zwischen Subjekt und Objekt impliziert (Ex 29,46; Dtn 29,5; 1 Kön 8,43.60; Jer 31,34 u. ö.). Im NT kommt dem Verstehen und Erkennen in Form existentieller Bezogenheit auf die Person Jesu eine besondere Bedeutung zu (Mt 13,11; Lk 24,45). Vor allem im Johannesevangelium äußert sich die Gemeinschaft mit Jesus in der Gemeinschaft des Erkennens. Jesus bringt die wahre und endgültige Erkenntnis Gottes (Joh 8,32; 14,17), weil er den Vater kennt, »der ihn gesandt hat« (Joh 17,3). Darüber hinaus fordert die Person Jesu zur intellektuellen Auseinandersetzung heraus (Röm 9,1–11,36; 1 Kor 2,1–3,4), verbunden mit dem Bekenntnis zur Vernünftigkeit dessen, was die christliche Existenz trägt. Die christliche Existenz ist in ihrem Grund und von diesem Grund her vernünftig und darum verantwortbar. So verurteilt Paulus zwar die Überheblichkeit der Philosophie, anerkennt aber, wozu menschliche Vernunft fähig ist, und greift die natürlichen Erfahrungen und Erkenntnisse der Selbstbezeugung Gottes in Natur und Geschichte positiv auf (Röm 1,19–20).

Entscheidende Bedeutung gewann der Theologiebegriff bei Dionysius Areopagita (um 500 n. Chr.), der im Kontext seiner Überlegung, wie Gott zur Sprache zu bringen sei, zwischen kataphatischer (affirmativer), apophatischer (negativer) und mystischer (spekulativer) Theologie unterschied.[18] Von Anfang an versuchte die altchristliche Theologie, Glaube und Wissen zu verbinden und sich damit zwischen Mythos und Rationalismus zu positionieren.

---

[16] *Eusebius*, Praeparatio evangelica IV,1,1–4.
[17] *Augustinus*, De vera religione (389–91).
[18] *Dionysius Areopagita;* De divinis nominibus VII,3 (PTS 33,197 f.).

Christliche Theologie folgt weder der μυθολογία noch ist die rationale Durchdringung des Glaubens vom kultischen Vollzug, von der Glaubenspraxis losgelöst. Mit dem Stichwort Rationalität und dem Bemühen, den Glauben rational zu durchdringen (intellectus fidei), hat die frühchristliche Apologetik das scholastische Programm vorbereitet, für das Anselm von Canterbury (1033–1109) die Formeln »credo ut intelligam«[19] und »fides quaerens intellectum«[20] prägte. Der Glaube sucht die Einsicht der Vernunft, um sich selbst zu begründen.

Der christliche Glaube entfaltet in seinem Innern eine kognitive Aktivität, die diesen Glauben selbst zum Ziel hat. Er drängt von sich aus zur Erschließung dessen, was geglaubt wird und ist insofern λόγος-orientiert und vernunftoffen. Der Glaube ist Subjekt und sich selbst zugleich Objekt, er möchte das Licht ergreifen und erschließen, das sich in ihm zeigt.

*d) Lehre von der analogia entis*

Die Möglichkeit der angemessenen Rede von Gott wird in der sog. negativen Theologie, wie sie seit den Vorsokratikern immer wieder vertreten wurde, verneint. Nach ihr verbiete die Transzendenz Gottes jede positive bzw. affirmative Aussage von Gott; von ihm lasse sich nur sagen, was er nicht sei, nicht aber was er sei. Die christliche Theologie hat diese Position von Anfang an in einer Denkbewegung, die über alle begrifflichen Aussagen hinausgeht, überstiegen. Denn einem Denken aus dem Glauben können rein negative Aussagen von Gott nicht genügen. Sie müssen stattdessen positiv über sich selbst hinausweisen, ohne das Anliegen der negativen Theologie zu verkennen. Ein solcher Weg wurde in der Lehre von der Analogie erkannt. »Die analoge Rede spricht vom Unbekannten *vom Bekannten her*, d. h. von der bekannten Proportion des Bekannten her. Sie spricht also vom Unbekannten, *indem sie vom Bekannten spricht*. Sie vermag nie zu sagen, *was das Unbekannte in sich selbst ist*.«[21] Die Metaphorik der religiösen Sprache findet in der Lehre der Analogie ihren reflexiven Ausdruck. Analoges Reden bringt mittels des Vergleichs Gleichheit und Verschiedenheit zum Ausdruck und weist dabei hinaus ins Offene.

Schon in der mystischen Theologie des Pseudo-Dionysios Ariopagita (zweite Hälfte 5. Jh.) werden mehrere Wege entfaltet, um zur Gotteserkenntnis zu gelangen: Man kann den unbekannten Gott in der Welt, die die Herr-

---

[19] *Anselm von Canterbury*, Prosl. c. 1.
[20] Ebd., proem.
[21] *A. Anzenbacher*, Einführung in die Philosophie, Freiburg i. Br. [8]2002, 371.

lichkeit eines vollkommenen Gottes ausstrahlt, erkennen und zu ihm hinauf-steigen, indem man ihn von allem Irdischen abstrahiert, ihn über alles Irdi-sche hinaushebt und in ihm die Ursache aller Dinge sieht.[22] Demnach gibt es die affirmative (kataphatische Aussagen), negative (apophatische Aussagen) und symbolische, metaphorische bzw. mystische Theologie, die Gott allein in der Versenkung in das »unaussprechliche Dunkel« zu erfassen und zu ehren sucht. Aus dieser Dreiheit wird bei Johannes Scotus Eriugena (810–877) die Dreiheit von affirmativer, negativer und superlativer Theologie. Bei Thomas von Aquin lautet der Dreischritt schließlich: via affirmationis, negationis et eminentiae.[23] Die drei Schritte sind hier nicht mehr als verschiedene Wege zu Gott zu verstehen, als drei verschiedene Theologien wie bei Dionysios, son-dern als innere Strukturelemente jeder sinnvollen Aussage über den nie voll-kommen begreifbaren Gott.

- *via affirmationis:* Ausgangspunkt ist der positive Zusammenhang zwi-schen dem Endlichen und Unendlichen (Seinsanalogie): Zwischen kon-tingentem Sein und absolutem Sein besteht eine seinsmäßige Abhängig-keit. Diese liegt der Schöpfung zugrunde. Aufgrund dieser Seinsanalogie können Seinsgehalte der Erfahrung wie Weisheit, Macht, Güte, Liebe etc. von Gottes Geheimnis begrifflich ausgesagt werden;
- *via negationis:* An den positiven Aussagen muss alles verneint werden, was daran aus der Erfahrung begrenzt und mangelhaft ist. Durch diese Nega-tion wird die Verwiesenheit in das Unendliche deutlich. Die Negation verweist ins Offene;
- *via eminentiae:* Endliche Vollkommenheiten sind in unüberbietbarer, eminenter Weise in Gott verwirklicht. Alles, was der Mensch denkt und begreift, ist auf das unbegreifliche Geheimnis Gottes hinausweisend aus-zulegen. Alle Aussagen von Gott sind zu einer unbegrenzten Steigerung fähig, ohne ihren Sinn zu verlieren und ohne sich gegenseitig auszuschlie-ßen. So werden die Unbedingtheit, die Absolutheit und die Vollkommen-heit des Unbekannten herausgestellt. Von Gott wird eher erkannt, was er nicht ist, als was er ist.

Die Analogie eröffnet eine Bewegung von der positiven Aussage über deren Reinigung hin zum alles Übersteigenden. »Du also, Herr, hast sie [Himmel und Erde] erschaffen, der du schön bist – denn sie sind schön; der du gut bist – denn sie sind gut; der du bist – denn sie sind [via affirmativa]. Doch sind sie nicht in der Weise schön und sind nicht in der Weise gut und nicht in

---

[22] *Dionysius Areopagita*, De divinis nominibus VII,3 (PTS 33,197 f.).
[23] *Thomas von Aquin*, ScG I,30.

der Weise sind sie, wie du, ihr Schöpfer [via negativa], mit dem verglichen sie weder schön sind noch gut sind noch sind [via eminentiae].«[24] Das Anliegen der negativen Theologie wird also in der analogen Gottesrede gewahrt. Im Hinblick auf Göttliches sind Verneinungen (apophatische, negative Theologie) wahr, Bejahungen (kataphatische, positive Theologie) unzureichend. »Von Gott können wir nicht wissen, was er ist«[25], oder wie das IV. Laterankonzil (1215) formulierte, dass man »zwischen dem Schöpfer und dem Geschöpf ... keine so große Ähnlichkeit feststellen [kann], daß zwischen ihnen keine noch größere Unähnlichkeit festzustellen wäre.« (DH 806) Am Ende des analogen Denkens steht demnach die Unbegreifbarkeit Gottes: »Wenn du ihn verstehst, ist es nicht Gott«.[26] Auch das theologische Erkennen Gottes führt letztlich zu dem belehrten Nichtwissen (»docta ignorantia«)[27], dass sich die absolute Wahrheit dem Wissen entzieht, sie unerreichbar ist.

## 1.2. Theologie als Wissenschaft

*M. Seckler*, Theologie als Glaubenswissenschaft: HFTh 4 (²2000), 131–184; Kirchliches Lehramt und theologische Wissenschaft: ders., Die schiefen Wände des Lehrhauses, Freiburg i. Br. 1988, 105–135; Kirchlichkeit und Freiheit der Theologie: ebd., 136–155; *G. Leibold*, Theologie als Wissenschaft: R. Langthaler (Hg.), Theologie als Wissenschaft. Ein Linzer Symposium, Frankfurt a. M. 2000, 39–50; Internat. Theologenkommission, Thesen über das Verhältnis von kirchlichem Lehramt und Theologie: ThPh 52 (1977), 57–66; *W. Kern, F.-J. Niemann*, Theologische Erkenntnislehre, Düsseldorf 1981, 150–185.

### a) Aristotelischer Wissenschaftsbegriff

Theologie hat in ihrem Ursprung und in ihren drei Grundfunktionen, nämlich religiöses Sprechen von Gott, kritische Reflexion über das rechte Sprechen von Gott und Bestreben um den »intellectus fidei«, zunächst nichts mit Wissenschaft zu tun. Alle Typen der Theologie sind ohne Wissenschaft entstanden und in ihrem rechten Vollzug nicht auf Wissenschaft angewiesen.

Die Begriffe des Wissens und der Wissenschaft entstammen der aristotelischen Philosophie. Die metaphysischen Schriften des Aristoteles waren im

---

[24] *Augustinus*, Conf. XI, IV.6 (CCSL 27,197).

[25] *Thomas von Aquin*, S. th. I q. 1 a. 7 ad 1.

[26] *Ders.*, Sermo LII, 16 (PL 38,360).

[27] *Nikolaus von Kues*, De docta ignorantia: Nicolai de Cusa, Opera omnia, hg. v. E. Hoffmann, R. Klibansky, Bd. 1, Leipzig 1932.

Christentum weithin verloren gegangen. Mitte des 12. Jh.s kamen die vollständige aristotelische Philosophie und die hoch entwickelte griechisch-arabische Wissenschaft durch die spanischen Araber über Sizilien (Friedrich II. von Aragonien [um 1272–1337]) nach Europa. Der Aristotelismus und damit verbunden die aristotelische Wissenschaftslehre drangen in das Abendland ein und forderten die Integration mit den Vorstellungen des Christentums heraus. Damit wurde erstmals die Frage aufgeworfen, ob denn auch die christliche Theologie als eine Art Wissenschaft zu betreiben sei.

Der aristotelische Wissenschaftsbegriff verlangt für das Zustandekommen von Wissenschaft die methodische Erforschung eines definierten Gegenstandsbereiches und die argumentative Sicherstellung von diesbezüglichen Erkenntnissen in Form von Wissen.[28] Über wissenschaftliches Wissen verfügt, wer absolut sicheres Beweiswissen besitzt, da er die Ursache, durch die etwas ist, erkennt und einsieht, dass es sich unmöglich anders verhalten kann. »Wir glauben aber etwas zu wissen …, wenn wir sowohl die Ursache, durch die es ist, als solche zu erkennen glauben, wie auch die Einsicht uns zuschreiben, daß es sich unmöglich anders verhalten kann.«[29] Wissen ist folglich eine auf notwendigen Gründen beruhende Überzeugung, die Allgemeingültigkeit beanspruchen kann. Wissen ist Einsicht in einen Sachverhalt; es ist aufgrund zureichender Gründe objektiv zugänglich und intersubjektiv kommunikabel. Wissenschaft bezeichnet einen Diskurstyp, in dem das Erkennen und die Erkenntnisbemühung begründet sein müssen, d. h., den Bedingungen des Wissens unterstellt sind. Wissenschaft beruht auf einem Beweis in Form einer logischen Folgerung (Syllogismus) aus wahren Prämissen: Sie kann also beweisen, dass ihre Ergebnisse wirklich wahr sind.

Im Zuge der Aristotelesrezeption sowie der Entstehung abendländischer Universitäten im 12./13. Jh. als institutionelle Einrichtungen der Wissenschaft wurde die Frage drängend, ob die wissenschaftliche Verfahrensweise auch im Glauben Anwendung finden könne. Kann Theologie auch als Wissenschaft betrieben werden? Ist sie universitäts- und wissenschaftsfähig, d. h., kann sie sich in den wissenschaftlichen Diskurs um die Wahrheit einbringen? Bedingung einer wissenschaftlichen Konzeption der Theologie war, dass es durch sie weder zur Selbstauflösung des Glaubens noch zu einer Karikatur der Wissenschaftlichkeit kommen dürfe.

---

[28] Aristoteles unterscheidet zwischen Sinneswahrnehmungen, Erfahrungen (ἐμπειρία), Kunst (τέχνη) und Wissenschaft (ἐπιστήμη) (Metaphysik I(A), 980a–983a).
[29] *Aristoteles*, Analytica posteriora I,2 (71b9–12).

Der mittelalterliche Entscheidungsprozess, ob der Glaube mit Hilfe einer rationalen Durchdringung zu erhellen sei, war schwierig. Petrus Damiani gab etwa zu bedenken: »Wer zündet ein Licht an, um die Sonne zu sehen?«[30] Das will heißen, dass für den, den das Licht der göttlichen Vernunft erleuchtet hat, die menschliche ratio nichts mehr an Erkenntnis erbringen kann. Doch am Ende bildete sich schließlich die Option für die Wissenschaftsfähigkeit der Theologie heraus. Die mittelalterliche Überzeugung setzte sich allgemein durch, so dass es fast zur Selbstverständlichkeit wurde, den Namen »Theologie« nur noch der wissenschaftlichen Form von Theologie vorzubehalten und alle anderen Typen als der Theologie vorausliegend zu betrachten.[31] Die im Mittelalter getroffene Option war nicht nur eine Entscheidung für die Wissenschaftsfähigkeit der Theologie allein nach Art der aristotelischen Konstruktion, sondern für ihre grundsätzliche Wissenschaftsfähigkeit. Auf der Grundlage dieser Option bewegt sich die universitäre Theologie bis heute.

### b) Christliche Theologie als »sacra scientia«

Mit der wissenschaftstheoretischen Option stand eine Transformation der Theologie an; sie musste sich als Wissenschaft organisieren. Im 12./13. Jh. gab es hierzu ein vielfältiges Tasten und Suchen. Zahlreiche Wissenschaftskonzeptionen standen im Streit miteinander, doch die getroffene wissenschaftstheoretische Option war wichtiger als die verschiedenen Modelle. Eine herausragende Rolle spielte neben Albertus Magnus[32], für den Theologie eine »wahre Wissenschaft«[33] darstellte, dessen Schüler Thomas von Aquin, der, ähnlich wie sein Lehrer von Aristoteles fasziniert, diesem nicht unkritisch folgte. Das Werk des Aquinaten ist hinsichtlich der Frage nach dem Wissenschaftscharakter der Theologie[34] geschichtswirksam geworden und dominierend geblieben. Seiner Reflexion legte er den Wissenschaftsbegriff des Aristoteles zugrunde und entwickelte von hier aus eine konsistente, wissenschaftstheoretische Konzeption für die christliche Theologie als »sacra scientia«. Doch während die philosophische Theologie nach Aristoteles reine vernunftmäßige Gott-Rede sein wollte, hat die christliche Theologie einen unantastbaren Glauben zum Ausgangspunkt. Dieser bezieht sich nicht auf

---

[30] *Petrus Damiani*, De sancta simplicitate 8 (PL 145,701).
[31] Seit dem Mittelalter bezeichnet man das verkündigende Reden von Gott und vom Heilsgeschehen nicht mehr als Theologie, sondern als »praedicatio«.
[32] *L. Honnefelder*, Woher kommen wir? Ursprünge der Moderne im Denken des Mittelalters, Berlin 2008, 51–84.
[33] *A. Magnus*, Summa I l. 1, prologus (Ed. Colon. 34,1), 2,16 f.
[34] *Thomas von Aquin*, S.th. I q. 1; ScG I,1.

die Vernunfterkenntnis, sondern auf einen anderen Gegenstandsbereich, der sich der Vernunft entzieht: die Selbstoffenbarung Gottes.

Aufgrund der Glaubensvorgabe ist für Thomas die totale Verwissenschaftlichung der christlichen Theologie nicht möglich: Das christliche Sprechen von Gott hat die biblische Erfahrung der Selbstoffenbarung Gottes zur Voraussetzung, die im Glauben frei zu ergreifen ist. Dieser Glaube ist weder ein Werk der Vernunft noch lässt sich die Sache des Glaubens auf Vernunft reduzieren. Wenn wissenschaftliche Theologie unter solchen Voraussetzungen möglich sein soll, muss ihre Wissenschaftlichkeit später, im Innern des Glaubens, ansetzen. Für Thomas kann darum die Theologie nur eingeschränkt als Wissenschaft gelten. Sie ist nicht als reine Vernunftwissenschaft zu konzipieren, sondern als Sekundärwissenschaft (scientia subalternata), die der Primärwissenschaft (protae theologia), der »Wissenschaft Gottes und der Seligen«, untergeordnet ist. Aus der göttlichen Offenbarung übernimmt sie im Glauben ihre Prinzipien und Axiome, die sog. Glaubensartikel, aus denen mittels der Vernunft argumentatives, intersubjektives und reproduzierbares Wissen gewonnen wird. Die christliche Theologie ist also nur beschränkt als scientia konzipierbar. Weil aber die Offenbarung mittels der Vernunft einholbar ist, ist Theologie als argumentative Gott-Rede im Innenraum des christlichen Glaubens, als Glaubenswissenschaft möglich.

Insofern sich die christliche Theologie wissenschaftsfähig zu organisieren weiß, entsteht neben der philosophischen Theologie als reiner vernunftmäßiger Gott-Rede eine zweite Art wissenschaftlicher Theologie. Beide Arten von Theologie haben jeweils ihr eigenes Existenzrecht, weil sie mit sachlicher Notwendigkeit einen je anderen wissenschaftstheoretischen Status besitzen:

• *theologia naturalis (philosophische Theologie):* Sie wird an den philosophischen Fakultäten betrieben und ist allein an der rein wissenschaftlichen Behandlung der Gottesfrage interessiert. Sie arbeitet secundum rationem, also radikal vernunftbegründet und ist insofern reine Vernunftwissenschaft. Thomas bezeichnet sie als jene Theologie, die als Teil der Philosophie figuriert und den theologischen Teil der Metaphysik abdeckt (»illa theologia quae pars philosophiae ponitur«[35]). Alle Wissenschaften hängen von der Ersten Philosophie ab, insofern sie von ihr ihre Prinzipien empfangen.[36]

• *scientia fidei (wissenschaftliche Theologie des christlichen Glaubens):* Es ist die wissenschaftsförmig zu betreibende christliche Theologie. Sie hat den

---

[35] *Ders.*, S.th. I q. 1 a. 1 ad 2.
[36] *Ders.*, ScG III,25.

Glauben zum Gegenstand und muss ihn mittels der ratio durchdringen und als Licht der Erkenntnis darlegen. Der Glaube übernimmt also die rationale Analyse seiner selbst. So soll er in den Vollbesitz seiner selbst gelangen, der Vernunft seine Wahrheit darlegen und dadurch kommunikabel werden. Was für die Philosophie die Prinzipien sind, ist für die christliche Theologie der Glaube. Ihr geht es um die Gottesfrage auf der Basis göttlicher Offenbarung. Hier handelt es sich um eine Glaubens- bzw. Offenbarungswissenschaft, um eine Wissenschaft also, die secundum revelationem arbeitet.

Philosophie und Theologie erheben beide einen universalen Anspruch. Während die Theologie das Ganze der Wirklichkeit im Licht der Offenbarung reflektiert, thematisiert die Philosophie die Gottesfrage im Horizont der Frage nach dem Sinn und letzten Grund des Seienden. Eine solche Philosophie, die sich als Auslegung der Wahrheit versteht, muss die Theologie aufgreifen, denn sie dient der Rationalität und universalen Kommunikabilität ihrer eigenen Aussagen. Freilich kann sie nicht der letzte Maßstab sein. »Das Verhältnis von Philosophie und Theologie ist vielmehr das einer notwendigen, aber ihrem Wesen nach offenen Partnerschaft.«[37] Wie die Gnade die Natur voraussetzt, so nimmt die Theologie die Philosophie in ihren Dienst. In Bezug auf das Erfassen hat das Wissen den Vorrang gegenüber dem Glauben, denn was gewusst wird, braucht nicht mehr geglaubt zu werden. Wenn es um das Heil des Menschen geht, kommt aber dem Glauben gegenüber dem Wissen der Vorrang zu. Wissen und Glaube haben zwar je ihre eigene Notwendigkeit, doch Aufgabe einer christlichen Theologie ist es nach Thomas, sie in eine innere theologische Notwendigkeit zu bringen.

Da es seit Petrus Abaelard (1079–1142) üblich geworden war, nicht nur das direkte thematische Sprechen von Gott als θεολογία zu bezeichnen, sondern auch das Sprechen vom christlichen Heilsgeschehen, drohte die Gottesfrage partikularisiert zu werden. Nach Thomas muss darum die gesamte Theologie elementar auf die Gottesfrage ausgerichtet sein; sie ist das eine und einende Thema der Theologie. Alle Einzelfragen sind also unter dem umfassenden Formalprinzip Gott, »sub ratione dei«, zu behandeln.[38] Theologie bezeichnet insgesamt Gotteslehre.

---

[37] *W. Kasper*, Die Wissenschaftspraxis der Theologie: HFTh 4 (²2000), 185–214, hier 201.
[38] *Thomas von Aquin*, S.th. I q. 1 a. 7c.

### c) Lehramt der Hirten und der Theologen

Die Konstituierung der Theologie als Glaubenswissenschaft führte zur Ausbildung eines zweifachen Lehramtes in der Kirche. Thomas von Aquin unterschied zwischen dem Hirtenamt der Bischöfe, dem pastoralen Lehramt (magisterium cathedrae pastoralis bzw. pontificalis), und dem Lehramt der Theologen als wissenschaftlichem Lehramt (magisterium cathedrae magistralis).[39] Der Grund dieser Zweiteilung liegt nach Thomas in den beiden unterschiedlichen Typen der einen Glaubenslehre (doctrina fidei), die sich funktional und strukturell unterscheiden: Sache des pastoralen Lehramtes war und ist die überlieferte, vor- und außerwissenschaftliche Lehre, die den informativen Gehalt des apostolischen Kerygmas vermittelt und Glaubensunterweisung betreibt. Sache des theologischen Lehramtes ist die akademisch-wissenschaftliche Lehre, die, gestützt auf die Glaubens- und Vernunftprinzipien, eine Analyse der Glaubenswahrheiten und deren innerer Kohärenz betreibt.

Beiden Lehrämtern kommt eine irreduktible Eigengesetzlichkeit zu, die ihnen den Rang einer je eigenen Bezeugungsinstanz des Glaubens in der Kirche sichert: Während Papst und Bischöfen als Träger des kirchlichen Lehr- und Hirtenamtes die Bezeugungsfunktion des Wortes Gottes obliegt, kommt den Theologen der wissenschaftliche Diskurs zu, das methodisch-systematische, streng an den Kriterien der Wissenschaft orientierte Erforschen der Glaubensinhalte sowie die zeitgemäße, praxis- und zukunftsorientierte Explikation der Glaubensregel. Aufgrund der konstruktiven wie auch kritischen Funktion der wissenschaftlichen, universitären Theologie stehen pastorales und wissenschaftliches Lehramt in einem polaren Spannungsverhältnis, analog dem Verhältnis von Glaube und Wissen(schaft). Das episkopale Lehramt verfügt über die mit der sakramentalen Ordination verliehene jurisdiktionelle Lehrgewalt und ist insofern ein Wächteramt über Einheit und Kontinuität des kirchlichen Glaubens. Es beansprucht das Recht der Glaubensfestlegung (determinatio fidei), das Thomas ihm auch zuerkennt (sententialiter determinare).[40]

Der Bezeugungsfunktion des pastoralen Lehramtes kommen gemäß den Aussagen des Zweiten Vatikanischen Konzils (LG 25) folgende Aufgaben zu:

- *Verkündigung:* Primäre Aufgabe ist die Verkündigung des apostolischen Glaubens. Dabei geht es nicht um die Verkündigung neuer Offenbarungen (DV 4), sondern um die Transformation der Botschaft des Evangeliums in die jeweilige Sprach- und Denkwelt.

---

[39] *Ders.*, Quodl. III, q. 4 a.I[9]c 9; S.th. II–II q. 1 a. 10.
[40] Ebd., q. 11 a. 2 ad3.

Grundlegung

- *Bewahrung:* Mit der Verkündigungsaufgabe ist die Bewahrung der apostolischen Überlieferung verbunden; der Glaube muss gegen Irrtümer verteidigt werden. Insofern kommt den verbindlichen Erklärungen des kirchlichen Lehramts eine richterliche Funktion zu.
- *Verdeutlichung:* Eine weitere Aufgabe des authentischen Lehramtes ist die Verdeutlichung und Erklärung des Glaubens, »indem sie [die Bischöfe] aus dem Schatz der Offenbarung [Evangelium] Neues und Altes hervorbringen«.
- *Anwendung:* Schließlich kommt dem kirchlichen Lehramt auch die Anwendung des Glaubens auf das sittliche Leben zu, d. h. die Umsetzung des Glaubens in die Praxis, mit dem Ziel einer moralisch-ethischen Lebensführung.

Das Lehramt der Hirten und das der Theologen sind zwar aufgrund der Eigenständigkeit ihrer Lehrarten selbstständige Erkenntniskriterien des Glaubens, nichtsdestotrotz haben sie sich, wie alle anderen innerkirchlichen Bezeugungsgestalten des Wortes Gottes, gegenseitig zu berücksichtigen. Was den Normalfall des Verhältnisses zwischen pastoralem und wissenschaftlichem Lehramt betrifft, lassen sich in der Geschichte zwei verschiedene Formen der Zuordnung ausmachen:

- *Delegationsmodell:* In diesem Modell sind die beiden Begriffe »Kirche« und »Lehramt« weithin austauschbar. Während im 13./14. Jh. die theologischen Fakultäten wissenschaftliche Lehre eigenständig wahrnahmen und »eine *förmliche Lehrgewalt* in der Weise einer autonomen jurisdiktionellen Lehrinstanz aus[übten]«[41] und ihrem Lehramt eine herausragende Bedeutung zukam, kehrte sich diese Entwicklung im Laufe der Neuzeit um: Die erstarkte päpstliche Zentralgewalt zog die Lehrautorität wieder an sich und brachte die universitäre Theologie in enge Abhängigkeit. Die Theologen hatten nun den Wahrheitsgehalt päpstlicher Lehrentscheidungen aufzuzeigen, sie im amtlichen Sinne zu kommentieren und den Gläubigen als den »Hörenden« zu vermitteln. Ab dem 18./19. Jh. behielt sich die Körperschaft der Hirten allein die Bezeichnung »Lehramt« (magisterium) und somit auch die Lehrbefugnis vor. Die Universitätstheologie und damit das magisterium cathedrae magistralis gerieten in völlige Abhängigkeit vom kirchlichen Lehramt. Pius XII. (1903–14) bezeichnete es noch in seiner Enzyklika »Humani generis« (12. 8. 1950) als Aufgabe der Theologen, »zu zeigen, auf welche Weise sich das, was vom lebendigen

---

[41] *M. Seckler,* Kirchliches Lehramt und theologische Wissenschaft: ders., Die schiefen Wände des Lehrhauses, Freiburg i. Br. 1988, 105–135, hier 116.

Lehramt gelehrt wird, in der Heiligen Schrift und in der göttlichen ›Über-lieferung‹ – sei es ausdrücklich, sei es einschlußweise – findet.« (DH 3886) Diese Zuordnung von Lehramt und akademischer Theologie blieb bis in die Mitte des 20. Jh.s bestimmend.[42]

Das depositum fidei ist allein dem kirchlichen Lehramt zur authentischen Erklärung anvertraut. Dabei erstreckt sich das Wächteramt des Lehramtes nicht nur auf die Unversehrtheit des Glaubens, sondern ebenso auf die rechte Sprache. Wer Theologie betreibt, tut es aufgrund einer delegierten Lehrvollmacht, das bedeutet: Er »wird in der Kirche *nicht in seinem eigenen Namen und nicht auf den Titel der theologischen Wissenschaft hin als Lehrer tätig, sondern kraft der vom legitimen Lehramt empfangenen Sendung*«.[43] Die Lehre der Theologen kann nur insofern öffentliche Geltung beanspruchen, als sich ihre Lehre in Übereinstimmung mit der offiziellen lehramtlichen Lehre befindet. Umgekehrt sind die theologischen Lehr-meinungen Einzelner, »solange sie nicht amtlich übernommen und da-durch zu *doctrina catholica* geworden sind oder sofern nicht allgemeine Übereinstimmung der Theologen (*consensus theologorum*) vorliegt, pri-vate *opiniones*. Solange sie nicht in Konflikt mit der amtlichen Lehre ge-raten, sind sie tolerabel. Im Kollisionsfall werden sie als Privatmeinung disqualifiziert … Eine Berufung auf wissenschaftliche Methoden, Ver-nunftargumente und so weiter zählt nicht, da diese stets, solange sie nicht amtlich übernommen sind, private Methoden, private Argumente und subjektive Meinungen sind«.[44]

• *Kooperationsmodell:* Zwar halten die Konzilsväter ungebrochen am Lehr-charisma der Hirten fest, indem sie die authentisch-kritische Interpreta-tion des Wortes Gottes allein dem kirchlichen Lehramt vorbehalten (DV 10), doch lassen sie keinen Zweifel an der Bedeutung der universitä-ren Theologie für Kultur, Glaubensvermittlung und kirchliches Leben aufkommen (GS 44, 62; GE 11). Außerdem erkennen sie den Theologen die »entsprechende Freiheit des Forschens, des Denkens sowie demütiger und entschiedener Meinungsäußerung … in allen Bereichen ihrer Zu-ständigkeit« zu (GS 62; LG 37; UR 4; CIC/1983 can. 218). Damit gewinnt

---

[42] *Kongregation für die Glaubenslehre*, Instruktion über die kirchliche Berufung des Theo-logen (24. Mai 1990) (VApSt 98), hg. v. Sekretariat der Deutschen Bischofskonferenz, Bonn 1990.
[43] M. Seckler, Die Theologie als kirchliche Wissenschaft – ein römisches Modell: ders., Im Spannungsfeld von Wissenschaft und Kirche. Theologie als schöpferische Auslegung der Wirklichkeit, Freiburg i. Br. 1980, 62–84, hier 73.
[44] Ebd., 81 f.

die theologische Wissenschaft wieder ihre unverzichtbare, irreduktible Eigenständigkeit zurück, und es kommt ihr wieder der Rang einer verbindlichen Bezeugungsinstanz des Gotteswortes zu.

Explizit sprach sich Papst Johannes Paul II. (1978–2005) bei seinem zweiten Pastoralbesuch in Deutschland (1980) für die Freiheit der theologischen Forschung und Lehre aus. Er bekräftigte, dass die akademische Theologie »in der Anwendung ihrer Methoden und Analysen« frei sei,[45] und dass Lehramt und Theologie »nicht aufeinander reduziert werden« könnten, da beide unterschiedliche Aufgaben zu erfüllen hätten.[46] Die Theologie müsse im Rahmen der allgemeinen Bedingungen der Wissenschaftlichkeit frei agieren können und die Freiheit zur wissenschaftsgemäßen autonomen Selbstentfaltung auf der Basis der kirchlichen Glaubensüberlieferung besitzen. Zugleich forderte der Papst die Theologen auf, das Gespräch mit dem Lehramt zu suchen und mit ihm zu kooperieren. Kennzeichen des Verhältnisses beider Lehrämter sind die »sachliche Disputation« und das »brüderliche [...] Gespräch«.[47] Doch die Nagelprobe bildet der unvermeidliche Konfliktfall. Entsprechend hat die Internationale Theologenkommission dringend gefordert, bei Lehrzuchtverfahren alle konsensbildenden, dialogischen Mittel auf dem Weg zur Ausübung lehramtlicher Entscheidungsgewalt auszuschöpfen.[48] Die Eingriffe des kirchlichen Lehramts in den wissenschaftlichen Diskurs dürfen zu keiner Gängelei der Theologen werden, umso mehr als das ordentliche und universale Lehramt das Objekt infalliblen Lehrens immer mehr ausdehnt (CIC/1998 can. 750).

*d) Alternativen zur glaubenswissenschaftlichen Idee*
Christliche Theologie als vernunftgeleitete Reflexion des Glaubens über den Glauben entfaltet auf methodische und systematische Weise, was im Glauben selbst angelegt ist. Sie stellt das Bemühen dar, mittels der Vernunft Art und Gehalt des Glaubens in methodischer Weise aufzuschließen. Weil die Wahrheit der menschlichen Vernunft aufgegeben ist, muss sich diese um die Ver-

---

[45] Predigten und Ansprache von Johannes Paul II. bei seinem Pastoralbesuch in Deutschland sowie Begrüßungsworte und Reden, die an den Heiligen Vater gerichtet wurden, 15. bis 19. November 1980. Offizielle Ausgabe, 3., veränderte Auflage, hg. v. Sekretariat der Deutschen Bischofskonferenz (VApSt 25A), o. J., 169–174, hier 172.
[46] Ebd., 173.
[47] Ebd.
[48] *Internationale Theologenkommission*, Thesen über das Verhältnis von kirchlichem Lehramt und Theologie untereinander (1975): ThPh 52 (1977), 57–61, hier 66.

ständlichkeit der christlichen Glaubensaussagen mühen, zumal die Christus-offenbarung einen universalen Wahrheitsanspruch geltend macht, der nur im λόγος der Sache selbst gründen kann. Da der Universalitätsanspruch nur durch denkerische Vermittlung erfüllt werden kann, muss eine christliche Theologie notwendig entstehen: Der Glaube braucht die Theologie um seiner selbst willen. Christliche Theologie hat die christlichen Glaubensinhalte systematisch darzulegen, d.h. eine kritische Lehre von der geglaubten Offenbarung zu entwerfen. Nur wenn sich die göttliche Offenbarung im vernünftigen Diskurs als begründet erweist, kann die christliche Botschaft Gegenstand argumentativer Verständigung werden und sich als universal erweisen, als etwas, das von der Sache her alle Menschen unbedingt angeht.

An der glaubenswissenschaftlichen Option ist festzuhalten: Der christliche Glaube zerstört weder die Wissenschaft noch muss und darf sich die Sache des christlichen Glaubens gegenüber den Wissenschaften verschließen. Christliche Theologie vermag sich innerhalb der »universitas litterarum« wissenschaftlich zu konstituieren und in den allgemeinen Diskurs von Bildung, Forschung, Erkenntnis und Wahrheit einzubringen. Als Glaubenswissenschaft muss sie das leisten, was zunächst unvereinbar erscheint: Glauben und Wissenschaft in eine spannungsvolle, pragmatische Synthese zu bringen – spannungsvoll, weil beide unbeschadet bleiben müssen, pragmatisch, weil daraus ein Programm, eine Aufgabe erwächst, die traditionell unter einer vierfachen Fragestellung angegangen wird. Daraus resultiert die schulmäßige Gliederung der Theologie.

| Fachgruppe | Aufgabenstellung | Aspekte | Disziplinen |
|---|---|---|---|
| biblische Theologie | konstruktive Grundlegung und Auslegung von Glauben und Kirche | Arbeit an der Hl. Schrift als Grundlage der Kirche | Einleitungswissenschaften, Exegese des AT und NT |
| historische Theologie | sachkritische Reflexion der geschichtlichen Spracharten und Sprechweisen des Glaubens | kritische Begleitung der Vielgestaltigkeit kirchlichen Lebens in der Geschichte | Kirchengeschichte (des Altertums mit Patrologie, des Mittelalters und der Neuzeit), Dogmengeschichte |
| systematische Theologie | kognitive Erschließung und Vermittlung des Wortes Gottes in seiner Inhaltlichkeit | Wissen und Verstehen im Glauben | Philosophisch-theologische Propädeutik, Fundamentaltheologie, Dogmatik, Moraltheologie, Christliche Gesellschaftslehre |

| Fachgruppe | Aufgabenstellung | Aspekte | Disziplinen |
|---|---|---|---|
| praktische Theologie | wissenschaftliche Selbst-prüfung der Kirche | Wahrheit des Glaubens; betrifft das Weltverständnis im Ganzen | Religionspädagogik, Katechetik, Pastoraltheologie, Liturgiewissenschaft, Homiletik, Kirchenrecht |

Vgl. W. *Beinert*, Theologie: ders. (Hg.), Lexikon der katholischen Dogmatik, Freiburg i. Br. ³1991, 494–502, hier 497.

Alternativen zur Theologie als Glaubenswissenschaft wären eine hermeneutisch-narrative, vor- oder außerwissenschaftliche Theologie oder eine kontemplative Theologie, die die Heilsmysterien meditiert, ohne sie mittels der Vernunft erschließen zu wollen. Nach Martin Luther wird man etwa nur durch Gebet (oratio), Nachdenken (meditatio) und Anfechtung (tentatio) zu einem Theologen.[49] Diese Alternative hat ihre Berechtigung. Es gab und gibt eine Art von Theologie, die nicht nur nicht wissenschaftlich ist, sondern auch gar nicht wissenschaftlich sein möchte. Dennoch vermag diese Alternative die glaubenswissenschaftliche Idee nicht zu ersetzen. Denn sobald die religiösen Überzeugungen einer intersubjektiven Verständigung in Form des Dialogs zugeführt werden und dabei Wahrheitsvergewisserung gesucht wird, ist eine Argumentation unvermeidlich. Dies ist der erste Schritt der Verwissenschaftlichung des intersubjektiven Dialogs; es ist die Geburtsstunde der Theologie als Glaubenswissenschaft.

Für die Glaubenswissenschaft ist der Glaube ebenso konstitutiv, wie das, wofür das Wort Wissenschaft steht. Die Idee der Glaubenswissenschaft will Glauben und Vernunft in Übereinstimmung bringen, unter der Voraussetzung, dass beide denselben Ursprung haben: Gott. Die Idee der Glaubenswissenschaft macht damit ernst, dass der Glaube die Öffentlichkeit und die Methode der Vernunft nicht zu scheuen hat. Ganz im Gegenteil: Durch die Glaubenswissenschaft wird sich der christliche Glaube seiner Sache besser bewusst und in der intersubjektiven Verständigung verhandlungsfähig.

In der Neuzeit wurde die Wissenschaftlichkeit der Theologie im Namen der Autonomie der Vernunft in Frage gestellt. Ein großer Teil der Kritik orientierte sich an einem Wissenschaftsbegriff, der absolute Objektivität forderte und das wissenschaftliche Subjekt nicht berücksichtigte. Allerdings gilt für nahezu alle Wissenschaften, dass die jeweilige Perspektive und Fragerichtung des Wissenschaftlers das Ergebnis seines wissenschaftlichen Forschens mit

---

[49] M. *Luther*, WA 50, 658,29–659,4.

beeinflusst. Auch trifft der Vorwurf, Theologie könne in ihren Axiomen, Prinzipien, Methoden und Zielen nicht frei sein, weil sie den Glauben zur Voraussetzung hat, nicht zu. Jede Wissenschaft geht von Optionen und Grundwertentscheidungen aus und entfaltet dann ihre instrumentelle wissenschaftliche Rationalität. Die christliche Theologie zeichnet aus, dass sie ihre wissenschaftstheoretischen Voraussetzungen kennt und nennt und insofern »mit offenen Karten« spielt.[50]

## 1.3. Theologie als *kirchliche Glaubens*-Wissenschaft

*P. Neuner*, Der Glaube als subjektives Prinzip der theologischen Erkenntnis: HFTh 4 (²2000), 23–36; *W. Beinert*, Theologische Erkenntnislehre: Glaubenszugänge. Lehrbuch der katholischen Dogmatik, hg. v. ders., Bd. 1, München 1995, 74–92; *W. Klausnitzer*, Glaube und Wissen. Lehrbuch der Fundamentaltheologie für Studierende und Religionslehrer, Regensburg 1999, 21–71; *K. Lehmann*, Dissensus. Überlegungen zu einem neuen dogmenhermeneutischen Grundbegriff: E. Schockenhoff, P. Walter (Hg.), Dogma und Glaube. Bausteine für eine theologische Erkenntnislehre (FS W. Kasper), Mainz 1993, 69–87; *J. Werbick*, Der kirchliche Auftrag der Theologie. Für ein auskömmliches Verhältnis zwischen Theologie und kirchlichem Lehramt: A. Franz (Hg.), Bindung an die Kirche oder Autonomie. Die Theologie im gesellschaftlichen Diskurs, Freiburg i. Br. 1999, 142–163.

### a) *Biblische Grundlagen des Glaubens*
Der Glaubensbegriff wurzelt in der biblischen Sprachtradition. Für das alttestamentliche Glaubensverständnis ist das hebräische Wort »אָמַן« (*aman:* sich halten an, fest, zuverlässig, bewährt sein) zentral, das einen inneren Stabilitätsprozess oder das Einnehmen einer Haltung des Vertrauens bzw. der Zuversicht bezeichnet, wodurch der Existenz Bestand verliehen wird (Jes 7,9). »›Amen‹ ist keine neutrale Aussage, sondern ein Engagement.«[51] Inhalt des Glaubens sind das feste Vertrauen auf den Bund JHWHs mit seinem Volk Israel, Gottes Heilshandeln in der Vergangenheit, seine Treue in der Gegenwart und Gottes Verheißungen und Führungen in der Zukunft. Dieser Glaubensinhalt verdichtet sich in Glaubensformeln (Dtn 26,5–10; Jos 24,2–13). Die Haltung des Glaubens wird mit Ableitungen der Stämme »בָּטַח« (*batach:*

---

[50] *M. Seckler*, Theologie als Glaubenswissenschaft: HFTh 4 (²2000), 131–184, hier 146.
[51] *Th. Hieke*, »Glaubt ihr nicht, so bleibt ihr nicht« (Jes 7,9). Die Rede vom Glauben im Alten Testament: ThGl 99 (2009), 27–41, hier 31.

sich halten an, sich verlassen, vertrauend hoffen), »חָסָה« (*chasah:* Zuflucht suchen, sich bergen) und »חִכָּה« (*chikah:* harren, Geduld haben) beschrieben. Situationsbedingte Ausprägungen eines solchen Glaubens sind Gehorsam und Anerkennung gegenüber Gottes Forderungen (Gen 22,1 f.; Dtn 9,23; Ps 119,66), Vertrauen gegenüber seinen Verheißungen (Gen 15,6; Num 20,12; Jer 39,18; Micha 7,9; Ps 78,22), Treue gegenüber seiner Zuverlässigkeit (Jes 26,2 f.) und Hoffnung (Jer 8,15; Ps 119,81).

Wenn der alttestamentliche Glaube auch kollektiv strukturiert ist, so orientiert er sich doch an personalen Verwirklichungen; klassisch ist das Beispiel Abrahams. Die mythische Abrahamgestalt gilt als Vater des Glaubens (Röm 4,11), insofern sie gegen alle Hoffnung hoffte (Röm 4,18), ohne zu zögern gehorchte und an Gottes Verheißung glaubte, was ihr als Gerechtigkeit angerechnet wurde (Gen 15,6; Röm 4,3.9; Gal 3,6). Abrahams Glaube wird als ein Sich-Festmachen-Lassen in Gott verstanden. Mose wird als Befreier seines Volkes zum Bund mit JHWH geschildert (Ex 3,16 f.; Hebr 11,27). Anschaulich wird der alttestamentliche Glaube außerdem besonders bei den Propheten, bei denen Glaube und Existenz verschmelzen (Hab 2,4) und die, insofern sie an Gottes Heilsplan festhalten, das Volk zu führen, zu ermahnen und zu trösten vermögen (Jes 40,27–31). Auch im NT wird die Antwort des Menschen auf die Offenbarung Gottes Glauben genannt. In das Wort »πίστις« (Vertrauen, Glaube, Überzeugung) werden aber die Komponenten dieses Grundverhältnisses stringenter mit einbezogen als im AT. Es sind dies: Vertrauen und Hoffnung (Mk 11,24; Hebr 11,9–11.13–17; Röm 4,17–21; 6,8; 1 Petr 1,5–9), Zuversicht (Mk 9,24), Treue und Gehorsam (2 Tim 4,7; Röm 1,5; 10,16; 2 Kor 9,13; 10,5) sowie Erkenntnis (Röm 6,8 f.; 10,19; Joh 1,18; 6,69; 14,9).

Im Zentrum des neutestamentlichen Glaubensverständnisses steht weniger der in der Geschichte sich offenbarende Gott als vielmehr das Christusereignis, die einmalige Heilstat Gottes: Glaube als ein Sich-Festmachen in Gott konkretisiert sich als Entscheidung zu Jesus Christus. Doch während Jesus zur Annahme seiner Botschaft auffordert (Mk 1,15; Mt 11,28–30; 21,32; Joh 3,12 u.ö.) und der Glaube Voraussetzung zum Verständnis seiner Worte und Taten ist, wird erst nach Ostern die Annahme des apostolischen Kerygmas zur spezifisch christlichen Glaubensform. Der nachösterliche Glaube ist christologisch konnotiert. Er richtet sich nicht nur auf die Botschaft Jesu, sondern auf Christus als den Kyrios (Röm 10,9 f.; 1 Kor 15,2–5; Eph 1,3–13). Durch diesen Christusglauben geschieht nach Paulus die Rechtfertigung des Menschen (Röm 1,17; 3,22; 4,13; 10,9 f.; Gal 2,16; 3,15–18), d.h., das Heil Jesu Christi wird empfangen (Röm 10,9; Eph 2,8; 2 Thess 2,13;

Hebr 11,6) und eine neue Existenz in Christus ermöglicht (Gal 2,20; 6,15).
Glauben gründet im Wort, kommt vom Hören (Röm 10,14–21) und ist
geistgetragen (1 Thess 1,4 f.; 1 Kor 2,4 f.). Der Verzicht auf eigene Weisheit
(1 Kor 1,17–3,4) zieht die Erkenntnis Gottes (Gal 4,9; 1 Kor 2,10; 3,1) nach
sich und ein neues, eigentliches Selbstverständnis (Röm 5,3; 14,14; 2 Kor 1,7;
Phil 1,19). Das Sein in Christus entlässt aus sich ein sittliches Sollen (Gal
5,25; 1 Kor 13,2), das im Jakobusbrief gegenüber einem Glauben im Sinne
bloß theoretischen Fürwahrhaltens (2,14–26) situationsbedingt besonders
akzentuiert wird.

Eine theologische Reflexion über den Glauben findet sich ferner bei Johannes. Auch er interpretiert den Glauben als eine neue, an die Person Jesu
gebundene (2,11; 3,16; 5,24; 6,35.47) Existenzgrundlage: Der Glaube führt ins
Licht (3,21; 1 Joh 1,5; 2,8) bzw. zum Leben (5,40; 6,40; 17,3; 20,31), d. h., er ist
der Weg zum Heil (14,6) und schenkt die Erkenntnis der Wahrheit (14,17.26;
16,13). Mit dem Glauben, der göttliche Gabe ist (6,37.44.65), verbinden sich
Erkenntnis und Einsicht (6,69; 7,17; 8,31 f.; 10,38; 16,30; 17,8).

*b) Dimensionen des Glaubensbegriffs*

Theologie als Glaubenswissenschaft kann nur einer Religion zu eigen sein, die
eine Offenbarung kennt, sie im Glauben annimmt und über sie nachdenkt.
Insofern ist die christliche Theologie religionsbejahend und -intern und unterscheidet sich als Selbstvollzug der christlichen Religion von nichtreligions-
internen Wissenschaften (Religionsphilosophie, Religionsgeschichte oder Religionswissenschaften), die sich gleichfalls mit dem Phänomen Religion
befassen. Es handelt sich um einen von einer konkreten Religion getragenen
Theologietypus.

Gemäß dem genuinen Selbstverständnis des christlichen Glaubens schließen sich Vernunftdiskurs und Glaubensbejahung nicht aus, sondern lassen
sich sehr wohl miteinander vereinbaren: Der christliche Glaube möchte kein
blinder Glaube sein, sondern ein verantworteter. Subjektiv mag mit ihm zwar
die Empfindung unbedingter Sicherheit und Gewissheit einhergehen, objektiv aber müssen die in ihm implizierten Geltungsansprüche rational verantwortet werden können. Weil er λόγος-orientiert und vernunftoffen ist,
kommt ihm eine wissenschaftsermöglichende und wissenschaftskonstitutive
Bedeutung zu. Er drängt von sich aus zur Erschließung dessen, was geglaubt
wird. Der Glaube führt demnach in ein Wahrheitsgeschehen hinein, da er sich
in seinem Fortschreiten neuem Verstehen öffnet.

Der Theologie als Glaubenswissenschaft liegt der christliche Glaube zugrunde. Grundsätzlich kann der Begriff »Glaube« Verschiedenartiges bezeich-

nen. Gewöhnlich werden beim Glaubensbegriff vier Bedeutungsvarianten unterschieden[52]:

- *Meinung bzw. feste Überzeugung* (Glaube als Fürwahrhalten von Behauptungen): Glauben kann eine Meinung ausdrücken: »Ich glaube, dass der Sommer heiß wird« oder eine feste Überzeugung: »Ich glaube, dass es ein Leben nach dem Tod gibt«. Auch kann sich der Glaube auf eine Tatsache beziehen, er beschreibt dann eine vorläufige defiziente Form des Wissens und Erkennens: »Ich glaube, dass New York größer ist als Berlin«. Der Gewissheitsgrad kann subjektiv vielleicht hinlänglich sein, objektiv aber nur unzureichend. Variieren kann dabei sowohl der Inhalt (profan, ethisch, religiös etc.) als auch der subjektive Grad des Fürwahrhaltens (unsichere Meinung, feste Überzeugung etc.).
- *Vertrauen:* In der Alltagssprache bezeichnet Glaube primär einen Akt der Begegnung und des Vertrauens, der den ganzen Menschen umfasst, mit Verstand, Willen und Gefühl. »Ich glaube an dich« ist ein zutiefst personaler Akt, eine ganzheitliche Daseinsgestalt. Das drückt sich besonders in einer möglichen Ableitung des lateinischen Wortes »credere« von »cor dare« aus: »sein Herz geben«. Der Aspekt des Vertrauens ist besonders dem biblischen Glaubensverständnis zu eigen.
- *Urheber einer Meinung oder Überzeugung:* Der Glaube kann etwas über den Urheber aussagen: »Ich glaube dir, wenn du sagst, Berlin sei größer als New York«. Wenn zudem gesagt wird, dass an eine bestimmte Person in ihrer Funktion geglaubt wird (z. B. »Ich glaube dir als politischem oder religiösem Hoffnungsträger«) oder an ein bestimmtes Ideal (z. B. »Ich glaube an die Gerechtigkeit, an den Fortschritt, an die Menschheit«), dann ist das mehr als ein Ausdruck für einen interpersonalen Vertrauensakt. Es stellt vielmehr eine Leitbild- oder Wertorientierung von hoher Bedeutung für die existentielle Ausrichtung dar. In dieser Bedeutung hat Glaube eine umfassende, sinnstiftende Funktion. Häufig sind darum die entsprechenden Glaubensgüter in einen größeren weltanschaulichen oder religiösen Rahmen eingebunden.
- *»Glaube« als Inhalt einer Glaubensbeziehung:* Glauben impliziert neben einem Vertrauensakt auch einen Erkenntnisakt. Dessen Erkenntnisinhalte sind nicht das Ergebnis eigenen Erkenntnisvermögens. Sie entspringen vielmehr der bejahenden Teilnahme an einem Erkennen, das mitgeteilt wird und dessen Wahrheitsgrund rational uneinholbar bleibt. In diesem

---

[52] *P. Schmidt-Leukel*, Grundkurs Fundamentaltheologie. Eine Einführung in die Grundfragen des christlichen Glaubens, München 1999, 72–77.

Sinne bezeichnet der Begriff »Glauben« den Inhalt einer Glaubensbeziehung (fides); er bezeichnet das in diesem Erkenntnisakt Erkannte. Dieses wird in einem hermeneutischen Prozess objektiv erschlossen. Eine Gemeinschaft versucht kognitiv zu ergründen, was im Glaubensakt bejaht wird. Das Ziel ist die intersubjektive Erkenntnis im Glauben, die Erfassung objektiv intelligibler Gehalte im Sinn einer fides.

Alle vier Bedeutungen von Glauben sind für das Verständnis des christlichen Glaubens konstitutiv und in der christlich-theologischen Tradition gut bekannt. Seit Augustinus wurden zunächst drei Bedeutungen von Glauben unterschieden[53]:

- *credere Deum (glauben, dass Gott existiert):* Es betrifft die eigene Überzeugung bzw. Meinung, »dass es Gott gibt«. Als theoretische Überzeugung, die eine Sache der Vernunft ist, muss sie eine praktische Gottesleugnung nicht notwendigerweise ausschließen.
- *credere Deo (dem Gott glauben):* Gott als sich selbst bezeugende Autorität bzw. als Glaubensgrund kommt in den Blick: Dies betrifft sein Wort, dem der Mensch mit zustimmt. »Ich glaube Gott« heißt, ich halte die christliche Botschaft als von Gott geoffenbart für wahr.
- *credere in Deum (an Gott glauben):* Gott als Ziel kommt in den Blick: Es ist die Höchstform des Glaubens, insofern die christliche Botschaft in ihrer Bedeutung für einen selbst erfasst und von der Liebe zu Gott und den Menschen durchdrungen wird. »Ich glaube an Gott«, meint demnach einen engagierten, lebendigen Glauben: Ich mache mich auf den Weg zu Gott, setze mein Leben auf ihn.

Alle vier zuvor genannten Bedeutungsebenen waren schließlich vollständig erfasst, als Augustinus für das »credere« noch die Unterscheidung von Glaubensakt (fides qua creditur) und Glaubensinhalt (fides quae creditur) einführte.[54]

- *fides qua creditur (Glaube, durch den oder indem geglaubt wird):* Gemeint ist der subjektive, existentielle Glaubensvollzug. Dabei meint Glauben nicht irgendein religiöses Gläubigsein (Ich-Es), sondern einen personalen Glaubensakt in einem genau beschreibbaren Sinne (Ich-Du). Der Theologie als Glaubenswissenschaft liegt ein ganz bestimmtes Gläubigsein zugrunde, nämlich das biblisch-christliche Glauben, das einen personalen Akt, eine personale Begegnung zwischen Ich und Du meint. In diesem personalen Sinne ist das Glauben ein Akt, der den ganzen Menschen ein-

---

[53] *Thomas von Aquin*, S.th. II–II q. 2 a. 2 c.
[54] *Augustinus*, De Trin. XIII 2,5 (CCSL 50/1,386).

fordert, und keine Angelegenheit des bloß rationalen Erkennens. Darum ist auch »[d]ie Frage nach Gott ... nicht so sehr eine Frage der Erkenntnisfähigkeit, sondern der Begegnungsfähigkeit.«[55] Der griechische Begriff »πίστις« meint das bejahende, raumgebende Sich-Einlassen auf die Erfahrung des Heilshandelns Gottes, das Stehen in ihr. Der Glaubensbegriff korreliert mit dem Offenbarungsbegriff und bezeichnet grundlegend die Verfasstheit derer, die sich vom Heilshandeln Gottes betreffen lassen und sich Gott selbst übereignen. Glauben meint kein bloßes Fürwahrhalten, sondern kommt einer Grundoption bzw. Lebensentscheidung gleich, die den ganzen Menschen einfordert.

Das persönliche Gläubigsein des Theologen ist im Blick auf die christliche Glaubenswissenschaft wissenschaftstheoretisch unabdingbare Voraussetzung; es ist der subjektive und objektive Ermöglichungsgrund der Theologie. »Denn wer nicht glaubt, der erfährt auch nichts, und wer keine Erfahrung hat, der kann auch nicht verstehen.«[56] Das Gläubigsein vermittelt Erfahrungen, die den aus dem Glauben resultierenden Verstehensbestrebungen zugrunde liegen. Schon Augustinus machte zwischen Glauben und Erkennen ein dialektisches Verhältnis aus: »intellige, ut credas; crede, ut intellegis«.[57] Glauben im Sinne des Glaubensaktes ist eine eminente Weise des Erkennens. Ohne Glauben kann man sich einer anderen Person nur anhand ihrer äußeren Erscheinung nähern, in ihrem Selbst jedoch bleibt sie verschlossen. Erst der Glaube, der die ganze Person bejaht, erschließt die Person in ihrer Ganzheit. Im personalen Bereich ist der Glaube also eine Erkenntnisweise, die sehend macht für etwas, das sich einer rein naturwissenschaftlichen Betrachtungsweise entzieht. Eine im Glauben gründende Erkenntnismöglichkeit ist für den Menschen als Person existentiell. Voraussetzung hierfür ist jedoch, dass sich die Person in ihrem Selbst zu erkennen gibt und sich selbst in den Glaubensvollzug einbringt; sie muss sich offenbaren und sich darin als glaubwürdig erweisen. Das stellt ebenso einen Freiheitsakt dar, wie umgekehrt der Glaubensakt an diese Person ein freier Entschluss und Wille ist.

Die innerbiblische Geschichte des Glaubensbegriffes zeigt, dass die mit dem Begriff »πίστις« bezeichnete Haltung keine uniforme Einstellung ist, sondern eine facettenreiche. Die Haltungen und Existenzformen, die der

---

[55] *H. Fries*, Fundamentaltheologie, Graz 1985, 24.
[56] *Anselm von Canterbury*, De fide trin. 2.
[57] *Augustinus*, Ep. 120.

Erfahrung des Heilshandelns Gottes zugeordnet sind, sind keineswegs einheitlich, dennoch aber lassen sie sich semantisch unter den einen Begriff »Glauben« zusammenfassen. In diesem Falle bezeichnet der Begriff »Glauben« die subjektbezogene Seite dessen, was »πίστις« heißt: das bejahende Sicheinlassen auf die Erfahrung des Heilshandelns Gottes. In diesem Sinne muss Theologie im Glauben betrieben werden. In der Theologie- und Kirchengeschichte waren bedeutende Theologen oft große Heilige.

- *fides quae creditur (Glaube, der geglaubt wird; Geglaubtes als Lehre):* Gemeint ist der Inhalt des Glaubens. Der personale Glaubensakt schließt in seinem umfassenden Sinne auch den Aussageglauben, die kognitive Dimension des Glaubens, mit ein. Diese Seite des Glaubens kann eigens benannt werden. Schon in der Hl. Schrift spielen Lehren und Unterweisen von Anfang an eine wichtige Rolle. Insofern den offenbarungsartigen Ereignissen in der Geschichte Israels immer auch eine lehrhaft-darlegende Komponente zu eigen ist (Ex 4,12–15; Lev 10,11; Dtn 4,14 u. ö.), hat schon im AT der Lehrer eine hohe Bedeutung. Im NT sind Lehre, Lehrer und Lehren Zentralbegriffe. In allen Evangelien tritt Jesus dominierend als Lehrer auf (Mt 23,8–11; Joh 13,13), dem »Schüler« und »Jünger« zugeordnet sind. Im Kontext der universalen Sendung der Kirche (Mt 28,19 f.; Apg 1,8) werden neben den Aposteln und Propheten auch Lehrer genannt (Apg 13,1, 1 Kor 12,28 f.; Eph 4,11).

Im Sprachgebrauch der biblisch-christlichen Überlieferung findet sich ein Begriff von »Glaube«, der weniger die dem Heilshandeln Gottes zugeordnete Haltung bezeichnet, als vielmehr den Gegenstand der Bejahung, nämlich »fides« im objektiven Sinne. Im Glaubensbekenntnis kommt der Glaube (fides) eher inhaltlich zum Ausdruck. Fides als Glaube im objektiven Sinne unterscheidet sich vom persönlichen Gläubigsein, vom »credere« bzw. vom »actus credendi«. Auch im Deutschen unterscheidet man Glaube (fides) und Glauben (πίστις, credere). Stand im Glauben (πίστις) und Erkenntnis im Glauben (fides) sind einander untrennbar zugeordnet, weil sie sich auf dasselbe Ziel hin ausrichten, nämlich auf die geoffenbarte Wahrheit Gottes. Im Erkennen, das im Horizont des Glaubens verbleibt, kommt dieser Offenbarungsglaube zu sich selbst. Weil aber ein Vollmaß des Glaubens (Eph 4,13) niemandem möglich ist, wird in der individuellen Glaubenspraxis immer nur ein Teil des Glaubens engagiert gelebt (subjektive Wertung).

In der Theologie- und Kirchengeschichte wurde die non-kognitive und die kognitive Dimension des Glaubens nicht immer gleichmäßig betont: Während ursprünglich das Vertrauen und die existentielle Orientierung im Vordergrund standen, kam es im Zuge einer fortschreitenden Intellektualisierung zu einer stärkeren Betonung der kognitiven Dimension des Glaubens, der Glaubensinhalte. Die apostolische Überlieferung wurde zur Glaubenslehre; der Glaubensinhalt erschien als ein System von Sätzen, die das »depositum fidei«, die niedergelegte Sammlung des Glaubens, bildete. In der Veränderung der Priorität spiegelt sich eine veränderte theologische Akzentuierung wider: Die kognitive Dimension des Glaubens zu akzentuieren heißt, diesen stärker unter logischen Gesichtspunkten zu betrachten, auch auf die Gefahr hin, die Erfahrung des Geglaubten aus dem Blick zu verlieren. Hier stellt sich dann v. a. die Frage nach dem Verhältnis von Glauben und Wissen und nach der objektiven Gewissheit christlicher Glaubensinhalte. Dagegen bedeutet eine Akzentuierung der non-kognitiven Dimension des Glaubens, diesen unter soteriologischen Prämissen zu sehen. Hier stellt sich dann die Frage, ob für den heilsamen Glauben nicht kognitive Minimalgehalte unabdingbar seien.

### c) *Kirchlichkeit und Konfessionalität*

Die christliche Glaubenswissenschaft stellt eine Aktivität, eine Lebensfunktion des christlichen Glaubens selbst dar, der Subjekt und Objekt dieser Theologie ist. Aus dem Prinzip der Religionsinternität folgt das der Kirchlichkeit. Sie ist die Grundvoraussetzung der Theologie, die die Offenbarung Gottes, welche im Bekenntnis der Kirche bezeugt wird, bedenkt. So hat die christliche Theologie ihren Ort in der Kirche, sie »ist eine Funktion der Kirche«.[58] Kirchlichkeit ist die Grundvoraussetzung der Theologie, die auf den λόγος des Glaubens verwiesen ist, der sich in der kirchlichen Gemeinschaft vollzieht. Sie ist an das Evangelium von Gottes befreier Heilstat in Jesus Christus gebunden, das es nur im Zeugnis und durch das Zeugnis der Kirche gibt. Theologie gibt es nur innerhalb der communio der Kirche, auf der Grundlage und unter der Norm ihrer lebendigen Tradition. Indem die Theologie das Wort Gottes kognitiv erschließt und vermittelt, legt sich die Wirklichkeit der Kirche konstruktiv aus und begleitet deren Leben kritisch. Sie hat das kritische Potential des Wortes Gottes im Blick auf Welt und Kirche ins Spiel zu bringen und an einer christlichen Theorie weltverändernder und kirchenerneuernder Praxis zu arbeiten.

---

[58] *K. Barth*, Kirchliche Dogmatik, Bd. 1/1: Die Lehre vom Wort Gottes. Prolegomena zur kirchlichen Dogmatik, Zürich ⁸1964, 1.

Zum Christentum gehört aus biblischer Sicht konstitutiv seine ekklesiale Verfasstheit, d. h., es ist von seinem theologischen Begriff her als Kirche zu konzipieren im Sinne des eschatologischen Eigentumsvolkes Gottes, der neutestamentlichen ἐκκλησία τοῦ θεοῦ. Diese ist allerdings in ihrer Einheit zerbrochen, so dass Christentum und ekklesia nicht mehr deckungsgleich sind. Die Grenzen der Konfessionskirchen sind nicht mehr mit der umfassenderen Realität von Kirche identisch, wie dies im Bild vom corpus Christi mysticum angezeigt wird. Das bedeutet, dass zwischen christlicher und kirchlicher, d. h. konfessioneller Theologie unterschieden werden muss. Doch auch der christlichen, außerkirchlichen Theologie kann nicht a priori das Prädikat der Kirchlichkeit abgesprochen werden, ist doch das Christentum grundsätzlich kirchlich verfasst.

Weil es heute Kirche nur noch in Form konfessioneller Institutionen gibt, ist die Theologie als Glaubenswissenschaft zwar konkret konfessionsgebunden anzugehen, stets aber im Bewusstsein, dass der neutestamentliche Kirchenbegriff jedes konfessionelle Prinzip unterfängt. Tiefstes Subjekt der Theologie ist und bleibt die ἐκκλησία τοῦ θεοῦ, das Eigentumsvolk Gottes, wohl wissend, dass dieses Subjekt konkret nur durch bestimmte Konfessionskirchen repräsentiert wird. Daraus folgt, dass jede konfessionelle Theologie in ökumenischer Absicht zu betreiben ist.

*d) Unabgeschlossenheit und Pluralität christlicher Theologie*
Theologie ist eine auf den christlichen Glauben bezogene Vernunftbemühung und insofern prinzipiell geschichtlich, d. h. unabgeschlossen. Offen sind sowohl der christliche Glaube wie auch die menschliche Vernunft. Für den christlichen Glauben bleibt Gott in seiner Selbstmitteilung ein Geheimnis, während die menschliche Vernunft im Laufe der Geschichte immer wieder zu neuen Denkhorizonten aufbricht. Das bedeutet, Theologie ist nicht geschichtslos und wirklichkeitsfremd zu betreiben, sondern situativ und kontextbezogen.

Jede theologische Reflexion über die göttliche Offenbarung geht von einem spezifischen, zeitbedingten hermeneutischen Ansatz aus, und jedes Dogma ist auf eine bestimmte geschichtliche Zeit bezogen. Aus diesem Grund muss die Theologie die Glaubenswahrheiten unter Maßgabe der hermeneutischen Regeln (Text- und Sachkritik, geistespolitischer, philosophischer, traditionsgeschichtlicher Kontext, persönliche Motive etc.) ständig neu interpretieren. Die Theologie hat den zeitlichen Kontext zu eruieren und sich um die Korrelation zwischen dem eschatologischen Ziel des Menschen und seinen situativen Lebensfragen zu mühen. Damit haben Dogmen in Bezug auf ein bestimmtes theologisches Sachproblem nie das letzte Wort. »[D]as Fundament der Theologie [ist] ein Geschehen …; nicht ein Grund*satz*, sondern ein Grund*vorgang*.«[59]

Die Unabgeschlossenheit bzw. Offenheit der Theologie ist auch inhaltlich bedingt: Weil die Theologie die Selbstaussage der ewigen Wahrheit Gottes immer nur defizitär erfassen kann, ist sie auf Vervollkommnung hin angelegt. »Kein einzelner Satz, auch kein Dogma kann die Fülle des Evangeliums ausschöpfen. Jeder sagt die eine unendliche Wahrheit, das Geheimnis Gottes und seines Heils in Jesus Christus, in endlicher und damit unvollkommener, verbesserungs-, erweiterungs- und vertiefungsfähiger Weise aus.«[60] Ein Blick in die Dogmengeschichte belegt auch, dass kirchliche Definitionen, die oftmals als Schutz- und Kompromissformeln entstanden sind, keineswegs den Schlusspunkt theologischer Diskussionen markierten; vielmehr bildeten sie im Laufe ihres komplizierten Rezeptionsvorgangs oftmals den Anstoß zu neuen Reflexionen.

Der Übersetzung der christlichen Heilsbotschaft in einen durch menschliche Erfahrungen, Denkstrukturen und Fragen vorgegebenen geschichtlichen Kontext sind normative Grenzen gesetzt: die Hl. Schrift und die kirchliche Tradition. Auf die dort repräsentierte fides quae sind theologische Aussagen rückzubeziehen.

Die Aktualisierung kirchlicher Definitionen birgt nicht nur konservative, sondern auch innovative Elemente in sich: Immer wieder treten neue bzw. vergessene Züge der christlichen Heilsbotschaft in den Vordergrund, weshalb der Glaubensinhalt unbegrenzt offen ist und damit zukunftsfähig bleibt (Joh 16,12 f.). So kann es bisweilen vorkommen, »daß eine dogmatische Wahrheit zunächst auf unvollkommene, jedoch nicht falsche Weise ausgedrückt wird und hernach, im weiteren Zusammenhang des Glaubens und der menschlichen Erkenntnisse betrachtet, vollständiger und vollkommener verdeutlicht wird«. (DH 4539)

Wissenschaftliche Freiheit sowie Geschichtlichkeit bzw. Unabgeschlossenheit theologischer Lehrsätze implizieren theologische Vielfalt. Mit der Offenheit theologischer Lehrsätze korreliert die Offenheit bzw. Pluralität der Theologie. Wie die theologischen Aussagen entwicklungsfähig und damit vielfältig sind, so gestaltet sich auch die Theologie plural und nicht uniform. Diese

---

[59] G. *Ebeling*, Erwägungen zu einer evangelischen Fundamentaltheologie: ZThK 67 (1970), 479–524, hier 513.

[60] Katholischer Erwachsenen-Katechismus. Das Glaubensbekenntnis der Kirche, hg. v. der Deutschen Bischofskonferenz, Bonn ³1985, 57.

Einsicht ist keineswegs selbstverständlich. Noch in der Neuscholastik des 19. Jh.s, als die scholastische, genauer die thomistische Philosophie als verbindliche Form der Orientierung für die Theologie vorgeschrieben wurde, herrschte das Bild einer geeinten und einheitlichen Theologie vor. Die Theologie wurde gedacht als theologia perennis, als eine beständige und unangefochtene Theologie. Noch zu Beginn des 20. Jh.s erklärte beispielsweise der Dominikanerprovinzial Sadoc Szabó: »Wir brauchen keine neue Weltanschauung, ja wir dürfen nicht einmal nach einer solchen verlangen, da wir in der scholastischen Philosophie schon eine natürliche und im Glauben eine übernatürliche, alle Menschen aller Zeiten verpflichtende, gültige Weltanschauung besitzen. Eine neue zu suchen, bedeutet doch nichts anderes, als entweder an der Wahrheit oder an der allgemein verpflichtenden Kraft des Glaubens zweifeln. … Es ist demnach unrichtig, die Scholastik als eine mittelalterliche Denkweise zu betrachten, als ob sie nur für die damalige Zeit Bedeutung gehabt hätte. Sie ist als Wissenschaft des Glaubens die Theologie der Kirche und als Methode die von der Kirche adoptierte Form derselben. … Die Scholastik, namentlich die Philosophie und die Theologie des heil. Thomas, und die Kirche sind unzertrennlich.«[61] Es bestand einhellig die Überzeugung, allein die thomistische Philosophie sei im Besitz der ewigen Wahrheit. Theologie im Singular garantierte Sicherheit und Orientierung, eine Theologie im Plural galt als gefährlich und identitätszerstörend.

Die Theologie zeichnete sich aber höchstens im 19. Jh. durch Uniformität aus. Schon die biblischen Schriften führen eine Theologie in Theologien vor Augen und auch die Scholastik kannte unterschiedliche Schulrichtungen, was eine legitime Pluralität der Theologie begründet. Christliche Theologie drückt sich in unterschiedlichen Theologien aus. Sie existiert nur im Plural – alles andere bedeutet eine Verarmung und Verzeichnung, mit der Konsequenz der Weltlosigkeit der Theologie. Denn eine Theologie, die der Pluralität von Mensch, Welt und Geschichte nicht mehr gerecht wird, gerät ins Abseits; sie vermag sich auch nicht mehr in der Pluralität der Wissenschaften zu behaupten und verliert damit überdies ihren universitären Ort.

Christlicher Glaube kommt ohne Interpretation nicht aus; die Offenbarungsbotschaft bedarf der fortdauernden Auslegung, nicht um die Sache des Evangeliums neu zu sagen, wohl aber um die Offenbarungsbotschaft entsprechend den zeitgeschichtlichen Gegebenheiten so zu sagen, dass sie für das je konkrete Leben der Menschen Plausibilität und Bedeutung gewinnt. Wenn

---

[61] *S. Szabó*, Albert Ehrhards Schrift »Katholisches Christentum und moderne Kultur«. Ein Beitrag zur Klärung der religiösen Frage in der Gegenwart, Graz 1909, 35, 88.

der Auftrag der Theologie zur zeitgemäßen Auslegung christlicher Glaubensinhalte ernst genommen wird, dann kann sie sich mit der bloßen Wiederholung christlicher Wahrheiten in alten Formen nicht begnügen. Sie muss vielmehr den Menschen sowie die Zeichen der Zeit im Blick haben und den Inhalt und die Wahrheit des Glaubens in das Heute hinein vermitteln. Das Heutigwerden des Glaubens (aggiornamento) ist das Anliegen einer pastoral orientierten Theologie (OT 14–16). Das Zweite Vatikanum verstand sich als ein Pastoralkonzil, das bewusst den Dialog mit der Welt und den Menschen suchte. Als Konsequenz dieser Intention betonte es, dass sich die systematisch-theologischen Analysen durch keine Uniformität auszeichnen könnten, weder in Bezug auf die Methode noch auf die Erklärung der Offenbarungswahrheit, sondern die »verschiedene […] Art der theologischen Lehrverkündigung« als »legitime […] Verschiedenheit« anzusehen sei (UR 17). Das Zugeständnis eines legitimen theologischen Pluralismus schmälert nicht die Verantwortung der kirchlichen Lehrautorität, sondern unterstreicht sie: Mit der jurisdiktionellen Lehrgewalt muss sorgfältig und verantwortungsvoll umgegangen werden.

Jeder Theologe hat eine perspektivische Sichtweise der Glaubensinhalte wie auch der gesellschaftlich-politischen Gegebenheiten und der darin artikulierten Fragen und Anfragen der Menschen. Der Pluralismus in der Theologie ist somit unvermeidbar, und doch stellt er heute eine ganz neue Herausforderung dar, denn die heutige Pluralität der Theologie ist mit der Vielfalt verschiedener theologischer Schulrichtungen der Vergangenheit nicht mehr zu vergleichen. Während sich die traditionellen theologischen Schulrichtungen in einem homogenen kulturellen und sprachlichen Raum bewegten, ist die gegenwärtige Situation sprachlich und kulturell heterogen, infolgedessen ist die Theologie als Ganze unüberschaubar geworden und ihre Einheit in Gefahr. Doch der Plural der Theologien darf keinen Gegensatz zur Einheit im Glauben bedeuten. So unterschiedlich die Theologien auch sein mögen, so muss ihnen doch der Bezugspunkt zur Mitte des christlichen Glaubens gemein sein: das Geheimnis Christi, der ewige Heilsratschluss Gottes – ansonsten hörten sie auf, Theologie zu sein. So sieht denn auch das Zweite Vatikanum die Einheit der theologischen Disziplinen im Mysterium Christi begründet (OT 14).

## 2. Vernunfterweis christlichen Glaubens

### 2.1. Rationalität des Glaubens

*W. Pannenberg*, Wahrheit, Gewißheit und Glaube: ders., Grundfragen systematischer Theologie 2, Göttingen 1980, 226–264; *H. Wagner*, Einführung in die Fundamentaltheologie, Darmstadt ²1996, 1–12; *W. Klausnitzer*, Glaube und Wissen. Lehrbuch der Fundamentaltheologie für Studierende und Religionslehrer, Regensburg 1999, 9–20; *R. Schaeffler*, Auf welche Weise denkt der Glaube? Von der eigenen Rationalität des Glaubens und vom hermeneutisch-kritischen Dienst der Philosophie und der Theologie: ThGl 99 (2009), 2–26; *P. Hünermann*, Fides et ratio – einst und jetzt: ThQ 189 (2009), 161–177; *K. Lehmann*, Die Vernunft des Glaubens: M. Becht, P. Walter (Hg.), ZusammenKlang (FS A. Raffelt), Freiburg i. Br. 2009, 308–321; *Ch. Seibert*, Der Glaube – Voraussetzung des Wissens: NZSTh 52 (2010), 132–154.

*a) Biblische Grundlegung*

Das Anliegen der Scholastik war, den Glauben von der innersten Mitte seiner Sache her, der Offenbarung, in die universale Offenheit des geschaffenen Geistes hinein auszulegen. Der vom Glauben belehrten menschlichen Vernunft kommt es zu, die innere Struktur der Offenbarung rational nachzuzeichnen und die Inhaltlichkeit der Glaubensmysterien auszuloten. Für dieses Bemühen steht das Leitwort »fides quaerens intellectum«. Der christliche Glaube sucht die Einsicht der Vernunft, um sich selbst zu begründen. Das freie Nachdenken der Glaubensgeheimnisse durch eine vom Glauben selbst überzeugte Vernunft setzt die Vernünftigkeit dieses Glaubens voraus. Die Vernunftgemäßheit des Glaubens wird im NT explizit bezeugt.

In der Hl. Schrift und der christlichen Tradition finden sich aber auch Aussagen hinsichtlich der Irrationalität des christlichen Glaubens.

- Der lateinische Kirchenschriftsteller Tertullian fragte polemisch: »Quid ergo Athenis et Hierosolymis? Quid academiae et ecclesiae?«[62] und äußerte sich geringschätzig über die heidnische Philosophie – »certum est, quia impossibile« (es ist sicher, weil es unmöglich ist).[63] Im 17. Jh. wurde ihm darum der Paralogismus zugeschrieben: »credo quia absurdum« (ich

---

[62] *Tertullian*, Liber de praescriptionibus adversus haereticos, 7 (CCSL 1,193).
[63] *Ders.*, De carne Christi V,4 (CCSL 2,881): »Et mortuus est dei filius; credibile est, quia ineptum est. Et sepultus resurrexit; certum est, quia impossibile.« De praescr. haeret. VII (CCSL 1,192 f.).

glaube, weil es wider die Vernunft ist).[64] Mit der rhetorischen Frage: »Was ist Athen für Jerusalem?«[65] machte er deutlich, dass die Philosophie für den Glauben keine Bedeutung hat. Doch umgekehrt konnte er trotz seiner theologischen Philosophiekritik auch Paulus folgend (Röm 1,19–21) davon sprechen, dass der Mensch aus seiner »humana conditio« in der Welt Gott »als das höchste Große, von Ewigkeit her bestehend, ungeboren, ungeschaffen, ohne Anfang, ohne Ende«[66] erkennen könne. So prägt er auch das bekannte Wort vom »testimonium animae naturaliter christianae«.[67] Demnach sind alle Menschen von Natur aus auf Gott hingeordnet und zur Erkenntnis fähig.

- Die Paulinische Kreuzestheologie thematisiert die Torheit des Evangeliums in den Augen der Weisen (1 Kor 1,18–3,4). Diese negative Aussage gegenüber der griechischen Philosophie erfolgte bei Paulus jedoch auf dem Hintergrund seiner misslungenen Areopagrede: Ein Gott, der Menschengestalt annimmt und Naturgesetzen widerspricht, erschien den Intellektuellen Athens widervernünftig. »Der Gott der Philosophen stellt rationale Anforderungen, die dem Gott der Offenbarung nicht entsprechen.«[68] Enttäuscht wandte sich Paulus von den »Weisen« Athens ab und den »Toren« in Korinth zu. Paulus verurteilt die Überheblichkeit der Philosophie, anerkennt aber durchaus, wozu die menschliche Vernunft fähig ist.

Zeugnisse von der Rationalität des christlichen Glaubens gibt es im NT an verschiedenen Stellen:

- *Röm 12,1*: »Angesichts des Erbarmens Gottes ermahne ich euch, meine Brüder, euch selbst als lebendiges und heiliges Opfer darzubringen, das Gott gefällt; das ist für euch der wahre und angemessene Gottesdienst (λογικὴ λατρεία)«. Nach Paulus ist die Selbstübereignung des Menschen an den Gott Jesu Christi, der selbst Geist und Wahrheit ist, die λόγος-gemäße Form des Gottesdienstes. Paulus sprengt den kultischen, rituellen Religionsbegriff auf. Die christliche Form der religiösen Praxis ist im eigentlichen Sinne vernünftig. Ausdrücklich betont Paulus die Rationalität des Glaubens: »Ich bin nicht verrückt, … was ich sage, ist wahr und ver-

---

[64] Der Gedanke findet sich auch bei Augustinus als Vorwurf an die Manichäer (Confessiones VI, V.7 [CCSL 27,77 f.]).

[65] *Tertullian*, De praescr. haeret. VII,9 (CCSL 1,193).

[66] *Ders.*, Adv. Marc. I III.2 (CCSL 1,443 f.).

[67] *Ders.*, Apol. XVII.6 (CCSL 1,117).

[68] G. *Minois*, Geschichte des Atheismus. Von den Anfängen bis zur Gegenwart, Weimar 2000, 64.

nünftig« (Apg 26,25). Er sieht gar die »Apologie« des Evangeliums als eine seiner Aufgaben an (Phil 1,7.16; 2 Tim 4,16). Als Zeuge des Evangeliums rechtfertigt er sich vor dem Volk (Apg 22,1) bzw. der Gemeinde (1 Kor 9,3; 2 Kor 12,19). Die christliche Hoffnung ist für Paulus also durchaus vernünftig, denn sie lässt sich mit Hilfe der Vernunft rechtfertigen. Aus diesem Grund bedient sich Paulus immer wieder des Vernunftmotivs; unvernünftiges Reden im Gottesdienst ist ihm zuwider. Ja ihm ist geradezu »an der Vernünftigkeit des Menschen, an seinem Vernünftigsein, Vernünftigwerden und Vernünftigbleiben gelegen«.[69]

- *1 Petr 3,15b*: »Seid stets bereit zur ›Apologie‹ gegenüber jedem, der euch nach dem ›λόγος‹ der Hoffnung fragt, die euch erfüllt.« Hier wird eine ständige Bereitschaft, eine stete Bereitwilligkeit und ein Gerüstetsein, sich für den Glauben einzusetzen, gefordert; jeder muss sich dazu kompetent machen. Das Christentum ist eine bekennende, konfessorische und dialogverwiesene Religion. Gegenüber Außenstehenden wie Mitchristen soll vernünftig und plausibel argumentiert werden. Verlangt wird die Rechenschaft über den λόγος der Glaubenshoffnung. Gegenstand der Apologie ist der in der christlichen Hoffnung implizierte λόγος. Glaubensverantwortung erfolgt durch Freilegung des λόγος, der Wahrheitsbewandtnis bzw. des Vernunftgrundes. Nicht von ungefähr wird in der Vulgata λόγος mit ratio übersetzt. Gefragt wird also nach der Vernunft, dem Sinngrund der christlichen Hoffnung. Es geht nicht um irgendeine Verteidigung des christlichen Glaubens, sondern um dessen Verantwortung in Form von Sinnrechenschaft. Begründung und Motivation zum Glauben sollen rational aufgewiesen werden. Die Glaubwürdigkeit der christlichen Botschaft vernunftmäßig zu begründen, kann freilich nicht heißen, den Glauben durch Vernunftbeweise ersetzen zu wollen. Eine solch rationalistische Haltung haben die apologetische Theologie wie auch das kirchliche Lehramt auf dem Ersten Vatikanischen Konzil deutlich zurückgewiesen (DH 3035, 3041).

Im NT wird die Vernünftigkeit dessen, was die christliche Existenz trägt, ausführlich bezeugt. Kraft ihrer Λόγος-haftigkeit ist die christliche Existenz in ihrem Grund und von diesem her vernünftig und darum verantwortbar. Elementare Aufgabe der Verantwortung des christlichen Glaubens ist demnach die rationale Erfassung des Sinns christlichen Glaubens. Er ist mit Hilfe der

---

[69] *G. Bornkamm*, Glaube und Vernunft bei Paulus: ders., Studien zu Antike und Urchristentum. Gesammelte Aufsätze, Bd. II, München 1963, 119–137, hier 137.

Vernunft zu erschließen und aufzudecken. Denn verantwortet werden kann nur, was zuvor rational erfasst wurde.

Neben dem biblischen Zeugnis der Vernünftigkeit des christlichen Glaubens kann die Λόγος-gemäßheit des christlichen Glaubens auch allgemeinverbindlich begründet werden – unter Berücksichtigung der Innen- und Außenseite des Glaubens:

- *Innenseite:* Ein verantworteter Glaube kann kein reiner Willkürakt sein, vielmehr muss sein Inhalt einer subjektiven Reflexion zugänglich sein. Die subjektive Seite thematisiert die Verantwortung für die eigene Überzeugung. So wichtig es ist, den Glauben als subjektive Überzeugung zu sehen, so darf jedoch nicht verkannt werden, dass er einen allgemeingültigen Wahrheitsanspruch erhebt, der nach einer vernünftigen Begründung verlangt.
- *Außenseite:* Der christliche Glaube erhebt einen universalen Gültigkeits- und Wahrheitsanspruch. Dieser verlangt nach einem intersubjektiven Begründungsvorgang. Die objektive Seite thematisiert die Verpflichtung zur Wahrheit bzw. zur Wahrheitssuche, wenn die eigene Überzeugung mit Wahrheitsanspruch vorgetragen wird. Eine verantwortliche Weitergabe des Glaubens impliziert somit einen intersubjektiven und insofern rationalen Begründungsvorgang.

Das Erste Vatikanum betonte, dass der Glaube kein Werk der Vernunft sei und sich ebenso wenig auf Vernunft reduzieren ließe. Umgekehrt aber entziehe sich der Glaube der wissenschaftlichen Vernunft nicht. Darüber hinaus nannte das Konzil drei Wege, um zu einem, wenn auch nicht vollkommenen, so doch vertieften Verständnis des Glaubens (DH 3016) mittels der Vernunft zu gelangen; Einblick in:

- *analogia entis:* Entsprechung zwischen Welt- und Selbsterfahrungen des Menschen und den Glaubensinhalten;
- *nexus mysteriorum inter se:* Zusammenhang der Glaubensinhalte untereinander;
- *ultimus finis hominis:* Bedeutung der Glaubensmysterien im Hinblick auf das letzte Ziel des Menschen.

Neben dem Vernunfterweis gibt es selbstverständlich auch andere Formen der christlichen Apologie, nicht zuletzt die Form der gelebten Praxis wahren Christseins. »Glaubhaft ist nur Liebe«, so lautet ein Buchtitel Hans Urs von Balthasars (1905–1988).[70] Das gelebte Christsein, die Praxis der Wahrheit, wird letztlich allein zählen. So sehr die Liebe auch das ist, was zählt (Mt

---

[70] *H. U. von Balthasar*, Glaubhaft ist nur Liebe, Einsiedeln ⁴1975.

25,31–46), so darf dennoch nicht auf die wissenschaftliche Apologie verzichtet werden. Denn ohne Theologie läuft die Praxis Gefahr, blind, einfältig und am Ende gar fanatisch zu werden. Die Glaubenspraxis bedarf einer Theologie im Sinne der Glaubensverantwortung.[71] Freilich braucht auch die Theologie die Praxis; sie muss sich in der Stiftung von Intersubjektivität bewähren. So gesehen besteht zwischen Praxis und Theorie eine Dialektik, die nicht einseitig aufgelöst werden darf.

### b) Frühchristliche Apologetik

Das Wort Apologie (ἀπολογία) bezeichnet die Rechtfertigung des christlichen Glaubens gegenüber Beschuldigungen oder Infragestellungen durch Darlegung seiner Glaubwürdigkeit. Allgemein steht der Begriff »Apologie« in der Theologiegeschichte für den fachlichen und komplexen Vollzug christlicher Glaubensverantwortung im Horizont der Wahrheitsfrage. Im engeren Sinn, und im Anschluss an den neutestamentlichen und frühchristlichen Sprachgebrauch, diente der Begriff »Apologie« zur Bezeichnung der literarischen Abwehr von Beschuldigungen oder Infragestellungen des Christentums.

Eine Apologetik war erst nötig, als das Christentum seinen Binnenraum verließ und in Konkurrenz zu anderen gesellschaftlichen und religiösen Gruppen trat. Apologetik im engeren Sinne setzt also die Überwindung der gesellschaftlichen Selbstisolation und den Übergang zur Mission voraus. Das war weder in apostolischer Zeit der Fall noch bei den Apostolischen Vätern, sondern erst zu Beginn des 2. Jh.s. Die altkirchlichen Apologeten – auf griechischer Seite Justin der Märtyrer († 165), Tatian (* um 120), Aristides von Athen (2. Jh.), Athenagoras von Athen (zweite Hälfte 2. Jh.), Theophilus von Antiochien († um 183), Clemens von Alexandrien (um 150–215), Origenes (um 185–254), Eusebius von Caesarea und auf lateinischer Seite: Tertullian, Lactanz († 325/330), Augustinus von Hippo – bemühten sich, den christlichen Glauben zu verteidigen, indem sie gegenüber der hellenistischen Philosophie seine innere Vernünftigkeit im Rückgriff auf die antike natürliche Theologie aufzuweisen versuchten. Damit stärkten sie zugleich die christlichen Gemeinden im Innern. Die konkreten Anlässe waren die Auseinandersetzung mit dem Judentum, die Abwehr allgemeiner Verdächtigungen und Verleumdungen, der Schutz vor amtlichen Verfolgungen und die Zurückweisung philosophischer Infragestellungen, insbesondere des Atheismusvor-

---

[71] *Papst Benedikt XVI.*, »Der Vernunft ihre ganze Weite wieder eröffnen«: ders., Gott und die Vernunft. Aufruf zum Dialog der Kulturen, Augsburg 2007, 124–140.

wurfs. Denn »[w]enn Atheismus in erster Linie die direkte Negierung Gottes bedeutet, so besteht er zunächst und vor allem in einem Gottesbegriff, der Gott als solchen annulliert und ihn in seiner Majestät herabsetzt. Eben dies ist das Urteil, das die großen griechischen Philosophen über die Götter der Volksmythologie fällen; und darauf beruht, nach dem Gesetz der Gegensätze, auch ihre Verurteilung des Christentums.«[72]

Die altkirchliche Apologetik war ausschließlich auf die damalige Situation und aktuelle Fragestellungen bezogen. Mit Hilfe der zeitgenössischen Philosophie, des eklektischen, mittleren Platonismus (1. Jh. v. Chr. – 2. Jh. n. Chr.; Philon von Alexandrien [um 20/15 v. Chr. – 42 n. Chr.]), bemühte man sich um Glaubensverteidigung und -begründung, d. h. um die werbende Darlegung der christlichen Sachverhalte und die argumentative Beweisführung für die Wahrheit des Christentums. In diesem Zusammenhang wurde Jesus Christus mit dem Welt-λόγος identifiziert und die Vernünftigkeit des christlichen Glaubens als die einzige vernünftige Philosophie angesehen.

Die altchristliche Apologetik hat mit ihrer Betonung der Rationalität des christlichen Glaubens die spätere Theologie nachhaltig geprägt: Wenn es im Christentum um die Wahrheit geht, kann diese niemand anderem als der menschlichen Vernunft aufgegeben sein. Das Interesse an einer vernunftgeleiteten Glaubensverantwortung ist in der gesamten Theologiegeschichte auch nie abgebrochen. Anselm von Canterbury führte die frühen apologetischen Anfänge mit ihren vernunftmäßigen Argumenten für den christlichen Glauben in seinen Schriften »Monologion« (1076) und »Proslogion« (um 1080) zu ihrem mittelalterlichen Höhepunkt, doch erst Thomas von Aquin brachte durch die Rezeption des aristotelischen Denkens das Konzept von Theologie als Wissenschaft voll zur Geltung. Gleichzeitig trat nun die Verteidigung nach außen, zugunsten einer zuverlässigen Grundlegung der Theologie nach Maßgabe der aristotelischen Philosophie nach innen, in den Hintergrund. Vor allem die Schrift »Summa contra Gentiles« (1259–64) des Thomas von Aquin ist »eine von der Vernunft geleitete Durchdringung der christlichen Glaubensinhalte … Es weist in die Richtung positiv-begründender Funktion späterer Fundamentaltheologie.«[73] Insgesamt hat bei allem die altchristliche Apologetik mit ihrer Betonung der Rationalität Pate gestanden.

Wenn es im christlichen Glauben um Wahrheit geht, so ist seine Verteidigung der menschlichen Vernunft bleibend aufgegeben. Vernunftgeleitete Ar-

---

[72] *C. Fabro*, zit. n. *G. Minois*, Geschichte des Atheismus. Von den Anfängen bis zur Gegenwart, Weimar 2000, 64.
[73] *H. Wagner*, Fundamentaltheologie: TRE 11 (1993), 738–752, hier 739.

gumente und apologetische Interessen sind nie zeit- und geschichtsenthoben, sondern situationsbedingt, ebenso wie die Herausforderungen und Anfragen: Während es vor der Konstantinischen Wende v. a. um die Verteidigung und das Erkämpfen einer Daseinsberechtigung des Christentums ging, stand in der nachkonstantinischen Kirche die Frage nach der Natur des einen Gottes und dem Religionsbegriff im Mittelpunkt des apologetischen Interesses. Eine der herausragenden Fragen der Neuzeit ist die nach der Existenz Gottes bzw. Gott überhaupt. Insofern versucht die Apologetik seit der Aufklärung nicht mehr nur Einzelthemen zu behandeln, sondern »eine Grundlage für den gesamten christlichen Glauben und die gesamte christliche Theologie zu liefern«.[74]

### c) Apologetische Modelle der Hochscholastik

Die mittelalterliche Philosophie war v. a. christliche Philosophie, die an kirchlichen Einrichtungen (Dom-, Klosterschulen und später Universitäten) gelehrt wurde. Beinahe alle namhaften mittelalterlichen Denker waren Geistliche, die Philosophie aus dem Glauben und im Hinblick auf Theologie betrieben. In ihrem christlichen Denken gingen sie rein rational, also streng philosophisch vor und waren in diesem Sinn »christliche Philosophen«. Ihre gemeinsame Basis, der christliche Gottesglauben, war im Mittelalter fast allgemein selbstverständlich – nur »Toren« konnten ihn leugnen. Aus diesem Grunde ging es auch in den Gottesbeweisen weniger um das Dasein (Existenz) Gottes als um sein Wesen (Essenz). Dabei wirkte das gesamte Mittelalter hindurch das Problem der negativen Theologie des Neuplatonismus nach.

Das Denken des Mittelalters stand allgemein unter dem Gegensatz von Platon und Aristoteles. Zuerst war es, besonders von Augustinus herkommend, mehr (neu-)platonisch geprägt. Doch durch Thomas von Aquin kam es dann zur aristotelischen Scholastik. Sie wurde vorherrschend und prägte die Lehre der Kirche für Jahrhunderte. Die große platonisch-augustinische Tradition wurde stark zurückgedrängt, wenn auch nicht völlig verdrängt. So blieben Spannungen etwa zwischen Illumination und Abstraktion, zwischen Unmittelbarkeit und Vermittlung, zwischen dem Primat des Willens und dem der Liebe bzw. der Vernunft.

---

[74] *F. Schüssler Fiorenza*, Fundamentale Theologie. Zur Kritik der theologischen Begründungsverfahren, Mainz 1992, 14.

### 1) Anselm von Canterbury: »fides quaerens intellectum«

Anselm von Canterbury, der auch Vater der Scholastik genannt wird, geht vom unbedingten Vorrang des Glaubens vor der Vernunft aus. Weil die Sünde das naturgemäße Licht der Vernunft verdunkelt habe, sei alle menschliche Vernunft auf das Glaubenslicht angewiesen. Zugleich aber setze der Glaube eine wirklich autonome Vernunft frei, so dass sich z. B. die Möglichkeit ergibt, ohne Berufung auf die Autorität der Hl. Schrift eine Gotteslehre, einschließlich der Trinitätslehre[75] und Anthropologie[76] vernunfteinsichtig darzustellen. Anselm möchte für die strengen Glaubensgeheimnisse die entsprechende Fragestruktur in der Vernunft aufzeigen. Beispielsweise könne unter Einklammerung alles positiven Offenbarungswissens mit notwendigen Gründen bewiesen werden, dass kein Mensch ohne Christus gerettet werden könne. Doch das Forum der Glaubensverantwortung müsse erst dialektisch gewonnen werden, mit Hilfe des in die Verblendungen der Vernunft hineinleuchtenden Glaubenslichtes.

Anselm versucht also in streng logisch-rationalem Denken die Glaubensinhalte durch Vernunftgründe zu begründen. Während Augustinus nur »Gott und die Seele«[77] erkennen wollte, wozu ihm das Erkennen nicht Selbstzweck, sondern ein Stück des Weges der Seele zu Gott war, erkennt Anselm die Philosophie als ausschließliches Mittel zu dem Zweck, den Glauben von der Offenbarung her in die menschliche Vernunft hinein auszulegen. Die Glaubensvermittlung sollte von der innersten Mitte seiner Sache her erfolgen und zwar mit Hilfe vernünftiger Einsicht. Es ist ein Glaube, der die Einsicht der Vernunft sucht, um sich selbst zu begründen. Die Voraussetzungen des christlichen Glaubens sollten rational explifiziert werden. Dabei zielte sein Projekt der »fides quaerens intellectum« auf den gesamten Glauben, denn alle Bereiche sind der Vernunft in gleicher Weise zugänglich.

Das freie Nachdenken der Glaubensgeheimnisse durch eine vom Glauben selbst überzeugte Vernunft weist auch heute noch der Apologetik die Richtung, der es darauf ankommt, die Rationalität des eigenen Glaubens einsichtig zu machen. Vom Gegenstand des Glaubens her und auf diesen hin ist rational argumentierend zu verfahren. Ein solches, apologetisches Interesse hat es auf die Evidenz des Glaubens selbst abgesehen und weniger auf äußere Glaubwürdigkeitsgründe.

---

[75] *Anselm von Canterbury*, Proslogion (um 1077/78).
[76] *Ders.*, Cur deus homo (1094/97–1098).
[77] *Augustinus*, Soliloquium I, II.7 (CSEL 89,11).

In einer Zeit hoher Bewertung logischen Denkens widmet sich Anselm dem Problem vernunftgemäßer Begründung der Sache des christlichen Glaubens einschließlich seiner Grundlagen. Er sucht nach einem Gottesbeweis und der Begründung christlicher Glaubensinhalte, ohne diese dadurch rationalistisch aufzulösen. Sein apologetisches Interesse zielt auf eine logisch stringente Beweisführung, ganz im Augustinischen Geiste. Dabei geht es ihm nicht um eine autonome Vernunft, sondern um eine vom Glauben angestoßene Vernunft. Diese soll frei nachzeichnen, worüber sie durch die Offenbarung belehrt wurde. Nach Anselm gereicht kein theologischer Positivismus, kein Autoritätsglauben Gott zur Ehre, sondern allein die Suche nach freier Einsicht des Glaubens, d. h. ein vor der Vernunft zu verantwortender Glaube. Denn durch die Vernunft ist der Mensch Ebenbild Gottes, und darum muss es auch einer vom Glauben belehrten Vernunft möglich sein, aus eigener Kraft Gott in der menschlichen Geiststruktur unmittelbar wieder zu erkennen und mittelbar in der Natur.

Ein solches Wiedererkennen Gottes steht der Glaubensentscheidung keineswegs im Wege. Denn der Unterschied zwischen dem rationalen Gottesgedanken und dem Wesen Gottes selbst bleibt für den Menschen unüberwindbar. Darum muss sich die ganze, vernunftbegründete Existenz des Menschen letztlich doch im Glaubensakt dem Wesen Gottes übereignen. Ein solches Sich-Eingründen der menschlichen Vernunftexistenz in die absolute Existenz Gottes setzt nach Anselm die Vernunft des Glaubens frei.

### 2) Thomas von Aquin: Vernunftgründe

Der Dominikaner Thomas von Aquin ist von Aristoteles fasziniert, begegnet ihm aber nicht unkritisch. Weil weder das platonische noch das aristotelische System dem christlichen Denken angemessen sind, bemüht er sich um eine Synthese aus der augustinischen Tradition, die stärker das Glaubensprinzip betont, und dem aristotelischen Denken, das von der Erfahrungswelt und der darauf aufbauenden Erkenntnis ausgeht. Einiges könne nur durch Glauben und Offenbarung, anderes auch oder nur durch Vernunft erklärt werden. Durch die Synthese aus antiker Philosophie und christlichem Glauben begründet Thomas die aristotelische Scholastik.

Für Thomas ist der Glaube ein festes Fürwahrhalten der von Gott geoffenbarten Glaubensinhalte, basierend auf der Zustimmung autoritativer Argumente. Die übernatürlichen Glaubenswahrheiten könnten selbst nicht von der Vernunft bewiesen werden. Weil sie für die menschliche Vernunft in ihren eigenen inneren Gründen nicht zugänglich seien, könnten sie nur dargestellt, aufgehellt und verteidigt werden. Allein aufgrund der Offenbarung durch Gott könnten sie als wahr erkannt und angenommen werden.

Vor diesem Hintergrund richtet sich das apologetische Interesse darauf, den Glauben aus dem Blickwinkel vernunftgemäßer Glaubensartikel sog. praeambula fidei (Existenz Gottes, Unsterblichkeit der Seele, Verpflichtung des Sittengesetzes) zu fundieren. Zudem betont er die äußeren Glaubwürdigkeitsargumente (Wunder etc.) und möchte so zum Bereich der übernatürlichen Offenbarungswahrheiten hinführen, in dem der natürlichen Vernunft nur eine eingeschränkte Kompetenz zukommt. Die apologetische Glaubwürdigkeitsargumentation führt damit zu einem gewissen argumentativen Nach- und Übereinander von natürlicher Vernunft und Offenbarung. Die Offenbarung vollendet die natürliche Theologie, die v. a. sekundäre und äußerliche Stützargumente für den Gottesglauben anzuführen vermag.

Die Apologetik hat zu der höheren Wahrheitsebene hinzuführen, indem sie die Vernünftigkeit einer Zustimmung zu den offenbarten Glaubenswahrheiten darlegt. Sie argumentiert weniger mit Hilfe der Gründe des Glaubens als vielmehr durch Vernunftgründe, die für die Glaubwürdigkeit der göttlichen Offenbarung sprechen. Aufschlussreich ist das Bild vom Brief mit dem königlichen Siegel[78]: Der Empfänger, der den königlichen Boten mit dem Brief empfängt, überprüft nicht den Inhalt des Briefes, sondern das Siegel. In diesem Sinne wird zunächst mit Hilfe der natürlichen, d. h. glaubensneutralen Vernunft die Existenz Gottes prinzipiell aufgezeigt und bewiesen, dass die Offenbarung Gottes keiner Vernunftbehauptung widerspricht. Mit Hilfe von Wundern und der Erfüllung von Weissagungen werden das Faktum der Offenbarung und die göttliche Autorität der Hl. Schrift als glaubwürdig ausgewiesen.

Die Apologetik operiert als natürliche Theologie also gewissermaßen im Vorfeld des Glaubens. In diesem Zusammenhang kommt der Hinordnung des Menschen auf Gott, dem »ordo hominis ad Deum«[79] eine fundamentale Bedeutung zu: Weil der Mensch in der Ganzheit seiner Existenz auf Gott hingeordnet ist, bilden Glaube und Vernunft, übernatürliche und natürliche Ordnung trotz ihrer Unterschiedenheit eine Einheit. Diese ganze Dynamik des menschlichen Daseins auf Gott hin hat die Apologetik als erlösende Beziehung zu entfalten. Gelingt ihr dies, wird die Notwendigkeit von Offenbarung einsichtig: Zum einen, um die menschliche Vernunft in der Gotteserkenntnis zur vollen Erkenntnis zu führen, und zum anderen, um das Ziel

---

[78] *Thomas von Aquin*, S.th. III q. 43 a. 1.
[79] Ebd., II–II q. 81 a. 1.

offen zu legen, auf das hin sich der Mensch um seines Heiles willen auszurichten hat.

### 3) Bonaventura: Primat der Liebe

Zwar kennt der franziskanische Theologe Bonaventura (1217/21–1274) wie Thomas die Schriften des Aristoteles, dennoch gibt er Platon bzw. Augustinus den Vorzug. In seinem platonisch-augustinischen Glaubensdenken geht er von der Mitte der Offenbarung aus, d.h., er setzt bei seinen theologischen Aussagen bei der Hl. Schrift und der kirchlichen Autorität an. Die heilsgeschichtliche Grundausrichtung wird von der Untersuchung der Rolle des Willens und des Gemüthaften für die Glaubenszustimmung begleitet, wobei sich der Primat der Liebe über das Wissen, der Primat des Willens über den Verstand zeigt. Hier handelt es sich also in erster Linie um eine Glaubensverantwortung von innen her im Sinne einer Auslegung der Heilsgeschichte. Ein solcher Ansatz führt, im Vergleich zu Thomas, zu einer anderen Einstellung gegenüber der Philosophie und dem Philosophieren: Die Philosophie wird in die Theologie, die vera philosophia, integriert.

Im Kontext seiner Glaubenbegründung von innen ist für Bonaventura im Gegensatz zu Thomas eine natürliche, philosophische Reflexionsebene weniger wichtig. Ihm kommt es nicht auf glaubensunabhängige, metaphysische, vernunftmäßige »praeambula fidei« an, die den Glauben fundieren, vielmehr versucht er Glauben und Vernunft so eng als möglich miteinander zu verbinden: Die Vernunft soll dem Glauben dazu verhelfen, sich selber durchsichtig zu machen. Dabei geht Bonaventura davon aus, dass der Mensch ein angeborenes Wissen von einem höchsten Gut besitze, dass seine Seele ein Spiegel der Gottheit sei und dass alle Dynamik dieser Seele, auch das wissenschaftlich-philosophische Fragen nach Gott, immer schon heilsgeschichtlich unterfangen sei. Das heißt, jedem Aufstieg der Seele zu Gott geht die Zuwendung und Anwesenheit Gottes in Jesus Christus voraus. Diese heilsgeschichtliche Mitte weist sich selber aus, weshalb apologetisches Denken ausgehend von Jesus Christus im Grunde die Nachzeichnung der heilsgeschichtlichen Bewegung Gottes ist. Hier kommt der Illuminationsgedanke nach Augustinus zur Entfaltung: Licht aus dem Lichte Gottes strahlt in den Menschen ein.

Auf der Linie einer mystischen Gottsuche liegt es, wenn Bonaventura die Theologie weniger als Wissenschaft (scientia) bestimmt, die das Gotteswort an die Vernunft vermittelt, sondern als eine affektive Wissenschaft (scientia affectiva), die zur Weisheit (sapientia) und zum Verkosten (sapere: verkosten, erfahren) der göttlichen Liebe führt. »Bonaventuras erklärtes Ziel für die Theologie ist die *Heiligung* des ganzen Menschen in Erkennen, Wollen und

Tun. Sie soll zur vollkommenen Erkenntnis und Liebe führen. Deswegen können sich Wissenschaft und Spiritualität, ›Erkenntnis‹ und ›Erfahrung‹ nicht widersprechen«.[80]

### 4) Nominalismus – via moderna

Im Spätmittelalter und zu Beginn der Neuzeit glaubte die Theologie ganz auf eine Begründung durch die natürliche Theologie verzichten zu können. Verantwortlich dafür waren der Einfluss des Nominalismus, die Konflikte zwischen der Theologie und den aufkommenden Naturwissenschaften (Fall Galilei), die Rechtfertigungslehre Luthers und sein Misstrauen gegenüber der zweckrationalen Vernunft[81] sowie die neuzeitliche Vorstellung einer autonomen Vernunft. Als Folge löste sich die Einheit zwischen Glauben und Erkennen auf: Offenbarung und Glaube schienen nun entgegen dem scholastischen Ideal des »intellectus fidei« als unvermittelbar. Die Scholastik verlor an geistigem Einfluss und Überzeugungskraft.

Der spätscholastische Nominalismus markiert die via moderna: Menschliches Erkennen erreicht die Wirklichkeit nicht, im Gegensatz zur via antiqua, wonach man im begrifflichen Erfassen der Dinge an ihr eigentliches Wesen rührt, das im Denken Gottes gründet, welches bis zu einem gewissen Grad vom menschlichen Erkennen erfasst werden kann. Gemäß dem Nominalismus jedoch kommt den Allgemeinbegriffen des Denkens keine reale Geltung zu, d. h., eine Entsprechung in einer ebenso allgemeinen Wirklichkeit im Wesen der Dinge gibt es nicht. Die Allgemeinbegriffe sind nur Worte, Namen (nomen). Sie dienen als Zeichen für die Dinge und ihre Eigenschaften, haben aber außerhalb des Denkens nichts zu sagen; sie bezeichnen nichts objektiv Wirkliches. Indem dem Allgemeinbegriff jede Realität abgesprochen wird, beginnt sich das große Denken des Mittelalters selbstkritisch aufzulösen. Weil außerhalb des Denkens den Allgemeinbegriffen keine Wirklichkeit entspricht, es sich bei ihnen also lediglich um subjektive Bewusstseinsgebilde handelt, wird die metaphysische Tradition aufgegeben. Stattdessen wird die Geschichtlichkeit der Schöpfungs- und Heilsordnung radikal zu Ende gedacht und das Allgemeine der Wesens-Metaphysik der totalen Vereinzelung nicht nur untergeordnet, sondern geopfert.

Kennzeichnend für den Nominalismus ist die Preisgabe der bisherigen fundamentalen Entsprechung von Denken und Sein durch den sich selbst

---

[80] *M. Schlosser*, Cognitio et amor. Zum kognitiven und voluntativen Grund der Gotteserfahrung nach Bonaventura, Paderborn 1990, 4 f.
[81] *M. Luther*, Sämtliche Schriften, hg. v. J. G. Walch, Groß-Oesingen 1987, Bd. V, 452. 528; Bd. VII, 985 f.

problematisierenden Verstand. Die wesens-metaphysische Tradition gilt als überholt.[82] Die verschiedenen Wirklichkeitsbereiche beginnen sich aus ihrer Rückbindung an eine übergeordnete Weltordnung zu lösen. Damit wird auch die Gotteserkenntnis unmöglich. Die Existenz Gottes kann nicht mehr philosophisch erwiesen werden. In der Theologie geht das Vertrauen auf die natürliche Vernunft verloren. Allein der Glaube scheint noch Sicherheit zu bieten.[83] Doch eine Theologie, die das ontologische Fundament der Wahrheit verloren hat, wird zum Denkexperiment.

Wenn man sich nicht mehr sicher sein kann, dass Gott sich an das Wahre und Gute bindet, weil er sich kraft seiner Freiheit unberechenbar verhalten kann, ist analoge Gotteserkenntnis gänzlich unmöglich. Das Gottesbild nimmt unter dieser Voraussetzung willkürliche Züge an bis hin zu einer übersteigerten Theonomie; Gott beruft oder verdammt nach Belieben, ihm ist der Mensch auf Heil und Unheil ausgeliefert. Für das theologische Denken des englischen Franziskaners Wilhelm von Ockham (1285–1349) sind Offenbarung bzw. Glauben auf der einen Seite und Vernunft bzw. Wissen auf der anderen Seite streng unterschieden und wird die absolute Freiheit und Allmacht Gottes bestimmend (Voluntarismus) sowie die Auffassung vom »deus absconditus«, von einem Gott als dem ganz Anderen.

Die Philosophie gewinnt einen Zugang zur Wahrheit, der in keinem inneren Verhältnis zur Theologie mehr steht; die natürliche Vernunft vermag den Glauben nicht mehr zu unterstützen. Aus dem bloßen Nebeneinander von Theologie und Philosophie wird in der Neuzeit bald ein Gegeneinander: Die Beziehungslosigkeit führt folgerichtig zu philosophischen Entwürfen, die auf einer Vernunft basieren, die keine Offenheit für ein geschichtlich ergehendes Wort Gottes und schließlich für die Existenz Gottes überhaupt aufweist. Theologischerseits sind antirationalistische Denkrichtungen wie Offenbarungspositivismus und Fideismus die Folge: Gottes Offenbarung kann im Grunde enthalten was sie will, der Glaube hat ihr als übernatürliche Wahrheit im Gehorsam gegenüber der Autorität Gottes zuzustimmen.

Seit dem Zerbrechen der Synthese von Glauben und Denken in der Hochscholastik bemühte sich die Theologie der Neuzeit immer wieder um deren Wiedergewinnung unter Beachtung der Trennung zwischen Theologie und Philosophie.

---

[82] Endgültig aufgehoben wurde die Metaphysik durch das geschichtliche Denken des 19. Jh.s. Im Seinsverständnis der griechischen Metaphysik konnte der Geschichtlichkeit gegenüber dem Allgemeinen, dem Sich-Durchhaltenden, noch keine Bedeutung zukommen.
[83] *W. Weischedel*, Der Gott der Philosophen 1., München 1979, 145.

### d) Enzyklika »Fides et ratio«

In seiner dreizehnten Enzyklika (14. September 1998) widmete sich Papst Johannes Paul II. ausführlich dem Verhältnis zwischen Glaube und Vernunft sowie zwischen Theologie und Philosophie im Horizont der Wahrheitsfrage. Der Grund, weshalb sich ein päpstliches Lehrschreiben nach knapp hundertzwanzig Jahren wieder mit den Beziehungen zwischen Glaube und Wissen befasst, wird darin angegeben, dass sich die aktuelle kulturelle Situation durch eine Trennung von Glaube und Vernunft auszeichne, durch ein instrumentelles Vernunftverständnis sowie durch eine Auslassung der Frage nach der absoluten und unbedingten Wahrheit. Die Folge seien ein relativistisches und pragmatisches Welt- und Menschenbild, ein Abdrängen des Glaubens in den Subjektivismus bzw. die Privatsphäre, verbunden mit dem Ausschluss aus dem Bereich des Rationalen. Die Beschränktheit der Vernunft hinsichtlich der Wahrheitserkenntnis habe ferner auch Auswirkung auf die Freiheit des Menschen: »Wahrheit und Freiheit verbinden sich miteinander oder sie gehen gemeinsam elend zugrunde« (Nr. 90).

Einführend weist er dabei auf die gegenseitige Verwiesenheit von Glaube und Vernunft hin: »Glaube und Vernunft (Fides et ratio) sind wie die beiden Flügel, mit denen sich der menschliche Geist zur Betrachtung der Wahrheit erhebt.« Zum rechten Verständnis der Offenbarung der Weisheit Gottes bedürfe es jedoch einer *ratio recta*. Das bedeutet, dass sich nicht jede Art von Philosophie mit dem christlichen Glauben vereinbaren lasse, insbesondere nicht eine solche Philosophie, welche die Möglichkeit einer metaphysischen Reflexion ausschließt (Positivismus, Materialismus, Szientismus, Nihilismus etc.). Die Enzyklika ist stattdessen von der metaphysischen Fähigkeit der Vernunft überzeugt, dass sie Gott und damit verbunden grundlegende Wahrheiten der menschlichen Existenz erkennen könne: die Spiritualität und Unsterblichkeit der Seele; die Fähigkeit, Gutes zu tun und dem natürlichen Gesetz der Moral zu folgen; die Möglichkeit, wahre Urteile zu formulieren, die Behauptung der Freiheit des Menschen. Ein Glaube, der sich divergent oder gar alternativ zu dieser Vernunft, die die unentbehrliche Grundlage der rationalen Wahrheit des Seins, der Erkenntnis und des moralischen Handelns des Menschen beschreibe, entwickle, sei ungenügend.

Eine solche »recta ratio« ist nicht nur für den Glauben unverzichtbar, sondern ebenso für das rechte Verständnis der menschlichen Freiheit wie auch der Liebe. Denn die Freiheit sei nicht mit Beliebigkeit zu verwechseln, vielmehr sei sie auf die Fülle des Lebens ausgerichtet und damit untrennbar an die Wahrheit und Sinnbestimmung des Menschen gebunden; sie gründe in der Gottes- und Nächstenliebe. Die Freiheit findet ihren Sinn und folglich ihre Wahrheit, indem sie sich selbst, in Übereinstimmung mit der Natur der menschlichen Person, auf ihr eigenes Ziel ausrichtet. Folglich ist die Freiheit untrennbar an die Wahrheit des nach dem Bilde Gottes geschaffenen Menschen gebunden und besteht vor allem in der Liebe zu Gott und dem Nächsten. Liebe und Wahrheit würden eine untrennbare Einheit bilden. Denn die wirkliche Liebe zum Nächsten möchte, dass dieser zur Erkenntnis und Wahrheit finde. Der Glaube an die von Gott geoffenbarte Wahrheit bedrohe also nicht die Vernunft und Freiheit des Menschen, sondern bewahrt sie.

## 2.2. Neuzeitliche Fundamentaltheologie

*H. Wagner*, Einführung in die Fundamentaltheologie, Darmstadt ²1996, 12–30; *F. Schüssler Fiorenza*, Fundamentale Theologie. Zur Kritik theologischer Begründungsverfahren, Mainz 1992, 223–267; *M. Seckler*, Fundamentaltheologie: Aufgaben und Aufbau, Begriff und Namen: HFTh 4 (²2000), 331–402; *K.-H. Neufeld*, Fundamentaltheologie, Bd. I: Jesus – Grund des Glaubens, Stuttgart 1992, 200–217; *Th. Kothmann*, Das Christentum zwischen den Religionen und einem denunziatorischen Atheismus. Die Aufgabe einer neuen Apologetik: Glaube und Denken 22 (2009), 21–46.

*a) Theologia fundamentalis bzw. generalis*
Die Ausbildung der Fundamentaltheologie als theologisch selbstständige Einzeldisziplin[84] kann grob in drei Phasen eingeteilt werden. Das Wort »Fundamentaltheologie« leitet sich aus der positiven Theologie des 16.-18. Jh.s (Pierre Annat [1638–1715], Denis Petau [1583–1652], Melchior Cano [1509–1560]) ab. Seit dem 16. Jh. gibt es nämlich ein Anliegen, das als theologia fundamentalis bzw. generalis bezeichnet wurde. Es ist mit dem Anliegen der Apologetik nicht schlechterdings identisch. Kennzeichnend für die theologia fundamentalis bzw. generalis ist die Rückkehr zu den Wurzeln und Quellen des christlichen Glaubens. In Zeiten des Humanismus, der Renaissance und der konfessionellen Auseinandersetzungen geht es der positiven Theologie darum, nach den bereits existierenden Fundamenten des Glaubens zu suchen. Damit ist die theologia fundamentalis bzw. generalis eindeutig retrospektiv: Sie sucht im Glauben nach historischen Fundamenten, die in der göttlichen Offenbarung verborgen sind. All das geschieht im Rückgriff

---

[84] *M. Seckler*, Fundamentaltheologie: LThK IV (³1995), 227–238; Fundamentaltheologie: Aufgaben und Aufbau, Begriff und Namen: HFTh 4 (²2000), 331–402.

auf grundlegende Glaubenssätze, die den christlichen Glauben ausdrücken.[85] In der theologia fundamentalis geht es näherhin um eine Grundlagen- bzw. Grundlegungstheologie, d. h. um die Erarbeitung der Fundamentalartikel. Der theologia fundamentalis oblag das, was heute als theologische Erkenntnis- und Prinzipienlehre bezeichnet wird.

Als die Dogmatik später versuchte, das Gesamte der systematischen Theologie zu übernehmen, entstand das Bedürfnis nach einer »philosophischen Theologie«[86] – seit Mitte des 19. Jh.s auch Fundamentaltheologie genannt. Nur scheinbar entwickelt sich also die Fundamentaltheologie aus der Dogmatik, in sachlicher Hinsicht geht sie aus der systematischen Theologie hervor.[87] Das Aufgabengebiet der nun eigenständigen Apologetik ist zunächst allerdings so eng begrenzt, dass darin eine theologische Erkenntnislehre im Ganzen keinen Platz findet. Allein jene Themen werden übernommen, die für die kontroverstheologisch-apologetische Fragestellung relevant sind. Die theologische Prinzipien- und Methodenreflexion des 16.–18. Jh.s ist indes grundsätzlicherer Art. Deren Einzelstücke werden nun aufgeteilt und den Interessenzusammenhängen der verschiedenen Disziplinen untergeordnet – so v. a. in der Dogmatik.

Weil die Fundamentaltheologie nicht aus der theologia fundamentalis direkt hervorging, sondern aus der systematischen Theologie, genauer aus der Apologetik, konnte sie sich erst der theologia fundamentalis mit ihrer theologischen Prinzipien- und Erkenntnislehre zuwenden, als ihr Aufgabenbereich über den apologetischen Bereich hinaus ausgeweitet wurde. Die Struktur der Fundamentaltheologie weist am Ende des 18. Jh.s zwei Richtungen auf: die »römische« und die »deutsche«. Während die deutsche Richtung den dreifachen Beweis entfaltet (Offenbarung, Christentum, katholische Kirche), umfasst die römische Traktateneinteilung auch die theologische Erkenntnis- und Prinzipienlehre, d. h. die Quellen und Prinzipien der Dogmatik. Die römische Richtung war also im Sinne einer Generaldogmatik umfassender als die deutsche, sie klammerte aber allerdings die religionsphilosophische Fragestellung aus. Heute besteht Konsens in der Theologie darü-

---

[85] *F. Schüssler Fiorenza*, Fundamentale Theologie. Zur Kritik der theologischen Begründungsverfahren, Mainz 1992, 225–231.
[86] *F. Schleiermacher*, Kurze Darstellung des theologischen Studiums (1811/1830), hg. v. D. Schmid, Berlin 2002, 70–78.
[87] *G. Ebeling*, Erwägungen zu einer evangelischen Fundamentaltheologie: ZThK 67 (1970), 479–524; Hermeneutische Theologie?: ders., Wort und Glaube, Bd. 2, Tübingen 1969, 99–120, hier 99 ff.

ber, dass die Fundamentaltheologie die Einleitung in die Gesamttheologie leistet. In diesem Sinne ist die theologische Erkenntnislehre ein eigener Traktat der Fundamentaltheologie, die damit das Erbe der theologia fundamentalis angetreten hat.

### b) Aufklärungsapologetik

Die zweite Phase der Entwicklung der Fundamentaltheologie ist bedingt durch den Deismus und Rationalismus und seine Kritik an der positiven Religion. Zu den ersten Versuchen, das Christentum als wahre Religion zu verteidigen, zählt u. a. das Werk des französischen Theologen und Philosophen Pierre Charron (1541–1603). In seiner Apologie »Les trois vérités« (»Die drei Wahrheiten gegen die Atheisten, Götzendiener, Juden, Mohammedaner, Häretiker und Schismatiker«) (1593) versuchte er die Existenz Gottes, die Wahrheit des Christentums sowie die der katholischen Kirche zu beweisen. Charrons dreigliedriger Argumentationsgang prägte die klassisch gewordene Einteilung und Gliederung der Fundamentaltheologie. Die gegen den Deismus gerichtete Apologetik zeichnete sich durch innere Stringenz und Klarheit aus:

- *Religion:* Gegen die Atheisten richtet sich die Verteidigung Gottes: Es gibt einen Gott und ein angemessenes Verhalten zu ihm und damit das Postulat wahrer Religion.
- *Christentum:* Die wahre Religion ist im Christentum realisiert. Diese Apologie hat die Juden und Mohammedaner im Visier.
- *Katholische Kirche:* Das wahre Christentum ist verkörpert in der ecclesia catholica. Hier hat Charron die Häretiker und Schismatiker im Blick, namentlich die Hugenotten.

Dieser Entwurf hat wirkungsgeschichtlich zur Gliederung der Aufklärungs- bzw. Demonstrationsapologetik in drei demonstrationes geführt, in folgender Reihenfolge:

- *demonstratio religiosa:* Gegen die Atheisten richtet sich der Beweis der Notwendigkeit und Glaubwürdigkeit der Religion schlechthin. Zunächst ist die Existenz Gottes und damit die Vernünftigkeit von Religion zu beweisen (demonstrare). Religion wurde primär als Gottesverehrung in Form von Kult und auf der Basis von Gottesfurcht verstanden.
- *demonstratio christiana:* Nachdem die demonstratio religiosa erfolgreich durchgeführt war, galt es zu zeigen, dass die christliche Religion die wahre, beste bzw. von Gott selbst gewollte Form seiner Verehrung sei. Gegen die Juden und Mohammedaner richtet sich der Beweis der Glaubwürdigkeit der biblischen Offenbarung. Dazu musste man sich auf Jesus Christus

konzentrieren bzw. beweisen, dass Jesus als Sohn Gottes der Übermittler göttlicher Offenbarung sei.

- *demonstratio catholica:* Nach den beiden ersten Schritten galt es angesichts von Häresien und Spaltungen innerhalb des Christentums noch zu beweisen, dass die katholische Kirche die wahre, auf Jesus Christus zurückgehende Gestalt der christlichen Religion sei. Das wahre Christentum ist verkörpert in der ecclesia catholica. Implizit oder explizit werden die Christen anderer Konfession als das eigentliche Gegenüber angesehen.

Diese Dreigliederung prägt noch heute aufgrund ihrer sachlogischen Stringenz die Fundamentaltheologie, wenngleich sich Methodik und Intentionen deutlich gewandelt haben:

- *Traktat Religion:* Es geht um das Verhältnis zwischen Gottesglaube und Rationalität. Die Fundamentaltheologie muss die Vernünftigkeit des theistischen Glaubens im Dialog mit den Nichtglaubenden argumentativ darlegen. Die Themenstellung leitet sich von der Bestreitung der Rationalität des Gottesglaubens in der atheistischen Religionskritik ab, die sich seit dem 18. Jh. systematisch ausgebildet hat.
- *Traktat Offenbarung:* Es geht um die geschichtliche Offenbarung Gottes in Jesus Christus als dem wahren Gesandten Gottes sowie um die Frage, ob auch den nichtchristlichen Religionen Offenbarung zugrunde liegt und wie sich diese Offenbarung ggf. zur Offenbarung in Jesus Christus verhält. Damit verbunden ist der Wahrheitsaufweis des christlichen Glaubens. Die Themenstellung leitet sich ab von der Proklamierung einer reinen Vernunftreligion in der Aufklärung des 17. und 18. Jh.s sowie von der bewussten Wahrnehmung der Pluralität der Religionen.
- *Traktat Kirche:* Es geht um die Legitimation einer notwendig kirchlichen Gestalt des Christentums. Was ist der Grund, der Sinn und die Gestalt der wahren Kirche Jesu Christi? Die Themenstellung leitet sich ab von der kontroverstheologischen Polemik des 16. Jh.s, die sich mit der Frage nach der Entstehung, v. a. aber den Wesenselementen der Kirche befasste und die katholische Kirche als die wahre Form von Kirche zu erweisen hatte. Heute wird dieser Teil der Fundamentaltheologie in ökumenischer Absicht behandelt und darüber hinaus nach der sichtbaren Einheit der Kirche gesucht, wobei sich die Überzeugung durchsetzt, dass sich die eine Kirche Jesu Christi in einer Gemeinschaft von Kirchen realisiert.

Einzelelemente können in einem vierten »*Traktat Theologische Erkenntnisbzw. Prinzipienlehre*« bzw. »*Wissenschaftstheorie der Theologie*« behandelt oder den drei Traktaten, wie in diesem Buch geschehen, vorangestellt werden.

## c) Fundamentaltheologie

Die dritte Phase der Entwicklung der Fundamentaltheologie ist die Ende des 19. Jh.s erfolgte Transformation der Apologetik. Um die Jahrhundertwende nehmen apologetische Traktate und Apologien weithin die Bezeichnung »Fundamentaltheologie« an. Erstmals tritt der Begriff »Fundamentaltheologie« als Traktatbezeichnung bei Johannes Nepomuk Ehrlich (1810–1864) an die Stelle des Namens »Apologetik«. Ehrlich, der Inhaber eines Lehrstuhls für Fundamentaltheologie in Prag war (1856–1864), verfasst eine »Fundamental-Theologie« in zwei Teilen (1859/1862). Zur Namensänderung kommt es, weil für die alte Sache mit ihrem verbrauchten oder einseitig gewordenen Namen eine neue Bezeichnung gewünscht wird. Zudem soll die neue Namensgebung auf eine konzeptionelle Neuorientierung aufmerksam machen, bei der v. a. die wissenschaftstheoretische Fragestellung Berücksichtigung finden soll. Weil die Entstehungs- und Begriffsgeschichte das Wort »Fundamentaltheologie« als ein schillerndes und mehrdeutiges Wort ausweist, war dieser Begriff fähig, die Vieldimensionalität des Problems des »Fundamentalen« bzw. »Fundierenden« innerhalb der Theologie, also die theologische Grundlagenbesinnung und Erkenntnislehre, in sich aufzunehmen.

Im Laufe des 19. Jh.s erfährt die Apologetik eine neue Ausrichtung: Sie möchte im Gegensatz zur neuscholastischen Apologetik die Offenbarungsbotschaft auch ihrer inneren Wahrheitsbewandtnis nach vernunftwissenschaftlich grundlegen. Die neuscholastische Apologetik hat zwar die Möglichkeit und Notwendigkeit der rationalen Glaubensverantwortung betont, diese aber sogleich antirational eingeschränkt, als sie sich allein auf die objektiven Gegebenheiten, die Tatsachen der übernatürlichen Offenbarung bezog. Die Glaubensinhalte sind demzufolge nicht aufgrund innerer Wahrheitseinsicht zu glauben, sondern aufgrund der Autorität des offenbarenden Gottes. Im Gegensatz dazu liegt der Ansatzpunkt dieser neuen fundamentaltheologischen Ausrichtung inmitten der systematischen und historischen Bemühungen innerhalb der Theologie. »Es geht nicht um bloß historische oder rationale Stützfunktionen im Vorfeld des Glaubens, sondern um den Versuch einer offensiven Gesamtdarstellung des christlichen ›Geistes‹ im kritischen Gespräch mit zeitgenössischer Philosophie und Wissenschaft.«[88]

Zur Entstehung und programmatischen Konzeption dieser Fundamentaltheologie trägt u. a. der Tübinger Theologe Johann Sebastian von Drey (1777–1853) wesentlich bei. Drey, der der sog. Tübinger Schule angehört,

---

[88] *J. Reikerstorfer*, Fundamentaltheologische Modelle der Neuzeit: HFTh 4 (²2000), 242–264, hier 246.

publiziert in der ersten Hälfte des 19. Jh.s sein großes dreibändiges Werk mit dem Titel: »Die Apologetik als wissenschaftliche Nachweisung der Göttlichkeit des Christentums in seiner Erscheinung« (1838–47). In der Vorrede zum ersten Band wird vermerkt, dass es sich bei der Apologetik bekanntlich um »eine noch neue Disciplin« handle.[89] Heute gilt der Tübinger Theologe zu Recht als einer der Gründungsväter der neuzeitlich-katholischen Fundamentaltheologie.[90] Sein hohes Ziel war es, die Grundthemen des Christlichen (Gott, Glaube, Jesus Christus, Kirche) so darzustellen, dass die Göttlichkeit des faktischen Christentums unter dem Anspruch der Wissenschaftlichkeit nachgewiesen wird. Hierbei wurde Drey vom legitimen Anliegen der Aufklärung geleitet: Es ging ihm um eine einheitliche Sicht von Wahrheit, in der sich die Wahrheit der Vernunft sowie die der Offenbarung zugleich wiederfinden. Drey ging ferner davon aus, dass »die Beweise für den göttlichen Ursprung des Christenthums in ihm selbst, in den diesen Ursprung constituirenden Erscheinungen liegen, und unsere Aufgabe ist daher, das Göttliche in diesen Erscheinungen aufzuzeigen.«[91] Bei diesem Bemühen konnte sich Drey auf den evangelischen Theologen Friedrich Daniel Ernst Schleiermacher (1768–1834) und dessen »Philosophische Theologie« stützen, die in Apologetik und Polemik gegliedert war.

Das Fundament des christlichen Glaubens soll von nun an so verteidigt werden, dass eine Korrelation zwischen der Objektivität des Glaubens und der Subjektivität der menschlichen Person deutlich wird. Allerdings kann die erneuerte Fundamentaltheologie des 19. Jh.s dieses Anliegen nicht lange durchhalten, denn bald schon bediente sich die Schultheologie wieder des alten Verteidigungs- und Begründungsschemas. Die Apologetik bzw. Fundamentaltheologie des 20. Jh.s ist »eher geprägt von Glaubensverteidigung nach außen, von Kampfstellung gegen naturwissenschaftliche, philosophische und (protestantisch) exegetische Positionen. Man ist … eher an eine Apologetik im krassen und enggeführten (defensiven) Sinn erinnert.«[92] Wieder zog sich also die Apologetik, gestützt auf die Aufklärungsapologetik, ins Vorfeld der behauptenden Dogmatik zurück und verstand sich als reine Verteidigungswissenschaft. Die rationale Glaubensbegründung wurde allein auf

---

[89] *J. S. Drey*, Die Apologetik als wissenschaftliche Nachweisung der Göttlichkeit des Christentums in seiner Erscheinung, Bd. 1: Philosophie der Offenbarung, Mainz 1838, IV.
[90] *M. Seckler*, J. S. Drey und die Theologie: ThQ 158 (1978), 91–109.
[91] *J. S. Drey*, Die Apologetik als wissenschaftliche Nachweisung der Göttlichkeit des Christentums in seiner Erscheinung, Bd. 2: Die Religion in ihrer geschichtlichen Entwicklung bis zu ihrer Vollendung durch die Offenbarung in Christus, Mainz 1843, 232 f.
[92] *H. Wagner*, Fundamentaltheologie: TRE 11 (1993), 738–752, hier 741 f.

die objektiven Gegebenheiten der übernatürlichen Offenbarung eingegrenzt und die Offenbarungstatsache vom Offenbarungsinhalt abgetrennt. Die Offenbarungsbotschaft sollte von außen als wahr und göttlich aufgewiesen werden, anhand äußerer Glaubwürdigkeitskriterien, ganz ohne Glauben. Die äußeren Glaubwürdigkeitszeichen sollten den Offenbarungs- und Wahrheitsanspruch der Boten und ihrer Botschaft zweifelsfrei beweisen. Die Folge waren rational-historische bzw. objektiv-historische Argumentationsfiguren. Zugrundeliegende Kriterien waren[93]: Sie müssen objektiv und allgemein gültig sein, philosophische und geschichtliche Gewissheit bilden und mit dem Wesensinhalt der Offenbarung in systematischer Beziehung und dauerndem Zusammenhang stehen.

Die neuscholastische Apologetik versuchte einen Weg zwischen Fideismus (z. B. Louis Vicomte de Bonald [1754–1840], Joseph Marie de Maistre [1753–1821], Louis-Eugène-Marie Bautain [1796–1867], Hugues-Félicité-Robert de Lamennais, [1782–1854], Augustin Bonnetty [1798–1879]) und Rationalismus (z. B. Herbert von Cherbury [1583–1648], John Toland [1670–1722], Immanuel Kant [1724–1804], Georg Wilhelm Friedrich Hegel [1770–1831]) zu beschreiten:

- *Fideismus:* Entgegen dem Fideismus, der unhinterfragt glaubt, was vorgegeben scheint, soll der Glaube vor der wissenschaftlichen Vernunft begründet werden;
- *Rationalismus:* Entgegen dem Rationalismus soll die Vernunft vom Mysterium der Offenbarung ferngehalten werden; die Wahrheit des Glaubens kann nicht rational bewiesen werden. Aus Angst vor einem theologischen Rationalismus wird einem inhaltlichen Glaubwürdigkeitsaufweis keine Bedeutung beigemessen.

Um keiner der beiden Extreme zu verfallen, wurde die Lösung in einem dualistischen System aus natürlicher und übernatürlicher Ordnung, übernatürlichem Glauben und natürlichem Unterbau gesucht. Die traditionelle Apologetik verstand die Offenbarung Gottes theologisch so, dass Gott ungeschuldet, d. h. frei Glaubenswahrheiten mitteilt, die rational nicht erschließbar sind und selbst nach ihrer Offenbarung echte Geheimnisse bleiben, also nur bedingt verstehbar sind. Würden sich die geoffenbarten Glaubenswahrheiten der Vernunft vollkommen erschließen, wäre die Freiheit Gottes geleugnet. Wenn nämlich der Mensch die Wahrheiten auch ohne Offenbarung erkennen kann, wäre Gott nicht mehr frei, sie zu offenbaren oder zu ver-

---

[93] *F. Hettinger,* Lehrbuch der Fundamental-Theologie oder Apologetik, Bd. 1, Freiburg i. Br. ³1913, 167.

schweigen. Aufgrund dessen könne die Wahrheit der Glaubensaussagen nicht mit Hilfe des Inhalts begründet werden, sondern nur rein äußerlich, durch ihr Geoffenbartsein. Da so das Geheimnis der Glaubenswahrheiten bewahrt wurde, konnte dennoch von einem Glaubensakt gesprochen werden, obgleich die Tatsache der Existenz Gottes sowie dessen Offenbarung in Jesus Christus als rational beweisbar galten.

Das Gegründetsein des christlichen Glaubens auf göttliche Offenbarung galt als Beweis der Wahrheit bzw. Rationalität des christlichen Glaubens wie auch seiner exklusiven Besonderheit. Zum Beweis befasst sich die Schulapologetik nur mit äußeren Befundmerkmalen, mit den äußeren Anzeichen dafür, dass Offenbarung vorliegen könnte, wie das schon die Aufklärungsapologetik im 17./18. Jh. tat. Für die Erkennbarkeit des Offenbarungsfaktums seien die subjektiven Kriterien (religiöse Sehnsucht) unwichtig, ebenso die objektiv-inneren Kriterien (Eigenschaften der geoffenbarten Lehre). Allein ausschlaggebend seien die objektiv-äußeren Kriterien. Als Glaubwürdigkeitsnachweis für die Offenbarungstatsache galten insbesondere Wunder, v. a. das der Auferstehung Jesu, die Erfüllung von Verheißungen und die Glaubwürdigkeit von Offenbarungszeugen (Martyrium). Die vollbrachten Wunder sowie die erfüllten Verheißungen sollten beweisen, dass Jesus zu seinen Offenbarungen göttlich legitimiert ist. Weil dies aber nur mit Hilfe biblischer Zeugnisse geschehen konnte, musste zusätzlich deren Glaubwürdigkeit belegt werden, wozu das Argument des Martyriums diente: Steht die göttliche Vollmacht Jesu fest, so ist bewiesen, dass er zu Recht als Offenbarer Gottes gilt und der Inhalt dieser Offenbarung der Hl. Schrift entnommen werden kann. Würden Glaubensinhalte in die apologetische Arbeit mit einfließen, wären die Rationalität im Sinne der Voraussetzungslosigkeit der Argumentation sowie die Ungeschuldetheit der Offenbarung bedroht und der Glaube in Frage gestellt, da Offenbarungswahrheiten zu Vernunftwahrheiten würden.

Die neuscholastische Apologetik erstarrte mehr und mehr in einer formalistischen Beweisführung, konnte jedoch in den 20er und 30er Jahren des 20. Jh.s überwunden werden. Maßgeblich waren daran v. a. französische Theologen beteiligt. Insbesondere der französische Philosoph Maurice Blondel (1861–1949) und die philosophische Schule von Joseph Maréchal (1878–1944) ebneten den Übergang zur Immanenzapologetik. Beide bedienten sich der transzendentalen Methode von Immanuel Kant und fragten nach den Bedingungen des Hingerichtetseins der menschlichen Existenz auf eine übernatürliche Offenbarung. »Die Idee des Übernatürlichen ist gewissermaßen ein Apriori im Menschen, das ihm gestattet, dieses zu erkennen und aufzunehmen, falls es sich dem Menschen schenkt. Auf dieser Grundeinsicht aufbauend, kann die ›Immanenzapologetik‹ (bzw. ›subjektive‹ Apologetik) erarbeitet werden. Sie will von Anfang an nicht Konkurrentin der ›objektiven‹ Apologetik/Fundamentaltheologie sein, sondern jene ergänzen.«[94] So erfährt die Apologetik eine anthropologische Grundausrichtung.

Eine solche Immanenzapologetik konnte sich aber nicht sogleich gegenüber der neuscholastischen Apologetik durchsetzen. Diese zeigte nämlich Beharrungsvermögen und bezichtigte die Neuansätze des Modernismus. Überwunden wurde die objektiv-rationale Argumentationsfigur der neuscholastischen Apologetik erst nach dem Ersten Weltkrieg, insbesondere im deutschen Sprachraum – hier sind v. a. Karl Adam (1876–1966), Karl Eschweiler (1886–1936), Romano Guardini (1885–1968), Arnold Rademacher (1873–1939) und Gottlieb Söhngen (1892–1971) zu nennen. Die Immanenzapologetik bzw. transzendentale Fundamentaltheologie unterschied sich von der neuscholastischen Apologetik sowohl der Methode als auch dem Wahrheitskriterium nach. Ihr ging es nicht um die Korrespondenz zwischen historischen Fakten und Glaubenssätzen (Korrespondenztheorie der Wahrheit), sondern um eine Korrelation zwischen dem Inhalt des Glaubens und der transzendental-existentialen Struktur menschlicher Existenz (Kohärenztheorie der Wahrheit).

Gegenwärtig vermag indes der transzendentale Ansatz nicht mehr voll zu überzeugen. So kam es zur Ausbildung alternativer Modelle, etwa das der politischen Theologie, der Theologie der Befreiung oder der hermeneutischen Theologie. Sie betonen stärker, was in der transzendentalen Theologie nur rudimentär zur Sprache kommt, nämlich die interpretative Dimension der menschlichen Erfahrung und die gesellschaftliche Situation des menschlichen Subjekts. Die transzendentale Theologie betont allein die unthematische oder implizite Erfahrung. Angesichts dieser Neuansätze kann es nicht verwundern, dass heute mit dem Namen »Fundamentaltheologie« mehr denn je unterschiedliche programmatische Auffassungen verbunden sind, was sich näherhin in der Bestimmung der Aufgaben, Materialbereiche und Methoden des Fachs niederschlägt. Die genaueren Vorstellungen von der Arbeit der Fundamentaltheologie können teilweise erheblich variieren. Insofern ist »die Neuformulierung der fundamentaltheologischen Aufgabe durchaus noch strittig«.[95]

---

[94] *H. Wagner,* Fundamentaltheologie: TRE 11 (1993), 738–752, hier 743.
[95] *H. J. Pottmeyer,* Zeichen und Kriterien der Glaubwürdigkeit des Christentums: HFTh 4 (²2000), 265–299, hier 268.

## 3. Fundamentaltheologische Aufgaben und Methoden

### 3.1. Grundaufgaben der Fundamentaltheologie

*K. Rahner,* Einige Bemerkungen zu einer neuen Aufgabe der Fundamentaltheologie: Schriften XII (1975), 198–211; *M. Seckler,* Fundamentaltheologie: Aufgaben und Aufbau, Begriff und Namen: HFTh 4 (²2000), 331–402; *H. Wagner,* Einführung in die Fundamentaltheologie, Darmstadt ²1996, 42–61; 91–104.

*a) Studienziel*

Es herrscht die Überzeugung vor, dass die Option in 1 Petr 3,15b den Konvergenzpunkt fundamentaltheologischer Bemühungen markiert. Hiervon ausgehend kann das Selbstverständnis der Fundamentaltheologie formuliert werden als λόγος-gemäße und λόγος-hafte, d. h. vernünftige Verantwortung der christlichen Existenz von ihrer Sinnhaftigkeit her. Es geht der Fundamentaltheologie also um die kognitive Einholung und vernunfthafte Rekonstruktion jener Wirklichkeit und Wahrheit, die die christliche Existenz konstituiert. Aufgabe der Fundamentaltheologie ist eine reflexive Glaubensverantwortung, indem die Konsistenz und innere Kohärenz des christlichen Glaubens an das Wort Gottes aufzuweisen versucht wird; Kohärenz und Konsistenz sind wesentliche Kriterien zur Bewährung des Offenbarungsglaubens. »Fundamentaltheologie ist Ausdruck einer kompromißlosen Verpflichtung auf die Wahrheit (was immer sich als solche zeigen wird). Inwiefern der Glaube vernünftig ist, bemisst sich daran, mit welcher intellektuellen Sorgfalt und Verantwortung dieser Verpflichtung auf die Wahrheit nachgegangen wird.«[96]

In ihrer Rahmenordnung für die Priesterbildung schreiben die deutschen Bischöfe: »Studienziel ist die Fähigkeit, den christlichen Glauben im Blick auf seinen in der Offenbarung selbst gegebenen Grund und vor der Vernunft sowie dem wissenschaftlichen und gesellschaftlichen Bewusstsein in seinen wechselnden Gestalten zu verantworten.«[97]

*b) Grundlagenbesinnung*

Innerhalb des fundamentaltheologischen Aufgabenfeldes kann zwischen einer theologischen Grundlagenbesinnung und einer Grundlagenbegründung unterschieden werden, d. h. zwischen einer Selbsterschließung ad intra

---

[96] *P. Schmidt-Leukel,* Grundkurs Fundamentaltheologie. Eine Einführung in die Grundfragen des christlichen Glaubens, München 1999, 12.
[97] Die deutschen Bischöfe, Rahmenordnung für die Priesterbildung (1. Januar 2004), 64.

und einer Selbstbehauptung ad extra. Der Fundamentaltheologe gleicht einem Menschen, der »an der Schwelle eines Hauses steht und von dieser Stelle nach innen blickt, mit dem Interesse, die Fundamente des Hauses auf ihre tragenden Grundlagen zu prüfen [Selbsterschließung ad intra], der aber auch nach draußen blickt, ohne das Haus zu verlassen, und den Menschen ›vor der Tür‹ – in einer ihnen verständlichen Sprache und Argumentation – von der erkannten Kohärenz (sprich: Glaubwürdigkeit, Sinnhaftigkeit, inneren Stimmigkeit) Mitteilung macht [Selbstbehauptung ad extra].«[98]

In Bezug auf die Selbsterschließung ad intra kann der Objektbereich der Fundamentaltheologie näher in formaler und materialer Hinsicht unterteilt werden. Den materialen Objektbereich genauer zu beschreiben, fällt insofern schwer, als es keinen spezifisch fundamentaltheologischen Themenkanon gibt. Die Fundamentaltheologie muss sich bei der Aufgabe, den Glauben inhaltsorientiert zu verantworten und zu begründen, in Stoffgebieten der anderen theologischen Disziplinen bewegen. Diese komplizierte Wechselbeziehung ist dadurch bedingt, dass eine inhaltliche Glaubensverantwortung nicht mehr schlechterdings auf die Außenseite der Offenbarung verwiesen sein kann, wie dies bei der neuscholastischen Apologetik noch der Fall war.

Trotz aller Schwierigkeiten können systematisch zentrale Grundbegriffe wie »Religion«, »Offenbarung« und »Kirche« die Funktion von Gliederungsprinzipien übernehmen. Daraus resultieren drei Abhandlungsfelder, die sich schon in der klassischen Demonstrationsapologetik herausbildeten. Dieses Schema wird noch heute als Ordnungsprinzip aufrechterhalten, trotz aller Unterschiede in den jeweiligen Ansätzen. Der Grund dürfte wohl die sachlogische Konzeption sein, die sich dahinter verbirgt. Die klassische Traktateinteilung »erweist sich als sachgerecht, und ihr immer neues Auftauchen bestätigt auf eigene Weise die verschiedenen Ansätze.«[99] Die Traktate »Religion«, »Offenbarung« und »Kirche« leuchten in ihrer Systematik ein, und innerhalb dieses Dreischritts können alle anstehenden Inhaltsfragen ihren theologischen Ort und ihre Behandlung finden. Als Quintessenz steht am Ende der inhaltliche Begriff des Christentums.

Die drei materialthematischen Traktate wurden im Laufe der Zeit durch einen formalthematischen Traktat ergänzt. Der Traktat »de locis theologicis« knüpfte ursprünglich an die demonstratio christiana und die demonstratio catholica an. Es sollte gezeigt werden, dass der biblische Kanon die von Jesus übermittelte und im AT vorbereitete Offenbarung authentisch bezeugt, und

---

[98] *H. Wagner*, Einführung in die Fundamentaltheologie, Darmstadt ²1996, 43.
[99] *H. Waldenfels*, Kontextuelle Fundamentaltheologie, Paderborn ³2000, 21.

dass diese Offenbarung im Leben der Kirche durch die theologische Tradition und das kirchliche Lehramt entfaltet wird. Quellen der Theologie (Fund*orte* – loci theologici) sind somit Schrift, Tradition und Lehramt, auf die sich zu stützen vernünftig ist. Von hier aus konnte die Dogmatik mit der systematischen Entfaltung der christlichen Glaubenslehre beginnen. Heute hat sich dieser Traktat wesentlich erweitert bzw. umgebildet.

Es wird berücksichtigt, dass es sich bei den drei Quellen der Theologie – Schrift, Tradition, Lehramt – allesamt um Zeugnisse und Dokumente des Glaubens handelt. Eine sinnvolle Grundlegung der Theologie muss daher primär bei der Frage der Glaubensgewissheit ansetzen und damit verbunden das grundsätzliche Verhältnis von Glaube und Vernunft klären. Das Formalobjekt der fundamentaltheologischen Grundlagenbesinnung umfasst näherhin drei Teilmomente, die je für sich eine traktatbildende Kraft besitzen:

- *Wissenschaftstheorie der Theologie:* Sie hat das Selbstverständnis und den Begriff der Theologie zu bestimmen und die Voraussetzungen, Bedingungen, Regeln, Gegenstände, Ziele und Verifikationskriterien der Glaubenswissenschaft auszuarbeiten. Dazu gehört auch das, was früher die »Formalenzyklopädie« der Theologie genannt wurde, nämlich die Frage, welcher theologische Fächerkanon sinnvollerweise der gesamttheologischen Aufgabe entspricht, d. h., wie die theologische Arbeit insgesamt sinnvollerweise wissenschaftstheoretisch und -praktisch organisiert sein kann.
- *Theologische Erkenntnislehre:* Hier dreht es sich um eine theologische Lehre von den Erkenntnisweisen des Volkes Gottes.
- *Theologische Prinzipien- und Kategorienlehre:* Prinzipien sind die grundlegenden Gegebenheiten, die den geistigen Bereich des Christentums und der Theologie vom Gegenstand her aufbauen, während Kategorien die Seins- und Aussageweisen des Christlichen benennen.

### c) Glaubensverantwortung

Die grundsätzliche Aufgabe der Selbstbehauptung ad extra, d. h. der apologetischen Theologie besteht darin, den christlichen Glaubens-λόγος auf glaubenswissenschaftliche Weise nach außen zu vermitteln und sich mit den Infragestellungen, die von außen an das Christentum herangetragen werden, auseinander zu setzen. Die apologetische Funktion zielt demnach auf Sinnvermittlung der christlichen Botschaft nach außen und auf deren Selbstbehauptung gegen Angriffe von außen ab. Diese apologetische Aufgabe muss nach der Art eines argumentativ verfassten Vernunftdenkens erfolgen. Dabei kann die Auseinandersetzung mit gegnerischen Positionen selbst ein wichtiger Beitrag zur Klärung der christlichen Sache sein. Denn wie die Theologiegeschichte zeigt, erfasste sich der christliche λόγος auf dem Wege der Verteidigung selbst immer tiefer. Sinnrechenschaft nach außen korreliert mit einer tieferen Sinnerfassung im Inneren.

Die apologetische Aufgabe der Sinnvermittlung ist, im Gegensatz zur Aufgabe der Sinnauskunft, an keine Anfrage und keinen Angriff von außen gebunden. Aufgrund seines Sendungsauftrags ist das Christentum nämlich jederzeit zur Vermittlung des christlichen λόγος aufgefordert. Doch wenn keine direkte Nachfrage von außen vorliegt, ist es hilfreich, bei der fundamentaltheologischen Glaubensverantwortung dennoch einen klaren Adressaten vor Augen zu haben, d. h., die Sinnvermittlung ist nicht von ungefähr vorzunehmen, sondern innerhalb des jeweiligen gesellschaftlich-geschichtlichen Kontextes, also im Blick auf den jeweiligen Problemhorizont bzw. auf konkrete Erkenntnis- und Fragenzusammenhänge.

Auch innerhalb der apologetischen Theologie lassen sich näherhin verschiedene Teilaufgaben unterscheiden. Weil aber die Unterscheidung in eine fundamentaltheologische Grundlagenbesinnung und eine fundamentaltheologische Glaubensverantwortung weniger sachlich als vielmehr arbeitstechnisch bedingt ist, bietet es sich an, die Funktionen der Sinnvermittlung in den Traktaten der Fundamentaltheologie mitlaufend zu berücksichtigen.

### 3.2. Methodenfrage

*M. Seckler*, Fundamentaltheologie: Aufgaben und Aufbau, Begriff und Namen: HFTh 4 (²2000), 398–400; *E. Felten*, Die Sicht der Kirche. Ekklesiologische Entwürfe in der Fundamentaltheologie der Gegenwart, Trier 1996, 7–15; *P. Schmidt-Leukel*, Grundkurs Fundamentaltheologie. Eine Einführung in die Grundfragen des christlichen Glaubens, München 1999, 17–21.

### a) Extrinsezismus

Die klassische bzw. objektive Apologetik wollte mit Hilfe eines rationalen Diskurses außerhalb des Glaubens nachweisen, dass der Glaube zwar rational begründet, aber der Vernunftgebrauch im Innenraum des Glaubens nicht möglich sei. Dazu wurden die Glaubwürdigkeit des Offenbarungsfaktums und die Glaubwürdigkeit der Quellen rational aufgewiesen und gegenüber dem englischen Deismus ein historischer Ansatz verfolgt: Durch einen historischen Beweis (demonstratio) sollte aufgezeigt werden, dass zwischen Glaubenssätzen und historischen Fakten eine Korrespondenz besteht.

Die Glaubwürdigkeitsmotive (Wunder, erfüllte Prophezeiung, Glaubwürdigkeit der Offenbarungszeugen) bildete die äußere Voraussetzung für die Glaubensentscheidung. Allein durch den zwingenden Beweis der Offenbarungstatsachen sollte so der Glaubensgehorsam begründet werden. Wenn bewiesen war, dass hier Offenbarung vorliegt, galt der Inhalt aufgrund der Autorität Gottes als gehorsam zu glauben. Im Visier der Apologetik war also der Glaubensgehorsam, während die Glaubensentscheidung ausschließlich auf der Autorität des offenbarenden Gottes gründete (DH 3008). Sie verlieh dem Glauben eine alles übersteigende Sicherheit. Diese Methode kann als »extrinsezistisch« (extrinsecus: nach außen gewendet) bezeichnet werden. Die rationale Demonstrationsapologetik, die zwischen den beiden Vatikanischen Konzilien vorherrschte, »verstand ihre Aufgabe einzig und allein als Aufweis der ›natürlichen‹ (ohne Wirkung der Gnade prinzipiell möglichen), durch bloße Vernunft allein beweisbaren und objektiven (auf äußere Kriterien gegründeten) Glaubwürdigkeit der christlichen Offenbarung. Durch die ›Voraussetzungslosigkeit‹ wollte die theologische Verteidigung des Glaubens ihre ›rationalistischen‹ Gegner auf deren eigenem Feld und mit ihren eigenen Waffen schlagen.«[100]

In ihren demonstrationes (Aufweise, Beweisgänge) wollte die kirchliche Apologetik dem Menschen im Vorfeld des Glaubens zeigen, dass es durchaus intellektuell redlich und verantwortbar sei, göttliche Offenbarung anzunehmen und dem Anspruch des offenbarenden Gottes im Glaubensgehorsam nachzukommen. Glaube und Glaubensinhalte hätten in der objektiven Apologetik keinen Ort. Die metaphysischen praeambula fidei nannten die Bedingungen, die gegeben sein müssten, damit der Mensch seine Glaubensentscheidung in intellektueller Redlichkeit rechtfertigen könnte. Durch den Verzicht auf Glaubensvoraussetzungen war eine eindeutige Abgrenzung zur Dogmatik gegeben, deren Aufgabe die inhaltliche Ausgestaltung der christlichen Glaubenslehre war – methodisch den Glauben voraussetzend. Weil die Apologetik sozusagen im Vorfeld der Offenbarung philosophisch und historisch operierte, wurde ihr indes der Anspruch, wirkliche Theologie zu sein, nicht selten abgesprochen. Aufgrund der rein rationalen Vorgehensweise war die Abgrenzung zur Religionsphilosophie weitaus schwieriger, ja gar unmöglich. Der Inhalt der Religionsphilosophie war mit der demonstratio religiosa weitgehend identisch. Auch die Methode war im Grunde dieselbe. Die Apologetik ging allein in den anderen demonstrationes über die gewöhnliche Arbeit der

---

[100] K. *Lehmann*, Apologetik und Fundamentaltheologie. Eine kleine Einführung: IKaZ 7 (1978), 289–294, hier 291.

Religionsphilosophie hinaus. So wurde die Religionsphilosophie zumeist als weitere, grundlegende Disziplin der Apologetik vorgeordnet.

Seit dem 20. Jh. vermag eine extrinsezistische Methode nicht mehr zu überzeugen. Es hafteten ihr unübersehbare Mängel an, die zum Dogmatismusverdacht Anlass gaben:

- Die historisch-kritische Bibelwissenschaft hat das extrinsezistische Begründungskonzept in massive Schwierigkeiten gebracht, so dass z. B. aus den Wundern als »des Glaubens liebstes Kind«[101] alsbald ihr Sorgenkind wurde. Verstand nämlich die traditionelle Lehre die Wunder als göttliche Durchbrechung von Naturgesetzen[102], unterstrich die historisch-kritische Exegese den theophanen Charakter der Wunder, weshalb diese nur im Kontext der Heilsgeschichte adäquat interpretiert werden können und nicht außerhalb der göttlichen Offenbarung.

- In der heutigen philosophischen Erkenntnisdiskussion gilt die Vorstellung einer voraussetzungslosen Argumentation als unhaltbar und unbrauchbar.

- Eine allgemeine religiöse Grundüberzeugung, der Mensch hänge von Gott ab und er schulde darum dem offenbarenden Gott Gehorsam, existiert im Klima eines nachchristlichen Säkularismus nicht mehr. So reicht es heute nicht, die Tatsache göttlicher Offenbarung anhand äußerer Glaubwürdigkeitsgründe aufzuweisen. Vielmehr steht die Offenbarungsbotschaft als solche unter Bedeutungslosigkeits- bzw. Belanglosigkeitsverdacht. Weil die kognitiv-instrumentelle Vernunft den Sinngehalt der Offenbarungsbotschaft selbst bezweifelt, greift die schulapologetische Argumentation zu kurz. Die Glaubwürdigkeit der Offenbarung ist nicht schon durch einen Autoritätsanspruch gegeben, der durch äußere Zeichen göttlicher Macht beglaubigt wird.

- Die Offenbarungsbotschaft kann durch die Trennung von Offenbarungstatsache und Offenbarungsinhalt nicht mehr gegenüber der wissenschaftlichen Vernunft immunisiert werden; diese lässt sich ihren Forschungsbereich nicht vorschreiben. Tatsache und Inhalt der Offenbarung gehören zusammen. Das hat zur Konsequenz, dass die Tatsache der Offenbarung nur in dem Maße erkannt werden kann, wie jemand zum Glauben findet.

---

[101] *J. W. von Goethe*, Faust. Der Tragödie erster Teil, Nacht: Goethes poetische Werke. Vollständige Ausgabe, Bd. 5. Die großen Dramen. J. G. Cotta'sche Buchhandlung Nachfolger. Stuttgart o. J., 183.

[102] *A. Lang*, Die Sendung Christi. Fundamentaltheologie. Bd. 1, München ³1962, 123–128.

- Auch theologisch ist es nur schwer einsichtig, weshalb lediglich der Glaubensgehorsam, nicht aber die Glaubensinhalte vernünftig sein sollten, obgleich sie den Menschen doch in seiner gesamten Person existentiell betreffen. Haben die Glaubensinhalte keine erhellende oder sinnstiftende Bedeutung? Wie steht es um den »λόγος der Hoffnung, die euch erfüllt« (1 Petr 3,15)? Ist dem Offenbarungsereignis in Jesus Christus wirklich keine gesamtmenschlich zu vermittelnde Glaubwürdigkeit zu eigen?
- Wenn die Offenbarung Gottes satzhaft verstanden wird, stellt sich das Problem der Kontextbedingtheit geoffenbarter Aussagen. Wie aber soll und kann unterschieden werden, was an einem als geoffenbart geltenden Satz, der vernunftübersteigend ist, zeitbedingte, menschliche Sprachgestalt und was übernatürlich geoffenbarter Inhalt ist? Eine situationsbezogene Perspektive verlangt nach einer anderen Methodik.

*b) Intrinsezismus*

Die rationale Apologetik wurde aufgrund ihrer Mängel im Laufe der Neuzeit durch eine inhaltliche Glaubwürdigkeitsbegründung ersetzt. Die intrinsezistische Fundamentaltheologie nimmt den suchenden und fragenden Menschen in den Blick und konzentriert sich auf Glaubensinhalte. Sie möchte zeigen, dass die geoffenbarten Glaubenswahrheiten sinnstiftende und existentiell erhellende Funktion besitzen. Die rationale Verantwortung des Glaubens soll durch ein rationales Verstehen der Glaubensinhalte geschehen. Der Wahrheitsanspruch des Glaubens soll also nicht mehr durch isolierte Phänomene aufgewiesen werden, sondern durch die Glaubwürdigkeit der Glaubensinhalte selbst. Zur inhaltlichen Glaubensverantwortung tritt darum der Glaubensvollzug mit hinzu. Das bedeutet, rationale Glaubensverantwortung geschieht nicht mehr unter Ausklammerung des Glaubens.

Wesentlich für die intrinsezistische Methode ist ein verändertes Offenbarungsverständnis: Offenbarung meint nicht mehr die Mitteilung von satzhaften Glaubenswahrheiten, sondern die wesenhafte Selbstmitteilung Gottes. Als Konsequenz folgt, dass der Glaube nicht mehr primär als das Fürwahrhalten geoffenbarter Sätze verstanden wird, sondern primär als Beziehung zu dem sich selbst offenbarenden Gott. Das hat Auswirkungen auf die Fundamentaltheologie: Sie kann weder vom Glauben absehen noch Offenbarungsinhalt und Offenbarungstatsachen voneinander trennen. So geschieht die fundamentaltheologische Argumentation aus dem vorgegebenen Glaubensinhalt heraus; die Begründung der Vernünftigkeit des Glaubens ist v. a. hermeneutisch zu führen, als Selbstauslegung des Glaubens für den Glaubenden.

Die intrinsezistische Fundamentaltheologie setzt den Glauben bewusst voraus und vergewissert sich auf der Basis der christlichen Überzeugung, ob der christliche Glaube legitim sei und vor dem Forum der Vernunft und der Wissenschaft bestehen könne. Statt den Glauben durch philosophische Reflexionen und historische Beweisgänge sichern zu wollen, wird auf der Basis des Glaubens und mit Hilfe der Offenbarungsinhalte argumentiert unter Berücksichtigung der Erwartungen, Erfahrungen und Zweifel der Menschen.

Das geschieht mittlerweile mehr oder weniger in allen theologischen Disziplinen. Darum kann von einer fundamentaltheologischen Ausrichtung der Theologie als Ganzer gesprochen werden. Es herrscht allgemein die Überzeugung vor, dass Vertretbarkeit und Glaubwürdigkeit des Glaubens anhand der Glaubensinhalte einzulösen seien. Indessen hat v.a. die Fundamentaltheologie zu zeigen, dass die Sache des Glaubens den Menschen in seinem Sein wesentlich angeht und eine Sache des vernünftigen Denkens und der Verantwortung sein kann. Eine intrinsezistische Fundamentaltheologie kann folglich den Dualismus zwischen Natur und Übernatur aufgeben. Sie darf stattdessen davon ausgehen, dass es die Gnade Gottes selbst ist, die immer auch neue Momente in den menschlichen Erkenntnisvorgang mit einbringt.

Wenn der christliche Glaube nur eine Sache des Glaubens wäre, könnte zwar ein universaler Geltungsanspruch, aber kein universaler Wahrheitsanspruch geltend gemacht werden. Es wäre nur ein werbendes Überreden möglich, aber kein vernünftig einlösbarer Wahrheitsanspruch. Der christliche Glauben will aber nicht vernunftlose, blinde Unterwerfung, sondern das freie Engagement aus Einsicht in den Wahrheitsgehalt der Sache selbst. Der Universalismus des christlichen Glaubens gründet im λόγος der Sache selbst. Christlicher Glaube muss im Interesse seiner vernünftigen, und damit sittlichen Universalität, von sich aus ein Thema des Denkens sein und sich im vernünftigen Diskurs als begründet erweisen. Nur wenn sich die göttliche Offenbarung vom Unsinn unterscheidet[103] und einen genuinen Ort in der menschlichen Vernunftbewegung hat, kann die christliche Botschaft zum Gegenstand argumentativer Verständigung werden und sich der christliche Glaube als etwas erweisen, das von der Sache her alle Menschen unbedingt angeht.

Bei einer solch inhaltlichen Glaubensverantwortung können auch äußere Zeichen und Zeugen durchaus eine Rolle spielen, aber nicht jene Bedeutung

---

[103] *S. Kierkegaard*, Abschließende unwissenschaftliche Nachschrift zu den philosophischen Brocken Bd. II: Gesammelte Werke Abt. 16, hg. v. E. Hirsch (GTB 613), Düsseldorf 1959, 279.

einnehmen, die ihnen im schulapologetischen Wunderbeweis zukam: Ereignisse im Sinne von contra naturam. Zeichen und Zeugen wohnt eine erschließende Kraft inne, und so gesehen kommt ihnen eine begründende Funktion zu. Doch die Erschließung, zu der sie befähigen, vollzieht sich in einem bestimmten Interpretationsrahmen. Das bedeutet, nur auf der Basis des Glaubens können sie zu jener Wirklichkeit hinführen, die sie bezeugen. Nichtsdestotrotz sind sie imstande einem Nichtglaubenden anzuzeigen, welche Wirklichkeit sie Glaubenden erschließen. Insofern können diese durchaus einen Begründungsbeitrag leisten.

Wie mit der extrinsezistischen Ausrichtung der Schulapologetik, so sind auch mit der intrinsezistischen Methode heutiger Fundamentaltheologie gewisse Schwierigkeiten verbunden, trotz all ihrer Vorteile:

- Die Abgrenzung der Fundamentaltheologie von der Dogmatik fällt schwerer.
- Eine Fundamentaltheologie, die bei der rationalen Glaubensverantwortung hermeneutisch arbeitet, indem sie den Glauben als einen sich selbst tragenden Verstehensakt entfaltet und dabei auf die Selbstevidenz des Glaubens baut, hat auf so viele philosophische, wissenschaftstheoretische, exegetische, historische etc. Fragestellungen einzugehen, dass sie »geradezu zu einer Art ›Pantheologie‹« zu werden droht.[104]

## 4. Fundamentaltheologische Konzeptionen

### 4.1. Verändertes Rationalitätsverständnis

*P. Schmidt-Leukel*, Grundkurs Fundamentaltheologie. Eine Einführung in die Grundfragen des christlichen Glaubens, München 1999, 77–91; *A. Loichinger*, Warum sollen wir rational sein?: MThZ 47 (1996) 43–64; Glaube und Vernunft: P. Schmidt-Leukel (Hg.), Berechtigte Hoffnung. Über die Möglichkeit, vernünftiger Christ zu sein. Antwort auf: Edgar Dahl (Hg.), Die Lehre des Unheils, Paderborn 1995, 15–48; *A. Kreiner*, Demonstratio religiosa: H. Döring, A. Kreiner, P. Schmidt-Leukel, Den Glauben denken. Neue Wege der Fundamentaltheologie (QD 147), Freiburg i. Br. 1993, 35–48; *H.-M. Baumgartner*, Wandlungen des Vernunftbegriffs in der Geschichte des europäischen Denkens: L. Scheffczyk (Hg.), Rationalität. Ihre Entwicklung und ihre Grenzen, München 1989, 167–203; *W. Pannenberg*, Wissenschaftstheorie und Theologie, Frankfurt a. M. 1987, 329–348; *A. Hügli, P. Lübcke*, Philosophie im 20. Jahrhundert, Bd. 2: Wissenschaftstheorie und Analytische Philosophie, Hamburg 1993, 474–498.

---

[104] *H. Wagner*, Fundamentaltheologie: TRE 11 (1993), 738–752, hier 743.

### a) Verifikationistischer Rationalitätsbegriff

Lange Zeit war ein substantialistisches Vernunftverständnis bestimmend – im Grunde seit der Zeit der bewussten Thematisierung von Vernunft. Für die antiken Philosophen galt die Vernunft (λόγος) als ein Wesensbestandteil der menschlichen Seele. Folglich definierten sie den Menschen als das mit Vernunft begabte Lebewesen (ζῷον λογικόν, animal rationale). Allein der als Substanz gedachten Vernunft war es vorbehalten, über einen ausschließlich ihr zugänglichen Bereich von Erkenntnisgegenständen zu verfügen, innerhalb dem sie bei richtigem Gebrauch zu wahren und absolut sicheren Einsichten gelangt.

Schon Aristoteles bestimmte als Ideal rationaler Erkenntnis das unbezweifelbar sichere Wissen. Es ist dann gegeben, wenn man den Grund für etwas erkennt und zugleich erkennt, »daß es sich unmöglich anders verhalten kann«.[105] Das bedeutete, dass demzufolge die Zustimmung zu einer Behauptung nur dann als vernünftig gelten konnte, wenn die Wahrheit der Behauptung bewiesen war. Rationale Zustimmung bedurfte einer sicheren Beweisbarkeit (Beweiswissen). Selbst nach René Descartes (1596–1650) war es »vernünftig …, bei dem nicht ganz Gewissen und Unzweifelhaften ebenso sorgsam seine Zustimmung zurückzuhalten wie bei offenbar Falschem«.[106] Die Gleichsetzung von Wissen und Gewissheit bzw. Rationalität und Beweisbarkeit findet sich auch noch im 19. Jh. bei William Kingdon Clifford (1845–1879) und William James (1842–1910). Clifford formulierte beispielsweise: »It is wrong always, everywhere, and for anyone, to believe anything upon insufficient evidence« (Es ist immer, überall und für jedermann falsch, irgendetwas aufgrund unzureichender Beweise zu glauben).[107]

Entscheidend ist, dass der substantiell gefassten Vernunft die vernünftigen Erkenntnisgegenstände a priori vorgegeben sind. Bei richtigem Gebrauch der Vernunft kann der Mensch mit Gewissheit erkennen, was wahr, gut, richtig, schön und wertvoll ist. Die Objektivität vernünftigen Erkennens hängt an der doppelten metaphysischen Voraussetzung: Der Mensch ist wesenhaft vernünftig, und Vernunft kann sich auf a priori vorgegebene Inhalte beziehen, die sie bei rechtem Gebrauch adäquat zu erkennen vermag.

---

[105] *Aristoteles*, Analytica posteriora I,2 (71b12).

[106] *R. Descartes*, Meditationen über die Grundlagen der Philosophie, I,8: René Descartes Philosophische Schriften in einem Band. Mit einer Einführung v. R. Specht und »Descartes' Wahrheitsbegriff« v. E. Cassirer, Hamburg 1996, 32.

[107] *W. K. Clifford*, The Ethics of Belief: ders., Lectures and Essays, London 1879, 177–211, hier 186.

Mit dem substantiellen Vernunftverständnis, das zu unzweifelbar sicherem Wissen führt, korrespondiert die Voraussetzungslosigkeit der Vernunft: Als Substanz in der menschlichen Seele galt die Vernunft als voraussetzungslos, denn nur so könne sie die Wirklichkeit erkennen, wie sie an sich ist, nur so vermöge sie das Ideal des sicheren Wissens zu verbürgen. Das gilt selbst noch im Fall von Descartes und Kant. Beide versubjektivieren zwar die Vernunft, weisen aber innerhalb der radikal subjektiv gewordenen Vernunft einen festen Bestand objektiver Inhalte aus. Descartes in Form der »ideae innatae«, Kant in Form der Kategorien des Verstandes und der Ideen der Vernunft, d. h. der transsubjektiven, apriorischen Möglichkeitsbedingungen subjektiver Erfahrung, Erkenntnis und Moral überhaupt.

Für die traditionelle Demonstrationsapologetik war es eine entscheidende Voraussetzung, das Dasein Gottes auf rein vernünftigem Weg beweisen zu können. Dabei basierte sie auf dem klassisch-neuzeitlichen Rationalitätsbegriff und ging von sicherem Wissen aus. Die Vernunft wurde als Kraft verstanden, durch die man mittels strenger Deduktion von a priori unbezweifelbaren Prinzipien zur Wahrheit gelangen konnte. Demnach musste das Dasein Gottes zu beweisen sein, sollte der Glaube nicht irrational sein.

*b) Dispositioneller Rationalitätsbegriff*

Schon manche Scholastiker hatten bestritten, dass es eine rationale Glaubwürdigkeitsevidenz im strengen Sinne geben könnte. Doch die meisten Philosophen glaubten bis in die Neuzeit, das beweisorientierte, verifikationistische Rationalitätsverständnis von seinen Schwierigkeiten befreien zu können, trotz aller Bedenken, die es immer gab. Heute indes ist eine Revision des klassischen Rationalismus, der Wahrheitssuche mit dem Streben nach absoluter Gewissheit verbindet, unausweichlich. Immer mehr tritt der Mensch als Subjekt der Vernunft in den Blick, und es wird die Einsicht vorherrschend, dass Vernunft weniger eine vorhandene Substanz, weniger ein spezifisch geistiges Erkenntnisorgan sei als vielmehr ein bestimmtes Verhalten des Menschen im Umgang mit Wirklichkeitsvorstellungen. Der Mensch kann, muss sich aber nicht vernünftig verhalten, wie es folgender Spruch pointiert zum Ausdruck bringt: »Der Mensch ist ein vernünftig Wesen, wer das behauptet, ist nie Mensch gewesen.«[108] Vernunft als Fähigkeit ist weder geschichts- noch voraussetzungslos.

---

[108] Zit. n. *St. Gosepath*, Aufgeklärtes Eigeninteresse. Eine Theorie theoretischer und praktischer Rationalität, Frankfurt a. M. 1992, 7.

Die hermeneutische Wende des philosophischen Denkens ersetzte die für das Vernunftvermögen gültigen Apriumoritäten durch historisch wandelbare Aposterioritäten. Hans-Georg Gadamer (1900–2002) definierte die Hermeneutik ausschließlich als prinzipiell unabschließbaren Prozess, der kein ihn bestimmendes Kriterium habe. Verstehen sei Teil eines wirkungsgeschichtlichen Geschehens (hermeneutischer Zirkel); die »Bewegung der Überlieferung« und die »Bewegung des Interpreten« spielten ineinander.[109] »Es gibt sowenig einen Gegenwartshorizont für sich, wie es historische Horizonte gibt, die man zu gewinnen hätte. Vielmehr ist Verstehen immer der Vorgang der Verschmelzung solcher vermeintlich für sich seiender Horizonte.«[110] So beeinflusst die »Wirkungsgeschichte«[111] stets das Vorverständnis und dominiert gegenüber dem verstehenden Subjekt das zu Verstehende – primär in Gestalt von Tradition, Vorurteilen, Vorverständnissen etc. An die Stelle des substantialistischen Vernunftverständnisses trat infolgedessen ein dispositioneller Rationalitätsbegriff. Er besagt:

- Rationalität ist ein Dispositionsprädikat. Es kann nur vom Menschen als freiem Denk- und Entscheidungssubjekt ausgesagt werden. Rationalität kommt nur auf der Subjekt-, nicht auf der Objektseite vor als spezifisch menschlich-personales Verhaltenspotential. Der Mensch kann »als mit *Vernunftfähigkeit* begabtes Tier (animal rationabile), aus sich selbst ein vernünftiges Tier (animal rationale) machen«.[112]
- Der Mensch kann sich gegenüber seiner Rationalitätsdisposition noch einmal frei verhalten. Weder muss er rational sein noch ist er es automatisch.
- Rationalität fungiert als Appell und normative Idee, an der der Mensch sein Verhalten ausrichten soll.

Rationalität ist nicht substantiell, sondern dispositionell, so dass es unterschiedliche Rationalitätsformen gibt. Damit ist jedes metaphysisch begründete, substantielle Vernunftkonzept verunmöglicht und das Begründungsproblem prinzipiell unlösbar. Das heißt aber nicht, dass deshalb die Begründungsbemühungen einfach aufzugeben sind. Stattdessen ist zu fragen: Welches geistige Verhalten hat im Rahmen eines solchen dispositionellen Vernunftverständnisses als rational zu gelten? Wie lautet jetzt das rationale Ideal?

---

[109] *H.-G. Gadamer*, Wahrheit und Methode. Grundzüge einer philosophischen Hermeneutik, Tübingen ⁶1990, 298.
[110] Ebd., 311.
[111] Ebd., 305–312.
[112] *I. Kant*, Anthropologie in pragmatischer Hinsicht, A 315: I. Kant, Werke XII (ed. W. Weischedel), Frankfurt a. M. ⁷1984, 673.

## c) Kritischer Rationalismus

Das Ideal des unbezweifelbar sicheren Wissens war seit der antiken Skepsis nie unumstritten, worauf Karl Popper (1902–1994) mit Recht hinweist: Ein Wissen, das mit unbezweifelbarer Sicherheit wahr sei, lasse sich durch kein Beweisverfahren herstellen: »Wenn Wissen, Wissenschaft, beweisbar sein muß, dann kommt es … zu einem unendlichen Regress. Denn jeder Beweis besteht aus Prämissen und Konklusionen, aus Anfangssätzen und aus Schlusssätzen; und wenn die Anfangssätze nicht bewiesen sind, so sind es auch die Schlußsätze nicht«.[113] Logisch zwingend ist also der deduktive Beweis nicht. Er bietet zwar die logisch korrekte Ableitung von Schlussfolgerungen aus Prämissen, doch kann die Wahrheit der Prämissen – voraussetzungsgemäß – wiederum nur durch einen deduktiven Beweis garantiert werden, der neue, unbewiesene Prämissen voraussetzt etc. Durch Deduktion kommt man nie zum angestrebten, zwingenden Beweis.

Nach Popper hat auch der induktive Beweis seine Grenzen, es gibt nämlich keine formallogische Schlussregel, die den Induktivismus rechtfertigen könnte. Der Umstand, dass Gegenstände identische Eigenschaften besitzen, sei kein Garant dafür, dass es sich auch mit dem (n+1)ten Gegenstand in gleicher Weise verhalte. Noch so viele, notwendige Belege könnten eine Aussage nicht beweisen. Außerdem sei es falsch, anzunehmen, es gäbe so etwas wie theoriefreie Beobachtungen bzw. »objektiv richtige« Daten. Jede Beobachtung beruht auf der psychologischen Umwandlung von Wahrnehmungsprozessen und auf theoretischer Interpretation. Schließlich können induktiv gewonnene Theorien und Hypothesen nur Begrifflichkeiten beinhalten, die vorher schon bekannt waren. Theorien, die jedoch eine tiefere Wahrheit offenbaren, operieren mit Dingen, die nicht durch Beobachtung erschlossen werden. So führen induktive Argumente bestenfalls zu Wahrscheinlichkeitsannahmen.

Die Problematik eines zwingenden Beweisgangs ist nicht neu; sie war auch im Rahmen des klassischen Modells bewusst. Die Lösung glaubte man allerdings im Evidenzkriterium gefunden zu haben. Weil es selbstevidente Sätze geben würde, deren Wahrheit unmittelbar einsichtig sei, komme der Regress in den Begründungen hier zum Stillstand. Aber Evidenzerlebnisse könnten prinzipiell trügerisch sein. Außerdem sei die Behauptung, absolute Evidenz garantiere sicheres Wissen, selbst nicht sicher beweisbar und komme damit einer unbegründeten, dogmatischen Setzung gleich. Weil es nach Popper keinen sicheren Ausgangspunkt für Erkenntnis gibt und allgemeine

---

[113] *K. Popper*, Logik der Forschung, Tübingen ⁹1989, 450.

Aussagen niemals adäquat verifizierbar sind, setzte er an die Stelle der Verifikation das Falsifikationsprinzip als Abgrenzungskriterium empirischer Wissenschaften. Das bedeutet, dass es nicht um den Nachweis der Wahrheit wissenschaftlicher Aussagen geht, sondern um die Elimination von Irrtümern. Dazu ist es nötig, dass Umstände angeben werden können, unter denen eine wissenschaftliche Theorie falsch wird; sie sind auf widerlegbare Weise zu formulieren: »Eine Theorie ist nur dann empirisch wissenschaftlich, wenn die Klasse ihrer möglichen Falsifikatoren nicht leer ist.«[114] Im Fallibilismus der Wissenschaftstheorie wird die Möglichkeit richtigen Wissens nicht in Zweifel gezogen, wohl aber wird die Position des Zertismus, welcher Wahrheit an Gewissheit bindet, zurückgewiesen. Sofern sich Irrtümer nicht ausschließen lassen, kann es keine absolute Gewissheit geben. Damit bleibt nur, wissenschaftliche Theorien ständig auf Irrtümer hin zu prüfen und gegebenenfalls zu revidieren.

Poppers »Kritischer Rationalismus« wurde von Hans Albert (* 1921) fortgeführt. Der Grundgedanke lautet: Es gibt keinen festen, unfehlbar sicheren Startpunkt des Denkens. Ein scheinbar Unhinterfragbares ist Popper suspekt, weshalb er sich gegen jede Art von Letztbegründungsansprüchen wandte. »Erkenntnis ist Wahrheitssuche. ... Sie ist nicht die Suche nach Gewißheit. Irren ist menschlich: Alle menschliche Erkenntnis ist fehlbar und daher ungewiss.«[115] Albert möchte die Unfehlbarkeitsansprüche mit dem sog. Münchhausen-Trilemma entwaffnen[116], in das jeder gerät, möchte er eine These zweifelsfrei oder, wie Albert sagt, »zureichend« begründen und damit jeder vernünftigen Kritik entziehen. Jeder Versuch, durch Beweise zu absolut sicherem Wissen zu gelangen, stehe nämlich vor folgenden drei Alternativen: Beim Versuch, konsistente Begründungen zu erlangen, kommt es zu einem:

- *infiniten Regress*: Für die Gültigkeit jeder Begründung muss eine weitere Begründung gegeben werden;
- *logischen Zirkel*: Zur Begründung bestimmter Aussagen wird auf diese selbst bzw. auf gewisse Implikationen in diesen Aussagen zurückgegriffen. Dabei handelt es sich um einen logischen Fehlschluss;

---

[114] *J. R. Flor*, Karl Raimund Popper. Kritischer Rationalismus: A. Hügli, P. Lübcke (Hg.), Philosophie im 20. Jahrhundert, Bd. 2: Wissenschaftstheorie und Analytische Philosophie, Reinbek 1993, 473–498, hier 479.
[115] *K. Popper*, Auf der Suche nach einer besseren Welt. Vorträge und Aufsätze aus dreißig Jahren, München 1984, 12.
[116] *H. Albert*, Traktat über kritische Vernunft, Tübingen [4]1980, 8–28.

- *dogmatischen Abbruch:* Für bestimmte Begründungen wird – ohne Begründung – eine weitere Begründung abgelehnt und auf eine causa sui verwiesen.

Aufgrund dieses Münchhausen-Trilemmas formuliert Albert die Hypothese, dass »[a]*lle Sicherheiten in der Erkenntnis … selbstfabriziert und damit für die Erfassung der Wirklichkeit wertlos*« sind.[117] Eine gesicherte Erkenntnis in Form von Wahrheitsgewissheit könne es nicht geben. Darum seien Letztgewissheitsansprüche bzw. die Fusion des klassischen Rationalismus von Wahrheit und Gewissheit aufzugeben, ohne dadurch aber schon die Verpflichtung zur Wahrheit als dem zentralen Grundgedanken von Rationalität preiszugeben. Sie wird gewahrt, indem zwischen Besitz von Wahrheit und Wahrheitsgewissheit, d. h. objektiv sicherem Wissen, unterschieden wird. Man kann im Besitz einer wahren Überzeugung sein – im Sinne von Übereinstimmung zwischen Behauptung und Sachverhalt –, ohne dies sicher zu wissen. Das sei die grundsätzliche Situation menschlicher Erkenntnis: Keine Überzeugung ohne die prinzipielle Möglichkeit des Irrtums. Das bedeutet, die Rationalität setzt die Einsicht in die prinzipiell unüberwindliche Irrtumsanfälligkeit des Menschen voraus. Demnach sind Überzeugungen Hypothesen; sie können durchaus wahr sein, ohne dass sich dies allerdings mit letzter Sicherheit belegen lässt. Wissenschaftliche Thesen stellen somit keine unumstößlichen Gewissheiten dar. Die Arbeitshypothese der Wissenschaft lautet: alles ist Hypothese.

Rationalität bedeutet nicht Beweisbarkeit und wissenschaftliche Thesen sind Hypothesen; eine letzte Begründung des Wissens gibt es nicht. Selbst empirisch-wissenschaftliche Erkenntnisse sind nicht im strengen Sinn beweisbar. Die menschliche Vernunft ist nur zu hypostatisch-vorläufigem, d. h. prinzipiell falliblem Wissen fähig. Eine letzte Gewissheit ist nicht zu erreichen. Als rational kann somit nur das gelten, was sich im Prinzip auch widerlegen lässt. Die umfassende Beweisbarkeit einer Annahme kann nicht Bedingung ihrer vernünftigen Akzeptanz sein.

Auf dem Hintergrund der Unhaltbarkeit gesicherter Erkenntnis in Form von Wahrheitsgewissheit wird der Geltungsanspruch von Wissen an der grundsätzlichen Falsifizierbarkeit festgemacht: Rational ist ein Satz, wenn er einer Prüfsituation aussetzbar und also prinzipiell falsifizierbar ist. Mit anderen Worten: Es ist vernünftig, eine Überzeugung so lange zu akzeptieren, wie keine stichhaltigen Einwände dagegen vorliegen. Rationalität manifestiert sich in der Bereitschaft, kritische Anfragen zuzulassen, sowie in der Fähigkeit, sie argumentativ zu widerlegen. All dies spricht Albert indes v. a. der katho-

---

[117] Ebd., 30.

lischen Theologie ab, da sie »ihre Thesen so offenkundig dogmatisch ab-
schirmt – und zwar in gehorsamer Unterwerfung unter eine Autorität, die
ganz offiziell ihrem Denken Grenzen setzt«.[118]

*d) Prinzipielle (logische) Falsifizierbarkeit*
Gemäß dem Falsifikationismus liegt echtes Wissen vor, wenn die Umstände
angegeben werden können, unter denen eine Aussage falsch wird, und eine
Hypothese gilt als widerlegt, wenn eine Beobachtung gemacht werden kann,
die im Widerspruch zu ihr steht. So würde etwa die Aussage »Kleeblätter
haben drei Blätter« durch die Entdeckung eines vierblättrigen Kleeblattes fal-
sifiziert. Solche Darstellungen der Logik der Falsifikation sind jedoch so sehr
vereinfacht, dass sie der Komplexität wissenschaftlicher Theorien und Testsi-
tuationen nicht gerecht werden. Denn Theorien bestehen im Gegensatz zu
Hypothesen aus sehr vielen systemischen Aussagen; sie verkörpern ein System
aus Hypothesen, das auf ein konkretes, von nahezu beliebig vielen aus der
Theorie ableitbaren Modellen angewandt werden muss. Des Weiteren müssen
die Theorien operationalisiert, d. h. mit einer Reihe von Hilfs- und Indikatorhypothesen angereichert werden, um prüfbar zu sein. Damit entsteht eine
komplexe Testsituation, die sich von einfachen Hypothesen grundlegend unterscheidet.

Angesichts der Vielzahl an fehlbaren Randbedingungen bzw. Hilfs- und
Indikatorhypothesen kann von einem Fehlbefund nicht logisch auf die fehlerhafte Voraussetzung geschlossen werden. Das macht eine Verwerfung des gesamten Aussagensystems unmöglich. Popper selbst hat den naiven Begriff
»eindeutige Falsifikation« immer wieder vehement bekämpft. Außerdem wären bestimmte Theorien niemals entwickelt worden, hätten sich Wissenschaftler strikt an die falsifikationistische Methode gehalten. Beispielsweise
wurde auf die unregelmäßige Umlaufbahn des Planeten Uranus nicht mit
Aufgabe der Klassischen Mechanik Newtons reagiert, sondern mit einer Hilfs-
hypothese, dem Postulat der Existenz eines neuen Planeten. Der Planet Nep-
tun konnte tatsächlich gefunden werden. Die Falsifikation führte also nicht zu
einer völligen Aufgabe der Theorie, sondern zur Entstehung neuer, revolutio-
närer »Paradigmen«.[119]

Nach den Einwänden gegen den Falsifikationismus hat Popper später sein
Konzept relativiert und darauf hingewiesen, dass es ihm weniger um die

---

[118] Ebd., 115 Anm. 29.
[119] *P. M. M. Duhem*, Ziel und Struktur der physikalischen Theorien, Hamburg 1998, 253–
260.

praktische Falsifizierbarkeit von Theorien geht als vielmehr um die sog. prinzipielle (logische) Falsifizierbarkeit. Sie wird heute allgemein als nützliches und notwendiges Abgrenzungskriterium zwischen einer wissenschaftlichen und einer nicht- oder pseudowissenschaftlichen Theorie angesehen. Eine Theorie oder Hypothese ist nur dann logisch falsifizierbar, wenn es einen »Satz« von möglichen Beobachtungen gibt, der sie vor Erklärungsprobleme stellt.

Hans Albert setzte die Falsifikationstheorie von Karl Popper fort und erklärte die Hypothese Gott als überflüssig, da die Theorien, in denen die Hypothese eine wichtige Rolle spielt, sich für keine bestimmten Erklärungszwecke als brauchbar legitimieren würden. »Eine Annahme der Existenz Gottes, die im Rahmen der heutigen Kosmologie zu irgendwelchen Erklärungszwecken brauchbar ist, habe ich bisher nicht identifizieren können. Um für die christliche Theologie brauchbar zu sein, müßten sich aus der mit dieser Existenzannahme verbundenen Konzeption überdies noch positive Konsequenzen hinsichtlich des Auferstehungsproblems und anderer schwieriger Probleme ergeben.«[120]

Die Theologie hat auf verschiedene Mängel des kritischen Rationalismus von Albert hingewiesen:

- Wenn Albert den Satz vom zureichenden Grund ablehnt, wie kann er dann die Zustimmung zum Satz vom ausgeschlossenen Widerspruch so absolut einfordern? Wenn es keine gesicherter Erkenntnis in Form von Wahrheitsgewissheit gibt, dann es gibt es auch keine tragfähigen Begründungen für den Satz vom ausgeschlossenen Widerspruch. Wenn keine Begründung möglich ist, dann kann es auch keine Begründung für den kritischen Rationalismus und seinen Fallibilismus geben. Ihnen kann nur eine Art Glaubensentscheid zugrundeliegen.[121]
- Indem alle Aussagen hypothesiert werden, gibt es keine definitiven Aussagen mehr. Das ist die Immunisierungsstrategie des kritischen Rationalismus, der dadurch unwiderlegbar und unenttäuschbar wird.[122]
- Die Gewissheitsfrage, von der Albert behauptet, sie sei von fragwürdiger dogmatischer Herkunft, wird von ihm nur von der Inhaltsseite auf die Methodenseite transferiert. Albert frönt »einem pseudokritische[n] Antidogmatismus«, der »komplementär einen Dogmatismus in sich« ein-

---

[120] *H. Albert*, Traktat über kritische Vernunft, Tübingen ⁴1980, 214 Anm 101.
[121] *K.-H. Weger*, Vom Elend des kritischen Rationalismus. Kritische Auseinandersetzung über die Frage der Erkennbarkeit Gottes bei Hans Albert, Regensburg 1981, 24 f.
[122] *R. Spaemann*, Überzeugungen in einer hypothetischen Zivilisation: O. Schatz (Hg.), Abschied von Utopia? Anspruch und Auftrag der Intellektuellen, Graz 1977, 311–331, hier 320.

schließt.[123] Er vertritt »eine gegen sich selbst unkritische Rationalität, einen Rationalismus also, der das Rationale mystifiziert … und der gerade so, trotz aller Betonung von Fehlbarkeit und Revidierbarkeit bezüglich einzelner Problemlösungen, insgesamt eine dogmatische Totaldeutung mit kritischem Anspruch vertritt, die … unter Ideologieverdacht steht.«[124]

- Der Aufweis der Aporie des Begründungsdenkens hat für den kritischen Rationalismus selbst schon die Funktion einer Begründung, er kommt also einem Zirkelschluss gleich.[125]
- Die Methodologie Poppers, die auf der physikalischen Forschung beruht, erfasst keineswegs alle Wirklichkeit. Popper beschreibt allein die Wirklichkeit des Objektivierbaren ausgehend von der Sonderstellung des menschlichen Geistes. Albert »will oder kann nicht einsehen, daß seine Kriteriologie das, was Gott ist, nicht erfaßt, wohl aber das erfaßt, was Gott nicht ist.«[126] Zudem zeigten u.a. Niels Bohr (1885–1962) und Werner Heisenberg (1901–1976) mit ihrer Quantenmechanik die Grenzen der klassischen Physik auf. Nicht zuletzt hat Paul Feyerabend (1924 – 1994) mit seiner anarchischen Erkenntnistheorie deutlich gemacht, dass für die Wissenschaft nicht nur die Methode des Rationalismus maßgebend sein kann. Nüchtern betrachtet weise die Wissenschaftsgeschichte eine ganze Bandbreite unterschiedlicher Methoden und Logiken auf. Weil es »keine einzige Regel gibt, so einleuchtend und erkenntnistheoretisch wohlverankert sie auch sein mag, die nicht zu irgendeiner Zeit verletzt worden wäre«[127], gelte für die Methodik der Erkenntnisgewinnung der »*einzige allgemeine Grundsatz, der den Fortschritt nicht behindert: Anything goes.*«[128]
- Der kritische Rationalismus hält an der Wahrheitsidee fest, gibt aber gleichzeitig eine letzte Gewissheit preis. Wenn aber nach christlichem Verständnis Gott die Wahrheit ist, »dann fielen der Wahrheitsbegriff, den der kritische Rationalist Albert weder definiert, noch bestreitet und den er einer adäquaten Prüfsituation nicht aussetzen zu können und zu müssen

---

[123] *H. Hülsa*, Baron Albert im Trilemma: Studia Philosophica 36 (1976), 84–89, hier 89.
[124] *Ders.*, Christ sein, München ⁵1975, 77 f.
[125] *G. Ebeling*, Kritischer Rationalismus?, Zu Hans Alberts »Traktat über kritische Vernunft«, Tübingen 1973, 21 f.
[126] *U. Lüke*, Das Münchhausen-Trilemma im kritischen Rationalismus und die Gottesfrage: ThGl 87 (1997), 423–437, hier 433.
[127] P. Feyerabend, Wider den Methodenzwang, Frankfurt a.M. ¹⁰2007, 21.
[128] Ebd.

glaubt, einerseits und der von ihm heftig attackierte Gottesbegriff, den er in eben diese Prüfsituation zwingen will, um ihn ad absurdum zu führen, andererseits zusammen.«[129] Wenn Gott die Wahrheit ist, dann darf mit dem Gottesbegriff nicht anders verfahren werden als mit dem Wahrheitsbegriff.

## 4.2. Modelle zur Bestimmung der Rationalität des Glaubens

*H. Wagner*, Einführung in die Fundamentaltheologie, Darmstadt [2]1996, 31–42; *H. Verweyen*, Gottes letztes Wort. Grundriß der Fundamentaltheologie, Düsseldorf [4]2002, 13–29; *K. Müller*, Wieviel Vernunft braucht der Glaube? Erwägungen zur Begründungsproblematik in: ders. (Hg.), Fundamentaltheologie. Fluchtlinien und gegenwärtige Herausforderungen, Freiburg i. Br. 1998, 77–100; *C. Lotz*, Zwischen Glauben und Vernunft. Letztbegründungsstrategien in der Auseinandersetzung mit Emmanuel Levinas und Jacques Derrida, Paderborn 2008, 51–143; *J. Reikerstorfer*, Fundamentaltheologische Modelle der Neuzeit: HFTh 4 ([2]2000), 242–264; *M. Knapp*, Verantwortetes Christsein heute. Theologie zwischen Metaphysik und Postmoderne, Freiburg 2006, 76–98; *K.-H. Neufeld*, Über fundamentaltheologische Tendenzen der Gegenwart: ZKTh 111 (1989), 26–44; *W. Pannenberg*, Wissenschaftstheorie und Theologie, Frankfurt a. M. 1987, 329–348; *Ch. Böttigheimer*, »Die Wahrheit wird euch frei machen« ( Joh 8,32). Sinnrechenschaft in Zeiten der Postmoderne: MThZ 55 (2004), 234–248; Wie vernünftig ist der Glaube? Versuche rationaler Glaubensrechtfertigung in nach-metaphysischer Zeit: ThG 47 (2005), 113–125; *M. J. Suda*, Atheismus – Mystik – Fundamentaltheologie: Wiener Jahrbuch für Theologie 8 (2010), 249–260.

### a) Neuscholastischer Ansatz

Jedes Rationalitätskonzept führt zu unterschiedlichen Bestimmungen der Rationalität des Glaubens; das Rationalitätsverständnis beeinflusst die Glaubensrechtfertigung.

Das verifikationistische Rationalitätsverständnis war noch bis ins 19. Jh. lebendig – auch in der neuscholastischen, extrinsezistisch geprägten Demonstrationsapologetik. Doch das zugrundeliegende, beweisorientierte Rationalitätskonzept machte das Dilemma der Apologetik unausweichlich: Würde nämlich mittels zwingender Beweise soweit als möglich nach sicherem Wissen in Glaubensüberzeugungen gesucht, ist der Glaube von Wissen kaum noch wirklich verschieden. Der Glaube wäre dann lediglich eine Form des Wissens, das sich nicht eigener, sondern höherer Kompetenz verdankt. Doch

---

[129] Ebd., 436.

ist der Glaube nicht zugleich auch ein freiwilliger Vertrauensakt? Kann den Gottesbeweisen und Offenbarungsbeweisen tatsächlich ein zwingender Charakter innewohnen?

Anders als das Erste Vatikanum machte das Zweite Vatikanum aufgrund des Dilemmas der extrinsezistischen Methode keine genauen Vorgaben hinsichtlich der fundamentaltheologischen Aufgabenstellung. Die Folge war und ist eine kaum mehr zu überschauende Vielfalt unterschiedlichster Ansätze innerhalb der Fundamentaltheologie. Ihnen ist jedoch insofern eine hermeneutische Ausrichtung gemein, als das Zweite Vatikanum die göttliche Offenbarung dialogisch verstand, die den Menschen betrifft und verwandelt und darum hermeneutisch zu vermitteln sei, indem nach den »Zeichen der Zeit« geforscht würde und diese »im Lichte des Evangeliums« gedeutet würden (GS 4). Im Folgenden sollen zur Verdeutlichung und Einführung verschiedene fundamentaltheologische Ansätze vorgestellt werden; ein vollständiger Überblick wird dabei keineswegs angestrebt.

*b) Selbstevidenz der Wahrheit*
Zu den unterschiedlichen Antworten auf die Frage nach der Rationalität des Glaubens gehören u. a. solche Ansätze, die auf die Selbstevidenz der göttlichen Wahrheit bauen. Dabei kann ein verifikationistischer Rationalitätsaufweis des christlichen Glaubens bewusst abgelehnt (Fideismus) oder aber auf ihn zugunsten einer internen Glaubensauslegung verzichtet werden. Die Fideisten versuchten zu zeigen, dass der christliche Glaube nicht nur eine verifikationistische Rationalität entbehren könne, sondern es auch müsse. Weil es ihrer Ansicht nach dem Wesen des Glaubens widerspräche, seine Wahrheit sicher zu beweisen, bleibe ihnen nur jene Haltung, bei der der Glaube im Vordergrund steht und über die Vernunft dominiert. Dabei kann der Fideismus unterschiedliche Gestalt annehmen:

- *Dogmatismus:* Gebot, ein bestimmtes Glaubensdepositum anzuerkennen;
- *Traditionalismus:* Berufung auf die nicht zu hinterfragende Autorität einer (Glaubens-)Tradition;
- *Irrationales Engagement:* Einforderung des Gehorsams gegenüber prinzipiell paradoxen Aussagen;
- *Agnostizismus:* Behauptung, Glaubensinhalte seien Geheimnisse.

Ablehnende Positionen gegenüber dem Nachweis der Rationalität des Glaubens, gab und gibt es immer wieder, ohne dass ihre Vertreter allesamt als Fideisten bezeichnet werden könnten, da manche von ihnen durchaus auch rationale Argumente für den Gottesglauben anführen. Auch heutige hermeneutische Ansätze in der Fundamentaltheologie sind keineswegs fideistischer

Natur, auch wenn sie von der Selbstevidenz bzw. Selbstexplikation der christlichen Botschaft ausgehen und glauben, dass eine hermeneutisch orientierte Theologie auf eine anthropologische Vermittlung bzw. natürliche Theologie verzichten könne:

- *Blaise Pascal* (1623–1662) betonte entgegen René Descartes, dass das Herz tiefer und umfassender zu erkennen vermöge als die Vernunft.[130] In existentieller Hinsicht verglich er die Situation zwischen christlichem Glauben und Atheismus mit einer Wette[131]: Zwar lasse sich auf theoretischem Weg die Wahrheit von keiner Seite sicher beweisen, jede Seite gehe daher mit ihrer Option ein Risiko ein. Trotzdem aber sei es vernünftiger, auf die Wahrheit des christlichen Glaubens zu setzen, selbst dann, wenn der Einsatz hier höher sei, würde doch ein entsprechendes Leben dem Gläubigen mehr abverlangen. Denn in jedem Fall seien die Gewinnaussichten im Falle der Wahrheit des Glaubens (ewiges Leben statt ewiger Verdammnis) unvergleichlich größer als im Falle der Wahrheit des Atheismus (Vernichtung im Tod für beide Seiten). Die Pascal'sche Wette begründet die Vernünftigkeit des Glaubens im existentiellen Sinn.
- *Sören Kierkegaard* (1813–1855) wandte sich bewusst gegen den Idealismus, in welchem der Einzelne der Entwicklung des Absoluten untergeordnet sei.[132] Ihm kam es stattdessen beim Begriff »Existenz« auf den Einzelnen an, denn Wahrheit müsse von der Existenz her behandelt werden; »die Subjektivität [ist] die Wahrheit«.[133] Menschliches Existieren begreift er ähnlich wie Pascal als Paradox, das in die Angst und Verzweiflung führe und darin auf Gott verweise. Dem christlichen Glauben geht es nach Kierkegaard primär um die Art der existentiellen und nicht der rationalen Beziehung zur Gottesfrage. Menschsein heißt: »Existenz vor Gott«.[134] Die menschlich angemessene Haltung sei allein die Radikalität »unendlicher Leidenschaft« und nicht die »objektive Überlegung«.[135] Von

---

[130] François Marie Voltaire (1694–1778) kritisierte den emotionalen Fideismus von Pascal, das sog. Denken mit dem Herzen. Eine spirituelle Erfahrung sei keine Gewähr, dass es sich nicht doch um eine Illusion handele. Die Möglichkeit zu ignorieren, dass eine religiöse Evidenz eine Evidenztäuschung darstelle, sei Kennzeichen von Irrationalität.

[131] *W. Dirks*, Die Wette. Ein Christ liest Pascal, Freiburg i. Br. 1981, 66–70.

[132] *S. Kierkegaard*, Abschließende unwissenschaftliche Nachschrift zu den Philosophischen Brocken, 2 Bde, Gütersloh 1982.

[133] *Ders.*, Unwissenschaftliche Nachschrift: ders., Philosophische Brosamen und Unwissenschaftliche Nachschrift, hg. v. H. Diem, W. Rest, München 1976, 357.

[134] *Ders.*, Krankheit zum Tode, Gütersloh ³1985, 77 f.

[135] *Ders.*, Abschließende unwissenschaftliche Nachschrift zu den Philosophischen Brocken, Bd. 1, Gütersloh 1982, 190 f.

der eigenen existentiellen Betroffenheit dürfe man nicht absehen. Je größer die »objektive Ungewissheit«[136] in der Gottesfrage, desto mehr sei echtes und leidenschaftliches Risiko gefordert, d. h. wirklicher Glaube – »Ohne Risiko kein Glaube.«[137] Echter Glaube und rationale Haltung vertragen sich also nicht. »Das Dasein jemandes, der da ist zu beweisen, das ist ja das unverschämteste Attentat, da es ein Versuch ist ihn lächerlich zu machen. … Wie verfällt man doch darauf, zu beweisen daß er da sei, außer weil man sich erlaubt hat ihn zu ignorieren? und schlimmer noch, als daß man ihn ignoriert, ist es doch, daß man ihm gerade vor der Nase sein Dasein beweist.«[138] Der Glaube ist nicht rational vermittelt und philosophisch begründet, er ist ein blinder Sprung ins Dunkel.

- Die *dialektische Theologie* des Protestantismus bestimmte das Verhältnis zwischen Glaube und Vernunft negativ. Der Glaube sei reines Wagnis und darum sei der Versuch, den Offenbarungsanspruch vernunftmäßig zu begründen, Ausdruck menschlicher Hybris. Die Grundzüge dieser theologischen Richtung gehen v. a. auf die zweite Auflage von Karl Barths (1886–1968) »Römerbrief« (1922) zurück, in welchem er von der Selbstbegründung der Offenbarung Gottes und von einem unüberwindlichen Graben, der Gott und die Menschen voneinander trennt, ausgeht. »Gott ist im Himmel und du (bist) auf Erden«, so umschrieb er mit Sören Kierkegaard (1813–1855) sein Grundaxiom.[139] In der Gott-Rede des Paulus fand er eine Botschaft von Gott, die keine menschliche Religionslehre bzw. »religiöse Botschaft« sei. Hier handele es sich um eine »objektive Erkenntnis« und nicht um »Erlebnisse, Erfahrungen und Empfindungen«.[140] »Gerade der *Deus revelatus* ist der *Deus absconditus*, der Gott, zu dem hin es keinen Weg und keine Brücke gibt, über den wir kein Wort sagen könnten und zu sagen hätten, wenn er uns nicht eben als der *Deus revelatus* von sich aus begegnete.«[141] Göttliche Offenbarung und christlicher Glaube negieren nicht nur die menschliche Vernunft, sondern beurteilen sie negativ, als

---

[136] Ebd., 194 f.

[137] *Ders.*, Unwissenschaftliche Nachschrift: ders., Philosophische Brosamen und Unwissenschaftliche Nachschrift, hg. v. H. Diem, W. Rest, München 1976, 345.

[138] *Ders.*, Philosophische Brocken. Abschließende unwissenschaftliche Nachschrift, 2. Teil: Gesammelte Werke Bd. 7, übers. v. H. Gottsched und Ch. Schrempf, Jena 1925, 209.

[139] *K. Barth*, Römerbrief, Zürich (13. unveränderter Abdruck der neuen Bearbeitung von 1922) 1984, Vorwort zur 2. Aufl. XIII.

[140] Ebd., 4.

[141] *Ders.*, Kirchliche Dogmatik, Bd. 1/1: Die Lehre vom Wort Gottes. Prolegomena zur kirchlichen Dogmatik, Zürich ⁸1964, 338.

prinzipiell sündhaft verdorben. Insofern kann sie hinsichtlich der Offenbarungswahrheiten nicht zu objektiven Urteilen gelangen. Es kann nur
durch die »kritische Negation« des Menschen hindurch eine Beziehung
zwischen Gott und Mensch geben, weshalb Gott auch nur durch sich
selbst, nicht aber aufgrund menschlicher Erfahrungen oder historischer
Größen zu erkennen ist. Gefordert ist ein fideistisch bleibender Glaubensgehorsam.

- *Eberhard Jüngel* (* 1934) hält die natürliche Verifikation des theologischen
Anspruchs für keine Aufgabe der Theologie.[142] Wie Barth, aber differenzierter, kritisiert er die natürliche Theologie, weil erst eine durch die Offenbarung zur Vernunft gebrachte Vernunft wirklich vernünftig und in
diesem Sinne menschlich sei. Die Autonomie der Vernunft leugnend, entwirft er eine Theologie des Wortes, die eine Theologie des Gekreuzigten
ist (theologia crucis). Er möchte die Rede vom Tod Gottes in die Theologie integrieren und zwar in einem legitimen christlichen Sinne: Tod
Christi am Kreuz. Vom Kreuz her versucht er spezifisch christlich von
Gott zu sprechen. Ausgangspunkt Jüngels theologischer Überlegungen
ist die in Jesus Christus sich bekundende Menschenfreundlichkeit und
Liebe Gottes. Weil das christliche Reden von Gott ein in Jesus Christus
höchst bestimmtes Reden sei, dürfe es nicht unter das mehr oder weniger
unbestimmte Reden von Gott, d. h. unter die (metaphysische) Idee Gottes
subsumiert werden. Die atheistische Devise »Gott ist tot« treffe so auch
nicht den christlichen Glauben, sondern nur den Theismus bzw. die metaphysische Gottesvorstellung. Für Jüngel steht die Gottesfrage nicht
mehr im Horizont der Seinsfrage, sondern umgekehrt: Gott offenbart
sich in Jesus Christus und dieser Gott ist um seiner selbst willen interessant, nicht die Allgemeinheit möglicher Gotteserkenntnis macht Gott
universal und interessant. Natürlicher ist darum jene Theologie, die sich
allein an das den Menschen menschlich anredende Wort Gottes hält, das
sich für den Menschen um seiner selbst willen interessiert.[143]

- *Hans Urs von Balthasar* hatte als katholischer Theologe die anthropologische Wende nicht vollzogen. Ausgangspunkt seiner theologischen
Überlegungen war nicht die für die nachaufklärerische Epoche charakte-
ristische kritisch-analysierende Reflexion, vielmehr ging es ihm um die

---

[142] E. Jüngel, Gott als Geheimnis der Welt. Zur Begründung der Theologie des Gekreuzigten
im Streit zwischen Theismus und Atheismus, Tübingen 1977, 391.
[143] Ders., Gott – um seiner selbst willen interessant. Plädoyer für eine natürliche Theologie:
ders., Entsprechungen: Gott – Wahrheit – Mensch. Theologische Erörterungen, München
1986, 193–197.

Schätze der Tradition in theologischer, philosophischer und kultureller Hinsicht. Sie versuchte er auf meditativ-theologische Weise aufzuarbeiten, indem er die großen Gedanken der Vergangenheit nachdachte und dabei scheinbar von den Geschehnissen und Problemen der Gegenwart unbeeindruckt blieb. Stattdessen war er erfüllt vom Staunen über die göttliche Liebe, die sich in der Offenbarung zu erkennen gibt und in der Geschichte so zur Verwirklichung kommt, dass deren Dunkelheit durch dieses Licht erhellt und überstrahlt wird. Die konkrete, universale Liebe Gottes ist der Schlüssel zu seinem theologischen Denken. Leuchte schon in der Schöpfung die Wahrheit, Güte und Schönheit Gottes auf, so werde diese Herrlichkeit nochmals überboten in der Menschwerdung und im Kreuzesgeschehen seines Sohnes. In der Menschwerdung Christi offenbare sich das weltumspannende Handeln der Güte Gottes und in der Gestalt des Gekreuzigten zeige sich die Herrlichkeit und Schönheit Gottes, die alles in sich schließe. Balthasar sieht also in der Offenbarung Gottes in Jesus Christus, die im Kreuz gipfelt, das entscheidend Christliche. Ihm kommt es weniger auf ein auch der Vernunft zugängliches Verständnis des Menschen an als vielmehr auf die ewige göttliche Liebe Gottes zum Menschen, auf den Aufweis Gottes als der Schenkende. Dieses theologische Faktum bleibt für ihn philosophisch unauffindbar. Deshalb verzichtet Balthasar auf einen vernunfthaften Zugang zum Glaubensverstehen. Die absolute Liebe werde dem Menschen frei und gnädig zuteil, darum sei sie mehr als vernünftig und könne nur in Freiheit angenommen werden. In der Erfahrung der Liebe des Du erschließe sich das Sein; Sein und Liebe seien koextensiv. Die Liebe sei in ihrer Nichtnotwendigkeit die Antwort auf die Frage, warum es eine Welt gibt und nicht lieber keine.[144] Urs von Balthasar führte die Fundamentalontologie Martin Heideggers (1889–1976) kritisch-schöpferisch fort. Dieser warf der neuzeitlichen Subjektphilosophie wie auch der traditionellen Metaphysik vor, das Sein – worunter er kein inneres Prinzip versteht, das alles Seiende ist, sondern einen alles umfassenden, geschichtlich waltenden Seinsgrund – vergessen zu haben, d. h. die Frage nach dem Sein und dem Sinn von Sein. Stattdessen bemühe sich die neuzeitliche Philosophie, das Seiende, v. a. die Dinge und die Menschen, zu untersuchen. Daraus resultiere ein dinghaft gegenständliches Denken. Eine Wissenschaft und Technik jedoch, die nicht von einer Philosophie, die nach dem Sinn von Sein fragt, getragen

---

[144] *H. U. von Balthasar*, Gott begegnen in der heutigen Welt: ders., Spiritus Creator, Skizzen zur Theologie III, Einsiedeln 1967, 264–279, hier 275.

würde, könne nicht denken, sondern nur messen und zählen und entarte letztlich zur Katastrophenwissenschaft. Im einem berühmten Interview mit dem »Spiegel« (31.5.1976) erklärte Heidegger die geistige Lage für aussichtslos: Alles »bloß menschliche [...] Sinnen und Trachten« werde »keine unmittelbare Veränderung des jetzigen Weltzustandes bewirken können«.[145] In vielen Punkten trifft sich die Kulturkritik Heideggers mit derjenigen der »Frankfurter Schule«.

• *Eugen Biser* (* 1918), *Peter Knauer* (* 1935) und *Karl-Heinz Neufeld* (* 1939) entwarfen bewusst »eine ›hermeneutische Fundamentaltheologie‹, die die Frage nach der Verantwortbarkeit und nach dem Wesen des Glaubens zwar unterscheidet, aber nicht voneinander trennt«[146], also den Glauben für den Glaubenden situativ auszulegen versucht. Reflektiert wurde »die Tatsache, daß das seinen Glauben im Wir der Kirche verantwortende Subjekt immer schon teilhat an dieser epochalen Weise des Verstehens. Sein Glaubensbewußtsein ist nicht nur durch ›die kirchliche Tradition‹, sondern selbst bereits durch den Verstehenshorizont seiner Zeit vermittelt, in dem diese Tradition gläubig aufgenommen und wissenschaftlich verantwortet wird.«[147] Allerdings gerät eine ausschließlich vom vorgegebenen Glauben ausgehende, hermeneutisch arbeitende Fundamentaltheologie in die Gefahr, »die gemeinsame Ebene für einen rationalen Diskurs mit dem Nichtglaubenden zu verlieren bzw. diesen nur noch in praktischen Fragen zu suchen.«[148] Die Fundamentaltheologie muss auch für Nicht-Glaubende einen Zugang zum Christsein erschließen und dabei gegenüber jeder Art von Kritik offen sein, sowohl gegenüber ihrem eigenen Denkhorizont als auch ihren eigenen Sprachregelungen.

*c) Kritizistischer Ansatz*

Die »Reformierte Epistemologie« ist eine Schule der analytischen Religionsphilosophie und ist v.a. in den USA zu Hause (Alvin Plantinga [* 1932], Nicholas Wolterstorff [* 1932], William Alston [* 1921]). Für die Beurteilung der Rationalität von Überzeugungen steht die Formel: »Unschuldig, bis ihre

---

[145] Spiegel-Gespräch mit Martin Heidegger: Antwort. Martin Heidegger im Gespräch, hg. v. G. Neske u. a., Pfullingen 1988, 81–114, hier 99.
[146] *P. Knauer*, Der Glaube kommt vom Hören. Ökumenische Fundamentaltheologie, Graz 1978, 245 f.
[147] *H. Verweyen*, Gottes letztes Wort. Grundriß der Fundamentaltheologie, Düsseldorf ⁴2002, 18.
[148] *P. Schmidt-Leukel*, Grundkurs Fundamentaltheologie. Eine Einführung in die Grundfragen des christlichen Glaubens, München 1999, 21.

Schuld erwiesen ist« und nicht etwa »schuldig, bis ihre Unschuld erwiesen ist«.[149] Anders ausgedrückt: Die Rationalität einer basalen Meinung wird nicht an den für sie sprechenden Gründen festgemacht, sondern daran, dass sie der kritischen Prüfung ausgesetzt wird und es keine angemessenen Einwände gegen sie gibt. Das bedeutet, die Rationalität des Gottesglaubens wird nicht mehr an der positiven Begründbarkeit festgemacht, vielmehr darf dieser solange als rational gelten, wie keine gewichtigen Gründe gegen ihn sprechen. Er gilt als vernünftig, sofern er sich als möglicherweise wahr erweist, da er sich in der Kritik bewährt und sich so als eine »mit der Vernunft übereinstimmend[e]« (DH 3009) Überzeugung ausweist.

Der Zweifel bedarf der rationalen Begründung; wenn es keine gewichtigen Gründe gibt, der religiösen Erfahrung zu misstrauen, ist der in ihr wurzelnde Glaube rational gerechtfertigt. Als Maßstab für die kritische Prüfung des Glaubens kommen im Grunde zwei Kriterien in Betracht: Pragmatische Effizienz sowie die theoretische Konsistenz (immanente Widerspruchsfreiheit) bzw. logische Kohärenz (Widerspruchsfreiheit zwischen theologischen Aussagen und philosophischen, naturwissenschaftlichen etc. Aussagen). So konzentriert sich der Nachweis der Rationalität des Glaubens auf die Widerlegung der Einwände gegen Glaubensüberzeugungen und nicht auf Argumente für sie. Geltungsansprüche und Glaubwürdigkeitserwägungen werden nicht gänzlich aufgegeben, sondern lediglich Minimalanforderungen für die Rationalität des Glaubens formuliert.

Theologisch lässt sich fragen, ob ein kritizistisch orientierter Ansatz in der Fundamentaltheologie den Maßstab für Rationalität zu niedrig ansetzt. Genügt die Orientierung an einer bloß möglichen Wahrheit dem Anspruch christlichen Glaubens? Immerhin trägt ein solcher Ansatz nicht nur der Kritik am verifikationistischen Vernunftverständnis Rechnung, sondern wird auch dem Wagnis- bzw. Vertrauenscharakter des Glaubens gerecht. Wird nämlich der Glaube zum sicheren Wissen oder zur deutlich höheren Wahrscheinlichkeit, wie steht es dann um die Glaubensfreiheit? Sicheres Wissen gibt es erst im Zustand des Schauens (Röm 8,24; 2 Kor 5,7), im Zustand des Glaubens aber existiert keine unbezweifelbare Sicherheit. Das schließt nicht aus, dass der Glaubende subjektiv durchaus Gewissheit erfahren kann, was indes keine Gewähr gegen Irrtum bietet. Umgekehrt können auch Atheisten als rational gelten, sofern es ihnen gelingt, ihre Überzeugungen gegen kritische Einwände

---

[149] *N. Wolterstorff*, Can Belief in God Be Rational If It Has No Foundations?: A. Plantinga, N. Wolterstorff (Hg.), Faith and Rationality: Reason and Belief in God, London 1983, 135–186, hier 163.

zu verteidigen. So gesehen haben sich Theisten und Atheisten miteinander auseinander zu setzen.

Schon für den amerikanischen Pragmatisten William James hatten religiöser Glaube und atheistische Weltanschauung dieselbe Chance wahr zu sein, da ihnen gleichermaßen unbewiesene Hypothesen zugrunde liegen. Wenn jedoch das Risiko möglicherweise der einzige Weg sei, zur Gewissheit zu gelangen, dann könne derjenige nicht als unweise bezeichnet werden, der das Wagnis des Glaubens eingehe. James plädierte für einen Vertrauensvorschuss. »Bei Wahrheiten …, welche von unserem persönlichen Handeln abhängig sind, ist ein Glaube, welcher auf einem Wunsch beruht, sicherlich etwas Berechtigtes und vielleicht etwas Unentbehrliches.«[150] Es bedürfte hierzu freilich des Nachweises, dass sich das Vertrauen auf religiöse Erfahrung gegenüber kritischen Einwänden ebenso gut rechtfertigen lasse wie das Vertrauen auf Sinneserfahrung. Genau um diesen Nachweis bemüht sich im Grunde die überwiegende Mehrzahl der fundamentaltheologischen Ansätze, die insofern kritizistisch orientiert sind, als sie den christlichen Glauben unter Berücksichtigung der geistesgeschichtlichen Herausforderungen rational-argumentativ zu verantworten versuchen (John Hick [* 1922], Wilfried Joest [1914–1995], Ingolf U. Dalferth [* 1948], Jürgen Werbick [* 1946] u. a.). Bewusst wird in der »Kontextuelle[n] Fundamentaltheologie« von Hans Waldenfels (* 1931) der durch die neuzeitliche Geistesgeschichte und Religionskritik geprägte gesellschaftliche Fragehorizont als Herausforderung angenommen.

- *Wolfhart Pannenberg* (* 1928) hat sich in den vergangenen Jahrzehnten verstärkt mit wissenschaftstheoretischen Themen auseinandergesetzt. Er geht davon aus, dass theologische Aussagen auf die Totalität der Erfahrungen zu beziehen seien und dass darin eine besondere Art ihrer Bewahrheitung liege: Pannenberg geht hypothetisch von der Offenbarung Gottes aus und versucht, diese in den Bereich von Wirklichkeit und Erfahrung hinein zu übersetzen. Wissenschaftliche Aussagen seien nämlich an der Realität auf ihre Wahrheit hin zu überprüfen, zu falsifizieren oder zu verifizieren. Auch universale Sinnentwürfe seien, wie jede ihrer Einzelaussagen, auf künftige Bewährung verwiesen. Das sei Kennzeichen einer Hypothese.[151] Auf diese Weise komme der theologischen Anthropologie eine fundamentaltheologische Bedeutung zu: »Die erste und grundlegen-

---

[150] *W. James*, Der Wille zum Glauben: Texte der Philosophie des Pragmatismus. Ch. S. Peirce, W. James, F. C. S. Schiller, J. Dewey, mit einer Einl. hg. v. E. Martens, Stuttgart 1975, 128–160, hier 152.
[151] *W. Pannenberg*, Wissenschaftstheorie und Theologie, Frankfurt a. M. 1973, 348.

de Entscheidung darüber, ob das Reden von Gott theoretischen Wahrheitsgehalt beanspruchen kann oder als irrationaler Ausdruck anderweitig ... zu erklärender menschlicher Einstellungen zu beurteilen ist«, kann nur »auf dem Boden anthropologischer Argumentation« fallen.[152] Die Theologie müsse ihren Wahrheitsanspruch so intellektuell legitimieren, dass sie sich nicht positivistisch auf die göttliche Offenbarung beruft, sondern ihren absoluten Wahrheitsanspruch der kritischen Überprüfung aussetzt. Statt Dogmatismus müsse sie sich zur Vernunft und rationalen Wissenschaftlichkeit hin öffnen. Dabei wachse die Wahrscheinlichkeit von Glaubensaussagen nicht mit der Anzahl misslungener Falsifikationen, sie würden vielmehr erst dadurch um so »wahrer«, je umfassender durch sie der Zusammenhang konkreter Erfahrungen erläutert werden könnte. Pannenbergs Werk markiert eine entscheidende Öffnung der Theologie zur modernen Wissenschaftstheorie. Doch seitens der Theologie hat Pannenbergs Einführung des Hypothesenbegriffs überwiegend Ablehnung erfahren.[153] Der Hypothesenbegriff sei mit dem Selbstverständnis des christlichen Glaubens und seiner Gewissheit nicht zu vereinbaren. Allerdings ist zu beachten: Hier geht es nicht um einen hypothetisch verstandenen Glauben, sondern um den wissenschaftstheoretischen Status theologischer Aussagen. »Der Theologe kann jeden seiner theologischen Sätze ... als vorläufig und auf künftige Bewährung so formuliert verstehen und damit dem Dialog und der Korrektur offen halten. Aber die Wahrheit der Gottesbekundung in Christus selbst ... kann er nicht als eine vorläufige und problematische These behandeln. ... [Er kann sie] nicht als Hypothese verstehen, die, wenn die besseren Gründe gegen sie sprechen, auch wieder fallen gelassen werden kann. Denn damit ist ja das letzte Kriterium angegeben, vor dem theologische Sätze sich hinsichtlich ihrer Sachgemäßheit zu verantworten haben, und zugleich die Basis des Dialogs, in dem sie ihre gegenseitige Korrektur vollziehen.«[154]

- *Karl Rahner* (1904–1984) hat versucht, die Anthropologisierung der Theologie in einer für den christlichen Glauben erträglichen und gebotennen Weise zu leisten. Seine Theologie wird näherhin von einem transzendental-anthropologischen Ansatz bestimmt: Er fragte nach dem Zusam-

---

[152] *Ders.*, Gottesgedanke und menschliche Freiheit, 16.
[153] Lediglich Lorenz Bruno Puntel (* 1935) und Jürgen Werbick haben Pannenbergs wissenschaftstheoretischen Entwurf aufgegriffen und weiterzuführen versucht. Dabei heben sie auf die Klärung des Begriffs der logischen Kohärenz ab, der sich innerhalb dieses Ansatzes als das zentrale Kriterium für Bewährung herausstellt.
[154] *W. Joest*, Fundamentaltheologie, Stuttgart 1974, 253.

menhang zwischen der formalen Struktur menschlicher Erfahrung und dem Inhalt der Offenbarung und versuchte so, den Sinn der Heilsoffenbarung Gottes für das heutige Bewusstsein aufzuschließen. »Christliche Offenbarung ist die geschichtlich-kategoriale Ausfaltung dessen, was in der Form der Erwartung bereits implizit in der menschlichen Erfahrung von Gnade enthalten ist.«[155] Die Glaubensverantwortung hat es also mit der Frage nach den Bedingungen für die Möglichkeit rechter Erkenntnis, wahrer Aussage und vernünftiger Rede zu tun. Dabei müsse die Menschennatur so gedacht werden, dass sie die Grammatik einer möglichen Selbstaussage Gottes ist. Im Ereignis der Erfahrung erfahre der Mensch etwas Bestimmtes, etwa bestimmte Gegenstände, und er könne dieses Einzelne nur dadurch erfahren, da er immer schon das Ganze der Wirklichkeit erfahre. Das bedeutet, dass in jeder konkreten gelungenen Erfahrung immer schon als Horizont die Fülle und Einheit der Wirklichkeit vorausgesetzt wird, die Gott genannt wird. Die unauslotbare Tiefe menschlicher Existenz und des Ganzen der Wirklichkeit wird somit nicht nur in Grenzsituationen erfahren (Todesangst, Tod, schwere sittliche Entscheidung etc.), sondern grundsätzlich. Ohne die Bezogenheit auf das Ganze der Wirklichkeit, auf Gott, wären keine Gegenstandserfahrungen möglich.[156] Diese Argumentation lässt sich auf andere menschliche Fähigkeiten übertragen, etwa auch auf die Sprache: Alle Aussagesätze, in denen der Atheist die Existenz oder die Güte Gottes bestreitet, enthalten das Wort »ist«: »Gott ist nicht«, »Gott ist nicht allmächtig« etc. Damit rede der Atheist in all seinen Aussagen unbewusst immer schon vom »Sein«. Er kann für seine Aussagen und seine Religionskritik Wahrhaftigkeit, Vernünftigkeit und Wahrheitsbezogenheit nur dadurch beanspruchen, dass er die absolute Wahrheit, das absolute Sein, die absolute Vernunft immer schon implizit voraussetze. Wo immer jemand behauptet, Wahres auszusagen, Vernünftiges zu reden, Wirkliches zu erkennen und Gutes zu tun, behauptet er implizit die Existenz Gottes mit. »[D]as Reden von Gott [ist] die Reflexion ..., die auf ein ursprünglicheres, unthematisches, unreflexes Wissen von Gott verweist.«[157]

- *Johann Baptist Metz* (* 1928) setzte sich früh von seinem Lehrer Karl Rahner ab und prägte mit seiner »Praktischen Fundamentaltheologie« oder

---

[155] *F. Schüssler Fiorenza*, Fundamentale Theologie. Zur Kritik der theologischen Begründungsverfahren, Mainz 1992, 28.
[156] *K. Rahner*, Grundkurs des Glaubens, Einführung in den Begriff des Christentums, Freiburg i. Br. 1976, 31.
[157] Ebd., 62.

»neuen politischen Theologie« einen neuen fundamentaltheologischen Ansatz, der bewusst die freie Kommunikation mit der konkret vorfindbaren, säkularisierten Gesellschaft suchte, v. a. mit der sittlichen und gesellschaftlichen Praxis, die von Ausbeutungs- und Unterdrückungsverhältnissen bestimmt war. Vor diesem Hintergrund sollte sich die Theologie, ausgehend von der christlichen Hoffnung auf die göttliche Gerechtigkeit in der Fülle der Zeit, ihrer gesellschaftspolitischen Relevanz und gesellschaftskritischen Impulse bewusst werden. Dieser Ansatz, für den der Begriff der »Praxis« zentral wurde, spiegelt sich u. a. in Jürgen Moltmanns (* 1926) »Theologie der Hoffnung« wider, in der Befreiungstheologie, sowie in der feministischen Theologie.[158] Auch Helmut Peukert (* 1934) bemüht sich um eine politische Neukonzeption der Fundamentaltheologie, indem er wissenschaftstheoretische Fragestellungen unter Bezugnahme auf die Praxis zu beantworten versucht. Dabei spielt das kommunikative Handeln in der jüdisch-christlichen Tradition eine besondere Rolle.[159]

*d) Probabilistischer Ansatz*

Schon in der neuscholastisch geprägten Apologetik gab es vereinzelte Spuren einer probabilistisch orientierten Denkweise. In Bezug auf die rationale Glaubwürdigkeitserkenntnis wurde nämlich eingeräumt, dass sie zwar keine induktiv zwingende Gewissheit erreichen könne, wohl aber eine »moralische Gewissheit«: Zwar können nicht alle Zweifel ausgeschlossen werden, bis auf die vernünftigen (Johannes de Ulloa [1639–1721/25]). Als im 19. Jh. der Unglaube an Plausibilität gewann, war es John Henry Newman (1801–1890), der den Schwerpunkt in seiner Zustimmungslehre[160] auf die Vorstellung von sich wechselseitig erhöhenden Wahrscheinlichkeiten im Rahmen einer Konvergenzargumentation legte. In diesem Zusammenhang sprach er vom »Folgerungssinn« des Gewissens, in dessen Licht die Wahrscheinlichkeiten überzeugend werden. Die Überzeugungskraft vielfach konvergierender Zeichen würde entdeckt und richtig eingeschätzt, und aus der Häufung von Wahr-

---

[158] *J. Moltmann*, Theologie der Hoffnung. Untersuchungen zur Begründung und zu den Konsequenzen einer christlichen Eschatologie (Beiträge zur evangelischen Theologie 39), München ¹¹1980.

[159] *H. Peukert*, Wissenschaftstheorie – Handlungstheorie – Fundamentale Theologie. Analysen zu Ansatz und Status theologischer Theoriebildung, Frankfurt a. M. 1978.

[160] *J. H. Newman*, Essay in aid of a Grammar of Assent, London 1870 (dt.: Entwurf einer Zustimmungslehre, Mainz 1961).

scheinlichkeiten lasse sich persönliche Gewissheit erlangen. Die Beweiskraft einzelner Indizien erhöhe sich, wenn mehrere Indizien gut zusammenpassten.

Richard Swinburne (* 1934) geht davon aus, dass die theistische Hypothese im Vergleich zum Atheismus die objektiv wahrscheinlichere These sei.[161] Dazu interpretiert er die Gottesbeweise induktiv und untersucht die argumentative Kraft der Gottesbeweise nicht isoliert, sondern betrachtet sie in ihrer Gesamtheit als eine Fülle von Indizien. »Nach meiner Auffassung stützen die meisten der angeführten Argumente für die Existenz Gottes jeweils ihre Schlußfolgerung (das heißt, sie bilden korrekte induktive Argumente); und gemeinsam lassen sie es wahrscheinlicher werden, daß es Gott gibt, als daß es ihn nicht gibt.«[162] Für die Rationalität der theistischen Überzeugung sei der Nachweis ihrer objektiven Wahrscheinlichkeit notwendig, da an der Hypothese: »Gott existiert« nur festgehalten werden könne, wenn für sie eine höhere Wahrscheinlichkeit spräche als gegen sie. Mit Hilfe eines Induktionsschlusses und einer kumulativen Wahrscheinlichkeitsargumentation soll darum nachgewiesen werden, dass der Annahme der Existenz Gottes eine höhere Wahrscheinlichkeit zukommt, insofern die christliche Wirklichkeitssicht die fraglichen Phänomene besser versteht und kontroversen Fragen angemessener gerecht wird. »Der Wahrheits- und Geltungsanspruch der Offenbarungsbotschaft ist dann eingelöst, wenn in der Auseinandersetzung mit anderen Wirklichkeitsauffassungen und mit deren Kritik an den einzelnen Argumenten diese nicht widerlegt werden können und sich die christliche Überzeugung in der Deutung von Realitäten und Erfahrungen und hinsichtlich ihrer motivierenden Kraft zu sinnstiftendem Handeln als die *angemessenere* erweisen läßt«.[163] Swinburne ist überzeugt, diesen Beweis geliefert zu haben.[164]

Die je bessere Erklärung lässt sich nach Swinburne mittels zweier Kriterien feststellen: Einfachheit und Wahrscheinlichkeit:

- *Einfachheit:* Im Alltag werden einfachere Erklärungen vor allzu komplizierten bevorzugt;
- *Wahrscheinlichkeit:* Sie lässt sich durch die Frage feststellen, ob die Annahme der christlichen Gotteshypothese das faktische Vorkommen der

---

[161] R. *Swinburne*, Gibt es einen Gott? Aus dem englischen übers. v. C. Thormann. Berab. und mit einem Vorwort versehen v. D. v. Wachter, Frankfurt a. M. 2005, 133.

[162] *Ders.*, Der kosmologische Beweis als induktives Argument: N. Hoerster (Hg.), Glaube und Vernunft. Texte zur Religionsphilosophie, Stuttgart 1985, 41–48, hier 43.

[163] H. J. *Pottmeyer*, Zeichen und Kriterien der Glaubwürdigkeit des Christentums: HFTh 4 (²2000), 265–299, hier 287.

[164] R. *Swinburne*, Die Existenz Gottes. Aus dem Amerikanischen übers. v. R. Ginters, Stuttgart 1987, 403.

beobachtbaren Phänomene wahrscheinlicher macht oder nicht. Aber handelt es sich hierbei tatsächlich um eine objektive Wahrscheinlichkeit oder nicht eher um einen subjektiven Eindruck von Wahrscheinlichkeit, also um eine nur *scheinbare* Wahrscheinlichkeit? Es scheint zweifelhaft, ob bei der Beurteilung weitreichender metaphysischer Thesen überhaupt eine eindeutig höhere Wahrscheinlichkeit für oder gegen den Theismus bzw. Atheismus nachgewiesen werden kann. Der religiöse Glaube lässt sich nicht wie eine beliebige Hypothese behandeln. Dafür wäre eine neutrale Distanzierung notwendig, die es in der Sache des Glaubens nicht geben kann. Die Option des religiösen Glaubens kann nie eine nur theoretische sein. Weil es keine völlig neutrale Tatsache gibt, treten zwangsläufig immer Interpretationskonflikte auf. So kommt etwa John Leslie Mackie (1917–1981) auf derselben Argumentationsbasis wie Swinburne zu einem gegenteiligen Ergebnis[165] und Richard Dawkins (* 1941) stellt fest: »Ein Gott, der ständig den Zustand jedes einzelnen Teilchens im Universum überwacht und kontrolliert, kann nicht einfach sein. Seine Existenz erfordert schon als solche eine ungeheuer umfangreiche Erklärung.«[166] Sollte die Wahrheit der Glaubensüberzeugung auch nur als objektiv wahrscheinlicher erwiesen werden können, müssten dem Atheisten zwangsläufig entweder intellektuelle oder moralische Defizite unterstellt werden.

*e) Erstphilosophischer Ansatz*
Ein weiteres Modell zur Bestimmung der Rationalität des Glaubens geht davon aus, dass die Theologie grundsätzlich hermeneutisch verfasst sei: Sie habe es mit textueller Tradition zu tun und müsse das Überlieferte auf die je gegebene Verstehenssituation so übersetzen, dass es verstehbar würde. Soll dieses Verstehen verantwortlich geschehen, bedürfe es eines allgemeinverbindlichen Kriteriums. Vor diesem Hintergrund halten manche Theologen die hermeneutische Aufgabe der Fundamentaltheologie für ergänzungsbedürftig (Hansjürgen Verweyen [* 1936], Klaus Müller [* 1955], Thomas Pröpper [* 1941]). Ihrer Ansicht nach könne das normative Moment, das auf das rechte Verstehen ausgerichtet ist, nicht einfach der Zeichenwelt entnommen werden, in der sich der Mensch verstehend bewegt. Alle Ansätze, die dieses Problem sehen, suchen darum, irgendwie eine kriterielle Metaebene zu benennen.

---

[165] *J. L. Mackie*, Das Wunder des Theismus. Argumente für und gegen die Existenz Gottes, Stuttgart 1985, 152–162.
[166] *R. Dawkins*, Der Gotteswahn, Berlin 2007, 210.

Die Hermeneutik als Kunst des Verstehens sei um ihrer selbst willen auf Kriterien dafür angewiesen, ob die Deutung eines Zeichens sinnvoll oder sinnlos ist. Nur wenn der Vernunft zugetraut würde, unabhängig von allen geschichtlichen Bedingtheiten, Letztgültiges denken zu können, könnten auch mit Überzeugung bestimmte Deutungen vertreten und bestimmte abgelehnt werden. Nur im Horizont solcher Letztgültigkeit könne überzeugt gesagt werden, ob etwas sinnvoll ist oder nicht. Ohne ein solches Kriterium könne man von nichts wirklich durch und durch überzeugt sein und dieses gegenüber anderen vertreten. Soll Verstehen keine Illusion sein, müsse Hermeneutik um ihrer selbst willen mit der Erstphilosophie[167] als dem Ort letztgültiger Gedanken in Beziehung gesetzt werden. Erst recht gelte dies für die Theologie: Ob ein faktisch auftretender Sinnanspruch letzte Gültigkeit für sich einfordern könne, lasse sich nur entscheiden, wenn zuvor auf rein philosophischem Wege der Begriff solch letztgültigen Sinnes ausgearbeitet worden und damit geprüft sei, ob die Vernunft prinzipiell eines solchen Gedankens fähig ist. Damit würde Erstphilosophie auch zum notwendigen inhaltlichen Implikat christlicher Theologie.

Neben dem hermeneutischen Argument kommt ein inhaltliches hinzu: Gemäß christlicher Überzeugung hat sich Gott auf nicht mehr überbietbare Weise in Jesus Christus geoffenbart. In ihm begegnet der Mensch dem universalen Heilsmittler und findet den letztgültigen Sinn allen Lebens. Wie immer auf diesen Anspruch reagiert wird, ob bestätigend oder bestreitend, beide Varianten erfordern zur Bedingung ihrer Möglichkeit einen präzisen Begriff letztgültigen Sinns, oder den Nachweis seiner Unmöglichkeit. Darum ist auf erstphilosophischem Weg nach dem Begriff letztgültigen Sinns zu suchen, nach dem Begriff des Unbedingten. »[D]ie Bestätigung des Anspruchs macht den Begriff letztgültigen Sinns zum inhaltlichen Implikat christlicher Theologie, und zwar in Gestalt der Doppelaufgabe, daß ein letztgültiger Anspruch geschichtlich ergehen kann; daß im christlichen Ursprungsereignis ein solcher letztgültiger Anspruch ergangen ist«.[168]

---

[167] Den letztgültigen Begründungsgedanken machte Aristoteles zum zentralen Gedanken seiner Philosophie. In seinem Buch »Metaphysik« (τὰ μετὰ τὰ φυσικά) entspricht dem erstphilosophischen Gedanken das Nichtwiderspruchsprinzip: »etwas kann zugleich und unter derselben Rücksicht nicht sein und nichtsein« (1005b 19–24). Dieses Prinzip braucht keinen Beweis, da jeder, der es bestreitet, es im Akt dieser Bestreitung immer schon in Anspruch nimmt.
[168] *K. Müller*, Philosophische Grundfragen der Theologie. Eine propädeutische Enzyklopädie mit Quellentexten (Münsteraner Einführungen – Theologie, Bd. 4), Münster 2000, 410.

Auf erstphilosophischem Wege wird hier also versucht, den λόγος christlicher Hoffnung im Rahmen einer Letztbegründung zu verantworten, d.h. im Kontext eines nicht mehr hintergehbaren Gedankens. Ein solcher erstphilosophischer Letztbegründungsgedanke sei theologisch notwendig und philosophisch möglich. Dabei wird dessen »Hypothetizität«[169] durchaus eingestanden. Denn es wird im Gegensatz zur Metaphysik nicht behauptet, dass es diesen letztgültigen Sinn auch tatsächlich gibt. Eine Letztbegründung des Glaubens beansprucht darum keine zwingende Beweiskraft. Dennoch aber sei er stärker als der kritizistische oder probabilistische Ansatz.

In der Erstphilosophie stößt die autonome philosophische Vernunft zu einem unumstößlichen Begriff vom letztgültigen, unbedingten Sinn vor. Dieser ermöglicht es dann, christlicherseits zu erläutern, wie ein letztgültiger Anspruch geschichtlich ergehen kann und dass sich in Jesus von Nazareth tatsächlich die letztgültige Offenbarung Gottes ereignet hat. Ausgehend von einem Begriff letztgültigen Sinns, soll also das letztgültige Wort Gottes als sinnstiftend und verpflichtend aufgewiesen werden. Bei der Letztbegründung[170] wird so der Gottesgedanke als notwendige Bedingung der Möglichkeit eines sinnvollen, menschlichen Grundvollzugs aufgewiesen. Dabei führt der »Weg zu letztgültigem Sinn ... nur über die restlose Inanspruchnahme von Freiheit«[171] und besteht im Einsatz des ganzen Seins.

### 1) Hansjürgen Verweyen – Hingabe Christi (traditio)

Nach Verweyen hat es die Theologie mit einem »Verstehen einer potentiell ergehenden oder bereits ergangenen Offenbarung« zu tun, das bedeutet, dass die Glaubensinhalte objektiv, von außen, gegeben sind (»»mysteria stricte dicta««).[172] Der Glaube an diese Offenbarung, der sich material-inhaltlich an der freien Hingabe Jesu am Kreuz orientiert und durch das Zeugnis der Kirche weitergegeben wird, wird nur durch die in erstphilosophischer Reflexion

---

[169] *Ders.*, Plädoyer für den transzendentalen Rekurs in der religiösen Epistemologie: W. Löffler, P. Weingartner (Hg.), Knowledge and Belief. Papers of the 26th International Wittgenstein Symposium August 3–9 (Beiträge der österreichischen Ludwig Wittgenstein Gesellschaft; XI), Kirchberg a. Wechsel 2003, 248–250, hier 249.

[170] *Ders.*, Begründungslogische Implikationen der christlichen Gottrede: P. Neuner (Hg.), Glaubenswissenschaft? Theologie im Spannungsfeld von Glaube, Rationalität und Öffentlichkeit (QD 195), Freiburg i. Br. 2002, 33–56, hier 52–56.

[171] *H. Verweyen*, Gottes letztes Wort. Grundriß der Fundamentaltheologie, Düsseldorf ⁴2002, 304.

[172] *Ders.*, Glaubensverantwortung heute. Zu den »Anfragen« von Thomas Pröpper: ThQ 174 (1994), 288–303, hier 296.

gewonnene Gewissheit gerechtfertigt, dass Unbedingtheit tatsächlich gedacht werden kann. Den Begriff letztgültigen Sinns gewinnt Verweyen mit Hilfe einer Analyse menschlichen Erkennens.

Die erkennende Vernunft sei einerseits immer auf Einheit, d. h. Sinn aus, produziere aber stets Zweiheit, indem sie sich dem Erkenntnisgegenstand entgegensetzt. »[W]enn das Objekt eines erkennenden Subjekts aus sich selbst heraus radikal nichts mehr für sich selbst sein wollte, sondern sich zum reinen Abbild eines erkennenden Subjekts machte«[173], wäre die Differenz zwischen Einheit und Zweiheit in der erkennenden Vernunft aufgehoben und die erkennende Vernunft nicht absurd. Mit diesen erstphilosophischen Überlegungen möchte Verweyen deutlich machen, dass in der Hingabe bzw. traditio Christi an den Vater pro nobis letztgültiger Sinn vermittelt wird. Dazu bedarf es einer fundamentaltheologischen Rückfrage an den Jesus der Geschichte mit Hilfe der historischen Vernunft: Was sind die Bedingungen der Möglichkeit der Selbstmitteilung Gottes in Jesus Christus seitens Gott und seitens des Menschen? Gott muss so sein, dass er im Anderen seiner selbst er selbst sein kann; er muss also trinitarisch sein, um sich als er selbst absolut mitteilen zu können. Und der Mensch muss im Endlichen von Welt und Zeit sein können, was ihm geschenkt wird: unbedingte Anerkennung des Anderen als der Andere.

In der Geschichte Jesu begegnet eine Freiheit, die selbst von einem unbedingten Sein, Gott, in Anspruch genommen wird. Dieser Glaubensinhalt wird in der Geschichte durch Überlieferung (traditio) weiter vermittelt und je neu gegenwärtig. Bei Verweyen steht damit der Gedanke der restlosen Hingabe, der traditio im Zentrum seiner Fundamentaltheologie: Es sei allein die unbedingte geschichtliche Evidenz bzw. das unbedingt in Anspruch nehmende Zeugnis, das den Glauben an Jesus Christus zu legitimieren vermöge. Darüber hinaus habe der Zeuge des Glaubens zu zeigen, dass die außerhalb des Glaubens mit ihrem Anspruch auftretende Vernunft nicht wahrhaft vernünftig ist; vielmehr komme die wahre – zuvor verdeckte – Vernunft erst im Glauben zu sich selbst. Zu leisten sei eine Rekonstruktion der schon vor dem Glauben wirksamen, aber erst im Glauben entdeckten wahren Vernunft, die es dem Menschen ermöglicht, in der Christusbegegnung seine eigentliche Wahrheit zu erkennen.

---

[173] *K. Müller*, Wieviel Vernunft braucht der Glaube? Erwägungen zur Begründungsproblematik: ders. (Hg.), Fundamentaltheologie. Fluchtlinien und gegenwärtige Herausforderungen, Freiburg i. Br. 1998, 77–100, hier 97.

## 2) Thomas Pröpper – Antinomie menschlicher Freiheit

Geht Hansjürgen Verweyen von der Elementarstruktur der erkennenden Vernunft aus, so stützt sich Thomas Pröpper auf die scheinbare Aporie zwischen formaler Unbedingtheit und realer Bedingtheit menschlicher Freiheit. Hier könne die Gottesidee vermittelt werden. Pröpper denkt Gott als die begriffliche Bedingung der Möglichkeit dafür, dass Freiheit auf letztgültige Weise als sinnvoll gedacht werden könne, also nicht absurd sei.

Im Freiheitsvollzug widerstreiten sich Endlichkeits- und Unendlichkeitsdimension: Freiheit sei sich selber Gesetz, d. h., der Mensch werde auf einen der Freiheit wesenseigenen Maßstab verpflichtet. Dabei entspreche der formalen Unbedingtheit der Freiheit ihr Inhalt, der sich seinerseits durch Unbedingtheit auszeichne: unbedingte Anerkennung anderer Freiheit. Diese höchste Norm unbedingten Sollens sei Implikat der Freiheit selbst und somit Ausdruck der moralischen Autonomie des Menschen. Freilich lasse sich die formelle Unbedingtheit der Freiheit nicht als solche empirisch fassen, sie sei nämlich faktisch immer mit einem materialen Freiheitsvollzug verbunden. Zwischen der formalen Unbedingtheit menschlicher Freiheit und der materialen Bedingtheit ihrer Vollzüge bestehe nun aber eine Antinomie, die in der Endlichkeit bzw. Geschichtlichkeit des Menschen begründet sei. Diese Antinomie sei ein unaufhebbares Konstitutivum menschlicher Freiheit. Weil jeder Mensch, der seinen konkreten Nächsten der formalen Unbedingtheit seiner Freiheit entsprechend unbedingt anerkennt, mit diesem Akt aber mehr verspreche als er im Endlichen von Welt und Geschichte einlösen könne, bliebe letztlich nur die Alternative, die Freiheit als Inbegriff des Absurden zu entlarven oder mit Hilfe der Gottesidee zwischen dem, wonach sich menschliche Freiheit in unendlich vielen Anläufen ausstrecke, und dem, was sie tatsächlich realisieren könne, zu vermitteln.

Gott ist formal und material die unbedingte Anerkennung des Anderen, darum kann allein er die Sehnsucht der formal unbedingten Freiheit des Menschen nach einem ihrer Unbedingtheit entsprechenden Gehalt stillen. Von daher enthält der christliche Glaube an die reale Selbstoffenbarung Gottes in Welt und Geschichte die einzige Antwort, die dem Ausgespanntsein des Menschen zwischen dem, was seine Freiheit als Inhalt ersehnt, und dem, was durch zwischenmenschliche Liebe einlösbar ist, entspricht.

Allerdings ist die Auffassung, dass sich die Autonomie der Freiheit nur sichern lässt, indem sie auf etwas Unhintergehbares, das keinerlei Bedingungen unterliegt, zurückgeführt wird, nicht unumstritten. Der Berliner Philosoph Peter Bieri (* 1944) hat in sehr eindringlichen Analysen Freiheit als etwas durchgängig Bedingtes verständlich gemacht und aufzuzeigen versucht, dass sich eine formell unbedingte Freiheit noch nicht einmal konsistent denken lässt.[174]

### 3) Klaus Müller – Unhintergehbarkeit menschlichen Selbstbewusstseins

Auch Klaus Müller (*1955), Schüler von Hansjürgen Verweyen, der den Letztbegründungsgedanken für theologisch notwendig und auch philosophisch möglich erachtet, möchte den unbedingt geltenden Verpflichtungscharakter der »Sache Jesu Christi« aufzeigen. Dazu wird das menschliche Selbstbewusstsein transzendental begründet. Es geht um die Unhintergehbarkeit des Selbstbewusstseins im Sinne eines präreflexiven Vertrautseins des Subjekts mit sich selbst. »So gewiß ich weiß, daß ich mich meine, wenn ich ›ich‹ sage, so gewiß weiß ich auch, daß ich das Aufkommen dieses Wissens nicht in meiner Hand habe, daß ich eher … in dieses Wissen hinein erwache, wann immer es eintritt.«[175] Präreflexive Selbstvertrautheit ist also unhintergehbar und der eigenen Verfügung entzogen. Dieses menschliche Selbstbewusstsein bedarf einer transzendentalen Begründung: Allein Gott könne der unverfügbare Grund, die Möglichkeitsbedingung des menschlichen Grundvollzugs von Selbstbewusstsein sein. So müsse eine philosophische Theologie »Gott als ›Innengrund‹ unvertretbaren menschlichen Selbstvollzugs denken«.[176]

Das Argumentationsverfahren beruft sich auf die Evidenz, dass menschliches Selbstbewusstsein verdanktes Wissen ist. Doch Evidenzerlebnisse garantieren kein sicheres Wissen; sie können grundsätzlich auch trügerisch sein. Die Stärke dieses Ansatzes aber ist, dass er quasi aus einem bestimmten Selbstverständnis des christlichen Glaubens heraus die ihm spezifische Rationalität in einem eher praktischen bzw. existentiell orientierten Sinn darzustellen versucht. Das aber stellt keinen zwingenden Beweis der Wahrheit von Tatsachenbehauptungen (z. B. die Existenz Gottes) dar, sondern eher einen Appell an die innere Stimmigkeit des Verhaltens.

### 4) Kritische Anfragen

Fundamentaltheologien, die mit einer philosophischen Letztbegründung operieren, setzen sich unterschiedlichen Fragen aus:

[174] P. Bieri, Das Handwerk der Freiheit. Über die Entdeckung des eigenen Willens, München 2001.
[175] K. Müller, Wieviel Vernunft braucht der Glaube? Erwägungen zur Begründungsproblematik: ders. (Hg.), Fundamentaltheologie. Fluchtlinien und gegenwärtige Herausforderungen, Freiburg i. Br. 1998, 77–100 hier 99.
[176] Ebd.

- Inwieweit können die erstphilosophischen Denkversuche die historischen und subjektiven Bedingtheiten menschlichen Denkens überwinden? Das gilt umso mehr, als schon hinsichtlich der erforderlichen Denkvoraussetzungen immer weniger mit einem einhelligen Konsens gerechnet werden kann. Das postmoderne Denken propagiert einen unhintergehbaren Pluralismus und weithin wird unter Ausblendung der Gottesfrage nach pragmatischen Regeln menschlichen Umgangs in den verschiedenen menschlichen Diskurssituationen gesucht.
- Führt die im Kontext des philosophischen Letztbegründungsgedankens vorgeführte Subjektbetrachtung wirklich zur Intersubjektivität? Nimmt sie den Anderen als Anderen noch ernst?
- Welche Rolle spielt in den philosophischen Letztbegründungsversuchen das Moment der Glaubensentscheidung? Auch christliche Offenbarungswahrheiten, die in Jesus Christus ihre letztgültige Verbindlichkeit finden, sind keine reinen Satzwahrheiten, sondern unterliegen, wie alle nichtchristlichen Offenbarungsansprüche, der anthropologischen und geschichtlichen Bedingtheit. Die Letztgültigkeit des Christentums und die Absolutheit der christlichen Religion hängen darum von der Erfahrung und Entscheidung bzw. dem Bekenntnis des Menschen ab. »Der Versuch, das christliche Offenbarungsmodell erstphilosophisch zu begründen, versteht dieses ... als etwas, was es, kritisch betrachtet, gar nicht ist, und muss deswegen zwangsläufig zu einer bloßen – wenn auch gescheiten – Binnenreflexion werden, *die ihre eigenen geschichtlichen Voraussetzungen nicht mitbedenkt.*«[177]
- Wird genügend reflektiert, dass das erstphilosophische Suchen nach dem Begriff letztgültigen Sinns immer schon vom österlichen Standpunkt aus geschieht? Wenn die Vernunft außerhalb des Glaubens durch die Erlösungsbedürftigkeit verdunkelt wird, wie kann sie dann autonom einen Begriff von letztgültigem Sinn entwickeln? Muss nicht ein aus den dunklen menschlichen Erfahrungen erschlossener, letztgültiger Sinn problematisch erscheinen[178]?

[177] *K.-H. Ohlig*, »Letztbegründung« des (christlichen) Glaubens? Ein neuer Trend in der deutschen katholischen Fundamentaltheologie: imprimatur. nachrichten und kritische meinungen aus der katholischen kirche (2/2001), 74–77, hier 77.
[178] *R. Schwager*, Auferstehung im Kontext von Erlösung und Schöpfung: G. Larcher, K. Müller, Th. Pröpper (Hg.) Hoffnung, die Gründe nennt. Zu Hansjürgen Verweyens Projekt einer erstphilosophischen Glaubensverantwortung, Regensburg 1992, 215–225.

# II. Theologische Prinzipien- und Erkenntnislehre

## 1. Wort Gottes und seine Bezeugungsorte

### 1.1. Theologie des Wortes Gottes

*M. Seckler*, Was heißt: »Wort Gottes«? – Wort Gottes und Menschenwort: CGG, Bd. 2, Freiburg 1981, 75–88; *P. Tillich*, »Wort Gottes«: ders., Offenbarung und Glaube. Schriften zur Theologie II: Gesammelte Werke, Bd. 8, Stuttgart 1970, 70–81; *O. H. Pesch*, Das Wort Gottes als objektives Prinzip der theologischen Erkenntnis: HFTh 4 (²2000), 1–21.

*a) Wort Gottes: göttliche Selbstmitteilung*

Die Theologie als Glaubenswissenschaft gewinnt ihre Erkenntnisse anhand der göttlichen Offenbarung bzw. des Wortes Gottes. In der gegenwärtigen Theologie konkurriert der Begriff »Wort Gottes« als Inbegriff christlicher Heilslehre gleichsam mit dem Offenbarungsbegriff. Beide werden teils synonym verwendet. Dennoch aber erscheint es angemessen, innerhalb der Erkenntnislehre nicht von Offenbarung, sondern vom Wort Gottes als dem Prinzip der theologischen Erkenntnis zu sprechen. Denn bei der theologischen Erkenntnislehre geht es ja nicht um das göttliche Heilshandeln in seiner Gesamtheit, sondern nur um dessen kognitive Dimension, die im Begriff »Wort Gottes« besser konnotiert ist. Umgekehrt ist es ratsam, dann vom Begriff »Offenbarung« auszugehen, wenn es um das göttliche Heils- und Erlösungshandeln insgesamt, d. h. um die fundamentaltheologische Grundlegung des christlichen Glaubens in seiner Gesamtheit geht.

Seinem unmittelbaren grammatischen Sinn nach ist das Wort Gottes jenes Wort, das Gott spricht (gen. subj.). Nur das, was Gott zum Urheber oder zum sprechenden Subjekt hat, darf nach dieser formalen Definition als »Wort Gottes« gelten. Das Wort Gottes ist Gott selbst im Ereignis seiner Offenbarung. Diese formale Bestimmung bedarf einer inhaltlichen Konkretion: Eine Aussage als Wort Gottes zu qualifizieren, muss heißen, dass diese Aussage nicht nur ihrer Herkunft, sondern auch ihrem Inhalt nach etwas mit Gott zu tun hat (gen. obj. Wort über Gott). Das Subjekt, Gott und sein Wesen, darf dem Inhalt nicht äußerlich bleiben. Der Inhalt des Wortes muss in einem inneren Bezug zum Wesen und zur Wirklichkeit Gottes stehen. Demnach kann nur als Wort Gottes gelten, was Gott zum Urheber hat *und* was allein Gott zu sprechen vermag.

Das Wort Gottes geht von Gott aus und in diesem Wort sagt Gott sich selbst: Es ist die reale Mitteilung Gottes selbst. Demnach ist das Wort Gottes nur dort, wo Gott sich selbst oder etwas von sich mitteilt, das nur er mitteilen kann. Wenn es richtig ist, Gott als principium et finis omnium, als schöpferischen Ursprung und Sinnziel von allem zu denken, dann ist damit zugleich der mögliche Inhalt des Wortes Gottes umrissen. Das Wort Gottes ist also dort zu suchen, wo die alles und alle bestimmende, schöpferische, richtende und erlösende Macht im Leben der Menschen worthafte Wirklichkeit stiftet. »Wort Gottes ereignet sich da, wo Zorn und Gnade, wo Gericht und Vergebung Ereignis werden«.[1] Das Wort Gottes ist Gott selbst in seinem pro nobis. »Der Vater sagt in seinem Wort, das aus ihm hervorgeht, sich und alles«.[2] Das Wort Gottes ist Gottes wirksame und heilvolle Anrede an den Menschen.

Diese Einsicht wurde am Ende der Spätscholastik von den Reformatoren wieder neu ins Bewusstsein gerufen. Als in der Alten Kirche das griechische und lateinische Denken den biblischen Befund rezipierte, ging schon bald das semitische Wortverständnis verloren. Die Folge war ein Auseinandertreten von Signifikation und Effizienz des Wortes, d. h. ein signifikationshermeneutisches Wortverständnis, das den biblischen Gedanken vom wirksamen Wort überlagerte. Die Reformatoren indes verstanden das Wort wieder als das entscheidende Heilsmittel, als Gottes heilswirksamen Anspruch an den Menschen. Und weil dieses Wort Gottes an den Menschen als Sünder ergeht, hat es die Gestalt von Gericht und Evangelium, von Gericht und Freispruch.

Im Gegenzug zur reformatorischen Theologie verfestigte sich auf katholischer Seite »ein konzeptualistischer ja doktrinalistischer und objektivistischer Begriff des Wortes Gottes … Mehr denn je bezieht sich der Glaube auf das Wort Gottes als (kirchlich vermittelte) *Lehre*«.[3] Vor dem Hintergrund eines konzeptualistischen Verständnisses von Wort Gottes konnte schließlich

---

[1] R. *Bultmann*, Der Begriff des Wortes Gottes im Neuen Testament: ders., Glauben und Verstehen. Gesammelte Aufsätze, Bd. 1, Tübingen [8]1980, 268–293, hier 292.
[2] *Bonaventura*, 1 Sent. d. 32 a. 1. q. 1 fund. 5.
[3] O. H. *Pesch*, Das Wort Gottes als objektives Prinzip der theologischen Erkenntnis: HFTh 4 ([2]2000), 1–21, hier 8.

der Begriff »Offenbarung« die Gehalte des Wortes Gottes in sich aufnehmen, so dass in der neuzeitlichen Apologetik bis ins 20. Jh. hinein die Offenbarung zum objektiven Prinzip theologischer Erkenntnis wurde. Erst in der zweiten Hälfte des 20. Jh.s gelang es, die doktrinalistische Engführung im Verständnis von Wort Gottes und Offenbarung aufzusprengen und das Wort Gottes wieder als Gott selbst im Akt seiner Selbstmitteilung zu denken und das Offenbarungsgeschehen demnach als Heilsgeschehen zu begreifen, bei dem Gott selbst freier Initiator und Träger wie auch Inhalt und Ziel ist.

### b) Gotteswort und Menschenwort

Das Wort Gottes darf nicht auf die Ebene des gesprochenen Wortes eingegrenzt werden. Das schließt nicht aus, dass es auch in der menschlichen Sprache und in endlichen Bezeugungsmedien (Hl. Schrift, Tradition, Lehramt etc.) vernehmbar werden kann. Wie sieht das Verhältnis von Wort Gottes und Menschenwort näherhin aus?

In der Hl. Schrift wird oft versucht, zwischen Wort Gottes und Menschenwort zu differenzieren, u. a. in der Prophetie. Man versuchte, zwischen Botenspruch und dem, was der Prophet interpretierend hinzufügte, zu unterscheiden. Die literarische Formgeschichte der Prophetie zeigt aber, dass unmittelbare Botensprüche auch Traditionsgut enthalten, so dass eine Unterscheidung letzten Endes problematisch wird. Darüber hinaus werden weder im AT noch im NT die Schrifttexte linguistisch-dinglich mit dem Wort Gottes schlechterdings identifiziert. Die Schriften werden nicht als aufgeschriebenes Gotteswort verstanden, obwohl Israel das Bild vom buchgewordenen Gotteswort bekannt war und zudem die biblischen Autoren bemüht waren, das Wort Gottes, das Gott selbst durch seine Knechte und in der Geschichte an Israel richtet, bewusst zu machen.

In 1 Kor 7,8–16 differenziert Paulus einerseits zwischen den Weisungen, die zum Wort Gottes gehören und seinem eigenen Wort. Andererseits gibt er in 1 Thess 2,13 seine frei formulierte Missionspredigt als Wort Gottes aus, das entweder als solches anzunehmen oder aber als Menschenwort abzulehnen sei. Als Kriterium hierfür nennt er die Wirksamkeit. Paulus sah sich also in der freien Explikation des Wortes Gottes keineswegs gehindert. All das macht deutlich: Anders als im Menschenwort, im menschlichen Sprechen von Gott, kann Gottes Wort nicht zur Sprache kommen. »Indem Gott von seinen Zeugen und Kündern sachgerecht zur Sprache gebracht wird (›Wort über Gott‹), kommt er selbst zur Sprache und zum Hörer (›Wort Gottes‹)«.[4] Das mensch-

---

[4] *M. Seckler*, Was heißt »Wort Gottes«?: CGG, Bd. 2, Freiburg i. Br. 1981, 75–88, hier 85.

liche Wort kann zum Wort Gottes werden, sofern Gott selbst im Herzen derer aufleuchtet, die Jesus Christus als Herrn verkünden sollen (2 Kor 4,5 f.) und sie so zur Wahrheit Gottes ermächtigt.

Dem Menschenwort ist es sprachwissenschaftlich nicht anzusehen, ob es Gottes Wort ist. Die Behauptung, ein Satz sei von Gott, bedarf deshalb des Ausweises. Dazu gibt es grundsätzlich zwei Lösungsmodelle:

- *Extrinsezistische Legitimation:* Die Begleitumstände (Legitimationswunder, ekstatischer Wortempfang etc.) sollen den Anspruch beglaubigen. Im Zeitalter psychologischer Erklärungen ist dieser Weg nicht mehr gangbar.

- *Intrinsezistische Legitimation:* Wenn ein Satz Gott zum eingebenden Subjekt haben soll, dann muss sich dessen göttlicher Inhalt selbst als von Gott stammend ausweisen. Das heißt, das Wort Gottes ist dann in Sätze gefasst, wenn sie etwas bewirken, was nur Gott wirken kann (Mk 1,22.27; 1 Thess 2,13). Das Menschenwort legitimiert sich also als Wort Gottes im Erweis von Geist und Kraft aus der Botschaft heraus.

Wenn es dem Gott-Künder geschenkt wird, so von Gott zu sprechen, dass in diesem Sprechen die alles bestimmende, richtende und erlösende Macht zur Sprache und ins Wort kommt, dann ist es möglich, dass im Menschenwort Gott beim Hörer ankommt. Nicht an der Sprache vorbei, aber auch nicht dinglich und materiell identisch mit bestimmten Sätzen, die Gott gesprochen hätte, sondern in einer besonderen Weise der ereignishaften, dynamischen, paradoxen Identität. »Gottes Wort und Weisheit in Menschenrede ist ein Geheimnis der Sprache, aber nicht eine Geheimsprache«.[5]

### c) Wort Gottes und sprachliche Selbsttranszendenz

Die menschliche Sprache ist ein endliches und begrenztes Medium zur Verständigung und Mitteilung. Als begrenztes Mittel ist sie zugleich begrenzend, als endliches Mittel verendlichend. So kann sie nur Endliches in sich aufnehmen und muss das Unendliche unausweichlich verendlichen. Indes ist die Sprache als endliches Medium zwar begrenzt und begrenzend, sie hat aber die Fähigkeit, Grenzen zu übersteigen. Sie ist ein offenes System und kann als offenes System praktiziert werden. Die Systemtheorie spricht hier von der Fähigkeit der Sprache zur Selbsttranszendierung ihres Systems.[6] Dem-

---

[5] *G. Söhngen*, Die Grundaporie der Theologie. »Weisheit im Geheimnis« und Wissen durch Vernunft: MySal I (1965), 905–980, hier 926 f.

[6] *H. Peukert* (Hg.), Diskussion zur »politischen Theologie«. Mit einer Bibliographie zum Thema, München 1969, 93.

nach kann die konkrete Sprache das System, innerhalb dessen gedacht oder gesprochen wird, hinterfragen, gegen sich selbst verfremden und durchbrechen. Die Sprache wird dadurch nicht entgrenzt, sondern wirkt entgrenzend. Sie bleibt endliches Ausdrucksmittel. Sie vermag das, woraufhin sie sich entgrenzt, vielleicht nicht positiv zu fassen. Aber sie kann es nahe bringen, oder sie versetzt in seine Gegenwart.

Die Sprache ist zur begrifflichen Fassung Gottes unfähig, aber sie ist dank Gottes Hilfe fähig, durch ansagende Rede in seine Gegenwart zu versetzen. Sie ist unfähig, das Wort Gottes dinglich und verfügend in sich aufzunehmen, aber sie ist fähig, es anzusagen. Die ansagende Funktion der Sprache vermag, was durch ihre beschreibende Funktion nicht adäquat fassbar ist, nahe zu bringen; sie versetzt so in die Gegenwart des Unsagbaren, dass es wirkmächtig da ist, ohne sprachlich dingfest gemacht zu sein.

## 1.2 Theologische Erkenntnislehre

*M. Seckler*, Die ekklesiologische Bedeutung des Systems der ›loci theologici‹. Erkenntnistheoretische Katholizität und strukturale Weisheit: ders. Die schiefen Wände des Lehrhauses, Freiburg i. Br. 1988, 79–104; Theologische Erkenntnislehre – eine Aufgabe und ihre Koordinaten: ThQ 163 (1983), 40–46; Die Theologische Prinzipien- und Erkenntnislehre als fundamentaltheologische Aufgabe: ThQ 168 (1988), 182–193; *W. Beinert*, Kann man dem Glauben trauen? Grundlagen theologischer Erkenntnis, Regensburg 2004, 67–172; *Ch. Böttigheimer*, Mitspracherecht der Gläubigen in Glaubensfragen, in: StZ 214 (1996), 547–554; Lehramt, Theologie und Glaubenssinn: StZ 215 (1997), 603–614.

*a) Theologische Erkenntnisgewinnung*

Das Wort Gottes ist der bleibende Ursprung von Christentum und Kirche. Formal besteht die Aufgabe der Kirche darin, Gottes Wort in und aus dem Glauben heraus zu interpretieren und es dann als Dienst an der Sache Gottes zu tun. Zur Glaubenspraxis gehört eine inhaltliche, kognitive Seite: das Erkennen und Verstehen des Wortes Gottes. Gottes Wort ist grundlegender Gegenstand der theologischen Erkenntnis; es ist principium essendi und principium cognoscendi der Kirche und des Christentums.

Bei der theologischen Erkenntnis[7] im Sinne einer Glaubenserkenntnis handelt es sich um ein Erkennen, das im Glauben stattfindet oder zum Glau-

---

[7] *M. Seckler*, Erkenntnislehre, theologisch: LThK III (³1995), 786–791.

ben führt. »Erkennen«, v. a. im Sinne von Bekenntnis und Anerkennung Gottes, ist ein zentraler Begriff der Hl. Schrift (Ex 6,7; 7,5.17; 10,2; 14,4; 18,8–11; Dtn 4,32–40; 7,8 f.; 11,2; 1 Kön 8,43; 18,37 ff.; 2 Kön 5,15; Hos 13,4; Jer 16,21; Ps 78,3 f.; Sir 36,4 f.; Mk 4,12; Joh 8,28.32.52; 13,35; 14,7.20.31; Apg 21,24; Röm 1,19 f. 28; 6,6 f.; 2 Kor 2,14; 2 Tim 2,24 ff.; Eph 1,17; 4,13; Hebr 11,3; 1 Joh 5,20; Offb 2,23). Reflexionsansätze über das Wesen des Offenbarungsglaubens finden sich schon im NT (Röm 10,13–15; 15,17–21; Gal 1,11 f.; 1 Thess 1,5 f.).

Die Theologische Erkenntnislehre ist die wissenschaftlich zu erarbeitende Lehre von den Bedingungen, Strukturen und Regeln der glaubenswissenschaftlichen Erkenntnisgewinnung. Sie zeigt die Strukturzusammenhänge hinsichtlich der Vermittlung des Wortes Gottes in Christentum und Kirche auf der formalen Ebene auf. Es soll deutlich werden, unter welchen Voraussetzungen, Bedingungen, Regeln und Methoden das Wort Gottes in der Kirche vorkommt und wie die Kirche anhand des Wortes Gottes ihre theologischen Erkenntnisse gewinnt. Denn jeder Erkenntnis- und Glaubenssatz ist legitimationsbedürftig – so gesehen ist die Theologische Erkenntnislehre Reflexion über die Glaubenserkenntnis in der Kirche im Allgemeinen und der theologischen Erkenntnisgewinnung im Besonderen. Eine derartige, erkenntnistheoretische Grundlagenreflexion der Theologie fällt in den Aufgabenbereich der Fundamentaltheologie, weil diese das Entsprechungsverhältnis von Glaube und Vernunft zu entfalten hat. Die Fundamentaltheologie, die der Theologischen Erkenntnislehre einen eigenen Traktatcharakter zuerkennt, leistet mit ihrer Theologischen Erkenntnislehre einen Dienst für die gesamte Theologie. Sie will die Regeln, Kriterien, Methoden und Strukturen der Glaubenserkenntnis reflektieren, um so das christliche Glaubensverständnis zu legitimieren.

In einem engeren Sinne bezieht sich die Theologische Erkenntnislehre auf die Erkenntnisvorgänge in Theologie und Kirche und in einem weiteren Sinne auch auf die Theologische Prinzipien- und Kategorienlehre. Theologische Erkenntnislehre und Theologische Prinzipienlehre werden heute oft gleichsinnig oder kombiniert verwendet. Die Theologische Erkenntnislehre ist allerdings genau genommen die praktische Anwendung der ekklesiologischen Prinzipienlehre auf die Frage nach der Glaubenserkenntnis in der Kirche.

In den mittelalterlichen Theologenschulen wurden einzelne Fragen der Theologischen Erkenntnislehre – Theorie des Glaubensaktes, Wissenschaftscharakter der Theologie, Verhältnis von Offenbarung (auctoritas) und Vernunft (ratio), theologische Qualifikationen – in den Einleitungen zu den theologischen Summen und Sentenzenkommentaren behandelt. Erste erkenntnistheoretische Untersuchungen lieferten im 14. Jh. u.a. Pierre d'Ailly (1351–1420) und Jean Gerson (1363–1429). Seit dem 16. Jh. kamen dann systematisch ausgearbeitete Darlegungen der theologischen Erkenntnis auf. Eine monographisch selbstständige theologische Grundlagenforschung setzte eine wissenschaftsförmig betriebene christliche Theologie sowie die Reflexion über deren Wissenschaftlichkeit voraus und entstand in der Auseinandersetzung mit der Reformation. Im Konfessionsstreit mussten die »Spielregeln« von Aussagen angegeben werden. Auf evangelischer Seite beschäftigten sich insbesondere Philipp Melanchthon (1497–1560) und Johann Gerhard (1582–1637) mit der Theologischen Erkenntnislehre, auf katholischer Seite Johannes Eck (1486–1543), Robert Bellarmin (1542–1621) und v. a. Melchior Cano, bei dem sich eine erste, systematisch-theologische Methodenlehre findet. Cano gilt als Vater der Theologischen Erkenntnislehre. Sein Werk »De locis theologicis« ist posthum 1563 erschienen.

Infolge von Rationalismus und Fideismus hat sich das Kirchliche Lehramt seit dem 19. Jh. vermehrt der Fragen der Theologischen Erkenntnislehre angenommen und sich zum Verhältnis von Vernunft und Offenbarung (DH 3015–3020), zur Erkennbarkeit Gottes (DH 3004 f.; NA 2; DV 6) sowie zum vernünftigen Charakter der christlichen Glaubensnachfolge (DH 3009 f.) geäußert.

### b) Alte Kirche

Die Kirche hat Gottes Wort zu verkünden, was nur durch eine fortlaufende Neuinterpretation des Evangeliums Jesu Christi im Kontext der jeweils aktuellen geschichtlichen Situation erfolgen kann. Damit vermischt sich im christlichen Überlieferungsgeschehen Göttliches mit Menschlichem, wie ja auch die Kirche selbst eine »komplexe Wirklichkeit« ist, die »aus menschlichem und göttlichem Element zusammenwächst.« (LG 8)

Der Kirche ist verheißen, bei der Verkündigung und Auslegung des Wortes Gottes nicht grundsätzlich der Herrschaft des Irrtums verfallen zu können. Mit ihrer Überlieferungsaufgabe sieht sie sich jedoch vor die Schwierigkeit gestellt, das Wort Gottes von der bloß menschlichen Überlieferung, von bloßer Menschensatzung zu unterscheiden, d. h., es aus dem vielstimmigen Überlieferungsgeschehen herauszuhören. Dazu sind bestimmte Bezeugungsinstanzen zu befragen und es bedarf eines methodisch geordneten Verfahrens. Schon in der Alten Kirche wurden bestimmte Kriterien, Normen und Strukturen entwickelt, deren Akzentuierung sich freilich im Laufe der Geschichte verändert hat:

- *Jesus Christus:* Bereits die neutestamentlichen Schriften bezeugen einheitlich, dass Jesus Christus, der »Eckstein« (Eph 2,20; Offb 21,14), das fleischgewordene Wort Gottes, die höchste Norm der Kirche und ihres Glaubens ist.

- *Hl. Schriften:* Konstitutives Zeugnis des Wortes Gottes ist das Zeugnis der »Apostel und Propheten« (Eph 2,20), das in den Hl. Schriften überliefert ist. Schon am Ende der apostolischen Zeit kam v. a. dem schriftlichen Zeugnis eine besondere, normative Funktion hinsichtlich der Sicherstellung der apostolischen Überlieferung zu.

- *Apostolische Amtssukzession:* In der Auseinandersetzung mit der Gnosis, die mit dem Anspruch auf esoterisches Wissen auftrat, bildete sich als weiteres Kriterium für die Kontinuität der Überlieferung die apostolische Amtssukzession heraus (Apg 14,23; 20,28; 2 Tim 1,6). Die Hl. Schrift und die in der Sukzession stehenden Bischöfe bezeugen gemeinsam die apostolische Überlieferung.

- *»Regula fidei«:* Die zentralen Inhalte der apostolischen Überlieferung, also die fundamentale Tradition, waren noch bevor es Glaubenssymbole gab, in sog. regula fidei bzw. »regula veritatis« (Glaubens- bzw. Wahrheitsregel) zusammengefasst (Clemens von Alexandrien; Irenäus von Lyon [um 140–200]; Tertullian; Novatian [um 200–258]). Gemeint ist damit die lebendige Überlieferung, wie sie in den frühen Gemeinden gelebt wurde, bzw. das Glaubensbewusstsein der Kirche. Die regula fidei galt noch vor der Kanonisierung der Hl. Schriften als erster Kanon der Kirche. Er hatte natürlich die biblischen Schriften zur Grundlage.

Oberste Norm des Glaubens und der theologischen Erkenntnis ist die apostolische Überlieferung. Diese galt es zu sichern und wahrheitsgemäß zu bezeugen. Das leisteten neben dem schriftlichen Zeugnis der Hl. Schriften die apostolische Amtssukzession sowie die regula fidei bzw. später die Glaubensbekenntnisse.

Für die Ausgestaltung des Traditionsprinzips wurde im 5. Jh. das »Commonitorium« des Vinzenz von Lérins († vor 450) bedeutsam. Dieser nannte als Kriterien wahrer und katholischer Glaubensüberlieferung Universalität, Alter und Übereinstimmung.[8]

### c) Melchior Cano

Das Wort Gottes, das im Wortgeschehen der Verkündigung weitergegeben wird, bezeugt sich im Raum der Kirche nicht direkt. Das Wort Gottes wird

---

[8] *Vinzenz von Lérins,* Commonitorium (434), c. II,5: CCSL 64,149.

durch unterschiedliche Objektivationen vermittelt (Hl. Schriften, regula fidei, Glaubenssymbola, Tradition etc.), es wird an unterschiedlichen Orten bezeugt und gesichert. Hier gewinnt die Theologie Antwort auf die Frage nach der Wahrheit des Glaubens und Argumente zur Bekräftigung und Verteidigung. Solche Orte werden seit dem 16. Jh. im Anschluss an den Dominikaner Melchior Cano als »loci theologici« bezeichnet.

Cano griff auf die antike Topiklehre zurück. Doch während für Aristoteles »τόποι« geformte Sätze zur Argumentation darstellten, werden loci theologici von Cano als lebendige Bezeugungsinstanzen des Wortes Gottes verstanden, als Prinzipien der Theologie. Die »loci« seien »domicilia«, Heimstätten göttlichen Offenbarungswortes. Sie sind also nicht nur Orte, aus denen theologische Erkenntnis geschöpft werden kann, sondern auch Instanzen, in denen sich das Wort Gottes normativ darstellt. Sie sind »lebendige und aktive Trägerschaften« des Wortes Gottes, »in denen sich Erkenntnis ereignet und ereignet hat«[9] und denen dadurch Autorität zukommt. Cano unterscheidet insgesamt zehn Bezeugungsinstanzen des Wortes Gottes, auf die sich die theologische Erkenntnis zu beziehen habe: Die ersten sieben seien erstrangige Fundorte (loci proprii), weil sie auf der Autorität der Offenbarung (des Innen) beruhen würden, die anderen drei seien nachgeordnete Fundorte (loci alieni), weil sie auf der Autorität des Außen basieren.

Die ersten beiden loci proprii gelten als »propria et legitima theologiae principia« (theologieeigen), die anderen fünf als theologieabgeleitet, d. h. als interpretativ. Dazu zählen:

- Hl. Schrift;
- Mündliche Überlieferungen Christi und der Apostel;
- Kirche: Sie tritt in besonderer Weise als Subjekt der Wahrheitsfindung auf, ist sie doch erstrangiger Träger der apostolischen Überlieferung. Richterliche Entscheidungen sind durch das hierarchische Lehramt zu fällen, in Rückbindung an das Glaubensbewusstsein der Gesamtkirche. So wird einer hierarchologischen Engführung der Kirche entgegengewirkt;
- Konzilien: Die Verbindlichkeit ihrer Beschlüsse hängt von der Bestätigung durch den Papst ab;

---

[9] *M. Seckler*, Die ekklesiologische Bedeutung des Systems der ›loci theologici‹. Erkenntnistheoretische Katholizität und strukturale Weisheit: ders., Die schiefen Wände des Lehrhauses, Freiburg i. Br. 1988, 79–104, hier 96. Während Thomas von Aquin die Wahrheit der Glaubensartikel, die der theologischen Argumentation zugrunde liegen, als von Gott selbst verbürgt annahm, wusste Cano um die wesentliche geschichtliche Vermittlung des Wortes Gottes.

- Päpste (im Sinne des hierarchischen Lehramtes): Cano geht von der Unfehlbarkeit des päpstlichen Lehramtes aus;
- Kirchenväter: Ihrem übereinstimmenden Urteil schreibt Cano Irrtumslosigkeit zu;
- Theologen, Scholastiker: Dem übereinstimmenden Urteil der Theologen misst Cano Irrtumslosigkeit zu, wenngleich es weniger gewichtig ist als das Väterzeugnis, aufgrund dessen Alters.

Der Bereich der loci alieni ist von dem der loci proprii verschieden, ohne indes getrennt zu sein. Zum Innen des Glaubens gibt es das Außen von Wissensformen, die Autorität für das Innen haben. Besonders die Vernunft und Geschichte haben in der Moderne gezeigt, wie bedeutsam dieser Zusammenhang ist. Dazu zählt Cano:

- *Menschliche Vernunft;*
- *Philosophen;*
- *Geschichte der Menschheit.*

Den normativen Ausgangspunkt bilden die Hl. Schrift und die im Leben der Kirche mündlich überlieferten apostolischen Traditionen. Der Traditionsprozess selbst wird als Deuteprozess des Ursprungs vorgestellt. In ihm wirken der in der Gesamtheit der Gläubigen (Kirche) gelebte Glaube, die Entscheidungsinstanzen (Konzilien, Papst) und die Theologie (Väter, Scholastiker) zusammen. Insofern die wissenschaftliche Theologie argumentativ mit der geistesgeschichtlichen Situation korrespondiert, wird auch der Weltrahmen anthropologisch (Vernunft, Philosophie, Geschichte) als locus theologicus vorgestellt, wenn auch im uneigentlichen Sinne. Die geschichtliche Welt gilt trotzdem als ein theologisches Erkenntnisprinzip.

Wichtig ist nicht die konkrete Zahl der loci theologici; über sie könne auch nach der Auffassung Canos durchaus gestritten werden. Man könnte seiner Meinung nach einzelne Quellen selbstverständlich zusammenfassen, etwa die Patristik und Theologie oder die Vernunft und Philosophie. Bedeutsam ist vielmehr die Überzeugung, dass die unterschiedlichen »loci« Fundorte theologischen Wissens sind, in unterschiedlichem Maße Autorität und eine Wächterfunktionen besitzen und insofern Prinzipien der Theologie sind. In ihnen und durch sie kann sich die göttliche Offenbarung konkretisieren. Die loci theologici bilden ein interaktives Regelgefüge, innerhalb dessen das Wort Gottes zur Sprache kommen kann.

Canos besonderes Interesse war es, den Grad der Autorität, der den einzelnen Quellen zukommt, herauszufinden. Der Glaube würde von der Autorität der Argumente bestimmt, mit denen er präsentiert wird. Auf den Überzeugungswert einzelner Darstellungen komme es an. Damit liegt hier erstmals eine systematische theologische Methodenlehre vor, die allerdings noch sehr offen war. In der Neuscholastik wurden die loci schließlich in eine feste Ordnung gebracht, dabei allerdings dem kirchlichen Lehramt zu- und untergeordnet. Der Dreischritt der neuscholastischen Theologie lautete: Darlegung des lehramtlich fixierten Glaubens, dessen Begründung aus Schrift und Tradition und schließlich die spekulative Durchdringung mit Hilfe von Konklusionen. Diese neuscholastische Engführung zog schwere Krisen in der Theologie nach sich und konnte erst im 17./18. Jh. überwunden werden.

Erstmals verwendete Matthias Joseph Scheeben (1835–1888), der maßgeblich von Thomas Stapleton (1535–1598) beeinflusst wurde, den Terminus »Theologische Erkenntnislehre«.[10] Allerdings setzte sich dieser Titel noch nicht durch, da sich die Theologische Erkenntnislehre in einer perspektivischen Verengung darstellte, nämlich als Teilaufgabe der Dogmatik, und es noch kein Bewusstsein ihrer eigenständigen Bedeutung gab. Stattdessen wurden die Einzelthemen einer Theologischen Erkenntnislehre anderen, scheinbar übergeordneten Fragestellungen zugeordnet und unterstellt. In den theologischen Fachbüchern des 19. Jh.s kam der Begriff »Theologische Erkenntnislehre« auch nicht mehr vor. Die Wiederaufnahme der Theologischen Erkenntnislehre war mit ein Grund für die Namensänderung von Apologetik zu Fundamentaltheologie. Zur systematischen Entfaltung der Theologischen Erkenntnis- und Prinzipienlehre kam es erst wieder im 20. Jh. Da die Plausibilität von Glaubenseinsichten heute schwindet und erkenntniskritische Fragestellungen um sich greifen, gewinnt die Theologische Erkenntnislehre immer mehr an Bedeutung.

Die katholische Theologie tendiert in der Diskussion um die Autorität der einzelnen loci theologici dazu, mehr eine aktive Interaktion verschiedener Instanzen zu proklamieren als eine allein. John Henry Newman hat im 19. Jh. in diesem Zusammenhang von einer wünschenswerten »conspiratio pastorum et fidelium«[11] von Lehramt, Glaubenssinn des Gottesvolkes und Theologie gesprochen. Ein Problem entsteht immer dort, wo eine Instanz oder eine Person sich auf Kosten der anderen verabsolutiert. Johann Adam Möhler (1796–1838) nannte deshalb die beiden Extreme des kirchlichen Lebens »Egoismus«. »[S]ie sind aber möglich, und beide heißen Egoismus; sie sind:

---

[10] *M. J. Scheeben*, Handbuch der katholischen Dogmatik. Erstes Buch: Theologische Erkenntnislehre, 1873.

[11] *H. J. Newman*, On consulting the Faithful in Matters of Doctrine, London 1859, § 3 (dt.: Über der Zeugnis der Laien in Fragen der Glaubenslehre: H. J. Newman, Ausgewählte Werke, Bd. IV, hg. v. M. Laros, W. Becker, Mainz 1959, 255–292, hier 264.

wenn *ein jeder* oder wenn *einer* alles sein will; im letzten Fall wird das Band der Einheit so eng und die Liebe so warm, daß man sich des Erstickens nicht erwehren kann; im ersten fällt alles so auseinander, und es wird so kalt, daß man erfriert: der eine Egoismus erzeugt den andern; es muß aber weder einer noch jeder alles sein wollen; alles können nur alle sein und die Einheit aller nur ein Ganzes. Das ist die Idee der katholischen Kirche.«[12] Hans Urs von Balthasar sprach vom katholischen »und«[13]: Natur und Gnade, Schrift und Tradition, Vernunft und Offenbarung etc.

*d) Zweites Vatikanisches Konzil*
Grundlegend für die Theologische Erkenntnislehre des Zweiten Vatikanischen Konzils ist dessen Offenbarungsverständnis. In der Offenbarungskonstitution »Dei Verbum« wird Offenbarung als kommunikativ-dialogisches Geschehen verstanden, in dem sich Gott selbst wesenhaft mitteilt. Dieses Offenbarungsverständnis hat Auswirkungen auf das Überlieferungsverständnis des Wortes Gottes in der Kirche. Das Konzil nennt als Bezeugungsinstanzen des Wortes Gottes (DV 8 ff.; 23; PO 16; SC 16; LG 25, 50):
• *Hl. Schrift:* Der Hl. Schrift kommt eine qualitative und normative Vorordnung innerhalb des theologischen Erkenntnisprozesses zu (norma normans non normata), bezeugt sie doch die konstitutive, apostolische Phase der kirchlichen Überlieferung, die das apostolische Zeugnis weiterzugeben und auszulegen hat. Doch die Vorordnung und Eigenständigkeit der Hl. Schrift ist nicht absolut. Denn sie ist ja selbst Produkt kirchlicher Tradition (hermeneutischer Zirkel) – die Kirche stellte den Kanon der Hl. Schrift fest. Aus diesem Grund ist für das Zweite Vatikanum der Glaube der Kirche ein hermeneutischer Schlüssel für das rechte Verständnis der Hl. Schrift. »Die heilige Überlieferung und die Heilige Schrift sind eng miteinander verbunden und haben aneinander Anteil«; »beide [sollen] mit gleicher Liebe und Achtung angenommen und verehrt werden« (DV 9). Ferner übt auch der Kanon eine hermeneutische Funktion aus, insofern er eine hermeneutische Mitte kennt, von der aus die ganze Hl. Schrift zu lesen ist. Die Maßgabe ist, »die Wahrheit [zu] lehren, die Gott um unseres Heiles willen aufgezeichnet haben wollte« (DV 11).

---

[12] *J. A. Möhler*, Die Einheit in der Kirche oder das Prinzip des Katholizismus dargestellt im Geiste der Kirchenväter der drei ersten Jahrhunderte, hg., eingeleitet und kommentiert v. Josef Rupert Geiselmann, Darmstadt 1957, 237.
[13] *H. U. von Balthasar*, Der antirömische Affekt. Wie lässt sich das Papsttum in der Gesamtkirche integrieren? Einsiedeln ²1989, 248–253, bes. 249.

Grundlegung

- *Zeugnis der Gesamtkirche:* Kirche und Überlieferung sind koextensiv, d. h., mit der Überlieferung beginnt die Kirche und mit der Kirche beginnt die Überlieferung. Die Kirche als Ganze ist darum der Ort der Überlieferung; sie ist die erste Bezeugungsinstanz der kontinuativen bzw. interpretativen Tradition (DV 8). Die Gesamtheit aller Gläubigen trägt eine aktive Verantwortung für die Weitergabe der Offenbarung (ebd.). Sie ist primärer Träger des auf Christus zurückgehenden Lehrauftrags und zeichnet sich durch eine unfehlbare Lehrautorität aus: »Die Gesamtheit der Gläubigen, welche die Salbung von dem Heiligen haben (vgl. 1 Joh 2,20.27), kann im Glauben nicht irren« (LG 12). Damit die Gesamtheit der Gläubigen den wahren Glauben aktiv und unfehlbar zu bewahren vermag, ist ihr die Gabe eines übernatürlichen Glaubenssinns verliehen (ebd.).[14] Dieser artikuliert sich im gemeinsamen Agieren des Gottesvolks und nimmt im Glaubenskonsens (consensus ecclesiarum et fidelium), der sich auf den unterschiedlichsten Ebenen kirchlichen Lebens äußern kann, eine soziale, wenngleich nicht immer leicht feststellbare Gestalt an. Auf diesem sensus fidelium basiert das kirchliche Lehramt, dem die authentisch-kritische Interpretation des Wortes Gottes vorbehalten ist. Insofern die Gläubigen am prophetischen Amt Christi partizipieren und ihnen ein geistgewirkter Glaubenssinn zu eigen ist, kann durchaus von einer Lehrautorität der Gläubigen, einer normativen, eigenständigen Bezeugungsinstanz der Glaubenswahrheit (locus theologicus) gesprochen werden, die freilich immer auch auf die anderen theologischen Orte verwiesen ist. Nichtsdestotrotz kommt den Laien ein grundsätzliches Mitspracherecht im kirchlichen Wahrheitsfindungsprozess zu, und es braucht geeignete Organisationsformen, die es ihnen ermöglichen, ihren Glauben und Willen hörbar zu artikulieren und in Entscheidungen verantwortlich mitzureden.
- *Kirchliches Lehramt:* Seine Aufgabe ist es, »das geschriebene oder überlieferte Wort Gottes verbindlich zu erklären« (DV 10). Das kann auf ordentliche und außerordentliche Weise (DH 3011; LG 25) geschehen. Ordentliches Lehramt ist die alltägliche Glaubensverkündigung des Papstes (z. B. Enzykliken) oder die einmütige Glaubensübereinstimmung aller Bischöfe in einer bestimmten Lehre als »fides divina et catholica«. Außerordentliches Lehramt stellt ein ökumenisches Konzil dar oder eine förmliche dogmatische Definition durch die höchste Gewalt des Papstes (ex

---

[14] *Ch. Ohly,* Sensus fidei fidelium. Zur Einordnung des Glaubenssinnes aller Gläubigen in die Communio-Struktur der Kirche im geschichtlichen Spiegel dogmatisch-kanonistischer Erkenntnisse und der Aussagen des II. Vaticanum, St. Ottilien 2000.

cathedra). Wird auf eine der zwei Weisen eine Glaubens- oder Sittenlehre als für alle Gläubigen endgültig verpflichtend vortragen, gilt diese als unfehlbar (LG 25). Allerdings muss vom Papst oder von einem Konzil deutlich bekundet werden, wenn eine Aussage als irreformabel anzusehen ist.[15] Das ist für die Konzilien bis zum Tridentinum nicht immer einfach auszumachen. Die Unfehlbarkeit der Kirche »reicht so weit wie die Hinterlage der göttlichen Offenbarung, welche rein bewahrt und getreulich ausgelegt werden muss, es erfordert« (LG 25).

Das päpstliche Lehramt ist keine ungebunden-absolutistische Autorität. Es existiert nicht isoliert und unabhängig, noch weniger steht es »über dem Wort Gottes, sondern dient ihm, indem es nichts lehrt, als was überliefert ist« (DV 10). So kann es auch nicht ohne Hl. Schrift und Hl. Überlieferung bestehen (ebd.). Selbst wo der Papst ex cathedra spricht, bringt er das Wort Gottes nur auf seine Weise zur Sprache und hat nicht mehr, als einen Platz im Chor der Bezeugungsinstanzen. Er ist ein locus theologicus innerhalb des christlichen Glaubenszeugnisses im Ganzen und ist darum an den Glauben der Gesamtkirche gebunden.

- *Kirchenväter:* Sie werden eigens als Fundort der Überlieferung genannt (DV 8, 23). Die Kirche »fördert … in gebührender Weise das Studium der Väter des Ostens wie des Westens« (DV 23). Tatsächlich wurden die Kirchenväter seit der Spätantike zur literarischen Quelle und zur Autorität theologischer Entscheidungsfindung, auf deren Schriften und Lehren sich auch das kirchliche Lehramt häufig berief.[16] »[G]egen die einmütige Übereinstimmung der Väter« darf die Hl. Schrift nicht ausgelegt werden.[17] Dei Verbum nennt zwar die Kirchenväter als eigenen locus theologicus, nicht jedoch den Konsens der Theologen. Ebenso ist nur vom authentischen, d. h. öffentlichen und autoritativen Lehramt der Hirten die Rede. Dennoch ist die Unterscheidung eines zweifachen Lehramts – bischöfliches und theologisches – sinnvoll und hilfreich, sofern deren gegenseitige Verwiesenheit beachtet wird. Denn die irreduktible Eigengesetzlichkeit der glaubenswissenschaftlichen Erkenntnisgewinnung sichert der Theologie den Rang einer eigenständigen Bezeugungsinstanz des Glaubens in der Kirche zu.

- *Leben, Lehre und Kult:* Die Tradierung des kirchlichen Ursprungszeugnisses geschieht auf dreifache Weise, nämlich durch das, was die Kirche in

---

[15] CIC/1983 can. 749 § 3.
[16] DH 265, 271, 300 f., 370, 396, 399, 485, 501, 548, 550, 575, 635, 1510, 2876 u. ö.
[17] DH 1507, 1863, 2771, 2784, 3007.

Leben, Lehre und Kult tut, in allem, was sie selber ist, und in allem, was sie glaubt und im Glauben feiert (DV 8). Alle theologischen Aussagen sind demnach auf das Leben der Kirche zu beziehen, besonders auf deren Liturgie (PO 16; SC 16). »So gehören zur positiven Theologie die Dogmen- und Theologiegeschichte, Patrologie und Mediaevistik, Liturgie-, Frömmigkeits- und kirchliche Kunstgeschichte, aber auch christliche Archäologie und nicht zuletzt Kirchengeschichte im umfassenden Sinn des Wortes.«[18]

• *Orthopraxie:* Eher beiläufig wird auch die Orthopraxie – konkret im Beispiel der »Heiligen« – zu den Bezeugungsinstanzen gerechnet (LG 50). Die mittelalterliche Theologie verhandelt dies unter dem Stichwort der »sanior pars«.

Jeder vom Zweiten Vatikanum genannte locus theologicus bezeugt den apostolischen Glauben nicht nur passiv, sondern formuliert seine Antwort in Bezug auf das Wort Gottes. Die loci theologici sind aktive Bezeugungsinstanzen und Träger der Überlieferung. So bringt die Theologie auf ihre Weise das Wort Gottes zur Sprache wie auch die Bibel, Väter, Konzilien, Liturgien etc. Ihr subjekthafter Charakter verleiht ihnen Eigenständigkeit und Unverwechselbarkeit. Jeder locus theologicus hat sein spezifisches Gewicht. Ist er auch noch so klein, alle gehören zum Chor der Zeugen. Keiner darf den anderen eliminieren wollen. In allen ist derselbe Hl. Geist wirksam, weshalb »alle zusammen, jedes auf seine Art … dem Heil der Seelen dienen.« (DV 10)

Die Informationsorte halten die Gesamtaussage des Wortes Gottes bereit. Sie bezeugen jeweils das Ganze auf ihre Weise ohne selbst dieses Ganze schon zu sein. Aufgrund der eschatologischen Vorläufigkeit geht das Wort Gottes in keiner Bezeugungsgestalt vollkommen auf. So besitzt jede Bezeugungsgestalt zwar eine eigene, unverletzbare Bezeugungshoheit, dennoch darf sie nie isoliert betrachtet werden. Es muss, gemäß der Idee der communio, aktiv wie rezeptiv zu einem Wechselspiel zwischen allen Beteiligten kommen. Jeder Überlieferungsträger ist Teil eines umfassenden Überlieferungsgeschehens. So entsteht ein Interaktionsgefüge von jeweils eigenständigen Überlieferungssubjekten. Dabei kommt den einzelnen Bezeugungsinstanzen jedoch ein unterschiedlicher Gewissheitsgrad zu, und sie sind theologisch unterschiedlich zu qualifizieren. Dieses System der loci theologici ist als ein geordnetes, selbstständiges System des Traditionsgeschehens zu begreifen.

---

[18] W. *Kasper*, Die Wissenschaftspraxis der Theologie: HFTh 4 (²2000), 185–214, hier 202.

### e) Ökumenische Erkenntnislehre

Die Hl. Schrift gilt in allen christlichen Kirchen als bedeutsamer locus theologicus, wobei allerdings ihr Verhältnis zu den anderen theologischen Erkenntnisquellen teils divergent bestimmt wird. Für die Orthodoxie, die den engen Zusammenhang zwischen dem Leben der Kirche und der Hl. Schrift betont, sind Hl. Schrift und Tradition die Grundlagen des Glaubens: Die Hl. Schrift ist keine Quelle des Glaubens neben der Tradition, sondern eine Erscheinungsform der Tradition. Aufgrund der Einheit von Schrift und Tradition darf weder die Hl. Schrift über die Kirche gestellt, noch die Hl. Schrift ohne die kirchliche Tradition interpretiert werden. Die Kirche interpretiert die biblischen Bücher authentisch durch die Tradition. Das reformatorische sola-scriptura-Prinzip wurde von der Orthodoxie nie geteilt.

Vor allem in der Reformation stellte sich die Frage, welche Rolle der Kirche bzw. dem kirchlichen Lehramt bei der Schriftauslegung zukomme. Auch nach katholischem Verständnis bedarf es hierzu der kirchlichen Tradition, die vom kirchlichen Lehramt zur Sprache gebracht wird. Die Wittenberger Reformation bestand dagegen so sehr auf der materialen und formalen Normativität der Hl. Schrift, dass der reformatorische Grundsatz »sola scriptura« gemeinsam mit der Exklusiv-Formel »sola gratia« zum Formalprinzip des Protestantismus werden konnte. Die Hl. Schrift sei die einzige Wahrheitsnorm theologischer Glaubenserkenntnis. Wichtig dabei war die Überzeugung von der Selbstevidenz der Hl. Schrift (scriptura interpres sui ipsius): Die Schrift habe aufgrund der Zusage Gottes die Kraft, die Wahrheit des Wortes Gottes zur Geltung zu bringen und sich selbst auszulegen (Autopistie). Sie sei »ein geistliches Licht (2 Petr 1,19), viel klarer als selbst die Sonne«.[19] Nur vor dem Hintergrund der »äußeren Klarheit«[20], Eindeutigkeit und Selbstauslegungskraft der Hl. Schrift konnte diese als einzige und vollständig gewisse Glaubensregel (unica et certissima regula fidei) in Theologie und Kirche eingeführt werden; sie ist Quelle und Kriterium aller Wahrheit (unicum et proprium theologiae principium).

Heute haben sich die beiden Konfessionen in der Verhältnisbestimmung von Schrift- und Traditionsprinzip ökumenisch angenähert, und die meisten christlichen Theologen stimmen in der Auffassung von den fünf »theologischen Orten« (loci theologici) als Bezeugungsinstanzen des Wortes Gottes überein.[21]

---

[19] *M. Luther*, WA 18,653.606 ff.; WA 15,40 f.
[20] *Ders.*, WA 18,653.
[21] Bilaterale Arbeitsgruppe der Deutschen Bischofskonferenz und der Kirchenleitung der

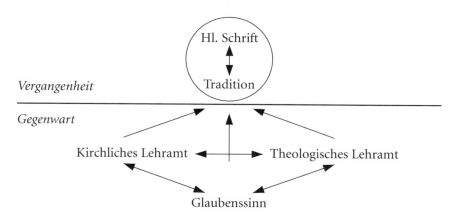

Es wird zwischen solchen loci theologici unterschieden, die der Vergangenheit zugewandt sind (Hl. Schrift und Tradition) und jenen, die in der Gegenwart das Wort Gottes objektiv und verbindlich bezeugen (Lehramt, Theologie und Glaubenssinn der Gläubigen). Das kirchliche und theologische Lehramt sowie der Glaubenssinn sind Teile der Kirche als geisterfüllter, lebendiger Kommunikationsgemeinschaft unter dem Wort Gottes. Sie sind neben der Hl. Schrift und Tradition Bezeugungsinstanzen des Wortes Gottes, die jeweils den anderen Überlieferungsträgern entnehmen, was diese mit Hilfe des Hl. Geistes als Wort Gottes vorlegen. So entsteht ein Interaktionsgefüge, d. h. eine aktive Kooperation in Form einer sachlichen Disputation. Ein Problem entsteht immer dort, wo eine Instanz oder eine Person sich auf Kosten der anderen verabsolutiert. Schwierigkeiten bereitet demzufolge immer wieder das Zusammenspiel von kirchlichem Lehramt, Glaubenssinn der Gläubigen und Lehramt der Theologen.

Im ökumenischen Kontext ist zudem von Bedeutung, dass das Zweite Vatikanum in erkenntnistheoretischer Hinsicht eine Hierarchie der Wahrheiten lehrte. Es räumte erstmals lehramtlich ein, dass es »eine Rangordnung oder ›Hierarchie‹ der Wahrheiten innerhalb der katholischen Lehre gibt, je nach der verschiedenen Art ihres Zusammenhangs mit dem Fundament des christlichen Glaubens« (UR 11). Folglich kann im Sinne des Konzils zwischen solchen Glaubenswahrheiten unterschieden werden, die fundamental sind – wie etwa das trinitarische und christologische Dogma (UR 12) – und jenen, die auf diese zurückführbar und insofern nachrangig sind. Das Konzil wollte

---

Vereinigten Evangelisch-Lutherischen Kirche Deutschlands, Communio Sanctorum. Die Kirche als Gemeinschaft der Heiligen, Nr. 42–73.

gerade in ökumenischen Fragen zu einer tiefgreifenden Konzentrationsbewegung anleiten. Nicht alle Wahrheiten haben dieselbe Bedeutung für den authentischen Glauben, darum verlangt die katholische Kirche keine unterschiedslose Bejahung aller Glaubensaussagen, »[n]och weniger erwartet sie dies von den anderen Christen. Hier öffnet sich ein breites Feld ökumenischer Möglichkeiten«.[22]

## 2. Wort Gottes und Hl. Schrift

### 2.1. Kanonbildung

*M. Limbeck*, Die Heilige Schrift: HFTh 4 ([2]2000), 37–64; *W. Kern, F.-J. Niemann*, Theologische Erkenntnislehre, Düsseldorf 1981, 55–97; *B. Janowski*, Kanonhermeneutik. Eine problemgeschichtliche Skizze: BThZ 22 (2/2005), 161–180; *Ch. Dohmen, M. Oeming*, Biblischer Kanon: Warum und wozu? Freiburg 1992, 11–26; 91–97; *K. S. Frank*, Zur altkirchlichen Kanongeschichte: W. Pannenberg, Th. Schneider (Hg.), Verbindliches Zeugnis 1, Kanon – Schrift – Tradition, Freiburg 1992, 128–155; *M. Seckler*, Über die Problematik des biblischen Kanons und die Bedeutung seiner Wiederentdeckung: ThQ 180 (2000), 30–53; *Ch. Dohmen*, Der Biblische Kanon in der Diskussion: ThRv 91 (1995), 451–460; *P. Hofrichter*, Kanon III: NBL 2 (1995), 447–450; *W. Beinert*, Theologische Erkenntnislehre: Glaubenszugänge. Lehrbuch der katholischen Dogmatik, hg. v. ders., Bd. 1, München 1995, 94–101.

*a) Schriftwerdung des Wortes Gottes*
Schon das Alte Israel hatte Hl. Schriften gesammelt (Neh 8,1–12; 2 Makk 2,13 f.; 8,23), und die griechische Version dieser jüdischen Bibel (LXX) ist zugleich die Hl. Schrift der ersten Christen, die an der Autorität der jüdischen γραφή festhalten (Apg 1,16; 17,2.11; 18,28; 2 Petr 1,19–21 u. ö.), auf deren Basis sie das Christusereignis zu verstehen und zu interpretieren suchen (Mt 5,21–48; Joh 4,20–24; Röm 10,5–8; Herb 1,1 ff.). Jesus, der seine eigene Verkündigung nicht verschriftlichte, hatte an der Verbindlichkeit der Bibel seiner Zeit keinen Zweifel aufkommen lassen (Mt 5,17–19; Joh 10,35), obschon er auch das Gesetz des Moses kraft eigener Autorität überbieten konnte, indem er es verinnerlichte und dadurch radikalisierte (Mt 5,21–48). Damit wollte er

---

[22] Gemeinsame Synode der Bistümer in der Bundesrepublik Deutschland. Offizielle Gesamtausgabe, Pastorale Zusammenarbeit im Dienst der Einheit, Freiburg i. Br. 1976, 765–806, hier 780.

die Normativität der Hl. Schrift nicht infrage stellen, sondern die ursprüngliche Intention, die Gott mit seinem Wort verbunden hatte, wieder freilegen: In Mt 19,4–9 kritisiert Jesus z. B. die Scheidebriefregelung (Dtn 24,1), um der Schöpfungsregelung (Gen 1,27; 2,24) neu Geltung zu verschaffen und so Gottes eigentlichen Schöpferwillen wieder offen zu legen.

Bereits in apostolischer Zeit hatten die Aufzeichnungen der urchristlichen Verkündigung gegenüber dem mündlichen Zeugnis des apostolischen Kerygmas eine besondere Bedeutung für die Sicherstellung der apostolischen Tradition gewonnen (2 Petr 1,12–21). Der Verschriftlichung kam eine besondere normative Funktion zu, da sie die Überlieferung der geschichtlichen, in Jesus Christus gipfelnden Selbstoffenbarung Gottes besser vor verfälschender Entstellung schützen konnte. Die sog. Kanon-Formel bringt dies zum Ausdruck: Weder darf etwas »hinzugefügt« noch »weggenommen« werden (Offb 22,18 f.; Dtn 4,2; 13,1; Koh 3,14; Jer 26,2; Spr 30,6).

Die Schriftwerdung des apostolischen Kerygmas diente dem Glauben (Joh 20,30 f.; 1 Joh 1,1–4) bzw. der Überzeugung von »der Zuverlässigkeit der Lehre« (Lk 1,4) und hatte sich in den unterschiedlichen Bereichen kirchlichen Lebens (Mission, Liturgie, Theologie etc.) als förderlich erwiesen. Die biblischen Schriftsteller bezeugen mit ihrem mündlich empfangenen und schriftlich fixierten Wort (1 Kor 15,3–5; 2 Thess 3,6 u. ö.) die Selbstoffenbarung Gottes in Jesus Christus, in dem das Wort Gottes eschatologisch ergangen ist, ja sie verstehen ihr eigenes Wort als das Wort Gottes selbst (1 Thess 2,13) und lesen die jüdische Bibel als Vorankündigung des in Christus offenbar gewordenen und erfüllten Heils. Demgemäß hat sich die jüdische Hl. Schrift, deren wahre Interpretation die Urkirche für sich in Anspruch nahm, an Jesus Christus auszurichten (2 Kor 3,6–8; Hebr 1,1). Sie ist im christologischen Sinn einer Relektüre zu unterziehen (Lk 4,16–30; 7,22 f.). Paulus bedient sich der Analogie etwa zwischen Adam und Christus (Röm 5,12–21; 1 Kor 15,45–50), zwischen dem »Leben spendenden Fels« während der Wüstenwanderung und Christus (1 Kor 10,1–4), oder zwischen der Opferung Isaaks und der Kreuzigung Christi (Röm 8,32).

### b) Kanonbildung

Weder ist bislang die sehr komplizierte Kanongeschichte vollständig geklärt noch besteht in der Bibelexegese Einigkeit über die Datierung biblischer Schriften. Die Sammlung der in den Kanon eingegangenen literarischen Dokumente setzte wohl im 8./7. Jh. v. Chr. ein; die Schriften des AT entstanden ungefähr zwischen dem 8.-3. Jh. Im 1. Jh. n. Chr. stellt Flavius Josephus ein Verzeichnis von 22 Büchern zusammen (protokanonische Schriften). Die

Schriften des NT sind ungefähr zwischen 50 und 140 n. Chr. zu datieren. Eine der ältesten, nahezu vollständigen Handschriften der LXX stammt aus dem 4. Jh. n. Chr. (Codex Sinaiticus), während eine der ältesten, fast vollständig erhaltenen Handschriften der hebräischen Bibel erst aus dem 10. Jh. überliefert ist (Codex Leningradensis 1008 n. Chr.). Die Kanonisierung des AT und NT ist Teil des kirchlichen Überlieferungsgeschehens.

Ab ca. 150 n. Chr. sind Absichten nachweisbar, den Umfang der christlichen Schriften verbindlich festzulegen, doch die endgültige Klärung des Umfangs kam erst im 4. Jh. zu einem vorläufigen Abschluss (DH 179 f.; 186). Gott wurde als Urheber aller Hl. Schriften bezeugt (DH 325). Im Jahre 367 nannte Athanasius alle 27 Schriften des NT (39. Osterfestbrief) und verwendete erstmals das griechische Wort κανών für die biblischen Bücher. Im Westen übernahmen gegen Ende des 4. Jh.s verschiedene Synoden den Kanon des Athanasius, allerdings in unterschiedlicher Reihenfolge. Die Gründe und Motive für die Auswahl der Texte und das Zustandekommen der Bibel waren bewusst oder unbewusst theoriegesteuert.

»Indem die Kirche den Kanon der Schriften feststellte, hat sie ihre eigene Identität deutlich erkannt und definiert, so daß die Heilige Schrift fortan wie ein Spiegel ist, in dem die Kirche ihre Identität immer wieder entdecken … kann«.[23] Die Kirche hat sich im Kanon also eine bleibende Norm gesetzt. Sie meinte sich und ihren Glauben im Spiegel des als Einheit verstandenen Bibelkanons zu erkennen. Die Schrift als Einheit zu lesen heißt daher, den Kanon als Bezugsrahmen für die einzelnen Schrifttraditionen anzusehen und die Schrift von der Kirche von ihrem Existenzort her zu lesen, den Glauben der Kirche also als den eigentlichen hermeneutischen Schlüssel anzusehen. Die Kanonbildung liefert einen deutlichen Hinweis auf die eine Kirche, die im Hören auf Gottes Wort nur der Raum einer einzigen Glaubensantwort sein kann und will (Eph 4,2–6). Unbeschadet der Vielzahl biblischer Stimmen bleibt es bei dem Urteil des Apostels Paulus: Es gibt nur das eine Evangelium, das die eine Kirche, die in ihrem tiefsten Wesen nur eine sein kann, konstituiert.

Anders der evangelische Exeget Ernst Käsemann. Nach ihm begründet der neutestamentliche Kanon »nicht die Einheit der Kirche«, sondern »die Vielzahl der Konfessionen«[24], weil man mit dem neutestamentlichen Kanon nicht schon das Evangelium »habe«. Das eine Evangelium, das die eine, wahre Kir-

---

[23] Päpstliche Bibelkommission, Die Interpretation der Bibel in der Kirche, III B1.
[24] *E. Käsemann*, Exegetische Versuche und Besinnungen, Bd. 1, Göttingen 1960, 214–223, hier 221.

che in allen Zeiten und an allen Orten begründet, sei nicht durch die historisch-kritische Exegese zu entscheiden, sondern durch einen geisterfüllten Glauben. Wenn aber das NT »unvereinbare theologische Gegensätze«[25] enthielte und sich jede Konfession auf Teile der Bibel berufen könnte, wäre alles Mühen um Einheit in der Wahrheit zum Scheitern verurteilt. Andere evangelische Theologen betonen indes die Lehreinheit des Kanons: »Ein Kanon, bei dem alle Grenzen fließend geworden wären, wäre kein Kanon mehr.«[26]

Wenn die Einheit des Kanons und sein Verhältnis zur Einheit der Kirche evangelischerseits teilweise auch kontrovers beurteilt wurde, so ist doch unzweifelbar, dass es die Kirche selbst war, die über den Kanonumfang entschied. Entscheidende Kriterien dabei waren:

- *Autorität Jesu:* Neben die Autorität der jüdischen Schriften tritt die Autorität Jesu. Doch das NT stellt keine Gegenschrift der jüdischen Hl. Schrift dar, vielmehr haben die Christen sich diese als AT zu eigen gemacht und dem in ihren Gemeinden entstandenen Schriften als eigenen Textkorpus zur Seite gestellt. Paulus zitierte als erster in bestimmten Fällen und zu bestimmten Situationen ein »Wort des Herrn« und ergänzte oder ersetzte so die Autorität der Schrift durch die Autorität Jesu (1 Thess 4,15; 1 Kor 7,10; 9,14; 11,23–25).

- *Autorität der Apostel:* Neben die Autorität der Schrift und die des Herrn tritt unter- und zugeordnet die Autorität der Apostel, v. a. die des Paulus. Denn die Apostel sind als authentische Interpreten der ersten Stunde (Apg 2,42; 16,4; 2 Petr 3,15 f.) quasi selbst ein »idealer Kanon« des Glaubens. Die Briefe des Paulus wurden zwischen Gemeinden ausgetauscht, einige Schriften, wie die »Katholischen« Briefe, waren an eine größere Öffentlichkeit gerichtet (Kol 4,16; 1 Thess 5,27; 2 Kor 1,1; Gal 1,2; Jak 1,1; 1 Petr 1,1; 2 Petr 1,1; Jud 1,1), und manche wurden in den gottesdienstlichen Versammlungen zur Auferbauung der Gemeinde vorgelesen (Offb 1,3). Die Schriften mussten sich inhaltlich am Glauben der Kirche, der regula veritatis, messen lassen, im Gottesdienst bzw. bei Predigten Verwendung finden und sich als an die ganze Kirche gerichtet verstehen lassen (gegen gnostisches Ideengut).

- *Apostolizität:* Aus der Autorität der Apostel resultiert die Differenzierung zwischen ursprünglicher Apostolizität und nachapostolischer Nachfolge und Zeugnisgebung. Da die Offenbarung mit dem Tod des letzten Apos-

---

[25] Ebd., 218.
[26] G. *Eichholz*, Jakobus und Paulus. Ein Beitrag zum Problem des Kanons: Theologische Existenz heute N.F. 39 (1953), 27.

tels als voll konstituiert und abgeschlossen (DH 3421) galt, ist die Apostolizität ein Auswahlkriterium, so dass beispielsweise die Schriften der Apostolischen Väter (Clemens von Rom [2. Hälfte 1. Jh.], Ignatius von Antiochien [frühes 2. Jh. n. Chr.], Polykarp von Smyrna [um 69–155]) nicht kanonisiert wurden.

- *Gottesdienstliche Verwendung:* Es gab offensichtlich eine Konnaturalität der in Frage kommenden Schriften mit der Verkündigung, dem Glauben, dem Bekenntnis und v. a. dem Gottesdienst der Kirche. Der Prozess der Kanonisierung beginnt mit der Abfassung der Texte und der jeweiligen Rezeption älterer Traditionen. Er setzt sich fort im gottesdienstlichen Lesen, im Austausch der Texte zwischen verschiedenen Gemeinden, in der Bemühung um eine sachgerechte Auslegung und in ersten Sammlungen von Briefen und Evangelien, die bereits in sehr früher Zeit erfolgten. Offensichtlich war es ein gegenseitiges Bedingungsverhältnis, dass der Glaube der Kirche in bestimmten Schriften fixiert werden musste, verbunden mit der gleichzeitigen Erkenntnis, dass diese Schriften geeignet waren, den Glauben auszudrücken, ihn zu feiern, ihn aber auch gegenüber nicht akzeptablen Positionen abzugrenzen.

- *Zurückweisung von Häresien:* Die Bedeutung der Zurückweisung häretischer Konzeptionen darf nicht unterschätzt werden. Das NT verweist mehrfach auf die »gute Lehre« (1 Tim 4,6) bzw. »gesunde Lehre« (1 Tim 1,10; 2 Tim 4,3; Tit 1,9; 2,1; 1 Tim 6,3; 2 Tim 1,13), die häretische Positionen abweist. Offensichtlich konnte und musste bereits die früheste Christenheit zwischen der heilbringenden Botschaft und häretischen Konzeptionen unterscheiden.

Dekretiert wurden die 73 Bücher der Hl. Schrift erst auf dem Konzil von Trient (1545–1563) unter Berufung auf das Konzil von Florenz (1438–1443). Dabei bestand man darauf, »alle« 46 Bücher des AT und 27 Schriften des NT »mit allen ihren Teilen« als heilig und kanonisch anzunehmen (DH 1504). Das heißt, die Kirche hielt ausdrücklich am gesamten Kanon fest und verurteilte damit einen »Kanon im Kanon«. Damit ist aber nicht gesagt, dass es im Sinne eines inhaltlichen Deutungsprinzips nicht doch so etwas wie einen Kanon im Kanon, also einen Auswahlkanon geben kann. Denn die Kanonbildung lehrt ja, dass der Kanon selbst eine hermeneutische Funktion ausübe, also eine hermeneutische Mitte kenne, von der aus die ganze Hl. Schrift zu lesen sei. Die Maßgabe ist »die Wahrheit lehren, die Gott um unseres Heiles willen in heiligen Schriften aufgezeichnet haben wollte.« (DV 11) Von dieser hermeneutischen Mitte her muss die ganze Hl. Schrift gelesen werden. Der Sinn des »christlichen Kanons ist es …, [fortwährend aufmerksam zu machen] auf den unlösbaren Zusammenhang zwischen der von Gott geoffenbarten ›Wahrheit um unseres Heiles willen‹ (DV 11) und der Person und dem Werk Jesu Christi«.[27]

### c) Altes und Neues Testament

Im christlichen Kanon sind AT und NT zusammengefasst. In welchem Verhältnis stehen diese beiden Teile zueinander? Allein die Bezeichnungen negieren ein rein additives Verständnis. Die Neuheit des NT ist wesentlich als Neuheit des Verständnisses des AT im Blick auf Jesus von Nazareth zu verstehen. Das schließt nicht aus, dass Christen vom jüdischen Verständnis der Hl. Schrift etwas lernen können. Die Päpstliche Bibelkommission veröffentlichte 2001 eine Studie mit dem Titel: »Das jüdische Volk und seine Heilige Schrift in der christlichen Bibel«[28], worin über das Verhältnis des NT zur jüdischen Schrift von Kontinuität, Diskontinuität und Progression gesprochen wird. Diese Vorstellung ist weitaus differenzierter als das Schema von Verheißung und Erfüllung. Das Verhältnis im Sinne von Kontinuität, Diskontinuität und Weiterführung kann inhaltlich näher gefasst werden als Universalisierung, Relativierung und Steigerung der Schrift Israels:

- *Kontinuität/Universalisierung:* Das NT anerkennt die Autorität der jüdischen Schrift, zitiert aus ihr, betont explizit die Kontinuität mit ihr, trotz des Christusereignisses, und »nimmt auch voll die großen Themen der Theologie Israels auf mit ihrem dreifachen Verweis auf Gegenwart, Vergangenheit und Zukunft.« (S. 118) Paulus weist darauf hin, dass die Heiden Anteil am Heil erhalten, indem sie »durch ihren Glauben an den Messias Israels der Nachkommenschaft Abrahams eingegliedert werden (Gal 3,7.29).« (S. 163) Die »universale Ausstrahlung des Abrahamssegens« (S. 119) wird u. a. in der weltweiten Verbreitung der jüdischen Schrift durch die Kirche konkret.

- *Diskontinuität/Relativierung:* Die Hl. Schrift Israels wird in einigen, für das Judentum nicht unwesentlichen Punkten negiert bzw. korrigiert (Gesetze, Gottesdienstformen, religiöse und rituelle Bräuche etc.), so dass sie im Sinne von »alt« relativiert bzw. abgewertet werden kann: »Indem er von einem neuen Bund spricht, hat er den ersten für veraltet erklärt. Was aber veraltet und überlebt ist, das ist dem Untergang nahe« (Hebr 8,13).

---

[27] M. Limbeck, Die Heilige Schrift: HFTh 4 (²2000), 37–64, hier 58.
[28] Päpstliche Bibelkommission, Das jüdische Volk und seine Heilige Schrift in der christlichen Bibel (24. Mai 2001) (VApSt 152), hg. v. Sekretariat der Deutschen Bischofskonferenz, Bonn 2001. Die Seitenangaben im Text beziehen sich hierauf.

Die theologischen Akzentverschiebungen können dabei teils als in der jüdischen Schrift bereits angedeutet ausgemacht werden. Der Abwertung der Hl. Schrift Israels steht die Aufwertung des NT gegenüber: Diese Diskontinuität stellt allerdings »die Kontinuität nicht in Frage«, sondern »setzt sie vielmehr in ihren wesentlichen Punkten voraus«. (S. 119) Der Bruch hebt den grundlegenden Zusammenhang nicht auf.

• *Steigerung:* Im NT wird die jüdische Schrift als in Jesus von Nazareth, »in seiner Person, seiner Sendung und ganz besonders in seinem Ostergeheimnis« (S. 119) als vollendet angesehen. Das Neue erscheint als die Fortführung der göttlichen Offenbarung in der Geschichte Israels, die auf das universale Hervortreten Gottes hin offen ist. Vor diesem Hintergrund ist die christliche Botschaft als Relektüre der Schrift Israels zu verstehen, ohne deshalb auszuschließen, »dass die jüdische Lesung der Bibel eine mögliche Leseweise darstellt, die sich organisch aus der jüdischen Heiligen Schrift der Zeit des Zweiten Tempels ergibt« (S. 44).

## 2.2. Inspiration

*W. Kern, F.-J. Niemann,* Theologische Erkenntnislehre, Düsseldorf 1981, 58- 66; *P. Knauer,* Der Glaube kommt vom Hören, Bamberg ⁴1984, 217–224; Was verstehen wir heute unter »Inspiration« und »Irrtumslosigkeit« der Heiligen Schrift?: ThAk 10 (1973), 58–87; *M. Limbeck,* Die Heilige Schrift: HFTh 4 (²2000), 37–64; *Ch. Dohmen, M. Oeming,* Biblischer Kanon: Warum und wozu? Freiburg 1992, 43–49; *W. Beinert,* Theologische Erkenntnislehre: Glaubenszugänge. Lehrbuch der katholischen Dogmatik, hg. v. ders., Bd. 1, München 1995, 101–112; *H. Gabel,* Inspirationsverständnis im Wandel. Theologische Neuorientierung im Umfeld des Zweiten Vatikanischen Konzils, Mainz 1991, 89–118; *D. Hercsik,* Die Grundlagen unseres Glaubens. Eine theologische Prinzipienlehre (Theologie, Forschung und Wissenschaft, Bd. 15), Münster 2005, 41–71.

### a) Universalität des Inspirationsgedankens
Der Begriff Theopneustie weist in Richtung Schriftinspiration. Er begegnet erstmalig in 2 Tim 3,16: »Jede von Gott eingegebene (θεόπνευστος) Schrift ist auch nützlich zur Belehrung, zur Widerlegung, zur Besserung, zur Erziehung in der Gerechtigkeit.« Der Begriff »Theopneustie« stellt evtl. eine Neubildung des Verfassers dar. Das Nomen »θεός« ist dem Verbaladjektiv »πνευστός« (von »πνέω«: wehen, blasen, einhauchen) vorangestellt und bezeichnet den Urheber der passiven Haltung – Theopneustie bedeutet somit: »von Gott eingehaucht«. Die Theopneustie hat die pneumatologische Dimen-

sion der Bibel zum Gegenstand, Gottes Geist in der Hl. Schrift. Die Inspirationslehre ist Teil einer Bibeltheorie und beantwortet die Frage nach der Besonderheit der Hl. Schrift.

Der Inspirationsgedanke ist nicht originär biblisch. »Die Vorstellung, daß Menschen unter einem besonderen Anhauch ... bestimmte Worte sprechen oder gar ganze Schriften verfassen, ist alt und weit verbreitet.«[29] Schon in der Antike ist das Inspirationsphänomen kein spezifisch religiöses Phänomen; die Erfahrung des Ergriffenseins von höheren Dimensionen kommt auch bei Dichtern und Philosophen vor. Selbst in der Moderne sind Inspirationsphänomene in der Musik, Kunst, Dichtung etc. reich belegt.[30]

Der Inspirationsbegriff ist nicht einfach zu fassen und sprachlich gesehen sehr ambivalent:

- *Kausalaussage:* Er lässt sich auf das Verb »inspirare« (einhauchen, eingeben) zurückführen. In diesem Fall bezeichnet er das Einwirken Gottes beim Zustandekommen des Textes. Inspiration bedeutet demnach Eingehauchtsein durch Gott. Das stellt eine Kausalaussage in Bezug auf die betreffenden Texte dar.
- *Qualitätsaussage:* Er gehört zu »spiritus« (Geist, pneuma). Inspiration bringt hier die Begeisterung und Geisterfülltheit (Pneumahaftigkeit) der Texte in Form einer Qualitätsaussage zum Ausdruck.

Grundsätzlich taucht der Inspirationsgedanke dort auf, wo ein Überstieg bzw. das Gelingen einer Handlung oder eines Werkes erfahren wird, welches der autonomen Leistung irgendwie entzogen ist. Dieses Gelingen kann entweder die schöpferische Produktivität in ihrem Ablauf betreffen oder aber das Produkt des Prozesses:

- *Vorgang im Subjekt:* Für Platon gehören Mantik, Poetik, Mystik und Erotik, da sie von einem göttlichen Geistwirken getragen werden, zusammen. Hier handelt es sich um eine ekstatische Betrachtung, bei der der eigene Geist von einem unkontrollierbaren Geist überspielt wird, der ihn ergreift und bewegt und um den Verstand bringt.
- *Objektive Werkbewandtnis:* Daneben gibt es auch eine unekstatische Auffassung des Inspirationsgeschehens. Hier handelt es sich um einen Reflexionstyp. Das Ergriffensein des Geistes vom göttlichen Geist wird (psychologisch) reflektiert und erkannt, dass ein Werk inspiriert ist oder inspirierend wirkt.

---

[29] *M. Limbeck*, Die Heilige Schrift: HFTh 4 (²2000), 37–64, hier 44.
[30] *M. Curtius* (Hg.), Theorien der künstlerischen Produktivität (stw 166), Frankfurt a. M. 1976.

*b) Biblische Basis*

Schon in neutestamentlicher Zeit entwickelte sich eine nüchterne Vorstellung von Geisterfahrung bzw. -erfülltheit – ein ekstatischer Bewusstseinszustand war nicht zwingend erforderlich. So fordert etwa Paulus die Korinther im Blick auf die Geisterfülltheit zur rechten Einheit und Ordnung im Gottesdienst auf (1 Kor 14,26–40). Inspiration kann faktisch vorhanden sein, ohne dass der Autor eines Textes dies weiß. Erst im Nachhinein wird dieser Sachverhalt, z. B. die Qualität eines Werkes, erkannt. In diesem Sinne beschreibt die kirchliche Lehre von der Schriftinspiration nicht Bewusstseinsphänomene der biblischen Autoren, sondern bezieht sich auf die Gottgewirktheit und Geistgewirktheit der Texte.

In den biblischen Schriften gibt es keine ausgebildete Inspirationslehre; sie qualifizieren sich selbst nicht als inspiriert, zeigen aber Ansätze in diese Richtung: Die biblischen Texte sind nachhaltig von der Erfahrung und von dem Bewusstsein geprägt, dass der lebendige Gott ein handelnder Gott ist, der Menschen ergreift, mit Geist erfüllt und sie zum Sprechen und Schreiben bewegt. Grundparadigma hierfür ist Ex 34,1–35: Gott diktiert Moses die zehn Gebote. Außerdem werden die Propheten als »Mund JHWHs« (Jes, Jer) bezeichnet. Ekstase ist dabei nicht notwendig, aber möglich. Entscheidend sind Geisterfülltheit, -getriebenheit und -getragenheit. Damit wird schon im AT der Zusammenhang von Geist und Wort bezeugt, zumal in nachexilischer Zeit Wort (דָּבָר: *dabar*) und Geist (רוּחַ: *ruach*) Gottes zusammengeschaut werden (Jer 31,33; Jes 59,21; Neh 9,30; Sach 7,12 u. ö.). Insbesondere wird die Prophetie zum dominierenden Paradigma: Für den jüdischen Philosophen Philon von Alexandrien sind alle Verfasser der alttestamentlichen Schriften Propheten; sie sind inspiriert.

Aufgrund ihres christologischen Schriftverständnisses war es in neutestamentlicher Zeit nur selbstverständlich, an der göttlichen Inspiration ihrer biblischen Schriften gläubig festzuhalten, wie es im Judentum verbreitetet war. So wurde die Auffassung vertreten, dass die biblischen Schriften einschließlich des AT durch ein besonderes Charisma zustande gekommen seien (Mk 12,35 f.; Apg 1,16; 2 Petr 1,20; 1 Petr 1,10–12; 2 Tim 3,14–17). Dies sei vorzugsweise im Paradigma der Prophetie ausgedrückt. Es wird die pneumatheologische Dimension in der Bibel zum Ausdruck gebracht und ein enger Zusammenhang zwischen der prophetischen Geisterfülltheit bzw. den geisterfüllten Personen und den geisterfüllten Worten und Schriften hergestellt. Daraus entwickelte sich dann in einem technischen Verständnis der Terminus »Schriftinspiration«. Bezog sich der Satz von der Schriftinspiration anfänglich in erster Linie auf die prophetischen Teile der Schrift Israels, so wurde er schon zur Zeit der Kirchenväter auf jene Texte ausgeweitet, die die Erfüllung alttestamentlicher Prophezeiung verkünden. So schreibt etwa Origenes: Der Hl. Geist hat »einen jeden von den Heiligen, Propheten und Aposteln inspiriert, und es war kein anderer Geist in den Alten als in denen, die bei der Ankunft Christi inspiriert wurden«.[31]

Die Übernahme des Inspirationsglaubens aus dem Judentum bedeutete nicht, dass ihn das frühe Christentum weiter reflektiert und zu einer direkten Inspirationslehre ausgebaut hätte. Dies blieb der späteren theologischen Entwicklung aufgegeben, die klären musste, wie das Inspiriertsein der Hl. Schrift näherhin zu denken sei: Stand in altkirchlicher Zeit v. a. die Frage nach der Geisterfülltheit der Texte im Vordergrund (Qualitätsaussage), musste zudem geklärt werden, wie Gottes Geist und menschliche Verfasserschaft zusammenwirken (Kausalaussage). Doch grundsätzlich sollte der Satz von der Schriftinspiration primär als Erfahrungssatz verstanden werden: Die Bibel bringt erfahrungsgemäß von sich aus den Beweis ihrer Geisterfülltheit.

### c) Ausbildung einer Inspirationslehre

Für die Ausbildung einer Inspirationslehre war nicht unbedeutend, dass in der Väterzeit der menschliche Autor häufig mit einem Instrument, einer Zither, Leier, einem Griffel oder Werkzeug verglichen wurde. Im Hochmittelalter unterschied Thomas von Aquin dann zwischen dem auctor principalis (dem Hl. Geist) und dem auctor instrumentalis (dem menschlichen Autor).[32] Jetzt lagen die Elemente der Inspirationslehre vor, die v. a. in nachtridentinischer Zeit entfaltet wurden:

- Die Hl. Schrift ist heilig, weil sie, wie das prophetische Wort, unter dem Einfluss des Geistes Gottes zustande gekommen und so Wort Gottes ist.
- Wie im Prophetenwort kommt im Wort der Schrift Gott zur Sprache; er ist der durch die Schrift Sprechende.
- Der menschliche Autor verhält sich zum göttlichen Autor wie ein Instrument in der Hand dessen, der es benutzt, z. B. wie ein Schreibinstrument in der Hand des Schreibenden.

Kirchenamtlich hat sich erstmals das Konzil von Florenz mit der Schriftinspiration befasst und festgestellt: »Sie [die heilige römische Kirche] bekennt ein und *denselben Gott* als Urheber *des Alten und des Neuen Bundes*, das heißt, des Gesetzes und der Propheten sowie des Evangeliums; denn die Heiligen beider Bünde haben unter Einhauchung desselben Heiligen Geistes gespro-

---

[31] *Origenes*, De princ. I Praef. 4 (GCS XXII,11).
[32] *Thomas von Aquin*, Quodl. q. 6 a. 1 (14) ad 5.

chen; sie nimmt ihre Bücher an und verehrt sie« (DH 1334). Hier wurde neben einer Qualitätsaussage v. a. eine Kausalaussage getroffen: Auctor der Hl. Schrift ist Gott, der durch die Eingebung des Hl. Geistes schreiben ließ. An dieser Kausalaussage hielten auch die reformatorischen Theologen fest: Die biblischen Texte sind auf das Wirken des Geistes Gottes hin zustande gekommen.

Auch in der Neuzeit ändert sich an der Überzeugung vom Auctorsein Gottes nichts, lediglich das genauere Inspirationsverständnis ist umstritten. Es entwickelten sich unterschiedliche inspirationstheoretische Modelle, die in sich wiederum vielfache Differenzierungen erfahren haben:

- *Diktatinspiration:* Gott habe dem Menschen seine Worte so diktiert, dass dieser nicht selbst beteiligt, sondern nur Schreibinstrument Gottes war. Hier muss aber kritisch angemerkt werden, dass die Persönlichkeit der einzelnen Verfasser in den biblischen Schriften klar zum Ausdruck kommt. Form und Stil der Bücher unterscheiden sich deutlich. Zudem schreibt etwa der Evangelist Lukas, dass er geforscht habe (Lk 1,1–4). Indes ist positiv zu würdigen, dass hier die völlige Inspiration der Hl. Schrift ernstgenommen wird. Unerklärbar aber bleibt, warum Gott die Persönlichkeit des Schreibers übergehen sollte, anstatt sie zu nutzen.

- *Partielle Inspiration:* Nur Teile der Schrift seien inspiriert, so etwa die Aussagen über das Heil des Menschen, während die Aufzeichnungen über die Geschichte Israels dem Wissen und Glauben der damaligen Zeit entsprächen und aufgrund des ausschließlich menschlichen Ursprungs mit Fehlern behaftet seien. Gott und Mensch als die beiden Verfasser werden also getrennt. Der Wissenschaft und dem Leser bleibt es vorbehalten, diese Trennung vorzunehmen. Dabei ist aber kritisch anzumerken, dass sich die beiden Verfasser der Hl. Schrift nicht wirklich trennen lassen, so wenig wie es einen »Kanon im Kanon« gibt. Die Bibel beansprucht in ihrer Ganzheit, Gottes Wort zu sein.

- *Personal-/Realinspiration:* Das Modell der Personalinspiration wurde vorherrschend, als bibelwissenschaftlich bewusst wurde, dass der ursprüngliche Text nicht mehr erhoben werden könne. Dies besagt, dass die Verfasser vom Geist erfüllt waren, die Gestalt und Sprachform der Texte aber auf die Menschen zurückgehe. Möchte man darum das Wort Gottes finden, müsse nach den Aussageintentionen der Autoren gefragt werden. Weil sie die ihnen vom Geist eingegebenen Gedanken sprachlich frei ausgestalten konnten, gelte nur der Gedanke als inspiriert, nicht jedoch die vom Schreiber benutzten Wörter. Auch nach der Realinspiration sei nur die Sache (res) des Textes inspiriert, während die Wortwahl allein dem

Schreiber überlassen sei und auch seine Aussageabsicht keine Rolle spiele. Zwar wird hier das Wort Gottes nicht materiell-dinglich aufgefasst, doch besteht die Gefahr, dass der Text unterbewertet wird. Dieser darf nicht nur als Einkleidung verstanden werden; Worte und Inhalt lassen sich nicht einfach trennen.

- *Verbalinspiration:* Es handelt sich um das ursprüngliche, heute aber diskreditierte Modell. Es findet sich bereits bei den griechischen und lateinischen Kirchenvätern und besagt, dass jedes Wort in der Hl. Schrift inspiriert sei, also der Text als Ganzer. Der Hagiograph erscheint als Federhalter Gottes. Dieses Modell wurde später – v. a. in der lutherischen Orthodoxie – mit der sog. Diktattheorie gleichgesetzt. Gegenüber dieser Inspirationslehre, wonach Gott dem biblischen Verfassern nicht nur den Inhalt, sondern auch die Worte einhauchte, »ist die andere, eigentlich biblische Auffassung von Inspiration, die sich mit dem Grundsatz der Geistesvollmacht der erwählten biblischen Zeugen begnügt, in der Orthodoxie auf der Strecke geblieben.«[33] Katholischerseits glaubte man, die Verbalinspiration sei lehramtlich verbindlich und im Sinne der Diktattheorie zu verstehen. Das Modell der Verbalinspiration hat heute durchaus noch seine Berechtigung, nicht aber im Sinne der Diktattheorie. Recht verstanden bezieht es sich nämlich nicht auf den Inspirationsvorgang, sondern auf den inspirierten Text: Wenn der biblische Text geistgewirktes Werk ist, dann kann die pneumatische Dimension auch im biblischen Text zum Ausdruck kommen und nicht allein in der biblischen Sache. Das heißt, die Inspiration liegt im Text, es kommt nicht nur auf den Inhalt an, sondern auch auf den Wortlaut, der mit der zur Sprache gebrachten Sache in einem wesentlichen Zusammenhang steht. Der biblische Text ist als Text ernstzunehmen, ohne ihn aber mit dem Wort Gottes dinglich zu identifizieren.

*d) Lehramt*

Das Trienter Konzil und Erste Vatikanum (DH 1501, 3006) waren in ihrer Inspirationslehre noch zurückhaltend, insofern das Auctorsein Gottes mittels pneumatheologischer Kategorien verdeutlicht wurde, ohne eine genaue Inspirationslehre darzulegen. In der Dogmatischen Konstitution Dei Filius wird lediglich eine nachträgliche Anerkennung der Bücher als Hl. Schriften unter dem Geisteinfluss (inspiratio subsequens) sowie eine Begründung der Inspi-

---

[33] *P. Stuhlmacher,* Vom Verstehen des Neuen Testaments. Eine Hermeneutik (NTD Ergänzungsreihe 6), Göttingen 1979, 108.

ration im Sinne der Bewahrung des Autors vor Irrtümern in Offenbarungs-wahrheiten (assistentia negativa oder inspiratio concoinitans) abgelehnt (DH 3006). Stattdessen wird auf einer ursprünglichen Geisterfülltheit der Autoren bestanden und darauf, dass alle Bücher des AT und NT »als heilig und kanonisch an[zu]nehmen« seien (DH 3006).

Das päpstliche Lehramt übernahm zwischen dem Ersten und Zweiten Vatikanum die Inspirationslehre der altprotestantischen Orthodoxie des 16./ 17. Jh.s in hypertrophen und exzessiven Formen und baute sie weiter aus (DH 3292 f.). Ihr gemäß stimmt die Hl. Schrift in allen heilsgeschichtlichen Aussagen mit der Offenbarung überein, und sie enthält die Heilsoffenbarung insofern hinreichend (sufficientia), als sie in ihrem textuellen Bestand wort-wörtlich von Gott eingegeben wurde (auctoritas). Die detaillierte Erklärung, wie die Inspiration stattgefunden habe, führte schließlich zur sine-ullo-erro-re-Theorie. Erst das Zweite Vatikanum hat wieder zum rechten Maß zurück-gefunden (DV 11).

### 2.3. Wahrheit und Hl. Schrift

*K. Füssel*, Der Wahrheitsanspruch dogmatischer Aussagen: H. Vorgrimler (Hg.), Wag-nis Theologie. Erfahrungen mit der Theologie Karl Rahners, Freiburg 1979, 199–212; *Ch. Dohmen*, Vom vielfachen Schriftsinn – Möglichkeiten und Grenzen neuerer Zu-gänge zu biblischen Texten: ders. u. a. (Hg.), Neue Formen der Schriftauslegung? Frei-burg i. Br. 1992, 13–74; *J. Kremer*, Die Interpretation der Bibel in der Kirche. Margina-lien zum neuesten Dokument der Päpstlichen Bibelkommission: StZ 212 (1994), 151–166; *Th. Söding*, Wege der Schriftauslegung. Methodenbuch zum Neuen Testament, Freiburg 1998, 85–273; »Mitte der Schrift« – »Einheit der Schrift«. Grundsätzliche Erwägungen zur Schrifthermeneutik: H. H. Eßer (Hg.), Verbindliches Zeugnis 3, Schriftverständnis und Schriftgebrauch, Freiburg 1998, 43–82.

### a) Irrtumslosigkeit

Die Lehre, dass die Hl. Schrift Gott zum auctor habe, findet sich schon in der Alten Kirche.[34] Sie hat ihren Sitz im Leben in der Auseinandersetzung mit der manichäischen Lehre, derzufolge das AT einen satanischen Urheber zum Ver-fasser habe. In den statuta ecclesiae antiqua (5./6. Jh.) wurde erstmals kir-chenamtlich festgestellt: Gott ist auctor der Hl. Schrift und darin gründet ihre

---

[34] *Augustinus*, Sermo de caritate (Sermo CCCL) PL 39,1533: »[D]ivinarum scripturarum multiplicem abundantiam, latissimamque doctrinam ... sine ullo errore comprehendit«.

Autorität (DH 325). Erst allmählich verbindet sich mit dem auctor-Gedanken der Inspirationsgedanke, wie dies etwa den Texten des Konzils von Florenz zu entnehmen ist (DH 1334).

Mit dem auctor-Gedanken verband sich der Wahrheitsanspruch der Hl. Schrift: Ist Gott ihr Verfasser, so müsse diese wahr sein – sine ullo errore (ohne jeden Irrtum). Gott, der selbst die Wahrheit sei, könne ja nicht auctor eines Irrtums sein. So stand die Wahrheitsfrage im Mittelpunkt der Inspirationslehre; nur aufgrund ihrer Wahrheit könne die Schrift Anspruch auf Normativität und Autorität erheben. Im Anschluss an das Erste Vatikanum, das von der Irrtumslosigkeit der Hl. Schrift sprach (DH 3006), entwickelte sich in der Neuscholastik die sog. sine-ullo-errore-Theorie, in welcher die Inspirationslehre auf das Problem der Irrtumslosigkeit eingegrenzt wurde. Papst Leo XIII. (1878–1903) lehrte in seiner Bibelenzyklika »Providentissimus Deus« (1893): »[W]eit gefehlt, dass der göttlichen Inspiration irgendein Irrtum unterlaufen könnte, *schließt sie* [die Kirche] durch sich selbst nicht nur *jeden Irrtum aus*, sondern schließt (ihn) aus und verwirft (ihn) so notwendig, wie es notwendig ist, dass Gott die höchste Wahrheit, Urheber überhaupt keines Irrtums ist.« (DH 3292) Wie Papst Benedikt XV. (1914–22) im Jahre 1920 in seiner Enzyklika »Spiritus Paraclitus« (DH 3650–3654) die Inerranz verteidigte, so tat dies 1943 auch Papst Pius XII. (»Divino afflante Spiritu«: DH 3825–3831). Die sine-ullo-errore-Theorie galt somit in der Zeit zwischen Erstem und Zweitem Vatikanum als die einzig richtige Auslegung des Ersten Vatikanums.

In der Neuzeit wurde aufgrund naturwissenschaftlicher und archäologischer Erkenntnisse die Inerranz, die auf das Problem der Irrtumslosigkeit enggeführt worden war, umso mehr in Frage gestellt, als verschiedene biblische Aussagen nicht mehr haltbar erschienen (z. B. geozentrisches Weltbild, Monogenismus etc.). Zudem zeigte die historisch-kritische Exegese die Beeinflussung der Hl. Schrift durch Religionen und Mythologien fremder Völker sowie die oft langen Entstehungsprozesse biblischer Texte auf. Je kritischer die Inspiration und Inerranz der Hl. Schrift hinterfragt wurden, umso entschiedener verteidigte sie die Neuscholastik im 19. und 20. Jh., indem die Inspiration textuell oder inhaltlich eingeschränkt wurde. Die Irrtumslosigkeit wurde entweder für die Glaubens- und Sittenlehre reklamiert oder für Sachinhalte, die in zeit- und gesellschaftsbedingten Ausdrucksformen verborgen waren.

*b) Wahrheit »um unseres Heiles willen«*

Ein Inspirationsverständnis im Sinne der sine-ullo-errore-Theorie konnte sich auf dem Zweiten Vatikanum nicht mehr halten. Der enge Zusammenhang zwischen Inspiration und Irrtumslosigkeit wurde aufgebrochen. Anstatt die Inerranz zu verteidigen, fragten die Konzilsväter nach der Sinnrichtung der Wahrheit, die als inerrant zu gelten hat. Infolgedessen wurde die Inspirationsaussage mit der Heilswahrheit in Zusammenhang gebracht und erstmals eine positive Aussage zur Wahrheit als Wirkung der Schriftinspiration gemacht: »Da also alles, was die inspirierten Verfasser oder Hagiographen aussagen, als vom Heiligen Geist ausgesagt zu gelten hat, ist von den Büchern der Schrift zu bekennen, dass sie sicher, getreu und ohne [ullo fehlt] Irrtum die Wahrheit lehren, die Gott um unseres Heiles willen aufgezeichnet haben wollte«. Die negative Formel, dass die Schrift »sine ullo errore« das Wort Gottes enthalte, wurde in der positiven Formel von der Wahrheit »um unseres Heiles willen« quasi aufgehoben (DV 11).

Die Heilswahrheit, von der das Konzil spricht, kann nicht im Sinne eines Materialobjekts gegen andere Wahrheiten ausgespielt werden. Ebenso wenig kann die Schrift in inspirierte, irrtumsfreie Teile und nicht-inspirierte, dem Irrtum grundsätzlich ausgesetzte Teile aufgeteilt werden. Die Heilswahrheit ist vielmehr das Formalobjekt der Schriftinspiration. Das bedeutet, alle Teile der Bibel müssen im Hinblick auf Gott bzw. die Heilsfrage gelesen und gedeutet werden. So bezieht sich die Inerranz auf die Gesamtheit der Hl. Schrift, die eine innere Einheit darstellt; sie ist in allen Teilen Heilsbotschaft und alle Teile gehören zum Heilsinhalt dazu. Die »Wahrheit um unseres Heiles willen« macht die biblischen Schriften zur Hl. Schrift: »Die Bibel ist deshalb *Heilige Schrift*, weil Gott in ihr die Wahrheit, deren wir Menschen zu unserem Heil bedürfen, unerschütterlich und treu, ganz und ohne Irrtum zur Bezeugung bringt.«[35]

Die Bibel ist ohne Irrtum nur hinsichtlich der Heilswahrheit, sie garantiert jedoch keine Irrtumslosigkeit in beliebigem Sinn, was einer relativen Irrtumslosigkeit gleichkommt. Erst mit einem solchen Inspirationsverständnis sind die Voraussetzungen bereinigt, die zum Fall des Galileo Galilei (1564–1642) führten.[36] Über das Verhältnis der Heilswahrheit zu den nicht-theologischen Aussagen und ihrer Richtigkeit bzw. Unwahrheit wird in der Offenbarungskonstitution nichts ausgesagt. Doch unübersehbar enthält die Hl. Schrift aufgrund ihrer menschlichen Anteile nicht nur Unvollkommenes

---

[35] *M. Limbeck*, Die Heilige Schrift: HFTh 4 (²2000), 37–64, hier 51.
[36] Papst Johannes Paul II. hat Galileo Galilei an seinem 350. Todestag rehabilitiert (Ansprache von Johannes Paul II. an die Päpstliche Akademie der Wissenschaften am 31. Oktober 1992: J. Dorschner (Hg.), Der Kosmos als Schöpfung. Zum Stand des Gesprächs zwischen Naturwissenschaft und Theologie, Regensburg 1998, 215–224).

und Interpretationsbedürftiges, sondern gar Widersprüchliches (»Vater un-ser« nach Mt 6,9–13 und Lk 11,1–4; Seligpreisungen nach Mt 5,3–12 und Lk 6,20–26; Auferstehungsberichte) und Irrtümer (nach Lev 11,6 ist der Hase ein Wiederkäuer; Jeremiazitat in Mt 27,9 ist ein Sacharjazitat; Schicksal des Judas in Mt 27,3–10 und Apg 1,15–20 etc.). Hier handelt es sich um menschliche Interpretationen und Schwächen. Die Lehre der Kirche über die Hl. Schrift sagt lediglich, dass die in der Hl. Schrift bezeugte Selbstmitteilung Gottes zum Heil des Menschen als unbedingt verlässlich und absolut wahr zu gelten habe. Was das Heil des Menschen betreffe, sei die Hl. Schrift inerrant, sie lüge, blende oder täusche ihrem göttlichen Gehalt nach nicht.

Nicht zuletzt hat das Konzil sein Ja zur historisch-kritischen Exegese er-neuert und damit einen unbefangenen Umgang mit der Menschlichkeit der Sprache, in der Gottes Wort begegnet, ermöglicht (DV 12, 13), sowie auf die Verflochtenheit jedes einzelnen Satzes in einen Sinn- und Textzusammenhang und auf die Notwendigkeit, die Geschichtlichkeit der Schrift nicht zu ver-nachlässigen, hingewiesen (DV 12).

*c) Schriftauslegung*

Die Apostel sehen nachösterlich die alttestamentlichen Verheißungen im Auf-erstandenen erfüllt, weshalb sie nun im Licht des Christuskerygmas die Hl. Schrift zu interpretieren beginnen. Dezidiert spricht Paulus im Hinblick auf die Erklärung der Glossolalie von der Gabe der »ἑρμηνεία« (1 Kor 12,10.30; 14,5.26–28) und in 2 Petr 1,16–21 findet sich mit dem Hinweis, dass die Auslegung gemäß der apostolischen Tradition zu erfolgen habe, eine erste Regel kirchlicher Hermeneutik. Trotz solcher erster hermeneutischer Regeln stellt die rechte Auslegung der Hl. Schrift letztlich eine unabschließbare Schwierigkeit dar, die im Laufe der Geschichte die christliche Einheit in Form von Exkommunikationen und Schismen belastete (Gnostiker, Markion, Va-lentianer und Montanisten). Schon die Alte Kirche war sich bewusst, dass »einige Dinge schwer zu verstehen sind« (2 Petr 3,16) und der Inhalt der Hl. Schrift durch eine bloße wörtliche Interpretation nicht ausgeschöpft wer-den könne, weshalb sich eine geistliche Schriftauslegung durchsetzte (2 Kor 3,6). Zugleich wurde seit den arianischen Auseinandersetzungen deutlich, dass es zur Wahrung des biblischen Glaubens gegenüber Verfälschungen und Irrlehren auch nichtbiblischer Begriffe bedurfte (ὁμοούσιος), was zur Folge hatte, dass Dogmen und dogmatische Aussagen für die Schriftauslegung ver-bindlich wurden.

Auf Origenes, der kurze Zeit Leiter der klassischen philologischen Kate-chetenschule von Alexandrien war und das hermeneutische Problem bewusst reflektierte, geht die mit der anthropologischen Trichotomie korrespondierende Unterscheidung eines dreifachen Schriftsinns zurück: Wie der Mensch aus Leib, Geist und Seele bestehe, so reiche eine literarisch-philologische Textanalyse nicht aus, vielmehr liege den Texten der Hl. Schrift ein dreifacher Sinn zu Grunde: ein geschichtlicher, geistig-geistlicher und seelischer Sinn.

Mit Origenes setzte sich die Allegorese, die hinter dem Wortlaut einen verborgenen Sinn sucht, sowohl in der Theologie des Ostens als des Westens weitgehend durch. Dabei half die kirchliche Glaubensregel die allegorische Schriftauslegung vor der Gefahr des Subjektivismus zu schützen, was später bei Vinzenz von Lérins († vor 450) zur Lehre von der normativen Auslegungsrolle der Glaubensregel führte. Hatte auch Tertullian hermeneutische Grundregeln bedacht, so bestand Augustins wichtigster Beitrag zur Hermeneutik im Verweis auf die Zeichenhaftigkeit der Sprache bzw. in der Differenzierung zwischen Zeichen (signum) und gemeinter Sache (res)[37], welche er zum hermeneutischen Grundschema machte. Augustins hermeneutische Überlegungen, insbesondere sein signum-res-Schema, prägten die hermeneutische Einstellung bis zur Neuzeit.

Johannes Cassianus (um 360–430/35) gestaltete die Lehre vom dreifachen Sinn zur Lehre vom vierfachen Schriftsinn aus.[38] Bei der Allegorese handelt es sich letztlich um ein zweistufiges Zeichenmodell: historischer Sinn und geistiger Schriftsinn, der wiederum in drei Kategorien aufgegliedert wird. Der vierfache Schriftsinn wurde für die patristisch-mittelalterliche Exegese bestimmend:

| | Literalsinn (sensus historicus / sensus litteralis) | Das, was der Fall war. Was? Wie? Wann? Wo? | »Jerusalem«: Stadt in Palästina |
|---|---|---|---|
| *Glaube* | Allegorischer Sinn (sensus allegoricus) | Das, was sich aus einer Bibelstelle für die christlichen Glaubensinhalte ergibt. Was soll ich glauben? | »Jerusalem«: Bild der Kirche als Ort der Glaubensvermittlung und Gottespräsenz |
| *Liebe* | Tropologischer Sinn (sensus tropologigus / sensus moralis) | Das, was sich aus einer Bibelstelle für das Sollen ergibt. Wie soll ich handeln? | »Jerusalem«: Bild der Seele des einzelnen Gläubigen als Ort des Gewissensrufes |

---

[37] *Augustinus*, Doctr. christ. 1,29.40.
[38] *J. Cassianus*, conl. 14,8 (CSEL 13,404–407).

| *Hoffnung* | Anagogischer Sinn (sensus anagogicus) | Das, was sich aus einer Bibelstelle hinsichtlich der letzten Dinge (Eschata) ergibt. Wohin soll ich streben? | »Jerusalem«: Bild des himmlischen Jerusalems als Ort eschatologischer Herrlichkeit |
|---|---|---|---|

Vgl. *W. Beinert*, Heilige Schrift: ders. (Hg.), Lexikon der katholischen Dogmatik, Freiburg i. Br. ³1991, 241–245, hier 242.

Das mittelalterliche Merkwort vom mehrfachen Schriftsinn geht auf Augustinus de Dacia (gest. 1282) zurück und wurde von Thomas von Aquin übernommen: »Littera gesta docet; quid credas, allegoria; moralis, quid agas; quo tendas, anagogia« (Der Buchstabe lehrt das Ereignis, die Allegorie, was du glauben sollst, der moralische [Sinn], was du tun sollst, die Anagogie, wohin du streben sollst).[39] Der übertragene Schriftsinn, der den wörtlichen Schriftsinn, wie ihn die Antiochenische Schule bevorzugte, ergänzt und der in der Hl. Schrift überall Hinweise auf die christliche Glaubenslehre erkennt, kann zur Verwirklichung der verschiedenen Aspekte der christlichen Existenz motivieren. Thomas von Aquin legte innerhalb der Schriftdeutung einen Hauptakzent auf den sensus litteralis.

In der Reformationszeit kam die allegorische Bibelexegese in die Krise, da die Reformatoren den absoluten Vorrang des Literalsinns einklagten (sola scriptura) – beim Wortlaut genommen lege sich die Hl. Schrift selbst aus. Durch die reformatorische Hermeneutik wurde in der Schriftbetrachtung der historisch-kritischen Methode, deren geistiger Vater Baruch de Spinoza (1632–1677) war, der Weg bereitet. Demgegenüber hat sich im katholischen Raum aufgrund der engen Anlehnung der Bibel an die kirchliche Tradition zunächst keine explizite Hermeneutik herausgebildet. Heute ist die historisch-kritische Methode die Standardmethode der katholischen wie evangelischen Exegese, wenngleich seit den 70er Jahren des 20. Jh.s auch immer wieder neue Auslegungsansätze aufkommen.

Eine wissenschaftliche Bibelauslegung hat vom Literalsinn auszugehen. Um ihn herauszufinden, ist die historisch-kritische Methode unentbehrlich.[40] Das Verfahren existiert in zwei Varianten, die miteinander kombiniert werden: diachrone Methode (Rekonstruktion der Textgeschichte) und synchrone Methode (Nachzeichnung des linguistisch-grammatischen Textaufbaus).

---

[39] *Thomas von Aquin*, S.th. I q. 1 a. 10.
[40] Päpstliche Bibelkommission, Die Interpretation der Bibel in der Kirche, Rom 1993.

| Textkritik | Textveränderungen sollen festgestellt und der älteste erreichbare Text rekonstruiert werden. |
|---|---|
| Literarkritik | Einheitlichkeit bzw. Uneinheitlichkeit des Textes soll herausgestellt werden sowie die diversen Einzelteile, aus denen der Text bzw. das Buch zusammengefügt wurde. |
| Sprachliche Analyse | Syntax, Stil, Struktur, Funktion und Horizont einer Texteinheit werden beschrieben. |
| Formen- u. Gattungskritik | Texteinheiten werden verglichen und strukturell ähnliche Formen gesucht, die literarische Gattung wird bestimmt und nach deren Funktion bzw. Sitz im Leben gefragt. |
| Motiv- und Traditionskritik | Gesucht wird nach geprägten Bildern, Themen, Zügen und Traditionen in einer Texteinheit. |
| Überlieferungskritik | Gefragt wird nach dem vorliterarischen Stadium, nach dem Überlieferungsverlauf einer Einheit. |
| Kompositions- und Redaktionskritik | Gefragt wird nach den nachträglichen literarischen Bearbeitungen bzw. der theologischen Absicht des Redaktors. |
| Zeit- und Verfasserfrage | Behandelt werden die Entstehungszeit der Einheit und die Autorenfrage. |
| Einzel- u. Gesamtauslegung | Es geht um die Klärung von Einzelaspekten (Wörter, Personen, Orte, Kontext etc.) und um den Inhalt bzw. die Intention der Texteinheit; hier ist man wieder beim kanonischen Endtext angelangt. |
| Theologische Kritik | Es geht um das theologisch-systematische Verstehen der Einheit. |

W. *Beinert*, Heilige Schrift: ders. (Hg.), Lexikon der katholischen Dogmatik, Freiburg i. Br. ³1991, 241–245, hier 245.

Von den Methoden der Schriftauslegung sind die verschiedenen Zugänge, d. h. Textinterpretationen mit einem ganz gezielten Interesse, die sich aufgrund des Theorie-Praxis-Problems herausgebildet haben, zu unterscheiden, wie etwa dem kontextuellen (feministische oder befreiungstheologische Exegese), humanwissenschaftlichen (tiefenpsychologische Exegese) oder theologischen (jüdische Interpretationstradition) Zugang.

Weil der Hl. Schrift als Glaubensbuch ein über den Literalsinn hinausgehender, vollerer bzw. geistlicher Sinn (sensus plenior) innewohnt, muss die Bedeutung der biblischen Texte nach wie vor im Licht des Christusgeschehens betrachtet werden. Es bedarf der Glaubensanalogie (geistig-allegorische Exegese). Gott kann sich im Grunde nur im Symbol, nur in der Allegorie mitteilen; weil symbolische Sprache aber wesentlich mehrdeutig (polysem)

Grundlegung

ist und Gott letztlich etwas anderes sagt als der Wortsinn zu besagen scheint (Allegorie), kann ein und dieselbe Bibelstelle auf verschiedene Weisen ausgelegt werden. Die Wahrheit biblischer Texte offenbart sich weniger in einer vermeintlich deutungsfreien Historie als vielmehr in der Meditation biblischer Glaubenszeugnisse und in einer von ihnen inspirierten Praxis.

## 3. Wort Gottes und kirchliche Überlieferung

### 3.1. Kirche und Wort Gottes

*W. Beinert*, Theologische Erkenntnislehre: Glaubenszugänge. Lehrbuch der katholischen Dogmatik, hg. v. ders., Bd. 1, München 1995, 113–131; *M. Seckler*, Tradition als Überlieferung des Lebens: ders., Im Spannungsfeld von Wissenschaft und Kirche, Freiburg 1980, 113–125; Tradition und Fortschritt: CGG, Bd. 23, Freiburg 1982, 6–53; *W. Kern, F.-J. Niemann*, Theologische Erkenntnislehre, Düsseldorf 1981, 98–124; *S. Wiedenhofer*, Zum gegenwärtigen Stand von Traditionstheorie und Traditionstheologie: ThRv 93 (1997) 444–468.

*a) Zeit der Kirche*

Die Hl. Schrift ist auf einen eindeutig abgrenzbaren Zeitraum und Prozess bezogen. Es ist der Zeitraum der biblischen Geschichte, d.h. der Konstituierung und kategorialen Erfassung der Selbstmitteilung Gottes. Die Hl. Schrift ist ein Produkt und gleichsam eine Begleiterscheinung dieses Prozesses. Der Tod des letzten Apostels stellt einen Einschnitt dar. Es endet die traditio constitutiva, die Zeit der Gewinnung einer tradierbaren Daseinsdeutung. Nun beginnt die traditio continuativa bzw. die traditio interpretativa, das weitergehende, ausführende, maßnehmende und abhängige Wortgeschehen; der »Prozeß des dynamischen Weiterwirkens des einen und selben Wortes Gottes im Fortgang der Geschichte.«[41] Mit dem Abschluss der biblischen Konstituierungsphase beginnt also die eigentliche Überlieferung: Dieses und kein anderes Evangelium ist bis ans Ende der Zeit zu verkünden. Das eschatologische Ein-für-allemal des Christusereignisses ist der Grundgehalt der kirchlichen Überlieferung, und Grundgestalt ist das Glaubenszeugnis der Urkirche, der Apostel und ihrer Gemeinden.

---

[41] *M. Seckler*, Tradition und Überlieferung des Lebens. Eine fundamentaltheologische Besinnung: ThQ 158 (1978), 256–257, hier 265.

Die Kirche muss das mit Jesus gegebene, neue Leben durch die Geschichte und die verschiedenen kulturellen und sozialen Räume tragen, dabei dessen Identität wahren und seine Relevanz immer wieder neu hervorheben. Damit ist ein Einschnitt zwischen konstitutiver und tradierender Zeit gegeben:

• *Zeit der Offenbarung:* Es ist die Zeit der kategorialen Erfassung der Selbstmitteilung Gottes und damit maßgebende Zeit. Schon in dieser Zeit gibt es Überlieferungen in Form von Einzeltraditionen. Man spricht von einem Traditionsprozess als einer zusammenhängenden Lebensbewegung, die die Einzeltraditionen trug und deren Subjekt die Gemeinde war. Das erkennende Zu-sich-Kommen der Heilstat Gottes durch Zeugen und deren Auslegung ist konstitutiv für das, was tradierbar wird. Die primären Zeugen und ihr Zeugnis gehören darum in die Konstituierungsphase und in das Prozessprodukt mit hinein. Erst das nachösterliche Bekenntnis »Jesus Christus ist der Herr« (Phil 2,11), Jesus ist der Christus, bringt die Sache der Bibel auf ihren theologischen Nenner: Das apostolische Kerygma ist für das christliche Kerygma von grundlegender Bedeutung; es ist bleibendes Fundament der christlichen Deutung der biblischen Ereignisse. Die göttliche Offenbarung wird im depositum fidei der Propheten und Apostel authentisch bezeugt. Der Ausdruck »depositum fidei« – »Glaubenshinterlage« geht auf die Pastoralbriefe zurück (1 Tim 6,20; 2 Tim 1,12.14) und ist als Metapher für das »Evangelium« zu verstehen. Das heißt, das depositum darf nicht einfach verobjektiviert werden, weil Offenbarung auch nicht einfach von Gott direkt geoffenbarte Sätze meint.

• *Zeit der Kirche:* Die Zeit der Kirche ist die Zeit des weiterzugebenden Wortes Gottes; die Zeit des weitergehenden Wortgeschehens in der Kirche und der abhängigen, maßnehmenden Überlieferung (traditio continuativa bzw. conservativa). Die Aufgabe der Kirche als Traditionssubjekt lässt sich in zwei Bereiche gliedern: Hören auf das Wort Gottes (traditio passiva) und aktualisierende Entfaltung und Vergegenwärtigung des Evangeliums (traditio activa). Die Aktualisierung des Glaubensverständnisses birgt nicht nur konservierende, sondern auch innovative Elemente in sich (DV 8): Immer wieder treten neue bzw. vergessene Züge des Wortes Gottes in den Vordergrund, weshalb der Überlieferungsprozess unbegrenzt offen und damit zukunftsfähig ist (Joh 16,12 f.). Die Dynamik der Tradition rührt dabei nicht nur von der »Gewalt und Kraft« des Wortes Gottes her (DV 21), sondern ebenso von der sich stets verändernden kulturellen, religiösen, gesellschaftlichen, politischen etc. Umwelt, mit der die Kirche unlöslich verwoben ist. In ihr muss die Kirche die sprachliche, praktische und gesellschaftliche Gestalt christlichen Glaubens und kirchlicher Glaubensgemeinschaft je neu suchen und finden. Nur so kann sie ihren Überlieferungsprozess lebendig halten und ihrem Traditionsauftrag nachkommen.

• Nach DV 2 gehört es zum Ordnungsplan des Offenbarungsgeschehens, zwischen der Zeit der Offenbarung und der Zeit der Kirche zu unterscheiden. Sachlich begründet wird dies durch die je verschiedene Eigenart der ihnen zukommenden Heilsfunktion. Zum Wesen Gottes gehöre es zwar, sich zu offenbaren, so dass er nicht aufhört, sich zu offenbaren – jeder Mensch erfahre Heil in einer Unmittelbarkeit zu Gott. Dennoch aber sei die Phase der kategorialen Erfassung der Selbstoffenbarung Gottes in Jesus Christus mit dem Tod des letzten Apostels zu einem Durchbruch, zur Vollendung gekommen (DV 3, 4). In der biblischen Zeit fand demnach der kategoriale Durchbruch des Wortes Gottes statt.
Die Privatoffenbarung, die irgendjemandem in der Zeit nach dem Tod des letzten Apostels zuteil wurde, gehört im Gegensatz zur öffentlichen Offenbarung nicht zum allgemein verbindlichen christlichen Glauben. Sie ist nur für den Empfänger selbst wichtig (DV 4). Kein Dogma kann durch eine neue Offenbarung legitimiert werden. Die Letztgültigkeit des Christusereignisses ist keine willkürliche Behauptung oder positive Setzung, sondern die Konsequenz aus dem theologischen Sachverhalt: Christus redet nicht von Gott, er ist das Wort, er ist Gott selbst im Ereignis seiner totalen und radikalen Selbstmitteilung. Daraus resultiert die Unüberbietbarkeit des christlichen Heilsereignisses.

*b)  Geschichtlichkeit des Überlieferungsprozesses*
Je umfassender der kirchliche Traditionsprozess gesehen wird, umso komplexer wird er. Damit korrespondiert die Möglichkeit, das vielschichtige Überlieferungsgeschehen auf verschiedene Weise übergreifend zu deuten und zu bewerten[42]:
• *Evolutions- bzw. Entwicklungsschema:* Der christliche Glaube entfaltet und verwirklicht sich aus einem kleinen Anfang stetig fort. Dabei wird die zeitgenössische Gestalt von Lehre und Kirche als gottgewollt klassifiziert. Walter Kasper hat diese Auffassung als »Enthusiasmus« charakterisiert.[43] Im 19. Jh. hatte etwa Hegel die preußisch-protestantische Form des Christentums als die »absolute Religion« ausgerufen: »[D]as Christentum

---

[42] *D. Wiederkehr*, Das Prinzip Überlieferung: HFTh 4 (²2000), 65–83, hier 73–78.
[43] *W. Kasper*, Traditionsprinzip als Erkenntnisprinzip. Systematische Überlegungen zur theologischen Relevanz der Geschichte: ThQ 155 (1975), 198–215, hier 213.

[ist] die absolute Religion, in welcher der Begriff der Religion objektiv geworden und im Menschengeist vollkommen verwirklicht ist«.[44] Das Entwicklungsschema findet sich auch bei Teilhard de Chardin und hat das Zweite Vatikanum geprägt. »[D]ie Kirche strebt im Gang der Jahrhunderte ständig der Fülle der göttlichen Wahrheit entgegen« (DV 8).

- *Verfalls- bzw. Ursprünglichkeitsschema:* Die früheste Gestalt des Glaubens oder der Kirche ist die allein maßgebende. Der Überlieferungsprozess wird darum global disqualifiziert, da die existentielle Glaubenspraxis und die lehrmäßige Glaubensgestalt immer weiter vom idealen und idealisierten Ursprung wegführen. Kirche, Glaubenslehre und Glaubenspraxis passten sich der geistigen, kulturellen und politischen Umwelt konformistisch an, so dass der Glaube identitätsgefährdend entfremdet wurde. Josef Ratzinger (* 1927) bezeichnet diese Position als »Archäologismus«.[45] Ein solches Verfalls- und Ursprünglichkeitsdenken prägte im 19. Jh. etwa die Theologie Ignaz Döllingers (1799–1890). Der Vorwurf der Hellenisierung, d. h. der Verfälschung biblischen Glaubens durch die Synthese mit der griechischen Philosophie, wurde u. a. von Adolf von Harnack (1851–1930) und Karl Barth erhoben.

Beide Deutungsmodelle treffen bei der Bewertung des christlichen Überlieferungsprozesses eine positive bzw. negative Vorentscheidung: Den Wandlungen wird entweder Legitimität und Identität unterstellt, die sie gegenüber kritischen Überprüfungen immun machen, oder ihnen wird ein grundsätzlicher Abfall attestiert, ausgehend von einem idealisierten Ursprung, den es so aber nie gab. Solche einfachen Aufstiegs- und Abfallsdeutungen werden indes dem geschichtlichen Verlauf der christlichen Überlieferung nicht gerecht. Johann Adam Möhler hat neben das progressive Element im Fortschritt des Glaubensverständnisses dialektisch die unverzichtbare »regressive Bewegung zum Glauben an eine historische Tatsache« gestellt. Johannes Evangelist von Kuhn (1806–1887), ebenfalls ein Vertreter der »Tübinger Schule«, insistierte auf der grundlegenden Normativität der Lehre Christi und der Apostel, trotz ihrer Geschichtlichkeit. Norm bleibt dieses Ursprungsgeschehen aber nur, wenn es jeweils durch den Geist auf eine ganz bestimmte geschichtliche Situation hin neu ausgelegt wird. Tradition meint also nicht bloße Repetition der

---

[44] *L. Scheffczyk*, G. W. Fr. Hegels Konzeption der »Absolutheit des Christentums« unter gegenwärtigem Problemaspekt (Bayerische Akademie der Wissenschaften. Philosophisch-Historische Klasse, Sitzungsberichte. Jahrgang 2000, Heft 5), München 2000, 23.
[45] *J. Ratzinger*, Theologische Prinzipienlehre. Bausteine zur Fundamentaltheologie, München 1982, 105.

Grundlegung

ursprünglichen Wahrheit in urgeschichtlicher Form, sondern die fortlaufende Reproduktion derselben in stets neuen geschichtlichen Fassungen. Die entscheidende Rolle bei dieser geschichtlichen Vermittlung spielt nach Kuhns Auffassung die Kirche. Sie habe die Aufgabe, den unveränderten Offenbarungsinhalt mit Hilfe zeitgemäßer Ausdrucksformen zu bezeugen.

So komplex sich der kirchliche Überlieferungsprozess gestaltet, so differenziert muss seine Bewertung erfolgen. »Alle Deutungsschemata, die den Anspruch erheben, umgreifend zu sein, stoßen an eine Grenze, die jede geschichtliche Stunde der Kirche und ihrer Überlieferung *unmittelbar zu Gott* sein lässt und sie so von einer gesetzmäßigen Tendenz des Abstiegs oder Aufstiegs befreit.«[46] Der Gesichtspunkt der Gottunmittelbarkeit weist darauf hin, dass der christliche Überlieferungsprozess im Grunde zwei Subjekte kennt: die empirische Kirche und den Hl. Geist. Dieser befähigt die Kirche zur authentischen Weitergabe der lebendigen Überlieferung in der Geschichte, ohne sich freilich eindeutig feststellbar zu manifestieren. Die Geistverheißung hat zu tun mit dem sichtbaren, empirischen Überlieferungsweg, ohne mit diesem schlechterdings identifiziert, d. h. für jede einzelne Konkretisierung des Wortes Gottes herangezogen werden zu können.

*c) Kirche als creatura verbi*

Gottes Wort ist geschichtliche, unmittelbare Realität in der lebendigen Gemeinde und ist in ihr immer präsent. Das Zweite Vatikanische Konzil bezeichnet das Wort Gottes als »Macht und Kraft« der Kirche (DV 21). Damit ist die Kirche auf den lutherischen Begriff »creatura verbi« gebracht. Der creatura-verbi-Gedanke wurde v. a. von den Reformatoren ins Spiel gebracht. Sie sahen die Kirchen unter einem kirchentheoretischen Gesichtspunkt ganz vom Wort Gottes her.[47] Dieses Verständnis führten sie kirchenkritisch gegen die katholische Kirche an. Der Grundsatz im creatura-verbi-Motiv besagt: Das Wort Gottes ist die ursprünglichste, theologisch einzige und bleibende Ursache von Christentum und Kirche.

Die Kirche als Ganze steht unter dem Wort: Sie ist Geschöpf des Wortes Gottes, entsteht aus dem Wort und hat nur durch und im Wort Gottes Bestand. Als solches hat die Kirche keine Verfügungsgewalt über das Wort; sie ist nicht Schöpferin des Wortes. Davon ist die Ekklesiologie des Zweiten Vatikanums geprägt: Es hatte sich selbst zum Hörer und Gehorchenden des Wortes Gottes bestimmt (DV 1).

---

[46] *D. Wiederkehr*, Das Prinzip Überlieferung: HFTh 4 (²2000), 65–83, hier 78.
[47] *M. Luther*, WA 1,13,38 f.; WA 5,131,26, 7,721,4–14; 6,560,33–561,2.

Beim creatura-verbi-Gedanken lassen sich zwei Bedeutungsrichtungen unterscheiden:

- *Schöpferische Kraft:* Aus bibeltheologischer Sicht ist das Wort Gottes die schöpferische und erlösende Macht (z. B. 1 Petr 1,23; Jak 1,18; Hebr. 4,12; 1 Thess 2,13; Apg 20,32; 1 Kor 4,15). Das Wort Gottes enthalte selbst, was es bewirke. Das heißt, der ideelle Gehalt des Wortes Gottes ist wirkmächtig. In diesem Sinne fasst auch der Johannesprolog die Dinge ganz worttheologisch auf: Aus dem Wort Gottes wird alles, weil es wirkmächtig ist.
- *Ursprung und Wesen:* Als creatura verbi entstehe die Kirche aus dem Wort Gottes und habe in ihm Bestand. Die katholische Kirche hat dieses worttheologische Verständnis von Kirche aus der lutherischen Theologie übernommen und sich auf dem Zweiten Vatikanum zu eigen gemacht.

Das creatura-verbi-Motiv hat neben einer dogmatischen auch eine empirisch-deskriptive Bedeutung für die Kirchenentstehung: Jesus gab dem Wort Gottes eine neue Auslegung und eine wirkmächtige Präsenz. Daraus konnte innerhalb Israels eine neue Bewegung entstehen, aus der sich durch die Verkündigung und Aufnahme des Wortes Gottes die christlichen Gemeinden konstituierten. So hat Jesus den Grund für die Gemeindeentstehung gelegt. Kirche ist ihrem Wesen nach das erhaltende und durchhaltende, immerwährende Ereignis ihres Grundes, nämlich einer Botschaft, die machtvoll wirkt. Sie ist lebendige Kommunikationsgemeinschaft unter dem Wort Gottes und hat diesem zu dienen.

### 3.2. Schriftprinzip und Traditionsprinzip

W. *Beinert*, Theologische Erkenntnislehre: Glaubenszugänge. Lehrbuch der katholischen Dogmatik, hg. v. ders., Bd. 1, München 1995, 113–131; W. *Kasper*, Das Verhältnis von Schrift und Tradition. Eine pneumatologische Perspektive: ders., Theologie und Kirche, Bd. 2, Mainz 1999, 50–81; P. *Hünermann*, Tradition – Einspruch und Neugewinn. Versuch eines Problemaufrisses: D. Wiederkehr (Hg.), Wie geschieht Tradition? Überlieferung im Lebensprozeß der Kirche. Freiburg 1991, 45–88; W. *Härle*, Tradition und Schrift als Thema des interkonfessionellen Dialogs heute aus evangelischer Sicht: Ch. Böttigheimer, H. Filser (Hg.), Kircheneinheit und Weltverantwortung (FS Peter Neuner), Regensburg 2006, 617–632; Ch. *Böttigheimer*, Einig im Schriftverständnis – Uneins in der Lehre? Die Schwierigkeiten des Schriftprinzips und die ökumenische Herausforderung zum gemeinsamen verbindlichen Lehren: Cath 58 (2004), 235–249.

*a) Christliches Traditionsverständnis*

Hinsichtlich der Tradition ist zwischen Tradition als Vorgang und Tradition als Inhalt zu unterscheiden: »Ich erinnere euch, Brüder, an das Evangelium, das ich euch verkündet habe. Ihr habt es angenommen; es ist der Grund, auf dem ihr steht. Durch dieses Evangelium werdet ihr gerettet, wenn ihr an dem Wortlaut festhaltet, den ich euch verkündet habe. Oder habt ihr den Glauben vielleicht unüberlegt angenommen? Denn v. a. habe ich euch überliefert, was auch ich empfangen habe« (1 Kor 15,1–3). Tradition ist einmal ein Prozess des Empfangens und zugleich die Weitergabe von Inhalten im Sinne eines Ereignisses, einer soteriologischen Interpretation, eines Geschehens und Bekenntnisses.

Schon Paulus differenziert zwischen παράδοσις (traditio) im Singular und παραδόσεις (traditiones) im Plural (1 Kor 11,2; 2 Thess 2,15). Damit beginnt die Entfaltung der Tradition in den Traditionen schon in der Hl. Schrift. Zudem unterscheidet Paulus zwischen dem Wort des Herrn (1 Kor 7,10) und dem Wort von ihm, dem Apostel (V. 12). Wenn hier die Spannungsverhältnisse zwischen der Tradition »vom Herrn« und der zwischenmenschlichen Tradition sichtbar werden, so wird doch das Zentrum und Ziel aller Tradition deutlich angegeben: »Wir sind also Gesandte an Christi Statt, und Gott ist es, der durch uns mahnt. Wir bitten an Christi Statt: Lasst euch mit Gott versöhnen!« (2 Kor 5,20). Gott selbst soll also durch Christus im Wort der Verkündigung zu Wort kommen. Der innere Grund, weshalb überhaupt eine Notwendigkeit für die christliche Überlieferung besteht, liegt in der ein für alle mal ergangenen Selbstmitteilung Gottes in Jesus Christus. Diese Gabe, dieses Geschenk der Gnade gilt es zu überliefern nicht als etwas Vergangenes, sondern in erinnernder Vergegenwärtigung, in einem freien, lebendigen Geschehen, wie es dem Weitergeben einer solchen Gabe, dem ewigen Leben, entspricht. Dazu ist in erster Linie Sachtreue gefordert, nicht Buchstabentreue. Freilich bedarf die Treue zur Sache auch der Treue zu den Bezeugungsgestalten.

Das theologische Traditionsverständnis muss vom Evangelium und der Person Jesu her begriffen werden. Es ist Aufgabe der theologischen Tradition, im Überlieferungsprozess des Evangeliums durch die Konfrontation mit dem jeweiligen Vorverständnis des Menschen und der Welt den Reichtum des Evangeliums für die jeweilige Zeit hervorzubringen. Das schließt Innovationen nicht aus, sondern mit ein.[48] Nichts erfordert den Wandel so sehr, wie die Treue zum Ursprung. »Man kann also keinesfalls sagen, die Idee der ›Ent-

---

[48] *K. Lehmann*, Tradition und Innovation aus der Sicht des systematischen Theologen:

wicklung‹, über die sich so viele Gläubige beunruhigen, sei heterodox; vielmehr ist es gerade der ›Fixismus‹, der eine virtuelle Häresie darstellt«.[49] Veränderung ist nämlich Ausdruck von Leben. Diese Grundidee der Geschichte und ihrer Entwicklung erregte in der katholischen Kirche des 19. Jh.s, die ihre Identität im Übergeschichtlichen suchte, Anstoß. Heute aber ist unbestritten: Tradition ist, wie es in einem dem österreichischen Komponisten Gustav Mahler (1860–1911) zugeschriebenen Zitat heißt, Weitergabe des Feuers und nicht Anbetung der Asche.

*b) »et … et«*

Das Begriffspaar Schriftprinzip und Traditionsprinzip stammt aus der Kontroverstheologie. Es steht für eine tiefgehende Differenz zwischen Katholizismus und Protestantismus, in deren Folge sich im Laufe der Zeit verschiedene Strukturen ausbildeten. Protestantischerseits gilt das Schriftprinzip (sola scriptura) noch heute, während auf katholischer Seite weiterhin das Traditionsprinzip betont wird, wenn auch in deutlich anderer Weise als auf dem Trienter Konzil.

Das »sola scriptura« ist gemeinsam mit dem »sola gratia« das Formalprinzip des Protestantismus. Die reformatorische Kritik beruft sich auf die materiale und formale Normativität der Schrift und führt diese als einzige und vollständig gewisse Glaubensregel ein. Für die Reformatoren ist die Schrift Interpretin ihrer selbst. Das Schriftprinzip wendet sich zum einen gegen die Herrschaft von Menschensatzungen, Gewohnheiten und Bräuchen und zum anderen gegen die Verwaltung des Schriftworts durch das kirchliche Amt. »Die Betonung des päpstlichen Primats und der Institution der Kirche im römischen Katholizismus hat ihre perfekte Parallele im Beharren der Reformationskirchen auf dem Primat des geschriebenen Wortes in seiner Funktion als Kriterium zur Beurteilung der Aktivitäten des Geistes«.[50]

Die Betonung des Schriftprinzips wehrt der katholischen Gefahr, die Kirche gegenüber jeder biblisch begründeten Reform zu immunisieren, war doch die Tradition katholischerseits Inhalt und Legitimation zugleich und bedurfte keines Schriftbeweises. Der Protestantismus anerkannte demgegenüber die

---

W. Geerlings, J. Meyer zu Schlochtern (Hg.), Tradition und Innovation. Denkanstöße für Kirche und Theologie, Paderborn 2003, 119–132.

[49] *M. Blondel*, Geschichte und Dogma. Mit Einführungen v. J. B. Metz und R. Marlé, Mainz 1963, 81.

[50] *D. Ritschl*, Zur Geschichte der Kontroverse um das Filioque und ihrer theologischen Implikationen: L. Vischer (Hg.), Geist Gottes – Geist Christi. Ökumenische Überlegungen zur Filioque-Kontroverse, Beiheft zur ÖR 39, Frankfurt a. M. 1981, 25–42, hier 39.

kirchliche Tradition sehr wohl als traditio interpretativa, als Auslegung der Hl. Schrift, insofern sie sich an der Schrift als wahr erwies. Doch recht betrachtet ist der Gegensatz zum Schriftprinzip kein »sola traditio«, sondern »scriptura et traditio«. In diesem Sinne versuchte das Trienter Konzil das Verhältnis von Schrift und ungeschriebener Überlieferung grundsätzlich zu klären, bevor es auf einzelne kirchliche Reformen zu sprechen kam:

- Die im Evangelium enthaltene »Wahrheit und Lehre [ist präsent] in geschriebenen Büchern und [»et ... et«] ungeschriebenen Überlieferungen« (DH 1501).

- Die Traditionen wurden »aus dem Munde Christi selbst empfangen oder von den Aposteln selbst auf Diktat des Heiligen Geistes gleichsam von Hand zu Hand weitergegeben, bis [sie] auf uns gekommen sind« (DH 1501).

- Die Bücher des AT und NT sind mit den Traditionen in gleicher Bereitschaft aufzunehmen (DH 1501).

- Die Traditionen unterscheiden sich inhaltlich nach Glaubensfragen und äußerlich nach Zeremonien (DH 1501).

Für die Hermeneutik der Konzilstexte ist zum einen zu beachten, dass es von Traditionen (traditiones) im Plural spricht, d. h., das Konzil stellt nicht die Frage nach dem Wesen der Tradition (traditio) im Singular. Zum anderen hatte die Textvorlage die Formulierung »partim ... partim« bezüglich der Verhältnisbestimmung von Schrift und Tradition gebraucht, wonach die Offenbarung teils in der Schrift, teils in der mündlichen Überlieferung weitergegeben wird. Doch der definitive Konzilstext benutzte die Aussage »et ... et«, so dass die Vorstellung unterschiedlicher Traditionsquellen verworfen und zugleich auf den Zusammenhang der einen Tradition insistiert wurde, die sich sowohl in der Schrift als auch in der mündlichen Überlieferung findet. Die Väter wollten damit ihre Aussagen an das altkirchliche Verständnis von Schrift und Tradition anbinden und kein materiales Mehr der Tradition gegenüber der Schrift festlegen.[51] Allerdings wurde die Erklärung des Konzils in der Auslegungstradition des »partim ... partim« gelesen (z. B. bei Robert Bellarmin [1542–1621], Martin Chemnitz [1522–1586], Johann Gerhard [1582–1637]). Diese Konzilsaussagen erfuhren im weiteren Verlauf eine Rezeptionsgeschichte. Sie kannte bezüglich der Verhältnisbestimmung von Schrift und Tradition drei verschiedene Richtungen:

---

[51] *J. R. Geiselmann*, Die Heilige Schrift und die Tradition, Freiburg i. Br. 1962, 91–107; 274–282.

- »*traditio additiva*«: Die Tradition enthüllt ergänzende Zusätze über die Schrift hinaus;
- »*traditio explicativa*«: Die Tradition dient zur Erläuterung der Aussagen der Schrift;
- »*Suffizienz der Schrift*«: Schrift und Tradition sind in allen heilsgeschichtlichen Aussagen übereinstimmend, nur bei untergeordneten Fragen und Problemen überschreitet die Tradition die Schrift.

Die Konzentrierung auf die Zweiheit von Schrift(en) und Tradition(en) hatte zur Konsequenz, dass in der Folgezeit:

- Schrift und Tradition als traditio constitutiva angesehen und als zwei Materialquellen einander gegenübergestellt wurden, die sich teilweise decken (Zweiquellentheorie),
- der Plural »traditiones« lange Zeit ebenso unbeachtet blieb wie der Singular, und damit der Blick auf den Traditionsvorgang genauso in den Hintergrund trat, wie die Frage nach den konkreten Inhalten der »traditiones«.

Die theologische Diskussion im Vorfeld des Zweiten Vatikanums bereitete eine Neubestimmung des Verhältnisses von Schrift und Tradition in verschiedener Hinsicht vor:

- Schrift (objektives Moment) und Tradition (subjektives Moment) werden enger miteinander verbunden (Johann Adam Möhler, John Henry Newman, Matthias Joseph Scheeben). Für Möhler bilden objektives und subjektives Moment, Schrift und Tradition, in der lebendigen Auslegung ein organisches Ganzes.
- Joseph Rupert Geiselmann (1890–1970) und Yves Congar (1904–1995) wenden sich der Schrift-Tradition-Thematik theologiegeschichtlich und systematisch zu. Man lernte zwischen der Tradition als dem lebendigen Überlieferungsprozess in der Kirche, in dem die Hl. Schrift als kostbarer Schatz mit seinem ständigen Verstehens- und Aneignungsprozess enthalten ist, und den inhaltlich bestimmbaren Traditionen kirchlichen Lebens und Kults zu unterscheiden.
- Der geschichtlichen Entwicklung der authentischen Formulierung der Lehre wurde in der Modernismuskrise verstärkte Aufmerksamkeit geschenkt. Autoren wie Maurice Blondel stellten erneut die Frage nach dem Zueinander von dogmatischer Aussage und historischen, geschichtlich kontingenten Daten.
- Zuletzt ließen die beiden Mariendogmen der katholischen Kirche im ökumenischen Dialog ebenfalls die Frage nach dem Ineinander von Schrift und Tradition virulent werden.

Das Zweite Vatikanum griff die neuzeitliche Freiheitsphilosophie auf und arbeitete insofern mit personalen, geschichtlichen und dialogischen Kategorien. Offenbarung wurde so als Selbstmitteilung des dreieinen Gottes, als Wahrheit und Leben verstanden, was eine dynamischere Schau des Zueinanders von Schrift und Tradition ermöglichte. Schrift und Tradition wurden enger miteinander verbunden; gemeinsam sind sie nun suprema regula fidei (DV 9, 10, 21, 24).

*c) Tradition und Traditionen*
Während das Konzil von Trient nur von den traditiones sprach, wurde auf dem Zweiten Vatikanum die »traditio« als Vorgang von den »traditiones« im Sinne des »traditum«, der Überlieferungsinhalte, bewusst abgesetzt. Die einzelnen Traditionsinhalte fügen sich zu einem vielfältigen und doch einheitlichen Lebensstrom (Tradition im Singular) zusammen. Wie das Zweite Vatikanum hinter der Offenbarungslehre wieder ein Offenbarungsgeschehen erkannte, so wurde auch hinter den Einzeltraditionen wieder ein umfassendes Traditionsgeschehen wahrgenommen. Diesem Traditionsprozess liege die Selbstmitteilung Gottes in einer ganzheitlichen Geschichte zugrunde und in diesen ganzheitlichen Lebensvollzug seien alle Einzelelemente einzufügen. Nicht auf die Einzeltraditionen komme es also an, sondern auf den Lebensstrom und die Lebensbewegung, durch welche sich die biblische Sache im Medium der geschichtlichen, lebendigen Kirche weitervermittle. Die Sache Jesu wird je und je Gegenwart, indem Zeichen des Reiches Gottes gesetzt werden.

Die Einbeziehung der Einzeltraditionen in einen ganzheitlichen Traditionsprozess lässt nach dem Subjekt dieses Überlieferungsprozesses fragen, nach der möglichen Kritik der Einzeltraditionen und nach der jeweiligen Übersetzung des Überlieferungsgutes.

* *Subjekt:* Das Zweite Vatikanum weitet die Trägerschaft des zu übermittelnden Offenbarungsgeschehens aus: Nicht mehr nur die Amtsträger, sondern das gesamte Volk Gottes bewahrt und verkündet das Evangelium (DV 10). Gottes Wort ist nicht nur dem kirchlichen Lehramt anvertraut, wie Pius XII. in seiner Enzyklika »Humani generis« noch lehrte (DH 3884), sondern dem ganzen Volk Gottes. Damit wird die Unterscheidung zwischen den Laien als den Hörenden und den Geistlichen als den Lehrenden obsolet. Alle tragen Verantwortung für das kirchliche Wortgeschehen. Kirche und Hierarchie lassen sich nicht mehr gleichsetzen. Das ganze Volk Gottes ist Subjekt des Empfangs, der Bezeugung und Weitergabe des Wortes Gottes.

- *Kritik:* Die Unterscheidung von falscher und wahrer Lehre, aber auch legitimer und entstellender Kritik, ruft nach einer Bestimmung der entscheidenden Instanzen und Autoritäten in der Kirche und nach Kriterien der konkreten Unterscheidung. Zwar nennt das Konzil als entscheidende Instanzen legitimer Tradition die gesamtkirchliche Rezeption und die Apostolizität, doch die Beschäftigung mit den Kriterien der Unterscheidung innerhalb der kirchlichen Rezeption fehlt.
- *Übersetzung:* Der Traditionsprozess ist immer ein Verständigungs- und Übersetzungsprozess. Die Schwierigkeiten der Übersetzung haben sich dabei in einer Zeit wachsender Begegnungen zwischen den Völkern verschiedener Sprachen, Kulturen und Religionen verschärft. Verstärkt muss heute auf das Verhältnis von Christianisierung der Völker und Kontextualisierung der Botschaft geachtet werden. Es geht nicht darum, Zeitgenossen in das Christentum einzuführen, sondern das Christentum zu den Zeitgenossen hinauszuführen.

*d) Prädominanz des päpstlichen Lehramtes*

Gegenstand des kirchlichen Lehramts ist gemäß den Aussagen des Trienter Konzils (DH 1501, 1507) die Glaubens- und Sittenlehre (res fidei et morum). Bislang hat jedoch das kirchliche Lehramt nicht umschrieben, was die mores genau umfassen. Zudem verschob sich in der Neuzeit die Aufgabe von der Glaubensverkündigung hin zur Glaubensfestlegung. Der Übergang von der auctoritas zur potestas fand ihren Höhepunkt auf dem Ersten Vatikanum, das dem Primat des Papstes die höchste Lehrgewalt (DH 3060) zusprach sowie seine Unfehlbarkeit unter gewissen Einschränkungen dogmatisierte (DH 3074). So wurde der Anspruch der Kirche auf den absoluten Anspruch einer Person konzentriert und damit ein zentralistisch absolutistisches System eingeführt.[52] Solche Bedingungen sind mit dem Traditionsprinzip nicht zu vereinbaren.

Bezüglich der Entscheidungsbefugnis ist eine Prädominanz des päpstlichen Lehramtes festzustellen, nicht aber bezüglich der Erkenntnisgewinnung. Hier unterliegt das römische Lehramt der Kontrolle der anderen loci theologici. Das Lehramt hat die Pflicht, alle loci theologici in seine Lehre einzubinden. Der Glaube der ganzen Kirche ist zu betrachten. Das gegenseitige Befruchten und Kritisieren der loci theologici bildet die Grundlage für

---

[52] *H. J. Pottmeyer,* Kontinuität und Innovation der Ekklesiologie des 2. Vatikanums. Das Problem der ausgebliebenen Vermittlung von 1. und 2. Vatikanum: ThQ 160 (1980), 277–294.

ein friedliches, wenngleich spannungsreiches Leben der catholica. Nur im Konfliktfall hat das Lehramt konkrete Entscheidungsbefugnisse und dominiert über die anderen loci theologici.

*e) Ökumenische Annäherungen*
Durch die wechselseitige Zuordnung von Schrift und Tradition wird eine Annäherung an die protestantische Position gesucht, allerdings wird letztlich das materiale Nebeneinander von Schrift und Tradition nicht wirklich überwunden. Joseph Ratzinger hatte als Konzilstheologe an DV bemängelt, dass es die kritische Funktion der Schrift gegenüber jeder späteren Lehrentwicklung nicht angemessen zum Ausdruck gebracht habe. Zumindest aber werde in formal-funktionaler Hinsicht der Vorrang der Schrift deutlich ausgesagt. »Für die ökumenische Diskussion bedeute dies zwar noch nicht die Lösung aller damit verbundenen Probleme, aber doch eine Entkrampfung«.[53] Allerdings findet sich in DV 9 wiederum ein eher materiales Verständnis von Tradition, das nur schwer mit der formal-funktionalen Sicht zu vereinbaren ist. In gewisser Weise wird hier die Zweiquellentheorie der Offenbarung wiedererweckt: »Demselben göttlichen Quell entspringend, fließen beide gewissermaßen in eins zusammen und streben demselben Ziel zu«; sie »sind beide mit dem gleichen Gefühl der Dankbarkeit und der gleichen Ehrfurcht anzunehmen und zu verehren«. Doch weder Schrift noch Tradition stellen in sich Quellen der Offenbarung im theologischen Sinn dar, sondern beide sind sie nur Weisen der Bezeugung und Weitergabe der Offenbarung. Quelle der Offenbarung ist das eine Evangelium, letztlich Christus selbst als das »Evangelium in Person«.

Gemessen an den nicht ganz eindeutigen Konzilsaussagen ist umso entscheidender, dass an verschiedenen Stellen der Offenbarungskonstitution die Tradition deutlich der Schrift formal-funktional untergeordnet wird. Der Auftrag der Überlieferung sei das Bewahren, Auslegen und Verbreiten; d.h.: Die Tradition ist nicht produktiv, sondern konservativ, einem Vorgegebenen dienend zugeordnet. »Gegen ein Verständnis der Tradition im Sinne einer immer neu um Vertiefung des rechten Verständnisses der Heiligen Schrift bemühten und zu ihr beitragenden Auslegung wären hingegen weder von römisch-katholischer noch von reformatorischer Seite Einwände zu erheben – im Gegenteil.«[54]

---

[53] D. *Wiederkehr*, Das Prinzip Überlieferung: HFTh 4 (²2000), 65–83, hier 69.
[54] W. *Härle*, Tradition und Schrift als Thema des interkonfessionellen Dialogs heute aus

Nach protestantischer Theorie bringt allein die Wirkmacht der Bibel die Kirche hervor. In der Praxis entstanden dann doch Bekenntnisschriften zur Sicherung des wahren Evangeliums. Zudem wurde das reformatorische Schriftprinzip durch die Erkenntnisse der Exegese erschüttert, denn die Schrift ist in gewisser Hinsicht selbst das Ergebnis einer kirchlichen Überlieferung. »Es kann nicht mehr die Schrift exklusiv der Tradition gegenübergestellt werden, weil das NT selbst Ergebnis urchristlicher Tradition ist. Doch kommt der Schrift als Zeugnis der grundlegenden Überlieferung eine normative Funktion für die gesamte spätere Tradition der Kirche zu.«[55]

Die protestantische Seite weiß heute, dass die Hl. Schrift im Rahmen der Kirche gewachsen ist und auch erst aus dem kirchlichen Traditionsprozess verstehbar wird. Die Auslegung könne nicht von der Rezeptionsgemeinschaft abgelöst werden, wie umgekehrt die katholische Theologie einräumt, dass die Schrift gegenüber der Tradition einen höheren Rang besitze und das kirchliche Lehramt durch das Wort Gottes normiert werde (DV 10). Damit ist die sog. Zweiquellentheorie passé.

Dennoch ist die richtige Interpretation der Hl. Schrift ein ökumenisch bislang noch nicht gelöstes Problem, denn dieselben wissenschaftlichen Methoden führen zwar zu ähnlichen exegetischen Ergebnissen, die jedoch nicht selten in unterschiedliche, teils unvereinbare theologische Positionen münden (z. B. Petrusamt; bischöfliche Amtssukzession; Frauenordination etc.), was wiederum mit einem unterschiedlichen Vorverständnis bzw. einer unterschiedlichen Verhältnisbestimmung von historisch-kritischer und dogmatischer Interpretation zusammenhängt.

---

evangelischer Sicht: Ch. Böttigheimer, H. Filser (Hg.), Kircheneinheit und Weltverantwortung (FS Peter Neuner), Regensburg 2006, 617–632, hier 629.

[55] »Malta-Bericht«. Das Evangelium und die Kirche (1972): DwÜ I (²1991), 249–271, hier Nr. 17.

Grundlegung

# Religionsfrage

# I. Phänomen Religion

## 1. Einführung zur Religionsfrage

### 1.1. Religiöse Erfahrung

A. *Halder*, Religion als Grundakt des menschlichen Daseins: HFTh 1 (²2000), 117–130; H. *Döring*, Disput um die Erfahrbarkeit Gottes. Sondierung zum fundamentaltheologischen Stellenwert der Erfahrung: M. Kessler u. a. (Hg.), Fides quaerens intellectum (FS M. Seckler), Tübingen, Basel 1992, 17–39; A. *Loichinger*, Zur rationalen Begründungsfunktion religiöser Erfahrung: A. Kreiner, P. Schmidt-Leukel (Hg.), Religiöse Erfahrung und theologische Reflexion (FS H. Döring), Paderborn 1993, 29–57; J. *Hick*, Religiöse Erfahrung. Ihr Wesen und ihre Zuverlässigkeit: P. Schmidt-Leukel (Hg.), Berechtigte Hoffnung. Über die Möglichkeit, vernünftiger Christ zu sein. Antwort auf: Edgar Dahl (Hg.), Die Lehre des Unheils, Paderborn 1995, 85–98.

### a) Religiosität und Religion

Gegenstand des ersten Kapitels waren die formale Bedingtheit, die Regeln und Normen des vernunftgeleiteten Fragens nach Gott. Nach der Behandlung der theologischen Grundlagen bzw. der hermeneutischen Problematik der theologischen Erkenntnis, soll nun die Religionsfrage ihrer Inhaltlichkeit nach in den Blick kommen. Die inhaltliche Ausrichtung des fundamentaltheologischen Diskurses beginnt sachlogisch mit dem Traktat Religion. Wurde nämlich im Rahmen der Religionsfrage Stand gewonnen, kann zur Reflexion auf die göttliche Offenbarung und das Christentum sowie die Kirche als konkrete Ausprägung von Religion weiter fortgeschritten werden.

Gegenstand des fundamentaltheologischen Religionstraktates sind zunächst grundlegende religionsphilosophische Fragen, die schon zur Zeit der Demonstrationsapologetik in der sog. demonstratio religiosa verhandelt wurden: die Rationalität des Glaubens an die Existenz Gottes, die Offenheit des Menschen für Gott, die Theorie einer übernatürlichen Offenbarung etc. Im weitesten Sinne geht es um die religiöse Frage, also nicht nur um die

Religionen als Systeme (Religionsfrage), sondern ebenso um den religiösen Akt des Menschen, um seine Transzendentalität und das Woraufhin seiner Transzendenz (Gottesfrage). Die Fragen nach der religiösen Erfahrung und der Religion stehen am Ausgangspunkt der Überlegungen.

Religion gründet in der religiösen Grunderfahrung der Transzendenz des menschlichen Daseins, die mit seinem geistigen Wesen gegeben ist. Diese ursprüngliche Erfahrung ist aber nicht schon Religion, sondern ein religiöses Grundgeschehen, das die Religiosität menschlichen Lebens kennzeichnet. »*Religiosität* ist Grundprägung des Lebens in seinem Ursprung. Aber sie ist nicht schon *Religion*. Sie entfaltet sich zur Religion – und kommt so ins Leben – erst dadurch, daß sie sich zu der Grunderfahrung, die sie ist, ausdrücklich entscheidet und sie bezeugt.«[1] Religion ist also der bewusste und ausdrückliche Vollzug der wesenhaften Transzendenz des Menschen. Die ins Leben, in bestimmte Formen, Riten und Bezeugungen gebrachte ursprüngliche Erfahrung menschlichen Daseins. Religion ist die Bezeugungsgestalt menschlicher Transzendenzerfahrung.

Die Gestaltung und Ausformung religiöser Grunderfahrung verändert sich bei jeder Übernahme durch Menschen. Indem überlieferte Formen einer bestimmten Religion übernommen und darin die eigenen Sinnerfahrungen ausgedrückt werden, werden diese verändert und gerade dadurch weiter bewahrt. Die Überlieferung der Religion lebt somit aus der Veränderung durch die Bezeugung der einzelnen wie auch der gemeinschaftlichen Sinnerfahrungen. Die Kraft der Religion, Einheit zu gewähren, rührt nicht von einem fixen Bestand formaler und inhaltlicher Momente her, sondern von »der Treue ... einer Lebensgemeinschaft zu der Geschichte dieser Religion und dem in ihr bezeugten Sinn.«[2] Freilich kann die Selbstbezeugung der Grunderfahrungen auch gänzlich neue Formen ausprägen bis hin zur Neustiftung von Religion. Doch auch diese vollzieht sich nicht isoliert, sondern stellt eine entscheidende Umprägung und Umdeutung der alten Überlieferungsgeschichte dar. Bislang vollzog sich das Entstehen und Vergehen von Religionen stets innerhalb einer religiösen Umwelt, an der in unterschiedlicher Weise angeknüpft werden konnte: in Form der Demaskierung fremder Religionen oder ihrer relativen Anerkennung und sukzessiven Fortsetzung.[3]

---

[1] *A. Halder*, Religion als Grundakt des menschlichen Daseins: HFTh 1 ([2]2000), 117–130, hier 122.

[2] Ebd., 123.

[3] Heute scheinen Jugendliche mit der Frage nach Gott überhaupt nichts mehr anfangen zu können, sie sind schlichtweg areligiös (*E. Tiefensee*, Ökumene der »dritten Art«: ders.,

Die institutionalisierten religiösen Handlungen, in denen sich die religiöse Grundbezeugung ausdrückt, sind wandelbar. Dabei nehmen sie alltägliche Vorgänge in Natur und gesellschaftlichem Leben auf und transportieren auf diese Weise den Heilssinn in das alltägliche Leben hinein. Dieses Lebensmaterial ist nicht an sich sinn- und heillos, vielmehr heben die religiösen Handlungen den Sinn zeichenhaft aus dem alltäglichen Leben hervor. Der Sinngrund wird dadurch zugleich zum richtenden Maß, ob etwas als sinnvoll oder widersinnig zu gelten hat, als heiligungswürdig oder unheilig. Umgekehrt können religiöse Handlungen auch dem alltäglichen Leben zuwachsen, so dass sich Religion und Alltag entsprechen.

Das Innere des Menschen als eines λόγος-begabten, vernünftigen Wesens findet seinen äußeren Ausdruck in Sprachhandlungen und mündet in einen Dialog ein, in den auch das religiöse Geschehen eingebunden ist, das seinen Anfang beim Heilsversprechen nimmt.

*b) Religiöse Grunderfahrung*
In seinem Ursprung ist das menschliche Leben grundlegend durch Religiosität geprägt. Die religiöse Grunderfahrung menschlichen Daseins macht sich fest in der Transzendenz des Menschen. Religion erwächst somit aus einer Tiefe menschlicher Lebenserfahrungen, die nicht erschöpfend bestimmbar und daher unbedingt sind. Was die religiöse Grunderfahrung näherhin ist, lässt sich insofern nicht einfach beantworten, als der Begriff »Erfahrung« mehrdeutig ist. Verschiedene Dimensionen der Erfahrung lassen sich unterscheiden:

• Erfahrung ist mehr als das, was experimentell festgestellt und nachgeprüft werden kann; ein objektivistisches Erfahrungsverständnis greift zu kurz. Weil die Wirklichkeit dem Menschen nie unmittelbar, sondern immer nur vermittelt durch Bilder, Modelle, Begriffe etc. begegnet, gehören objektive Erfahrung und ihre Deutung auf das Engste zusammen.
• Erfahrung bildet sich sowohl aufgrund eines objektiven Widerfahrnisses als auch eines subjektiven Erlebnisses. Sie ist sowohl Betroffensein durch die objektive Wirklichkeit als auch Interpretation dieses Widerfahrnisses.
• Aufgrund dieser dialektischen Struktur ist die Erfahrung geschichtlich, und insofern handelt es sich bei der Erfahrung um einen grundsätzlich offenen Lernprozess. Erfahrungen können bewahrt und durch neue Erfahrungen ergänzt werden, die ihrerseits kritikoffen sind. Damit kommt

---

K. König, E. Groß, Pastoral und Religionspädagogik in Säkularisierung und Globalisierung (Forum Religionspädagogik interkulturell, Bd. 11), Münster 2006, 17–38).

sowohl der vergangenen als auch der neuen Erfahrung eine kritische Funktion zu. Erfahrungen sind zudem aufgrund ihrer Geschichtsbedingtheit immer auch kontextbedingt.

- Aufgrund der Geschichtlichkeit der Erfahrung ist es möglich, Erfahrung mit der Erfahrung zu machen. Diese indirekte Erfahrung ermöglicht eine anfängliche Reflexion, die »in, mit und unter« den unmittelbaren Erfahrungen tiefere Erfahrungen freisetzt. Hier beginnt die Dimension der religiösen Erfahrung.

- Die Erfahrung »in, mit und unter« den unmittelbaren Erfahrungen ist letztlich die Erfahrung der Endlichkeit und Geheimnishaftigkeit aller Erfahrung. Sie ist als Grunderfahrung »in, mit und unter« aller Erfahrung eine indirekte, mittelbare Erfahrung.

- Die religiöse Erfahrung ist eine vage Stimmung, die in sog. disclosure situations (Erschließungssituationen)[4] besonders greifbar wird: In Freude, Glück, Liebe, Tod, Krankheit, Unglück etc. leuchtet plötzlich ein tieferer und größerer Zusammenhang auf und das Ganze der Erfahrungen wird deutlich. Die Erfahrungen werden in einen sinnvollen Zusammenhang gebracht und das in ihnen waltende Geheimnis erfahrbar.

- Solche religiösen Erfahrungen sind ambivalent: Sie können beglückend und erschreckend sein, so dass das Geheimnis, das in ihnen aufleuchtet, unterschiedlich gedeutet und benannt werden kann. Religiöse Erfahrungen begründen darum nicht den Gottesgedanken, vielmehr wird dieser schon zu ihrer Interpretation vorausgesetzt.

- In der Erfahrung des Geheimnisses meldet sich die Frage nach dem Sinn aller Wirklichkeit zu Wort, die sich nie erschöpfend beantworten lässt.

## 1.2. Religion

M. *Seckler*, Der theologische Begriff der Religion: HFTh 1 ([2]2000), 131–148; E. *Wohlleben*, Die Kirchen und die Religionen. Perspektiven einer ökumenischen Religionstheologie, Göttingen 2004, 11–26; J. *Werbick*, Den Glauben verantworten. Eine Fundamentaltheologie, Freiburg i. Br. [3]2005, 81–99.

*a) Definition von Religion*
Die Definition von Religion hängt vom Standpunkt des Betrachters ab und fällt je nach Ausgangs- bzw. Ansatzpunkt (innere Haltung, Bezugspunkt der

---

[4] *W. A. de Pater*, Theologische Sprachlogik, München 1971, 20.

religiösen Haltungen, existentielle Wirkungen, kollektive, soziale Phänomene, bestimmte religiöse oder weltanschauliche Überzeugung etc.) unterschiedlich aus, so dass sie grundsätzlich offen ist. Aufgrund der unabweisbaren Pluralität der Religionen kann der Religionsbegriff nicht so definiert werden, dass er alle Phänomene abdeckt, die gemeinhin als religiös betrachtet werden. Entweder konzentriert sich die Definition zu selektiv auf einen bestimmten Aspekt von Religion oder sie orientiert sich zu eng an einer bestimmten religiösen bzw. nichtreligiösen Weltanschauung. Religion ist ein so vielschichtiges Phänomen, das mit einer einheitlichen Definition nicht erfasst werden kann. Außerdem existiert Religion nicht als abstrakte Größe, sondern ist in den jeweiligen geschichtlich-situativen Kontext menschlichen Lebens involviert und geschichtlich-gesellschaftlichen Veränderungsprozessen unterworfen.

Mit einer gewissen Unschärfe lässt sich das Phänomen Religion durch folgende Dimensionen näher bestimmen:

- *kognitive Dimension:* Religionen bieten umfassende, kognitive Wirklichkeitsdeutungen, die in der Regel einen soteriologischen, transzendenten und eschatologischen Aspekt beinhalten;
- *pragmatische Dimension:* Religionen sind nicht nur kognitive, sondern auch handlungsorientierende und -normierende Wirklichkeitsdeutungen. Diese Dimension betrifft v. a. die Bereiche des Ritus, der Ethik und Institutionalisierung;
- *existentielle Dimension:* Religionen manifestieren sich nicht nur in objektiven Deutungen, Normen etc., sondern v. a. auch in subjektiver, d. h. erlebter und erfahrener Religiosität.

Für einen theologischen Begriff von Religion kann eine Orientierung an Thomas von Aquin hilfreich sein, der Religion folgendermaßen definiert:»religio proprie importat ordinem ad Deum« (Religion im eigentlichen Sinn bedeutet die Beziehung zu Gott)« und:»religio ordinat hominem solum ad Deum« (die Religion ordnet den Menschen auf Gott allein hin)«.[5] Thomas geht bei seiner Religionsdefinition von einer Anthropologie aus, wonach die letzte Bestimmung des Menschen allein in der göttlichen Wirklichkeit liegen kann. Demnach wohnt dem theologischen Religionsbegriff eine in religionstheoretischer wie auch anthropologischer Hinsicht grundlegende Bedeutung inne:

- *religionstheoretische Bedeutung:* Der theologische Religionsbegriff, verstanden als Verhältnis des Menschen zu Gott, ist nicht mehr kulturtheo-

---

[5] *Thomas von Aquin*, S.th. II–II q. 81 a. 1.

retisch bzw. phänomenologisch auf religiöse Systeme eingegrenzt, sondern auf alle kulturellen Systeme bzw. auf die gesamte menschliche Praxis (Ethik, Kunst, Wissenschaft etc.) hin offen.

• *anthropologische Bedeutung:* Religion ist Bewusstsein eines bestimmten, d. h. konkreten und umfassenden Verhältnisses des Menschen zu einem letzten Sinngrund: Gott. Die Scholastiker sprachen von »fides qua creditur« (»Glaube, durch den geglaubt wird«/Glaubensakt). Die existentielle Bindung des ganzen Menschen an diesen Sinngrund geschieht immer im Zeichen einer bestimmten Deutung des Menschseins und der Welt, die im weitesten Sinne als Lehre verstanden werden kann. Die Scholastiker sprachen hier von »fides quae creditur« (»Glaube, der geglaubt wird«/ Glaubensinhalt).

Anknüpfend an Thomas von Aquin kann Religion fundamentaltheologisch als »ordo hominis ad deum« definiert werden, wobei diese religiöse Beziehung des Menschen zu Gott als erlösend und heilvoll gedacht werden muss. Religion kann im theologischen Sinne weder eine negative noch autosoterische[6] Beziehung zu Gott meinen. »Für den theologischen Religionsbegriff liegt das Wesen der Religion nicht einfach in einer *Befindlichkeit* der Existenz oder in einer *Zuständlichkeit* des Bewußtseins, sondern im *realen Transzendieren auf Gott hin im Horizont der Heilsfrage*, also in einem *bejahten Heilsinteresse* und im Mut zum Beschreiten eines *Weges* in der diesbezüglichen Praxis.«[7]

*b) Wissenschaftstheoretischer Umgang mit Religion*
Im Laufe der Religions- bzw. Wissenschaftsgeschichte bildeten sich mehrere Arten des theoretischen Umgangs mit Religion heraus. Angefangen bei der Selbstreflexion des religiösen Subjektes bis hin zur Fremdreflexion, die entweder in identifikatorischer Absicht geschehen kann oder aber in kritischer Distanz. Im theoretischen Umgang mit Religion kann grundsätzlich unterschieden werden:

• vom *Glaubensinteresse* geleitete, innerhalb der Religion ansetzende Reflexion. Die Selbstartikulation von religiösen Wahrheiten ist ein Akt des Selbstvollzugs von Religion.

---

[6] Steht der Begriff »Theosoterik« für die Erlösung des Menschen durch Gott, so der Begriff »Autosoterik« für die Selbsterlösung des Menschen (*M. Seckler*, Theosoterik und Autosoterik: ders., Die schiefen Wände des Lehrhauses, Freiburg i. Br. 1988, 40–49).

[7] *Ders.*, Der theologische Begriff der Religion: HFTh 1 (²2000), 131–148, hier 138.

- von *Vernunftinteresse* geleitete, außerhalb des religiösen Aktes ansetzende Reflexion über Religion. Ein religiöser Akt ist hierzu nicht erforderlich. Religion wird zum Gegenstand deskriptiver und analysierender Untersuchungen.

Die Differenzierung des theoretischen Umgangs mit Religion lässt sich nicht immer exakt durchhalten. So stellt etwa die Theologie oftmals einen Grenzfall dar: Sie kann Selbstartikulation von Religion sein, aber auch im Status distanzierter Reflexion verharren oder beides miteinander verbinden.

In der geschichtlichen Entwicklung des wissenschaftstheoretischen Erforschens von Religion haben sich folgende drei Grundtypen chronologisch herausgebildet:

- *Theologie:* Sie meint im engeren Sinne die Besinnung auf die Wirklichkeit und den Gehalt des Gottesglaubens. Hier kommt das Selbstverständnis der Religion zutage. Dies geschieht auf dem Hintergrund einer persönlichen Bindung an die entsprechende Religion. Gegenstand der Theologie ist der Glaubensakt (fides qua creditur) wie auch der Inhalt des Geglaubten (fides quae creditur).
- *Religionsphilosophie:* Sie behandelt die Überschneidung zwischen der philosophischen Denkart und der religiösen Thematik. Religion oder religiöse Themen werden zu einem Thema der Philosophie. Die Gottesfrage gehörte von Anfang an zur philosophischen Thematik; sie tauchte am Horizont metaphysischen Denkens auf. Die philosophische Reflexion über die Gesamtwirklichkeit kann zu der begründeten Annahme führen, dass es einen Grund aller Gründe, einen Sinn aller Sinnhaftigkeit geben muss. Insofern kann die Gottesfrage auf rationale, natürliche Weise beantwortet werden. Wird die Gottesfrage vom philosophischen Standpunkt aus positiv beantwortet, bezeichnet man diesen Teil der Philosophie als natürliche bzw. philosophische Theologie.
- *Religionswissenschaften* (Religionssoziologie, Religionsphänomenologie, Religionspsychologie, Religionsgeschichte etc.): Hier handelt es sich um eine wissenschaftliche Reflexion über das Phänomen Religion mit dem Ziel, Erkenntnisse über die menschliche Religiosität zu gewinnen. Religionen werden von außen erforscht und besprochen.

Da die drei theoretischen Umgangsweisen mit Religion eine je unterschiedliche Praxis der Wissenschaft von Religion darstellen und nicht schon die Praxis der Religion selbst, sind sie auf ein und dieselbe Religion anwendbar. Der Unterschied liegt ja nicht im Gegenstandsbereich, sondern in der Erkenntnismethode und im Erkenntnisinteresse.

### c) *Religion und Vernunft*

Religion und Wissenschaft stehen geschichtlich und sachlich in einem oft spannungsreichen Verhältnis zueinander. Das gilt v. a. seit der Neuzeit, in der sich die Autonomie des Denkens ausprägte und sich die Wissenschaften verselbstständigten. Die Folge dessen war eine zunehmende Entfremdung von Religion und Wissen. Die Religion versuchte sich als kognitives Konkurrenzsystem zur Wissenschaft zu behaupten, allerdings um den Preis der Verwissenschaftlichung der Religion und des Glaubens. Aus Religion und Wissenschaft entwickelten sich nach der Frühaufklärung Alternativmodelle, die sich nicht mehr befruchteten, sondern eine kalte Koexistenz darstellten. Die Tendenz der Selbsttabuisierung der Religion gegenüber der kritischen Vernunft und den Methoden der wissenschaftlichen Rationalität lässt sämtliche Arten des theoretischen, reflektierenden, vernunftwissenschaftlichen Umgangs mit Religion als zutiefst problematisch und verfehlt erscheinen. Doch dieser Eindruck trügt, denn:

- Religion kann sich gegenüber der Vernunft, Reflexion und Forschung nicht isolieren, denn die Wissenschaft lässt sich ihren Forschungsgegenstand nicht vorschreiben. Religionen sind, da sie Macht über den Menschen besitzen, wichtiger Gegenstand der wissenschaftlichen Forschung.

- Religion versucht sich selbst im Medium der Wissenschaften von innen her zu erfassen. Zumindest das Christentum hat sich im Rahmen des theoretischen Umgangs mit sich selbst zum Gegenstand glaubenswissenschaftlicher Arbeit und vernünftiger Verantwortung gemacht: Es bekennt sich zum λόγος des Glaubens und zur Λόγος-haftigkeit und Vernunftgemäßheit der Glaubensnachfolge.

- Religion ist niemals nur Privatsache, sondern hat immer auch gesellschaftliche Auswirkungen, weshalb ihre Praxis und deren Konsequenzen dem intersubjektiven Kriterium der Vernunft unterliegen. Es kann nicht alles akzeptiert werden, was unter Berufung auf ein religiöses Gewissen geschieht. In der Religion, wo es um letztes Betroffensein geht, sind Heil und Unheil so nahe beieinander, dass sie sich unbedingt öffnen muss für den Geist der Wahrheit.

## 2. Religionsphilosophie

### 2.1. Geschichtlicher Überblick

*R. Heinzmann*, Metaphysik und Heilsgeschichte: MThZ 53 (2002), 290–307; Philosophie des Mittelalters (Grundkurs Philosophie 7), Stuttgart 1997.

*a) Frühes Christentum*
Religionsphilosophie findet sich der Sache nach bereits bei den Vorsokratikern. Das philosophierende Denken setzte sich intensiv mit der Religion sowohl in Form der Götterkritik als auch in Form der Religionskritik auseinander. Mit Xenophanes von Kolophon (um 570–480 v. Chr.) und Heraklit (540/535–483/475 v. Chr.) bildete sich im 6. Jh. v. Chr. eine negative Theologie aus, für die kein Name Gottes angemessen war: Das Unbegrenzte ist unnennbar und unaussagbar. Gott überragt alles, was Menschen von ihm aussagen können. Platon ging es sodann um eine philosophische Religionskritik als kritische Vernunftkontrolle religiöser Rede von Gott. Im Dialog »Παρμενίδης« bezeichnet er das Absolute als das Gute bzw. absolut Eine. Es sei eine transzendente, immaterielle Wirklichkeit, die dieser Welt das Sein geben würde.[8] Als eigentliche und andere Wirklichkeit sei sie von der Erfahrungswirklichkeit klar abgehoben.

Bei Aristoteles trat ein anderer Typus auf: die vernunftgeleitete Erkenntnisbemühung um das Göttliche. Aus der Unmöglichkeit eines regressus in infinitum schließt er auf einen unbewegten Beweger, einen begreifenden Geist.[9] Denn alles, was sich bewege, werde von einem anderen bewegt und irgendwo müsse eine erste Ursache, ein erster Anfang der Bewegung und Veränderung sein. Damit wurde die platonische Idee des Guten auf den unbewegten Beweger übertragen, der sich selbst denkt.[10] Der Urgrund wird als reine Seinswirklichkeit, als seliges, geistiges Leben gedacht und mit Gott identifiziert.[11]

Im Neuplatonismus (Plotin [um 205–270], Proklos [um 410–485]) wurde die negative (apophatische) Theologie radikalisiert: Das Ur-Eine als das Allgemeine (ἕν) müsse zwar gedacht werden, doch es könne nicht begriffen und ausgesagt werden. Kein Prädikat aus der Erfahrungswelt treffe auf Gott

---

[8] *Platon*, Parmenides, 142a3–4.
[9] *Aristoteles*, Metaphysik XII(Λ), 7, 1072a19–1073a13.
[10] Ebd., 9, 1074b34 f.
[11] Ebd., 7, 1072b23–30.

zu, weder Sinnliches noch Geistiges: Er ist mehr als Seiendes (ὄν), mehr als das Gute (ἀγαθόν), mehr als der Geist (νοῦς). Diese negative Theologie als Grundzug des gesamten Neuplatonismus bot für das christliche Denken einen willkommenen Ansatzpunkt. Es half v. a. Augustinus, den christlichen Gottesglauben auszulegen, eröffnete doch die negative Theologie einen Raum, der mit der christlichen Offenbarungsbotschaft positiv ausgefüllt werden konnte. So unternahm insbesondere die Vätertheologie Versuche, die Botschaft von der Offenbarung Gottes einem fremden philosophischen Denken zugänglich zu machen. Dabei galt stets, dass die negative Theologie nicht in einem rein negativen Sinn zu verstehen sei. Der Grundsatz der negativen Theologie könne nur in einem positiv übersteigenden Sinn ausgelegt werden. So macht Augustinus durchaus positive Aussagen von Gott, wohl wissend, dass damit die unendliche Fülle Gottes nie voll erfasst werden könne – er unterscheidet zwischen »erkennen« (cognoscere) und »begreifen« (comprehendere). Gott kann zwar erkannt werden, sogar mit Gewissheit, aber niemals begriffen werden. Er ist immer noch unendlich mehr als alles, was von ihm selbst im Glauben erfasst und ausgesagt werden kann.[12]

Bot das griechische Denken, insbesondere die negative Theologie, verschiedene positive Anknüpfungspunkte für das christliche Denken, so sind doch gewisse Differenzen und Schwierigkeiten unübersehbar:

- Gott bzw. das Göttliche wurde in der ganzen griechischen Antike nie als Weltschöpfer erkannt, sondern immer nur als Weltordner und -gestalter (Weltvernunft, Demiurg), der aus vorliegender Materie eine sinnvolle Welt bildet. Damit ist er letztlich nicht der einzige, absolute Seinsgrund. Im Neuplatonismus geht die Materie zwar aus dem göttlichen Prinzip hervor, aber nicht durch eine freie Schöpfungstat, sondern infolge notwendiger Emanation.
- Das griechische Denken kannte weder einen Personenbegriff nach heutigem Verständnis (Person als freies und selbstbezogenes Akt- und Willenszentrum, das Träger von Rechten und Pflichten ist) noch einen personalen Gott und blieb somit in der Notwendigkeit des Geschehens gefangen. Ansätze personaler Art gibt es lediglich dort, wo Gott als vernünftiges, subjektiv denkendes Wesen verstanden wird (Platon, Aristoteles bis Plotin). Doch einen Hinweis auf ein freies Wollen und Handeln findet sich nicht.
- Der apersonale Gott philosophischen Denkens kann kein Gott religiöser Verehrung sein. Er ist ein Gott der Welt, nicht aber ein Gott des Men-

---

[12]  *E. Coreth*, Gott im philosophischen Denken, Stuttgart 2001, 67 f.

schen. Es findet sich zwar ein Streben nach Gott (von Platon bis zur Stoa) und eine Sehnsucht nach Vereinigung mit Gott (Plotin), aber es ist kein Gott, zu dem man persönlich beten bzw. den man religiös verehren könnte. »Vom persönlichen Gott des christlichen Glaubens, dem allmächtigen Schöpfer und Vater der Liebe ist der Gott griechischen Denkens noch weit entfernt. Gott wird erst voller erkannt, wenn er uns anspricht, sich selbst offenbart, und wenn wir sein Wort hören, um darauf die Antwort des Glaubens zu geben.«[13]

- Im antiken Denken wurde die Welt im Ganzen als ewig gedacht. Das Göttliche als apersonales Prinzip ist einerseits jeder Veränderung entzogen, andererseits aber als der Weltgrund und das Sich-Durchhaltende im ständigen Wandel dieser Welt zutiefst immanent. Im Menschen als einem animal rationale hat sich der absolute Geist auf Zeit vereinzelt, in ihm denkt und handelt er. Innerhalb dieser geschlossenen Gesamtsystematik gibt es keinen Platz für Geschichte und Geschichtlichkeit im eigentlichen Sinne, und der Mensch erscheint nicht als Wesen der Freiheit. Es bleibt dann zu fragen, wie es um die Heilsgeschichte und den freien Glaubensakt steht.

Das spätantike Denken steht zunächst in einer unübersehbaren Spannung zum heilsgeschichtlichen Ansatz christlichen Glaubens, in welchem der dreifaltige Gott in der Geschichte handelnd erfahren wird. Aus diesem Glauben resultiert die Personalität des Menschen, seine Singularität und unantastbare Würde. »Werden, Zeitlichkeit, Vielheit und Vereinzelung sind nicht Abfall von dem bleibenden Sein und der Ewigkeit, sondern gottgewollte Wirklichkeit, die als solche ihren eigenen Wert in sich trägt.«[14] Zwischen Gott und den Menschen herrscht eine dialogische Beziehung in Form des Glaubens, innerhalb der der Freiheit des Menschen eine eigene Bedeutung zukommt: Nur in der Freiheit werden die empirischen Fakten zur Heilsgeschichte. Vor dem Hintergrund der unterschiedlichen Gottesbilder »sind Metaphysik und Heilsgeschichte, die beiden Modi, Welt zu erfahren und auszulegen, von ihrem jeweiligen Ursprung unvereinbar.«[15]

Die Begegnung zwischen Christenheit und Neuplatonismus wirkte sich v. a. in der Person Augustins verhängnisvoll aus. Er versuchte nicht, die christliche Offenbarung mit Hilfe der platonischen Philosophie zu reflektieren, sondern umgekehrt: Unreflektiert akzeptierte er den Platonismus als gegeben,

---

[13] Ebd., 68.
[14] *R. Heinzmann*, Metaphysik und Heilsgeschichte: MThZ 53 (2002), 290–307, hier 295.
[15] Ebd., 295.

der das Ziel implizierte, durch Abwendung von der Welt der Sinne die absolute Wahrheit zu erkennen. Die Heilsereignisse seien geschehen, um die Menschen zu den von Platon gewonnen Einsichten zu führen: Damit wurde das Christentum zum Platonismus für alle degradiert. Die Folge war, dass der Glaubensakt so stark auf die objektiven Inhalte bezogen wurde, dass der subjektive, freiheitliche Aspekt verdrängt wurde und es zu einer Entsubjektivierung kam. »In wesentlichen Positionen Augustins hat unter dem Einfluß der griechischen Metaphysik, näherhin des Neuplatonismus, das Christentum seine Identität verloren.«[16]

Erst bei Thomas von Aquin wird die Herrschaft der griechischen Metaphysik über die Heilsgeschichte gebrochen; eine Wende der griechischen Denkform, bei der dem Allgemeinen immer die höhere Priorität zukommt, fand statt. Ausgehend von der christlichen Heilsgeschichte brach Thomas mit der Vormachtstellung der griechischen Metaphysik und versuchte stattdessen, heilsgeschichtliche Grundstruktur und aristotelisches Wissenschaftsverständnis zu verbinden. Daraus folgt u. a., dass der Mensch nicht mehr nur Fall vom Menschsein ist, sondern Person mit Singularität und einem verpflichtenden Gewissen.

*b) Mittelalterliche Ordnung*
Anselm von Canterbury führte den neuplatonischen Gedankengang konsequent zu Ende. Christliche Theologie war für ihn noch philosophisch und theologisch geprägt. Religion und Philosophie bildeten eine Einheit und zwar von der Theologie her. Erst der Glaube ermögliche wahre Philosophie. Der Glaube suche den Intellekt (fides quaerens intellectum), er erleuchte die Vernunft, um sich philosophisch als wahr zu erkennen und sich selbst mittels der Philosophie zu reflektieren. In der Scholastik erfolgte die Instrumentalisierung der philosophischen Gotteslehre und in der Hochscholastik die methodische und sachliche Scheidung von Philosophie und Theologie. Beide sind verschieden, aber aufeinander bezogen. Die Religionsphilosophie wurde nun zu jener Theologie, die Teil der Philosophie ist, genauer: der Metaphysik. Ihr ging es um die philosophische Grundlegung der Theologie, d. h. um die Erstellung der philosophischen Voraussetzungen für den Glauben. Der Metaphysik wurde die Aufgabe zugewiesen, die durch Vernunft zu ermittelnden Grundlagen der Religion als Voraussetzungen des christlichen Glaubens bereitzustellen.

---

[16] Ebd., 300.

Philosophische Theologie und Glaubensreflexion bewegten sich bis zur Neuzeit in einem einheitlichen Rahmen. Die Zuordnung von Glaube und Vernunft war klar geregelt. Die ratio hatte ihre eigene Zuständigkeit hinsichtlich der irdischen Dinge. Sie hatte ihre Aufgaben im Vorfeld des Glaubens zu erledigen, denn der Glaube, der auf die Offenbarung Gottes antworte, sei übervernünftig. Die Vernunft könne zudem dem Glauben helfen, das Wort Gottes besser zu verstehen und in seinen Konsequenzen zu durchschauen. Hier allerdings sei sie nicht mehr eigenständig, sondern schöpfe aus den Vorgaben der Offenbarung. Von sich aus vermöge sie nur bis zum Glauben zu führen, doch der Offenbarungsinhalt sei ihrem kritischen Urteil entzogen. Die Vernunft sei Vorlauf des Glaubens (praeambula fidei), vom Glauben überholbar. »Von Gott können mit der natürlichen Vernunft nicht Glaubensartikel erkannt werden, sondern nur ihre Vorstufen, da der Glaube die natürliche Erkenntnis voraussetze wie die Gnade die Natur«.[17]

Innerhalb des mittelalterlichen Ordo-Gefüges hatte die Theologie gegenüber der Philosophie den Primat inne. Die Gottesfrage galt als die fundamentalste Frage, weil sie die Frage nach dem »principium et finis omnium« stelle, von der alles Übrige abhängen müsste. Auf die Ordnung der Wissenschaften bezogen bedeutete dies, dass die der Gottesfrage zugewandten Wissenschaften die wichtigeren waren und die Theologie demnach als die fundamentalste Wissenschaft galt. Dies heißt nicht, dass die Religionsphilosophie der Gnade der Theologie unterstellt sei, vielmehr habe diese die philosophische Theologie zu tolerieren als eine eigenständige und unverletzliche Wissenschaft. Für Thomas besagte die Formel von der »philosophia« als »ancilla theologiae«[18], dass das Vernunftwissen der Philosophie nur Substrukturen darstelle und im Blick auf die höhere Wahrheit der Offenbarung nur Hilfsdienste leisten könne. Aufgabe der philosophischen Theologie sei es, der Offenbarungstheologie die Vernunftgrundlagen zu liefern und ihr so zu dienen. Zugleich aber anerkannte Thomas die unverletzliche, nicht zu bevormundende Eigenständigkeit der Philosophie: Theologie setzt Philosophie voraus und versucht, das Geoffenbarte im Medium des philosophischen Problembewusstseins systematisch zu denken.

Daneben konnte Religionsphilosophie auch als ein denkend zu realisierender Weg des Geistes ins Göttliche verstanden werden, als »itinerarium mentis in Deum«.[19] Die religionsphilosophischen Denkvorgänge sind selber

---

[17] *Thomas von Aquin*, S.th. I q. 2 a. 2 ad1.
[18] Ebd., q. 1 a. 5 sc.
[19] *Bonaventura*, Itinerarium mentis in Deum: ders., Opera omnia, Bd. 12, Paris 1868, 1–21.

ein philosophisch-religiöser Denkweg zum intellektuellen Aufstieg und zur spirituellen, intelligiblen Einigung der denkenden Geistseele mit Gott oder dem Göttlichen. Dieser geistliche Aufstieg zu Gott vollziehe sich, gemäß Dionysius Areopagita, dessen Schriften für die Scholastik bedeutsam waren, in drei Schritten: Weg der Reinigung von Affekten und Sinneseinflüssen (via purgativa), Weg der Erleuchtung, indem die idealen Strukturen in der Vernunft erkannt werden (via illuminativa) und Weg der Einigung mit dem Einen durch kontemplatives Übersteigen der Vernunftebene (via unitiva). Hier wird realisiert, was Philosophie in seiner ursprünglichen Bedeutung meint: Liebe zur Weisheit. Philosophie ist hier nicht im neuzeitlichen Sinne reiner Vernunftdiskurs, sondern kennzeichnet eine echte spirituelle Haltung.

*c) Neuzeitliche Krise*
Zu Beginn der Neuzeit wird das wohlgeordnete Weltbild zutiefst erschüttert. Das religiöse Bewusstsein erfährt eine Krise, weil die Gottesgewissheit des mittelalterlichen Menschen verloren ging. Für ihn war Gott noch die eigentliche Wirklichkeit, gegenüber der die Welt zurücktrat. Doch nun wird die Welt zur eigentlichen, sinnlich fassbaren Wirklichkeit, gegenüber der die göttliche Wirklichkeit in den Verdacht gerät, bloßer Widerschein der Welt zu sein, reine Ideologie. Unter diesem Gesichtspunkt unterscheidet sich die Neuzeit epochal von dem, was zuvor war.

Das 15. Jh. als Zeitalter der Entdeckungen brachte auch die Entdeckung des Religionenpluralismus. Hinzu kam, dass mit der Reformation im 16. Jh. die bis dahin unbestrittene Einheitlichkeit von Theologie und Kirche zerbrach. Da die Konfessionen nunmehr unfähig waren, zu einem geschlossenen Weltbild aus dem Glauben zu kommen, wurde mit Hilfe der Vernunft nach einem eigenen Weltbild gesucht, das durch die naturwissenschaftlichen und technischen Fortschritte beeinflusst wurde. In dieser Situation entwickelt sich die neuzeitliche Religionsphilosophie. Als Aufgabe stellte sich ihr die theoretische Bewältigung des Religionsproblems, v. a. die Überwindung des Religionenantagonismus (Religionskriege, 30-jähriger Krieg etc.). Die Theologie zeigte sich aufgrund ihrer jeweiligen Religionsinternität bzw. Konfessionsgebundenheit dazu nicht in der Lage, während die Religionsphilosophie von einem religionsüberlegenen und religionsunabhängigen Standpunkt her für diesen gesellschaftlichen Auftrag prädestiniert schien.

Die Religionsphilosophie erlangte erstmals einen eigenständigen Status, waren doch philosophische Reflexionen über die Religion und die Gottesfrage bereits vorhanden. Diese waren jedoch im Horizont des mittelalterlichen Ordo-Gedankens in eine bestimmte Wissenschaftsordnung integriert, in der die

Theologie den Primat innehatte. Demgegenüber war der im Zuge der Aufklärung sich emanzipierenden Philosophie ein starkes Befreiungs- und Freiheitspathos eigen. Sie wurde nun wissenschaftstheoretisch und gesellschaftlich selbstständig samt jener Philosophie, die es mit religiösen Belangen zu tun hatte. Sie lehnte die Rolle der »ancilla theologiae« ab und beanspruchte, als eigenständige Wissenschaft anerkannt zu werden. Nun überwand die Vernunft jene engen Grenzen, die ihr bislang gesetzt waren.

Die Welt umgab nun nicht mehr Gott mit einer Über-Welt, vielmehr war nun die diesseitige Welt (saeculum) alle Welt. Mit dem Weltlich-Werden der Welt war der Prozess der Säkularisierung, d. h. der Entsakralisierung der an sich säkular-profanen Lebens- und Wissenschaftsbereiche eingeleitet. Der kirchliche Machtanspruch wurde zurückgedrängt. Von nun an gab es zwar noch Unerforschtes, aber nicht mehr Unerforschliches. Die Welt wurde sich ihrer Eigenständigkeit bewusst. Die Folge der Entmythologisierung war eine Welt ohne Tabus. Weltliche Phänomene weltlich zu erklären, war die Intention des sog. methodischen Atheismus, der Gott als kategorialen Gegenstand und als innerweltliche Ursache außen vor ließ. Die Sachbereiche dieser Welt sollen rein immanent betrachtet und behandelt werden.

In seiner Schrift »Beantwortung der Frage: Was ist Aufklärung?« (1784) erklärt Kant die schon 100 Jahre wirkende Idee so: »Aufklärung ist der Ausgang des Menschen aus seiner selbst verschuldeten Unmündigkeit. Unmündigkeit ist das Unvermögen, sich seines Verstandes ohne Leitung eines anderen zu bedienen. Selbstverschuldet ist diese Unmündigkeit, wenn die Ursache derselben nicht am Mangel des Verstandes, sondern der Entschließung und des Mutes liegt, sich seiner ohne Leitung eines anderen zu bedienen. Sapere aude! Habe Mut, dich deines *eigenen* Verstandes zu bedienen! ist also der Wahlspruch der Aufklärung. Faulheit und Feigheit sind die Ursachen, warum ein so großer Teil der Menschen, nachdem sie die Natur längst von fremder Leitung freigesprochen …, dennoch gerne zeitlebens unmündig bleiben; und warum es anderen so leicht wird, sich zu deren Vormündern aufzuwerfen. Es ist so bequem, unmündig zu sein.«[20]

Die Aufklärung findet im Denken Kants ihren Höhepunkt und universale Bedeutung. Es kommt zu einer neuen Qualität von Philosophie, denn die Vernunft macht nicht nur alles Mögliche außerhalb ihrer selbst zum Objekt der Kritik, sondern nun auch sich selbst. Im Zuge der Kritik der Vernunft kommt es zur Überwindung von Empirismus und Rationalismus. Außerdem

---

[20] *I. Kant*, Beantwortung der Frage: Was ist Aufklärung?: I. Kant, Werke IX (ed. W. Weischedel), Darmstadt [10]1988, 53–61, hier 53.

emanzipiert sich die Vernunft vom autoritativ geprägten Offenbarungsglauben. Aus der Philosophie wird die oberste Instanz für alle Wirklichkeit, auch für den Glauben. Die Autoritätsansprüche des überlieferten Glaubens werden nun der Norm des allgemein Vernünftigen unterstellt. Für diese Entwicklung steht der Titel von Kants berühmter Schrift: »Religion innerhalb der Grenzen der bloßen Vernunft«. Kant beschreibt diese Entwicklung als Weg vom Bibelglauben über den Kirchenglauben zum Vernunftglauben.[21] In ihm erlangen die Glaubensinhalte ihre wahre (moralische) Bedeutung und finden ihre eigentliche Erfüllung.

Religions- und Gottesfrage wurden enttheologisiert. Die Religionsphilosophie verstand sich nun als freies Nachdenken über die Religion. Vor allem Kant begründete ihren theoretischen Status als einer dem Einfluss der Religion und der Kirche entzogenen, freien philosophischen Disziplin, wenngleich sich der Ausdruck »Religionsphilosophie« bei ihm noch nicht findet und er stattdessen die Bezeichnungen »philosophische Theologie«[22] oder »reine philosophische Religionslehre« verwendete.[23]

Hinter der Entwicklung neuzeitlicher Aufklärung verbargen sich durchaus humane Gründe. Denn seit dem spätmittelalterlichen Nominalismus traten Philosophie und Theologie gegeneinander an und theologische Ansprüche waren autoritär geworden. Weil die Welt vor dem Hintergrund des doppelten, nämlich theologischen und philosophischen Zugangs zur Wahrheit ihr lesbares Gesicht verlor, büßte der göttliche Wille seinen Weltbezug ein und war von Willkür kaum mehr zu unterscheiden. »Der Glaube an einen solchen Willkürgott widerspricht jedoch der Würde des Menschen«.[24] Indem die Aufklärung die Wahrheit auf das menschliche Subjekt bezogen hat, sprach sie dem kritisch urteilenden und zweifelnden Ich des Menschen ein Mitbestimmungsrecht in der Wahrheits- und Gottesfrage zu.

Der Ausdruck »Religionsphilosophie« als »freies Nachdenken über die Religion« findet sich bei den Kantianern seit 1793. Hegel hielt seit 1821 Vorlesungen über die Philosophie der Religion. In deren Einleitung wird als Aufgabe der Philosophie der Religion genannt, »die Religion für sich zum Gegenstand der philosophischen Betrachtung zu machen und diese Betrachtung als

---

[21] *Ders.*, Religion innerhalb der Grenzen der bloßen Vernunft: I. Kant, Werke VIII (ed. W. Weischedel), Frankfurt a. M. ⁴1982, 645–879.

[22] Ebd., 655.

[23] Ebd., 657.

[24] *W. Kasper*, Zustimmung zum Denken. Von der Unerlässlichkeit der Metaphysik für die Sache der Theologie: ThQ 169 (1989), 257–271, hier 265.

einen besonderen Teil zu dem Ganzen der Philosophie hinzuzufügen«.[25] So erkämpfte sich die Religionsphilosophie im 18. Jh. ihre Eigenständigkeit und kehrte das wissenschaftliche Ordnungsverhältnis um. Die philosophische Theologie, die sich nun den Namen Religionsphilosophie gab, kämpfte um die erste Stelle in der Ordnung der Wissenschaften.

Mit der Emanzipation der Religionsphilosophie von der Theologie dominierte die Vernunft über den Glauben. Vor dem Urteil der Vernunft vermag nur zu bestehen, was diese selbst unmittelbar einsehe oder was ihr durch innerweltliche Erfahrung vermittelt worden sei. Gegenstand des religiösen Glaubens ist nun nicht mehr die Offenbarung, sondern das, was die Vernunft in autonomer Reflexion auf den göttlichen Grund und Sinn des Ganzen sich selber sagen könne. Damit ist die Offenbarung, falls sie überhaupt existiert, überflüssig geworden und kann sich vor der Vernunft nicht mehr als übervernünftig zur Geltung bringen.

## 2.2. Philosophische Religionskritik

*U. Neuenschwander*, Gott im neuzeitlichen Denken, Bd. 2, Gütersloh 1977, 60–79; *H. Zirker*, Religionskritik, Düsseldorf ³1995, 34–50; *E. Coreth, P. Ehlen, J. Schmidt*, Philosophie des 19. Jahrhunderts (Grundkurs Philosophie 9), Stuttgart ³1997, 51–104.

### a) Religion und philosophischer Akt

Die Einstellung des frühen Georg Wilhelm Friedrich Hegel zur Religion und speziell zum Christentum war überwiegend kritisch und negativ. Er wandte sich gegen die Immoralität in der Praxis der Kirche und stellte sich v. a. gegen das, was er global den positiven Glauben oder Autoritätsglauben nannte, einen Glauben, der ein sacrificium intellectus fordere.[26] Die Religion praktiziere aus philosophischer Sicht ein »bewusstloses«, ein unbegriffenes Gottesverhältnis. Sie fordere nämlich eine reine, gehorsame Unterwerfung, indem sie das Denken von sich fernhalte und mit der Begründung der intellektuellen Übernatürlichkeit der Offenbarung an dessen Stelle den positiven Autoritätsglauben setze. »[D]ie Religion baut im Herzen des Individuums ihre Tempel und Altäre, und Seufzer und Gebete suchen den Gott, dessen Anschauung es

---

[25] *G. W. F. Hegel*, Sämtliche Werke, Bd. 15: Philosophie der Religionen, hg. v. H. Glockner, Stuttgart 1965, 19.
[26] *Ders.*, Ein positiver Glaube: Hegel Gesammelte Werke, Bd. 1: Frühe Schriften I, hg. v. F. Nicolin, G. Schüler, Hamburg 1989, 352–358.

sich versagt, weil die Gefahr des Verstandes vorhanden ist, welcher das An-
geschaute als Ding, den Hayn als Hölzer erkennen würde.«[27] Diesem Autoritätsglauben müsse die Philosophie ein kritisches Bewusstsein entgegenset-
zen, was durchaus der religionsphilosophischen Aufgabenstellung im Sinne
von vernunftgeleiteter Religionskritik und vernünftiger Religionsbegründung
entspräche.

Die Aufgabenstellung der Religionsphilosophie wird von Hegel dahingehend fortgeführt, dass diese das christliche Erbe in neuer Form lebendig
machen und bewahren solle. »Der Philosophie ist der Vorwurf gemacht worden, sie stelle sich über die Religion: dies ist aber schon dem Faktum nach
falsch, denn sie hat nur diesen und keinen anderen Inhalt, aber sie gibt ihn in
der Form des Denkens; sie stellt sich so nur über die Form des Glaubens, der
Inhalt ist derselbe.«[28] Die Philosophie sollte den christlichen Glauben speku-
lativ durchdringen und ihn so in das philosophische Wissen »aufheben«.[29]
Glauben und Wissen, Theologie und Philosophie, Christentum und Religion
sollten versöhnt werden.

Hegel versteht die Weltgeschichte als Erläuterung der absoluten Idee, die
das An-Sich und Für-Sich einschließt, die Einheit der subjektiven und der
objektiven Idee und somit die sich selbst denkende Idee ist. Diese absolute
Idee als vollkommene Selbstbestimmtheit und Selbsttransparenz sieht er im
Christentum konsequent verweltlicht. Die Grundwahrheiten des Christentums seien darum bejahenswert und vom philosophischen Denken einzusehen. Die Wahrheit der Philosophie, zumal die der Religionsphilosophie, sei
mit der erkannten Wahrheit des Christentums identisch, doch begreife die
Philosophie diese Wahrheit besser als die Theologen selbst, die Schranken
der »mysteria stricte dicta«, der Glaubensgeheimnisse im strengen Sinne,
um sich herum aufbauen. Indem die freie Philosophie diese Schranken de-
struiert, könne sie den christlichen Glauben in philosophisch begreifendes
Wissen »aufheben«. »Das Gerede von den Schranken des menschlichen Den-

---

[27] *Ders.*, Glauben und Wissen oder die Reflexionsphilosophie der Subjektivität, in der Voll-
ständigkeit ihrer Formen als Kantische, Jakobische und Fichtesche Philosophie: Hegel Gesammelte Werke, Bd. 4: Jenaer Kritische Schriften, hg. v. H. Buchner, O. Pöggeler, Hamburg
1968, 315–414, hier 316 f.
[28] *Ders.*, Vorlesungen über die Philosophie der Religion, Bd. II/2, hg. v. G. Lasson, Hamburg 1974, 228 f. Anm. 2.
[29] In Hegels Begriff der »Aufhebung« spiegelt sich der Dreischritt der negativen Theologie
wider. »Aufhebung« bedeutet »verneinen« (tollere), »emporheben« (elevare) und »bewahren« (conservare). Das zuvor Erkannte soll durch Vermittlung der Negation in begreifendes
Wissen »aufgehoben« werden.

kens ist seicht; Gott zu erkennen ist der einzige Zweck der Religion.«[30] Hegel beklagt, dass »die Lehre, *daß wir von Gott nichts wissen können,* … zur ganz anerkannten Wahrheit« geworden sei[31], wohingegen er »*Gott zu erkennen*« für »das nähere Interesse der Wissenschaft der Religion in unserer Zeit, die [uns] aufgegeben ist«[32], hält. Die Philosophie soll den Akt der Religion im Denken vollziehen.

Religion ist bei Hegel Einigung des Geistes mit Gott im Akt der Vernunft und die Philosophie ist »in der Tat selbst Gottesdienst. Beide aber, Religion sowohl wie Philosophie, sind Gottesdienst auf eigentümliche Weise.«[33] Der philosophische Akt ist der religiöse Akt schlechthin, »[s]o fällt Religion und Philosophie in eins zusammen.«[34] Im philosophischen Akt komme das, was die Religionen auf ihre Weise tun, nämlich in Bildern, Gleichnissen, Symbolen etc., d. h. in unbegriffenen Vorstellungen von Gott zu reden und ihn zu verehren, auf eine höhere, weil bewusstere und begreifendere Weise zum Vollzug. Nicht die Religion werde aufgehoben, sondern die Bewusstseinsformen der Religionen würden überstiegen und zu besserer, reinerer Verwirklichung gebracht.

Zum Wesen des absoluten Geistes gehört es, dass er als Einheit von Unendlichkeit und Endlichkeit gedacht wird; als etwas, das sich im Anderen seiner selbst zu explifizieren vermag. Mit anderen Worten: Er offenbart sich selbst; er stellt sich im Anderen und für Anderes dar und wird sich so selbst gegenständlich. Der absolute Geist setzt in sich selbst den Unterschied von sich und ist im Unterschied von sich mit sich selbst identisch. Das ist die philosophische Auslegung des Bibelworts: Gott ist Liebe. Zur Liebe gehört es, dass sie sich entäußernd sich selbst findet. »Liebe ist ein Unterscheiden zweier, die doch schlechthin nicht unterschieden sind.«[35] Die je und je all-eine Geschichte des Geistes geschieht darin, dass die unbestimmt-leere, abstrakte Allgemeinheit des Anfangs aus sich herausgeht und in die vielfältige Besonderheit ihrer Entwicklung eintritt. Die äußeren Realisierungsstufen dieser

---

[30] *Ders.*, Sämtliche Werke, Bd. 17: Vorlesung über die Geschichte der Philosophie, hg. v. H. Glockner, Stuttgart 1965, 105.
[31] *Ders.*, Vorlesungen über die Philosophie der Religion, Bd. I/1, hg. v. G. Lasson (PhB 59), Hamburg 1974, 4.
[32] Ebd., 6.
[33] Ebd., 29.
[34] Ebd., 29.
[35] G. W. F. Hegel's Vorlesungen über die Philosophie der Religion. Nebst einer Schrift über die Beweise vom Dasyn Gottes, hg. v. D. Ph. Marheinke, Bd. 2, Berlin 1832, 187.

Geschichte des Geistes in Raum und Zeit machen die Welt- und Menschheitsgeschichte aus. Zugleich sind sie die »göttliche Geschichte«.[36]

Obwohl der absolute Geist in der Religion »zu seiner wahren Gestalt gelangt, so ist eben diese Gestalt selbst und die Vorstellung noch die unüberwundene Seite, von der er in den Begriff übergehen muß«.[37] Das geschieht in der Philosophie oder, wie Hegel sagt, in der Wissenschaft. Sie »ist allein sein [des Geistes] wahres Wissen von ihm selbst«.[38] Indem die Philosophie den Akt der begreifenden Einung mit Gott vollzieht, ist sie ganz bei sich selber, tut aber genau das, worauf es in der Religion ankommt. So ist das eigentliche religiöse Geschehen in den philosophischen Akt verlegt und darin aufgehoben. Der Glaube im Denken der Religion darf sich in der Philosophie bestens »aufgehoben«, integriert und bewahrt wissen. Denn das Anliegen der Religion wird hier in besserer, bewussterer und intelligiblerer Weise gewahrt. Was die Religion bewusstlos tut, die intelligible Einung des Geistes mit Gott, geschieht in einer höheren Weise in der Philosophie. Allerdings stellt sich hierbei u. a. die Frage, ob die Philosophie tatsächlich den christlichen Gott erreichen kann, da sich in der Philosophie Hegels ein pantheistischer Zug neuplatonischer Herkunft zeigt.

Aufgrund der dialektischen Zwiespältigkeit des Hegelschen Denkens kam es nach seinem Tod schon bald zu einer Aufsplitterung seiner Schule in einen linken und einen rechten Flügel:

- *Linkshegelianer:* Sie versuchten die Philosophie Hegels kritisch zu vollenden, indem sie sie atheistisch interpretierten. Der verweltlichte Weltgeist müsse sich vom christlichen Erbe emanzipieren und im Menschen seiner selbst bewusst werden. Selbstbewusstsein wurde an die Stelle Gottes gesetzt (David Friedrich Strauß [1808–1874], Ludwig Feuerbach [1804–1872], Karl Marx [1818–1883] u. a.).

- *Rechtshegelianer:* Sie versuchten Hegels Philosophie orthodox-theistisch auszulegen, indem sie den religionsaffirmativen Aspekt in der Philosophie Hegels betonten und in ihm den Vollender der christlichen Philosophie sahen, von dem aus sie eine hegelianische Theologie zu entwickeln versuchten (Philipp Konrad Marheineke [1780–1846], Carl Friedrich Gaschel [1781–1861], Georg Andreas Gabler [1786- 1853] u. a.).

---

[36] *G. W. F. Hegel*, Vorlesungen über die Philosophie der Religion, Bd. II/2, hg. v. G. G. Lasson (PhB 63), Hamburg 1974, 65.
[37] *Ders.*, Gesammelte Werke, Bd. 9: Phänomenologie des Geistes (1807), hg. v. W. Bonsiepen, R. Heide, Hamburg 1980, 368.
[38] Ebd., 430.

## b) Geschichtliche Voraussetzungen

Neben den philosophischen Entwicklungen hängt der neuzeitliche Typus von Religionskritik stark von gewandelten Lebensbedingungen ab und stellt insofern etwas Neuartiges dar. Tiefgreifende gesellschaftliche und geistige Umwälzungen kennzeichnen das 17./18. Jh.:

- *Kapitalistische Produktionsweise:* Sie veränderte das gesellschaftliche Leben nachhaltig: Die Arbeitsprozesse wurden rationalisiert und mechanisiert, wodurch das Verhältnis der Menschen zur Natur versachlicht wurde, ebenso wie das Verhältnis der Menschen untereinander. Mit dieser Versachlichung korrespondiert die Ausbildung einer rationalen wissenschaftlichen Methode, der sich die modernen Wissenschaften bedienen. Im Zuge des Versuchs der Naturbeherrschung bildet sich eine neue Weltsicht heraus, die von jeder transzendenten Begründung absieht und sich insofern vom mittelalterlichen Weltbild grundlegend unterscheidet. Innerweltliche Phänomene werden ohne die Hypothese Gott zu erklären versucht.

- *Kirchentrennung:* Das Christentum konnte aufgrund der Kirchenspaltung im 16. Jh. und der Religionskriege des 16./17. Jh.s die Einheitsgrundlage der Gesellschaft nicht mehr sicherstellen. Religion war fortan unfähig den politischen Frieden des modernen Staates zu garantieren. Sie hatte ihre Integrationsfunktion verloren, und die Gesellschaft musste sich eine neue, verbindliche Basis suchen, die gilt »etsi Deus non daretur«.[39] Die neue Einheitsgrundlage war nun die für alle Menschen verbindliche Vernunft bzw. die als vernünftig erkannte Naturordnung. Einheit, Freiheit und Friede wurden nun nicht mehr theonom, sondern autonom begründet. Mit der Autonomie des Staates und des Rechts kam es auch zur Autonomie der Moral (Kant).

- *Subjektivität:* Die Reformation bedeutete eine Hinwendung zum Subjekt: Statt der Institution Kirche wurde die Rechtfertigung des Einzelnen vor Gott betont, statt der objektiven Glaubenslehre die subjektive Glaubenserfahrung etc. Die neuzeitliche Wende zum Subjekt deutete sich an, und die gemeinsame Geborgenheit im Glauben zerfiel, so dass die Religion aus dem politisch-öffentlichen Bereich ausgegrenzt und in die Privatsphäre verdrängt wurde. Sie wurde zur innerlichen Größe, zur Herzensreligion bzw. Privatsache. Religion wurde wenn überhaupt nur noch um ihrer moralischen Funktion willen anerkannt. Damit verbunden war die Ge-

---

[39] *H. Grotius*, De iure belli ac pacis [1625], Leiden 1939, Prol. 11, p. 10 (ed. P. C. Molhuysen, Lugduni Batavorum 1919, 7).

fahr, zur bloßen Ideologie des gesellschaftlichen Systems zu werden und den Wirklichkeitsbezug zu verlieren. »Die Welt wird gottlos, Gott weltlos und – im eigentlichen Sinn des Wortes – gegenstandslos.«[40] Dieses neue Wirklichkeitsgefühl begründet am Ende den Satz »Gott ist tot«, d. h., am Ende dieser Entwicklung steht die Bedeutungslosigkeit Gottes, stehen Atheismus und Nihilismus.

- *Aufklärung:* Vermeintliche Gewissheiten wurden abgebaut, zum einen in historischer Hinsicht durch die kritische Erforschung der biblischen Schriften, zum anderen in philosophischer Hinsicht durch die Bestreitung des metaphysischen Weltbilds, d. h. einer von Gott her dem Menschen zubereiteten, in dessen Vernunft sich erschließenden, ewigen Ordnung. Die religiösen Überzeugungen waren in ihren Grundlagen erschüttert. Hinzu kam die gesteigerte Empfindsamkeit gegenüber den destruktiven Kräften von Religion, namentlich Intoleranz und aggressiver Selbstbehauptung. Religiös gestützte Herrschaftssysteme, bis hin zur kirchlichen Hierarchie, wurden in Frage gestellt und bekämpft.

- *Selbstverwirklichung:* Der Mensch entdeckte sich selber und seine Möglichkeiten, die größer waren als bislang angenommen. Das neuzeitliche, moderne Bürgertum setzte darum auf das Prinzip der Autonomie. Unter Berufung auf die Selbstbegründung der autonom menschlichen Vernunft kam es zum Bruch mit dem spätmittelalterlichen Denken, das vom allmächtigen Willen Gottes ausging, der unverfügbar sei und für die Vernunft des Menschen verborgen. Ohne dieses Denken entbehrte die Wirklichkeit einer für den Menschen vernunfthaft einsichtigen Ordnungsstruktur, und die autonom menschliche Vernunft konstruierte nun ihre geordnete Welt selbst, derer der Mensch zum Leben bedarf.

- *Christentum:* Die Möglichkeit des Säkularismus wurde letztlich vom Christentum freigesetzt. Denn Voraussetzung für eine weltliche Auffassung der Welt war die Scheidung von Transzendenz und Immanenz. Erst so wurde eine relative Autonomie innerweltlicher Lebensbereiche möglich und damit verbunden eine radikale Leugnung Gottes. Der neuzeitliche Atheismus entfaltete sich also unter den Bedingungen des christlichen Glaubens. Der moderne Atheismus ist »[a]ls spezifische christliche Folgeerscheinung ... etwas grundsätzlich Neues gegenüber allem früheren religiös geprägten Heidentum.«[41]

---

[40] *W. Kasper,* Der Gott Jesu Christi, Freiburg i. Br. 2008, 56.
[41] *A. K. Wucherer-Huldenfeld, J. Figl,* Der Atheismus: HFTh 1 ([2]2000), 67–84, 73.

Die Entwicklung des Atheismus als Negation der Existenz Gottes und als Kampf gegen den Gottesglauben war durch verschiedene politisch-gesellschaftliche und geistesgeschichtliche Momente bedingt. Das Resultat war ein neuer Menschentyp, der neuzeitliche Bürger, dessen Erfahrungen durch herkömmliche theologisch-philosophische Deutungsmuster nicht mehr ausgedrückt werden konnten. Die neue gesellschaftlich-politische Lebenssituation brachte eine neue Lebensweise und ein neues Bewusstsein hervor, das die frühere Unschuld schlichter Gläubigkeit verloren hatte und stattdessen überall nach Gründen zu fragen begann und nach Legitimation und Rechenschaft suchte. Darüber hinaus geriet der Glaube des neuzeitlichen Bürgers durch die Profanisierung der gesellschaftlichen Erfahrungswelt in die Gefahr, sich selbst aufzulösen. Der eigene Glaube wurde zunehmend zur Privatsache und im Zuge der Ausbildung der rational wissenschaftlichen Methode immer abstrakter. In diesem Kontext sind die neuzeitliche Religionsphilosophie und deren Religionskritik zu sehen und zu verstehen.

Der neuartige Typ von Religionskritik hat einen Bezug zur älteren Religionskritik. Nach der argumentativen Bestreitung der Wahrheit religiöser Aussagen blieb nämlich die Frage offen, wie es zur universalen Verbreitung der Religion hatte kommen können, obgleich es keinen Gott gibt und religiöse Behauptungen falsch seien. Nach der direkten Religionskritik musste also die Frage beantwortet werden, warum es Religion gibt und was ihre Entstehung und Ausbreitung bedingt hat.

Die neuzeitliche Religionskritik geht davon aus, dass der Mensch meine, von Gott zu sprechen, tatsächlich aber von sich selbst spreche. Damit spreche der Gläubige in seiner Behauptung durchaus etwas Richtiges aus, verstehe dieses Richtige aber selbst falsch und lege es darum auch falsch aus. So ist die neuzeitliche Religionskritik eine Kritik der Religion in Form der erklärenden Auslegung der Religion. Die nachhegelsche Religionsphilosophie, vertreten v. a. von Ludwig Feuerbach, Karl Marx, Friedrich Nietzsche (1844–1900) und Sigmund Freud (1856–1939), arbeitet mit der Prämisse, dass religiöses Bewusstsein überhaupt falsches, entfremdetes, neurotisches, infantiles Bewusstsein sei. Falsch an der Religion seien hier nicht ihre Hoffnungsinhalte, ihre Erlösungssehnsucht etc., sondern in erster Linie die Gottesidee und der Gottesglaube sowie der Vorgang, in dem die Wunschinhalte der Religion Gott angeheftet würden. Falsch sei die Annahme, es gäbe einen »ordo hominis ad Deum«. Doch Gott würde es nicht geben und infolgedessen sei die religiöse Praxis Ausdruck falschen Bewusstseins und Religion lediglich religiöser Schein.

Im Sinne einer reduktiven Religionserklärung und therapeutischen Religionskritik kam der Religionsphilosophie eine dreifache Aufgabe zu:

- *Diagnose:* Religion muss auf der Basis des Atheismus als eine Form unvernünftigen falschen Bewusstseins diagnostiziert werden;
- *Erklärung:* Die ökonomischen, soziologischen und anthropologischen Mechanismen müssen erklärt werden, die dieses falsche Bewusstsein hervorbringen. Das religiöse Bewusstsein muss auf seine konditionierenden Bedingungen und Ursachen reduziert werden (reduktive Religionserklärung).
- *Berichtigung:* Das falsche Bewusstsein muss korrigiert werden (therapeutische Religionskritik) durch Zerstörung des falschen und die Erzeugung des richtigen Bewusstseins.

Je erfolgreicher die Religionsphilosophie arbeitet, umso mehr und schneller müsste sie auf ihr eigenes Ende hinarbeiten. Demnach wäre mit der Religionsphilosophie als reduktiver Religionserklärung und der therapeutischen Religionskritik die letzte Stufe der Religionsphilosophie erreicht. In Wirklichkeit wurde aber nicht das Ende der Religionsphilosophie erreicht, sondern nur das Ende des theoretischen Atheismus des 19. Jh.s; er kann heute als überholt gelten. Denn trotz dieser absoluten Religionskritik ist der Diskurs zwischen Theologie und Religionsphilosophie an kein Ende gekommen. Er besteht bis zur Gegenwart fort und muss aus heutiger Sicht als grundsätzlich offen angesehen werden. Die Religions- und Gottesfrage ist weder theologisch noch atheistisch eindeutig, d. h. sachlogisch zwingend zu beantworten.

# II. Religionskritische Anfänge und Gottesbeweise

## 1. Philosophische und theologische Religionskritik

### 1.1. Antike Religionskritik

*E. Coreth*, Gott im philosophischen Denken, Stuttgart 2001, 17–42; *H. Zirker*, Religionskritik, Düsseldorf ³1995, 19–25; *R. Schaeffler*, Die Religionskritik sucht ihren Partner, Freiburg i. Br. 1974, 17–38; Die Kritik der Religion: HFTh 1 (²2000), 85–99; *G. Minois*, Geschichte des Atheismus. Von den Anfängen bis zur Gegenwart, Weimar 2000, 35–67.

*a) Religion und Kritik*

Religionskritik ist mehr als nur ein rein äußeres Moment von Religion. Nach Richard Schaeffler (* 1926) gehörte Kritik von je her zur religiösen Aufgabe, noch bevor Philosophie oder Wissenschaft religionskritische Argumente vorbrachten:

- Ein Grund liegt in der Vorläufigkeit jener Bilder und Gleichnisse, mit denen die Religionen die Elemente der Erfahrungswelt deuten. Im Bild werde das religiöse Bewusstsein des Göttlichen ansichtig, ohne dass das Bild schon an die Stelle Gottes treten würde. Religion sei Platzhalterschaft Gottes in einer von Gottferne gekennzeichneten Welt. Die Kritik der Religion äußere sich somit in der kritischen Unterscheidung zwischen dem, was in der Erfahrung begegnet, und dem Göttlichen, auf das alles Weltlich-Wirkliche verweist und dessen Gegenwart es vermittelt.
- Der Religion wohne ein selbstkritisches Element inne, da die Ankunft des Göttlichen die Krise der Religion bedeute.

Vor diesem Hintergrund eröffnen die religionskritischen Argumente von Philosophie und Wissenschaft eine Chance des Dialogs mit dem selbstkritischen religiösen Bewusstsein. Dieser könnte zur Überwindung der Doppelgefahr von Idolatrie und Ikonoklasmus beitragen, d. h. der Identifikation von Bild und Abgebildetem und der Bekämpfung jeglicher Bilder und Gleichnisse im

religiösen Bereich sowie des Tatsachenkults bzw. der Abwertung der Sinnenwelt und der Zerschlagung der Begriffe in Philosophie und Wissenschaft.[1]
Die Religionskritik zeigt immer eine Krise der Religion an. Die Kritik schafft nicht die Krise, sondern weist auf ein bereits bestehendes Problem hin und bringt es ins Wort. Auch unter diesem Aspekt stellt die Kritik ein immanentes Moment von Religion dar. Doch ist bei aller Religionskritik stets auf den genauen Gegenstand der betreffenden Kritik zu achten. Gegenstand von Kritik können nur religiöse und religionshafte Tatbestände sein, also konkrete Verwirklichungsformen einer bestimmten Religion bzw. eines Religionssystems. Auch und gerade bei der sog. radikalen und prinzipiellen Religionskritik ist genau nach dem Religionsbegriff des Kritikers zu fragen. Wegen der unaufhebbaren faktischen Vieldeutigkeit des Religionsbegriffs muss auf das Objekt der Kritik genau geachtet werden.

*b) Atheismusmotiv*

Im Übergang vom Mythos zum λόγος, als Religion und kritisches Bewusstsein auseinander traten, erfuhr die philosophische Religionskritik ihre Ausprägung. Es wurden kritische Themen und Motive genannt, die in der europäischen Aufklärung wieder aufgegriffen und weiterentwickelt wurden. Das betrifft v. a. die Skepsis bzgl. der Frage der Erkennbarkeit der Götter und ihrer Existenz.

Der Sophist Protagoras zweifelte an der Möglichkeit wahrer und sicherer Gotteserkenntnis: »Von den Göttern weiß ich nichts, weder daß es solche gibt, noch daß es keine gibt. Denn viele Hindernisse versperren uns die Erkenntnis: die Unklarheit der Sache und die Kürze des menschlichen Lebens.«[2] Auch Sextus Empiricus hält im 2. Jh. n. Chr. den Skeptizismus für die einzig akzeptable Frömmigkeitsform, da weder die Existenz Gottes noch die Bedeutung des Wortes Gott geklärt werden könne: »Da nun von den Dogmatikern die einen behaupten, der Gott sei körperlich, die anderen, er sei unkörperlich, und die einen, er habe Menschengestalt, die anderen, er habe sie nicht, und die einen, er befinde sich an einem Ort, die anderen, er tue es nicht, und von denen, die ihn an einem Ort sein lassen, die einen, er sei innerhalb der Welt, die anderen er sei außerhalb – wie sollen wir da einen Begriff von Gott bekommen können, da wir weder eine anerkannte Substanz von ihm haben noch eine Gestalt noch einen Ort, an dem er sich befände? Solange sie sich

---

[1] *R. Schaeffler*, Die Kritik der Religion: HFTh 1 ([2]2000), 85–99, hier 87 f.
[2] *Protagoras*, Fragm. 4: Die Vorsokratiker. Deutsch in Auswahl mit Einleitung v. W. Nestle, Wiesbaden 1956, 173.

aber unentscheidbar streiten, haben wir von ihnen nichts, was wir anerkanntermaßen denken können. … Denn die Existenz des Gottes ist nicht offenbar. Wenn er sich nämlich von sich aus zeigte, dann würden die Dogmatiker darin übereinstimmen, wer er ist und von welcher Art und wo.«[3] Diese erkenntniskritisch begründete Skepsis deutet den späteren agnostischen Atheismus an.

In der griechisch-römischen Antike fand sich neben einer philosophischen Erkenntniskritik auch ein Atheismus religionspolitischer Art, der am offiziellen Kultwesen und dessen Vorstellungs- und Verehrungsweise der Götter Kritik übte. Eine solche politische Theologie spielte auch im Prozess des Sokrates eine Rolle, der zeigte, wie gefährlich ein religionspolitischer Atheismus im Sinne der Kritik am offiziellen Kultwesen sein konnte. Er handelte sich den Vorwurf des Atheismus und damit verbunden strafrechtliche Konsequenzen ein. Sokrates übte Götterkritik und stand unter der Anklage des Atheismus (»ἀσέβεια«).[4] Für die Athener war Sokrates »ganz und gar gottlos«.[5] Die Anklage im Asebieprozess besagte:»Sokrates vergeht sich, indem er die Jugend verdirbt und nicht die Götter verehrt, welche die Stadt (πόλις) verehrt, dafür aber Anderes, Neues, Daimonisches«.[6] Sokrates glaubte an Götter bzw. Gott in einem geistig geläuterten Sinn und nicht in einem mythisch-magischen, doch wurde er der vollkommenen Gottlosigkeit angeklagt, des grundsätzlichen Atheismus für schuldig befunden (τὸ παράπαν ἄθεος: in jeder Hinsicht ein Atheist) und zum Tode verurteilt. Hier findet sich wohl erstmals das Wort »ἄθεος« als Bezeichnung für das gänzliche Leugnen des Daseins von Göttern.

Der Fall Sokrates zeigt, dass zwischen Götter- bzw. Kultkritik und Atheismus als grundsätzlicher Leugnung von Göttern oder Göttlichem durchaus unterschieden wurde, wobei ersteres tolerabler schien. Ferner wird deutlich, dass Staat und Gesellschaft ihre offizielle Theologie bzw. Religion hatten, von der abzuweichen gefährlich war. Religionskritik als Kritik an dieser offiziellen Polistheologie war ein Staatsverbrechen, als dessen schwerster Fall der Atheismus im Sinne der grundsätzlichen Leugnung der göttlichen Existenz galt.

---

[3]  *Sextus Empiricus*, Grundriß der pyrrhonischen Skepsis. Mit einer Einleitung von M. Hossenfelder, Frankurt a. M. 1985, 224.
[4]  In der LXX ist der ἀσεβής der Frevler, der Gott nicht fürchtet, sich nicht um ihn kümmert und sich dementsprechend gottlos verhält (Ps 14,1: »Der Tor wähnt bei sich: ›Da gibt's keinen Gott‹«).
[5]  *Platon*, Apologia 26c.
[6]  Ebd., 24b.

In der Zeit der Christenverfolgungen verliefen die Prozesse z. T. nach diesem Muster: Christen standen unter Atheismusanklage und wurden »ἄθεοι« genannt. Weil sie sich in Bezug auf die Götter und das Kultwesen des römischen Imperiums außergesetzlich verhielten, wurde gegen sie der Vorwurf der Gottlosigkeit erhoben. Die Atheismusanklage besagte die Missachtung der Staatsgötter bzw. des öffentlichen Kaiserkultes. »Deshalb also sind die Christen Staatsfeinde, weil sie den Kaisern weder sinnlose noch verlogene oder verwegene Ehrungen erweisen, weil sie als Menschen, die die wahre Religion besitzen, auch die Festtage der Kaiser lieber in ihrem Herzen als mit Ausschweifungen feiern.«[7] Entscheidend war, ob den offiziellen Göttern der entsprechende Ritus geleistet oder verweigert wurde (ἀσέβεια). Religionspolitischer Atheismus meint folglich ganz allgemein ein anderes, neues Verständnis des Göttlichen und der Götter. So konnte Justin formulieren: »Wir gestehen's gerne ein, dass wir in Bezug auf solche (offizielle) anerkannten Götter Atheisten sind, aber nicht hinsichtlich des wahren Gottes«.[8]

Umgekehrt werden in Eph 2,12 jene als »ἄθεοι« bezeichnet, die keine Hoffnung haben. Nicht weil sie das Göttliche grundsätzlich leugnen, sondern weil sie Heiden sind, die Götzen verehren. Auch für das AT und NT gilt also jede Haltung als atheistisch, die den wahren Gott nicht anerkennt.

*c) Götterkritik*

Götterkritik ist auf der Basis der Bejahung des Göttlichen und des öffentlichen Kultes möglich. Wo sie am tiefsten vorstößt, betrifft sie die Frage der rechten Denkbarkeit des Göttlichen. So hatte Platon die Forderung aufgestellt, »τόποι« (philosophische Richtlinien) für rechtes Reden von den Göttern zu schaffen. Auch Aristoteles kritisierte die Theologie nach Art der Alten und setzte ihr seine philosophische Behandlung der Gottesfrage entgegen.

Der Glaube an die Götter konnte aus den unterschiedlichsten Gründen ins Kreuzfeuer der Kritik geraten:

- *Ethisches Motiv:* Es gab eine ethisch motivierte Götter- bzw. Theologiekritik. So beklagt sich Xenophanes über die Ethik in den mythischen Epen der beiden ältesten Dichter Griechenlands: »Homer und Hesiod haben die Götter mit allem belastet, was bei Menschen übelgenommen und getadelt wird: stehlen und ehebrechen und einander betrügen.«[9] Den Göt-

---

[7] *Tertullian,* Apg 35,1.
[8] *Justin,* 1. Apologie 6 (PG 6,336).
[9] *Xenophanes,* Fr. 11. Zit. n. Die Vorsokratiker I. Milesier, Xenophanes, Heraklit, Parmenides, Griechisch-Deutsch, Bd. 1, übers. und hg. v. J. Mansfeld. Stuttgart 1986, 221.

tern bzw. dem Göttlichen sei es unangemessen, dass sie bzw. es in Analogie zu den Menschen gedacht würden. Kritias aus Athen (um 460–403 v. Chr.) äußerte den Verdacht, dass zur Bekämpfung des insgeheimen Frevels »ein schlauer und kluger Kopf die Furcht vor den Göttern für die Menschen erfunden« habe.[10]

- *Anthropomorphismusmotiv:* Ausgangspunkt ist die Beobachtung, dass in verschiedenen Kulturen und deren Religionen eine gewisse Interdependenz zwischen Kultur und Götterbild, v. a. zwischen Menschen- und Götterbild besteht. Die Menschen denken sich ihre Götter nach ihrem Bild und Gleichnis. Schon Xenophanes stellte fest: »Aber die Menschen nehmen an, die Götter seien geboren, sie trügen Kleider, hätten Stimme und Körper – wie sie selbst.«[11] »Die Äthiopier behaupten, ihre Götter seien stumpfnasig und schwarz, die Thraker, blauäugig und blond.«[12] »Wenn aber die Rinder und Pferde und Löwen Hände hätten und mit diesen Händen malen könnten und Bildwerke schaffen wie Menschen, so würden die Pferde die Götter abbilden und malen in der Gestalt von Pferden, die Rinder in der von Rindern, und sie würden solche Statuen meißeln, ihrer eigenen Körpergestalt entsprechend.«[13] Xenophanes zog aus dem unbestreitbaren Anthropomorphismus- und Projektionsbefund den Schluss, dass der Gottesgedanke, wenn man ihn philosophisch angemessen und rein denken möchte, einen Verzicht auf anthropomorphe Komponenten verlange. Darin kam er dem alttestamentlichen Bilderverbot (Ex 20,4; Dtn 4,15–18) sehr nahe. Das transzendente Wesen des Göttlichen verlangt die Reinigung und Befreiung von anthropomorphen Projektionen. So formulierte er sein antianthropomorphistisches, philosophisches Gottesbekenntnis: »Ein einziger Gott ist unter Göttern und Menschen der Größte, weder dem Körper noch der Einsicht nach den sterblichen Menschen gleich.«[14]

- *Logisches bzw. empirisches Motiv:* Der Historiograph Thukydides (460–399/396 v. Chr.) berichtet über Vorgänge in Athen, als dort im Sommer 430 v. Chr. die Pest wütete: »Furcht vor den Göttern, Gesetze des Menschen – nichts konnte sie im Zaume halten; es schien gleich, für fromm gehalten zu werden oder nicht, kam doch sowieso jedermann ohne Un-

---

[10] *Kritias,* 1 Fr. 25. Zit. n. *H. Seidel,* Von Thales bis Platon. Vorlesungen zur Geschichte der Philosophie, Berlin 1980, 137.
[11] *Xenophanes,* Fr. 14. Zit. n. Die Vorsokratiker I. Milesier, Xenophanes, Heraklit, Parmenides, Griechisch-Deutsch, Bd. 1, übers. und hg. v. J. Mansfeld. Stuttgart 1986, 223.
[12] *Ders.,* Fr. 16. Zit. n. ebd., 223.
[13] *Ders.,* Fr. 16. Zit. n. ebd., 223.
[14] *Ders.,* Fr. 23. Zit. n. ebd., 225.

terschied ums Leben«.[15] Die Pest raffte ohnehin alle hinweg, Glaubende und Nichtglaubende. Religion war also, unter pragmatischem Gesichtspunkt betrachtet, nutzlos. Der Götterkult geriet unter Nutzlosigkeitsverdacht. Aus diesem empirischen Problem entsprang die Theodizee-Frage.

• *Historisches Motiv:* Es gab auch eine Götterkritik mittels historischer Argumente. So behauptete z. B. Euhemeros von Messene (um 340–260 v. Chr.), dass »die olympischen Götter deifizierte Menschen seien.«[16] Allerdings war schon vor Euhemeros die Ansicht verbreitet, die Götter und Heroen der Mythologie seien nur bedeutende Menschen einer frühen Vergangenheit, denen man nach ihrem Tode göttliche Ehren erwiesen habe. Der Gedanke der Deifikation ging allgemein als Euhemerismus in die Geschichte ein.

*d) Verzweckung von Religion*
Der Sophist Kritias (um 460–403 v. Chr.) brachte den Götterglauben mit der Religion und den Machtinteressen der herrschenden Klasse in Verbindung und stellte die These auf, die Religion sei ein Machtmittel. Die Herrschenden redeten in ihrem eigenen Interesse den Beherrschten die Existenz von Göttern ein, um ihre eigene Macht zu festigen. Religion und Götterglaube seien letztlich nur betrügerische Machtmittel der Herrschenden, künstlich erzeugt, um bestimmter sozialer Ziele willen. Dieses Motiv faltete in der Neuzeit u. a. Johann Gottlieb Fichte (1762–1814) im Atheismusstreit (1798) aus. Fichte bemerkte bitter gegenüber seinen Gegnern, dass ihr Gott, gegen den er selbst philosophisch vorgehe, nur den Sinn habe, »mangelhaften Polizeianstalten« nachzuhelfen.[17]

Neben dem Versuch, Religion und ihre Entstehung ideologiekritisch zu durchleuchten, gab es von Anfang an auch psychologische Erklärungsversuche. Religion entstehe aus der Angst und Furcht der Menschen vor unbeherrschbaren Daseinsmächten. Schon der Atomist Demokrit (um 460–371 v. Chr.) glaubte den Ursprung des Götterglaubens in der menschlichen Furcht vor ungewöhnlichen Naturerscheinungen, die er durch die notwendige Bewegung kleinster »Atome« erklärte, entdeckt zu haben. Ähnlich wie Demokrit

---

[15] Zit. n. *J. Ruffié, J.-Ch. Sournia,* Die Seuchen in der Geschichte der Menschheit, Stuttgart 1987, 19–22, hier 22.
[16] *M. Winiarczyk,* Euhemeros von Messene. Leben, Werk und Nachwirkungen, München 2002, 136 f.
[17] *J. G. Fichte,* Appellation an das Publikum gegen die Anklage des Atheismus (1799): Fichtes Werke, hg. v. I. H. Fichte, Bd. V: Zur Religionsphilosophie, Berlin 1971, 193–238, hier 221.

lehnte auch Aristophanes (um 445–385 v. Chr.) eine religiöse Deutung von Naturerscheinungen als Ausdruck eines noch vorrationalen, primitiven Bewusstseins ab.[18] Diese Art der funktionalen Verzweckung von Religion hieße modern ausgedrückt: Religion ist eine Weise der Kontingenzbewältigung.

## 1.2. Biblische Religionskritik

*W. H. Schmidt*, Aspekte der Religionskritik – im Alten Testament: J. A. Loader, H. V. Kieweler (Hg.), Vielseitigkeit des Alten Testaments (FS G. Sauer), Frankfurt a. M. 1999, 137–148; Böses vor und von Gott: Religionskritik als Selbstkritik im Alten Testament: Glaube und Lernen 12 (1997), 10–21; *H.–P. Müller*, Plausibilitätsverlust herkömmlicher Religion bei Kohelet und den Vorsokratikern: B. Ego, A. Lange, P. Pilhofer (Hg.), Gemeinde ohne Tempel. Zur Substituierung und Transformation des Jerusalemer Tempels und seines Kults im Alten Testament, antiken Judentum und frühen Christentum, Tübingen 1999, 99–113.

*a) Kultkritik*

In der Hl. Schrift gibt es eine facettenreiche Kultkritik, die von einfacher, vereinzelter Kritik an Missständen im Kultbetrieb, bis hin zur grundsätzlichen Kritik bzw. Ablehnung von Kult im Sinne von religionshafter, ritualisierter bzw. direkter Form der Gottesverehrung reicht, wie dies bei Jesus auszumachen ist. Zahlreiche Motive seiner Reich-Gottes-Predigt und Praxis bewegen sich auf der Linie prophetischer Kultkritik. Jesus lehrte und betete selten in der Synagoge, stattdessen ging er zum Beten auf einen Berg (Mt 5,1–7.23) oder in die Wüste (Mt 4,2). Er stellte die Reinheit des Herzens der kultischen und rituellen Reinheit gegenüber (Mt 15,1–20) und das religionshafte Verhalten der Pharisäer kritisch an den Pranger (Mt 5,38; 16,1–4; 6,14; Mk 8,15). Der Priester und der Levit werden als zwei Repräsentanten der offiziellen Religion in die Erzählung vom barmherzigen Samariter eingeführt, wodurch diese eine unübersehbare, religionskritische Färbung erhält (Lk 10,25–37). Die gleiche Haltung Jesu zeigt sich auch im Gespräch am Jakobsbrunnen (Joh 4,1–26): Die rechte Gottesverehrung im Geist und in der Wahrheit sei auch ohne Bindung an einen bestimmten Ort möglich. Im Hintergrund steht hier der neutestamentliche Begriff des Reiches Gottes. Demnach liegt der wahre

---

[18] *Aristophanes*, Die Wolken: Antike Komödien. Aristophanes, Menander, Plautus, Terenz. Aus dem Griechischen und Lateinischen übers. v. W. Hofmann (Plautus), R. Schottlaender (Menander, Terenz) und L. Seeger (Aristophanes) Berlin ³1987, 9–71.

Dienst an Gott nicht in religionshaft ritualisierten Formen der Gottesverehrung, sondern im Dienst an Recht und Gerechtigkeit, Wahrheit und Friede. Die qualitativen Bestimmungen Gottes sollen ja Merkmale und innere Wirklichkeiten der βασιλεία sein. Vor dem Hintergrund der βασιλεία Gottes wird verständlich, wie Menschendienst als Dienst an der Sache Gottes wahrer Gottesdienst zu sein vermag (Jak 1,27; Röm 12,1).

Vom Begriff des Reiches Gottes her gesehen kann es verschiedene Formen des Gottesdienstes geben: den kultischen Gottesdienst und den Dienst an der Sache Gottes in sozialer Verantwortung. Der Dienst am Menschen ist ebenso im vollgültigen Sinne Gottesdienst, so dass beide Gottesdienstformen nicht gegeneinander ausgespielt werden dürfen. Im Beten und Handeln der Menschen, im gesamtmenschlichen Einsatz soll die βασιλεία Gottes geschichtlich verwirklicht werden. Ein elementarer nichtkultischer Begriff von Gottesdienst erlaubt es, zwischen religiösem und religionshaftem Handeln zu unterscheiden.

*b) Theologiekritik*
Die alttestamentliche Gestalt Hiob begehrt gegen Gott ebenso auf wie gegen die Theologie seiner Freunde, die eine Weisheitsdogmatik vertreten, gemäß der Gott Lohn und Strafe austeile (weisheitlicher Tun-Ergehens-Zusammenhang). Gegen das damit implizierte Gottesverständnis wendet sich Hiob: Gott erscheint als die oberste Instanz zur Garantierung des Rechts und der Rechtsverhältnisse. Es ist ein Gott, der nach festen Regeln, die man im theologischen System formuliert, handelt und handeln muss. Über diesen Gott streitet er mit seinen Freunden, die als Verteidiger der rechtgläubigen Theologie auftreten. Indem Hiob gegen dieses Gottesbild ankämpft, wird ein freier, souveräner Gott sichtbar. Vor diesem anderen, größeren, schwierigeren Gott, der das System der Weisheitsdogmatik sprengt, bewährt sich Hiob. Das im Leiden sich bewährende Wahrheitsgewissen Hiobs führt zu einem dogmenkritischen, theologiekritischen und ideologiekritischen Sprengsatz, der das geschlossene System der orthodoxen Freunde aufbricht. »Der wahre Glaube hindert die Kritik nicht, sondern stärkt sie. Die wahre Kritik zerstört den Glauben nicht, sondern befruchtet ihn.«[19]

Das Buch Kohelet gehört ebenfalls der Weisheitsliteratur an. Zwar wurde es von späterer dogmatischer Hand geglättet, bewahrte aber das ursprüngliche Denken und den kritisch-skeptischen Impuls. Kohelets Kritik besteht in einem skeptischen Sich-Fügen in die dem Menschen gewiesenen Grenzen

---

[19] *H. Küng*, Die Kirche, Freiburg i. Br. 1967, 97.

und in sein uneinsichtiges Schicksal. Er hat das Leben durchforscht nach Erkenntnis und einer letzten, verlässlichen Wahrheit über Gott und die Welt anhand des Leitfadens weisheitlicher Daseinsauslegung. Das Resultat lautet: Eitel und nichtig ist alles, denn es ist ein verborgener Gott, der die Dinge kennt und durch seine willkürliche und unumstößliche Vorsehung lenkt. »Gott ist im Himmel, du bist auf der Erde« (Koh 5,1). Die theologische Weisheit macht zwar die trefflichsten Aussagen, aber sie halten dem Leben und der Wirklichkeit nicht stand: »Alles hat Gott schön gemacht von Anfang bis Ende. Alles hat Gott schön gemacht zu seiner Zeit, nur dass der Mensch das Werk, das Gott gemacht hat, von Anfang bis Ende nicht fassen kann« (Koh 3,11). Der Mensch müsse sich darum mit dem Nichtwissen begnügen und mit dem Leben, das trotzdem schön sei. Kohelet geht es um die Möglichkeit individuellen Lebensglücks. Er bejaht dieses Leben, dem Erkennen aber sind Grenzen gesetzt. Er kann weder Gottes Handeln verstehen, noch seine Pläne erkennen.

Kohelets Denken diesseits der Grenzen ist eine Art theologischen Denkens, die die klassische Weisheitstheologie in ihre Grenzen weist. Theologie wird als offener Prozess der Verarbeitung von Erfahrung gedacht, der sich nicht vorprägen lässt und innerhalb dessen Gott als der je Größere, jedes Gottesbild Übersteigende, erscheint. »Weil Transzendenz – offenbar anders als bei den Vorsokratikern, deren gelegentliche Skepsis immanent begründet wird – als widerständig erlebt wird, bleibt selbst Religionskritik, indem sie als Erkenntniskritik generalisiert ist, auf dialektisch vermittelte Weise immer noch religiös.«[20]

*c) Prophetenkritik*

Die alttestamentlichen Schriftpropheten üben teils grundlegende Kritik an der überkommenen Tradition. »Die Prophetie nimmt nicht nur Überlieferungen ihres Volkes auf, grenzt sich vielmehr zugleich von ihnen ab, kehrt sie um – in doppelter Weise: von Vergangenheit in Zukunft, von einem ›Für‹ in ein ›Gegen‹. So bringt die prophetische Zukunftsansage einen Bruch … mit einem bestimmten Verständnis von Vergangenheit und Gegenwart, schränkt die zumal im Pentateuch dargestellte heilsgeschichtliche Tradition in ihrer Heilsbedeutung ein.«[21] Amos etwa kündet im Gegensatz zum Vorübergang

---

[20] *H.–P. Müller*, Plausibilitätsverlust herkömmlicher Religion bei Kohelet und den Vorsokratikern: B. Ego, A. Lange, P. Pilhofer (Hg.), Gemeinde ohne Tempel. Zur Substituierung und Transformation des Jerusalemer Tempels und seines Kults im Alten Testament und, antiken Judentum und frühen Christentum, Tübingen 1999, 99–113, hier 110.
[21] *W. H. Schmidt*, Aspekte der Religionskritik – im Alten Testament: J. A. Loader, H. V. Kie-

Gottes an den Häusern der Israeliten beim Exodus (Ex 12,27) an, dass Gott an seinem Volk Israel nicht noch einmal (schonend) vorübergehen wird (Am 7,8; 8,2), und für Hosea wird aus dem Gottesnamen »Ich bin, der ich bin« (Ex 3,14) die Ankündigung, »ihr seid nicht mein Volk und ich bin nicht der ›Ich-bin-da‹ für euch.« (Hos 1,9) Die Schriftpropheten kämpfen gegen ein »›ursprungsmythisches‹ Denken, das einer fernen Vergangenheit bestimmende Kraft für die Gegenwart zuschreiben kann«[22] und betonen u. a. die Verborgenheit Gottes.

## 2. Glaubensverantwortung und Gottesbeweise

### 2.1. Natürliche Theologie

*J. Ratzinger*, Der Gott des Glaubens und der Gott der Philosophen. Ein Beitrag zum Problem der Theologia Naturalis: ders., Vom Wiederauffinden der Mitte. Grundorientierungen, Freiburg 1997, 40–59; *B. Weissmahr*, Philosophische Gotteslehre (Grundkurs Philosophie, Bd. 5), Stuttgart ²1994, 158–163; *A. McGrath*, Naturwissenschaft und Religion. Eine Einführung, Freiburg i. Br. 2001, 153–171; *K. Müller*, Gott erkennen. Das Abenteuer der Gottesbeweise, Regensburg 2001, 13–33; Gottes Dasein denken. Eine philosophische Gotteslehre für heute, Regensburg 2001, 20–36.

*a) Antike Ansätze von Gottesargumenten*
Die religionskritischen Argumente, die seit der Antike geäußert wurden, haben sich bis in das Mittelalter hinein als gesellschaftlich nicht wirksam erwiesen. Ein breiterer Einfluss wurde ihnen erst zuteil, als sie unter den Bedingungen der Neuzeit verstärkt rezipiert wurden. Dies zwang die Theologie, sich mit den Motiven antiker Götter- bzw. Religionskritik eingehender auseinander zu setzen. Weil es bis dahin allerdings noch keine systematische Religionskritik gegeben hatte, befasste sich die Theologie nicht direkt mit der argumentativen Bestreitung religiöser Aussagen. Stattdessen bemühte sie sich im Horizont einer sich langsam verselbstständigenden Vernunft um den Selbsterweis der Vernünftigkeit des christlichen Glaubens.[23]

---

weler (Hg.), Vielseitigkeit des Alten Testaments (FS G. Sauer), Frankfurt a. M. 1999, 137–148, hier 138.
[22] Ebd., 137.
[23] *R. Schaeffler*, Religionsphilosophie (Handbuch Philosophie), Freiburg i. Br. 1983, 23–63.

Im Kontext der vernünftigen Glaubensverantwortung spielte die sog. natürliche Theologie eine Rolle. Dabei reichen die Spuren vernunfthafter Erörterung der Gottesfrage bis in die Antike zurück[24]:

- *Sokrates:* Er schloss von der Geordnetheit der Natur auf eine ihr zugrunde liegende intelligente Instanz. »Und besonders das göttliche Wesen, welches den ganzen Kosmos mit all seinem Schönen und Guten ordnet und zusammenhält und alles trotz ständiger Nutzung unversehrt und gesund und unvergänglich darbietet und schneller als der Gedanke fehlerlos dienen läßt, dieses göttliche Wesen tritt wohl durch seine gewaltigen Werke in Erscheinung, es bleibt aber selbst bei diesem seinen Schaffen für uns unsichtbar.«[25]

- *Platon:* Soll menschliches Wertestreben aufgrund der Endlichkeit der Welt nicht in die Absurdität führen, muss ein höchstes Gut, ein höchster Wert notwendig existieren: der Eros. Nur so findet das Glückseligkeitsstreben des Menschen seine Erfüllung.[26]

- *Aristoteles:* Er schloss wie schon Platon auf eine unverursachte Erstursache, um dadurch einen regressus in infinitum zu vermeiden.[27] Die Tätigkeit des unbewegten Bewegers ist das Denken.

- *Cicero (106–43 v. Chr.):* Er argumentierte für die Existenz der Götter historisch bzw. ethologisch. »Wie es schließlich als der sicherste Beweis dafür, daß wir an das Dasein der Götter glauben sollen, gelten darf, daß nämlich kein Volk so wild ist und kein Mensch so roh, daß er in seinem Geiste nicht irgendeine Vorstellung von Göttern hätte … aber Alle glauben, es gebe eine göttliche Kraft und Natur … vielmehr muß hier … die Einstimmigkeit aller Völker als ein Naturgesetz betrachtet werden«.[28] Aus dem Konsens aller Völker, dass Gott existiert, wird auf die Wirklichkeit dieser Überzeugung geschlossen.

- *Augustinus:* In den Dingen gibt es unterschiedliche Stufungen: Anorganisches, Organisches und denkender Mensch. Da die menschliche Vernunft wandelbar sei, sie aber allgemeinverbindlichen Gesetzen begegnet, muss

---

[24] *K. Müller,* Gott erkennen. Das Abenteuer der Gottesbeweise, Regensburg 2001, 13–33.
[25] *Xenophon,* Erinnerungen an Sokrates, IV, 3,13. Griechisch-Deutsch, hg. v. P. Jaerisch, München [4]1987, 277.
[26] *Platon,* Symposion 180b.
[27] *Aristoteles,* Phys. VIII,5 (256a–258b).
[28] *M. T. Cicero,* Gespräche in Tusculum, I, 13,30. Lateinisch/Deutsch, mit ausf. Anm. neu hg. v. O. Gigon [7]1998, 35.

eine ewige, unveränderliche Wahrheit über ihr sein.[29] Diese Wahrheit ist Gott, falls dieser nicht die Wahrheit überragt.

### b) Hl. Schrift

Im AT ist davon die Rede, dass nur die Toren sprechen: »Es gibt keinen Gott« (Ps 53,2; 14,1; 10,4; 36,2). Diese Torheit gilt dem Psalmisten als Bosheit, weil das Walten Gottes in Schöpfung und Geschichte unübersehbar sei. Der Tor sei respektlos und töricht, weil er sich nichts aus Gott mache, ihn nicht kennen wolle und sein Gericht nicht fürchte, dem er doch nicht entfliehen könne. Er spreche und handle, als ob es Gott nicht gäbe, als ob er selbst Gott wäre. Er sei hochmütig, verachte die Wahrheit und trete die Gerechtigkeit mit Füßen. Er handle ganz so, wie es ihm gefalle. Auch für die Weisheitsliteratur gelten Menschen, denen die Gotteserkenntnis fehlt, als töricht, »denn von der Größe und Schönheit der Geschöpfe läßt sich auf ihren Schöpfer schließen« (Weish 13,5 f.). Das AT bedient sich auf eine unreflexe Weise einer natürlichen Theologie, indem es ganz selbstverständlich von den natürlichen Voraussetzungen des Glaubens ausgeht. Gerade für den Psalter hat sich Gott der Menschheit in den Werken seiner Schöpfung offenbart. Im Glauben an den Gott der Offenbarung entdeckt sie Spuren Gottes in der Welt und erkennt in der ganzen Welt einen Abglanz der Herrlichkeit Gottes (Ps 8,2; 19,2).

Paulus greift die natürlichen Erfahrungen und Erkenntnisse der Selbstbezeugung Gottes in Natur und Geschichte positiv auf: Die Gottsucher der Athener sagen etwas Wahres, weil Gott keinem Menschen fern sei: »in ihm leben wir, bewegen wir uns und sind wir, wie auch einige von euren Dichtern gesagt haben: Wir sind von seiner Art.« (Apg 17,28). Die Heiden seien unentschuldbar, weil sie trotz ihrer Gotteserkenntnis, Gott nicht, wie es ihm gebührt, verehrten.»Denn was man von Gott erkennen kann, ist ihnen offenbar; Gott hat es ihnen offenbart. Seit Erschaffung der Welt wird seine unsichtbare Wirklichkeit an den Werken der Schöpfung mit der Vernunft wahrgenommen, seine ewige Macht und Gottheit.« (Röm 1,19–20). Paulus macht deutlich, dass die Welt ihren Existenzgrund nicht in sich selber hat, sondern aufgrund ihres Geschaffenseins, d. h. aufgrund ihres Wesens auf Gott als ihren Schöpfer verweist. Die Schöpfung ist nicht von ewig her bestehende Natur, sondern Kreatur und als solche auf den Schöpfer bezogen und von ihm abhängig. Bei rechtem Vernunftgebrauch könne darum vieles von Gott anhand der Werke der Schöpfung erfahren und erkannt werden. Dies erfolgt

---

[29] *Augustinus*, De libero arbitrio. Der freie Wille, II,3–15, eingel. und übers. v. J. Brachtendorf (Augustinus Opera/Werke Bd. 9), Paderborn 2006, 128–151.

nicht aufgrund besonderer intellektueller Fähigkeiten des Menschen, sondern ist durch die Präsenz Gottes in den Werken seiner Schöpfung bedingt. »Bei der Erkenntnis Gottes ... handelt es sich ... nicht um einen *Rückschluß* aus den Werken auf den Künstler, der sie gemacht hat, sondern um das Wahrnehmen Gottes eben in seinen Werken«.[30] Das setzt eine Analogie der Schöpfung und der menschlichen Vernunft mit dem Schöpfer voraus. Glaubensverkündigung und natürliche Theologie stehen nicht im Widerspruch, vielmehr greift die im Glauben freigesetzte Vernunft die sündige Vernunft, d.h. die vor dem Glauben wirksame Vernunft, so auf, dass deren Vernünftigkeit enthüllt wird.

Gott ist aber auch der Schöpfer »der unsichtbaren Dinge«, nicht zuletzt aller Wertesysteme. Deshalb könne nach Paulus Gott auch aus der Stimme des Gewissens erkannt werden: »Wenn Heiden, die das Gesetz nicht haben, von Natur aus das tun, was im Gesetz gefordert ist, so sind sie, die das Gesetz nicht haben, sich selbst Gesetz. Sie zeigen damit, dass ihnen die Forderung des Gesetzes ins Herz geschrieben ist« (Röm 2,14–15). Indem die Stimme des Gewissens vom Schöpfer gegeben wird und der Mensch mit ihr die Gerechtigkeit Gottes erkennen kann, kann er auf Gott hin angesprochen werden.

Der Glaube ist für die Bibel »*kein blindes Wagnis, kein irrationales Gefühl, keine unverantwortete Option und schon gar kein sacrificium intellectus.* Er kann und muß vielmehr rational verantwortet werden.«[31] Zur Verantwortung des Glaubensaktes vor der Vernunft dient die natürliche Theologie. Ohne sie wäre christliche Verkündigung unverantwortlich und unverständlich.

*c) Frühchristliche Theologie*

Bedingung der Möglichkeit natürlicher Gotteserkenntnis ist die innere Einheit und wechselseitige Entsprechung von Schöpfungs- und Erlösungsordnung. Ausgehend von dieser Überzeugung, bedienten sich die Kirchenväter selbstverständlich der griechischen Philosophie, näherhin der theologia naturalis. Ihre Frage richtete sich auf die wahre Gestalt des göttlichen Ursprungs. Die frühe Christenheit optierte für den Gott der Philosophen. Wie das Johannesevangelium das Λόγος-Prädikat auf Jesus anwandte, so griffen auch spätere Theologen auf stoische, platonische und aristotelische Begriffe zurück, um die Vernünftigkeit und Begründetheit ihres Glaubens aufzuweisen und ihn so zu rechtfertigen. Nicht selten bezeichneten sie ihn gar als die wahre Philosophie.

---

[30] U. *Wilckens*, Der Brief an die Römer, 1. Teilband Röm 1–5, 2. verbesserte Auflage, Zürich 1987, 106.
[31] W. *Kasper*, Der Gott Jesu Christi, Freiburg i. Br. 2008, 140.

Glaubensverantwortung und Gottesbeweise

Zur Legitimation dieses Vorgehens war Ex 3,14 eine wichtige biblische Belegstelle. Die LXX setzte nämlich bei der Namensnennung Gottes anstelle der zweiten Aktivform (»Ich bin der ich bin«) das Partizip: »ὁ ὤν«, so dass aus dem Ich-bin der Seiende wurde (»Ich bin der Seiende«). Die Kirchenväter verstanden diese Stelle als eine ontologische Wesensdefinition Gottes und erkannten darin die Legitimation für eine schöpferische Synthese zwischen biblischem und griechischem Denken, zwischen Philosophie und Theologie.

Die christliche Theologie griff die antike natürliche Theologie keineswegs unkritisch auf, sondern verwandelte und überbot sie im christlichen Sinne:

- Ist der Gott der Philosophen reine Ewigkeit, Unveränderlichkeit, ohne jede Beziehung zum Veränderlichen und Werdenden, reines Sein und Denken, so erscheint für den Glauben Gott als ein Gott der Menschen, der nicht nur Denken des Denkens, nicht nur ewige Mathematik des Weltalls ist, sondern Macht schöpferischer Liebe, der einen Namen hat, sein Wesen mitteilt und sich anrufen lässt. Zwischen Wahrheit und Liebe besteht eine Uridentität und weil Gott als Wahrheit Liebe ist, ist er durch die Kategorie der Relation bestimmt.

- Aufgrund der inneren Einheit von Schöpfungs- und Erlösungsordnung kommt der geschaffenen Wirklichkeit eine relative Eigenständigkeit zu. Die Natur begründet in der Bibel ein relativ eigenständiges Seinsgefüge innerhalb der Gnadenordung, das stets über sich hinaus auf die Gnade dynamisch ausgerichtet ist. In diesem Kontext wurde die natürliche Theologie so eingeordnet, dass sie in dem Reden des sich nun voll offenbarenden λόγος aufgehoben erscheint.

*d) Scholastik*

Der Verselbstständigungsprozess des Denkens im Mittelalter führte zu einer neuen, argumentativen Weise des Redens von Gott. Das Vertrauen in die Rationalität des Glaubens nahm in der mittelalterlichen Theologie breiten Raum ein. Dabei konnte sich die philosophische Theologie bei ihrer Glaubensverantwortung bis in das 16. Jh. auf die Philosophie stützen, trotz deren Eigenständig-Werden. Solange die Philosophie die Fragen nach der Existenz und dem Wesen Gottes positiv beantwortete, konnte sich die argumentative, religiöse Gottesrede leicht mit ihr verbinden. Zwar waren die Fragen und Antworten von Theologie und Philosophie der Form nach verschieden, identisch aber war der Gegenstand der vernunftgeleiteten Erkenntnisbemühung: Gott. So entwickelte sich eine philosophische Theologie bzw. Metaphysik. Sie hatte die Wahrheit religiöser Aussagen argumentativ zu verteidigen und den Wahrheitsanspruch der eigenen Religion dadurch zu untermauern, dass alles

Seiende auf das Sein selbst zurückgeführt und dieses anschließend mit Gott identisch erklärt wurde. Zusammen mit den Gottesbeweisen war die philosophische Theologie der wissenschaftlichen Theologie vorangestellt. Die Gottesbeweise sollten das Feld bereiten, auf dem der Glaube sich dann entfalten konnte.

In der Neuzeit emanzipierte sich jedoch die Philosophie endgültig gegenüber der Theologie. Die natürliche Theologie wurde zu einer kritischen Instanz gegenüber der positiven Theologie und trat mit einer höheren Autorität auf. So verlor die natürliche Theologie ihre ursprüngliche Basis und Funktion und wurde zu einer philosophischen Theologie, die von der Theologie losgelöst, ja nun sogar gegen diese sich wenden konnte. Von einer solchen »theologia naturalis«, die sich nicht mehr als durch die allgemeine Offenbarung ermöglicht verstand, sprach als erster Francisco Suarez (1548–1617). Zwar war sich die Aufklärung noch bewusst, dass das der menschlichen Natur Entsprechende auch das in Wahrheit Gott Entsprechende sei, insofern Gott der Schöpfer des Menschen und seiner Vernunft sei, doch verlor der Begriff »Natur« seinen Bezug zur Erbsünde, d. h. seine Zweideutigkeit und stand nun etwa bei Herbert von Cherbury für die universale, göttliche Vorsehung: Natur meinte jetzt das eindeutig Gute und Richtige, das Ursprüngliche, während das Übernatürliche, Geoffenbarte, das autoritativ Behauptete ist. Das Natürliche ist das Vernünftige und zugleich das Notwendige und Allgemeine.

In der Neuzeit hat der Begriff »natürliche Theologie« einen tiefgreifenden Bedeutungswandel durchlaufen, von einst »der Natur Gottes gemäß« bis hin zu »der Natur des Menschen gemäß«. Doch diese Art natürlicher Theologie der Aufklärung, die von der philosophischen Theologie nicht mehr unterschieden war, scheiterte aus zwei Gründen:

- Kant hatte durch seine »Kritik der reinen Vernunft« die Grenzen der theoretischen Vernunft aufgezeigt: Gott als Gegenstand der natürlichen Theologie liege jenseits dieser Grenze.
- Im Zuge der Zertrümmerung der spekulativen Metaphysik verlagerte Schleiermacher das Religiöse in den außerrationalen Raum des Gefühls. Zugleich versuchte er Vernunft und Geschichte in einem inneren Verhältnis zu denken und wandte das Positiv-Geschichtliche gegen das Abstrakt-Natürliche. Die Folge war ein tiefes Misstrauen gegenüber der natürlichen Theologie bis hin zu ihrer Bekämpfung v. a. innerhalb der dialektischen Theologie des Protestantismus (Karl Barth, Emil Brunner [1889–1966] Friedrich Gogarten [1887–1967], Rudolf Bultmann [1884–1976] u. a.). »Ich halte die *analogia entis* für die Erfindung des Antichrist und denke, daß man ihretwegen nicht katholisch werden kann. Wobei ich mir zu-

gleich erlaube, alle anderen Gründe, die man haben kann, nicht katholisch zu werden, für kurzsichtig und unernst zu halten.«[32]
Ist eine aufklärerische, natürliche Theologie gescheitert, so bedarf es dennoch einer Art natürlicher Theologie, denn die Theologie braucht die Philosophie, um sich im gesellschaftlichen und wissenschaftlichen Diskurs an dem Anderen ihrer selbst aussprechen und verständlich machen zu können.

### e) Kirchliches Lehramt

Das kirchliche Lehramt nahm sich der Frage der natürlichen Gotteserkenntnis im 19. Jh. an, als diese durch den Rationalismus und Fideismus bzw. Traditionalismus strittig geworden war. Das Erste Vatikanum definierte die Möglichkeit der rationalen Erkenntnis des Daseins und Wesens Gottes: »Gott, der Ursprung und das Ziel aller Dinge, [kann] mit dem natürlichen Licht der menschlichen Vernunft aus den geschaffenen Dingen gewiss erkannt werden« (DH 3004, 3026). Demnach könne sich die menschliche Vernunft nicht im Selbstvollzug gegen Gott abschließen. Es gibt keine gegen den Glauben durchschlagenden Vernunftgründe. Wenn sich die menschliche Vernunft selbst treu bleibt, bekommt sie es mit Gott zu tun.

Das Konzil spricht auf einer abstrakten und prinzipiellen Ebene von der sicheren Erkennbarkeit bzw. Beweisbarkeit des Daseins Gottes aus seinen Wirkungen und macht somit eine transzendental-theologische Aussage. Grundsätzlich besteht die Möglichkeit der Gotteserkenntnis ungeachtet dessen, dass die ambivalente Natur an sich ein nur schwer lesbares Buch ist. Jeder Mensch ist auf Gott ansprechbar und der christliche Glaube ist weder unvernünftig noch widervernünftig, sondern intellektuell redlich. Glauben und Denken bilden keinen Gegensatz, weil sich im Glauben an die Offenbarung derselbe Gott zeigt wie jener, auf den der Mensch im Bedenken der Wirklichkeit als Schöpfer der Welt stößt. Der Glaubende darf vertrauen, dass sich sein Glaube in der menschlichen Erfahrung und im Denken immer wieder neu bewährt, er mit der Vernunft in Einklang stehe (DH 3009).

Die Konzilsväter sprechen von keiner autonomen Vernunft. Recht verstandene natürliche Theologie möchte nicht kraft voraussetzungsloser Vernunft einen Weg zu Gott bahnen, sondern die Vernunft des Glaubens im Diskurs der Wissenschaften als wahrhaft vernünftige Voraussetzung zur Geltung bringen. Natürliche Theologie setzt auf die Vernunft, ohne zu unterstellen, dass menschliche Vernunft aus sich selbst vernünftig ist. Sie setzt nicht

---

[32] K. *Barth*, Kirchliche Dogmatik, Bd. 1/1: Die Lehre vom Wort Gottes. Prolegomena zur kirchlichen Dogmatik, Zürich ⁸1964, VIIIf.

auf eine Voraussetzungslosigkeit des Denkens. Die Vernunft muss sich zu denken geben lassen, sie muss sich auf eine Vorgabe einlassen, um zu sich selbst zu finden und die Gottesbeziehung als den Menschen zur Vernunft bringende Beziehung zu erweisen.[33]

Die natürliche Theologie unterscheidet sich von der systematischen nicht darin, dass sie sich unabhängig vom Offenbarungsglauben vollzieht, sondern dass sie sich im argumentativen Diskurs nicht auf die kategoriale Offenbarungsgeschichte beruft. Sie ist der Offenbarungstheologie nicht vorgeschaltet, vielmehr weiß sie sich methodisch durchaus der Geltung der Glaubenswahrheit verpflichtet, ohne die Geltung ihrer Argumente von der Autorität der Offenbarung her zu begründen. Dessen ungeachtet greift sie auf die Offenbarungswahrheit vor, indem sie diese an jeweils zentralen Fragestellungen als überzeugende Hypothese in den Diskurs der Wissenschaften und Weltanschauungen einführt. Die Gefahr ist, »daß sich ihr diskursorientierter Vorgriff auf die Wahrheit des Offenbarungswortes kritiklos den herrschenden Selbstverständlichkeiten anpaßt. So muß sich die natürliche Theologie immer wieder daraufhin überprüfen lassen, ob sie noch von dem Gott spricht, der sich in Jesus Christus selbst offenbart hat, oder sie sich nur einen Gott ausgedacht hat, der für die jeweils dominierenden gesellschaftlichen und individuellen Bedürfnisse problemlos einsetzbar ist.«[34]

Die immer schon faktisch wirksame, natürliche Kenntnis des Menschen von Gott hat eine natürliche Theologie, ausgehend von der Basis des Glaubens, aufzugreifen. Diese vor dem Glauben wirksame Vernunft ist im Glauben zu entdecken und zu rekonstruieren, d. h., ihre Vernünftigkeit ist zu enthüllen.

*f)  Gottesbeweise als Gottesaufweise*

Gottesbeweise möchten die Vernunftgemäßheit des Glaubens an Gott aufweisen und sind von anderer Art als die Beweise der Naturwissenschaft oder Mathematik, denn sie überschreiten die Grenze zwischen dem rein Rationalen und dem Metaphysischen. Gott ist nicht ein Ding unter Dingen. Dass sich Gott nicht im technisch-wissenschaftlichen Sinne beweisen oder empirisch verifizieren lässt, wird ferner dadurch einsichtig, dass der Gottesglaube eine Lebensfrage bzw. -entscheidung ist, die sich mit Hilfe rationaler Gedankenfolgen nie vollkommen einholen lässt. Damit sind Gottesbeweise aber nicht einfach bedeutungslos. Diskreditiert wurde höchstens jener Anspruch, den

---

[33] *Thomas von Aquin*, S.th. I q. 1 a. 1 corp. art. Abs. 2.
[34] *J. Werbick*, Der Streit um die »natürliche Theologie« – Prüfstein für eine ökumenische Theologie? 11 Thesen zur gegenwärtigen Gesprächslage: Cath 37 (1983), 119–132, hier 132.

die klassische Demonstrationsapologetik bzw. der von Papst Pius X. einge-
führte Antimodernisteneid (DH 3538) ihnen zumaß. Doch »[e]*ine rein rationale Demonstration der Existenz Gottes, die allgemein zu überzeugen vermöch-
te, gibt es nach den bisherigen Erfahrungen nicht. Gottesbeweise erweisen sich
faktisch – wie immer man über die abstrakte ›Möglichkeit‹ der Gotteserkenntnis
im Sinne des Vatikanums I denkt –* als nicht für jedermann zwingend. *Kein
einziger Beweis wird generell akzeptiert.«*[35]

Gottesbeweise sind stets widerlegbar und strittig, sie vermögen die Existenz Gottes nicht zwingend zu beweisen. Sie wollen stattdessen ad extra aufzeigen, dass der christliche Glaube an die Existenz Gottes nicht nur der Vernunft nicht widerspricht, sondern eine durchaus vernünftige Alternative zum
atheistischen Verständnis der Welt darstellt, und ad intra können sie helfen,
den Glauben und seine transzendentale Grundlage besser zu verstehen. In
diesem Sinne kann von einem Aufweis, Hinweis oder Argument gesprochen
werden. *»Die Gottesbeweise sind … ein begründeter Appell an die menschliche
Freiheit und eine Rechenschaft von der intellektuellen Redlichkeit des Gottesglaubens.«*[36] Der Glaube an Gott entspringt einer freien, verantworteten, d. h.
vernunftbegründeten Entscheidung, die ein Leben lang reifen und täglich
immer neu eingeholt werden muss. Insofern vereinnahmen Gottesbeweise
nicht, sondern zeichnen sich durch einen Verweischarakter aus und setzen
eine gewisse praktische Zustimmung voraus. Die Sinnoption des Gottesglaubens entfaltet seine Evidenz nur für den, der bereit ist, vom Gottesglauben her
die Wirklichkeit zu sehen und der die Voraussetzungen der jeweiligen Argumente teilt.

Ziel der Gottesbeweise ist keine rationale Begründung, sondern eine rationale Verantwortung des christlichen Glaubens. Sie sind nach dem Verständnis des hl. Thomas jener Angelpunkt, der das Auseinanderbrechen von
Glaube und Wissen als zwei beziehungslose Horizonte verhindert. Beweis
steht hier für die rationale Vermittlung einer Vernunfteinsicht. Sie wollen
nicht zeigen, dass der Glaube rational gefordert sei, sondern dass es rational
gerechtfertigt sei, zu glauben. »Ein Gottesbeweis benennt Gründe für das
Recht und die Vernunftgemäßheit der Annahme der Gottesexistenz in
schlussfolgernder Form, entfaltet die intellektuelle Plausibilität einer bereits
gegebenen prädiskursiven oder intuitiv oder emotional fundierten Gewissheit
und dient der reflexiven Selbstvergewisserung von Glaubenden.«[37]

---

[35] *H. Küng*, Christ sein, München 1974, 58 f.
[36] *W. Kasper*, Der Gott Jesu Christi, Freiburg i. Br. 2008, 185.
[37] *K. Müller*, Gott erkennen. Das Abenteuer der Gottesbeweise, Regensburg 2001, 117.

## 2.2. Ontologischer Gottesbeweis

*K. Flasch* (Hg.), Geschichte der Philosophie in Text und Darstellung, Bd. 2: Mittelalter, Stuttgart 1982, 204–220; *K. Kienzler*, Glauben und Denken bei Anselm von Canterbury, Freiburg i. Br. 1981, 220–299; *W. Kasper*, Der Gott Jesu Christi, Freiburg i. Br. 2008, 197–205; *E. Coreth*, Gott im philosophischem Denken, Stuttgart 2001, 98–101; *N. Fischer*, Die philosophische Frage nach Gott, Paderborn 1995, 189–199; *K. Müller*, Gott erkennen. Das Abenteuer der Gottesbeweise, Regensburg 2001, 46–72; Gottes Dasein denken. Eine philosophische Gotteslehre für heute, Regensburg 2001, 63–83; *K. v. Stosch*, Gottes Wesen denken? Zur Rolle Anselms im aktuellen Streit um die Reichweite der Vernunft in der Fundamentaltheologie: St. Ernst (Hg.), Sola ratione. Anselm von Canterbury (1033–1109) und die rationale Rekonstruktion des Glaubens, Würzburg 2009, 73–96; *W. Kasper*, Glaube, der nach seinem Verstehen fragt. Ein Beitrag zur Diskussion um ein aktuelles Thema: StZ 227 (2009), 507–519.

*a) Selbsterfahrung des Denkens*

Anselm von Canterbury bekundet in seiner Vorrede zum »Monologion« die Absicht, entsprechend dem ausdrücklichen Wunsch der Mitbrüder, seine theologische Argumentation nicht auf die Autorität der Hl. Schrift, sondern allein auf die Vernunft zu gründen. Ein solcher Rationalitätsanspruch des Glaubens basiert letztlich auf dem Bekenntnis zur Einzigkeit Gottes, der die Welt und den Menschen zum Abbild seiner Weisheit und Wahrheit gemacht hat, weshalb es nur eine Wahrheit und eine Vernunft geben könne, an der alle Geschöpfe teilhaben.

Der ontologische Gottesbeweis versucht nicht von der Welt auf Gott hin zu denken, sondern umgekehrt: von Gott her auf die Welt. Der Gottesgedanke soll sich an der Wirklichkeit von Welt, Mensch und Geschichte bewähren. Es handelt sich somit um einen apriorisch orientierten Beweis, der deduktiv (lat.: deducere = herabführen) verfährt. Am Anfang steht der Glaube, das Erfasstwerden durch den Gottesgedanken, von dem aus die Wirklichkeit Gottes erwiesen werden soll. Da sich das philosophische Fragen erst durch die Gnadeninitiative Gottes zur ursprünglichen Rationalität befreit weiß, geht dem Beweis ein Gebet voraus: »Ich suche … nicht einzusehen, um zu glauben, sondern ich glaube, um einzusehen. Denn auch das glaube ich: ›wenn ich nicht glaube, werde ich nicht einsehen‹«.[38] Nur der Glaube, der sich selbst zu verstehen verlangt, führt zu wahrer Vernunfteinsicht. Angezielt wird also eine nachträgliche Vergewisserung dessen, was im Glauben bereits ergriffen wurde. »Als Glauben-

---

[38] *Anselm von Canterbury*, Proslog. 1, Lat.-dt. Ausgabe. Ed. F. S. Schmitt, Stuttgart-Bad Cannstatt 1962, 83–85.

der sucht der Mensch in der Kraft seines Denkens so weit zu gelangen, wie ihn seine Vernunft im Horizont des Glaubens trägt.«[39] Im Glauben wird der Gottesgedanke erinnernd-reflektierend nachzudenken versucht. Im Hintergrund steht dabei die platonische Illuminationslehre.»Die im Denken entdeckte Wahrheit ist als die von Gott her illuminierte Wahrheit ontologisch relevant.«[40] Denken ist Teilhabe am Sein und nur als Seinsauslegung denkbar.

Anselm setzt die Illumination der Wahrheit Gottes voraus und geht vom unbedingten Vorrang des Glaubens vor der Vernunft aus, sucht dann aber in streng logisch-rationalem Denken die Glaubensinhalte durch Vernunftgründe zu begründen. Das Anselmische Argument möchte aufzeigen, dass die Nichtexistenz Gottes eigentlich nicht denkbar sei und das theoretisch jeder verstehen könne, unabhängig von seinem Glauben. Mit Hilfe einer rationalen Argumentation in platonisch-augustinischem Geist versucht Anselm das, was er im Herzen glaubt und was in der menschlichen Vernunft aufleuchtet, nachzudenken und so die Wirklichkeit Gottes einsichtig zu machen. Er setzt das Licht der göttlichen Wahrheit also voraus und beim Gottesgedanken ein, der im Menschen schon angelegt sei. Näherhin geht er in vier Argumentationsschritten vor:

- Zuerst übersetzt er das christliche Glaubensverständnis. Dazu nimmt er zwei Gottesdefinitionen vor. Negativ: Gott ist »aliquid quo nihil maius cogitari possit (etwas, über dem nichts Größeres gedacht werden kann)«[41] und positiv: Gott ist *zugleich* »maius quam cogitari possit (größer als alles, was gedacht werden kann)«[42] – »hoc est credimus (das ist, was wir glauben)«. Gott ist also nicht die bloße Extrapolation dessen, was sich der Mensch vorzustellen vermag. Gott ist vielmehr größer als das, was von Menschen jemals gedacht werden kann. Ein solcher Gottesgedanke ist nicht neu, sie findet sich ähnlich schon bei Cicero, Seneca, Augustinus oder Boethius. Neu ist aber, dass das Denken die Wirklichkeit Gottes nicht in einem Begriff erfährt, sondern in einem Grenzgedanken, der die Bewegung des Denkens über sich hinaus ausdrückt.
- Dieser Gottesgedanke existiert zumindest im Verstand. Denn was einer denkt, das »ist« in seinem Denken. Selbst im Verstand des Gottleugners existiert der Gottesgedanke. Wenn aber der Gottleugner nur die Existenz

[39] *H. Waldenfels*, Kontextuelle Fundamentaltheologie, Paderborn ³2000, 145.
[40] *A. Anzenbacher*, Einführung in die Philosophie, Freiburg i. B. ⁸2002, 380.
[41] *Anselm von Canterbury*, Proslogion, c. 2, Lat.-dt. Ausgabe. Ed. F. S. Schmitt, Stuttgart-Bad Cannstatt 1962, 84 f.
[42] Ebd., c. 15, Lat.-dt. Ausgabe. Ed. F. S. Schmitt, Stuttgart-Bad Cannstatt 1962, 110 f.

Gottes im Geiste einräumt, gibt er kund, dass er den Gottesgedanken nicht erfasst hat, weil die reale Existenz (esse in re) etwas Größeres ist als die bloße Existenz im Geiste (esse in intellectu). Würde Gott also bloß als gedankliche Möglichkeit existieren, nicht aber in Wirklichkeit, so wäre der Gottesgedanke nicht das, was er besagt, nämlich größer als alles, was gedacht werden kann.

- Bei der Gottleugnung handelt es sich demnach um einen unüberwindlichen Selbstwiderspruch: Gott kann nur geleugnet werden, wenn der Gottesgedanke, der gegeben ist, nicht richtig erfasst wurde. Weil die Existenz Gottes ohne Selbstwiderspruch nicht geleugnet werden kann, muss sie gemäß dem Widerspruchsprinzip notwendig gedacht werden.

- Der letzte Schritt begründet nochmals den Übergang vom Gedanken (esse in intellectu) zum Sein (esse in re), der schon zu Lebzeiten Anselms durch den Mönch Gaunilo aus dem Kloster Marmoutier bestritten wurde.[43] Dieser sprach von einer absolut vollkommenen, aber verlorenen Insel, unendlich reich an Besitztümern und Kostbarkeiten und von keinem Menschen bewohnt. Erzählt nun jemand von dieser Insel und man versteht das Gesagte, so müsse in Analogie zu Anselm diese Insel wahrhaft existieren. Ansonsten könne man sich eine Insel vorstellen, die noch vollkommener als die besagte sei, was der ersten Aussage widerspräche, die verlorene Insel wäre absolut vollkommen. Anselm widersprach[44]: Weil es sich beim Gottesgedanken um die höchste Idee, das Eine und Allerhöchste handle, nicht um irgendein Seiendes, könne man ihm Sein nicht einfach zu- oder absprechen. Wenn Gaunilo von Marmoutiers von seiner verlorenen Insel spricht, spricht er von einer Insel, die größer und vollkommener *ist* als alles andere. Anselm dagegen spricht von demjenigen, über das hinaus Größeres nicht *gedacht* werden könne. Wenn etwas größer *ist* als alles andere, dann ist es kein Grenzgedanke, es kann existieren oder nicht – es hat einen Anfang und ein Ende. Der von Anselm gebrauchte Grenzgedanke trifft einzig auf Gott zu. Allein beim Gottesgedanken legt sich der Übergang von der Ordnung der Logik in die Ordnung der Wirklichkeit notwendig nahe.

Anselm geht nicht von apriorischen Begriffen aus, sondern vom Denken, in dem notwendig eine Erfahrung Gottes enthalten ist. In der Selbsterfahrung

---

[43] Kann Gottes Nicht-Sein gedacht werden? Die Kontroverse zwischen Anselm von Canterbury und Gaunilo von Marmoutiers. Lateinisch-Deutsch. Übers., erl. und hg. v. B. Mojsisch. Mit einer Einleitung von K. Flasch, Mainz ²1999, 60–81.

[44] Ebd., 82–125.

des Denkens übersteigt sich dieses auf das Denken der Existenz Gottes hin. Als Denken seiner selbst erfährt das Denken Gott. Die Vernunft muss, wenn sie über die Grenze des gegebenen Seienden hinausgreift, etwas denken, von dem unmöglich ist, sein Nichtexistieren zu denken.

### b) Kritische Würdigung

Dieser ontologische Gottesbeweis wurde in der Geschichte bestritten (Thomas von Aquin, Immanuel Kant, Wilhelm von Ockham), aber auch verteidigt (Bonaventura, Duns Scotus [1265–1308], René Descartes, Gottfried Wilhelm Leibniz [1646–1716], Georg Wilhelm Friedrich Hegel). Er argumentiert, ausgehend von bestimmten platonischen Grundannahmen, dass die Vernunft die Gottesidee notwendig bilde und verstehe, weil sie eine anamnestisch rückverbundene, von der Wahrheit selbst illuminierte Vernunft sei. Darum sei die Idee, die sie von Gott habe, nie bloß Begriff, sondern ein Gedanke im Zeichen der Illumination, der Identität von Subjekt und Substanz. Somit impliziere diese Idee die Existenz Gottes; die Notwendigkeit des Denkens sei durch einen Grund im Sein gedeckt. Das ist die platonische Annahme, die Anselm unbefragt voraussetzt.

In seinem neuplatonischen Denken meint Anselm das »esse in intellectu« schon als reale Seinsweise, so dass der Schritt zum »esse in re« nur den Übergang von einer Seinsweise in eine andere darstellt. Wenn indes diese zugrundegelegte Ontologie nicht geteilt wird und die philosophischen Grundüberlegungen bestritten werden, büßt der Beweis notwendigerweise seine Plausibilität ein. Das ontologische Gottesargument zerbricht nicht an sich selbst, sondern am philosophischen Kontext, in dem es steht. Nur innerhalb des platonischen Denkmusters ist das »esse in re« unbestritten größer als das »esse in intellectu«.

Der Platonismus wurde im 12./13. Jh. durch die Aristotelesrezeption verdrängt. Für den Aristotelismus handelt es sich beim Absoluten um einen erschlossenen, notwendigen Grenzbegriff, der von der Vernunft nicht näher bestimmt werden könne. Darum sei auch die im Gedanken an das Allerhöchste enthaltene Wirklichkeit (esse in re) nur eine gedachte Wirklichkeit (esse in intellectu). Die Vernunft komme an die reale Existenz Gottes nicht heran und die Folgerung vom Begriff des Denkens auf das wirkliche Dasein stellt darum einen illegitimen Sprung dar. Vor diesem Hintergrund musste Thomas von Aquin den ontologischen Gottesbeweis ablehnen.[45] Da er die von Anselm vorausgesetzte Denknotwendigkeit nicht teilt, führt für ihn das

---

[45] *Thomas von Aquin*, S.th. I q. 2 a. 1 ad 2.

Wort »Gott«, mit dem übrigens nicht alle dasjenige bezeichnen, über das hinaus nichts Größeres gedacht werden könne[46], nicht zur Einsicht seiner Existenz. Er existiert lediglich in der Auffassung der Vernunft. »Aber auch zugegeben, daß jedermann unter dem Ausdruck ›Gott‹ ein Wesen verstehe, über das hinaus nichts Größeres gedacht werden kann, so folgt daraus noch nicht, daß man dieses durch den Namen ›Gott‹ bezeichnete Wesen auch als wirklich seiend erkenne, sondern nur, daß es sich in unserem Denken findet.«[47] Gott, von dem der Mensch nicht wisse, was er sei, muss für Thomas über die dem menschlichen Erkennen zugängliche, sichtbare Welt und ihren Bedingungen erschlossen werden.

Nicht zuletzt haben neuzeitlicher Sensualismus, englischer Empirismus, Materialismus und Kants transzendentalphilosophische Erkenntnistheorie dem ontologischen Gottesbeweis seine philosophische Grundlage entzogen. Nach Kant erreicht das menschliche Erkennen nur die Erscheinungen der Dinge, nicht aber deren Wesen, weshalb die herkömmliche Metaphysik die Leistungsfähigkeit der Vernunft unzulässig überstieg. Außerdem könne die Behauptung der Existenz eines Gegenstands niemals Teil der Definition dieses Gegenstands sein, denn Begriff und Wirklichkeit seien zu unterscheiden. Existenz sei überhaupt »kein reales Prädikat, d. i. ein Begriff von irgendetwas, was zu dem Begriffe eines Dinges hinzukommen könne. Es ist bloß die Position eines Dinges, oder gewisser Bestimmungen an sich selbst«.[48] Die Existenz folge niemals aus dem Begriff. »Und so enthält das Wirkliche nichts mehr als das bloß Mögliche. Hundert wirkliche Taler enthalten nicht das mindeste mehr als hundert mögliche«.[49] Die Existenz steuert zum Inhalt einer Definition nichts bei.

Den Kern von Anselms Argument macht nicht das Nebeneinander von Gedanke und Wirklichkeit aus, sondern dass der, der etwas denkt, worüber hinaus Größeres nicht gedacht werden kann, im Vollzug dieses Gedankens entdeckt, dass von jenem denkbar Größten nicht einmal gedacht werden kann, dass es nicht existiert. Die eigentliche Problematik des ontologischen Gottesarguments besteht weniger in der aus der sinnlich erfahrbaren Wirklichkeit herrührenden vermeintlichen Trennung von Begriff und Wirklichkeit als vielmehr in der nicht zu beweisenden platonischen Voraussetzung, dass der Notwendigkeit des Denkens immer auch eine Notwendigkeit des Seins

---

[46] Ebd.
[47] Ebd.
[48] *I. Kant*, KrV B 626: I. Kant, Werke IV (ed. W. Weischedel), Frankfurt a. M. [7]1984, 533.
[49] Ebd., B 627: I. Kant, Werke IV (ed. W. Weischedel), Frankfurt a. M. [7]1984, 534.

zugrunde liegt. Insofern der platonische Teilhabegedanke vorausgesetzt wird, ist das ontologische Gottesargument in letzter Konsequenz philosophisch nicht letzthin beweisbar.

## 2.3. Kosmologischer und teleologischer Gottesbeweis

*Th. von Aquin*, Die Gottesbeweise in der »Summe gegen die Heiden« und der »Summe der Theologie«. Lateinisch-Deutsch, übers. u. hg. v. H. Seidl, Hamburg [3]1996; *K. Flasch* (Hg.), Geschichte der Philosophie in Text und Darstellung, Bd. 2: Mittelalter, Stuttgart 1982, 280–329; *L. Elders*, Zur Begründung der »Fünf Wege«: K. Bernath (Hg.), Thomas von Aquin, Bd. II: Philosophische Fragen, Darmstadt 1981, 136–162; *W. Kasper*, Der Gott Jesu Christi, Freiburg i. Br. 2008, 185–189; *E. Coreth*, Gott im philosophischem Denken, Stuttgart 2001, 105–111; *N. Fischer*, Die philosophische Frage nach Gott, Paderborn 1995, 204–214; *K. Müller*, Gott erkennen. Das Abenteuer der Gottesbeweise, Regensburg 2001, 34–45: Gottes Dasein denken. Eine philosophische Gotteslehre für heute, Regensburg 2001, 54–63.

*a) Quinque viae*

Thomas von Aquin versucht wie Anselm, die Wirklichkeit Gottes aus dem Glaubenshorizont nachzudenken und auch für ihn ist im Wesen Gottes »an sich« (per se) die notwendige Existenz enthalten, ohne dass es aber für den Menschen deshalb eine adäquate Erkenntnis des Wesens Gottes in dem Sinne gebe, dass seine Existenz aus seinem Wesen erschließbar wäre. Vom Denken könne nicht auf das wirkliche Sein geschlossen werden. Thomas geht darum in seinem Argument von der äußeren Erfahrungswelt, ihrer Fraglichkeit und Hinfälligkeit, aber auch ihrer Finalität aus und argumentiert induktiv (lat.: inducere = hineinführen). Das kosmologische Argument mit seiner aposteriorischen Ausrichtung ist wohl der älteste Beweis, denn Ansätze finden sich bereits in der griechischen Naturphilosophie.

Thomas fasst in seiner »Summa theologiae« die bisherige philosophische Gotteslehre in »fünf Wegen« (quinque viae) der Gotteserkenntnis zusammen.[50] Diese Wege dienen dazu, Gott als Grund und Ziel des Welt- und Selbstverständnisses zu erweisen und sie entsprechen den geschaffenen Kausalitäten, d. h. den fünf verschiedenen Weisen der Verursachung. Dabei wird jeweils vom Bedingten auf das Unbedingte verwiesen. Denn Bedingtes kann durch anderes Bedingtes nicht begründet werden, sondern setzt das reine, in

---

[50] *Thomas von Aquin*, S.th. I q. 2 a. 3.

sich ruhende und subsistierende Sein (actus purus) voraus. Die entscheidenden Schlüsselbegriffe sind also: Kontingenz und Kausalität

Die Gottesbeweise im Sinne des Thomas sind keine Versuche eines rationalen Aufstiegs zu einem zuvor unbekannten Gott. Er wusste, dass durch seine Gottesbeweise nicht unmittelbar die Existenz Gottes bewiesen wird. Philosophisches Denken kann aber zum lebendigen und persönlichen Gott des Glaubens führen, ohne den lebendigen Glauben und die religiöse Erfahrung zu ersetzen. Zudem wird im Verlauf der Gottesbeweise der Begriff »Gott«, der in der Alltagssprache in Gebrauch ist, wieder mit Inhalt gefüllt. »Es gibt einen eigentlichen Sinn des Begriffes Gott, der auch in seiner missbräuchlichen Verwendung erhalten bleibt – wenn beispielsweise ein Götzendiener eine Holzfigur oder einen Stein als ›Gott‹ bezeichnet. Im Laufe des Gottesbeweises wird diese eigentliche Bedeutung des Wortes ›Gott‹ fixiert und in Abgrenzung gegen die missbräuchliche Verwendung des Begriffes aufgeklärt. Viele Gottesbeweise sind nicht dafür da, die Existenz Gottes nachzuweisen, sondern ... die durchschnittliche Verwendung des Begriffes ›Gott‹ wird über sich selbst aufgeklärt.«[51]

Die Gottesbeweise stellen eine Einladung dar den *Weg* des rationalen Denkens mitzugehen zu dem für den Glauben immer schon bekannten Gott. »Einen Weg muß man gehen, damit sich eine Landschaft erschließt. So muß man auch auf den Wegen der Gotteserkenntnis bereit sein, seine Vorurteile abzulegen und sich dem Geheimnis Gottes zu öffnen. Dann kann deutlich werden, daß der Glaube an Gott nicht unvernünftig ist, sondern durchaus dem Geheimnis, das sich in der Vernunft des Menschen andeutet, entspricht«.[52] Thomas traute der philosophischen Vernunft viel Einsicht in das Wesen Gottes zu, und doch findet diese Einsicht quasi eingerahmt von der offenbarten Wahrheit Gottes statt.

• *Bewegung:* Der Weg aus der Bewegung beruht auf der aristotelischen Auffassung, dass akzidentelle Veränderung der Übergang von Potenz in Akt sei. Die Potenz (Möglichkeit) wird infolge der Bewegung zum Seins-Akt (Wirklichkeit). Bewegung ist demnach aktuierte Potenz, verwirklichte Möglichkeit. Materielle Substanz in ihrer momentanen akzidentellen Bestimmtheit ist das Resultat vielfältiger Veränderungen. Doch welche Ursache liegt den akzidentiellen Veränderungen zugrunde? Das Bewegte als Resultat vielfältiger, wirkursächlicher Tätigkeiten fordert eine Ursache der

---

[51] N. Slenczka, Gottesbeweis und Gotteserfahrung: E. Runggaldier, B. Schick (Hg.), Letztbegründungen und Gott, Göttingen 2011, 6–30, hier 16 f.
[52] Katholischer Erwachsenen-Katechismus. Das Glaubensbekenntnis der Kirche, hg. v. der Deutschen Bischofskonferenz, Bonn ³1985, 30.

Bewegung und so fort. Mit Aristoteles wird ein regressus in infinitum ausgeschlossen, weil er nichts erklärt. Somit sei eine erste Ursache vorauszusetzen, die bewegt, ohne selbst in Bewegung zu sein, der *unbewegte Beweger*. Die erste Ursache existiere aus sich selbst (ipsum esse subsistens), ist immateriell und unbewegt. Das sei, »quod omnes dicunt Deum« (was alle Gott nennen). Weil die Gottesbeweise von vornherein im Horizont des Glaubens stehen, kann Thomas das im rein rationalen Denken Aufgewiesene »Gott« nennen.

- *Wirkursache:* Der zweite Weg ist bedingt durch die Schöpfungslehre, die von der Ursächlichkeit Gottes in der Natur und im Menschen spricht. Thomas verweist darauf, dass der geschaffen wirkenden Aktivität eine Wirkursache zugrunde liege, denn keine Aktivität sei Ursache ihrer selbst. Die abhängigen Ursachen verlangten eine unverursachte Erstursache, da ja ein regressus in infinitum nicht möglich sei.

- *Kontingenz:* In der Erfahrung des Entstehens und Vergehens zeigt sich Seiendes, das sein und nicht sein kann. Es ist aber logisch unmöglich, dass das, was auch nicht sein kann, notwendig existiert. Warum ist dann überhaupt etwas und nicht vielmehr nichts? Dass jetzt etwas ist, dazu muss es notwendig Seiendes geben. Was notwendig ist, hat aber die Ursache seiner Notwendigkeit in einem anderen. Die Reihe der Notwendigen, die ihre Ursache in einem anderen haben, kann aber nicht unendlich sein. Es ist also notwendig, ein Seiendes anzunehmen, das aus sich notwendig ist. Vor aller Möglichkeit muss ein Notwendiges bestehen, eine aus sich notwendige Wirklichkeit.

- *Seinsstufen:* Dieser Argumentationsgang ist im Gegensatz zu den ansonsten aristotelisch angelegten Beweisgängen platonischer Herkunft. Er zeigt, dass die Seienden auf verschiedenen Stufen an den positiven Bestimmungen (bonum, verum, nobile, ens) partizipieren. So gibt es in den Dingen Stufen der Vollkommenheit (Stein, Pflanze, Tier, Mensch). Wo aber ein Mehr oder Weniger besteht, muß es ein Höchstes geben, das die Formalursache des Seins und der Seinsvollkommenheit aller untergeordneten Stufen und aller Unvollkommenheit ist.

- *Zielorientierung:* Der fünfte Weg, der auch teleologisches Argument genannt und dessen erster Ansatz Anaxagoras (um 500–425 v. Chr.) zugesprochen wird, unterscheidet sich von den vorausgehenden, da er von der Leitung der Dinge ausgeht. Die Welt ist in ihrer gegenseitigen Zweckbeziehung und Zielorientierung wohl geordnet; sie ist Kosmos und nicht Chaos, sie ist vernünftig. Die vernünftig-teleologische Ordnung des natürlich Seienden lässt sich aber aus dieser selbst nicht zureichend erklären.

Die teleologische Ordnung des Vernunftlosen setzt Vernunft voraus: Der Weizen weiß nicht, warum er Frucht trägt, die für Menschen als Lebensgrundlage nötig ist. Die Ordnung und Hinordnung auf ein Ziel (τέλος) kann also nur von einem Vernunftwesen stammen, das Macht über die Natur hat. Also muß es ein vernünftig erkennendes Wesen geben, »von dem alle Naturdinge auf ein Ziel hingeordnet werden«.[53]

Mit den quinque viae will Thomas nicht nur die Existenz Gottes evident machen, sondern zugleich die Wesenseigenschaften Gottes erheben: seine Absolutheit und Notwendigkeit, seine Welttranszendenz und Einzigkeit, seine unendliche Vollkommenheit, seine Geistigkeit und Personalität. Der metaphysische Gott ist für Thomas der lebendige und persönliche Gott, der als causa prima in allen und durch alle causae secundae wirkt. Dabei hält er nach wie vor an der negativen Theologie fest. »Das ist das Äußerste menschlichen Gotterkennens; zu wissen, dass wir Gott nicht wissen.«[54] Von Gott lässt sich eher sagen, was oder wie er nicht ist, als was oder wie er ist.

### b) Kritische Würdigung

Wird die aristotelische Ontologie als Voraussetzung des kosmologischen Gottesbeweises nicht geteilt, verliert er seine Plausibilität. Ein Materialist kann beispielsweise einer solchen Ausweitung des Prinzips vom zureichenden Grund über die empirische Wirklichkeit der Welt hinaus auf eine umfassende Gesamtwirklichkeit nicht zustimmen. Näherhin wurde unterschiedliche Kritik laut:

- Das Schlussfolgern von positiven Anzeichen auf Gott als die Ursache allen welthaften Geschehens setzt sich der Theodizee-Frage aus. Thomas stellt sich diesem Einwand gleich zu Beginn seiner »fünf Wege«. Die Antwort, die er im Anschluss an Augustinus gibt, kann aber nicht befriedigen: Gott lässt Übel zu, um Gutes aus ihm zu wirken.[55]
- Das gewöhnliche Ursachenverständnis besagt, Verursachung durch Handelnde sei immer nur eine Umwandlung von Materie bzw. Energie. Von diesem Ursachenverständnis unterscheidet sich die creatio ex nihilo grundsätzlich. Denn diese macht keine Kausalitäts-, sondern eine Beziehungsaussage.
- Die durch die Sinne vermittelte Erfahrung, von der Thomas ausgeht, ist immer schon ein interpretiertes Faktum. Freilich war für Thomas eine

---

[53] *Thomas von Aquin*, S.th. I q. 2 a. 3.
[54] *Ders.*, Quaestio disputata de potentia, q. 7, art. 5, ad 14.
[55] *Ders.*, S.th. I q. 2 a. 3 ad 1.

dezidierte Reflexion der transzendentalen Möglichkeitsbedingungen von Erfahrung fremd. Für das mittelalterliche Fragen ergab sich hier kein wirkliches Problem, verstand sich der Mensch samt seiner Denkleistungen doch als Teil des von Gott geschaffenen Universums und wusste sich in der göttlichen Vernunft geborgen, aus der alles Sein und alle endliche Vernunft hervorgeht.

• Die enge Bindung an Aristoteles schließt einen mehr vom Menschen ausgehenden Zugang zu Gott, wie ihn das augustinische Denken nahe legt, aus. Eine persönliche, gar mystische Vereinigung mit Gott tritt zurück, v. a. dann bei Descartes und wird später umso dringlicher von Pascal eingefordert.

• Grundsätzlich vermag ein induktives Beweisverfahren nicht zu gelingen, weil jeder induktive Beweis auf Prämissen beruht, die selbst begründungsbedürftig und somit nicht sicher sind. Beispielsweise ist die Prämisse, alles müsse notwendigerweise einen zureichenden Grund haben, nicht begründet. Kausalität als solche ist durchaus mit physikalischen Kausalketten logisch vereinbar, die unendlich in die Vergangenheit zurückreichen. Muss aber doch alles eine Ursache haben, dann, so argumentierte Bertrand Russel (1872–1970), müsse auch Gott eine Ursache haben. »Wenn es etwas geben kann, das keine Ursache hat, kann das ebensogut die Welt wie Gott sein«.[56] »[I]ch würde sagen, das Universum ist einfach vorhanden, und das ist alles.«[57] Warum sollte man die Prämisse eines hinreichenden Grundes erst für das Dasein Gottes und nicht schon für das Dasein der Welt annehmen? Allerdings kann das Universum letztlich doch nicht notwendig existierend gedacht werden, da »die zeitliche Reihe von Ereignissen nicht aktual unendlich sein kann.«[58]

• Gegen den teleologischen Weg führte der Empirist und Skeptiker David Hume (1711–1776) kritisch an, dass die Geordnetheit der Natur auch anders als durch einen intelligenten Schöpfer erklärt werden könne, etwa durch »Zeugung und Wachstum«.[59] Die Forschungen von Charles Darwin (1809–1882) untermauerten diesen Einwand. Außerdem kritisierte Kant, dass die persönlichen Erfahrungen, die man aus dem Bereich der Immanenz gewinne, nicht einfach auf Gott übertragen werden könnten. Der Sprung von der immanenten in die transzendente Ebene sei illegitim.

---

[56] *B. Russell*, Warum ich kein Christ bin, Reinbek bei Hamburg 1976, 20.
[57] Ebd., 188.
[58] *W. L. Craig*, Vergangenheit, Unendlichkeit und Gott: E. Runggaldier, B. Schick (Hg.), Letztbegründung und Gotteserfahrungen, Göttingen 2011, 31–49, hier 46.
[59] *D. Hume*, Dialoge über natürliche Religion (PhB 36), Hamburg ⁵1980, 59.

Überdies könne »[d]er Beweis ... höchstens einen Weltbaumeister, der durch die Tauglichkeit des Stoffs, den er bearbeitet, immer sehr eingeschränkt wäre, aber nicht einen Weltschöpfer, dessen Idee alles unterworfen ist, dartun, welches zu der großen Absicht, die man vor Augen hat, nämlich ein allgenugsames Urwesen zu beweisen, bei Weitem nicht hinreichend ist.«[60]
Wird dem kosmologischen Argument eine gewisse Bedeutung zugemessen, muss zugleich eingeräumt werden, dass der grundlose Grund, das Absolute, das am Ende des kosmologischen Gottesbeweises steht, von der Vernunft nicht mehr erfasst werden kann. Nicht der begründenden Vernunft erschließt sich das Wesen Gottes, sondern dem Menschen, der sich auf Gott einlässt, sich ihm überlässt. Er wird des Wesens Gottes ansichtig, nicht aber auf direktem Wege, sondern angesichts der Wirklichkeit, die für ihn nun zum Bild und Gleichnis für das Geheimnis Gottes wird. »Die Gotteserkenntnis bewährt sich eben in ihrer Unbegreiflichkeit darin, daß sie die Welt und ihre Ordnung begreiflich macht und sich so an den Phänomenen der Wirklichkeit bewährt.«[61]

## 2.4. René Descartes

*U. Neuenschwander*, Gott im neuzeitlichen Denken, Bd. 1, Gütersloh 1977, 96–106; *H. Küng*, Existiert Gott? Antworten auf die Gottesfrage der Neuzeit, München 1978, 23–63; *E. Coreth*, Gott im philosophischem Denken, Stuttgart 2001, 135–142; *E. Coreth, H. Schöndorf*, Philosophie des 17. und 18. Jahrhunderts, (Grundkurs Philosophie, Bd. 8), Stuttgart ³2000, 31–65.

*a) Subjekt als Ort der Wahrheit*
Descartes gilt als Vater der neuzeitlichen Philosophie und als Begründer des Rationalismus. Er fühlte sich von der Gewissheit und Evidenz der Mathematik angezogen und wollte analog zur mathematischen Methode eine neue, streng wissenschaftliche Philosophie begründen. Sie sollte sich allein dem methodischen Denken verpflichtet wissen und vom Bekannten zum Unbekannten, vom Einfachen zum Komplexen emporsteigen. Der Ausgangspunkt dieser rationalistischen Erkenntnislehre, die zu klarer und distinkter Einsicht

---

[60] *I. Kant*, KrV B 655: I. Kant, Werke IV (ed. W. Weischedel), Frankfurt a. M. ⁷1984, 553.
[61] *W. Kasper*, Der Gott Jesu Christi, Freiburg i. Br. 2008, 189.

führen sollte, lag im Zweifel. Alles, auch was bislang unumstößliche Autorität war, sollte methodisch und radikal in Zweifel gezogen werden.

Descartes fand den archimedischen Punkt sicheren Wissens in der Selbstgewissheit des denkenden Subjekts. Ein böser Geist »täusche mich, soviel er kann, niemals wird er es doch fertig bringen, daß ich nichts bin, solange ich denke, daß ich etwas sei.«[62] Diese Einsicht führt zu der Feststellung, dass der Satz: »*ego sum, ego existo* (Ich bin, ich existiere), sooft ich ihn ausspreche oder in Gedanken fasse, notwendig wahr ist.«[63] Das »cogito ergo sum« (Ich denke, also bin ich)[64] ist somit das unerschütterliche Fundament der Wahrheitsgewissheit und nicht zu bezweifeln, sondern in allem Denken enthalten, selbst im Zweifeln. Das Faktum eigener Existenz ist das Fundament aller Gewissheit. Ort ursprünglicher Gewissheit ist nicht mehr Gott, sondern der Mensch. Die Theozentrik weicht einer Anthropozentrik; das Denken wird im Rückgang auf die Subjektivität begründet. Das gilt auch für die Existenz Gottes, die Descartes v. a. in seinen »Meditationes de prima philosophia« (1641) im Medium der menschlichen Subjektivität zu erkennen bzw. zu beweisen versucht hat.

Schon dem Titel »Meditationes de prima philosophia« lässt sich das Programm entnehmen. Für Descartes ist der Ort der Wahrheit das Subjekt, das sich auf sich selbst besinnt, sich in die eigene Seele versenkt. Descartes möchte entfalten, was immer schon als erste Erkenntnis im Menschen vorhanden ist: Wie kommt das Ich des Menschen zur Existenz Gottes?

- *Kausal:* Descartes geht zunächst im Schema Ursache – Wirkung in der dritten Meditation vor.[65] Der Mensch finde in sich die Idee eines vollkommenen, unendlichen Wesens. Diese Idee sei die Gottesidee; sie existiere als objektive Realität in der menschlichen Vorstellung. Die Idee des vollkommensten Wesens, die dem Menschen eingeboren sei (idea innata), bedürfe eines hinreichenden, formalen Grundes ihres Zustandekommens. Vom Menschen als einem zweifelnden, denkenden Wesen, behaftet mit Unvollkommenheit und Endlichkeit, könne sie nicht stammen. Descartes greift auf den aristotelisch-thomistischen Gedanken zurück: Unvollkommenes und Endliches könne nicht die angemessene Ursache für Vollkommenes

---

[62] R. *Descartes*, Meditationen über die Grundlagen der Philosophie, II,18: René Descartes Philosophische Schriften in einem Band. Mit einer Einführung v. R. Specht und »Descartes' Wahrheitsbegriff« v. E. Cassirer, Hamburg 1996, 43.
[63] Ebd., 45.
[64] *Ders.*, Die Prinzipien der Philosophie (PhB 566), Hamburg 2005, 14.
[65] *Ders.*, Meditationen über die Erste Philosophie, aus dem Lateinischen übers. und hg. v. G. Schmidt, Stuttgart 1983, 55–73.

sein. Die Idee der Vollkommenheit und Unendlichkeit müsse als realen Urheber ein ihr entsprechendes wirkliches Sein haben: ein wahrhaft unendliches Wesen (ens perfectissimum), Gott. Somit existiert Gott notwendig! Das ist für Descartes ein analytischer Satz mit mathematischer Evidenz.

- *Ontologisch:* Ferner schreitet Descartes in der fünften Meditation ontologisch fort, von der Idee zur Existenz.[66] Dazu greift er auf das berühmte Argument von Anselm von Canterbury zurück und geht vom Vorkommen der Gottesidee im menschlichen Bewußtsein aus. Auf diese Weise bringt er ein aposteriorisches Element in das ontologische Argument ein. Zudem formuliert er den ontologischen Gottesbeweis jetzt unter der Voraussetzung seines Prinzips der klaren und deutlichen Erkenntnis. Das besagt, dass »alles, was ich klar und deutlich als zu dem Ding gehörig erkenne, auch wirklich dazugehört«.[67] Da Wirklichkeit mehr sei als Möglichkeit, sei mit der Gottesidee gegeben, dass Gott existiert. Hierin könne der Mensch nicht getäuscht werden, denn wäre Gott ein betrügerischer Geist, könnte er nicht das vollkommenste Wesen sein. Täuschung sei ein Zeichen von Unvollkommenheit. Die Gottesidee schließe die Wahrhaftigkeit und Güte Gottes ein.

Der kausale und der ontologische Gottesbeweis können nicht separat voneinander betrachtet werden. Der ontologische Beweis ergänzt den kausalen Beweis, da er den Übergang von der Idee einer höchst vollkommenen Ursache zur Existenz dieser Ursache kennzeichnet.

### b) Kritische Würdigung

Der Gottesbeweis von Descartes rief Kritik hervor, aber weniger das kausale als vielmehr das ontologische Argument:

- Kann nur ausgehend von der Privation des Vollkommenen bzw. Unendlichen eine Vorstellung vom Unvollkommenen bzw. Endlichen gebildet werden oder kann der Begriff der Vollkommenheit nicht auch über den Vergleich von Erfahrungen mit unterschiedlichen Unvollkommenheiten gewonnen werden[68]?
- Der Schluss von der Idee des vollkommensten Wesens auf dessen Existenz kann heute nicht mehr überzeugen. Das gelang nur, solange als ein plato-

---

[66] Ebd., 84–91.
[67] Ebd., 86.
[68] *J. L. Mackie*, Das Wunder des Theismus. Argumente für und gegen die Existenz Gottes, Stuttgart 1985, 63–67.

nisch-augustinischer Ideenrealismus vorausgesetzt werden konnte. Für Descartes war die Idee noch eine ureigene Wirklichkeit.

• Kritische Instanz ist für Descartes die autonome Vernunft des Menschen. Das bedeutet, der anthropologische Ansatz wird auf das reine Denken enggeführt. Damit das Ich nicht in sich selbst gefangen ist, muss jedoch eine Verbindung zwischen den äußerlichen Dingen und dem Ich gelingen. Descartes bedient sich der Ideen, die nur dann der Wirklichkeit entsprechen, wenn sie von Gott stammen. Die Gottesidee dient so zur Absicherung des menschlichen Ichs, und es besteht die Gefahr, Gott zu funktionalisieren.

• Außer dem »cogitans sum« ist zunächst keine Erkenntnis sicher. Sie wird erst durch Gott als die letzte Sicherung sicher. Würde es Gott nicht geben oder wäre er nicht erkennbar, würde das Denksystem in sich zusammenbrechen. Doch die Existenz und Wahrhaftigkeit Gottes wird erst in einem diskursiven Schlussverfahren bewiesen, hier droht ein logischer Zirkel.

## 2.5. Blaise Pascal

*U. Neuenschwander*, Gott im neuzeitlichen Denken, Bd. 1, Gütersloh 1977, 107–122; *H. Küng*, Existiert Gott? Antworten auf die Gottesfrage der Neuzeit, München 1978, 64–118; *H. Vorgrimler*, Marginalien zur Kirchenfrömmigkeit Pascals: J. Paniélon, H. Vorgrimler, (Hg), Sentire ecclesiam, Freiburg i.Br. 1961 371–406; *N. Fischer*, Die philosophische Frage nach Gott, Paderborn 1995, 325–344; *W. Dirks*, Die Wette. Ein Christ liest Pascal, Freiburg, Heidelberg 1981; *E. Coreth*, Gott im philosophischem Denken, Stuttgart 2001, 142–145.

*a) Wider den Gott der Philosophen*
Blaise Pascal, der in der Welt neuzeitlicher Wissenschaft ebenso zu Hause war wie in der Welt des Glaubens, war ein erklärter Gegner der Philosophie seiner Zeit, insbesondere von Descartes. Da er selbst in den existentiellen Zweifel getrieben wurde und die Größe und das Elend des Menschen in der Welt erkannte, erachtete er die methodische Selbstgewissheit des »cogito« als einen allzu schwankenden Grund. Mehr noch als um die Ungewissheit des menschlichen Wissens ging es ihm um die Ungewissheit der menschlichen Existenz. Aus diesem Grund suchte er nicht gedankliche Gewissheit, sondern existentielle Gesichertheit.

Pascal wollte den Sinn für die ganze Tiefe menschlicher Rationalität schärfen und begnügte sich darum nicht mit der diskursiven Vernunft, sondern betonte das intuitive Erkennen. Er brachte die Bedeutung des Herzens (coeur) ins Spiel. Dieses steht für ein Vermögen, in dem sich die logische Einsicht des Geistes mit dem instinktiven Gefühl aus der lebendig menschlichen Erfahrung verbindet. So erschlossen sich dem Herzen die tieferen Dimensionen der Wirklichkeit, die dem rein rational rechnenden Verstand nicht zugänglich seien. »Das Herz hat seine (Vernunft-)Gründe, die die Vernunft nicht kennt, das erfährt man in tausend Fällen«.[69] Auch Gott sei nur mit dem Herzen erreichbar. »Das Herz fühlt Gott, nicht der Verstand« – »Es ist das Herz, das Gott spürt, und nicht die Vernunft. Das ist der Glaube: Gott spürbar im Herzen und nicht der Vernunft.«[70] Der Glaube sei allein Sache des Herzens. Im Vollzug werde er zur inneren Erfahrung. Wichtiger als alles Wissen sei darum die menschliche Existenz vor Gott, die existentielle Gottesbegegnung.

Entscheidend für Pascal war eine Vision, die ihm in der Nacht vom 23. zum 24. November 1654 zuteil wurde. Auf einem Blatt, genannt Mémorial, das er seither eingenäht in seinem Rockfutter bei sich führte, heißt es: »FEUER. Gott Abrahams, Gott Isaaks, Gott Jakobs nicht der der Philosophen und Gelehrten – der Gott Jesu Christi«: »nur auf den Wegen, wie sie das Evangelium lehrt, ist er zu finden, … ist er zu bewahren«.[71] Pascal war dem lebendigen Gott begegnet – wie einst Mose im brennenden Dornbusch.

Pascal war keineswegs unkritischer als Descartes. Er setzte die Vernünftigkeit der Vernunft nicht einfach voraus, ebenso wenig die Glaubwürdigkeit des Glaubens, sondern wusste, dass man sich im Glauben auf das Ungewisse einlassen müsse, ohne deshalb auf die Vernunft schlechthin verzichten zu müssen. So zeigte er durchaus auch Wege des Denkens zu Gott auf, indem er die Grundidee der Wahrscheinlichkeitsrechnung auf die Frage nach der Existenz Gottes anwandte. Das Hauptargument der »Wette« bestand darin, dass sich die praktische, existentielle Vernunft, wissend, dass sich der Mensch nicht selbst genüge, dafür aussprechen müsse, auf die Existenz Gottes zu setzen, obwohl die theoretische, wissenschaftliche Vernunft diese weder beweisen noch widerlegen könne. Doch der Mensch verliere in jedem Fall nichts, wenn er an Gott glaubt, könne aber im Glauben alles gewinnen.[72]

---

[69] *B. Pascal*, Über die Religion und über einige andere Gegenstände (Pensées), Fr. 277 (ed. Wasmuth), Heidelberg ⁸1978, 141.
[70] Ebd.
[71] *Ders.*, Das Memorial: ders., Über die Religion und über einige andere Gegenstände (Pensées) (ed. Wasmuth), Heidelberg ⁸1978, 248 f.
[72] *Ders.*, Über die Religion und über einige andere Gegenstände (Pensées), Fr. 233 (ed. Wasmuth), Heidelberg ⁸1978, 121–123.

In der zweiten Fassung seiner Wette versucht Pascal einem Einwand zu begegnen, den er selbst im Anschluss an seine erste Fassung vorbrachte: Wenn der Mensch auf die Existenz Gottes setze, wäre es möglich, dass er im Falle seiner Nichtexistenz sein irdisches Glück aufgrund religiöser Bindungen verlieren könne. Allerdings wiege der Verlust des irdischen Glücks nicht so schwer als der mögliche Gewinn ewiger Glückseligkeit. Weil Gott gegenüber dem Tod die je größere Lebensmöglichkeit umfassen würde, dominiere die Gewinnaussicht bei der Annahme der Existenz Gottes unendlich über die Gewinnaussicht bei der Annahme seiner Nichtexistenz.

Pascal geht es nicht um einen neuen mathematisch orientierten Beweis für die Existenz Gottes, sondern um eine Entscheidung, die den ganzen Menschen fordert. Sie kann von der Vernunft verantwortet werden. Der Glaube ist ein kalkulierbares Risiko. So gehören für Pascal Glaube und Vernunft zusammen; der Glaube ist die Basis der Vernunft. Die kartesianisch-thomistische Trennung der Erkenntnisvermögen Glaube und Vernunft gelten für ihn nicht. Er steht in der augustinischen Tradition und wie bei Augustinus kommt für ihn der Zweifel aus einer tiefen existentiellen Not. Darum kommt es nicht auf eine rationale Methode an, sondern auf die Offenheit des ganzen Menschen für die ganze Wirklichkeit. Die existentielle Gewissheit gründet im Credo der biblischen Botschaft. Dabei geht es aber nicht um einen irrationalen Glauben, sondern um einen rational verantworteten Glauben.

*b) Kritische Würdigung*

Die Leistung Pascals' war es, dass er die Erkenntnis der Axiome und Grundsätze im Herz erkannte: Die ratio ist Sache des Herzens. »Wir erkennen die Wahrheit nicht nur durch die Vernunft, sondern auch durch das Herz; in der Weise des letzteren kennen wir die ersten Prinzipien, und vergeblich ist es, daß die urteilende Vernunft, die hieran nicht beteiligt ist, sie zu bekämpfen versucht.«[73] Allein das Herz erfasse das Unverfügbare, indem es sich vom Unverfügbaren selbst erfassen lässt und sich liebend dem zuwendet, was es erkennen möchte. Pascal hatte die Grenzen der Philosophie Descartes' klar erkannt, doch hatte auch sein Standpunkt Grenzen:

- Pascal, dessen erste Formel war: »Christus alles, ich nichts«[74], verfolgte ein pessimistisch-augustinisches Menschenbild und führte ein asketisches Leben. Aber ist die Natur des Menschen wirklich »gleich der Tiere«[75], völlig

---

[73] Ebd., Fr. 282 (ed. Wasmuth), Heidelberg ⁸1978, 141.
[74] *W. Dirks*, Die Wette. Ein Christ liest Pascal, Freiburg i. Br. 1981, 32.
[75] *B. Pascal*, Über die Religion und über einige andere Gegenstände (Pensées), Fr. 409 (ed. E. Wasmuth), Heidelberg ⁸1978, 184.

»elend«[76] bzw. führt tatsächlich nur die Vernichtung des Ichs zu Gott? Wie steht es um die Nächstenliebe, die sich an der Eigenliebe zu messen hat?

• Bedarf es eines Vernunftskeptizismus, um den Glauben des Herzens aufzuwerten? Kann ohne die Vernunft die Universalität der Rede von Gott überhaupt eingelöst werden?

• Das Argument der Wette geht von bestimmten philosophischen und theologischen Prämissen aus: Von der Unterscheidung zwischen praktischer und theoretischer Vernunft und von einem Bild von Gott, der die Glaubenden mit der ewigen Seligkeit belohnt, oder aber dass der Mensch im Falle der Nichtexistenz Gottes im Tod erlischt. Aufgrund dieser Prämissen, die als solche nicht zu beweisen sind, ist das Argument nicht zwingend.

## 2.6. Immanuel Kant

G. *Sala*, Kant: K.-H. Weger (Hg.), Religionskritik von der Aufklärung bis zur Gegenwart. Autoren-Lexikon von Adorno bis Wittgenstein, Freiburg i. Br. 1979, 179–185; U. *Neuenschwander*, Gott im neuzeitlichen Denken, Bd. 1, Gütersloh 1977, 159–181; H. *Fries*, Fundamentaltheologie, Graz 1985, 37–42; E. *Coreth*, Gott im philosophischem Denken, Stuttgart 2001, 180–191; E. *Coreth*, H. *Schöndorf*, Philosophie des 17. und 18. Jahrhunderts, (Grundkurs Philosophie, Bd. 8), Stuttgart ³2000, 160–212; N. *Fischer*, Die philosophische Frage nach Gott, Paderborn 1995, 214–222; K. *Müller*, Gott erkennen. Das Abenteuer der Gottesbeweise, Regensburg 2001, 73–92; Gottes Dasein denken. Eine philosophische Gotteslehre für heute, Regensburg 2001, 83–103.

*a) Grenze dogmatischer Metaphysik*

Kants Transzendentalphilosophie fragt nach den apriorischen Bedingungen, unter denen ein Objekt im Bewusstsein des erkennenden Subjekts zustande kommt. Die grundlegende Antwort lautet: Die Erkenntnis eines Gegenstandes sei die Synthese aus sinnenhaftem Erfahren und reinem Denken. »Unsere Erkenntnis entspringt zwei Grundquellen des Gemüts, deren die erste ist, Vorstellungen zu empfangen (die Rezeptivität der Eindrücke), die zweite das Vermögen, durch diese Vorstellungen einen Gegenstand zu erkennen (Spontaneität der Begriffe) [...] Anschauungen und Begriffe machen also die Ele-

---

[76] Ebd., Fr. 416, 186.

mente aller unserer Erkenntnis aus«.[77] Entscheidend sei zunächst die sinnliche Anschauung, der Raum und Zeit als Formen der Vorstellungen a priori zugrunde liegen. Mit ihrer Hilfe bringe der Verstand die sinnliche Vielfalt in Form, d. h. in eine Ordnung. Raum und Zeit haben für Kant objektive Gültigkeit in Ansehung aller Gegenstände (empirische Realität) und sind Bedingungen menschlicher Anschauung (transzendentale Idealität).

Die sinnliche Wahrnehmung verarbeite verschiedenste Eindrücke, die den Grund jeder inneren und äußeren Erfahrung darstellen. Dabei geht Kant davon aus, »daß alles, was im Raume oder der Zeit angeschaut wird, mithin alle Gegenstände einer uns möglichen Erfahrung, nichts als Erscheinungen, d. i. bloße Vorstellungen sind, die, so wie sie vorgestellt werden, ... außer unseren Gedanken keine an sich gegründete Existenz haben.«[78] Sodann bilde das Denken des *Verstandes* aus dem Inhalt der sinnlichen Anschauung durch Kategorien (Kausalität, Möglichkeit, Notwendigkeit etc.), die zusammen mit Raum und Zeit die apriorischen Bedingungen jeder Erfahrung bilden, Verstandesbegriffe und verknüpfe sie zu Urteilen. Da der Mensch nur Eindrücke von den Dingen habe, könne er nicht erkennen, wie sie an sich seien, d. h. unabhängig von seiner eigenen Sinneswahrnehmung und seiner Auffassung von Raum und Zeit. Damit erkennt er nur Erscheinungen des Dings und nicht das Ding an sich.

Der Akt des Denkens gebraucht Begriffe und dieser Begriffsgebrauch ist von gewissen Zielvorstellungen geleitet, die Kant »Ideen« nennt. Die Vernunft verbindet die Urteile des Verstandes zu Schlüssen, indem sie die Vielheit der Dinge zu einer Einheit zusammenfasst und schließlich auf die höchsten, umfassendsten Einheiten der Ideen bringt:

- *Seele:* Inbegriff subjektiver Bedingungen/subjektive Einheit (Psychologie);
- *Welt:* Inbegriff objektiver Bedingungen/objektive Einheit (Kosmologie);
- *Gott:* unbedingte Bedingung aller Bedingungen/absolute Einheit (Theologie).

Begriffe zu gebrauchen, ist eine Tätigkeit des Verstandes. Zielvorstellungen zu bilden und den Verstand auf diese Ziele zu leiten, ist die Tätigkeit der Vernunft. Die Ideen sind regulative Ideen; sie regeln die Verstandestätigkeit auf eine Totalität als Ziel hin und sind a priori im Erkenntnisprozess im Spiel. Die Vernunft bezieht sich also ausschließlich auf Begriffe und Urteile und damit direkt auf den Verstand. Sie bezieht sich nur indirekt, nämlich mittels des Verstandes auf die Erfahrung.

---

[77] *I. Kant*, KrV, B 74: I. Kant, Werke IV (ed. W. Weischedel), Frankfurt a. M. ⁷1984, 97.
[78] Ebd., B 518 f.: I. Kant, Werke IV (ed. W. Weischedel), Frankfurt a. M. ⁷1984, 460.

Für Kant gilt also, dass die Erkenntnis eines Gegenstandes nur durch die Synthese sinnlicher Anschauung mit dem Denken des Verstandes möglich sei. Das bedeutet, dass zwar jeder Gegenstand gedacht werden könne, für seine Erkenntnis aber die sinnliche Anschauung zwingend notwendig sei. Dadurch, dass die Begriffe des Verstandes nur auf Inhalte sinnlicher Anschauung bezogen seien, beschränke sich die Erkenntnis folglich auf bloße Erfahrung. So richten sich die Gegenstände nach der Erkenntnis und nicht die Erkenntnis nach den vorgegebenen Gegenständen an sich. Welt und Dinge würden so erkannt und bestimmt wie sie für den Menschen erscheinen. Alle Gegenstände seien strikt an das Subjekt gebunden, aus der Bedingtheit menschlicher Erkenntnis gebe es kein Entkommen.

Weil alle menschlichen Erkenntnisse notwendigerweise auf das Feld möglicher Erfahrung bezogen seien, sei Metaphysik als reine Vernunftwissenschaft a priori nicht möglich. Die Themen der Metaphysik: Gott, Freiheit und Unsterblichkeit der Seele könne der Mensch mittels der rein theoretischen Vernunft nicht erkennen; sie blieben unbeweisbar, weil ihnen keine Anschauung entspreche. Mit der transzendentalphilosophischen Einschränkung des theoretischen Gebrauchs der Vernunft auf die anschauungsbezogene Tätigkeit des Verstandes ergibt sich notwendig eine Kritik der traditionellen Gottesbeweise.[79]

Im ontologischen Gottesbeweis erzeuge die Vernunft zu ihren Zwecken selbst eine Idee bzw. werde ihrer gewahr und führe dann deren Existenznachweis. Doch vom Begriff »Gott« auf dessen notwendige Existenz zu schließen sei transzendentalphilosophisch illegitim. »[F]ür Objekte des reinen Denkens ist ganz und gar kein Mittel, ihr Dasein zu erkennen, weil es gänzlich a priori erkannt werden müßte, unser Bewußtsein aller Existenz aber … gehöret ganz und gar zur Einheit der Erfahrung«.[80] Zudem gehöre die Existenz nicht zur Essenz: »Sein ist offenbar kein reales Prädikat, d.i. ein Begriff von irgend etwas, was zu dem Begriffe eines Dinges hinzukommen könne.« Möglichkeit und Wirklichkeit sind keine Bestimmungen der Seinsweisen von Dingen selbst, sondern »die Unterscheidung möglicher Dinge von wirklichen [ist] eine solche, die bloß subjektiv für den menschlichen Verstand gilt«.[81] Darum könne niemals aus dem (bloßen) Begriff Gottes seine Existenz folgen; »der

---

[79] Ebd., A 592/B 620 – A 642/B 670: I. Kant, Werke IV (ed. W. Weischedel), Frankfurt a. M. [7]1984, 529–563.
[80] Ebd., B 629: I. Kant, Werke IV (ed. W. Weischedel), Frankfurt a. M. [7]1984, 535.
[81] Ders., Kritik der Urteilskraft, B 340: I. Kant, Werke X (ed. W. Weischedel), Frankfurt a. M. [7]1984, 354.

Begriff eines absolut notwendigen Wesens … [ist] ein für den menschlichen Verstand unerreichbarer problematischer Begriff.«[82]

Auch der kosmologische Gottesbeweis ist nach Kant unzulässig. Denn wer empirisch anfange, dürfe nicht überempirisch aufhören. »Der Schritt zu der absoluten Totalität ist durch den empirischen Weg ganz und gar unmöglich.«[83] Auch der teleologische oder, wie Kant ihn nennt, der physikotheologische Gottesbeweis vermag nicht zu überzeugen. Denn der Begriff der Zweckmäßigkeit sei auf bloße Erscheinung in der Erfahrungswelt beschränkt und könne nichts über die Dinge an sich aussagen. Zudem folgert Kant, dass »dem physikotheologischen Beweise der kosmologische, diesem aber der ontologische Beweis, vom Dasein eines einigen Urwesens als höchsten Wesens, zum Grunde [liegt], und da außer diesen drei Wegen keiner mehr der spekulativen Vernunft offen ist, so ist der ontologische Beweis, aus lauter reinen Vernunftbegriffen, der einzige mögliche«.[84] Da Kant das ontologische Argument bereits widerlegt hat, sind die klassischen Gottesargumente entkräftet.

Einen Gottesbeweis im strengen Sinne könne es nicht geben. Für die theoretische Vernunft sei ausgehend von der Frage: »Was kann ich wissen?« ein Übergang zum Absoluten nicht möglich; die rein theoretische Vernunft könne Gott niemals streng wissenschaftlich beweisen. Erkenntnis des Transzendenten sei nicht möglich, das weist Kant transzendental nach.

Kant ist jedoch überzeugt, dass metaphysisches Fragen und Erkennen untrennbar mit der menschlichen Natur verbunden ist, die Ideen der reinen Vernunft – Seele, Welt und Gott – für den Menschen notwendig sind, um sich und seine Welt zu verstehen und sinnvoll als Mensch leben zu können. Sie müssen notwendigerweise gedacht werden, selbst wenn sie nach Art der Erfahrungserkenntnis nicht zum Gegenstand erhoben und erkannt werden können. Weil Metaphysik aber rein theoretisch nicht möglich ist, wendet er sich dem handelnden Menschen zu, um hier den Ideen der reinen Vernunft näher zu kommen. Er ist überzeugt, im Gebiet des Praktischen das Unbedingte finden zu können.

*b) Gott und Sittlichkeit*

Mit seiner negativen Antwort auf die Frage nach der theoretischen Erkennbarkeit Gottes widerspricht Kant dem Determinismus, Materialismus und Atheismus. Er betonte angesichts der aufkommenden modernen Wissen-

---

[82] Ebd., B 341: I. Kant, Werke X (ed. W. Weischedel), Frankfurt a. M. ⁷1984, 355.
[83] Ders., KrV, B 656: I. Kant, Werke IV (ed. W. Weischedel), Frankfurt a. M. ⁷1984, 554.
[84] Ebd., B 658: I. Kant, Werke IV (ed. W. Weischedel), Frankfurt a. M. ⁷1984, 555.

schaften den Dualismus zwischen Glaube und Wissen aus einem durchaus religiösen Interesse. »Ich musste also das Wissen aufheben, um zum Glauben Platz zu bekommen«.[85] Er wollte also die Metaphysik nicht vernichten, um den Gottesglauben auszutilgen, was lange Zeit das katholische Missverständnis war, sondern den Gottesglauben gegenüber den aufstrebenden neuen Wissenschaften sichern. Dem Menschen wollte er zeigen, dass er mit guten Gründen von der eigenen Freiheit, von seiner Hoffnung auf ein ewiges Leben und von der Existenz Gottes sagen konnte: »Ich beharre darauf und lasse mir diesen Glauben nicht nehmen«.[86]

In seiner »Kritik der praktischen Vernunft« suchte Kant auf dem Wege des praktisch sittlichen Handelns zur Gotteserkenntnis vorzudringen. Die Unmöglichkeit, Gott theoretisch zu beweisen, berechtige nicht, ihn zu leugnen, vielmehr sei er vernünftigerweise zu postulieren. Innerhalb der praktisch-ethischen Vollzüge des Geistes legte Kant einen Ort für eine vernünftige Begründung des Glaubens an Gott frei. Er setzte dabei beim Gewissen an, wo der Mensch einen unbedingten, kategorisch gebietenden Anspruch erfahre – ein unbedingtes Sollen: »Handle so, daß die Maxime deines Willens jederzeit zugleich als Prinzip einer allgemeinen Gesetzgebung gelten könne«.[87] Dieses Gesetz sei kategorisch und absolut; kategorisch, weil es nur durch sich selbst motiviert sei, absolut, weil es eine »heilige Verpflichtung« darstelle. Dieser kategorische Imperativ stamme nicht aus der Erfahrung des Menschen, er entspringe stattdessen der Autonomie der rein praktischen Vernunft und sei die Grundlage der Sittlichkeit.

Die Wirksamkeit der sittlichen Tat scheitere am Widerstand derer, die egoistische Ziele verfolgen. Es scheine aussichtslos, das sittlich gebotene Gute gegen den Widerstand derer durchsetzen zu wollen, die sich nicht an die Regeln der Moral halten. Wenn wirksames sittliches Handeln möglich sein soll, bedürfe es einer »moralischen Weltordnung«, die aber nicht kausal als Folge einer Summe von guten Taten erreicht werden könne. Und doch müsse der Handelnde hoffen dürfen, dass er durch seine guten Taten einen wirksamen Beitrag zur Erreichung dieser Weltordnung leistet; sonst wäre das Sittengesetz »auf leere, eingebildete Zwecke gestellt, mithin an sich selber falsch«.[88] Diese Hoffnung sei nur begründet, wenn der Gesetzgeber des Sit-

---

85  Ebd., B XXX: I. Kant, Werke III (ed. W. Weischedel), Frankfurt a. M. [7]1984, 33.

86  Ders., KpV, A 258: I. Kant, Werke VII (ed. W. Weischedel), Frankfurt a. M. [4]1982, 278.

87  Ders., Grundlegung zur Metaphysik der Sitten BA 52: I. Kant, Werke VII (ed. W. Weischedel), Frankfurt a. M. [4]1982, 51.

88  Ders., KpV, A 205: I. Kant, Werke VII (ed. W. Weischedel), Frankfurt a. M. [4]1982, 243.

tengesetzes zugleich Gesetzgeber der Weltordnung wäre und er dafür sorge, dass die gute Tat dem Werden der moralischen Weltordnung dient.

Mit dem Gesetz der Sittlichkeit verbinde sich für den Menschen ferner die Hoffnung, dass er auf diesem Weg zu seiner Glückseligkeit gelangt. Aber sittliches Handeln ziehe nicht unbedingt Glückseligkeit nach sich. Freiheit könne darum nur ihre Glückseligkeit finden, wenn zwischen ihr und der Natur eine prästabilierte Harmonie bestehe, eine gütige Allmacht. Das Prinzip ausgleichender Gerechtigkeit garantiere, dass das moralisch Richtige dem Menschen wirklich am besten diene – notfalls über den Tod hinaus. Als Garant einer solchen ausgleichenden Gerechtigkeit komme nur Gott in Frage. Denn allein die absolute Freiheit Gottes vermöge sowohl die menschliche Freiheit als auch die Natur gleichermaßen zu umgreifen; nur Gott könne die Verbindung von Tugend (Sittlichkeit) und Glück (moralische Weltordnung) herstellen. So sei Gott eine vernünftige Annahme, ohne sie lasse sich die Freiheit des Willens in ihrem unbedingten Beanspruchtsein durch den kategorischen Imperativ nicht umfassend verstehen. »[E]s ist moralisch notwendig, das Dasein Gottes anzunehmen.«[89] Das Postulat besitze einen Grad an Gewissheit, der dem eines Beweises der theoretischen Vernunft in nichts nachsteht.

Gott komme in der Welt der Wissenschaft nicht vor, weil er der Grund der Hoffnung sei, auf dem alle sittliche Praxis beruhe, und weil dieser Hoffnungsgrund nicht gewusst, wohl aber geglaubt werden könne. Glaube sei aber kein defizienter Modus des Wissens, sondern eine spezifische Weise, der Wirklichkeit des Sittlichen und seiner Voraussetzungen inne zu werden. Glaube sei ein Modus, der seine eigenen Methoden habe. Ein Glaube, den Kant auch den philosophischen Glauben nennt. Er gründe in der praktischen Vernunft und würde aus ihr erhoben. Der Glaube dürfe sich als Ausdruck eines »Feststehens im Erhofften« verstehen, das notwendig sei, wenn sittliches Handeln möglich sein soll. Insofern sei er begründet. Das Wissen müsse seinen Primat an die sittliche Vernunft abtreten. Der Gottesbegriff gehöre nicht in die Wissenschaft, sondern in die Ethik. Der Mensch glaube an Gott, weil er an den Sinn des Sittlichen glaubt, an die Vereinigung von Sittlichkeit und Seligkeit. Gäbe es keinen Gott, gäbe es keine Vereinigung von Sittlichkeit und Seligkeit und damit wäre die Sittlichkeit sinnlos.

Zur Erkenntnis der Pflichten sei keine religiöse Vorstellung nötig, sondern allein die Befreiung der Vernunft zur reinen Selbstgesetzgebung. Die sittlichen Pflichten aber als göttliche Gebote anzuschauen, sei ein religiöser Akt. Die Erkenntnis der Pflichten allein sei Ethik. Religion ist also mehr als

---

[89] Ebd., A 226: I. Kant, Werke VII (ed. W. Weischedel), Frankfurt a. M. ⁴1982, 256.

nur sittliches Handeln im Sinne von vernünftigem Handeln, es geschieht in der Ansehung Gottes. Religion wird somit nicht auf Ethik reduziert, vielmehr ist sie ein spezifisches Motivationsphänomen, in dem die Unbedingtheitsdimension des sittlichen Imperativs zum Vorschein kommt. Werden die sittlichen Pflichten als göttliche Gebote begriffen, vertraut sich der Mensch derjenigen Wirklichkeit an, die die wirksame Erfüllung dieser Pflichten vom logischen Widerspruch befreit, so dass sie zu einem möglichen Inhalt des praktischen Vernunftgebrauchs werden.

*c) Kritische Würdigung*

Das große Verdienst Kants besteht darin, im Kontext des neuzeitlichen naturwissenschaftlichen Emanzipationsprozesses Wissen und Glauben komplementär aufeinander bezogen und Gott als die Möglichkeitsbedingung sittlicher Autonomie aufgewiesen zu haben. Das alles schließt nicht aus, dass es Gründe gibt, der Argumentationsweise Kants auch kritisch gegenüberzutreten:

- Die bitteren Erfahrungen der letzten beiden Jahrhunderte lehren, dass die Vernunft nicht so allgemeingültig und verlässlich ist, wie Kant dies annahm. Sie steht in historischen und kulturellen Prozessen, lässt sich unterschiedlich interpretieren, kann pathologisch werden und bedarf deshalb selbst der ständigen Überprüfung (Dialektik der Aufklärung). Allerdings wusste auch Kant, dass »im Menschen ein natürlicher Hang zum Bösen«[90] vorhanden ist, insofern sich die Sinnlichkeit der Vernunft nicht nur nicht unterordnet, sondern diese gar zu beherrschen versucht.
- Ist das Verhältnis zwischen den Formen der Vernunft und des Verstandes wirklich einseitig? Wirken die Inhalte der Erfahrung nicht auch verändernd auf die Formen des Anschauens und Denkens ein? Sind diese Formen wirklich unveränderlich oder haben sie im Wechselspiel mit den Inhalten eine Geschichte? Kann Gott nur postuliert werden oder werden sich die Menschen in den spezifisch religiösen Erfahrungen dieses Grundes so gewiss, dass das Postulat der Vernunft diese Erfahrung zwar auslegt, aber nicht ersetzt?
- Bei Kant wird das Erkennen derart auf das Selbstverständnis des Menschen bezogen, dass die Gottesfrage anhand der objektiven Realitäten nicht mehr zu beantworten ist. Weil »von der Natur kein sicherer Weg mehr zu Gott führt«, ist nun »die ganze Beweislast für die Wahrheit des

---

[90] *Ders.*, Die Religion innerhalb der Grenzen der bloßen Vernunft: Immanuel Kant Werksausgabe, Bd. VIII, hg. v. W. Weischedel, Frankfurt a. M. [4]1982, 647–879, A 31.

Gottesglaubens auf das Verständnis des Menschen, auf die Anthropologie gefallen«.[91] Die Existenz Gottes lässt sich nur vom Handeln des Menschen her denken als Ziel seiner Hoffnung auf Glückseligkeit und als Garant der sittlichen Ordnung. Damit hat Kant die von Descartes eingeleitete anthropologische Wende vollendet: Der Gottesgedanke steht im Dienst menschlicher Vernunft. Religion wird auf die Ansehung menschlicher Pflichten als göttliche Gebote reduziert. Wenn Gott nur noch ethisch vernünftig begriffen werden kann, ist ein Moralistengott vorprogrammiert. Nietzsche hat diese ethisch-vernünftige Begründung Gottes negiert.

- Kants Argument beruht auf der Verbindung, die er zwischen dem moralischen Handeln und dem menschlichen Streben nach Glückseligkeit herstellt. Doch diese Verbindung erscheint keineswegs zwingend. Wenn das moralische Gesetz ein Faktum der Vernunft ist, stellt seine Befolgung ein Gebot der Vernunft dar. Es gibt Ethikkonzeptionen, die am Verpflichtungscharakter der Moral festhalten, ohne die Annahme, das moralisch Gebotene sei für den Menschen immer auch das Nützlichste. Ein Zusammenhang mit dem Streben nach Glückseligkeit ergibt sich aus der internen Logik des moralischen Handelns nicht. Wenn Kant dennoch eine solche Verbindung herstellt, so kommt das einer theologischen Behauptung gleich. Ihr liegt die Überzeugung zugrunde, dass ein bestimmtes Handeln des Menschen von Gott belohnt wird (Mt 5,11 f.; 5,46 u. ö.) und insofern einen Beitrag zum Erreichen vollkommener Glückseligkeit darstellt.

- Handelt es sich beim moralischen Gesetz tatsächlich um einen kategorischen Imperativ? Lässt sich dessen Unbedingtheit legitimerweise aufzeigen oder handelt sich hier nicht bereits um ein Postulat zur Begründung eines weiteren: Gott? Kant selbst war sich bewusst, keinen zwingenden Beweis der Existenz Gottes vorgelegt zu haben. Der kategorische Imperativ ist keine unhinterfragbare Selbstgewissheit der Vernunft, sondern ein »Faktum der reinen Vernunft«[92]. Die sittliche Evidenz wird nur von dem, der sich auf sie einlässt, als der eigentliche Grund wahren Wissens erkannt.

- Möchte Kant den Gottesglauben gegenüber den aufstrebenden Naturwissenschaften schützen, so ist sein Preis hoch: Er trennt theoretische und praktische Vernunft so sehr, dass aus der theoretisch-wissenschaftlichen Erkenntnis nichts für das praktische Leben folgt und umgekehrt. Doch beide Bereiche gehören zur Einheit gesamtmenschlichen Lebens.

---

[91] *W. Pannenberg*, Gottesgedanke und menschliche Freiheit, Göttingen 1972, 11.
[92] *I. Kant*, KpV A 56: I. Kant, Werke VII (ed. W. Weischedel), Frankfurt a. M. [7]1984, 142.

# III. Neuzeitliche Religionskritik und Glaubensverantwortung

## 1. Neuzeitlicher Atheismus

### 1.1. Überblick

*W. Klausnitzer*, Gott und Wirklichkeit. Lehrbuch der Fundamentaltheologie für Studierende und Religionslehrer, Regensburg 2000, 184–194; *N. Fischer*, Die philosophische Frage nach Gott, Paderborn 1995, 248–254; *E. Coreth*, Gott im philosophischem Denken, Stuttgart 2001, 222–243.

#### a) Absoluter Atheismus

Der Gottesglaube war zu keiner Zeit unangefochten. Glaubende mussten immer schon bitten: »Ich glaube; hilf meinem Unglauben!« (Mk 9,24) Trotz aller ständigen Bedrohtheit des Glaubens gab es jedoch bis zur Neuzeit keinen systematischen Atheismus. Dieser setzt nämlich einen bestimmten Entwicklungsstand der Religionsphilosophie und ihres Gegenstandes, d. h. eine dogmatische Bestimmtheit und Differenziertheit der christlichen Religion voraus sowie gesellschaftliche Bedingungen, die ihm echte Erfolgschancen einräumen. Diese waren erst mit der neuzeitlichen, europäischen Differenzierung des gesellschaftlichen Lebens und Bewusstseins gegeben. Mit der Säkularisierung politischer Instanzen und Entsakralisierung der Welt ging eine zunehmende Emanzipation der Vernunft einher. Erst als diese zu ihrer Autonomie gefunden hatte, konnte es eine systematische und gesellschaftswirksame Religionskritik geben, die zu einer realen Alternative zu Kirche, Christentum und Gottesglauben werden konnte.

Das völlige Auseinandertreten von Philosophie und Religion bildete den Hintergrund für die Religionskritik zu Beginn der Neuzeit. Die philosophische Erörterung der Religion geriet in den Sog des englischen Empirismus (David Hume), der über die französische Aufklärung zum Positivismus (Auguste Comte [1798–1857]) und in dessen Folge zum Materialismus und Atheismus führte. Im neuzeitlichen Atheismus ging es erstmals um die fundamentale Leugnung Gottes. Aus einer anfänglich philosophischen Religionskritik erwuchs in der zweiten Hälfte des 18. Jh.s ein absoluter Atheismus. Die Einstellung zur Religion wandelte sich nun grundlegend: Atheismus und Indifferentismus begründeten von nun an einen Daseinsentwurf, der den Menschen von Gott befreien sollte, um selbst Herr der Welt zu sein.

### b) Radikale Atheismustypen

Der radikale Atheismus trat in der Moderne erstmals in systematischer Form auf. Üblich wird »[d]as Wort ›Atheismus‹ … im Übergang vom 16. zum 17. Jahrhundert … Aber erst im 19. Jahrhundert artikulieren sich theoretische Atheismen als systematische Weltdeutungen oder Weltanschauungen im Namen der Vernunft, und zwar als weltgeschichtliche Singularität ausschließlich im westlichen Kulturkreis.«[1] Dieser Atheismus resultierte aus einer längeren Vorgeschichte und zeigte sich nicht einheitlich, sondern nahm unterschiedliche Formen an, gemäß den jeweils zugrunde liegenden Motiven.

Unterschiedlich können nicht nur die Motive sein, die zum Atheismus führen, sondern ebenso vielfältig können die Theismen sein, gegen die sich der Atheismus wendet. Denn A-Theismus meint ja als Gegenposition die Leugnung des (monotheistischen) Theismus. Als Negativbegriff zu ganz unterschiedlichen Theismen kann der Begriff Atheismus nicht genauer definiert werden. »Es gibt keinen eindeutig normierten Sprachgebrauch, sondern nur Orientierungsversuche«.[2] Auf diesem Hintergrund kann es nicht verwundern, dass das Bemühen der Klassifizierung der unterschiedlichen Atheismen von erheblichen Unschärfen begleitet wird. Erschwerend kommt hinzu, dass das Verständnis des Atheisten von einem bestimmten Theismus keineswegs mit dessen Intention und Sinn identisch sein muss und umgekehrt.

Religionsgeschichtlich betrachtet legt sich eine inhaltliche Einteilung in drei Gruppen von Atheismen nahe[3]:

- Religionen bezeichnen jene als Atheisten, die andere Gottheit(en) verehren, anstatt der eigenen.
- Religionen werden als atheistisch bezeichnet, die den Monotheismus verneinen, also einen einzigen, personalen, welttranszendenten, alles tragenden und durchdringenden Gott leugnen.

---

[1] *R. Schröder*, Abschaffung der Religion? Wissenschaftlicher Fanatismus und die Folgen, Freiburg i. Br. 2008, 150.
[2] *A. K. Wucherer-Huldenfeld*, *J. Figl*, Der Atheismus: HFTh 1 ($^2$2000), 67–84, hier 67.
[3] Ebd.

- Atheisten sind schließlich jene, die auf zweiflerische oder aber radikale und entschiedene Weise jede Art und Weise des Göttlichen leugnen und meinen, den Glauben an das Göttliche kritisch-rational auflösen zu können.

In der Vorgeschichte des neuzeitlichen Atheismus lassen sich drei verschiedene Typen unterscheiden:[4]:

- *Rationalistisch-empirischer Typ:* Die englische Aufklärung setzte sich stärker mit der Erkenntnisweise des menschlichen Subjekts auseinander und führte diese empiristisch auf das Positive zurück, d.h. auf das, was durch die sinnliche Wahrnehmung grundlegend gegeben ist. Die Kriterien gültiger Erkenntnisse seien demnach allein an den empirischen Befunden bzw. logischen Verhältnissen abzulesen. Diese positivistische Methode hatte zur Konsequenz, dass für metaempirische Gegenstände kein Ort mehr blieb. Das Resultat war ein skeptischer Agnostizismus.

- *Materialistisch-weltanschaulicher Typ:* Die Materialisten der französischen Revolution vertraten in der zweiten Hälfte des 18. Jh.s einen Atheismus materialistisch-weltanschaulichen Typs. Demnach würde die Hypothese Gott obsolet, wenn die Natur mit Hilfe der fortschrittlichen Wissenschaften erklärt würde. Diesem Versuch, die Objektwelt rationalistisch zu erklären, kam im 19. Jh. der Darwinismus zu Hilfe. Er griff in den Bereich der Weltanschauungen über und wollte die Schöpfung durch Entwicklung ersetzen.

- *Humanistisch-emanzipatorischer Typ:* Der atheistische Humanismus wurde wesentlich von Ludwig Feuerbach initiiert und im historischen Materialismus von Karl Marx weiterverfolgt. Die humane Intention drückt sich v. a. darin aus, dass Gott nicht einfach geleugnet wird, vielmehr sollte Gott in den Menschen zurückgenommen werden, da er eine ins Jenseits projizierte Selbstvorstellung des Menschen sei. Aus Theologie sollte Anthropologie werden, der Mensch ohne Gott sollte »das höchste Wesen des Menschen«[5] werden. Das entspricht dem neuzeitlichen Denkansatz der Subjektivität. Auch im postulatorischen Atheismus des 20. Jh.s, der den postulatorischen Gottesbeweis von Kant in sein Gegenteil verkehrte, lebte Feuerbachs anthropologische Reduktion der Religion fort.

---

[4] Ebd., 71 f.
[5] *L. Feuerbach*, Das Wesen des Christentums: L. Feuerbach Gesammelte Werke, hg. v. W. Schuffenhauer Bd. 5, Berlin [2]1984, 116.

Neben dieser inhaltlichen Gliederung kann darüber hinaus eine Klassifizierung der unterschiedlichen Atheismen anhand der spezifischen Art und Weise der Erkenntnisgestalt, in der Gott abgelehnt wird, vorgenommen werden[6]:

- *Theoretischer, argumentativer Atheismus:* Hier handelt es sich ganz allgemein um einen Atheismus, der sich wissenschaftlich und philosophisch ausweisen will. Der Bereich des theoretischen Atheismus kann noch wie folgt näher differenziert werden:

  * *Negativer Atheismus:* damit ist die Unkenntnis Gottes gemeint; selbst der Begriff »Gott« ist abhanden gekommen

  * *Positiver Atheismus:* Gottes Wesen und Existenz bzw. seine argumentativ-rationale Erkennbarkeit wird explizit (positiv) geleugnet. Dieser positive Atheismus kann sich äußern als (s. u.):

    – *skeptisch-agnostisch:* sowohl die Möglichkeit wahrer und sicherer Gotteserkenntnis als auch ein kategorischer Atheismus werden argumentativ angezweifelt. Gegenüber allen Letztantworten wird Zurückhaltung geübt, bis hin dass die Erkennbarkeit Gottes (nicht seine Existenz!) geleugnet wird. Religiöse Fragen sind unbeantwortbar und darum sinnlos. Ein solcher analytischer Agnostizismus ist noch nicht Atheismus im Sinne der expliziten Verneinung Gottes, wohl aber ist die Theologie hier zur Sprachlosigkeit verurteilt, weshalb von einem semantischen Atheismus gesprochen werden kann – ein solcher religiöser Agnostizismus ist nicht zu verwechseln mit der Rede vom unbegreiflichen Geheimnis Gottes.

    – *postulatorisch:* die Nicht-Existenz Gottes wird behauptet, postuliert, um der Autonomie des Subjekts willen. Die Nicht-Existenz Gottes legt sich für den Menschen als Konsequenz seiner Emanzipationsforderung als notwendig nahe (humanistischer Atheismus der Freiheit). Eine besondere Form des postulatorischen Atheismus ist die Behauptung der Nicht-Existenz Gottes aufgrund des Bösen und des Unheils in der Welt (Theodizee-Frage).

    – *dogmatisch bzw. Anti-Theismus:* die Existenz Gottes wird voreingenommen schlichtweg geleugnet.

- *Praktischer Atheismus:* Gemeint ist ein Sich-Verhalten und Handeln, das einer atheistischen Überzeugung entspringt und sich von dem Normen-

---

[6] *A. K. Wucherer-Huldenfeld*, Phänomen und Bedeutung des gegenwärtigen Atheismus. Philosophisch-theologische Analyse und Sinndeutung: ders., J. Figl, S. Mühlberger (Hg.), Weltphänomen Atheismus, Wien 1979, 35–58, hier 36–40.

kodex jener gesellschaftlichen Gruppierung unterscheidet, die sich religiös bzw. theistisch wähnt und die als solche abgelehnt wird. Praktischer Atheismus muss aber nicht immer einer atheistischen Überzeugung entspringen. Auch können aus einer (theoretischen) Anerkennung Gottes keine merklichen Folgerungen gezogen werden. Schon das NT wusste von Menschen, die »bekennen, Gott zu kennen, durch ihr Tun aber verleugnen sie ihn« (Tit 1,16; 2 Tim 3,5).

* *Ethischer Atheismus:* Gott wird nicht wahrgenommen, weil sich der Mensch autonomistisch versteht

* *Indifferentismus:* meint die Gleichgültigkeit und das Desinteresse gegenüber der Gottesfrage. Der Gewohnheitsatheismus ist heute weit verbreitet, da vielen die Auseinandersetzung zwischen Theismus und Atheismus als überholt und existentiell als irrelevant erscheint. Sie leben »etsi Deus non daretur«. Die großen Fragen der Religionen werden verdrängt bzw. bagatellisiert. Der Mensch ist nicht nur gottlos, sondern auch gottunfähig geworden. Man lebt ohne Gott und hat nicht das Gefühl etwas zu vermissen. Nicht, dass der Gewohnheitsatheismus keine Sinnfragen kennen würde. Aber mit dem Tod und anderen Sinnwidrigkeiten kann man offenbar auch ohne Gott fertig werden. Die Rede von Gott ist ebenso wenig unabdingbar wie die Frage nach ihm. Wohl mag es sein, dass der Mensch nicht umhin kann, nach Sinn zu fragen. Die Frage nach dem Sinn des Lebens ist aber nicht einfach mit der Gottesfrage identisch. Und nicht alle Antworten auf die Sinnfrage lassen sich als religiös bezeichnen. Religion ist eine Möglichkeit neben anderen, aber nicht die einzige, Sinnfragen und Erfahrungen von Sinnwidrigkeiten zu bearbeiten.

* *»Bekümmerter Atheismus«:* Diese Bezeichnung wurde von Karl Rahner geprägt. Sie zielt ab auf die Plausibilität, die heute angesichts des neuzeitlichen Säkularismus den atheistischen Grundhaltungen innewohnt. Menschen werden von der Profanität der Welt überwältigt; sie haben das Gefühl, das Göttliche nicht mehr realisieren zu können, sind bestürzt über das Schweigen Gottes, über das profane Sinnloswerden der Welt. Im Grunde sei »nur« die Erfahrung, dass Gott nicht in das Weltbild hineingehört; er unaussprechlich erhaben ist.

Am bedrängendsten ist heute der praktische Atheismus, der allerdings nur schwer zu erfassen ist, da er sich der rationalen Argumentation entzieht. Daneben tritt gegenwärtig ein sog. Neoatheismus auf den Plan. Neu sind dabei nicht unbedingt die Argumente, die angeführt werden, als vielmehr die Art und Weise, wie sie vorgetragen und miteinander kombiniert werden, nämlich nicht selten polemisch, undifferenziert und unwissenschaftlich, so dass es sich beim Neoatheismus um ein vorwiegend publizistisches Phänomen handelt.[7]

Grundsätzlich bleibt festzuhalten, dass weder verbale Äußerungen noch der praktische Daseinsvollzug einen eindeutigen Rückschluss auf die Grundentscheidung des Menschen zulassen. Denn dieser kann in die partikulären Akte unterschiedlich Eingang finden. Je nach dem Ausmaß der Entzweiung des Menschen in sich selbst mischen sich in seiner theoretisch-verbalen Äußerung und praktischen Tat Eigenes und Fremdes, ist die Person in unterschiedlichem Maße im Akt selbst anwesend.[8] Zudem kann es zu Widersprüchen zwischen dem theoretisch-verbalen und praktischen Lebensbereich kommen, die gleichfalls aus der inneren Zerrissenheit des Menschen resultieren. Deshalb ist ein sicheres und abschließendes Urteil über die Grundentscheidung eines Menschen letztlich unmöglich. »Jemand als ›Atheisten‹ moralisch disqualifizieren zu wollen aufgrund irgendwelcher als atheistisch einzustufender Äußerungen wäre deshalb vermessen«.[9]

*c) Lehramtliche Reaktionen*

Theologie und Kirche reagierten auf die neuzeitliche Krise in der Gottesfrage in methodischer und inhaltlicher Hinsicht teilweise unterschiedlich. Die Kirche war geneigt, die neuzeitlichen Entwicklungen unter vorwiegend negativem Vorzeichen zu sehen und sich von der neuen Welt abzuschotten, anstatt sich mit ihr auseinanderzusetzen. Papst Gregor XVI. (1831–46) bezeichnete in seiner Enzyklika »Mirari vos arbitramur« (15. 8. 1832) die Forderung nach Gewissensfreiheit als »widersinnige und irrige Auffassung bzw. vielmehr Wahnsinn« (DH 2730) und wandte sich gegen Presse- und Religionsfreiheit. Im »Syllabus« (8. 12. 1864) von Papst Pius IX. (1846–78) wurden u. a. die Abschaffung der weltlichen Macht des Papstes verurteilt, das Ende der katholischen Religion als Staatsreligion, die Religionsfreiheit sowie global die These, dass »der Römische Papst … sich mit dem Fortschritt, mit dem Liberalismus und mit der modernen Kultur versöhnen und anfreunden« kann und soll (DH 2976–2980). Papst Leo XIII. äußerte in seiner Enzyklika »Diuturnum illud« (29. 6. 1881) erhebliche Vorbehalte gegenüber der Staatsform der Demokratie (DH 3150–3152) und Papst Pius' X. (1903–14) wandte sich in seiner Enzyklika »Pascendi dominici gregis« (8. 9. 1907) gegen den sog. Modernismus, der als ein geschlossenes System aufgefasst wurde. Die großen »Ismen«

---

[7] R. *Dawkins*, Der Gotteswahn, Berlin 2007.
[8] K. *Rahner*, Würde u. Freiheit des Menschen: Schriften II (³1958), 247–277.
[9] A. K. *Wucherer-Huldenfeld*, J. *Figl*, Der Atheismus: HFTh 1 (²2000), 67–84, hier 69.

(Agnostizismus, Immanentismus, Subjektivismus, Rationalismus, Pantheismus, Evolutionismus, Reformismus etc.) wurden systematisch zusammengefasst und pauschal als Irrlehren verurteilt (DH 3475–3502) sowie der Entwicklungsgedanke als Hauptstück modernistischer Lehren ausgemacht (DH 3493).

Zum Atheismus nahm das konziliare Lehramt auf dem Ersten Vatikanischen Konzil in seiner Konstitution »Dei Filius« (»Über den katholischen Glauben«) Stellung, indem es in Bezug auf die Leugnung der Existenz Gottes, des Schöpfers, das Anathema aussprach – analog zu früheren häretischen Glaubensauffassungen. »Wer den einen wahren Gott, den Schöpfer und Herrn des Sichtbaren und Unsichtbaren, leugnet: der sei mit dem Anathema belegt« (DH 3021). Zwar wurde der Atheismus innerhalb unterschiedlicher philosophischer Strömungen wahrgenommen, da diese aber alle unter dem Begriff »Atheismus« subsumiert wurden, wurden auch diese philosophischen Positionen als Ausformungen des Atheismus generell mit abgeurteilt, so u. a. der Materialismus und Pantheismus (DH 3022–3025).

Trotz Abgrenzung suchten die Konzilsväter auch das Gespräch mit dem Atheismus, indem sie die Möglichkeit der natürlichen Gotteserkenntnis mittels der Vernunft definierten: »Dieselbe Mutter Kirche hält fest und lehrt, daß Gott, der Ursprung und das Ziel aller Dinge, mit dem natürlichen Licht der menschlichen Vernunft aus den geschaffenen Dingen gewiss erkannt werden kann« (DH 3004, 3026). Auf der Basis der ratio und nicht der fides wurde die Auseinandersetzung mit dem Atheismus gesucht. Die rationale Verständnisebene der Atheisten wurde geteilt und die Prämissen des Unglaubens wurden ernstgenommen, ohne den Gottesglauben preiszugeben. Doch eine genaue Analyse des Atheismusphänomens und eine Auseinandersetzung mit seinen humanistischen Impulsen fanden nicht statt.

Die Theologie, insbesondere die Apologetik wurde nach dem Ersten Vatikanum stark vom Geist der dogmatischen Konstitution »Dei Filius« bestimmt und geprägt. In den apologetischen Lehrbüchern des ausgehenden 19. Jh.s wurde die Auseinandersetzung mit dem Atheismus im Bereich der grundsätzlichen rationalen Aufweisbarkeit des Daseins Gottes geführt und darin dessen Widerlegung erkannt. Auch historisch wurde argumentiert und die religionsgeschichtliche Grundthese von der Allgemeinheit der Religion nachzuweisen versucht. Zudem wurde die neuzeitliche Philosophie als Instrumentarium für das Glaubensverständnis als ungeeignet erklärt und stattdessen die Neuscholastik als wahre Philosophie als philosophia perennis empfohlen. So machte 1879 Papst Leo XIII., für den Thomas von Aquin »unter den scholastischen Lehrern als Fürst und Meister ... weit heraus[ragt]«

(DH 3139), die Lehre des Aquinaten zum Maßstab der theologischen Arbeit, was seine Nachfolger mehrfach bekräftigten. Dadurch wurde der Anschein erweckt, dass für die Kirche Offenbarung und neuzeitliche Philosophie nichts miteinander zu tun hätten und in keiner fruchtbaren Beziehung zueinander stünden. Die positiven Impulse der Aufklärung (Toleranz, Menschenrechte, Religion- und Gewissensfreiheit etc.) konnten nicht gewürdigt, geschweige denn für Kirche und Theologie effektiv verwendet werden. Dabei hat doch die Aufklärung nicht selten Impulsen, die durch das Christentum vermittelt waren, Raum gegeben und ihnen Wirkung verschafft, sie allerdings Gott als ihres Grundes und Sinnzieles beraubt.

Die Väter des Zweiten Vatikanums befassten sich in der Pastoralkonstitution »Gaudium et spes« mit dem Phänomen des Atheismus, ohne den Blickwinkel auf die systematisch-militante Form des Atheismus zu beschränken, wie er etwa im Zusammenhang mit der Ideologie des marxistisch-leninistischen bzw. marxistisch-maoistischen Kommunismus zu beobachten war (GS 20). Stattdessen wurde die ganze Breite der atheistischen Erscheinungsformen in die Betrachtung mit einbezogen. Dabei ging das Konzil erstmalig in der Geschichte der Kirche über die bloße Verurteilung des Atheismus hinaus. Es rechnete »den Atheismus zu den ernstesten Gegebenheiten dieser Zeit« (GS 19) und hielt an dessen Verwerfung fest (GS 21), versuchte aber gleichzeitig »die tiefer in der atheistischen Mentalität liegenden Gründe für die Leugnung Gottes zu erfassen«; es war »im Bewußtsein vom Gewicht der Fragen, die der Atheismus aufgibt, wie auch um der Liebe zu allen Menschen willen der Meinung, daß diese Gründe ernst und gründlicher geprüft werden müssen«. (GS 21)

Die Konzilsväter begegneten dem Atheismusphänomen näherhin auf dreifache Weise:

- *Kritische Würdigung:* Das Atheismusphänomen wird differenziert dargestellt und seine positiven Impulse und Motive werden gewürdigt: Freiheit des Menschen, Gerechtigkeit in der Gesellschaft, Protest gegen das Übel in der Welt etc.
- *Selbstkritik:* Die Argumente des Atheismus werden als Anregung zur Selbstkritik ernstgenommen. Diese besteht v. a. in der »Vernachlässigung der Glaubenserziehung«, einer »missverständliche[n] Darstellung der Lehre« und in den Mängeln eines glaubwürdigen Lebens dieser Lehre. (GS 19) »Das »Heilmittel gegen den Atheismus« wird darum nicht nur von dessen Widerlegung erwartet, sondern »von einer situationsgerechten Darlegung der Lehre und vom integren Leben der Kirche und ihrer Glieder«. (GS 21)

- *Inhaltliche Widerlegung:* Sie bedient sich nicht mehr nur der natürlichen Gotteserkenntnis, sondern stützt sich v.a. auf eine anthropologische Argumentation: Die Würde des Menschen gründe in Gott selbst und werde in ihm vollendet. Die Anerkennung Gottes widerstreite deshalb nicht der Würde des Menschen, vielmehr bliebe ohne Gott »jeder Mensch ... sich selbst eine ungelöste Frage«. (GS 21) Der Atheismus verfehlt letztlich nicht nur die Wahrheit Gottes, sondern auch die des Menschen. Nur durch das Gottesgeheimnis erhält das Geheimnis des Menschseins eine Antwort, die das Geheimnis nicht auflöst, sondern annimmt und vertieft. Nur wer Gott kennt, kennt auch den Menschen.

Die Auseinandersetzung mit dem Atheismus erfuhr auf dem Zweiten Vatikanum eine grundlegende Wende, da es nicht bei der Verurteilung stehen blieb, sondern den Dialog mit ihm suchte. Dabei hatte das Konzil nur Ansätze zu einem solchen Gespräch aufgezeigt. Ohnehin lassen sich die intellektuellen Anfragen des Atheismus durch eine geschichtliche und existentielle Betrachtungsweise allein nicht beantworten, auch die Frage nach dem eigenen Anteil am Atheismus ist zu stellen, wie dies das Konzil im Blick auf den Marxismus in Artikel 20 getan hat. Unter dieser Rücksicht stellen die Aussagen der Pastoralkonstitution einen »Meilenstein in der Kirchengeschichte unseres Jahrhunderts«[10] dar.

## 1.2. Naturwissenschaftliches Denken

*H. Zirker,* Religionskritik, Düsseldorf ³1995, 61–77; *E. Coreth, P. Ehlen, J. Schmidt,* Philosophie des 19. Jahrhunderts (Grundkurs Philosophie, Bd. 9), Stuttgart ³1997, 122–131; *R. Esterbauer,* (Fundamental-)Theologie und Naturwissenschaft: K. Müller (Hg.), Fundamentaltheologie. Fluchtlinien und gegenwärtige Herausforderungen, Freiburg i. Br. 1998, 261–279; *A. Loichinger,* Wirken Gottes und moderne Naturwissenschaft: ThG 46 (2003), 82–95; *A. Kreiner,* Theologie und Naturwissenschaft. Partner oder Gegner?: ThG 36 (1993), 83–105; Die religionskritische Relevanz der neuzeitlichen Naturwissenschaft: P. Schmidt-Leukel (Hg.), Berechtigte Hoffnung. Über die Möglichkeit, vernünftiger Christ zu sein. Antwort auf: Edgar Dahl (Hg.), Die Lehre des Unheils, Paderborn 1995, 49–70.

---

[10] *J. Ratzinger,* Kommentar zu Gaudium et spes 19–22: LThK Ergzbd. 3 (1968), 313–354, hier, 343.

### a) Pantheismus – Deismus

Mit dem Aufkommen der modernen Naturwissenschaften wurde das geozentrische Weltbild grundlegend erschüttert. Infolge rascher Erkenntniszuwächse über die Gesetzlichkeit der Natur wurde Gott mehr und mehr aus der Welt verdrängt und die Synthese von Wissen und Glauben erschüttert. Die neuzeitliche Wissenschaft erklärte nun die Abläufe allein durch Gesetze, die den Dingen immanent sind. Für Pierre-Simon de Laplace (1749–1827) folgte die Himmelsmechanik ewig gültigen Grundgesetzen der Natur. Als Napoleon sein Werk gelesen hatte, beglückwünschte er ihn zu dieser Arbeit, fragte aber: »Und wo ist in Ihrem System Platz für Gott?«, woraufhin Laplace die berühmt gewordene Antwort gegeben haben soll: »Sir, diese Hypothese habe ich nicht nötig gehabt.«[11] Der Gottesglaube erschien fortan als Angelegenheit derjenigen, die von den neuen Erkenntnissen der Wissenschaft noch keine Notiz genommen hatten.

Um der Autonomie der Natur willen wurde die grundlegende Relation zwischen Schöpfer und Schöpfung aufgelöst. Die Hypothese Gott wurde innerweltlich ort- und funktionslos und ins Jenseits verbannt. Da man jedoch um die Endlichkeit der Welt wusste, stellte sich immer noch die Frage des Verhältnisses von Gott und Welt. Die beiden möglichen Antworten im 17. Jh./18. Jh. waren:

- *Pantheismus:* Durch die Betrachtung der Großartigkeit und Gesetzmäßigkeit der Welt erwächst das Bewusstsein für deren Unendlichkeit. So werden Gott und Welt identifiziert, die Welt wird in Gott hineingenommen. Gott und das All ($\pi\tilde{\alpha}\nu$) der Wirklichkeit werden als Seins- und Wesenseinheit gesehen. So lautet etwa für Baruch de Spinoza das Grundprinzip: Deus sive natura[12] (Gott oder [auch] die Natur). Die endlichen Dinge seien nur Modi der göttlichen Substanz. Allerdings wird von Spinoza keine flache Ineinssetzung von Gott (natura naturans) und Natur (natura naturata) intendiert. Denn Gott »ist unendlich mehr als diese Welt.«[13] Die Welt wird als Selbstverwirklichung und Selbstentfaltung Gottes verstanden. Dieses pantheistische System übte im 17./18. Jh. einen weithin prägenden Einfluss aus. Der Pantheismus, das Gott-Natur-Fühlen, prägte die Neuzeit.

---

[11] Zit. n. *D. Hattrup*, Der Traum von der Weltformel oder Warum das Universum schweigt, Freiburg i. Br. 2006, 267.

[12] *B. Spinoza*, Die Ethik nach geometrischer Methode dargestellt (ed. O. Baensch), Hamburg 1955, 187, 194.

[13] *E. Coreth*, Gott im philosophischen Denken, Stuttgart 2001, 155.

- *Deismus:* Er gründet in der Erfahrung der Autonomie der Welt. Gott wird in seiner absoluten Transzendenz gedacht, als der Deus otiosus, der die Welt ihren eigenen natürlichen Gesetzen, Funktionen und Mechanismen überlässt. Eine besondere Offenbarung erscheint als Störung und Infragestellung der Vollkommenheit des Schöpfungswerkes und damit des Schöpfers selbst. Die Natur wird gar zur kritischen Instanz und Norm der Religion, das Christentum auf eine natürliche Vernunftreligion reduziert. Gottesverehrung wird überflüssig. Wahre Religion ist Moral, d. h. vernünftige Erfüllung natürlicher Pflichten. Um der Freiheit des Denkens willen wird jeder Dogmenzwang, selbst der Offenbarungsglaube insgesamt als Bindung abgelehnt.

Deismus und Pantheismus sind nicht streng voneinander zu unterscheiden. Gemeinsam ist ihnen der latente Hang zum Atheismus. Denn die Trennung von Gott und Welt oder die Einssetzung von Gott und Welt hatten ja dieselbe Wirkung: Ausschluss des Gottesglaubens im Namen der wissenschaftlichen Notwendigkeit. Ist Gott ins Jenseits verbannt und seiner Weltimmanenz beraubt, ist er letzten Endes tot.

### b) Positivismus

Durch das Erstarken des naturwissenschaftlichen Denkens bildete sich in der ersten Hälfte des 19. Jh.s der sog. Positivismus als Methodenprinzip heraus. Er berief sich auf die moderne Wissenschaft und ihren Fortschritt und erklärte die positiven Tatsachen, die äußere und innere Wahrnehmung, also das, was sich sinnlich erfahren und wissenschaftlich-experimentell erforschen lässt, zum Ausgangspunkt der Wissenschaft – Positivisten sind oft radikale Empiristen. Für den Positivismus ist allein das wirklich, was in der unmittelbaren Erfahrung vorgegeben ist. Metaphysik und Theologie sind daher Begriffsdichtung oder bloße Vorstufen der Wissenschaft. Als vorwissenschaftliche Fragestellung wird jede Frage nach dem »Wesen« der Dinge oder dem »Sinn« des Wirklichen abgelehnt. Sie führe in Kontroversen, die mit empirischen Mitteln nicht entschieden werden könnten. Als Erkenntnisideal gilt die Fragestellung von Gesetzmäßigkeiten in mathematischer Form. Dieser Typ des Denkens wird auch in den Geisteswissenschaften als erstrebenswert erachtet, die erst dadurch in den Rang von Wissenschaften erhoben werden.

Auguste Comte erhob den Positivismus auch für die Geisteswissenschaften zum Wissenschaftsideal und stellte ein Drei-Stadien-Gesetz auf.[14] Dem-

---

[14] *A. Comte*, Die Soziologie. Die positive Philosophie im Auszug, hg. v. F. Blascheke, Stuttgart ²1974, 1 f.

nach unterliegt das religiöse Bewusstsein einer geschichtlichen Entwicklung, in welcher sich drei verschiedene Stadien unterscheiden lassen:

- *Theologisches, fiktives Stadium:* Im mythischen Weltverständnis wird die Welt mittels übernatürlicher Kräfte erklärt. So entsteht eine polytheistische Religion mit Götterkult.

- *Zeit der Metaphysik:* Alles Sein und Geschehen wird auf ein Sich-Durchhaltendes zurückgeführt, auf allgemeine und notwendige Ideen bei Platon bzw. auf das Wesen bei Aristoteles. So entsteht ein Monotheismus, der aus abstrakten metaphysischen Prinzipien besteht.

- *Zeit der positiven Wissenschaft, des Positivismus:* Allein das Positive gilt; es soll durch empirisch-wissenschaftliche Forschung auf allgemeine, aber empirisch erstellte Gesetze gebracht werden. Was darüber hinausgeht, hat keine Geltung; es zählt allein die positive Wissenschaft. Aufgrund der Weltbewältigung mit Hilfe des Wissens wird Gott verschwinden. Die Aufgabe kognitiver Leistung übernimmt die exakte, positive Wissenschaft, während die Religion keine kognitive Kompetenz mehr hat. Religion hat keine Effektivität, keine eigenen Erkenntnismittel, keine Wahrheit und Funktion mehr. Sie erscheint als unreines Bewusstsein, das die realistische Reife des Positivismus noch nicht gewonnen hat und noch in Mythen und philosophischen Befangenheiten lebt. Allerdings erkannte Comte später, dass Religion auch im dritten Stadium möglich und nützlich sei, d.h. atheistisch konzipiert werden könne, insofern sie ihre psychologische Funktion behalte. Ihre Aufgabe sei es nun, die Arbeit der Wissenschaft wohlwollend zu begleiten und die Psyche zu stabilisieren.

*c) Materialismus*

Die explizite Leugnung Gottes als die letzte Konsequenz aus Deismus und Pantheismus fand Mitte des 19. Jh.s im sog. materialistischen Atheismus statt. Der Materialismus ist eine Weltanschauung, die in der Stofflichkeit die wahre Wirklichkeit sieht, die geistige Realität leugnet und alle weltlichen Prozesse nach mechanischen Gesetzen erklärt, selbst das geistige Geschehen. Alles Existierende ist Materie und auch Ideen oder Gedanken sind Erscheinungsformen der Materie. Eine solche materialistisch-mechanistische Weltanschauung drang auch in den deutschen Raum vor (Ludwig Büchner [1824–1899], Carl Vogt [1817–1895]). Die Wirklichkeit wurde auf der Basis eines empirisch-materialistischen Naturbegriffs rein immanent ohne Gott erklärt. Von den Materialisten wurde insbesondere Darwins Evolutionstheorie ausgewertet (Ernst Haeckel [1834–1919]): Aus der wissenschaftlichen Hypothese wurde der Darwinismus. »Es gehört zu dem genuinen Erscheinungsbild des Darwinismus und seiner Wirkungsgeschichte, daß er von Anfang an … in der doppelten Gestalt von wissenschaftlicher Theorie und Weltanschauungsbewegung auftrat.«[15]

Es gibt nur die materielle Wirklichkeit und auf sie muss alles rückführbar bzw. von daher erklärbar sein – alle Wirklichkeit sei Natur. Eine übermaterielle oder übersinnliche Realität wurde prinzipiell geleugnet. »Damit macht der Materialismus eine – im Grunde metaphysische – Aussage über die Gesamtwirklichkeit, die aber rein positivistisch … ist.«[16] Ein empiristisch-positivistisches Denken bzw. eine materialistische Weltanschauung, wie sie in der Mitte des 19. Jhs. vorherrschte, gilt heute als überholt.[17] Für seine Überwindung waren v. a. folgende Einsichten wichtig:

- *Relativismus*: Albert Einstein (1879–1955) wies mit seiner Relativitätstheorie nach, dass Raum und Zeit nur relativ zum Beobachter bestimmbar seien; die Naturwissenschaft könne sie nicht bestimmen.

- *Quantentheorie*: Niels Bohr (1885–1962) und Werner Heisenberg machten ausgehend von der quantenphysikalischen Unschärferelation – Orts- und Geschwindigkeitskoordinaten eines Teilchens können nicht gleichzeitig zugleich beliebig genau bestimmt werden – deutlich, dass es keine kontinuierliche Beschreibung der Wirklichkeit im mikroskopischen Bereich gibt. Der Realismus der klassischen Physik bzw. ihr Kausalprinzip wurden erschüttert und mithin die naturwissenschaftliche Weltbetrachtung der Perspektivität überführt; sie unterliegt der menschlichen Deutung. Die Quanteneffekte können nämlich nicht exakt verobjektiviert werden, vielmehr lassen sich über sie nur Wahrscheinlichkeitsaussagen machen. »Die Quantentheorie ist so ein wunderbares Beispiel dafür, daß man einen Sachverhalt in völliger Klarheit verstanden haben kann und gleichzeitig doch weiß, daß man nur in Bildern und Gleichnissen von ihm reden kann.«[18] Ein Blick in die Sprache neuerer Astrophysik, Quantenphysik oder Kosmologie bestätigt, dass Sachverhalte nur in Metaphern und Symbolen ausgedrückt werden können, wie etwa »Big Bang«, »Quarks«, »Schwarze Löcher«, »Dunkle Materie/Energie« u. a.

---

[15] *G. Altner*, Einleitung: ders. (Hg.), Der Darwinismus, Die Geschichte einer Theorie (Wege der Forschung 449), Darmstadt 1981, 1–4, hier 1.

[16] *E. Coreth*, Gott im philosophischen Denken, Stuttgart 2001, 224.

[17] *H.-P. Dürr*, Auch die Wissenschaft spricht nur in Gleichnissen. Die neue Beziehung zwischen Religion und Naturwissenschaft, Freiburg i. Br. 2004, 41.

[18] *W. Heisenberg*, Positivismus, Metaphysik und Religion: H.-P. Dürr (Hg.), Physik und Transzendenz. Die großen Physiker unseres Jahrhunderts über ihre Begegnung mit dem Wunderbaren, Bern [6]1992, 308–322, hier 313.

- Die Naturwissenschaft versucht im Horizont empirischer Erfahrung gesetzmäßige Zusammenhänge ausfindig zu machen und so Ereignisketten kausal zu erklären. Unerreichbar für sie ist indes die Handlungskausalität, die für den Menschen unverzichtbar ist. In ihr konstituieren sich Absicht und Sinn, Motive und Ziele jener Handlungen, deren Akteur der Mensch selbst ist. Die Handlungskausalität kann auf die Ereigniskausalität nicht reduziert werden. »Für unser Orientierungswissen ist der ›Raum der Gründe‹ konstitutiv, der dem ›Raum der Ursachen‹ nicht widersprechen darf, aber auch durch ihn nicht ersetzt werden kann. Auch die Naturwissenschaften selbst erhalten ihren Sinn und ihre Bedeutung erst in der Perspektive der Handlungskausalität.«[19]

An die Stelle des materialistischen oder sog. wissenschaftlichen Atheismus ist heute die Einsicht getreten, dass methodisch oft zu Unrecht auf die Nichtexistenz Gottes geschlossen wurde. Der Atheismus lässt sich wissenschaftlich nicht beweisen.

*d) Naturwissenschaft und Theologie*

Glaube und Wissen sind zu unterscheiden: Während Wissen aus dem Verhältnis des Intellekts zu den Gegenständen und Sachverhalten dieser Welt erwächst, geht es im Glauben um eine hermeneutische Einstellung zur Wirklichkeit. Während »[d]ie Denkweise der Naturwissenschaft ... *empirisch, mathematisch, kausalanalytisch, praktisch, fantasievoll, aber historisch entwurzelt und zeitlich fragmentiert*« ist, ist die der Theologie »*elementar, sprachlich, hermeneutisch, existentiell, zugleich traditionsgebunden und auf Hoffnung ausgerichtet und deshalb zeitlich integriert.*«[20] Die Naturwissenschaft bezieht sich auf das Messbare und erforscht Einzelphänomene, der Glaube hat es mit dem Ganzen der Wirklichkeit zu tun und setzt die Selbstoffenbarung Gottes als die die Blickrichtung bestimmende Grunderfahrung voraus. Ihm geht es nicht um Naturkausalitäten, sondern um Sinnaussagen über Welt, Mensch und Geschichte. Metaphysische Dimensionen sind einer naturwissenschaftlichen Untersuchung nicht zugänglich und können folglich in einer naturwissenschaftlichen Theorie nicht vorkommen

---

[19] *L. Honnefelder*, Phänomen »Neuer Atheismus«: Statement zu Beginn des ersten Podiumsgesprächs: zur debatte. Themen der Katholischen Akademie in Bayern 38 (5/2008), 21 f., hier 21.

[20] *J. E. Brush*, Naturwissenschaft als Herausforderung für die Theologie. Eine historisch-systematische Darstellung, Münster 2008, 208.210.

Naturwissenschaft stellt funktionale Zusammenhänge her, fragt aber nicht nach deren Bewertung. »[D]er Erfolg der neuzeitlichen Naturwissenschaft beruht … darauf, dass sie bestimmte (in anderen Zusammenhängen sehr wichtige) Fragen nicht stellt. Sie beschränkt sich auf das Messbare und was daraus gefolgert werden kann.«[21] Das durch naturwissenschaftliches Denken erzeugte Abbild der Wirklichkeit ist wertfrei und nicht sinnbehaftet. Naturwissenschaftliches Erkennen ist somit nur eine mögliche Perspektive auf die Welt. Durch ihren methodischen Atheismus und den Ausschluss von Sinnfragen kann sich die Naturwissenschaft nicht gegen die Theologie, sondern nur komplementär zu ihr entwickeln. Umgekehrt dürfen die Grenzen der Naturwissenschaft von der Theologie nicht vereinnahmt werden. Die unkritische Vermischung theologischer Methoden, Aussagen und Gegebenheiten mit naturwissenschaftlich-technischen Methoden stiftete in der Geschichte oftmals Verwirrung.

Das Verhältnis zwischen Theologie und Naturwissenschaften war deshalb so spannungsreich, weil sich beide auf derselben Ebene begegneten, in Konkurrenz zueinander traten und von beiden Seiten aus illegitime Grenzüberschreitungen vorgenommen wurden. Die Religion und in ihrem Gefolge die Theologie meinte, Gott würde durch die Aufstellung von Naturgesetzen seiner Allmacht und der Mensch seiner Würde beraubt. Umgekehrt konnten die Wissenschaften gar nicht anders, als religiöse durch natürliche Erklärungen zu ersetzen und mussten demnach vom Ansatz her atheistisch sein.

Heute werden die durch wissenschaftliche Methoden gesetzten Grenzen ernst genommen: Die Theologie könne keine naturwissenschaftlichen Fragen beantworten und die Naturwissenschaft keine theologischen – Wissenschaftler seien aufgrund der ihnen zugeschriebenen Autorität »am gefährlichsten …, wenn sie außer ihrer Kompetenz zu philosophieren anfangen«.[22] Die Wissenschaft nimmt immer schon methodische Abstraktionen oder Reduktionen vor, so dass sie nie alle Dimensionen der Wirklichkeit erfassen kann. Außen vor bleiben Finalität, freies Wollen, Gesinnung, Liebe, Werte etc. Theologie und Naturwissenschaft sind auf unterschiedlichen Ebenen angesiedelt; Gott und Welt lassen sich nicht auf derselben Ebene miteinander verhandeln.

---

[21] *R. Schröder*, Abschaffung der Religion? Wissenschaftlicher Fanatismus und die Folgen, Freiburg i. Br. 2008, 47.
[22] *J. M. Bochenski*, Wege zum philosophischen Denken. Einführung in die Grundbegriffe, Freiburg i. Br. [18]1984, 68.

Gott kann nicht Objekt physikalischer Theorien werden, weil er kein Objekt ist, sondern absolutes Subjekt. Das muss aber nicht heißen, dass Gott und Welt nichts miteinander zu tun hätten. Im Gegenteil: Die Naturwissenschaft stößt heute immer wieder zur Gottesfrage vor, sofern sie nach ihren Voraussetzungen und Konsequenzen fragt. Außerdem hat der einstige Fortschrittsglaube einem düsteren Pessimismus Platz gemacht. Der Mensch weiß, dass allein durch materiellen Fortschritt die Welt nicht verbessert werden kann. »Dem Menschen wird es unheimlich in dieser von Menschen beherrschten und von Menschen zerstörten Welt.«[23] Der einstige Protest gegen den Gottesglauben im Namen der Wissenschaft und ihres Fortschritts verstummt zusehends.

*e) Naturwissenschaftliche Erkenntnisgrenzen*
Nach verbreiteter Meinung gelangen die Naturwissenschaften zu unabänderlichen Gesetzen, die unabhängig von Raum und Zeit, von persönlichen Einstellungen und gesellschaftlichen Konventionen gelten. Es werden nur »solche Antworten zugelassen, die den Kriterien experimenteller Überprüfbarkeit genügen.«[24] Die Erkenntnisse der Naturwissenschaften gründen demnach auf der Erfahrung, wie sie in gezielt angelegten Experimenten gewonnen wird sowie auf der Kraft der Vernunft, die Theorien auf der Grundlage einer mathematischen Sprache schafft. Wissenschaftliche Erkenntnis wird als unumstößliche Erkenntnis begriffen, da sie bewiesen werden kann. Dieses Bild von naturwissenschaftlicher Erkenntnis wurde durch die Wissenschaftstheorie in wesentlichen Punkten in Frage gestellt[25]:
- Bei der Aufstellung eines naturwissenschaftlichen Gesetzes wird von einer endlichen Zahl von Beobachtungsdaten induktiv auf ein Gesetz geschlossen, das für alle Anwendungsfälle gelten soll, also allgemeingültig ist. Ein solcher induktiver Schluss ist jedoch vom logischen Standpunkt aus nicht zulässig. Eine endliche Zahl von Singularsätzen kann grundsätzlich keinen Allsatz verifizieren. Was klassisch den Rang eines unfehlbaren Naturgesetzes beansprucht, ist nach einer wissenschaftstheoretisch geläuterten Sicht nicht mehr als eine vernünftige Arbeitshypothese, zu deren Kennzeichen die Überholbarkeit zählt.

---

[23] *E. Coreth*, Gott im philosophischen Denken, Stuttgart 2001, 227.
[24] *R. Schröder*, Abschaffung der Religion? Wissenschaftlicher Fanatismus und die Folgen, Freiburg i. Br. 2008, 68.
[25] *K. Popper*, Logik der Forschung, Tübingen [10]1994, hier 3–21.

- Eine naturwissenschaftliche Theorie ist ein komplexes Geflecht von Hypothesen. Stimmen neue experimentelle Befunde nicht mit einer bislang bewährten Theorie überein, würden Wissenschaftler diese im Allgemeinen kaum im Ganzen verwerfen. Vielmehr werden sie zuerst versuchen, durch eine geringfügige Modifikation einer oder mehrerer Hypothesen die Theorie als solche zu erhalten. Welche Hypothesen geändert werden müssen, ist nun aber nicht experimentell festzustellen, sondern liegt in der Entscheidung der Naturwissenschaftler. »Die Wahrheit einer physikalischen Theorie kann nicht nach Kopf und Wappen entschieden werden.«[26] Infolgedessen gibt es zu gegebenen experimentellen Daten immer mehrere, kompatible Theorien. Der experimentelle Beweis spielt daher für die Annahme naturwissenschaftlicher Theorien eine geringere Rolle, als gewöhnlich angenommen wird. Für die Theoriebildung sind nicht allein experimentelle Daten ausschlaggebend.

- Thomas Kuhn (1922–1996)[27] hat die Vorstellung einer kontinuierlich fortschreitenden Naturwissenschaft, die die Welt in ihrem wirklichen Wesen immer genauer erfasst und immer mehr Erkenntnisse anhäuft, einer gründlichen Revision unterzogen. Fortschritt in den Wissenschaften vollziehe sich nach Kuhn nicht evolutionär, sondern revolutionär, insofern ein bislang anerkanntes Erklärungsmodell durch ein anderes begrifflich-methodologisches System ersetzt würde. Dieser Übergang sei als ein radikaler Bruch zu qualifizieren: Altes und neues Paradigma seien inkommensurabel, gänzlich unvereinbar. Die Entscheidung für einen Paradigmenwechsel hängt nach Kuhn nur teilweise von wissenschaftlichen Erwägungen ab. Auf sie nehmen insbesondere soziologische Umstände einen beträchtlichen Einfluss.

- Die Wende in der klassischen Physik, ausgelöst durch die Quantentheorie in der ersten Hälfte des 20. Jh.s, hat die Annahme der exakten Messbarkeit der physikalischen Wirklichkeit erschüttert und den Determinismus in die Schranken seiner grundsätzlichen Falsifizierbarkeit und seiner zulässigen Anwendungsbereiche gewiesen. Die weitere Wende durch die Chaostheorie in der zweiten Hälfte des 20. Jh.s brachte den Reduktionismus mit seinen unabänderlichen Naturgesetzen von den Totalansprüchen ab. Sie verwarf wie die Quantenphysik die Vorstellung des strengen klassi-

---

[26] *P. M. M. Duhem*, Ziel und Struktur der physikalischen Theorien, Hamburg 1998, 253; *W. van O. Quine*, Zwei Dogmen des Empirismus: ders., Von einem logischen Standpunkt. Neun logisch-philosophische Essays, Frankfurt a. M. 1979, 27–50.

[27] *Th. S. Kuhn*, Die Struktur wissenschaftlicher Revolutionen, Frankfurt a. M. [20]2007.

schen Determinismus, insofern nichtlineare chaotische Systeme ein Gemenge von Zufall und Determinismus aufweisen, so dass ein nachfolgender Zustand nicht vom vorherigen exakt berechenbar ist. Man hat es mit spontaner Ordnungsentstehung zu tun und kann immer nur im Nachhinein feststellen, mit welchen neuen und zugleich nicht-reduktiven Eigenschaften ein System aus chaotischen Prozessphasen hervorgeht. Vor dem Hintergrund, dass der Zufall nicht aus der Welt geschafft werden kann und »offenbar ein konstitutives Element unserer Welt dar[stellt]«[28], ist die Physik bescheidener geworden. Der Materialismus bzw. Physikalismus, der monistisch die ganze Wirklichkeit für physikalisch erklärbar deklariert, verliert durch die neueste Entwicklung der Physik immer mehr an Überzeugungskraft.

•  Die Naturwissenschaft muss sich auf die Erfahrungswelt beschränken. Sie handelt demnach nicht von der eigentlichen Wirklichkeit, sondern nur von einem bestimmten Teil dieser Wirklichkeit, so dass das auf naturwissenschaftliche Weise ermittelte Wissen ein eingeschränktes Wissen ist. Die Wirklichkeit kann durch das naturwissenschaftliche Denken nie ausgeschöpft werden.

So wenig die Naturwissenschaften zu unabänderlichen Gesetzen gelangen können, die unabhängig von Raum und Zeit gelten, so wenig können sie heute, anders als noch im 19. Jh., von einer lückenlosen Determiniertheit der Wirklichkeit ausgehen. Damals glaubte man, dass die Verbindung von Ursache und Wirkung eindeutig, notwendig und unveränderlich sei, und dass darum, wenn alle Kräfte, die in einem System wirken, bekannt seien, errechnet werden könnte, was eintreten würde. Natur und Evolution seien vollständig naturgesetzlich geregelt und adäquat auch nur naturwissenschaftlich beschreibbar. Religiös-metaphysische Erklärungen galten a priori als ausgeschlossen. Innerhalb der kausalen Geschlossenheit des physischen Bereichs war für den Glauben an das göttliche Wirken kein Raum.

Heute ist der Glaube an einen lückenlosen Determinismus der Wirklichkeit gebrochen. Einsteins berühmte Bemerkung, »daß *der* [Alte bzw. Gott] nicht würfelt«[29], zeigt, wie schwierig es der Naturwissenschaft fiel, eine Indeterminiertheit der Wirklichkeit anzuerkennen. Doch sowohl die quantenphysikalischen Unbestimmtheiten im Mikrobereich als auch die chaotischen In-

---

[28]  A. *Zeilinger*, Der Zufall als Notwendigkeit für eine offene Welt: ders. u. a. (Hg.), Der Zufall als Notwendigkeit, Wien ²2008, 19–24, hier 23.
[29]  Albert Einstein an Max Born. 4. Dez. 1926: Albert Einstein, Hedwig und Max Born: Briefwechsel 1916–1955, kommentiert von M. Born, München 1969, 129 f.

stabilitäten im Makrobereich erzwangen die Preisgabe des bisherigen Ideals vollständiger mathematischer Berechenbarkeit aller Naturprozesse.

Die naturwissenschaftliche Berechenbarkeit bestimmter physikalischer Vorgänge ging verloren. Handelt es sich hierbei lediglich um eine epistemische Erklärungslücke oder um eine ontologische? Nach epistemischer Deutung gehe im Fall von quantenphysikalischem und chaotischem Verhalten zwar die Prognostizierbarkeit verloren, nicht aber die Determiniertheit. Nach ontologischer Deutung handele es sich um eine Unbestimmtheit bzw. Offenheit, die dem betreffenden physikalischen Prozess selbst inhärent sei. Grundsätzlich kann die Frage nach der epistemischen oder ontologischen Deutung naturwissenschaftlicher Unberechenbarkeit rein naturwissenschaftlich nicht entschieden werden. Sie stellt bereits eine metaphysische Deutung physikalischer Prozesse dar. Eine ontologische Deutung naturwissenschaftlicher Unberechenbarkeit lässt zwei verschiedene Positionen zu[30]:

- *Theologische:* Bei quantenphysikalischen Vorgängen und chaotischen Prozessphasen können aus energetisch identischen Ausgangsbedingungen unterschiedliche Endzustände resultieren und in diesen Indeterminismen könne man »göttliches Wirken, göttliche Fügung und Herrschaft« sehen.[31] »*Der Zufall ist das trojanische Pferd in der Stadt des totalitären Evolutionismus.*«[32] Verorte man Gottes Handeln in der Welt in solchen physikalischen Unbestimmtheiten, würden die physikalischen Erhaltungssätze nicht verletzt und Gott nähme keine Lückenbüßer-Rolle ein, würde er doch nicht in epistemischen Lücken, sondern in realen indeterminierten Freiräumen angesiedelt. Er habe die Natur so geschaffen, dass sie eine intrinsische Offenheit besitzen würde. In diesen prinzipiell gegebenen Freiräumen wirke Gott fortwährend in seiner Schöpfung auf physikalisch unbestimmbare und insofern verborgene Weise. Es sei nicht eindeutig klar, was die Natur von sich aus tue und was Gott in ihr wirke, so dass die Glaubensfreiheit des Menschen gewahrt bliebe.

- *Naturalistische:* In einem nicht-determinierten Geschehensablauf müsse keineswegs Gottes Wirken verortet werden. Warum solle der Zufall nicht bloß für kausale Erkenntnislücken stehen[33] oder aber das Weltgeschehen nicht von einem blinden Zufall beherrscht sein? Insbesondere in der Bio-

---

[30] A. *Loichinger*, Theologie und Naturwissenschaft. Eine Grundbestimmung: ThGl 92 (2002), 195–208, hier 201–204.

[31] P. *Jordan*, Der Naturwissenschaftler vor der religiösen Frage, Oldenburg 1972, 156.

[32] D. *Hattrup*, Der Mensch – ein bloßes Naturprodukt?: ThGl 92 (2002), 394–407, hier 404.

[33] W. *Nagl*, Gentechnologie und Grenzen der Biologie, Darmstadt ²1992, 121.

logie spielt dieser Gedanke heute eine Rolle und wird z. T. als Argument gegen den Gottesglauben angeführt. Zudem wird geltend gemacht, dass sich das Chaos zwar unvorhersehbar verhalte, nicht aber indeterministisch. Nach dem Biochemiker und Medizinnobelpreisträger Jacques L. Monod »muß der Mensch endlich aus seinem tausendjährigen Traum erwachen und seine totale Verlassenheit, seine radikale Fremdheit erkennen. Er weiß nun, daß er seinen Platz wie ein Zigeuner am Rande des Universums hat, das für seine Musik taub ist und gleichgültig gegen seine Hoffnungen, Leiden oder Verbrechen.«[34]
Prinzipiell können die realen Indeterminismen im naturwissenschaftlichen Weltprozess unterschiedlich gedeutet werden: als blinder, wahlloser Zufall oder göttliches Wirkfeld. Allerdings muss auf jeden Fall bedacht werden, dass Gott nicht auf der Kausalitätsebene angesiedelt werden darf und für den Schöpfungsbegriff das Moment des absoluten Ursprungs, das außerhalb jeder zeitlichen Bestimmung liegt, wesentlich ist.

*f) Zuordnungsmodelle*

In der wissenschaftstheoretischen Verhältnisbestimmung von Naturwissenschaft und Theologie lassen sich grob vier Modelle ausmachen[35]:

- *Konfrontations- bzw. Konkurrenzmodell:* Dieses Modell kennzeichnet eine im Laufe der Jahrhunderte immer größer gewordene Entfremdung bzw. Feindschaft zwischen Naturwissenschaft und Theologie, die ihren Höhepunkt gegen Ende des 19. und zu Beginn des 20. Jh.s erreichte. Während die Theologie die göttliche Offenbarung als sichere und verlässliche Quelle der Wahrheit versteht, vollzieht sich nach Auffassung der Naturwissenschaft die Wahrheitssuche in einem freien, öffentlichen und kritischen Diskurs, in dem die besseren Argumente entscheiden.
- *Trennungsmodell:* Die Theologie beansprucht gegenüber den Naturwissenschaften einen eigenen Gegenstandsbereich und eine eigene Methodik. Beide Wissenschaften arbeiten und argumentieren auf verschiedenen Ebenen, zwischen denen es keine Gemeinsamkeiten, aber auch keine Differenzen geben kann. Das auf protestantischer Seite von Karl Barth und auf katholischer von Karl Rahner propagierte Trennungsmodell ermöglichte gewissermaßen einen Waffenstillstand zwischen den Konfliktpartei-

---

[34] *J. Monod*, Zufall und Notwendigkeit. Philosophische Fragen der modernen Biologie, München ⁵1973, 211.
[35] *A. Kreiner*, Theologie und Naturwissenschaft. Partner oder Gegner?: ThG 36 (1993) 83–105.

en und wird noch heute von zahlreichen Naturwissenschaftlern und Theologen vertreten. Die Gefahr allerdings ist, dass eine methodische Abgrenzung jedes Gespräch von vornherein ausschließt mit dem latenten Hang zum Dualismus zwischen der personalen, subjektiven Wahrheit des Glaubens und der objektiven und unpersönlichen Wahrheit der Wissenschaft.

- *Absorptions-* bzw. *Konkordanzmodell:* Zu Beginn der 70er Jahre traten überraschend mehrere Physiker hervor, die ein neues Interesse an metaphysischen und religiösen Fragen bekundeten. New-Age-Physiker wie Fritjof Capra (\* 1939) und David Bohm (1917–1992) versuchten in gewagten Argumentationsfiguren nachzuweisen, dass die großen Umbrüche in den Naturwissenschaften – Quantenmechanik und Chaostheorie – eine neue, und zwar mystische Weltsicht zwingend erforderlich machten. Frank Tipler (\* 1947) erklärt die Theologie zu »einem Spezialgebiet der Physik«[36] und ist überzeugt, Glaubensvorstellungen direkt aus physikalischen Gesetzen ableiten zu können. »Die Physik hat nun die Theologie absorbiert; die Trennung zwischen Wissenschaft und Religion, zwischen Vernunft und Gefühl, ist überwunden.«[37] Wird jedoch pantheistisch festgestellt, Gott sei Evolution, wird Naturwissen unzulässigerweise in Sinnwissen transformiert und lässt sich »die Spreu kaum mehr vom Weizen scheiden.«[38]

- *Komplementaritäts-* bzw. *Interaktionsmodell:* Naturwissenschaft und Theologie respektieren sich als autonome Größen, die aber nicht in »friedliche[r] Koexistenz reziproker Belanglosigkeit«[39] verharren, sondern versuchen, ihre Aussagen aufeinander zu beziehen und miteinander zu vermitteln. Bekannte Vertreter des Dialogmodells sind auf evangelischer Seite Wolfhart Pannenberg und katholischerseits Teilhard de Chardin (1881–1955) oder Alexandre Ganoczy (\* 1928). Sie suchen nach Konvergenzen zwischen verschiedenen Aspekten beider Disziplinen, um die Kluft zwischen ihnen zu überwinden. Naturwissenschaft und Theologie müssen versuchen, ihr spezifisches Wirklichkeitswissen in eine umfassen-

---

[36] *F. J. Tipler,* Die Physik der Unsterblichkeit. Moderne Kosmologie, Gott und die Auferstehung der Toten, München ²1994, 13.

[37] Ebd., 406.

[38] *K. Müller,* Gottes Dasein denken. Eine philosophische Gotteslehre für heute, Regensburg 2001, 126.

[39] *P. Neuner,* Vorwort: ders. (Hg.), Naturalisierung des Geistes – Sprachlosigkeit der Theologie. Die Mind-Brain-Debatte und das christliche Menschenbild, Freiburg i. Br. 2003, 7–13, hier 12.

de Wirklichkeitssicht zu integrieren. Mögliche Dialogfelder können sein: Die Ethik, insofern die Naturwissenschaft die Frage nach dem Sinn und Zweck ihrer Erkenntnisse nicht alleine beantworten kann (Stammzellenforschung, Euthanasie etc.) – »Zweckrationales Wissen gibt keine Zwecke vor«[40]; der gemeinsame Kampf um die Rationalität, insofern heute vernunftgeleitete Einsichten mit gefühlgeleiteten Einsichten konkurrieren und die Errungenschaften der Aufklärung in Frage stehen; die ökologische Frage, insofern technische Fortschritte allein die Zukunft nicht zu sichern vermögen. Naturwissenschaft und Theologie sind aufeinander bezogen.

## 2. Atheismus im Namen naturwissenschaftlicher Autonomie

### 2.1. Schöpfungsaussagen und Naturwissenschaft

*G. Brüntrup*, Atheismuswahn versus Gotteswahn: StZ 226 (2008), 130–134; *Th. Schärtl*, Neuer Atheismus. Zwischen Argument, Anklage und Anmaßung: StZ 226 (2008), 147–161; *P. S. Peterson*, Der neue Atheismus und die Geschichte des Christentums: ThR 75 (2010), 364–370; *U. Lüke*, »Als Anfang schuf Gott …«. Bio-Theologie. Zeit – Evolution – Hominisation, Paderborn 1997, 109–165; *H.-J. Blome, H. Zaun*, Der Urknall. Anfang und Zukunft des Universums, München, 2004, 60–99; *G. Weckwerth*, Ist die Evolution gewollt? Die Rolle des Zufalls in der Schöpfung: HerKorr 60 (2006), 413–418; *H.-D. Mutschler*, Intelligent Design. Spricht die Evolution von Gott?: HerKorr 59 (2005), 497–500; *G. Weckwerth*, Religionsprinzip des Kosmos. Die Evolutionstheorie und das Handeln Gottes: HerKorr 57 (2003), 207–212; *Ch. Kummer*, Jubiläum einer Mesalliance. Theologische Fragen nach 25 Jahren Soziobiologie: HerKorr 55 (2001), 42–47; *U. Lüke*, Unübersichtliche Grenzverläufe. Die Schöpfungslehre angesichts der gegenwärtigen Evolutionsbiologie: HerKorr 53 (1999), 453–457; *Ch. Aus der Au*, Evolution oder Intelligent Design. Wer hat die bessere Erklärung: H. A. Müller (Hg.), Evolution: Woher und Wohin. Antworten aus Religion, Naturwissenschaft und Geisteswissenschaft, Göttingen 2008, 61–81; *H. Küng*, Der Anfang aller Dinge – Naturwissenschaft und Religion, München 2005, 59–146.

---

[40] *R. Schröder*, Abschaffung der Religion? Wissenschaftlicher Fanatismus und die Folgen, Freiburg i. Br. 2008, 93.

Religionsfrage

## a) Neoatheismus

In letzter Zeit ist nicht nur von der »Renaissance der Religion«[41] die Rede, vielmehr macht auch ein sog. Neoatheismus[42] vermehrt auf sich aufmerksam. Zu seinen Progatonisten zählen u. a. Philosophen wie Christopher Hitchens (* 1949), Daniel Dennett (* 1942), Michel Onfray (* 1959) und der Neurowissenschaftler und Evolutionsbiologe Richard Dawkins (* 1941). Es ist nicht einfach, genau zu bestimmen, was der neue Atheismus eigentlich ist, da seine Inhalte und Methoden sehr divergent zu sein scheinen.

Zunächst handelt es sich um ein publizistisches Phänomen, das sich kämpferisch und teilweise aggressiv gibt. Der Neoatheismus möchte ausgehend von den wissenschaftlichen Fortschritten den Gottesglauben als irrational und destruktiv, infantil und gewalttätig entlarven und so der Religion die gesellschaftliche Anerkennung entziehen. Richard Dawkins, aber auch Christopher Hitchens und Daniel Dennett vertreten einen rigiden oder extremen Naturalismus, insofern nur das als rational anerkannt wird, was mit den empirischen Methoden der Wissenschaft erfassbar ist (methodischer Naturalismus), und als wirklich betrachtet wird, was in der raum-zeitlichen Welt existiert (ontologischer Naturalismus). Was bei Dawkins neu ist, sind nicht unbedingt die angeführten Argumente, sondern die Art und Weise, wie sie vorgetragen werden: denunziatorisch, fundamentalistisch, undifferenziert und rassistisch.

Wenn es stimmt, dass die Kritik nicht die Krise schafft, sondern auf bereits bestehende Probleme hinweist und darum die religionskritischen Argumente eine Hilfe für das Reden von Gott sein können, welche Herausforderung stellt dann der Neoatheismus dar? Seitens der Theologie kann von naturwissenschaftlichen Erkenntnissen nicht einfach abgesehen werden. Unter anderem hat Papst Johannes Paul II. bei vielen Gelegenheiten darauf hingewiesen, dass die wissenschaftlichen Disziplinen die Theologie beschenken. »Die Wahrheit in der Sache ist, daß die Kirche und die wissenschaftliche Gemeinschaft unausweichlich interagieren; sie haben nicht die Option der Isolation.«[43]

---

[41] HerKorr (Hg.) Renaissance der Religion. Mode oder Megathema? (= HerKorr Spezial), Freiburg 2006.

[42] *G. M. Hoff*, Die neuen Atheismen. Eine notwendige Provokation, Kevelaer 2009.

[43] *Johannes Paul II.*, Schreiben an George V. Coyne S.J., Direktor der Vatikanischen Sternwarte »Specola« (1. Juni 1988).

*b) Theorie vom Urknall*

Das kosmologische Standardmodell ist das des sog. Urknalls. Die Urknallkosmologie besagt, dass zu einer Zeit (t = 0) Materie, Raum und Zeit aus einer ursprünglichen, physisch nicht beschreibbaren Singularität heraus entstand und sich der Kosmos seit diesem Zeitpunkt beständig ausdehnt. Zuvor gab es kein Universum und damit weder Zeit noch Raum. Allgemein wird das kosmische Zeitalter mit etwa 13,7 Milliarden Jahren angegeben. Vor dem Urknall gab es aus quantentheoretischer Sicht zwei Arten sog. Vakuums[44]:

- *»Wahres« Vakuum:* Es zeichnet sich durch den leeren Raum, durch das Fehlen von wirklicher Materie und Energie aus. Gemäß dem Unschärfeprinzip tauchen im Vakuum virtuelle Teilchen und Antiteilchen für winzige Bruchteile von Sekunden in der Wirklichkeit auf (Quantenfluktuationen), die sich aber gegenseitig wieder vernichten und sofort verschwinden. Insofern kommt dem Vakuum dann doch eine bestimmte Energiedichte zu. Der anfängliche wahre Vakuumszustand dauert nicht an, sondern geht in das falsche Vakuum über, das Materie oder Energie enthält.

- *»Falsches« Vakuum:* Infolge der Quantenfluktuationen entsteht für kurze Zeit ein falsches Vakuum, das nach Einsteins allgemeiner Relativitätstheorie instabil ist und sich augenblicklich in unvorstellbarem Maße aufbläht. Durch die explosive Expansion, viel schneller als die Lichtgeschwindigkeit (300.000 km/sec), wird in dem falschen Vakuum mehr und mehr Raum ausgefüllt und ein ungeheuer großes Raumgebiet entsteht: der eigentliche Urknall, der Beginn des Universums. Sobald ein spezifisch großes Ausmaß erreicht ist, hört die inflationäre Expansion auf ($10^{-34}$ Sekunden nach dem Urknall), so dass sich wieder ein wahres (stabiles) Vakuum entwickelt. Die ungeheure Energiemenge des falschen Vakuums füllt den Raum eine Millionstel Sekunde nach dem Urknall mit heißer Strahlung, Elementarteilchen und ihren Antiteilchen (Quarks, Anti-Quarks, Elektronen, Positronen etc.). Für die ersten $10^{-43}$ Sekunden nach dem Urknall, d.h. nach der Expansion, kann es nur spekulative Aussagen geben (Planckzeit). Denn es ist nicht erwiesen, dass innerhalb des ungeheuer kleinen »Zeit«-Abschnitts die physikalischen Gesetze galten. Erst nach der Planck-Ära beginnen die Physiker zu rechnen, wobei in der Zeit bis $10^{-10}$ Sekunden nach dem Urknall die Gesetze der Materie ebenfalls noch

---

[44] *F. Adams, G. Laughlin,* Die fünf Zeitalter des Universums. Eine Physik der Ewigkeit, München 2000, 35–60; »Kosmologie«, Spektrum der Wissenschaft Dossier 2/2000, 22–35, 44–51.

Religionsfrage

unbekannt sind, aber extrapoliert werden können. Danach geht gemäß der Quantentheorie die Art von Energieemergenz nach den relevanten physikalischen Prinzipien vor sich. Ob das Universum nach Milliarden von Jahren wieder in sich zusammenfällt oder die Ausdehnung nie aufhört, hängt letztlich von der Dichte der Materie im Universum ab. »Wenn diese größer ist als eine sogenannte kritische Dichte, dann reicht die Gravitationskraft der Massen des Universums aus, um die Ausdehnung irgendwann umzukehren.«[45]

Dem Ereignis t = 0 gehen keine anderen existierenden Zeitmomente voraus, weshalb die Frage nach dem zeitlichen Zuvor des *Urknalls* bzw. der Vorwurf, die Kosmologen würden die Situation vor dem Urknall nicht diskutieren, unbegründet ist. Das Universum hat ebenso wenig einen räumlichen oder zeitlichen Rand, wie die Erdoberfläche einen Rand hat. Das gilt auch für die Frage nach der Entstehung der Materie. Die Urknalltheorie bzw. Quantenkosmologie behauptet, dass zu allen existierenden Zeitmomenten der gesamte Materie-Energieinhalt des Universums gleich war. Die Frage, wie Materie erstmals entstand, würde nur Sinn machen, wenn es vor dem echten Vakuum Zeitmomente gegeben hätte. So gibt es im Grunde kein Schöpfungsproblem, da keine Materie auf eine den Erhaltungssatz verletzende Weise in Existenz kam.

Falsch ist die Frage nach der Zeit vor dem Urknall, wie auch die nach der Erst-Ursache. Die Frage der Schöpfung ist keine Frage der Kosmologie. Für das kosmologische Urknallmodell wurde die Zeit zeitlos gesetzt, und es war zu allen existierenden Zeitmomenten der gesamte Materie-Energieinhalt des Universums durch die Erhaltung von Materie-Energie gleich. So gibt es keine Notwendigkeit, eine äußere oder gar eine göttliche Verursachung für das anfängliche, echte Vakuum heranzuziehen.

*c) Schöpfungsbegriff und Ursache-Wirkung-Schema*

Jede naturalistische Erklärung ist relativ, nämlich bezogen auf ein physikalisches Gesetz. Unbeantwortbar aber bleibt für die Naturwissenschaft die Frage, warum überhaupt etwas existiert und nicht vielmehr nichts. Darauf antwortet die biblische Schöpfungsaussage. Sie ist nicht naturwissenschaftlicher Art und darum auch nicht mit naturwissenschaftlichen Methoden verifizierbar oder falsifizierbar.

Schöpfung ist nicht zu verstehen als kausale Erstverursachung. Schöpfungstheologie ist nicht identisch mit der Einführung Gottes in innerwelt-

---

[45] *S. Bauberger*, Schöpfung oder Urknall?: StZ 218 (2000), 688–702, hier 689.

liche Kausalitätenketten. Die Schöpfungslehre besagt vielmehr die Beziehung der gesamten evolutiven Wirklichkeit auf Gott, der sie als Gegenüber samt dem Menschen als Partner setzt und will. Zur Bezeichnung dessen, was mit Schöpfung gemeint ist, eignet sich das Wort Kausalität nicht, es steht auch nicht im Zentrum von Gen 1,1: »Im Anfang [בְּרֵאשִׁית] schuf Gott Himmel und Erde«. Weil בְּרֵאשִׁית *(bᵉreshit)* keine Zeitansage bedeutet, wäre es besser mit »anfangs« zu übersetzen.[46] Es geht nicht um einen Uranfang, eine erste Causa, sondern um eine seinsmäßige Abhängigkeit, eine existenzielle Verwiesenheit der gesamten Wirklichkeit auf Gott. »Der Schöpfungsakt ... bedeutet eine *transtemporale Gründungs-* bzw. *Gegründetheitsrelation.*«[47] Die Schöpfungserzählungen beschreiben kein Vorher und Nachher, sondern die prinzipielle und andauernde Beziehung (relatio) der Wirklichkeit zu seinem Grund. Schon Augustinus hatte festgehalten, dass Gott die Welt nicht in tempore geschaffen habe, sondern cum tempore.[48] Die Zeit sei mit der Welt geschaffen, so dass die Frage nach dem Anfang obsolet werde.

Der Schöpfungsbegriff hat nichts mit dem Ursache-Wirkung-Schema zu tun, sondern liegt allen naturwissenschaftlichen Fragestellungen grundsätzlich voraus. Die biblischen Schöpfungserzählungen klären nicht die Frage nach einer urzeitlichen Verursachung, sondern postulieren, dass die Existenz der evolutiven Wirklichkeit auf einem freien, ursprungsetzenden Akt Gottes als dem absoluten Seinsgrund beruht. Dieser Schöpfungsakt als die Bedingung aller Wirklichkeit ist als solcher weder datierbar noch historisierbar. Der Schöpfergott ist nicht der zeitlich Frühere, sondern der ontologisch Gründende. Deshalb enthält der Schöpfungsbegriff keine Aussage über das Wann und Wie der Entstehung des Universums. Der christliche Schöpfungsglaube drückt ein letztes und tiefstes Getragensein des Ganzen von Gott aus. Die Schöpfungstheologie darf Gott zu keiner naturwissenschaftlichen Kategorie machen; sie kann über ein naturwissenschaftliches Problem nichts aussagen, auch nicht über die Evolution. Zu Recht betonte Papst Johannes Paul II. : »Gemäß diesen Ausführungen meines Vorgängers stehen sich recht verstandener Schöpfungsglaube und recht verstandene Evolutionslehre nicht

---

[46] *M. Seckler*, Was heißt eigentlich Schöpfung? Zugleich ein Beitrag zum Dialog zwischen Theologie und Naturwissenschaft: J. Dorschner (Hg.), Der Kosmos als Schöpfung. Zum Stand des Gesprächs zwischen Naturwissenschaft und Theologie, Regensburg 1998, 174–214, hier 185.

[47] *P. Neuner*, Wissenschaftliches Weltbild und christlicher Glaube. Etappen auf dem Weg ihrer Begegnung: J. Dorschner (Hg.), Der Kosmos als Schöpfung. Zum Stand des Gesprächs zwischen Naturwissenschaft und Theologie, Regensburg 1998, 105–131, hier 201.

[48] *Augustinus*, De civitate Dei, XI,6 (CCSL 48,326).

im Wege: Evolution setzt Schöpfung voraus; Schöpfung stellt sich im Licht der Evolution als ein zeitlich erstrecktes Geschehen – als creatio continua – dar, in dem Gott als der ›Schöpfer des Himmels und der Erde‹ den Augen des Glaubens sichtbar wird.«[49]

Schöpfungsaussagen sind also Aussagen über das Sein, ihr Sinn ist von tief geistiger, religiöser und grundsätzlicher Art. Durch die kontinuierliche Relation zu Gott werden die Lebewesen im Sein gehalten und ihr Rückfall ins Nichts verhindert. Das trifft auch für die Handlungen der Lebewesen und insbesondere für die Fortpflanzung der Lebewesen und die Mutationen und Selektionen zu, die in sich kontingent sind, und als solche des göttlichen Erhaltens bedürfen.

*d) Creatio ex nihilo et continua*

Die frühchristliche Formulierung von der »creatio ex nihilo« wurde 447 durch Papst Leo den Großen (440–61) festgeschrieben und reagierte auf die Gefahr des metaphysischen und moralischen Dualismus. Ihm gegenüber besagt die Lehre von der creatio ex nihilo, dass die Welt nicht auf ein widergöttliches Prinzip zurückgehe, sondern dass Gott sie gut geschaffen und gewollt habe. Sie macht also keine naturwissenschaftliche Aussage über irgendwelche (negativen) Vorbedingungen, sondern verneint die Präexistenz der Materie und verteidigt die Gutheit der Welt. Die Wirklichkeit als Ganze komme von Gott und sei von ihm gewollt. Damit wurde zugleich auch die neuplatonisch-gnostische Idee der Emanation zurückgewiesen: Die Wirklichkeit ist nicht Ausfluss aus den höchsten Ideen und Abfall von ihnen, sie hat nicht in abgestufter Weise an der einen göttlichen Substanz teil. Aus einem solchen Monismus wurde entweder eine Vergöttlichung der Welt oder aber ihre Abwertung als Abfall von der Idee abgeleitet. Die Lehre von der creatio ex nihilo macht demgegenüber deutlich, dass der Schöpfer seiner Schöpfung gegenübersteht, die von ihm ohne Vorbedingungen, d. h. ex nihilo gut geschaffen wurde.[50] So lässt der theologische Begriff des »Nichts« keine gemeinsame Schnittmenge mit der Naturwissenschaft zu.

Bei der Formel »creatio continua« geht es um Gottes schöpferisches Wirken in der Kontinuität der Zeit. Es darf jedoch nicht so verstanden werden, als handle die creatio continua von Gottes Eingriff in die schon bestehende

---

[49] Ansprache von Johannes Paul II. an die Teilnehmer des internationalen wissenschaftlichen Symposions »Christlicher Glaube und Evolutionstheorie« (26. April 1985).
[50] *Augustinus*, Conf. XII, VII.7–VIII.8 (CCSL 27,219 f.); *Thomas von Aquin*, S.th. I q. 44–q. 48.

Wirklichkeit, vielmehr drückt sie traditionell die fortwährende Erhaltung (conservatio) des Geschaffenen aus. Es geht um die andauernde, naturwissenschaftlich nicht einholbare Möglichkeitsbedingung für diese evolutive Wirklichkeit. Es gab verschiedene Versuche, die creatio ex nihilo als die Erschaffung von Sein und die creatio continua als die Erhaltung im Sein zu begreifen. Dies fügt aber implizit einen Zeitfaktor in das zeitlose göttliche Wirken ein, ein Früher und Später, ein Vor-aller-Zeit und In-aller-Zeit. Doch Gottes Schöpfertum »geht begrifflich überhaupt *allen* zeitlichen Bestimmungen voraus«[51] und ist nur eines, nur in menschlicher Perspektive erscheint es differenziert, weshalb das Dasssein (creatio ex nihilo) und das Sosein (creatio continua) nicht im Sinne zweier Initiativen Gottes getrennt werden dürfen. Schöpfung geschieht vielmehr am Anfang und zu jedem Augenblick – »[w]ie der Anfang hat jeder Augenblick eine Schöpfungskraft«.[52]

Würde die creatio continua zeitlos gedacht, wäre die göttliche creatio nur eine, die die Zeit zeitlos umfängt und durchdringt.[53] Dem kommt entgegen, dass die Gegenwart wissenschaftlich nicht zu fixieren ist, so dass der Eindruck entsteht, sie würde, ohne selbst etwas zu sein, nur das Noch-nicht in das Nicht-mehr überführen. Zudem scheint sie eine Dauer zu haben, wenngleich der Synthetisierungsvorgang von Vergangenheit und Zukunft per definitionem nicht andauert. So kann sich die Ansicht einstellen, Gegenwart sei nicht in sich oder aus sich etwas Eigenes, sondern nur, insofern sie in Differenz zu sich selbst Zukunft zu konstruieren oder Vergangenheit zu rekonstruieren versucht. Gegenwart scheint in der Tiefe etwas anderes als Zeit zu sein. Das Andere der Zeit wird traditionell Ewigkeit genannt.

Die Gegenwart könnte das Medium sein, in dem die Ewigkeit mitten in der Zeit anwesend und wirksam ist. Es wäre denkbar, dass sich in der Gegenwart die creatio continua ausdrückt, dass die Zeitlosigkeit Gottes inmitten der fließenden Zeit steht und gerade so die sich bewegende Zeit prägt. »[S]o betrachtet, ist es nicht die Gegenwart, die wandert, sondern im Medium Gegenwart, das wir hinsichtlich der Zeitdimension nicht ›dingfest‹ machen können, ereignet sich das der Materie eigene raumzeithafte Strömen als Kontak-

---

[51] M. *Seckler*, Was heißt eigentlich »Schöpfung«? Zugleich ein Beitrag zum Dialog zwischen Theologie und Naturwissenschaft: J. Dorschner (Hg.), Der Kosmos als Schöpfung. Zum Stand des Gesprächs zwischen Naturwissenschaft und Theologie, Regensburg 1998, 174–214, hier 199.

[52] H. J. *Sander*, Das Wort vom Anfang. Die Rede von Gott vor dem Urknall der Zeit: ThPh 74 (1999), 161–182, hier 175.

[53] U. *Lüke*, »Am Anfang schuf Gott«. Naturwissenschaftsphilosophische, evolutionsbiologische und theologische Überlegungen zu Zeit und Ewigkeit: StZ 212 (1994), 477–488.

tieren mit der und das Strukturiertwerden durch die Ewigkeit.«[54] Die strenge Gegenwart ist das Medium, in dem der ewige Gott wirkt, aber es ist gleichzeitig ein Ort der Nichtzuständigkeit und Nichterreichbarkeit der Naturwissenschaft. »Eine creatio continua, die sich zeitlos in der Vertikalität der Gegenwart ereignet, kann daher nie Gegenstand der sich auf die zeithafte Horizontalität einer ferneren und näheren Vergangenheit beziehenden Naturwissenschaft sein«.[55] Ebenso wenig kann die creatio ex nihilo Gegenstand der Naturwissenschaft sein, da diese ja die Bedingung der Möglichkeit von Materialität benennt, die die Naturwissenschaft immer schon voraussetzt.

Wie wirkt Gott in der durch ihn im Dasein gehaltenen evolutiven Welt? Seit Thomas von Aquin ist die Unterscheidung zwischen Erst- und Zweitursache klassisch geworden: Der Schöpfer als die Ersturursache stiftet den natürlichen Ereignissen die Gesetzmäßigkeiten als Zweitursache und kann gelegentlich durch Wunder in sie eingreifen. Allerdings erscheint nach diesem klassischen, interventionistischen Konzept »die Naturkausalität ... leicht wie ein Hindernis für ein engagierteres Wirken Gottes«.[56] Wird die Zweit-Ursachen-Lehre im Sinne Karl Rahners transzendental erweitert, so ist Gott als die transzendentale Ersturursache und der Mensch als Zweitursache zu begreifen. Gott wirkt generell als Urgrund, als das Unbedingte im Bedingten, und er greift in die Eigenkausalität der Natur ein, indem er im Menschen und durch ihn wirkt. »Der Gedanke der Inanspruchnahme bildet das Vermittlungsglied zwischen menschlichem und göttlichem Wirken: Gott ist nicht eine Ursache *in* der Welt, sondern die Ursache *der* Welt. ›Ursache‹ aber nicht im Sinne von physischer Wirkkausalität, sondern als tragender Konstitutionsgrund der Welt und aller Geschehnisse in ihr, ohne sie direkt und unmittelbar zu verursachen.«[57]

Wenn Gottes Wirken nicht schlechterdings im Kausalitätsgefüge der Wirklichkeit verortet werden darf, dürfen ihm auch nicht voreilig allzu menschliche Prädikate zugeschrieben werden. Der Umgang mit anthropomorphen Begriffen hat äußerst umsichtig zu erfolgen, denn Gott als der absolute Urgrund allen Seins, als absoluter Geist und unbedingte Freiheit ist der

[54] *Ders.*, Creatio continua – Eingriff oder Erstellung von Ordnung?: ThGl 86 (1996), 281–295, hier 288.
[55] *Ders.*, Mensch – Natur – Gott. Naturwissenschaftliche Beiträge und theologische Erträge, Münster 2002, 89.
[56] *B. Grom*, Deistisch an Gott glauben?: StZ 227 (2009), 40–52, hier 43.
[57] *R. Bernhardt*, Durchbrochene Naturgesetze? Heute an das Handeln Gottes glauben: Her-Korr Spezial – Getrennte Welten? Der Glaube und die Naturwissenschaften, Oktober 2008, 18–22, hier 20.

je Größere. Im Reden von Gottes Wirken darf nicht vergessen werden, »dass eine solche Zusage immer nur dann einigermaßen legitim von Gott ausgesagt werden kann, wenn wir sie gleichzeitig auch immer wieder zurücknehmen, die unheimliche Schwebe zwischen Ja und Nein als den wahren und einzigen festen Punkt unseres Erkennens aushalten und so unsere Aussagen immer auch hineinfallen lassen in die schweigende Unbegreiflichkeit Gottes selber«.[58]

*e) Kreationismus*

Dem Begriff »Kreationismus« liegt zwar der theologische Terminus »creatio« zugrunde, doch hat er nur scheinbar mit dem theologischen Wort Schöpfung zu tun.[59] Es geht ihm nämlich nicht um bestimmte Schöpfungsaussagen, sondern um die Ablehnung der Evolutionslehre. Anfang des 20. Jh.s machte er in den USA auf sich aufmerksam, indem er auf dem Hintergrund eines strengen Biblizismus für das Verbot der Evolutionstheorie im Schulunterricht ankämpfte. Noch immer dauert der Streit über den Inhalt der an Schulen zugelassenen Biologiebücher an. In der zweiten Hälfte des 20. Jh.s trat der Kreationismus weniger militant auf, insofern nun die Schöpfungslehre als gleichberechtigte wissenschaftliche Position verteidigt werden sollte. Schöpfung und Evolution werden als zwei einander ebenbürtige und auch epistemologisch vergleichbare Theorien betrachtet.

Seit den 90er Jahren rückte die sog. Intelligent-Design-Theorie ins Zentrum des Kreationismus. Sie antwortet auf die Schwierigkeit, die die Evolutionstheorie mit der Erklärung des makroevolutiven Verlaufs, d. h. der Entstehung der verschiedenen Grundtypen lebendiger Organisation hat: Wenn in der Welt etwas vorliege, dessen Zweckmäßigkeit in Erstaunen versetze, werde die Entstehungsursache für gewöhnlich nicht im Zufall gesucht, sondern einer absichtlichen Erzeugung zugeschrieben. »Where there is design, there must be a designer«[60], lautet die zentrale These. Das müsse auch für den Bereich des Organischen gelten. Umso mehr, als in den Naturprozessen eine objektive Zielgerichtetheit und Zweckmäßigkeit zum Ausdruck käme. Als Beispiel verwendet der amerikanische Biochemiker Michael J. Behe (* 1952), auf den der Ausdruck »irreduzible Komplexität« zurückgeht, die Konstruktion einer Mausefalle, bei der kein Teil fehlen dürfe, damit sie ihren Zweck erfüllt. Eine stufenweise Evolution zur funktionsfähigen Falle ist damit

[58] K. *Rahner*, Von der Unbegreiflichkeit Gottes. Erfahrungen eines katholischen Theologen, Freiburg i. Br. ³2005, 27.
[59] Ch. *Kummer*, Evolution und Schöpfung. Zur Auseinandersetzung mit der neokreationistischen Kritik an Darwins Theorie: StZ 224 (2006), 31–42.
[60] Ebd., 35.

ausgeschlossen.[61] »Wenn ein System zum Funktionieren mehrere genau zueinander passende Teile benötigt, ist es irreduzibel komplex.«[62] Entsprechend erfülle z. B. auch die Bakteriengeißel nur in der kompletten Zusammenstellung all ihrer Teile ihren Zweck, das Bakterium zu bewegen, und sei darum genauso als Ergebnis einer intelligenten Planung aufzufassen wie die vom menschlichen Erfindergeist ausgedachte Falle.

Kreationisten argumentieren: »Irgendein Naturphänomen ist statistisch so unwahrscheinlich, so komplex, so schön, so ehrfurchtgebietend, dass es nicht durch Zufall entstanden sein kann. Und die Autoren können sich zum Zufall keine andere Alternative vorstellen als die absichtliche Gestaltung. Also muss es ein Gestalter getan haben.«[63] In diesem Sinne steht der Ausdruck »irreduzible Komplexität« für Alles oder Nichts; Zwischenformen werden ausgeschlossen. Doch »[i]n Wirklichkeit findet man solche Zwischenformen in Hülle und Fülle«.[64] Die Evolutionstheorie wäre erst dann widerlegt, könnte eine irreduzible Komplexität überzeugend nachgewiesen werden. Das wusste Darwin selbst: »Ließe sich irgendein zusammengesetztes Organ nachweisen, dessen Vollendung nicht möglicherweise durch zahlreiche kleine aufeinanderfolgende Modifikationen hätte erfolgen können, so müßte meine Theorie unbedingt zusammenbrechen. Ich vermag jedoch keinen solchen Fall aufzufinden.«[65] Er wurde auch bis heute nicht gefunden. Die »Argumente der Intelligent-design-Bewegung gegen die Evolutionstheorie wie der Hinweis auf angeblich irreduzible Komplexität [sind] keine Einwände, die die Evolutionstheorie widerlegen, sondern die Formulierung weiterer Forschungsaufgaben.«[66] Zudem setzen sich Kreationisten mit ihrer Suche nach naturwissenschaftlichen Bereichen des Nichtwissens der grundsätzlichen Gefahr aus, Gott in naturwissenschaftlichen Lücken zu verorten. Eine Lückentheologie war in der Geschichte aber noch nie zielführend. Insofern Gott naturalisiert und eine Letzterklärung intendiert wird, unterscheidet sich der Kreationismus vom Evolutionismus methodisch nicht: »Evolutionismus und Kreationismus

---

[61] M. J. Behe, Darwins Black Box. Biochemische Einwände gegen die Evolutionstheorie. Aus dem Engl. übertr. v. J. Köhler, München 2007, 77–84.
[62] Ebd., 85.
[63] R. Dawkins, Der Gotteswahn, Berlin 2007, 167.
[64] Ebd., 170.
[65] Ch. Darwin, Über die Entstehung der Arten im Thier- und Pflanzen-Reich durch natürliche Züchtung, oder, Erhaltung der vervollkommneten Rassen im Kampfe um's Daseyn. Übers. v. H. G. Bronn, Stuttgart 1860, 200.
[66] R. Schröder, Abschaffung der Religion? Wissenschaftlicher Fanatismus und die Folgen, Freiburg i. Br. 2008, 131.

sind feindliche Brüder, sie stimmen in der Form ihrer Argumentation überein.«[67]

In diesem Zusammenhang muss auch das sog. anthropische Prinzip angesprochen werden. Im Hintergrund steht die Erkenntnis, dass die Möglichkeit für das Auftreten von vernunftbegabtem Leben von äußerst genau abge-
stimmten physikalischen Parametern im Universum abhängt. »Nicht nur,
dass der Mensch in das Universum hineinpasst. Das Universum passt auch
zum Menschen. Man stelle sich ein Universum vor, in dem sich irgendeine der
grundlegenden dimensionslosen physikalischen Konstanten in die eine oder
andere Richtung um wenige Prozent verändern würde. In einem solchen Universum hätte der Mensch nie ins Dasein kommen können. Das ist der zentrale
Punkt des anthropischen Prinzips. Gemäß diesem Prinzip liegt dem gesamten
Mechanismus und dem Aufbau der Welt ein die Existenz von Leben ermög-
lichender Faktor zugrunde.«[68] Diese Feinabstimmung des Universums kann
unterschiedlich gedeutet werden:

- *Teleologisch:* Der Mensch und sein Bewusstsein müssen von Anfang an
  eingeplant gewesen sein, damit das Universum vernunftbegabtes Leben
  hervorbringen konnte. Somit wirke in der kosmischen und biologischen
  Evolution eine Finalität. Dieses sog. starke anthropische Prinzip findet bei
  Naturwissenschaftlern derzeit kaum Anklang. Es stellt eine (theologische)
  Interpretation des Evolutionsprozesses dar, die auf Teleologie basiert und
  ohne ein übernatürliches Eingreifen Gottes auskommt.
- *Nicht-teleologisch:* Da es menschliches Leben faktisch gibt, mussten die
  Bedingungen des Universums so sein, dass es dieses Leben geben kann.
  Die Feinabstimmung von physikalischen Grundkonstanten bildet »die
  Voraussetzungen für die Entwicklung von Leben und menschlichen Ge-
  hirnstrukturen [sind], die *Bewußtsein, Freiheit, Liebe und Würde* ermöglichen.«[69] Eine Notwendigkeit menschlicher Existenz oder eine Teleologie
  werden hier nicht behauptet, das ist das sog. schwache anthropische Prinzip, das im Grund eine triviale Aussage darstellt. Das anthropische Prinzip wird ferner u. a. dadurch erklärt, dass man sich entweder im Rahmen
  einer Multiversumtheorie auf das Zufallsprinzip beruft (Andrej Linde
  [* 1948]), oder aber es wird zu zeigen versucht, dass »im Rahmen einer

---

[67] D. *Hattrup*, Einstein und der würfelnde Gott. An den Grenzen des Wissens in Naturwissenschaft und Theologie, Freiburg i. Br. 2001, 112.

[68] J. D. *Barrow*, F. *Tipler*, The Anthropic Cosmological Principle, Oxford 1987, VII.

[69] B. *Grom*, Deistisch an Gott glauben?: StZ 227 (2009), 40–52, hier 47.

verallgemeinerten Theorie der Physik die Naturkonstanten ... genau diese Werte haben müssen, die sie haben.«[70] Doch solche naturalistischen Lösungsansätze hinsichtlich des anthropischen Prinzips lassen aufgrund der Kompliziertheit ihrer Modelle eine Erklärung der Feinabstimmung durch Schöpfung »mindestens ebenso rational« erscheinen.[71]

## 2.2. Neurobiologische Herausforderungen

*H. Goller*, Sind wir bloß Opfer unseres Gehirns? Hirnforscher betrachten Willensfreiheit als Illusion: StZ 223 (2005), 446–458; *U. Lüke*, Zur Freiheit determiniert – zur Determination befreit? Zwischendiagnose zur aktuellen Hirnforschungsdebatte: StZ 222 (2004), 610–622; J. Levin, Qualia: intrinsisch, relational – oder was?: Th. Metzinger (Hg.), Bewußtsein. Beiträge aus der Gegenwartsphilosophie, Paderborn ³1996, 329–346; *K. Popper*, Indeterminismus und menschliche Freiheit: ders., Lesebuch. Ausgewählte Texte zu Erkenntnistheorie, Philosophie der Naturwissenschaften, Metaphysik, Sozialphilosophie, hg. v. D. Miller, Tübingen 1997, 234–251; Das Leib-Seele-Problem: ebd., 252–262; *G. Roth*, Geist ohne Gehirn? Hirnforschung und das Selbstverständnis des Menschen; Forschung und Lehre 2000, 249–251; *W. Singer*, Vom Gehirn zum Bewußtsein: N. Elsner, G. Lüer (Hg.), Das Gehirn und sein Geist, Göttingen 2000, 189–204; *G. Brüntrup*, Das Leib-Seele-Problem. Eine Einführung, Stuttgart 1996, 64–149; *A. Loichinger*, Bewußtseins-Hirn-Problematik und Theologie: Froh in gemeinsamer Hoffnung (FS für Abt Gregor Zasche), hg. v. W. Winhard, St. Ottilien 2002, 111–157; *J. Polkinghorne*, Theologie und Naturwissenschaft. Eine Einführung, Gütersloh 2001, 70–91; *J. Quitterer*, Die Willensfreiheit im Brennpunkt von Philosophie und Neurowissenschaft: ThG 47 (2004), 188–195; *H.-F. Angel*, Neurotheologie – Die Neurowissenschaften auf der Suche nach den biologischen Grundlagen menschlicher Religiosität: Religionspädagogische Beiträge 49 (2002), 107–128; *F. W. Graf*, Brain me up! Gibt es einen neurobiologischen Gottesbeweis?: Ch. Geyer (Hg.), Hirnforschung und Willensfreiheit, Frankfurt a. M. 2004, 143–147; *U. Lüke*, Mehr Gehirn als Geist? Grenzen der naturalistischen Interpretation: P. Neuner (Hg.), Naturalisierung des Geistes – Sprachlosigkeit der Theologie. Die Mind-Brain-Debatte und das christliche Menschenbild, Freiburg i. Br. 2003, 57–77.

### a) Gehirnprozesse und religiöses Erleben
Die Neurowissenschaften sind dabei, sich Themen anzunehmen, die bislang der Philosophie und Theologie vorbehalten waren: »Geist, Bewusstsein, Ge-

---

[70] *S. Bauberger*, Schöpfung oder Urknall?: StZ 218 (2000), 688–702, hier 699.
[71] Ebd.

fühle, Willensakte und Handlungsfreiheit«.[72] Ausgehend von empirischen Befunden sollen philosophische bzw. theologische Fragen beantwortet werden. So wird beispielsweise das Bewusstsein des Menschen mitsamt seinen geistig-seelisch-personalen Leistungen rein natürlich als emergente Eigenschaft des Gehirns und seiner neurophysiologischen Steuerungsprozesse zu erklären versucht. Insbesondere die sog. Neurotheologie möchte »die hintergründigen neuronalen Prozesse, die mit religiösen Vorstellungen und Praktiken des Glaubensvollzuges einhergehen, … erhellen. Religiöse Erfahrungen sollen durch die experimentelle Beobachtung der dabei stattfindenden neuronalen Prozesse im Gehirn nachgezeichnet und naturwissenschaftlich untersucht werden.«[73] Zu den Vertretern der Neurotheologie, die theologische Themen neurowissenschaftlich beleuchten, ohne selbst Theologie im eigentlichen Sinne zu betreiben, zählen u. a. James H. Austin (* 1925), Eleanor Rosch (* 1938), Andrew Newberg (* 1966) Vilayanur Ramachandran (* 1951) und Michael A. Persinger (* 1945).

Mentale Ereignisse kann es nicht ohne Gehirnaktivitäten geben. Da solche Gehirnvorgänge heute exakt lokalisiert werden können, bleibt es nicht aus, dass auch der Zusammenhang von Glaube und Gehirn in einem funktional-relationalen Sinn untersucht wird. »Zu den grundlegenden Einsichten von Neurowissenschaften gehört, dass religiöse Erfahrungen – wie alle anderen menschlichen Erfahrungen – eine biologische Basis haben, die durch spezifische Möglichkeiten des Gehirns präfiguriert ist.«[74] So wiesen Hirnforscher u. a. nach, dass eine mimetische Verhaltenstendenz und damit die Fähigkeit zur Empathie mit Spiegelneuronen zusammenhängt[75] oder die Entkoppelung der beiden Hirnhälften (Schläfenlappen-Epilepsie) zu Erlebnissen führt, die traditionell als Gotteserfahrungen beschrieben werden.

Der Neurologe Vilayanur S. Ramachandran fand heraus, dass Patienten mit einer Schläfenlappen-Epilepsie auf religiöse Bilder stärker reagierten als auf sexuelle oder gewalttätige, die normalerweise für die höchste Erregung sorgen. Der kanadische Psychologe Michael Persinger erzeugte mit magneti-

---

[72] Manifest. Elf führende Neurowissenschaftler über Gegenwart und Zukunft der Hirnforschung: Gehirn und Geist 6/2004, 30–37, hier 36.
[73] U. Lüke, Neuro-Theologie – Gott und Religion als Produkt neuronaler Erregungsmuster?: ThGl 95 (2005), 423–438, hier 423.
[74] H.-F. Angel, Neurotheologie – Die Neurowissenschaften auf der Suche nach den biologischen Grundlagen menschlicher Religiosität: Religionspädagogische Beiträge 49 (2002), 107–128, hier 111.
[75] J. Bauer, Warum ich fühle was du fühlst, Hamburg 2005; G. Rizzolatti, C. Sinigaglia, Empathie und Spiegelneurone. Die biologische Basis des Mitgefühls, Frankfurt a. M. 2008.

schen Signalen epileptische Mikroanfälle im Schläfen- oder Temporallappen, die von den Probanden glaubwürdig als Präsenzerlebnisse von Gott bezeugt wurden. Die funktionelle Entkopplung beider Schläfenlappen scheint quasi zwei Arten von Bewusstsein in einem Menschen hervorzurufen. Die Lösung, die das Gehirn dann aufgrund seiner biografisch erworbenen Erfahrungen anbietet, besteht darin, eines dieser »Bewusstseine« nach außen zu verlegen. Die Probanden erlebten so die Anwesenheit eines mysteriösen Dritten bzw. einer als absolut gedachten Realität. Persinger hält jede religiöse Erfahrung für eine selbstinduzierte, kontrollierte Form von epileptischen Mikro-Anfällen, die die Todesangst mindern und die Stimmung heben sollen.

Persingers Epilepsie-Theorie ist empirisch nicht gesichert. Der Arzt und Radiologe Andrew Newberg[76] hat bei seinen Untersuchungen herausgefunden, dass während der Phasen tiefster spiritueller Vereinigung die Durchblutung des oberen Scheitellappens, im sog. Orientierungsfeld, meistens drastisch zurückging. Für Newberg haben solche erlebten Einheitszustände, bei denen es zur Aufhebung der Differenz zwischen Subjekt und Objekt im Bewusstsein käme, allerdings nichts mit Epilepsie zu tun, und er schließt auch nicht aus, dass sie etwas Göttliches erkennen lassen, dass sie gleichsam »ein Fenster … [sind], durch das wir, wenn auch nur flüchtig, die absolute Wirklichkeit von etwas wahrhaft Göttlichem ausmachen können.«[77] Wie Persinger meint auch Eugene D'Aquili (1940–1998), dass »mystische Erfahrung […] biologisch real und naturwissenschaftlich wahrnehmbar«[78] ist. Zwar sagen geistige Phänomene, die mit Hirnvorgängen einhergehen, nichts über die Existenz dessen aus, worauf sie sich beziehen, doch möchten Newberg und D'Aquili die Mystik deshalb nicht schon pathologisch verstanden wissen: »Nach der Erfahrung der Mystiker – der die Neurologie in keiner Weise widerspricht – liegt unter der Wahrnehmung von Gedanken, Gefühlen, Gegenständen und Erinnerungen, unterhalb des subjektiven Bewußtseins, das wir als Selbst ansehen, ein tieferer Zustand reinen Bewußtseins, der über die Grenzen von Subjekt und Objekt hinwegblickt und in einem Universum ruht, in dem alles eins ist. … Die Weisheit der Mystiker, so scheint es, hat bereits seit Jahrhunderten vorausgesagt, was die Neurologie inzwischen als wahr bestätigt: Im Absoluten Einssein verschmilzt das Selbst mit dem Anderen; Geist und Materie sind ein und dasselbe.«[79]

---

[76] A. Newberg, E. D'Aquili, V. Rause, Der gedachte Gott. Wie Glaube im Gehirn entsteht, München 2003.
[77] Ebd., 193.
[78] Ebd., 17.
[79] Ebd., 212 f.

Die Entdeckung, dass Gotteserlebnisse im Temporallappen verortet sind und insofern experimentell erzeugt werden können, beantwortet nicht die Gottesfrage. Diese lässt sich neurobiologisch nicht klären. Die göttliche Wirklichkeit, die per definitionem die menschliche Vernunft übersteigt, lässt sich mit der Untersuchung neurologischer Prozesse weder zwingend beweisen noch widerlegen. »Bei diesem Stand der Dinge kann der Theologie noch nicht zu einer neuen Tochterdisziplin gratuliert und dem Projekt einer durch Neurotheologie gestützten Naturalisierung von Religion noch kein durchschlagender Erfolg bescheinigt, allenfalls zum Weiterüben geraten werden.«[80]

*b) Qualia-Problem*
Der Mensch erlebt vielfältige mentale Zustände. Er erlebt, was er wahrnimmt, durchläuft innere Entwicklungen und macht Erfahrungen mit seinen Erfahrungen. Die inneren Erlebnisqualitäten (Qualia) werden als phänomenale Eigenschaft des Bewusstseins bezeichnet. Nun gehen bestimmte Bewusstseinszustände mit bestimmten Gehirnprozessen einher. Das sog. Qualia-Problem behandelt die Frage der naturwissenschaftlichen Erklärbarkeit solcher »Bewußtseinsphänomene, deren wesentlicher Gehalt nicht-relational ist und deshalb funktional nicht rekonstruierbar zu sein scheint.«[81] Wie hängt das Erleben mit der materiellen Basis im Gehirn zusammen? Welche Verbindung besteht zwischen den messbaren Hirnprozessen und den mentalen Erlebnissen?

Die inneren Erlebnisqualitäten sind aus ihren materialen Bedingungen nicht erklärbar. Innere Erlebnisse werden darum als intrinsische, d. h. irreduzible Eigenschaften verstanden. Wenn die Neurobiologie auch weiß, wodurch etwa ein Schmerz erzeugt wird und was er bewirkt, so kann sie dennoch nicht sagen, wie er sich anfühlt. Die neurowissenschaftliche Kenntnis über Gehirnvorgänge gibt über die Erlebnisqualitäten des Bewusstseins keine Auskunft. Der kausal-funktionalen Beschreibung entgeht etwas Wesentliches. Im Gehirn finden sich keine Gedanken, Wörter, Farben, Geschmäcker etc. »Die Gehirnforschung kann immer nur physikalische und biochemische Prozesse im Gehirn registrieren und … keine Gedanken oder Gefühle.«[82]

---

[80] *U. Lüke*, Neuro-Theologie – Gott und Religion als Produkt neuronaler Erregungsmuster?: ThGl 95 (2005), 423–438, hier 438.
[81] *J. Quitterer*, Unser Selbst im Spannungsfeld von Alltagsintuition und Wissenschaft: G. Rager, J. Quitterer, E. Runggaldier, Unser Selbst – Identität im Wandel der neuronalen Prozesse, Paderborn 2002, 61–142, hier 87.
[82] *R. Schröder*, Abschaffung der Religion? Wissenschaftlicher Fanatismus und die Folgen, Freiburg i. Br. 2008, 38.

Aus wissenschaftlicher Perspektive bleibt völlig unklar, warum bestimmte, neuronale Aktivitätsmuster mit bewusstem Erleben einhergehen und warum sie als bestimmte Sinnesqualität empfunden werden. Bewusstseinszustände wie Schmerzen, Farb- und Geschmackswahrnehmungen sind auf neurowissenschaftliche Weise nicht zu erklären. Aus neuronalen Prozessen lässt sich die bewusste Erfahrung nicht herleiten. Wie und warum aus objektiv beschreibbaren Gehirnprozessen subjektive Erlebnisqualitäten hervorgehen, bleibt ein Geheimnis und damit das menschliche Bewusstsein unerklärlich. »Bewusstsein ereignet sich nicht im Gehirn, wie etwa Verdauung im Magen stattfindet. Bewusstsein ist vielmehr etwas, das wir aktiv betreiben«[83] und darum ist »[d]as Gehirn ... kein Organ des Bewusstseins«[84] oder anders ausgedrückt: »Ohne Gehirn ist alles nichts, aber Gehirn ist nicht alles!«[85]

*c) Mentale Verursachung?*
Grundsätzlich ist von zwei Realitäten auszugehen: der neuronalen und der mentalen Realität. Weil aus neuronalen Phänomenen nicht einfach mentale werden können, stellt sich die Frage, wie sich Neuronales und Mentales zueinander verhält.[86] Gibt es eine mentale Verursachung? Wie kann Geistiges auf Körperliches wirken?

- *Physikalistische Deutung:* Dem Physikalismus liegt die Annahme kausaler Geschlossenheit zugrunde. Außerdem seien nur physische Etnitäten real. So können geistige Zustände letztlich nur auf körperliche Gegebenheiten zurückgeführt werden. Menschliches Bewusstsein stellt dann keine Eigenkausalität dar, sondern ein kausal wirkungsloses Epiphänomen, das auf den realen Gang der Welt keinerlei Einfluss nimmt. Die intuitive Selbstwahrnehmung wäre also ein kausal unwirksamer Nebeneffekt derjenigen Hirnaktivitäten, die menschliches Verhalten tatsächlich steuern.[87] Menschen wären ein Spielball neuronaler Hirnvorgänge und so wäre beispielsweise das Gefühl willentlicher Entscheidungen illusionär, nutz-

---

[83] *H. Goller,* Ist das Gehirn der Geist? Zur Überinterpretation von Ergebnissen der Hirnforschung: StZ 229 (2011), 498–502, hier 498.
[84] Ebd., 500.
[85] *F. Tretter, Ch. Grünhut,* Ist das Gehirn der Geist? Grundfragen der Neurophilosophie, Göttingen 2010, 63.
[86] *S. Walter,* Mentale Verursachung: Eine Einführung, Paderborn 2006.
[87] *N. Campbell,* Mental Causation and the Metaphysics of Mind, Peterborough 2003.

loses Begleitgefühl eines neurologischen Ursache-Wirkung-Zusammenhangs[88]. Dass dem so ist, scheint aber fraglich:

*   Wenn das Bewusstsein und intentionales Wollen für den faktischen Handlungsverlauf letztlich entbehrlich sind, wie steht es dann um das persönliche Leben, um Kultur und Kunst? Würden sie genauso stattfinden, auch wenn der Mensch kein Bewusstsein hätte? Bernulf Kanitscheider (* 1939) versucht gar die kulturellen Leistungen des Menschen naturalistisch zu erklären. Das aber kann nicht gelingen, denn Bedeutung hat sein Sein nur im Bewusstsein.

*   Welchen evolutionsbiologischen Sinn macht das Bewusstsein? Ein Selektionsvorteil ist nur plausibel, wenn Mentales kausal wirksam werden kann. Der evolutive Selektionsprozess setzt menschliche Freiheit unabdingbar voraus.

*   Die Position des strikten Determinismus ist wissenschaftstheoretisch nicht haltbar, da ohne Freiheit wissenschaftliche Entscheidungen nicht viel wert wären. Die Theorie des Determinismus lässt sich, wenn sie wahr wäre, wissenschaftlich-rational nicht begründen.

*   Nur indem der Mensch seinen Erfahrungen traut, kann er mit der Wirklichkeit Erfahrung machen. Gemäß dem Verlässlichkeitsprinzip ist zunächst einmal von der Richtigkeit der Wirklichkeits- und Selbsterfahrung auszugehen. Das gilt auch für die Dichotomie von Leib und Seele, Körper und Geist.

*   Das handelnde Subjekt ist eins, weshalb einzelne mentale Zustände nicht isoliert betrachtet werden dürfen, sondern im Kontext der Gesamtheit jener Faktoren gesehen werden müssen, die die Handlungen hervorbringen. In sie ist der ganze Mensch involviert, so dass sich Gehirn und Ich, das von diesem getäuscht wird, nicht auseinanderdividieren lassen. Der Mensch ist die Gesamtheit all seiner bewussten und unbewussten Prozesse; die Handlungen sind nicht nur ein Teil des Menschen. »Selbst Hirnforscher, die von der neurobiologischen Determiniertheit unseres Verhaltens überzeugt sind, gehen … inzwischen davon aus, dass eine neurowissenschaftliche Vorhersage unserer Handlungen prinzipiell unmöglich ist.«[89]

---

[88] G. *Roth*, Fühlen, Denken, Handeln, Wie das Gehirn unser Verhalten steuert, Frankfurt a. M. 2003, 553.
[89] J. *Quitterer*, Neue Manipulationstechniken am Horizont. Implikationen der Hirnforscher für Philosophie, Theologie und Ethik: HerKorr Spezial – Getrennte Welten? Der Glaube und die Naturwissenschaften, Oktober 2008, 55–59, hier 57.

Geistig-seelische Vorgänge können nicht einfach auf neuronale Hirnaktivitäten reduziert werden. Mentale Ereignisse sind nicht reduzierbar auf die mit ihnen korrelierenden physischen Hirnvorgänge, aber auch nicht ohne sie möglich. Notwendige Bedingung der Möglichkeit endlicher Freiheit ist das Gehirn, aber sie kann vom Gehirn weder hervorgebracht worden sein noch in ihrer Eigenart einsichtig gemacht werden. »[D]ie Verbindung zwischen dem freien Willen und den neurophysiologischen Gesetzmäßigkeiten [wurden] bisher nicht gefunden«.[90]

- *Dualistische Deutung:* Sie behauptet eine Wechselwirkung zwischen einer eigenständigen geistigen und einer eigenständigen physikalischen Wirklichkeit. Die Verursachung menschlicher Handlungen durch einen freien Willensakt wäre demzufolge die Verursachung durch eine eigene geistige Realität, die nicht den Gesetzen der physikalisch-materiellen Wirklichkeit unterliegt. Diese Realität muss in die Geschehnisse der physikalischen Welt verändernd eingreifen können. Dies setzt die Preisgabe der strikt deterministischen Deutung des Naturprozesses bzw. dessen kausaler Geschlossenheit voraus.

\* Die Annahme der kausalen Wirksamkeit von Mentalem sieht sich mit dem Problem konfrontiert, empirisch zeigen zu müssen, wie eine Wechselwirkung zwischen Geistigem und Physikalischem funktionieren soll. In der Regel wird versucht, in einem Rekurs auf die Quantenmechanik diese Offenheit der physikalischen Welt für das Eingreifen des freien Willens zu zeigen. Die Kopenhagener Deutung der Quantenmechanik geht von der Annahme eines irreduziblen ontologischen Zufalls aus, ist aber nicht unumstritten (die Bohmsche Interpretation der Quantenmechanik geht davon aus, dass sich die Quantenwelt durchaus mit einer kausal-deterministischen Sprache erfassen lässt und beide Interpretationen empirisch ununterscheidbar sind[91]). John Eccles (1903–1997) verfolgt das erklärte Ziel, mit Hilfe von Quantenprozessen nachzuweisen, wie mentale Absichten effektiv auf das Gehirn einwirken und zwar ohne Verletzung der physikalischen Erhaltungssätze. Allerdings ist derzeit der Nachweis, dass die Unbestimmtheit der Quantenphänomene im Mikro-Bereich auf die physikalischen Prozesse im Makro-Bereich einwirkt, wissenschaftlich

---

[90] *P. Becker,* Ist die Willensfreiheit nur eine Illusion? Die Willensfreiheit in der Diskussion zwischen Theologie, Philosophie und Naturwissenschaft: rhs 49 (2006), 255–263, hier 263.
[91] *J. Mittelstraß,* Zufall und Notwendigkeit: A. Zeilinger (Hg.), Der Zufall als Notwendigkeit, Wien ²2008, 35–50, hier 47.

umstritten. Von der angenommenen kausalen Einwirkung des Geistigen im quantenmechanischen Bereich lässt sich erst recht kein empirischer Beleg erbringen, was sich schon aus der Natur des Geistigen ergibt: nicht ausgedehnt, nicht physikalisch etc.

* Da die Natur ganz offensichtlich ein Gemisch aus Zufall und Determiniertheit darstellt, steht die indeterministische Deutung des Naturprozesses alternativ neben der deterministischen, wie die Diskussion der Quanten- und Chaostheorie bzw. die Theorien irreversibler Prozesse deutlich machen. Indeterminiertheit erscheint hier nicht als epistemisches Nichtwissen eines ansonsten völlig determinierten Systems, sondern als inhärente Eigenschaft physischer Prozesse, als wesenhafte Charaktereigenschaft der Materie. Demnach gibt es im Netz naturwissenschaftlicher Prozesse indeterministische Freiräume, die entweder als pure Zufälligkeit gedeutet und genutzt werden können, oder die die Freiheit des Willens in der evolutiven Dynamik des Naturprozesses verständlich machen.

* Naturwissenschaftliche Erkenntnisse werden nicht verletzt, wenn »die indeterministisch deutbaren quantenphysikalischen und chaotischen Naturprozesse theologisch ... als konkrete ›Handlungsräume‹ Gottes«[92] verstanden werden, und wenn man annimmt, dass Freiheit die Menschen befähigt, göttlichen Geist innerweltlich umzusetzen. Aufgrund der freien persönlichen Entscheidung des Menschen wird dieser zum religionsbefähigten Wesen, und göttliches Wirken wird in der Zeit möglich, wie es im Rahmen der Religionen angenommen wird.[93] Zur Religionsfähigkeit gehört die Handlungsfreiheit intelligenter Individuen, die nur in einem offenen System denkbar ist, in dem Handlungen nicht vollständig materiell determiniert sind.[94]

Die Naturwissenschaft kann eine strikt deterministische Deutung des Naturprozesses und seiner kausalen Geschlossenheit heute kaum mehr aufrechterhalten. Indeterminismen werden erkennbar, die sich freilich unterschiedlich deuten lassen. Dabei geht es u. a. um die Frage, ob Mentales ursächlich wirken kann und für die Willensfreiheit des Menschen bzw. den Geist Gottes Raum bleibt. Solche Fragen lassen sich aber nicht mehr naturwissenschaftlich beantworten, sie liegen auf einer metaphysischen Ebene, zumindest solange, wie die Unberechenbarkeit als ontologisch Indeterminiertheit gedeutet werden

---

[92] A. *Loichinger*, Frage nach Gott, Paderborn 2003, 116.
[93] J. *Ries*, Ursprung der Religionen, Augsburg 1993.
[94] A. *Loichinger*, Wirken Gottes und moderne Naturwissenschaften: ThG 46 (2003), 82–95.

kann, bzw. sich die kausalen Erkenntnislücken nicht durch Erkenntnisfort-schritt schließen.

## 3. Atheismus im Namen menschlicher Autonomie

### 3.1. Ludwig Feuerbach

*H. Fries*, Feuerbach: K.-H. Weger (Hg.), Religionskritik von der Aufklärung bis zur Gegenwart. Autoren-Lexikon von Adorno bis Wittgenstein, Freiburg i. Br. 1979, 78–93; *H. Zirker*, Religionskritik, Düsseldorf ³1995, 78–105; *U. Neuenschwander*, Gott im neuzeitlichen Denken, Bd. 2, Gütersloh 1977, 102–117; *H. Küng*, Existiert Gott? Ant-wort auf die Gottesfrage der Neuzeit, München 1978, 223–250; *W. Kasper*, Der Gott Jesu Christi, Freiburg i. Br. 2008, 80–86. *E. Heinrich*, Religionskritik in der Neuzeit. Hume, Feuerbach, Nietzsche, Freiburg i. Br. 2001, 77–128; *E. Coreth*, *P. Ehlen*, *J. Schmidt*, Philosophie des 19. Jahrhunderts (Grundkurs Philosophie, Bd. 9), Stutt-gart ³1997, 146–151.

*a) Entzweiung und Entfremdung*

Die Religionskritik der Neuzeit suchte nicht mehr ausschließlich Gründe ge-gen den Glauben an die Existenz Gottes. Nachdem nämlich als bewiesen galt, dass der Gottesglaube den Kriterien der Rationalität nicht entspreche, stand die Frage an, wie es dennoch zur Verbreitung der religiösen Überzeugungen hatte kommen können. So wird nach einer natürlichen Erklärung des Phäno-mens Religion Ausschau gehalten. Ludwig Feuerbach (1804–1872) argumen-tiert in zweifacher Weise:

- *historisch-genetisch:* Religionen entstanden in einem infantilen Stadium der Menschheit. Sie verlegte ihr Wesen außer sich selbst (auf Gott), bevor sie es in sich selbst fand; sie verobjektivierte die humanen Möglichkeiten in Gott und in Heilsmysterien, bevor sie diese Möglichkeiten in sich ent-deckte; sie befriedigte ihr Bedürfnis nach Heil, Liebe etc. supranatural, bevor sie es natürlich zu befriedigen vermochte: Ihren Höhepunkt und zugleich Kern der Auflösung hatte die Religion im Christentum: Hier wurde Gott Mensch, er litt und erstand im gläubigen Bewusstsein vom Tode. In einem Individuum konnte nun das Ziel der Gattung Mensch angeschaut werden.

- *anthropologisch:* Aus dem Gefühl von Mangel, Beschränktheit, Bedro-hung, Vereinzelung und Abhängigkeit vom Kreislauf der Natur erwuchs der »theogone Wunsch«: die Vorstellung der absoluten Person Gott, die dem Menschen die Erfüllung seiner »Herzenswünsche« und »Gattungs-ziele« gewährleistet. Das Subjekt erblickt sich selbst in einem »unendlich vergrößerten Spiegel«; die »Zaubernacht der religiösen Phantasie« er-schafft ihm Gott als »*Stammbuch, in welches er die Namen der teuersten, heiligsten Wesen einträgt.*«[95] »Was der Mensch sich entzieht, was er an sich selbst entbehrt, genießt er nur in um so unvergleichlich höherem und reicherem Maße in Gott.«[96] Er »*negiert nur von sich, was er in Gott setzt*«[97] – »*Die Religion ist die Reflexion, die Spiegelung des menschlichen Wesens in sich selbst.*«[98] Ziel der Religionskritik könne es dann nur sein, diesen Spiegelungsvorgang bewusst zu machen; die theologischen Dog-men als das zu durchschauen, was sie in Wahrheit sind, nämlich nicht-realisierte Gattungswünsche. »Ich tue daher der Religion … nichts weiter an, als dass ich ihr die Augen öffne oder vielmehr nur ihre einwärts ge-kehrten Augen auswärts richte, d. h., ich verwandle nur den Gegenstand in der Vorstellung oder Einbildung in den Gegenstand in der Wirklich-keit.«[99]

In seiner Schrift »Das Wesen des Christentums« (1841) geht Feuerbach davon aus, dass der Mensch durch das Selbstbewusstsein, durch das Bewusstsein von seinem eigenen, nicht beschränkten, sondern unendlichen Wesen charakteri-siert wird. »*Das Bewußtsein Gottes ist das Selbstbewußtsein des Menschen, die Erkenntnis Gottes die Selbsterkenntnis des Menschen.* Aus seinem Gotte er-kennst du den Menschen und hinwiederum aus dem Menschen seinen Gott; beides ist identisch. Was dem Menschen *Gott* ist, das ist *sein Geist, seine Seele,* und was des *Menschen Geist, seine Seele, sein Herz das ist sein Gott:* Gott ist das *offenbare* Innere, das ausgesprochne Selbst des Menschen, die Religion ist die feierliche Enthüllung der verborgenen Schätze des Menschen, das Einge-ständnis seiner innersten Gedanken, das *öffentliche Bekenntnis seiner Liebes-geheimnisse.*«[100]

Die Verselbstständigung des menschlichen Wesens zu einem vom Men-schen verschiedenen, jenseitigen Wesen, d. h. zu Gott, sei die Unwahrheit des Menschen und mache seine »Entzweiung« und Entfremdung aus.[101] Der an-

---

[95] L. *Feuerbach*, Das Wesen des Christentums: ders., Gesammelte Werke, hg. v. W. Schuf-fenhauer Bd. 5, Berlin ²1984, 128.
[96] Ebd., 65.
[97] Ebd., 66.
[98] Ebd., 127.
[99] Ebd., 20.
[100] Ebd., 46.
[101] Ebd., 75.

thropologische Ort der Religion sei die Bewusstseinsspaltung im Menschen. Der Mensch existiere in der Differenz dessen, was er faktisch sei, und dem, was er in letzter Hinsicht sein möchte. In dieser Situation entwickele er Religion, um das, was ihm fehlt, verfolgen und einholen zu können. »Der Mensch will in der Religion sich in Gott befriedigen.«[102] »Die Gottheit ist die Vorstellung, deren Wahrheit und Wirklichkeit nur die Seligkeit ist. Soweit das Verlangen der Seligkeit geht, so weit – nicht weiter – geht die Vorstellung der Gottheit. Wer keine übernatürlichen Wünsche mehr hat, der hat auch keine übernatürlichen Wesen mehr.«[103] Die Existenz Gottes ist also eine Fiktion nach Art einer Projektion. »Das, was der Mensch noch nicht wirklich ist, aber einst zu werden hofft und glaubt, einst werden will, was daher nur ein Gegenstand des Wunsches, der Sehnsucht, des Strebens … ist, das nennt man ein *Ideal*«, das macht der Mensch zu seinem Gott.[104] Vor dem Hintergrund dieser Projektion kann Feuerbach Gen 1,27 umkehren: Nicht »Gott schuf also den Menschen als sein Abbild; als Abbild Gottes schuf er ihn«, sondern »*Erst schafft der Mensch Gott nach seinem Bilde*, und dann erst schafft wieder dieser Gott den Menschen nach seinem Bilde.«[105] Dem Gottesglauben liegt somit ein Missverständnis zugrunde, nämlich die Absonderung dessen, was der Mensch zu sein wünscht und die Projektion dieses Wunschgebildes in ein göttliches Jenseits. Daran schließt sich die Vergegenständlichung und Hypostasierung dieses Wunschgebildes in eine absolute Person namens Gott an.

In der Religion verhält sich der Mensch zu seinem eigenen Wunschwesen wie zu einem anderen, von ihm abgesonderten Wesen. »Gott ist das menschliche Wesen; er wird aber *gewusst als ein andres* Wesen.«[106] Die wahre Unendlichkeit des Menschen ist aber nicht Gott, sondern die Menschheit mit ihrer gesamten Geschichte und ihren Zukunftsmöglichkeiten. Nach Feuerbach werde Objektivität dann erreicht, wenn sich die Menschen nicht als bloße Individuen verhielten, sondern als Repräsentanten der Gattung Mensch. Der Mensch solle sich so verhalten, denken und fühlen, dass er sich als Stellvertreter aller Menschen verhält, fühlt und denkt. »Wahr ist, worin der andere mit mir übereinstimmt – Übereinstimmung ist das erste Kriterium der Wahr-

---

[102] Ebd., 91.
[103] *Ders.*, Das Wesen der Religion (1846): ders., Werke in 6 Bde., hg. v. E. Thies, Bd. 4, Frankfurt a. M. 1975, 81–153, hier 152 f.
[104] *Ders.*, Vorlesung über das Wesen der Religion. Nebst Zusätzen und Anmerkungen: ders., Gesammelte Werke, hg. v. W. Schuffenhauer Bd. 6, Berlin ³1984, 286.
[105] *Ders.*, Das Wesen des Christentums: ders., Gesammelte Werke, hg. v. W. Schuffenhauer Bd. 5, Berlin ²1984, 215.
[106] Ebd., 410.

heit, aber nur deswegen, weil die *Gattung* das *letzte Maß der Wahrheit* ist.«[107]
»Der Mensch ist der Anfang der Religion, der Mensch ist der Mittelpunkt der
Religion, der Mensch ist das Ende der Religion.«[108]

Der »Repräsentant der Gattung« entspricht einer regulativen Idee, hinter
der die Menschen jedoch stets zurückbleiben, da sie die Religion lehrt, auf
halbem Wege der Bewusstseinsentwicklung stehen zu bleiben. Anstatt sich
als Repräsentanten der Menschheit zu verstehen, glauben sich die Menschen
vor eine Wirklichkeit gestellt, die über sie herrscht und sie ihrer Unvollkommenheit überführt. Die Religionskritik überwindet dadurch die Religion, indem sie die Menschen mit der regulativen Idee, »Repräsentanten der Gattung« zu sein, konfrontiert. »Für den *Menschen* gibt es *kein andres Maß des
Guten als den Menschen*. Und dieses Maß – versteht sich aber nur, wenn es
nicht im Sinne des einzelnen, sondern im Sinne der Gattung ... genommen
wird«.[109]

### b) Anthropologie statt Theologie

Nach Feuerbach hat die Religionskritik das falsche Bewusstsein der Religion
zu durchschauen und zu berichtigen. Sie ist Umwandlung der Theologie in
Anthropologie. Im Horizont der Anthropologie schreitet sie seit den Anfängen des Humanismus voran, indem der Mensch Gott immer mehr abspricht
und sich selbst immer mehr zuspricht. Feuerbach versteht seinen Atheismus
nicht trivial als einfache Negation Gottes, sondern als »Anthropotheis-
mus«[110], d.h. als Vergottung des Menschen, Einsatz des Menschen in das,
was die Religion »Gott« nennt. Die Zurücknahme der ins Jenseits projizierten
Selbstvorstellung durch den Menschen setzt den Menschen an die Stelle Gottes: »*Homo homini deus est* [der Mensch ist dem Menschen Gott] – dies ist der
oberste praktische Grundsatz, dies der Wendepunkt der Weltgeschichte.«[111]
Der Mensch soll nicht vergötzt werden, sondern das Göttliche ins Menschenwesen hereingeholt werden. Die Gottwerdung des Menschen soll zu einem
neuen Selbstbewusstsein führen. Feuerbachs Religionskritik bedeutet eine ra-

---

[107] Ebd., 277.
[108] Ebd., 315.
[109] *Ders.*, Das Wesen des Glaubens im Sinne Luthers. Ein Beitrag zum »Wesen des Christentums« (1844): ders., Werke in 6 Bde., hg. v. E. Thies, Bd. 4, Frankfurt a. M. 1975, 7–68, hier
29.
[110] *Ders.*, Kleinere Schriften II (1839–1846): ders., Gesammelte Werke, hg. v. W. Schuffenhauer Bd. 9, Berlin ²1982, 256.
[111] *Ders.*, Das Wesen des Christentums: ders., Gesammelte Werke, hg. v. W. Schuffenhauer
Bd. 5, Berlin ²1984, 444.

dikale anthropologische Wende im Bewusstsein der Religion zugunsten der universalen Emanzipation des Menschen: Theologische Aussagen werden anthropologisch interpretiert und die Realitäten Gottes werden in das Menschenwesen reduziert, d. h., religiöse Energien werden in anthropologische umgewandelt. So ist der Atheismus der wahre Humanismus. »In dieser Perspektive ist *der Atheismus die Negation der Negation und damit die neue höhere Position. Das Nein zu Gott ist das Ja zum Menschen.*«[112]

Zur Religionskritik gehört neben der Einsicht in den fiktiven Charakter der Gott-Hypostase auch die Erkenntnis vom göttlichen Tiefenwesen des Menschen, das für Feuerbach in der Geistnatur des Menschen liegt. »Der Mensch ist dem Menschen Gott«. Das ist zunächst eine interpretative Tiefenaussage zum Wesen des Menschen, zugleich aber eine programmatische Aussage über den Richtungssinn, von dem sich eine von der Religionskritik berichtigte religiöse Praxis leiten lassen muss. Dabei geht es um ein Reich des Geistes, der Sittlichkeit, der Menschlichkeit und Menschenliebe. Die Entfremdung im Gottesdienst wird durch Menschendienst aufgehoben – die religiösen Überzeugungen werden in menschliche Ideale transformiert. An die Stelle Gottes wird so der idealtypische Mensch gesetzt. In diesem Sinne ist Atheismus wahrer Humanismus und verhilft zu einem fruchtbaren Realismus.

Zwar gilt Feuerbach als »Kirchenvater« aller radikalen Religionskritik, doch wurde er von Max Stirner (1806–1856) als »frommer Atheist« charakterisiert.[113] Für Stirner ist Feuerbach auf halbem Wege stehen geblieben, seiner Ansicht nach habe man Religion erst los, wenn man Gott los habe und das ganze Unheil, das von daher kommt. Jedes höhere Wesen müsse abgeschafft werden, über dem Individuum dürfe keinerlei Instanz mehr anerkannt werden (ego mihi deus) – auch nicht die Gattung Mensch.

*c) Kritische Würdigung*

Karl Marx kritisierte, Feuerbach interpretiere den Menschen lediglich neu, ohne real etwas zu ändern. Das Programm der anthropologischen Umsetzung und Rückverwandlung der Theologie bringt aber nicht nur einen Erkenntnisfortschritt, sondern verändert auch die Selbsteinschätzung des Menschen und damit seine praktischen Ziele. Die irdischen Verhältnisse sollen im Hinblick auf die einlösbaren Wunschgehalte der Religion geändert werden. Dabei erhält der Begriff Religiosität eine Wendung zu dem, was man unbedingten

---

[112] W. *Kasper*, Der Gott Jesu Christi, Freiburg i. Br. 2008, 82.
[113] Zit. n. K. *Löwith*, Von Hegel zu Nietzsche. Der revolutionäre Bruch im Denken des neunzehnten Jahrhunderts, Hamburg ⁹1986, 364.

Einsatz für glückendes Menschsein, für das Eschaton des Menschen nennen könnte. So tritt beim späten Feuerbach an die Stelle der Religion die Politik: »Der Geist der Zeit oder Zukunft ist der des Realismus. Die neue Religion, die Religion der Zukunft ist die Politik.«[114]

Das Werk Feuerbachs kann aufklärend sein, weshalb eine pauschale Ablehnung seiner Thesen unbegründet ist. In ihnen findet sich ein religiöser Wahrheitsgehalt wieder. Nach Feuerbach war es das Verdienst Martin Luthers (1483–1546), das »pro nobis« und »pro me« der Selbsthingabe Gottes aus der Peripherie des christlichen Glaubensverständnisses in die Mitte gerückt zu haben. »[D]as *Geheimnis der Theologie* [ist] *die Anthropologie*«.[115] Feuerbach wollte nun diese Linie weiterführen bis hin zur Selbstauflösung des Glaubens. Das Wesen des Christentums müsse atheistisch interpretiert werden. Wenn nämlich Gottes Wesen in seinem Für-mich-Sein besteht, dann wäre »Gott … ein Wort, dessen *Sinn* nur der Mensch ist«.[116] Darum findet das Individuum seine Wesensverwirklichung nicht im Kontext der Selbsthingabe Gottes, sondern nur, wenn die Gattung Mensch über das Individuum triumphiert, also der Mensch ganz zum Repräsentanten der Gattung wird. »Hat der Mensch, was Gott hat, so ist Gott *überflüssig*, der *Mensch ersetzt die Stelle Gottes*«.[117] Kritisch aber bleibt zu fragen:

- Vor dem Hintergrund des Theologumenons der Väterzeit, in dem das Wesen des Christentums in der »Vergottung« (θέωσις) des Menschen erblickt wurde, kann Feuerbachs »Eritis sicut Deus« (Ihr werdet sein wie Gott; Gen 3,5) nicht einfach als atheistische Attacke abgetan werden. Die These von der Anthropologie als Geheimnis der Theologie ist wegweisend, ebenso die Kritik an religionskausalen Entfremdungszusammenhängen. Wichtig ist auch sein Aufweis des Wirklichkeitsverlustes in religiösen Heilsbegriffen, die ganz abstrakt und jenseitig sind. Zu fragen bleibt, ob die Fähigkeit des Menschen zur Objektivität nicht doch angemessener mit dem Begriff der Religion interpretiert wird.
- Weil Feuerbach in seiner Religionskritik die Grenze zwischen Gott und Mensch verschwinden sah, wenn Gott Mensch geworden sei und der

---

[114] L. *Feuerbach*, Notwendigkeit einer Veränderung (1842/43): ders., Kleine Schriften, hg. v. K. Löwith, Frankfurt a. M. 1966, 220–235, hier 231 Anm. 1.

[115] *Ders.*, Das Wesen des Christentums: ders., Gesammelte Werke, hg. v. W. Schuffenhauer Bd. 5, Berlin ²1984, 7; 352; 443.

[116] *Ders.*, Das Wesen des Glaubens im Sinne Luthers. Ein Beitrag zum »Wesen des Christentums« (1844): ders., Werke in 6 Bde., hg. v. E. Thies, Bd. 4, Frankfurt a. M. 1975, 7–68, hier 20.

[117] Ebd., 16.

Mensch seine universale Wirklichkeit ergriffen habe, haftet jeder Anthropologie, die den natürlich menschlichen Standpunkt nicht als den absoluten ansieht, bis heute ein religionskritischer Beigeschmack an. In der religionskritischen Anthropologie Feuerbachs bleibt allerdings die Frage nach der Bestimmung des Menschen offen bzw. wird diese Frage erst im Menschwerdungsprozess des Menschen einer unabsehbaren Beantwortung zugeführt.

• Feuerbach hat zu wenig bedacht, dass das Geheimnis der Anthropologie auch in der Theologie liegen könnte. Gott in das Geheimnis des Menschenwesens hineinzuholen, ist sicher ein berechtigtes Anliegen, aber kein stichhaltiges Argument gegen eine absolute, unbedingte und eigenständige Wirklichkeit Gottes. Erst durch sie gewinnt das Geheimnis des Menschen seine Tiefendimension. Der atheistische Humanismus glaubt zwar an das Gute im Menschen, kann sich aber kein Äquivalent für Gottes Barmherzigkeit beschaffen.[118]

• Der Versuch der Rückprojektion des Göttlichen ins Menschliche verkennt, dass eine Rückführung der Transzendenz in den Menschen als endliche Realität nicht gelingen kann. Dem Menschen geht erst im Horizont der intentionalen Unendlichkeit das Bewusstsein seiner eigenen Endlichkeit auf. Er kann seine eigene Tiefendimension selbst nicht einholen, den Sinn seines Lebens nicht selbst begründen und seine formale Unendlichkeit nicht material ausfüllen. Wer dieses Geheimnis menschlichen Lebens leugnet, der leugnet den Grund, in dem die religiösen Haltungen wurzeln und vermag die religiösen Äußerungen nicht mehr zu erfassen. *»Die Reduktion der Theologie auf die Anthropologie löst also nicht das Problem, auf das die Theologie antworten will.«*[119]

• Die Projektionstheorie kann in ihrer Konsequenz nicht überzeugen. Zwar gehört die Projektion zu jeder menschlichen Erfahrung und Erkenntnis, doch sagt dies über die Realität des erfahrenen oder erkannten Objekts selbst noch nichts aus. Eine Wunschprojektion muss nicht zwangsläufig eine Illusion sein und die mögliche Erklärung subjektiver Gottesvorstellung beinhaltet keine Aussage über die göttliche Wirklichkeit.

---

[118] *R. Schröder*, Abschaffung der Religion? Wissenschaftlicher Fanatismus und die Folgen, Freiburg i. Br. 2008, 104.
[119] *W. Kasper*, Der Gott Jesu Christi, Freiburg i. Br. 2008, 83.

## 3.2. Friedrich Nietzsche

*E. Biser*, Nietzsche: K.-H. Weger (Hg.), Religionskritik von der Aufklärung bis zur Gegenwart. Autoren-Lexikon von Adorno bis Wittgenstein, Freiburg i. Br. 1979, 241–247; *H. Zirker*, Religionskritik, Düsseldorf ³1995, 137–167; *U. Neuenschwander*, Gott im neuzeitlichen Denken, Bd. 2, Gütersloh 1977, 134–149; *H. Küng*, Existiert Gott? Antwort auf die Gottesfrage der Neuzeit, München 1978, 383–440; *W. Kasper*, Der Gott Jesu Christi, Freiburg i. Br. 2008, 97–108; *N. Fischer*, Die philosophische Frage nach Gott, Paderborn 1995, 264–274; *E. Coreth, P. Ehlen, J. Schmidt*, Philosophie des 19. Jahrhunderts (Grundkurs Philosophie, Bd. 9), Stuttgart ³1997, 132–139; *E. Fink*, Nietzsche für Christen. Eine Herausforderung. Textauswahl u. Einleitung v. E. Biser, Freiburg i. Br. 1983, 10–56.

*a) Tod Gottes – Nihilismus*
Für Friedrich Nietzsche (1844–1900) ist die Vorstellung, dass es objektive Werte gibt wie Gerechtigkeit, Treue etc., um derentwillen sich der Einsatz des Lebens lohnt, nichts weiter als eine Täuschung. Denn im Rahmen der neuzeitlichen Säkularisierung wurde der Gottesglaube seines Wirklichkeitsbezugs beraubt, die Welt wurde gottlos und entleert und das Wort Gott für die Welt sinnentleert. Das hätten Platonismus und Christentum, das »Platonismus fürs ›Volk‹« sei[120], gemeinsam vollzogen, indem sie die vor-moralische Humanität durch absolute Ideale, durch Verklärung des Leidens, des Niedrigen und Unwerten sowie durch Schuld- und Sünden-Moral zersetzten. Diesen unvollständigen Nihilismus wollte Nietzsche in den vollkommen überführen: Es gäbe keinen letzten Sinn und darum auch keine einzelnen Sinngebungen. Der Sinn des Daseins bestehe darin, dass alles sinnlos sei.

Für Nietzsche stand längst fest, dass Religion menschliche Erfindung, nämlich Projektion ist. Sie ist Epiphänomen einer konstitutionellen Schwäche der Menschen, die ihre freie, radikal-selbstkritische und letztlich tragische Situation nicht auszuhalten vermag. Wenn Gott aber als die alles begründende und tragende Wirklichkeit ausfällt, das hat Nietzsche durchaus richtig gesehen, fehlt der Sinn des Ganzen und die Welt stürzt ab in die Sinn- und Ziellosigkeit. »Hat er [der Mensch] früher einen Gott nöthig gehabt, so entzückt ihn jetzt eine Welt-Unordnung ohne Gott, eine Welt des Zufalls, in der das Furchtbare, das Zweideutige, das Verführerische zum Wesen gehört«.[121]

---

[120] *F. Nietzsche*, Jenseits von Gut und Böse: Sämtliche Werke. Kritische Studienausgabe (= KSA), Bd. 5, hg. v. G. Colli, M. Montanari, München 1980, 11–243, hier 12.
[121] *Ders.*, Nachgelassene Fragmente Herbst 1887: KSA, Bd. 12, 453–582, hier 467.

Wo es nicht mehr das je Größere gegenüber dem Mensch und der Welt gibt, droht die Ideologie der totalen Assimilation an die Bedürfniswelt und Gesellschaftsverhältnisse. Die Freiheit stirbt und der Mensch entwickelt sich zurück zum findigen Tier. Nietzsche erkannte, dass der Tod Gottes letztlich zum Tod des Menschen führen muss.

Nietzsche sah die letzte Konsequenz des Atheismus und brachte sie in seiner Botschaft vom Tod Gottes treffend zur Sprache. Wenn der Glaube an Gott ausfällt und es keine übersinnlichen Wahrheiten gibt – »Wahrheiten sind Illusionen«[122] –, ist Gott tot. Und wo Gott für tot erklärt wird, stirbt auch der Mensch. Bewegend erzählt Nietzsche vom tollen Menschen, der am hellen Vormittag mit einer Laterne auf dem Markt herumläuft und schreit: »Ich suche Gott! ... Wohin ist Gott? ..., ich will es euch sagen! *Wir haben ihn getödtet*, – ihr und ich! Wir Alle sind seine Mörder! Aber wie haben wir diess gemacht? Wie vermochten wir das Meer auszutrinken? Wer gab uns den Schwamm, um den ganzen Horizont wegzuwischen? Was thaten wir, als wir diese Erde von ihrer Sonne losketteten? Wohin bewegt sie sich nun? Wohin bewegen wir uns? Fort von allen Sonnen? Stürzen wir nicht fortwährend? Und rückwärts, seitwärts, vorwärts, nach allen Seiten? Giebt es noch ein Oben und ein Unten? Irren wir nicht wie durch ein unendliches Nichts? Haucht uns nicht der leere Raum an? Ist es nicht kälter geworden? Kommt nicht immerfort die Nacht und mehr Nacht?«[123] Wenn Gott nicht mehr als das Lebendige angesehen wird, muss sich der Mensch als dessen Mörder verstehen.

*b)  Wille zum Leben*

Gibt es Gott nicht, sondern nur rein materiell zu begreifende Naturabläufe, und ist der Mensch das Produkt der seelenlosen Natur, warum sollte sich dann die Menschheit selbst der höchste Wert sein? »Unsere Werthe sind in die Dinge hineininterpretiert. Giebt es denn einen Sinn im An-sich?«[124] Für Nietzsche liegt der Grund, dass sich die Menschheit selbst der höchste Wert ist, nicht in irgendeiner Wert-Metaphysik, sondern im menschlichen Willen zur Macht. Der »Wille zur Macht« sei das Grundphänomen allen Lebens. »Aller Sinn ist Wille zur Macht«.[125] Was für Nietzsche den Menschen aus-

---

[122] *Ders.*, Ueber Wahrheit und Lüge im aussermoralischen Sinne: KSA, Bd. 1, 873–890, hier 880 f.
[123] *Ders.*, Die fröhliche Wissenschaft, Aph. 125: KSA, Bd. 3, 345–651, hier 480 f.
[124] *Ders.*, Nachgelassene Fragmente Herbst 1885–Herbst 1886: KSA, Bd. 12, 67–169, hier 97.
[125] Ebd., 97.

macht, das sei sein Selbstbehauptungstrieb. Der Wille zum Leben bzw. zur Macht mache den Menschen aus, und dieser kraftvolle Selbstbehauptungstrieb lasse sich keinem höheren Wert mehr unterstellen. Denn der Lebens-Wille sei Zweck an sich und der einzige Grund allen vermeintlichen Sinns. Nur vom Lebens-Willen aus komme allen anderen Dingen Sinn zu – »an sich« sei alles sinnlos. Im Zentrum der Philosophie Nietzsches steht der Begriff des Lebens. Was es fördert, ist gut; was es schwächt oder behindert, ist böse.

Nietzsche begreift den Tod Gottes als etwas in sich Positives. Gott habe sich nicht dem Menschen entzogen, er sei nicht von sich aus verschwunden; der Tod Gottes stelle vielmehr eine positive, befreiende Tat des Menschen dar. Der Tod Gottes sei das Ereignis, mit dem der Mensch sich von all seinen bisherigen Lügen befreit. Erst dann vermöge er, seine wirkliche Situation innerhalb des Naturzusammenhangs unverstellt zu erkennen und sich ihr zu stellen. Nietzsche versteht sich als Anwalt einer intellektuellen Redlichkeit, die sich selbst nichts mehr über die metaphysischen Begrenzungen des frei sich selbst setzenden Individuums vormacht, das seine ethischen Stabilisierungen selbst durch Lebenswillen, Kunst und Macht, jedenfalls nicht mehr durch Moral, herzustellen gezwungen ist.

Gott ist für Nietzsche der Inbegriff des Lebensfeindlichen schlechthin. »Der Begriff ›Gott‹ erfunden als Gegensatz-Begriff zum Leben, – in ihm alles Schädliche, Vergiftende, Verleumderische, die ganze Todfeindschaft gegen das Leben in eine entsetzliche Einheit gebracht! Der Begriff ›Jenseits‹, ›wahre Welt‹ erfunden, um die einzige Welt zu entwerthen, die es giebt«.[126] Nietzsche protestiert gegen einen Gott, der, wie er meint, den Menschen knechtet und seiner Rechte beraubt, ihn unterdrückt und verfolgt, ihm seine Freiheit und Selbstentfaltung sowie seinen Willen zur Macht nicht gönnt.

Wie Feuerbach, so protestiert also auch Nietzsche gegen Gott um des Menschen willen, nun aber nicht mehr im Namen der Menschheit, sondern im Namen des Menschseins. Die moralischen Religionen pervertierten die pure Bejahung des Lebenswillens, indem er vermeintlich höheren Werten unterstellt würde. Doch die religiösen Ideale von Gerechtigkeit, Gleichheit, Feindesliebe etc. kämen einer »Umwertung aller Werte« gleich. Hier werde das Geistige dem Vitalen übergeordnet und spiegele sich der Neid der Schwachen in der Durchsetzungskraft der Starken wider. Damit durchkreuze das Christentum die Selbstbejahung des Lebens, das sich nur so bejahen könne,

---

[126] *Ders.*, Ecce homo. Wie man wird, was man ist (Warum ich ein Schicksal bin Nr. 8): KSA, Bd. 6, 257–374, hier 373 f.

dass es das Schwache dem Starken opfert.[127] Das Wesen der Religion sei die Verkehrung des Lebenswillens in sein Gegenteil, Abneigung gegen das Leben und Selbstentfremdung des Menschen.

Vor diesem Hintergrund sei Gott mehr als entbehrlich, er sei hinderlich für die freie Selbstverwirklichung des Menschen und für die Wahrnehmung seiner Weltverantwortung. So wird Gott als tot erklärt im Namen des Menschen und seiner Freiheit. Das ist ein postulatorischer Atheismus im reinsten Sinn. Nietzsche hat kein anderes Argument gegen Gott als seine Forderung: Wenn der Mensch sein soll, so darf es keinen, den Menschen erniedrigenden Gott geben. Oder anders ausgedrückt: Wenn es einen Gott gibt, dann muss der Mensch Gott sein. Was jetzt noch zählt ist allein das Leben, das Nietzsche ganz naturalistisch sieht. Wahrheit ist nicht vorgegeben; weil es sie nicht gibt, ist alles möglich, alles erlaubt, darum gibt es wahre Freiheit und wahres Leben. »Der Wert für das *Leben* entscheidet zuletzt«[128] und gut ist, was der Steigerung des Lebens dient.

Weil Nietzsche keine absolute Wahrheit anerkennt, kein absolutes Sein, keine Metaphysik und keinen sittlichen Wert gelten lässt, verwirft er den Gottesgedanken. Er ist Lüge, Ausdruck des Ressentiments gegen das Leben.[129] Nietzsche suchte, ausgehend vom Leben, nach einer neuen Sicht der Welt und des Lebens, dabei verfiel er keinem naiven, optimistischen Atheismus, vielmehr sah er die »lange Fülle und Folge von Abbruch, Zerstörung, Untergang, Umsturz, die nun bevorsteht«.[130]

*c) Theismus als Nihilismus*

Ursache des Nihilismus ist für Nietzsche nicht der Tod Gottes, sondern der Gottesglaube selbst, der Ausdruck des Ressentiments gegen das Leben ist. Alle aggressiven Triebe, die sonst nach außen wirkten, würden durch das Gewissen nach innen, gegen den Menschen selbst gewendet und die Religion, besonders aber das Christentum, habe diese Selbstaggression des Schuldbewusstseins sanktioniert und übersteigert. Das Sündenbewusstsein mache den Menschen zum Verneiner des Lebens, zum Verächter alles Starken und Edlen; die Sünde sei die »Selbstschändungs-Form des Menschen par excellence«.[131] Wer sich als Sünder wisse, der könne sich und den Mitmenschen – den Mit-Sünder – nur

---

[127] *Ders.*, Nachgelassene Fragmente Frühjahr 1888: KSA, Bd. 13, 401–481, hier 470.
[128] *Ders.*, Nachgelassene Fragmente April–Juni 1885: KSA, Bd. 11, 423–508, hier 506.
[129] *Ders.*, Götzen-Dämmerung. Was ich den Alten verdanke 4: KSA, Bd. 6, 57–161, hier 160.
[130] *Ders.*, Die fröhliche Wissenschaft, Aph. 343: KSA, Bd. 3, 345–651, hier 573.
[131] *Ders.*, Der Antichrist Aph. 49: KSA, Bd. 6, 167–254, hier 229.

hassen[132], der müsse das, was er selbst von Natur aus sei, seine natürlichen Instinkte, zutiefst verachten.[133] »Der christliche Entschluss, die Welt hässlich und schlecht zu finden, hat die Welt hässlich und schlecht gemacht.«[134] Das Sündenbewusstsein stelle den Versuch der Benachteiligten dar, ihre üble Lage als berechtigt zu akzeptieren. Der Jude wie der Christ »will lieber sich schuldig finden, als umsonst sich schlecht zu fühlen«.[135] Sie führen das Böse, das ihnen widerfährt, auf das eigene Bösesein zurück und strebten nur noch danach, die drohende göttliche Strafe zu vermeiden und die imaginäre Kausalität der Belohnung in Gang zu setzen und zwar durch Verneinung dessen, was sie immer schon strafwürdig mache, nämlich der elementare Lebenstrieb. Der Mensch müsse zu sich selbst »nein« sagen, um zu Gott »ja« sagen zu können[136]; so sei dieser Gott ein »Verbrechen am Leben«.[137] Der Theismus sei der eigentliche Nihilismus, nicht der Atheismus. Der Nihilismus sei die »Konsequenz der bisherigen Wertinterpretation des Daseins«. »Nihilist und Christ: das reimt sich, das reimt sich nicht bloss«.[138]

Der »Tod Gottes« ist Metapher für den »Tod der Metaphysik«, die Aufhebung der Kategorien von »Wert« und »Sinn«. Schuld daran seien der Platonismus wie das Christentum, dessen Ziel es sei, alle Glaubensgewissheiten in Wissens-Gewissheiten überführen zu wollen. Doch die rationalistische Prüfung all dessen, was es mit Gott und den transzendenten Werten legitimerweise auf sich habe, hätte den Befund der Nichtigkeit ergeben. »In Gott ist das Nichts vergöttlicht, der Wille zum Nichts heilig gesprochen«.[139] Daraus resultiere das Drama des Legitimitätsverlusts. »Je tiefer man sieht, umso mehr verschwindet unsere Wertschätzung«. Es mangelt an fraglos gewissen Werten – das ist die geistige Situation der Postmoderne, der nachmetaphysischen Denkdimension.

Angesichts des Nihilismus, der Entwertung der obersten Werte[140], sucht Nietzsche nach einer neuen Antwort auf die Wozu-Frage. Diese Suche zeichnet den aktiven Nihilismus aus. Seine Antwort formuliert Nietzsche in: »Also

---

[132] Ders., Nachgelassene Fragmente Herbst 1887: KSA, Bd. 12, 453–582, hier 530; Menschliches, Allzumenschliches, Aph. 134, KSA 2, 128 f.
[133] Ders., Nachgelassene Fragmente Herbst 1887: KSA, Bd. 12, 453–582, hier 487 f.
[134] Ders., Die fröhliche Wissenschaft, Aph. 130: KSA, Bd. 3, 345–651, hier 485.
[135] Ders., Nachgelassene Fragmente Frühjahr 1888: KSA, Bd. 13, 217–399, hier 232.
[136] Ders., Zur Genealogie der Moral, Aph. 22: KSA, Bd. 5, 291–337, hier 332.
[137] Ders., Der Antichrist Aph. 47: KSA, Bd. 6, 167–254, hier 225.
[138] Ebd., Aph. 58: KSA, Bd. 6, 167–254, hier 247.
[139] Ders., Der Antichrist Aph. 18: KSA, Bd. 6, 167–254, hier 185.
[140] Ders., Nachgelassene Fragmente Herbst 1887: KSA, Bd. 12, 339–451, hier 350.

sprach Zarathustra« mit Hilfe der Chiffre vom Übermenschen. »Gott starb: nun wollen *wir*, – dass der Übermensch lebe.«[141] Nach Nietzsche zieht sich die Entwicklung zum Übermenschen über drei Stadien hin, die der menschliche Geist prozesshaft zu durchlaufen habe, um zu seiner Wahrheits- und Selbstfindung zu gelangen: »Drei Verwandlungen nenne ich euch des Geistes: wie der Geiste zum Kamele wird, und zum Löwen das Kamel, und zum Kinde zuletzt der Löwe.«[142] Während das Kamel für den arbeitswilligen, selbstverleugnenden, genügsamen, anpassungsfähigen Geist (›Sklavenmoral‹) steht, symbolisiert der Löwe den freien, souveränen und selbstbestimmten Geist und das Kind schließlich den unschuldigen Geist, der anders als der nur destruktiv wirkende Geist des Löwen die ursprüngliche Unschuld neu schafft. »Unschuld ist das Kind und Vergessen, ein Neubeginnen, ein Spiel, ein aus sich rollendes Rad, eine erste Bewegung, ein heiliges Ja-sagen. Ja, zum Spiele des Schaffens […] bedarf es eines heiligen Ja-sagens: *seinen* Willen will nun der Geist, *seine* Welt gewinnt sich der Weltverlorene.«[143] Der Geist des Kindes führt zum Übermenschen, der alle menschlichen Schwächen überwunden hat.

Der Übermensch sei der starke und stolze Herrenmensch, jenseits von Gut und Böse, erhaben über die christliche Sklavenmoral. Er sei der Typ von Mensch, der alle Entfremdungen überwunden habe, auch den Schatten Gottes. Er sei der Mensch ohne Gott, der aus dem Tod Gottes einen Sieg gemacht habe. Wenn Gott das Nein zum Menschen sei, so müsse dieser Nein zu Gott sagen, um zu sich selber, zum starken und vitalen Leben Ja sagen zu können. Zugleich müsse er in einer sinnlosen und sinnleeren Welt leben. Es gäbe keinen erkennbaren Sinn, in den der Mensch hineingestellt sei. Im Übermenschen sei das Leben in das freigegeben, was es könne. Das aber könne nur ein zukünftiger Mensch sein, denn selbst den Schatten des toten Gottes zu überwinden erfordere Zeit.

Nietzsches Philosophie ist ein Plädoyer, nicht im Entsetzen über diese Situation des Menschen zu erstarren, sondern die Erkenntnis zur Basis eines neuen menschlichen Selbstverständnisses zu machen. Der Mensch hat sich von allen falschen Sinnfragen und Sinnbedürfnissen zu verabschieden, durch die der Blick auf seine reale Situation innerhalb des Naturzusammenhangs nur verstellt und vernebelt wird. Es ist »ein Gradmesser von *Willenskraft*, wie weit man des *Sinnes* in den Dingen entbehren kann, wie weit man in einer

---

[141] *Ders.*, Also sprach Zarathustra. Vom höheren Menschen 2: KSA, Bd. 4, 357.
[142] *Ders.*, Von den drei Verwandlungen KSA, Bd. 4, 27.
[143] Ebd., 29.

sinnlosen Welt zu leben aushält: *weil* man *ein kleines Stück von ihr selbst organisirt.*«[144] Weil die Frage nach einem umfassenden Sinn negativ beantwortet ist, kann es nur noch um partielle Sinnentwürfe gehen, die der Mensch für sich selbst der an sich sinnlosen Welt abringt. Es ist dies aber ein selbst organisierter Sinn; der Mensch legt ihn von sich her in die Welt hinein.

Der neue Mensch solle alles Krankhafte, Lebensfeindliche vernichten und selbst die Stelle des getöteten Gottes einnehmen. »Wir haben absolut keinen Herrn mehr über uns; die alte Werthungs-Welt ist theologisch – sie ist umgeworfen – Kürzer: es giebt keine höhere Instanz über uns: so weit Gott sein könne, sind wir selbst jetzt Gott ... Wir müssen uns die Attribute zuschreiben, die wir Gott zuschrieben ...«[145] Im Übermenschen würde es keine Spannungen mehr von Sein und Sinn geben. Denn wie es kein wahres Sein gibt, so sei auch das mit sich identische Ich eine Fiktion. Der Übermensch hat alle Spannung und Spaltung von Sein und Sinn überwunden, er ist selbst Gott geworden, in freier Vitalität bejaht er einzig den Willen zur Macht. Das gelingt nur, indem der Mensch die vergängliche Zeit überwindet, indem er dionysisch, d. h. verzückt, emotional und irrational Ja sagt zu allen Seiten seines Daseins und Ja sagt zum ewigen Kreislauf aller Dinge. »[D]as Dasein, so wie es ist, ohne Sinn und Ziel, aber unvermeidlich wiederkehrend, ohne ein Finale ins Nichts: ›die ewige Wiederkehr‹. Das ist die extremste Form des Nihilismus: das Nichts (das ›Sinnlose‹) ewig!«[146] Es gibt kein absolutes Sein, sondern Sein ist Werden, nicht aber unendliches Neuwerden, sondern ewige Wiederkehr des schon Dagewesenen. »Die ewige Sanduhr des Daseins wird immer wieder umgedreht«.[147] Mit dem Rekurs auf den Mythos, den Gedanken von der ewigen Wiederkehr des Gleichen, versucht Nietzsche die Wozu-Frage zu beantworten.

*d) Kritische Würdigung*

Nietzsche, der einer protestantischen Pastorenfamilie entstammte, war zwar hochbegabt, doch zugleich eine tragische und leidende Gestalt. Er litt an der Frage nach Gott; an ihr zerbrach er, was sinnbildlich oft damit in Verbindung gebracht wird, dass er aufgrund einer Geschlechtskrankheit in geistiger Umnachtung starb. Seine Philosophie ist Ausdruck dieses persönlichen Schick-

---

[144] *Ders.*, Nachgelassene Fragmente Herbst 1887: KSA, Bd. 12, 339–451, hier 366.
[145] *Ders.*, Nachgelassene Fragmente November 1887–März 1888: KSA, Bd. 13, 9–194, hier 143.
[146] *Ders.*, Nachgelassene Fragmente Sommer 1886–Herbst 1887: KSA, Bd. 12, 185–229, hier 213.
[147] *Ders.*, Die fröhliche Wissenschaft, Aph. 341: KSA, Bd. 3, 345–651, hier 570.

sals, ein Aufschrei gegen ein Leben, das qualvoll und sinnlos erscheint, und außerdem gegen eine pietistisch geprägte Gottesvorstellung, wonach Gott die Welt verneint, den Menschen versklavt und leiden lässt. Sein nihilistisches Fragen betraf die Frage nach den Sinnprämissen des Menschseins und der Geschichte. Er sah die Sinnkrise als Folge der Entgötterung und Entleerung der Welt heraufziehen und deckte das Sinnvakuum, das Orientierungsdefizit der modernen Zivilisation auf. Seine Fragen sind immer noch aktuell. Die Sinnkrise gehört zu den »Zeichen der Zeit« (GS 4). Er hat durchaus etwas Richtiges erkannt und präzise zur Sprache gebracht. Aber seine Antwort auf den Nihilismus kann nicht widerspruchslos hingenommen werden:

- Für Nietzsche ist das Leben und der Wille zum Leben das Letzte, die einzige Grundlage alles perspektivischen Sehens und Erkennens. Doch könnte es nicht sein, dass umgekehrt auch der Lebenswille nur eine Perspektive ist, ein Ausdruck letzter Überlebensversuche angesichts nihilistischer Tendenzen? Muss nicht der Versuch, das Unendliche ins Endliche hereinzuholen, das Ewige im Leben anzusiedeln zum Überdruss am Leben führen? Nietzsche hat dies sehr wohl gespürt: Wo das Leben verewigt wird, kommt es zur Verewigung des Sinnlosen.

- Darf dem Menschen, der wie Gott sein will, das gute Gewissen zurückgegeben werden, oder macht es gerade die Würde des Menschen aus, sich als Sünder wahrzunehmen und umkehren zu dürfen? Freilich muss die Soteriologie so formuliert werden, dass die Würde des Menschen nicht erniedrigt und beschmutzt, sondern zur Geltung gebracht wird.

- Kann der Mensch wirklich, wie der skizzierte Übermensch, jenseits aller Tugenden leben, »jenseits von Gut und Böse« und zu allen seinen Seiten ein dionysisches Ja sprechen? Wird dies behauptet, so wird der Satz vom Widerspruch bestritten und damit das Denken überhaupt, das ja auf der Unterscheidung zwischen Ja und Nein basiert. Nietzsche hat auch das richtig erkannt und darum möchte er den Weg der Geschichte und des Denkens wieder umkehren: vom λόγος zurück zum Mythos, zum Kreislauf des ewig Wiederkehrenden. Am Ende gelangt Nietzsche so zu einer erneuerten Form mythischer Religiosität.

### 3.3. Sigmund Freud

*K.–H. Weger*, Freud: ders. (Hg.), Religionskritik von der Aufklärung bis zur Gegenwart. Autoren-Lexikon von Adorno bis Wittgenstein, Freiburg i. Br. 1979, 102–117; *H. Zirker*, Religionskritik, Düsseldorf ³1995, 168–201; *H. Küng*, Existiert Gott? Antwort auf die Gottesfrage der Neuzeit, München 1978, 299–363; *W. Kasper*, Der Gott Jesu Christi, Freiburg i. Br. 2008, 84–86.

*a) Psychoanalyse und Religion*
Sigmund Freud (1856–1939) entfaltete die Psychoanalyse als eine Wissenschaft von den Dimensionen des menschlichen Seelenlebens, die unbekannt, schwer zugänglich und dennoch höchst wirksam sind. In diesem Zusammenhang sprach er von den drei Kränkungen der Menschheit: Die erste erlitt der Mensch, als er erfuhr, »daß unsere Erde nicht der Mittelpunkt des Weltalls ist, sondern ein winziges Teilchen eines in seiner Größe kaum vorstellbaren Weltsystems. Sie knüpft sich für uns an den Namen Kopernikus … Die zweite dann, als die biologische Forschung das angebliche Schöpfungsvorrecht des Menschen zunichte machte, ihn auf die Abstammung aus dem Tierreich und die Unvertilgbarkeit seiner animalischen Natur verwies. … Die dritte und empfindlichste Kränkung aber soll die menschliche Größensucht durch die heutige psychologische Forschung erfahren, welche dem Ich nachweisen will, daß es nicht einmal Herr ist im eigenen Hause, sondern auf kärgliche Nachrichten angewiesen bleibt von dem, was unbewußt in seinem Seelenleben vorgeht.«[148] Mit der Psychoanalyse wollte Sigmund Freud das Bild von der menschlichen Psyche revolutionierten.

In seinen Studien über Hysterie ging Freud der Frage nach, woher die rätselhaften Symptome (Lähmung, Blindheit etc.) des menschlichen Seelenlebens kämen, und entdeckte verborgene Erinnerungen an höchst konflikthafte Erlebnisse, die verdrängt worden waren. Sie kehrten nun in Form symptomatischer Verhüllung wieder. Kräfte des Seelenlebens wirkten aus dem Verborgenen heraus. Gelänge es, den ursprünglichen Konflikt zu enthüllen und zu entschärfen, würde das Krankheitssymptom überflüssig. Das Verdienst Freuds war nicht die Vorstellung des Unbewussten, sondern eines unverwechselbaren, persönlichen Unbewussten, das in früher Kindheit grundgelegt wird.

---

[148] *S. Freud*, Vorlesungen zur Einführung in die Psychoanalyse: Gesammelte Werke Bd. 11, Frankfurt a. M. ⁶1973, 294 f.

In der Traumdeutung kommt Freud zu einem Verständnis des Traumes, in dem der manifeste Traum analog zu einem Krankheitssymptom ebenfalls eine Oberfläche darstelle. Auch hier seien es dynamische, unbewusste Motivationen, welche den Prozess des Träumens mit seinen Verhüllungen und Brüchen bewirkten. Ähnlich verhalte es sich im Bereich des Vergessens, Versprechens, Aberglaubens und Irrtums. Der infantile Erinnerungsverlust bezüglich der ersten Lebensjahre beträfe die Eindrücke, welche die tiefsten Spuren im Seelenleben hinterlassen hätten und die bestimmend für die ganze spätere Entwicklung seien. Gerade sie würden vergessen bzw. verdrängt. Die Entstehung ängstigender innerer Konflikte und deren Abstoßung ins Unbewusste stellten einen normalen, biographischen Prozess dar. So bestehe das Bild, das der Mensch von sich hat, zu großen Teilen aus Illusionen. Sie zu entzaubern bedeute, sich selbst kennen zu lernen. In diesem Kontext steht Freuds Religionstheorie.

Die Psychoanalyse hat die unentwegte Produktivität des Seelenlebens freizulegen. Der Mensch produziert Symptome, Träume, Versprecher, Fehlleistungen, Verdrängungen, sexuelle Fantasien, Kunst, Literatur – auch Religion. Aus Freuds Perspektive ist Religion eine Produktion der Menschen, und zwar eine individuelle und kulturelle Produktion. Gott wird in der intrapsychischen Erfahrung lokalisiert. Religion ist Teil der menschlichen Innenwelt und eine Schöpfung des Menschen. Freud wollte die Art und Weise herausarbeiten und die Motive benennen, nach denen die Menschen sich ihre Götter machen.

*b) Schuldgefühle*

Freud war tief beeindruckt von der Faszination und der Macht, die die Religion auf die Menschen ausübt, war aber selber nicht religiös. Der Atheismus bildete für ihn eine völlig fraglose Angelegenheit. Auf dieser Grundlage erschien die Religion als ein umso größeres Rätsel, das er lösen wollte. Den Anstoß dafür gaben zunächst einmal die Patienten, mit denen er als Arzt zu tun hatte. In ihnen, d. h. in ihren Krankheitsbildern, trat die Religion konkret in sein Blickfeld, was a priori eine gewisse Blickverengung auf die pathologische Seite von Religion bedeutete.

Nach Freud ist die Religion aus den Schuldgefühlen infolge der Ermordung des Urvaters entstanden. So führt er u. a. in seinem Buch »Totem und Tabu«[149] aus, dass die Söhne zu ihrem gewalttätigen und eifersüchtigen Vater

---

[149] *Ders.*, Totem und Tabu. Einige Übereinstimmungen im Seelenleben der Wilden und der Neurotiker: Gesammelte Werke Bd. 9, Frankfurt a. M. ⁶1973, 191.

in einer ambivalenten Beziehung gestanden hätten, insofern sie ihn wegen seiner Machtgelüste und Vereinnahmung aller Frauen hassten, ihn aber zugleich liebten und bewunderten. Nach der Ermordung und dem Verzehr ihres Vaters wäre ihr Hass befriedigt gewesen und es hätte sich eine Identifizierung mit dem Vater sowie eine Überwindung der Rivalität untereinander eingestellt. »Sie bereuten diese Tat und beschlossen, daß sie nicht mehr wiederholt werden solle, und daß ihre Ausführung keinen Gewinn gebracht haben dürfe.« So sei es aufgrund von Reue und Schuldbewusstsein zur Ausbildung des Mordverbots bezüglich des Totems, des Vaterersatzes, sowie des Inzestverbotes gekommen. Beide Tabus würden dem Totemismus zugrunde liegen und wie in diesem würde sich auch in den (Vater)Religionen eine ambivalente Beziehung zum Vater widerspiegeln: Sehnsucht, Trotz und Schuldbewusstsein.

Mit seiner Religionspsychologie versuchte Freud eine Antwort auf die Frage zu geben, weshalb sich in einer modernen Kultur mit einem hohen Grad an Lebenssicherung, Bedürfnisbefriedigung und Bildung eine romantische Sehnsucht nach vermeintlich glücklichen Naturzuständen breit macht. Den Grund erkannte er v. a. darin, dass der Freiheitszuwachs durch Geborgenheitsverlust erkauft werden müsse. Solche Erfahrungen mache insbesondere der Heranwachsende. Dieser erinnere sich angesichts des Verlustes an Geborgenheitserfahrungen, dass er den väterlichen Liebesentzug schon einmal als Strafe erfahren habe. Vor diesem Hintergrund interpretiere er den jetzigen Geborgenheitsverlust emotional als Strafe und beantworte ihn mit Schuldgefühlen für den »Vatermord« (Ödipuskomplex). Die Folge sei die Internalisierung der verlorenen väterlichen Autorität.

Die Religion befriedige beim Heranwachsenden den Wunsch, wieder Kind sein zu dürfen, nun aber eines himmlischen, unsichtbaren Übervaters; die Geborgenheit des realen Kindesalters werde auf einer neuen Stufe wiedergewonnen. Religion sei infantil und illusionär. Der infantile Wunsch nach Vaterliebe und Geborgenheit sei die Quelle einer Illusion, aus der alle religiösen Vorstellungen entspringen. Die Illusion vom Vater-Gott könne aus der Tiefe des Unbewussten erklärt werden.

Die Hoffnung auf Geborgenheit werde durch die Kälte und Anonymität der Gesellschaft enttäuscht. Die Folge seien neue Schuldgefühle und infolgedessen noch ausgeprägtere fiktive Kindlichkeitsbedürfnisse, d. h. eine noch stärkere Sehnsucht nach Vaterliebe. Am Ende komme es zu einer immer größeren religiösen Fixierung, die schließlich zunehmend zwanghaften Charakter annehme. Die Religion beurteilt Freud darum als Neurose: »[D]ie religiösen Phänomene [sind] nur nach dem Muster der uns vertrauten neurotischen Symptome des Individuums zu verstehen ..., als Wiederkehren von längst vergessenen, bedeutsamen Vorgängen in der Urgeschichte der menschlichen Familie, daß sie ihren zwanghaften Charakter eben diesem Ursprung verdanken und also kraft ihres Gehalts an *historischer* Wahrheit auf die Menschen wirken.«[150] Aufgabe der Psychotherapie sei es, den Menschen dazu zu bringen, ohne den Wunsch nach fiktiver Vaterliebe leben zu können; »Erziehung zur Realität«.[151] Zur Überwindung der infantilen Denkweise und Gefühlshaltung seien jedoch nur wenige im Stande; nur starke Personen könnten auf den Trost der Religion verzichten.

*c) Illusorische Konfliktbewältigungspraxis*

Freud sieht den Menschen (Ich) grundlegend als Triebwesen (Es), das in unausweichliche Konflikte zwischen Triebbefriedigung und Triebverzicht durch äußere Realitäten und die Kultur (Über-Ich) eingespannt sei. Konflikte seien unausweichlich. Die Flucht vor der Realität und die Zuflucht zu Ersatzlösungen führen zu psychopathologischen Erscheinungen. Zwischen ihnen und religiösem Verhalten glaubte Freud Analogien ausfindig machen zu können. Religiöse Vorstellungen resultierten aus der Notwendigkeit, »sich gegen die erdrückende Übermacht der Natur zu verteidigen« und »die peinlich verspürten Unvollkommenheiten der Kultur zu korrigieren«.[152] Das Konfliktfeld Triebbefriedigung und Triebverzicht sei demnach Ort der Religion. Sie sei eine krankhafte Form von Konfliktbewältigung; sie reagiere auf die Härte des Lebens und den von der Gesellschaft verlangten Triebverzicht auf fehlerhafte Weise. Religion sei ein Fehlansatz sowohl in ihren Inhalten (infantile Illusion) als auch in ihrer Praxis (zwangsneurotische Kompensationshandlungen).

Im Blick auf ihre Inhalte ist Religion eine Form pathologischer Konfliktbewältigung, weil sie mit Illusionen, d. h. Wunschprojektionen und Wunschvorstellungen arbeitet. Religiöse Vorstellungen sind »nicht Niederschläge der Erfahrung oder Endresultate des Denkens, es sind Illusionen, Erfüllungen der ältesten, stärksten, dringendsten Wünsche der Menschheit«.[153] Sie sind infantile Wunscherfüllungen, »ein System von Wunscherfüllungen mit Verleugnung der Wirklichkeit«.[154] Zu den Wunschprojektionen gehört die Annahme

---

[150] *Ders.*, Der Mann Moses und die monotheistische Religion, Studienausgabe, hg. v. A. Mitscherlich, A. Richards, J. Strachey (= SA), Bd. 9, Frankfurt a. M. 2000, 453–581, hier 507.
[151] *Ders.*, Die Zukunft einer Illusion: SA, Bd. 9, 139–189, hier 182.
[152] Ebd., 155.
[153] Ebd., 164.
[154] Ebd., 177.

der Existenz Gottes als eines sich sorgenden Vaters oder die Annahme von Erlösung durch Riten. Für Freud aber gibt es keinen sorgenden Vater, vielmehr ist der Mensch in die gnadenlose Welt hineingeworfen und nicht dazu geschaffen, glücklich zu sein. Er ist ein von Trieben bestimmtes Wesen, das in dieser Welt ohne eine solche Vaterfigur durchkommen muss – Religion ist Ausdruck unreifen Bewusstseins.

Eigentlicher Grund der Religion ist für Freud die Ohnmacht und die Hilflosigkeit des Menschen gegenüber den harten Realitäten des Lebens wie Krankheit, Tod, Triebfrustration, kulturelle Repressivität etc. Aber nicht das Gefühl der Ohnmacht macht das Wesen der Religion aus, sondern erst die Reaktion, die gegen dieses Gefühl eine fehlerhafte Abhilfe sucht. Religion ist ein Refugium der Flucht vor den Realitäten des Lebens. Sie erscheint als fehlerhafte, infantile, illusorische Konfliktbewältigungspraxis. Die Religion betet gleichsam: Herr, gib uns unsere tägliche Illusion, weil wir nur so den Härten des Lebens standhalten können. Doch »die Erfahrung lehrt uns: die Welt ist keine Kinderstube«.[155] »Der Mensch kann nicht ewig Kind bleiben, er muß endlich hinaus, ins ›feindliche Leben‹.«[156]

*d) Kritische Würdigung*

Seit Freud ist es immer offensichtlicher, dass jede Ausprägung religiösen Glaubens vom Tiefsten der persönlichen Wünsche, Ängste und Konflikte durchwachsen und geprägt ist. Mit seiner psychoanalytischen Methode hat Freud ein Instrument gefunden, das religiöse Fehlverhalten aufzudecken, was theologisch ernstzunehmen ist, sowohl im Sinne individueller Pathologie als auch der von Religionssystemen. Trotz dieser Verdienste muss kritisch rückgefragt werden:

- Religion ist ein intimer Ausdruck menschlicher Subjektivität. Das gilt natürlich auch für Atheisten. Freud hat dies nicht berücksichtigt, dennoch sind seine Anfragen auch auf ihn selbst anzuwenden. Auch ein atheistischer Standpunkt ist Ausdruck persönlicher Überzeugungen, die in irgendeiner Weise in der Auseinandersetzung mit der Religion entstanden sind und mit den verborgenen Kräften des Seelenlebens zu tun haben.
- Freud schaut von außen auf die Religion. In seiner Reflexion und Beurteilung nimmt er einen distanzierten Standpunkt ein. Dies ermöglichte ihm seinen scharfen Blick, doch es hinderte ihn auch daran, die Welt des

---

[155] *Ders.*, Neue Folge der Vorlesungen zur Einführung in die Psychoanalyse: SA, Bd. 1, 449–608, hier 595.
[156] *Ders.*, Die Zukunft einer Illusion: SA, Bd. 9, 139–189, hier 182.

Religiösen emotional nachzuvollziehen und so auf vertiefte Weise in die wesentlichen Spezifika der Religion einzudringen.

- Reichen Begriffe wie »Trieb«, »Trieberfüllung« bzw. »Triebverzicht« aus, um die Erfahrung von Sexualität und Liebe hinreichend zu beschreiben? In dieser Erfahrung soll sich ja die Versöhnung zwischen gewonnener Freiheit und verlorener Geborgenheit ereignen. Menschliche Sexualität und Liebe finden aber nicht nur auf der Ebene der Triebe ihre Verwirklichung, umfassen sie doch die gesamte Person und ermächtigen zu einer personalen Sinnerfüllung, in der sich die sittliche Idee von Selbstfindung durch Selbsthingabe konkretisiert. Sie findet in der liebenden Selbsthingabe Gottes an den Menschen ihre höchste Erfüllung. »Die hermeneutische Frage lautet daher: Ist das Problem von Freiheitsverlust und Geborgenheitssehnsucht klarer gesehen, angemessener erfahren und adäquater beschrieben, wenn es mit Kategorien der Religion oder solchen der psychoanalytischen Religionskritik formuliert wird?«[157]
- Die Psychologie kann zwar versuchen zu erklären, wie jemand zu seinen Überzeugungen kommt, nicht aber über deren Wahrheitsgehalt befinden.

## 3.4. Jean-Paul Sartre

*R. Neudeck*, Sartre: K.-H. Weger (Hg.), Religionskritik von der Aufklärung bis zur Gegenwart. Autoren-Lexikon von Adorno bis Wittgenstein, Freiburg i. Br. 1979, 268–274; *U. Neuenschwander*, Gott im neuzeitlichen Denken, Bd. 2, Gütersloh 1977, 150–157; *A. Hügli*, *P. Lübcke*, Philosophie im 20. Jahrhundert, Bd. 1: Phänomenologie, Hermeneutik, Existenzphilosophie und Kritische Theorie, Hamburg 1992, 453–471; *N. Fischer*, Die philosophische Frage nach Gott, Paderborn 1995, 281–289.

*a) Freiheit des Menschen*

Die grundsätzliche Negativität des Bewusstseins und die Absurdität der Existenz kennzeichnen die Philosophie Jean-Paul Sartres (1905–1980), ähnlich wie das Werk von Albert Camus (1913–1960). Wie für Camus inmitten alles Absurden, das sich im menschlichen Leben allenthalben zeige, der konkrete Sinn des Lebens erkämpft werden muss, so kommt es auch nach Sartre dem Mensch zu, seinem Leben aktiv einen Sinn zu geben. Da es keinen Gott gäbe, existiere auch kein von ihm verbürgter Sinn. Weder würde es einzelne Sinnziele noch einen letzten Gesamtsinn geben. Vielmehr sei der Mensch in ein

---

[157] *R. Schaeffler*, Die Kritik der Religion: HFTh 1 (²2000), 85–99, hier 95.

absurdes Dasein gestellt, das er durchleiden müsse. Der Sinn menschlicher Existenz sei nicht nur, dass sie keinen Sinn habe, mehr noch, ihr Sinn sei das Absurde – das sei die Wahrheit über das Leben.

Wie für Camus erweist sich auch für Sartre die Existenz zunächst als kontingent, grundlos und absurd. Zugleich knüpft Sartre in seinem postulatorischen Atheismus in einem negativen Sinn an der Philosophie Immanuel Kants an: Er postuliert nicht Gott, sondern die Freiheit als die Grundbestimmung des Menschen. Die Freiheit falle mit dem Sein des Menschen zusammen – unabhängig von der Existenz Gottes: »[D]er Mensch ist nichts anderes als wozu er sich macht.«[158] Der Gedanke der Freiheit als Grundbestimmung des Menschen steht im Zentrum der Philosophie Sartres. Der Mensch sei Freiheit, er sei zur Freiheit verurteilt. Er müsse sie nutzen, um sein Leben gemäß der ihm gegebenen Möglichkeiten zu gestalten. Dabei sei jeder für sich selbst verantwortlich. Es habe keinen Sinn, sein Leben auf Gott hin auszurichten, der Mensch müsse es selbst in die Hand nehmen, um seine eigenen Wünsche, Sehnsüchte, Bedürfnisse und Triebe im Hier und Jetzt zu erfüllen, sie dürften auf keinen anderen projiziert werden.

*b) Sein und Bewusstsein*

In seiner phänomenologischen Ontologie greift Sartre die Thematik Heideggers auf und führt sie nihilistisch fort. Im Zentrum steht dabei die Unterscheidung des Seins in zwei Bereiche:

- »*An-sich-Sein*«: Es ist das vom Bewusstsein unabhängig existierende Sein der Dinge. Es ist durch reine Positivität und Identität gekennzeichnet, d. h. durch materielle Fülle. Das An-sich-Sein kann sich zu nichts verhalten.
- »*Für-sich-Sein*«: Es ist das durch Bewusstsein bestimmte Sein des Menschen; der Mensch muss sich zum Sein verhalten. Diese Seinsweise des Bewusstseins als Nichtung des An-sich-Seins wird durch das Nicht-Sein, den Mangel geprägt.[159]

Die bewusstlosen Dinge sind einfach, was sie sind; sie sind Sein ohne Mangel, mit sich identisch. Mit dem Menschen verhalte es sich nicht so. Er stehe in einem lebenslangen Entscheidungsprozess, lebe durch das Imaginäre, in einer ewigen Sehnsucht und sei frei in der Wahl seiner Zukunft. So könne der Mensch nie ein An-sich-Sein werden[160], bzw., wenn er es würde, befände er

---

[158] *J.-P. Sartre*, Ist der Existentialismus ein Humanismus?: Drei Essays, Berlin 1960, 7–36, hier 11.
[159] *Ders.*, Das Sein und das Nichts, Reinbek 1962, 139.
[160] Ebd., 144 f.

sich im Zustand der »Unwahrhaftigkeit«.[161] Nur wenn es ihm klar ist, dass er sich sein Wesen immer wieder selbst wählen und für seine Entscheidungen Verantwortung übernehmen müsse, im Wissen, dass er nie die Seinsweise des An-sich erlangen könne, befände er sich im Zustand der »Aufrichtigkeit«. »Frei sein heißt, zum Freisein verdammt sein.«[162]

Dadurch, dass der Mensch »ein Sein [ist], das ist, was es nicht ist, und nicht ist, was es ist«[163], entsteht eine »Lücke« im sonst lückenlosen Sein, das Nichts oder Nicht-Sein. Das Nichts ist aber »ein Ruf nach Sein«. Für Sartre ist der Mensch Ursprung des Nichts. Das bedeutet: Das Für-sich hat die Fähigkeit zur Nichtung, der Mensch hat die Fähigkeit – und darüber hinaus den ständigen Drang oder Zwang – den gegenwärtigen Zustand durch einen anderen Zustand ersetzen zu wollen und damit ein Nichts, eigentlich ein »noch-nicht« ins Sein hineinzunehmen. Erst durch das Sein des Menschen kommt das Nichts in das Sein[164], nämlich dadurch, dass sich der Mensch zu seinem Sein selbst verhält.

Besonders dramatische Folgen hat die Fähigkeit zu nichten, wenn Menschen in Gesellschaft anderer sind, wenn sie ein »Für-andere-Sein« sind. Der Andere macht ihn durch seinen Blick zum An-sich, wie dieser ihn umgekehrt durch seinen Blick zum An-sich macht. Die gegenseitige Verobjektivierung ist Voraussetzung des eigenen Subjektstatus. Durch den Anderen wird das Subjekt an sich selbst vermittelt. Es eröffnet ihm einen Zugang zu sich selbst, indem der Blick des Anderen das Subjekt zu einem Gegebenen, sprich: zum Objekt macht.[165] »Der geniale Einfall Hegels besteht … darin, mich *in meinem Sein* vom Andern abhängig sein zu lassen. Ich bin, sagt er, ein Sein für sich, das nur durch einen Andern für sich ist.«[166] Nur durch den Anderen kann sich das Subjekt selbst erreichen. Durch den Blick des Anderen entdecke ich, »daß ich verletzlich bin, daß ich einen Leib habe, der verwundet werden kann, daß ich mich an einer bestimmten Stelle befinde und daß ich auf keinen Fall von dort entweichen kann, wo ich ohne Verteidigungsmittel bin, kurz, daß ich *gesehen werde*.«[167]

Zwischenmenschliche Beziehungen müssen scheitern. Bei Sartre kann die Nächstenliebe nicht funktionieren. Denn jeder Mensch konzipiere in seiner

---

[161] Ebd., 93.
[162] Ebd., 189.
[163] Ebd., 105, 121, 183.
[164] Ebd., 62 ff.
[165] Ebd., 299 f.
[166] Ebd., 319.
[167] Ebd., 345.

Freiheit sein eigenes Leben. Das sei der Grund, warum der Mensch durch den Anderen in seiner Freiheit eingeschränkt werde, wenngleich die Begrenzung der Freiheit durch den Anderen die Freiheit nicht aufzuheben vermag. Da auch in der Sexualität der Andere zu einem An-Sich gemacht werde, seien sexuelle Beziehungen ein Wechsel von sadistischen und masochistischen Verhaltensweisen, denen man nur entkommen könne, indem beide Seiten in einem Streben nach Authentizität dem jeweils anderen zeitweilig das Für-sich zugestehen. Ist die Beziehung zu den Anderen gestört, kann »der andre nur die Hölle sein. Warum? Weil die andren im Grunde genommen das Wichtigste in uns selbst sind für unsere eigene Kenntnis von uns selbst. ... Was ich auch über mich sage, immer spielt das Urteil andrer hinein.«[168]

Zur menschlichen Existenz gehört, dass sie immer intentional auf ein Anderes als sie selbst gerichtet ist. So reißt sie sich ekstatisch immer schon von sich selbst los. Nur dadurch kann der Existenz Freiheit zugesprochen werden. In diesem Sinne »konnte Sartre ... als Parole des Existentialismus formulieren: die Existenz geht der Essenz, dem Wesen, voraus.«[169] Dabei gibt es kein im Voraus festgelegtes Wesen des Menschen, weil sich dieser durch die freie Wahl seiner selbst selbst schafft. Die menschliche Existenz ist durch die Fähigkeit des Nichtens gekennzeichnet, durch das Vermögen, etwas radikal zu verneinen, sich dagegen zu entscheiden und aufzulehnen, um sich für etwas anderes öffnen zu können. Diese Lehre setze die unausweichliche Verantwortung aller Menschen für ihre Entscheidungen voraus und postuliere eine absolute, atheistische Freiheit, den von Sartre so genannten Zwang zur Selbst-Wahl. »[Wir] sind zur Freiheit verurteilt«.[170]

In seiner Freiheit stoße sich der Mensch von sich selbst ab und bringe so das Nichts hervor. Das Nichts sei bei jeder entscheidenden Bestimmung des Menschen immer mit im Spiel. Durch die Freiheit gelange das Nichts in die Welt und der Mensch sei der Ursprung des Nichts. Die menschliche Existenz sei somit nach Sartre von der Freiheit her zu denken, und in der Freiheit sei stets die Nichtung mitzudenken. »Die Freiheit ist das menschliche Sein, das seine Vergangenheit aus dem Spiel nimmt und sein eigenes Nichts absondert.«[171]

---

[168] Ders., Jean-Paul Sartre über *Geschlossene Gesellschaft*: ders., Geschlossene Gesellschaft. Stück in einem Akt in neuer Übers., Reibeck [44]2006, 60–63, hier 61.

[169] *F. Zimmermann*, Einführung in die Existenzphilosophie, Darmstadt [2]1988, 2.

[170] *J.-P. Sartre*, Das Sein und das Nichts. Versuch einer phänomenologischen Ontologie, hg. v. T. König, deutsch v. H. Schöneberg, T. König (Gesammelte Werke in Einzelausgaben, Philosophische Schriften, Bd. 3), Hamburg 1991, 838.

[171] *Ders.*, Das Sein und das Nichts, Hamburg 1962, 70.

Menschen sind ihre Vergangenheit und Zukunft und sind doch zugleich nichts. Denn Vergangenheit und Zukunft zeichnen sich durch Nichthaftigkeit aus: Der, der er einmal sein wird, ist es in der Weise, es nicht zu sein und Ähnliches gilt im Hinblick auf die Vergangenheit. Dieses Nichts komme auf den Menschen nicht von außen zu (Heidegger), sondern sei bedingt durch die Struktur menschlichen Seins selbst. In seiner Freiheit sei der Mensch nicht auf seine Vergangenheit oder auf das Gegebene eingegrenzt, sondern könne in deren Nichtung und gemessen an seinen Möglichkeiten einen zukünftigen Lebensentwurf erstellen.

Mit der Nichthaftigkeit, die sich der Freiheit des Menschen verdanke, korreliere die Angst, in der die menschliche Freiheit ihrer selbst ansichtig werde. So gäbe es die Angst in einem Leben, das sich der Mensch selber geschaffen habe als die Möglichkeit seiner selbst. In der Freiheit ängstige sich der Mensch vor sich selbst. Die Freiheit ängstige sich, die unbegründete Begründung der Werte zu sein.

Der Mensch ist seine Zukunft und er ist sie zugleich noch nicht; er ist seine Vergangenheit und er ist sie zugleich nicht mehr. So ist der Mensch gleichsam ein Loch im Sein. Er ist noch nicht, was er in seiner Möglichkeit zu sein wünscht (Transzendenz), aber er ist auch nicht bloß das, was er in seiner Möglichkeit schon verwirklicht hat (Faktizität). Faktizität und Transzendenz sind die Strukturmerkmale, die die grundsätzliche Freiheit des Menschen bestimmen. Diese Freiheit erschließt erst die Bedeutung der Faktizität, und umgekehrt ist die Faktizität Voraussetzung der Freiheit. Diese Dialektik zwischen Freiheit und Faktizität kennzeichnet die Situation. »[E]s gibt Freiheit nur *in Situation*, und es gibt Situation nur durch die Freiheit.«[172] Die Spannung zwischen Transzendenz und Faktizität ist Ausdruck der Nichtigkeit menschlichen Daseins, und sie macht zugleich die Nichtidentität des Menschen aus. Für Sartre zeichnet sich die menschliche Existenz also durch Nichtigkeit aus und nicht durch Identität, die allein dem An-sich vorbehalten ist.

Das Für-sich-Sein strebt zum An-sich-Sein, das in sich ständig ist und in sich ruht. Aber das Für-sich-Sein kann niemals so sein wie das An-sich-Sein. Denn wenn das Für-sich-Sein sein Ziel erreichen würde und so sein könnte wie das An-sich-Sein, wäre es nicht mehr, da sich das Für-sich-Sein ja gerade aufgrund seiner Freiheit vom An-sich-Sein unterscheidet. Nur durch die

---

[172] *Ders.*, Das Sein und das Nichts. Versuch einer phänomenologischen Ontologie, hg. v. T. König, deutsch v. H. Schöneberg, T. König (Gesammelte Werke in Einzelausgaben, Philosophische Schriften, Bd. 3), Hamburg 1991, 845.

Nichtung des An-sich wird das Für-sich zum Für-sich. So ist der Mensch zur Freiheit gezwungen; Menschsein ist zur Freiheit verurteiltes Sein.

### c) Kritische Würdigung

- Der Existentialismus versteht das Subjekt als die je eigene, sich im Existieren entwerfende Freiheit. Damit ist das Wesen des Menschen seine Existenz. Der Mensch hat das Leben, das er sich wählt. Sartre denkt die Freiheit des Menschen so absolut, dass der Mensch schlechthin das ist, was er aus sich macht. Durch sein Sich-Wählen verleiht er seiner Welt und seiner eigenen Existenz Sinn. So kann er sein Leben selbst konzipieren und trägt hierfür die Verantwortung. Doch Sartre weiß auch um die Möglichkeit der Absurdität menschlichen Lebens, er weiß um die Möglichkeit des Scheiterns. Menschliche Freiheit ist nämlich immer bedingte, begrenzte Freiheit. Damit sind alle Möglichkeiten des Sich-Schaffens, des Sich-Entwerfens vorgegebenen und unverfügbaren Grenzen unterworfen. Die Religion sieht er in dieser unverfügbaren Bedingtheit und Endlichkeit als ein Zeichen des Geschaffenseins des Menschen. Des Weiteren ist die menschliche Freiheit an einen Sinn von Humanität gebunden, den sie nicht von sich aus zu erreichen vermag.
- Der Mensch kann mit der Konzeptionierung seines Lebens hinsichtlich moralischer, gesellschaftlicher, sozialer etc. Fragestellungen und der Suche nach Werten überfordert sein. Von wem könnte er Hilfe erwarten, sich einen Ratschlag holen? Den richtigen Weg gibt es offensichtlich nicht – jeder entscheidet ja für sich selbst. Das Leben ohne Gott ist somit keineswegs leichter. Der Mensch bleibt auf sich allein gestellt und hat die Verantwortung für alles zu tragen.
- Im nihilistischen Existentialismus Sartres wird die Grenze zwischen gut und böse bedeutungslos. »Wichtig für mich ist, daß ich getan habe, was zu tun war. Gut oder schlecht, darauf kommt es nicht so an, Hauptsache, ich habe es versucht.«[173] Werte und Normen setzt jeder selbst fest – ganz subjektiv. Wer kann dieses Chaos vermeiden, wenn sich der Mensch selbst zum Gesetzgeber macht?
- Sartre klagt über die angebliche Sinnleere oder Absurdität der Existenz. Doch woher weiß dies Sartre? Auch, dass mit dem Tod die bewusste Existenz des Menschen zu Ende ist?

---

[173] *Ders.*, Selbstportrait mit siebzig Jahren: ders., Sartre über Sartre. Aufsätze und Interviews 1940–1976, hg. und mit einem Nachwort v. T. König, Reinbeck 1977, 180–246, hier 194.

## 3.5. Karl Marx

*W. Post*, Marx: K.-H. Weger (Hg.), Religionskritik von der Aufklärung bis zur Gegenwart. Autoren-Lexikon von Adorno bis Wittgenstein, Freiburg i. Br. 1979, 218–231; *H. Zirker*, Religionskritik, Düsseldorf ³1995, 106–136; *H. Küng*, Existiert Gott? Antwort auf die Gottesfrage der Neuzeit, München 1978, 251–298; *W. Kasper*, Der Gott Jesu Christi, Freiburg i. Br. 2008, 86–97; *E. Coreth, P. Ehlen, J. Schmidt*, Philosophie des 19. Jahrhunderts (Grundkurs Philosophie, Bd. 9), Stuttgart ³1997, 151–168; *E. Fromm*, Das Menschenbild bei Marx, Frankfurt a. M. 1982, 20–60.

### a) Religion als Epiphänomen

Mit Feuerbach sieht Karl Marx (1818–1883) die Religionskritik als erledigt an. Im Jahre 1841, ein Jahr nach der Erscheinung von Feuerbachs »Wesen des Christentums«, schreibt er: »Für Deutschland ist die *Kritik der Religion* im wesentlichen beendigt, und die Kritik der Religion ist die Voraussetzung aller Kritik.«[174] Aus diesem Grunde gibt es für Marx »keinen anderen Weg … zur *Wahrheit* und *Freiheit*, als durch den *Feuer-bach*. Der Feuerbach ist das *Purgatorium* der Gegenwart.«[175] Wie Feuerbach meint auch Marx, dass Religion recht verstanden nichts anderes als eine pseudonyme Rede des Menschen von sich selbst sei. In diesem Sinne möchte er die Philosophie Hegels vom Kopf wieder auf die Füße stellen: Wo Hegel von Gott spricht, müsse man vom Menschen sprechen. Der Mensch spreche von sich, bezeichne aber seine Rede als Rede von Gott bzw. Gottes selbst. »Das Fundament der irreligiösen Kritik ist: *Der Mensch macht die Religion*, die Religion macht nicht den Menschen.«[176] Die Religionskritik deckt den wahren Sinn religiöser Rede auf. Sie stellt klar, dass hier der Mensch und nicht Gott redet und vom Menschen und nicht von Gott die Rede ist. »Religion [ist] das Selbstbewußtsein und das Selbstgefühl des Menschen, der sich selbst entweder noch nicht erworben oder schon wieder verloren hat.«[177] Marx, der hier nicht mehr von Gott, sondern von der Religion spricht, teilt somit die theoretischen Grundgedanken von Feuerbach, allerdings möchte er dessen Mangel an Praxisbezug überwinden. »Aber *der Mensch*, das ist kein abstraktes, außer der Welt hockendes

[174] *K. Marx*, Zur Kritik der Hegelschen Rechtsphilosophie: ders., Frühe Schriften, Bd. 1, hg. v. H.-J. Lieber, P. Furth, Darmstadt ⁵1989, 488–505, hier 488.
[175] *Ders.*, Luther als Schiedsrichter zwischen Strauß und Feuerbach: K. Marx, Frühe Schriften, Bd. 1, hg. v. H.-J. Lieber, P. Furth, Darmstadt ⁵1989, 107–109, hier 109.
[176] *Ders.*, Zur Kritik der Hegelschen Rechtsphilosophie: ders., Frühe Schriften, Bd. 1, hg. v. H.-J. Lieber, P. Furth, Darmstadt ⁵1989, 488–505, hier 488.
[177] Ebd.

Wesen. Der Mensch, das ist *die Welt des Menschen*, Staat, Sozietät. Dieser Staat, diese Sozietät produzieren die Religion, ein *verkehrtes Weltbewußtsein*, weil sie eine *verkehrte Welt* sind.«[178] Feuerbach hat es nach Marx versäumt, seine transzendental(philosophisch)en Einsichten historisch und sozio-ökonomisch zu interpretieren. Deshalb bleiben sie abstrakt.[179] »Die Philosophen haben die Welt nur verschieden interpretiert, es kömmt darauf an, sie zu verändern.«[180]

Im Rahmen seines historischen Materialismus erkannte Marx über Feuerbach hinaus, dass Religion ein Phänomen der Entfremdung des Menschen von den Produkten seiner Arbeit sei, von dem, was er in geschichtlichem Handeln zu seiner eigenen Selbstverwirklichung tue. In der Religion spiegeln sich somit die durch den Produktionsprozess bedingten Klassengegensätze der jeweiligen gesellschaftlichen Verhältnisse wider. Marx, der von Hegel das Prinzip der Dialektik übernimmt, möchte den Menschen wiedergewinnen, ihn nicht nur seiner Religion entledigen, sondern aus allen sozio-ökonomischen und v. a. kapitalistischen Entfremdungszusammenhängen befreien.

Eine Schlüsselfigur der Theorie des historischen Materialismus ist das sog. Basis-Überbau-Schema: Das kulturelle Gebilde, in dem sich der menschliche Geist objektiviert (Philosophie, Religion, Moralvorstellungen, Rechtsordnungen, Künste etc.), wird als ideologischer Überbau einer materiellen Basis und der tatsächlichen Lebensverhältnisse der Menschen aufgefasst. Für sie sind v. a. zwei Faktoren entscheidend:

• *Stand der Produktivkräfte:* der ökonomisch-technische Entwicklungsstand einer Gesellschaft
• *Produktionsverhältnisse:* die Eigentums- und Machtverhältnisse, aus denen sich die Klassenstruktur der Gesellschaft ergibt.

Der ideologische Überbau spiegelt die ökonomische Basis wider. Die kulturellen Gebilde des menschlichen Geistes hängen völlig von der ökonomisch-materiellen Basis ab und sind als deren Reflexe aufzufassen. »[D]*as Wesen des Menschen* [gibt es] *nur in seiner durch die jeweilige sozio-ökonomische Realität bestimmte[n] Form.* Und *dieses* Wesen des Menschen spiegelt sich in den Religionen wider.«[181] Ändert sich die materielle Basis, wandelt sich der ganze geistige Überbau. Mit seiner Unterbau-Überbau These durchleuchtet Marx

---

[178] Ebd.
[179] *Ders.*, Thesen über Feuerbach: ders., F. Engels Studienausgabe, Bd. 1, hg. v. I. Fetscher, Frankfurt a. M. 1971, 139–141, hier 140.
[180] Ebd., 141.
[181] *P. Schmidt-Leukel*, Grundkurs Fundamentaltheologie. Eine Einführung in die Grundfragen des christlichen Glaubens, München 1999, 131.

gut die Korrelation von Sein und Bewusstsein. »Das Bewußtsein kann nie etwas anderes sein als das bewußte Sein«.[182] Religion ist für Marx weniger ein anthropologisches Missverständnis, vielmehr spiegeln sich in ihr die verkehrten gesellschaftlichen und sozio-ökonomischen Verhältnisse (Unrecht, Ausbeutung, Unterdrückung etc.) wider. Sie sei insofern richtiges Bewusstsein und beinhalte eigentlich richtige Aussagen, insofern diese ein Epiphänomen verkehrter gesellschaftlicher Verhältnisse sind. Falsch und unwahr werde die Religion erst im Missverständnis ihrer Vertreter, die diesen Spiegelungscharakter der Religion übersähen und sie als selbstständige Wirklichkeit betrachten.

Die Erfahrung der Entfremdung sei systembedingt. Das System nötige die Unterdrückten, das Proletariat, ihre eigene Unterdrückung zu produzieren; sie würden zu Sklaven ihres eigenen Waren- und Arbeitsmarktes. In solchen sozio-ökonomischen Verhältnissen werde der Mensch selbst zum Objekt seiner Objekte. Und die Religion spiegle gerade dies wider: Sie sei keine verkehrte Darstellung einer wahren Welt, sondern wahre Spiegelung einer verkehrten Welt. Sie offenbare, inwiefern der Mensch nicht Herr seiner selbst sei. Religion sei aber nicht nur adäquate Weltspiegelung des Elends, sondern zugleich auch Protest gegen die ungerechte Welt, wobei sie die Hoffnung auf eine bessere Welt wecke. »Das *religiöse* Elend ist in einem der *Ausdruck* des wirklichen Elendes und in einem die *Protestation* gegen das wirkliche Elend. Die Religion ist der Seufzer der bedrängten Kreatur, das Gemüt einer herzlosen Welt, wie sie der Geist geistloser Zustände ist. Sie ist das *Opium* des Volks.«[183] Religion verheiße ein illusorisches Glück, sie gleicht »imaginären Blumen an der Kette«.[184] Darüber hinaus sei sie auch Versöhnung mit der Welt, da sie die Zukunftshoffnung mit der Bedingung verknüpft, das Elend dieser Welt geduldig zu ertragen. Religion sei ein Aufschrei der bedrängten Kreatur und zugleich sei sie kompensatorisch, nämlich in der Form eines unechten Ausgleichs. Religion sei die »moralische Sanktion [dieser Welt], ihre feierliche Ergänzung, ihr allgemeiner Trost- und Rechtfertigungsgrund.«[185] In ihren komplementären und kompensatorischen Funktionen sei die Religion illusorisches Glück, krankmachende Droge.[186]

---

[182] *K. Marx*, Die deutsche Ideologie: ders., F. Engels Werke, Bd. 3, Berlin 1969, 5–530, hier 26.

[183] *Ders.,* Zur Kritik der Hegelschen Rechtsphilosophie: ders., Frühe Schriften, Bd. 1, hg. v. H.-J. Lieber, P. Furth, Darmstadt ⁵1989, 488–505, hier 488.

[184] Ebd., 489.

[185] Ebd., 488.

[186] Ebd., 489.

Marx ist überzeugt, dass mit der Beseitigung der verkehrten Verhältnisse, deren Korrelat die Religion ist, die Religion verschwinden würde. Die Kritik der Religion muss deshalb zur Kritik der sie bedingenden Verhältnisse weiterschreiten. »Die Kritik hat die imaginären Blumen an der Kette zerpflückt, nicht damit der Mensch die phantasielose, trostlose Kette trage, sondern damit er die Kette abwerfe und die lebendige Blume breche.«[187] In diesem Sinne definiert Marx den Sozialismus als »*positives*, nicht mehr durch die Aufhebung der Religion vermitteltes *Selbstbewußtsein* der Menschen … Der Kommunismus ist die Position als Negation der Negation.«[188] Religionskritik entlarve das falsche Weltbewusstsein und als solche sei sie zugleich von politisch-praktischer Relevanz. »Die Kritik des Himmels verwandelt sich damit in die Kritik der Erde, die *Kritik der Religion* in die *Kritik des Rechts*, die *Kritik der Theologie* in die *Kritik der Politik*.«[189]

*b) Kritische Würdigung*

Weil Marx die atheistische Religionskritik Feuerbachs übernimmt, ohne sie eigens zu begründen, sind an ihn dieselben Einwände zu richten, wie an Feuerbach. Darüber hinaus ist kritisch anzumerken:

- Marx versteht die Religion als kompensatorisches Trostmittel und ihre Gabe nur als illusorische Seligkeit. Was aber ist Trost und worin besteht Seligkeit? Für den Apostel Paulus ist Trost ein Stück der Realität des Reiches Gottes und damit wirkliches eschatologisches Heil, also weit mehr als Vertröstung. Heil ist als ein Humanum zu denken, das eschatologische Erfüllung in sich trägt. Was wäre das für ein Menschenbild, in dem Trost nicht mehr möglich und nötig sein soll?

- Der Vorwurf, Religion sei antirevolutionär und verpflichte den Menschen zur Passivität, kann nicht pauschal gelten. Das Reich Gottes enthält beispielsweise einen kritischen Überschuss gegenüber den Unheilsverhältnissen, in denen diese Religion ihren Ort hat. Insofern stabilisiert die Religion nicht die bestehenden Unheilsverhältnisse. Freilich sind dann Erlösung und Heil nicht abstrakt zu denken, sondern korrelativ zu konkreten Unheilszuständen. Vor diesem Hintergrund muss selbstkritisch eingeräumt werden, dass die Kirche im 19. Jh. die soziale Frage zu spät

---

[187] Ebd., 489.
[188] *Ders.*, Ökonomisch-philosophische Manuskripte (1844): K. Marx, F. Engels Werke Ergzbd. 1, Berlin 1968, 465–588, hier 546.
[189] *Ders.*, Zur Kritik der Hegelschen Rechtsphilosophie: ders., Frühe Schriften, Bd. 1, hg. v. H.-J. Lieber, P. Furth, Darmstadt ⁵1989, 488–505, hier 489.

erkannte, v. a. die strukturelle Seite des Problems.[190] Heute müssen Kirche und Theologie zugeben, dass der Marxismus Instrumentarien zur Analyse der sozio-ökonomischen Probleme bereithält, die inzwischen unentbehrlich geworden sind. Ferner hat die kirchliche Lehre die fundamentale Bedeutung der Arbeit mittlerweile erkannt und sie als grundlegende Form menschlicher Selbstverwirklichung in ihre Soziallehre integriert.[191]

- Marx betrachtet das Elend als eine vorübergehende Phase. Religion verliere ihr Fundament, wenn die als gesellschaftliche und ökonomische Störung erkannte Unheilssituation beseitigt sei. Unheilszustände gehören also nicht konstitutiv zum geschöpflichen Dasein, womit er einem schwärmerischen Optimismus aufliegt. Für das Christentum ist die Unheilssituation nicht von vorübergehender Natur, sondern unlösbar mit dieser Weltzeit und dem Ärgernis von Sünde und Tod verbunden. So unterscheidet sich das christliche Menschenbild vom marxistischen grundlegend, dahingehend, dass sich der Mensch sich selbst verdanke und sein eigener Erlöser sei. Eine solch radikale Autonomie des Menschen schließt jeden theonomen Gedanken aus.

- Die Religionskritik der Neuzeit hat den funktionalen Aspekt der Religion deutlich herausgearbeitet. Er ist auch ein entscheidendes Kriterium für die Wahrheit von Religionen bzw. Weltanschauungen. Im Rahmen eines »hermeneutische[n] Wettbewerb[s]«[192] können die funktionalen Stärken und Schwächen der jeweiligen Angebote von Welt- und Menschenbild in eine fruchtbare Konkurrenz zueinander treten. Der Blick in das 20. Jh. lehrt, dass atheistisch geprägte Systeme nicht fähig waren, der Annahme Plausibilität zu verleihen, dass sich durch Überwindung der Religion tatsächlich die Aufhebung menschlicher Selbstentfremdung erreichen ließe. Welches Bewusstsein widersetzt sich tatsächlich dem Prozess der Vermenschlichung des Menschen, das religiöse oder das atheistische? »Relatives absolut zu setzen, in vorläufigen Werten die letzte und entscheidende Sinngebung menschlichen Dasein anzusetzen, heißt (seit Marx) schlechte ›Ideologie‹. Alle Formen des Atheismus im 19. bis ins 20. Jahrhundert

---

[190] Gemeinsame Synode der Bistümer in der Bundesrepublik Deutschland. Offizielle Gesamtausgabe, Synodalbeschluss: Kirche und Arbeiterschaft, Freiburg i. Br. 1976, 323–364, hier 327.
[191] *Papst Johannes Paul II.*, Enzyklika »Laborem exercens« (14. 9. 1981) (VApSt 32), hg. v. Sekretariat der Deutschen Bischofskonferenz, Bonn 1981, Nr. 9.
[192] *R. Schaeffler*, Die Kritik der Religion: HFTh 1 ($^2$2000), 85–99, hier 97.

sind reine Ideologien aus postulatorischer Motivation, theoretisch philosophisch nicht begründet.«[193]

- Weil das Unendliche nicht im Endlichen aufgehen kann, kann es keinen innergeschichtlichen Messianismus geben. Der Mensch kann sich in all seiner Verwiesenheit und Bedingtheit nicht selbst erlösen. Er vermag vielleicht die gesellschaftlichen Verhältnisse auf Zukunft hin zu verbessern, doch was ist mit den Leidenden und zu kurz Gekommenen der Geschichte? Hoffnung und Gerechtigkeit für alle vermag nur ein Gott zu geben, der Herr ist über Leben und Tod. Wo dieser Trost als Vertröstung angeprangert wird, wird die Welt trostlos.

- Erzeugt die Spiegelung des sozialen Elends im menschlichen Bewusstsein religiöse Vorstellungen, wie Marx dies behauptet, oder macht sie das wahre religiöse Elend des Menschen deutlich, nämlich seine Gottferne? Öffnet erst die religiöse Hoffnung den Blick für das wahre Elend des Menschen oder werden die Elendserfahrungen und Befreiungshoffnungen der Menschen mit Hilfe sozialer und ökonomischer Begriffe angemessener beschrieben?

- Wenn »der *Mensch das höchste Wesen für den Menschen*«[194] ist und die Menschheit ihr eigener Schöpfer, dann wird der Mensch nicht mehr als selbstständige Person mit eigener Würde gesehen, sondern als Gruppe der gesellschaftlichen Verhältnisse. Er ist »kein dem einzelnen Individuum inwohnendes Abstraktum. In seiner Wirklichkeit ist es das Ensemble der gesellschaftlichen Verhältnisse«.[195] Ziel ist die klassenlose Gesellschaft. Damit kann die Sinnfrage des Einzelnen nicht beantwortet werden. Aus christlicher Perspektive ist der Mensch als eigenständige, soziale Person Träger der gesellschaftlichen Strukturen und das Böse ist das Resultat seines sündigen Verhaltens. Je mehr der Mensch seine Gottferne überwindet, sich von seiner Sünde abkehrt, umso heilvoller wird das menschliche Miteinander. »Autonomie des Menschen und Theonomie stehen also in keinem Konkurrenzverhältnis, sie wachsen nicht im umgekehrt proportionalen, sondern im gleichen Verhältnis (GS 12).«[196]

[193] *E. Coreth*, Gott im philosophischen Denken, Stuttgart 2001, 236.
[194] *K. Marx*, Zur Kritik der Hegelschen Rechtsphilosophie: K. Marx, Frühe Schriften, Bd. 1, hg. v. H.-J. Lieber, P. Furth, Darmstadt ⁵1989, 488–505, hier 497.
[195] *Ders.*, Thesen über Feuerbach: K. Marx, F. Engels Studienausgabe, Bd. 1, hg. v. I. Fetscher, 139–141, hier 140.
[196] *W. Kasper*, Der Gott Jesu Christi, Freiburg i. Br. 2008, 96.

## 4. Atheismus im Namen des Leids

### 4.1. Problemstellung und traditionelle Lösungsversuche

*C.-F. Geyer*, Das Theodizeeproblem – ein historischer und systematischer Überblick: W. Oelmüller (Hg.), Theodizee – Gott vor Gericht? München 1990, 9–32; *J. L. Mackie*, Das Wunder des Theismus. Argumente für und gegen die Existenz Gottes, Stuttgart 1985, 239–281; *W. Stegmüller*, Hauptströmungen der Gegenwartsphilosophie, Bd. 4, Stuttgart 1989, 453–481; *G. Streminger*, Gottes Güte und die Übel der Welt, Tübingen 1992, 4–49; *N. Hoerster* (Hg.), Glaube und Vernunft, Stuttgart 1988, 94–129; Die Unlösbarkeit des Theodizee-Problems: E. Dahl (Hg.), Die Lehre des Unheils. Fundamentalkritik am Christentum, Hamburg 1993, 53–71; *Ch. Böttigheimer*, Warum läßt Gott das zu?: ThG 41 (1998), 252–263.

*a) Logischer Widerspruch?*

Einen wichtigen Inkohärenz- und Inkonsistenzvorwurf gegen den Gottesglauben stellt die Frage nach dem Leid und Übel in der Welt dar. Fragen, die um die Herkunft des Bösen und die Gerechtigkeit und Güte Gottes kreisen, tragen seit Leibniz[197] die Bezeichnung »Theodizee« (θεός + δίκη – Rechtfertigung Gottes) (Röm 3,4f.; Ps 51,6). Im engeren Sinne ist damit »die Verteidigung der höchsten Weisheit des Welturhebers gegen die Anklage [gemeint], welche die Vernunft aus dem Zweckwidrigen der Welt gegen jene erhebt«.[198]

Dem Theodizee-Problem kommt im gegenwärtigen theologischen Diskurs ein zentraler Stellenwert zu. Da die Existenz Gottes nicht zwingend beweisbar ist, schlagen Leid und Übel direkt als Gegenargumente zur Vernünftigkeit des Gottesglaubens durch: Wenn es einen allmächtigen und allgütigen Gott gibt, dann darf es kein Übel geben. Er könnte es nicht wollen und könnte es zugleich verhindern. Nun gibt es aber Übel in der Welt, also kann es Gott nicht geben. Das Theodizee-Problem hat sich zum schlagkräftigsten, atheistischen Argument gegen den Glauben an einen allmächtigen und allgütigen Gott gewandelt. »Der Einspruch gegen Gott im Namen des Leids ist die häufigste Form des Atheismus, der man heute begegnet.«[199]

---

[197] *G. W. Leibniz*, Versuche in der Theodicée über die Güte Gottes, die Freiheit des Menschen und den Ursprung des Übels, übers. und mit Anm. vers. v. A. Buchenau (Philosophische Werke in vier Bänden in der Zusammenstellung v. E. Cassirer, Bd. 4), Hamburg 1996. Im Buch selbst verwendet Leibniz den Begriff nicht.
[198] *I. Kant*, Über das Mißlingen aller philosophischen Versuche in der Theodizee, A 194f.: I. Kant, Werke XI (ed. W. Weischedel), Frankfurt a. M. ⁵1983, 105–124, hier 105.
[199] *H. G. Pöhlmann*, Der Atheismus oder der Streit um Gott, Gütersloh ⁶1991, 171.

Die Theodizee-Frage ist als solche keine typisch neuzeitliche Fragestellung. Schon Epikur (341–271 v. Chr.) merkte an, dass das Phänomen des Bösen die Existenz Gottes in Frage stellt: »Entweder will Gott die Übel in der Welt abschaffen und kann es nicht, dann ist er schwach; oder er kann es und will es nicht, dann ist er schlecht; oder er kann es nicht und will es nicht, dann ist er schwach und schlecht und in jedem Fall kein Gott; oder er kann es und will es, woher kommen dann die Übel? Und warum beseitigt er sie nicht?«[200] Im Leid sieht der Atheismus einen signifikanten Widerspruch zur Behauptung eines allmächtigen und allgütigen Gottes.

Grundsätzlich sind nach Leibniz drei verschiedene Formen von Leid und Übel zu unterscheiden: die Unvollkommenheit des Seienden, u. a. seine vielfältigen Grenzen (malum metaphysicum), das unverschuldete Leiden von Menschen und anderen empfindungsfähigen Kreaturen (malum physicum) sowie das moralische Übel, das schuldhaft von Menschen verursachte Leid (malum morale).[201] Von diesen drei Formen trifft den Menschen nichts so direkt und nachhaltig wie das persönlich erlittene, unverschuldete Leid. Die Erfahrung, mit dem Übel und Bösen allein und isoliert zu sein, und das Gefühl des scheinbaren Schweigens Gottes bildeten zu allen Zeiten eine Spannungseinheit, die die Frage nach der Existenz Gottes freisetzte. In diesem Sinne hat Georg Büchner (1813–1837) treffend das Weinen eines jeden unschuldigen Kindes als »Fels des Atheismus« bezeichnet.[202] Weil das Theodizee-Problem als logisches Widerspruchsproblem den Gottesglauben in Frage stellt, muss sich die Fundamentaltheologie, der der Rationalitätsnachweis des christlichen Glaubens aufgetragen ist, mit ihm auseinandersetzen.

*b) Theoretische Herausforderung*

Ein Antwortversuch auf die Theodizee-Frage verweist darauf, dass der Versuch, Gott angesichts des Leids rechtfertigen zu wollen, die Kräfte des Menschen übersteigt. Entspringt er nicht menschlicher Hybris, und ist er angesichts menschlicher Kontingenz nicht von vorneweg zum Scheitern verurteilt? »Wer bist du denn, daß du als Mensch mit Gott rechten willst?« (Röm 9,20).

---

[200] *Epikur*, Fragm. 106: Griechische Atomisten. Texte und Kommentare zum materialistischen Denken der Antike, hg. und übers. v. F. Jürss u. a., Westberlin 1984, 334.

[201] *G. W. Leibniz*, Versuche in der Theodicée über die Güte Gottes, die Freiheit des Menschen und den Ursprung des Übels, übers. und mit Anm. vers. v. A. Buchenau (Philosophische Werke in vier Bänden in der Zusammenstellung v. E. Cassirer, Bd. 4), Hamburg 1996, 106.

[202] *G. Büchner*, Dantons Tod. Ein Drama, hg. v. J. Diekhans, erarb. und mit Anm. und Materialien versehen v. N. Schläbitz, Paderborn 2008, 55.

»Der Mensch kann Gott nicht rechtfertigen, weil er Mensch, das heißt ein endliches Wesen ist … Als der schlechthin Unbegreifliche macht Gott alle menschliche Theodizee zuschanden«, zudem verbiete die Ehrfurcht vor Gott dem religiösen Menschen, »Gott gewissermaßen vor sein Forum zu laden und mit ihm zu rechten«.[203] So werden Theodizee und Religion einander gegenübergestellt: »Wir können nicht beides zugleich haben«[204] und die vernunftgeleitete Frage nach der moralischen Wohlgeordnetheit dieser Welt als »häretisch«, als »eine religiös überflüssige Frage« abgetan.[205] Ist es der Theologie also untersagt, Gott gegenüber dem Vorwurf, ein unbarmherziger und/oder schwacher Despot zu sein, in Schutz zu nehmen?

Grundsätzlich darf die Theologie keine der Fragen des Menschen als religiös irrelevant ausklammern. Dies hieße ja, ganze Lebensbereiche menschlichen Daseins aus dem Bereich des Religiösen zu verbannen. Das aber widerspräche der Behauptung, dass das Heilsangebot Gottes auf die leib-seelische Einheit des ganzen Menschen zielt. »Ein Gott …, der ein Frageverbot erlässt, ist kein Gott freier Menschen.«[206] Die Theodizee-Frage muss als theologische Frage ernstgenommen werden; sie verlangt nach einer theoretisch-argumentativen Lösung.

### c) Theodizee als praktische Frage

Die einfachste Art des Umgangs mit dem Theodizee-Problem wäre die Uminterpretation zu einer ausschließlich konkreten, praktischen Frage, verbunden mit der intellektuellen Kapitulation vor dem Leidproblem. Doch so einfach macht es sich die sog. »praktische Theodizee« nicht. Sie weist stattdessen darauf hin, dass die Theodizee-Frage weder auf die rein intellektuelle Ebene verkürzt werden noch im Sinne der Theorie eine bloße Beobachterperspektive gegenüber dem Leid anderer eingenommen werden dürfe. Zudem würden alle theoretischen Rechtfertigungsgründe für das Leid dieses letztlich nur legitimieren und als gottgewollt erklären.

Das Theodizee-Problem stelle eine intellektuell-theoretische Herausforderung dar und lässt zugleich nach Strategien der Leidbewältigung suchen. Beide Ebenen, die praktische und die theoretische, hängen zusammen, ohne

---

203 *J. Hessen*, Religionsphilosophie, Bd. II, Essen 1948, 259.
204 *S. Holm*, Religionsphilosophie, Stuttgart 1960, 319.
205 *H. Lübbe*, Theologie und Lebenssinn: Teodicea Oggi? (Archivio di Filosofia LVI, 1988), Padova 1988, 407–426, hier 424; Theodizee als Häresie: Leiden, hg. v. W. Oelmüller, Paderborn 1986, 168–176; 240 f.
206 *L. Oeing-Hanhoff*, Diskussionsbeitrag: Leiden, hg. v. W. Oelmüller, Paderborn 1986, 233.

dass sie sich miteinander verrechnen ließen. Weder dürfe die argumentative Auseinandersetzung die authentische Betroffenheit ausschließen, noch umgekehrt der Einsatz für die Leidenden dazu führen, angesichts des Leidproblems intellektuell zu resignieren. Die sog. »praktische Theodizee« versucht beiden Aspekten gerecht zu werden, mit einem deutlichen Akzent auf der Praxis. Es gehe darum, das Theodizee-Problem nicht als ein reines Kohärenzproblem zu bestimmen, sondern die Verschränkung von Theorie und Praxis wahrzunehmen. Es sei mit der Erkenntnis ernst zu machen, »dass eine theoretisch-objektive Deutung des Weltgeschehens nicht [mehr] möglich ist, in der das Leiden einen einsehbaren sinnvollen Ort findet«, weshalb »die Ebene des ethisch- und politisch-praktischen, des kommunikativen Handelns die maßgebliche« sei.[207] Das Kreuz selbst markiere Gottes Antwort auf das Leid: der freiwillige Eintritt in das Leid aus Liebe zum Nächsten. Leiden könne niemals verstanden, sondern allenfalls bestanden werden und zwar »durch menschliche, christliche, glaubende Praxis«.[208] Der aufopfernde praktische Einsatz gegen das Leid sei die christlich allein angemessene Reaktion.

*d) Traditionelle Lösungsversuche*

Die drei klassischen Versuche, Gott von dem Vorwurf zu entlasten, er sei für die Übel in seiner Schöpfung verantwortlich, finden sich in der zwar nicht originären, jedoch in einer gebündelten und weiterentwickelten Form bei Augustinus. Die drei Ansätze prägten die gesamte abendländische Tradition und beeinflussten neuzeitliche Theodizee-Entwürfe:

• *Ordnungstheoretischer Ansatz:* Augustinus beschreibt das Übel und Leid der Welt als funktionales Element einer umgreifenden Ordnung und stützt sich dabei auf die Ordnungsphilosophie der Stoa und des Neuplatonismus. Er ist der Auffassung, dass auch Übel und Leid in der Ordnung und Schönheit der Welt ihren Platz hätten.[209] Die ästhetische Betrachtungsweise von Übel und Leid erlaubten es, trotz moralischer Verachtung des Bösen, dieses sittlich zu rechtfertigen. Zwar lasse die ordnungstheoretische Sicht im Rahmen umfassenderer Funktionssysteme das Übel als unausweichlich oder nützlich erkennen, doch biete sie dem vom Leid betroffenen Menschen kein angemessenes Instrumentarium zur Leid-

---

[207] *H.-G. Janßen*, Die Theorie der »Praktischen Theodizee«: TThZ 120 (2011), 222–241, hier 233 f.

[208] *E. Zenger*, Die Botschaft des Buches Hiob: ders., R. Böswald (Hg.), Durchkreuztes Leben. Besinnung auf Hiob, Freiburg i. Br. 1976, 11–57, hier 14.

[209] *Augustinus*, De ordine (CCSL 29,89–137).

bewältigung. Sie erscheint vielmehr als blanker Zynismus, wo sie zur Grundlage neuzeitlicher theoretischer Theodizeen wird.

- *Privationstheoretischer Ansatz:* Augustinus ist sich der Grenzen des ordnungstheoretischen Modells durchaus bewusst. Darum bemüht er sich, die Frage nach dem Bösen durch Hinterfragen der Natur des Übels bzw. seines ontologischen Status zu beantworten. Hatte schon Platon dem Übel jegliche ontologische Realität abgesprochen und Plotin das Böse als bloße Privation begriffen, verfolgt Augustinus noch stärker eine ontologische Depotenzierung des Bösen. Malum morale und malum physicum seien als bloße privatio boni aufzufassen.[210] Auch für Thomas von Aquin ist das Böse lediglich ein Defizit.[211] Überall, wo ein Übel erfahren werde, müsse stets ein Mangel an etwas Positivem angenommen werden. Diese Privationsthese birgt aufgrund der Vorstellung des Bösen als einer bloß akzidentiellen Bestimmung die Gefahr der Verharmlosung konkreten Leidens in sich. Das Übel kann sehr wohl zu einer realen, in sich existierenden Wirklichkeit werden.

- *(Erb-)sündentheoretischer Ansatz:* Indem Gott den Menschen durch sein Liebesangebot als freie Person erschafft, nimmt er das Risiko menschlichen Versagens, der Sünde und des Leids in Kauf. Wenn menschliches Versagen nicht als bloße individuelle Angelegenheit begriffen, sondern vielmehr in seiner sozialen und geschichtlichen Relevanz berücksichtigt würde, erklärt sich die Vorstellung einer universalen Schuldverhaftung, die Augustinus in seiner Lehre von der Erbsünde nachhaltig entfaltet hat. »Gott, der Urheber der Naturen, ... hat den Menschen wohl gut erschaffen, doch der, durch eigene Schuld verderbt und dafür von Gott gerecht verdammt, hat verderbte und verdammte Nachkommen erzeugt.«[212] Die Erbsündenlehre ermöglicht eine Entlastung bzw. Freisprechung Gottes. Da jeder Mensch in eine allgemeine und universale Unheilssituation hineingeboren werde, die von den Menschen selbst in Freiheit und im Ursprung der Geschichte hervorgerufen wurde, sei die Verantwortung für den Wandel von einer ursprünglich leidfreien in eine leidvolle Welt allein dem menschlichen Versagen anzulasten. Gott dürfe nicht als der Ursprung des Bösen begriffen werden. Doch selbst unter dem theologischen

---

[210] *Ders.,* De civ. Dei XI, 18. XVII, 11 (CCSL 48,337.474 f.); De ord. I, 18 (CCSL 29,97 f.). Enchir. 3 (CCSL 46,52 f.).
[211] *Thomas von Aquin,* S.th. I q. 48 f.
[212] *Augustinus,* De civitate Dei, XIII, 14 (CCSL 48,395); De libero arbitrio III, 19,54; 20,56 (CCSL 29,307).

Paradigma, dass das sittlich Böse dem Abgrund endlicher Freiheit entspringe, hört die Theodizee-Frage nicht auf, eine theologische Anfrage zu sein. Ungeklärt bleiben nämlich die Frage, was den Menschen zum Freiheitsmissbrauch bewegt, woher das Böse stammt und warum Gott nicht freie Wesen erschaffen kann, die sich aus Freiheit nicht gegen ihn, sondern nur für ihn entscheiden.

## 4.2. Theodizee durch Modifikation

*J. B. Cobb, D. R. Griffin*, Prozess-Theologie. Eine einführende Darstellung (Theologie der Ökumene Band 17), Göttingen 1979, 11–28; *R. Faber*, Prozesstheologie. Zu ihrer Würdigung und kritischen Erneuerung, Mainz 2000, 9–60; Gott als Poet der Welt. Anliegen und Perspektiven der Prozesstheologie, Darmstadt 2003, 19–43; *A. McGrath*, Naturwissenschaft und Religion, Freiburg i. Br. 2001, 128–131; *K. Müller*, Gottes Dasein denken. Eine philosophische Gotteslehre für heute, Regensburg 2001, 104–119.

*a) Modifikation der Allmacht Gottes – externer Dualismus*
Möchte man das Theodizee-Problem als theoretisches Problem ernst nehmen, muss gemäß dem jüdischen Philosophen Hans Jonas (1903–1993), dessen Mutter in Auschwitz ermordet wurde, eines der Attribute des traditionell-metaphysischen Gottesbegriffs preisgegeben werden: die Allmacht oder Allgüte Gottes. Jonas plädiert dafür, die Allmacht Gottes preiszugeben. Macht könne nur als begrenzte Macht gedacht werden, da sie die Existenz eines anderen bzw. einer Gegenmacht voraussetze, an der sie wirksam werden könne. Ferner habe sich Gott in seiner »Macht*entsagung*«[213] in die Welt hinein entäußert und könne darum den Gang der Welt nicht durch Vorsehung lenken. Der »Selbstverzicht der grenzenlosen Macht«[214] Gottes bedinge die Schöpfung der Welt.

Jonas' Überlegungen sind für das Theodizee-Problem nur bedingt hilfreich. Denn zum einen ist Macht durchaus als vollkommene Macht denkbar und zum andern kann Gott im Schöpfungsakt seine Allmacht nur einschränken, wenn er zuvor ungeteilte Macht besessen hat.[215] Zudem würde die Preis-

---

[213] *H. Jonas*, Der Gottesbegriff nach Auschwitz. Eine jüdische Stimme, Frankfurt a. M. 1987, 49.
[214] Ebd., 36.
[215] *F. Hermanni*, Hiob und das Theodizeeproblem in der Philosophie: E. Runggaldier, B. Schick (Hg.), Letztbegründung und Gott, Göttingen 2011, 50–69, hier 56 f.

gabe des Glaubens an die Allmacht, verstanden als allursächliche Schöpfer-
tätigkeit Gottes, zwangsläufig bedeuten, einen Dualismus vertreten zu müssen, zwischen dem Guten und dem Bösen, Gott und Teufel, wie dies u. a. in
der Gnosis und später dem gnostischen Manichäismus (Perser Mani 216–
276/77) der Fall war. Doch das Christentum verwarf beide Lehren. Der Teu-
felsglaube stellte kein solches dualistisches Prinzip dar. Heute findet jedoch
eine Lösung des Theodizee-Problems auf dieser Line innerhalb der sog. Prozesstheologie statt.

Alfred North Whitehead (1861–1947) geht in seiner Philosophie auf die
Vorstellung eines Demiurgen-Gottes zurück, wie sie Platon in seinem Dialog
Timaios[216] entfaltet hat. Der Demiurg sei der Weltenbaumeister, der die Welt
aus der schon ewig existierenden, chaotischen Materie gestaltet. In liebevoller
Überredung inspiriere Gott die Materie, sich zu organisieren und immer höhere Existenzformen anzunehmen. Er könne sie nicht zwingen, weil er kein
allmächtiges Wesen sei. Er sei ein Gott der Liebe und die herrsche nicht. Das
bedeute notgedrungen, auch Leid hervorzubringen: Das Grundgesetz, die
Steigerung der positiven Möglichkeiten ziehe gleichzeitig eine Steigerung der
negativen Möglichkeiten nach sich, wurzle in der Eigenständigkeit der Materie, die in ihrem Dasein von Gott unabhängig und darum von ihm in ihrem
Grundgesetz auch nicht veränderbar ist.

Gott will das Gute, weil er gütig ist. Er kann das Gute aber nicht einfach
verfügen, weil er dazu nicht die Macht hat. Er vermag die Welt nur zum
Besseren zu rufen. Er ist ihr »Poet«, er »leitet sie mit zärtlicher Geduld durch
seine Vision von der Wahrheit, Schönheit und Güte«.[217] Weil Gott nicht allmächtig ist, deshalb ist er auch für das Leid nicht direkt verantwortlich –
zumindest ist er nicht dessen direkte Ursache. Es geht auf das Konto der
materiellen Struktur, die Gottes Macht entzogen ist und auf das Konto
menschlicher Freiheit. Denn Wesen, die zu autonomer Freiheit gelangen, werden zunehmend fähig, Anderen Leid zuzufügen. Gott hätte die Gestaltung der
Materie natürlich auch unterlassen können. Er tat es aber nicht. Denn die
Entwicklung immer komplexerer Strukturen bis zum Menschen als freiem
Gegenüber Gottes stellt einen positiven Wert dar. Um dieses Guten willen
inszenierte Gott die Evolution des Lebens und nahm damit verbundenes Übel
in Kauf. Der Wert des Guten wiegt den Unwert des Leids auf.

---

[216] *Platon*, Timaios 29a; 30a; 31b.
[217] *A. N. Whitehead*, Prozeß und Realität. Entwurf einer Kosmologie, Frankfurt a. M. ²1984,
618.

Es gibt kein Machtmonopol, alle Macht ist geteilte Macht, so lautet auch die Kernaussage des amerikanischen Theologen David Ray Griffin (*1939), der in der Tradition der Process Theology eine Process Theodicy entwickelt. Kritisch aber muss gefragt werden:

• Wie ist es angesichts der Machtlosigkeit Gottes um die eschatologisch rettende Macht Gottes bestellt? Was ist das für ein Gott, dem nur inspirierende Kraft zukommt und der den Menschen vor keiner Katastrophe mit Sicherheit bewahren kann? Wie sollte ein solcher Gott die Überwindung des Todes, des Chaos garantieren können? Ein solch begrenzter Gott wäre nicht mehr Gott, zumindest nicht im Sinne Anselms, wonach Gott dasjenige ist, über das hinaus Größeres nicht gedacht werden kann.

• Der schöpferische Akt besteht nicht darin, Vorgegebenes durch Entwicklungsprozesse in neue Zustände zu bringen. Die Evolution eines bereits bestehenden Substrats ist für das metaphysische Hauptmoment des Schöpfungsbegriffs streng genommen irrelevant. Der schöpferische Akt geht begrifflich allen zeitlichen Bestimmungen voraus, so dass formallogisch die Begriffe »Evolution« und »Schöpfung« auf unterschiedlichen Ebenen angesiedelt sind.

*b) Modifikation der Allgüte Gottes – interner Dualismus*
Nach der Auffassung des jüdischen Theologen David R. Blumenthal (*1938) ist »Gott zwar gewöhnlich und im allgemeinen, aber nicht immer gut«.[218] Tatsächlich finden sich in der Hl. Schrift Stellen, in denen von den »dunklen Seiten Gottes«[219] die Rede ist, so etwa ausdrücklich in Jes 45,7: »Ich erschaffe das Licht und mache das Dunkel, ich bewirke das Heil und erschaffe das Unheil. Ich bin der Herr, der das alles vollbringt«, oder in 1 Sam 2,6: »Der Herr macht tot und lebendig, er führt zum Totenreich hinab und führt auch herauf.« Wird die Allmacht Gottes radikal ernst genommen, scheint der Wirkungsbereich Gottes unbegrenzt zu sein. Nach Martin Luther wirkt »[d]er in seiner Majestät verborgene Gott [...] Leben und Tod und alles in allem. Denn er hat sich durch sein Wort nicht in Grenzen eingeschlossen, sondern hat sich die Freiheit seiner selbst über alles vorbehalten.«[220] Der evangelische Theologe Gerhard Ebeling (1912–2001) hat den Gedanken der »nicht bloß poten-

---

[218] D. *Blumenthal*, Theodizee: Dissonanz in Theorie und Praxis. Zwischen Annahme und Protest: Concilium 34 (1998), 83–95, hier 85.
[219] W. *Dietrich*, Ch. *Link*, Die dunklen Seiten Gottes, Bd. 1: Willkür und Gewalt, Neukirchen-Vluyn 1995; Bd. 2: Allmacht und Ohmacht, Neukirchen-Vluyn 2000.
[220] M. *Luther*, De servo arbitrio, WA 18, 685.

tielle[n], sondern faktisch geschehende[n] Allmacht« weiter ausgezogen: »Gott – das ist auch Auschwitz und Hiroshima oder die nüchterne, alltägliche Wirklichkeit, also auch die Gottlosigkeit in allen Modifikationen.«[221] Selbst »das Hungern und Sterben von Millionen« wird von Ebeling als »dunkler, unerforschlicher Wille Gottes« ausgegeben.[222] Letztlich aber wird in der Theologie die Allgüte Gottes weniger oft zu modifizieren versucht. Denn mit der Vorstellung von einer Gott inhärenten Neigung zum Bösen als Grund der Möglichkeit des Übels verbindet sich die grundsätzliche Gefahr, dass der Glaubende das verliert, worauf er vertrauend und hoffend setzt.

Auch die These, Gottes Güte entspreche nicht dem, was Menschen als Güte bezeichnen, ist keine befriedigende Antwort. Denn wenn es sich bei der Gerechtigkeit Gottes auch um eine Glaubenswahrheit handelt, die sich den menschlichen Rechtsbegriffen entzieht, so kann das nicht heißen, dass sich ihre eigentliche Bedeutung bei der Anwendung auf Gott in ihr wörtliches Gegenteil verkehren könne. Dann würde aus Gott lediglich ein vergrößerter Unmensch: »Ein Gott, der etwas tut, was wir nach unsern Begriffen für Unrecht halten müssen, unterscheidet sich vom Teufel nur dem Namen nach.«[223]

Ein weiterer Aspekt berührt die u.a. von Jürgen Moltmann geäußerte Kritik an der Leidensunfähigkeit des theistisch vorgestellten Gottes. Er plädiert stattdessen für ein Bekenntnis zum leidenden Gott oder besser: zum Leiden in Gott.[224] Doch die Annahme, dass auch Gott leidet, löst das Theodizee-Problem nicht, sondern verschärft es allenfalls. »Um aus meinem Dreck und Schlamassel und meiner Verzweiflung herauszukommen, nützt es mir doch nichts, wenn es Gott – um es einmal grob zu sagen – genauso dreckig geht«.[225]

---

[221] G. Ebeling, Existenz zwischen Gott und Gott. Ein Beitrag zur Frage nach der Existenz Gottes: ders., Wort und Glaube II, Tübingen 1969, 257–286, hier 281 f.
Ders., Vom Gebet. Predigten über das Unser-Vater, Tübingen 1968, 58.
[223] W. Bröcker, Die christliche Hoffnung: ders., H. Buhr, Zur Theologie des Geistes, Pfullingen 1960, 61–84, hier 75.
[224] J. Moltmann, Der gekreuzigte Gott. Das Kreuz Christi als Grund und Kritik christlicher Theologie, München 1972.
[225] K. Rahner: P. Imhoff, U. H. Biallowons (Hg.), Im Gespräch, Bd. 1, München 1982, 246.

## 4.3. Theodizee durch Erweiterung

G. *Streminger*, Gottes Güte und die Übel der Welt, Tübingen 1992, 117–177; *R. Swinburne*, Die Existenz Gottes, Stuttgart 1987, 273–308; Gibt es einen Gott? Aus dem Englischen übers. v. C. Thormann. Berab. u. mit einem Vorwort versehen v. D. v. Wachter, Frankfurt a. M. 2005, 91–107; Das Problem des Übels: P. Schmidt-Leukel (Hg.), Berechtigte Hoffnung. Über die Möglichkeit, vernünftiger Christ zu sein. Antwort auf: Edgar Dahl (Hg.), Die Lehre des Unheils, Paderborn 1995, 111–121; *A. Kreiner*, Gott im Leid. Zur Stichhaltigkeit der Theodizee-Argumente (QD 168), Freiburg i. Br. 1997, 207–319; *A. Loichinger*, Theologie und Naturwissenschaft. Eine Grundbestimmung, in; ThGl 92 (2002), 195–208; *G. Neuhaus*, Zwischen Protestatheismus und Erlösungsgewissheit. Auf dem Weg zu einer christlichen Theodizee: K. Müller (Hg.), Fundamentaltheologie. Fluchtlinien und gegenwärtige Herausforderungen, Regensburg 1998, 101–118.

### a) »Free-will-defence«

Dem Theodizeeproblem liegt nur dann ein bloß scheinbarer logischer Widerspruch zugrunde, wenn gezeigt werden kann, dass der allmächtige und allgütige Gott die Übel logisch notwendig zulassen muss, um Güter erreichen zu können, deren Wert den Unwert der Übel übersteigt. Gott wäre dann angesichts der Übel moralisch entlastet. Dass die Übel zur unübertrefflich guten Welt konstitutiv gehören, davon waren Augustinus, Abaelard, Thomas von Aquin, Leibniz, Kant und viele andere überzeugt. So stützt sich die Verteidigung Gottes mit Hilfe der Willensfreiheit auf eine weitreichende Traditionslinie. Gott hat eine heilvolle Welt und Wesen mit einem freien Willen erschaffen. Alles existierende Übel resultiert aus der freien Wahl freier Handlungsträger. »Die Freiheit des Menschen ist für Gott ein so hoher Wert, daß er die Möglichkeit ihres Mißbrauchs durch Fehlentscheidung zum Bösen statt des Guten, zum Unheil statt zum Heil, zuläßt, gewissermaßen in Kauf nimmt, um die Freiheit des Menschen zu wahren. Die freie Entscheidung und Verantwortung kann dem Menschen niemand abnehmen, auch Gott will es nicht.«[226] Schon Augustinus sagte: »Ein Geschöpf, das mit freiem Willen sündigt, (ist) vorzüglicher als eines, das nicht sündigt, weil es den freien Willen nicht besitzt«.[227] Logisch inkonsistent wäre die Annahme, Gott hätte Menschen erschaffen können und sollen, die ihre Freiheit nur nutzen, um das Gute zu wählen. Der Mensch braucht, so die »free-will-defence«, genuine Alternativen, um frei zu sein.

---

[226] *E. Coreth*, Gott im philosophischen Denken, Stuttgart 2001, 88.
[227] *Augustinus*, De librio arbitrio, III,15 (CCSL 29,284).

Die Inkaufnahme des Risikos von Sünde bzw. des daraus resultierenden Leids allein um der menschlichen Freiheit willen zeigt, dass Gott die innere Autonomie und Freiheit der Menschen höher bewertet als das Übel, das nicht als Strafe Gottes gedeutet wird. Geschöpfe, die Lust und Leid empfinden, die in Freiheit die anderen Geschöpfe und ihn selbst lieben können, sind für Gott ein unschätzbar hohes Gut; sie sind ihm alles wert. Freiheit und Verantwortlichkeit bilden das höchste Gut des Menschen. Echte Willensfreiheit setzt notwendigerweise die reale Möglichkeit des Freiheitsmissbrauchs voraus. Dabei steigt der Grad der Verantwortung mit den Konsequenzen, die menschliches Handeln nach sich zieht.

Nicht nur das moralische, vom Menschen verursachte Übel ist hier angesprochen, sondern auch das physische Übel. Nicht die Freiheit ist der Grund physischen Übels, vielmehr wird dies notwendig, weil es Grund der (Wahl-) Freiheit ist. Naturgesetzliche Regelmäßigkeiten sind Bedingung dafür, dass es so etwas wie eine verantwortliche Willensfreiheit geben kann. Denn menschliche Willensfreiheit lässt sich nur unter konstant bleibenden Naturgesetzen realisieren. Naturgesetze scheinen unbedingte Voraussetzung für die notwendige Abschätzung und Vorhersage der Auswirkungen und Folgen menschlicher Handlungen zu sein. Naturgesetzliche Eigenschaften können aber auch leidvolle Auswirkungen haben. Darum muss das natürliche Übel nicht zwingend als göttliche Strafe interpretiert werden. Es kann auch als Folge der Möglichkeitsbedingung für die Existenz sittlich relevanter Willensfreiheit begriffen werden. »Es muß ... natürlicherweise vorkommende Übel ... geben, wenn Menschen wissen sollen, wie sie selbst Übel herbeiführen oder verhindern können. Und es muß *viele* solcher Übel geben, wenn Menschen sichere Kenntnis davon haben sollen«.[228] Ohne die Existenz natürlicher Übel könnte kein Mensch für einen Anderen verantwortlich sein, weil für ihn ja keine reale Gefahr für Leib und Leben bestehen würde. Freiheit und Liebe können nur in einem evolutionären Prozess auftreten, der nicht strikt determiniert ist und deshalb auch physische Übel wie Naturkatastrophen und Krankheiten entstehen lässt.

Soll die »free-will-defence« gelingen, muss überzeugend nachgewiesen werden, dass das Böse, das durch den falschen Gebrauch menschlicher Freiheit entsteht, letztlich durch das Gute überwogen wird. Weil dieser Nachweis aber nur aus einer für den Menschen unerreichbaren Gesamtperspektive erbracht werden kann, wird die »free-will-defence« Theodizee durch den Glauben an das verheißene gute Ende menschlicher Geschichte ergänzt und damit

---

[228] *R. Swinburne*, Die Existenz Gottes, Stuttgart 1987, 283.

an einen letzten Ausgleich alles irdisch Unausgeglichenen. Die Tatsache, dass eine »free-will-defence« Theodizee aus der Perspektive Gottes argumentieren muss, um ihre logische Konsistenz zu bewahren, verleiht ihr einen spekulativen Charakter. Die »free-will-defence« regt zur kritischen Nachfrage an:

- Könnte es nicht der Allmacht Gottes obliegen, freie Menschen zu schaffen, die ausschließlich Entscheidungen zum Guten treffen[229]? Dann müsste nur die Umgebung so beschaffen sein, dass sie nicht zur Sünde anregt. Das Prädikat gut würde aber, so die »free-will-defence«, in einer Situation, in der Menschen nicht in Versuchung geführt würden, keine Ängste hätten, sich nicht verteidigen etc., völlig sinnentleert.

- Was war der Grund für den ursprünglichen Freiheitsmissbrauch des Menschen? Wer ist für das natürliche Übel, wenn es keine Strafe Gottes, sondern Konsequenz der Naturgesetze ist, verantwortlich?

- Neben aller Emphase für die Freiheit des Menschen bleibt kein Raum für die notwendige Überlegung, dass eben diese Freiheit kritikwürdig ist. Die Freiheit erscheint einerseits schwach, da sie gegenüber physischen und moralischen Übeln häufig versagt, andererseits aber auch so groß, dass sie in ihrer Perversion mittlerweile die gesamte Menschheit ausrotten könnte.

- Als das schlechthin Unbegreifliche ist das Leid der reinen Vernunft nie ganz zugänglich. Es wird immer Leid geben, das rätselhaft, sinnlos und absurd erscheint. So vermag auch die »free-will-defence« nicht ohne die eschatologische Hoffnungsperspektive auszukommen. Damit weist die Theodizee-Frage über den Menschen hinaus.

*b) »Soul-making-theodicy«*

Die Aussage, die Werthaftigkeit der Willensfreiheit rechtfertige die Zulassung konkreten Leids, zieht den Verdacht nach sich, das unermessliche Leid ungezählter Opfer im Namen eines Wertes zu akzeptieren, in dessen Genuss die meisten dieser Opfer niemals gelangen. Die »free-will-defence« ist darum nur überzeugend, wenn sie einsichtig machen kann, dass der Wert sittlich relevanter Freiheit das moralische und natürliche Übel tatsächlich aufwiegt. Vertreter der »free-will-defence« weisen in diesem Zusammenhang auf höhere personale Werte hin, die logisch notwendig konkrete Leiderfahrungen voraussetzen: Mut gibt es nur in einer Welt realer Gefahr; Verzeihen gibt es nur angesichts realer Schuld etc. Nur eine Welt voller natürlicher Gefahren und

---

[229] *J. L. Mackie*, Übel und höherrangige Güter: N. Hoerster (Hg.), Glaube und Vernunft. Texte zur Religionsphilosophie, Stuttgart 1985, 123–129, hier 127.

schuldhaften Versagens ermöglicht die Entwicklung moralischer, intellektueller und spiritueller Werte, die den Menschen zum Menschen machen und um deretwillen es sich zu leben lohnt. »Die natürlichen Übel fordern uns heraus und ermöglichen die Entwicklung von Werten, die in einem leidfreien Paradies keinen Sinn machen würden.«[230]

Der logisch notwendige Zusammenhang zwischen Leiderfahrung und Realisierung höherer personaler Werte kann auch religiös interpretiert werden. Von besonderer Bedeutung ist hier die »soul-making-theodicy« von John Hick (* 1922). Sie bezieht sich auf den altkatholischen Kirchenvater Irenäus, der zwischen der Gottebenbildlichkeit des Menschen (imago dei) und seiner Gottähnlichkeit (similitudo dei) differenzierte. Der Mensch wurde von Gott als ein vernünftiges Geschöpf erschaffen und zur Gottähnlichkeit bestimmt. Er besitze die Teilnahme am innergöttlichen Leben noch nicht, sondern müsse diese erst im Vollzug seines freien Willens und mit Hilfe der göttlichen Gnade und der personalen Zuwendung Gottes erlangen. Die Idee von der stufenweisen Erschaffung des Menschen wird für Hick kompatibel mit der Auffassung der Schöpfung als Evolution. Der Mensch durchlaufe eine Entwicklung vom biologischen (βίος) zum spirituellen Leben (ζωή), so dass er selbst von imago zur similitudo Dei wird.

Insofern wahre Liebe Freiheit voraussetzt, werde der Mensch erst durch das ungeschuldete und freie Liebesangebot Gottes als freie Person konstituiert. Als solcher sei er sich selbst gegeben und aufgegeben und könne sich gegenüber dem göttlichen Gnadenangebot frei verhalten. Weil das Gnadenangebot Gottes nur durch eine freie Liebesentscheidung des Menschen adäquat beantwortet werden könne, gehe Gott das Wagnis endlicher Freiheit ein. Sie ist die Bedingung einer personalen Beziehung zwischen Gott und den Menschen, zugleich aber auch die Bedingung der Möglichkeit menschlichen Versagens, des freiwilligen Ausschlagens göttlicher Gnade und des Sich-Lösens von Gott. Gott lasse dem Menschen aus der Überfülle seiner Liebe einen freien Willen und damit die Wahlfreiheit zwischen Gut und Böse, rufe ihn aber zugleich zur freien Entscheidung, das Gute anzustreben und das Böse zu bekämpfen. Nur indem diese Entscheidung in Freiheit geschieht, komme ihr auch eine ethische Relevanz zu.

Das Heranreifen des Menschen zur Gottähnlichkeit sei das Schöpfungsziel.[231] Dazu bedürfe es einer Welt, die eine solche Persönlichkeitsentwicklung

---

[230] A. *Kreiner*, Der Glaube an Gott in einer Welt voller Übel und Leid: zur debatte. Themen der Katholischen Akademie in Bayern 38 (4/2008), 13–15, hier 14.

[231] W. *Pannenberg*, Anthropologie in theologischer Perspektive, Göttingen 1983, 40–76.

zulässt. Eine Welt ohne Leid und Schmerz wäre auch eine Welt ohne Möglichkeit zur moralischen Reifung. Moralische und physische Übel seien notwendige Aspekte eines Prozesses, durch den Gott allmählich perfekte Geschöpfe wolle. Dadurch werde das Leid an sich aber nicht gerechtfertigt, sondern nur im Blick auf höhere Werte als notwendig einsichtig gemacht. Die Persönlichkeitsentwicklung sei nur möglich in einer Welt, in der das Leid eine reale Herausforderung bilde. »Das entscheidende Argument basiert also nicht auf der Funktionalität von Leiderfahrungen, sondern auf der Unausweichlichkeit der leidverursachenden Faktoren im Hinblick auf die Ermöglichung und Realisierung personaler Werte.«[232]

Die Hauptfrage, die die charakterbildende Theodizee stellt, ist dieselbe wie die Hauptfrage der »free-will-defence«: Warum hat Gott nicht vollkommen gute und freie Menschen geschaffen? Die Antwort bezieht sich nicht auf die logische Inkonsistenz dieser Möglichkeit, sondern auf eine pädagogische Absicht Gottes: Das moralisch Gute, das einem Menschen geschenkt wird, ohne je erprobt oder versucht worden zu sein, ist in sich weniger wert als das moralisch Gute, das von einem Menschen im Lauf der Zeit und im Angesicht alternativer Möglichkeiten erworben wurde. Gottes Absicht sei es, auf prozesshafte Weise moralisch perfekte Geschöpfe zu erschaffen, die ihn als Schöpfer anerkennen und lieben. »Wenn Gott … freie Wesen will, muss er das Risiko des moralischen Übels in Kauf nehmen, und wenn Gott Menschen will, muss die Welt in etwa so beschaffen sein, wie sie es ist.«[233]

Weil es außerordentliches, zerstörerisches Übel gibt und Menschen auch am Leid zerbrechen können, also längst nicht alle Menschen am Leid reifen, geht Hick davon aus, dass der Prozess der Seelenbildung mit dem Tod nicht abgeschlossen sei. Auch die »soul-making-theodicy« bedarf somit der eschatologischen Hoffnungsperspektive. In einem Leben nach dem Tod müsse gleichsam zur Fortsetzung bzw. zum Ausgleich gelangen, was hier unvollendet blieb.

Die »soul-making-theodicy« rief stärkere Gegenreaktionen hervor als die »free-will-defence«:

- Biblisch betrachtet ist die Schöpfung an sich nicht leid- und todverfallen, sondern nur die infra-lapsarische Ordnung. Gott hat das Leid nicht gesetzt, damit der Mensch frei und gut, ja zum Mitmenschen werde, son-

[232] A. Kreiner, Theodizee und Atheismus: P. Schmidt-Leukel (Hg.), Berechtigte Hoffnung. Über die Möglichkeit, vernünftiger Christ zu sein. Antwort auf: Edgar Dahl (Hg.), Die Lehre des Unheils, Paderborn 1995, 99–110, hier 110 Anm. 29.
[233] Ders., Der Glaube an Gott in einer Welt voller Übel und Leid: zur debatte 38 (4/2008), 13–15, hier 15.

dern er hat es zulassend verhängt, als der Mensch im Missbrauch seiner Freiheit zum Sünder wurde.

• Zwar gibt es die menschliche Erfahrung des persönlichen Reifens durch Leid, aber kann eine solche Erfahrung systematisch verallgemeinert bzw. normativ verwertet werden? Dürfen die Faktoren, die Leid verursachen, instrumentalisiert werden? Rechtfertigt die sittliche Genese und Reifung das Leid Dritter? Warum bedarf es unschuldiger dritter Opfer für die persönliche Seelenbildung?

• Birgt die »soul-making-theodicy« nicht die Gefahr, die Gnadenbedürftigkeit des Menschen zu übersehen und auf eine Art Selbsterlösung durch das »soul-making« zu schließen? Wozu ist die Gnade Gottes nötig, wenn sich der Mensch durch Freiheit zur Gottebenbildlichkeit fortentwickeln kann?

### c) Christliche Theodizee

Das Theodizee-Problem ist philosophisch, d. h. rein logisch, unlösbar; alle spekulativen Theodizee-Theorien haben ihre Grenzen. Schon Kant sprach vom Ende aller philosophischen Versuche in der Theodizee aufgrund der Unzulänglichkeit menschlicher Vernunft, die »Wege der göttlichen« Vernunft einzusehen, d. h. der Unmöglichkeit, einen absoluten Standpunkt einzunehmen.[234] Letztendlich ist die Perspektive Gottes nötig, denn nur von einem absoluten und endgültigen Standpunkt aus kann der Nachweis erbracht werden, dass die höheren Werte tatsächlich – quantitativ und qualitativ – die Übel überwiegen. So müssen die philosophischen Überlegungen in eine theologische Theodizee eingebunden werden. Der Rationalitätsaufweis des christlichen Glaubens darf nicht vom Glauben absehen wollen.

Weil der Ursprung des Bösen im Dunkeln bleibt und die Frage nach dem Warum bzw. der Zulassung ungerechten Leids durch Gott ein Mysterium ist, ist die Theodizee-Frage eine für den Menschen unbeantwortbare Frage. Jene Position, die sich auf die Geheimnishaftigkeit und Unerklärbarkeit des Leids zurückzieht und damit das Scheitern aller bisherigen Theodizee-Versuche behauptet, wird als reductio in mysterium bezeichnet. »Die Unbegreiflichkeit des Leides ist ein Stück der Unbegreiflichkeit Gottes«.[235] Ähnlich wie Karl Rahner sind viele Theologen der Auffassung, dass es im gegenwärtigen Dasein

---

[234] I. Kant, Über das Mißlingen aller philosophischen Versuche in der Theodizee, A 212: I. Kant, Werke XI (ed. W. Weischedel), Frankfurt a. M. ⁵1983, 105–124, hier 115.
[235] K. Rahner, Warum läßt Gott uns leiden?: ders., Schriften zur Theologie XIV (1980), 450–469 hier 463.

keine befriedigende Erklärung dafür gibt, warum der Mensch leiden muss. Sie verweisen darum in dieser offenen Frage auf das Mysterium Gottes: »Wie bei einem handgeknüpften Teppich sehen wir bisher nur die Rückseite mit ihrem scheinbar unentwirrbaren Chaos von Fäden. Doch wenn wir einst die Vorderseite erblicken, dann werden wir auch das bisher verborgene Muster erkennen.«[236] Es bleibt allein die Hoffnung auf die Selbstrechtfertigung Gottes, darauf, dass Gott einst selbst die verbliebenen Rätsel seiner Schöpfung auflösen wird. Der auf Offenbarung gestützte Glaube ist der Horizont, in den die philosophischen und spekulativen Reflexionen einzuordnen sind.

Eine genuin theologische Theodizee muss dem in der Offenbarung bezeugten Verhältnis von Gott und Welt zugewandt bleiben und dessen Rationalität mit den Mitteln der Vernunft aufzuweisen versuchen. So kann sie zu Ergebnissen kommen, die mehr erklären, als jede rein rationalistische Spekulation. Sie leistet auf deduktivem Wege die intellektuelle Rechtfertigung des Gottesglaubens angesichts des Leids in der Welt. Nur im Zuge der Selbstoffenbarung Gottes kann also die Theodizee-Frage eine inhaltliche Antwort finden. Eine rationale Theodizee, die vom Ende her einen Grund, Zweck oder eine Notwendigkeit des Leids zu konstruieren versucht, bedarf der Ergänzung und einer Antwort vom Anfang her: Gott selbst muss sich offenbaren; nur in seinem Tun kann die Antwort auf die Theodizee-Frage liegen.

Die Offenbarungsgeschichte Gottes macht deutlich, dass Gott dem unverschuldetem Leid nicht teilnahmslos gegenübersteht, vielmehr lässt er sich in seiner Allmacht freiwillig von ihm betreffen und leidet in der Überfülle seiner Liebe mit. Gott hat aber die Praxis des Leids und Leidens für immer zu seinem Schicksal gemacht – spätestens seit dem Bund mit Israel und der Menschwerdung seines Sohnes. Das liebende Mit-leid Gottes unterscheidet sich von jenem Bild, das sich der Deutsche Idealismus vom leidenden Gott machte: Gott erleide nicht im Zuge seiner Persönlichwerdung das Leid, vielmehr nehme er es aus freier Liebe in sich auf und überwinde das Übel auf das je größere Gute, auf Heil hin. So führt die theologische Theodizee nicht ins Leere, sondern erfährt in der Soteriologie eine Antwort, in der das Böse und Übel bleibt, was es ist: eine »geheime Macht der Gesetzeswidrigkeit« (mysterium iniquitatis) (2 Thess 2,7), unbegreiflich, nicht ableitbar, aber nicht ohne Hoffnung: Was bleibt, ist das Vertrauen in die Güte Gottes dahingehend, dass der mit-leidende Gott in Jesus Christus alles Leid der Welt überwunden hat und das unverschuldete Leid nur deshalb zulässt, weil er es zum Guten zu

---

[236] *P. Schmidt-Leukel*, Grundkurs Fundamentaltheologie. Eine Einführung in die Grundfragen des christlichen Glaubens, München 1999, 116.

wenden weiß (Gen 50,20): »Wir wissen, daß Gott bei denen, die ihn lieben, alles zum Guten führt« (Röm 8,28).

Gott »ist – man darf es mit gleicher Kühnheit wie Paulus zu sagen wagen – das Böse geworden. Für seine Richter wie sogar (wenigstens am Karfreitag und am Karsamstag) für seine Jünger sind der Gottessohn und das Böse nicht mehr unterscheidbar. Genau darin und deswegen aber hat er es überwunden.«[237] Diese christliche Antwort vermag den Einzelnen in seinem Leid zu trösten, wenngleich auch sie die Frage nach dem Warum und Wozu des Übels letztlich nicht zu beantworten vermag: Als das absolut Sinnwidrige entbehrt das Böse eben jeder Sinnhaftigkeit, es erscheint stets als etwas Isoliertes und Erratisches. Auf die Sinnwidrigkeit des Bösen hat der christliche Glaube streng zu achten und sich vor einer allzu raschen Funktionalisierung des Leids zu hüten. Der Glaube vermag das Leid, zumal das des Gerechten, nicht zu erklären, wohl aber Hoffnung zu begründen. Diese ist nur dann hilfreich, wenn Gott auch die Macht hat, das Leid der Menschen wirksam zu überwinden, einschließlich der Rehabilitation der Opfer der Geschichte.

Diese Hoffnung hat sich in Jesus Christus proleptisch erfüllt. In seinem Tod hat Gott »die Fürsten und Gewalten … entwaffnet« (Kol 2,15; Eph 1,21) und die »Sünde der Welt« hinweggenommen (Joh 1,29), indem er aus freier Liebe »unsere Leiden auf sich genommen und unsere Krankheiten getragen« (Mt 8,17), »seinen eigenen Sohn … für uns alle hingegeben« (Röm 8,32) hat. Im Kreuz und in der Auferstehung Jesu leuchtet der eschatologische Sieg Gottes über das Übel bzw. Böse auf. Von hier aus wird deutlich, dass das Heil alles Unheil umgreift und überwindet: »Durch Christus und in Christus … wird das Rätsel von Schmerz und Tod hell, das außerhalb seines Evangeliums uns überwältigt« (GS 22). Dieser Sieg Christi begründet die christliche Hoffnung auf universale Erlösung. Denn der leidende Christus ist ja die konkrete Vorherbestimmung aller Wirklichkeit (Eph 1,4), in ihm will Gott am Ende alles zusammenfassen (Eph 1,10), so dass er »alles und in allen« ist (Kol 3,11). Damit ist die Kreuzestheologie die originär christliche und alles überbietende Antwort auf die Theodizee-Frage: Gott identifiziert sich in Jesus Christus mit dem Leiden und Sterben des Menschen und überwindet es durch jene Liebe, die sein Wesen ist (1 Joh 4,8).

Das ist die biblische Hoffnungsperspektive. Der christliche Glaube löst die Theodizee-Frage nicht auf, er nimmt aber die Leiden der Menschen in eine

---

[237] W. Beinert, Schuld im christlichen Verständnis. Erwägungen zu Theodizee und Anthropodizee und auch zum Ablass: Ch. Böttigheimer, H. Filser (Hg.), Kircheneinheit und Weltverantwortung. Festschrift für Peter Neuner, Regensburg 2006, 117–139, hier 133.

durch die Auferstehung Jesu begründete Hoffnung hinein: Die Hoffnung auf absolute Liebe, die sich mit den vergangenen Leiden identifiziert und sie verwandelt, so dass »der Tod ... nicht mehr sein [wird], keine *Trauer*, keine *Klage*, keine Mühsal. Denn was früher war, ist vergangen« (Offb 21,4). »[W]ir sind gerettet, ... in der Hoffnung« (Röm 8,24). Eine solch leidüberwindende Hoffnung lässt nicht nur offene Fragen aushalten, sondern sie schenkt auch die Kraft, sich in der Nachfolge Christi vom Leid der Anderen treffen zu lassen und aus solidarischer Liebe dagegen anzukämpfen.

## 5. Religionskritik und Gottesrede in der Gegenwartsphilosophie

### 5.1. Logischer Empirismus

*P. Schmidt-Leukel*, Grundkurs Fundamentaltheologie. Eine Einführung in die Grundfragen des christlichen Glaubens, München 1999, 39–51; *A. Kreiner*, Demonstratio religiosa: H. Döring, A. Kreiner, P. Schmidt-Leukel, Den Glauben denken. Neue Wege der Fundamentaltheologie (QD 147), Freiburg i. Br. 1993, 9–48, hier 35–48; Ende der Wahrheit? Zum Wahrheitsverständnis in Philosophie und Theologie, Freiburg i. Br. 1992, 475–571; *H. Zirker*, Religionskritik, Düsseldorf ³1995, 202–231; *I. U. Dalferth* (Hg.), Sprachlogik des Glaubens. Texte analytischer Religionsphilosophie und Theologie zur religiösen Sprache, München 1974, 84–95; *N. Hoerster* (Hg.), Glaube und Vernunft. Texte zur Religionsphilosophie, Stuttgart 1985, 198–226; *M. Laube*, Im Bann der Sprache. Die analytische Religionsphilosophie im 20. Jahrhundert, Berlin 1999, 313–463.

### a) Erklärende Auslegung des Atheismus

Die Glaubensverantwortung versuchte auf die Herausforderungen der neuzeitlichen Religionskritik zu antworten, indem sie nun umgekehrt den Atheismus genetisch erklärte und deutete. Das Selbstverständnis des Atheisten wurde im umgekehrten Sinne kritisiert, wie dieser einst das Selbstverständnis des Theologen kritisiert hatte. Was ist der wahre Sinn des Atheismus? Wovon spricht er letzten Endes? Die Apologetik warf dem Atheisten vor, zu glauben, vom Menschen bzw. der Nichtexistenz Gottes zu sprechen, in Wahrheit aber zumindest indirekt stets von Gott zu reden. Bedeutete die neuzeitliche Religionskritik eine Anthropologisierung der Religionen, so strebte die neuere Glaubensverantwortung eine Theologisierung des Atheismus an. Religionskritik und Glaubensverantwortung wollten sich gegenseitig eines Selbstmissverständnisses überführen.

Karl Rahner betrieb eine anthropologisch zentrierte Theologie: Die Anthropologie ist der Ort, von dem aus er seine Theologie entwirft.[238] Der Mensch übersteige immer schon das Seiende auf das absolute Sein hin. Das sei die Bedingung, Seiendes erkennen zu können. In diesem Vorgriff auf das Sein bejahe der Mensch immer schon die Wirklichkeit Gottes. »Der Mensch ist das Wesen der unbegrenzten Transzendentalität in Erkenntnis und Freiheit. Die Dynamik seines geistigen Wesens geht auf das absolute Sein, auf die absolute Hoffnung, auf die absolute Zukunft, auf das schlechthin Gute, auf das unbedingt Sittliche, eben auf Gott«.[239] Umgekehrt ist der Mensch a priori »dem Einfluß der göttlichen, übernatürlichen, eine innere Gemeinschaft mit Gott und eine Selbstmitteilung Gottes anbietenden Gnade ausgesetzt ..., mag er zu dieser Gnade im Modus der Annahme oder der Ablehnung stehen«, was sein »übernatürliches Existential« kennzeichnet.[240] So lebe auch der Atheist von der unbegrenzten Transzendentalität, von einem impliziten Theismus.

Rahner macht mit seiner transzendental-philosophischen Deutung und Erklärung der Religionskritik den Atheisten nicht automatisch zum anonymen Theisten, sondern weist darauf hin, dass selbst der explizite Atheist es immer noch mit Gott zu tun habe. Er könne diese Bezogenheit auf Gott gar nicht vermeiden. Kann es jedoch angesichts der transzendentalen Notwendigkeit der Gottesbejahung einen wirklichen Atheismus geben, der kein verkappter, anonymer Theismus ist? Diese Frage wurde immer wieder kontrovers diskutiert.[241] Rahner antwortete mit dem Hinweis auf die Freiheitsentscheidung des Menschen: Dieser sei nur dann ein anonymer Theist, wenn er in seiner positiven Entscheidung die Unbedingtheit des Spruchs seines Gewissens anerkenne, d. h., wenn er sich selbst in seiner Freiheit als das bestimme, was er seinem Wesen nach sei, nämlich bezogen und verwiesen auf das absolute Sein. Wenn sich aber der Mensch in einer schuldhaften Entscheidung explizit gegen Gott ausspreche und seinem transzendentalen Wesen zuwiderhandle, könne er kein anonymer Theist sein. Insofern jedoch der Mensch sein Wesen, sein übernatürliches Existential konkret realisiere, sei er ein anonymer Gläubiger, selbst wenn er sich nach außen hin falsch missverstehe und die Existenz Gottes leugne. Der Atheist sei nur solange ein anonymer Gläubiger,

---

[238] *K. Rahner*, Anthropologie und Theologie in: CGG, Bd. 24, Freiburg i. Br. 1981, 5–55; *K. Fischer*, Der Mensch als Geheimnis. Die Anthropologie Karl Rahners, Freiburg i. Br. 1974.
[239] *Ders.*, Anonymer und expliziter Glaube: ders., Schriften zur Theologie XII (1975), 76–84, hier 79.
[240] *Ders.*, Das Christentum und die nichtchristlichen Religionen: ders., Schriften zur Theologie V (1962), 136–158, hier 145.
[241] *H. Küng*, Wahrhaftigkeit. Zur Zukunft der Kirche, Freiburg i. Br. ²1968.

solange er dem Ruf des Gewissens folge. »Der explizite Atheismus ist immer entweder schuldhaft oder mit einem implizit bejahten Theismus verbunden.«[242]

Rahners Verdienst ist es, dass er den Atheismus in seinen inneren Möglichkeiten theologisch-anthropologisch reflektierte. Seine Antwort auf die atheistische Interpretation des Theismus war die theistische Interpretation des Atheismus: Der Atheist meint, er spreche vom Menschen bzw. von der Nichtexistenz Gottes, während er in Wirklichkeit zumindest indirekt von Gott spricht, da dieser die Möglichkeitsbedingung jeder Erkenntnis, jeder Rede und jedes sittlichen Handelns ist. Atheisten und Theisten versuchten also, sich gegenseitig des Selbstmissverständnisses zu überführen, um so zu erklären, wie es zum Atheismus bzw. Theismus kommen konnte.

Auf beiden Seiten ist heute ein so hohes theoretisches Reflexionsniveau erreicht, dass Atheismus oder Theismus nicht mehr einfach auf die Dummheit oder Böswilligkeit ihrer Vertreter zurückgeführt werden können. Das Gespräch zwischen Theisten und Atheisten ist offen, weil es auf keiner Seite eindeutig zwingende Beweise gibt. »Die Existenz Gottes steht in Frage, aber die Nicht-Existenz auch.«[243]

*b) Analytische Philosophie*

Bei der erklärenden Auslegung des Atheismus bzw. Theismus blieb es nicht. Im 20. Jh. haben sich Lebenspraxis und Lebensform weiter verändert, und die grundsätzliche Skepsis gegenüber allen Glaubensüberzeugungen hat sich vertieft. Diese Skepsis fand ihren Niederschlag in der sog. analytischen Religionskritik.

Die analytische Philosophie ist ein Sammelbegriff für viele heterogene Strömungen. Sie zeichnen sich weder durch eine bestimmte Methode noch durch eine bestimmte inhaltliche These oder Position aus. Ein analytischer Philosoph kann Theist, Atheist oder Agnostiker sein. Am ehesten lässt sich die analytische Philosophie als ein Stil des Philosophierens charakterisieren, der besonderen Wert auf die Offenlegung argumentativer Strukturen legt und dabei auf sprachliche Präzisierung achtet. Gegenstand philosophischer Untersuchungen sind weniger Phänomene als vielmehr Sätze über Phänomene (linguistic turn), wobei die Logik in Form der Analyse eine eminente Rolle spielt. Der logische Sinn bzw. die Wahrheit von Sätzen soll sich analytisch

---

[242] K. *Rahner*, Anonymer und expliziter Glaube: ders., Schriften zur Theologie XII (1975), 76–84, hier 80.
[243] H. *Küng*, Existiert Gott? Antwort auf die Gottesfrage der Neuzeit, München 1978, 370.

ausweisen lassen. Zudem gilt, dass philosophische Thesen an ihren Folgerungen zu überprüfen sind, weshalb auch vom »logischen Empirismus« oder »logischen Positivismus« gesprochen wird, im Unterschied zum »alten« Positivismus.

Die analytische Philosophie entwickelte sich aus Positionen, die im Zuge der antimetaphysischen Wende einen absoluten Ansatz vorzulegen versuchten, der die Alternative von ontologischem und transzendentalem Denken überwinden sollte. Das erklärte Ziel des logischen Empirismus oder »Neopositivismus« war es, in der Philosophie ähnliche Fortschritte zu erlangen wie in den anderen Einzelwissenschaften (Mathematik, Physik etc.). Als Grund des Fortschritts galten für Rudolf Carnap (1891–1970) und Ludwig Wittgenstein (1889–1951) Kontrollmöglichkeiten (Logik bzw. Experiment), die es erlaubten Einsichten zu bestätigen (Verifikation) bzw. Irrtümer zu eliminieren (Falsifikation). Solche Kontrollmöglichkeiten garantierten den Erkenntnisfortschritt und seien darum auch in der Philosophie anzustreben, die dadurch zur wissenschaftlichen Philosophie würde. Neopositivisten sind demnach radikale Szientisten.

Während die analytische Philosophie anfangs nur in den Themenfeldern Wissenschaftstheorie und Sprachphilosophie Anwendung fand, erstreckt sie sich mittlerweile auch auf das Gebiet der Religionsphilosophie, wo sie sowohl von einem atheistischen als auch von einem theistischen Standpunkt aus betrieben werden kann.

*c) Verifikations- und Falsifikationsprinzip*

Nach Wittgensteins empirischem Verifikationsprinzip ist eine Aussage nur objektiv, d. h. wissenschaftlich sinnvoll, wenn sie empirisch intersubjektiv verifizierbar ist. Die Bedeutung eines Satzes bemesse sich nach der Methode, mit der man zeigen könne, wann er wahr bzw. wann er falsch sei. Ist ein Satz nicht überprüfbar, also weder wahr noch falsch, komme ihm auch keine tatsachenbezogene Bedeutung zu; er ist schlechthin sinnlos, weil gegenstandslos. Das treffe u. a. auch auf die Behauptung, Gott existiert, zu. Weil sie nicht empirisch verifizierbar sei, sei sie ohne jede empirische Relevanz. Es mache keinen prinzipiell erfahrbaren Unterschied aus, ob Gott existiere oder nicht; alles bliebe sich völlig gleich, unabhängig davon, ob der Atheist oder der Gläubige Recht hätte.

Nach dem Verifikationsprinzip, das der exakten naturwissenschaftlichen Forschung entstammt, wird jede metaphysische Aussage, die die unmittelbare Erfahrung übersteigt, für unwissenschaftlich, weil völlig sinnlos erklärt; sie ist ohne objektiven Geltungsanspruch. Die Methode der Verifikation bestimmt also den Sinn bzw. die Wahrheitsfähigkeit eines Satzes. »Die richtige Methode der Philosophie wäre eigentlich die: Nichts zu sagen, als was sich sagen lässt, also Sätze der Naturwissenschaft – also etwas, was mit Philosophie nichts zu tun hat«.[244] »Wovon man nicht sprechen kann, darüber muß man schweigen.«[245] Im Hintergrund steht eine naturalistische Weltanschauung. Was jenseits dieser Sprachgrenze liege, sei sinnlos. »Die meisten Sätze und Fragen, welche über philosophische Dinge geschrieben worden sind, sind nicht falsch, sondern unsinnig. Wir können deshalb Fragen dieser Art überhaupt nicht beantworten, sondern nur ihre Unsinnigkeit feststellen. … Und es ist nicht verwunderlich, daß die tiefsten Probleme eigentlich *keine* Probleme sind«.[246] Am Ende kommt Wittgenstein freilich selbst zu der Erkenntnis: »Wir fühlen, daß selbst, wenn alle *möglichen* wissenschaftlichen Fragen beantwortet sind, unsere Lebensprobleme noch gar nicht berührt sind. Freilich bleibt dann eben keine Frage mehr; und eben dies ist die Antwort.«[247]

Auf dieser streng kritisch und wissenschaftlich klingenden Grundlage versuchte die analytische Philosophie zu zeigen, dass die Unentschiedenheit bzw. Offenheit im Streit zwischen Religion und ihren Kritikern davon herrühre, dass der Religion keinerlei kognitive Kompetenz zukomme. Religiöse Aussagen versuchten Transzendentes mittels Begriffen auszusagen, die nur für den endlichen Erfahrungsbereich erklärt seien. Aussagen, deren Bedeutung aber nicht eindeutig erklärt sei, seien nicht verstehbar und damit sinnlos. Religiöse Aussagen behaupten somit nichts, sondern sind kognitive Scheinaussagen. Gott existiert, ist demzufolge kein sinnvoller Satz.

Die Frage nach dem Wahrheitsgehalt religiöser Sätze ist obsolet. Allerdings wurde bald kritisch eingewandt, dass das Verifikationsprinzip gemäß seinen eigenen Kriterien nicht als wissenschaftlich ausgewiesen werden könne. So trat an seine Stelle das Falsifikationsprinzip, das durch Karl Popper und Hans Albert propagiert wurde (kritischer Rationalismus). Dem gemäß sei nur wahr, was auch falsch sein *kann*. Auch der englische Philosoph Antony Flew (* 1923) griff zum Erweis der Sinnhaftigkeit von Sätzen weniger auf das Verifikationsprinzip als vielmehr auf das Falsifikationsprinzip zurück. Sinnvolle Sätze müssten sich auf logisch eingegrenzte Sachverhalte beziehen. Für den Satz, Gott existiert, muss also angegeben werden können, unter welchen

---

[244] L. *Wittgenstein*, Tractatus logico-philosophicus: Schriften 1, Frankfurt a. M. 1969, 1–83, hier 82.
[245] Ebd., 83.
[246] Ebd., 26.
[247] Ebd., 82.

Bedingungen er zutrifft – er darf nicht mit jedem erdenklichen Sachverhalt als vereinbar erklärt werden. Eine Behauptung, die mit allen Fakten gleichermaßen vereinbar ist, ist keine echte Behauptung. Flew kritisierte darum religiöse Behauptungen als empirisch unwiderlegbare Pseudobehauptungen.

Die bekannte Gärtnerparabel von Flew besagt: Wenn sich ein unsichtbarer, unberührbarer, unhörbarer etc. Gärtner durch nichts mehr von einem nichtexistierenden Gärtner unterscheidet, wenn die Gärtner-Hypothese durch nichts mehr falsifizierbar ist, dann ist die Behauptung seiner Existenz unsinnig.»Es waren einmal zwei Forscher, die stießen auf eine Lichtung im Dschungel, in der unter vielem Unkraut allerlei Blumen wuchsen. Da sagte der eine: ›Ein Gärtner muß dieses Stück Land pflegen‹. Der andere widerspricht: ›Es gibt keinen Gärtner‹. Sie schlagen daher ihre Zelte auf und stellen eine Wache aus. Kein Gärtner läßt sich jemals blicken. ›Vielleicht ist es ein unsichtbarer Gärtner‹. Darauf ziehen sie einen Stacheldrahtzaun, setzen ihn unter Strom und patrouillieren mit Bluthunden. ... Keine Schreie aber lassen je vermuten, daß ein Eindringling einen Schlag bekommen hätte. Keine Bewegung des Zauns verrät je einen unsichtbaren Kletterer. Die Bluthunde schlagen nie an. Doch der Gläubige ist immer noch nicht überzeugt: ›Aber es gibt doch einen Gärtner, unsichtbar, unkörperlich und unempfindlich gegen elektrische Schläge, einen Gärtner, der nicht gewittert und nicht gehört werden kann, einen Gärtner, der heimlich kommt, um sich um seinen geliebten Garten zu kümmern‹. Schließlich geht dem Skeptiker die Geduld aus: ›Was bleibt eigentlich von deiner ursprünglichen Behauptung noch übrig? Wie unterscheidet sich denn das, was du einen unsichtbaren, unkörperlichen, ewig unfaßbaren Gärtner nennst, von einem imaginären oder von überhaupt keinem Gärtner?‹«[248] Mit der theistischen Aussage lässt sich scheinbar alles verbinden. »[D]er individuelle Erfahrungsprozess [wird] durch die theistische These in keiner Weise eingeschränkt ..., so daß schlechthin alles, was geschehen kann und wird, mit dieser These vereinbar zu sein scheint«.[249] Dann aber macht die theistische These keine Behauptung und ist sinnlos.

Unter den Voraussetzungen des logischen Empirismus schien Gott kein sinnvolles Wort mehr zu sein. Nach Carnap ist das Wort Gott oder Absolutes, Unbedingtes, Unendliches etc. ebenso sinnlos wie das frei erfundene Wort

---

[248] A. *Flew*, Theologie und Falsifikation: I. U. Dalferth (Hg.), Sprachlogik des Glaubens. Texte analytischer Religionsphilosophie und Theologie zur religiösen Sprache, München 1974, 84–87, hier 84.
[249] A. *Kreiner*, Demonstratio religiosa: H. Döring, A. Kreiner, P. Schmidt-Leukel, Den Glauben denken. Neue Wege der Fundamentaltheologie (QD 147), Freiburg i. Br. 1993, 9–48, hier 39.

»babig«.[250] Die Theologie habe die Rede von Gott gegenüber Falsifikationen immer mehr immunisiert. Das führte zur empirischen Unkontrollierbarkeit und Sinnlosigkeit. So starb Gott »den Tod durch tausend Modifikationen«.[251] Mit dem Tod Gottes in der Sprache wurde die Theologie schlechterdings sprachlos. Allerdings zeigte sich recht schnell, dass die neopositivistische Voraussetzung, die Sprache stelle ein Abbild der Wirklichkeit dar, unhaltbar war. Die moderne Quantenphysik machte beispielsweise deutlich, dass sich mikrophysikalische Naturvorgänge nicht exakt beschreiben lassen, allenfalls durch komplementäre Bilder und Begriffe aus der makrophysikalischen Welt. Dadurch geriet das Ideal der Wissenschaftlichkeit ins Wanken.

Wittgenstein brach in späteren Jahren radikal mit seiner ursprünglichen Philosophie und entwarf eine gänzlich neue. Nun lag für ihn die Bedeutung eines Satzes in seinem regelmäßigen Gebrauch. »Die Bedeutung des Wortes ist sein Gebrauch in der Sprache.«[252] Der Sinn eines Satzes lasse sich nur innerhalb eines ganz bestimmten Kontextes (Sprachspiele) eruieren. »Mit dem Benennen eines Dings ist noch nichts getan. Es hat auch keinen Namen, außer im Spiel. Das war es auch was Frege damit meinte: ein Wort habe nur im Satzzusammenhang Bedeutung.«[253] Innerhalb verschiedener Kontexte könne ein Satz unterschiedliche Sinngehalte annehmen. Allerdings wohne dem Gebrauch der Aussagen von Gott heute kein Sinn mehr inne. Wenn darum in einem wissenschaftlichen Kontext von Gott die Rede sei, könne in diesem Kontext im Grunde nicht mehr sinnvoll weiter gesprochen werden.

Religiöse Aussagen gerieten durch die analytische Religionskritik mit ihrer positivistischen Engführung in einen grundsätzlichen Sinnlosigkeitsverdacht.[254] Mit der Bestreitung ihrer Sinnhaftigkeit wurde auch ihre Wahrheitsfähigkeit in Abrede gestellt: In der Rede von Gott würden keine kognitiv sinnvollen bzw. wahrheitsfähigen Behauptungen aufgestellt, sondern nur subjektive Dispositionen des religiösen Sprechers artikuliert. Der Theologe

---

[250] R. *Carnap*, Überwindung der Metaphysik durch logische Analyse der Sprache: Erkenntnis 2 (1931), 219–241, hier 227.
[251] A. *Flew*, Theologie und Falsifikation: I. U. Dalferth (Hg.), Sprachlogik des Glaubens. Texte analytischer Religionsphilosophie und Theologie zur religiösen Sprache, München 1974, 84–87, hier 85.
[252] L. *Wittgenstein*, Philosophische Untersuchungen, § 40, krit.-genet. Ed., hg. v. J. Schulte u. a. Frankfurt a. M. 2001, 91.
[253] Ebd., § 48, 98.
[254] R. *Schaeffler*, Fähigkeit zur Erfahrung. Zur transzendentalen Hermeneutik des Sprechens von Gott (QD 94), Freiburg i. Br. 1982, 17–19; F. *Ricken*, Sind Sätze über Gott sinnlos?: StZ 193 (1975), 435–452.

behaupte nichts, sondern bringe nur etwas zum Ausdruck wie ein Künstler. Diesem Ausdruck wohne keine empirische Relevanz inne. Theismus sei darum eine sinnlose Position. Die Fundamentaltheologie hat auf diesen sinnkritischen Vorwurf zu reagieren, möchte sie ihrer Aufgabe gerecht werden, nämlich die Rationalität des Glaubens und damit dessen Wahrheitsanspruch aufzuweisen. Sie muss den Sinnlosigkeitsverdacht und die Leugnung der Wahrheitsfähigkeit religiöser Aussagen ausräumen, indem sie den kognitiven Status theistischer Rede aufzeigt.

## 5.2. Intelligibilität der Gottesrede?

*P. Schmidt-Leukel,* Grundkurs Fundamentaltheologie. Eine Einführung in die Grundfragen des christlichen Glaubens, München 1999, 46–49; *J. L. Mackie,* Das Wunder des Theismus. Argumente für und gegen die Existenz Gottes, Stuttgart 1985, 344–363; *H.-P. Großhans,* Theologischer Realismus. Ein sprachphilosophischer Beitrag zur einer theologischen Sprachlehre, Tübingen 1996, 198–238; *T. Nagel,* Das letzte Wort, Stuttgart 1999, 57–81; *R. Bultmann,* Welchen Sinn hat es von Gott zu reden?: ders., Glauben und Verstehen, Bd. 1, Tübingen ⁸1980, 26–37; *I. M. Crombie,* Die Möglichkeit theologischer Aussagen: I. U. Dalferth (Hg.), Sprachlogik des Glaubens. Texte analytischer Religionsphilosophie und Theologie zur religiösen Sprache, München 1974, 96–145; *J. Hick,* Theologie und Verifikation: ebd., 146–166.

*a) Widerlegung analytischer Religionskritik*

An den positivistischen Sinnkriterien wurde Kritik geübt. Vor allem wurde darauf hingewiesen, dass sich das grundlegende Sinnkriterium der Verifikation nicht präzise genug fassen lasse. Eine enge Fassung schließe z. B. naturwissenschaftliche Hypothesen aus, eine weite Fassung lasse auch metaphysische Theorien zu. Außerdem sei die Behauptung, nur ein prinzipiell verifizierbarer Satz sei ein sinnvoller Satz, selbst kein verifizierbarer Satz, sondern eine theoretische Norm, die sachlich kritische Geltung beanspruche. Damit handele es sich um eine sinnlose und unverstehbare Behauptung. Ferner sei eine allgemeine Aussage, z. B. eines Naturgesetzes, prinzipiell nicht verifizierbar, sondern nur durch empirische Einzelfakten falsifizierbar.

Des Weiteren wurde der Vorwurf der Sinnlosigkeit an die analytische Religionskritik zurückgegeben: Durch die Leugnung Gottes würden die religionskritischen Aussagen sinnlos, weil die Mit-Behauptung Gottes die Bedingung jeder anderen Aussage sei. Nur indem der Mensch immer schon unthematisch und ursprünglich in seiner Transzendentalität auf das Woher und Wohin seiner Transzendenz vorgreife, sei er überhaupt zu Erkenntnis und Freiheit fähig. Wer darum die Existenz Gottes leugne, schließe implizit jede Möglichkeit aus, tatsächlich wahre Aussagen über die Wirklichkeit zu machen. Der Streitpunkt in der Auseinandersetzung zwischen Religionskritik und Glaubensverantwortung hat sich somit zur Frage zugespitzt, unter welchen Bedingungen Aussagen und Verhaltensweisen überhaupt einen Wirklichkeitsbezug und eine Bedeutung haben.

*b) Non-kognitivistische Interpretationsansätze*
Non-kognitive Interpretationen religiöser Rede kommen mit der Position des logischen Empirismus zunächst weitgehend überein. Demnach handele es sich bei religiösen Aussagen um keine verifizierbaren und insofern kognitiv sinnvollen, wissenschaftlichen Erklärungen oder Behauptungen. Wohl aber sei den religiösen Aussagen ein non-kognitiver Sinngehalt zu eigen, der nicht auf der Gegenstandsebene angesiedelt sei, sondern auf der Ebene existentieller Überzeugungen und anthropologisch-religiöser Grunderfahrungen. Die religiöse Aussage sei als existentielle Aussage zwar non-kognitivistisch, trotzdem aber non-kognitiv sinnvoll. Denn sie drücke eine ganz bestimmte Lebenshaltung aus, ein ethisches Ideal, eine Wertsetzung, eine Hoffnung, einen Appell bzw. eine Einladung zu einem bestimmten Lebensstil und Ähnliches mehr. Ihr Wahrheitsgehalt bemesse sich nicht an einer Realität, sondern im Verhältnis zum Subjekt, welches sich in der religiösen Äußerung artikuliert. Religiöse Rede sei also non-kognitiv sinnvoll und es ließen sich auch non-kognitive Funktionen einer solchen religiösen Aussage benennen: expressive, moralische, performative etc.

Eine solche Position (Dewi Z. Phillips [1943–2006], Rush Rhees [1905–1989]) kommt der traditionellen Einsicht entgegen, dass echter religiöser Glaube mehr sei als das theoretische Fürwahrhalten irgendwelcher Sätze, weil er ein existentielles, lebensgestaltendes Moment beinhaltet. Außerdem seien religiöse Sätze ohnehin nicht primär theoretisch-kognitiver Art und ihre Glaubwürdigkeit beruhe nicht auf empirisch-historischen Fakten. So würden religiöse Aussagen auf ihre non-kognitive Sprachfunktion reduziert. Dabei zeigen sich aber erhebliche Schwierigkeiten:

- Kann ein non-kognitiver Aussagesinn behauptet werden, ohne einen kognitiven Anspruch zu behaupten? Lässt sich der Sinn religiöser Aussagen dadurch retten, dass der Behauptungscharakter eliminiert und der Aussagesinn auf die Aussagefunktion reduziert wird? Im christlichen Glauben jedenfalls stellen verschiedene religiöse Aussagen wortwörtliche Tatsachenbehauptungen dar. Zentrale religiöse Äußerungen der Tradition sind alles andere als non-kognitivistisch; sie stellten eine Behauptung über eine objektive Wirklichkeit auf.

- Der religiöse Glaube bezieht seine erlösende Kraft ausschließlich aus der kognitiven Überzeugung, dass es Gott gibt und er wirklich das Heil des Menschen will. Wird dem Glauben der kognitive Charakter prinzipiell abgesprochen, sinkt er unweigerlich zu einem lediglich subjektiv-emotionalen Lebensgefühl ab oder wird zur bloßen Ethik.
- Religiöse Reden werden dem Irrationalismus ausgeliefert, d. h., ihre Kognitivität und Wahrheitsfähigkeit werden preisgegeben. Wird aber der Wahrheitsanspruch religiöser Aussagen aufgegeben, werden auch die sinnstiftenden Seiten eines religiösen Lebens obsolet. Wenn etwa die Hoffnung auf ein Leben nach dem Tod nur Ausdruck eines Lebensgefühls ist und ihr keine Kognitivität, Wirklichkeit und Wahrheit zukommt, wird sie überflüssig. Ohne Tatsachenbehauptungen aufzustellen, werden religiöse Aussagen zwangsläufig willkürlich, irrational und bedeutungslos, mitunter trivial.

*c) Kognitivistische Interpretationsansätze*

Die Rede von Gott kognitivistisch zu interpretieren, bedeutet nicht, alle religiösen Aussagen als verifizierbare, wahre Tatsachenbehauptungen zu verstehen. Wohl aber können und müssen zumindest einige religiöse Aussagen im Sinne wörtlicher und wahrer Tatsachenbehauptungen verstanden werden – insbesondere die Behauptung der Existenz Gottes. Doch wie kann die Kognitivität dieser Behauptung belegt werden? Wie kann gezeigt werden, dass es sich bei der Behauptung der Existenz Gottes um eine verstehbare, sinnvolle Tatsachenbehauptung handelt?

Nach Basil Mitchell (* 1917) tragen religiöse Aussagen in ihrem Kern den Charakter von Tatsachenbehauptungen. Das bedeutet, dass sich der Glaube an Gott nicht gänzlich jeder Falsifikation entziehe. Denn es gebe Ereignisse, die den Eindruck der Gottferne erwecken und den Glauben real belasten. Solche Ereignisse könnten unterschiedlich gedeutet werden. Doch jede Entscheidung bleibe eine Sache des Vertrauens.

Ähnlich spricht John Hick von einer »eschatologischen Verifikation«, also einer Verifikation im Jenseits.[255] Das bedeutet nicht, dass der Streit zwischen Atheisten und Gläubigen auf das Eschaton verlegt wird. Vielmehr mache die Behauptung, Gott existiert, die zwar nicht unmittelbar, sondern nur eschato-

---

[255] *J. Hick*, Philosophy of Religion, Englewood Cliffs ²1973, 90–95; *I. U. Dalferth*, Religiöse Rede von Gott (BEvTh 87), München 1981, 689–699.

logisch verifizierbar sei, durchaus einen prinzipiell erfahrbaren, d. h. tatsachenbezogenen Unterschied aus. Denn wenn Gott den Menschen im Eschaton in einen Zustand höchster Seligkeit erheben würde, dann sei das Universum insgesamt ein zielorientiertes, was sich im Weltverständnis konkret, d. h. als ein prinzipiell erfahrbarer Unterschied, niederschlage. Der Glaube an Gott sei somit nicht mit jedem beliebigen Sachverhalt vereinbar. »In einer *counterparable* zu Flews Gärtnerparabel will Hick sein Konzept verdeutlichen: Hicks Parabel erzählt von zwei Menschen, die gemeinsam auf einer Straße reisen. Einer von beiden glaubt, daß die Straße zur Himmlischen Stadt führt; der andere glaubt, daß sie nirgendwohin führt. Auf ihrer Reise nehmen beide das gleiche wahr und dennoch interpretieren sie ihre Erlebnisse völlig unterschiedlich. Der eine betrachtet alle Vorkommnisse als vom König der Stadt geplante und beabsichtige Vorbereitungen, um aus den Reisenden würdige Bürger der Stadt zu machen. Der andere glaubt nicht an einen solchen Sinn dieser Vorkommnisse. Er genießt einfach die guten Seiten der Reise und erträgt die schlechten. Der Unterschied zwischen ihren Interpretationen läßt sich vorläufig durch keine Beobachtung entscheiden. Keine Erfahrung kann eine der beiden Betrachtungsweisen verifizieren oder falsifizieren. Trotzdem ist der Unterschied ein realer, d. h. er hat den Charakter differierender Tatsachenbehauptungen. Wenn die Reisenden nämlich um die letzte Biegung ihres Weges kommen werden, wird sich zeigen, welche von beiden Interpretationen die wahre ist.«[256]

Der religiösen Rede kommt also ein kognitiver Status zu, weil sich die religiöse Aussage eschatologisch verifizieren lässt und schon jetzt einen tatsachenbezogenen Unterschied austrägt. Die eschatologische Verifikation sichert die Kognitivität religiöser Aussagen. Es sind kognitiv sinnvolle Tatsachenbehauptungen und als solche behaupten sie einen jetzt schon bestehenden, realen Unterschied hinsichtlich des Weltverständnisses. Weil religiöse Aussagen eschatologisch verifizierbar sind und einen Behauptungscharakter besitzen, sind sie sinnvolle Aussagen und demzufolge prinzipiell wahrheitsfähig. Sie sind nicht einfach wahr, vielmehr impliziert ihre Wahrheitsfähigkeit die logische Möglichkeit ihrer Falschheit. Die Hoffnung auf eschatologische Verifikation ist der unverzichtbare logische Garant der Intelligibilität der Gottesrede.

---

[256] *A. Kreiner*, Demonstratio religiosa: H. Döring, A. Kreiner, P. Schmidt-Leukel, Den Glauben denken. Neue Wege der Fundamentaltheologie (QD 147), Freiburg i. Br. 1993, 9–48, hier 42 f.; *J. Hick*, Philosophy of Religion, Englewood Cliffs ²1973, 90–95.

## d) *Allgemeine Bedenken*

Gegenüber der analytischen Philosophie muss festgehalten werden, dass die Sprachanalyse allein nicht ausreicht: Sprechen und Denken sind nämlich nicht dasselbe. Die Sprache ist von ihrer Sache zu unterscheiden, wenn sich auch die Sache in der Sprache erschließt und auslegt. Anstatt die Welt in Sprachgebilde aufzulösen, muss das Denken über die Analyse der logischen Strukturen der Aussage hinausgehen. Es muss auf den realen Aktvollzug des Denkens zurückgehen, der als Seinsvollzug zu verstehen ist und sich intentional auf das Sein des Gegenstandes richtet. Das analytische Denken zergliedert lediglich das zuvor schon Erkannte und in Sätzen Ausgesagte; es kommt aber nicht zu synthetischen Urteilen, die unsere Erkenntnis durch neue Inhalte erweitern würden, sei es aus der Erfahrung (a posteriori) oder durch Einsicht in notwendige Sachverhalte (a priori). So kann es auch keine metaphysische Erkenntnis erreichen.

Bezogen auf die Rede von Gott bzw. Theologie bedeutet dies: Die »[a]nalytische Philosophie kann nur das, was zuvor in religiöser oder philosophischer Sprache über Gott ausgesagt ist, sprachlogisch analysieren und rekonstruieren, auch kritisch revidieren und korrigieren, nicht aber darüber hinaus selbst zu inhaltlich weiteren Einsichten und Aussagen kommen. Dies würde nicht nur analytisches, sondern synthetisches Denken erfordern.«[257]

Zudem gilt, was Thomas von Aquin feststellt: »Von keiner Sache kann gewußt werden, ob sie ist, wenn man von ihr nicht auch auf irgendeine Weise weiß, was sie ist.«[258] Das bedeutet, man kann von Gott nicht wissen, ob er ist, wenn man von ihm nicht auch auf irgendeine Weise weiß, was er ist. Über die Existenz Gottes lässt sich nur sinnvoll streiten, wenn die Frage geklärt ist, was unter »Gott« zu verstehen ist. Doch »[w]ir können von Gott nicht fassen, was er ist, sondern (nur) was er nicht ist«.[259] Bestenfalls lässt sich demnach urteilen, was Gott nicht ist. Weil sich aber nur das in Frage stellen oder leugnen lässt, was sich auf irgendeine Weise in Worte fassen lässt, kann es einen Gott, den man in Frage stellen oder leugnen kann, in der Tat nicht geben. Insofern entspricht dem Gottesbild der Atheisten nichts in der Wirklichkeit. Was er verwirft, ist nicht Gott, sondern seine Vorstellung von Gott.

---

[257] *E. Coreth*, Gott im philosophischen Denken, Stuttgart 2001, 255.
[258] *Thomas von Aquin*, Expositio Posteriorum Analyticorum, lib 1 l.2 n.5.
[259] *Ders.*, De veritate q. 10 a. 11 ad4; S.th. I q. 2 a. 2.

## 5.3. Gottesgedanke in der Gegenwartsphilosophie

*S. Wendel*, Postmoderne Theologie? Zum Verhältnis von christlicher Theologie und postmoderner Philosophie: K. Müller (Hg.), Fundamentaltheologie. Fluchtlinien und gegenwärtige Herausforderungen, Regensburg, 1998, 193–214; Vernünftig und begründungsfähig. Aktuelle philosophische Beiträge zum Thema Religion: HerKorr 57 (2003), 528–532; *N. Fischer*, Die philosophische Frage nach Gott, Paderborn 1995, 391–416; *M. Knapp*, Verantwortetes Christsein heute. Theologie zwischen Metaphysik und Postmoderne, Freiburg i. Br. 2006, 7–66; *M. Striet*, Grenzen der Übersetzbarkeit. Theologische Annäherungen an Jürgen Habermas: R. Langthaler, H. Nagl-Docekal (Hg.), Glauben und Wissen. Ein Symposium mit Jürgen Habermas, Wien 2007, 259–282; *K. Wolf*, Religionsphilosophie in Frankreich. Der »ganz Andere« und die personale Struktur der Welt, München 1991, 91–114; *Th. Schärtl*, Postliberale Theologie und die Standortbestimmung von Fundamentaltheologie: ZKTh 132 (2010), 47–64.

*a) Kennzeichen der Postmoderne*

Seit den 70er Jahren des vergangenen Jahrhunderts ist von der Zeit des Übergangs die Rede, von einer »weltgeschichtlichen Epochenschwelle«[260], nämlich von der Moderne zur sog. Postmoderne. Letzteres ist ein sehr unscharfes Schlagwort, das Ende der 50er Jahre des 20. Jh.s vor allem in Amerika in Kunst und Architektur Einzug hielt und zunächst ganz allgemein für das Verlassen von gewohnten Richtungen innerhalb der Kulturwelt stand. Schnell griff der Begriff »Postmoderne« auf alle Bereiche des gesellschaftlichen Lebens über und erfasste auch literarische, linguistische etc. Wissenschaftsbereiche – einschließlich des philosophischen Diskurses, in den er vor allem durch Jean-François Lyotard eingebracht wurde.

Die philosophische Theorie der Postmoderne distanziert sich zwar von der Moderne, zeichnet sich aber nicht dadurch aus, dass mit ihr leichthin gebrochen wurde – ganz im Gegenteil: Die Postmoderne bedeutet die »permanente Geburt« des Modernismus.[261] Damit ist gemeint, dass postmoderne Philosophen die Grundmotive der Moderne, wie etwa die Wende zum Subjekt oder das Anliegen einer auf der Autonomie basierenden Gesellschaft, bewusst aufgreifen. Freiheit, Selbstbestimmung, Emanzipation, Autonomie des Subjekts, all das ist in der Postmoderne zur Selbstverständlichkeit ge-

---

[260] *P. Koslowski*, Die Baustellen der Postmoderne – Wider den Vollendungszwang der Moderne. Statt einer Einleitung: Moderne oder Postmoderne? Zur Signatur des gegenwärtigen Zeitalters, hg. v. ders. u. a., Weinheim, 1–16, hier 2.
[261] *J.-F. Lyotard*, Beantwortung der Frage: Was ist postmodern?: W. Welsch (Hg.), Wege aus der Moderne. Schlüsseltexte der Postmoderne-Diskussion. Mit Beiträgen v. J. Baudrillard u. a., Weinheim 1988, 193–203, hier 201.

worden. Dieses Erbe der Moderne wurde dann aber kritisch gegenüber den großen Universalkonzepten der Moderne, die »in irgendeiner Form [beanspruchten], das Mensch, Natur und Gesellschaft umfassende Ganze verbindlich auf den Begriff zu bringen«, herausgestellt.[262] Folglich wurden im Postmodernismus universalistische Behauptungen grundsätzlich negiert, mochten sie philosophischer, linguistischer, literarischer oder politischer Art sein. Aufgrund des Niedergangs der großen Erzählungen[263] kam es zur Krise der alten Gewissheiten.

Kennzeichnend für die Postmoderne sind also zunächst die Anerkennung des Partikularismus sowie die Negierung metaphysischen Denkens und damit der Vorstellung eines letzten Grundes wie auch Zieles. Man muss »sich wohl eingestehen, daß es kein Zentrum gibt, daß das Zentrum nicht in der Gestalt eines Abwesenden gedacht werden kann, daß es keinen natürlichen Ort besitzt, daß es kein fester Ort ist, sondern eine Funktion, eine Art von Nicht-Ort«.[264] Auf diese Weise werden universale Weltinterpretationen unmöglich und es kommt zwangsläufig zur Ausbildung vielfältiger, partikularer Lebensentwürfe. »Krieg dem Ganzen, zeugen wir für das Nicht-Darstellbare, aktivieren wir die Widerstreite«.[265] In der Postmoderne nimmt der Pluralismus zu, er wird geradezu radikalisiert und steht im Zentrum der philosophischen Theorien. Das ist insbesondere dort der Fall, wo die Dignität des Anderen so sehr in das Zentrum der Reflexion rückt, dass nur die irreduzible Pluralität die wahre Ganzheit sein kann und das Denken des menschlichen Seins von Einheit her und auf Ganzheit hin als Ausdruck der Verfügung über andere und als Vereinnahmung anderer angesehen wird.[266] Weil »der Fokus der Postmoderne« in der »Pluralität und der Zustimmung zu ihr liegt«[267], entstand eine Situation, »wo es auf jede Frage mehrere gleichberechtigte Ant-

---

[262] A. *Anzenbacher*, Einführung in die Philosophie, Freiburg i. B. [8]2002, 206.
[263] *J.-F. Lyotard*, Das postmoderne Wissen. Ein Bericht, Wien 1986, 112.
[264] *J. Derrida*, Die Struktur, das Zeichen und das Spiel im Diskurs der Wissenschaften vom Menschen: P. Engelmann (Hg.), Postmoderne und Dekonstruktion. Texte französischer Philosophen der Gegenwart, Stuttgart 1990, 114–139, hier 117.
[265] *J.-F. Lyotard*, Beantwortung der Frage: Was ist postmodern?: W. Welsch (Hg.), Wege aus der Moderne. Schlüsseltexte der Postmoderne-Diskussion. Mit Beiträgen v. J. Baudrillard u. a., Weinheim 1988, 193–203, hier 203.
[266] *G. Voss*, »Sich selbst dem Anderen ausliefern«. Grundlagen einer ökumenischen Spiritualität: KNA – ÖKI 17 (29. April 2003), Thema der Woche, 1–16, hier 7.
[267] *W. Welsch*, Postmoderne – Pluralität als ethischer und politischer Wert (Walter-Raymond-Stiftung, Kleine Reihe 45), Köln 1988, 19–73, hier 23; ders., Einleitung: ders. (Hg.), Wege aus der Moderne. Schlüsseltexte der Postmoderne-Diskussion. Mit Beiträgen v. J. Baudrillard u. a., Weinheim, 1–43, hier 13–21.

worten gibt«[268] – und das nicht nur in Rand-, sondern auch in »Elementar-fragen«.[269]

Die epistemologische Basis postmoderner Philosophie ist die grundsätz-liche Unzugänglichkeit einer objektiven Wahrheit durch das rationale Sub-jekt. Darum wird auf die Begrenztheit rein rationaler Vernunftkonzepte ge-achtet und ein definitiver, ausschließlicher Wahrheitsanspruch durch partikuläre, wechselseitig tolerante Wahrheitsansprüche ersetzt. Die Suche nach Wahrheit gilt als ein prinzipiell unabschließbarer Prozess. Eine objekti-ve, transhistorische und -kulturelle Wahrheit, die durch Rationalität zugäng-lich wäre, wird ebenso verneint wie die Möglichkeit, durch methodische Ver-nunft ein Wissen zu erlangen, das universell gültig wäre. Ein prinzipieller Wahrheitspluralismus bedeutet freilich nicht, dass die Vertreter der post-modernen Philosophie schlechterdings der Beliebigkeit und Willkür das Wort reden würden.[270] Denn ein Absolutes ist ihnen keineswegs fremd, wohl aber gilt es für sie als nicht darstellbar und definierbar. Es zeigt sich nämlich ledig-lich in der Pluralität der einzelnen Ereignisse, ohne sich selbst dadurch als das plurale Ereignis schlechthin zu offenbaren.[271] So verhindert die Annahme eines Absoluten einerseits das Abgleiten postmoderner Philosophie in Belie-bigkeit und Willkür und legitimiert andererseits aufgrund seiner Unzugäng-lichkeit gleichwohl Heterogenität und Pluralität des Denkens. Folglich schließt postmoderne Philosophie die Vorstellung letzter Gewissheit und die Möglichkeit eines universalen Bekenntnisses aus. Nichtsdestotrotz lässt sich innerhalb der postmodernen Philosophie ein neuer Sinn für Transzendenz, Religion und Mythologie etc. ausmachen.

### b) Jürgen Habermas

In seiner Theorie kommunikativen Handelns ging Jürgen Habermas (* 1929) noch davon aus, in demokratischen Gesellschaften gehe die Funktion der Reli-gion, gesellschaftliche Integration herzustellen, auf die säkularisierte kom-munikative Vernunft über. »[D]ie sozialintegrativen und expressiven Funktio-nen, die zunächst von der rituellen Praxis erfüllt werden, [gehen] auf das kommunikative Handeln über …, wobei die Autorität des Heiligen sukzessive

---

[268] Ders., Postmoderne – Pluralität als ethischer und politischer Wert (Walter-Raymond-Stiftung, Kleine Reihe 45), Köln 1988, 19–73, hier 27.

[269] Ebd., 37.

[270] J.-F. Lyotard, Beantwortung der Frage: Was ist postmodern?: W. Welsch (Hg.), Wege aus der Moderne. Schlüsseltexte der Postmoderne-Diskussion. Mit Beiträgen v. J. Baudrillard u. a., Weinheim 1988, 193–203, hier 193; 197 f.

[271] Ders., Das postmoderne Wissen. Ein Bericht, Wien 1986, 175–193.

Religionsfrage

durch die Autorität eines jeweils für begründet gehaltenen Konsenses ersetzt wird.«[272] Dieses Religionsverständnis revidierte Habermas dahingehend, dass Religionen weiterhin auch in »postsäkularen Gesellschaften«[273] fortbestehen und das gesellschaftliche Leben im Sinne der Sinnstiftung beeinflussen werden.

Eine Bezugnahme auf eine transzendente Wirklichkeit im Sinne der traditionellen Metaphysik und der Religion sieht Habermas für eine Philosophie unter nachmetaphysischen Prämissen als nicht mehr möglich an. Der Übergang zu einem nachmetaphysischen Denken bedeutet aber keineswegs, dass die unabweisbaren metaphysischen Fragen des Menschen ignoriert oder eliminiert würden. Zwar vermag die Philosophie selbst auf diese Fragen keine Antworten mehr zu geben und angesichts der Kontingenz des Lebens keinen Trost zu spenden, doch müsse sie deshalb solche Fragen und Bedürfnisse keineswegs als sinnlos ansehen, wie das bestimmte Varianten der Metaphysikkritik getan hätten. Auch als nachmetaphysische Philosophie erkenne sie vielmehr diese metaphysischen Fragen als unausweichlich an und trage dem Rechnung, indem sie die Bedeutung der lebensweltlichen Zusammenhänge konzeptuell berücksichtige und expliziere. Teil dieses Zusammenhangs der Lebenswelt ist auch die Religion. »Das nachmetaphysische Denken kann sich selbst nicht verstehen, wenn es nicht die religiösen Traditionen Seite an Seite mit der Metaphysik in die eigene Genealogie einbezieht. … Religiöse Überlieferungen leisten bis heute die Artikulation eines Bewusstseins von dem, was fehlt. Sie halten eine Sensibilität für Versagtes wach. … Warum sollten sie nicht immer noch verschlüsselte semantische Potenziale enthalten, die, wenn sie nur in begründende Rede verwandelt und ihres profanen Wahrheitsgehaltes entbunden würden, eine inspirierende Kraft entfalten können?«[274]

Jürgen Habermas votierte in seiner Rede anlässlich der Verleihung des Friedenspreises des Deutschen Buchhandels im Jahr 2001 für die Anerkennung der kulturellen und vor allem auch öffentlich-politischen Bedeutung und Notwendigkeit von Religion gerade in modernen pluralen Gesellschaften.[275] Dabei maß er insbesondere der jüdisch-christlichen religiösen Tradition als sinnstiftende Instanz eine gesellschaftliche Relevanz zu. Denn grundlegende Motive der Moderne, wie etwa die Idee von Subjektivität und Freiheit,

---

[272] *J. Habermas*, Theorie des kommunikativen Handelns, Bd. 2, Frankfurt a. M. 1981, 118.
[273] *Ders.*, Glauben und Wissen: ders., Glauben und Wissen. Friedenspreis des Deutschen Buchhandels 2001, Laudatio: J. Ph. Reemtsma, Frankfurt a. M. 2001, 9–31, hier 13.
[274] *Ders.*, Zwischen Naturalismus und Religion. Philosophische Aufsätze, Frankfurt a. M. 2005, 13.
[275] *Ders.*, Glauben und Wissen: ders., Glauben und Wissen. Friedenspreis des Deutschen Buchhandels 2001, Laudatio: J. Ph. Reemtsma, Frankfurt a. M. 2001, 9–31, hier 20–25.

von Emanzipation und Autonomie, von Gerechtigkeit und Solidarität, wären undenkbar gewesen ohne die Idee der Einmaligkeit der Person, ohne die Idee von universaler Gerechtigkeit und von Nächsten- wie Feindesliebe sowie ohne die Idee der Hoffnung auf das Gottesreich. Habermas wandte sich deutlich gegen Versuche, Religion auf bloße Kontingenzbewältigungspraxis, die den Modernisierungsverlierern Trost spenden soll, zu reduzieren oder sie als »Sozialkitt« pluraler Gesellschaften zu funktionalisieren. An anderer Stelle betonte Habermas, dass in den »heiligen Schriften und religiösen Überlieferungen Intuitionen von Verfehlung und Erlösung, vom rettenden Ausgang aus einem als heillos erfahrenen Leben artikuliert, über Jahrtausende hinweg subtil ausbuchstabiert und hermeneutisch wachgehalten worden« sind, die die Lernbereitschaft der Philosophie einfordern würden.[276] Als wichtige Ressourcen und Potenziale von Religion nannte er: »Religiöse Überlieferungen leisten bis heute die Artikulation eines Bewusstseins von dem, was fehlt. Sie halten eine Sensibilität für Versagtes wach. Sie bewahren die Dimensionen unseres gesellschaftlichen und persönlichen Zusammenlebens, in denen noch die Fortschritte der kulturellen und gesellschaftlichen Rationalisierung abgründige Zerstörungen angerichtet haben, vor dem Vergessen. Warum sollten sie nicht immer noch verschlüsselte semantische Potenziale enthalten, die, wenn sie in begründende Rede verwandelt und ihres profanen Wahrheitsgehaltes entbunden würden, eine inspirierende Kraft entfalten können?«[277]

Damit das semantische Potenzial und die normativen Ressourcen der Religion universalisierbar und verständlich blieben – nach Habermas sind religiöse Überzeugungen in modernen Gesellschaften begründungspflichtig –, müsse es in eine säkulare Sprache transformiert werden. Die Religion dürfe nicht »unfair … aus der Öffentlichkeit« ausgeschlossen werden, vielmehr müsse sich »auch die säkulare Seite einen Sinn für die Artikulationskraft religiöser Sprachen« bewahren.[278] Habermas, der den Bedeutungsgehalt des Transzendenzbegriffs zu verdiesseitigen versucht[279], hält also Religion weiterhin für unersetzbar, und er bemüht sich, die bleibende Relevanz religiöser Sinngehalte aufzuzeigen und sie in ein nachmetaphysisches Denken zu trans-

---

[276] Ders., Vorpolitische Grundlagen des demokratischen Rechtsstaates?: ders., J. Ratzinger, Dialektik der Säkularisierung. Über Vernunft und Religion. Mit einem Vorwort hg. v. Florian Schuller, Freiburg ⁵2005, 15–37, hier, 31.
[277] Ders., Zwischen Naturalismus und Religion. Philosophische Aufsätze, Frankfurt a. M. 2005, 13.
[278] Ders., Glauben und Wissen: ders., Glauben und Wissen. Friedenspreis des Deutschen Buchhandels 2001, Laudatio: J. Ph. Reemtsma, Frankfurt a. M. 2001, 9–31, hier, 22.
[279] Ders., Texte und Kontexte, Frankfurt a. M. 1991, 127–156.

formieren. Dabei bliebe allerdings ein uneinholbarer Rest religiöser Überzeugungen, der nicht säkularisierbar sei, so etwa die Hoffnung auf die Auferstehung – auch der Opfer der Geschichte, die kein menschliches Vermögen wieder lebendig machen könne.[280] Habermas gilt als »ein nachmetaphysischer Denker, der der Theologie hilft, sich ihres eigenen Vernunftpotenzials ohne metaphysische Aufblähung einerseits und postmoderne Schwächung andererseits zu vergewissern.«[281]

### c) Jacques Derrida

Jacques Derrida (1930–2004) und Gianni Vattimo (* 1936), die als metaphysikkritische Philosophen ein verstärktes Interesse an der Religion bzw. an dem Phänomen der »Wiederkehr des Religiösen« zeigen, widmeten sich 1994 auf einer gemeinsamen Tagung auf der Insel Capri, an der u. a. auch Hans-Georg Gadamer teilnahm, der Frage nach dem Wesen der Religion; in welchem Verhältnis stehen Glauben und Vernunft zueinander und wie lässt sich Transzendenz philosophisch denken? Derrida versucht, den Gegensatz von Glaube und Vernunft zu dekonstruieren und jenseits dieses Gegensatzes nach deren Wechselverhältnis bzw. ihrer gemeinsamen Quelle zu fragen.[282] »Wenn man behauptet, daß die Religion sich eigentlich *denken läßt*, daß sie eigentlich *denkbar* ist, hält man sie im voraus in Schach, und die Angelegenheit ist über kurz oder lang entschieden, selbst wenn man das Denken nicht mit einem Sehen, einem Wissen, einem Begreifen verwechselt.«[283] Lässt sich Religion darum im Kontext der Dekonstruktion metaphysischen Denkens so verstehen, dass die überkomme Opposition zwischen Religion und Vernunft, zwischen Religion und Wissenschaft, überwunden werden kann? Welche Gemeinsamkeiten bestehen zwischen Religion und Philosophie bzw. Vernunft?

Derrida hält affirmative Aussagen über die göttliche Wirklichkeit für unmöglich. Zugleich wendet er sich aber auch gegen einen selbstsicheren Säkularismus, der Religion für überwunden hält. Ihm gegenüber klagt er stattdessen die bleibende Relevanz von Religion ein und fragt nach der Möglichkeit eines universalen Religionsverständnisses. In dekonstruktiver Weise – Texte werden so gelesen, dass der gewohnte Zusammenhang zwischen Autor und

---

[280] *Ders.*, Glauben und Wissen: ders., Glauben und Wissen. Friedenspreis des Deutschen Buchhandels 2001, Laudatio: J. Ph. Reemtsma, Frankfurt a. M. 2001, 9–31, hier, 24 f.

[281] *E. Arens*, »Alt, aber nicht fromm«. Jürgen Habermas und seine neuen Verehrer: HerKorr 63 (2009), 79–83, hier 83.

[282] *J. Derrida*, Glaube und Wissen. Die beiden Quellen der »Religion« an den Grenzen der bloßen Vernunft: ders., *G. Vattimo*, Die Religion, Frankfurt a. M. 2001, 9–106, hier 49.

[283] Ebd., 68

Text aufgegeben und keine eindeutige Interpretation mehr möglich wird – stößt er auf eine Schicht des Religiösen vor, die jenseits einer bestimmten konkreten Religion und der gesellschaftlichen Funktion von Religion liegt. Derrida macht näherhin zwei Erfahrungen der (Er-)Öffnung für Religion aus[284]: die Erfahrung des Vertrauens (Glauben, Kredit, Treue, Anrufung eines blinden Vertaruens) sowie die Erfahrung des Heils, Unversehrten, Integren, Geborgenen, der Heiligkeit:

- *Glaube:* Kein soziales Gefüge könne ohne ein Moment des Glaubens existieren. Die Notwendigkeit des Kredits und des darin liegenden religiösen Moments werde am Beispiel des Zeugnisses einsichtig: Jedem Sprechakt wohne das Moment der Bezeugung inne, insofern ein Dritter, ein Zeuge, herbeizitiert wird. Damit wohne jedem Sprechakt die Bekundung eines Glaubens inne, der als Bezeugung eines über das Wissen hinausweisenden Wahrheitsversprechens zu verstehen sei. Aus dieser Kultur des Glaubens, des Vertrauens auf Wahrheit, resultiert die Möglichkeit eines universalen Diskurses über Religion.

- *Heiliges:* Jede politische Ordnung, v.a. westlicher Couleur, ist von Wertsetzungen des Heiligen abhängig, etwa von der Würde der menschlichen Person, die in der Verfassung als unantastbar behauptet wird. Über dieses Heilige könne nicht verfügt werden, vielmehr hänge es quasi an einer transzendenten Dimension, der nur Vertrauen geschenkt werden könne.

Angesichts dieser zwei Weisen der (Er-)Öffnung für Religion wird deutlich, dass ein Moment des Religiösen nicht auszulöschen ist, weil es sich in allem Sozialen wiederfindet. Diese Religiosität steht nicht quer zur europäischen Rationalität, sondern ist eines ihrer Strukturmomente. Des Weiteren zeigt sich für Derrida, dass das Absolute ein völliges Geheimnis und gänzlich unbestimmbar ist.

Derrida begreift Religion als das, was zwischen Glauben und Wissen, Messianismus und Chôra »in einen reaktiven Antagonismus eingebettet ist und was *gleichzeitig* in einer überbietenden wiederholten Selbstbehauptung besteht. Diese Gleichsetzung kann man dort erkennen, wo Glaube und Wissen immer schon ein Bündnis eingegangen sind … Wir haben es folglich mit einer Aporie, einem gewissen Fehlen des Weges, der Bahn, des Ausgangs, des Heils zu tun – und mit zwei Quellen.«[285] Ihnen verleiht Derrida zwei Namen[286]:

---

[284] Ebd., 55 f.
[285] Ebd., 11.
[286] Ebd., 31–40.

- *Messianisches:* Es ist nach Derrida, der Marx dekonstruierend weiter-
deutet, Teil der menschlichen Glaubenserfahrung als Erfahrung eines
Versprechens ohne Hoffnung auf Erfüllung oder Vorauswissen des Ereignisses, das kommt. Dieses abstrakte Messianische sei ohne Messianismus,
ohne Erwartungshorizont, ohne prophetische Vorausdeutung und Vo-
raussicht und alles andere als utopisch.

- *Chôra:* Sie sei der Name für die Unfassbarkeit und das Unaussprechliche
bezeichne wie das Messianische eine Leerstelle, die Offenheit zur Zukunft,
zum Kommen des Anderen als Antritt der Gerechtigkeit. *»Es gibt* chôra –
*die chôra* aber existiert nicht.«[287] Chôra sei Abwesenheit, vollständige Bewahrung in der Andersartigkeit, sie sei nicht das Sein, weder das Gute,
noch Gott, weder der Mensch, noch die Geschichte, ohne deshalb aber das
Nichts zu sein. »Als eine radikal ahumane und atheologische kann man
von ihr noch nicht einmal sagen, daß sie Statt *gibt* oder daß es die *khora*
gibt ... Khora ist nicht einmal *(dies)es (ça)*, das *es* des Gebens vor aller
Subjektivität. Sie gibt nicht Statt *(donne lieu)*, so wie man etwas geben
würde, etwas, das sein würde, sie erschafft nichts und bringt auch nichts
hervor, nicht einmal ein Ereignis als eines, das Statt findet. Sie gibt keine
Anordnung und macht keine Verheißung. Sie ist radikal ahistorisch, denn
nichts widerfährt durch sie und nichts widerfährt ihr.«[288] Chôra würde
alles empfangen, aber von nichts etwas annehmen und gebe allem seinen
Ort, sei aber selbst der ortlose Ort des absolut Anderen. Aus der Erfahrung mit der chôra resultiere die Anerkennung der unendlichen Andersheit. Diese Achtung versteht Derrida als religio im Sinne von Skrupel,
Verhaltenheit, zurückhaltende Scheu und Distanz, welche sich v. a. im
nichtsaussagenden Sprechen wie dem Gebet, das keine Aussage über Gott
macht und der theologischen Reflexion vorausgeht, ausdrücke.

### d) Gianni Vattimo

Vattimo gilt als Vertreter einer ausdrücklichen Metaphysikkritik; er setzt sich
v. a. mit der hermeneutischen Ontologie und dem Nihilismus auseinander
und stellt die Hermeneutik ins Zentrum der Religionsfrage und seiner Metaphysikkritik. Kann die Religion einer postmetaphysischen Philosophie helfen,
die Metaphysik zu überwinden, ohne wie Friedrich Nietzsche im Nihilismus
zu enden?[289]

---

[287] *J. Derrida*, Chôra, hg. v. P. Engelmann, Wien 1990, 24.
[288] *Ders.*, Wie nicht sprechen. Verneinungen, hg. v. P. Engelmann, Wien 1989, 69.
[289] *G. Vattimo*, Die Spur der Spur: J. Derrida, G. Vattimo, Die Religion, Frankfurt a. M.
2001, 107–124.

Im Rahmen seiner Matephysikkritik tritt Vattimo für ein »pensiero debole«, ein »schwaches Denken« nach dem Fortschrittsglauben ein.[290] Das Denken einer nach-metaphysischen Ontologie verzichte auf eine einzige, umfassende Vernunft und zeichne sich stattdessen durch eine Vielfalt an Deutungen aus, durch eine plurale Hermeneutik. Infolgedessen bricht Vattimo mit der Metaphysik der Präsenz sowie dem ipsum esse subsistens und mit den ihm zugeschriebenen Attributen der Allmacht, Absolutheit, Ewigkeit und Transzendenz. Das schwache Denken begegne stattdessen einem Glauben an den schwachen, scheiternden Gott am Kreuz. Die jetzige Epoche, die von Heidegger und Nietzsche eingeleitet wurde, sei eine »nachmetaphysische« oder »postmoderne«, »in der man sich die Wirklichkeit nicht mehr als eine fest in einem einzigen Fundament verankerte Struktur denken kann«[291] und darauf verzichtet werden muss, »das Sein so zu denken, dass es … mit der für das Objekt charakteristischen Präsenz identifiziert wird«.[292] »Es gibt keine ›wahre‹ Welt mehr«.[293] Heidegger greift die Kritik Nietzsches auf und stellt fest, »daß mit dem Nihilismus … das Ende der Metaphysik gekommen ist und damit … jenes Denken, welches das Sein mit dem objektiv Gegebenen identifiziert«.[294] Weil das Sein dem Erkennen unzugänglich sei, spricht Vattimo von einer postmetaphysischen »schwachen Ontologie«. Sie begreife das Sein als wesentliches Sich-Entziehen und als Ereignis, während der Wahrheitsanspruch ontologischer, religiöser Positionen ein Gewaltpotential mit verheerenden Konsequenzen in sich berge.

Für Vattimo ist die Wiederkehr der Religion »kein bloß akzidenteller Tatbestand …, den man beiseite lassen kann, um sich einfach auf die dergestalt wiederkehrenden Inhalte zu konzentrieren. Vielmehr dürfen wir mit Recht annehmen, daß die Wiederkehr ein wesentlicher (oder: der wesentliche) Aspekt der religiösen Erfahrung ist.«[295] Die Wiederkehr der Religion bedeutet eine Erfahrung der Positivität, die Erfahrung eines Ereignisses und darum schlägt Vattimo vor, Geschichtliches und Religion zusammen zu sehen, wo-

---

[290] Ders., Glauben – Philosophieren, Stuttgart 1997, 27 f.
[291] Ders., Jenseits des Christentums. Gibt es eine Welt ohne Gott? Aus dem Italienischen v. M. Pfeiffer, München 2004, 11.
[292] Ders., Glauben – Philosophieren, Stuttgart 1997, 28.
[293] Ebd., 21.
[294] Ebd.
[295] Ders., Die Spur der Spur: J. Derrida, G. Vattimo, Die Religion, Frankfurt a. M. 2001, 107–124, hier 108.

**344**

raus eine »allgemeine Identifikation der Religion mit der Positivität im Sinne von Faktizität, Möglichkeit usw.«[296] resultiere.

Das Ende der Metaphysik und damit des Todes Gottes sieht der Italiener dabei als die innere Folge der Inkarnation Jesu Christi. Nietzsches Verkündigung des Todes Gottes stehe für den Tod des dem Menschen gegenüberstehenden »moralischen« Gottes (als des Garanten dieser Ordnung), nicht aber als Tod des menschgewordenen Gottes, der sich ganz in die Geschichte hineinbegeben habe. In der Inkarnation Jesu Christi habe sich Gott klein gemacht, er habe sich seiner göttlichen, metaphysischen Existenz und Allmacht enteignet zugunsten des anderen seiner selbst und gerade darin seine Größe und Macht manifestiert. Vattimo versteht die christliche Überzeugung von der κένωσις Gottes in seiner Menschwerdung als Grundlage einer säkularisierten Religion, deren zentrales Prinzip die Caritas, die biblische Haltung des Seinlassens, sei. Bei der Caritas handelt es sich nicht »um einen Inhalt, sondern um eine Verhaltensweise, um ein Ethos«.[297] Sie sei mit dem christlichen Gebot der Nächsten- und Feindesliebe verknüpft und habe innerhalb der Interpretationsvielfalt als entscheidendes Kriterium der Hermeneutik und Wahrheit zu gelten. Voraussetzung dafür sei die Auflösung der Metaphysik als unveränderliche Seinsordnung.

Der Christ sollte »[s]tatt sich als Anwalt der Heiligkeit und Unberührbarkeit der ›Werte‹ zu präsentieren, ... vielmehr wie ein gewaltloser Anarchist agieren, wie ein ironischer Dekonstrukteur der Ansprüche der geschichtlich gewachsenen Ordnungen, nicht vom Streben nach einer größeren Bequemlichkeit für sich, sondern vom Prinzip der christlichen Liebe gegenüber den anderen geleitet.«[298] Nach Vattimo kann ein Religionsverständnis, sofern es die Metaphysik überwindet, nur in der jüdisch-christlichen Tradition wurzeln.

*e) Emmanuel Lévinas*

Der Ansatz des philosophischen Denkens von Lévinas (1906–1995) prägte sowohl die Philosophie der Gegenwart und befruchtete auch die zeitgenössische christliche Theologie (Josef Wohlmuth [* 1938]; Bernhard Casper [* 1931]; Thomas Freyer [* 1952]; Erwin Dirschl [* 1960]; Susanne Sandherr [* 1960] etc.). Geformt wurde sein Denken zum einen durch die Phänome-

---

[296] Ebd., 113.
[297] *Ders.*, Die Stärke des schwachen Denkens. Ein Gespräch mit Gianni Vattimo: M. G. Weiß, Gianni Vattimo. Einführung, Wien 2003, 171–182, hier 175
[298] *Ders.*, Glauben – Philosophieren, Stuttgart 1997, 104.

nologie Edmund Husserls und die Fundamentalontologie Martin Heideggers. Beide philosophischen Denkschulen hatte er während seiner Studienzeit in Freiburg (1928–1929) kennen gelernt. Ebenso nachhaltig wurde seine Philosophie aber auch durch die hebräische Bibel, den Talmud und die jüdische Überlieferung beeinflusst und dies umso mehr, als er die Judenpogrome des Nationalsozialismus und die Ausrottungspolitik des Nazi-Terrors unmittelbar durchlitten hat. Seine strenggläubige jüdische Familie wurde von den Nationalsozialisten ermordet. In seiner Philosophie suchte er zeitlebens nach einer Antwort auf die kriegerische Aggression, der er in der zwischenmenschlichen Beziehung keine primäre Rolle zubilligen mochte.

Lévinas glaubte den Grund für die europäische Katastrophe, den Mord an den europäischen Juden, in der Gleichgültigkeit und vielfachen Missachtung gefunden zu haben. Die Indifferenz sah er letztlich durch die metaphysische, ontotheologische[299] Tradition sowie eine auf das Subjekt konzentrierte Philosophie bedingt, was in einem egologischen, totalitären Denken kulminiert. Das Andere könne als Anderes deshalb nicht zur Geltung kommen, weil es »dem uralten Vorrang der Einheit« geopfert wurde, »der sich von Parmenides bis Spinoza und Hegel behauptet.«[300] Das Nicht-Wahrnehmen der Andersheit des Anderen hätte verhängnisvolle Folgen gehabt: »Im Staat und den Nationalismen, im Staatssozialismus, der aus der Philosophie hervorgegangen ist, bekommt das Individuum die Notwendigkeiten der philosophischen Totalität als totalitäre Gewaltherrschaft zu spüren.«[301] Weil das auf Selbsterhaltung und Selbststeigerung bedachte, in seine eigene Bewusstseinsaktivität eingeschlossene Ich totalitär zu werden droht – auf das Ganze bedacht und »gleichgültig ... gegen den Tod des Anderen«[302], wandte sich Lévinas bewusst von der klassischen Ontologie als verobjektivierendes, totalisierendes Seinsdenken ab und richtete sein ganzes philosophisches Interesse auf die Bedeutung des Anderen für das Ich; von der Andersheit des Anderen her versuchte er die Isolation des Ich aufzusprengen.

---

[299] I. Kant, KrV B 660: I. Kant, Werke IV (ed. W. Weischedel), Frankfurt a. M. ⁷1984, 556; M. Heidegger, Die onto-theo-logische Verfassung der Metaphysik: ders., Identität und Differenz, Stuttgart 1996, 31–67.

[300] E. Lévinas, Totalité et infini. Essai sur l'extériorité, Den Haag, 1961, 75; dt.: Totalität und Unendlichkeit. Versuch über die Exteriorität, Freiburg i. Br. 1987, 145.

[301] Ders., Zwischen zwei Welten. Der Weg Franz Rosenzweigs: G. Fuchs, H. Hermann Henrix (Hg.), Zeitgewinn. Messianisches Denken nach Franz Rosenzweig, Frankfurt a. M. 1987, 31–66, hier 39.

[302] Ders., Autrement que savoir. Avec les études de Guy Petitdemande et Jacques Rolland, Paris 1988, 91.

In seinem Spätwerk »Jenseits des Seins oder anders als Sein geschieht«[303] versucht Lévinas das eleatisch-ontologische, totalitäre Denken zu überwinden, samt der ontologischen Sprache, die durch eine ethische, prophetische bzw. appellative ersetzt wird. Im Gegensatz zu einem Ich, das in seiner Sorge um sich selbst eingeschlossen ist, die Wirklichkeit vereinnahmt und dabei alles Fremde aussondert, nimmt Lévinas seinen philosophischen Ausgangspunkt beim Anderen, den er in seiner Andersheit radikal ernst zu nehmen versucht. Er betrifft mich »[a]ls Erstbester – *oder auch, im buchstäblichen Sinne, als der zuerst, d. h. vor seinem Erscheinen, vor mir, Gekommene [premier venu]*.« (S. 194 Anm. n) Die Andersheit des Anderen könne nur anerkannt werden, wenn der Andere wirklich wahrgenommen werde, wenn er respektiert, wenn auf ihn gehört und gewartet werde. »Von der Verantwortung zum Problem – so ist die Reihenfolge. Das Problem stellt sich durch die Nähe selbst, die ansonsten, als das schlechthin Unmittelbare, problemlos ist.« (S. 351) Der Andere ist also nicht nur das ›andere Ich‹ (›alter ego‹), sondern absolut anders und stellt mich in seinem Anderssein, das unermesslich und unendlich ist, infrage. Die Beziehung zum Anderen ist außerdem insofern irreduzibel, als sie zu keiner Ganzheit führt: der Andere, der zum Nächsten wird, bleibt der Fremde, ein ganz Anderer. Die Spannung von Abstand und Nähe lasse sich nicht auflösen, die sich transzendierende »Beziehung [ist] ohne Beziehung«.[304]

Den Anderen in seinem Anderssein wahrzunehmen, sei für das Subjekt alles andere als folgenlos. Durch die Nähe des Anderen und die von ihm hervorgerufene Verpflichtung würden beim Subjekt Zeitlichkeit und Bewusstsein samt seiner produzierten Selbstvergewisserungen durchkreuzt und gestört. Denn zum einen bedeute die Vorladung durch den Anderen in gewisser Weise eine Unterbrechung der Zeit und zum anderen erfasse und erschüttere die Nähe des Nächsten das »Bewußtsein … bevor es sich ein Bild macht von dem, was auf es zukommt« (S. 227). Weil sich der Andere in seiner Alterität der totalen Objektivierung und Verstehbarkeit entziehe, gehe von ihm eine stete Irritation aus, er bleibe rätselhaft. Das mache das Angesicht bzw. Antlitz des Anderen aus, dass er sich dem Zugriff entziehe, die Totalität des Verstehens stört und der unendlich Andere bleibe.

---

[303] *Ders.*, Autrement qu'être ou au-delà de l'essence, Den Haag 1974, dt.: Jenseits des Seins oder anders als Sein geschieht, Freiburg i. Br. 1992. Die Seitenangaben im Text beziehen sich auf die deutsche Ausgabe.
[304] *Ders.*, Totalität und Unendlichkeit. Versuch über die Exteriorität, Freiburg i. Br. 1987, 110.

Die ursprüngliche Begegnung mit dem Anderen impliziere überdies eine religiöse bzw. »unendliche« Dimension. Denn in der Störung eigener Zeitlichkeit durch die Alterität des Anderen und in der Rückkehrlosigkeit dieser Begegnung zum eigenen Selbst eröffne sich eine radikale Zukunft, worin sich das Unendliche offenbart. Die Transzendenz breche in Form des unbedingten ethischen Anspruchs, der sich »im Antlitz des Anderen«[305] unverfügbar bekunde, in das isolierte Dasein ein. Sonach erscheine dem Subjekt in der Begegnung mit dem radikal, absolut Anderen – jenseits des Seins – das Unendliche. Nur in der Begegnung mit den Anderen könne eine Spur Gottes, der sich immer schon der Erkenntnis entzieht, erfahren werden. Gott offenbare sich jenseits des Seins, er lasse sich nicht im λόγος des Gesagten im Sinne des Verstandenen denken, sondern manifestiere sich im Sagen.

Die Begegnung mit dem absolut Anderen führt in Lévinas' Philosophie konsequenterweise zu einer »Ethik des Anderen«. Wenn das Subjekt durch das Antlitz des Anderen angeschaut werde, so werde es darin unmittelbar mit dem Unendlichen, dem Wort Gottes konfrontiert, das ihm bedeute: »Du wirst nicht töten«. Die Begegnung mit dem Anderen hat somit soziale und ethische Implikationen: Das Subjekt hat sich für den Anderen zu öffnen, dessen wehrlose Nacktheit, Not und Blöße, die vom Antlitz des Anderen ausgeht, als Ruf, Appell und Anklage wahrzunehmen und darauf zu antworten.[306] In der Begegnung mit dem Anderen als solchem erfährt das Subjekt, dass es vor aller bewussten Entscheidung gegenüber der bedrängenden Nähe des Anderen eine unbegrenzte, ursprüngliche Verantwortung hat und dass nicht es selbst deren Maßstäbe setzt. In diesem Verantwortlich-Sein drückt sich die erste Verpflichtung des Menschen aus sowie seine Grundbefindlichkeit. Das bedeutet, dass das Ich, bevor es zu sich selbst findet, von vornherein unter dem Anspruch des Anderen steht, also die Verantwortung für den Anderen erstrangig zum Wesen des Menschen gehört.

Die unbedingte Verpflichtung gegenüber dem Anderen, der sich in seiner Nacktheit aufdrängt, ja aufnötigt, erfahre der Mensch als absolut passives Erleiden und Erdulden; dieses passive Ausgeliefertsein an die Erhabenheit des Anderen liege im Grund seines Existierens und als solches seinem Bewusstsein voraus, so dass ihm weder Antrieb noch Auswirkungen seines steten, ursprünglichen, unverfügbaren Verantwortlichseins einsichtig seien. Verantwortung als Verpflichtung dem Anderen gegenüber beginne nicht erst mit

---

[305] Ebd., 25.
[306] Ders., Die Spur des Anderen. Untersuchungen zur Phänomenologie und Sozialphilosophie, Freiburg i. Br. ²1987, 224.

dem Bewusstsein, sondern liege diesem voraus. Weil das Ich für den Anderen verantwortlich sei, sei die biblische Frage: »Bin ich der Hüter meines Bruders?« (Gen 4,9) mit einem eindeutigen und entschiedenen Ja zu beantworten. So wie das Subjekt gegenüber dem unerkennbaren Gott verantwortlich sei, so sei das Ich auch dem Anderen gegenüber ungeteilt verantwortlich, es sei dem Antlitz des Anderen, das ihn herausruft und herausfordert, untergeordnet und würde von ihm in die Pflicht genommen. Insofern sei jeder Mensch Hüter seines Bruders. »Vom Nächsten bin ich befallen, bevor er mir auffällt, als hätte ich ihn vernommen, bevor er spricht.« (S. 198) Dieses Verantwortungsprinzip ist schlechthin der Leitgedanke von Lévinas' philosophischem Denken. Die ursprüngliche Verantwortung, die das ethische Verhältnis zum Andern bestimmt, ist von solch fundamentaler Bedeutung, dass die daraus resultierende Ethik die Ontologie als Erste Philosophie verdrängen muss.

Unter Verantwortung versteht Lévinas nicht die Zuständigkeit des Ich für eine vor dem Forum der Vernunft und dem Gewissen getroffene Entscheidung mit all ihren Konsequenzen, sondern die dem Ich gleichsam entzogene, weil von außen auferlegte Verantwortung gegenüber dem Antlitz des Anderen, in welchem sich zugleich die Not aller Anderen manifestiere. Weil der Andere einer unter vielen Anderen sei, darum sei die dem Ich auferlegte Zuständigkeit unendlich; das selbstlose Einstehen richte sich auf alle und alles. Die maßlose Verantwortung, die aus dem Antlitz des Anderen das Subjekt anschaue, stehe unter der Anklage des Anderen, ob der Ichbezogenheit des Subjekts. Der Verantwortungsbegriff wird von Lévinas demnach entfremdend interpretiert, indem er losgelöst vom neuzeitlichen Freiheitsdenken gebraucht wird: Verantwortung sei mehr als bloßes Selbstverhältnis. Das Subjekt habe nicht nur dem unbedingten Anspruch zur Moralität zu entsprechen, vielmehr trage das Ich für das, was es nicht zu verantworten habe, maßlose Verantwortung. Indem die Verantwortung radikal auf den Anderen bezogen werde, werde ihr Verhältnis zur Freiheit neu bestimmt: Die Verantwortung des Subjekts für den Anderen sei vorzeitiger und insofern umfassender als die Freiheit des Subjekts; es sei eine unter Verantwortung gebrachte Freiheit. »Endliche Freiheit, die nicht ursprünglich, die nicht anfänglich ist; sondern in einer unendlichen Verantwortung« (S. 276 f.). Das bedeutet, dass das Subjekt gegenüber der Verantwortung an sich nicht frei sein könne, denn die unabweisbare Verantwortung gehe allem voraus. Frei sei der Mensch lediglich in der Frage, wie er mit jener Verantwortung, in der er sich immer schon vorfinde, umgehe; ob er auf den Ruf des Anderen antworte oder nicht. Erst Letzteres beschwöre die Gefahr der Gewalt gegen den Anderen bzw. Nächsten herauf, währenddessen erst aus der Verantwortung für den Anderen die eigentliche Freiheit erwachse.

Die sittliche Verantwortung des Ich gegenüber dem Anderen bedeute ein göttliches Gebot, da Gott ja im Antlitz des Anderen spreche, nämlich im Appell, für ihn da zu sein. Damit hängt alles so sehr vom Menschen ab, dass das Ich zu einem persönlichen Messianismus berufen ist. Die messianische Aufgabe laute: »*Das Universum tragen – erdrückender Auftrag, aber göttliche Mühsal. Besser als die Verdienste und Verfehlungen und Bestrafungen, bemessen jeweils nach dem Grad der Wahlfreiheit.*« (S. 272)

Wenn sich das Ich dem Anruf des Anderen, dem Appell durch das Antlitz des Anderen öffne und antworte, indem es tue, was unvertretbar ihm zu tun aufgegeben sei, so werde dadurch nicht nur der Andere gerettet, vielmehr wandle sich auch das Ich selbst. Der Ruf in die Verantwortung für den Anderen führe zur Stellvertretung für den Anderen und eben darin erlange das Subjekt seine ethische Identität. Erst im Sein-für-den-Anderen, erst außerhalb seines Seins werde das Subjekt konstituiert, indem es Sinn erfährt und wirklich Mensch wird. In der »Sühne« bzw. »Stellvertretung« für den Anderen (S. 278), der ruft und bittet, bilde sich das Ich aus. Je mehr das Ich seiner Verantwortung für den Anderen nachkomme, umso mehr wachse die Verantwortung und verwandle sie sich zur Stellvertretung, zum Einstehen-für. Erst in der verantwortlichen Fürsorge und Hingabe an den beliebigen Anderen, bis hin zur Bürgschaft und zum Opfer, zum Einstehen für die Forderungen des Anderen mit Leib und Leben, finde das Subjekt als soziales Wesen zu seinem eigenen Ich, ohne deshalb zu seinem eigenen Selbst zurückzukehren. Als Geisel des Anderen sei das Subjekt ohne Souveränität, Autonomie, reine Selbstlosigkeit und Passivität und nur in diesem ethischen Verhältnis zum Anderen erhalte das Sein einen Sinn. Das Subjekt bleibe in seiner Verantwortung gegenüber dem schutzlosen Antlitz des Anderen dem Anderen ausgeliefert, das mache das Leiden des Menschen aus.

Die Stellvertretung sei das Maß der Verantwortung, die insofern durch eine radikale Asymmetrie geprägt sei, als die einzigartige Verantwortung des Ich immer größer sei als die soziale Verpflichtung des Anderen; das Ich und der Andere begegneten sich nicht als Gleicher unter Gleichen. Die Beziehung bedeute keinen gegenseitigen Dialog und damit auch keine reziproke Anerkennung. Das Ich lasse sich vielmehr vom Anderen als dem Erhabenen in die Pflicht nehmen und sich ihm unterordnen. Die asymmetrische Relation zum Anderen bleibe auch in der mütterlichen Fürsorge und Stellvertretung für den Anderen bestehen, d. h., der Andere behalte seine Andersheit bei und bleibe auch als Nächster der Fremde. Die Diachronie zwischen Ich und dem

Anderen sei uneinholbar. Der Andere lasse sich nicht vereinnahmen. Das Prinzip der Differenz des Anderen wird von Lévinas streng durchgehalten. Aufgrund der fortbestehenden Asymmetrie, der unumkehrbaren Beziehung des Ich zum Anderen dürfe dem Anderen die einzig an das Ich gestellte Forderung keinesfalls abverlangt werden. Nicht der Andere, sondern das Ich selbst sei haftbar. Nur so lasse sich die Übermacht der Totalität, die versucht sei, das Ganze zu beherrschen, und die damit das Singuläre zu missachten und die Unvermittelbarkeit des Anderen gewaltsam zu zerstören drohe, bannen und könne Gerechtigkeit werden. Freilich finde sich das Subjekt nicht nur im Gegenüber zum Anderen vor, sondern immer auch im Gegenüber zum anderen Anderen, zum sog. Dritten. Die Nähe als unmittelbare Verantwortung für den Anderen sei immer schon durch den Dritten gestört, der seinerseits zum Anderen in Beziehung stehe und darum von Anfang an im Antlitz des Anderen mit erscheine. »Der Dritte ist anders als der Nächste, aber auch ein anderer Nächster und doch auch ein Nächster des Anderen und nicht bloß ihm ähnlich.« (S. 343) Das Subjekt ist sowohl gegenüber dem Anderen als auch gegenüber dem Dritten in gleicher Weise maßlos verantwortlich.

Nach Lévinas rührt die Einzigkeit des Subjekts von der verantwortlichen Fürsorge und Hingabe an den Anderen her, vom Einstehen für die Forderungen des Anderen mit Leib und Leben, was bei ihm im Begriff »Stellvertretung« kulminiert. Das bedeutet aber nicht, dass der Andere durch das Einstehen-für-ihn aus seiner Verantwortung entlassen und seiner Einzigkeit bzw. radikalen Andersheit beraubt würde. Stellvertretung und Einzigkeit schließen sich nicht gegenseitig aus. Auch nach biblischer Überlieferung bedeute an die Stelle eines Anderen zu treten nicht, ihn in seiner Einzigkeit und Unverwechselbarkeit zu ersetzen, sondern jene Stelle einzunehmen, die er aus eigener Kraft nicht mehr einnehmen könne, wo also nichts mehr wiedergutzumachen sei, und ihm dadurch zu helfen wäre (Gen 18,16–33; Ex 32,32; Jes 53,10–12). Der Gottesknecht trete an die »Stelle« der Sünder, indem er sich, um mit Lévinas zu sprechen, von ihrer unheilvollen Situation, die sich in ihrem Antlitz widerspiegle, als Geisel nehmen lasse und in der Identifikation mit ihnen die tödlichen Auswirkungen ihrer irreparablen Schuld auf sich nehme. Indem sich Jesus Christus für den Menschen dort einsetze, wo sich dieser aufgrund seiner irreparablen Schuld nicht mehr selbst zu helfen bzw. erlösen vermöge, und die großen Unheilsmächte (Tod, Sünde) besiegen könnte, hebe er die Einmaligkeit und Verantwortung jener, die ihr Leben verwirkt hätten, nicht auf, sondern eröffne ihnen jenseits ihrer eigenen Grenzen neues Leben. Dem biblischen Motiv der Stellvertretung bzw. Sühne haftet kein kompensatorischer Zug an.

Der Einsatz des Gottesknechtes sei ebenso wie die Stellvertretung Jesu vorbehaltlos. Auch in diesem Punkt ergibt sich eine Gemeinsamkeit mit Lévinas' Verantwortungsbegriff. Denn sich vom Antlitz des Anderen rufen zu lassen, sich durch die Vorladung des Anderen zur Geisel machen lassen, bedeutet nach Lévinas, sich in verantwortlicher Fürsorge bedingungslos hinzugeben. Die Verantwortung als Stellvertretung fordert den Einsatz mit Leib und Leben. Unbegrenzte Stellvertretung bedeutet nicht Verlust des Lebens, sondern wahre Menschwerdung. Das gilt sowohl im Blick auf die philosophischen Reflexionen von Lévinas als auch hinsichtlich der jesuanischen Botschaft. Unter Berücksichtigung des Gedankens, dass Subjektivität bzw. wahres Leben nicht aus der Selbstbehauptung, sondern aus der Selbstlosigkeit erwachsen, korrespondieren das stellvertretende Lebenswerk Jesu und die Ethik der bedingungslosen Hingabe von Lévinas.

Lévinas bringt die Offenheit des Menschen für den Anderen mit der Offenheit des Menschen für Gott in Verbindung und interpretiert so die jüdisch-religiöse Tradition auf ethische Weise. Die Ethik der bedingungslosen Hingabe, wie sie von Lévinas dargelegt wurde, kann durchaus auf die Stellvertretung, wie sie von Jesus Christus unter Einsatz seines eigenen Lebens als Konsequenz seines eigenen Wesens gelebt wurde, bezogen werden, wodurch diese in ihrer ganzen Tiefe und Tragweite erhellt und in ihrer existentiellen Bedeutung entfaltet wird. Nicht im Festhalten an sich selbst, im Für-sich, sondern erst in der Stellvertretung des Anderen, im Für-den-Anderen, realisiert sich Freiheit; nicht in der Seinsverhaftung und Selbstbehauptung, sondern erst in der selbstlosen und vorbehaltlosen Selbsthingabe findet der Mensch zu sich selbst, zu seiner Identität und wächst ihm Sinn und wahres Leben zu (Joh 12,25).

Freilich besteht zwischen dem Ethos der Stellvertretung, wie es im Zentrum kirchlicher Verkündigung steht, und der Ethik der bedingungslosen Hingabe von Lévinas eine nicht unerhebliche Differenz: Während nach Lévinas das Subjekt gegenüber dem Anderen immer zu spät kommt, d. h., seine Verantwortung gegenüber dem Anderen vorzeitiger als seine Freiheit ist und es als dessen Geisel zu unendlicher Verantwortung verpflichtet ist, rekurriert der christliche Glaube auf die Stellvertretung Jesu Christi als Ermöglichungsbedingung menschlicher Stellvertretung. Erst die Teilnahme an der Stellvertretung Jesu Christi befreit den durch die Macht der Sünde verwundeten Menschen zur unbedingten Freiheit, zur Freiheit des Einstehens-für-den-Anderen. So ist es gerade der Messias Jesus, der den Menschen erlöst, indem er an jene Stelle tritt, an der der Mensch selbst am Ende ist. Für Lévinas dagegen ist der ethische Verpflichtungscharakter des Anderen, der unhintergehbar ist, das Entscheidende. Aber vermag der Mensch wirklich »das Universum zu tragen«? Liegt hier nicht eine ethische Überforderung des Menschen vor?

## 5.4. Heutige Gotteszugänge

*K. Rahner*, Grundkurs des Glaubens. Einführung in den Begriff des Christentums, Freiburg i. Br. 1976, 61–79; *B. Weissmahr*, Philosophische Gotteslehre (Grundkurs Philosophie, Bd. 5), Stuttgart ²1994, 46–94; *J. Splett*, Über die Möglichkeit, Gott heute zu denken: HFTh 1 (²2000), 101–116; *E. Coreth*, Gott im philosophischen Denken, Stuttgart 2001, 259–267.

### a) *Gewissensanruf*

Eine Möglichkeit, Gott heute zu denken, kann bei der Sittlichkeit des Menschen allgemein seinen Ausgang nehmen – nicht bei der praktischen Vernunft, wie Kant dies annahm. Der Mensch erfährt in seinem Gewissen den Anspruch zur Mitmenschlichkeit als etwas Unbedingtes. Zwar sind viele moralische Normen geschichtlich bedingt, unbedingt aber ist der grundsätzliche Anspruch, das Gute zu tun und das Böse zu lassen. Die Unbedingtheit der Gewissenserfahrung leitet sich nicht einfach von der menschlichen Würde her, ist doch metaphysisch gesehen jede endliche Person ein begrenztes Gut. Der Ernst und die Unbedingtheit des sittlichen Anrufs im Gewissen kann nur vom Unbedingt-Absoluten her verständlich gemacht werden. Nur das letzte Woher kann diesen Anspruch zur Mitmenschlichkeit so bejahen, dass er strikt kategorisch verpflichtet. Erst das uneingeschränkte Ja zum unbedingten Anruf und Aufruf zur Sittlichkeit begründet einen unbedingten Gehorsam.

Die letzte Instanz des Sittlichen wird in der neueren Religionsphilosophie »das Heilige« genannt. Weil es hier um das Von-her eines Anrufs geht, kommt diesem Heiligen Selbstsein zu; es ist personal zu denken. Im Gewissen meldet sich somit die Stimme Gottes zu Wort. Freilich ist die Stimme des Gewissens keineswegs immer identisch mit moralischen Einsichten. Die Prägung des Gewissens hängt psychologisch gesehen u. a. von der Sozialisation ab und kann als Verinnerlichung erlebter Sozialisation erscheinen. Dennoch ist damit die religiöse Deutung des Gewissens nicht als definitiv falsch erwiesen. Denn nicht auszuschließen ist, dass erst eine bestimmte Werteerziehung für die Stimme des Gewissens sensibel macht. So kann das Gewissen als ein bevorzugter Ort der Erfahrung des Daseins Gottes betrachtet werden bzw. Zeugnis für Gott ablegen.

### b) Sinnfrage

Auf Gott verweist das Faktum der Mitmenschlichkeit, die Erfahrung von Gutsein. Denn solche Erfahrungen fordern zum Dank auf, der nicht beim Mitmenschen Halt macht. Wie die Würde des Menschen über ihn hinausweist, so tut es auch das Gutsein. Dank für erfahrene oder gelungene Humanität richtet sich darum an den freien Herrn des Guten; er ist Adressat des Dankes. Ihm hat der Mensch letztendlich zu verdanken, dass er seinem Mitmenschen etwas zu danken hat.

In der Erfahrung von Gutem, von Glück und der Äußerung von Dank, leuchtet Sinn auf. Diese Sinnerfahrung richtet sich auf Zukunft, indem sie die Frage nach dem Sinn des Ganzen hervorruft. Partielle Sinnerfahrung begründet die Hoffnung, dass ihr eine universale Sinnganzheit zugrunde liegt. Ohne einen solchen Sinngrund kann der Mensch nicht leben. Jede partielle Sinnerfahrung wehrt sich gegen die Annahme totaler Sinnlosigkeit. Dieser Sinnanspruch ist unbedingt, er zielt auf eine absolute Sinngebung. Auf ihn hin richtet sich das Fragen und Suchen des Menschen, resultierend aus seiner wesenhaften Transzendenz. Die Hoffnung auf Sinntotalität kann im Grunde nicht enttäuscht werden. Denn ohne eine endgültige Sinnerfüllung wäre jede vorläufige Sinnerfahrung selbst sinnlos, was wiederum der faktischen Erfahrung von Sinnhaftigkeit widersprechen würde. So lebt der Mensch im Horizont der unbedingten Sinnhaftigkeit – wie auch der unbedingten Wahrheit, unbedingten Gutheit etc.

Die Sinnhaftigkeit des Ganzen kann nur aus Gott und nicht aus dem endlichen Menschen kommen, der sein endliches Wesen nie aufheben kann. Der Mensch, der der Sinnwidrigkeit dieser Welt oft ohnmächtig und ratlos ausgesetzt ist, kann nicht der eigentliche Sinnstifter sein. Die Sinnbestimmtheit des Ganzen kann nur von einem Geist herrühren, der Welt und Mensch umgreift. »*Soll ... das Menschsein nicht letztlich sinnlos und absurd sein, dann ist das nur möglich, wenn unserer Hoffnung auf das Absolute eine Wirklichkeit des Absoluten entspricht, wenn unser Fragen und Suchen Echo und Reflex auf den Ruf Gottes ist, der sich im Gewissen des Menschen meldet.* Einen absoluten Sinn ohne Gott zu retten, wäre eitel (M. Horkheimer)«.[307]

Im Denken greift der Mensch über alle innerweltlichen Erkenntnisse hinaus und fragt nach dem Sinn der eigenen Existenz. Damit kommt er an die äußerste Grenze dessen, was er denkend begreifen kann. Das ist noch nicht Gott – »si enim comprehendis non est deus (wenn du es begreifst, ist es nicht

---

[307] Katholischer Erwachsenen-Katechismus. Das Glaubensbekenntnis der Kirche, hg. v. der Deutschen Bischofskonferenz, Bonn ³1985, 32.

Gott)«.[308] Vielmehr gelangt der Mensch denkend an die Möglichkeit, begründet zu glauben, dass jenseits allen begreifenden Erkennens das Ganze von einem letzten Sinn getragen wird. Ein solcher Glaube ist die freie, vor der Vernunft verantwortete Entscheidung des Menschen. Glaube ist freilich immer auch Gnade, er verdankt sich der freien Zuwendung Gottes. Wenn Gott spricht, ist der Mensch zum Denken und zur Entscheidung aufgerufen. »Der Glaube setzt die natürliche Erkenntnis voraus wie die Vollendung das zu Vollendende«.[309] Denken und Verstehen haben dem Glauben voranzugehen, und sie müssen sich im Glauben fortsetzen, ohne den Glauben deshalb rationalistisch auflösen zu wollen. Glaube und Wissen bilden so eine letzte innere Einheit, die in Gott als dem Ursprung und Ziel der Geschichte und des Menschen ihren tiefsten Grund hat.

Zum Menschsein gehört nicht nur die Erfahrung von Humanität und Sinn, sondern auch von Unmenschlichkeit und Widersinn. Negative Sinnerfahrungen rufen Unverständnis hervor verbunden mit der Frage nach dem Warum. Die ausbleibende Antwort zieht die Erfahrung von Sinnlosigkeit nach sich. Das trifft insbesondere auf die Erfahrung des Todes zu. Zugleich aber mischt sich in die negative Sinnerfahrung die Hoffnung, dass Sinnlosigkeit und Antwortlosigkeit nicht das Letzte sind. Wenn dem so wäre, weshalb sollte dann noch gegen all den Widersinn in der Welt angekämpft werden? Sowohl mit den positiven wie auch mit den negativen Sinnerfahrungen ist die Sehnsucht nach Sinntotalität verbunden, nämlich die geschichtliche Hoffnung auf einen Gott der Gerechtigkeit. Doch erst am Ende aller Geschichte wird sich die Sinnhaftigkeit des Ganzen offenbaren, bis dahin muss sich die Entscheidung für den Gottesglauben und die Sinnhaftigkeit des Ganzen im Fortgang der Geschichte bzw. anhand gemachter Erfahrungen immer wieder neu bestätigen und bewähren.

*c) Deduktives Vorgehen*
Menschliches Denken wird bzgl. der Gottesfrage notwendig aporetisch. Denn es muss ein Letztes, ein Absolutes denken, das es aber nie begrifflich fassen kann. Es überbietet sich notwendig, indem es etwas denkt, das es wesensmäßig nicht mehr denken kann. Folglich kann Gott nur dann erkannt werden, wenn er sich zu erkennen gibt. Aus diesem Grund ist zumal in der sog. postmodernen Zeit in der Gottesfrage weniger von unten nach oben als vielmehr im Sinne des Anselmischen Arguments von oben nach unten zu den-

---

[308] *Augustinus*, Sermo XCVII, 5 (PL 38,663).
[309] *Thomas von Aquin*, S.th. I q. 2 a. 2 ad 1.

ken. Das bedeutet, die durch die Offenbarung bestimmte Gottesidee ist auf dem Weg denkender Weltbetrachtung zu explizieren, zu konkretisieren und muss sich bewähren.

Nach Wolfhart Pannenberg geht es darum, den geschichtlich überlieferten Gottesgedanken an seinen eigenen Implikationen zu messen; dieses Verfahren nennt er sinngemäß »Selbstbeweis Gottes«.[310] Gottesbeweise haben demnach die Aufgabe, die Sinnoption des Glaubens zu entfalten, ohne dadurch aber die Wirklichkeit schon vollständig erklären zu wollen. Gerade der Vorgriff auf das unaufhebbare Geheimnis Gottes schützt vor einer Totalerklärung der Welt und entfaltet gerade so seine ideologiekritische Potenz.

Die Glaubwürdigkeit des Glaubens hat sich an der erfahrbaren Weltwirklichkeit denkerisch zu bewähren. Die Rechenschaft des christlichen Wahrheitsanspruchs hat rational-diskursiv zu erfolgen und muss am Sein des Menschen und der Welt verifiziert werden im Sinne von verum facere – wahr machen, zur Wahrheit bringen. Das gelingt insofern, als aufgezeigt werden kann, dass der christliche Glaube Wirklichkeitserfahrung nicht ideologisch verdrängen muss – selbst nicht die des Todes. Zu diesem Zweck sind im Rahmen eines »hermeneutische[n] Wettbewerb[s]«[311] die jeweiligen Wirklichkeitsinterpretationen miteinander in eine fruchtbare Konkurrenz zu bringen und ihre funktionalen Stärken und Schwächen herauszuarbeiten. Die Wahrheitsansprüche jeder Glaubensüberzeugung bzw. Weltanschauung haben sich vor dem Forum menschlicher Vernunft zu behaupten und angesichts der Wirklichkeit so zu bewähren, dass sie diese umfassend wahrnehmen, ohne Ungerechtigkeit, Leid und Elend in der Vergangenheit zu verbrämen bzw. zu vernachlässigen. Diese Bewährungsprobe ist gegenüber allen noch so partikularen Wahrheitsansprüchen im Interesse sittlicher Verantwortung einzufordern.

---

[310] W. *Pannenberg*, Wissenschaftstheorie und Theologie, Frankfurt a. M. 1973, 302.
[311] R. *Schaeffler*, Die Kritik der Religion: HFTh 1 (²2000), 85–99, hier 97.

# Offenbarungsfrage

# I. Phänomen Offenbarung

## 1. Einführung zur Offenbarungsfrage

### 1.1. Offenbarung als Zentralthema

*J. Schmitz*, Offenbarung, Düsseldorf 1988, 10–15; *P. Eicher*, Offenbarung. Prinzip neuzeitlicher Theologie, München 1977, 21–69; *M. Seckler*, Der Begriff der Offenbarung: HFTh 2 (²2000), 41–61.

*a) Biblischer Befund*
Gott ist seiner Schöpfung zugewandt, teilt sich dem Menschen mit und offenbart sich ihm selbst. Die Offenbarungskategorie ist ein Ausdruck des Glaubens an einen dialogischen Gott. Da sie die Sache des christlichen Glaubens in ihrer Gesamtheit interpretiert[1], führt sie zum Grundbegriff des Christentums. Somit handelt es sich beim Offenbarungsthema um *das* theologische Thema schlechthin. Es ist auch Zentralthema innerhalb der fundamentaltheologischen Grundlagenreflexion und entwickelte sich in der Neuzeit zu einem eigenständigen fundamentaltheologischen Traktat.

Offenbarung meint das reale In-Erscheinung-Treten der göttlichen Wirklichkeit. Das ganze Heilsgeschehen ist Offenbarwerden des »μυστήριον«, nicht im Sinne der Enthüllung eines intellektuellen Geheimnisses, sondern im Sinne des göttlichen Heilsdramas. An dieser Selbstkundgabe Gottes wird Teilhabe gewährt und gewonnen.

In der biblischen Heils- und Offenbarungsgeschichte spielen zahlreiche, ganz verschiedenartige Erfahrungen eine bedeutsame Rolle. Sie pflegt man unter der Bezeichnung »Offenbarungen« zusammenzufassen. Vor diesem Hintergrund kann die Bibel als »Buch der Offenbarungen« bezeichnet werden. Die Hl. Schrift berichtet über unglaublich viele Epiphanien unterschiedlichster Art, Angelophanien, Visionen, Auditionen, Träume, aktive Offen-

---

[1] *M. Seckler, M. Kessler*, Die Kritik der Offenbarung: HFTh 2 (²2000), 13–39, hier 32.

barungsinstrumente etc. Unabhängig von diesen einzelnen Erfahrungstypen ist der biblische Ereigniszusammenhang im Ganzen wichtig. Denn die gesamte biblische Heilsgeschichte erscheint schon aus der Sicht der Hl. Schrift als das geschichtliche In-Erscheinung-Treten des Willens und Wirkens Gottes. Der göttliche Wille wird dabei trotz aller Komplexität als kohärent dargestellt. Das heißt, der biblische Ereigniszusammenhang im Ganzen erscheint schon aus Sicht der Hl. Schrift als ein einziger, umfassender Prozess des In-Erscheinung-Tretens, also Offenbarwerdens, eines göttlichen Heilshandelns, ja der Wirklichkeit Gottes selbst.

Im biblischen Geschehen, auf das sich der christliche Glaube bezieht, spielen nicht nur punktuelle Offenbarungen eine Rolle, vielmehr ist dieses ganze Geschehen als Offenbarung in einem radikalen Sinn zu begreifen, nämlich als Offenbarung im Singular und damit als Offenbarung im Ganzen. Offenbarung ist der Inbegriff des gesamten biblischen Prozesses. Der Offenbarungsbegriff bezeichnet nicht einzelne Vorkommnisse im Heilsgeschehen, auch nicht nur die Mitteilungsart, in der das Ganze zum Menschen kommt, sondern das innerste und bleibende Wesen des Mitgeteilten und sich Mitteilenden selbst. Diese Heilsgeschichte kann sich einerseits in Offenbarungserfahrungen vermitteln, andererseits in völlig anderen Kategorien, die eigentlich nichts mit Offenbarungen zu tun haben, wie etwa in der Weisheitsliteratur. In diesem ganzheitlichen Sinne wird der neutestamentliche Offenbarungsbegriff (ὁράω, φανερόω, γνωρίζω, δηλόω, ἀποκάλυψις) im allgemeinen verwendet.

*b) Hermeneutischer Schlüsselbegriff*

Das Offenbarungsthema hat die gesamthafte Interpretation des Glaubensgrundes zum Inhalt. Der Offenbarungsbegriff ist der hermeneutische Schlüsselbegriff, der die ganze Vielgestaltigkeit der biblisch-christlichen Erfahrungswelt auf einen Nenner bringt. Er verdeutlicht, dass das Fundament des Christentums nicht nur aus der Offenbarung stammt, sondern seiner bleibenden, innersten Wesensbewandtnis nach dynamisch als Offenbarung zu denken ist, d. h. als eine bleibend unverfügbare göttliche Gabe, die nicht aufhört, immer wieder neu zu sein. Somit ist die christliche Lebenswirklichkeit im Ganzen offenbarungstheologisch zu bestimmen.

Das lässt sich an den drei fundamentaltheologisch wichtigen Begriffen Glaube, Theologie und Religion veranschaulichen:

- *Glaube:* Der christliche Glaube ist nicht Offenbarungsglaube, weil alles ein für alle Mal geoffenbart worden wäre, sondern weil er dem Offenbarungsgeschehen Raum zu geben vermag, indem er sich »secundum revelationem« entfaltet, nämlich als stete Antwort auf den sich dynamisch mitteilenden Gott.

• *Theologie:* Sie hat nach Thomas von Aquin »secundum revelationem« zu erfolgen, das bedeutet »offenbarungsgemäß«, »der Offenbarung folgend«.[2] Alle theologischen Aussagen müssen auf dem Fundament der Offenbarung gründen und sie zur Sprache bringen. Die Selbstoffenbarung Gottes ist kein Thema in der Theologie neben vielen anderen, sondern letztlich das einzige Grundthema und der eigentliche Identitätsgrund aller Theologie; das Offenbarungsthema erfasst das eigentliche Fundament des christlichen Glaubens, das allen anderen Themen zugrunde liegt, kategorial. Dies bedeutet aber nicht, dass die Aussagen der Theologie geoffenbart wären oder dass die Theologie auf geoffenbarte Sätze zurückgreifen könnte; vielmehr hat die Arbeit der Theologie »secundum revelationem« zu erfolgen, entsprechend der Selbstoffenbarung Gottes. Der λόγος der biblisch-christlichen Offenbarung ist das erkenntnistragende Fundament und das erkenntnisleitende Ziel des theologischen Diskurses.

• *Religion:* Das Christentum ist ein Religionssystem, das als solches nicht geoffenbart wurde, sondern das »secundum revelationem« ausgestaltet wurde, gemäß dem geoffenbarten Wesen Gottes.

Für Karl Rahner ist der Offenbarungsbegriff im Laufe der Neuzeit zum »fundamentalste[n] Begriff dieses Christentums« geworden.[3] Er sei geeignet, den transzendentalen Ursprung und das gnadenhafte Wesen des Christentums sachgerecht zu denken. Der christliche Glaube beziehe sich auf eine Wirklichkeit, die immanent und unableitbar sei, sich aber von sich aus mitteilen und verschenken möchte. Wenn heute »[d]er *Offenbarungsbegriff* ... in gewisser Weise der Schlüsselbegriff gegenwärtiger Theologie« ist[4], so werden dagegen indes auch Einwände laut, die teils entkräftet werden können, denn der Offenbarungsbegriff als Grundbegriff des Christentums schließt weder eine gewisse Pluralität »offenbarungstheologische[r] Denkmodelle«[5] aus, noch bedeutet dies, Offenbarung exklusiv auf das Christentum[6] beziehen zu müssen.

---

[2] *Thomas von Aquin*, S.th. I a. 1 q. 1.
[3] *K. Rahner*, Grundkurs des Glaubens: ders., Schriften zur Theologie XIV (1980), 48–62, hier 56; *M. Seckler*, Der Begriff der Offenbarung: HFTh 2 (²2000), 41–61, hier 61.
[4] *S. Wiedenhofer*, Offenbarung: NHthG. Erw. Ausgabe, Bd. 4 (1991), 98–115, hier 98.
[5] *J. Meyer zu Schlochtern*, Offenbarung: der Schlüsselbegriff des Christentums? Zum Disput über offenbarungstheologische Paradigmen: ThGl 89 (1999), 337–348, hier 348.
[6] *H. Waldenfels*, Einführung in die Theologie der Offenbarung, Darmstadt 1996, 2.

## c) Fundamentaltheologische Hauptfrage

Das Offenbarungsthema ist ein (fundamental)theologisches Zentralthema. »Offenbarung ist das, was jeder theologischen Aussage vorausliegt bzw. sie umgreift. Sie ist die Bedingung der Möglichkeit von Glaube und Glaubenswissenschaft.«[7] Die Fundamentaltheologie fragt nach dem »Dass« und »Was« von Offenbarung. Denn durch die bejahende Aufnahme der Offenbarung konstituiert sich ja erst das Volk Gottes (creatura verbi) und gewinnt aus der göttlichen Offenbarung die Inhalte seiner Sendung. Die Hauptfrage der Fundamentaltheologie lautet somit: Was ist Offenbarung? Was sind die Strukturen, Kategorien und Inhalte des christlichen Offenbarungsglaubens, und worin unterscheidet sich das christliche Offenbarungsverständnis von dem anderer Offenbarungsreligionen?

Was dem christlichen Glauben zugrunde liegt, soll theologisch erfasst, denkerisch durchdrungen und so auf den Grundbegriff gebracht werden. Im Offenbarungsbegriff geht es um ein inhaltliches und grundlegendes Begreifen der Wahrheit des christlichen Glaubens. An die Suche nach dem theologischen Begriff der christlichen Offenbarung schließt sich die Frage an, wie sich dieses kognitiv erschlossene Wort Gottes nach außen vermitteln und als glaubwürdig aufweisen lässt. »Ist der Inhalt der Botschaft und die Sache der Offenbarung auch ein erfolgversprechendes Thema des Denkens oder nur eine Zumutung des Glaubens?«[8] Das bedeutet: Christliche Offenbarung beansprucht, von sich aus Thema des Denkens zu sein und ihren Wahrheitsanspruch vor dem Forum der Vernunft einzulösen. Nur wenn die göttliche Offenbarung selbst einen genuinen Ort in der menschlichen Vernunftbewegung hat, kann sie zum Gegenstand argumentativer Verständigung werden und sich ihr Inhalt als etwas erweisen, das von der Sache her alle Menschen unbedingt angeht.

Erfolgt die fundamentaltheologische Grundlagenbegründung auf intrinsezistischem Wege, verbindet sich damit die Hoffnung, dass der christliche Glaube selbst im Fortgang seiner begrifflichen Erfassung die ihm eigene apologetische Macht freisetzt. Über das Selbstzeugnis der Offenbarungswahrheit hinaus ist der apologetischen Aufgabenstellung ferner dadurch nachzukommen, dass gegenüber der kritisch-prüfenden Vernunft die Vernünftigkeit des theologischen Offenbarungsbegriffs argumentativ so erschlossen wird, dass eine indifferente Haltung gegenüber der Offenbarung als nicht mehr vernünftig verantwortbar erscheint.

---

[7] *H. Wagner*, Einführung in die Fundamentaltheologie, Darmstadt ²1996, 133 Anm. 129.

[8] *M. Seckler*, Der Begriff der Offenbarung: HFTh 2 (²2000), 41–61, hier 41.

## 1.2. Offenbarungsreligion

*J. Schmitz*, Das Christentum als Offenbarungsreligion im kirchlichen Bekenntnis: HFTh 2 ([2]2000), 1–12; *H. Bürkle*, Offenbarung. I. Religionsgeschichtlich: LThK VII ([3]1998), 983–985.

### a) Christentum als Offenbarungsreligion

Wenn die Religionswissenschaft das Prädikat Offenbarung bzw. Offenbarungsreligion vergibt, dann geschieht dies grundsätzlich auf dem Hintergrund eines Offenbarungsbegriffs, den die Religionswissenschaft selbst zu vertreten hat. Entweder übernimmt sie ihn zitierend, oder sie vergibt ihn aufgrund bestimmter Tatbestandsmerkmale. Die Religionswissenschaft arbeitet deskriptiv, ohne die Echtheitsfrage beantworten zu können. Weder bekennt sie sich zu dem betreffenden Offenbarungsglauben, noch weiß sie, ob es Gott oder göttliche Offenbarung gibt. Aus religionswissenschaftlicher Perspektive leitet sich jede Religion von einer transzendenten Wirklichkeit her und gilt somit im weitesten Sinne als Offenbarungsreligion. Sie unterscheiden sich aber sowohl hinsichtlich des jeweiligen Offenbarungsmediums (mystische Erfahrung, Wort, Inkarnation etc.) als auch im Blick auf die Offenbarungsinhalte (Lehre, Lebensweisung, Mitteilung göttlichen Lebens etc.). Bezogen auf diese beiden Kategorien kommt der christlichen Religion eine spezifische Stellung zu, da ihr primäres Offenbarungsmedium ein Mensch ist, nämlich Jesus von Nazareth und ihr Offenbarungsinhalt die heilsstiftende Lebensgemeinschaft mit Gott.

Aus theologischer Perspektive sind nicht alle Religionen schlechterdings als Offenbarungsreligionen zu bezeichnen. Es ist nämlich darauf zu achten, ob der zugrunde liegende Offenbarungsbegriff für eine bestimmte Transzendenzerfahrung steht, die in irgendeiner Form in allen Religionen vorkommt, und inwiefern diese eine Selbstoffenbarung Gottes bezeichnet, mit der sich eine bestimmte Heilswegkonzeption verbindet. Der Begriff »Offenbarungsreligion« als christliche Selbstbezeichnung ist erst in der Neuzeit, v. a. in der Auseinandersetzung mit der Religions- und Offenbarungkritik der Aufklärung entstanden. Zuvor war der Offenbarungsbegriff ein wichtiger, aber kein zentraler Begriff. Man bediente sich v. a. der Offenbarungskategorie, wenn im Rahmen der theologischen Selbsterfassung des Christentums der Ursprung und die Eigenart der christlichen Botschaft von anderen Heilslehren abzugrenzen war. So wurde stets die Überzeugung bewahrt, dass sich das Christentum einem transzendentalen Ursprung verdanke und Religion göttlichen Ursprungs sei. Insofern wusste man sich zumindest der Sache nach, wenn auch kaum dem Namen nach, als Religion, die auf Offenbarung antwortet und insofern auch Offenbarungsreligion ist. Mit dem Ausdruck Offenbarung bezeichnete man offenbarungsartige Erlebnisse, während das Handeln Gottes im Ganzen Gnade, Rechtfertigung etc. genannt wurde. Erst im Zuge der Offenbarungskritik der Aufklärung wurde der Offenbarungsbegriff kritisch reflektiert und das christliche Offenbarungsverständnis präzisiert und vertieft.

Im Laufe der Neuzeit wurde die Offenbarungskategorie durch den englischen Deismus und die neuzeitliche Aufklärung stark problematisiert. Offenbarungen und Offenbarung gerieten als Grundlage von Religion ins Zwielicht. In einer frühen Stufe der Entwicklung des religiösen Bewusstseins mochten sie vielleicht sinnvoll gewesen sein, aber wahre Religion gründet im vernünftigen Wesen des Menschen. Nach Gotthold Ephraim Lessing (1729–1781) dienten Offenbarungen der Erziehung des Menschengeschlechts vor dessen Vernunftgebrauch: »Als sie [die Vernunftwahrheiten] geoffenbaret wurden, waren sie freylich noch keine Vernunftwahrheiten; aber sie wurden geoffenbaret, um es zu werden.«[9]

Offenbarung gibt »dem Menschengeschlechte nichts, worauf die menschliche Vernunft, sich selbst überlassen, nicht auch kommen würde: sondern sie gab und gibt ihm die wichtigsten dieser Dinge nur früher.«[10] Nachdem einst die Offenbarung die Vernunft anleitete, hat sich nun im Zeitalter der Autonomie der Vernunft das Verhältnis umgekehrt: Offenbarung ist als ein geschichtliches Introduktionsmittel obsolet geworden. Die Offenbarungsreligion ist lediglich partikular, nicht aber allgemeingültig und abstrakt, weshalb sie eine zu überwindende Form heteronomen Bewusstseins darstellt. Die Versuche der Aufklärung, eine natürliche Vernunftreligion zu begründen, zwangen das Christentum, seinen positiv göttlichen Ursprung sicherzustellen sowie das übernatürliche Wesen des christlichen Glaubens zu behaupten. So entwickelte sich das Offenbarungsthema zu einem Zentralthema des Christentums und der christlichen Theologie.

Die Aufklärungsapologetik hatte angesichts der aufklärerischen Offenbarungskritik den Begriff »Offenbarungsreligion« bewusst als Selbstbezeichnung des Christentums übernommen. Sie hat diesen Begriff im 17./18. Jh. theologisch ausgebaut und zu zeigen versucht, dass das Wesen des Christentums gerade im Offenbarungsbegriff gut denkbar sei. Dabei fungierte die

---

[9] *G. E. Lessing*, Die Erziehung des Menschengeschlechts. Historisch-kritische Edition mit Urteilen Lessings und seiner Zeitgenossen, Einleitung, Entstehungsgeschichte und Kommentar, hg. v. L. F. Helbig, Bonn 1980, (§ 76) 23.
[10] Ebd., (§ 4) 10.

Offenbarung als Legitimator für die rational undurchdringlichen Glaubensgeheimnisse. »Der rationale Nachweis der Geoffenbartheit, d. h. des übernatürlichen Ursprungs der christlichen Heilswahrheiten, wird zum formellen Ziel des apologetischen Verfahrens schlechthin.«[11] Der Offenbarungsbegriff schien geeignet, das eigene Selbstverständnis gegenüber aufklärerischen Tendenzen abzugrenzen. »Der christliche Glaube wird nun formell als ›Offenbarungsglaube‹, die Theologie als ›Offenbarungstheologie‹, das Christentum selbst als ›Offenbarungsreligion‹ verstanden und bezeichnet.«[12] Mit der Bezeichnung »Offenbarungsreligion« sollte Folgendes ausgedrückt werden:

- *Kausalrelation:* Das Christentum ist Religion aus göttlichem Ursprung. Die innere Wesensbewandtnis des Christentums, sein übernatürlicher Ursprung, steht bei der Selbstbezeichnung Offenbarungsreligion im Vordergrund, weniger die prozeduralen Offenbarungsvorgänge. Das Christentum verdankt sich göttlicher Freiheit und Gnade. Es gründet in der freien Selbstoffenbarung Gottes, die wesenhaft übernatürlich ist. Die Übernatürlichkeit der göttlichen Offenbarung gegenüber dem aufklärerischen Projekt einer Vernunftreligion hervorzuheben, war ein wichtiges Grundmotiv bei der Übernahme des Begriffs »Offenbarungsreligion« als Selbstbezeichnung. Der Offenbarungsanspruch des Christentums wurde dabei v. a. anhand äußerer Kriterien zu begründen versucht. Die theologischen Abwehr- und Abgrenzungstendenzen gingen in der Offenbarungsapologetik des 17./18. Jh.s teilweise gar soweit, das Christentum als »geoffenbarte Religion« aufzufassen und es somit aufgrund seines übernatürlichen Wesens, gegen Angriffe von außen zu immunisieren. Nicht bloß die Religion wurde auf die Selbstoffenbarung Gottes bezogen, sondern das Religionssystem als solches.
- *Sakramentale, essentielle Repräsentation:* Man wollte zudem sagen, dass das Christentum auch in seinem bleibenden Wesen Religion aus göttlichem Ursprung ist, insofern es die Wirklichkeit der Selbstoffenbarung Gottes sakramental essentiell repräsentiert und vermittelt.

Indem das Christentum sich selber als Offenbarungsreligion bezeichnete, hat es gegenüber Naturalismus und Rationalismus und ihren Versuchen der Transformation und Reduktion des Christentums in eine Vernunftreligion Widerstand geleistet.

---

[11] *J. Reikerstorfer*, Fundamentaltheologische Modelle der Neuzeit: HFTh 4 ([2]2000), 242–264, hier 245.

[12] *J. Schmitz*, Das Christentum als Offenbarungsreligion im kirchlichen Bekenntnis: HFTh 2 ([2]2000), 1–12, hier 1.

## b) Offenbarungsreligion – geoffenbarte Religion

Im 19. Jh. wurde in der kirchenamtlich geforderten und geförderten neuscholastischen Apologetik die christliche Religion weniger als Offenbarungsreligion (religio revelationis) denn als geoffenbarte Religion (religio revelata) verstanden. Auch ihre objektiven Ausdrucksformen (Lehre, Kult, Riten, Institutionen etc.) seien geoffenbart. So formulierte beispielsweise Albert Lang (1890–1973): »Das Christentum ist von Gott geoffenbarte Religion«[13]; ähnlich äußerte sich Adolf Kolping (1909–1997).[14] Jean Boisset (* 1909) schrieb: »Das Christentum erweist sich als eine geoffenbarte Religion.«[15] Für den Ingoldstädter Dogmatiker Stephan Wiest (1748–1797) ist die geoffenbarte Religion eine Gesamtheit von Gott geoffenbarter Wahrheiten der Religion[16], und für Franz Hettinger (1819–1890) handelte es sich beim Christentum um eine »von Gott geoffenbarte[...], absolute[...] Religion, die in der katholischen, allein wahren Kirche erscheint, verkündet, bewahrt und dem gesammten Geschlecht vermittelt wird«.[17]

Der objektive, religionshafte Bestand des Christentums als Religionssystem, seine wichtigsten Komponenten (Ämter, Dogmen, göttliche Gesetze und Normen, Sakramente, Kult, Verfassung, hierarchische Ordnung) seien geoffenbart, göttlich gegeben und vorgeschrieben. Dieses Interpretationsmodell ist überall dort wirksam, wo kirchliche Gegebenheiten in fundamentalistischer Weise als Institutionen göttlichen Rechtes behauptet werden.

In seiner Enzyklika »Qui pluribus« (9.11.1846) schrieb Pius IX., dass »unsere heiligste Religion nicht von der menschlichen Vernunft erfunden, sondern von Gott den Menschen gnädigst geoffenbart worden ist.« (DH 2777) In Abgrenzung zum Rationalismus wird das Christentum als geoffenbarte Religion ausgelegt. Die Religion und nicht das Wort sei das Produkt des Offenbarungshandelns Gottes. Diese Religion ist ganz tabu gegenüber aller Vernunftkritik. Die Vernunft kann an der Religion nichts verbessern. Durch dieses Offenbarungsverständnis kommt eine starre Unbe-

---

[13] A. *Lang*, Fundamentaltheologie, Bd. 1: Die Sendung Christi, München ⁴1967, 46.

[14] A. *Kolping*, Fundamentaltheologie I, Münster 1968, 329.

[15] J. *Boisset*, Das Christentum: Eine geoffenbarte Religion (Sammlungen gemeinverständlicher Vorträge und Schriften aus dem Gebiet der Theologie und Religionsgeschichte 191), Tübingen 1948, 5.

[16] H. *Filser*, Dogma, Dogmen, Dogmatik. Eine Untersuchung zur Begründung und zur Entstehungsgeschichte einer theologischen Disziplin von der Reformation bis zur Spätaufklärung, Münster 2001, 546 f.

[17] F. *Hettinger*; Lehrbuch der Fundamental-Theologie oder Apologetik 1, Freiburg i. Br. 1879, 20.

weglichkeit in das Religionssystem. Die Vernunft hat in einer derartigen Offenbarungsreligion nicht einzugreifen, die Selbstaufgabe der Vernunft vor der Offenbarungsreligion ist ein allen zumutbarer Vernunftvollzug.

Demgegenüber ist unter einer Offenbarungsreligion jene Religion zu begreifen, die sich auf die Selbstoffenbarung Gottes bezieht und aus der Erfahrung und Bejahung dieser Offenbarung heraus entstanden ist, sich bildet und auch reformiert, ohne dass die betreffende Religion selber als Offenbarung gelten würde. Die Religion ist Antwort auf die Offenbarung. Das Christentum ist als religio revelationis zu begreifen. Als Religionssystem ist es nicht geoffenbart, sondern Menschenwerk in dem Sinne, dass es menschlich verantwortete Antwort auf die Offenbarung ist. Offenbarung ist Gott selber im Ereignis seiner Selbstmitteilung. Geoffenbart ist das Wort Gottes, und als Folge daraus entsteht eine Gemeinde unter dem Wort als soziales System: Das Christentum als Offenbarungsreligion ist ein auf das Wort Gottes bezogenes, soziales System. Es ist seiner essentiellen Bewandtnis nach, in seinem innersten Wesen, bleibend auf die Selbstoffenbarung Gottes bezogen und hat die lehrende Wirklichkeit dieser Offenbarung zum Thema und zum Inhalt seiner Verkündigung. Die liebende Selbstmitteilung Gottes zu verkündigen – das ist das Wesen des Christentums. Das Christentum ist als Religion gleichsam die während Wirkung dieser Offenbarung und diese ist als solche konstitutiv.

Die Systemkomponenten der Offenbarungsreligion sind nicht der Kritik entzogen, sondern ständig zu überprüfen. Es war v. a. Paul Tillich, der sich für dieses Modell eingesetzt hat.[18] Nach dem protestantischen Theologen Karl Barth sei es wichtig, zwischen der Religion als Akt und der Religion als System zu unterscheiden. Die religiösen Akte des Menschen seien zu respektieren; aber dieser Respekt gehe zusammen mit »aufrichtiger Respektlosigkeit gegenüber seiner Religion«.[19] Christen leben nicht aus dem Christentum als Gnadenreligion, als Religionssystem, sondern sie leben aus der Wirklichkeit der Gnade selbst.

Das Christentum als Offenbarungsreligion ist gerade deshalb nicht von der Kritik ausgenommen, weil es die Offenbarung als kritische Instanz über sich hat und unter dem Gebot steht, dem Wort die rechte Antwort zu geben, d. h., ihm sachgerecht zu entsprechen. In der sachgerechten Antwort gewinnt die Sache der Offenbarung nicht nur ein ihr gemäßes Echo, sondern ihre

[18] *P. Tillich*, Autorität und Offenbarung: ders., Offenbarung und Glaube. Schriften zur Theologie II: Gesammelte Werke, Bd. 8, Stuttgart 1970, 59–69.
[19] *K. Barth*, Kirchliche Dogmatik, 1/2: Die Lehre vom Wort Gottes. Prolegomena zur kirchlichen Dogmatik, Zürich ⁵1960, 324–356.

geschichtliche Macht und Realität. Das gilt nicht nur für die religiöse Praxis der einzelnen Menschen, sondern muss auch auf der Ebene der sozialen Systeme, d. h. in den Ämtern, Sakramenten und Dogmen realisiert werden. Das Christentum als Institution muss dem Geist der Offenbarung entsprechen und die Sache der Offenbarung real werden lassen. Es ist von daher auch ständig zu überprüfen und zu reformieren. Allerdings sind dafür ein richtiges Offenbarungsverständnis und die richtigen Kriterien notwendig.

### 1.3. Offenbarungsthema in der Apologetik

*H. Wagner*, Einführung in die Fundamentaltheologie, Darmstadt ²1996, 17–22; *P. Schmidt-Leukel*, Demonstratio christiana: H. Döring, A. Kreiner, P. Schmidt-Leukel, Den Glauben denken. Neue Wege der Fundamentaltheologie (QD 147), Freiburg i. Br. 1993, 49–145.

*a) Demonstratio christiana*
Anliegen der demonstratio christiana war zum einen die Rationalität, d. h. der Wahrheitsbeweis des christlichen Glaubens, und zum anderen die Besonderheit des christlichen Glaubens und seine Abgrenzung von der natürlichen Gotteserkenntnis bzw. den nichtchristlichen Religionen. Beide Aufgaben wurden miteinander vermengt, und bei der Lösung spielte die geschichtliche Offenbarung Gottes in Jesus Christus eine zentrale Rolle. Das Gegründetsein des christlichen Glaubens auf göttliche Offenbarung galt als Beweis der Wahrheit bzw. Rationalität des christlichen Glaubens wie auch seiner exklusiven Partikularität. Näherhin musste man beweisen, dass eine besondere göttliche Offenbarung grundsätzlich möglich sei und Gott sich durch Jesus von Nazareth tatsächlich geoffenbart habe, d. h., dass Jesus von Nazareth der wahre Gesandte Gottes gewesen sei. So arbeitete die demonstratio christiana eine Theorie der Offenbarung aus, in der das proprium Christianum zunehmend erkannt wurde. Der Offenbarungstraktat galt als der grundlegende Teil einer Theorie des Christentums.

Zunächst wurde der Offenbarungsbegriff näher bestimmt: Offenbarung sei die Bekanntgabe von bislang Verborgenem. In Bezug auf Gott als das Subjekt der Offenbarung wurde von der subjektiven Offenbarung gesprochen und die Mittel und Wege, auf denen Gott den Menschen Wahrheiten mitteile, sowie die Wahrheiten selbst, bezeichnete man als objektive Offenbarung. Neben dieser Differenzierung fand sich eine weitere, nämlich jene zwischen natürlicher und übernatürlicher Offenbarung. Erstere bezog sich auf die Schöpfung, aus der der Mensch mittels seiner Vernunft das Sich-Kund-Machen Gottes erkennen könne; Letztere meinte die Worte und Taten Gottes, durch die er den Menschen Wahrheiten mitteile, die dem Menschen ansonsten unzugänglich seien und blieben. Vor allem auf diese übernatürliche Offenbarung hatte es der klassische, apologetische Diskurs abgesehen. Die Möglichkeit einer übernatürlichen Offenbarung wurde dargelegt, indem Gegengründe widerlegt und Nachweise geführt wurden, dass eine übernatürliche Offenbarung weder dem Wesen Gottes noch anthropologischen Grundgegebenheiten widerspreche. Auch die zu allen Zeiten bezeugte Religiosität der Menschheit galt als Beleg für die Möglichkeit übernatürlicher Offenbarung. So lautete die Ausgangsthese: »*Gott kann dem Menschen auf außerordentliche, übernatürliche Weise religiöse Wahrheiten und übernatürliche Kräfte mitteilen und sich ihm als Urheber der Offenbarung bezeugen.*«[20] Eine weitere These schloss sich an: »*Eine positive (übernatürliche) Offenbarung ist für den Menschen angemessen, notwendig und auch erkennbar.*«[21] Die Angemessenheit einer übernatürlichen Offenbarung wurde auf der Seite Gottes mit dessen Freiheit, Personhaftigkeit, Weisheit, Güte etc. begründet und auf Seiten des Menschen mit dessen natürlichem Verlangen nach Gott. Weil aber nicht alle Menschen anhand der natürlichen Offenbarung Gott sicher zu erkennen vermögen, wurde eine übernatürliche Offenbarung nicht nur als angemessen, sondern auch als notwendig erachtet. Falls sie erfolge, könne sie vom Menschen anhand innerer, v. a. aber äußerer Kriterien (Wunder, erfüllte Prophetien, Martyrium etc.) erkannt werden.

*b) Schwierigkeiten*

Der Beweis, dass sich der christliche Glaube auf Offenbarung gründet, sollte seine Rationalität bzw. seine Wahrheit belegen, denn Gott könne weder irren noch täuschen. Zugleich sollte das Gegründetsein auf göttliche Offenbarung die wesensmäßige Besonderheit des christlichen Glaubens gegenüber philosophischer bzw. natürlicher Gotteserkenntnis und nichtchristlicher Religiosität aufweisen, insofern allein der christliche Glaube in göttlicher Offenbarung gründe. Bei der Durchführung dieses apologetischen Anliegens stellten sich jedoch erhebliche epistemologische Schwierigkeiten ein: Nach klassischer Argumentation war es Gott, der in der Offenbarung beim Menschen eine absolut zuverlässige Erkenntnis bewirke. Doch insofern Offenbarung eine Form der Erkenntnis sei, unterliege auch sie den Bedingungen

---

[20] *H. Wagner*, Einführung in die Fundamentaltheologie, Darmstadt ²1996, 16.
[21] Ebd.

menschlicher Erkenntnis, weshalb es sich auch bei ihr um eine ungewisse Erkenntnis handle. Menschliche Vernunft könne sich grundsätzlich irren. Wie soll der Mensch gewiss erkennen können, dass ihm eine Offenbarung zuteil wurde und er nicht einem Irrtum aufliegt? Die traditionelle, apologetische Argumentation ging von zwei Grundannahmen aus, die beide nicht frei von Einwänden waren:

- Das Ergangensein von Offenbarung könne mit hinreichender Sicherheit auf rein vernünftige Weise bewiesen werden (historischer Objektivismus und Positivismus). Um einen Zirkelschluss zu vermeiden, könne die Autorität der Prüfungsinstanz nicht die Offenbarung selbst sein, sondern nur die menschliche Vernunft. Damit ist der Irrtum keineswegs ausgeschlossen und Erkenntnis ungewiss, zumal die historisch-kritische Forschung aufzeigte, dass den Wundern Jesu in den Evangelien selbst keine apologetische Funktion zukommt. Weil es außerdem ohne einen Offenbarer keine Offenbarung geben könne, richtet sich die grundlegendste aller vernunftgemäßen Prüfungen des Offenbarungsanspruchs auf die Existenz Gottes. Das bedeutete: Die Gewissheit des Ergangenseins von Offenbarung hängt von der Gewissheit der Existenz Gottes ab. Heute gilt das Dasein Gottes als nicht sicher zu beweisen und somit auch nicht die Behauptung des Ergangenseins von Offenbarung. Dann aber ist die Offenbarung selbst ein Ausdruck des Glaubens.

- Der Offenbarungsinhalt unterscheide sich als übernatürliche Gotteserkenntnis in qualitativer Hinsicht grundsätzlich von der natürlichen. Wäre der Offenbarungsinhalt natürlicher Art, wäre Gott nicht mehr frei, ihn zu offenbaren. Wenn aber der Offenbarungsinhalt übernatürlicher Art wäre, könne der geoffenbarte Sachverhalt vom Menschen nicht mehr verstanden werden, so dass am Ende gar nichts geoffenbart wäre. Wenn der Mensch den Sachverhalt aber verstehen kann, warum könnte er dann nicht auch das Produkt eigener Überlegungen sein?

*c) Fundamentaltheologischer Ansatz*

Der Offenbarungstraktat wird heute nicht mehr im Sinne der klassischen Apologetik entfaltet, sondern intrinsezistisch, ausgehend vom Offenbarungsinhalt selbst. An die Stelle äußerer Kriterien treten zum Beweis von Offenbarung inhaltliche Argumente. Nicht mehr externe Gründe beweisen die Offenbarungsannahme, sondern allein das Gottesverständnis vermag die Annahme zu begründen, dass Offenbarung vorliegt. Der Offenbarungsbegriff erscheint somit als ein Ausdruck des Glaubens, als eine expressive, hermeneutische Kategorie, die die Gotteserfahrungen interpretiert. Offenbarung ist zu glauben, wie auch die Existenz Gottes nicht zwingend bewiesen werden kann. Die Gründe für den Offenbarungsglauben fallen mit den Gründen für den Gottesglauben zusammen, und die Gottesvorstellung urteilt darüber, was im Einzelnen als Gotteserkenntnis bzw. Offenbarung gelten soll. Wenn dem Offenbarungsbegriff eine personalistische Gottesvorstellung zugrunde liegt und der Offenbarungsinhalt Gott selbst ist, dann basiert jede echte Erkenntnis von Gott auf Offenbarung und die Unterscheidung zwischen natürlicher und übernatürlicher Gotteserkenntnis im Offenbarungsgeschehen wird hinfällig. Die Übernatürlichkeit des Offenbarungsinhaltes besagt nicht mehr die Durchbrechung natürlicher Erkenntnismöglichkeiten, sondern drückt aus, dass jede menschlich echte Gotteserkenntnis von der göttlichen Wirklichkeit selbst ausgeht; anders wäre sie überhaupt nicht möglich. Die übernatürliche Gotteserkenntnis begründet keinen epistemologischen Sonderstatus neben anderen Arten der Gotteserkenntnis, sondern besagt, dass sie dem mitteilenden Wesen Gottes selbst entspringt. Offenbarung bezieht sich auf alle Formen menschlicher Gotteserkenntnis, insofern die Erkennbarkeit Gottes von der göttlichen Wirklichkeit selbst ermöglicht wird; die Selbsterschließung Gottes ist zentral für die glaubensmäßige Erkenntnis Gottes. Der christliche Offenbarungsbegriff muss somit der philosophischen Gotteserkenntnis und den nichtchristlichen Religionen nicht mehr abgrenzend gegenüber gestellt werden, sondern vermag diese im Sinne einer Meta-Interpretation in sich aufzunehmen: Alle authentische Gotteserkenntnis kann nur von Gott selbst ermöglicht sein.

## 2. Wirklichkeit und die Dimension der Offenbarung

### 2.1. Anknüpfungspunkte göttlicher Offenbarung

*J. Ratzinger*, Der Gott des Glaubens und der Gott der Philosophen. Ein Beitrag zum Problem der Theologia Naturalis: ders., Vom Wiederauffinden der Mitte. Grundorientierungen, Freiburg i. Br. 1997, 40–59; *K. Rahner*, Grundkurs des Glaubens, Freiburg i. Br. 1976, 54–96; *H. Fries*, Fundamentaltheologie, Graz 1985, 157–179.

*a) Offenbarungssein des Geschaffenen*
Jedes Einzelseiende hat über seine Einzelbedeutung hinaus einen Bedeutungsüberschuss, indem es auf das Ganze der Wirklichkeit verweist. Der Wirklichkeit ist neben der Dimension des Vorhandenseins somit auch die Dimension des Bedeutungsseins inne. Das heißt, dass das Gegebene eine tiefe Bedeutung

in sich trägt, die allerdings erst vom übergeordneten Ganzen einsichtig wird und die Fähigkeit voraussetzt, sich einzufühlen und zu verstehen. In diesem Zusammenhang spielt die Offenbarungskategorie eine Rolle. Offenbarung bezieht sich auch auf die Wirklichkeit, falls sie sich für das Erkennen darbietet und sich von sich aus mitteilt. Diese Selbsterschließung oder Selbstmitteilung der Wirklichkeit ist im Grunde die Vorraussetzung und Grundlage allen Erkennens. Erkennen setzt voraus, dass »[a]lles was ist, ... für den Menschen zum Offenbarungs-, zum Bedeutungssein werden [kann], zum Gleichnis, zum Symbol: ›Alles Irdische ist nur ein Gleichnis‹«.[22]

Alles Seiende, ja die Welt als Ganze, zeichnet sich grundsätzlich durch Endlichkeit und Geschaffensein aus (Röm 1,18–21). Sie existiert nicht kraft eigenen Wesens, sondern verdankt sich einem letzten Grund. In diesem Sinne kann die Wirklichkeit als Schöpfung erkannt und auf den umfassenden Grund aller Wirklichkeit hin hinterfragt werden. So wird gerade in der Bezeichnung »Schöpfung« die Beziehung aller Wirklichkeit zur Offenbarung deutlich: Mit dem Vorhandensein verbindet sich das Offenbarungssein. »Wenn der Mensch nicht sein Menschsein verleugnet, ist er stets der Allmacht des unsichtbaren Gottes begegnet, nämlich dem erkennbaren Grund wie der Grenze der eigenen Existenz ...«[23] Die Wirklichkeit in ihrem Geschaffensein als Schöpfung anzuerkennen heißt, die Welt in ihrer Wahrheit zu erkennen. Denn das Geschaffensein ist nicht etwas, das nachträglich zur Wirklichkeit hinzukommt, sondern ihr Wesen wird dadurch zuinnerst bestimmt. Die Wahrheit aller Wirklichkeit ist ihr Relationsein, so dass Gott immer zur Sprache kommt, sobald von der so verstandenen Verwiesenheit und Angewiesenheit der Welt die Rede ist.

Die empirische, endliche Wirklichkeit ist transparent für den umfassenden Grund aller Wirklichkeit. Von der Welt als der Schöpfung zu sprechen heißt darum, von Gott zu sprechen. In ihrem Offenbarungssein spricht die Wirklichkeit von Gott, der »sprach – und es ward«. So kann das, was Schöpfung und kosmologische Offenbarung ist, im AT auch mit der Kategorie des Hörens umschrieben werden: Die Dinge der Welt können etwas sagen, sie können sprechen, haben Wortcharakter: »Die Himmel rühmen die Herrlichkeit Gottes« (Ps 19,2). Vor diesem Hintergrund zeigt das Zweite Vatikanum Ehrfurcht vor dem Wahren und Heiligen der anderen Religionen als Werk des einen, lebendigen Gottes (NA 2).

---

[22] *H. Fries*, Fundamentaltheologie, Graz 1985, 158.
[23] *E. Käsemann*, An die Römer (HNT 8a), Tübingen 1973, 38.

*b) Philosophie der Offenbarung*

Offenbarung ist weder ein exklusiv christliches noch ein exklusiv religiöses Wort. Ein Beispiel, in welche Tiefen das Wort Offenbarung in der Philosophie führen kann, stellt die Philosophie Heideggers dar. Dort wird Wahrheit als Offenbarwerden des Seins und das Wahrheitsgeschehen der Sprache als Offenbarungsgeschehen des Seins zu denken versucht.[24] Das Wort Offenbarung verweist somit auf Daseinsstrukturen und Seinsstrukturen, die die ganze menschliche Lebenswelt betreffen.

Schon früh hat sich die Philosophie des Themas Offenbarung angenommen. Die frühchristlichen Apologeten des 2. Jh.s waren zum Teil als Philosophen zum christlichen Glauben gekommen und nahmen nun die neue Sache des Christentums zum Gegenstand ihres Philosophierens. Sie trieben bereits eine Philosophie der Offenbarung. Immer wieder hat das philosophische Denken die Herausforderung angenommen, die vom christlichen Offenbarungsglauben ausgeht, und sie teils ganz verschiedenartig beantwortet. Das Spektrum reicht von Kritik und Ablehnung über den gewinnenden, philosophischen Nachvollzug der Offenbarungsbejahung bis hin zur Aufhebung in die Philosophie hinein.

Nach Schelling, für den die Geschichte als Ganze »eine fortgehende, allmählich sich enthüllende Offenbarung des Absoluten«[25] ist, kommt eine sachgerechte Philosophie der Offenbarung nur dort zustande, wo im diesbezüglichen philosophischen Diskurs weder die Philosophie noch die christliche Offenbarung verkürzt wird. In diesem Sinne erfuhr die Apologetik in der ersten Hälfte des 19. Jh.s eine neue Ausrichtung: Sie möchte die Offenbarungstheologie im Ganzen vernunftwissenschaftlich grundlegen. »Es geht nicht um bloß historische oder rationale Stützfunktionen im Vorfeld des Glaubens, sondern um den Versuch einer offensiven Gesamtdarstellung des christlichen ›Geistes‹ im kritischen Gespräch mit zeitgenössischer Philosophie und Wissenschaft.«[26] Allerdings hat weder Johann Sebastian Drey noch die Fundamentaltheologie des 19. Jh.s dieses Anliegen lange durchgehalten. Bald schon fiel die Schultheologie wieder in die extrinsezistische Begründung zurück.

---

[24] *M. Heidegger*, Vom Wesen der Wahrheit, Frankfurt a. M. ⁶1976.
[25] *F. W. J. Schelling*, System des transzendentalen Idealismus (1800), hg. v. H. D. Brandt, Neubearb. auf der Grundlage der Erstausg. von 1800, Hamburg 1992, 273.
[26] *J. Reikerstorfer*, Fundamentaltheologische Modelle der Neuzeit: HFTh 4 (²2000), 242–264, hier 246.

Das Anliegen Schellings wurde danach nicht ganz vergessen: In den 20er und 30er Jahren des 20. Jh.s betrieben Maurice Blondel und die philosophische Schule von Joseph Maréchal eine Analyse der göttlichen Offenbarungsstruktur. Sie arbeiteten die Interdependenz von Glaubensgrund und Glaubensgegenstand, die Korrelation zwischen dem Glaubensinhalt und der transzendental-existentialen Struktur der menschlichen Existenz heraus, das Eröffnetsein des Menschen für die göttliche Wirklichkeit, die Hinordnung auf Offenbarung vom Inneren des Menschen her. Anliegen einer Philosophie der Offenbarung sei es also, den Menschen philosophisch so zu denken, dass er seiner Natur und seiner Struktur nach als einer erscheint, der für jene Wirklichkeit offen ist, die theologisch Offenbarung heißt. Es gehe um eine philosophische Anthropologie, in welcher der Mensch wesensmäßig auf Offenbarung hingeordnet erscheint. Aufzuzeigen seien die existentialen Grundlagen, die aus den formalen Strukturen des Glaubens selbst gezogen werden könnten. Es müsse philosophisch aufzeigbar sein, dass der Mensch in einem notwendigen Verhältnis zur freien Gnade Gottes stehe. Und die Ankunft dieser Gnade, die Offenbarung Gottes, sei dann mehr als eine bloße Antwort des philosophisch-anthropologischen Fragens, sie wäre die Vollendung menschlichen Daseins.

Eine solche Immanenzapologetik operiert nicht im Vorfeld des Glaubens, sondern setzt den Glauben voraus; jeder Glaubensgrund ist darum auch Glaubensgegenstand. Inwiefern der Glaubensgegenstand nun auch Glaubensgrund sein kann, hat die transzendentale Methode deutlich zu machen. Sie konnte sich aber nicht sogleich gegenüber der neuscholastischen Apologetik durchsetzen, die die Neuansätze des »Modernismus« bezichtigte.

### c) Transzendentales Eröffnetsein

Den transzendentalen Ansatz vertrat in der Theologie v. a. der Jesuit Karl Rahner entschieden. Für ihn war die Frage nach dem Zusammenhang zwischen der formalen Struktur menschlicher Erfahrung und dem Inhalt der Offenbarung vordringlich, weshalb er die gesamte Theologie als eine theologische Anthropologie betrieb, indem er den Sinn der Heilsoffenbarung Gottes für das heutige Bewusstsein aufzuschließen versuchte. Seine transzendentaltheologischen Analysen zeigten auf, dass die vorgegebene, unableitbare Offenbarung Gottes Antwort gebe auf jene Frage, die sich der Mensch selber sei. Da Jesus Christus als Höchstfall des Menschen die Antwort auf die Frage des Menschen, die er selbst sei, geben würde, solle die Christologie als Anthropologie vermittelt werden.

Rahner setzt alles daran, den Menschen als Fundament der Theologie zu verstehen, weil er der Ort sei und der Adressat des Offenbarungswortes, das von Gott erging. Weil sich Gott am und durch den Menschen offenbart hätte, sei für ihn der Mensch der Ort, an dem die Wirklichkeit Gottes enthüllt werde, sei der Mensch gewissermaßen das Wesen, das Gott offenbart und den Zugang zu ihm erschließt. Aus diesem Grund seien alle theologischen Aussagen vom Menschen als dem Offenbarungswort gemäßen Ort aus zu entwickeln.

Der Mensch sei endlicher Geist, der ontologisch in einer Existenzdialektik lebe. Denn kraft seiner Endlichkeit sei er in die Grenzen des Endlichen gewiesen, aber kraft seiner Geistnatur sei er zugleich eröffnet für das Unendliche. Allein im Unendlichen könne seine absolute Erfüllung liegen. Ihr könne sich der endliche Geist zwar begrifflich innewerden und auf sie sei er in der Geistdynamik seines Wesens auch aus, aber er könne sie sich nicht selbst verschaffen; sie liege außerhalb seiner Verfügungsmacht. In einer einprägsamen Formel bezeichnet Rahner daher den Menschen als wesensmäßigen »Hörer des Wortes«[27], d. h. als Wesen, das strukturell und existentiell darauf aus sei, das erlösende Wort zu hören; die erlösende Zuwendung des Absoluten zu empfangen. Das sei keine beiläufige Eigenschaft des Menschen, sondern eine offenbarungstheologische Radikalisierung eines anthropologischen Grundsachverhaltes. Dieses menschliche Grundfaktum sei auch der alltäglichen Erfahrung zugänglich. Das zeigt der analoge Sachverhalt, dass jeder Mensch auf Zuwendung und Liebe angewiesen sei. Die Liebe sei einerseits absolut unerlässlich, um leben zu können, um Mensch sein zu können, andererseits aber nicht erzwingbar.

Die transzendental-philosophische Anthropologie reflektiert also das transzendentale Eröffnetsein des Menschen für jene Wirklichkeit, auf die sich der christliche Glaube bezieht. Der Mensch fragt in seiner Geistnatur über die empirische Wirklichkeit hinaus nach dem tragenden und bestimmenden Grund aller Wirklichkeit. In der Wirklichkeit erkennt der Mensch ein Offenbarungssein, er geht den Dingen auf den Grund und fragt darum nach dem Ganzen, dem Unendlichen, Unbedingten, Absoluten. Dieser umfassende Grund aller Wirklichkeit ist kein Objekt wie die gegebenen Dinge, vielmehr ist er ungegenständlich und tritt als solcher nicht direkt in Erscheinung. »Wie aber kann es erscheinen, wo es doch nichts Bedingtes, kein Gegenstand werden kann? Es kann nur *am Gegenstand* erscheinen, am Bedingten. Das hört

---

[27] *K. Rahner*, Hörer des Wortes. Zur Grundlegung einer Religionsphilosophie. Neu bearbeitet von J. B. Metz, München ²1963.

nicht auf, Bedingtes zu sein; der Zusammenhang des Bedingten wird nicht zerstört. Aber in diesem Gegenstand, in diesem Bedingten und seinen Zusammenhängen, ist die Möglichkeit verborgen und wird zur Wirklichkeit, auf etwas hinzuweisen, was nicht seiner Bedingtheit angehört, was sein Eigenstes und zugleich sein Fremdestes ist, was an ihm offenbar wird als das Unbedingt-Verborgene.«[28]

Aufgrund des Offenbarungsseins alles Vorhandenseins fragt der Mensch in seinem Erkennen nach dem Unendlichen und Unbedingten, das sich in allem Bedingten zu Wort meldet und ihn unbedingt angeht. Es ist das Absolute, das über den Menschen verfügt und das in der Sprache der Theologie Gott heißt. Weil der Mensch über Gott nicht verfügen kann, muss sich Gott selbst mitteilen, er muss sich offenbaren, soll er vom Menschen erkannt werden.

## 2.2. Offenbarungssein des Menschen

*J. Ratzinger*, Der Gott des Glaubens und der Gott der Philosophen. Ein Beitrag zum Problem der Theologia Naturalis: ders., Vom Wiederauffinden der Mitte. Grundorientierungen, Freiburg i. Br. 1997, 40–59; *K. Rahner*, Grundkurs des Glaubens, Freiburg i. Br. 1976, 54–96; *H. Fries*, Fundamentaltheologie, Graz 1985, 180–209; *H. Verweyen*, Gottes letztes Wort. Grundriß der Fundamentaltheologie, Düsseldorf [4]2002, 110–132.

### a) *Fragen-Können und Fragen-Müssen*
Der Mensch vermag sowohl die Transparenz der Wirklichkeit in ihrem Geschaffensein auf Offenbarung hin zu erkennen als auch die Bedingtheiten seiner eigenen Existenz. Die Endlichkeit und Begrenztheit seines Daseins spürt er v.a. angesichts von Geburt und Tod, Glück und Leid, Gelingen und Scheitern, allgemein in Situationen, in denen er seine Ohnmächtigkeit und Verfügtheit spürt und sprachlos wird. Die Kontingenz menschlichen Lebens kommt v.a. dort zur Sprache, wo der Mensch seine Endlichkeit als Geschöpflichkeit anerkennt und sich als Geschöpf und Kreatur versteht. Weil der Mensch über alles Endliche hinausragt und sich selbst als Wesen eines unendlichen Horizontes erfährt, gehören das Fragen-Können und Fragen-Müssen wesenhaft zu ihm. Der Mensch kann grundsätzlich alles in Frage stellen. Dabei setzt jede Frage die Fragbarkeit, d.h. Erkennbarkeit des Gefragten voraus,

---

[28] *P. Tillich*, Offenbarung und Glaube. Schriften zur Theologie II: Gesammelte Werke, Bd. 8, Stuttgart 1970, 35 f.

denn gefragt werden kann nur nach dem, was irgendwie schon erkannt ist. Ohne die Fragbarkeit bzw. Erkennbarkeit des Gefragten kann es keine Frage geben. Demzufolge müssen alle Fragen, auch die des Menschen nach sich selbst, bereits etwas von dem wissen, nach dem sie fragen: Sie richten sich zwar auf etwas Unbekanntes, das jedoch im Vorgriff schon bewusst und nie ganz unbekannt ist, ansonsten gäbe das Menschsein keinen Anlass zur Frage.[29]

Der Grund, der alle Fragen trägt, bildet das Sein und nach ihm fragen jene Fragen, die auf den Grund gehen. Das Sein ist die Voraussetzung und der tragende Grund menschlichen Lebens überhaupt. Es trägt alles und ist überkategorial, weil es bereits vor jeder formalen und grundsätzlichen Aussage da ist. In diesem Sein gründet nicht nur alles existentielle Fragen des Menschen, sondern zu diesem Sein versucht der Mensch auch vorzustoßen, so dass er immer schon auf das Sein, auf das Unbegrenzte, vorgreift: Dass der Mensch fragen muss, gründet nach Rahner darin, dass er selbst als die radikale Frage, als die Seinsfrage existiert. Sein Fragen richte sich auf das Ganze, auf das Sein und insofern sei er selbst in das Fragen miteingeschlossen.[30] Für Rahner stellt das Fragen-Müssen nach dem Sein das grundlegende Existential des Menschen dar.

Der Mensch frage und müsse fragen, weil Geist und Sein einander zugeordnet seien. Auf dieser inneren Zuordnung beruhe das Erkennen des Menschen. »Erkenntnis ist Konnaturalität von Sein und Geist.«[31] Doch bei aller Erkennbarkeit des λόγος der Dinge durch den λόγος des Geistes, müsse zugleich auch von einer grundsätzlichen Differenz zwischen Geist und Sein ausgegangen werden. Der Geist des Menschen vermag das Sein nie vollständig zu erkennen, ansonsten wäre die Fraglichkeit menschlichen Dasein an ihr Ende gekommen. Zwischen Erkanntheit und Sein bleibt letztlich immer eine Nichtidentität bestehen. Der Mensch könne zwar nach dem Sein fragen, ohne es aber je einholen zu können. »Sein und Seiendes sind umfassender als das erkennende Fragen und das fragende Erkennen des Menschen. So gesehen gibt es keine Unmöglichkeit für eine Offenbarung, als ob dem Menschen nichts Neues eröffnet werden könnte.«[32]

---

[29] *K. Rahner*, Geist in Welt. Zur Metaphysik der endlichen Erkenntnis bei Thomas von Aquin, München ²1957, 74.
[30] Ebd., 71 f.
[31] *H. Fries*, Fundamentaltheologie, Graz 1985, 219.
[32] Ebd., 219.

Dass der Mensch ein Fragender ist, ist die Bedingung der Möglichkeit einer besonderen Offenbarung. Der Mensch ahnt zwar die Transzendenz, doch weder die Wirklichkeit, noch das Gewissen, die Sprache oder die Geschichte vermögen in ihrer Transparenz das Vorwissen um die Transzendenz umfassend zu beantworten. Darum ist nicht auszuschließen, dass sich die Transzendenz, die sich im Wissen und Fragen des Menschen andeutet, in einer besonderen Offenbarung noch deutlicher zu erkennen gibt. Als Fragender ist der Mensch jedenfalls für ein Wort, das über die Schöpfung hinausgeht, grundsätzlich offen. Mit anderen Worten: Die umfassende Frage nach dem »Warum« bildet den Kontext zu einem möglichen Antwort-Text. Ihn kann nur jemand geben, dessen Wesen nicht wiederum Frage, sondern Antwort ist.

### b) Wollen und Streben

Der Mensch ist auf die Welt verwiesen, von ihr abhängig, ohne in ihr aufzugehen. Denn er kann der Welt begegnen, ihr gegenübertreten, sich von ihr distanzieren und über sie hinaus fragen. Diese Weltoffenheit ist die Grundvoraussetzung für das menschliche Erkennen und Handeln, insofern diese sich auf das Unbegrenzte richten bzw. sich im Horizont des Grenzenlosen vollziehen. Ähnlich der Fragestruktur menschlichen Daseins, weist sich das Wesen des Menschen durch ein Streben ins Offene aus. Sein Tun, Handeln und Lieben richtet sich auf das Erstrebenswerte, auf das Gute, das der Wirklichkeit gemäß ist. Allerdings holt er in seinem Streben das unbegrenzt Gute nie ein: Zwischen kategorial Gutem und transzendental Gutem bleibt stets eine ins Offene weisende Differenz. Das Streben des Menschen nach Heil und Erfüllung kommt in keinem innerweltlich Erreichten zu seiner Erfüllung. So ist der Mensch nicht nur Hörer des Wortes als Antwort auf seine Fragen, er ist auch Sucher des Heils als Erfüllung seines Strebens.

Die Grundsituation des Menschen ist seine grenzenlose Angewiesenheit auf ein unendliches Gegenüber. »Die unendliche Angewiesenheit des Menschen auf ein unbekanntes Gegenüber hat sich uns nun als der Kern des etwas vagen Ausdrucks Weltoffenheit herausgestellt«.[33] Der Begriff der Weltoffenheit bezeichnet nicht nur die unbegrenzte Offenheit des Menschen für die Welt, sondern grundsätzlich die Offenheit des Menschen über die Welt und über sich selbst hinaus: den Bezug des Menschen zum Unendlichen.

---

[33] *W. Pannenberg*, Was ist der Mensch? Die Anthropologie der Gegenwart im Lichte der Theologie, Göttingen [7]1985, 11.

Offenbarungsfrage

Die Transzendentalität, die sich im Erkennen und Wollen des Menschen zeigt, richtet sich auf eine Wirklichkeit, die durch das Erkennen und Handeln des Menschen selbst noch etwas näher bestimmt werden kann. Wie sich nämlich das Erkennen auf das Sein in seiner Erkennbarkeit, d. h. Wahrheit richtet und das Handeln auf die Erstrebbarkeit, d. h. das Gute, so muss die alles bestimmende Wirklichkeit selbst durch Wahrheit und Gutheit bestimmt sein. Darüber hinaus muss der Mensch immer schon ein unthematisches Vorwissen von Wahrheit und Gutheit haben, um es in seinem Erkennen und Handeln anzielen und sich seines defizitären Erkennens und Handelns bewusst werden zu können.

Auf die alles bestimmende Wirklichkeit greift der Mensch in seinem Erkennen und Wollen immer schon voraus und wird von ihr her bestimmt, mehr noch, er bejaht sie in jeder Einzelsetzung seines Tuns. Die Transzendenz, die die erkennende und wollende Weltbejahung des Menschen begründet, verweist auf ein Unbedingtes, dem all das zu eigen zu sein hat, was die menschliche Person kennzeichnet: Geist, Freiheit, Personalität etc. sind Umschreibungen für Gott. Gott ist keine Setzung des Menschen, er entspringt nicht einer nachträglichen Projektion, sondern ist die vorgängige Bedingung für die Erkennbarkeit und Erstrebbarkeit eines jeden Gegenstandes. Bedenkt man den Grund menschlichen Erkennens, Wollens und Strebens, stößt man auf die Qualität eines Offenbarungsseins, das auf Gott verweist.

*c) Sprache und Wirklichkeit*
Der Mensch greift mittels der Sprache über den Augenblick auf Vergangenes zurück und Zukünftiges voraus und wird darin seiner eigenen Möglichkeiten und auch der Transzendentalität seines Daseins ansichtig. Ebenso erschließt sich in der Sprache des Menschen sein Sein als Miteinandersein. Zum einen werden Sprache und Sprechen erlernt und empfangen, und zum anderen ist der Mensch in seinem Sprechen auf ein Gegenüber, auf ein Du verwiesen und angewiesen. Verschiedene Experimente mit sog. Wolfskindern haben ergeben: Ohne Sprechenlernen, ohne Angesprochen-Werden wird die Menschwerdung erschwert oder gar ganz unterbunden. »Um sprechen zu lernen, müssen Kinder am Leben der Erwachsenen teilnehmen und Zuwendung erfahren.«[34] Der Mensch wird nur unter Menschen zum Mensch. Er ist ein Wir, das ein Ich ist und ein Ich, das ein Wir ist. Das alle Menschen Verbindende ist der Geist, die Fähigkeit zu sprechen, Kommunikation aufzunehmen. »Die Sprache ist

---

[34] *R. Schröder*, Abschaffung der Religion? Wissenschaftlicher Fanatismus und die Folgen, Freiburg i. Br. 2008, 31.

schlechthin Ausdruck des Menschen selbst. *Insofern jemand Mensch ist, existiert er dank der Sprache.* Insofern wir miteinander Mensch sind, existieren wir in unserem Sprechen miteinander«.[35] Nur auf der Grundlage von Kommunikation gibt es menschliches Leben und Zusammenleben.

Durch die Sprache erschließt sich dem Menschen die Wirklichkeit seiner selbst als Verdanktsein und Miteinandersein. Allerdings verfügt der Mensch nach Erlernen der Sprache nicht einfach über sie. Denn er bleibt hinter seinem Sprechen oftmals im Guten wie im Bösen zurück, er ist zur Lüge und zur Täuschung fähig und muss in bestimmten Situationen erfahren, dass sich ihm das Wort entzieht und er sprachlos wird. Hierin manifestiert sich das Geschaffensein, die Geschöpflichkeit des Menschen, seine Begrenztheit und Endlichkeit. Als geschöpfliches Wesen kann der Mensch niemals das letzte Wort haben; er ist angewiesen und verwiesen auf ein Wort, das nicht sein Wort ist, sondern ein Wort jenseits aller menschlich begrenzten Wörter. Ein »Wort, das dem Menschen nicht vom Menschen zugesprochen wird, das Wort, das aus dem Munde Gottes kommt, das Wort Gottes« – »ein Wort der Macht, der Wahrheit, der Liebe, der Freiheit.«[36]

### d) Gewissen und Anspruch

Dem Menschen ist neben dem Geist, der Sprache und dem Wollen und Streben auch ein Gewissen zu eigen. Es ist die Instanz seines Handelns und drängt wie Geist, Sprache und Wollen zur Aktualisierung, zur Ein- und Umsetzung. Das Gewissen selbst ist auf sittliche Werte bezogen, anhand derer es zum Gewissensspruch und Gewissensentscheid kommt. Sittliche Werte wie Recht und Unrecht, Gut und Böse sind der Anspruch, den die Wirklichkeit an die menschliche Person richtet. Das Gewissen weiß um den sittlichen Wert, den es bejaht und den sittlichen Unwert, den es verwirft. Als solches ist es die richterlich urteilende Instanz menschlichen Handelns und Verhaltens und umfasst alle Dimensionen menschlichen Seins, das Erkennen ebenso wie das Wissen, das Wollen wie das Streben, die Freude wie den Schmerz. Das Wissen, das sich im Gewissen zeigt, ist auf das Ich des Menschen als Person bezogen, und umgekehrt kann sich das Subjekt von diesem Wissen des Gewissens nicht einfach distanzieren. Das Gewissen beansprucht das Ich des Menschen so sehr, dass im Bewusstsein der Selbstverantwortung Ich und Gewissen eins werden.

---

[35] *B. Caspar,* Sprache und Theologie. Eine philosophische Hinführung, Freiburg i. Br. 1972, 14.
[36] *H. Fries,* Fundamentaltheologie, Graz 1985, 186.

Daneben gibt es aber auch die Erfahrung des Gewissens als etwas Fremdes, als eine Verantwortungsinstanz, die dem Ich gegenüber steht und es beurteilt. Die Identität und Nichtidentität des Menschen mit sich selbst macht die Dialektik des Gewissens aus. Aber selbst in der Nichtidentität verliert das Gewissen nicht seinen Anspruch. Es bestimmt in seinem Anruf und im Verlangen nach Identität auch jenes Ich, das sich von dem in seinem Gewissen gezeigten Wissen distanziert hat. So erschließt das Gewissen, ähnlich wie die Sprache, die Wirklichkeit des Menschen; es zeigt ihm seine Größe und Begrenztheit, seine Selbstständigkeit und Verwiesenheit.

Das Gewissen offenbart eine Wirklichkeit, die den Menschen als Person transzendiert, ihn betrifft und über ihn verfügt. Im Gewissen erreicht den Menschen ein Ruf, der von außerhalb seiner selbst an ihn ergeht. Es ist der transzendente Anspruch des göttlichen Willens, der den Menschen in seinem Gewissen erreicht. Dieser Anruf verpflichtet den Menschen ganz, weshalb das Gewissen auch die höchste Instanz für das Tun und Handeln des Menschen ist. »Der Mensch ist gerade in seinem Innersten nicht sein eigener Herr. Er gibt sich nicht die gegen ihn gerichteten Kriterien und würde, wenn er könnte, die Spaltung seines Ich und die Dialektik seiner Existenz beenden. Ein anderer blickt uns an, wenn wir gegen uns selbst kritisch sein müssen, und er widerspricht uns im Widerspruch unseres Lebens. Der Schatten des Richters … fällt in unser Inwendiges (vgl. Schlatter) und macht es zum Tribunal.«[37] Wenn das Gewissen den Menschen so beansprucht, dass dieser im Gewissen als Ganzer präsent ist, und wenn das Gewissen auf Transzendenz verweist, ist der Forderung des Gewissens unbedingt Folge zu leisten. Das Gewissen verpflichtet mehr als alles andere.

Immer wieder wurde zu bestreiten versucht, dass das Gewissen des Menschen auf Transzendenz verweist. Humanismus und Aufklärung verstanden das Gewissen meist allgemein als (sittliches) Bewusstsein des Menschen. Vor allem seit der Aufklärung wurde es nicht mehr dialogisch aufgefasst, als Anspruch Gottes, sondern autonom: Der Mensch sei allein seinem Gewissen verpflichtet. Es wird ganz von der Vernunft her verstanden und jede Abhängigkeit von Mitmenschen oder der Kirche geleugnet. Heute zeigt sich eine Hinwendung zur Empirie: An die Stelle einer abstrakt metaphysischen Betrachtung tritt eine empirische Sicht. Das Gewissen wird als Ergebnis des Einflusses der menschlichen Gesellschaft auf das Individuum verstanden. In dieser Hinsicht gibt es keine Unfehlbarkeit und keine Absolutheit des Anspruches.

[37] E. *Käsemann*, An die Römer (HNT 8a), Tübingen 1973, 61.

Wenn auch zuzustimmen ist, dass das Umfeld des Menschen dessen Gewissensbildung beeinflussen und darum das konkrete Gewissensurteil nicht unmittelbar mit dem Willen Gottes identifiziert werden kann, so muss doch zugleich eingeräumt werden, dass es Wandelbares und Unwandelbares im menschlichen Gewissen gibt. Unwandelbar ist der unbedingte Imperativ, der vom Gewissen ausgeht, nämlich das erkannte Gute unter allen Umständen zu tun, notfalls auch gegen die Normen der Gesellschaft oder des Milieus. Anders können Gewissensentscheidungen nicht erklärt werden, die Menschen zu Märtyrer werden lassen. Freud selbst bekannte: »Wenn ich mich frage, warum ich immer gestrebt habe, ehrlich, für den anderen schonungsbereit und womöglich gütig zu sein, und warum ich es nicht aufgab, als ich merkte, daß man dadurch zu Schaden kommt, zum Amboß wird, weil die Anderen brutal und unverläßlich sind, dann weiß ich allerdings keine Antwort.«[38] Wird also das Gewissen nicht als Manifestation des Ineinanders von Existenz und Transzendenz verstanden, bleiben Fragen offen. Eine nichtreligiöse Interpretation des Gewissens vermag der Realität des Gewissen nicht in jeder Hinsicht gerecht zu werden. Eine empirische Deutung des Gewissens macht nicht die ganze Wirklichkeit des Gewissens aus.

Unleugbar meldet sich im Gewissen etwas zu Wort, das sich dem Zugriff des Menschen entzieht und ihn dennoch unbedingt in die Pflicht nimmt. Mit den Worten John Henry Newmans ausgedrückt: »Das Gewissen … ist ein Bote von Ihm, der sowohl in der Natur als auch in der Gnade hinter einem Schleier zu uns spricht und uns durch seine Stellvertreter lehrt und regiert. Das Gewissen ist der ursprüngliche Statthalter Christi, ein Prophet in seinen Mahnungen, ein Monarch in seiner Bestimmtheit, ein Priester in seinen Segnungen und Bannflüchen. Selbst wenn das ewige Priestertum in der Kirche aufhören könnte zu existieren, würde im Gewissen das priesterliche Prinzip fortbestehen und seine Herrschaft ausüben.«[39] Es ist transparent für die alles umfassende Wirklichkeit; dem Gewissen kommt Offenbarungssein zu.

Wenn sich allerdings die transzendente Wirklichkeit nicht näher erweist, kann die Autorität des Gewissens aufgrund von Skepsis erschüttert werden. Doch unabhängig davon verlangt das Gewissen nach einer Stütze, nach einer Autorität außerhalb seiner selbst. Denn was immer die Stimme des Gewissens für die Menschen tut, sie tut es »nicht genug, wie wir scharf und schmerzlich

---

[38] *S. Freud*, Briefe 1873–1939, hg. v. E. und L. Freud, Frankfurt a. M. ³1980, 321.
[39] *J. H. Newman*, Kirche und Gewissen (Brief an den Herzog von Norfolk): ders., Polemische Schriften. Abhandlungen zu Fragen der Zeit und der Glaubenslehre, übers. v. M. E. Kawa, M. Hofmann, Mainz 1959, 111–251, hier 162.

Offenbarungsfrage

fühlen. … So kommt es, daß die Gabe des Gewissens selbst eine Sehnsucht nach etwas weckt, was sie allein nicht vollständig geben kann.«[40] Das Gewissen ist auf eine weitergehende Offenbarung angewiesen.

*e) Mensch und Geschichte*
Der Mensch ist in die Geschichte eingebunden, er hat seine Geschichte und macht Geschichte. Er erfährt sich als ein Wesen, das von Geschichtsabläufen bestimmt wird. Sein Wesen als solches ist geschichtlich, sein Dasein legt sich in der Geschichte aus. Aus diesem Grund ist Vergangenes nicht irrelevant, das frühere Geschehen bestimmt das gegenwärtige, indem es auf die Gegebenheiten Einfluss nimmt. Zugleich bestimmt es den Ausblick auf die neuen Möglichkeiten in der Zukunft. Geschichte umfasst somit Vergangenheit, Gegenwart und Zukunft; sie impliziert einen Geschehenszusammenhang, der das Werk und zugleich die Bestimmung des Menschen ist.

In der Geschichte zeigt sich die Wirklichkeit des Menschen und stellt sich sein Tun dar. Sie ist gleichsam das Produkt des Menschen. Doch ist sie ausschließlich Menschenwerk? Offenbart sich in ihr nicht auch eine transzendente Macht, besonders wenn nicht von geschichtlichen Einzelereignissen ausgegangen, sondern nach dem Sinn der Geschichte als Ganzer gefragt wird? Wenn die Geschichte ein Ort der Offenbarung sein soll, d. h., wenn sie über sich hinaus auf eine nicht innermenschlich-innerweltliche Wirklichkeit verweisen soll, kann sie dies nur, sofern diese transzendente Wirklichkeit selbst lebendig und nicht statisch ist.

Gemäß Hegels Einleitung in seine »Vorlesungen über die Philosophie der Geschichte« gibt es drei Arten, sich mit Geschichte zu beschäftigen[41]:

- *ursprüngliche:* Es ist die zeitgenössische Wiedergabe geschichtlicher Abläufe aus unmittelbarer Anschauung;
- *reflektierende:* Sie setzt zeitlichen Abstand voraus. Hier bestimmt der Verfasser die Darstellung, indem er größere Zusammenhänge der Vergangenheit für die Gegenwart herstellt, um daraus zu lernen oder sich kritisch damit auseinander zu setzen, oder auch um bestimmte, allgemeine Gesichtspunkte wie Kunst, Recht und Religion auf ihren Begriff zu bringen;

---

[40] *Ders.*, Zur Philosophie und Theologie des Glaubens (Ausgewählte Werke II/1), Mainz 1936, 321.
[41] *G. W. F. Hegel*, Vorlesungen über die Philosophie der Weltgeschichte (Berlin 1822/23), hg. v. K. H. Ilting u. a. (Hegel Vorlesungen. Ausgewählte Nachschriften und Manuskripte, Bd. 12), Hamburg 1996, 3–24.

- *philosophische:* Sie sucht nach der Wirksamkeit der Vernunft in der Geschichte, d. h. nach dem Sinn und Ziel der Geschichte. Da dieser aber letztlich für die ganze Geschichte nur einer sein kann, wird die Geschichte hier als Weltgeschichte thematisiert, und es kommt zur Frage nach dem Warum und Wozu.

Im Blick auf die Weltgeschichte und der philosophischen Suche nach deren Sinn scheint es unmöglich, den Ganzheitsaspekt der Geschichte zu eruieren. Denn die Geschichte ist ambivalent; sie ist Erfolgs- und Leidensgeschichte zugleich. Eine reine Fortschrittsgeschichte im Sinne einer Höherentwicklung gibt es nicht. »Nach dem 20. Jahrhundert mit Auschwitz und Hiroshima ist es schlicht Wahrnehmungsverweigerung, einen unaufhaltsamen *moralischen* Fortschritt der Menschheit zu postulieren.«[42]

Insbesondere der Holocaust hat die Frage nach einer möglichen Sinnlosigkeit der Geschichte wieder wachgerufen. Die Erfahrung lehrt jedoch, dass auch nach Auschwitz noch gebetet und gesungen werden kann – entgegen den Mutmaßungen Adornos.[43] Der Mensch kann nun mal sein Dasein nicht anders bewältigen, als immer schon vom Sinn seines Lebens auszugehen und auf der Grundannahme von Sinn geschichtlich zu handeln. Handlungen setzen ein Ziel und damit die Bejahung von Sinn voraus. »Wir erfahren den Sinn nicht als ›etwas‹, das bloß unsere Vorstellung und Projektion ist, sondern als ›etwas‹, das uns je schon umgreift und unser Wünschen und Fragen nach Sinn erst ermöglicht. Hätten wir niemals Sinn erfahren, dann könnten wir auch nicht nach ihm fragen. Dann könnten wir aber auch die Sinnlosigkeit nicht als solche erfahren. Gerade in der Intersubjektivität, in der sich Geschichte vollzieht, stiften wir nicht erst Sinn, sondern da drängt sich uns Sinn auf. Nicht wir sind es also, die den Sinn für sich in Anspruch nehmen, sondern die vom Sinn in Anspruch genommen werden.«[44] Eine solche »Art der Sinnerfahrung kann eine Form der *Transzendenz der Geschichte und des Geschehens auf Offenbarung hin* sein.«[45]

Der Sinn der Geschichte nimmt den Menschen in seinen Bann, er gibt sich zu erkennen und entzieht sich augenblicklich wieder. Er kann weder

---

[42] *R. Schröder,* Abschaffung der Religion? Wissenschaftlicher Fanatismus und die Folgen, Freiburg i. Br. 2008, 124.

[43] *Th. W. Adorno,* Negative Dialektik, Frankfurt a. M. 1970; *D. Sölle,* Leiden, Stuttgart 1973.

[44] *W. Kasper,* Möglichkeiten der Gotteserfahrung heute: Glaube und Geschichte, Mainz 1970, 120–143, hier 136.

[45] *H. Fries,* Die Offenbarungsdimension der Geschichte: D. Mieth, H. Weber (Hg.), Anspruch der Wirklichkeit und christlicher Glaube. Probleme und Wege theologischer Ethik heute (FS Alfons Auer), Düsseldorf 1980, 42–57, hier 55.

vom Menschen gemacht noch festgeschrieben werden. In der Unableitbarkeit unerwarteter, geschichtlicher Sinnerfahrungen zeigt sich die Transparenz der Geschichte auf göttliche Offenbarung hin. Partielle Sinnerfahrungen weisen über sich hinaus, hinein in das Geheimnis des Göttlichen als der alles bestimmenden Wirklichkeit. Bei der Reflexion geschichtlicher Ereignisketten kann Offenbarung geschehen, indem Zusammenhänge erkannt werden. Wer die geschichtlichen Ereignisse und die Geschichte insgesamt theologisch reflektiert, wird darin Gottes Geist am Werk sehen bzw. Gottes Offenbarung.

Der Mensch ist von seinem Wesen her für Offenbarung offen. Er ist darauf angelegt, sie zu erhoffen und zu erwarten. Aus diesem Grund wäre das Ergehen einer solchen Offenbarung keineswegs widernatürlich, dem Wesen des Menschen fremd oder ihm widersprechend. Das freilich ist kein Beweis für die Tatsache und Wirklichkeit einer geschichtlichen Offenbarung, wohl aber ein Beweis für deren Möglichkeit. Über die Tatsache einer Offenbarung vermögen Wunsch und Erwartung weder positiv noch negativ eine eindeutige Aussage zu machen. Der Wunsch kann im Gegensatz zur Annahme Ludwig Feuerbachs kein Beweis für die Nichtwirklichkeit einer Offenbarung sein. »Warum soll sich Wirklichkeit nicht auch darstellen können als Erfüllung einer Erwartung, als Antwort auf eine Frage?«[46] Die Möglichkeit des Menschen, Hörer einer möglichen Offenbarung Gottes zu sein, hängt zutiefst von seiner Freiheit und Entscheidung ab.

Wenn Gott über die Grenzen hinaus, die auf ihn hin offen und deutbar sind, erfahren werden soll, muss er sich zeigen, offenbaren. »*Gott kann ... nur durch Gott erkannt werden; er kann nur erkannt werden, wenn er sich selbst zu erkennen gibt.*«[47] Der Mensch ist ein Wesen, das auf die freie Selbstmitteilung dieses Geheimnisses wartet. Er sucht nach Zeichen, Signalen, Symbolen und Spuren, in denen sich ihm Gott offenbart.

Der Offenbarungsprozess muss menschlichen Erfahrungsstrukturen gerecht werden. In ihm müssen sowohl menschliche als auch göttliche Anteile vorkommen. Insofern kann die Form einer möglichen Offenbarung vom Menschen her näher bestimmt werden, sie muss ja dem Menschen entsprechen, wenn sie ihn erreichen soll: Die Gesetze menschlicher Mitteilung verweisen auf die Sprache im weitesten Sinn. Gott kann sich also durch Worte, Zeichen und geistige Impulse offenbaren. Wenn die Gottesoffenbarung Antwort auf das Suchen und Fragen des Menschen sein soll, muss sie dort ergehen, wo der Mensch lebt: in menschlicher Geschichte und in gesellschaft-

---

[46] *Ders.*, Fundamentaltheologie, Graz 1985, 222.
[47] *W. Kasper*, Der Gott Jesu Christi, Freiburg i. Br. 2008, 202.

lichen Strukturen, d. h. im Miteinander. Der Existenz des Menschen wäre es also angemessen, würde eine mögliche Offenbarung in der Konkretion von Geschichte, Wort und Person geschehen. »Es wäre verwunderlich, wenn die unbedingte Konkretion in Person, Geschichte und Wort nicht der Ort einer möglichen Offenbarung wäre.«[48]

---

[48] *H. Fries*, Fundamentaltheologie, Graz 1985, 226.

# II. Offenbarung und Hl. Schrift

## 1. Gottesoffenbarung im AT

### 1.1. Offenbarung als Sich-Zeigen Gottes

W. *Pannenberg*, Offenbarung und Offenbarungen im Zeugnis der Geschichte: HFTh 2 (²2000), 63–82; *H. Fries*, Fundamentaltheologie, Graz 1985, 231–236; *W. Knoch*, Gott sucht den Menschen: Offenbarung, Schrift, Tradition, Paderborn 1997, 57–66.

*a) Vielfalt göttlicher Bekundungsweisen*
Für die ganze Antike ist die Annahme von Offenbarungserlebnissen durchaus gewöhnlich und selbstverständlich. Gott bekundet sich in Weisung und Führung, die der Mensch sucht und erfährt. Sie kann ihm freilich auch versagt bleiben, was als Not erfahren wird. Es gibt sowohl aktive Erkundungsweisen des Willens und der Weisung Gottes, als auch die überraschende Widerfahrnis des Göttlichen. Das AT bezieht die prozesshaften außergewöhnlichen Offenbarungsweisen der Antike problemlos in seine Lebenswelt mit ein.

Die Offenheit des Menschen für eine göttliche Offenbarung ist nach dem Zeugnis der Schrift in der Gottebenbildlichkeit des Menschen (Gen 1,26 f.; 5,1; 9,6) begründet. »Der Mensch ist eben dadurch Bild Gottes, dass er gottesfähig ist und in Gemeinschaft mit Gott treten kann.«[1] Er ist fähig, sich in seinem Selbstvollzug unmittelbar auf Gott auszurichten[2], und je mehr er dies tut, umso mehr wird er gottebenbildlich.[3] Gott beruft den Menschen zum Zusammensein mit ihm. Er würdigt ihn, in Beziehung mit ihm zu leben, und an seiner Herrlichkeit teilzuhaben. Demnach besteht das Bildsein des Menschen in seiner Relation und Relativität zu Gott, woraus die prinzipielle Offenbarungsfähigkeit des Menschen resultiert.

---

[1] *Augustinus*, De Trinitate XIV, 8,11 (CCSL 50A,436).
[2] Ebd., XIV 12,15 (CCSL 50A,442 f.).
[3] Ebd., XIV 8,11 (CCSL 50A,436).

In der Hl. Schrift findet sich eine Vielzahl von Phänomenen, wie Gott sich offenbart: Theophanien, Angelophanien, Christophanien, Prophetie, Auditionen, Visionen, Orakel, Loswerfen, Omina, Nekromantik, Träume, Ereignisdeutung, Textinterpretation, Gleichniserzählung, Dialog etc. Von offenbarungsartigen Erlebnissen und Widerfahrnissen kognitiver Art wird in der Hl. Schrift in einer reichen Vielfalt berichtet. Insofern kann man von einer paradigmatischen Vielgestaltigkeit der Bekundungs- und Erfahrungsweisen des Göttlichen sprechen. Allerdings wird die Vielzahl revelatorischer Phänomene nirgends typisiert; sie werden keinem bestimmten empirisch-phänomenologischen Offenbarungsbegriff unterstellt, wie das etwa in den Religionswissenschaften der Fall ist. Zwar findet sich im NT ein ausgeprägtes Offenbarungsbewusstsein – Gott hat »viele Male und auf vielerlei Weise … gesprochen« (Hebr 1,1) – aber kein einheitlicher Offenbarungsbegriff.

Mit den unterschiedlichen, revelatorischen Erlebnissen sind immer schon theologische Reflexionen verbunden, selbst dann, wenn von unmittelbaren Theophanien die Rede ist. Denn das Selbst Gottes, das sich in diesen Erscheinungen bekundet, kann nur anhand der Geschehenszusammenhänge identifiziert werden, nur mit Hilfe von Erinnerung und Erwartung. Die Erfahrung, auch die Gotteserfahrung »ist … unbeschadet ihrer Unmittelbarkeit immer schon verwoben mit Momenten der Reflexion.«[4]

*b) Offenbarwerden Gottes*
Das deutsche Wort »Offenbarung« bzw. »offenbaren« besagt in seiner etymologischen Wurzel, dass etwas »ins Offene« kommt; es bezeichnet einen Vorgang, in dem etwas zum Vorschein kommt, etwas in Kenntnis gebracht wird, wie auch den Inhalt dieses Vorgangs. In diesem unbestimmten, vieldeutigen Sinn kann das Wort »Offenbarung« auch im außerreligiösen Bereich Verwendung finden.

Inhaltlich bestimmter sind die griechischen und lateinischen Termini »ἀποκαλύπτειν« (enthüllen) bzw. »revelare« (entschleiern). Diese Begriffe sind von einem bestimmten Vorverständnis geprägt, nämlich von der Metapher der Enthüllung. Wo der Offenbarungsbegriff von diesem Wortfeld abgeleitet wird, muss er notgedrungen eine Verengung und Verfälschung erfahren. Dies gilt umso mehr hinsichtlich des Begriffs »ἀποκάλυψις«, von dem die Schultheologie ausging. Dass der Offenbarungsbegriff nicht nach dieser Vorgabe gebildet werden darf, wird allein schon daran deutlich, dass in der Anti-

---

[4] *W. Pannenberg*, Offenbarung und »Offenbarungen« im Zeugnis der Geschichte: HFTh 2 (²2000), 63–82, hier 71.

ke der Begriff »ἀποκάλυψις« außer in der sog. apokalyptischen Literatur kaum eine Rolle spielte. Im Offenbarungsdenken herrschten andere Termini für das göttliche Sich-Zeigen bzw. Sich-Bekunden und dessen Sehen, Vernehmen und Verstehen vor. Zwar versuchte die apokalyptische Denkform sich des Offenbarungsdenkens anzunehmen, doch ist der biblische Offenbarungsbegriff nicht darin aufgegangen.

Das Sich-Zeigen des namenlosen Geheimnisses wird im AT näher bestimmt als das Offenbarwerden des Geheimnisses von Gott JHWH. Das göttliche Geheimnis offenbart sich hier und heute in bestimmten Worten und geschichtlichen Tatsachen. Das macht die Geschichtlichkeit der biblischen Offenbarung aus. Gott zeigt sich, seine Heilsmacht und Heilsherrlichkeit, seinen Willen und seine Nähe in kosmischen Theophanien, in narrativen und kultischen Hierophanien, in prophetischen Visionen und Auditionen etc. Sachgerecht können diese Bekundungsweisen Gottes mit dem Begriff »Epiphanie« zusammengefasst und unter dieser Kategorie gedacht werden. »Der lebendige Gott bringt sich in seinem heiligen Sein als schöpferische, führende, richtende und erlösende Macht *je und je als konkret gegenwärtige Wirklichkeit zur ›Erscheinung‹ und zur Erfahrung.*«[5]

Die Legitimität der Offenbarungsinhalte ist von den Formen her nicht auszumachen. Die Schultheologie hatte mit der These, je außergewöhnlicher und ekstatischer, desto übernatürlicher und echter, Unrecht. Bei Jesus von Nazareth scheinen ekstatische, außergewöhnliche Offenbarungsweisen eine erstaunlich geringe Rolle gespielt zu haben. Ort und Medium der Offenbarungserkenntnis war für ihn nicht das Außergewöhnliche, sondern das alltägliche Leben. Er selbst hat sich durch seine Lehre in machtvoller Art (Lk 24,19; Mk 1,27) legitimiert, nicht nur durch seine Wunder.

*c) Literarische Genera*

In der Hl. Schrift lassen sich die unterschiedlichsten revelatorischen Erlebnisse und Widerfahrnisse ausmachen, die auf unterschiedliche literarische Weise überliefert werden. Dabei besteht ein innerer Zusammenhang zwischen der literarischen Gattung und dem jeweiligen Offenbarungsgehalt. Das heißt, jede dieser literarischen Gattungen übt hinsichtlich der Erfassung der Sache der Offenbarung sowie für deren Weitergabe eine bestimmte Funktion aus. Die literarischen Gattungen besitzen ihre je inhaltliche Eigenart und funktionale Eigenbedeutung:

---

[5] *M. Seckler,* Der Begriff der Offenbarung: HFTh 2 (²2000), 41–61, hier 44.

- *Prophetischer Typ:* Er ist zwar ein wichtiger, aber nicht der einzige Typ; er stellt nicht per se das Paradigma der Offenbarung dar.
- *Narrativer Typ:* Geschichten und Geschichte werden so erzählt, dass sich gegenwärtige Offenbarung verwirklicht.
- *Gesetzestypus:* Es geht um das Offenbar-Werden des Willens Gottes durch Weisungen und Unterweisung im Finden von Gesetzen.
- *Weisheitlicher Typ:* Offenbarung ereignet sich im Medium der Reflexion (Weisheitsliteratur, Sprüche, Kohelet, Hiob). In der Existenzanalyse wird das Leben des Individuums im Blick auf Grenzsituationen reflektiert, in denen sich Größe und Elend des Menschen zeigen. Das kann in der Reflexion einzelner Menschen geschehen oder auch als Gruppe.
- *Lyrischer Typ:* Hier handelt es sich um die Selbstaussage eines dichterischen Ichs, das sich bewusst auf Erfahrungen der Wirklichkeit einstellt und aus der Ergriffenheit des erfahrenen Erlebnisses heraus spricht (Psalmen, Hymnen, Bitt- und Dankgebete). Der lyrische Typ spricht vorwiegend in der Ich-Du-Relation zu Gott.

*d) Uroffenbarung*

Die ersten elf Kapitel des Buches Genesis stellen eine Protologie und Ätiologie dar: Deutung der Gegenwart durch eine Geschichte des Anfangs, die es so freilich nie gab. Sie berichten so über die Ursprünge und Ursachen der Wirklichkeit, dass die Verstehens- und Seinsgründe für das, was ist, erkennbar werden. Zu späterer Zeit verfasst – Zeit der Könige und des Exils – werfen diese Berichte einen Blick zurück auf den Anfang der Geschichte. Dabei kommt der Beginn der Geschichte so zur Sprache, dass deutlich wird, dieser Beginn ist nicht Vergangenheit, sondern er liegt der konkret erlebten Geschichte als sachliche und stetige Voraussetzung zugrunde. Deswegen werden diese ersten elf Kapitel Urgeschichte genannt. Sie erhellt die konkret erfahrene Geschichte, gibt Gründe an und macht ihre besondere Bedeutung und Funktion offenbar. Urzeit-Erzählungen »erzählen, ›was niemals war und immer ist‹, sie decken auf, ›was jeder weiß und doch nicht weiß‹«.[6]

Die an den Anfang der Geschichte gesetzten Bilder erzählen nicht, was ein einziges Mal am Anfang geschah, sondern sie stellen dar, was immer wieder und überall der Fall ist. Die hier gemachten Aussagen gelten für alle Menschen aller Zeiten. Die Urgeschichte ist in die literarische Form der Erzählung

---

[6] E. Zenger, »Das Blut deines Bruders schreit zu mir«: D. Bader (Hg.), Kain und Abel – Rivalität und Brudermord in der Geschichte des Menschen, München 1983, 9–28, hier 11.

gekleidet und bedient sich, trotz ihres antimythischen Verständnisses, durchaus einer mythischen Redeweise. Obwohl es sich bei ihr um keine historische Faktenbeschreibung handelt, nimmt sie dennoch bestimmte Sachaussagen vor:

- Welt und Geschichte entspringen keinem Prozess kosmischer Mächte, sondern sind das Werk der Freiheit Gottes, der die Welt durch sein Wort ins Dasein ruft. Die Welt ist damit auf dem Hintergrund der radikalen Trennung von Gott und Welt antimythisch zu deuten und zugleich auf dem Hintergrund des inneren Zusammenhangs von Schöpfer und geschaffener Welt als Schöpfung zu interpretieren.
- Die Schöpfung offenbart nicht nur die Existenz Gottes, sondern auch sein Wesen, seine Macht, Weisheit und Güte.
- In nachexilischer Zeit wird JHWH als Bundesgott zusehends auch zum Gott des Universums: Er ist der »Schöpfer des Himmels und der Erde«.
- Auch die Situationsbeschreibung des Menschen, sein Sosein, wird erhellt und begründet durch den Blick in die Geschichte und deren Anfang: Die Abkehr von Gott am Anfang, der schuldhafte Verlust der Urstandsgnade, ist nicht etwas Vergangenes, sondern liegt dem Menschsein als eine immer wieder neu vollzogene Option zugrunde.

## 1.2. Geschichtliche Offenbarung Gottes

*H. Waldenfels*, Einführung in die Theologie der Offenbarung, Darmstadt 1996, 8–21; *J. Lindblom*, Die Vorstellungen vom Sprechen Jahwes zu den Menschen im Alten Testament: ZAW 75 (1963), 263–288; *J. Schreiner*, Theologie des Alten Testaments. (Ergänzungsband zur Neuen Echter Bibel – Altes Testament, Bd. 1), Würzburg 1995, 99–131; *H. Fries*, Fundamentaltheologie, Graz 1985, 236–251; *Ch. Duquoc*, Gott gibt sein Wort: Neue Summe Theologie Bd. 1: Der lebendige Gott, hg. v. P. Eicher, Freiburg i. Br. 1988, 33–95, hier 33–55.

*a) Abraham – Offenbarung als Verheißung*
Das AT bezeugt die Frage nach Gott als das Grundproblem des Menschen. Das geschieht aber nicht auf rein rationale Weise, sondern vor dem Hintergrund der Geschichte eines Volkes, d. h. im Kontext der vielfältigen und grundlegenden Lebenssituationen der Glieder dieses Volkes. Die Texte des AT sind der Niederschlag dessen, was diese Menschen über Gott und damit über sich selbst erfahren haben: JHWHs rettendes Entgegenkommen. Infolgedessen beansprucht das AT mehr zu sein als »eine Selbstdarstellung des

Menschen in seiner Geschichte wie auch andere große Literatur«.[7] Es drückt stattdessen aus und vergegenwärtigt die an Israel ergangene Selbstzusage JHWHs und ist insofern Wort Gottes.

Der Beginn der besonderen Offenbarung Gottes als Geschichte setzt im zwölften Kapitel des Buches Genesis mit der Geschichte Abrahams ein. Wie die Urgeschichte so möchte auch die Vätergeschichte zu Beginn der geschichtlichen Offenbarung Gottes ätiologisch verstanden werden: Sie berichtet über den unmittelbaren Ursprung der Geschichte des Volkes Israels und macht exemplarisch die Grundstruktur des Handelns Gottes und seiner Führung deutlich: Gottes Wort, Wille und Tat bestimmen das Leben eines Einzelnen und dessen Entscheidungen. Als solches sind die Vätergeschichten auch für die spätere Geschichte des Volkes Israels von bleibender Bedeutung. Die mit Abraham beginnende geschichtliche Offenbarung Gottes erfolgt in Form der Verheißung, die in die Zukunft weist und Zukunft eröffnet, und sie wird durch einen Bund unter dem Zeichen der Beschneidung besiegelt (Gen 15,1–21; 17,1–27). Von hier aus begreift sich »[d]ie Gegenwart ... als Frucht der Verheißung und versteht sich selbst und ihre Aufgabe vom Offenbarungshandeln Gottes und vom Glauben her.«[8]

*b) Befreiung am Schilfmeer*
Die biblischen Texte bezeugen die Allwirksamkeit und Vorsehung von JHWHs Wirken zum Heil der Menschen. Nach alttestamentlichem Zeugnis wurde das Volk Israel am Anfang seiner Geschichte mit diesem Gott bekannt: Die Mose-Schar brach aus Ägypten auf und zog in die Wüste, um dem Machtbereich des Pharao zu entrinnen (Ex 12,1–18,27). Dies bedeutete zugleich das Ende der Väterepoche. Die Mose-Schar wurde zum Kern Israels. Israel formte sich in einem lange andauernden Prozess unter dem bestimmenden Einfluss der Mose-Schar aus den bereits in Palästina ansässigen und neu hinzutretenden Stämmen. Die Mose-Gruppe deutete ihr Entkommen aus dem Pharaonenland und ihren weiteren Weg als Offenbarung ihres Gottes und seiner besonderen Hilfe. Diese Erfahrung war für den Gottesglauben der ganzen weiteren israelitischen Geschichte zentral.

Der Exodus selbst stand unter der Leitung des Moses. Infolgedessen wusste ihn die theologische Reflexion von JHWH gesandt, um sein Heilshandeln anzusagen (Jahwist Ex 3,7 f.) und in seinem Auftrag zu handeln (Elohist Ex

---

[7] *P. Knauer*, Was verstehen wir heute unter »Inspiration« und »Irrtumslosigkeit« der Heiligen Schrift?: ThAk 10 (1973), 58–87, hier 67.
[8] *H. Fries*, Fundamentaltheologie, Graz 1985, 238.

3,9 f.). Schon die Berufungserzählung des Moses gab der theologischen Reflexion die Möglichkeit, auszusagen, was JHWH an und für Israel getan hatte. Schon hier wird deutlich, wie sich Gott zu den Menschen verhält und wer er demnach ist. Jahwist und Elohist bekennen, dass JHWH die Not des Volkes gesehen und den Klageruf gehört hat. Er ist demnach ein Gott, der sich der Menschen annimmt und sich um sie kümmert, v. a. wenn sie in Bedrängnis sind. So kam er am Schilfmeer nicht zufällig hinzu. JHWH hatte die Rettung geplant, in Gang gebracht und durchgeführt. Diese im AT allgemein belegte Überzeugung wird in den vier verschiedenen Schichten des Pentateuchs unter verschiedenen Aspekten bzw. in verschiedenen Bildern entfaltet:

- *Jahwist:* Die jahwistischen Texte entstanden wohl im 10./9. Jh. v. Chr. in Juda bzw. Jerusalem. Von hier aus sahen sie die Ereignisse folgendermaßen: JHWH sprach: »Ich bin *herabgestiegen*, um sie der Hand der Ägypter zu entreißen und aus jenem Land hinaufzuführen in ein schönes und weites Land« (Ex 3,8). Nach diesem Text verlässt Gott seine Erhabenheit und Überlegenheit, um den Menschen persönlich nahe zu sein und sich mit ihnen einzulassen. Das Heil, in das die göttliche Rettungstat hineinführen soll, ist der weite, mit den Gaben Gottes gesegnete Lebensraum, wobei die Hinaufführung in Jerusalem endet. Dies hatte das JHWH-Volk soeben erlebt: David hatte durch JHWHs Hilfe (JHWH war mit ihm) Jerusalem erobert und die Landnahme vollendet.

- *Elohist:* Die elohistischen Texte blickten wohl im 9./8. Jh. v. Chr. schon auf eine wechselvolle Geschichte Israels zurück, in der JHWH immer wieder befreiend wirksam gewesen war. Anders als der Jahwist spricht der Elohist von »herausführen« aus »Ägypten« (Ex 3,10 f.). Zwar wird Mose mit der Herausführung beauftragt, doch eigentlich ist es JHWH selbst, »der Israel aus Ägypten herausgeführt hat«. Hinter dem Begriff »herausführen« verbirgt sich ein königliches Tun: Der König befreit die Gefangenen. So heißt es in Ps 68,7: »Gott bringt die Verlassenen heim, führt die Gefangenen hinaus in das Glück.« Analog hat JHWH, der König Israels, gehandelt. Wie die Geschichte Israels mit einer Befreiung beginnt, so soll sie eine dauernde Befreiung, eine Freiheitsgeschichte, sein.

- *Deuteronomium:* Im Zusammenhang mit der Vorstellung von der Befreiung aus der Knechtschaft verbindet das Deuteronomium aus dem 7. Jh. v. Chr mit dem Tun Gottes den Erlösungsgedanken. Es lässt Mose sagen: Jahwe hat »euch mit starker Hand herausgeführt und euch aus dem Sklavenhaus freigekauft, aus der Hand des Pharao, des Königs von Ägypten.« (Dtn 7,8) Der Erlösungsbegriff meint ein Losmachen von den Banden der Knechtschaft, in die Israel verstrickt war. Er besagt: JHWH selbst hat eingegriffen und die Herausgabe des Volkes gefordert, so dass der Unterdrücker die Unterdrückten freigeben musste.

• *Priesterschrift:* Die Priesterschrift nimmt in der Exilszeit (um 550 v. Chr.) all die deutenden Worte über das Heilsgeschehen am Schilfmeer auf, in welchem Israel seine grundlegende Gotteserfahrung machte. Sie spricht von herausführen, retten und erlösen. Der Herr sagt zu Mose: »Ich bin Jahwe. Ich führe euch aus dem Frondienst für die Ägypter heraus und rette euch aus der Sklaverei. Ich erlöse euch mit hoch erhobenem Arm und durch ein gewaltiges Strafgericht über sie.« (Ex 6,6) Gemäß der Priesterschrift verpflichtete sich JHWH »das Land Kanaan zu geben« (Ex 6,4) und weil er die Verpflichtung eingelöst hat, hofft man im Exil, dass JHWH auch jetzt, wie er es einst bewiesen hat, zu seiner Verheißung steht und sie erneut erfüllt, nämlich in der Heimkehr Israels aus dem Exil.

Am Anfang der Geschichte Israels steht die Heilstat Gottes. Der Gott der Väter ist nicht nur als weltüberlegener Weltschöpfer gegenwärtig, sondern er ist ein in der Geschichte der Menschen wirksamer und diese begleitender Gott. Im geschichtlichen Heilshandeln gibt er sich und seine königliche Macht im Erretten und Befreien kund. Im Exodusgeschehen offenbart Gott seinen erlösenden Heilswillen. Die geprägten Worte, mit denen diese Erfahrung ausgesagt wird, gehen ins Bekenntnis Israels ein. Sie machen seinen zentralen Inhalt aus. Das sog. kleine geschichtliche Credo ist ein Beispiel dafür (Dtn 26,5–10; Jos 24,1–13). Israel bekennt seinen Glauben, indem es seine Geschichte erzählt. Im Mittelpunkt stehen die Errettung des Volkes aus der ägyptischen Knechtschaft und die Führung in das Land der Verheißung. Im Exodusereignis hat sich Gott als ein befreiender Gott zu erkennen gegeben.

Als weitere zentrale Glaubensformel, die Einblick in den Inhalt des alttestamentlichen Bekenntnisses gibt, hat das im Judentum täglich gebetete »Höre, Israel!« (Dtn 6,4–9) zu gelten. Israel bekennt sich zur Ausschließlichkeit JHWHs, die zunächst im Sinne der Monolatrie, der Verehrung nur eines Gottes verstanden wird und im Verlauf der Geschichte zunehmend als Monotheismus gesehen wird: »Kein fremder (Gott) ist bei euch gewesen. Ihr seid meine Zeugen – Spruch des Herrn. Ich allein bin Gott; auch künftig werde ich es sein.« (Jes 43,12 f.) Einen theoretischen Monotheismus gab es frühestens in Spätschichten des Deuteronomiums und bei Deuterojesaja, also z. Zt. des babylonischen Exils.

Gottes unwiderrufliches, bedingungsloses Interesse am Heil der Menschen und seine Bewegung auf Israel zu, soll das Volk in Bewegung bringen. Es soll sich auf den Weg machen, der im Dekalog (Ex 20,1–17; Dtn 5,6–21) aufgezeigt wird: auf den Weg der Liebe zu Gott und den Menschen. Dieser

Exodus des Volkes ist in der vorausliegenden Liebe Gottes zu Israel, d. h. im geschichtlichen Exodus verankert. JHWH ist zunächst ein fördernder Gott (Befreiung) und dann erst ein fordernder Gott (Dekalog). Allem menschlichen Tun geht Gottes Handeln voraus. Wer sich aber im Glauben an die Befreiungsgeschichte hält, ihr traut und sich darin festmacht, wird sich auch auf den Weg der Liebe begeben, der im Dekalog vorgezeichnet ist. So wird der Glaube »in der Liebe wirksam« (Gal 5,6).

*c) Gottesname »JHWH«*

Die zentrale Gotteserfahrung Israels im Exodus wird mit dem Namen »JHWH« zusammengefasst, den Gott selbst offenbart. Die Mitteilung und Interpretation des Namens Gottes beruht auf einer Theophanie, die mit der Berufung des Moses in Ex 3,1–22 überliefert wird. JHWH ist eine Aussage über ein Sein bzw. mehr noch über ein Tun und bedeutet nach Ex 3,14: »אֶהְיֶה אֲשֶׁר אֶהְיֶה« *(ehje ascher ehje)* – »Ich bin der ›Ich-bin-da‹«. Gott stellt sich durch das vor, was er schon getan hat und zu tun verspricht. Erich Zenger (* 1939) macht auf vier Aspekte des Nahe-Seins JHWHs aufmerksam, die in dieser Namensoffenbarung enthalten sind[9]:

- *Zuverlässigkeit:* »›Ich bin so bei euch da, daß ihr fest mit mir rechnen könnt.‹« Das hebräische »sein« trägt dynamische und keine statischen Elemente in sich. Darum besagt der Name JHWH die Erfahrung seiner lebendigen Gegenwart: »ich bin da«, »ich bin der Daseiende« im Sinne von »ich erweise mich«.[10] Es handelt sich also um eine dynamisch-wirkmächtige Verheißungsaussage. Eine ontologische Aussage ist damit nicht gemeint: »Ich bin mit euch«, das »wie« liegt allerdings in der Freiheit Gottes.
- *Unverfügbarkeit:* »›Ich bin so bei euch da, daß ihr mit mir rechnen müßt, wann und wie ich will.‹« Die Zusage bedeutet nicht, dass Gott stets einklagbar und verfügbar ist. Gott ist nicht disponierbar. JHWH kann seine Nähe entziehen, seine Hilfe verweigern und Auflehnung bestrafen. Er ist kein Gott, über den man verfügen und mit der Ausrufung seines Namens herbeizwingen kann (Ex 33,19; 20,4), noch kann er repräsentativ und bildlich dargestellt werden. JHWH wahrt seine Freiheit. »Es ist der Herr! Er tue, was ihm gefällt.« (1 Sam 3,18) Im AT wird verbunden mit der

---

[9] E. Zenger, Der Gott der Bibel. Sachbuch zu den Anfängen des alttestamentlichen Gottesglaubens, Stuttgart 1992, 111. Hier auch alle nachfolgenden Zitate.
[10] W. von Soden, Jahwe »Er ist, Er erweist sich«: Die Welt des Orients 3 (1964/66), 177–187.

Immanenz Gottes auch dessen Transzendenz immer deutlicher zur Sprache gebracht.

- *Ausschließlichkeit:* »›Ich bin so bei euch da, daß ihr allein mit mir rechnet als dem, der euch rettend nahe sein kann.‹« Gott bleibt auch in seinen Abwendungen in Treue bei seinem Volk. Die Treue zu sich selbst macht die Göttlichkeit JHWHs aus und ist ein wesentlicher Zug seiner Heiligkeit: »Gott ist kein Mensch, der lügt, kein Menschenkind, das etwas bereut. Spricht er etwas und tut es dann nicht, sagt er etwas und hält es dann nicht?« (Num 23,19). Das Volk Israel denkt, wenn es von der Treue Gottes sprach, zuerst an dessen Heilshandeln.

- *Unbegrenztheit:* »›Ich bin so bei euch da, daß mein Nahe-Sein keine örtlichen, institutionellen und zeitlichen Grenzen kennt.‹« In allem geschichtlichen Werden und Vergehen ist er der Bleibende: »*Ich,* der Herr, *bin* der Erste und noch bei den Letzten *bin ich* derselbe« (Jes 41,4); »*Friede* von Ihm, *der ist* und der war und der kommt« (Offb 1,4; 1,7.17; 2,8); »*Ich bin* das Alpha und das Omega, der Erste und der Letzte, der Anfang und das Ende.« (Offb 22,13)

Diese Interpretationen des JHWH-Namens lassen wichtige inhaltliche Grundstrukturen des alttestamentlichen Glaubens erkennen. Sie finden in der biblischen Geschichte und in verschiedenen alttestamentlichen Bekenntnisformeln eine nähere Entfaltung. Der Gottesname JHWH ist Antwort auf eine Tat, die dieser Gott gewirkt hat. Gott offenbarte sich in einer rettenden und befreienden Tat. Fortan blieb JHWH über die Geschichte dieses Volkes geschrieben. Denn er würde sich auch zukünftig offenbaren in Heil und Gericht.

*d) Antwort des Gottesvolkes*

Gott JHWH offenbart sich in der Geschichte des israelitischen Volkes nachhaltig im Exodusgeschehen. Mit dieser Offenbarung hat die Haltung Israels zu korrespondieren, indem es sich als JHWHs Volk versteht und aus dem Glauben an JHWH heraus existiert. Dabei lebt der Glaube Israels aus der Erinnerung an die grundlegenden Heilserfahrungen, die als nicht abzuleitende Erfahrungen nicht argumentativ, sondern nur narrativ lebendig gehalten werden können.

Die geschichtliche Berufung des Volkes Israels durch die Offenbarung JHWHs dient einem besonderem Ziel, das v. a. im sog. Adlerspruch zum Ausdruck kommt: »[I]hr habt gesehen, was ich den Ägyptern angetan habe, wie ich euch auf Adlerflügeln getragen und hierher zu mir gebracht habe. Jetzt aber, wenn ihr auf meine Stimme hört und meinen Bund haltet, werdet ihr unter allen Völkern mein besonderes Eigentum sein. Mir gehört die ganze Erde, ihr aber sollt mir als ein Reich von Priestern und als ein heiliges Volk gehören« (Ex 19,4–6). Dem schließt sich inhaltlich die Mahnung an: »Ihr sollt nicht tun, was man in Ägypten tut, wo ihr gewohnt habt; ihr sollt nicht tun, was man in Kanaan tut, wohin ich euch führe.« (Lev 18,3) Dem offenbarenden Handeln Gottes ist also der Glaube und Gehorsam des israelitischen Volkes zugeordnet.

Die weitere Geschichte gibt Aufschluss darüber, auf welche Weise sich der Glaube des JHWH-Volkes bewährt und ausformt bzw. Versuchungen erliegt und dadurch seinem spezifischen Auftrag untreu wird. Die Gefahr der Assimilation und Preisgabe des JHWH-Glaubens war v. a. in der Zeit nach der Landnahme, der Sesshaftwerdung, groß. Sie hatte zwei Gesichter:

- *religiös:* Im Laufe der Generationen verblasste das Gedächtnis JHWHs, wenngleich seine Heilstaten nie völlig in Vergessenheit gerieten. Der Kampf zwischen JHWH und Baal kulminierte in der Herausforderung des Elija an die Baalspriester und Baalspropheten: »Wenn Jahwe der wahre Gott ist, dann folgt ihm! Wenn aber Baal es ist, dann folgt diesem!« (1 Kön 18,21).

- *politisch:* Es bestand die Gefahr der politischen Anpassung verbunden mit dem Verrat der Königsherrschaft JHWHs. Entgegen dem ursprünglichen, spezifischen Berufungsauftrag Israels, sein besonderes Eigentum zu sein, wurde bald der Wunsch nach einer festen Institution der Macht und einer sichtbaren Repräsentation des Volkes wach (1 Sam 8,19 f.). Am Ende wurde das ertrotzte Königtum in das Gesetz so integriert, dass er »keine Sonderrolle« spielt und nicht »zwischen JHWH und Volk« tritt, also das »unmittelbare Liebesverhältnis zwischen JHWH und seinem Volk« nicht beeinflusst wird.[11] Als Instrument der Königsherrschaft Gottes sollte das irdische Königtum die Grundintention des JHWH-Bundes wahren. Das schien zunächst in der Gestalt und dem Königtum Davids zu gelingen. Aber schon hier wurden zwei gefährliche Abwege beschritten: Dem mitwandernden Gott JHWH soll auf dem Zion ein Tempel gebaut werden, seine Unverfügbarkeit soll in ein ständiges Hier verwandelt werden. Zum anderen wurde in der Thronfolge das charismatische Element durch das Moment der Dynastie ersetzt. Diese Veränderungen erfolgen letzten Endes zwar kraft göttlicher Verfügung, dennoch war die Offenbarung

---

[11] *A. Moenikes,* Gottesbeziehung. Zum Proprium alttestamentlicher Theologie: ThGl 99 (2009), 63–73, hier 69.

JHWHs im Königtum Israels als solches nicht geglückt – das Reich zerfiel in Nord und Süd (926 v. Chr.); das Nordreich ging unter (722 v. Chr.).

*e) Sinaioffenbarung*
Prägend für die Geschichte und den Glauben Israels ist der Aufenthalt der Israeliten am Sinai (Ex 19,1–Num 10,10), verbindet sich doch mit der Theophanie die Offenbarung des göttlichen Willens in Form des Dekalogs (Ex 20,1–17) sowie die Besiegelung des Ganzen im feierlichen Bundesschluss (Ex 24,1–18), d. h. in der Gemeinschaft zwischen JHWH und dem Volk Israel.

In der Sinaiüberlieferung spiegelt sich kein einmaliges Ereignis wider, vielmehr haben sich hier »Erinnerungen über die Anfänge und Grundlagen der israelitischen Religion verdichtet«.[12] Auch die Zehn Gebote sind nicht das Produkt eines einzigartigen, offenbarungsartigen Erlebnisses, sondern die Konzentration jahrzehntelanger Erfahrungen, die besagen, wie die (wüste) Geschichte Israels von Gott her zu einem Ort des Lebens werden kann. Sie thematisieren zehn Situationen, die für das Leben bedrohlich werden können, und beschreiben Haltungen, wie das von Gott geschenkte und weiterzuschenkende Leben in der Gottesgemeinschaft gemeistert werden könne. Der Dekalog gibt somit die Richtung an, in der die Befreiungsgeschichte, die JHWH mit Israel im Exodus in Gang gesetzt hat, ihre Fortsetzung und ihr Ziel finden wird.

Im Vergleich zur religionsgeschichtlichen Umwelt Israels kommt der Forderung der Ausschließlichkeit der JHWH-Verehrung (Ex 20,3) und der Bildlosigkeit des JHWH-Kultes (Ex 20,4) eine besondere Bedeutung für die Religion Israels zu, die sich durch den Monotheismus sowie das Bekenntnis zu einem geistigen Gott auszeichnet.

## 1.3. Neues Heilsgeschehen

*E. Zenger*, Der Gott der Bibel. Sachbuch zu den Anfängen des alttestamentlichen Gottesglaubens, Stuttgart ³1988. *H. Fries*, Fundamentaltheologie, Graz 1985, 246–251; *W. H. Schmidt*, Einführung in das Alte Testament, Berlin ⁵1995, 346–370.

*a) Offenes Gottesbild*
Trotz Theophanien und Namensnennung zeichnet sich das alttestamentliche Gottesbild durch eine gewisse Unentschiedenheit und damit Offenheit aus.

---

[12] *R. Rendtorff*, Das Alte Testament. Eine Einführung, Neukirchen-Vluyn ⁴1992, 17.

Offenbarungsfrage

Die Selbstoffenbarung JHWHs im Laufe der Geschichte seines Heilshandelns führte anstatt zu einer Klärung und Eindeutigkeit, zu einer Unbeschreiblichkeit und Unaussprechbarkeit dessen, was der Name JHWH zum Ausdruck bringen möchte. Das bedeutet jedoch nicht, dass die verschiedenen Selbstbekundungen Gottes in der Geschichte zusammenhanglos und wirr nebeneinander stünden. Vielmehr drückt sich im geschichtlichen Handeln die Selbstidentität Gottes aus, wie diese schon in seiner Namensnennung (Ex 3,14) zum Ausdruck kam, so dass inmitten der Pluralität göttlicher Selbstbekundungen deren Einheit erkennbar wird.

Trotz dieser Unabgeschlossenheit hat sich Gott JHWH in der Geschichte Israels soweit selbst geoffenbart, dass von seinem Wesen deutlich wurde[13]:

- *JHWH ist der Gott Israels:* In der Geschichte des alttestamentlichen Volkes wird eine Tendenz vom Gott Abrahams bzw. der Väter über verschiedene Namen Gottes bis hin zum Gott Israels erkennbar. Es ist ein Weg hin zum Monotheismus und der Grund, weshalb JHWH ein eifersüchtiger Gott ist, der keine anderen Götter neben sich duldet (Dtn 6,15).

- *JHWH ist der Herr der Geschichte:* Er ist die alles bestimmende Wirklichkeit, d. h., er ist nicht so in die Geschichte Israels involviert, dass er darin gänzlich aufginge. Not und Niederlage sind nicht der Untergang JHWHs. Sie stellen vielmehr Herausforderungen und Prüfungen des israelitischen Glaubens dar.

- *JHWH ist der Heilige Israels:* Gott ist gegenüber der Welt der ganz Andere, der Unverfügbare, der Erhabene und Herrliche. Das resultiert für Israel in der Forderung: »Erweist euch als heilig, und seid heilig, weil ich heilig bin.« (Lev 11,44) Heiligkeit besagt näherhin Güte, Barmherzigkeit, Treue und Gerechtigkeit (Mi 6,8).

- *JHWH ist der Schöpfer des Himmels und der Erde:* Er ist der creator ex nihilo; kraft seines Wortes hat er die Schöpfung hervorgebracht und erhält sie am Leben. Im Gegensatz zur Kosmogenie kennt das AT aber keine Theogonie: Gott ist von Anfang an. Trotz seiner Nähe steht er als Schöpfer seiner Schöpfung gegenüber.

- *JHWH ist ein personaler Gott:* Gott offenbart sich und wird erfahren als ein personaler, sprechend-handelnder Gott, d. h., er hat ein »Angesicht« und das Volk Israel sieht sich in einem dialogischen Verhältnis zu ihm.

- *JHWH ist zugewandte Lebensfülle:* Gott ist die der Welt zugewandte Lebensfülle. Er ist erfüllt von unerschöpflicher Liebe (Hos 11,4), von gren-

---

[13] *H. Fries,* Fundamentaltheologie, Graz 1985, 246–251.

zenlosem Erbarmen (Jes 49,14 f.), von unstillbarer Leidenschaft (Ex 20,5 f.), von schier unabwendbarem Zorn (Jes 9,7–10,4). Er ist der lebendige Gott in einem solchen Maß, dass er die Quelle des Lebens ist (Ps 36,10). Seine Güte, Huld und Treue strömen weltweit aus (Ps 36,6) und sind so stark in ihm, dass er sie aussenden kann, ja vielleicht sogar aussenden muss.

- *Distanz Israels zur Umwelt:* Aus der Offenbarung JHWHs in der Geschichte Israels resultiert die Distanz des JHWH-Volkes gegenüber seiner Umwelt. Diese Distanz ist aber ständig durch die Gefahr der Assimilation bedroht und meint am Ende Universalität. Denn Israel ist ein »Zeichen für alle Völker«. Gott offenbart sich als Herr der Geschichte Israels und darin als Herr der gesamten Geschichte.

- *Zukunftsaspekt:* Israel versteht sich als das auserwählte und auf den Weg gebrachte Gottesvolk. Es weiß sich auf dem Weg in eine Zukunft, die Gott ihm bestimmt hat (Ex 3,1–17). Jedes alttestamentliche Offenbarungsereignis weist über sich hinaus und erweist sich selbst in der Erfüllung noch als Verheißung. In keinem geschichtlichen Ereignis kommt die Offenbarung Gottes als Geschichte an ihr Ende, und selbst die verschiedenen Bundesschlüsse transzendieren sich selbst, hin auf den neuen, ewigen Bund. Die Zukunft hält für Israel Gottes Heil bereit.

- *Spannungsvolles Gottesverhältnis:* Das Volk Israel lebt sein Gottesverhältnis in der Spannung von Rückbindung an die Vergangenheit und Offenheit für die Zukunft. Die Erinnerung an die Taten Gottes in der Geschichte ist lebendig zu halten, besonders im Gottesdienst. Die Vergangenheitserinnerung ist der Anlass zu immer neuer Hoffnung und Zuversicht.

### b) »Tag JHWHs«

Die Offenheit des alttestamentlichen Gottesbildes rührt wohl von der Heilssituation Israels her. Denn seine Geschichte läuft auf ein ganz bestimmtes Ziel zu. Erst dieses Ziel wird die volle Offenbarung Gottes in seinem Wirken bringen. Die Israeliten warten auf das volle »Hervortreten« Gottes, auf sein eigenes Kommen, auf den »Tag JHWHs«, auf das kommende Reich und den Gesalbten. Das »Hervortreten« Gottes wird nicht als das Kommen eines ganz Anderen erwartet, sondern als das Kommen dessen, der sich am Anfang der Geschichte bereits erwiesen hat: JHWH selbst. Er wird als endgültiges, vollkommenes Heil erwartet. Der »Tag Jahwes« (Jes 2,12; Ez 30,2; Joel 2,11; Am 5,18 u. ö.) ist die Verheißungszusage Gottes schlechthin. Das »Dass« war von JHWH selbst verheißen, doch das »Was« dieses Kommens wird im AT immer wieder auf verschiedene Weise zur Sprache gebracht. In den unterschiedlichen Beschreibungen des Kommenden figurieren unterschiedliche Motive:

- *Politisches Motiv:* Der Kommende wird ein König sein ähnlich dem König David, doch er wird diesen zugleich an Macht und Herrschaft übertreffen; er wird Herr sein über alle Völker (Jes 7,10–17).
- *Heilsmotiv:* Die Rede ist vom Messias und einer messianischen Zeit als dem Werk JHWHs. Der Messias ist der Friedensfürst, der als Grundlage seiner Herrschaft Gerechtigkeit, Barmherzigkeit und Liebe gewährt (Jes 7,1–25; 9,1–6; 11,1–16). Ezechiel fügt das Motiv des guten Hirten hinzu, der das Zersprengte einholt, das Gebrochene verbindet, das Schwache stärkt (Ez 34,23–31). Für Deutero-Jesaja ist der Kommende der leidende Gottesknecht, der die Schuld der Welt sühnt (Jes 42,1–9.18–25), und in der Vision des Danielbuches erscheint der Kommende in der Gestalt des Menschensohnes, der vom Himmel kommt (Dan 7,13) und die Gottesherrschaft herbeiführt.
- *Geistmotiv:* Charakteristisch für die messianische Zeit ist v. a. die Ausgießung des Geistes Gottes über Israel bzw. alle Menschen (Joel 3,1–5 u. ö.). Daran wird der Anbruch der messianischen Zeit erkennbar. Wird das Wirken des Geistes Gottes erfahren, ist der »Tag JHWHs« erfüllte und bleibende Wirklichkeit.
- *Gottesmotiv:* Manche Texte sprechen unmittelbar vom Kommen JHWHs selbst, v. a. Jes 35,4 f.: »Sagt den Verzagten: Habt Mut, fürchtet euch nicht! Seht, hier ist euer Gott! ... er selbst wird kommen und euch erretten.«

Die Selbstoffenbarung JHWHs in der Geschichte Israels, insbesondere im Exodus-Ereignis, wird am »Tag JHWHs« ihre Erfüllung finden.

*c) Mit-Leiden und Selbsterweis Gottes*

Mit der Zerstörung des Jerusalemer Tempels (586 v. Chr.) war JHWH gleichsam ortlos geworden. Es bedurfte eines erneuten Lernprozesses, um diese scheinbare Ortlosigkeit Gottes als eine neue, noch intensivere Gestalt göttlicher Präsenz zu begreifen. Zudem schien JHWH gleichsam abwesend zu sein. Auch diese Abwesenheit galt es zu bewältigen. Die Neueinstellung zu Gott und die Bewältigung der Glaubenskrise ermöglichte die Erinnerung an den Gott der Verheißung, an die Befreiung aus der Knechtschaft Ägyptens und den Treuebund mit seinem Volk. Die Propheten ermutigen zum dialogischen Verhältnis zwischen JHWH und seinem Volk, deuten das Unglück Israels als Gottesgericht, verheißen die endgültige Rettung aufgrund der Treue Gottes und rufen zur Umkehr und Bekehrung des Volkes als Weg in die Zukunft auf. So bleibt Gott auch im Leiden des Volkes dessen Bundesgenosse, ja er wird durch alle Ankündigung des Gerichtes hindurch zu einem mit-leidenden Gott. Die Glaubenshaltung im Exil ist geprägt von:

- *Vertrauensvollem Durchhalten:* »Die Jungen werden müde und matt, junge Männer stolpern und stürzen. Die aber, die dem Herrn vertrauen, schöpfen neue Kraft, sie bekommen Flügel wie Adler. Sie laufen und werden nicht müde, sie gehen und werden nicht matt.« (Jes 40,30 f.)
- *Wissen um Gott als Garanten des Glaubens:* »Glaubt ihr nicht, so bleibt ihr nicht.« (Jes 7,9); »Ich will auf den Herrn warten, der jetzt sein Angesicht vor dem Haus Jakob verhüllt, auf ihn will ich hoffen.« (Jes 8,17); »Verlasst euch stets auf den Herrn; denn der Herr ist ein ewiger Fels.« (Jes 26,4)
- *Wissen um die Chance der Umkehr:* »Nur in Umkehr und Ruhe liegt eure Rettung, nur Stille und Vertrauen verleihen euch Kraft.« (Jes 30,15)

Die israelitische Identität ist in hohem Maße von einer doppelten Dialektik zwischen Ägypten und Exodus sowie Exil und Rückkehr geprägt. In beiden Fällen setzt die Erinnerung bei Leidenssituationen an und die Initiative zur Befreiung liegt auf Seiten Gottes. Aber der entscheidende Unterschied besteht darin, dass sich mit Ägypten das Erlebnis Gottes als des Siegers verbindet (Ex 15,1–21), während das Exil das auserwählte Volk in die Rolle der Besiegten versetzt und Gott in Selbsterniedrigung am Schicksal der Besiegten teilnimmt. JHWH wird der Gott der Besiegten; er geht aber im Untergang seines Tempels nicht unter und lässt sich auch nicht durch die Götter der Sieger ersetzen, sondern er lebt im JHWH-Glauben der im Exil lebenden Juden weiter.

Ursprünglich wurde in der Exodustradition das Geschehen auf den Machterweis Gottes konzentriert. Doch im Exilsgeschehen erweist sich die Selbsterniedrigung und die Sympathie Gottes mit den Leidenden. Die Exilsprophetie bezieht die prophetische Erweisformel nun auch auf das Gerichts- und Heilshandeln Gottes. Die Gotteserkenntnis der Zukunft ist sowohl Erkenntnis der Macht und Gottheit JHWHs angesichts geschichtlicher Ereignisse als auch Erkenntnis seiner Gesinnung. Die volle und endgültige Gotteserkenntnis wird mit dem von der Exilsprophetie angekündigten, zukünftigen Gotteshandeln verknüpft. Dieses neue Heilsgeschehen wird dem alten Heilsgeschehen der Exodustradition gegenübergestellt (Jes 48,6 f.; 43,18; Jer 16,14 f.). Das für das Volk Israel grundlegende Exodusgeschehen wird eindeutig überboten durch die erwartete Heilszeit der Zukunft. Dieses künftige Heilsgeschehen soll in seiner den Gott Israels identifizierenden Funktion die Exodusüberlieferung ablösen.

Die den Vätern und Mose gewährten Gotteserscheinungen und der Erweis der Identität dieses Gottes durch das Auszugsgeschehen und durch die Gabe des verheißenen Landes vermitteln vom Standpunkt der Exilsprophetie aus gesehen noch nicht die endgültige Gotteserkenntnis. Diese Ereignisse werden durch die erwartete Heilszukunft überholt werden. Gott wird in der Geschichte selber hervortreten in der messianischen Zeit und im Messias. In der Geistausgießung wird sich Gott selbst wirkmächtig und vollkommen offenbaren.

Die folgenden Generationen haben zwar die Rückkehr der Exilanten erlebt, nicht aber die Heilszeit der prophetischen Verheißung, die alles Frühere überstrahlt hätte. So erfolgte unter der wechselnden Herrschaft fremder Weltmächte die Ausbildung der eschatologischen Erwartung einer endgültigen Verwirklichung des Gottesreiches am Ende der Geschichte. Damit verbunden wurde die Hoffnung, Gott werde seine Gerechtigkeit an den Individuen über die Lebzeit hinaus einlösen, in der Auferstehung der Gerechten bzw. im Gericht über die Frevler. Vor diesem Hintergrund gewann in der zwischentestamentlichen Zeit (200 v. Chr. – 100 n. Chr.) die Apokalyptik eine große Bedeutung: Im äthiopischen Henochbuch, einer bis in das 3. Jh. zurückreichenden apokalyptischen Schrift, wird dem Seher in einer Vision »enthüllt« (äthHen 1,2; 72,1), was erst am Ende dieses Äons vor aller Welt offenbar werden wird, »alle die verborgenen Dinge des Himmels, die da geschehen sollen auf der Erde« (äthHen 51,2). Und der Engel spricht zum Propheten Henoch: »Warte ein wenig, und alles Verborgene, was der Herr der Geister gepflanzt hat, wird dir geoffenbart werden« (äthHen 51,5).

Die Offenbarung Gottes im AT, seine besondere Offenbarung in der Geschichte Israels ist eine Offenbarung in der Gestalt der Verheißung. Jedes offenbarende Handeln und Geschehen Gottes weist nochmals über die Gegenwart hinaus und verheißt ein Künftiges, ein Kommendes und Größeres, das mit dem Alten, dem Heute und Gestern in Kontinuität steht. Das Größere tritt in den geschichtlichen Niederlagen des Gottesvolkes umso deutlicher hervor; die Offenbarung Gottes in der Geschichte Israels tendiert immer intensiver hin zur »Fülle der Zeit«.

*d) Wort, Weisheit und Geist*

Wie es die Rede vom »Tag JHWHs« andeutet, ist das AT für eine noch weitergehende, über das Exodus-Ereignis hinausgehende Gottesoffenbarung offen. Wie sehr die Geschichte Gottes mit seinem Volk Israel auf die Fülle der göttlichen Selbstoffenbarung zuströmt, zeigt sich besonders deutlich im Licht des NT. Auf die verheißene Heilszeit nehmen nicht nur die neutestamentlichen Verfasser Bezug, vielmehr ist es Jesus selbst, der die Israeliten auf ihr bereits vorhandenes Vorverständnis bezüglich der ausstehenden Selbstoffenbarung Gottes anspricht.

JHWH offenbart sich inmitten seines Volkes durch sein wirkmächtiges »Wort«, mit seiner planvollen »Weisheit«, in seinem unwiderstehlichen »Geist«. Gegen Ende der alttestamentlichen Epoche werden unter Einfluss der griechischen Philosophie[14] die drei Erfahrungen des Wirkens Gottes gleichsam personifiziert. »Wort«, »Weisheit« und »Geist« kommt eine eigentümliche Selbstständigkeit zu. Sie werden zwar als quasi eigenständige Personen dargestellt, nicht aber im eigentlichen Sinne als göttliche Personen aufgefasst. Es sind keine von JHWH getrennten, göttlichen Mächte, also keine göttlichen Wesen neben JHWH. Das wird u.a. daran deutlich, dass es keine scharfe Abgrenzung zwischen den drei personifizierten Begriffen gibt. Alle drei werden gleichermaßen als an der Schöpfung beteiligt gesehen. Gott ist selbst in seinem Wort, in seiner Weisheit und in seinem Geist da. Mit Wort, Weisheit und Geist werden Transzendenz und Immanenz JHWHs anschaulich herausgestellt. In all diesen Vorstellungen kommt ein Offenbarwerden der unsagbaren, sich dem Menschen zuwendenden Lebensfülle JHWHs zum Ausdruck, die sich nur schwer in eindeutige Worte bringen lässt.

- »Wort JHWHs« (דְּבַר־יְהוָה: d^ebar adonai): Der Ausdruck begegnet weniger als ein Synonym für JHWH selbst, vielmehr erscheint das damit Bezeichnete in einer eigenartigen Selbstständigkeit. Es wird gleichsam von JHWH zum Wirken gebracht (Jes 9,7; 55,10f.; Ps 107,20; 147,18), wobei es ähnlich personale Züge annimmt wie JHWH selbst. Dieses Bewusstsein steigert sich immer mehr: Hinter dem Ausdruck »Wort JHWHs« (דְּבַר־יְהוָה) bildet sich die Vorstellung einer eigenen göttlichen »Person« aus, die zwar von JHWH ausgeht, dennoch aber nie als sein Geschöpf oder als selbstständige, göttliche Wirklichkeit begriffen wird. Das Wort handelt aus der Kraft, die ihm mitgegeben ist und in ihm liegt. Es handelt sozusagen selbstständig, aber nicht aus eigener Vollmacht; es ist nur Träger des Befehls JHWHs und bleibt ihm im Wirken verbunden.

- »Weisheit JHWHs« (חָכְמָה יְהוָה: chochmah adonai): Sie kommt v.a. in den späteren Schriften des AT zur Sprache. Auch sie verbleibt in einer eigentümlichen Unbestimmtheit: Einerseits gehört sie mit JHWH absolut zusammen, andererseits wird sie aber doch als eine in eigenartiger »Selbstständigkeit« neben JHWH stehende beschrieben: Sie ist Repräsentant und

---

[14] Mittelwesen zwischen den Göttern und der Materie wird Vernunft (νοῦς) oder Wort (λόγος) oder Weisheit (σοφία) genannt.

Stellvertretung Gottes und tritt als Person auf; sie spricht und agiert als Frau Weisheit, besonders in Spr 1–9 und Sir 24,1–34. Sie erhebt ihre Stimme unter dem Anspruch, Offenbarungsmittlerin zu sein, redet wie ein Prophet, verkündet Heil und Unheil, bietet den Menschen, die auf sie hören, das Leben an und identifiziert sich mit dem Willen Gottes, worin ihre unbedingte Bindung an JHWH deutlich wird.

- »*Geist JHWHs*« (רוּחַ יְהֹוָה: *ruach adonai*): Obwohl dieser Begriff mit den beiden ersten nicht identisch ist, zeichnet auch er sich durch eine auffallende Personhaftigkeit aus (Jes 11,1–5; 42,1; 61,1). Charakteristisch sind für ihn Reichtum des Lebens und der Innerlichkeit, das Machtvoll-Charismatische und das Lebensspendende. Im Geist ist JHWH selbst gegenwärtig, und zwar nicht insofern er dem Volk und dem Einzelnen gegenübertritt, sondern insofern er in ihm ist und von innen zu geistvollem Leben und Handeln begeistert.

Jesus lässt keinen Zweifel daran aufkommen, dass der Gott des AT auch sein Gott ist. Er verkündet keinen anderen als den Gott JHWH. Jene, die Jesus nachfolgen und an ihn glauben, versuchen darum, ihn vom AT her zu verstehen. Vorgeprägte Begriffe und Ausdrucksweisen, die im AT sowohl die Transzendenz als auch die Immanenz Gottes auszusagen versuchen, wie Wort, Weisheit und Geist, dienen ihnen dazu, die heilsgeschichtliche Selbstoffenbarung JHWHs in ihrer Kontinuität auszudrücken, verbunden mit dem unerhört Neuen. Dabei zeigt sich, dass das ungeahnt Neue, das sie mit Jesus erfahren hatten, in einem unmittelbaren Zusammenhang mit den bisherigen Heilserfahrungen des Volkes Israels und den Heilsverheißungen JHWHs steht, und dass das Neue alles Bisherige sprengt. Das ist der Grund, weshalb zwar viele alttestamentliche Ausdrucksformen verwendet werden, zugleich aber mit einem neuen Inhalt gefüllt und durch ganz neue Aussageweisen ergänzt werden. Um das unerhört Neue der Gottesoffenbarung in Jesus Christus zur Sprache bringen zu können, erfahren die geprägten Ausdrucksweisen eine völlig neue Dichte und Deutlichkeit.

Im Sinne von Hebr 10,1 kann in Bezug auf die ausgehende alttestamentliche Epoche gewissermaßen von Vor-Schatten, d. h. Vorausabbildungen des Kommenden, gesprochen werden. Man darf sagen, dass die Personifizierung von Weisheit, Wort und Geist Anregungen und Hinweise für die neutestamentliche Theologie und die Trinitätslehre gegeben hat. Der sich offenbarende Gott lässt gegen Ende des AT vernehmen, dass er in sich göttliche Wesensfülle besitzt, die personhaft als Weisheit und Wort und als Geist erfahrbar wird.

## 2. Neutestamentliches Offenbarungszeugnis

### 2.1. Offenbarung Gottes im Leben Jesu Christi

*J. Schröter*, Von der Historizität der Evangelien. Ein Beitrag zur gegenwärtigen Diskussion um den historischen Jesus: ders., R. Brucker, Der historische Jesus. Tendenzen und Perspektiven der gegenwärtigen Forschung, Berlin 2002, 163–212; *J. Frey*, Der historische Jesus und der Christus der Evangelien: ebd., 273–336; *G. Theißen, A. Merz*, Der historische Jesus. Ein Lehrbuch, Göttingen ³2001, 447–489; *J. Gnilka*, Jesus von Nazaret. Botschaft und Geschichte, Freiburg i.Br. 1993, 11–34; *J. Roloff*, Jesus, München 2000, 73–117; *W. Klausnitzer*, Glaube und Wissen. Lehrbuch der Fundamentaltheologie für Studierende und Religionslehrer, Regensburg 1999, 72–141; Jesus von Nazaret. Lehrer – Messias – Gottessohn, Regensburg 2001, 12–56; Jesus und Muhammad. Ihr Leben, ihre Botschaft – eine Gegenüberstellung, Freiburg i.Br. 2007, 47–64.

### a) Leben-Jesu-Forschung

Die neuzeitliche Bibelkritik und die Ausbildung einer historisch-kritischen Bibelwissenschaft waren für die Neukonzeption einer Offenbarungstheorie wichtig. Denn durch ein geschichtliches Verständnis der Schrifttexte konnten diese nun als menschliche Bezeugung der Offenbarung erkannt werden. Die Folge war eine Freiheit gegenüber den Schrifttexten, die es erstmals erlaubte, die literarischen Zeugnisse und historischen Bedingungen des Glaubens kritisch zu erforschen. Das rief die Frage wach, was im biblischen Zeugnis bleibend wahr und relevant sei. Reimarus stellte in seiner von G. E. Lessing 1774/78 anonym veröffentlichten Schrift »Vom Zwecke Jesu und seiner Jünger« die Forderung auf, »dasjenige, was die Apostel in ihren eigenen Schriften vorbringen, von dem, was Jesus würklich selbst ausgesprochen und gelehrt hat, gänzlich abzusondern.«[15]

Die Antworten, die die historische Jesusforschung auf die Differenzierungsfrage gab, fielen allerdings sehr unterschiedlich aus. Albert Schweitzer (1875–1965) machte darauf aufmerksam, dass die Leben-Jesu-Forschung nicht frei von Eigeninteressen war; die Rückfrage erfolgte nicht allein aus geschichtlichen Interessen, sondern im Zuge des Befreiungskampfes aus den Fängen des Dogmas. So stellt er resümierend fest, dass es für ihn »nichts

---

[15] Zit. n. *D. S. du Toit*, Der unähnliche Jesus. Eine kritische Evaluierung der Entstehung des Differenzkriteriums und seiner geschichts- und erkenntnistheoretischen Voraussetzungen: J. Schröter, R. Brucker, Der historische Jesus. Tendenzen und Perspektiven der gegenwärtigen Forschung, Berlin 2002, 89–129, hier 97.

Negativeres als das Ergebnis der Leben-Jesu-Forschung« gab.[16] »Es ist der Leben-Jesu-Forschung merkwürdig ergangen. Sie zog aus, um den historischen Jesus zu finden, und meinte, sie könnte ihn dann, wie er ist, als Lehrer und Heiland in unsere Zeit hineinstellen. Sie löste die Bande, mit denen er seit Jahrhunderten an den Felsen der Kirchenlehre gefesselt war, und freute sich, als wieder Leben und Bewegung in die Gestalt kam und sie den historischen Menschen Jesus auf sich zukommen sah. Aber er blieb nicht stehen, sondern ging an unserer Zeit vorüber und kehrte in die seinige zurück. Das eben befremdete und erschreckte die Theologie der letzten Jahrzehnte, daß sie ihn mit allem Deuten und aller Gewalttat in unserer Zeit nicht festhalten konnte, sondern ihn ziehen lassen mußte. Er kehrte in die seine zurück mit derselben Notwendigkeit, mit der das befreite Pendel sich in seine ursprüngliche Lage zurückbewegt.«[17]

Für Martin Kähler (1835–1912) stellt der sog. historische Jesus ein unlösbares Problem dar, weshalb ihm die ganze historische Jesusforschung ebenso höchst fragwürdig erschien.[18] Indem er den Projektionsvorwurf gegen die Leben-Jesu-Forschung erhob, brachte er diese zu Fall. Er deckte nämlich deren uneingestandene Intention auf. Ihre vermeintlich objektive Darstellung hatte sich durch die höchst unterschiedlichen Jesus-Bilder, die sie hervorbrachten, als Projektion eigener Idealvorstellungen entlarvt. Die rekonstruierten Darstellungen waren also lediglich »Bilder«, die die subjektive Einstellung des Forschers und seinen kulturellen Kontext widerspiegelten. Den Evangelien gehe es nach Kähler nicht um den sog. historischen Jesus, sondern um den kerygmatischen Christus. Der Glaube beziehe sich nicht auf das Historische, auf die Tatsachen und Ereignisse der Geschichte, sondern auf die im Kerygma anwesende Heilswirklichkeit des Christus. Zu Recht stellt Friedrich-Wilhelm Marquardt fest: »Der historische Jesus war immer ein zwanghaft aus seiner Welt entführter und in unsere Welt verschleppter Jesus, ein Zwangsumsiedler und Heimatvertriebener«.[19]

Nachdem die Leben-Jesu-Forschung an ihr Ende gekommen war, leitet im Jahre 1926 Rudolf Bultmann mit seinem »kritischen Radikalismus« eine Wende in der liberalen Jesusforschung ein. Was von Martin Kähler in die

[16] *A. Schweitzer*, Von Reimarus zu Wrede. Eine Geschichte der Leben-Jesu-Forschung, Tübingen 1906, 396.
[17] *Ders.*, Geschichte der Leben-Jesu-Forschung, Tübingen 1913, 631 f.
[18] *M. Kähler*, Der sogenannte historische Jesus und der geschichtlich, biblische Christus, München [4]1969.
[19] *F.-W. Marquardt*, Das christliche Bekenntnis zu Jesus, dem Juden. Eine Christologie, 1990, I/298.

Wege geleitet wurde, nämlich die Enthistorisierung, wurde von Bultmann konsequent zu Ende geführt, da vom Leben Jesu und seiner Persönlichkeit »so gut wie nichts«[20] gewusst und auf wissenschaftlichem Wege der absolute Anspruch Jesu ohnehin nicht begründet werden könne. Weil der historische Jesus durch den verkündigten Christus (Kerygma) ersetzt worden sei, seien die Evangelien, anstatt sie historisch auszuwerten, als Glaubensdokumente zu interpretieren. Der eigentliche Kern des Evangeliums liege weder im äußeren noch im inneren Leben Jesu, sondern im Christus-Kerygma. Für dieses Kerygma, das es seit Ostern gibt, sei entscheidend, dass Jesus gekommen sei, nicht so sehr, was er im Einzelnen gelehrt, gesagt und erlitten habe. Zwar setzte das Oster-Kerygma die Historizität Jesu voraus, aber die Identifikation des Auferstandenen mit Jesus hängt nicht an Einzelheiten seines Wirkens, sondern an der Heilsbedeutung seines Todes. In den Folgejahren beschränkte man sich deshalb darauf, die Evangelien ausgehend vom Christus-Kerygma zu lesen.

Im Jahre 1953 leitete der Bultmannschüler Ernst Käsemann (1906–1998) eine neue Phase in der Jesusforschung ein. Angesichts eines größeren exegetischen und historischen Bestandes authentischen Jesusgutes warf er die Frage nach der Relevanz der Historie und dem Historischen in den Evangelien neu auf. Historisch ließe sich über Jesus mehr aussagen, als Bultmann zugestehen wollte. Käsemann wollte entgegen der betonten Differenzierung zwischen Jesus und dem Kerygma die Einheit zwischen beiden herausarbeiten. Nur im Medium der urchristlichen Botschaft kann ein Zugang zu Jesus gewonnen werden. Der Urgemeinde erschien aber eine Fragestellung, die sich allein auf den historischen Jesus bezogen hätte, zu abstrakt. Das macht deutlich, dass sich der erhöhte Herr nicht durch den historischen Jesus ersetzen lässt und umgekehrt der irdische Jesus nicht durch den erhöhten Kyrios. »Die Problematik unseres Problems besteht darin, daß der erhöhte Herr das Bild des irdischen fast aufgesogen hat und die Gemeinde dennoch die Identität des erhöhten mit dem irdischen behauptet. Die Lösung dieser Problematik aber kann nach unsern Feststellungen aussichtsvoll nicht von vermeintlich historischen bruta facta, sondern einzig von der Verbindung und Spannung zwischen der Predigt Jesu und der seiner Gemeinde her angegriffen werden. Die Frage nach dem historischen Jesus ist legitim die Frage nach der Kontinuität des Evangeliums in der Diskontinuität der Zeiten und in der Variation des Kerygmas. Solcher Frage haben wir uns zu stellen und darin das Recht der

---

[20] *R. Bultmann*, Jesus, München ⁴1970, 11.

liberalen Leben-Jesu-Forschung zu sehen, deren Fragestellung wir nicht mehr teilen.«[21]

Das Kerygma bedarf einer historisch-kritischen Verantwortung und darum möchte Käsemann beides miteinander verbinden: Er möchte dem historischen Jesus im Blick auf den erhöhten Kyrios gerecht werden und dem erhöhten Kyrios unter Berücksichtigung des historischen Jesus. Ähnlich wie Käsemann begannen auch andere Exegeten und Systematiker (Otto Dibelius [1880–1967], Joachim Jeremias [1900–1979], Werner G. Kümmel [1905–1995], Ernst Fuchs [1903–1983], Gerhard Ebeling), sich neben und in Verbund mit dem Christus-Kerygma neu für den historischen Jesus und den vorösterlichen Vollmachtsanspruch Jesu zu interessieren. Dabei ging es ihnen nicht nur um die Kontinuität zwischen der Botschaft Jesu und dem Christus-Kerygma, sondern auch um die Praxis und das Verhalten Jesu selbst. »*Jesu Verhalten* [war] selber der eigentliche Rahmen seiner Verkündigung«[22]; er wagte es, »an Gottes Stelle zu handeln, indem er, das muß stets hinzugefügt werden, Sünder in seine Nähe zieht«[23] und »sich [so] ganz konkret als Gottes Stellvertreter« benahm.[24] Weil die Historie durch das Osterereignis eine »eschatologische Funktion«[25] bekam, muss um des Verständnisses des Christuskerygmas willen nach dem historischen Jesus zurückgefragt werden, wobei nicht nur dessen Verkündigung, sondern ebenso sein Verhalten und Tun zu bedenken sind.

Die historische Rückfrage an Jesus, die heute verstärkt dessen jüdischen Hintergrund sowie außerbiblische Quellen berücksichtigt, muss die theologischen Grenzen deutlich vor Augen haben. Wird der geglaubte, gegenwärtige Herr ausgeblendet, verliert auch die exegetische Reflexion ihre theologische Funktion. Das Zurückgehen auf den historischen Jesus darf nicht vorschnell und unbesehen erfolgen, vielmehr muss u. a. berücksichtigt werden, dass eine Wechselwirkung zwischen den Aussagen über das vorösterliche Wirken Jesu und der nachösterlichen Überlieferung besteht, ein Zirkel zwischen dem historischen Jesus und der Traditionsgeschichte des Urchristentums. »Einen di-

---

[21] *E. Käsemann*, Das Problem des historischen Jesus: ZThK 51 (1954), 125–153, hier 152.
[22] *E. Fuchs*, Die Frage nach dem historischen Jesus: ders., Zur Frage nach dem historischen Jesus. Gesammelte Aufsätze II, Tübingen ²1965, 143–167, hier 155.
[23] Ebd., 156.
[24] *Ders.*, Die der Theologie durch die historisch-kritische Methode auferlegte Besinnung: ders., Zur Frage nach dem historischen Jesus. Gesammelte Aufsätze II, Tübingen ²1965, 219–237, hier 224.
[25] *E. Käsemann*, Sackgasse im Streit um den historischen Jesus. Exegetische Versuche und Besinnungen, Bd. 2, Göttingen ³1968, 31–68, hier 67.

rekten Zugang zu Jesus gibt es nicht. Anders als im Spiegel der Evangelien kann er nicht gesehen werden: nur so, wie ihn seine Nachfolger erfahren, gesehen, verstanden haben; nur so, wie er sich dem Gedächtnis der Urkirche eingeprägt hat.«[26]

Teilweise wurde und wird die Identität zwischen dem irdischen und erhöhten Herrn, zwischen dem historischen Jesus und dem kerygmatischen Christus einseitig aufgelöst, indem eine radikale Christologie von unten, vom Menschen Jesu her betrieben wird, ein radikaler Jesuanismus, bei dem der Übergang zum erhöhten Herrn nur schwer gelingt. Die historische Rückfrage nach Jesus muss stattdessen mit der Entsprechung zwischen dem irdischen und erhöhten Herrn ernst machen. Sie muss deutlich machen, dass Jesus von Nazareth der Christus ist, der Gekreuzigte, der Auferstandene und dass zwischen beiden eine substantielle Identität besteht. Das bedeutet, dass das Auftreten Jesu in Wort und Werk in nuce das christliche Kerygma schon in sich birgt.»Der Osterglaube hat das christliche Kerygma begründet, aber er hat ihm seinen Inhalt nicht erst und ausschließlich gegeben.«[27] Dass Gott in Jesus Christus sein eschatologisches Heil verwirklicht, wurde nach dem Tod Jesu endgültig erkannt; an diesem Glauben der christlichen (Ur-)Gemeinde vorbei kann es keine volle Erkenntnis Jesu Christi geben.

Der geeignete Ausgangspunkt einer systematischen Christologie ist nach heutiger Übereinstimmung die Synthese zwischen dem historischen Jesus und dem Christus des Glaubens: Für die leibhafte Geschichte Jesu steht sein Tod, für seine bleibende Bedeutung seine Auferstehung. Maßstab ist weder allein der irdische Jesus und seine Sache noch allein der erhöhte Herr, sondern der Jesus des neutestamentlichen Glaubens, der der Irdische, Gekreuzigte und der Auferweckte ist. Mit der Zunahme an historischen Erkenntnissen über Jesus von Nazareth schwinden keineswegs die christologischen Aussagemöglichkeiten, vielmehr lassen das unvergleichliche Auftreten Jesu und seine analogielose Sendung im Ganzen einen messianischen Anspruch implizit bzw. indirekt erkennen. Dies führt zu einer impliziten oder indirekten Christologie. Sie ist als Folge dieser zweiten Phase der Jesusforschung anzusehen.

---

[26] Th. *Söding*, Jesus im Fokus der Theologie. Entwicklungen in der neutestamentlichen Forschung: HerKorr 60 (2006), 141–145, hier 144.
[27] E. *Käsemann*, Das Problem des historischen Jesus: ders., Exegetische Versuche und Besinnungen, Bd. 1, Göttingen 1960, 187–214, hier 203.

*b) Implizite Christologie*

Die Vergegenwärtigung JHWHs in der Person und im Werk des Jesus von Nazareth konnte auf verschiedene Weise erfahren werden. Dabei enthalten sowohl die Verkündigung Jesu vom anbrechenden Reich Gottes als auch sein Auftreten und Wirken eine implizite bzw. indirekte Christologie, die nach Ostern ins explizite und direkte Bekenntnis gefasst wurde. In der impliziten Christologie (Christologie von unten, Aszendenz- oder Aufstiegschristologie) wird nicht wie in der klassischen, expliziten Christologie (Christologie von oben, Deszendenz- oder Abstiegschristologie) von der Göttlichkeit Jesu ausgegangen, sondern vom historischen Geschick Jesu selbst. Ausgehend vom irdischen bzw. historischen Jesus, aber im Horizont des Christus-Kerygmas wird versucht, im historischen Jesus den Sohn Gottes und die in der Auferstehung gipfelnde Offenbarung Gottes zu entdecken. Aus österlicher Perspektive scheint beim historischen Jesus ein messianischer Anspruch implizit durch. Das Vollmachtsbewusstsein Jesu und sein indirekter Anspruch, die Selbstoffenbarung Gottes zu sein, werden u. a. an folgenden Punkten greifbar:

- *Reich Gottes:* Jesus machte unverkennbar deutlich, dass in seiner Person, JHWH selber zur Rettung und zum Heil wird: »Wenn ich aber die Dämonen durch den Geist Gottes austreibe, dann ist das Reich Gottes schon zu euch gekommen« (Mt 12,28), dann ist der »Tag JHWHs« da. Die Verbindung von Eschatologie und Wunder, die religionsgeschichtlich singulär ist, macht deutlich, dass Jesu Dämonenaustreibungen als Geschehensereignisse des Reiches Gottes zu betrachten sind. Die Herrschaft der Dämonen und die Herrschaft des Satans hängen für Jesus zusammen (Lk 10,18; Mk 3,23–26; Mt 12,28 f.) und beide sind jetzt am Ende und weichen dem Gottesreich, der eschatologischen Herrschaft Gottes. Das stellt den subjektiven Ermöglichungsgrund Jesu für seine spezifische Verkündigung vom gegenwärtigen Reich Gottes dar. Jesus ist nicht nur wie die Propheten Verkünder der Botschaft von Gottes Reich, sondern er setzt den Anbruch des Reiches Gottes. So ist die prägende Zeitkategorie des NT die Gegenwart, das »Jetzt« und »Heute«: Gottes Reich bricht an: Zeit, Mensch und Geschichte finden im Jetzt und Heute zu ihrer Erfüllung.
- *Gesandter Gottes:* Jesus wird erfahren als der Gesandte Gottes. Er bezeichnet sich als den, der gesandt ist, und er spricht von dem, der ihn gesandt hat. Er steht in vollkommenem Gehorsam zu Gott und weist stets von sich weg auf den, der ihn gesandt hat. JHWH bleibt für Jesus der absolut Heilige (Mt 6,9; Lk 11,2), gleichzeitig beansprucht er aber auch für sich eine letztlich JHWH-gleiche Würde, die u. a. darin zum Ausdruck kommt, wenn er das göttliche Heil an die Entscheidung für seine Person

bindet (Mt 10,32 f.; Lk 12,8; Mk 8,38) oder Sünden vergibt (Mt 9,1–7 par.; Lk 7,47 f.; 15,11–32; 19,1–10). Das Selbstverständnis Jesu als Gesandter JHWHs mit JHWH-gleicher Würde wird nachösterlich v. a. in der Sohnes-Christologie zu erfassen versucht. Das gilt insbesondere für das Johannesevangelium.

• *»Mehr als«:* Jesus wird des Öfteren als Prophet angesehen (Lk 7,16; 24,19; Mk 8,27–30; Mt 16,13–20; Joh 1,26). Neben dem Bild des JHWH-gesandten Propheten finden sich im NT aber auch Aussagen, die unzweideutig darauf schließen lassen, dass sich Jesus selbst bzw. seine Jünger ihn als größer als alle anderen erfahren haben: In Jesus ist »mehr als Jona, mehr als Salomo« gegenwärtig (Mt 12,38–42), er ist »größer als der Tempel« (Mt 12,6) und er bezeichnet sich selbst gar als »Herrn über den Sabbat« (Mt 12,8). Jesus stellt schon Johannes den Täufer vor mit der Formulierung »mehr als einen Propheten«, doch »der Kleinste im Himmelreich ist größer als er« (Mt 11,9 f.). Jesus lebt im Bewusstsein, den Täufer, den er schon für eine kaum mehr zu überbietende Gestalt hält, zu überbieten, was einer impliziten Messianität gleichkommt. In Jesus ist JHWH, anders als bei früheren Propheten, in einer ganz neuen Weise präsent: In ihm ist Gott selbst auf eine völlig einzigartige und totale Weise da. Deshalb sagt Jesus im Unterschied zu den Propheten nicht: »So spricht der Herr«, sondern: »Ich aber sage euch«, »Ich will, sei rein«, »Ich bin gekommen«, »Ich sende euch«, »Ich sage dir, steh auf«, »Lazarus, komm heraus«. Auch das »Amen«, das sonst als Bestätigung der Rede eines anderen dient, gebraucht Jesus als Einleitung für sein eigenes Wort: »Amen … ich sage euch«. Bei Jesus ist die Autorität des prophetischen Wortes als Vollmacht an seine Person übergegangen. Das »Mehr als« kommt ferner darin zum Ausdruck, dass Jesus sich nicht nur über Mose stellt, sondern das Gesetz des Moses radikalisiert, indem er es verinnerlicht und dadurch in eigener Vollmacht überbietet: »zu den Alten [ist] gesagt worden« – »Ich aber sage euch« (Mt 5,21 f.). Die Radikalisierung des Gesetzes in das Herz der Menschen hinein findet in der radikalen Nachfolge ihren sichtbaren Ausdruck. Vor dem Hintergrund des »Mehr als« ist auch zu verstehen, dass Jesus das Bekenntnis zu seiner Person verlangt und dass sich in der Beziehung zu ihm des Menschen Schicksal entscheidet (Mt 10,32 f.; Lk 12,8; Mk 8,38).

• *Vollmächtige Lehre:* Jesus übte in Aufsehen erregender Weise die Macht heilvoller Verkündigung aus. Er tritt mit unüberbietbarem Vollmachtsanspruch auf: »Amen – ich aber sage euch« und lehrte »wie einer, der (göttliche) Vollmacht hat« (Mt 7,29; 23,10; 1,22.27; 11,18; 12,17; Mt

22,33; Lk 4,22). Wenn Jesus dem Wort des AT sein »Ich aber sage euch« gegenüberstellt (Mt 5,22.28 u. ö.), überbietet er damit das alttestamentliche Gesetz. Er stellt sein Wort neben, ja über das, »was den Alten gesagt worden ist«, d. h. was Gott selbst im Alten Bund gesagt hat, und beansprucht so, das endgültige Wort Gottes zu sagen. Anders als die Propheten unterscheidet er sein Wort nicht vom Wort Gottes. Er versteht sich offensichtlich als Gottes sprechender Mund, als Gottes Stimme. Das ist für das Judentum ein unerhörter Anspruch. Jesu Souveränität gegenüber alttestamentlichen Gesetzen, Institutionen und Gebräuchen kann nur als die Souveränität JHWHs selbst richtig begriffen werden. Dieser Anspruch verstärkt sich im Bewusstsein Jesu, aus einer einmaligen Nähe zu JHWH heraus zu reden und zu handeln. In nachösterlicher Zeit wird darum der glaubende Jesus als Christus zum Inhalt des Glaubens selbst.

- *Machttaten:* Der Vollmachtsanspruch Jesu wird durch seine beglaubigenden und offenbarenden Wunderhandlungen bestätigt. Es gilt als historisch gesichert, dass Jesus Zeichen göttlicher Macht gesetzt hat, die seinen Anspruch bekräftigten. Jesus selbst stellte seine zeichenhaft-offenbarenden Wunder und Heilungen ausdrücklich in den Kontext alttestamentlicher Verheißungen (Mt 11,2–6; Lk 7,18–35). Jesu Machttaten sind die Erfüllung messianischer Verheißungen (Mt 11,4–11) und Zeichen des in ihm anhebenden Gottesreiches (Lk 17,20). Doch nur im Gesamtzusammenhang des Zeugnisses Jesu für das Reich Gottes kommt den Wundern Zeichencharakter zu. Sie beweisen nicht einfach die Messianität Jesu, vielmehr sind sie im Kontext seiner Reich-Gottes-Botschaft zu sehen und zu verstehen. Die Zeichenhandlungen bestätigten die Botschaft von der βασιλεία; an ihnen ist die Gegenwart der eschatologischen Heilszeit zu erkennen. Damit tragen sie auch sachlich etwas zur Stiftung dieser Gegenwart bei und begründen sie mit.

- *Sündenvergebung:* Mehr noch als von den Wundern waren die Menschen von der Botschaft Jesu ergriffen, seiner Sündenvergebung und Praxis des Mahlhaltens mit Zöllnern und Sündern. Jesus pflegte einen skandalösen Umgang mit Sündern, das ist einer der bestbezeugtesten Züge seines Auftretens. Er nimmt die Gottlosen in die neue Heilsgemeinschaft auf und vergibt ihnen ihre Sünden. Im Orient bedeutet Tischgemeinschaft Lebensgemeinschaft; letztlich ist jedes Mahl ein Vorzeichen des eschatologischen Mahls und der eschatologischen Gemeinschaft mit Gott. So sind auch Jesu Mahlzeiten mit den Zöllnern und Sündern eschatologische Mahlzeiten, Vorfeiern des Heilsmahls der Endzeit. Damit handelt Jesus wie einer, der an Gottes Stelle steht. Die Sündenvergebung erfolgt bei ihm aus eigener Machtvollkommenheit heraus: »Als die Vergebung der Sünden (durch Gott) Zusprechender nimmt er sein Sohn-Sein in Anspruch.«[28] Als Mensch ist Jesus die vergebende Gegenwart JHWHs selbst. Angesichts dieses Machtanspruchs, an dem kein Zweifel besteht, werden die Menschen vor eine Entscheidung gestellt: Entweder hat Jesus eine JHWH-gleiche Würde oder aber er maßt sie sich in unheimlicher, gotteslästerlicher Weise an.

- *Universales Sendungsbewusstsein:* Jesus wollte ganz Israel sammeln und wusste sich darüber hinaus zu allen Menschen gesandt. Nach dem Matthäusevangelium fühlt sich Jesus besonders zum Volk Gottes gesandt (Mt 15,24; 10,5 f.), genau so, wie die Geschichte Israels auf die Erfüllung in Jesus Christus ausgerichtet ist (Mt 1,22 f.; 2,5 f.15.17 f.23). Doch Jesus schließt die Heiden nicht von der Rettung aus. Das Heilshandeln Jesu ist somit universal und richtet sich an alle Menschen. In Christus alles zu vereinen, ist die letzte Absicht Gottes (Eph 1,10). Der Einzigkeit des Mittlers (Hebr 8,6; 9,15; 12,24) entspricht die Einzigkeit Gottes, der alle retten möchte. Weil die Rettung von Jesus, dem Sohn Gottes kommt (2 Kor 5,18), hat Jesus Heilsbedeutung für jeden Menschen.

- *Abba-Anrede:* Die Jünger erfahren, dass Jesus nicht nur zu Gott betet, darin JHWH als seinen Gott bezeugt und mit ihm im Kommen der zusammenwirkt (Mt 11,25–27), sondern dass er ihn darüber hinaus als Vater anredet. Zweifelsfrei ist die Vateranrede nicht singulär jesuanisch. Für das Gottesverhältnis Jesu ist ferner die Anrede Gottes mit »Abba« kennzeichnend. Diese Gebetsanrede war ungewöhnlich, spricht sie doch Gott in sehr persönlicher Weise als »Väterchen« an. Das zeigt sich allein schon daran, dass das aramäische Wort »Abba« an einigen Stellen des Neuen Testaments im griechischen Text nicht übersetzt, sondern aus dem Aramäischen übernommen wird. Abba ist im Judentum zur Zeit Jesu als Gottesbezeichnung nachweisbar, nicht aber als Gebetsanrede. Als solche ist sie »demnach für Jesus singulär.«[29] In der Gebets- und Verkündigungssprache Jesu wird die Bezeichnung Gottes als Vater sogar zum Eigennamen. Seit der Verkündigung Jesu ist die Anrede Gottes als Vater nicht mehr nur einer der vielen Gottesnamen, sondern der Name für den Gott Jesu, der kein anderer als der Gott Israels ist. Bezeichnend ist ferner, dass Jesus zwischen »mein Vater« (Mt 11,25; Mk 14,36) und »euer Vater«

---

[28] *J. Ringleben*, Jesus. Ein Versuch zu begreifen, Tübingen 2008, 299.
[29] *H. Frankemölle*, Frühjudentum und Urchristentum. Vorgeschichte – Verlauf – Auswirkungen (4. Jahrhundert v. Chr. bis 4. Jahrhundert n. Chr.), Stuttgart 2006, 145.

Offenbarungsfrage

(Lk 6,36; 12,30.32) bzw. »euer Vater im Himmel« (Mk 11,25; Mt 23,9) unterscheidet. Nie schließt er sich mit seinen Jüngern zusammen. Jesus ist eins mit den Menschen, und doch gehört er in seinem ganzen Sein nicht einfach zu ihnen. Das »Vaterunser« ist kein Einwand dagegen, denn hier heißt es: »So sollt ihr beten« (Mt 6,9; Lk 11,2). Es sprechen gute Gründe dafür, diese Unterscheidung auf Jesus selbst zurückzuführen. Aus dem exklusiven »mein Vater« spricht das unübertragbare, einmalige Verhältnis Jesu zu Gott, in dem sich sein besonderes Sohnbewusstsein widerspiegelt.

- *Wirken des Gottesgeistes:* Die Jünger erfahren das Wirken des Gottesgeistes in Jesus und durch Jesus, wenngleich ihnen dies erst nach Pfingsten so bewusst wird, dass sie es sachgerecht auszusprechen vermögen. Jesus vergegenwärtigt JHWH in seiner Geisterfülltheit. Deutlich wird dies in Situationen, die für das Wirken Jesu in Erfüllung seines Heilsauftrages zentral sind: Lebensbeginn Jesu (Mt 1,18–25; Lk 1,5–2,25; Hebr 10,5–10; 9,14); Beginn seines sog. öffentlichen Wirkens durch Geistverleihung und Salbung (Mt 3,1–4,11; Mk 1,1–13; Lk 3,1–22; 4,1–14; Joh 1,19–34); Jesus in der Synagoge von Nazareth und die Erfüllung der Jesaja-Weissagung »heute« (Lk 4,16–30); Dämonenaustreibungen (Mt 12,22–37); Krankenheilungen und schließlich das Opfer Jesu am Kreuz (Hebr 9,14). Der Geist JHWHs stellt für israelitisches Empfinden das entscheidende Kriterium der Ankunft der messianischen Zeit dar (Mt 12,28; Lk 11,20).
- *Selbsttreue:* Dass sich JHWH in Jesus auf einmalige Weise erfahren ließ, wurde nicht zuletzt darin deutlich, dass sich Jesus dem Druck seiner Gegner nicht beugte. Noch im Leiden und Sterben hielt er seinen Anspruch aufrecht und stellte dessen Gültigkeit unter Beweis. Er war gehorsam »bis zum Tod, bis zum Tod am Kreuz« (Phil 2,8).

Jesus geht von der Selbstevidenz seiner Botschaft aus und verzichtet auf jede Legitimation seiner Person und Sendung. Stattdessen tritt er mit einer einzigartigen Autorität und Gottunmittelbarkeit auf und macht den Anspruch geltend, der erwartete Messias zu sein. Dieses Selbstverständnis bringt Jesus zwar nicht explizit, wohl aber implizit auf unverkennbare Weise zum Ausdruck. Der Anspruch, dass in ihm JHWH selbst präsent ist, war eindeutig. Er war selbst für die Nichtanhänger Jesu so offenkundig, dass sie ihn vor Pilatus anklagen konnten: Er »behauptet, er sei der Messias und König« (Lk 23,2).

*c) Offenbarung als Epiphanie*
Im NT wird das ganze Heilshandeln Gottes zunehmend als ein einziges, umfassendes Geschehen gesehen. So findet schon in neutestamentlicher Zeit eine

offenbarungstheologische Systematisierung statt, die sprachlich im Übergang vom Plural Offenbarungen zum Singular Offenbarung greifbar wird (Hebr 1,1). Das Heilsgeschehen im Ganzen wird als Geschichte der Verwirklichung der einzigen umfassenden Selbstoffenbarung Gottes im Sinne seiner erlösenden Selbstmitteilung gesehen.

Zentral für das biblische Offenbarungsdenken ist, dass die Offenbarung als Epiphanie der Heilswirklichkeit und Heilsmacht Gottes gedacht wird. Das gesamte Heilsgeschehen wird zusammenfassend als Epiphanie des Gerichts und der Gnade Gottes gedeutet. In der biblischen Geschichte und insbesondere im Christusereignis wird das Erscheinen des menschenfreundlichen Gottes, seine Heilsepiphanie erfahren. »Die Güte und Menschenfreundlichkeit Gottes, unseres Retters ist erschienen (ἐπεφάνη)« (Tit 3,4). In heilsgeschichtlicher Betrachtung läuft die Vielzahl göttlicher Epiphanien auf einen Höhepunkt zu, den Anbruch der erwarteten Endzeit, den Durchbruch göttlicher Liebe. Christus ist nicht nur der wichtigste Hermeneut der Offenbarung Gottes, vielmehr erfährt die göttliche Epiphanie in ihm ihren Höhepunkt, ihre Vollgestalt und Aufgipfelung. Das heilsmächtige In-Erscheinung-Treten Gottes findet in der Inkarnation seines Sohnes seinen Höhepunkt. Die Theophanie Gottes verwirklicht sich auf inkarnatorische Weise; in Jesus Christus erscheint Gott selbst. Die christologische Konzentration im Offenbarungsgeschehen darf nun aber nicht missverstanden werden, so als ob das Eigentümlich-Christliche allein Jesus Christus wäre, wohl aber kann das Eigentümlich-Christliche offenbarungstheologisch zusammengefasst werden: »Gott hat sich uns in Jesus Christus geoffenbart«.[30]

Nach christlichem Verständnis kulminiert das Epiphan-Werden des Heilswillens Gottes im Christusereignis als gegenwärtiger und geschichtlicher Realität. Es geht also nicht um die Erfahrung theoretischer Belehrung oder um die Enthüllung verborgener Wahrheiten, vielmehr kommt das geschichtliche Heilsgeschehen zu seinem erlebnishaften Durchbruch. Gott bringt sich als gegenwärtige Wirklichkeit in Erfahrung. Es wird nicht nur eine Lehre über das Heil offenbarungsmäßig mitgeteilt und nicht nur ein Erkennen ermöglicht, sondern Gott bringt sich realiter als Leben, als Freiheit, als Liebe ins Spiel. Beim epiphanischen Offenbarungsverständnis wird das reale geschichtliche In-Erscheinung-Treten Gottes unter dem Begriff der Offenbarung thematisiert, d. h., die Offenbarung wird als Epiphanie der Heilswirklichkeit und Heilsmacht Gottes gedacht.

---

[30] *H. Waldenfels*, Kontextuelle Fundamentaltheologie, Paderborn ³2000, 38.

Der mit »Offenbaren« (φανερόω, ἐπιφάνεια) bezeichnete Sachverhalt meint ein schöpferisches Tun Gottes, das Neues bringt und reales Heil durch Versöhnung stiftet. Auch dort, wo sich das Offenbaren auf den Heilsratschluss Gottes bezieht, geht es nicht bloß um Informationen und Enthüllungen, sondern um geschichtliche Realisierungen: So ist offenbar geworden das Leben (1 Joh 1,2), die Liebe (Tit 3,4; 1 Joh 4,9), die Gnade (Tit 2,11), der Sohn (1 Tim 3,16; Hebr 1,2 f.; 1 Petr 1,20; 1 Joh 3,5.8). Zudem ist der Begriff des Offenbarens nicht nur auf das Tun Gottes anwendbar, sondern auch auf das Sein Gottes. Den Begriff »ἐφανέρωσεν« kann Paulus beispielsweise sowohl auf die Selbstoffenbarung Gottes in der Schöpfung anwenden (Röm 1,19: »Denn was man von Gott erkennen kann, ist ihnen offenbar; Gott hat es ihnen offenbart«) als auch auf das Heilsgeschehen als Ganzes (Röm 3,21: »Jetzt aber ist unabhängig vom Gesetz die Gerechtigkeit Gottes offenbart worden«). Im biblisch-epiphanischen Offenbarungsverständnis liegt der Akzent auf der heilstheologischen Ebene. Nicht nur die Lehre vom Heil wird geoffenbart, sondern das Dasein des Heils und das nicht als theoretische Existenzbehauptung, sondern im Sinne der lebendigen Gegenwart. Offenbarung heißt in diesem Fall Epiphanie der Heilsmacht Gottes. Wenn die Schrift im christlichen Sinne Grundbuch der Offenbarung genannt wird, dann heißt das, sie ist eine Schriftensammlung, deren Mitte die Selbstoffenbarung, das Erscheinen, Sichtbar-Werden, In-Erscheinung-Treten Gottes ist.

Das biblische Offenbarungsverständnis wurde unter dem Begriff der »Gottesepiphanie« zusammengefasst und als Offenbarwerden des Rettenden gedacht. Das aber heißt nicht, dass zum biblisch-neutestamentlichen Offenbarungsverständnis nicht auch eine kognitiv-erschließende und damit lehrhaft-darlegende Komponente gehören würde. Sie ist ebenso zentral wie die Funktionen von Lehrer und Lehre (διδάσκαλος, διδασκαλία) in Bezug auf das Leben und Wirken Jesu. Jesus ist nicht zuletzt darin und dadurch Epiphanie des Rettenden, dass er der große Hermeneut und Lehrer des Reiches Gottes ist. Vor diesem Hintergrund werden im NT die Termini für Offenbarung vielfach auch rein kognitiv verwendet und bezeichnen dann Vorgänge der Enthüllung bzw. Erschließung von Verborgenem. Das gilt v. a. für die Wortfamilie »ἀποκάλυψις«, die eine wichtige Rolle in den neutestamentlichen Texten spielt. Das epiphanische Offenbarungsdenken ist demnach innerbiblisch nicht völlig singulär.

## 2.2. Kreuz und Auferstehung

*F. Schüssler Fiorenza*, Fundamentale Theologie. Zur Kritik der theologischen Begründungsverfahren, Mainz 1992, 13–69; *W. Klausnitzer*, Jesus von Nazaret. Lehrer – Messias – Gottessohn, Regensburg 2001, 106–125; *J. Schröter*, Jesus von Nazaret. Jude aus Galiläa – Retter der Welt (Biblische Gestalten, Bd. 15), Leipzig 2006, 266–321; *Ch. Böttigheimer*, Auferstehung Jesu: ThG 46 (2003), 40–50.

*a) Kreuz als Anfrage*

Zu den sicher belegbaren Momenten im Leben Jesu gehört die Tatsache seines Kreuzestodes unter dem römischen Prokurator Pontius Pilatus. Nach dem römischen Anwalt Marcus Tullius Cicero war die Exekution am Kreuz die »grausamste und fürchterlichste Todesstrafe«[31], weshalb sie am römischen Bürger nicht vollstreckt werden sollte. In den unterworfenen Gebieten fand die Kreuzigung als Mittel der Abschreckung jedoch reichlich Anwendung. Trotz des Werbens Jesu für die Gewaltlosigkeit und seines Aufrufs zur Feindliebe steht am Ende seines Weges ein politischer Prozess, in dem er als zelotischer Aufrührer zum Tod am Kreuz verurteilt wird.

Der Offenbarungsanspruch Jesu schien durch den Kreuzestod radikal in Frage gestellt: Die Jünger hatten ja im irdischen Leben Jesu erfahren, dass in Jesus von Nazareth JHWH selbst am Werk war. Doch nun erlebten sie, dass dieser Gott-Gesandte ausgerechnet in der letzten Erfüllung seiner Heilssendung gekreuzigt und begraben wird. Mit dem Tod Jesu ist somit nicht irgendein Prophet JHWHs gestorben, vielmehr schien JHWH selbst gescheitert zu sein. Tatsächlich zeigen die Worte Jesu, dass nicht etwas an ihm, sondern er selbst stirbt als der von JHWH Gesandte. »Mein Gott, mein Gott, warum hast du mich verlassen?« (Mk 15,34) Durch das Kreuz wird also JHWH selbst radikal in Frage gestellt und damit auch die Sache Jesu. Er hatte ja das Kommen des Gottesreiches ausdrücklich an seine Person gebunden.[32]

Hätte Jesu Tod das letzte Wort gehabt, hätte er den messianischen Anspruch Jesu widerlegt. Daran lässt die Verspottungsszene auf Golgatha keinen Zweifel: »Wenn du Gottes Sohn bist, hilf dir selbst, und steig herab vom Kreuz!« (Mt 27,40) »Anderen hat er geholfen, sich selbst kann er nicht helfen. Er ist doch der König von Israel! Er soll vom Kreuz herabsteigen, dann wer-

---

[31] *M. T. Cicero*, In Verrem II, 5,165.
[32] *Origenes*, Matthaeum Commentarius, totus XIV 7: Der Kommentar zum Evangelium nach Mattäus, eingel., übers., und mit Anm. vers. v. H. J. Vogt, Teil 2 (Bibliothek der griech. Literatur Bd. 30 Abt. Patristik), Stuttgart 1990, 40–42.

den wir an ihn glauben. … er hat doch gesagt: Ich bin Gottes Sohn.« (Mt 27,42 f.) Wenn aber umgekehrt der Tod nicht das letzte Wort haben sollte, dann musste sich irgendwie erweisen, dass Jesus nicht nur trotz, sondern sogar wegen seines Sterbens der Gott-Gesandte ist und bleibt. Zu dieser Einsicht gelangen die Jünger an Ostern: Sie erfahren, dass Gott die Macht hat, sein eigenes Leben dem Tod auszuliefern, ohne aufzuhören, Urheber des Lebens zu sein. Teilt man diese Glaubenseinsicht, hätte JHWH nicht nur sein Gottsein bestätigt und »gerechtfertigt« (2 Kor 1,19–22; Joh 1,14.17; 14,6; 17,17; 1 Tim 3,16), sondern sein JHWH-Sein in einer unüberbietbaren Weise enthüllt. »Von der Auferstehung her gibt das Kreuz Jesu – und erst dieses – klar zu erkennen, *was* Gott ist: unbedingte Liebe.«[33] Der Kreuzestod ist so die letzte und höchste Form der Selbstentäußerung Gottes: »Christus Jesus … entäußerte sich …, er erniedrigte sich … bis zum Tod, bis zum Tod am Kreuz« (Phil 2,5–8).

Aus österlicher Perspektive erscheint das Kreuz Jesu nicht mehr als Scheitern Gottes, vielmehr wird Jesu indirekter Anspruch, die Selbstoffenbarung Gottes zu sein, bestätigt. Ostern ist die definitive Rechtfertigung seiner Sendung. Hier erweist Gott seine Treue in Liebe. In seiner Liebe ließ er es nicht zu, dass Jesus durch den Tod aus seiner Gemeinschaft herausgerissen wurde, vielmehr identifizierte er sich endgültig mit Jesus und seiner Sache; am Auferstanden realisiert sich das Reich Gottes. Dem Auferweckungsgeschehen wohnt somit ein göttlicher Beglaubigungscharakter inne und zeichnet sich durch eine wichtige ergänzende Offenbarungsqualität aus, ungeachtet dessen, dass es »für das christologische Bekenntnis inhaltlich selber keinen neuen Aspekt bringt, sondern eben bestätigt, *was schon vorösterlich gegeben ist*«[34]: den impliziten Offenbarungsanspruch Jesu. In christologischer Hinsicht bringt die Bestätigung also keinen neuen Inhalt; »[n]icht die Bestätigung ist christologisch entscheidend, sondern das, was in ihr bestätigt wird. Und auf dieses, auf den *Gegenstand der Bestätigung*, richten sich Glaube und Bekenntnis.«[35] Der Bestätigungscharakter der Auferweckung Jesu ist auf die Erkenntnis und den Glauben der Jünger und nicht auf die Gottessohnschaft Jesu zu beziehen, möchte man ein adoptianistisches Missverständnis vermeiden. Bestätigt wird das unbedingte Vertrauen in den Gott Jesu Christi.

[33] *J. Ringleben*, Jesus. Ein Versuch zu begreifen, Tübingen 2008, 647.
[34] *P. Schmidt-Leukel*, Demonstratio christiana: H. Döring, A. Kreiner, P. Schmidt-Leukel, Den Glauben denken. Neue Wege der Fundamentaltheologie (QD 147), Freiburg i. Br. 1993, 49–145, hier 127.
[35] Ebd., 127.

*b) Auferstehung als historisches Ereignis*

Der nachösterliche existentielle Wandel der Jünger Jesu und ihr einhelliger Osterglaube ist historisch-kritisch fassbar und wird nur vor dem Hintergrund eines realen Widerfahrnisses plausibel. Jedenfalls ist die ursprüngliche Ostererfahrung kaum »ernsthaft zu erklären, auch ohne daß sie die Wirklichkeit zum Gegenstand gehabt hätte, die sie zu haben meint.«[36] Man kann also die Erfahrung der Osterzeugen nur vor dem Hintergrund eines realen Osterwiderfahrnisses wirklich verstehen, nur angesichts des Sich-sehen-Lassens bzw. Offenbarwerdens des Auferstandenen vor bestimmten Jüngern.[37] »Empirische Erscheinungen metaempirischer Ursächlichkeit müssen die Ausgangsbasis des Auferstehungsglaubens der Jünger gebildet haben.«[38]

Exegeten räumen allerdings ein, dass sich die Erscheinungserzählungen v. a. hinsichtlich des Ortes, der Zahl und ihrer Abfolge nur schwer harmonisieren lassen; eine Geschichte der Erscheinungen in ihrer richtigen Reihenfolge lässt sich schwerlich schreiben. Die Unterschiede werden redaktionsgeschichtlich mit dem Hinweis zu erklären versucht, dass die Evangelisten Matthäus, der den Akzent auf die Reich-Gottes-Botschaft Jesu legt, und Markus, dem an der Schulung der Apostel liegt, die Erscheinungen in Galiläa vorgezogen hätten, wo Jesus seine Weisungen für die Zukunft zu Ende brachte, während Lukas und Johannes die Erscheinungen in Jerusalem betonten, um hervorzuheben, dass alles, was sich früher in der heiligen Stadt ereignet hatte, vom auferstandenen Herrn am Ort seines Erlösungstodes nun wieder aufgenommen und abgeschlossen wird.[39]

Unabhängig von solchen Hypothesen wird indes nicht an der Zuverlässigkeit des Zeugnisses von den Erscheinungen des Auferstandenen gezweifelt. »Ohne die ›außerordentliche Ermutigung‹ (D. F. Strauß) eines unmittelbar evidenten Neuanstoßes lässt sich die einheitliche Wucht und Schubkraft des österlichen Neuanfangs, der ungeheure dynamische Impuls in der Urgemeinde der ersten zwei bis vier Jahre vor der Berufung des Paulus, jedenfalls kaum erklären. Dieser geradezu explosionsartige Neuanfang lebt ja davon, daß er das, worauf er baut und woraus er seine Dynamik bezieht, schon als eindeutig sich aufdrängende Wirklichkeit voraussetzen kann und nicht erst selber er-

---

[36] K. *Rahner*, Kirchliche Christologie zwischen Exegese und Dogmatik: ders., Schriften zur Theologie IX (1970), 197–226, hier 225.
[37] *Ders.*, Grundkurs des Glaubens, Einführung in den Begriff des Christentums, Freiburg i. Br. 1976, 271 f.
[38] A. *Kolping*, Auferstehung Jesu, systematisch: HThG, Bd. I (1962), 137–145, hier 141 f.
[39] R. *Marlé*, Auferstehung Jesu, biblisch: HThG, Bd. I (1962), 130–137, hier 136 f.

stellen muß.«[40] In der Tat schildern die Osterzeugnisse die personale Begegnung mit dem erscheinenden österlichen Christus in seiner neuartigen Existenzweise so real, dass die Ostererzählungen nicht einfach nur fiktive Geschichten zur Veranschaulichung von Glaubenssätzen sein können; sie müssen auf historischen Begebenheiten basieren. Die Apostel waren geprägt von der Überzeugung, dass die Begegnung mit dem Auferstandenen weder ein Traum noch ein rein subjektives Erlebnis war, sondern dass der Herr leibhaftig als der einst Gekreuzigte lebt.

Existenz und Wesen der realen Erscheinungen des Auferstandenen unterscheiden sich von der Begegnung mit einer irdischen Gestalt und können darum mit Hilfe des Verstandes weder erkannt noch durchschaut werden; sie sind dem gewöhnlichen Erkennen unzugänglich. Die Erscheinungen sind für Menschen nur zu erkennen, wenn es ihnen von Gott offenbart wird: »Denn uns hat es Gott enthüllt durch den Geist« (1 Kor 2,10). Die Jünger können den Auferstandenen nur dank einer besonderen Gnade erkennen (1 Kor 12,3). Die Erscheinungen des auferweckten Herrn vermögen somit die Auferstehung Jesu nicht zu beweisen, sind sie doch vom Glauben an die Osterbotschaft nicht zu trennen. Wenn nun aber die Tatsache der Auferstehung Jesu nur aufgrund göttlicher Offenbarung kundgemacht werden kann, wie lässt sie sich dann dennoch logisch verantworten?

- *Transzendentaler Zugang:* Transzendentaltheologisch orientiert ist etwa der Ansatz von Karl Rahner.[41] Der anthropologische Gehalt der Auferstehungsbotschaft liege für ihn darin begründet, dass sich die menschliche Hoffnung selbst transzendiert und so den Rahmen eröffnet, innerhalb dessen die Erfahrung der Auferstehung Jesu möglich wird. »Jeder Mensch vollzieht mit transzendentaler Notwendigkeit entweder im Modus der freien Annahme oder der freien Ablehnung den Akt der Hoffnung auf seine eigene Auferstehung. Denn jeder Mensch will sich in Endgültigkeit hinein behaupten und erfährt diesen Anspruch in der Tat seiner verantwortlichen Freiheit, ob er diese Implikation seines Freiheitsvollzugs zu thematisieren vermag oder nicht, ob er sie glaubend annimmt oder verzweifelt ablehnt.«[42] Ausgehend vom Phänomen der Freiheit wird hier ein anthropologischer Zugang zum Auferstehungsglauben gelegt. Mensch-

---

[40] H. *Kessler*, Sucht den Lebenden nicht bei den Toten. Die Auferstehung Jesu Christi, Düsseldorf ²1987, 211.
[41] K. *Rahner*, Grundkurs des Glaubens. Einführung in den Begriff des Christentums, Freiburg i. Br. 1976, 260–279.
[42] Ebd., 264.

liche Freiheit ist auf Endgültigkeit angelegt. »Wird dies bedacht, welchen Grund sollten wir haben, der uns vor unserem sittlichen Wahrheitsgewissen verbietet, uns auf die Ostererfahrung der ersten Jünger zu verlassen? Nichts zwingt uns, ihnen zu glauben, wenn wir nicht wollen und skeptisch bleiben. Aber vieles ermächtigt uns, ihnen zu glauben.«[43] Nicht nur das Phänomen der Freiheit eröffnet einen transzendentalen Zugang zum Ostergeschehen, sondern auch andere Existentialien des Menschen, wie etwa die menschliche Liebe (Hans Urs von Balthasar, Josef Ratzinger) oder die Hoffnung[44] (Wolfhart Pannenberg) bzw. die Hoffnung auf Gerechtigkeit (Jürgen Moltmann).[45] Solche existentialen Ansätze vermögen eindrucksvoll die Sinnhaftigkeit der Auferstehung Jesu für das menschliche Leben aufzuweisen, allerdings auf eine so allgemein-objektive Art, dass die Bedeutung der Lehre und Praxis des irdischen Jesus ebenso in den Hintergrund treten wie dessen Osterepiphanien. Aus diesem Grund bedarf die transzendentaltheologische Hermeneutik der Ergänzung.

- *Wirkungsgeschichte:* Wolfhart Pannenberg argumentiert von der österlichen Wirkungsgeschichte her: »Wenn die Entstehung des Urchristentums, ... trotz aller kritischen Prüfung des Überlieferungsbestandes nur verständlich wird, wenn man es im Licht der eschatologischen Auferstehung von den Toten und der darin bezeugten Auferstehung Jesu von den Toten betrachtet, dann ist das so Bezeichnete ein historisches Ereignis, auch wenn wir nichts Näheres darüber wissen. Aber ohne diese historische Grundlage verlöre der christliche Glaube sein Fundament. Als historisch ist dann ein Ereignis zu behaupten, das nur in der eschatologischen Erwartung aussagbar ist.«[46] Historizität besagt also Tatsächlichkeit, besagt, dass ein Ereignis tatsächlich geschehen ist, ohne deshalb schon in Analogie zu anderen Geschehnissen stehen zu müssen. Historizität schließt weder Andersartigkeit noch die Möglichkeit, über eine historische Tatsachenbehauptung zu streiten, aus, solang diese noch der eschatologischen Bestätigung harrt. Ähnlich argumentiert auch Jürgen Moltmann: Die Auferweckung Jesu sei sehr wohl als geschichtlich zu bezeichnen, weil sie »Geschichte *stiftet,* in der man leben kann und muß, sofern sie künftigem Geschehen die Bahn weist. Sie ist geschichtlich, weil sie eschatologische

---

[43] *Ders.*, Auferstehung Jesu: SM I (1967), 403–405 und 420–425, hier 419.
[44] *W. Pannenberg*, Was ist der Mensch? Die Anthropologie der Gegenwart im Lichte der Theologie, Göttingen [7]1985, 31–40.
[45] *W. Kasper*, Jesus der Christus, Mainz [9]1984, 162.
[46] *W. Pannenberg*, Grundzüge der Christologie, Gütersloh [5]1976, 95.

Offenbarungsfrage

Zukunft erschließt«.[47] Die historische Glaubwürdigkeit der Auferstehung gründe demnach in der Wirkmächtigkeit des Kerygmas vom auferstandenen Christus. Doch in welchem theologischen Verhältnis steht das Christus-Kerygma zur Botschaft des historischen Jesus?

- *Rekonstruierende Hermeneutik:* Eine Fundamentaltheologie, die in der Auferstehung Jesu die Bestätigung seines Lebens und seiner Praxis erkennt, wird außer der Wirkungsgeschichte des Osterwiderfahrnisses gerade auch das Leben des irdischen Jesus, seine Worte und sein Werk ernstnehmen müssen. Dabei kommt es nicht nur auf den Gehalt von Wort und Werk Jesu an, sondern auch auf den pragmatischen Aspekt ihres Sinns, also auf die Analyse ihrer Aufnahme bei den Menschen. Die Bedeutung von Jesu Wort und Werk besteht ja gerade darin, dass er Erwartungshorizonte gewandelt und neue Horizonte eröffnet hat. Um im Bild des Archäologen zu sprechen: Um »die Wucht eines vor langer Zeit einmal geschleuderten Steins festzustellen«, darf nicht »bloß nach dem Stein« gefahndet werden, sondern man muss auch die Mauer ausgraben, in der der geworfene Stein »Spuren hinterlassen bzw. die er zum Einsturz gebracht hat. Die Bedeutung der Reichsverkündigung Jesu ist adäquat nur im Blick auf deren sprachlichen Niederschlag im Zeugnis der von Jesu Botschaft Herausgerufenen ... zu ermitteln.«[48] Eine derartige umfassende Wertung neutestamentlichen Zeugnisses ist das Anliegen der rekonstruierenden Hermeneutik, wie sie z. B. von Schüssler Fiorenza vertreten wird.[49]

Die Auferstehungszeugnisse verbinden historisch Zugängliches, nämlich die Verkündigung und Hinrichtung des irdischen Jesu und das frühchristliche Osterkerygma auf der einen Seite mit dem historisch Unzugänglichen: der Auferstehung Jesu auf der anderen Seite. Das Gelingen dieser Verbindung begründet ihre Glaubwürdigkeit. »Die neutestamentlichen Zeugnisse enthalten für viele Christen die plausibelste Erklärung dessen, was geschehen ist, und die größte Erklärungskraft bezüglich der Entstehung des christlichen Glaubens an Jesus«.[50] Glaubensgrund ist also der konsistenteste Zusammenhang, den die Auferstehungszeugnisse lie-

---

[47] *J. Moltmann*, Theologie der Hoffnung. Untersuchungen zur Begründung und zu den Konsequenzen einer christlichen Eschatologie, Gütersloh [13]1997, 164.
[48] *H. Verweyen*, Gottes letztes Wort. Grundriß der Fundamentaltheologie, Düsseldorf [4]2002, 372.
[49] *F. Schüssler Fiorenza*, Fundamentale Theologie. Zur Kritik theologischer Begründungsverfahren, Mainz 1992, 47–69.
[50] Ebd., 52.

fern. Die Untersuchung der literarischen Formen zeigt gerade, dass die primäre Intention der Auferstehungsberichte die Identifikation zwischen dem in die ganz neue Einheit mit Gott Auferweckten und dem historischen Jesus ist, während die Eulogien und Glaubensformeln v. a. persönliche wie auch gemeinschaftliche Gefühle ausdrücken.

Was nun die Bedeutung der Auferweckung Jesu anbelangt, so ist diese nur anhand des sprachlichen Niederschlags zu ermitteln, den das Osterereignis im Zeugnis der Jünger Jesu gefunden hat. Hier werden drei retroduktive Legitimationen erkennbar, die den Auferstehungsglauben stützen. Es sind dies die Trostfunktion im Blick auf die individuelle Unsterblichkeit, die Stiftung einer sozialen Gemeinschaft sowie die Sinnvermittlung in der Frage nach der Ungerechtigkeit in der Welt.[51]

*c) Auferweckung als Glaubensgrund*

Unterschiedliche Ansätze vermögen sich in der Fundamentaltheologie zu ergänzen, vorausgesetzt sie kommen in der Grundüberzeugung überein, dass jeder Glaubensgegenstand immer auch Glaubensgrund ist. »Zureichender Grund des (Oster-)Glaubens«[52] ist allein Jesus als der auferstandene Herr, seine Auferstehung als das geschichtliche Offenbarungsereignis jenes Gottes, »der die Toten lebendig macht« (Röm 4,17) und »der Jesus … von den Toten auferweckt hat« (Röm 4,24).

Ostern ist nicht Glaubensgrund, sondern zunächst ein Gegenstand des Glaubens. Die Auferstehung Jesu transzendiert nämlich den Bereich des historisch Feststellbaren; es entspricht in keiner Weise den Vorstellungen der jüdischen und griechischen Umwelt: Weder geht es um die Rückkehr eines Toten ins irdisch-sterbliche Leben (Jüngling von Nain [Lk 7,11–17]; Tochter des Jairus [Mk 5,35–43]; Lazarus [Joh 11,17–44]) noch um das Weiterleben der Seele nach dem Tod. So ist die Auferweckung Jesu, weil sie nicht wie die Wunder ein diesseitiges Geschehen mit transzendentaler Ursache ist, ein die gesamte Welt transzendierendes Handeln Gottes. Die Auferweckung Jesu ist ganz die Tat Gottes (Röm 4,24; 8,11; 2 Kor 4,14; Gal 1,1; 1 Petr 1,21).

Konstituierender und legitimierender Glaubensgrund ist die Erfahrung von Jesu Auferweckung als die Morgendämmerung der neuen Schöpfung (Gen 3,8; Joh 20,11–18). Diese Ostererfahrung ist nicht nur im Zeugnis der Urzeugen präsent, vielmehr kann jeder Glaubende dem lebendigen Jesus im

---

[51] Ebd., 65–69.
[52] *H. Kessler*, Sucht den Lebenden nicht bei den Toten. Die Auferstehung Jesu Christi, Düsseldorf [2]1987, 242–245.

Geist begegnen, wenngleich durch die Osterzeugnisse vermittelt. »Zwar ›erscheint‹ er nicht mehr, wie er dem Petrus u.a. ›erschienen ist‹. Dafür tritt er, wie zu den Emmausjüngern unscheinbar hinzu, wandert mit u.[nd] gibt sich als gegenwärtig zu erfahren: in der Glaubensgemeinschaft (Mt 18,20), in Schriftwort u.[nd] Herrenmahl (Lk 24,30 ff.; Joh 21,12 f.), im Glauben (Eph 3,17; Gal 2,20), in der Zuwendung zu den Geringsten (Mt 25,31–45), beim Tun seiner Worte (Joh 8,31 f.; 3,21; Mt 28,20), manchmal auch in besonderer (mystischer) Erfahrung.«[53] Die Kirche als die lebendige Gemeinschaft der im Glauben Jesus Nachfolgenden sowie jedes Handeln, das aus dem Geist Jesu Christi heraus geschieht – »wer nicht gegen euch ist, der ist für euch« (Lk 9,50) – ist heute ein möglicher Ort seiner Präsenz und damit von Ostererfahrungen. Diese sind nur im Glauben zugänglich und üben für den Glaubenden eine begründende Funktion aus.

Der auferstandene Herr kann letztlich nur im gnadenhaften, freien Vollzug des Glaubens erkannt und als glaubensbegründend erfahren werden, ungeachtet dessen, dass die Wahrheit des Glaubenssatzes von der Auferstehung Jesu dennoch auch dem Nichtglaubenden dargelegt werden kann, etwa dadurch, dass dessen Sinnhaftigkeit in einem anthropologischen Zusammenhang wenigstens erahnbar oder hypothetisch erfassbar wird.[54] Ein solcher Glaubwürdigkeitserweis vermag allerdings das Wagnis des Glaubens weder auszuräumen noch persönliche existentielle Glaubenserfahrungen zu ersetzen. Die Erfahrung, dass der Auferstandene inmitten der Glaubensgemeinschaft lebendig und gegenwärtig ist, ist die bedeutungsvollste Bestätigung der Auferstehungswahrheit. Diese hat sich sodann in einer österlichen Lebenspraxis immer wieder neu zu bewähren, denn nur, wer »die Wahrheit tut, kommt zum Licht« (Joh 3,21). Eine solche österliche Praxis ist ein »bewährendes Zeichen, das die bezeugte A.[uferstehung] glaubhaft machen kann; sie stellt das … stärkste Motiv der Glaubwürdigkeit der Auferstehungsbotschaft dar.«[55]

---

[53] Ders., Auferstehung Christi, systematisch-theologisch: LThK I (³1993), 1185–1190, hier 1186 f.
[54] E. Kunz, Glaubwürdigkeitserkenntnis und Glaube (analysis fidei): HFTh 4 (²2000), 301–330, hier 329.
[55] H. Kessler, Auferstehung Christi, systematisch-theologisch: LThK I (³1993), 1185–1190, hier 1187.

## 2.3. Heilsbedeutung des Kreuzestodes

*H. Merklein*, Jesu Botschaft von der Gottesherrschaft. Eine Skizze, Stuttgart ³1989, 133–168; *J. Frey*, Probleme der Deutung des Todes Jesu in der neutestamentlichen Wissenschaft. Streiflichter zur exegetischen Diskussion: ders., *J. Schröter*, Deutungen des Todes Jesu (WUNT 181), Tübingen 2005, 3–50; *G. Barth*, Der Tod Jesu Christi im Verständnis des Neuen Testaments, Neukirchen-Vluyn 1992, 23–105; *M. Karrer*, Wie spricht das Neue Testament vom Tode Jesu? Lücken, Vielfalt, Schwerpunkte: G. Häfner, H. Schmid (Hg.), Wie heute vom Tod Jesu sprechen? Neutestamentliche, systematisch-theologische und liturgiewissenschaftliche Perspektiven, Freiburg i. Br. 2002, 53–80; *Ch. Böttigheimer*, Fordert Gott Opfer? Zur Deutung des Todes Jesu als Opfertod: ThGl 98 (2008), 106–123; Eucharistie als Opfer. Eine kontroverstheologische Frage?: StZ 223 (2005), 651–664.

*a) Jesu Todesverständnis*

In der Forschung ist allgemein anerkannt, dass das gewaltsame Todesgeschick Jesu nicht überraschend auf ihn zukam. Übereinstimmung herrscht darüber, dass die Provokation, die in Jesu Verhalten und Verkündigung zutage trat, zu Konflikten führen musste. Es erschiene merkwürdig, wenn Jesus diese Situation selbst nicht wahrgenommen hätte. So sah er vermutlich seinem Tod entgegen und ging im Bewusstsein der Lebensgefährlichkeit seines Weges nach Jerusalem. Wenn mit einer Todesahnung Jesu gerechnet werden kann, so ist es auch sinnvoll, nach Jesu ureigenem Todesverständnis zu fragen. Denn wer wachen Auges seinem Tod entgegengeht, der hat auch eine Meinung von ihm. Wie also deutete Jesus selbst seinen Tod, wie integrierte er ihn in seine Sendung? Lässt sich das heute überhaupt noch ermitteln? Hier treten jene methodischen und hermeneutischen Probleme auf, die jeder Frage nach dem historischen Jesus innewohnen.

Zunächst lässt sich feststellen, dass in der Reich-Gottes-Verkündigung Jesu sein eigener Tod keine Rolle spielt, ganz Gegenteil: Nirgendwo ist Jesu Lebenshingabe Bedingung für Gottes Versöhnung und sein Heil. Zwar musste Jesus aufgrund seiner Botschaft von der voraussetzungslosen und bedingungslosen Vergebung Gottes wohl mit der Möglichkeit eines gewaltsamen Todes rechnen, was aber nicht bedeutet, dass er seinen Tod im Rahmen seiner Reich-Gottes-Botschaft thematisiert oder ihm gar zu Lebzeiten eine soteriologische Bedeutung zugesprochen hätte. Zumindest konnten die Anhänger Jesu seiner Botschaft zunächst keine Verstehenshilfe für seine Kreuzigung entnehmen – anderenfalls wäre das Faktum der Jüngerflucht (Mk 14,50; Joh

16,32) nicht zu erklären. Im NT können nur vage Spuren von Jesu Todesdeutung ausfindig gemacht werden.

Beim Abendmahl rechnet Jesus zwar mit der Gewissheit seines Todes:
»Amen, ich sage euch: Ich werde nicht mehr von der Frucht des Weinstocks
trinken bis zu dem Tag, an dem ich von neuem davon trinke im Reich Gottes«
(Mk 14,25), doch mit diesem sicher umgeformten, wohl aber auf Jesus selbst
zurückgehenden Wort, ist lediglich die Gewissheit Jesu ausgesagt, dass die
eschatologische Mahlpraxis im endzeitlichen Mahl ihre Erfüllung finden
wird.[56] Hieraus ergibt sich nicht, dass Jesus seinem Tod eine erlösende Wirkung zugedacht hätte. Im Gegensatz dazu werden die Kelchworte bei Jesu
Abschiedsmahl von manchen Exegeten auf Jesus selbst zurückgeführt und
im Verweis auf Deuterojesaja als Zeugnis für seine Opfer- und Sühnetoddeu-
tung herangezogen[57]: »Trinkt alle daraus; das ist mein Blut, *das Blut des Bundes*, das für viele vergossen wird zur Vergebung der Sünden.« (Mt 26,27 f.)
Doch bei der überwiegenden Zahl der Exegeten herrscht die Auffassung, dass
die Abendmahlsüberlieferungen durch die kultische Feier der christlichen
Gemeinde geprägt sind und so eher nachösterliche Verständniszugänge zum
Tod Jesu widerspiegeln; die Urform der Abendmahlsworte ist jedenfalls nicht
mehr feststellbar. Zudem wird darauf verwiesen, dass erst in einer relativ
späten Schrift des Neuen Testaments (1 Petr 2,24) das vierte Gottesknechtslied (Jes 52,13–53,12) im Sinne eines stellvertretend leidenden Gerechten interpretiert wird.

*b) Interpretationsvielfalt*

Wie Jesus seinen Tod selbst verstanden hat, lässt sich heute also nicht mehr
sicher eruieren. Es spricht aber manches dafür, dass Jesus seinen Tod im Sinne
der stellvertretenden Sühne verstand[58], wenngleich er dem Jerusalemer Tem-
pelkult mit seinen sakrifiziellen Sühnehandlungen kritisch gegenüber stand
(Mk 13,1 f.). Auch nachösterlich ist »[d]ie Jerusalemer Tempeltheologie …
für die Christologie eher ein Nebenzug, denn es bestehen sehr erhebliche

---

[56] *E. Schillebeeckx*, Jesus. Die Geschichte von einem Lebenden, Freiburg i. Br. ³1975, 274.
[57] *O. Betz*, Jesus und Jesaja 53: H. Cancik u. a. (Hg.), Geschichte – Tradition – Reflexion (FS
M. Hengel), Bd. III: Frühes Christentum, Tübingen 1996, 3–19, hier 19; *P. Stuhlmacher*, Jes
53 in den Evangelien und in der Apostelgeschichte: B. Janowski, P. Stuhlmacher (Hg.), Der
leidende Gottesknecht. Jesaja 53 und seine Wirkungsgeschichte (FAT 14), Tübingen, 1996,
93–105, hier 97.
[58] *R. Schwager*, Jesus im Heilsdrama. Entwurf einer biblischen Erlösungslehre, Innsbruck,
²1996, 127–148.

Differenzen.«[59] »Jesu Hinrichtung am Kreuz« war nämlich »ein ganz und gar unkultisches Geschehen ..., das sich auf den noch in Gang befindlichen Jerusalemer Opferkult nicht positiv beziehen ließ.«[60] Jesus hat wohl »sein Sterben als freiwilliges Auf-sich-Nehmen des ihm von Gott auferlegten Dienstes im Gehorsam gegenüber dem Vater und als Hingabe für andere verstanden«.[61] Im Todesverständnis Jesu drückt sich wohl in höchster Weise seine Gewissheit aus, dass sein Tod nicht vergeblich, seine Proklamation des Reiches Gottes nicht scheitern und Gottes Heilswille stärker sein wird als der Tod.

Wenn sich das Todesverständnis Jesu auch nicht mehr exakt rekonstruieren lässt, so wird uns indes im NT nicht nur das Faktum der Kreuzigung Jesu von Nazareth überliefert, sondern auch die Notwendigkeit bezeugt, den Tod Jesu zu deuten und zu erklären, ansonsten wäre eine missionarische Verkündigung schwerlich möglich gewesen (1 Kor 1,23). Näherhin finden sich im NT eine Vielzahl unterschiedlicher Verständniszugänge zum Tod Jesu, die entweder mehr christologisch, soteriologisch oder theologisch akzentuiert sein können. Dabei gibt das NT keiner Deutungskategorie den Vorzug, vielmehr wurden alle »diese Motive von den urchristlichen Tradenten und Autoren eher akkumulativ als alternativ gebraucht«.[62] Auch die Opfer- und Sühnechristologie ist weder die einzige noch die übergeordnete Verständnismöglichkeit des gewaltsamen Todes Jesu, sondern eine unter vielen.

• In der Apostelgeschichte etwa wird Jesu gewaltsamer Tod seiner Messianität einfach kontrastierend gegenüber gestellt: »[I]hn, der nach Gottes beschlossenem Willen und Vorauswissen hingegeben wurde, habt ihr durch die Hand von Gesetzlosen ans Kreuz geschlagen und umgebracht.« (Apg 2,23); »Gott hat ihn zum Herrn und Messias gemacht, diesen Jesus, den ihr gekreuzigt habt.« (Apg 2,36 u. ö.) Nach Mk und Lk war dieser gewaltsame Tod notwendig und musste so geschehen. In den nachösterlich formulierten Leidensansagen heißt es, »der Menschensohn müsse

---

[59] M. *Oeming*, »Fürwahr, er trug unsere Schuld«. Die Bedeutung der alttestamentlichen Vorstellung von Sünde und Sündenvergebung für das Verständnis der neutestamentlichen Abendmahlstradition: A. Wagner (Hg.), Sühne – Opfer – Abendmahl, Neukirchen-Vluyn, 1999, 1–36, hier 23.

[60] *Ökumenischer Arbeitskreis evangelischer und katholischer Theologen*, Das Opfer Jesu Christi und der Kirche. Abschließender Bericht: K. Lehmann, E. Schlink (Hg.), Das Opfer Jesu Christi und seine Gegenwart in der Kirche. Klärungen zum Opfercharakter des Herrenmahls, Freiburg i. Br. 1983, 215–238, hier 221.

[61] Ebd.

[62] J. *Frey*, Probleme der Deutung des Todes Jesu in der neutestamentlichen Wissenschaft. Streiflichter zur exegetischen Diskussion: ders., J. Schröter, Deutungen des Todes Jesu (WUNT 181), Tübingen 2005, 3–50, hier 49.

vieles erleiden« (Mk 8,31; 14,21), was erzählerisch durch das Ringen Jesu in Getsemani veranschaulicht wird (Mk 14,32–42). Von der heilsgeschichtlichen Notwendigkeit des Todes Jesu ist auch im Johannesevangelium (Joh 3,14; 12,34) die Rede. Damit ist einerseits das Unausweichliche bezeichnet und andererseits das Vertrauen der Glaubenden: Der schreckliche Tod hat in Gottes Heilsratschluss einen Platz, er stimmt mit dem Liebeswillen Gottes überein und war somit nicht umsonst. Gott schafft oft aus Unheil, das Menschen verursacht haben, auf wunderbare Weise schließlich doch noch Heilvolles. So ist Jesu Tod nun Teil des Heilsweges Gottes. In der Emmauserzählung legt der Auferstandene den beiden Jüngern auf dem Weg dar, dass »der Messias all das erleiden [musste], um so in seine Herrlichkeit zu gelangen« (Lk 24,26; 17,25; 24,7.44.46). Ferner wird an das gewaltsame Geschick der Propheten erinnert. Jesus erleidet, was so vielen Propheten widerfuhr: Verfolgung, Gewalttat und Tod (Lk 11,49 ff.; 13,34 f.). Der Tod wird als Konsequenz der Abweisung der Botschaft des Propheten an Israel ausgelegt, und auch die frühen Christen sehen sich selbst in einer ähnlichen Ablehnung und Todesbedrohung.

• Ein weiteres, nichtopfertheologisches Interpretament begegnet in der Vorstellung vom unschuldig leidenden Gerechten, der von Gott rehabilitiert und erhöht wird (Ps 22,25–32; 33,13–22). Diese Deutung prägt insbesondere das Markusevangelium und geht nach Ansicht verschiedener Exegeten sehr wahrscheinlich auf vormarkinische Passionstraditionen zurück.[63] Damit verbunden klingt die im Judentum verbreitete Vorstellung von den apokalyptischen Drangsalen an, die Gott am Ende dieser Zeit über die Menschen bringen wird. Unterdrücker, sich Durchsetzende und Starke stehen dem Gerechten gegenüber, der zu Gott in Beziehung steht, aber als schwach und wirkungslos abgetan wird. Dieses Modell findet sich häufig in den Leidensansagen der Synoptiker (Mk 8,31 u. ö.) und in den Reden der Apostelgeschichte (Apg 2,2 f. u. ö.).

• Freilich finden sich im NT auch kultisch gefärbte Interpretationen des Kreuzestodes.[64] Gegenüber zunächst jüdischen Hörern bedienen sich die Jünger ganz selbstverständlich der jüdischen Kultsprache und greifen zur

---

[63] *R. Pesch*, Das Markusevangelium II (HThK II/2), Freiburg i. Br. 1977, 13–27; *J. Gnilka*, Das Evangelium nach Markus II (EKK II/2), Zürich 1979, 311; *G. Barth*, Der Tod Jesu Christi im Verständnis des Neuen Testaments, Neukirchen-Vluyn 1992, 32 Anm. 25.

[64] *J. Werbick*, Den Glauben verantworten. Eine Fundamentaltheologie, Freiburg i. Br. ³2005, 476 f.

Todesdeutung Jesu auf Kategorien wie »Opfer« (Eph 5,2 u. ö.), »Lamm Gottes« (Joh 1,29 u. ö.), »Blut« als reinigende Kraft (1 Joh 1,17 u. ö.), »Blut« zur Vergebung der Sünden (Mt 26,26–29 u. ö.), »Blut« des Bundes (Mt 26,28 u. ö.), »Blut« mit versöhnender Wirkung (Eph 2,13 u. ö.) bzw. heilsmittlerische Teilhabe am »Blut« Christi (Joh 6,53–56 u. ö.), »Lösegeld« (Mk 10,45; u. ö.) oder »Sühne« (Röm 3,25 u. ö.) zurück. Solche kultischen Begriffe werden allerdings metaphorisch, ausgestattet mit neuem Sinngehalt und damit kritisch gegenüber dem Opferkult verwendet. Die priesterschriftliche Sühnetheologie darf auch dort vermutet werden, wo die Begriffe »Sühne« und »sühnen« zwar nicht explizit vorkommen, wohl aber vom Sterben Jesu »für die Sünde«, »[w]egen unserer Verfehlungen« (Röm 4,25 u. ö.) die Rede ist und das vierte Gottesknechtslied bei Jes 53,1–12 und die frühjüdische Märtyrertheologie (2 Makk 7,37 f. u. ö.) im Hintergrund stehen.

*c) Sühne – Stellvertretung*

Welche Stellung nimmt nun das opfer- und sühnetheologische Modell in der neutestamentlichen Überlieferung ein? Darüber wird seit Jahrzehnten höchst kontrovers diskutiert. Während es die einen als fundamental erachten, sprechen ihm andere eine beherrschende Stellung ab oder erkennen in ihm ein zeitbedingtes Interpretament, das heute, in einer völlig anderen kultur- und religionsgeschichtlichen Situation, nicht mehr nachvollzogen werden könne. Muss heute bei der Interpretation des Kreuzestodes Jesu auf die Begriffe »Sühne« und »Opfer« gänzlich verzichtet werden oder lassen sie eine sinnvolle Verwendung zu?

Von Anfang an gab es im Christentum eine irreduzible Vielzahl an Vorstellungen, Bildern und Auslegungsversuchen des Kreuzestodes Jesu. Für die Explikation des Mysteriums Christi wurden in Kirche und Theologie die Interpretamente »Opfer«, »Sühne« und »Stellvertretung« zentral, wobei diese nicht den »quellensprachlichen Gebrauch« wiedergeben, sondern Abstraktionen darstellen, die sich »auf die generelle Struktur urchristlicher Aussagen über das Heilswirken Gottes in und durch Jesus Christus« beziehen.[65]

Die Sühneopfertheorie wurde v. a. von Anselm von Canterbury systematisch ausformuliert und sein juristisch gefärbtes Deutungsmodell hat unter der Bezeichnung »Satisfaktionslehre« eine enorme Wirkungsgeschichte bis

---

[65] *J. Schröter*, Sühne, Stellvertretung und Opfer. Zur Verwendung analytischer Kategorien zur Deutung des Todes Jesu: J. Frey, ders., Deutungen des Todes Jesu (WUNT 181), Tübingen 2005, 51–71, hier 65.

Offenbarungsfrage

in die Gegenwart hinein entfaltet.[66] Sie findet sich in seinem Werk »Cur deus homo?«[67] und entwickelt auf der Basis der germanischen und frühmittelalterlichen Lehnsordnung vereinfacht folgenden Gedankengang: Durch ihre Sünden haben die Menschen die Ehre Gottes (honor Dei) beschädigt, d. h., nicht seine private Ehre, sondern die heilige Ordnung der Schöpfung, die intelligible Universalordnung (ordo universalis), gestört. Da es sich um die Ehre eines unendlichen Wesens handelt, um die Wiederherstellung der Ordnung des Ganzen geht, ist die Sünde der Ehrverletzung eine unendliche Schuld, die nach einer unendlichen Sühneleistung, Genugtuung (satisfactio) verlangt. Sie kann vom Menschen als einem endlichen Wesen nicht geleistet werden und auch nicht von Gott in reiner Barmherzigkeit gewährt werden, da dies der Gerechtigkeit (ordo iustitiae) widerspräche. Daher wird Gott in der Gestalt seines Sohnes Mensch und leistet stellvertretend für die Menschen selbst diese Genugtuung bzw. Sühne, indem er etwas tut, wozu er nicht verpflichtet wäre: Er opfert am Kreuz sein Leben für die Menschen. Jesus selbst hatte die Satisfaktion nicht nötig, vielmehr nimmt er stellvertretend die Sünde aller auf sich und tut damit der Ehre Gottes und der Ordnung seiner Gerechtigkeit auf vollkommene Weise genug (satis facere), wodurch die ordo universalis und die honor Dei wiederhergestellt werden, da Gott diese Satisfaktion als Verdienst (meritum) allen Menschen anrechnet. Auswirkungen einer solchen Opfer- und Sühnopfertheorie begegnen noch heute in Liedern, Chorälen, Gebeten und theologischen Erörterungen zumeist aus dem 16. und 17. Jh.

Im Laufe von Theologie- und Kirchengeschichte – besonders in der Neuzeit – trat das Sühnetodverständnis mehr und mehr in den Vordergrund und verdrängte die zahlreichen anderen biblischen Modelle der Sündenvergebung, bis letztlich das Kreuz als absolut heilsnotwendig eingestuft und das Wirken des historischen Jesus hinter seinen Tod zurücktrat. Zunehmend wurde in der Neuzeit die Sühnetodtheologie abstrakt-spekulativ und isoliert vom historischen Jesus betrieben und dadurch nicht selten verkannt, dass Jesu Leben und Wirken im Rahmen des schon angebrochenen Gottesreiches ebenso Heil und Erlösung in sich bergen. Nach dem biblischen Zeugnis ist die personale Beziehung zu Jesus Christus und nicht nur zu seinem Tod von Bedeutung und zudem setzt die Heilswirkung des Todes Jesu seine Auferstehung voraus, ohne die der christliche Glaube, wie Paulus bekennt, hinfällig ist (1 Kor 15,14).

---

[66] *G. Greshake*, Erlösung und Freiheit. Zur Neuinterpretation der Erlösungslehre Anselms von Canterbury: ThQ 153 (1973), 323–345.
[67] *Anselm von Canterbury*, Cur Deus homo. Lateinisch und deutsch, ed. v. F. S. Schmitt, München ⁵1993.

Die westliche, weitgehend auf Sünde, Kreuz und Sühnopfer fixierte Theologie, ist heute in die Kritik geraten. Unter anderem wird geltend gemacht, dass der Tod Jesu nicht im Sinne einer verkürzenden Entstellung von Anselms Satisfaktionstheorie als blutiges Versöhnungsopfer eines durch menschliche Sünden gekränkten und erzürnten Gottes verstanden werden darf. Nach Jürgen Werbick »widerspräche [es] der Gotteserfahrung und der Lebenspraxis Jesu zutiefst, sähe man im Opfer – schließlich im Kreuz – den Preis, den die Menschen oder der ›Menschensohn‹ für Gottes gnädige Zuwendung zu zahlen haben.«[68] Tatsächlich käme es einer Verkennung der biblischen Gottesvorstellung gleich, würde Sühne als Versöhnung der Majestät Gottes verstanden, die durch die Sünden der Menschen verletzt wurde. Bedingungslose Liebe und Einforderung vollgültiger Genugtuung schließen sich gegenseitig aus. Gottes Zorn, der über die Sünde des Menschen entbrannt und die andere Seite seiner Liebe ist, braucht durch kein blutiges Sühneopfer besänftigt zu werden.

Weitere Einwände gehen von einer grundsätzlichen theologischen Kritik gegenüber Opfer und Kult aus und stellen dem alttestamentlichen Opfer- und Sühnekult, den sie als menschliche Leistung, also im Sinne von Selbsterlösung interpretieren, die neutestamentliche Versöhnungslehre gegenüber, wonach Versöhnung ganz das gnadenhafte Werk Gottes sei.[69] Ferner stellt nach Eugen Biser die Deutung des Kreuzestodes Jesu als Sühnetod eine Verzweckung des Todes dar, der an sich nur »reiner Selbstzweck« sein kann: »Im Tod klärt sich der Sinn des Menschenlebens.«[70] Vor diesem Hintergrund plädiert Biser dafür, nicht nach dem Zweck, sondern nach dem Sinn des Kreuzestodes Jesu zu fragen und diesen als »Exzeß seiner [Gottes] Liebe« zu begreifen.[71] Nicht zuletzt findet sich hinsichtlich des Stellvertretungsgedankens immer wieder das Argument, dass der mündige und selbstverantwortliche Mensch gerade dort nicht vertreten werden kann, wo sein gesamtes Leben und Sterben auf dem Spiel steht. Immanuel Kant hat diesen Gedanken so formuliert: Die Schuld eines Menschen, die dem Gesinnungswandel vorausgeht, kann »so viel wir von unserem Vernunftrecht einsehen, nicht von einem andern getilgt werden; denn sie ist keine *transmissible* Verbindlichkeit, die etwa, wie eine Geldschuld …, auf einen andern übertragen werden kann, sondern die *aller-*

---

[68] *J. Werbick*, Soteriologie, Düsseldorf 1990, 253.
[69] *L. Köhler*, Theologie des Alten Testamentes, Tübingen ⁴1966, 201–208; *E. Käsemann*, Erwägungen zum Stichwort »Versöhnungslehre« im Neuen Testament: E. Dinkler (Hg.): Zeit und Geschichte (FS R. Bultmann), Tübingen 1964, 47–59, hier 50 f.
[70] *E. Biser*, Vom Sinn und Zweck des Kreuzes: StZ 213 (1995), 723–729, hier 726.
[71] Ebd., 727.

*persönlichste*, nämlich eine Sündenschuld, die nur der Strafbare, nicht der Unschuldige, er mag auch noch so großmütig sein, sie für jenen übernehmen zu wollen, tragen kann«.[72] So wenig wie ein Mensch stellvertretend für die Fehlleistungen eines anderen bestraft werden kann, so wenig könne jemand im sittlichen Bereich für einen anderen eintreten.[73] Sünde hafte nun mal personal am Täter und sei damit schlechterdings nicht übertragbar.[74]

Israel hielt trotz aller Opfer- und Kultkritik am Opferkult fest, weil im Opfer die Selbsthingabe an Gott symbolischen Ausdruck fand: Die Opfergabe wird als dargebrachte Gabe verändert, sie wird durch ihre neue Zweckbestimmung Ausdruck der Selbsthingabe an Gott. Beim Opfern handelt es sich für die Israeliten letztlich um eine geistige Begegnung mit Gott, um ein Gott-Schenken sowie um ein Von-Gott-Beschenkt-Werden; nur so konnten Gebet, Schriftlesung und Loben Gottes immer mehr an die Stelle des Opfers treten (Ps 50,7–15; 51,19; 108; 119; 107,21 f.). Weil der Glaube das eigentliche Geschenk an Gott ist, darum lobt Jesus auch das Opfer der Witwe (Mk 12,41–44); auf die innere Haltung kommt es an, aus der heraus das Opfer gegeben wird. Hier schließt sich der Kreis zu Abrahams Opfer. Wird ein solcher Opferbegriff auf Jesu Tod angewandt, darf er nicht im Horizont von Gewalt, Selbsterlösung oder Besänftigung gedacht werden, sondern muss im Sinne der radikalen Selbsthingabe verstanden werden.

Eine soteriologische Deutung des Todes hat vom biblischen Sündenbegriff auszugehen. Nach biblischer Auffassung ist Sünde ein Verstoß gegen die göttliche Lebensordnung, eine freiwillige Missachtung des in der Bundesordnung sich aussprechenden Willens Gottes. Als solche zerstört die Sünde sowohl die Gott-Mensch-Beziehung als auch die Mensch-Mensch-Beziehung: Sie stellt eine umfassende Beziehungskrise dar. Indem der Mensch die Beziehung zu Gott, zu sich selbst und zum Nächsten nicht mehr miteinander verbinden kann, stößt er an eine Grenze, an der er aus eigener Kraft nicht mehr weiter kann. Stellvertretung, d.h. »[a]n die Stelle eines anderen zu treten«,

---

[72] *I. Kant*, Die Religion innerhalb der Grenzen der bloßen Vernunft, B 94–95: Immanuel Kant Werksausgabe, Bd. VII, hg. v. W. Weischedel, Wiesbaden 1977, 726.
[73] *U. Grümbel*, Im Blickpunkt: Abendmahl. »Ich kann mir nicht vorstellen, daß die Einstellungen zwischen Mann und Frau im wesentlichen unterschiedlich ist …«: EvTh 58 (1998), 49–73, hier 60 f.
[74] *G. Friedrich*, Die Verkündigung des Todes Jesu im Neuen Testament, Neukirchen-Vluyn ²1985, 15; *K.-H. Menke*, Stellvertretung. Schlüsselbegriff christlichen Lebens und theologischer Grundkategorie, Freiburg i. Br. 1991, 17 f.; *J. Weiß*, Grenzen der Stellvertretung: J. Ch. Janowski u. a. (Hg.): Stellvertretung. Theologische, philosophische und kulturelle Aspekte, Bd. 1: Interdisziplinäres Symposion Tübingen 2004, Neukirchen-Vluyn 2006, 313–337.

bedeutet in diesem Fall nach Bernd Janowski gerade »nicht, ihn in seiner unverwechselbaren Personwürde zu ersetzen, sondern denjenigen Platz ein-zunehmen, den aus eigener Kraft einzunehmen er selber nicht in der Lage ist.«[75] Stellvertretung zerstört also nicht die Würde der Person, da der andere nicht ersetzt, sondern quasi »ersatzweise« vertreten wird, »ohne daß diesem damit eine andere (mindere) Bedeutung zukommt«.[76] Jesus tritt dort an die Stelle der schuldig gewordenen Menschen, wo ihre eigenen Möglichkeiten erschöpft sind und Erlösung darum nur noch von außen, gnadenhaft erfolgen kann. Als Sohn Gottes ist er an den Ort getreten, welcher eigentlich der Ort der Menschen war: den Ort auswegloser Gottesferne und Todesverfallenheit.

Wenn der Sühnebegriff religionsgeschichtlich als »religiöse [...] Entstö-rung- und Korrekturhandlungen«[77] zur Erlösung oder »Heilung schuldhaft zerstörter Verhältnisse und Beziehungen« verstanden wird[78], dann bedeutet »stellvertretende Sühne«[79], dass »Jesus Christus ... mit seinem Sterben ›für uns‹, ›an unsere Stelle‹ [trat], d. h. an den Ort auswegloser Gottesferne und Todesverfallenheit«[80], um die Folgen menschlicher Sündenschuld selber zu tragen und so den Menschen aus dem lebensbedrohenden Zustand der Sünde herauszulösen (Jes 53,7–10). Er tritt in seiner stellvertretenden Sühne nicht einfach an die Stelle der Sünder und wird nicht selbst zum Sünder, sondern solidarisiert sich mit den Opfern der Sünde; er lässt sich von der Sünde treffen und erfährt deren tödliche Auswirkung.

Bei der stellvertretenden Sühne handelt es sich also weder um mensch-liche Leistung bzw. Selbsterlösung noch um die Abwendung des göttlichen Zorngerichts, weder um die Besänftigung der Rache Gottes noch um die

---

[75] *B. Janowski*, »Hingabe« oder »Opfer?« Zur gegenwärtigen Kontroverse um die Deutung des Todes Jesu: E. Blum (Hg.), Mincha (FS R. Rendtroff), Neukirchen-Vluyn 2000, 93–119, hier 109.

[76] *F. Winter*, Stellvertretung I: Religionswissenschaftlich: RGG VII (⁴2004), 1707; *H. Spie-ckermann*, Stellvertretung II. Altes Testament: TRE 32 (2001), 135–137, hier 135 f.

[77] *D. Sitzler-Osing*, Sühne I: Religionsgeschichtlich: TRE 32 (2001), 332–335, hier 332.

[78] *Ch. Gestrich*, Sühne V: Kirchengeschichtlich und dogmatisch: TRE 32 (2001), 348–355, hier 348.

[79] Der Zusammenhang von Sühne und Stellvertretung wird in der Exegese höchst kontro-vers diskutiert und hängt jeweils davon ab, wie eng oder weit die beiden Begriffe gefasst werden. (*J. Frey*, Probleme der Deutung des Todes Jesu in der neutestamentlichen Wissen-schaft. Streiflichter zur exegetischen Diskussion: ders., J. Schröter, Deutungen des Todes Jesu (WUNT 181), Tübingen 2005, 3–50, hier 26).

[80] *B. Janowski*, »Hingabe« oder »Opfer?« Zur gegenwärtigen Kontroverse um die Deutung des Todes Jesu: E. Blum (Hg.), Mincha (FS R. Rendtroff), Neukirchen-Vluyn 2000, 93–119, hier 109.

Wiederherstellung seiner verletzten Ehre. Denn nicht der Mensch, sondern Gott ist das handelnde Subjekt: Jesus gibt sich in dienender und liebender Selbsthingabe als Ersatzleistung hin, indem er sich zuinnerst auf die menschliche Unheilssituation einlässt und so die tödliche Auswirkung der Sünden erfährt. Indem er das Leiden freiwillig auf sich nimmt, kommt es zur Herauslösung der Menschen aus ihrem Schuldverhängnis – außerhalb und unabhängig von den Sühneritualen des Opferkults. Gott »ist es, der mitträgt, letztlich erträgt, der die trägt, die dem Unerträglichen hilflos ausgeliefert scheinen.«[81] Weil Menschen ihre Beziehungskrise selbst nicht mehr heilen können, muss das erwählte Volk von außen befreit und zu seiner Erwählung zurückgebracht werden, wenn es noch eine Zukunft haben soll. Indem die Last der Sünde nicht erneut anderen Menschen aufgeladen, sondern ausgelitten wird, wird durch die Stellvertretung des Gottmenschen Jesus neues Leben eröffnet. Stellvertretende Sühne wird hier allein durch Gottes Gnade und Barmherzigkeit geschenkt, um der Menschen willen, damit sie aus der Gefangenschaft von Sünde und Schuld herausgelöst werden und wieder leben können.

Der Tod Jesu war die äußerste Verdichtung und Radikalisierung seiner Haltung der Pro-Existenz (Für-andere-Dasein), die sein gesamtes Leben prägte. »[D]er Menschensohn ist nicht gekommen, um sich dienen zu lassen, sondern um zu dienen und sein Leben hinzugeben als Lösegeld für viele.« (Mk 20,28) Die dienende und liebende Hingabe ist Kennzeichen der Gesamtexistenz Jesu und sein Tod ist die Zuspitzung seiner Lebenshingabe im Zeichen des anbrechenden Reiches Gottes. Die neutestamentliche Rede vom Opfer Jesu hat darum nicht nur seinen Kreuzestod vor Augen, sondern sein gesamtes Leben. So wie Jesus für die Menschen gelebt und ihnen gedient hat, so stirbt er auch für die Menschen (Joh 13,1). Die Lebenshingabe Jesu impliziert im äußersten Fall auch seinen radikalen Lebenseinsatz bis in den Tod für die in Sünde und Schuld verstrickten Menschen; »die Ganzheitlichkeit seiner Liebe zu den Seinen findet am Kreuz ihre Erfüllung.«[82] Der Tod Jesu ist die Folge seines Lebens, unüberbietbarer Ausdruck seiner radikalen Hingabe an den Liebeswillen Gottes. »Es gibt keine größere Liebe, als wenn einer sein Leben für seine Freunde hingibt.« (Joh 15,13; 1 Joh 3,16) Zwischen Jesu konsequentem Leben und Wirken für andere und seiner Todesübernahme anstel-

---

[81] *J. Werbick*, Den Glauben verantworten. Eine Fundamentaltheologie, 3., vollständig neu bearbeitete Auflage, Freiburg i. Br. ³2005, 511.
[82] *U. Wilckens*, Das Evangelium nach Johannes (NTD 4), Göttingen 1998, 167.

le der anderen besteht keinerlei Differenz.[83] »Jesu Sühnetod begründet ... kein neues Heil, das auch nur im entferntesten in Spannung steht zu jenem Heilsgeschehen, das Jesus seit Beginn seines Wirkens proklamiert und repräsentiert hat. Das Heil des Sühnetodes Jesu ist vielmehr integraler Bestandteil eben dieses Geschehens der Gottesherrschaft.«[84]

Jesu Tod ist die Konsequenz, nicht aber das Ziel seines Lebens. »Nicht in der Gabe des Todes liegt der Sinn, sondern im geschenkten Leben, d.h. in dem Leben, das der Gottessohn als ›guter Hirte‹ den Seinen gibt, indem er es für sie einsetzt.«[85] Befreiend und erlösend ist nicht sein Tod als Tod, sondern seine Verkündigung des Reiches Gottes in Wort und Tat. Durch Jesu Botschaft von dem bedingungslos liebenden und sich erbarmenden Gott werden die Menschen aus ihrer ausweglosen Gottesferne und Todesverfallenheit herausgelöst. Diese Botschaft und Praxis Jesu eröffnet eine neue und heilvolle Zukunft. Nur so wird der Tod Jesu nicht verzweckt, wovor Eugen Biser zu Recht warnt, vielmehr offenbart sich dann im Tod Jesu auf unüberbietbare Weise der Sinn seines Lebens: »Der gute Hirt gibt sein Leben hin für die Schafe.« (Joh 10,11)

Dem Tod Jesu, der als Fortsetzung seiner Pro-Existenz gleichsam als der letzte Dienst an den Seinen zu verstehen ist, kann eine erlösende Wirkung zugeschrieben werden. Heilsvermittelnd ist aber nicht sein Tod, sondern die in ihm zum Ausdruck kommende radikale Zuwendung Gottes zum Sünder. Es geht »nicht um ein wie auch immer gedachtes aktives priesterliches Sühnehandeln«[86], sondern darum, dass sich Jesus im Leben und Streben mit den Opfern der Sünde radikal solidarisierte und sich der von der Macht der Sünde verwundeten Wirklichkeit aussetzte. »Christi vorbehaltlose Solidarisierung mit den Opfern dieser Welt hat ihn – in seinem priesterlichen Dienst an ihnen – selbst zu einem Opfer gemacht.«[87] Den gottfeindlichen Mächten fällt Jesus zum Opfer, er wird weder von Gott dargebracht noch von ihm in den Tod gegeben.

---

[83] H. *Schürmann*, Jesus. Gestalt und Geheimnis, hg. v. K. Scholtissek, Paderborn 1994, 286 ff.

[84] H. *Merklein*, Jesu Botschaft von der Gottesherrschaft (SBS 111), Stuttgart ³1989, 144.

[85] B. *Janowski*, »Hingabe« oder »Opfer?« Zur gegenwärtigen Kontroverse um die Deutung des Todes Jesu: E. Blum (Hg.), Mincha (FS R. Rendtroff), Neukirchen-Vluyn 2000, 93–119, hier 117.

[86] K. *Berger*, Wozu ist Jesus am Kreuz gestorben? Stuttgart 1998, 161.

[87] S. *Brandt*, War Jesu Tod ein »Opfer«? Perspektivenwechsel im Blick auf eine klassische theologische Frage: R. Weth (Hg.), Das Kreuz Jesu. Gewalt – Opfer – Sühne, Neukirchen-Vluyn 2001, 64–76, hier 76.

Die Lebenshingabe Jesu ist keine grausame Preisgabe des Sohnes durch den Vater, sondern eine Aktivität göttlicher Liebe. Gott opfert sich in Jesus Christus selbst, um durch die Ohnmacht der Liebe die Macht der Sünde zu brechen und die Entfremdungswirklichkeit der Welt aufzuheben.[88] Gott hat seinen Sohn nicht hingeschlachtet[89], um die Welt zu erlösen. Jesus war nicht das Opfer zur Versöhnung des gekränkten und zornigen Vaters. Gott muss durch kein blutiges Opfer versöhnt werden, sondern er selbst gewährt bzw. schafft Versöhnung. Jesu Tod war weder von Gott gefordert noch ein Opfer vor und für Gott, vielmehr gibt sich Christus freiwillig den Menschen hin (Joh 10,18), bis er schließlich den menschlichen Abgründen und Verblendungen zum Opfer fällt (Lk 23,34; Apg 3,17; 13,27). Gottwohlgefällig ist allein Jesu Gehorsam gegenüber dem Liebeswillen Gottes und seine dienende und liebende Hingabe, die sein gesamtes Leben bestimmte. Gott hat seinen Sohn nicht benutzt, sondern sich in ihm und durch ihn gegeben und Versöhnung und neues Leben geschenkt (2 Kor 5,17–20). Gott braucht nicht erst umgestimmt zu werden; er liebte die Menschen bzw. »die Welt« schon, als sie noch Sünder waren und sich von ihm abgewandt hatten (Röm 5,8–11); er spricht von sich aus den Gottlosen gerecht (Röm 4,5). Jesus macht nicht erst aus Gott die Liebe, er geht vom Gott der Liebe aus, der den Menschen aus Liebe bedingungslos annimmt.

Gott selbst ist »in Jesu Person und Werk« aus Liebe »für den sündigen Menschen eingetreten …, um ihn in seiner schöpferischen Allmacht von der Sünde zu befreien und so zu einer ›neuen Kreatur‹ (II Kor 5,17) zu machen.«[90] Gott lässt sich in seiner Liebe, seiner erwählenden Zuwendung zu den Menschen durch Sünde und Tod nicht beirren. Er stiftet Versöhnung aus Liebe und überlässt dazu seinen Sohn den Menschen; er unternimmt nichts, wenn Jesus die Folgen menschlicher Sünde selbst zu spüren bekommt, die Menschen ihn misshandeln und töten. Jesu stellvertretende Lebenshingabe impliziert insofern ein aktives und passives Moment: Er ist sowohl Subjekt seiner Hingabe (Gal 1,4; Eph 5,2.25; 1 Tim 2,6; Tit 2,14, Gal 2,20; Mk 10,45) – wie auch Isaak in das Opfer einwilligt – als auch Objekt seiner Opferung (Mk 9,31; 14,41; Röm 3,25f.); aktive Lebenshingabe und passive Leidensübernahme, liebender Einsatz des Lebens und Gewaltverzicht gehören

---

[88] A. *Schenker*, Sühne: NBL 3/Lfg. 13 (1999), 720–727, hier 726.
[89] Wo im NT von Gott als Subjekt des Opfergeschehens die Rede ist (Mk 9,31 par; Mk 10,33 par; Mk 14,41; Röm 4,25; 1 Kor 11,23), handelt es sich letztlich um die radikale Selbsthingabe Gottes.
[90] O. *Hofius*, Sühne V: Neues Testament: TRE 32 (2001), 342–347, hier 346.

bei ihm untrennbar zusammen. Und doch hat Gott seinen Sohn nicht einfach an die Macht der Sünde ausgeliefert, ihn nicht einfach geopfert, vielmehr hält er ihn in seiner grenzenlosen Liebe die Treue, entreißt ihn der menschlichen Gewaltgeschichte und setzt ihn ins Recht. Die Auferweckung ist die definitive Bestätigung Jesu, Bestätigung seiner Reich-Gottes-Botschaft, seiner Haltung der Pro-Existenz und seines Daseins für die »verlorenen Schafe [...] des Hauses Israels« (Mt 10,6). Durch die Auferweckung hat sich Gott endgültig mit Jesus und seiner Sache identifiziert. »Nur im Hinblick auf diese alles Bisherige überbietende Schöpfungstat, also nur von Ostern her, kann der ›Sinn‹ dieses Opfers richtig gedeutet werden«.[91]

---

[91] S. *Dreher*, Der Fuchs und die Henne – eine Selbstdeutung Jesu für seinen Tod: DtPfrBl 98 (1998), 119–121, hier 120.

# III. Offenbarungsthema in der Neuzeit

## 1. Erstes Vatikanisches Konzil

### 1.1. Offenbarung als Instruktion

*J. Schmitz*, Das Christentum als Offenbarungsreligion im kirchlichen Bekenntnis: HFTh 2 (²2000), 1–12; *H. Waldenfels*, Einführung in die Theologie der Offenbarung, Darmstadt 1996, 47–82; *W. Klausnitzer*, Glaube und Wissen. Lehrbuch der Fundamentaltheologie für Studierende und Religionslehrer, Regensburg 1999, 167–196; *D. Hercsik*, Die Grundlagen unseres Glaubens. Eine theologische Prinzipienlehre (Theologie, Forschung und Wissenschaft, Bd. 15), Münster 2005, 9–40.

### a) Geschichtlicher Überblick

Von Anfang an entschied sich das Christentum für die Aufnahme philosophischen Denkens. Der christliche Glaube wurde rational begründet und mit philosophischen Begriffen und Prinzipien durchdrungen. Biblischer Glaube und griechisch philosophisches Fragen gingen im Christentum, das »sich von Anfang an als eine Religion des Logos, als eine vernunftgemäße Religion verstand«[1], eine solche Einheit ein, dass in ihr »Aufklärung Religion geworden und nicht mehr ihr Gegenspieler« ist.[2] Die Hellenisierung ist eine Besonderheit des Christentums gegenüber anderen großen Weltreligionen. Mit ihr hat der kognitive und intellektuelle Aspekt an Bedeutung gewonnen. Es erfolgte eine Intellektualisierung nicht nur der Offenbarungsidee, sondern auch des Heilsverständnisses. Das Stichwort Gnosis gibt hier die Richtung an.

---

[1] *J. Ratzinger*, Europa in der Krise der Kulturen: M. Pera, J. Ratzinger, Ohne Wurzeln. Der Relativismus und die Krise der europäischen Kultur, Augsburg 2005, 61–84, hier 78.
[2] *Ders.*, Der angezweifelte Wahrheitsanspruch. Die Krise des Christentums am Beginn des dritten Jahrhunderts: Flores Paolo d'Arcais, Joseph Ratzinger, Gibt es Gott? Wahrheit, Glaube, Atheismus, Berlin 2006, 7–18, hier 9.

Die Gnosis war eine geschichtsträchtige religiöse Bewegung. Sie steht für ein Geheimwissen, weniger aber im Sinne rationalen Denkens, sondern mehr im Sinne mystischer Erleuchtung der Auserwählten bzw. Pneumatiker. Dieser Herausforderung begegnete das Christentum apologetisch u. a. dadurch, dass es versuchte, die christliche Religion als wahre Gnosis, nämlich als die öffentlich zugängliche Offenbarung zu konzipieren (Clemens von Alexandrien) und es so von der falschen Gnosis abzugrenzen. Dadurch aber fand unausweichlich eine intellektuelle Interpretation des Christentums statt, das offenbarend in Erscheinung getreten ist. Es kommt zur Ausbildung der regula fidei, eines festen Kodex satzhafter Lehre. Die Folge war eine verstärkte Konzentration auf die Glaubensinhalte. Begleitet war dieser Prozess von innerchristlichen Auseinandersetzungen, bei denen die rechte Lehre und ihre Abgrenzung von der vermeintlichen Häresie auf dem Spiel standen. In diesem Kontext bildete sich die Vorstellung heraus, dass sich die rechte Lehre auf geoffenbarte Glaubensinhalte zurückführen lassen muss.

Infolge der Intellektualisierung des christlichen Glaubens entwickelte sich langsam ein neues offenbarungstheologisches Paradigma, in dem das Heilsgeschehen auf die kognitive Ebene verlagert wurde: Heil ist die intellektuelle Freude an der Wahrheit, die Schau der durch Offenbarung vermittelten intelligiblen Welt mittels des Verstandes. Schon im NT spielt das Sein in der Wahrheit, die frei macht (Joh 14,6; 17,17–19), das Schauen Gottes von Angesicht zu Angesicht (1 Kor 13,12) – so »wie er ist« (1 Joh 3,2) – eine nicht unbedeutende Rolle. Den intellektualisierenden Tendenzen kam die philosophische Anthropologie der Griechen, v. a. die Anthropologie und Metaphysik des Aristoteles, entgegen. Nach ihm besteht geglücktes Menschsein, die letzte Bestimmung des Menschen in der geistigen Schau der höchsten Dinge der intelligiblen Welt.

Mit dem Einfluss des griechischen Intellektualismus auf die christliche Theologie sowie aufgrund der Parusieverzögerung bzw. des Nachlasses des Endzeitbewusstseins verstärkte sich die Tendenz, das Erkennen der Wahrheit, die Gott ist, und das Sein in dieser Wahrheit mit dem Begriff des Heiles gleichzusetzen. »Die Offenbarung bringt Wissen vom Heil und ermöglicht Erkennen als Heil. Sie entbirgt die intelligible Wahrheitswelt des Göttlichen und ermöglicht dadurch ein beseligendes geistiges Schauen Gottes.«[3] Wenn die Heilsvollendung nichts anderes als ein vollkommenes Schauen der Wahrheit und beseligendes Sein in der Wahrheit ist, dann liegt es nahe, Offenbarung als dasjenige Geschehen von Gott her zu denken, durch das solche

---

[3] *M. Seckler*, Der Begriff der Offenbarung: HFTh 2 (²2000), 41–61, hier 45.

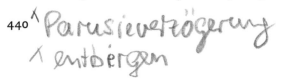

Offenbarungsfrage

Heilsvollendung ermöglicht wird. Hier geht es nicht einfach um Instruktion über den Heilsweg, sondern das Ziel verbindet sich mit dem Weg, indem das Ziel den Weg erleuchtet. Der Weg besteht darin, im Licht zu wandeln – das Schauen allein macht schon selig. Die Offenbarung erscheint dann theologisch als ein Sich-Entbergen, ein lichtvolles Nahekommen der Wahrheit, die das Eschaton ist und in die zu gelangen Heil und in der zu sein Seligkeit ist. So erscheint das Heil als ein durch Offenbarung ermöglichtes Schauen Gottes; als ein beseligendes intellegere Gottes. Offenbarung ist Selbsterschließung der Wahrheit als Heil. Das christliche Heil wird als Schauen, Erkennen und Sein in der Wahrheit bezeichnet. Der theologische Intellektualismus nimmt also das Erkennen der Wahrheit als letzte Bestimmung und Erfüllung des Menschen an.

Das offenbarungstheologische Denken hat sich im Laufe der Kirchengeschichte noch weiter verändert: Aus der Konzeption Offenbarung des Rettenden wird die Konzeption der Offenbarung über das Rettende, d. h., aus dem epiphanischen Offenbarungsverständnis wird schließlich ein instruktionstheoretisches. Eine Tendenz in diese Richtung war schon mit der Intellektualisierung des Offenbarungsverständnisses in spätpatristischer Zeit gegeben. Offenbarung heißt nun soviel wie Instruktion, Belehrung durch Gott über seinen Heilswillen. Sie wird auf Vorgänge und Inhalte einer göttlichen Belehrung in Sachen Erlösung eingegrenzt. Offenbarungs- und Heilsgeschehen treten auseinander. Heil wird nicht mehr im Offenbarungsbegriff mitgedacht, sondern in anderen soteriologischen Kategorien ausgedrückt. Der Offenbarungsbegriff wird auf den informativen und in Lehre umsetzbaren theoretischen Teil der Heilsgeschichte eingeengt.

In der mittelalterlichen Theologie ist der instruktionstheoretische Offenbarungsbegriff zur vollen systematischen Ausbildung und Vorherrschaft gelangt. Dort wird auch das Wort »instruere« (unterrichten, unterweisen) zentral verwendet, das praktisch den Begriffsgehalt von »revelare« (offenbaren) wiedergibt. Revelare meint instruere, nämlich unterweisen, unterrichten. Offenbarung bedeutet demnach, Gott rüstet mit Kenntnissen aus.

*b) Instruktionstheoretisches Offenbarungsverständnis*
Der Offenbarungsvorgang wird auf die kognitive Ebene festgelegt. Offenbaren meint nicht mehr die Stiftung von Wirklichkeit, sondern die Übermittlung von Wissen über die Wirklichkeit, die Übermittlung von Wahrheiten, die belehrende Mitteilung, so dass das Produkt der Offenbarung in geoffenbarten Wahrheiten (veritates revelatae) erkannt wird. Solche Instruktionsvorgänge durch Gott gibt es sowohl im Bereich der Heilsgeschichte als auch im

Bereich der Schöpfung. Gegenüber der natürlichen Gotteserkenntnis wurde Offenbarung zunehmend zum Synonym für die über die bloße Existenz Gottes hinausgehenden, übernatürlichen Inhalte des christlichen Glaubens. Offenbarung steht für den informativen Teil der göttlichen Heilsgeschichte. In vielen offenbarungsartigen Instruktionserlebnissen ist die göttliche Instruktion zum Durchbruch gekommen. Diese Instruktion begleitet die ganze Heilsgeschichte und kann in eine systematische Lehre umgesetzt werden. Zwar lässt sich die biblische Geschichte nicht auf bloße Instruktionsvorgänge reduzieren, das göttliche Heilshandeln besteht keineswegs nur in Instruktionen, jedoch wird die kognitive Seite des Heilsgeschehens nun in und durch Offenbarung wahrgenommen und als solche erfasst.

Der Begriff der Offenbarung deckt in diesem Verständnis nur die kognitive Seite der Heilsgeschichte und des Heilsgeschehens ab. Damit sind Offenbarungs- und Heilsgeschichte nicht mehr identisch; die Offenbarung bringt nicht die Realität des Heils, sondern Satzwahrheiten. Diese sind übernatürlicher Art, weshalb der Inhalt der Offenbarung von der Tatsache der Offenbarung zu unterscheiden ist. Während sich die Offenbarungstatsache rational beweisen lässt, ist der übernatürliche Offenbarungsinhalt für die wissenschaftliche Vernunft unzugänglich.

Das instruktionstheoretische Offenbarungsmodell war in der mittelalterlichen Theologie am reinsten ausgeprägt. Thomas von Aquin charakterisiert z. B. die biblisch-christliche Offenbarung begrifflich als einen heilsnotwendigen Instruktionsvorgang. Offenbarung wird auf die formale und inhaltliche Belehrung Gottes über sein Heil eingegrenzt. Sie wird ganz auf die Erkenntnisebene verlagert. In der mittelalterlichen Theologie ist das allgemein der Fall. Allerdings darf nicht verkannt werden, dass sie zwar dem instruktionstheoretischen Offenbarungsverständnis folgt, dennoch aber in eine besondere Spiritualität des Wahrheitsdenkens eingebettet war, wonach das Schauen der Wahrheit ein Schauen Gottes von Angesicht zu Angesicht ist. Insofern vertrat Thomas von Aquin ein intellektualistisches Offenbarungsverständnis.

Nach Thomas von Aquin gibt es eine dreistufige Erkenntnis des Menschen vom Göttlichen:

| | |
|---|---|
| »Est igitur triplex cognitio hominis de divinis. Quarum prima est secundum quod homo naturali lumine rationis, per creaturas in Dei cognitionem ascendit. Secunda est prout divina veritas, intellectum humanum excedens, per | »Demnach gibt es eine dreifache Erkenntnis des Menschen vom Göttlichen: Eine erste Erkenntnisart besteht darin, daß der Mensch angesichts der Geschöpfe aufgrund des natürlichen Lichtes der Vernunft zur Erkenntnis Gottes aufsteigt. Eine zweite besteht darin, daß die göttliche Wahrheit, die den menschlichen Verstand übersteigt, auf die |

| modum revelationis in nos descendit, non tamen quasi demonstrata ad videndum, sed quasi sermone prolata ad credendum. Tertia est secundum quod mens humana elevabitur ad ea quae sunt revelata perfecte intuenda.« (*Thomas von Aquin*, ScG IV.1. Proem.) | Weise von Offenbarung zu uns herabsteigt. Dennoch wird sie ihm hierbei nicht gleichsam zum Anschauen unmittelbar vor Augen geführt, sondern durch Rede vermittelt, damit wir glauben. Die *dritte* besteht darin, daß der menschliche Geist zur vollkommenen Einsicht in das Offenbare emporgehoben wird.« (*Thomas von Aquin*, Summe gegen die Heiden, Bd. 4, Buch IV, hg., übers. u. mit e. Nachw. versehen v. M. H. Wörner [TzF, Bd. 19], Darmstadt 1996, 7) |

- Die erste Gotteserkenntnis besteht darin, dass der Mensch mit dem natürlichen Licht der Vernunft durch die geschaffenen Dinge zur Erkenntnis Gottes aufsteigt. Es geht um das Sichemporarbeiten des menschlichen Geistes aus Vernunftinteresse am Göttlichen durch Welterfahrung.[4] Diese natürliche Gotteserkenntnis ist prinzipiell auch den Heiden möglich, allerdings infolge der Erbsünde mit erheblichen Schwierigkeiten und Verirrungen verbunden.[5]
- Die zweite Gotteserkenntnis geschieht, indem die göttliche Wahrheit, die den menschlichen Verstand übersteigt, in der Weise einer Offenbarung zum Menschen kommt. Das übervernünftig Göttliche wird durch Offenbarung in der Sprache auf Glauben hin kundgetan, gelangt aber noch nicht zur Einsicht. Das heißt, durch Sprache wird der Mensch über das instruiert, was seine Bestimmung sein wird. Dies hat er im Glauben zu bejahen.
- Die dritte Gotteserkenntnis wird geschehen, wenn der menschliche Geist hinaufgenommen wird, um das Geoffenbarte vollkommen zu erkennen. Was in der zweiten Weise auf den Glauben hin eröffnet ist, wird nun umfassend erkannt. Das ist die ewige Bestimmung des Menschen, die im Glauben bejahend vorausgenommen wird.

Dieses Schema der Erkennbarkeit des Göttlichen ist offenbarungstheoretischer Art. Offenbarung ist ganz auf die Erkenntnisebene verlagert. Das Schauen Gottes von Angesicht zu Angesicht ist ein Schauen der Wahrheit; Erkennen der Wahrheit wird als letzte Bestimmung und Erfüllung des Men-

---

[4] *Ders.*, Theologein. Eine Grundidee in dreifacher Ausgestaltung. Zur Theorie der Theologie und zur Kritik der monokausalen Theologiebegründung: ThQ 163 (1983), 241–264, bes. 254.ff

[5] *Thomas von Aquin*, ScG I,4: Thomas von Aquin, Summe gegen die Heiden, Bd. 1, hg. und übers. v. K. Albert, P. Engelhardt (TzF, Bd. 15), Darmstadt 1974, 15.

schen angenommen. Das instruktionstheoretische Offenbarungsverständnis der mittelalterlichen Theologie ist in eine besondere Spiritualität des Wahrheitsverständnisses eingebettet. Die Wahrheiten des Glaubens, die durch Offenbarung erschlossen sind, versteht Thomas von Aquin als Vorschein der Wahrheit, in der zu sein erst die Seligkeit sein wird. Den Glaubensakt begreift er darum konsequenterweise als inchoatio visionis beatificae, als den »Beginn der beseligenden Schau« Gottes – als Realbeginn des beseligenden Schauens einer eschatologischen Befindlichkeit.[6] »[D]as Streben nach Weisheit [ist] das vollkommenste, … weil der Mensch, insofern er der Weisheit sein Streben widmet, schon ein Teil des wahren Glücks besitzt.«[7]

Geoffenbarte Wahrheiten gelten als für den menschlichen Verstand unverstehbar (mysteria stricte dicta); sie sind allein aufgrund der Autorität Gottes zu glauben. So kann Gott in seiner Freiheit letztendlich offenbaren, was er will. Kraft seiner Freiheit muss man sich auf alle möglichen Inhalte gefasst machen. Dem Menschen als untergeordnetem Wesen steht kein Selektionsrecht zu; die menschliche Vernunft kann sich nicht anmaßen zu beurteilen, was akzeptabel ist und was nicht. Der Schritt, diesen formalen Offenbarungspositivismus mit einem Offenbarungsabsolutismus zu verbinden, ist nicht groß. Dieser instruktionstheoretische Offenbarungsbegriff wird nicht nur vom Inhalt her definiert, sondern auch vom formalen Merkmal: Wo immer an der normalen Verstandes- und Erkenntnistätigkeit vorbei und/oder übersteigend eine Instruktion erfolgt, liegt der Sachverhalt göttlicher Offenbarung vor.

Der instruktionstheoretische Offenbarungsbegriff führt von der inneren Logik her zum Extrinsezismus. Auf vernünftigem Weg soll anhand der Offenbarungstatsachen bewiesen werden, dass Gott selbst die christlichen Glaubenswahrheiten geoffenbart hat. Ihr Inhalt bleibt aber außen vor, er ist für die Vernunft weitgehend unzugänglich. »Das entscheidende Faktum, daß Gott gesprochen hat, ist … für die Vernunft glaubwürdig erweisbar durch die Erkenntnis der natürlicherweise nicht erklärbaren Wunder und durch die Prophetien alt- und neutestamentlicher Art, die das Zeugnis der Bibel bewahrheiten. Offenbarung wurde so zum positiven Vorzeichen vor dem – durch die Klammer kirchlichen Glaubens zusammengehaltenen – Dogma, welches nun nicht mehr im Einzelnen auf seine Wahrheit zu prüfen, sondern als selber geoffenbartes Gut im ganzen ein für allemal als glaubwürdig erwiesen war.«[8]

---

[6] Ders., Reportationes super ad Ephesios, 3.5 (25).

[7] Ders., ScG I,2: Thomas von Aquin, Summe gegen die Heiden, Bd. 1, hg. und übers. v. K. Albert, P. Engelhardt (TzF, Bd. 15), Darmstadt 1974, 5/7.

[8] P. Eicher, Offenbarung. Zur Präzisierung einer überstrapazierten Kategorie: G. Bitter,

Innerhalb des Instruktionsmodells erfolgt eine Systematisierung, ein Übergang von den Offenbarungen als Instruktionen hin zur Würdigung der kognitiven Seite der Heilsgeschichte als einer einzigen, großen systematisch angelegten Instruktion, einer einzigen Offenbarung. Der singularisch verwendete Offenbarungsbegriff meint den Gehalt der Instruktionsvorgänge, die mit der Heilsgeschichte verbunden sind. Dieser wird in der systematischen Theologie als doctrina fidei herausgearbeitet, als geoffenbarte Glaubenswahrheit dargestellt und von der Kirche zum Glauben vorgelegt. Das hat Konsequenzen:

- *Christentum* wird als jene Religion konzipierbar, die ganz bestimmte Instruktionsgehalte zum Ausgangspunkt, zur Grundlage und zum Inhalt hat. Es erscheint als jene Religion, die über alle natürlichen und philosophischen Gotteserkenntnisse hinaus über die Bestimmung des Menschen instruiert ist und unterweisen kann.
- *Glaube* wird zum gehorsamen Fürwahrhalten geoffenbarter Instruktionen. Fürwahrhalten weil es um Wahrheiten geht, gehorsam weil sie durch die Vernunft nicht einsichtig sind.
- *Theologie* erscheint als Glaubenswissenschaft gemäß dem offenbarend eröffneten Instruktionsgehalt, nicht als eine Glaubenswissenschaft, die die kognitiven Gehalte einer Heilsgeschichte erst zu erschließen hat. Die kognitiven Gehalte liegen schon vor und die Theologie hat diese gewissermaßen nur zu kolportieren und zu ordnen, was Aufgabe der Systematik war.

Während für die mittelalterlichen Theologen die kognitive Seite des Heilsgeschehens noch durchaus zur Substanz des Heiles gehörte, entfalten sich in der neuscholastischen Schultheologie zunehmend die problematischen Seiten dieses Modells; es kommt zur konzeptualistischen und doktrinalistischen Verengung. »Der *Inhalt der Offenbarung* wird in ganz allgemeiner Form angegeben: ›etwas‹ (aliquid), ›Begriffe‹, ›Lehren‹, ›Wahrheiten‹, die dem Menschen sonst unzugänglich oder nur schwer erkennbar wären‹ usw.«[9]

- *konzeptualistisch:* Offenbarung wird als göttliche Verursachung von Aussagesätzen mit Verstandesbegriffen im Geist des Menschen gedeutet, als göttliche Einwirkung von Lehrsätzen auf den Verstand des Menschen, daraus resultiert ein »depositum« von Wahrheiten. Dieses Verständnis kann auch, muss aber nicht, doktrinalistisch sein.

---

G. Miller (Hg.), Konturen heutiger Theologie. Werkstattberichte, München 1976, 108–134, hier 112f.
[9] *W. Bulst*, Offenbarung. Biblischer und theologischer Begriff, Düsseldorf 1960, 16.

- *doktrinalistisch:* Offenbarung wird als Übermittlung einer übernatürlichen Doktrin (Lehre) gedeutet, die als abgeschlossen und unveränderlich gilt.

Aus Glaubensmysterien werden übernatürliche Verstandesgeheimnisse, die Offenbarung wird zur Vermittlung einer übernatürlichen Doktrin, die für wahr zu halten ist. Offenbarung kann jetzt nicht mehr als Selbstbezeugung der personal-lebendigen Wahrheit im Geist und in der Geschichte des Menschen gedacht werden, im Sinne eines dynamischen und vieldimensionalen Sprach- und Wahrheitsgeschehens, wie das noch beim instruktionstheoretischen Offenbarungsverständnis des Mittelalters der Fall war. So ist es kein Zufall, dass in der Neuzeit die Behandlung der Offenbarungsthematik in die Theologische Erkenntnislehre eingegliedert wurde und sich die neuzeitliche Offenbarungskritik an diesem doktrinalistisch und konzeptualistisch verengten Offenbarungsverständnis, das während der ganzen Neuzeit bis zum Zweiten Vatikanum dominierte, entzündete.

### 1.2. Selbstoffenbarung Gottes

H. J. *Pottmeyer*, Der Glaube vor dem Anspruch der Wissenschaft. Die Konstitution über den katholischen Glauben »Dei Filius« des Ersten Vatikanischen Konzils und die unveröffentlichten theologischen Voten der vorbereitenden Kommission, Freiburg 1968, 168–230; *J. Schmitz*, Offenbarung, Düsseldorf 1988, 62–67; *P. Eicher*, Offenbarung. Prinzip neuzeitlicher Theologie, München 1977, 73–150; *L Scheffczyk*, Die dogmatische Konstitution »Über den katholischen Glauben« des Vatikanum I und ihre Bedeutung für die Entwicklung der Theologie: MThZ 22 (1971), 76–94.

*a)  Konzilsgeschichtlicher Hintergrund*

Die dogmatische Konstitution über den Glauben »Dei Filius« des Ersten Vatikanums ist ein zentrales fundamentaltheologisches Dokument des kirchlichen Lehramtes aus dem 19. Jh. Das Konzil hatte eine spezifisch defensiv-apologetische Ausrichtung, da es sich mit dem Rationalismus und Naturalismus auseinander zu setzen hatte. In der aufklärerischen Neuzeit sahen die Konzilsväter die Grundlagen des Glaubens bedroht. Die Auseinandersetzung mit der Aufklärung erfolgte aber nicht in Form der Anknüpfung, der Diskussion oder des Dialogs, sondern in einer Art Frontstellung: durch Grenzziehung, Abwehr und Abgrenzung. In dieser Absicht ist das Konzil auch auf das Offenbarungsthema gestoßen.

Die Konzilsväter standen vor einer zweifachen Herausforderung, was eine dialektische Antwort nötig machte. Sie folgten dem neuscholastischen Modell der Glaubensverantwortung. Es war eine schwierige Gratwanderung zwischen vernunftgläubigem Rationalismus und irrationalistischem Fideismus:

- *Fideismus:* Ihm gegenüber wird die grundsätzliche Möglichkeit einer rationalen Glaubensverantwortung betont. Der Glaube ist weder irrational noch ein blinder Köhlerglaube, vielmehr ist er vernünftiger Gehorsam (obsequium rationale) und darum kommen der menschlichen Vernunft grundsätzlich das Recht und die Möglichkeit zu, den Autoritätsanspruch des Glaubens kritisch zu prüfen. Der Glaube ist zwar göttliches Gnadengeschenk, zugleich aber ein menschlicher, d. h. freier, rational verantwortbarer Akt.

- *Rationalismus:* Die rationale Glaubensverantwortung wird insofern gleich wieder antirational beschränkt, als sie sich allein auf die objektiven Gegebenheiten der übernatürlichen Offenbarung zu beziehen hat. Dem Autonomieanspruch der neuzeitlichen Vernunft begegnen die Konzilsväter mit der Unterordnung der natürlichen Vernunft unter die übernatürliche Wahrheit sowie mit der Betonung der Geschöpflichkeit des Menschen und seiner totalen Abhängigkeit von Gott. Die Glaubensinhalte sind demgemäß zu glauben nicht aufgrund innerer Wahrheitseinsicht, sondern aufgrund der Autorität des offenbarenden Gottes.

Um den Konzilsaussagen gerecht werden zu können, ist zu beachten, dass die Geschichte, die sie ausgelöst haben, nicht immer identisch ist mit dem Inhalt der Konzilstexte. Eine verengte Sichtweise ist teilweise dem Rezeptionsvorgang des Konzils anzulasten. Außerdem wurden die Konzilsaussagen nachträglich teils als erschöpfende Aussagen zu Offenbarung und Glauben gewertet. Eine umfassende, vollständige Lehre über die Offenbarung wollte das Konzil selbst aber gar nicht vorlegen. Es wollte lediglich jene Aspekte herausstellen, die verdeutlichen, dass die Offenbarung dem Rationalismus bzw. Semirationalismus direkt widerspricht.

### b) Offenbarung und Gotteserkenntnis

Die dogmatische Konstitution über den Glauben »Dei Filius« stellt ein Selbstzeugnis des Christentums dar, das bis zum Zweiten Vatikanum prägend war und die Lehr- und Handbücher beherrschte. Es ist in vier Kapitel gegliedert: De Deo rerum omnium creatore (Gott, der Schöpfer aller Dinge); De revelatione (Die Offenbarung); De fide (Der Glaube); De fide et ratione (Glaube und Vernunft). Im zweiten Kapitel taucht der Offenbarungsbegriff erstmals in einem kirchlichen Dokument auf und wird ausdrücklich als Zentralbegriff des christlichen Glaubens vorgestellt bzw. als Grundlage des Christentums eingeführt. Der erste Abschnitt führt aus:

| »Eadem sancta mater Ecclesia tenet et docet, Deum, rerum omnium principium et finem, naturali humanae rationis lumine e rebus creatis certo cognosci posse; ›invisibilia enim ipsius, a creatura mundi, per ea quae facta sunt, intellecta, conspiciuntur‹ (Röm 1,20)«. (DH 3004) | »Die heilige Mutter Kirche hält fest und lehrt, dass Gott, der Ursprung und das Ziel aller Dinge, mit dem natürlichen Licht der menschlichen Vernunft aus den geschaffenen Dingen gewiss erkannt werden kann; »das Unsichtbare an ihm wird nämlich seit der Erschaffung der Welt durch das, was gemacht ist, mit der Vernunft geschaut (Röm 1,20)«. (DH 3004) |
|---|---|

Es geht um die natürliche Offenbarung Gottes, um seine Offenbarung in der Wirklichkeit, die als von ihm geschaffen verstanden und darum als Schöpfung bezeichnet wird. Gott kann gewiss erkannt werden und zwar in den geschaffenen Dingen mit dem natürlichen Licht der Vernunft. Die sichere Erkennbarkeit bzw. Beweisbarkeit des Daseins Gottes gründet in seinen Wirkungen in der Schöpfung, deren Entfaltung den »Beweis« ausmachen. Dabei bezieht sich das Konzil lediglich auf die Möglichkeit der Erkennbarkeit Gottes aus der geschaffenen Welt mit Hilfe der menschlichen Vernunft. Diese stellt sicher, dass der Mensch grundsätzlich auf Gott hin ansprechbar ist. Weil der Gott der geschichtlichen Offenbarung derselbe ist wie jener, der durch die menschliche Vernunft anhand der Schöpfung erkannt werden kann, widersprechen sich Glaube und Vernunft nicht.

Das Konzil versteht die natürliche Vernunft nicht als eine neutrale Basis, die außerhalb des offenbarungsgemäßen Bezugs anzunehmen ist, vielmehr deutet es Natur vom biblischen Schöpfungsglauben her. Der abstrakt-metaphysische Begriff »Natur«, zu dem das Konzil in Ablehnung des Traditionalismus greift, ist in den Dienst der Theologie des Glaubens genommen und dieser ein- und untergeordnet. Natur wird nicht als selbstständige, metaphysische Größe, sondern theologisch als Schöpfungswirklichkeit verstanden. So hat das Konzil die Gefahren einer natürlichen Theologie als reine philosophische Theologie vermieden. Die natürliche Gotteserkenntnis ist nicht als der Versuch auszulegen, Gott in die Verfügung der Vernunft zu zwingen, vielmehr bleibt der auf diesem Wege erkannte Gott für die Vernunft ein Geheimnis; die natürliche Gotteserkenntnis reicht nur bis zu Gott als positivem Grenzbegriff.

| »[A]ttamen placuisse eius sapientiae et bonitati, alia eaque supernaturali via se ipsum ac aeterna voluntatis suae decreta humano generi revelare, dicente Apostolo: ›Multifariam multisque modis olim Deus loquens patribus in Prophetis. novissime diebus istis lo- | »[J]edoch hat es seiner Weisheit und Güte gefallen, auf einem anderen, und zwar übernatürlichen Weg sich selbst und die ewigen Beschlüsse seines Willens dem Menschengeschlecht zu offenbaren, wie der Apostel sagt: ›Oftmals und auf vielfache Weise hat Gott einst zu den Vätern in den Propheten |
|---|---|

| cutus est nobis in Filio‹ (Hebr. 1,1 f.; Kan 1).« (DH 3008) | gesprochen: zuletzt hat er in diesen Tagen zu uns gesprochen in seinem Sohn‹ (Hebr 1,1 f.).« (DH 3008) |

Inhalt der Offenbarung sind nicht irgendwelche Wahrheiten, sondern Gott offenbart die ewigen Dekrete seines Willens auf übernatürlichem Wege, d. h. in einer Weise, die die Natur und den Akt der Vernunft übersteigt. Offenbarung ist ein Tun Gottes selbst, das seine Manifestation in der Schöpfung überbietet. Dieses Offenbarungsgeschehen hat Gott zum Subjekt und zum Objekt und zu ihm gehört die Kundgabe der ewigen Beschlüsse seines Willens. Diese Ratschlüsse hängen mit der Weisheit und Gutheit zusammen und sind ein Akt der göttlichen Freiheit. Es handelt sich somit um eine dem Menschen ungeschuldete Offenbarung Gottes; sie ist Geschenk göttlicher Gnade. Die ungeschuldete Kundgabe Gottes besitzt universalen Charakter und geschieht dem Schriftzitat nach in der Weise des Sprechens.

Der Konzilstext nennt somit zwei verschiedene Weisen der Offenbarung bzw. der Gotteserkenntnis durch Offenbarung. Diese werden in den neuscholastischen Lehrbüchern mit »natürlicher und übernatürlicher Offenbarung« oder mit »Schöpfungs- und Gnadenoffenbarung« etc. bezeichnet. Der Konzilstext verwendet diese Ausdrücke nicht, macht aber präzise Aussagen hinsichtlich der zweifachen Offenbarung Gottes:

- *Naturhaft-natürliche Schöpfungsoffenbarung:* Sie ist mit den von Gott geschaffenen Dingen, seiner Schöpfung gegeben. Die Schöpfungswirklichkeit ist Grundlage und Ausgangspunkt für die Möglichkeit des Erkennens Gottes. Die Form ist das naturale Licht der Vernunft, es sind also Verstandesoperationen erforderlich. Nur so kann die unsichtbare Wirklichkeit Gottes erfasst werden. Grund der kosmologisch vermittelten Offenbarung Gottes ist, dass das Schöpfungssein eine Ähnlichkeit aufweist zum Sein des Schöpfers (analogia entis), aufgrund dessen ein Analogieschluss vom Schöpfungssein auf das Dasein und Wesen des transzendenten Gottes möglich wird. Nicht geleugnet wird, dass die ambivalente Natur an sich ein nur schwer lesbares Buch ist.
- *Übernatürliche Offenbarung:* Sie führt über die kosmologisch vermittelte Offenbarung hinaus und besteht darin, dass Gott »sich selbst und die ewigen Beschlüsse seines Willens« auf eine Weise kundtut, die von der Schöpfung und vom Menschen aus nicht erschlossen werden kann. Diese Offenbarung wird personhaft vermittelt; ihre Grundgestalt ist nicht das Schöpfungssein, sondern das geschichtlich gesprochene bzw. fleisch-

gewordene Wort Gottes. Sie wird in zwei geschichtliche Epochen eingeteilt: in die Propheten und in Jesus Christus.

*c) Notwendigkeit übernatürlicher Offenbarung*
Der zweite Abschnitt legt nahe, dass es sich bei der Selbstoffenbarung Gottes
um eine kognitive Selbsterschließung für das menschliche Erkennen handelt
und nicht um eine reale Selbstmitteilung Gottes an die Menschen. Betont
wird nämlich die erkenntnismäßige Seite des Heils- und Offenbarungshandelns Gottes, näherhin die beiden unterschiedlichen Arten von Erkenntnis,
die aus der Offenbarung Gottes resultieren: die einen sind der menschlichen
Vernunft zugänglich, die anderen übersteigen grundsätzlich deren Vermögen.

| | |
|---|---|
| »Huic divinae revelationi tribuendum quidem est, ut ea, quae in rebus divinis humanae rationi per se impervia non sunt, in praesenti quoque generis humani condicione ab omnibus expedite, firma certitudine et nullo admixto errore cognosci possint. Non hac tamen de causa revelatio absolute necessaria dicenda est, sed quia Deus ex infinita bonitate sua ordinavit hominem ad finem supernaturalem, ad participanda scilicet bona divina, quae humanae mentis intelligentiam omnino superant; siquidem ›oculus non vidit, nec auris audivit, nec in cor hominis ascendit, quae praeparavit Deus iis, qui diligunt illum‹ (1 Cor 2,9).« (DH 3005) | »Zwar ist es der göttlichen Offenbarung zuzuschreiben, dass das, was an den göttlichen Dingen der menschlichen Vernunft an sich nicht zugänglich ist, auch in der gegenwärtigen Verfasstheit des Menschengeschlechtes von allen ohne Schwierigkeit, mit sicherer Gewissheit und ohne Beimischung eines Irrtums erkannt werden kann. Jedoch ist die Offenbarung nicht aus diesem Grund unbedingt notwendig zu nennen, sondern weil Gott aufgrund seiner unendlichen Güte den Menschen auf ein übernatürliches Ziel hinordnete, nämlich an den göttlichen Gütern teilzuhaben, die das Erkenntnisvermögen des menschlichen Geistes völlig übersteigen; denn ›kein Auge hat gesehen, kein Ohr hat gehört, noch ist in das Herz eines Menschen gedrungen, was Gott denen bereitet hat, die ihn lieben‹ (1 Kor 2,9).« (DH 3008) |

Die Selbstoffenbarung Gottes stellt eine kognitive Erschließung seiner Ratschlüsse dar, die nicht aus der Schöpfung mit dem Licht der naturalen Vernunft erhoben werden kann. Sie wird vielmehr im Sprechen Gottes in der
biblischen Sprachgeschichte vermittelt und ist universalistischer Art, sie gilt
dem gesamten Menschengeschlecht. Diese übernatürliche, kognitive Erschließung Gottes findet in zwei Erkenntnisbereichen statt:
- *natürlicher Erkenntnisstoff:* Die übernatürliche Offenbarung Gottes wirkt
  sich auf die natürliche Vernunfterkenntnis aus. Aufgrund der Verdunk-
  lung durch die Sünde bedarf die natürliche Vernunfterkenntnis einer Hilfe, ansonsten kann sie nur unvollkommen verwirklicht werden. Die Ver-

nunfterkenntnis, die das Zeugnis der geschaffenen Dinge zur Basis hat, bekommt durch die biblische Sprachgeschichte eine Unterstützung, um Wahrheiten, die bislang verdeckt oder überlagert waren, voll zu erkennen und als natürliche Wahrheiten zu begreifen.

- *übernatürlicher Erkenntnisstoff:* Hier liegt eine absolut notwendige Offenbarungskategorie vor. Die übernatürliche Offenbarung ist notwendig wegen der Übernatürlichkeit der Sache, von der sie handelt. Über das Sinnziel, zu dem der Mensch berufen ist, setzt diese Art von Offenbarung in Kenntnis. Es geht um Teilhabe des Menschen an den bona divina, die der Mensch von sich aus nicht erobern kann. Das Natürliche wird ganz und gar überstiegen. Diese Offenbarung ist also nicht nur modal, sondern auch essentiell übernatürlich. Was in der übernatürlichen Offenbarung kognitiv erschlossen wird, ist der Erdenklichkeit und Erlangbarkeit des menschlichen Geistes entzogen.

Das Konzil betont den kognitiven Aspekt der Selbsterschließung Gottes und unterstreicht den Erkenntnis- und Wahrheitscharakter göttlicher Offenbarung. Offenbarung wird in der Kategorie des Erkennens und des Zu-Erkennen-Gebens Gottes gedacht. Damit handelt es sich letztlich bei jeder Gotteserkenntnis um Offenbarung, unabhängig, wie und wodurch sie zuteil wird. Offenbarung erscheint als ein Informationsgeschehen, dem Kenntnisse zu verdanken sind. Das Offenbarungsverständnis des Ersten Vatikanums weist eine besonders bedenkliche Seite auf: nicht primär die Verlagerung des Offenbarungsgeschehen auf die kognitive Ebene ist gemeint, sondern die damit verbundene konzeptualistisch-doktrinale Offenbarungsauffassung, wonach das Produkt der Offenbarung in geoffenbarter Wahrheit (DH 3032), in einer geoffenbarten Glaubenslehre (DH 3020), in göttlichen Geheimnissen bzw. Mysterien (DH 3015 f.; 3041) und in geoffenbarter Lehre (DH 3042) besteht. Die Hinterlassenschaft des Glaubens (DH 3070) bzw. die geoffenbarte Glaubenslehre (DH 3020) kann mit der Offenbarung selbst identifiziert werden. Das heißt, das depositum wird verobjektiviert und mit jener Offenbarung identifiziert, die von Gott selbst direkt geoffenbarte Sätze meint.

### d) Natürliche und übernatürliche Offenbarung

Das Konzil unterscheidet unter erkenntnistheoretischem Gesichtspunkt zwischen zwei Weisen der Offenbarung Gottes. Die kognitive Selbsterschließung Gottes steht von Anfang an dem menschlichen Vernunftvermögen offen. Insofern handelt es sich bei der natürlichen Offenbarung um eine revelatio generalis. Die übernatürliche Offenbarung Gottes kann demgegenüber als eine revelatio specialis bezeichnet werden, insofern sie an eine bestimmte geschichtliche und personale Konkretion gebunden ist und den Verstand des Menschen übersteigt.

In der Neuscholastik bildete sich ausgehend von der Differenzierung zwischen natürlich und übernatürlich die Lehre von den zwei Stockwerken aus. Allerdings spricht der Konzilstext nicht von Stockwerken, sondern von Wegen, was deutlich macht, dass beide Weisen der Offenbarung Gottes miteinander zusammenhängen, wenn sie auch erkenntnistheoretisch zu differenzieren sind. Denn in beiden Erkenntnisweisen geht es um die kognitive Selbsterschließung des einen Gottes. Es ist ja derselbe Gott, der sich in der Schöpfung und personhaft in der Geschichte in Wort und Tat offenbart. Und umgekehrt ist es ein und derselbe Mensch, dem die Offenbarung Gottes erkennend und glaubend zuteil wird. So hängen sowohl von Gott her als auch vom Menschen aus gesehen natürliche und übernatürliche Offenbarung aufs Engste inhaltlich zusammen.

Die Schöpfungsoffenbarung geht der übernatürlichen Offenbarung voraus, sie wird von ihr aufgenommen und zu sich selbst gebracht. Die geschichtliche Offenbarung begegnet dem Menschen nicht als etwas Fremdes, ihm Äußerliches, sondern sie erschließt dem Menschen sein eigenes Wesen; sie erschließt die endgültige Zielbestimmung des Menschen und die darin impliziert enthaltene Sinngebung seines Daseins. Sie hat also für den Menschen eine existentielle (ihn betreffende) und eine existentiale (Existenz auslegende) Bedeutung und ist für die Bestimmung des Sinns und die Orientierung seines Daseins entscheidend. Durch sie wird der Mensch zu sich selbst gebracht. Die Selbstvermittlung des Menschen durch die übernatürliche Offenbarung kommt somit einer Erfüllung gleich, die sich aber nicht völlig widerspruchsfrei darstellt. Denn der konkrete geschichtliche Mensch ist ja der in sich selbst verkehrte und insofern der Erlösung bedürftige. Die gefallene Natur bedarf darum der Umkehr und Erneuerung, um sich in Wahrheit erkennen zu können und darin ihrer eigenen Vollendung zuteil zu werden.

### 1.3. Glaube als Antwort

*H. J. Pottmeyer*, Der Glaube vor dem Anspruch der Wissenschaft. Die Konstitution über den katholischen Glauben »Dei Filius« des Ersten Vatikanischen Konzils und die unveröffentlichten theologischen Voten der vorbereitenden Kommission, Freiburg 1968, 231–347; *P. Neuner*, Der Glaube als subjektives Prinzip der theologischen Erkenntnis: HFTh 4 (²2000), 23–36; *E. Kunz*, Glaubwürdigkeitserkenntnis und Glaube (analysis fidei): HFTh 4 (²2000), 301–330.

## a) *Glaube als Fürwahrhalten*

Der Glaube des Menschen stellt die Antwort auf die Offenbarung Gottes dar und gehört insofern in das Offenbarungsgeschehen mit hinein. Darum beschäftigen sich die Konzilsväter im dritten Kapitel eigens mit dem Glauben. Von hier aus fällt nochmals ein Licht auf den Offenbarungsbegriff.

| | |
|---|---|
| »Cum homo a Deo tamquam creatore et Domino suo totus dependeat et ratio creata increatae Veritati penitus subiecta sit, plenum revelanti Deo intellectus et voluntatis obsequium fide praestare tenemur [*can. 1*]. Hoc vero fidem, quae humanae salutis initium est [*cf. \*1532*], Ecclesia catholica profitetur, virtutem esse supernaturalem, qua, Dei aspirante et adiuvante gratia, ab eo revelata vera esse credimus, non propter intrinsecam rerum veritatem naturali rationis lumine perspectam, sed propter auctoritatem ipsius Dei revelantis, qui nec falli nec fallere potest [*cf. \*2778; can. 2*]. ›Est enim fides‹, testante Apostolo, ›sperandarum substantia rerum, argumentum non apparentium‹ [*Hbr 11,1*].« (DH 3008) | »Da der Mensch ganz von Gott als seinem Schöpfer und Herrn abhängt und die geschaffene Vernunft der ungeschaffenen Wahrheit völlig unterworfen ist, sind wir gehalten, dem offenbarenden Gott im Glauben vollen Gehorsam des Verstandes und des Willens zu leisten [*Kan. 1*]. Dieser Glaube aber, der der Anfang des menschlichen Heiles ist [*vgl. \*1532*], ist nach dem Bekenntnis der katholischen Kirche eine übernatürliche Tugend, durch die wir mit Unterstützung und Hilfe der Gnade Gottes glauben, dass das von ihm Geoffenbarte wahr ist, nicht [etwa] wegen der vom natürlichen Licht der Vernunft durchschauten inneren Wahrheit der Dinge, sondern wegen der Autorität des offenbarenden Gottes selbst, der weder sich täuschen noch täuschen kann [*vgl. \*2778; Kan. 2*]. ›Der Glaube ist nämlich‹ nach dem Zeugnis des Apostels ›die Gewissheit zu erhoffender Dinge, der Beweis des nicht Sichtbaren‹ [*Hebr 11,11*].« (DH 3008) |

Zum Menschen als dem Geschöpf Gottes gehört ein Glaube, der in einem umfassenden Sinne als Gehorsam des Verstandes und des Willens gegenüber dem offenbarenden Gott bestimmt wird – als Hören und Gehorchen. Das ist der einzige Beitrag des Menschen. Wegen des übernatürlichen Charakters der Offenbarungswahrheiten ist es Gott selbst, der die Voraussetzung im Menschen schafft: Faktum der Offenbarung wie auch Verstehen der Offenbarung verdanken sich allein der göttlichen Gnade – dies richtet sich gegen den (Semi-)Rationalismus. Dennoch gibt es äußere Motive der Glaubwürdigkeit (Wunder, Weissagungen, Existenz der Kirche[10]), die der Vernunft zugänglich sind und sich vor ihr ausweisen müssen. Der Glaube ist also keine blinde Zustimmung (DH 3010) – dies richtet sich gegen den Fideismus. In den Jahrzehnten nach dem Konzil machte v. a. die rationale, extrinsezistische Apologetik ihren Einfluss geltend. Sie wollte die Glaubwürdigkeit der geschicht-

---

[10]  DH 3009; 3013 f.; 3033 f.

lichen Offenbarung in Jesus Christus durch äußere Kriterien, v. a. durch Wunder, aufweisen.

Im Bemühen um eine natürliche Glaubwürdigkeitserkenntnis göttlicher Offenbarung galt es, die Balance zu halten zwischen der Glaubenszustimmung dank göttlicher Gnade und der Glaubensverantwortung dank intellektueller Einsicht. Um keinem der beiden Extreme – Fideismus oder Rationalismus – zu verfallen, wurde die Lösung in einem dualistischen System aus natürlicher und übernatürlicher Ordnung, übernatürlichem Glauben und natürlichem Unterbau gesucht. Es gibt zwei unterschiedliche Erkenntnisordnungen, wobei die Vernunft die übernatürlichen Glaubenswahrheiten niemals völlig erkennen kann, es aber auch keinen Widerspruch zwischen Glauben und Vernunft geben kann.

Der Glaube, der übernatürliche Tugend wie auch Akt des Menschen ist, wird nicht nur als Gehorsam im Sinne von Hören und Gehorchen bestimmt, vielmehr wird er enggeführt auf ein »glauben, dass das von ihm [Gott] Geoffenbarte wahr ist«. Dieser Glaubensbegriff wurde als ein Fürwahrhalten bezeichnet und ist als solcher lange Zeit maßgebend geworden. Im Hintergrund steht die Autorität Gottes als Ursprung von allen Dingen und als den Glauben des Menschen ermöglichende Quelle. Die Bestimmung des Glaubens fällt also analog zur Bestimmung der Offenbarung Gottes instruktionstheoretisch aus als ein Es- bzw. Dass-Glaube und weniger als ein Du- bzw. Vertrauensglaube.

### b)  Glaubwürdigkeitserkenntnis und Glaubensgewissheit

Die extrinsezistisch betriebene Apologetik wollte im Anschluss an ein instruktionstheoretisches Offenbarungsverständnis im Bereich des Natürlichen beweisen, dass eine Offenbarung Gottes vorliegt. Allerdings stellt sich aufgrund der zweifachen Erkenntnisordnung ein erhebliches Problem hinsichtlich der Sicherheit und Gewissheit: Denn das eine Mal gründete der Erweis des Ergangenseins von Offenbarung auf der Einsicht menschlicher Vernunft, das andere Mal gründete die Glaubenszustimmung auf der Offenbarung bzw. der Autorität Gottes selbst. Mit der unterschiedlichen Begründung verbinden sich unterschiedliche Gewissheitsgrade. Bei der Gewissheit des Glaubens (certitudo fidei) handelt es sich um eine untrügliche, unüberbietbare, ja absolute Gewissheit, während es sich bei der Gewissheit der Glaubwürdigkeitserkenntnis (certitudo credibilitatis) um eine menschenmöglich hohe Gewissheit handelt. Sie aber bleibt in jedem Fall geringer als die auf göttlicher Offenbarung gründende certitudo fidei und doch soll sie diese begründen. Wie aber kann die geringere Gewissheit Basis einer höheren Gewissheit sein? Wie kann die lediglich von der prinzipiell irrtumsanfälligen Vernunft herzustellende Gewissheit der Glaubwürdigkeit (certitudo credibilitatis) das Fundament einer uneingeschränkten, weil auf Gott selbst gerichteten, Glaubensgewissheit (certitudo fidei) sein? Wie kommt es von der bloß moralischen Sicherheit der Glaubwürdigkeitserkenntnis zur absoluten Gewissheit der Glaubenszustimmung?

Äußere Glaubwürdigkeitsgründe vermögen die innere Glaubenszustimmung nicht zu begründen. Bei der Suche nach Kriterien der Offenbarung kann es nicht darum gehen, diese beweisen zu wollen, sondern lediglich die Bedingung der Möglichkeit von Offenbarung aufzuzeigen. Glaubwürdigkeitsgründe können nur versuchen, den Anspruch der Offenbarung auf göttlichen Ursprung argumentativ einsichtig zu machen, um so den Glauben, der nach wie vor ein personaler Vertrauensakt bleibt, vernünftig verantworten zu können. Wäre eine solche vernünftige Glaubensverantwortung nicht möglich, wäre der christliche Glaube ein irrationaler Entscheidungsglaube. Die heutige, intrinsezistische Fundamentaltheologie weiß:

- *Bezugspunkt:* Offenbarungsgehalt und Offenbarungsgestalt dürfen nicht getrennt werden. Bei der Frage nach dem Glaubensgrund, der unbedingte Gewissheit gibt, ist die geschichtliche Vermittlungsgestalt mit einzubeziehen.

- *Glaubensgrund:* Der Grund, der dem christlichen Glauben seine unbedingte Gewissheit gibt, ist das geschichtliche Offenbarungsereignis Gottes in Jesus Christus. Dieser Glaubensgrund kann nur im gnadenhaften Vollzug des Glaubens erkannt und bejaht werden. Es gibt nämlich außerhalb des Offenbarungsereignisses keinen hinreichenden Grund, der Offenbarung zuzustimmen. Grund (Formalobjekt) der Glaubenszustimmung ist allein das Offenbarungsgeschehen. In der Glaubenszustimmung wird zwar die Offenbarung Gottes in Freiheit angenommen und mit Gewissheit bejaht, zugleich aber ist sie wesentlich ein Werk des Hl. Geistes (1 Kor 2,10–16).

- *Glaubenswahrheit:* Die Offenbarung Gottes ist Glaubensgrund. Ihr kann verantwortlich zugestimmt werden, weil sie ein selbstevidentes Geschehen ist; das Offenbarungsgeschehen teilt seine Wahrheit dem Glaubenden von sich her überzeugend mit. Aber die Offenbarung als Glaubensgrund wird nur erreicht in der gnadenhaften, freien Glaubenszustimmung. Wird der Glaube dadurch zum Fideismus? Nein. Denn sich vom Offenbarungsgeschehen ansprechen zu lassen heißt, der selbsteinleuchtenden Wahrheit inne zu werden. Die gnadenhafte, freie Glaubenszustimmung ist insofern vernünftig und verantwortbar und kein blinder, unverantwortbarer Akt. Allerdings verlangt der Glaube als freier Vertrauensakt, im Erkenntnisbereich das Sicherungsstreben aufzugeben. Es braucht die Bereitschaft zu neuen Erfahrungen, die u. U. auch das vermeintlich sichere Weltbild sprengen, sofern sie sich nicht in bisherige Plausibilitäten einordnen lassen. Die Glaubensgewissheit erschöpft sich nicht in empirisch ausweisbaren Sachverhalten, ihr Grund, die Offenbarung Gottes, kann nicht durch zwingende Beweisführung vordemonstriert werden.

- *Vernunftgemäßheit des Glaubens:* Um die Wahrheit der Offenbarung erkennen und ihr zustimmen zu können, reicht die Vernunft allein nicht aus, es bedarf des Glaubenslichts. Dann aber kann sie vom Glaubenden erkannt, seitens der Vernunft kritisch geprüft und dem Nichtglaubenden so dargelegt werden, dass dieser ihre Sinnhaftigkeit wenigstens erahnen kann oder hypothetisch zu erfassen vermag. Der Glaubende »kann dem Nichtglaubenden erklären, wie die menschlichen Erfahrungen im Glauben berücksichtigt werden und zu einer kohärenten Lebensgestalt verbunden sind, und kann diese Gestalt z. B. im Rahmen der Anthropologie auch dem Nichtglaubenden transparent machen. Das Maß des Verständnisses wird zum Teil auch davon abhängen, wieweit der Nichtglaubende für Erfahrungen empfänglich ist, die im Glauben thematisiert werden.«[11]

## 2. Neuzeitliche Offenbarungskritik

### 2.1. Allgemeine Bemerkungen

*M. Seckler*, Aufklärung und Offenbarung: CGG, Bd. 21, Freiburg i. Br. 1980, 5–78; Zur Interdependenz von Aufklärung und Offenbarung: ThQ 165 (1985), 161–173; *ders.*, *M. Kessler*, Die Kritik der Offenbarung: HFTh 2 (²2000), 13–39; *H. Verweyen*, Gottes letztes Wort. Grundriß der Fundamentaltheologie, Düsseldorf ⁴2002, 211–246; *H. Waldenfels*, Einführung in die Theologie der Offenbarung, Darmstadt 1996, 83–106.

*a) Offenbarung als philosophisches Thema*
In der Neuzeit haben sich die Konditionen des Offenbarungsdenkens von Grund auf verändert. Die unangefochtene Selbstverständlichkeit des Offenbarungsglaubens und -denkens, wie sie in der Antike und im Mittelalter vorherrschte, löste sich in der Aufklärung auf. Die Offenbarungsbejahung und

---

[11] *E. Kunz*, Glaubwürdigkeitserkenntnis und Glaube (analysis fidei): HFTh 4 (²2000), 301–330, hier 329.

das harmonische Zusammenspiel von Vernunft und Offenbarung im Sinne der Ergänzung und Überbietung schwanden zunehmend und das Verhältnis von Glauben und Wissen, ratio und auctoritas, wurde problematisch. In der Aufklärung entwickelte sich gar eine äußerst kritische Einstellung zum Thema Offenbarung im Allgemeinen und zu den Offenbarungsansprüchen der Religionen und des Christentums im Besonderen.

Allein die Vernunft und nicht eine übervernünftige Offenbarung galt nun als Quelle, d.h. als verlässliches Kriterium der Wahrheit und der Erkenntnis sowie der Instruktion über die Fragen: Was ist der Mensch? Was darf er hoffen? etc. Für eine besondere Offenbarung blieb höchstens insofern Raum, als ihre Inhalte selbst als Inhalte des kritischen Verstandes bzw. der praktischen Vernunft ausgewiesen werden konnten. Diese Entwicklung führte zwangsläufig zur Auflösung des traditionellen, instruktionstheoretischen Offenbarungsbegriffs. Sachlogisch konnte Offenbarung nach der Vernunftautonomie kein ernstzunehmendes Thema des Denkens mehr sein, jedenfalls nicht in einem positiven und wahrheitsrelevanten Sinn. Darum sollte der Offenbarungsbegriff einer kritischen Klärung unterzogen und sein Missbrauch durch die Vernunftkontrolle eingegrenzt werden. Die Aufklärung wollte »alle Religion … auf ein vernünftiges, jeden *positiven* Offenbarungsanspruch ausschließendes Fundament … stellen.«[12]

Das Offenbarungsthema ist trotz aller Kritik aus der philosophisch-theologischen Tradition nicht einfach verschwunden. Die Verdrängungstendenzen wirkten vielmehr kontraproduktiv, da die Offenbarung zum großen Thema der neuzeitlichen Philosophie und Theologie wurde.[13] Angesichts des Offenbarungsthemas nahm sich die Aufklärung besonders des Problems der diskursiven Einlösung von Geltungsansprüchen an. Zwar richtet sich die aufklärerische Offenbarungskritik gegen den christlichen Offenbarungsglauben bzw. gegen christliche Ansprüche, die offenbarungstheologisch begründet wurden, letztlich aber ging es der Aufklärung um eine Versöhnung von Offenbarung und Vernunft. Keineswegs alle Vertreter der Aufklärung waren nämlich religionsfeindlich bzw. atheistisch eingestellt. Herbert von Cherbury, John Toland, Matthew Tindal (1657–1733), Anthony Collins (1676–1729), John Locke (1632–1704), Gotthold Ephraim Lessing, Immanuel Kant etc. versuchten, entgegen dem instruktionstheoretischen Paradigma, Religion und Vernunftautonomie miteinander zu vereinbaren. Sie suchten nach einer

---

[12] *M. Seckler*, *M. Kessler*, Die Kritik der Offenbarung: HFTh 2 (²2000), 13–39, hier 13.
[13] *M. Seckler*, Aufklärung und Offenbarung: CGG, Bd. 21, Freiburg i. Br. 1980, 5–78; Zur Interdependenz von Aufklärung und Offenbarung: ThQ 165 (1985), 161–173, hier 172.

*Aufklärung hat letztendlich zur Stärkung des Begriffes Offenbarung geführt, nicht zur Zerstörung.*

vernunftgemäßen Religion und verwarfen Formen des Offenbarungsglaubens, die einer vernünftigen Überprüfung nicht standhalten konnten. Insoweit die aufklärerische Offenbarungskritik religionsfreundlich orientiert war, ging es wesentlich um die Konstruktion einer bereinigten, rational gerechtfertigten Form von Offenbarungstheologie. Die Phase der Aufklärung kann also nicht generell als religions-, kirchen- und offenbarungsfeindlich verurteilt werden. Entschieden abgelehnt wurden lediglich die mit der Vernunft unvereinbaren Extrempositionen:

- *supranaturalistisches Offenbarungsverständnis:* In Abgrenzung zum Naturalismus wird die Offenbarung als ein irrationales Superadditum verstanden, das nur im Akt der Selbstaufgabe geglaubt werden kann;
- *Offenbarungspositivismus:* Gefordert wird ein Glaube für das, was durch Tradition und Autorität gesetzt und gesagt wurde. Der Glaube beruht hier allein auf dem Factum des Gegebenseins, der Positivität. Ihr kommt uneingeschränkte Geltung zu;
- *offenbarungstheologischer Absolutismus:* Das Begründungsdefizit von Offenbarungsbehauptungen wird auf unbegreifliche Willensdekrete der potentia absoluta Gottes zurückführt. Diese Willensdekrete (Bibel, Tradition, Kirche etc.) fordern eine »fraglose Unterwerfung …, für welche noch ›extrinsezistische‹ … Begründungen möglich sind.«[14]

Die aufklärerische Offenbarungskritik hatte zur Folge, dass Offenbarung als Schlüsselbegriff der Theologie erkannt und reflektiert wurde und sich das Christentum selbst zunehmend als Offenbarungsreligion erkannte. Den Offenbarungsbegriff zu verdrängen und zu vergessen gelang nicht, stattdessen wurde er zum »fundamentalste[n] Begriff dieses Christentums«.[15] Offenbarung wurde erst dank der Kritik der Aufklärung und in Auseinandersetzung mit ihr »als grundlegende Seinsdimension des Christentums herausgestellt«.[16] Dabei musste der Offenbarungsbegriff allerdings einen tiefgreifenden Bedeutungswandel durchmachen. In der Dialektik von Kritik und Selbstbehauptung kam es zur Überwindung des Instruktionsmodells und zu einer qualitativen Neuorientierung im Offenbarungsverständnis. Der Zusammenhang von Offenbarungsgeschehen und Heilsgeschehen wurde nun wiedererkannt und das Heilsmysterium von der Wesenswirklichkeit Gottes selbst her gedacht.

---

[14] *Ders.*, Aufklärung und Offenbarung: CGG, Bd. 21, Freiburg i. Br. 1980, 5–78, hier 33.
[15] *K. Rahner*, Grundkurs des Glaubens: ders., Schriften zur Theologie XIV (19809), 48–62, hier 56.
[16] *H. Wagner*, Fundamentaltheologie: TRE 11 (1993), 738–752, hier 740.

Das Offenbarungsverständnis, wie es in »Dei verbum«, der Offenbarungskonstitution des Zweiten Vatikanums, zum Ausdruck kommt, ist als späte Folge der neuzeitlichen Offenbarungskritik anzusehen, als reife Frucht der Weiterentwicklung der Offenbarungsthematik im Denken des 19. und 20. Jh.s.

*b) Motive aufklärerischer Offenbarungskritik*
Die aufklärerische Offenbarungskritik kannte verschiedene Motive und insofern unterschiedliche Ausrichtungen:

- *Ideologische Offenbarungskritik:* Religiöse Offenbarungsansprüche und -behauptungen erschienen lange Zeit als Mittel zur Herrschaft, als Instrument zur Begründung sakraler Herrschaftssysteme und zur Legitimation religiöser Machtausübung. Wenn sich eine Religion als religio revelata versteht, entzieht sie sich der Kontrolle. Offenbarung legitimiert dann die Immunisierungsstrategien und beweist die Verbindlichkeit von Lehren und Ansprüchen. Gegenüber dem Geoffenbarten, dem Religionssystem im Ganzen, hat die Vernunft nichts mehr zu sagen. Das kritisch geschärfte Bewusstsein der Aufklärung kann jetzt allerdings mit Hilfe seiner autonomen Vernunft solche Verhaltensweisen durchleuchten; es kann reflektieren, wie übervernünftige Offenbarungswahrheiten, bezogen auf die Systemlogik, gebraucht oder missbraucht werden. Die neuzeitliche Offenbarungskritik durchleuchtete einzelne ideologische Missbräuche des Offenbarungslegitimators und demaskierte gänzlich die Offenbarungsreligionen. Ihnen wurde vorgeworfen, dass ihre Systeme ein ideologischer Missbrauch der Offenbarungskategorie zum eigenen Immunisierungsschutz seien.

- *Grundsätzliche Offenbarungskritik:* Die neuzeitliche Offenbarungskritik wurde als grundsätzlich charakterisiert, insofern der Offenbarungsbegriff prinzipiell abgelehnt wurde. Im Hintergrund stand die Aufklärung als Emanzipationsbewegung im Zeichen der autonomen Vernunft. Das Ziel ist die Vernünftigkeit menschlicher Verhältnisse. Zu diesem Zweck wird verlangt, dass alle Geltungsansprüche diskursiv einlösbar sein müssten, auch die religiösen. Es besteht keine Möglichkeit übernatürlicher positiver, die Vernunfterkenntnis übersteigender Offenbarung, sei es aus metaphysischen oder epistemologischen Gründen. So prinzipiell diese Kritik auch gemeint war, so perspektivisch und relational muss sie gesehen werden: Sie konnte nur das herrschende Offenbarungsverständnis, nämlich das Instruktionsmodell meinen und war somit trotz ihrer Grundsätzlichkeit keine prinzipielle Offenbarungskritik.

- *Anthropologische Wende:* In der Neuzeit kam es zur sog. kopernikanischen Wende: Der Mensch wurde zum Ausgangs- und Bezugspunkt aller Wirklichkeit und im heliozentrischen System heimatlos. Er ist nun auf sich selbst zurückgeworfen, und als Subjekt muss er sich seine autonome Position erst erarbeiten. Er ist gezwungen, in sich selbst als geistigem Subjekt neuen Halt zu finden. Der von der Offenbarungstheologie nun losgelösten Philosophie kommt es zu, die gemeinsame Grundlage in der entstehenden Vielfalt von Wissenschaftsformen und gesellschaftlichen Ordnungen herauszuarbeiten. Ort und Medium aller ursprünglichen Gewissheiten wird die natürliche Vernunft, der Akt der Selbstvergewisserung. Im Zuge der Naturrechtslehre kommt es zur Ausformulierung der Menschrechte, die kritisch gegen die Autoritäten und Traditionen ins Feld geführt werden und sich auch gegen die Offenbarung richten. Offenbarung wird zur Erhaltung und Beförderung von Humanität funktionalisiert. Als Offenbarungsinhalt kann nur noch anerkannt werden, was der humanistischen Heilsrelevanz dient und dem Prinzip menschlicher Wahrheitserkenntnis entspricht. Diese humanistische Ausrichtung wird noch offensichtlicher wenn man bedenkt, dass sich durch den spätmittelalterlichen Nominalismus der Theokratiegedanke verselbstständigt hatte, so dass die theologischen Ansprüche zunehmend autoritär wurden und sich absolutistische Formen kirchlich-theologischer Selbstbehauptung ausbilden konnten. Kirche und Theologie bezogen sich auf einen göttlichen Willen, der von Willkür kaum mehr zu unterscheiden war. Im Gegenzug und als Protest dazu, bildete sich eine Form der Vernunft aus, die sich ihrer theonomen Begründung zu entledigen versuchte.

Die geistesgeschichtliche Entwicklung, in der ein vernunfthafter Umgang mit der Wirklichkeit als sachgerechter und effektiver angesehen wurde als ein religiöser, hatte zur Konsequenz, dass sich ganze Lebensbereiche verselbstständigten bis hin zur Ausformulierung ihrer Eigengesetzlichkeit. Ihr Gesetz und ihre Bestimmung wurden weltimmanent erforscht und erklärt und Ziele wurden horizontalisiert, d. h. verdiesseitigt und galten plötzlich als erreichbar. Im Licht eines solchen Fortschrittsglaubens musste der Offenbarungsglaube als ein unterentwickelter Bewusstseinszustand erscheinen, als eine artikulationsunfähige Vernunft. Wird die Vernunft verabsolutiert, bleibt für Offenbarung kein Platz mehr. Aus diesem Grund stellte man der positiven Religion die Fiktion einer natürlichen Religion, einer Vernunftreligion gegenüber. Sie wurde verstanden als wahre, ursprüngliche oder ethische Religion. Ein auf den Geheimnisbegriff rekurrierender Gehorsams- und Autoritätsglaube erschien demgegenüber als unvernünftig und unsittlich.

## 2.2. Ausgewählte Beispiele

*M. Seckler, M. Kessler*, Die Kritik der Offenbarung: HFTh 2 ($^2$2000), 13–39; *M. Seckler*, Die Aufklärung – eine Herausforderung für das Christentum als Offenbarungsreligion: ThQ 159 (1979), 82–92; Aufklärung und Offenbarung: CGG, Bd. 21, Freiburg i. Br. 1980, 5–78; *G. M. Hoff*, Offenbarung Gottes? Eine theologische Problemgeschichte, Regensburg 2007, 68–90.

### a) *Ergangensein von Offenbarung*
Die Aufklärungsapologetik war überzeugt, das Ergangensein von Offenbarung könne mit hinreichender Sicherheit auf rein vernünftigem Weg bewiesen werden, wobei den Wundern eine hohe Bedeutung zukam. Werden Naturgesetze durchbrochen, kann nur ein übernatürlicher Urheber als Erklärung in Frage kommen. Damit kam dem Wunder im Hinblick auf den Offenbarungsträger bzw. das Offenbarungsereignis ein autoritativer Wert zu. Dagegen wurde allerdings kritisch eingewendet, dass das Ergangensein einer Offenbarung nicht mit Gewissheit erwiesen werden könne:

- *Hermann Samuel Reimarus (1694–1768):* Reimarus war ein literarischer Vorkämpfer für die Vernunftreligion des englischen Deismus; ein lediglich positiv begründeter Wahrheitsanspruch könne vor dem Forum der Vernunft nicht bestehen, noch könne von äußeren Glaubwürdigkeitsgründen (Wundern etc.) auf die Richtigkeit bzw. Göttlichkeit der Offenbarung geschlossen werden. Als weiteres Argument gegen den biblischen Glauben komme hinzu, dass sich ein Anspruch auf Allgemeingültigkeit nicht auf partikulare Gegebenheiten und kontingente Geschichtstatsachen stützen dürfe. Der Mensch sei nämlich »nicht für eine Religion gemacht, die auf Facta, und zwar solche, die in einem Winkel des Erdbodens geschehen seyn sollen, gegründet ist«.[17] So zählt für Reimarus, dessen »Apologie oder Schutzschrift für die vernünftigen Verehrer Gottes« (1768) posthum in Fragmenten veröffentlicht wurde, am Ende nur die praktisch-sittliche Vernunftreligion, die kraft der Vernunft zur Glückseligkeit führen wird. Gottes Absicht sei durch die Vernunft erkennbar und bestünde darin, die Menschen seiner eigenen Vollkommenheit immer ähnlicher zu machen. Damit deckt sich, dass »Christus selbst, als ihr Meister, sofern wir ihn als einen Lehrer aller Menschen ansehen, nichts als

---

[17] *H. S. Reimarus*, Apologie oder Schutzschrift für die vernünftigen Verehrer Gottes, hg. v. G. Alexander, Bd. 2, Frankfurt a. M. 1972, 171.

begreifliche praktische Wahrheiten gelehret, und darin das Wesen der Religion gesetzt hat«.[18]

- *Gotthold Ephraim Lessing:* Lessing richtete seinen Blick verstärkt auf das historische Moment und betonte den Unterschied zwischen Wundern, die selbst erlebt werden, und Wunderberichten, die davon sprechen, dass andere Wunder erlebt haben wollen. Historische Wunderberichte hätten nicht dieselbe argumentative Kraft wie die Wunder selbst, und sie vermögen die Wahrheit des Christentums nicht zu begründen. Zwischen Christus und den Nachrichten über Christus erstrecke sich der »garstige breite Graben« der Geschichte, »über den ich nicht kommen konnte, so oft und ernstlich ich auch den Sprung versucht habe.«[19] »Das ist: *zufällige Geschichtswahrheiten können der Beweis von notwendigen Vernunftwahrheiten nie werden*«.[20] Gültig sei eine Sachverhaltsbehauptung nur, wenn der Sachverhalt einem Subjekt aufgrund der Vernunfteinsicht oder aufgrund der eigenen Erfahrung unmittelbar evident sei. Was lediglich auf der Mitteilung anderer beruhe oder von früher her überkommen sei, hätte demgegenüber einen geringeren Wahrheitsgehalt. Da die übernatürlichen Wahrheiten des Christentums den Regeln der Vernunft ausdrücklich widersprechen, bedürfte es der unmittelbaren Evidenz von gegenwärtig erfahrenen Wundern. Religion und Geschichte der Religion seien zu trennen. Eine positive Religion könnte nicht allein aufgrund ihrer Faktizität verbindlich sein. Die Vernunft emanzipierte sich von geschichtlichen und institutionellen Begründungszusammenhängen und meldete im kritischen Umgang mit religiösen Traditionen ihre Rechte an.

- *David Hume:* Hume ist ein Vertreter des englischen Empirismus und dringt mit rationalen Anfragen verstärkt in den Bereich des religiösen Glaubens ein. Für ihn ist nur eine phänomenalistische Naturbetrachtung möglich. Da Naturgesetze auf einer Vielzahl gleichrangiger Beobachtungen beruhen, sei der Bericht eines Wunders im Sinne der Verletzung eines Naturgesetzes denkbar unwahrscheinlich.[21] Denn jede Behauptung eines Wunders hätte immer eine vielerprobte Erfahrung des Gegenteils wider sich. Um ein Wunder begründen zu können, müsste also eine entspre-

---

[18] Ebd.

[19] G. E. *Lessing*, Über den Beweis des Geistes und der Kraft: ders., Werke, Bd. 8: Theologiekritische Schriften III, Philosophische Schriften, hg. v. H. G. Göpfert, München 1979, 9–14, hier 13.

[20] Ebd., 12.

[21] G. *Streminger*, David Hume: »Eine Untersuchung über den menschlichen Verstand«. Ein einführender Kommentar, Paderborn 1994, 196 f.

chende Zahl an Gegenerfahrungen vorgewiesen werden können, was jedoch unmöglich sei. Sollte dies indes doch gelingen, wäre lediglich erreicht, dass das entsprechende Naturgesetz zunächst einer Revision unterzogen werden müsste. Sollte aber die Behauptung eines Wunders nicht durch Naturbetrachtungen legitimiert werden, sondern durch den Verweis auf Zeugen, genügt »[k]ein Zeugnis …, ein Wunder festzustellen, es müßte denn das Zeugnis von solcher Art sein, daß seine Falschheit wunderbarer wäre, als die Tatsache, die es festzustellen trachtet.«[22] Anders ausgedrückt: Um ein Wunder glaubhaft bezeugen zu können, müsste die Falschheit der zugunsten des Wunders angeführten Gründe ein größeres Wunder sein als das behauptete Wunder selbst. Diese Möglichkeit ist aber schlechterdings nicht denkbar. Es gibt keinen Grund, der Wunder so wahrscheinlich macht, dass es vernünftiger wäre, sie anzunehmen als sie zu bezweifeln. Darüber hinaus verweist Hume darauf, dass Wunder von unterschiedlichen Religionen zur Begründung oft gegensätzlicher Auffassungen herangezogen würden. Weil zudem die klassische Apologetik die Besonderheit des christlichen Glaubens nur durch Abgrenzung von den nichtchristlichen Religionen begründen zu können glaubte, wurde das Wunderargument zusätzlich diskreditiert: Jedes Anderssein wurde als Widerspruch angesehen, so dass christliche Wunder gegen Wunder anderer Religionen standen. Für Hume vermögen Wunder nur dann einen Wert in sich zu tragen, wenn die Argumentation nicht die religiösen Erfahrungen anderer ausgrenzt, sondern integriert.

Die neuzeitliche Kritik an der höheren Gewissheit geoffenbarter Erkenntnis machte deutlich, dass das Ergangensein von Offenbarung nicht mit Sicherheit bewiesen, sondern nur hypothetisch behaupten werden kann. Außerdem kann die Gewissheit der Offenbarung auch nicht größer sein als die Gewissheit der Existenz Gottes selbst. Die sichere Beweisbarkeit der Offenbarung setzt die sichere Beweisbarkeit der Existenz Gottes voraus.

*b) Übernatürlicher Charakter*

Das instruktionstheoretische Offenbarungsmodell ging davon aus, dass geoffenbarte Erkenntnisse einen wesensmäßig anderen, nämlich übernatürlichen Inhalt besitzen als natürliche Vernunfterkenntnisse. Auch daran entzündete sich die neuzeitliche Kritik: Göttliche Instruktion dürfe nicht am Wahrheitsvermögen des Menschen vorbei geschehen; zwischen übernatürlicher Offen-

---

[22] *D. Hume*, Eine Untersuchung über den Menschlichen Verstand, hg. v. R. Richter, Hamburg 1964, 135.

barung und natürlicher, menschlicher Einsicht könne kein qualitativer Unterschied gemacht werden[23]:

- *Lord Edward Herbert Cherbury:* Cherbury gilt als Begründer der englischen Frühaufklärung und Vater der aufklärerischen Offenbarungskritik. Er wandte sich gegen die missbräuchliche Verwendung der Offenbarungskategorie und trat für eine vernünftige Urteilskompetenz in religiösen Fragen ein. In diesem Zusammenhang erarbeitete er Kriterien für eine vernünftige Religion, basierend auf theoretischen Überzeugungen. Die grundlegende Wahrheit der Religion lässt sich in fünf Fundamentalsätzen zusammenfassen, die als Grunddogmen der Vernunftreligion des Deismus bezeichnet werden können[24]:
  - \* Esse Supremum aliquod Numen (es gibt ein höchstes »Numen«, d. h. göttliches Wesen)
  - \* Supremum istud Numen debere coli (das höchste »Numen« muss verehrt werden)
  - \* Virtutem cum pietate conjunctam ... praecipuam partem Cultus Divini habitam esse et semper fuisse (Tugend und Frömmigkeit sind die Hauptteile der Gottesverehrung)
  - \* Horrorem scelerum Hominum animis semper insedisse; Adeoque illos non latuisse Vita et scelera quaecumque expiari debere ex poenitentia (man muss die Sünden bereuen und von ihnen Abstand nehmen)
  - \* Esse praemium, vel poenam post hanc vitam (Lohn und Strafe werden ausgeteilt aus Gottes Gutheit und Gerechtigkeit sowohl in diesem Leben als auch nach diesem Leben).

Für Cherbury ist die theonom gedachte Vernunft das Kontrollinstrument für den übernatürlichen Mitteilungsvorgang und den Mitteilungsinhalt: Offenbarung ist für ihn übernatürliche, autoritative Belehrung und göttliche Bekanntmachung von Religionswahrheiten. Die theonome Vernunft vernimmt in ihrer eigenen Struktur jene Wahrheit, die Grundlage aller Religion und Sittlichkeit ist. Dabei handelt es sich um ein in der Selbstbezeugung Gottes gründendes Wahrheitsgeschehen. Die mittels der Vernunft gewonnenen Fundamentalsätze sind kritischer Maßstab für die konkrete Religion und für konkrete Offenbarungsbehauptungen.

---

[23] *M. Seckler, M. Kessler*, Die Kritik der Offenbarung: HFTh 2 (²2000), 13–39, hier 18–29.
[24] *E. Feil*, Religio, Bd. 3: Die Geschichte eines neuzeitlichen Grundbegriffs im 17. und frühen 18. Jahrhundert, Göttingen 2001, 194–196.

- *John Locke:* Locke bemühte sich, die Bereiche Glaube und Vernunft voneinander abzugrenzen und eine vernünftige Religion zu begründen. Nach ihm könne es keinen Widerspruch zwischen Wissen und Glauben geben, denn Vernunft und Offenbarung stammen beide von Gott. Die Offenbarung enthält nach Locke Aussagen, die »vernünftig«, der natürlichen Vernunft zugänglich sind, aber auch Aussagen, die »übervernünftig« sind. Auch sie können nicht »widervernünftig« sein, dürfen sich doch Vernunft und Offenbarung nicht widersprechen. Locke löst das Christentum nicht in eine natürliche Vernunftreligion auf und hebt nicht alle »übernatürlichen« Inhalte auf, wohl aber reduziert er diese auf ein Minimum und konstatiert die Vernünftigkeit des Christentums.

- *John Toland:* Toland war Deist und kämpfte gegen eine missbräuchliche Praxis des Christentums als Offenbarungsreligion. Dazu stellte er dem Traditionsprinzip das Vernunftprinzip korrigierend und kontrollierend zur Seite. So trat er für eine vernünftige Urteilskompetenz in religiösen Fragen ein – die Vernunft sei einzige Grundlage aller Gewissheit. Toland nimmt eine allgemein verbindliche, heilsnotwendige Offenbarung an, die inhaltlich übernatürlich ist. Offenbarung erschließt so vom Menschen aus Unerreichbares. Aber das entscheidende Kennzeichen wahrer Offenbarung sei, dass sie dem Menschen wirklich etwas erschließe, das kein Mysterium im Sinne eines prinzipiellen Fremdkörpers für die Vernunft bleibt. Toland wandte sich also gegen Offenbarungstheorien, die mit der Kategorie des Geheimnisses die freie Anwendung des Vernunftprinzips unterlaufen. Offenbarung könne durchaus ein Mittel zur Erkenntnis sein, doch Grund für die Überzeugung müsse die Sache selbst sein, sofern sie vernünftig ist und einleuchtet. Die menschliche Erkenntnisfähigkeit gibt damit der Offenbarung Gottes die Grenzen vor. Gott kann den Menschen nur offenbaren, was sie auch verstehen können.

- *Baruch de Spinoza:* Für Spinoza resultierte das falsche Gott-Denken aus einer illegitimen Vermischung von Vernunft und Imagination. Er erachtete darum die strenge Trennung von Philosophie und Theologie für unverzichtbar und strebte eine Daseinsorientierung aus der Kraft menschlicher Vernunft an. Die Vernunftreligion sei die wahre und universale Religion. Sie sei aus der allgemeinen Menschennatur abgeleitet und normiere insofern die religiöse Praxis und Vorstellungswelt. Aus diesem Grund liege die Religionshoheit beim Staat als der sozialen, institutionalisierten Vernunft. Davon zu unterscheiden sind Spinozas pantheistische Vorstellungen.

- *Anthony Collins:* Collins übte scharfe Offenbarungs- und Bibelkritik und nahm einen rein deistischen Standpunkt ein. Sein zentraler Programmpunkt war das kritische Selbstdenkertum.[25] Er trat für die unbeschränkte Freiheit des Denkens ein und forderte das freie, ungezwungene Denken als ein Menschenrecht ein. Das Freiheitsinteresse, den Argumenten frei folgen zu dürfen, dominiert über dem Wahrheitsinteresse, weil der Fortschritt der Freiheit auch einen Fortschritt der Wahrheit mit sich brächte. Die Betonung des »Freidenkens« gegenüber dem »Richtigdenken« entspringt letztlich einer Kritik am Missbrauch von Offenbarungsbehauptungen. Als formales Kriterium für die Wahrheit von Offenbarung gilt ihm das Vernunfturteil; inhaltliches Kriterium ist der Heilsbezug. Das heißt, als Offenbarung kann nur gelten, was der Vernunft entspricht und dem Heil des Menschen dient. Im Grunde aber geht es Collins nicht so sehr »um die Objektivität der Wahrheit als vielmehr das Recht auf eigene, selbstverantwortliche, argumentativ zu vertretende Überzeugung«; von hier aus soll der »Frage nach der Wahrheit der Offenbarung eine eigene intellektuelle Würde« zuwachsen.[26]

- *Hermann Samuel Reimarus:* Reimarus, der gezielt nach dem historischen Jesus fragte, kritisierte u. a. die Übernatürlichkeit des Offenbarungsinhaltes. Indem er in dem angeblich satzhaft gefassten Aussageinhalt der Offenbarung Widersprüche aufzeigte, bestritt er den Offenbarungscharakter eines angeblich in seinem Wortlaut inspirierten Textes. U. a. betonte er die Diskrepanz zwischen dem historischen Jesus und der nachösterlichen Verkündigung, zwischen der Lehre Jesu und der der Apostel. Zudem sei die biblische Offenbarung auch deshalb unannehmbar, weil sich die scheinbaren Offenbarungslehren mit Vernunftargumenten überprüfen und widerlegen ließen. »Eine vernünftige Religion muß vor allen Dingen in jeder sogenannten Offenbarung der Grund- und Prüf-Stein werden, als welche gewiß durch die Natur von Gott abstammet.«[27]

- *Johann Gottlieb Fichte:* Fichte bemühte sich um eine philosophische Theorie der Offenbarung. Dabei ging er von der religiösen Erfahrung aus und anerkannte die theologische Bedeutung von Erschließungssituationen, mit denen er den Gegensatz von Naturalismus und Supranaturalismus überwinden wollte. Eine bestimmte Erschließungssituation gelten

---

[25] A. *Collins*, A Discourse of Free Thinking, 1713.
[26] M. *Seckler*, M. *Kessler*, Die Kritik der Offenbarung: HFTh 2 (²2000), 13–39, hier 22.
[27] H. S. *Reimarus*, Apologie oder Schutzschrift für die vernünftigen Verehrer Gottes, hg. v. G. Alexander, Bd. 1, Frankfurt a. M. 1972, 54.

zu lassen, sei die Voraussetzung für eine freie, begründete Zustimmung zur Offenbarung, denn diese sei nicht erzwingbar, nicht andemonstrierbar. Die Aufnahme von Offenbarung könne aber nicht beliebig sein, sondern müsse bestimmten Kriterien entsprechen: Offenbarung bedeutet keine Erweiterung des theoretischen Wissens, weil sie der Kontrolle der Vernunft unterliegt. Weiter gilt: »Offenbarung muß einen empirischen Grund haben; ihre Mittel müssen moralisch sein; ihr Inhalt muß der wahren und ewigen Bestimmung des Menschen förderlich, also mit dem Vernunftzweck identisch und mit dem Vernunftgesetz vereinbar sein.«[28]

- *Immanuel Kant:* Kant unterschied zwischen positivem Offenbarungsglauben und vernünftigem Religionsglauben. Das Kriterium aller äußeren, positiven Offenbarung sei die innere Offenbarung, d. h., die Kontrolle besteht in einer Übereinstimmung von Offenbarungsinhalt und Vernunftbegriff. Ferner wird der instruktionstheoretische Offenbarungsbegriff durch seine Erkenntniskritik, wonach es kein Wissen geben kann, das nur durch Offenbarung möglich ist, nachhaltig erschüttert. Weil von empirischen Wirkungen nicht zwingend auf transzendentale Ursachen geschlossen werden kann, lässt sich auch eine Offenbarung, die sich in Aussagesätzen ausdrückt, nicht stringent aufweisen.

- *Georg Wilhelm Friedrich Hegel:* Nach Hegels dialektischer Philosophie ist der absolute göttliche Geist im Geist des Menschen anwesend, durch ihn wirkt er und entwickelt sich geschichtlich. Die Weltgeschichte ist die Bewegung des absoluten Geistes durch und im Menschengeist. Gott kann nur im Herausgehen aus sich und in der Aneignung des Fremden zu sich selber kommen und damit zum »absoluten Geist« werden. Das Absolute muss in das Menschsein und in die Geschichte eingehen, weil es nur im Anderen seiner selbst zu seinem Selbstbewusstsein kommen kann.[29] Nur so kann der absolute Geist er selbst sein. Der Offenbarungsbegriff ist also eng mit der Selbstbewusstseinsstruktur des Geistes verbunden. Dies hat zur Konsequenz, dass der Unterschied zwischen Gott und Welt in einem dialektischen Prozess aufgehoben wird. Damit ist ein pantheistischer Grundzug gegeben und am Ende wird alles zur Offenbarung. Weil die Menschwerdung Gottes letztlich philosophisch notwendig wird, wird eine Offenbarung als freie Tat Gottes unmöglich; für eine übernatürliche Offenbarung Gottes bleibt kein Raum.

---

[28] *M. Seckler, M. Kessler*, Die Kritik der Offenbarung: HFTh 2 (²2000), 13–39, hier 27.
[29] *G. W. F. Hegel*, Vorlesungen über die Philosophie der Religion, Bd. II/2, hg. v. G. Lasson, Hamburg 1974, 30 f.

Die Vernunft wird nicht nur zum Ort des Offenbarwerdens der für Menschen möglichen Wahrheit, sondern auch zum Ort derjenigen Wahrheit, die ein Religionssystem zu vertreten hat. Sie ist Kontrollorgan für religiöse Ansprüche und Wahrheitsbehauptungen, also Kriterium der kirchlichen Botschaft. Das, was in der Religion allgemeine Gültigkeit haben soll, muss nicht unbedingt durch Vernunft ins religiöse Bewusstsein gekommen sein, aber es muss zumindest vor der Vernunft als wahr bestehen können, es muss also vernünftig rekonstruierbar sein.

*c) Soteriologische Relevanz*

Mit dem instruktionstheoretischen Offenbarungsmodell verband sich die Überzeugung, dass es eine universal gültige, alle Menschen betreffende Wahrheit geben könne, die durch eine übernatürliche göttliche Instruktion in die Welt gekommen sei und diese geoffenbarte Erkenntnis gegenüber der natürlichen Gotteserkenntnis eine größere soteriologische Relevanz besitze. Mithin sei das Wesentliche des Christentums einzigartig, exklusiv. Dagegen wurde eingewendet, dass die exklusivistische Partikularität kein Wesensmoment von Offenbarung sei; Offenbarung markiere keinen soteriologischen Sonderweg. Weil die heilsnotwendige Offenbarung jedem Menschen gelte, müsse sie auch von allen erreichbar sein. Die frühen Deisten gingen deshalb von einer Offenbarung in Gestalt angeborener geistiger Möglichkeiten zur Gotteserkenntnis aus. Religionen waren dadurch aber nicht überflüssig, da die heilsnotwendige, universale Offenbarung einer inhaltlichen Konkretisierung bedurfte wie auch eines damit korrespondierenden heilshaften Glaubens.

- *Matthew Tindal:* Tindals Ziel war es, die strukturelle Identität von natürlicher und geoffenbarter Religion aufzuweisen, dadurch für die christliche Religion einen Begründungsdienst zu leisten und sie so vor Entstellungen zu schützen. Die natürlich-vernünftige Religion ist für ihn die kritische Norm aller Offenbarungsbehauptungen. Am Ende ist der Sinn von Offenbarung gar die Wiederherstellung einer natürlichen Religion: Die ursprüngliche, reine Naturreligion sei von Anfang an vollkommen gewesen und das Christentum habe ihr nichts hinzugefügt, vielmehr sollte sie durch die christliche Religion nur gereinigt und wiederhergestellt werden. Die reale Heilsmöglichkeit des Menschen in Gott sei durch das in der Vernunft erkennbare Gesetz zugänglich. So sei die Vernunft selbst die innere, ursprüngliche Offenbarung. Diese wird der äußeren, übernatürlichen Offenbarung aber nicht einfach entgegengesetzt, vielmehr sei sie der Wahrheits- und Erkenntnisgrund aller historisch positiven Offenbarungen in der Menschheitsgeschichte. So erklärt sich, weshalb alle geschichtlichen Religionen Wahrheitsmomente enthalten und Heilswege sein können. Zwischen innerer und äußerer Religion, natürlicher und geoffenbarter Religion bestehe kein inhaltlicher Widerspruch, der Unterschied liege in der Weise der Mitteilung und des Gegebenseins. Das Wesen der Religion sei vernünftige Gottesverehrung zum Zweck der moralischen Vervollkommnung des Menschen. Doch Religionen seien ständig der Gefahr des Verfalls ausgesetzt. Aus diesem Grund müsse mit der Möglichkeit neuer Offenbarung gerechnet werden. Ihr Sinn sei es, die natürliche, ursprüngliche Religion wiederherzustellen. Genau das sei die Funktion des Christentums, das in seiner Substanz Wiedergutmachung der natürlichen Religion sei.

## 2.3. Vertiefung des Offenbarungsbegriffs

Zur Lösung des Offenbarungsproblems trugen verschiedene Momente bei, die zu einer Vertiefung des Offenbarungsbegriffs führten:

- *Dimension der Geschichtlichkeit:* Die aufgeklärte Vernunft verlor in dem Maße ihre Unbedingtheit, als sich der Mensch der historischen Bedingtheiten seines Vernunftgebrauchs bewusst wurde. Die Vernunft wurde in ihre Endlichkeit und Relativität zurückverwiesen. Nun konnten, gegen den bekannten Lessingschen Satz, die »zufälligen Geschichtswahrheiten« gegenüber den »notwendigen Vernunftwahrheiten« wieder ihr eigenes Recht einfordern.

- *Bibelkritik – Immanenzapologetik:* Die Ausbildung einer historisch-kritischen Bibelwissenschaft löste die bis dahin materielle Identifikation von Bibeltext und Wort Gottes auf. Durch ein geschichtliches Verständnis der Schrifttexte konnten diese nun als menschliche Bezeugung der Offenbarung erkannt werden und innerbiblische Widersprüche mussten nicht sogleich zum Problem der Offenbarung selbst erklärt werden.

- *Theozentrische Radikalisierung:* Der Offenbarungsbegriff wurde auf Gott hin konzentriert. Er bezog sich nicht mehr auf Vorgänge des Offenbarwerdens von Verborgenem im menschlichen Geist oder auf religiöse Transzendenzerfahrungen, sondern Gott selbst ist Subjekt und Objekt des Offenbarungsgeschehens. Das Wesen Gottes wird fortan als Offenbarung und die Wirklichkeit Gottes als Inhalt der Offenbarung gesehen. Eindrücklich beschrieb 1862 der ev. Theologe Richard Rothe die inhaltliche Seite des Gedankens der Selbstoffenbarung Gottes: »Die Offenbarung ist ihrem *Begriff* zufolge *Gottes*offenbarung; Gott, indem er sich offenbart, offenbart *sich selbst; Gott* und *lediglich* Gott ist der Gegenstand, den die göttliche Offenbarung offenbart, Gott und *sonst nichts*«.[30] Die Wesenswirklichkeit Gottes gelangt zur geschichtlichen Mitteilung und wird zur geschöpflichen Bestimmung. Selbstoffenbarung Gottes ist als reales Hereinwirken der Wirklichkeit Gottes in die geschichtliche Lebenswelt des Menschen zu verstehen. Der Offenbarungsbegriff steht für die reale Teilhabegewährung an der Wirklichkeit Gottes selbst, an den bona divina, insofern diese befreiend und erlösend sind.

• *Überwindung der doppelten Erkenntnisordnung:* Die Vorstellung von einer doppelten Erkenntnisordnung – natürliche und übernatürliche – wurde dadurch überwunden, dass im Rahmen eines kommunikationstheoretischen Paradigmas Offenbarung als göttliche Selbstmitteilung verstanden wurde: Der personale Sinn- und Seinsgrund der Wirklichkeit bringt sich als sprechendes Ich und als ansprechbares Du in die Welt ein; er ruft den Menschen beim Namen und macht ihn zum Du, so dass er als Adressat des Offenbarungsgeschehens nicht nur Objekt, sondern Subjekt ist, d. h. Person und Partner, und als solcher Verantwortung übernimmt. Wenn Offenbarung als göttliche Selbstmitteilung verstanden wird, ist jede echte Gotteserkenntnis auf Offenbarung zurückzuführen. Gott kann nur erkannt werden, wenn er sich erkennen lässt. In der Auffassung, dass jede authentische Gotteserkenntnis Offenbarung ist, drückt sich der Glaube an die Souveränität Gottes aus. »Die Offenbarungskategorie bezeichnet auf diese Weise weder epistemologisch noch inhaltlich einen Unterschied zu authentischer Gotteserkenntnis. Doch bleibt ihre Verwendung theologisch sinnvoll, weil sie etwas über die Möglichkeitsbedingung menschlicher Gotteserkenntnis sagt«.[31] Der Glaube an Offenbarung drückt aus, dass Gott sich erkennbar gemacht hat; der Offenbarungsglaube ist Ausdruck des Glaubens an die Authentizität menschlicher Gotteserkenntnis. Geoffenbarte Gotteserkenntnis ist kein epistemologischer Sonderweg, sondern Ausdruck des Glaubens, dass diese Gotteserkenntnis, die Selbstmitteilung Gottes, echt bzw. wahr ist. Ist die Offenbarungskategorie Ausdrucksfunktion des Gottesglaubens, fallen die Gründe für den Offen-

---

[30] *R. Rothe,* Offenbarung: ders, Zur Dogmatik. Von neuem durchges. und durchgängig verm. Abdruck aus d. Theol. Studien und Kritiken, Gotha 1863, 55–120, hier 61.
[31] *P. Schmidt-Leukel,* Demonstrati christiana: H. Döring, A. Kreiner, P. Schmidt-Leukel, Den Glauben denken. Neue Wege der Fundamentaltheologie (QD 147), Freiburg i. Br. 1993, 49–145, hier 143.

barungsglauben mit den Gründen für den Gottesglauben zusammen. In der Abkehr von der doppelten Erkenntnisordnung drücken sich also massive Veränderungen in der Offenbarungstheologie aus:

* In der Frage der Gewissheit von Offenbarung dürfen Vernunfterkenntnis und geoffenbarte Erkenntnis einander nicht mehr gegenübergestellt werden. Stattdessen ist die Behauptung, es liege Offenbarung vor, zunächst als eine Glaubensannahme zu betrachten. Ihre Vernünftigkeit ist durch ihre Bewährung gegenüber kritischen Einwänden nachzuweisen. Als Kriterien kommen v. a. die Konsistenz, Kohärenz und Plausibilität der Offenbarungsbehauptung in Frage.

* Die Offenbarungskategorie ist nicht mehr als Fundament des Glaubens zu betrachten, sondern als Ausdruck des Glaubens. Der Offenbarungsbegriff drückt den Glauben aus, dass alle echte Gotteserkenntnis von der göttlichen Wirklichkeit selbst ausgeht und von ihr her erst ermöglicht wird. Damit gibt es keine geoffenbarte Gotteserkenntnis mehr, die sich epistemologisch von einer natürlichen Gotteserkenntnis absondern würde, vielmehr ist Offenbarung eine Metakategorie für alle Gotteserkenntnis.

* Wenn die Offenbarungsbehauptung Ausdruck des Gottesglaubens ist, dann muss der Offenbarungsbegriff den christlichen Glauben nicht in Gegensatz zu vernünftiger Gotteserkenntnis oder nichtchristlichen Religionen bringen. Der Wandel des Offenbarungsbegriffs von einer epistemologisch-fundierenden Kategorie zu einer hermeneutisch-expressiven Kategorie ermöglicht die Überwindung des exklusivistischen Partikularismus. Offenbarung meint keinen soteriologischen Sonderweg neben anderen Arten der Gotteserkenntnis, sondern bildet eine Metakategorie. Die wesensmäßige Eigenart des Christentums besteht in einer integrativen Metainterpretation von philosophischer Gotteserkenntnis und nichtchristlichen Religionen. Offenbarung bezieht sich auf alle Formen authentischer Gotteserkenntnis; sie kann nur von Gott selbst ermöglicht sein.

* In der Offenbarung erscheint Gott als der Transzendente. Der Offenbarungsglaube beraubt Gott aber nicht seiner Transzendenz, behält doch Gott auch in seiner Selbstoffenbarung seine kognitive Geheimnishaftigkeit bei. In jeder Gotteserkenntnis bleibt Gott zugleich der, der alles menschliche Begreifen übersteigt.

* Offenbarungsinhalt ist die göttliche Wirklichkeit selbst. Davon zu unterscheiden sind die zeugnishaften Reaktionen auf Offenbarung bzw. ihre Interpretamente. Die biblischen Schriften und christlichen Dog-

men sind keine geoffenbarten Texte bzw. Wahrheiten. Die Gotteserkenntnis, die sich in diesen Texten ausdrückt, bewegt sich im Rahmen der menschlichen Erkenntnis- und Erfahrungsmöglichkeiten,
die grundsätzlich begrenzt sind. Die traditionelle, apologetische Vorstellung, dass eine von Gott vermittelte Erkenntnis für den Menschen
absolut zuverlässig sei, ist darum falsch. Das war »die epistemologische Achillesferse der traditionellen apologetischen Verwendung der
Offenbarungskategorie.«[32] Wenn Gott selbst übernatürlicher Offenbarungsinhalt ist, sind die Aussagen nur menschlicher Reflex auf das
Offenbarungsgeschehen. Die Übernatürlichkeit bzw. der Offenbarungscharakter hat sich allein auf Gott zu beziehen. Die Selbstmitteilung Gottes kann von der grundsätzlichen Endlichkeit menschlicher Erkenntnis nicht absehen.

## 3. Zweites Vatikanisches Konzil

### 3.1. Selbstmitteilung Gottes

*P. Eicher*, Offenbarung. Prinzip neuzeitlicher Theologie, München 1977, 483–543;
*H. Döring*, Paradigmenwechsel im Verständnis von Offenbarung. Die Fundamentaltheologie in der Spannung zwischen Worttheologie und Offenbarungsdoktrin: MThZ
36, (1985) 20–35; *H. Waldenfels*, Offenbarung. Das Zweite Vatikanische Konzil auf
dem Hintergrund der neueren Theologie, München 1969, 141–178; *M. Seckler*, Dei
Verbum religiose audiens. Wandlungen im christlichen Offenbarungsverständnis: J. J.
Petuchowski, H. Strolz (Hg.), Offenbarung im jüdischen und christlichen Glaubensverständnis, Freiburg i. Br. 1981, 214–236; Der Begriff der Offenbarung: HFTh 2
([2]2000), 41–61; *J. Schmitz*, Offenbarung, Düsseldorf 1988, 67–81; *W. Pannenberg*, Systematische Theologie, Bd. I, Göttingen 1988, 207–281; *K. Rahner*, Bemerkungen zum
Begriff der Offenbarung: ders., J. Ratzinger, Offenbarung und Überlieferung (QD 25),
Freiburg i. Br. 1965, 11–24; Grundkurs des Glaubens, Freiburg i. Br. 1976, 122-I42;
*W. Klausnitzer*, Glaube und Wissen. Lehrbuch der Fundamentaltheologie für Studierende und Religionslehrer, Regensburg 1999, 197–219.

*a) Einleitende Bemerkungen*
Nie zuvor hat sich ein Konzil so intensiv mit der Lehre über die göttliche
Offenbarung auseinandergesetzt und das Offenbarungsthema umfassend in
einem geschlossenen Textkörper abgehandelt. Zunächst war ein Text im Sinne

---

[32] Ebd., 52.

des Ersten Vatikanums bzw. des neuscholastischen Verständnisses vorgesehen, der aber aufgrund seiner offenkundigen Engführung von den Konzilsvätern vollständig umgearbeitet wurde. Denn das konzeptualistisch-doktrinale Offenbarungsverständnis, das im Ersten Vatikanum gelehrt und von der Schultheologie vertieft wurde, galt als dringend korrektur- und ergänzungsbedürftig. Außerdem wollten die Konzilsväter ihr Verständnis von der Offenbarung nicht mehr im Horizont einer bestimmten Frontstellung ausdrücken (Irrlehren, Fideismus, Rationalismus etc.), sondern Offenheit signalisieren in einer einladenden, dialogischen und der Frohen Botschaft Rechnung tragenden Form. Das Konzil verfolgte einen existentiellen, pastoralen Ansatz. Anstelle des Dialogs stand beim Ersten Vatikanum die Konfrontation, die Kritik und Verurteilung der konkreten geistigen Situation mit all ihren Ismen im Mittelpunkt, gepaart mit einem kirchlichen Triumphalismus, der zur Selbstkritik unfähig war.

Die ursprünglich vorgestellten Entwürfe konnten sich nicht behaupten. Die sich anschließenden Diskussionen, Beratungen und Verhandlungen, in die auch Ergebnisse aus dem Dialog mit der evangelischen Theologie eingeflossen waren, prägten die theologische Ausrichtung des Konzils wesentlich mit und trugen zur Ausbildung seines vertieften Offenbarungsverständnisses bei. Das Ergebnis ist die dogmatische Konstitution »Dei Verbum«. Das Offenbarungsthema wurde nicht, wie ursprünglich vorgesehen, als Teil der Lehre von der Kirche behandelt, sondern fand erstmals in der Geschichte der Kirche seinen Niederschlag in einem eigenständigen Dokument. Zudem wird kein konfessionelles Offenbarungsverständnis gelehrt, sondern ein christliches mit ökumenischem Charakter, so dass »[d]ie allgemeine Offenbarungstheorie … heute zwischen Protestanten und Katholiken keine wesentliche Schranke mehr« ist.[33]

*b) Inhaltliche und sprachliche Neuerungen*

| | |
|---|---|
| »Dei verbum religiose audiens et fidenter proclamans, Sacrosancta Synodus verbis S. Joannis obsequitur dicentis: ›Adnuntiamus vobis vitam aeternam, quae erat apud Patrem et apparuit nobis: quod vidimus et audivimus adnuntiamus vobis, ut et vos societatem habeatis nobiscum, et societas nostra sit cum Patre et cum Filio | »Gottes Wort ehrfürchtig hörend und getreu verkündigend, folgt das Hochheilige Konzil den Worten des heiligen Johannes, der sagt: ›Wir künden euch das ewige Leben, das beim Vater war und uns erschienen ist. Was wir gesehen und gehört haben, künden wir euch, damit auch ihr Gemeinschaft mit uns habt und unsere Gemeinschaft mit dem Vater und mit seinem Sohn Jesus Christus sei‹ [*1 Joh 1,2f*]. |

[33] A. *Dulles*, Was ist Offenbarung? Freiburg i. Br. 1970, 204.

| eius Iesu Christo‹ [1 Jo 1,2s]. Propterea, Conciliorum Tridentini et Vaticani I inhaerens vestigiis, genuinam de divina revelatione ac de eius transmissione doctrinam proponere intendit, ut salutis praeconio mundus universus audiendo credat, credendo speret, sperando amet.« (DH 4201) | Deswegen beabsichtigt es, den Spuren des Trienter und des Ersten Vatikanischen Konzils folgend, die echte Lehre über die göttliche Offenbarung und deren Weitergabe vorzulegen, damit die gesamte Welt im Hören auf die Botschaft des Heiles glaubt, im Glauben hofft und im Hoffen liebt.« (DH 4201) |
|---|---|

Nicht die lehrende Kirche bildet den Ausgangspunkt, sondern Kirche versteht sich als hörende gegenüber dem Wort Gottes, das über allem kirchlichen Tun dominiert. Als Grundmotiv und praktisches Handlungsziel wird das ewige Leben genannt. Offenbarung ist Leben, das erscheint, und nicht nur Licht, das aufleuchtet. Damit bahnt sich ein neues Offenbarungsverständnis an, in dem es nicht nur um Belehrung geht, sondern um eine neue Existenzmöglichkeit. Dabei soll trotz allem die Kontinuität der kirchlichen Lehre herausgestellt werden, allerdings ohne jeden starren Dogmatismus. Die vorsichtige Formulierung »Conciliorum Tridentini et Vaticani I inhaerens vestigiis« suggeriert, dass Neuerungen inhaltlicher wie auch sprachlicher Art nicht ausgeschlossen werden.

Bereits im Prooemium klingt an, dass es im Folgenden um die innere Erschließung der Offenbarung Gottes gehen wird und nicht um eine klassische apologetische Argumentation, d. h. um den Nachweis, dass die in Jesus Christus ergangene Offenbarung alle äußeren Merkmale der Gottgewirktheit besitzt. Das konziliare Offenbarungsverständnis bringt das ganze Heilsgeschehen auf den Offenbarungsbegriff und kann unterschiedlich umschrieben werden: als dialogisch, personalistisch, kommunikativ, interaktionistisch oder kommunikationstheoretisch-partizipativ[34], als communio-Modell oder κοινωνία-Modell im Sinne von societas.

*c) Dialogisches Offenbarungsverständnis*

Das erste Kapitel ist mit »De ipsa revelatione« überschrieben, und allein der Aufbau dieses Kapitels zeigt eine veränderte Sichtweise der Offenbarung Gottes an. Denn es beginnt, im Gegensatz zum Ersten Vatikanum, nicht mit der natürlichen Gotteserkenntnis, um anschließend die sie überbietende übernatürliche Offenbarung einzuführen, vielmehr ist zuallererst von der besonderen, geschichtlichen Selbstoffenbarung Gottes die Rede (DV 2–5). Die natürliche Gotteserkenntnis wird der geschichtlichen Offenbarung Gottes

---

[34] *M. Seckler*, Der Begriff der Offenbarung: HFTh 2 (²2000), 41–61, hier 47 f.

sodann ein- und untergeordnet (DV 6). Dabei wird die natürliche Offenbarung Gottes mit der Schöpfungstat Gottes durch das »Wort« in Verbindung
gebracht (DV 3). So erscheint die Lehre von der natürlichen Erkenntnis Gottes in einem neuen Licht.

| | |
|---|---|
| »Placuit Deo in sua bonitate et sapientia Seipsum revelare et notum facere sacramentum voluntatis suae [*cf. Eph. 1,9*], quo homines per Christum, Verbum carnem factum, in Spiritu Sancto accessum habent ad Patrem et divinae naturae consortes efficiuntur [*cf. Eph. 2,18; 2 Petr. 1,4*]. Hac itaque revelatione Deus invisibilis [*cf. Col. 1,15; 1 Tim. 1,17*] ex abundantia caritatis suae homines tamquam amicos alloquitur [*cf. Ex. 33, 8 11; Io. 15,14s*] et cum eis conversatur [*cf. Bar. 3,38.*], ut eos ad societatem Secum invitet in eamque suscipiat. Haec revelationis oeconomia fit gestis verbisque intrinsece inter se connexis, ita ut opera, in historia salutis a Deo patrata, doctrinam et res verbis significatas manifestent ac corroborent, verba autem opera proclament et mysterium in eis contentum elucident. Intima autem per hanc revelationem tam de Deo quam de hominis salute veritas nobis in Christo illucescit, qui mediator simul et plenitudo totius revelationis exsistit.« (DH 4202) | »Es hat Gott in seiner Güte und Weisheit gefallen, sich selbst zu offenbaren und das Geheimnis seines Willens bekannt zu machen [*vgl. Eph 1,9*], daß die Menschen durch Christus, das Fleisch gewordene Wort, im Heiligen Geist Zugang zum Vater haben und der göttlichen Natur teilhaftig werden [*vgl. Eph 2,18; 2 Petr 1,4*]. In dieser Offenbarung redet also der unsichtbare Gott [*vgl. Kol 1,15, 2 Tim 1,17*] aus dem Übermaß seiner Liebe die Menschen wie Freunde an [*vgl. Ex 33,11; Joh 15,14f*] und verkehrt mit ihnen [*vgl. Bar 3,38*], um sie in die Gemeinschaft mit sich einzuladen und in sie aufzunehmen. Dieses Offenbarungsgeschehen ereignet sich in Taten und Worten, die innerlich miteinander verknüpft sind, so daß die Werke, die in der Heilsgeschichte von Gott vollbracht wurden, die Lehre und die durch die Worte bezeichneten Dinge offenbaren und bekräftigen, die Worte aber die Werke verkündigen und das in ihnen enthaltene Geheimnis ans Licht treten lassen. Die durch diese Offenbarung sowohl über Gott als auch über das Heil des Menschen (erschlossene) innerste Wahrheit aber leuchtet uns in Christus auf, der zugleich der Mittler und die Fülle der ganzen Offenbarung ist.« (DH 4202) |

Ging das Erste Vatikanum von der Weisheit und Güte Gottes aus, wird nun
Gott selbst in seiner Weisheit und Güte als Ursprung aller Offenbarung genannt. Offenbarung erfolgt aufgrund der ontologischen Wirklichkeit Gottes,
der Beweggrund liegt im Sein Gottes und nicht in seiner Gesinnung. Ein
theozentrischer und personaler Ansatz tritt in den Vordergrund; Selbstmitteilung Gottes bedeutet nun, Gott teilt sich wesenhaft selbst mit. Aus diesem
Grund wird auch das »decreta voluntatis suae revelare« (Beschlüsse seines
Willens offenbaren) durch »sacramentum voluntatis suae« (das Geheimnis
seines Willens offenbaren) ersetzt, d.h., an die Stelle der gesetzlichen Sichtweise tritt eine sakramentale Perspektive. Der sakramentale Charakter der
Offenbarung korrespondiert mit dem geschichtlichen, Offenbarung wird als

eine Heilsgeschichte gedacht. Die Selbstkundgabe Gottes ist kein einmaliger Akt Gottes, sondern ein planvolles Geschehen, das ein Ganzes bildet und in Jesus Christus kulminiert, »der zugleich der Mittler und die Fülle der ganzen Offenbarung ist«. Diese Offenbarungsökonomie ist von Anfang an in der Menschheitsgeschichte am Werk. Zu bestimmter Zeit nahm sie die Gestalt der Berufung bzw. des Bundes an, um so das Kommen des Welterlösers bzw. messianischen Reiches vorzubereiten (DV 15).

Das Offenbarungsgeschehen soll Zugang (accessum) zum Vater eröffnen. Das Sinnziel des Offenbarungsgeschehens ist demnach: Der Gläubige tritt in die Sinn- und Gütergemeinschaft mit der göttlichen Natur ein. Offenbarung bedeutet reale Selbstmitteilung Gottes und ist insofern ganz und gar theozentrisch geprägt: Gott ist nicht nur der freie Initiator und Träger des Offenbarungsgeschehens, sondern auch dessen Inhalt und Ziel. Denn er offenbart nicht irgendetwas, sondern sich selbst; nicht eine Teilhabe an »göttlichen Gütern« ist das Ziel, sondern der »Zugang zum Vater«. Es geht um Teilhabe am inneren Geschehen Gottes, so dass wirklich Neues zwischen Gott und den Menschen geschieht. Offenbarung ist eine personal-soteriologische Realoffenbarung, ein Geschehen, durch das die Menschen zu Teilhabern der göttlichen Natur werden und am unvergänglichen Leben Gottes Anteil erhalten. In der biblischen Offenbarung geht es nicht um eine Sachoffenbarung, nicht um ein Es, sondern primär um eine personale Selbstmitteilung, um ein Du und ein Ich. Die göttliche Selbstoffenbarung erschließt nicht nur kognitive Wahrheiten, sondern schließt auch ein, was Gott für die Menschen sein will. Offenbarung ist mehr als Belehrung über das Heilsgeschehen und der Offenbarungsempfänger mehr als nur Adressat einer göttlichen Information; von der Offenbarung als reale Selbstmitteilung Gottes ist der Mensch vielmehr in seiner ganzen Existenz als Partner einer Lebensgemeinschaft mit Gott betroffen. Dadurch wird auch die menschliche Erfahrung wieder für das Offenbarungsgeschehen relevant.

Das geschichtliche Wirklichkeit-Werden Gottes geschieht aus seinem Wollen heraus im Fleischwerden des Wortes und kraft des Hl. Geistes. Das theozentrische Offenbarungsverständnis ist also zugleich trinitarisch geprägt. Das von Gott initiierte Geschehen eröffnet den Menschen »durch Christus, das fleischgewordene Wort, im Heiligen Geist Zugang zum Vater«. Auch die Pneumatologie wird in die Offenbarungstheologie integriert. Der Geist der Offenbarung ist dem Sohn zugeordnet. Das Offenbarungsgeschehen, das vom trinitarischen Gott getragen und initiiert wird, wird seiner Eigenart nach als personales Begegnungsgeschehen beschrieben. Es zielt auf die Gemeinschaft zwischen Gott und Mensch ab und als personales Geschehen verbindet es

Realität und Verbalität: Gott »redet ... die Menschen an wie Freunde (vgl. Ex 33,11; Joh 15,14–15) und verkehrt mit ihnen (vgl. Bar 3,38)« (DV 3), er kommt den Menschen »in Liebe entgegen und nimmt mit ihnen das Gespräch auf« (DV 21), er spricht ohne Unterlass mit ihnen (DV 8.25).

Vor dem Hintergrund einer dialogischen Offenbarungskonzeption wird zugleich ihre heilsgeschichtliche Gestalt deutlich: Die göttliche Offenbarung vermittelt sich innerhalb der Welt in einer Vielzahl von gottgewirkten Werken und Worten, die innerlich miteinander verknüpft sind. Von diesen Werken und Worten wird jeweils ein Zweifaches ausgesagt: Die Werke bekräftigen und offenbaren das Wort und umgekehrt lassen die Worte das Geheimnis der Werke ans Licht treten. Werke und Worte sind wechselseitig ineinander verschränkt. Durch sie geschieht die Vermittlung des Mysteriums der Selbstkundgabe Gottes. Werke und Worte deuten den sakramentalen Charakter des Offenbarungsgeschehens an.

### d) Offenbarungstheorie und Christologie

Die christologische Ausrichtung des konziliaren Offenbarungsverständnisses klingt besonders im vierten Artikel an und wird hier ausführlich erläutert und begründet.

| | |
|---|---|
| »Postquam vero multifariam multisque modis Deus locutus est in Prophetis, ›novissime diebus istis locutus est nobis in Filio‹ [*Hbr 1,1s*]. Misit enim Filium suum, aeternum scilicet Verbum, qui omnes [*819*] homines illuminat, ut inter homines habitaret iisque intima Dei enarraret [*cf. Io 1,1–18*]. Jesus Christus ergo, Verbum caro factum, ›homo ad homines‹ missus, ›verba Dei loquitur‹ [Io, 3,34], et opus salutare consummat quod dedit ei Pater faciendum [*cf. Io 5,36; 17,4*]. Quapropter Ipse, quem qui videt, videt et Patrem [*cf. Io 14,9*], tota Sui ipsius praesentia ac manifestatione, verbis et operibus, signis et miraculis, praesertim autem morte sua et gloriosa ex mortuis resurrectione, misso tandem Spiritu veritatis, revelationem complendo perficit ac testimonio divino confirmat, Deum nempe nobiscum | »Nachdem Gott aber oftmals und auf viele Weisen in den Propheten gesprochen hatte, ›hat er zuletzt in diesen Tagen zu uns gesprochen im Sohn‹ [*Hebr 1,1f*]. Denn er hat seinen Sohn, das ewige Wort, das alle Menschen erleuchtet, gesandt, damit er unter den Menschen wohne und ihnen das Innerste Gottes mitteile [*vgl. Joh 1,1–18*]. Jesus Christus also, das Fleisch gewordene Wort, als ›Mensch zu den Menschen‹ gesandt, ›redet die Worte Gottes‹ [*Joh 3,34*] und vollendet das Heilswerk, dessen Durchführung der Vater ihm aufgetragen hat [*vgl. Joh 5,36; 17,4*]. Wer ihn sieht, sieht auch den Vater [*vgl. Joh 14,9*]; er ist es also, der durch seine ganze Gegenwart und Verkündigung, durch Worte und Werke, durch Zeichen und Wunder, vor allem aber durch seinen Tod und seine glorreiche Auferstehung von den Toten, schließlich durch die Sendung des Geistes der Wahrheit die Offenbarung erfüllt und somit abschließt und durch göttliches Zeugnis bekräftigt, daß Gott wirklich mit uns ist, um |

| | |
|---|---|
| esse ad nos ex peccati mortisque tenebris liberandos et in aeternam vitam resuscitandos. Oeconomia ergo christiana, utpote foedus novum et definitivum, numquam praeteribit, et nulla iam nova revelatio publica expectanda est ante gloriosam manifestationem Domini nostri Jesu Christi [*cf. 1 Tim 6,14; Tit. 2,13*].« (DH 4204) | uns aus der Finsternis der Sünde und des Todes zu befreien und zu ewigem Leben zu erwecken. Daher wird die christliche Heilsordnung, nämlich der neue und nun endgültige Bund, niemals vorübergehen, und es ist keine neue öffentliche Offenbarung mehr zu erwarten vor der glorreichen Kundwerdung unseres Herrn Jesus Christus [*vgl. 1 Tim 6,14; Tit. 2,13*].« (DH 4204) |

Die Christologie wird in die Theorie der Offenbarung eingebracht, und ihr wird eine zentrale Stellung zugeschrieben. Christus ist Mittler und Fülle der Offenbarung; er hat im Heilsgeschehen die »Summe« gezogen und es vervollständigt. Er ist der herausragende Gipfel der gesamten prophetisch-biblischen Offenbarung und des Heilsgeschehens. Als Mittler ist er nicht nur Bote, sondern aktiver Vermittler der Offenbarung Gottes; er erfasst als Hermeneut Gottes nicht nur die Selbstmitteilung Gottes, sondern vollzieht sie selbst. Christus redet nicht nur von Gott, sondern er ist selbst das Reden Gottes und treibt die Heilsgeschichte auf die Spitze. So gesehen ist Christus in seiner Person das letzte Wort Gottes; in ihm hat sich Gott endgültig ausgesprochen. Doch die konstitutiven Elemente dieses Offenbarungsgeschehens sind nicht allein die Worte Jesu, sondern »sein ganzes Dasein und seine Erscheinung«, seine »verba et opera« (Worte und Werke), seine »signa et miracula« (Zeichen und Wunder), sein »Tod und seine herrliche Auferstehung« und »die Sendung des Geistes der Wahrheit«. Das Christusereignis ist in seiner Gesamtheit die höchste Verwirklichung der geschichtlichen Offenbarung. Es ist nicht nur ein lehrhaftes Sprechen, sondern ein reales, erlösendes Ereignis. Ebenso verhält es sich bei der Weitergabe dieses lebendigen Offenbarungsgeschehens: Es geht nicht nur um ein Weiterwirken der Lehre, sondern um ein Zusammenwirken von »Lehre, Leben und Kult« der Kirche (DV 8).

Die Lehre, dass Jesus die Offenbarung Gottes vollendet, besagt nicht, dass Gott fortan schweigen würde und sein Heilshandeln ein Ende hätte. Vielmehr spricht Gott weiterhin zu den Menschen, in der lebendigen »Weitergabe der göttlichen Offenbarung« (DV 5–10), die im Christusereignis zur innergeschichtlichen Vollkommenheit gelangt ist. Doch mit einer weiteren öffentlichen Offenbarung Gottes ist nicht zu rechnen. Weil das höchste Offenbarungsstadium erreicht ist, ist auch das höchste Heilsstadium erreicht, d.h., auf dieser Erde ist keine bessere Heilswirklichkeit als Ende eines Prozesses oder durch Strukturen zu erwarten. Dies gilt bis zur δόξα-haften Erscheinung Jesu. Das Christusereignis ist innergeschichtlich endgültig und dennoch von eschatologischem Charakter. Denn es ist ausgerichtet auf die »glorreiche Kundwerdung unseres Herrn Jesus Christus«.

Die Offenbarung Gottes impliziert eine Vielzahl geschichtlicher Selbstbekundungen Gottes, die durch den Gedanken der Heilsökonomie verbunden sind. In diesem Kontext erscheint auch die Schöpfungsoffenbarung nicht mehr als andere und selbstständige Offenbarung, sondern sie wird selbst zu einem Moment der Heilsökonomie und des göttlichen Heilsratschlusses (μυστήριον). Im Horizont der definitiven Selbsterschließung Gottes sind alle anderen göttlichen Bekundungen zu verstehen. Die geschichtlichen Selbstbekundungen sind darum über ihren spezifischen Inhalt hinaus als Beitrag zur göttlichen Heilsökonomie zu würdigen, die in der Selbstoffenbarung Gottes in Jesus Christus kulminiert. Vor dem Hintergrund des umfassenden, theozentrischen Offenbarungsverständnisses trifft das Zweite Vatikanum nicht mehr die Differenzierung zwischen natürlicher und übernatürlicher Offenbarung bzw. zwischen den beiden Weisen des Erkennens der Offenbarung Gottes.

Die reale Selbstmitteilung Gottes schenkt, wie es bereits das Erste Vatikanum lehrte, die für die menschliche Vernunft unzugängliche Wahrheit über Gott und das Heil des Menschen. Doch vermeidet es das Zweite Vatikanum, von Offenbarungen oder Offenbarungswahrheiten zu sprechen. Offenbarung ist in erster Linie ein fortdauerndes Begegnungsgeschehen. Daraus resultiert ein Traditionsvorgang, der nicht nur Summen von Lehrsätzen überliefert, sondern durch das Geistwirken eine lebendige Wirklichkeit, deren Inhalt Christus selber ist. Von daher ergibt sich die Identität von Heilsgeschehen und Offenbarungsgeschehen.

*e)  Bedeutung der Wunder*
Für das Konzil sind im Gegensatz zum Ersten Vatikanum[35] Wunder keine äußeren Tatsachen, die das Ergangensein von Offenbarung beweisen. Sie begründen nicht einfach den Offenbarungsanspruch, vielmehr werden sie als Wirken Gottes in den Gesamtzusammenhang der Offenbarung eingeordnet: Die Zeichen und Wunder werden ausdrücklich in Verbindung mit Jesus Christus als ein Moment der in ihm sich vollendenden Offenbarungsökonomie Gottes genannt (DV 4). Im Kontext göttlicher Offenbarung sind sie weniger Manifestation göttlicher Macht als vielmehr Manifestation göttlicher Heilszuwendung (DV 2, 4). Sie werden nicht so sehr als legitimierend-bezeugende Argumente zugunsten der Offenbarung verstanden, sondern als Zei-

---

[35] Dekrete der ökumenischen Konzilien, Bd. 3, hg. v. J. Wohlmuth, Paderborn 2002, 807.

chen betrachtet, die auf die Heilsoffenbarung Gottes in der Welt hinweisen. Wunder sind Geschehensereignisse des Reiches Gottes und zeigen in theologischer Hinsicht die Gegenwart des Heils an. Sie bestätigten die Botschaft von der βασιλεία. Durch die Werke Jesu und in deren heilschaffender Kraft weist sich die Heilszeit als dynamisch präsent aus; an den Zeichen Jesu zeichnet sich die Gegenwart der eschatologischen Heilszeit leibhaftig-welthaft ab. Damit tragen sie auch sachlich etwas zur Stiftung dieser Gegenwart bei und sie begründen diese Gegenwart mit.

Wunder sind Tatsachen, die sich nicht in der Vordergründigkeit ihres Ablaufs erschöpfen, sondern auf eine Tiefendimension verweisen. »Die Bibel rühmt einfach außergewöhnliche Ereignisse, die sie in einem religiösen Kontext sieht, als Gottes Taten und schildert dabei seine Allwirksamkeit und Vorsehung oft als *punktuelles, unmittelbares Eingreifen* in Natur und Geschichte«.[36] Doch die historisch-kritische Bibelexegese hat gezeigt, dass es sich bei Glaubenswundern wesentlich um Erschließungssituationen handelt, bei denen es nicht auf die Durchbrechung der Naturgesetzlichkeit ankommt[37], sondern auf das Erstaunen, auf die Bewunderung.[38] Als solche erfordern sie eine entsprechende Einstellung bzw. Deutung: den Glauben. Fehlt dieser, wirkt Jesus nach den Synoptikern auch keine Wunder (Mk 6,5; 8,11 f.). Die Deutung aber ist nicht subjektiv, sondern mit der Sache selbst gegeben, die dem Zeichen zugrunde liegt. Ein Wunder ist nicht wunderbar, weil es als wunderbar empfunden wird, sondern weil es wundern macht, in Erstaunen versetzt. Darum kommt es beim Wunderverständnis auch nicht auf eine möglichst historisch genaue Analyse der Wunderberichte an, sondern auf die Begegnung mit dem gläubigen Verstehen der Gemeinschaft. »Als glaubendes ›Sehen-als‹ ist die Bezeugung des Handelns Gottes an einen Bezugsrahmen des Glaubens gebunden.«[39] Das Wunder stellt als Zeichengeschehen einen interpersonalen Bezug zwischen den Menschen, die das Wunder als Heilszeichen verstehen, und Gott, der sich heilend-rettend den Menschen zuwendet, her. Das Sehen des Zeichens wird zum Hören des Anspruchs.

[36] *B. Grom*, Deistisch an Gott glauben?: StZ 227 (2009), 40–52, hier 42.
[37] *H. Dolch*, Der Wunderglaube in der Kritik der Naturwissenschaft: N. A. Luyten (Hg.), Führt ein Weg zu Gott? Freiburg i. Br. 1972, 245–263, hier 246 f.
[38] *Augustinus*, De util. Cred. 16, 34 (FC 9,180).
[39] *R. Bernhardt*, Durchbrochene Naturgesetze? Heute an das Handeln Gottes glauben: Herr-Korr Spezial – Getrennte Welten? Der Glaube und die Naturwissenschaften, Oktober 2008, 18–22, hier 19.

## 3.2. Bestimmung des Glaubens

*H. Waldenfels*, Offenbarung. Das Zweite Vatikanische Konzil auf dem Hintergrund der neueren Theologie, München 1969, 282–293; *A. Loichinger*, Was bedeutet Glauben?: MThZ 48 (1997), 155–162; *W. Klausnitzer*, Glaube und Wissen. Lehrbuch der Fundamentaltheologie für Studierende und Religionslehrer, Regensburg 1999, 21–71.

*a) Glaube als Vertrauen*

In konsequenter Fortführung des dialogischen, interpersonalen Offenbarungsverständnisses kommen die Konzilsväter auf den Glauben als die adäquate Antwort des Menschen auf dieses personale Begegnungs- und Kommunikationsgeschehen zu sprechen. Erst wenn die Offenbarung Gottes beim Menschen ankommt und im Glauben responsorisch aufgenommen wird, kann sie eigentlich als dialogische Selbstmitteilung bezeichnet werden. So gesehen gehört der Glaubensbegriff als Korrespondenzbegriff zum Offenbarungsbegriff und zu einer umfassenden Offenbarungstheologie.

| | |
|---|---|
| »Deo revelanti praestanda est *oboeditio fidei* [*cf Rm 16,26; coll. Rm 1,5; 2 Cor 10.5–6*], qua homo se totum libere Deo committit ›plenum revelanti Deo intellectus et voluntatis obsequium‹ praestando et voluntarie revelationi ab Eo datae assentiendo. Quae fides ut praebeatur, opus est praeveniente et adiuvante gratia Dei et internis Spiritus Sancti auxiliis, qui cor moveat et in Deum convertat, mentis oculos aperiat, et det ›omnibus suavitatem in consentiendo et credendo veritati‹. Quo vero profundior usque evadat revelationis intelligentia, idem Spiritus Sanctus fidem iugiter per dona sua perficit.« (DH 4205) | »Dem offenbarenden Gott ist der *Gehorsam des Glaubens* [*vgl. Röm 16,26; vgl. Röm 1,5; 2 Kor 10,5f*] zu leisten, durch den der Mensch sich ganz Gott frei anvertraut, indem er ›dem offenbarenden Gott vollen Gehorsam des Verstandes und des Willens‹ leistet und der von ihm gegebenen Offenbarung freiwillig zustimmt. Damit dieser Glaube geleistet wird, bedarf es der zuvorkommenden und helfenden Gnade Gottes und der inneren Hilfen des Heiligen Geistes, der das Herz bewegen und zu Gott umkehren, die Augen des Verstandes öffnen und ›allen die Freude verleihen soll, der Wahrheit zuzustimmen und zu glauben‹. Damit das Verständnis der Offenbarung aber immer tiefer werde, vervollkommnet derselbe Heilige Geist den Glauben ständig durch seine Gaben.« (DH 4205) |

Innerhalb eines dialogischen Offenbarungsbegriffs kann der Glaube als Antwort des Menschen nur als Hören und Gehorchen begriffen werden, wie dies schon das Erste Vatikanum getan hatte, ihn dann aber im Sinne des »revelata vera esse credimus« engführte. Im Gegensatz dazu beschreibt das Zweite Vatikanum den Glauben als Gehorsam in einem noch umfassenderen Sinne, indem er als völlige Ganzhingabe des Menschen an Gott gedeutet wird, als personale Totalübereignung, als vorbehaltlose Bezogenheit nicht aber auf geoffenbarte Wahrheiten, sondern auf die reale Selbstmitteilung Gottes. Der christliche Glaube wird als Offenbarungsannahme nicht mehr als intellektueller Dogmenglaube gesehen, sondern als das totale Ja der Person interpretiert, die sich ganz auf Gott einlässt und darin ihre eigene Existenz verwirklicht. Der Glaube wird so aus der Engführung eines rein intellektualistischen Vorgangs befreit.

Indem von der Gnade Gottes und der Vervollkommnung des Glaubens durch den Hl. Geist die Rede ist, klingt das Wagnis des Glaubens an. Es besteht darin, sich trotz des gegenwärtig Vorfindbaren und Augenscheinlichen vertrauensvoll auf jenen Weg zu begeben, dessen Ziel noch nicht zu sehen ist. Der Glaube ist insofern nicht das Werk des Menschen, sondern ein Geschenk göttlicher Gnade. Das aber ändert nichts daran, dass er zugleich auch freier und verantwortlicher Akt des Menschen ist, der nicht nur seinen Verstand oder Willen einfordert, sondern ihn selbst als Person in seiner gesamten Existenz. Im Glauben geht es um den ganzen Mensch mit allen seinen Fragen, Hoffnungen und Enttäuschungen. Glaube meint kein bloßes Fürwahrhalten, sondern kommt einer Grundoption, einer Lebensentscheidung gleich, die den ganzen Menschen einfordert. Die konfessionellen Gegensätze zwischen Glaube als Fürwahrhalten sowie Glaube als Hingabe und Vertrauen konnten so aufgearbeitet und überwunden werden.

Der Glaube ist sowohl ganz Tat Gottes als auch ganz Tat des Menschen. Inhalt des Glaubens kann gemäß dem dialogischen Offenbarungsverständnis nur Gott selbst sein, wie er sich in der Geschichte mit den Menschen geoffenbart hat. Der Glaube richtet sich im Hl. Geist mit und durch Christus unmittelbar auf Gott. Die Glaubenszustimmung zielt nicht auf das von Gott Geoffenbarte, sondern auf den sich mitteilenden Gott selbst. Daraus folgt, dass sich im Glauben Gemeinschaft mit Gott ereignet. Insofern sie das Heilwerden des ganzen Menschen, Sinnerfüllung menschlichen Lebens bedeutet, befindet sich der, der glaubt, schon im Heil. Allerdings verfügt der Mensch im Glauben nicht über das Heil Gottes wie über einen sicheren Besitz, vielmehr wird es ihm zuteil als Gewissheit auf Hoffnung hin. Der Glaube nimmt die ewige Schau Gottes von Angesicht zu Angesicht (1 Kor 13,12) nur anfanghaft vorweg. Darum ist der Glaubende immer fragend, suchend und angefochten unterwegs, anderen, innerweltlichen und scheinbar größeren Plausibilitäten ausgesetzt und durch die Absurditäten des Lebens, durch das ungerechte Leiden herausgefordert und auf die Probe gestellt. Glauben heißt deshalb, gegen all diese Infragestellung anzuglauben und zu bitten: »Ich glaube; hilf meinem Unglauben!« (Mk 9,24)

## b) Abschließende Bemerkungen

Der Blick in die Geschichte der Theologie und konziliaren Lehre hat gezeigt, dass unter dem Offenbarungsbegriff höchst Unterschiedliches verstanden werden kann und auch wurde. Der Offenbarungsbegriff erlebte Sinnverschiebungen und Bedeutungswandlungen, die teilweise einem Paradigmenwechsel gleichkamen.

In der Theorie der Offenbarung hat zwischen Erstem und Zweitem Vatikanum eine Weiterentwicklung stattgefunden. Beide Konzilien haben zwar ein theozentrisches Offenbarungsverständnis, bei beiden ist Gott sowohl Subjekt als auch Objekt des Offenbarungsgeschehens, d. h., sie denken die christliche Offenbarung als Selbstoffenbarung Gottes. Bei aller Kontinuität zeigten sich jedoch die Konzilsväter des Zweiten Vatikanums unter Bezugnahme auf die Ansätze des Ersten Vatikanums bemüht, in der Sache der Offenbarung wirklich voranzuschreiten: Beim Ersten Vatikanum ist die Selbstoffenbarung Gottes auf der kognitiv-doktrinalen Ebene angesiedelt; statt Selbstoffenbarung spricht man wohl besser von Selbsterschließung. Offenbarung ist hier ein bloßer Erlebnis- und Erfahrungsbegriff. Das Zweite Vatikanum stellte dagegen die reale Selbstmitteilung der Wirklichkeit Gottes ins Zentrum. Aus dem Erfahrungsbegriff von Offenbarung wurde ein Reflexionsbegriff, der das Heilsgeschehen im Ganzen bezeichnet. Offenbarung und Glaube werden in einem umfassenden Sinn unter Berücksichtigung des Menschen zu bestimmen versucht.

Die pastorale Ausrichtung des Konzils sprengt ein vorwiegend doktrinal-theoretisches Offenbarungsverständnis. Nicht mehr nur der instruierende Teil der Heilsgeschichte wird fortan im Offenbarungsbegriff erfasst, sondern das ganze Heilsgeschehen in seinem Grund und seiner Substanz. Heilsgeschehen und Offenbarungsgeschehen bilden wieder eine Einheit und interpretieren sich gegenseitig. Der Offenbarungsbegriff bezeichnet eine Wirklichkeit, auf die sich der christliche Glaube bezieht und die die Heilsdoktrin und Heilsgabe gleichermaßen umfasst. Gott teilt sich selbst im Heilsgeschehen mit, im Sinne von realer Teilhabegewährung an seinem Sein, seiner Erlösungswirklichkeit (Wahrheit, Gerechtigkeit, Liebe, Frieden …). Offenbarung wird als Ereignis gesehen, das die Wirklichkeit Gottes zu den Menschen bringt und den Menschen in Gott hineinnimmt.

Das ganze Offenbarungskapitel vermeidet es, von Offenbarung im Plural oder von Offenbarung in doktrinalistischer oder gar konzeptualistischer Weise zu sprechen. Aber schon das zweite und sechste Kapitel der Offenbarungskonstitution fallen hinter eine personale Beschreibung von Offenbarung zurück und tun dies in einer überholten Sprechweise. Angesichts des Nachdrucks, mit dem sich die ältere Lehrtradition auf dem Konzil Geltung zu verschaffen suchte, kann dies nicht verwundern. Karl Barth hat in Bezug auf den Kompromisscharakter, durch den sich manche Textstellen auszeichnen, von einem »Schwächeanfall« des Konzils gesprochen.[40]

---

[40] *K. Barth,* Ad limina apostolorum, Zürich 1967, 52.

# IV. Christentum und Weltreligionen

## 1. Theologie der Religionen

### 1.1. Theologie der Religionen

*H. Wagner*, Einführung in die Fundamentaltheologie, Darmstadt ²1996, 91–96; *B. Stubenrauch*, Die Theologie und die Religionen: K. Müller (Hg.), Fundamentaltheologie. Fluchtlinien und gegenwärtige Herausforderungen, Regensburg, 1998, 349–367; *M. Seckler*, Theologie der Religionen mit Fragezeichen: ders., Die schiefen Wände des Lehrhauses, Freiburg i. Br. 1988, 50–70; *H. J. Pottmeyer*, Auf dem Weg zu einer Theologie der Religionen: Ansätze und Perspektiven: R. Göllner (Hg.), Das Christentum und die Weltreligionen, Münster 2000, 127–144; *E. Wohlleben*, Die Kirchen und die Religionen. Perspektiven einer ökumenischen Religionstheologie, Göttingen 2004, 11–38.

### a) Geschichtlicher Hintergrund

Nie zuvor in der Weltgeschichte sind sich die verschiedenen Weltreligionen so nahe gekommen wie heute. Die wachsende Interdependenz zeigt sich auf den unterschiedlichsten Ebenen: Infolge moderner Kommunikationstechniken und -medien und nicht zuletzt aufgrund zunehmender Migration kommen sich die Religionen nicht nur informell näher, sondern vor allen Dingen auch im Bewusstsein breiter Bevölkerungsschichten. Die Erde ist dabei, zu einem »Weltdorf« (global village) zu verschmelzen und keine Kultur bzw. Religion kann sich diesem Globalisierungstrend entziehen. Damit stellt sich für die katholische Theologie eine gänzlich neue Frage, nämlich wie sie die anderen Weltreligionen in theologischer Hinsicht zu werten hat. Behandelt wird diese Problematik neuerdings in der Theologie der Religionen.

Die Frage nach der Rolle des Christentums auf dem Gebiet der Religions- und Religionenproblematik ist nicht so neu, wie es den Anschein haben könnte. Schon in früher christlicher Zeit war die Frage nach der Stellung und Sendung des Christentums angesichts des faktischen Religionenpluralismus Gegenstand theologischer Diskussionen und Entscheidungen. Von Anfang an galt es beispielsweise, das Verhältnis des christlichen Glaubens und der christlichen Gemeinden zum Judentum und zu den heidnischen Religionen zu bestimmen. Dafür stellt die paulinische Auseinandersetzung mit der theologischen Eigenart und mit der heilsgeschichtlichen Sendung Israels ein frühes Beispiel dar (Röm 9,1–11,36). Tun und Selbstverständnis der Alten Kirche waren seit jeher vom Bewusstsein der endgültigen Antwort auf die Frage nach Gott geprägt. Von Anfang an erhob die Kirche den Anspruch auf letztgültige Wahrheit und universale Sendung.

Augustinus sagte, dass die christliche Botschaft dank Gottes Wirken auf der ganzen Erde gehört würde, weil das Christentum die einzig »wahre Religion« sei; »es fehlen nur noch abgelegene Völker«; »ganz wenige, wie man sagt, denen noch nicht verkündet worden ist«.[1] So sah man die Mission als eine von den Uraposteln bereits erledigte Aufgabe an. Fortan galt nicht mehr die Mission, sondern die Inkulturation des Christentums in die römische, und später germanische Welt als das Gebot der Stunde. Auch als die Religion des Islams mit dem Christentum konkurrierte und den ordo christianus bedrohte, wurde die Augustinische Aussage nicht bezweifelt. Verbindlich war nur das kirchlich verbürgte Glaubenssystem, weshalb die neuen Religionen bzw. Riten zur häretischen Neuerung erklärt und als Religion des Teufels in Kreuzzügen und Abwehrkriegen bekämpft wurden. Der Gedanke einer Islam-Mission kam nicht auf, mit wenigen Ausnahmen wie etwa Nikolaus von Kues (1401–1464). Die Folge war ein größeres Misstrauen auch gegen Feinde im Inneren des christlichen Abendlandes, was sich in Inquisition, Pogromen etc. niederschlug.

Gegenüber den Problemkonstellationen und Lösungen, die in der Alten Kirche und im Mittelalter entwickelt wurden, bildete sich im Laufe der Neuzeit, beginnend mit dem Zeitalter der Reconquista (Wiedereroberung der iberischen Halbinsel) bzw. der anschließenden Conquista (Eroberung Afrikas und Amerikas durch die Spanier und Afrikas, Indiens und Ostasiens durch die Portugiesen), eine veränderte Sachlage heraus. Im 15./16. Jh. musste man erkennen, dass Millionen von Menschen von Gottes Heil in Christus nichts wussten. Weil sie nicht bekehrt und getauft waren, mussten sie des ewigen Heils verlustig gehen. Da Rom mit den Aufgaben der Renaissancekultur und der Reformation beschäftigt war, übertrug es das Patronat über die Mission der spanischen und portugiesischen Krone – ein verheerender Fehler angesichts der Grausamkeiten der spanischen Conquista.

---

[1] *Augustinus*, Retr., 1,13,3 (CCSL 57,37); De natura et gratia, 2,2 (CSEL 60,234).

Offenbarungsfrage

Im 18./19. Jh. lässt der Missionseifer spürbar nach. Schuld sind die Streitigkeiten zwischen der Propaganda-Mission Roms (Gründung der Kongregation für die Ausbreitung des Glaubens, »De propaganda fide« durch Papst Gregor XV. [1621–23]) und den Patronatsmissionen der Spanier und Portugiesen. Ein weiterer Grund ist die Infragestellung der Mission durch die Aufklärung. Sie hinterfragte bislang Selbstverständliches wie etwa den christlichen Universalitätsanspruch und die Heilsnotwendigkeit der Mission und negierte den Sinn und die Notwendigkeit der Glaubensverbreitung durch die These von der einen wahren Religion in den vielen Religionen. Die Religionen wurden zusammen mit dem Christentum vor den Richterstuhl der Vernunft gezogen und mussten ihre Berechtigung erweisen, bevor sie Geltung beanspruchen konnten.

Im 19. Jh. kam es in Zuge des Kolonialismus zu einem erneuten Missionsfrühling und zu einer Symbiose von christlichem und europäischem Überlegenheitsbewusstsein. Durch die heilsgeschichtliche Version des Fortschrittsglaubens wurden die außerchristlichen Religionen kurzerhand in den Status von nichtchristlichen Religionen versetzt. Damit wurde die Hauptschwierigkeit weniger auf der institutionellen und soziologischen Ebene der Religionssysteme ausgemacht als vielmehr im individuell-anthropologischen Bereich. Bis ins 19./20. Jh. waren das Hauptproblem nicht die vielen Religionen, sondern die vielen Heiden. Die Blickrichtung war auf die Heilsproblematik des einzelnen Nichtchristen verengt. Ihn galt es zu missionieren und zu evangelisieren. Daraus resultierten die Notwendigkeit der Ausbreitung des Christentums und die Beseitigung der »heidnischen« Religionen. Falls das Problem des Religionenpluralismus überhaupt wahrgenommen wurde, so konnte ihm bis zum Ende des Kolonialismus und der ihn tragenden Ideologien bei Weitem nicht die theologische Bedeutung zukommen wie heute. Ende des 19. Jh.s verlor der europäische Kulturkreis seine Vormachtstellung, unterdrückte Völker emanzipierten sich, so dass auch die Religionen unweigerlich aufeinander trafen. Die Ausdehnung und Gewichtung der neuen Religionen hatten zur Folge, dass die abendländische Christenheit ihr Verhältnis zu den anderen Religionen grundlegend überdenken musste.

Bedingt durch die technischen Möglichkeiten des 20. Jh.s, wurden erstmals nicht nur Auslandsforscher, Missionare oder Reisende mit dem pluralen religiösen Angebot konfrontiert, sondern breite Bevölkerungsschichten. Die Religionen begegnen sich in der gegenwärtigen Zeit in einem solchen Ausmaß und mit solcher Intensität wie nie zuvor. So hat der Religionenpluralismus nachhaltig begonnen, seine theoretischen und praktischen Implikationen zu entfalten. Niemand hegt heute noch ernsthaft die Erwartung, dass das Religionsproblem auf dem Weg der Missionierung gelöst werden könnte. Die theologische Einsicht macht sich breit, dass es nicht die Bestimmung des Christentums sei, die Welt zu erobern bzw. die anderen Religionen aus der Welt zu schaffen, zumal die nichtchristlichen Religionen eine große Beharrungskraft zeigen. Die Einschätzung und Wertung anderer Religionen hat sich grundsätzlich gewandelt, insbesondere seit dem Zweiten Vatikanischen Konzil. Dies auch deshalb, weil es widersinnig schien, allen Menschen eine Heilsmöglichkeit einzuräumen, aber deren angestammte Religionen zu ignorieren. Zudem machten die Religionswissenschaften deutlich, dass die nichtchristlichen Religionen einen nicht zu übersehenden kulturellen und religiösen Reichtum aufweisen und teilweise vitaler erscheinen als das Christentum selbst.

*b) Religionsinternität*
Die Theologie der Religionen ist von der Religion aus zu konzipieren, von der sie getragen wird. Gemäß der partizipierenden Verankerung in ihrer Religion arbeitet die Theologie der Religionen wie jede von einer Religion getragene Disziplin auf der Basis der Grundsätze und Werte, die ihr von dieser Religion zukommen. Ihre Verfassung, ihr Ort und ihre Zielsetzung leiten sich aus der sie tragenden Religion ab. Die Religionstheologie hat also von den Grundsätzen und Wertungen des christlichen Glaubens aus Interpretationen und Beurteilungen anderer Religionen vorzunehmen. Diese methodologische Vorgehensweise legt sich insbesondere bei theologisch-systematischen Wertungen und Fragestellungen nahe, etwa dem Wahrheitsgehalt des Christentums gegenüber anderen Religionen oder dem Heilsstatus bzw. der Heilsfunktion nichtchristlicher Religionen. Bei der Einordnung und Bewertung religionswissenschaftlicher Fakten ist die theologisch-dogmatische Methode jedoch ungeeignet, ansonsten gerät die Religionstheologie in Gefahr, lediglich die Überlegenheit eines Glaubensstandpunktes demonstrieren zu wollen.

Die Rede von Religionsinternität der Theologie der Religionen darf nicht als Forderung nach kirchlicher Vormundschaft missverstanden werden. Ein Dialog, der auf kognitiver Argumentation beruht, muss von bestimmten Axiomen bzw. Glaubensartikeln ausgehen. In diesem Sinne bezeichnet das dogmatische Prinzip die bekenntnismäßige Verankerung der betreffenden Theologie der Religionen in der Religion. Aus der Religionsinternität der Theologie der Religionen ergibt sich, dass jede Religion, die christliche, jüdische, islamische etc. eine je eigene Theologie der Religionen hervorbringen kann. »Es ist ebenso unausweichlich wie sachgerecht, daß es eine *Vielzahl* von Theologien der Religionen gibt und daß die *religionsspezifische Perspektivität* derselben [dieser Theologien] ... eine konstruktive Voraussetzung für die Interaktion der Religionen darstellt.«[2]

### c)  Dialogverwiesenheit

Die Kirche fordert auf dem Zweiten Vatikanum zum Dialog mit den »Bekennern anderer Religionen« auf (NA 2). Neben der allgemeinen Lebenserfahrung sprechen v.a. theologische Gründe für einen wirklichen Dialog, ein wechselseitiges Geben und Empfangen unter den Religionen:

- Die Welt im Ganzen ist von Gott erschaffen und versöhnt. Sein eschatologisches Heilshandeln, sein universaler Heilswille begründet gesamtweltliche Zusammenhänge, in denen auch mit einer theologischen Relevanz der nichtchristlichen Religionen zu rechnen ist. Das Christentum ist auf den gesamten Weg der Geschichte Gottes mit der Menschheit angewiesen, nicht nur auf die biblische Geschichte Gottes mit seinem Volk. Es kann von der Einheit der Schöpfungs-, Heils- und Weltgeschichte her bei anderen Religionen auf Werte und Erfahrungen stoßen, die ihm bisher vielleicht unbekannt sind. Christlicher Glaube muss hinhören auf Gott, der in allem und durch alles hindurch seine Geschichte mit den Menschen und seiner ganzen Schöpfung treibt, um sie ans Ziel zu führen.

- Beziehung (communio) ist der Schlüsselbegriff christlicher Identität. Christsein gibt es nur in und aus der Beziehung zu Gott. »In der Mitte christlichen Glaubens steht die Beziehungswirklichkeit, die Christus im Heiligen Geist von Gott her und auf Gott hin im Ganzen seiner Existenz ist«.[3] Glaube schließt aufgrund des zu universaler Mitmenschlichkeit geöffneten Menschseins Jesu ursprünglich das Verhältnis zu den anderen ein. »Will sich Glaube in seinem Selbst verstehen, muß er also auch beim anderen sein, muß er sein für das Dasein mit dem anderen und für den anderen aufgebrochenes Wesen verstehen lernen.«[4] Christlicher Glaube, der sich im Verhältnis zu anderen Religionen verstehen möchte, muss bereit sein, seine eigene Identität in die Begegnungssituation einzubringen und die Andersheit der anderen wirklich an sich herankommen zu lassen und sich ihr auszusetzen. Gott kann auch im Gesprächspartner

---

[2] *M. Seckler*, Theologie der Religionen mit Fragezeichen: ders., Die schiefen Wände des Lehrhauses, Freiburg i. Br. 1988, 50–70, hier 57.
[3] *A. Bsteh*, Kirche der Begegnung. Zur Öffnung der Kirche im Zweiten Vatikanum für einen Dialog des Glaubens mit den nichtchristlichen Religionen: R. Schwager (Hg.), Christus allein? Der Streit um die pluralistische Religionstheologie (QD 16), Freiburg i. Br. 1996, 50–82, hier 70.
[4] Ebd., 76.

nichtchristlicher Religionen begegnen und in dessen Worten unverhofft zu reden beginnen.

- Christologisch kann geltend gemacht werden, dass Christus selber im Nächsten begegnen und durch ihn sprechen kann (Mt 25,31–46). Man kann also nicht nur mit Christen sprechen wollen in der Hoffnung, etwas Vernünftiges zu erfahren.
- Offenbarungstheologisch ist zu sagen, dass die Heilsgeschichte korrelativ und koextensiv zur ganzen Menschheitsgeschichte ist. In transzendentaler Weise wirkt die Selbstoffenbarung Gottes auf die ganze Menschheitsgeschichte ein und damit auch auf die nichtchristlichen Religionen, sei es in anonymen Wirkweisen oder in anderen, kategorialen Erfahrens- und Erfassensmodi.

Aus der Dialogverwiesenheit und Dialogrelevanz christlicher Theologie ergeben sich für eine Theologie der Religionen verschiedene Konsequenzen:

- Der Andere darf nicht nur als Nichtchrist betrachtet werden, sondern muss in seiner Religionszugehörigkeit ernst genommen werden. Sein Subjektsein ist theologisch so zu würdigen, dass er zu einem Mitgestalter christlichen Denkens und Handelns werden kann. Jeder Dialog impliziert den Respekt vor der fremden Subjekthaftigkeit.
- Sachverhalte nichtchristlicher Religionen sind theologisch ernstzunehmen. Das bedeutet nicht, dass sie deshalb schon a priori als stimmige Erfassung oder wahre Ausgestaltung des allgemeinen, transzendentalen Offenbarungsfundamentes anzusehen sind. Potentiell können sie es jedoch sein in unterschiedlichen Graden und in verschiedensten kategorialen Verfremdungen oder Approximationen.
- Die Approximationen bei der Erfassung des transzendentalen Offenbarungsfundamentes zu erkennen und zu gewichten, ist Sache einer angemessenen Hermeneutik und Kriteriologie. Dabei müssen ihre Analysen und Reflexionen nicht nur dialogisch orientiert sein. Doch speziell der Dialog erscheint in einem neuen Licht, wenn damit zu rechnen ist, dass die Dialogpartner trotz aller kategorialen Differenzen ihrerseits an der Thematisierung des einen, transzendentalen Geschehens arbeiten, das sie alle betrifft. Zum Bekenntnis des christlichen Glaubens gehört, dass die Selbstoffenbarung Gottes nicht nur auf dem kategorialen Weg christlicher Bezeugung geschieht, sondern jederzeit und unmittelbar jeden Menschen berühren kann. Sache des Christentums bleibt es, dieses Geschehen, in dem alle stehen, auf christliche Weise zu kategorialisieren. Unter diesem Gesichtspunkt wird nicht nur der Dialogpartner menschlich und theologisch aufgewertet, sondern auch die Relevanz des Dialoggeschehens. In

Begegnung und Interaktion des Dialoggeschehens sollen die kategorialen Auslegungssysteme zusammen wachsen.

Die Begegnung zwischen den Menschen verschiedener religiöser Traditionen wird sich v. a. darauf richten, einander vor das Geheimnis Gottes zu führen, um ihn immer tiefer als die eine Wahrheit in allen religiösen Wahrheiten und Vollzügen zu entdecken. Es wurde eingewendet, dass nach dem christlichen Wahrheitsverständnis der Dialog höchstens Mittel zur Weitervermittlung von Inhalten sein könne, nicht aber Mittel zur Ermittlung neuer kognitiver Sachverhalte. Doch die Überzeugung von der Wahrheit der Offenbarung schließt die Dynamik theologischer Wahrheitsfindung nicht aus. Zwar findet der Glaube, der der Offenbarung Gottes frei zustimmt, darin seine absolute Gewissheit, doch im Gegensatz dazu gelangt die Theologie immer nur zu vorläufigem Wissen. Die theologische Erkenntnis bleibt »Stückwerk« (1 Kor 13,9). Das Christusgeheimnis kann ebenso wenig kategorial und kognitiv ausgeschöpft werden, wie der unbegreifliche Gott je begriffen werden kann. Insofern unterliegt alle theologische Erkenntnis dem eschatologischen Vorbehalt.

Dialogwürdig ist nur, wer seine eigene Religion ernst nimmt und mit einem unverkürzten Verständnis des eigenen Glaubens in eine relevante Begegnung mit Menschen anderen Glaubens tritt. Wahrhaftiger Dialog bedeutet, dass dem Anderen die Auskunft über den zentralen Inhalt des Evangeliums und das christliche Wahrheitszeugnis nicht vorenthalten wird.

## 1.2. Religionstheologische Modelle

*M. Bongardt*, Einführung in die Theologie der Offenbarung, Darmstadt 2005, 175–182; *P. Schmidt-Leukel*, Gott ohne Grenzen. Eine christliche und pluralistische Theologie der Religionen, Gütersloh 2005, 63–95; 163–192; *R. Bernhardt*, Der Absolutheitsanspruch des Christentums. Von der Aufklärung bis zur pluralistischen Religionstheologie, Gütersloh ²1993, 53–127; *J. Hick*, Gotteserkenntnis in der Vielfalt der Religionen: R. Bernhardt (Hg.), Horizontüberschreitung. Die Pluralistische Theologie der Religionen, Gütersloh 1991, 60–80; *L. Swidler*, Eine Christologie für unsere kritisch-denkende, pluralistische Zeit: ebd., 120–136; *J. Hick*, Eine Philosophie des religiösen Pluralismus: MThZ 45 (1994), 301–318. *P. Knitter*, Horizonte der Befreiung. Auf dem Weg zu einer pluralistischen Theologie der Religionen, hg. v. B. Jaspert, Frankfurt a. M. 1997, 91–173.

*a) Exklusivismus*

In der christlichen Tradition war die exklusivistische Position weithin vorherrschend. Sie vertrat den Standpunkt, dass erlösende, heilvolle Offenbarung nur im Christentum vermittelt wird.

Cyprian[5] und Origenes[6] brachten einst die Antwort auf die Frage nach dem göttlichen Heil auf die Formel: »Extra ecclesiam nulla salus« (außer-[halb] der Kirche kein Heil). Dabei hatte der Satz für Cyprian v. a. eine paränetische Bedeutung: Besorgt wegen der Spaltung der nordafrikanischen Christenheit hatte er die im Auge, die ein Schisma, einen Aufruhr oder einen Verrat an der Kirche auf dem Gewissen hatten. In dieser Situation verband er die Heilsmöglichkeit mit der institutionell verfassten Kirche. »Der kann Gott nicht zum Vater haben, der die Kirche nicht zur Mutter hat.«[7] In der innerkirchlichen Auseinandersetzung möchte Cyprian die Identität der Kirche nach innen wahren, ohne dadurch eine Aussage über das Heil der Nichtchristen zu treffen. Die Formel hatte also keineswegs die ganze Menschheit im Blick. Erst im Laufe der Zeit gewann der Satz die uneingeschränkte Bedeutung eines theologischen, exklusivistischen Axioms, wonach die Kirche als Heilsanstalt für alle Menschen konstitutiv ist. In diesem Sinne führt erstmals Fulgentius von Ruspe (462–527) aus: »Aufs gewisseste halte fest und zweifle in keiner Weise: nicht nur alle Heiden, sondern auch alle Juden, alle Häretiker und Schismatiker, die außerhalb der gegenwärtigen katholischen Kirche sterben, werden ins ewige Feuer gehen, ›welches dem Teufel und seinen Engeln bereitet ist‹ (Mt. 25,41).«[8] Eine exklusivistische Geltung kam dem Axiom auch im »Dictatus Papae« (1075) von Papst Gregors VII. (1073–85), in der Bulle »Unam Sanctam« (18. 11. 1302) von Papst Bonfiaz VIII. (1294–1303) sowie auf dem Konzil von Florenz zu, das bezugnehmend auf Fulgentius von Ruspe lehrte, »daß ›niemand, der sich außerhalb *der katholischen Kirche befindet*, nicht nur (keine) Heiden‹[9], sondern auch keine Juden oder Häretiker und Schismatiker, des ewigen Lebens teilhaftig werden können, sondern daß sie in das ewige Feuer wandern werden, ›das dem Teufel und seinen Engeln bereitet ist‹ [*Mt 25,41*], wenn sie sich nicht vor dem Lebensende ihr [der Kirche] angeschlossen haben ... ›Und niemand kann, wenn er auch noch so viele Almosen gibt und für den Namen Christi sein Blut vergießt, gerettet

---

[5] *Cyprian*, De cath unit. c. 6 (CSEL III/1,214 f.); Ep. 73,21 (CSEL III/2,795).

[6] *Origenes*, In Jesu Nave 3,5 (PG 12,841 f.).

[7] *Cyprian*, De cath unit. c. 6 (CSEL III/1,214 f.)

[8] *Fulgentius von Ruspe*, De fide liber unus ad Petrum 38,79 (PL 65,704).

[9] *Ders.*, De fide seu de regula fidei ad Petrum 38, n. 81 (CpChL 91A, 757 / PL 65,704A [= n. 79])

werden, wenn er nicht im Schoß und in der Einheit der katholischen Kirche bleibt‹[10].« (DH 1351). »Der Heilsexklusivismus diente der Kirche wesentlich zur Abgrenzung und Identitätsstiftung in Krisenzeiten, er wurde aber auch als Argument zur Durchsetzung machtpolitischer Interessen missbraucht.«[11]

Neben einer rigorosen Interpretation finden sich innerhalb einer exklusivistischen Religionstheologie noch weitere:

- *Gemäßigter Exklusivismus:* Dem einzelnen Nichtchristen wird zwar eine Heilsmöglichkeit eingeräumt, zu dem aber die nichtchristliche Religion keinen positiven Beitrag zu leisten vermag. Das Heil gründet entweder in einem rein individualistisch gedachten Gewissensakt oder in einer postmortalen Christusbegegnung mit dem Resultat des Christusbekenntnisses.

- *Unentschiedener Exklusivismus:* Er lässt die Frage nach der Heilsmöglichkeit des Nichtchristen als unbeantwortbar offen.[12]

Gegenüber dem Exklusivismus, der über lange Zeit hinweg evangelischer- wie katholischerseits der offiziell vertretene Standpunkt war und heute noch die Position evangelikaler und fundamentalistischer Kreise ist, machen sich erhebliche Bedenken breit:

- Der radikale Heilsexklusivismus tut sich v. a. mit dem allgemeinen Heilswillen Gottes schwer: Wenn Gott »will, daß alle Menschen gerettet werden und zur Erkenntnis der Wahrheit gelangen« (1 Tim 2,4), wie kann dann die Heilsmöglichkeit allein auf die Kirche beschränkt sein? Müsste es in diesem Fall nicht auch außerhalb des Christentums die dazu erforderlichen Möglichkeiten geben? Wenn Gott die Mehrheit der Menschheit von den Heilsmöglichkeiten ausschließt, ist er im Grunde nichts anderes als ein grausamer Despot. Einen Ausweg scheint nur der gemäßigte bzw. unentschiedene Exklusivismus zu bieten. In der Tat wurde die exklusivistische Position in der Tradition selten konsequent durchgehalten, sondern meist mit Zusatzhypothesen versehen, wie etwa der Lehre von der fides implicita, der heilsentscheidenden Christusbegegnung im oder nach dem Tod oder dem votum ecclesiae. Die Missionstheorie des 19./20. Jh.s lehrt, dass auch die Menschen nichtchristlicher Religionen zum Heil ge-

---

[10] Ebd. 39, n. 82 (CpChL 91A, 757 / PL 65,704B [= n. 80]).
[11] *E. Wohlleben*, Die Kirchen und die Religionen. Perspektiven einer ökumenischen Religionstheologie, Göttingen 2004, 42.
[12] Religionen, Religiosität und christlicher Glaube. Eine Studie, hg. im Auftrag des Vorstandes der Arnoldshainer Konferenz (AKf) und der Kirchenleitung der Vereinigten evangelisch lutherischen Kirche Deutschlands (VELKD) von der Geschäftsstelle der Arnoldshainer Konferenz und dem Lutherischen Kirchenamt Hannover, Gütersloh ³1993, 121–125.

langen können. Die Zugehörigkeit zu den verschiedenen Religionen blieb aber noch eine reine Äußerlichkeit. Doch bezogen auf das gewichtige Problem des universalen Heilswillens Gottes, wirkten diese Zusatzhypothesen, die eine gewisse Unschärfe hervorriefen, wenig überzeugend.

- Die nichtchristlichen Religionen weisen unverkennbar Parallelen bezüglich dessen auf, was aus christlicher Sicht Ausdruck heilshafter Gotteserkenntnis ist. Zudem stimmen Nichtchristen häufig mit Zeichen und Werken überein, die christlicherseits als Frucht des Hl. Geistes und als Zeichen echten Glaubens gewertet werden. Solche Parallelen in nichtchristlichen Religionen können nicht als heilsirrelevant abgetan werden, ansonsten hätte Jesus das Verhalten des barmherzigen Samariters nicht als beispielhaft für ein Leben im Reich Gottes vorstellen können.

Der Exklusivismus scheint sich logisch nur schwer begründen zu lassen. Gottes Heilshandeln kann nicht auf die sichtbaren Grenzen des Christentums begrenzt werden, es muss auch in anderen Zeichen und Werken, und damit verbunden in anderen Religionen bzw. religiösen Traditionen am Werk sein. Eine solche Überlegung führt zur Position des Inklusivismus.

*b) Inklusivismus*

Die inklusivistische Position hat sich inzwischen weithin durchgesetzt. Das gilt v. a. für die katholische Kirche, die sich auf dem Zweiten Vatikanum diesen Standpunkt zu eigen machte. Selbst wenn in der Kirchen- und Theologiegeschichte der Exklusivismus lange Zeit prägend war, so kann auch der Inklusivismus, der den anderen religiösen Traditionen, bezogen auf das Heil Jesu Christi, eine gewisse Heilsrelevanz einräumt, eine theologische Tradition aufweisen. Im christlichen Altertum herrschte hinsichtlich der Religionen der Konsens vor, dass jede Religion durch die im Gewissen des Menschen gegebene Kunde von Gott maßgeblich bestimmt wird. Außerdem bestand eine Offenheit für das Wirken des Hl. Geistes schon vor Jesus Christus, so dass etwa die vorchristliche Mythologie und Symbolik als praeparatio evangelii verstanden werden konnte. Weitere Anknüpfungspunkte des Inklusivismus innerhalb der christlichen Tradition finden sich u. a. bei folgenden Theologen:

- *Justin der Märtyrer:* Er prägte, ausgehend vom Johannesprolog, das Bild von den Samenkörnern des λόγος, die bei den Heiden ausgestreut seien. Der stoische Gedanke des »λόγος σπερματικός«[13] – eine samenartige oder keimhafte, lebendig zur Entfaltung kommende Kraft, die im Ganzen

---

[13] *Justin*, Apol II,8,3; 13,11 (PG 6,457.465).

der Welt, in allen Einzeldingen und Lebewesen wirkt – erlaubte ihm, in der griechischen Philosophie keimhaft die christliche Wahrheit zu sehen: In Christus sei jener göttliche λόγος Mensch geworden, auf den sich die maßgebliche griechische Philosophie bezieht.[14] Spuren dieses göttlichen λόγος fänden sich in jedem Menschen, nämlich in seiner Vernunft. Wenn die Christen also diesen λόγος verkünden, sprächen sie etwas an, was die Wahrheitsfähigkeit jedes Einzelnen ausmache. Mit anderen Worten: Im Christentum hat man es letztlich mit der wahren Philosophie zu tun.

- *Tertullian:* Er folgte Paulus (Röm 1,19–21) und sprach davon, dass der Mensch aus seiner »conditio humana« in der Welt Gott »als das höchste Große, von Ewigkeit her bestehend, ungeboren, ungeschaffen, ohne Anfang, ohne Ende«[15] erkennen könne. So prägt er das bekannte Wort vom »testimonium animae naturaliter christianae«.[16] Demnach seien alle Menschen von Natur aus auf Gott hingeordnet und zur Erkenntnis fähig. Der Gott der Philosophen meint den wahren Gott, den die Philosophie nur nicht so voll verstehen kann, wie er sich in Christus geoffenbart hat.

- *Clemens von Alexandrien* und *Origenes:* Sie erkannten in den Mythen eine Wegbereitung für das Christentum und konsequenterweise in Christus die Antwort auf all jene Fragen, die den Mythen zugrunde liegen.[17] »Für die Vermittlung allegorischer Mythendeutung in die biblische Auslegungsgeschichte war Philo ... entscheidend. ... Philo wurde zum Vorbild der christlichen Allegorese sowohl in Hinsicht auf das Alte Testament als auch in Hinsicht auf die griechischen Mythen ..., so besonders für Clemens von Alexandrien und Origenes, aber auch für die lateinische Tradition.«[18]

- *Augustinus:* »Die Sache selbst, welche jetzt christliche Religion genannt wird, hat es auch bei den Alten gegeben; ja sie ist seit Beginn des menschlichen Geschlechts nicht abwesend gewesen, bis daß Christus im Fleisch erschien. Von da an begann die wahre Religion, die es schon gab, christliche Religion genannt zu werden.«[19]

---

[14] *Ders.,* Apol II,10–13 (PG 6,460–468).
[15] *Tertullian,* Adv. Marc. 1 3,2 (CCSL 1,443 f.).
[16] *Ders.,* Apol. 17,6 (CCSL 1,117).
[17] *Clemens von Alexandrien,* Protreptikos VII, 74,7 (GCS 12,57); *Origenes,* Περὶ ἀρχῶν I,3,6: Origenes vier Bücher von den Prinzipien, hg. u. übers. v. H. Görgemanns, H. Knapp (TzF 24), Darmstadt 1976, 171 f. .
[18] *F. Schupp,* Mythos und Religion, Düsseldorf 1976, 16.
[19] *Augustinus,* Retr., 1,13 (CCSL 57,37).

- *Nikolaus von Kues:* Ihm ging es um den Aufweis der Übereinstimmung der Religionen in ihrem Wesenskern mit der vera religio und damit mit dem christlichen Glauben. Seine Devise lautete: Die eine wahre Religion prägt sich in der Geschichte der Menschheit in verschiedenen Formen aus (una religio in rituum varietate). Gott sei es, der in den verschiedenen Religionen auf unterschiedliche Weise gesucht und mit verschiedenen Namen benannt würde, da er in seinem wahren Wesen allen unbekannt und unaussprechbar bliebe. Die eine und wahre Religion ist für Cusanus das Christentum. Die Völker können die Wahrheiten des Christentums in den Aussagen ihrer eigenen Religion finden. Das Vernünftige aller Religionen findet sich in Jesus Christus wieder. Jede Religion impliziert den Glauben an Jesus Christus. In diesem Sinne ist Christus der Vollender aller Religionen.

- Seit dem ausgehenden Mittelalter herrschten verschiedene Theologumena vor, die zu erklären versuchten, wie auch Ungetaufte das Heil erlangen können: Der Gedanke des Votums basierte auf der Erfahrung der ersten Christenverfolgungen, wo manche den Märtyrertod starben, ohne getauft worden zu sein. Die Vorstellung der Bluttaufe, die sich daraus entwickelte, wurde im 16. Jh. dahingehend ausgeweitet, dass der bloße Wunsch (votum) genüge, um als getauft zu gelten und das Heil erlangen zu können. Von diesen Ansätzen aus entwickelte sich auch die Idee vom votum ecclesiae (DH 3871). Nach dieser Lehre ist eine gewisse Kirchenzugehörigkeit und damit Heilsvermittlung gegeben, sofern man gewissenhaft nach Gott sucht und wenigstens der Intention nach der Kirche angehört. Ferner begründete die scholastische Vorstellung vom »limbus parvulorum« bzw. »limbus puerorum« dass auch Unmündige bzw. verstorbene Kinder, die nicht getauft waren, in die Nähe Gottes gelangen könnten.[20] Nicht zuletzt wurde hinsichtlich der Menschen, denen zu Lebzeiten das Evangelium nicht verkündet wurde, mit der Möglichkeit gerechnet, dass sie sich im Tod zu Jesus Christus würden entscheiden können.

- Unter den kirchlichen Verlautbarungen finden sich auch Zugeständnisse, etwa von Papst Pius IX., wonach dem, der »in unüberwindlicher Unkenntnis der wahren Religion« lebt, sein Irrtum nicht als Schuld angerechnet werde (NR 367). Außerdem sah sich die Kirche im 18. Jh. durch

---

[20] Die Lehre von limbus puerorum gehört seit April 2007 nicht mehr zur offiziellen Lehre der katholischen Kirche, stellt aber nach wie vor eine mögliche theologische Meinung dar (*Internationale Theologische Kommission*, Die Hoffnung auf Rettung für ungetauft sterbende Kinder (2007), hg. v. Sekretariat der Dt. Bischofskonferenz (AH 224), Bonn 2008).

den jansenistischen Rigorismus genötigt, den Satz zu verurteilen: »Es ist semipelagianisch, zu sagen, Christus sei für alle gestorben«. Auf derselben Linie liegt der zu Beginn des 18. Jh.s verurteilte Satz von Paschasius Quesnel: »Außerhalb der Kirche wird keine Gnade gewährt.« (DH 2429) Als der Jesuit Leonard Feeney Mitte des 20. Jh.s das Axiom »extra ecclesiam nulla salus« positivistisch auslegte, wurde auch er exkommuniziert. Diese Entwicklung fand in der Enzyklika »Mystici corporis« von Papst Pius XII. (29. Juni 1943) einen ersten Höhepunkt: Nunmehr wurde das Verhältnis nichtkatholischer Christen zur katholischen Kirche nicht mehr negativ mit Hilfe des Irrtums, sondern positiv mit Hilfe der Kategorien des unbewussten bzw. des impliziten Wunsches (votum) und des Verlangens (desiderium) nach dem einzigen Vaterhaus umschrieben (DH 3869 ff.).

Der inklusivistische Standpunkt besagt, dass es eine Heilsmöglichkeit für alle Menschen gibt und sich diese in den vielen wahren und gnadenhaften Elementen nichtchristlicher Religionen ausdrückt. Allerdings sind diese Heilsmöglichkeiten nicht alle gleichwertig, sondern haben einen konstitutiven und bisweilen verborgenen Bezugspunkt: Jesus Christus. In ihm hat nämlich die göttliche Offenbarung ihren einzigen und unüberbietbaren Höhepunkt gefunden, was die christliche Religion gegenüber allen anderen Religionen überlegen macht.

Der Inklusivismus scheint allen gegenüber dem Exklusivismus erhobenen Kritikpunkten gerecht zu werden. Dennoch ist auch er nicht frei von kritischen Anfragen. Diese richten sich zumeist auf den empirischen Befund, dass sich die Früchte des Geistes im Christentum nicht in dem Maße gegenüber denen anderer Religionen absetzen, wie es der christliche Überbietungsanspruch eigentlich nahe legen würde. Denn wäre die Offenbarung Gottes Voraussetzung für ein erlöstes, heilvolles Leben und hätte in Jesus Christus die Offenbarung Gottes ihren Höhepunkt erreicht, müssten im Christentum eigentlich auch die Früchte des Geistes, in denen sich dem neutestamentlichen Zeugnis nach das heilshafte Leben ausdrückt, in besonderer Weise zu finden sein: »Liebe, Freude, Friede, Langmut, Freundlichkeit, Güte, Treue, Sanftmut und Selbstbeherrschung« (Gal 5,22 f.). Solche Früchte sind aber keineswegs auf das Christentum begrenzt, sondern finden sich auch in den anderen großen Religionen. Auch sie messen etwa der Liebe, der Selbstlosigkeit und dem inneren Frieden eine spirituelle Bedeutung zu und halten solche Früchte konstitutiv für ein an der transzendenten Wirklichkeit orientiertes Leben. So gesehen bieten auch manche anderen Weltreligionen ideale Voraussetzungen für die Entfaltung eines heilsvollen Lebens. In der Praxis ist also die Überlegenheit, die die inklusivistische Position dem Christentum theologisch zuschreibt, nur schwer, wenn überhaupt aufweisbar. Allerdings ist ein Urteil über den Stand einer Kultur bzw. Religion nur bedingt bzw. relativ zu fällen, wie ein Blick in die Geschichte lehrt.

*c) Pluralismus*

Unter den verschiedenen religionstheologischen Positionen ist die pluralistische die jüngste. Theologiegeschichtliche Traditionen sind kaum nachweisbar. Vertreten wird sie heute vorwiegend im angelsächsischen Bereich durch Wilfred Cantwell Smith (1916–2000), John Hick (*1922), Paul Knitter (*1939), Leonard Swidler (*1929), Raimund Panikkar (*1918) u.a. Erste Anklänge finden sich im Spätwerk von Ernst Troeltsch (1865–1923), Paul Tillich (1886–1965) und Friedrich Heiler (1892–1967). Die pluralistische Grundthese lautet, dass die erlösende, heilvolle Offenbarung Gottes in mehr als nur einer Religion gegeben sei. »Es gibt eine Vielfalt von göttlichen Offenbarungen, die eine Vielfalt von Formen heilshafter menschlicher Antwort ermöglicht.«[21] Die unterschiedlichen religiösen Traditionen »sind daher als alternative soteriologische ›Räume‹, innerhalb derer – oder ›Wege‹, auf denen – Männer und Frauen Erlösung/Befreiung/letzte Erfüllung finden können.«[22]

Der religionstheologische Pluralismus ist v.a. eine Reaktion auf den interreligiösen Dialog: Mit dem offenbarungstheologischen Überbietungsanspruch des Christentums komme den nichtchristlichen Religionen nur ein bedingter Wert zu und damit auch der Vielfalt und Verschiedenheit der Religionen. Ziel des interreligiösen Dialogs müsste es demzufolge sein, die nichtchristlichen Religionen zu missionieren bzw. auf ihre Überwindung zugunsten des Christentums, in dem die Offenbarung Gottes ihren deutlichsten Ausdruck gefunden habe, hinzuarbeiten. Dem aber wird entgegengehalten, dass dies der Intuition, »daß Vielfalt den Wert erhöht und nicht etwa reduziert«[23], widerspricht. Außerdem würden im Inklusivismus die christlichen Kriterien bei der Beurteilung anderer religiöser Traditionen zugrunde gelegt. Dadurch aber könne man dem Selbstverständnis nichtchristlicher Religionen nicht mehr gerecht werden. Pluralisten versuchen darum den Inklusivismus konsequent zu Ende zu denken und den christlichen Superiori-

---

[21] *J. Hick*, Eine Philosophie des religiösen Pluralismus: MThZ 45 (1994), 301–318, hier 309.
[22] *Ders.*, Gotteserkenntnis in der Vielfalt der Religionen: R. Bernhardt (Hg.), Horizontüberschreitung. Die Pluralistische Theologie der Religionen, Gütersloh 1991, 60–80, hier 62 f.
[23] *P. Schmidt-Leukel*, Grundkurs Fundamentaltheologie. Eine Einführung in die Grundfragen des christlichen Glaubens, München 1999, 194.

tätsanspruch um der Anerkennung anderer Religionen willen aufzugeben. John Hick bezeichnet die Position des Inklusivismus gleichsam als Anomalie und vergleicht sie bildhaft damit, »dass die kopernikanische Revolution in der Astronomie anerkannt würde, gemäß der man aufhörte, die Erde als das Zentrum des Universums anzusehen, und sie stattdessen als einer der Planeten gesehen wurde, die die Sonne umkreisen, dass aber gleichzeitig darauf bestanden würde, dass die lebensspendenden Strahlen der Sonne die anderen Planeten nur dann erreichen könnten, wenn sie zuerst von der Erde reflektiert würden!«[24]

Die pluralistische Religionstheologie gibt den Ausschließlichkeits- und Überbietungsanspruch des Christentums gegenüber anderen Religionen ebenso preis wie den inklusiven Höchstgeltungsanspruch. Dazu wird eine letzte Wahrheit in oder hinter dieser Wirklichkeit postuliert, eine Einheit, die alle Religionen umfasst. In der Einheit Gottes gründe die letztliche Gemeinsamkeit der Religionen. Die allen gemeinsame Mitte, nach der sich die Religionen ausstrecken, komme in ihnen in jeweils verschiedener Gestalt zur Ausprägung, wobei die kulturellen Bedingungen einer bestimmten Geschichtsphase die Individuationen bewirken würden. Die eine wahre Religion könne also plural ausgestaltet sein. »Dieses neue Verständnis der Pluralität schließt ... ein, dem Begriff der Pluralität jenen der ›Gleichwertigkeit‹ (›parity‹) oder ›ungefähren Gleichwertigkeit‹ (›rough parity‹) hinzuzufügen: wir erkennen ..., daß wir Ansprüche auf die alleinige Wirksamkeit des Christentums oder auch nur auf seine Überlegenheit irgendwie nicht mehr aufrechterhalten können, oder zumindest nur mit erheblichem Unbehagen.«[25] Andere religiöse Traditionen zumindest teilweise als gleichwertig anzuerkennen, erleichtere den Dialog der Religionen und hemme den Religionenantagonismus.

Die Aufgabe des christlichen Offenbarungsexklusivismus bzw. der singulären Superiorität der christlichen Religion entspringt also wesentlich den Erfahrungen aus den interreligiösen Begegnungen. Paul Knitter unterscheidet näherhin vier Motive, die zu einer pluralistischen Position führen:

• *Intellektuelle Integrität:* In Anbetracht des begrenzten Laufs der Geschichte kann es kein letztes Wort über die Wahrheit geben; erkenntnistheoretisch ist von der Einsicht in die grundsätzliche geschichtliche Relativität

---

[24] *J. Hick,* The Non-Absoluteness of Christianity: ders., P. Knitter (Eds.), The Myth of Christian Uniqueness, New York 1987, 16–36, hier 23.
[25] *L. Gilkey,* Plurality and its Theological Implications: J. Hick, P. Knitter (Eds.), The Myth of Christian Uniqueness, New York 1987, 37–50, hier 37.

aller Ereignisse und Erkenntnisse auszugehen. Angesichts eines »historischen Bewusstseins« (E. Troeltsch) muss man Paul Knitter zufolge ehrlicherweise zugeben, dass es »keinen festen Ort für die Wahrheit gibt.«[26]

- *Theologische Integrität:* Kein Mensch und keine Religion kann die göttliche Wirklichkeit je umfassend begreifen. Wird darum das letzte und einzige Wort Gottes behauptet, so wird das Geheimnis Gottes missachtet. Das Göttliche kann letztlich nur als ein unnennbares, ewig unerreichbares Geheimnis verstanden werden und »keine Religion und keine Offenbarung [kann] das einzige, letzte, exklusive oder inklusive Wort Gottes sein«.[27]

- *Ethische Integrität:* Der dialogische Imperativ kann nur umgesetzt werden, sofern jemand nicht von vornherein behauptet, das umfassende Kriterium aller Wahrheit zu besitzen.

- *Biblische Integrität:* Die neutestamentliche Christologie ist als bekenntnishafter Ausdruck zu interpretieren. Das gilt insbesondere für deren exklusiven Charakter. Es ist keine dogmatische oder philosophische Sprache, sondern eine historisch bedingte bekenntnishafte Sprache bzw. Liebessprache. Den ursprünglichen christologischen Formulierungen liegt die Erfahrung der Zuwendung der Liebe Gottes in Jesus Christus zugrunde. Diese Erfahrung wird in metaphorischer Weise ausgedrückt. Sie kann darum nur in einem metaphorischen Sinne wahr sein und hat lediglich Bedeutung »für uns«.

Ausgangspunkt des pluralistischen Ansatzes ist ein Paradigmenwechsel im Denken ähnlich dem Wechsel in der Astronomie vom Geozentrismus zum Heliozentrismus. John Hick spricht deshalb von einer kopernikanischen Wende: Die Theologie müsse die Wende von der Christozentrik zur Theozentrik vollziehen. Das Christentum und sein Christus sind nicht mehr länger die Sonne im Zentrum, um das die anderen Religionen wie Planeten kreisen. Im Zentrum steht vielmehr Gott selbst, um den sich das Christentum zusammen mit allen anderen Religionen bewegt.

Aus der pluralistischen Theologie folgt eine pluralistische Christologie. Das bedeutet, das Christusereignis ist für Gottes Heilshandeln nicht länger konstitutiv, sondern nur repräsentativ. In Jesus drückt sich der universale Heilswille Gottes aus, ohne dass diese Darstellungsform verabsolutiert werden dürfte. Anstelle des Ansatzes bei der Gott-Natur Jesu Christi (christozen-

---

[26] *P. F. Knitter,* Nochmals die Absolutheitsfrage. Gründe für eine pluralistische Theologie der Religionen: EvTh 49 (1989), 505–516, hier 508.
[27] Ebd., 509.

trischer Universalismus) sei vom historischen Jesus von Nazareth auszugehen und ihm seien andere historische Erschließungen Gottes zur Seite zu stellen. »[D]ie Wirksamkeit Gottes in Jesus [ist] von der gleichen Art ... wie die Wirksamkeit Gottes in anderen großen menschlichen Mittlern des Göttlichen.«[28] Das Prinzip der Einheit der Offenbarungsgestalten verbürgt hier nicht Christus, sondern der Deus semper maior. Die pluralistische Christologie ist nicht christozentrisch, sondern theozentrisch: Jesus ist ein Mittler der Gottesbegegnung, nicht der Mittler und erst recht nicht eine Gottesperson. Gott und nicht Jesus ist Gegenstand der für jede Religion konstitutiven Transzendenzerfahrung. Von Gott aus erscheinen nach Ansicht der Pluralisten »[d]ie verschiedenen großen Weltreligionen ... als unterschiedliche Antworten der Menschen auf die eine göttliche Wirklichkeit, und sie verkörpern unterschiedliche Wahrnehmungen, die durch die verschiedenen historischen und kulturellen Gegebenheiten geprägt wurden.«[29]

Das pluralistische Grundprogramm beruht also auf der Annahme, dass sich Gott als die letztverbindliche Wirklichkeit auf ganz unterschiedliche und gleichwertige Weise in Erfahrung bringen kann. Doch wie konnte es dann zu religiösen Systemen kommen, die sich nicht nur unterscheiden, sondern gar gegenseitig widersprechen? Hick antwortet, dass die Authentizität der jeweiligen Systeme deshalb nicht in Frage gestellt sei, weil Gott an sich, d.h. das transzendente Wirkliche (the Real), nicht zu erkennen sei und alle Wahrnehmung deshalb gefilterte Wahrnehmung sei. Näherhin unterscheidet er zwischen dem noumenalen Wirklichen (Gott an sich, wie er nicht erkannt werden kann) und dem phänomenalen Wirklichen (Gott, wie er gesehen wird). Das Wirkliche bzw. göttliche Noumenon werde in den verschiedenen religiös-kulturellen Systemen unterschiedlich vorgestellt und erfahren, durch die Kategorie Gott personal und durch die Kategorie Absolutes nichtpersonal ins Bewusstsein gebracht und in Form verschiedener Götter oder Absoluta konkretisiert. In diesen personae bzw. impersonae wird das transzendente Wirkliche menschlich, d.h. als Phänomen erkannt. Die göttliche persona bzw. impersona entsteht an der Schnittstelle zwischen dem Realen an sich und dem menschlichen Geist. Die phänomischen Wirklichen sind somit ein gemeinsames Produkt transzendenter Präsenz und irdischer Imagination, von göttlicher Offenbarung und menschlicher Suche. Und »in dem Maße, in dem

---

[28] *J. Hick*, Eine Philosophie des religiösen Pluralismus: MThZ 45 (1994), 301–318, hier 311.
[29] *Ders.*, Gott und seine vielen Namen, hg. v. R. Kirste im Auftrag der Interreligiösen Arbeitsstelle. Aus dem Englischen v. I. Ettmeyer und P. Schmidt-Leukel, Frankfurt a. M. 2001, 21.

eine *persona* oder *impersona* sich im soteriologischen Einklang mit dem Realen befindet, ist eine … angemessene Reaktion auf diese Gottheit oder Absolutheit eine angemessene Reaktion auf das Reale selbst.«[30] Die unterschiedlichen Religionen sind nichts anderes als unterschiedliche Manifestationen des ewig einen Transzendenzgrundes. So gesehen sind alle religiösen Äußerungen im Grunde relativ, so dass sie sich aufeinander beziehen lassen und sich komplementär zueinander verhalten können.

Innerhalb der Theologie der Religionen ist die pluralistische Position gegenwärtig heftig umstritten. Eingewendet wird:

- *Methodologischer Status:* Während bei Exklusivismus und Inklusivismus klar ist, dass sie ihre Ergebnisse auf der Basis theologischer Prämissen gewinnen, ist der methodologische Status der pluralistischen Hypothese unklar. Die Argumentationsbasis, von der aus die prinzipielle Gleichwertigkeit mehrerer religiöser Traditionen behauptet wird, ist weder traditionsgebunden noch areligiös, so dass unklar bleibt, von welcher Basis aus und mit welcher Methode auf die Gleichwertigkeit von Religionen geschlossen wird.

- *Kriteriologie:* Das Kriterium für die Unterscheidung und Beurteilung ist kein theoretisches, sondern ein ethisches und ein praktisches. Maßgebend für die Beurteilung der Religionen ist ihre jeweilige Fähigkeit, den Menschen und die verschiedenen menschlichen Lebensbereiche in einen Prozess zu integrieren, der von der Selbstzentriertheit zur Wirklichkeitszentriertheit führt.[31] Es verdient diejenige Religion den Vorzug, welche der Würde des Menschen mehr entspricht und welche diese Würde mehr fördert. Die Frage ist freilich, ob dieses humanistische Kriterium philosophisch und theologisch ausreicht. Mit diesem Kriterium kann nämlich der Vorrang und der Vorzug einer Religion gegenüber einer anderen begründet werden, nicht aber die Einzigartigkeit einer bestimmten Religion. Außerdem ist zu fragen, ob es überhaupt ein ethisches Kriterium geben kann, das nicht notwendig ein theoretisches Kriterium voraussetzt. Wer sagt, was wirklich human ist? Jedes ethische Kriterium setzt ein theoretisches Urteil voraus – die Frage nach der Wahrheit der Wirklichkeit lässt sich nicht umgehen.

---

[30] *Ders.*, Gotteserkenntnis in der Vielfalt der Religionen: R. Bernhardt (Hg.), Horizontüberschreitung. Die Pluralistische Theologie der Religionen, Gütersloh 1991, 60–80, hier 72.

[31] *Ders.*, Religion. Die menschliche Antwort auf die Frage nach Leben und Tod, übers. v. C. Wilhelm, bearb. v. A. Kreiner, München 1996, 49 f.

- *Wahrheitsfrage:* Beinahe alle religiösen Traditionen erheben einen Absolutheitsanspruch. Das widerspricht jedoch dem pluralistischen Ansatz. Hick kann dem nur begegnen, indem er die Wahrheitsansprüche mythologisch reinterpretiert und dadurch entschärft. Alle Aussagen über das Reale hängen demnach von ihrer Relation zum Menschen und seiner Erfahrungswelt ab, so dass es nur mythologische Vorstellungen sind, die eine soteriologische Funktion erfüllen. Wenn Hick aber alle Begriffe als Relationsbegriffe deutet und so die metaphysische Wahrheitsfrage aufgibt, wie kann dann ein Verhalten gegenüber der Transzendenz noch als soteriologisch angemessen beurteilt werden?

- *Christologie:* Der gewichtigste Einwand gegen die pluralistische Position betrifft die Einzigkeit Jesu Christi. Das christliche Offenbarungsverständnis ist mit der pluralistischen Christologie nur schwer vereinbar. Wenn sich Gott singulär in Jesus Christus vollkommen entäußert und mitgeteilt hat, wie können dann die anderen großen Religionen in ihrer erlösenden Gotteserkenntnis gleichwertig sein? Wenn Gott sich allein und ausschließlich in Jesus Christus unüberbietbar selbst mitgeteilt hat, wenn allein Jesus Christus die göttliche Selbsterschließung kategorial verkörpert, ist dem religionstheologischen Pluralismus jeder Boden entzogen.

- *Empirischer Widerspruch:* Was den empirischen Widerspruch religiöser Traditionen anbelangt, so versucht die pluralistische Religionstheologie diesen als nur scheinbar aufzuweisen und die Gegensätze mit Hilfe einer bestimmten theologischen Hermeneutik als komplementär zu interpretieren. Allerdings bleibt aufgrund der betonten Differenz zwischen Noumenon und Phänomenon die Frage unbeantwortet, was das Wirkliche tatsächlich ist. Hick selbst schreibt denn auch: »Man kann … nicht sagen, daß es Eines oder Viele, Person oder Ding, Substanz oder Prozeß, gut oder böse, absichtsvoll oder absichtslos sei. Keine der konkreten Beschreibungen, die im Bereich der menschlichen Erfahrung gelten, können im wörtlichen Sinn für den unerfahrbaren Grund dieses Bereiches gelten.«[32] Das aber bedeutet, »gegen die Intention Hicks – …, den phänomenalen Erfahrungsmodus so stark vom noumenalen Erfahrungsgegenstand abzutrennen, daß kaum mehr nachvollziehbar ist, inwiefern hier noch von einer Erfahrung im üblichen Sinn des Wortes – im Gegensatz etwa zu einer bloßen Projektion – die Rede sein soll.«[33] Religiöse Erfahrungen

---

[32] Ebd., 269.
[33] *A. Kreiner,* Philosophische Probleme der pluralistischen Religionstheologie: R. Schwager (Hg), Christus allein? Der Streit um die pluralistische Religionstheologie (QD 16), Freiburg i. Br. 1996, 118–131, hier 129.

sagen letztlich also nur etwas darüber aus, wie dem Menschen die transzendente Realität erscheint; das Wirkliche wird nicht erkannt, vielmehr erfährt der Mensch etwas über sich selbst.

## 2. Zweites Vatikanisches Konzil

### 2.1. Inklusivistische Religionstheologie

*J. Zehner,* Der notwendige Dialog. Die Weltreligionen in katholischer und evangelischer Sicht, Gütersloh 1992, 21–64; *K. Rahner,* Das Christentum und die nichtchristlichen Religionen: ders., Schriften zur Theologie V (²1964), 136–158; *H. Waldenfels,* Begegnung der Religionen. Theologische Versuche I, Bonn 1990, 75–91; *P. Schmidt-Leukel,* Gott ohne Grenzen. Eine christliche und pluralistische Theologie der Religionen, Gütersloh 2005, 128–162.

*a) Revisionsgründe*
Mitte der 60er Jahre des letzten Jh.s wurde seitens der katholischen Theologie und Kirche das theologische Urteil über die nichtchristlichen Religionen einer grundsätzlichen Revision unterzogen. Die Gründe für die Suche nach neuen theologischen Mustern zur Beurteilung anderer Religionen sind vielfältig[34], sowohl von geschichtlicher bzw. geistesgeschichtlicher als auch theologischer Art:

- *Ende des Eurozentrismus:* Mit dem Ende des Zweiten Weltkrieges war die Zeit des eurozentrischen Imperialismus vorüber. Der politische, kulturelle und religiöse Eurozentrismus war überwunden. Die Welt konnte von nun an nicht mehr einfach unter den europäischen Großmächten aufgeteilt und die europäische Zivilisation in alle Welt exportiert werden. Weltgeschichte war nicht mehr identisch mit europäischer Geschichte und das Fremde wurde nicht mehr als das Zurückgebliebene angesehen, sondern als echte Alternative. Das hatte zur Konsequenz, dass nun die asiatischen und afrikanischen Kulturen und Religionen als traditionsreiche Größen wahrgenommen wurden.

- *Schuldbewusstsein:* Das Erschrecken über den Holocaust weckte nach dem Zweiten Weltkrieg in der Kirche das Einsehen der Schuld, die das Chris-

---

[34] *R. Bernhardt,* Die Herausforderung. Motive für die Ausbildung der »pluralistischen Religionstheologie«: H-G. Schwandt, Pluralistische Theologie der Religionen. Eine kritische Sichtung, Frankfurt a. M. 1998, 19–38.

tentum aktiv (durch theologische Untermauerung) oder passiv (durch sein selbstzentriertes Schweigen) an der Judenvernichtung mitzutragen hatte. Weil es hier nicht nur um eine bedauerliche Verirrung Einzelner ging, sondern um einen jahrhundertealten Antijudaismus, der bis ins NT zurückreicht, war die Theologie zur Neubesinnung herausgefordert. Es mussten jene Formen des christlichen Absolutheitsanspruches überwunden werden, die solche Gewalt geistig untermauert hatten.

- *Globalisierung:* Im Zeitalter der Globalisierung lernen sich die Religionen informell immer besser kennen und dringen aufgrund extremer Mobilität und permanenter Migration immer stärker in das Bewusstsein breiter Bevölkerungsschichten ein. Vor diesem Hintergrund beginnt der Religionenpluralismus nachhaltig, sowohl seine praktischen als auch theoretischen Implikationen freizusetzen. Dabei muss eingeräumt werden, dass die Welt keineswegs christlich geworden ist und es eine bleibende Vielfalt an Religionen und Kulturen auch künftig geben wird.

- *Regionalisierung:* Sie ist die Reaktion auf die weltweite Globalisierung. Als Gegenbewegung vollzog sich in vielen Teilen der Welt eine Rückbesinnung auf die regionalen ethnischen, kulturellen und religiösen Identitäten von Völkern und Gemeinschaften. Das gilt v. a. für die arabischen Länder, ebenso aber auch für Indien, Südostasien und die vielen Länder Afrikas.

- *Ende des Fortschrittsglaubens:* Zu Beginn der 70er Jahre wurde deutlich: Die Zukunft der Menschheit kann nicht durch wissenschaftliche Forschung, wirtschaftliches Wachstum und technische Effektivierung allein gestaltet werden. Die Folge war und ist eine tiefe geistige Orientierungskrise, in die die gesamte westliche Kultur geriet. Dies setzte eine neue Suchbewegung nach zukunftsfähigen geistigen Ressourcen und Visionen frei. In diesem Kontext traten verstärkt die spirituellen Impulse in den östlichen Religionen in den Blick, insbesondere die des Zen-Buddhismus. Aber auch aus dem Naturverhältnis der Stammesreligionen wurden neue Impulse geschöpft. Die Kirchen schienen zu einer Antwort auf die tiefe materialistische Sinnkrise der Moderne unfähig; zu sehr waren sie an die Zivilisation des Abendlandes und seine politischen Ordnungen gebunden. So erlitt die christliche Botschaft einen massiven Plausibilitäts- und Relevanzverlust. Wenn heute auch eine neue Renaissance der Religionen zu beobachten ist, so erfasst diese aber nicht das traditionelle Christentum.

- *Pluralisierung bzw. Kontextualisierung:* In einem pluralistischen Kontext werden die absolute Wirklichkeit bzw. allgemeinverbindliche Wertmaßstäbe angezweifelt. »Was für mich wahr ist, muss nicht auch für dich wahr sein.« Wahrheit scheint heute kontextrelativ, perspektivisch und standortgebunden zu sein, jedenfalls nichts, das objektiv festgeschrieben werden könnte.

*b) Zweites Vatikanum*
Eine wichtige anthropologische Grundaussage des Zweiten Vatikanums ist, dass Christus der »neue Mensch« ist, in dem alle Menschen ihre »höchste Berufung« erlangen. Denn, so die theologische Begründung, Christus »hat sich in seiner Menschwerdung gewissermaßen mit jedem Menschen vereinigt.« (GS 22) Aufgrund dieser Vereinigung sind alle Menschen auch mit dem österlichen Geheimnis verbunden, d. h. durch Jesu Kreuz und Auferstehung erlöst. Das Heil gilt somit nicht nur für jene, die durch Taufe und durch den Glauben mit Christus verbunden sind, »sondern für alle Menschen guten Willens, in deren Herzen die Gnade unsichtbar wirkt (vgl. LG 16). Da nämlich Christus für alle gestorben ist (vgl. Röm 8,32) und da es in Wahrheit nur eine letzte Berufung des Menschen gibt, die göttliche, müssen wir festhalten, daß der Heilige Geist allen die Möglichkeit anbietet, diesem österlichen Geheimnis in einer Gott bekannten Weise verbunden zu sein.« (GS 22)
   Dieses christologische Verständnis ist grundlegend für den interreligiösen Dialog.[35] Denn damit wird erstmals lehramtlich ausgesagt, dass Menschen auch in anderen Religionen, außerhalb der katholischen Kirche, ansatzweise Heil erlangen können aufgrund der Erlösung in Jesus Christus. Im Hl. Geist sind sie nämlich mit Christus und dem österlichen Geheimnis in einer nur Gott bekannten Weise verbunden. Es herrscht keine natürliche Sichtweise des Menschen und seines Gottbezugs vor, sondern eine christologische: Alles, was man von Gott in den nichtchristlichen Religionen weiß, wird auf welche Weise auch immer (Herz, Vernunft, Gewissen etc.) durch den Geist Christi bewirkt. Im Zentrum steht Jesus Christus als der neue Mensch. Die Offenheit des Konzils gegenüber der Welt und den Religionen ist somit christologisch und pneumatologisch begründet.
   Wenn jeder Mensch mit Jesus Christus in Verbindung steht und daraufhin Heil erlangen kann, warum sollte man dann noch länger an der Heilsnotwendigkeit der Kirche festhalten? Wenn über die institutionelle Kirchenzugehörigkeit hinaus den Menschen Heil verheißen und zugesprochen wird (LG 16), warum soll dann die pilgernde Kirche noch zum Heil notwendig sein? »Christus allein ist Mittler und Weg zum Heil, der in seinem Leib, der

---

[35] J. Zehner, Der notwendige Dialog. Die Weltreligionen in katholischer und evangelischer Sicht, Gütersloh 1992, 21–64.

Kirche, uns gegenwärtig wird; indem er aber selbst mit ausdrücklichen Worten die Notwendigkeit des Glaubens und der Taufe betont hat (vgl. Mk 16,16; Joh 3,5), hat er zugleich die Notwendigkeit der Kirche, in die die Menschen durch die Taufe wie durch eine Türe eintreten, bekräftigt.« (LG 14) Die Heilsnotwendigkeit der Kirche wird also aus der Notwendigkeit von Taufe und Glaube anhand der biblischen Belegstelle Mk 16,16 gefolgert. Doch die Kirchenzugehörigkeit ist nur für jene notwendig, die an Jesus glauben. »Darum könnten jene Menschen nicht gerettet werden, die um die katholische Kirche und ihre von Gott durch Christus gestiftete Heilsnotwendigkeit wissen, in sie aber nicht eintreten oder in ihr nicht ausharren wollten«. (LG 14)

Christus wirkt in der Kraft seines Geistes auch außerhalb seiner Kirche in nichtchristlichen Religionen, die in unterschiedlicher Nähe und Ferne zum Volk Gottes stehen. Sie sind somit mit der Kirche Jesu Christi, dem Volk Gottes, schon jetzt verbunden und auf sie hingeordnet. In LG 16 wird das Verhältnis der Kirche zu den anderen Religionen angesprochen, ohne dass jedoch der Begriff »Religion« erscheint. Die Religionen und alle anderen Nichtchristen werden gleichsam in konzentrischen Kreisen um die Mitte des christlichen Glaubens angesiedelt, von innen nach außen: zuerst die Juden, dann die Muslime, ferner jene, »die in Schatten und Bildern den unbekannten Gott suchen«, schließlich alle, die »Gott aufrichtigen Herzens suchen und seinen durch den Anruf des Gewissens erkannten Willen unter dem Einfluß der Gnade in den Taten zu erfüllen versuchen«. »Die göttliche Vorsehung verweigert auch denen die zum Heil notwendigen Hilfen nicht, die ohne Schuld noch nicht zur ausdrücklichen Anerkennung Gottes gelangt sind und nicht ohne die göttliche Gnade, ein rechtes Leben zu führen sich bemühen. Was sich nämlich an Gutem und Wahrem bei ihnen findet, wird von der Kirche als Vorbereitung für die Frohbotschaft und als von dem gegeben geschätzt, der jeden Menschen erleuchtet, damit er schließlich das Leben habe.«

Die Konzilsväter kamen im Zusammenhang mit der Behandlung der Weltsituation auch auf die Lage der Religionen zu sprechen (GS 7). Die »Leugnung Gottes oder der Religion oder die Gleichgültigkeit ihnen gegenüber« sind »keine Ausnahme und keine Sache nur von Einzelnen mehr.« Ja mehr noch, viele Menschen nehmen heute die Frage nach Gott nicht einmal mehr in Angriff, »da sie keine Erfahrung der religiösen Unruhe zu machen scheinen und keinen Anlaß sehen, warum sie sich um Religion kümmern sollten.« (GS 19) Im diesem Kontext tritt das Konzil mit allem Nachdruck für das Recht der Öffentlichkeit von Religion ein. Menschen haben in der politischen Gemeinschaft »das Recht auf privates und öffentliches Bekenntnis der Religion«, zumal »die Achtung vor Menschen anderer Meinung oder Religion« zunimmt (GS 73). Damit wird die Privatisierung der Religion deutlich zurückgewiesen: Religion ist ein wesentlicher Bestandteil von Kultur.

Bei der Frage der Religionsfreiheit geht es nicht um eine Gleichberechtigung der Religionen auf der sachlich-inhaltlichen Ebene; sie betrifft nicht die Wahrheitsfrage. Es geht stattdessen um die gesellschaftlich-rechtliche Gleichberechtigung aller religiösen und weltanschaulichen Positionen. Religionsfreiheit besteht darin, »daß alle Menschen frei sein müssen von jedem Zwang sowohl von seiten Einzelner wie gesellschaftlicher Gruppen, wie jeglicher menschlichen Gewalt, so daß in religiösen Dingen niemand gezwungen wird, gegen sein Gewissen zu handeln, noch daran gehindert wird, privat und öffentlich, als Einzelner oder in Verbindung mit anderen – innerhalb der gebührenden Grenzen – nach seinem Gewissen zu handeln.« (DH 2). Dieses Recht auf religiöse Freiheit wird mit der Würde der menschlichen Person begründet. Weil das Recht auf religiöse Freiheit in der menschlichen Natur selbst gründet, bleibt es auch jenen erhalten, die es nicht ausüben, die nicht nach der Wahrheit suchen bzw. nicht an ihr festhalten (DH 2). Mit der Religionsfreiheit verbindet sich die Gewissensfreiheit: Kein Mensch darf gezwungen werden, gegen sein Gewissen zu handeln, noch darf er gehindert werden, »gemäß seinem Gewissen zu handeln, besonders im Bereiche der Religion« (DH 3). Der Akt der religiösen Ausübung ist ein rein innerlicher Akt und kann von außen weder befohlen noch verhindert werden.

Wenn es ein natürliches und theologisches Recht auf Religionsfreiheit gibt, wozu dann noch Mission? »Was immer aber an Wahrheit und Gnade schon bei den Heiden sich durch eine Art von verborgener Gegenwart Gottes findet, befreit sie von der Ansteckung durch das Böse und gibt es ihrem Urheber Christus zurück, der die Herrschaft des Teufels zerschlägt und die vielfältige Bosheit üblen Tuns in Schranken hält. Was an Gutem in Herz und Sinn der Menschen oder auch in den jeweiligen Riten und Kulturen der Völker keimhaft angelegt sich findet, wird folglich nicht bloß nicht zerstört, sondern gesund gemacht, über sich hinausgehoben und vollendet zur Herrlichkeit Gottes, zur Beschämung des Satans und zur Seligkeit des Menschen.« (AG 9) Das Konzil hält also entschieden am missionarischen Wesen der Kirche fest. Denn die Verbundenheit aller Menschen mit Jesus Christus reicht nicht aus. Über die konzentrische Hinordnung der nichtchristlichen Religionen auf das Gottesvolk hinaus soll das ganze Menschengeschlecht in dem Leib Christi zusammenwachsen, dadurch »von der Ansteckung durch das Böse« (AG 9) befreit und zum Heil in seiner Ganzheit geführt werden. Das Mittel dazu ist der Dialog. Sinn gewinnt die Mission nicht mehr, weil sie sich auf eine heillose Welt richtet, sondern weil sie Dienst an den Menschen ist, indem sie zur vollen Teilhabe am Christusgeheimnis führt.

Am deutlichsten kommt die inklusivistische Religionstheologie des Zweiten Vatikanums in der Erklärung über das Verhältnis der Kirche zu den nichtchristlichen Religionen »Nostra aetate« zum Ausdruck. Es war eines der umstrittensten Dokumente des Konzils. Zu den nichtchristlichen Religionen äußert es sich in drei Schritten (NA 2):

- Religionen antworten auf die Unruhe des menschlichen Herzens: »So sind auch die übrigen in der ganzen Welt verbreiteten Religionen bemüht, der Unruhe des menschlichen Herzens auf verschiedene Weise zu begegnen, indem sie Wege weisen: Lehren und Lebensregeln sowie auch heilige Riten.«
- Religionen enthalten Wahres und Heiliges: »Die katholische Kirche lehnt nichts von alledem ab, was in diesen Religionen wahr und heilig ist. Mit aufrichtigem Ernst betrachtet sie jene Handlungs- und Lebensweisen, jene Vorschriften und Lehren, die zwar in manchem von dem abweichen, was sie selber für wahr hält und lehrt, doch nicht selten einen Strahl jener Wahrheit erkennen lassen, die alle Menschen erleuchtet.« Wenn Gott nur in dem Maße erkannt werden kann, wie er sich selbst zu erkennen gibt, dann ist mit Analogien göttlicher Offenbarung auch außerhalb der biblischen Offenbarungsgeschichte zu rechnen.
- Religionen machen Gespräch und Kooperation erforderlich; sie rufen nach Anerkennung, Wahrung und Förderung all dessen, was wahr und heilig ist: »Deshalb mahnt sie ihre Söhne, daß sie mit Klugheit und Liebe, durch Gespräch und Zusammenarbeit mit den Bekennern anderer Religionen sowie durch ihr Zeugnis des christlichen Glaubens und Lebens jene geistlichen und sittlichen Güter und auch die sozial-kulturellen Werte, die sich bei ihnen finden, anerkennen, wahren und fördern.«

Wenn Menschen auch in nichtchristlichen Religionen Gott und Heil finden können, so bleibt dennoch der Anspruch des Christentums auf Einzigartigkeit bestehen. Konkret bedeutet dies, dass Jesus Christus und seine Botschaft das eschatologische, d. h. endgültige Kriterium des Heils für alle Menschen sind. Das Konzil hob die positiven Elemente der anderen Religionen hervor, ohne dadurch aber preiszugeben, dass nur Christus der Weg ist und »diese pilgernde Kirche zum Heile notwendig« ist (LG 14). Das bedeutet, dass alles, was außerhalb Christus Weg ist, es von Christus her ist – also in Wirklichkeit zu ihm gehört, Weg vom Weg ist. Das Konzil ließ sich nicht auf die Frage ein, wie das Heil für die Nichtchristen ermöglicht wird, wohl aber stellt es die Tatsache fest, dass für alle diese Menschen die Möglichkeit des Heiles besteht

(AG 7; LG 16; GS 22). Das Zweite Vatikanum sprach all jenen Personengruppen, denen das Konzil von Florenz die Heilsmöglichkeit ausdrücklich abgesprochen hatte, die Heilsmöglichkeit explizit zu: den Schismatikern und Häretikern, den getrennten Brüdern, den Anhängern anderer Religionen, schließlich sogar jenen, die Gott und das Göttliche verkennen und verneinen.

Eine Schwierigkeit der Konzilaussagen besteht darin, dass die wichtigen dogmatischen Aussagen lediglich vom universalen Heilswillen Gottes (1 Tim 2,4) hergeleitet werden (LG 16). Im Hintergrund stehen eher Kirchenväter und päpstliche Lehrentscheidungen als neutestamentliche Belegstellen. Dass die nichtchristlichen Religionen in konzentrischen Kreisen um Christus angeordnet sind, lässt sich beispielsweise nicht biblisch belegen, weshalb die Konzilsaussagen auch recht vage bleiben: »in einer Gott bekannten Weise«.

## 2.2. Heilsfrage und interreligiöser Dialog

*W. Klausnitzer,* Gott und Wirklichkeit. Lehrbuch der Fundamentaltheologie für Studierende und Religionslehrer, Regensburg 2000, 40–55; *W. Pannenberg,* Die Religionen in der Perspektive christlicher Theologie und die Selbstdarstellung des Christentums im Verhältnis zu den nichtchristlichen Religionen: R. Pechmann, M. Reppenhagen (Hg.), Mission im Widerspruch. Religionstheologische Fragen heute und Mission morgen, Neukirchen-Vluyn 1999, 315–325; *Ch. Böttigheimer,* Interreligiöses Gespräch auf Augenhöhe?: Cath 56 (2002), 159–172; Christlicher Heilsweg im Religionspluralismus: StZ 222 (2004), 51–62.

### a) Christlicher Heilsweg

Es war u. a. der hl. Augustinus, der das unterscheidend Christliche (differentia specifica) in Jesus Christus als dem Weg erkannte.[36] Mit den Platonikern stimmen die Christen zwar in der Zielbestimmung überein – Ziel des Lebens ist die ewige Wahrheit bzw. das glückselige Leben mit der wesenhaften Schau der ewigen Gott-Wahrheit und der innigsten Vereinigung mit ihr –, doch Unterschiede bestehen im Weg. Denn ihn haben die Platoniker nicht gefunden, wohl aber die Christen in Jesus Christus, dem fleischgewordenen Wort Gottes. Der λόγος ist die ewige Wahrheit, die den Menschen in der Zeitenfülle zur Gnade und zum Mittler geworden ist. Aus diesem Grund hat nach Augustinus außerhalb von Christus, »dem universalen Heilsweg …, der dem

---

[36] *Augustinus,* Ep. 104,12 (CSEL 34,2.590 f.); Retr. I,4,3 (CCSL 57,14 f.).

menschlichen Geschlecht niemals fehlte …, … niemand das Heil erlangt, erlangt es niemand und wird es niemand je erlangen«.[37]

Wenn Augustinus das christliche Proprium im Motiv des Weges ausfindig machte, konnte er sich durchaus auf biblische Grundlagen stützen. Denn der Begriff des Weges (ἡ ὁδός) spielt in der Bildersprache der Hl. Schrift eine herausragende Rolle. Er kommt über hundertmal vor, jedoch nicht in ein und derselben, sondern in vielschichtigen variierenden Bedeutungen. Er kann sowohl das Handeln Gottes als auch das Verhalten des Menschen bezeichnen, seine Lebensweise und Lebensführung nach der Weisung Gottes. Während im AT das Bildwort Weg noch von keinem Ziel bestimmt ist, sondern durch das Gebot Gottes charakterisiert wird, das am Anfang steht, so ist im NT Gott selbst das transzendente Ziel des Weges. Von ihm wird der Mensch angezogen, zu ihm strebt er hin (Hebr 9,8).

In der Apostelgeschichte wird das Christentum des Öfteren als der »neue Weg« bezeichnet (Apg 9,2; 18,25; 19,23 u.ö.); zudem ist explizit vom »Weg des Heils« die Rede (Apg 16,17). Doch unter all den neutestamentlichen Textstellen ragt keine so hervor wie Joh 14,6a: »Ich bin der Weg und die Wahrheit und das Leben«. Alle drei Begriffe stehen hier in einem sachlogischen Verhältnis, der Nachdruck aber liegt auf dem »Weg«. Er bildet den übergeordneten Begriff, der durch die Begriffe »Wahrheit« und »Leben« näher erläutert und verdeutlicht wird: Indem »Jesus die zum Leben führende Wahrheit offenbart und dem, der diese Wahrheit im Glauben annimmt und verwirklicht, das wahre Leben vermittelt, führt er jeden, der an ihn glaubt, zum Ziel seiner Existenz, ›zum Vater‹, und so wird er zum ›Weg‹.«[38] Christus selbst ist der universale Weg, der Zugang zu Gott, der sich in ihm offenbart und den zu kennen das Heil des Menschen ist. Anders formuliert: Als Sohn Gottes hat Christus die Macht, seine Jünger in das Haus des Vaters mitzunehmen (Joh 14,2) und das Wohnen bei Gott ist das Heil des Menschen. Die christozentrische Heilslehre des Johannesevangeliums findet ihren Höhepunkt in dem sich sogleich anschließenden Selbstoffenbarungswort Jesu, das auf Absolutheit zustrebt: »[N]iemand kommt zum Vater außer durch mich« (Joh 14,6b). Jesus ist demnach der exklusive, alleinige Weg zum Ziel menschlicher Existenz.

Auch der Hebräerbrief spricht mehrfach vom Gehen eines »Weges«. Dabei kann der Weg sowohl auf Jesu Tod bezogen werden als auch auf seine Menschennatur. Durch den Tod Christi, durch sein »Blut«, d.h. auf einem

---

[37] Ders., De civitate Dei, X,32 (CCSL 47,312).
[38] J. Gnilka, Das Johannesevangelium, Bd. 3, Freiburg i. Br. 1975, 73.

»neuen und lebendigen Weg« wird der Eingang in das himmlische Heiligtum geöffnet (Hebr 10,19 f.; 8,2; 9,12 ff.). Hier ist Jesus ganz im Sinne des Johannesevangeliums der Weg zum Vater; er ist der eine Hohepriester, der uns ein für allemal erlöst hat (Hebr 7,27).

Im NT werden dem christlichen Heilsweg unverkennbar Universalität und Alleingeltung zugesprochen. Jesus Christus ist der alleinige Weg zum wahren Heil, zum glückseligen Leben in Person; in ihm, dem fleischgewordenen Wort Gottes (Joh 1,14), ist die göttliche Heilswahrheit vollständig erschienen und darum ist auch in keinem anderen Namen Heil zu finden (Apg 4,12). Alles wurde in, durch und auf Jesus Christus hin geschaffen (Kol 1,15 f.); durch das Wort ist alles geworden; es ist das Leben und das Licht, das jeden Menschen erleuchtet (Joh 1,4 f.9) und das die Fülle des Lebens schenkt (Joh 10,10).

Im Blick auf die historisch-kritische Exegese ist man sich zwar des nachösterlichen Charakters dieser Aussagen bewusst, was an sich aber noch nichts über ihren Wahrheitsgehalt aussagt. Vielmehr weiß sich die Kirche seit den ersten ökumenischen Konzilien der universalen Bedeutung Jesu Christi als des einzigen Heilsweges verpflichtet, wodurch sich das biblisch-christliche Heilsverständnis auch angesichts eines sich wandelnden religiösen, sozio-kulturellen und politischen Kontextes nach wie vor bindend erweist. Das hat auch das Zweite Vatikanum unmissverständlich zum Ausdruck gebracht. Die Konzilsväter ließen keinen Zweifel an der »Einzigkeit der Mittlerschaft des Erlösers« (LG 62) Jesu Christi aufkommen. Allein in Christus finden »die Menschen die Fülle des religiösen Lebens ..., in dem Gott alles mit sich versöhnt hat (vgl. 2 Kor 5,18 f.)« (NA 2; AG 8, 13; LG 14). Aus diesem Grund ist die »einzige wahre Religion ... verwirklicht in der katholischen, apostolischen Kirche« (DH 1), und es muss demzufolge am Absolutheitsanspruch der christlichen Religion festgehalten werden.

Wenn die Vorrangstellung des Christentums in Bezug auf das göttliche Heil uneingeschränkt zu bekennen ist, wie lässt sich diese dann mit dem Heilsanspruch nichtchristlicher Religionen vereinbaren? Was ergibt sich aus der Unvergleichbarkeit des christlichen Heilsanspruchs in Bezug auf den Weg in den anderen, nichtchristlichen Religionen, die ebenso beanspruchen, für ihre Angehörigen zu Mittlern des Heils zu werden?

*b) Heilsvermittelnde Funktion anderer Religionen?*
Dass einzelnen Nichtchristen eine Heilsmöglichkeit nicht grundsätzlich abgesprochen werden kann, stand theologisch nie in Frage. Doch inwieweit sind nichtchristliche Religionen in das Heilsgeschehen bzw. in die Erlösungstheorie eingebunden? Welche heilsmittlerische Rolle spielt bei Anhängern fremder

Religionen deren konkrete Religionszugehörigkeit? Traditionellerweise schien die Heilsmöglichkeit außerhalb des Christentums an keine fremde Religion gebunden zu sein. Die Religionszugehörigkeit galt als reine Äußerlichkeit, stattdessen wurde die sittliche Qualität des Handelns als Träger der Heilsvermittlung angesehen.[39] Doch im Zuge der Veränderungen in der Welt der Religionen fiel es zunehmend schwerer, die jeweiligen Religionszugehörigkeiten und damit die betreffenden nichtchristlichen Religionen als für das Heilsgeschehen irrelevant zu erachten. So wurde nach theologisch verantwortbaren Mitteln und Wegen gesucht, die religionshaften Elemente hinsichtlich der Heilserlangung aufzuwerten.

Auf dem Zweiten Vatikanischen Konzil stellten sich die Konzilsväter diesem veränderten Problemhorizont: Sie formulierten, dass auch nichtchristliche Religionen Elemente in sich bergen würden, die sich mit der Intention des christlichen Glaubens berühren würden und allen Menschen die Möglichkeit geben, über die institutionelle Kirchenzugehörigkeit hinaus ihr Heil zu wirken (LG 14–17; AG 3); Gott kann sie »auf Wegen, die er weiß, zum Glauben führen« (AG 7). Wie aber steht es dann um die Einzigkeit des Mittlers Jesus Christus bzw. die Einzigkeit der christlichen Heilsordnung? Weil die Heilswahrheit unteilbar ist, kann auch das außerchristliche Heil keinen anderen Ursprung haben als Jesus Christus selbst, der allein das Heil und die Wahrheit in Person ist. Jede Heilsmöglichkeit wird streng auf die Erlösung in Jesus Christus bezogen; die Christozentrik der Konzilstexte ist unverkennbar. Die religiös-pluralistische Welt wird christologisch interpretiert und dabei die Wahrheit der nichtchristlichen Religionen insofern akzeptiert, als sie an der Wahrheit in Jesus Christus partizipieren.

Die christologische Sichtweise wurde in der Enzyklika »Redemptoris missio. Über die fortdauernde Gültigkeit des missionarischen Auftrages« (1990) durch den pneumatologischen Gesichtspunkt ergänzt und vertieft[40]: Gottes Geist sei universal wirksam, über die Grenzen von Raum und Zeit hinweg. Er wirke im Herzen jedes gottsuchenden Menschen. Er »gibt dem Menschen ›Licht und Kraft um auf seine höchste Berufung zu antworten‹; durch den Geist ›kann der Mensch im Glauben zum Betrachten und Verkosten des Geheimnisses des Göttlichen Heilsplanes gelangen‹« und er bietet »allen die Möglichkeit …, mit dem Ostergeheimnis in Berührung zu kommen in einer Weise, die nur Gott kennt (GS Nr. 10.15.22); … Der Geist steht also am Ur-

---

[39] *Thomas von Aquin*, S.th. II–II, q. 10 a. 4; II–II q. 23 a. 7 ad1 u. ö.
[40] *Papst Johannes Paul II.*, Enzyklika »Redemptoris missio«. Über die fortdauernde Gültigkeit des missionarischen Auftrages (7.12.1990), Nr. 21–30.

sprung der Existenz und Glaubensfrage jedes Menschen, die sich ihm nicht nur in bestimmten Situationen, sondern aus der Struktur seines Daseins selbst stellt«.[41]

Die Würdigung nichtchristlicher Religionen und die Zuerkennung heilsvermittelnder Funktion sind also sowohl christologisch als auch pneumatologisch begründet. Das aber bedeutet, dass eine Heilsrelevanz nicht ausschließlich der christlichen Religion zukommt. Wenn aber den nichtchristlichen Religionen im außerchristlichen Rechtfertigungsgeschehen eine heilsvermittelnde Funktion zuzuerkennen ist, wie steht es dann um die Einzigkeit des christlichen Heilsweges? Vermögen die Religionen in ihrer heilsmittlerischen Tätigkeit jeweils dasselbe?

Die Konzilsväter führten den Begriff »Heilsweg« nie in Bezug auf die nichtchristlichen Religionen an. Im Zusammenhang mit den anderen Religionen wurde zwar von Wegen gesprochen, die diese lehren bzw. weisen, theologisch aber wurden diese Wege nicht als Heilsweg qualifiziert. Den anderen Religionen wird kein theologischer Heilswegcharakter zuerkannt, trotz der grundsätzlich positiven Würdigung dessen, was sich in ihnen an Wahrem und Heiligem findet.

Aus christlicher Sicht sind die Wege der Religionen nicht alle gleich gültig und gleich wahr. Trotz ihrer heilsmittlerischen Funktion kann es sich bei den anderen Weltreligionen im theologischen Sinne nur bedingt um Heilswege handeln. Ihnen ist nämlich nur insofern eine heiligende Kraft, eine Heilsnähe zu eigen, als sie (unbewusst) an derselben Gnade Jesu Christi teilhaben. Nur Christus ist der Weg. Und darum ist alles, was außerhalb Jesu Christi Weg zum Heil ist, allein von ihm her und auf ihn hin, also in Wirklichkeit zu ihm gehörend zu deuten. Auch Nichtchristen und Nichttheisten können des Heils teilhaftig werden (AG 7; LG 16; GS 22), doch besteht ihre Heilsmöglichkeit nicht anders als von Christus her. Wer darum im Geist Jesu Christi handelt, ob er darum weiß oder nicht, lässt in seinem Handeln die Gnade Christi manifest werden. In diesem Sinne gilt: »Wer nicht gegen uns ist, der ist für uns« (Mk 9,40). Aber allein die Christusnachfolge ist der Weg zur Heilsfülle, da Gott auf den Glaubenswegen der nichtchristlichen Religionen nicht in derselben Weise auf den Menschen zukommt wie auf jenem Weg, der Jesus Christus, die vollkommene Selbstmitteilung Gottes an den Menschen, ist.

---

[41] Ebd., Nr. 28.

## c) Heilsrelevanz und Kirche

Wenn die nichtchristlichen Religionen, bedingt durch die religionsgeschichtlichen Veränderungen auf dem Zweiten Vatikanum, theologisch neu bewertet wurden, so ändert dies nichts an der Absolutheit des Christentums. Denn die Offenbarung Gottes hat in Jesus Christus ihr unüberbietbares Maximum gefunden (DV 2), weshalb nach christlichem Verständnis die Religionen eben nicht gleichwertig sind, vielmehr gibt es graduelle Abstufungen. Bezogen auf das göttliche Heil in Jesus Christus vermögen die Religionen nicht alle in derselben Weise heilsfördernd zu sein. Sie tun dies nur, insofern sie Menschen zum göttlichen Heil in Jesus Christus hinführen. Auch die christliche Religion überbietet die anderen Religionen nicht dadurch, dass sie als religiöses System mehr als diese Heil vermittelt, sondern nur, insofern sie mehr als die anderen auf Christus verweist. »[N]icht das System und das Einhalten eines Systems rettet den Menschen, sondern ihn rettet, was mehr ist als alle Systeme und was die Öffnung aller Systeme darstellt: die Liebe und der Glaube, die das eigentliche Ende des Egoismus und der selbstzerstörerischen Hybris sind. Die Religionen helfen so weit zum Heil, so weit sie in diese Haltung hineinführen; sie sind Heilshindernisse, soweit sie den Menschen an dieser Haltung hindern.«[42] Nicht das religiöse System als solches vermittelt Heil – auch nicht das christliche, sondern es tut dies nur, insofern es zu einer Haltung anleitet, in der sich die christliche Botschaft widerspiegelt. Diese kann auch von Menschen verkörpert und gelebt werden, die nicht der christlichen Religion angehören. Alle Menschen guten Willens können grundsätzlich »das ewige Heil erlangen« (LG 16), wobei das Zweite Vatikanum die Heilsmöglichkeit weniger vom Überzeugungsinhalt als vielmehr vom Glaubensvollzug abhängig macht, also von der freien Gewissensentscheidung und einem entsprechenden Lebenswandel.

Grundsätzlich ist es nicht die Religion, die durch ihre Institutionen Heil vermittelt, vielmehr verdankt jeder religiöse Vollzug seine Heilsrelevanz dem Zuvorkommen Gottes in Jesus Christus. Auch das Christentum als die »einzige wahre Religion« (DH 1) ist nicht an sich Weg zum Heil, sondern nur im Verweis auf Jesus Christus, in dem »Gott selbst ... dem Menschengeschlecht Kenntnis gegeben [hat] von dem Weg, auf dem die Menschen, ihm dienend, in Christus erlöst und selig werden können.« (DH 1). Diese wichtige Unterscheidung wird nicht immer eingehalten, wie u. a. die letzte Erklärung der Glaubenskongregation »Dominus Jesus« (6. August 2000) belegt. In ihr wird zu Recht darauf insistiert, dass »die heilbringende Gnade Gottes ... immer

---

[42] *J. Ratzinger*, Das neue Volk Gottes. Entwürfe zur Ekklesiologie, Düsseldorf 1969, 356.

durch Christus im Heiligen Geist geschenkt wird«, dann aber im weiteren Verlauf untersagt, »die Kirche als einen Heilsweg neben jenen in den anderen Religionen zu betrachten, die komplementär zur Kirche, ja im Grunde ihr gleichwertig wären«.[43] Die Bezeichnung der Kirche als Heilsweg ist theologisch höchst fragwürdig. Denn genau betrachtet trägt nicht die christliche Religion bzw. Kirche das Heilsgeschehen, vielmehr ist Jesus Christus allein »der Weg und die Wahrheit und das Leben« (Joh 14,6). Die Kirche ist Sakrament, Zeichen und Werkzeug des Heiles (LG 1, 9, 48, 59), nicht aber das Heil bzw. der Heilsweg selbst. Die Kirche mit dem Heilswegcharakter zu versehen bedeutet, ökumenisch und interreligiös unzulässige Barrieren aufzurichten, die das Zweite Vatikanum mit der Wende vom Ekklesiozentrismus hin zum Christozentrismus bewusst überwinden wollte.

Der gegenwärtigen religionsgeschichtlichen Situation Rechnung zu tragen kann nicht bedeuten, liberalistischen Strömungen zu folgen bzw. eine »Abrüstung des Christusbekenntnisses«[44] vorzunehmen, wohl aber die Christozentrik zu beachten und die Rolle von Christentum und Kirche nicht zum Heilsweg hochzustilisieren. Wer die Geschichte der »heilige[n] Kirche der sündigen Christen«[45] kennt, weiß, dass sich diese nicht selten mehr als Heilserschwernis denn als Heilshilfe erwiesen hat. In dieser Hinsicht steht die Kirche nicht über den anderen Religionen, sondern weiß sich, wie diese, zur ständigen Reform angehalten (LG 8).

*d) Heilschance – Heilssituation*

Das Christusereignis stellt nach wie vor den objektiven Höhepunkt der Religionsgeschichte dar. Aufgrund dieses Ereignisses – nicht wegen der Kirche als solcher – sind die Heilsmöglichkeiten im Christentum von jenen in anderen Religionen zu unterscheiden. Die »deutlichere und reine reflexe Erfassung [bietet] an sich auch wieder die größere Heilschance für den einzelnen Menschen …, als wenn er nur ein anonymer Christ wäre.«[46] Wie aber verhält es

---

[43] *Kongregation für die Glaubenslehre*, Erklärung Dominus Jesus. Über die Einzigkeit und die Heilsuniversalität Jesu Christi und der Kirche (6. August 2000) (VApSt 148), hg. v. Sekretariat der Deutschen Bischofskonferenz, Bonn 2000, Nr. 21.

[44] *R. Bernhardt*, Deabsolutierung der Christologie?: J. Werbick, M. v. Brück (Hg.), Der einzige Weg zum Heil? Die Herausforderung des christlichen Absolutheitsanspruchs durch pluralistische Religionstheologien (QD 143), Freiburg i. Br. 1993, 144–200, hier 145.

[45] *P. Neuner*, Die heilige Kirche der sündigen Christen, Regensburg 2002.

[46] *K. Rahner*, Das Christentum und die nichtchristlichen Religionen: ders., Schriften zur Theologie V (²1964), 136–158, hier 156.

Offenbarungsfrage

sich angesichts dieser »Heilschancenungleichheit« mit der Voraussetzung des allgemeinen Heilswillens Gottes? Gott will ja, »dass alle Menschen gerettet werden und zur Erkenntnis der Wahrheit gelangen« (1 Tim 2,4).

Bert van der Heijden hat im Anschluss an Karl Rahner vorgeschlagen[47], zwischen Heilschance und Heilssituation zu differenzieren. Dabei bezog er die Heilschance auf das endgültige Heil und verstand die Heilssituation im Sinne der konkreten Stellung des Menschen vor Gott. Gemäß dieser Unterscheidung betrifft die Heilsbedeutung der Religionen die Heilssituation des Menschen, nicht aber dessen Heilschance, die unabhängig von den Religionen für alle Menschen gleich ist: Der religionslose Heide und die Angehörigen nichtchristlicher Religionen haben dieselbe Heilschance wie die Christen. Gott kann allen Menschen, unabhängig von ihren jeweiligen Lebensumständen und ihren inneren Entwicklungen, die gleiche Heilschance gewähren – gemäß seinem universalen Heilswillen. Wenn sich also auch die Heilssituationen entsprechend des erreichten und erreichbaren Grades heilshafter Gottesbeziehung unterscheiden, so beeinflusst dies dennoch nicht die Heilschance bzw. allgemeine Heilsmöglichkeit.

Rahner selbst sprach davon, »daß die größere Gnade auch die höhere Gefahr ist, daß von dem mehr verlangt wird, dem mehr gegeben ist, und er nicht weiß, ob er dem gerecht wird«.[48] Nach diesem Verständnis halten sich »größeres Angebot und größere Verantwortung die Waage, wenn man überhaupt die Größe der Heilschance abschätzen will.«[49] Die Unterscheidung zwischen Heilschance und Heilssituation ist hilfreich, um angesichts unterschiedlicher Grade von Heilswegen dennoch am universalen Heilswillen Gottes festhalten und ihn einsichtig machen zu können. Gottes Selbsterschließung erreicht jeden Menschen, in welcher Situation er sich auch befinden mag, wodurch sich eine echte Heilschance eröffnet, d. h., die Möglichkeit einer gelebten Gottesbeziehung geschenkt wird.

Die Gottesbeziehung impliziert die Transformation des Menschen im Sinne einer immer größeren Offenheit für Gott. Im Blick auf diesen Transformationsvorgang kommt den Religionen jeweils eine unterschiedliche Heilsbedeutung zu, weshalb nicht alle in gleicher Weise heilsfördernd und

---

[47] *B. van der Heijden*, Karl Rahner, Darstellung und Kritik seiner Grundpositionen, Einsiedeln 1973, 293 f.

[48] *K. Rahner*, Dogmatische Randbemerkungen zur »Kirchenfrömmigkeit«: ders., Schriften zur Theologie V (²1964), 379–410, hier 401.

[49] *B. van der Heijden*, Karl Rahner, Darstellung und Kritik seiner Grundpositionen, Einsiedeln 1973, 294.

darum auch nicht unterschiedslos als Heilswege zu qualifizieren sind. Am Absolutheitsanspruch des Christentums festzuhalten bedeutet nicht, den universalen Heilswillen Gottes zu leugnen bzw. den Menschen unterschiedliche Heilschancen einzuräumen, wohl aber die Heilssituation in den Religionen theologisch differenziert zu beurteilen. Kriterium ist dabei das Heil in Jesus Christus. Die Redeweise von den unterschiedlichen Heilssituationen bei gleicher Heilschance findet ihre Berechtigung im Blick auf die Texte des Zweiten Vatikanums, wo im Kontext der Heilserlangung die Religionen »auf das Gottesvolk auf verschiedene Weise hingeordnet« werden (LG 16) und so die Differenzen in der Heilssituation, bezogen auf die größere oder geringere Nähe zum Gott des Heils und seiner heilsgeschichtlichen Selbstmitteilung in Jesus Christus, markiert werden.

*e) Religionen als Missionsobjekt*
Wenn sich Gott aus Freiheit den Menschen um deren Heil willen selbst mitteilt, dann sind unterschiedliche Formen göttlicher Selbstoffenbarung innerhalb der Heilsgeschichte denkbar und qualitative Abstufungen der Heilssituationen möglich. Eine bessere Heilssituation impliziert zwar einen gewissen Überbietungsanspruch, nicht aber zwangsläufig die Haltung religiöser bzw. kultureller Überheblichkeit. Die Überzeugung von der Einzigkeit und Unvergleichlichkeit des Christentums war zwar ein wichtiger Faktor des westlichen Imperialismus, seine moralische und religiöse Stütze, doch diese Hypothek der Vergangenheit ist auch Verpflichtung für die Zukunft: Aus dem Überbietungsanspruch darf kein Triumphalismus abgeleitet werden, der sich dann für die anderen Kulturen und Religionen nur noch verhängnisvoll auswirken kann. Stattdessen bedeutet eine bessere Heilssituation eine größere Verantwortung. Aus ihr erwächst für das Christentum die Pflicht, »den Dialog mit den nichtchristlichen Religionen und Kulturen« (AG 34) zu suchen, um die Menschen zur volleren Teilhabe am Christusgeheimnis zu führen.

Missionierung in diesem Sinne bedeutet also mehr als möglichst viele Einzelkonversionen; es geht nicht nur um die Universalisierung der christlichen Hoffnung für alle, vielmehr haben die Religionen selbst Objekt und Ziel der Evangelisation zu sein. Nicht nur die Menschen, sondern auch die Religionen sind somit Adressaten der erlösenden Wahrheit des Evangeliums, damit sie sich gegenseitig bereichern, der Welt helfen, sich zu erneuern und immer mehr auf die größere, befreiende Wahrheit zugehen, die Jesus Christus ist (Joh 8,32). Es muss das Ziel der Verkündigung des Wortes Gottes sein, »die Kultur und die Kulturen des Menschen im vollen und umfassenden Sinn, den

Offenbarungsfrage

diese Begriffe in Gaudium et spes (vgl. Nr. 53) haben, zu evangelisieren«[50], einschließlich der Religionen.

Die Dialogfähigkeit des Christentums wird durch den Absolutheitsanspruch nicht gefährdet. Denn christliche Theologie weiß trotz ihres Überzeugtseins von der Wahrheits- und Heilsfülle in Jesus Christus um ihren eschatologischen Vorbehalt: Weder die Kirche noch einzelne Christen können »die Länge und Breite, die Höhe und Tiefe« der Heilstat Gottes in Jesus Christus je ausschöpfen (Eph 3,18). Auch hier ist also zwischen der christlichen Lehre und der Art, wie sie kirchlicherseits zur Darstellung gebracht wird, eigens zu differenzieren. Die ganze Wahrheit, die Gott ist, kann von keinem Menschen bzw. keiner Religion je vollkommen erfasst werden. »Auch Christen können nicht beanspruchen, ihn, den Unbegreiflichen zu begreifen, ihn, den Unerforschlichen erfaßt zu haben.«[51]

Weil die Bedeutung Jesu für die menschliche Gotteserkenntnis nur in einem geschichtlichen, unabgeschlossenen Prozess erfasst werden kann, hat auch die christliche Theologie prinzipiell korrekturfähig zu sein und kann von anderen Religionen durchaus lernen und von ihnen zu einer vertieften Erkenntnis des Heilsweges, des Geheimnisses Christi, angeleitet werden. Der christliche Heilsanspruch legitimiert also keineswegs die Vereinnahmung bzw. Geringschätzung anderer Religionen und Kulturen; die Einzigkeit der christlichen Heilsordnung begründet keinen Imperialismus, sondern verpflichtet zur uneingeschränkten Diakonie, ähnlich wie die göttliche Liebe dem Menschen bis zum Äußersten zugeneigt ist und ihn darin gerade nicht vereinnahmt, sondern zu neuer Freiheit befreit (Gal 4,21–5,6; 2 Kor 3,17; Joh 16,7–15).

Die größere Heilssituation des Christentums bedeutet, Menschen, Kulturen und Religionen verantwortlich, mit Hilfe des Dialogs zur Christusbegegnung zu führen und damit zu ihrer eigenen Erfüllung. Dabei ist all das positiv zu würdigen, was in den anderen Religionen wahr und heilig ist, insofern es nur auf Christus hin transparent ist. Weil Jesus Christus das Maß von allem Guten und Wahren ist, sind die Werte anderer Religionen an ihm kritisch zu messen, von ihm her zu intensivieren und zur Vollendung zu bringen (AG 9). Jesus Christus ist die integrative Gestalt, in ihm können alle Religionen ihre Fülle erlangen und die Wege der Religionen zueinander finden. »*In dialektischer Einheit ... von Anerkennung und Ablehnung soll das Christentum unter*

---

[50] *Papst Paul VI.*, Apostolisches Mahnschreiben »Evangelii nuntiandi«. Über die Evangelisierung in der Welt von heute (8. Dezember 1975), Nr. 20.
[51] *H. Küng*, Theologie im Aufbruch, München 1987, 305.

*den Weltreligionen seinen Dienst leisten: als* kritischer Katalysator und Kristallisationspunkt *ihrer religiösen, moralischen, meditativen, asketischen, ästhetischen Werte.*«[52] Maßstab und Kriterium ist dabei Jesus Christus – nicht die Kirche; das weitet den Blick, schenkt Gelassenheit und Toleranz. Denn noch wichtiger als die formelle Kirchenzugehörigkeit ist die lebendige Christusbezogenheit.

Durch die bessere Heilssituation ist das Christentum zudem in die Pflicht genommen, für die Einheit der Welt Sorge zu tragen, soll doch in Christus, der »unser Friede« ist (Eph 2,14), alles vereint werden (Eph 1,10). Die größere Verantwortung ist damit nicht zuletzt eine religiös-ökumenische Verantwortung. Sie hat sich in der bewussten Sorge um den Frieden unter den Religionen, ihrer Solidarisierung und Initiative für den Weltfrieden, niederzuschlagen. Gerade für das Christentum besteht eine entscheidende Aufgabe in der Fragestellung, was die Religionen zum Aufbau von Toleranz und gegenseitiger Achtung, zur Verständigung und Versöhnung, zur Stiftung von wahrem Frieden, »der alles Verstehen übersteigt« (Phil 4,7), beizutragen vermögen.

Die enge Korrelation zwischen Religions- und Weltfrieden und die besondere Verantwortung des Christentums brachte Papst Johannes Paul II. mit seinen zweimaligen, gemeinsamen Gebetstreffen für den Frieden der Welt mit Vertretern aller großen Weltreligionen in Assisi beeindruckend zum Ausdruck. Ebenso kam er der besonderen Aufgabe der Kirche, »Zeichen und Werkzeug für die innigste Vereinigung mit Gott wie auch für die Einheit der ganzen Menschheit« (LG 1) zu sein, in seinen zahlreichen Friedensaufrufen und -appellen nach, besonders eindrücklich und für viele überzeugend im Vorfeld des Zweiten Golfkriegs (2003). Dieses Friedensengagement hat sich beim ersten interreligiösen Weltfriedensgebet fortgesetzt, das auf Einladung des Bistums Aachen und der katholischen Laien-Organisation Sant'Egidio unter dem Motto »Zwischen Krieg und Frieden: Religionen und Kulturen begegnen sich« im September 2003 in Aachen stattgefunden und mit der feierlichen Unterzeichung eines Friedensappells geendet hat.

Der »Dienst der Versöhnung« (2 Kor 5,18) ist eine der vornehmsten Aufgaben des Christentums, er muss sich allen Krisenherden dieser Welt zuwenden – dies gilt gegenwärtig besonders im Blick auf den Friedensprozess im Nahen Osten. Die Kirche ist aufgerufen, Spannungen und Konflikte in der Welt überwinden zu helfen und »all das bereitzustellen, was dem Frieden dient« (GS 77). Sie ist angehalten, sich zusammen mit allen friedliebenden Menschen für mehr Gerechtigkeit einzusetzen, den Frieden zu fördern und

---

[52] *Ders.*, Christ sein, München 1974, 104.

dem Aufbau der Völkergemeinschaft zu dienen (GS 77–90), so dass nicht nur im interreligiösen Gespräch der christliche Heilsweg bekundet, sondern im Krisen- und Konfliktfall auch der größeren Verantwortung nachgekommen und miteinander der Weg des Friedens gesucht wird.

## 2.3. Wahrheitsfrage und interreligiöser Dialog

*Ch. Böttigheimer*, Die Relevanz der Wahrheitsfrage für den interreligiösen Dialog. Eine religionstheologische Fragestellung: Jesus hominis salvator. Christlicher Glaube in moderner Gesellschaft (FS Walter Mixa), hg. v. E. Möde u. a., Regensburg 2006, 121–134; Wahrheit und Toleranz – Gegensätze im interreligiösen Dialog?: StZ 225 (2007), 754–766; *R. Hummel*, Christliche Orientierung im religiösen Pluralismus: R. Pechmann, M. Reppenhagen (Hg.), Mission im Widerspruch. Religionstheologische Fragen heute und Mission morgen, Neukirchen-Vluyn 1999, 90–107.

*a) Notwendigkeit der Wahrheitsfrage*
Nach einer alten, viel zitierten buddhistischen Parabel betasten »alle Religionen ... wie blinde Bettler denselben Elefanten ..., der eine [greift] ein Bein ..., und [hält] es für einen Baumstamm, der andere ein Ohr und [hält] es für ein Palmblatt, der dritte den Schwanz und [hält] ihn für ein Seil ..., keiner aber von allen [erfasst] den ganzen Elefanten.«[53] Zweifellos kann Gott nie begriffen, nie auf den Begriff gebracht werden. Wo Gott denkend begriffen wird, ist es nicht mehr Gott, sagt Augustinus: »si enim comprehendis non est deus (wenn du es begreifst, ist es nicht Gott)«.[54] Gott ist immer noch unendlich mehr als alles, was von ihm selbst im Glauben erfasst und ausgesagt werden kann. Aber erkennen die Religionen auf ihre je spezifische Weise immer nur einen Bruchteil von der göttlichen Wirklichkeit und rühren ihre inhaltlichen Diskrepanzen davon her, dass sie am Ende vom Göttlichen so gut wie nichts erkennen? Wenn dem so wäre, dann wären alle Religionen gleich wahr oder falsch. Das aber widerspricht dem Selbstverständnis der Religionen, die einen Anspruch auf Wahrheit erheben. Mit ihm verbindet sich ein Alleingültigkeitsanspruch: Für die Religionsanhänger stellt sich ihr religiöses System als allein gültig dar und darum als bindend. Religionen beanspruchen, von Gott nicht nur in einem subjektiven, sondern in einem objek-

---

[53] Ebd., 94.
[54] *Augustinus*, Sermo XCVII, 5 (PL 38,663).

tiven wahren Sinn zu reden und die Sinnfrage auf kulturübergreifende, d. h. universale Weise zu lösen.

Es ist notwendig, dass dieser universale Wahrheitsanspruch im interreligiösen Dialog zur Sprache kommt. Im Dialog der Religionen muss es um mehr gehen als um den Austausch von Informationen und eine partnerschaftliche Koexistenz. Theologisch und philosophisch macht der Dialog nur Sinn, wenn die Wahrheitsproblematik nicht ausgeklammert und der Dialog als Instrument gemeinsamer Wahrheitsfindung angesehen und genutzt wird. Er ist »einzig aus Liebe zur Wahrheit« zu führen (GS 92). Wie etwa der christliche Glaube von Anfang an der philosophischen Vernunft zugetan war, so muss eine christliche Religionstheologie alle religiösen Heilskonzeptionen und Existenzmodelle einem eingehenden kritischen und argumentativen Wahrheitsdiskurs unterziehen. Anstatt die Wahrheitsfrage also außer Acht zu lassen, ist sie bewusst anzustreben. »Die Wahrheitsfrage läßt sich in der Theologie nicht umgehen«[55], auch nicht in der christlichen Theologie der Religionen. Die Einsicht, dass sich ein unbedingter Wahrheitsanspruch und der Dialog der Religionen nicht ausschließen, lag schon der Konzilserklärung »Nostra aetate« zugrunde. Der Dialog der Religionen ist auf dem Hintergrund der eigenen Glaubensüberzeugung zu führen, ohne den christlichen Wahrheitsanspruch zu relativieren.

Die Religionstheologie muss damit zur Trägerin eines rationalen Diskurses werden. Doch v. a. in der pluralistischen Religionstheologie findet nicht selten eine Privatisierung der Sinnfrage und eine Inkriminierung der Wahrheitsfrage statt. Zwar wird kein Wahrheitsindifferentismus vertreten, wohl aber wird der Wahrheitsbegriff insofern modifiziert, als auf »*die grundlegenden und fundamentalen Kategorien* wie ›*Geltungsanspruch*‹, ›*Allgemeinverbindlichkeit*‹, ›*Unbedingtheit*‹ und ›*Letztgültigkeit*‹« verzichtet werden soll.[56] So wird die Wahrheitsfrage, weil angeblich unentscheidbar, aus der Religionstheologie verbannt. Nach Paul Knitter gibt es »keinen festen Ort für die Wahrheit«.[57] Aber selbst dort, wo man sich, aus welchen Gründen auch immer, gegenüber der Wahrheitsfrage verweigert oder sie verschweigt, scheint sie am Ende doch durch. Denn jede Unterscheidung und Beurteilung verlangt neben einem ethischen Kriterium auch nach einem theoretischen: Das Gute lässt

---

[55] *W. Kasper*, Wie geht es in der Ökumene weiter? Ein brüderliches Streitgespräch mit Landesbischof Johannes Friedrich: StZ 223 (2005), 147–151, hier 149.
[56] *G. Essen*, Die Wahrheit ins Spiel bringen … Bemerkungen zur gegenwärtigen Diskussion um eine Theologie der Religionen, in: Pastoralblatt 44 (1992), 130–140, hier 132.
[57] *P. F. Knitter*, Nochmals die Absolutheitsfrage. Gründe für eine pluralistische Theologie der Religionen: EvTh 49 (1989), 505–516, hier 508.

sich vom Wahren nicht trennen. Weil sich die Frage nach der Wahrheit nicht umgehen lässt, gilt für den interreligiösen Dialog dasselbe, was Hans Küng in Bezug auf die Ökumene schreibt: »*Die Wahrheit darf nicht geopfert, muß aber neu gefunden werden.* ... Eine Kirche, die die Wahrheit aufgibt, gibt sich selber auf.«[58] Für die Theologie der Religionen muss die Wahrheitsfrage auf der Tagesordnung bleiben.

### b) Wahrheits- und Heilsfrage

An der Wahrheitsfrage ist allein schon um des Heils des Menschen willen festzuhalten. Denn das Sein und Leben in der Wahrheit ist als Heil zu denken und das Sein des Menschen im Heil als Wahrheit. Mit anderen Worten: Wahrheit und Heil sind korrelativ. Das Gelingen der Wahrheit ist das Gelingen des Menschen. Wahrheitssuche und Heilssuche stehen im Dienst gelungenen Menschseins und das bedeutet: Wo immer Heil behauptet wird, ob durch die großen Weltreligionen vermittelt oder aber individuell angeeignet, liegt eine Wahrheitsbehauptung vor, die vor dem Forum der Vernunft ihre Sinnhaftigkeit argumentativ plausibel zu machen hat und sich so als verantwortbar zu erweisen hat.

Wenn sich Wahrheit und Heil gegenseitig bedingen, dann dürfen sie keiner sakrosankten Beliebigkeit überlassen werden. Religionen sind nicht a priori als gleich wahr und soteriologisch als gleichwertig zu bezeichnen. Wenn dem so wäre, hätten die Heilswege der unterschiedlichen Religionen allesamt pauschal als legitime, d. h. theologisch qualifizierte Heilswege zu gelten und die christliche Mission hätte allein die Aufgabe, wie einst Hubertus Halbfas formulierte, »die Achtung vor der fremden Religion [zu] vertiefen und keine andere Sorge [zu] haben, als daß der Hindu ein besserer Hindu, der Buddhist ein besserer Buddhist, der Moslem ein besserer Moslem werde.«[59]

Einen solchen Missionsstandpunkt kann nur einnehmen, wer die Heilsfrage von der Wahrheitsfrage trennt und sie vorschnell den Religionssystemen übereignet, gerade so, als hätten Religionen ein Monopol der Heilsvermittlung. Heil würde immer schon vermittelt, sobald das betreffende System nur Religion heißt, und umgekehrt wären Religionslose eo ipso von jeder Heilsmöglichkeit ausgeschlossen. Ein solcher Heilsstandpunkt wird bereits innerbiblisch verworfen: Heil kann sich auch an der Religionszugehörigkeit vorbei realisieren, wie das Gleichnis vom barmherzigen Samariter exemplarisch ver-

---

[58] *H. Küng*, Die Kirche, Freiburg i. Br. 1967, 345.
[59] *H. Halbfas*, Fundamentalkatechetik. Sprache und Erfahrung im Religionsunterricht, Düsseldorf 1968, 241.

deutlicht (Lk 10,25–37). Dieses Gleichnis zeigt, dass es ein Unterschied ist, ob einer etwas tut, indem er das Gebot einer Religion erfüllt, oder indem er seinem Handeln einen sittlichen Maßstab zugrundelegt. Maßgebend für das Rechtfertigungsgeschehen ist wohl weniger die religiöse Form als vielmehr die sittliche Qualität des Handelns (Mt 25,31–46). Demnach ist es also falsch zu sagen, Hauptsache, man hat eine Religion, den Rest machen die funktionalen Mechanismen des religiösen Systems, ob wahr oder falsch, ob Sinn oder Unsinn.

Soll die Heilsfrage interreligiös sinnvoll diskutierbar sein, darf sie von der Wahrheitsfrage nicht schlechterdings isoliert werden. Wahrheit und Heil hängen aufs Engste miteinander zusammen; die Heilsfrage kann allenfalls subjektiv, nicht aber objektiv von der Wahrheitsfrage getrennt werden. Religionen und ihre Systemkomponenten sind um der Wahrheit und um des Heils des Menschen willen danach zu befragen, wie sie die drei großen Fragen der Menschheit beantworten: Wer bin ich? Was darf ich hoffen? Was muss ich tun? Die christliche Theologie wird ihre Antwort aus dem christlichen Wahrheitsverständnis ableiten. Doch welcher Wahrheit weiß sich der christliche Glaube verpflichtet?

*c) Christliches Wahrheitsverständnis*
Im NT findet sich ein ausgeprägtes und umfassendes Wahrheitsverständnis. Paulus deutet die antike Adäquationstheorie christologisch: Wahrheit wird erkannt in der Identifikation mit Jesus Christus. Die wirkliche und wirksame Wahrheit Gottes ist »ein für allemal« (Hebr 7,27; 9,12; 10,10) gegeben und verwirklicht im Evangelium; hier wird den Glaubenden die Wahrheit offenbart (Gal 2,5.14; 5,7; 2 Kor 4,2; 6,7; 11,10 u. ö.). Christus zu verkündigen heißt, die Wahrheit offen zu lehren (2 Kor 4,2), und so gilt die Predigt des Evangeliums als Wort der Wahrheit (2 Tim 2,15). Wahrheit wird demnach zur christologischen Wahrheit, und darum sind die Merkmale der Wahrheit zugleich Merkmale des Glaubens: Die Wahrheit schenkt Heil, wie der Glaube gerecht macht (2 Thess 2,13).

Bei Johannes wird der Wahrheitsbegriff zu einem theologischen Reflexionsbegriff. Der Begriff »ἀλήθεια« kommt im NT nirgends so oft vor wie im Johanneischen Schrifttum (25-mal im Johannesevangelium und 20-mal in den Johannesbriefen). Er umfasst sowohl die göttliche Wirklichkeit als auch die Christusoffenbarung und dient zur Interpretation des eschatologischen Offenbarungsgeschehens in Jesus Christus. Wahrheit ist nicht einfach der transzendente Gott, sondern der sich offenbarende Gott. Jesus Christus selbst ist der geschichtlich-personale Ort der Offenbarung der Wahrheit Gottes, in der die Menschen geheiligt werden (Joh 17,17–19). In Jesus Christus ist die eschatologisch endgültige Wahrheit über Gott, Mensch, Welt und Geschichte präsent. Christus selber ist die Wahrheit (Joh 14,6), das universale concretum, der umfassende, endgültige Blick auf alle Wirklichkeit. Er ist das Licht, das in der unheilvollen Situation des Menschen die Dinge unverstellt und ein für allemal eschatologisch erschließt. Die johanneische »ἀλήθεια« ist also keine abstrakte Vernunftwahrheit, sondern eine in Jesus Christus geschichtlich konkrete Offenbarungswahrheit. Jesus Christus ist der Weg zum Leben bzw. Heil (Joh 8,31f.; 14,6), in ihm ist alles geoffenbart, was der nach Wahrheit strebende Mensch sucht.[60] Als die Wahrheit des Menschen ist er das Heil des Menschen; »die Gnade und die Wahrheit kamen durch Jesus Christus.« (Joh 1,17)

Paulus und Johannes machen damit Ernst, dass das Heil des Menschen als Wahrheit und das Aus-der-Wahrheit-Sein als Sein-im-Heil zu denken ist. Wahrheit und Heil sind korrelativ und führen zum Leben. Jesus Christus ist die unendliche Erfüllungswirklichkeit menschlicher Wahrheits- wie Heilssuche. Und dieses Heil des Menschen ist nicht irgendeine Gabe Gottes, sondern Gott selbst; es ist ein In-Gott-Sein und damit ein Sein-aus-der-Wahrheit (Joh 18,37). Durch die Offenbarung Gottes werden demzufolge die Menschen nicht nur über ihr Heil in Kenntnis gesetzt, sondern sie werden ins Heil gesetzt, insofern sie an der Wirklichkeit Gottes und an seiner Wahrheit Anteil erhalten. Im biblischen Christusbekenntnis sind also Wahrheitsanspruch und Heilsanspruch von Anfang an eng aufeinander bezogen, und deshalb kann auch der Petrusbrief die stete Bereitschaft einfordern, gegenüber jedem Rechenschaft abzulegen vom λόγος der Hoffnung, die Christen erfüllt (1 Petr 3,15).

Die Selbstoffenbarung Gottes ist Antwort auf die Wahrheits- und Heilssuche des Menschen. Mit dem Fleischwerden des göttlichen λόγος ist die Wahrheit unüberbietbar in der Welt offenbar geworden und darum gibt es keinen anderen Zugang zur Wahrheit als durch Jesus Christus. Die Offenbarungskonstitution »Dei verbum« spricht von Christus als dem »Mittler« und der »Fülle der ganzen Offenbarung« (DV 2). Weil sich Gott, der die Wahrheit und das Heil des Menschen ist, in Christus endgültig und unüberbietbar ausgesprochen hat, erhebt das Christusereignis einen universalen Heils- und Wahrheitsanspruch. Unter dem »Absolutheitsanspruch des Christentums« ist gerade »die endgültige, wesensgemäß nicht mehr überbietbare,

---

[60]  R. *Schnackenburg*, Das Johannesevangelium 2. Teil, Freiburg i. Br. ⁴1985, 280.

exklusive und universale Geltung beanspruchende Selbsterschließung Gottes für alle Menschen aller Zeiten« zu verstehen.[61]

*d) Dialogfähigkeit*

Unumgängliches Kriterium der Wahrheit ist für Christen Gott selbst im fleischgewordenen λόγος Jesus Christus. Dieses universale Wahrheitskriterium ist normativ und verpflichtend, ohne deshalb schon totalitär zu sein. Denn mit dem Christusereignis ist die göttliche Wahrheit »eingebettet in Zeit und Geschichte«[62]; sie ist »in der Geschichte zu erkennen, übersteigt aber diese Geschichte«[63] und darum kann sie vom Menschen in seiner Geschichtsverhaftung immer nur auf vorläufige Weise erfasst werden. Theologische Erkenntnis bleibt »Stückwerk« (1 Kor 13,9) und unterliegt dem eschatologischen Vorbehalt. »[D]ie Länge und Breite, die Höhe und Tiefe« der Heilstat Gottes in Jesus Christus (Eph 3,18) können von Menschen nie ausgeschöpft werden. Zwischen dem Stand des Glaubens und dem Stand des Schauens (Röm 8,24; 2 Kor 5,7) ist deshalb eigens zu differenzieren und das Überzeugtsein von der Wahrheits- und Heilsfülle in Jesus Christus nicht mit dem endgültigen Besitz der Wahrheit zu verwechseln. Auch Christen haben stets nach der je größeren Wahrheit Gottes zu suchen.

Die nie unumstrittene Überzeugung vom Christentum als der religio vera war moralische und religiöse Stütze des westlichen Imperialismus. Diese Hypothek der Vergangenheit ist die Verpflichtung für die Zukunft: Aus der Einzigkeit und Unvergleichlichkeit des Christusereignisses darf kein Triumphalismus abgeleitet werden, der sich dann für andere Kulturen und Religionen nur noch verhängnisvoll auswirken kann. Vielmehr ist die Kirche Jesu Christi pilgernd unterwegs durch Zeit und Geschichte und sie wird von Christus, ihrem Haupt, stets zu seiner Vollendung gerufen (Eph 4,13; Kol 2,2). Definitive Wahrheitskriterien verhindern deshalb so lange keinen echten Dialog, wie eingeräumt wird, dass das christliche Bekenntnis nie frei von Verdunkelung ist.

Die Bedeutung Jesu Christi für die menschliche Gotteserkenntnis ist nur in einem geschichtlichen, unabgeschlossenen Kommunikationsprozess zu erfassen; um sie ist immer wieder neu zu ringen. Dabei ist allen Dialogpartnern eine grundsätzliche Wahrheitsfähigkeit zuzuerkennen, wirkt doch Gottes Geist nicht nur innerkirchlich (Joh 3,8). Die christliche Theologie muss »sich

---

[61] *W. Kasper*, Absolutheitsanspruch des Christentums: SM I (1967), 39–44, hier 39.
[62] *Papst Johannes Paul II.*, Enzyklika »Fides et ratio«. Über das Verhältnis von Glauben und Vernunft (14.9.1998) (VapSt 135), hg. v. Sekretariat der Deutschen Bischofskonferenz, Bonn 1998, Nr. 11.
[63] Ebd., Nr. 95.

für die mögliche Wahrheit des Andern offen halten«, »dessen Religion [durchaus] ein Ort echter Gottbegegnung« sein kann[64]; sie hat stets mit der Möglichkeit zu rechnen, auch von anderen Religionen zur vertieften Erkenntnis des Heilsweges angeleitet zu werden. Aus diesem Grund ist der christliche Dialogpartner nicht nur Mitteilender, sondern auch Zuhörender, nicht nur Gebender, sondern ebenso Empfangender – alle können voneinander lernen. Ein Sich-beansprucht-Wissen von der Wahrheit Gottes in Jesus Christus schließt nicht aus, mit anderen religiösen Überzeugungen in einen fruchtbaren Diskurs einzutreten, der nicht sogleich unter dem Zwang der Selbstbestätigung, unter Abwehr des Anderen steht. Vielmehr kann ein interreligiöser Dialog zunächst eine Einladung zur Selbstprüfung auf der Suche nach einer volleren Wahrheitserkenntnis sein. Zu einem solchen Diskurs fordert die Pastoralkonstitution des Zweiten Vatikanums ausdrücklich auf; sie plädiert für die Möglichkeit des Lernens vom Anderen bzw. allen Menschen: »Freude und Hoffnung, Trauer und Angst der Menschen von heute, besonders der Armen und Bedrängten aller Art, sind auch Freude und Hoffnung, Trauer und Angst der Jünger Christi. Und es gibt nichts wahrhaft Menschliches, das nicht in ihren Herzen seinen Widerhall fände.« (GS 1)

*e)  Wahrheit und Tun*
Maßstab und Kriterium der Wahrheit ist Jesus Christus und die in ihm begegnende Liebe Gottes. Daraus folgt: Gottes Wahrheit ereignet sich weder abstrakt noch isoliert vom Menschen, sondern sie fordert den Menschen ganz ein, so wie Jesus Christus sich vom Willen Gottes ganz und gar einfordern ließ. Mit der Wahrheit verbindet sich demnach die Freiheit – Ort der Wahrheit ist die Freiheitsgeschichte des Menschen. Wie Gottes Liebe dem Menschen bis zum Äußersten zugeneigt ist und ihn darin gerade nicht vereinnahmt, sondern zu neuer Freiheit befreit (Gal 4,21–5,6; 2 Kor 3,17; Joh 16,7–15), so möchte der christliche Glaube zusammen mit den anderen Religionen in einem freien, von der Liebe bestimmten Diskurs um die Wahrheit ringen, ohne den Anderen in seiner Freiheit zu beschneiden. Freilich fordert der interreligiöse Dialog neben dem Respekt vor der Freiheit des religiös Anderen auch den Gehorsam gegenüber der Wahrheit, von der Christen sich beansprucht wissen. Nichtsdestotrotz ist der interreligiöse Dialog frei von Zwängen, weshalb der Gesprächsausgang auch nicht vorherbestimmt werden kann. »[W]ahrheitsinteressierte Dialoge [sind] der Art ..., dass es auf allen

---

[64] *H. Kessler*, Trialog zwischen Juden, Christen und Muslimen. Überlegungen aus einer christlichen Perspektive: StZ 223 (2005), 171–182, hier 172.

Seiten Korrekturen geben kann und somit kein Dialogteilnehmer völlig unverändert den Dialog verlässt«.[65] Wahrheit und Liebe bzw. Freiheit gehören untrennbar zusammen; »Wir wollen uns, von der Liebe geleitet, an die Wahrheit halten« (Eph 4,15).

Weil »Wahrheit nur in der Freiheitsgeschichte des Menschen auf[geht]«, darum »[g]ehören Wahrheit und Bewährung zusammen«.[66] Nach Franz Rosenzweigs »messianische[r] Wahrheitstheorie« bedeutet »Bewähren ... das Zustimmen zur Wahrheit. Zustimmen ... meint, dass der Mensch in der Zustimmung mit der Wahrheit zusammen zu stimmen beginnt.«[67] Wahrheit, freie Zustimmung und Bewährung bilden eine Einheit. Menschen sollen der religiösen Wahrheit frei zustimmen und darin die Übereinstimmung mit den von ihnen erkannten Wahrheiten entdecken. Insofern gibt es keine abstrakt theoretische Zugangsweise zur Wahrheit Gottes; nur »[w]er ... die Wahrheit tut, kommt zum Licht« (Joh 3,21). Bei diesem Tun der Wahrheit weiß sich der christliche Glaube insbesondere zur uneingeschränkten, diakonischen Hinwendung zum Anderen, der Gottes Ebenbild ist (Gen 1,27), verpflichtet. Die Wahrheit ist also nicht nur zu denken, sie ist auch zu tun (Joh 7,16 f.). Orthodoxie und Orthopraxie bedingen sich gegenseitig; zwischen ihnen besteht eine Dialektik, die im interreligiösen Dialog nicht einseitig aufgelöst werden darf.

Religiöse Erfahrungen können ihre intersubjektive Geltung nur dadurch aufweisen, indem sie sich für das Selbst- und Weltverständnis als relevant erweisen. Aus diesem Grund haben die Wahrheitsansprüche der verschiedenen Religionen im interreligiösen Dialog miteinander zu wetteifern »um die tiefere, überzeugendere und einheitlichere Interpretation des menschlichen Daseins und der Welt«.[68] Auch das Christentum hat seinen Wahrheitsanspruch im hermeneutischen Wettstreit mit anderen Wahrheitsansprüchen deduktiv einzulösen. Die Religionen können nur dann beanspruchen, wahre Heilswege zu sein, wenn sie bereit sind, ihren Wahrheitsanspruch auszuweisen (1 Petr 3,15). Der Streit der Religionen muss letztlich ein Streit um die Wahrheit der Religion sein.

Ferner hängen Wahrheit und Glaube aufs Engste miteinander zusammen. Denn Wahrheit ist nur im Glauben voll zugänglich; der »Glaube ist [dem-

---

[65] H. *Waldenfels*, Christus und die Religionen, Regensburg 2002, 116.
[66] P. *Hünermann*, Wahrheit der Kirche, Ein Essay: A. Raffelt (Hg.), Weg und Weite (FS K. Lehmann), Freiburg i. Br. 2001, 615–630, hier 618.
[67] Ebd., 617.
[68] W. *Pannenberg*, Die Religionen als Thema der Theologie. Die Relevanz der Religionen für das Selbstverständnis der Theologie: ThQ 169 (1989), 99–110, hier 105.

Offenbarungsfrage

nach] ein Weg in die Wahrheit.«[69] Diesen Weg beschreitet, wer mit Hilfe göttlicher Gnade, die in Christus offenbar geworden ist und jeden Menschen umfängt, die Wahrheit aufrichtigen Herzens sucht und sich ihr übereignet. Glaube und Wahrheit sind von Gott ermächtigte und vom Menschen in seiner ganzen Person zu vollziehende Ereignisse. Wo immer der Weg des Glaubens verantwortet beschritten wird, sind die zum Vorschein kommenden Wahrheiten ernst zu nehmen und Heilsmöglichkeiten einzuräumen. Und alle Menschen, die guten Willens die Wahrheit suchen und sie mit Hilfe göttlicher Gnade tun, sind schon jetzt in einer unsichtbaren Gottesgemeinschaft miteinander verbunden.

Nach Augustinus erstreckt sich das Volk Gottes auf alle Gerechtfertigten innerhalb dieser Weltzeit.[70] Das Gottesvolk ist demnach umfassender als das Christentum und die Kirche. Auf das Volk Gottes ist nach der Kirchenkonstitution sogar der hingeordnet, der »das Evangelium Christi und seine Kirche ohne Schuld nicht kennt, Gott aber aus ehrlichem Herzen sucht, [und] seinen im Anruf des Gewissens erkannten Willen unter dem Einfluß der Gnade in der Tat zu erfüllen trachtet« (LG 16). Wer also guten Willens und dank Gottes Geist den Weg in die Wahrheit sucht und ihn unter Wirkung der göttlichen Gnade beschreitet, der »kann das ewige Heil erlangen.« (LG 16) Selbst Nichtchristen und Nichttheisten können demnach zum Volk Gottes gehören und dank göttlicher Gnade des Heils teilhaftig werden.

Wesentlich vorbereitet wurde diese Auffassung von Karl Rahner mit seiner Lehre vom »anonymen Christen« bzw. »anonymen Christentum«: Der Heide ist ihr zufolge nicht einfach ein Mensch, der mit der Gnade und Wahrheit Gottes noch in keinerlei Berührung gekommen ist. Möglicherweise hat er die Gnade Gottes schon längst erfahren, »weil diese Gnade als apriorischer Horizont aller seiner geistigen Vollzüge zwar nicht gegenständlich gewußt, aber subjektiv mitbewußt ist.«[71] Selbst der Mensch, der meint, nicht an Gott zu glauben, oder einen solchen Begriff als widersprüchlich ablehnt, nimmt Gott dann unthematisch als solchen an, »wenn er sich selbst mit seiner unbegrenzten Transzendentalität in Freiheit annimmt.«[72] Indem der Mensch das Absolute bejaht, bewusst oder unbewusst, erkennt er sich als Wesen der Transzendenz. Damit ist nicht einfach jeder Mensch ein »anonymer Christ« –

---

[69] *P. Hünermann*, Wahrheit der Kirche, Ein Essay: A. Raffelt (Hg.), Weg und Weite, FS K. Lehmann, Freiburg i. Br. 2001, 615–630, hier 621.
[70] *Augustinus*, De Praed. Sanct. 14,27 (PL 44,980).
[71] *K. Rahner*, Das Christentum und die nichtchristlichen Religionen: ders., Schriften zur Theologie V (²1964), 136–158, hier 155.
[72] *Ders.*, Anonymer und expliziter Glaube: ebd., XII (1975), 76–84, hier 80.

damit wäre wenig gewonnen –, sondern nur der, der seinem sittlichen Gewissen nicht zuwiderhandelt: »Die einzige Grenze ist die gehorsame Treue zum eigenen Gewissen«.[73] Hier stellt sich indes weniger das Problem einer unzulässigen Vereinnahmung des Anderen als vielmehr die Frage, wie der Andere gerade in seiner Andersheit noch gewürdigt werden kann.

## 3. Offenbarungsverständnis der Weltreligionen

### 3.1. Personale Transzendenzkonzeptionen

*H. Waldenfels*, Kontextuelle Fundamentaltheologie, Paderborn ³2000, 230–238; *H. von Glasenapp*, Die fünf großen Religionen, Teil II, Düsseldorf 1952, 385–435; *H. G. Pöhlmann*, Wer war Jesus von Nazareth? Gütersloh ⁸2002, 13–54; *F. Hesse*, Die israelitisch-jüdische Religion in vorchristlicher Zeit: F. Heiler, Die Religionen der Menschheit in Vergangenheit und Gegenwart, ²1962, 562–599; *A. Schimmel*, Der Islam: ebd., 784–876; *M. u. U. Tworuschka* (Hg.), Die Welt der Religionen. Geschichte – Glaubenssätze – Gegenwart, München 2006, 118–181; 242–297; *A. Sharma* (Hg.), Innenansichten der großen Religionen, Frankfurt a. M. 2000, 389–640; *H. Küng, J. van Ess*, Christentum und Weltreligionen: Islam, Gütersloh ²1990, 22–39: *A. Th. Khoury*, Muhammad. Der Prophet und seine Botschaft, Freiburg i. Br. ²2008, 86–150.

*a) Judentum*
Clemens Thoma hat das Judentum umschrieben »als eine ethnische Bundesgemeinschaft mit dem Gott Israels, welche im Besitz des Landes Israel und der Sprachen Israels sowie in einer Aktualisierung der eigenen Vergangenheit und der Zukunftserwartungen ihre wichtigsten Fixpunkte besitzt.«[74] Es sind also im Wesentlichen vier entscheidende Eckpunkte, innerhalb derer sich die jüdische Religiosität bewegt: Bund, Land, Vergangenheitserinnerung und Zukunftsverheißung.

Mit dem Judentum ist das Christentum sowohl in seiner Vorgeschichte als auch in der Person des Juden Jesus von Nazareth verbunden. Gemeinsam mit den Juden bekennt es sich zu demselben, einen Gott Abrahams, Isaaks und Jakobs, der auch der Gott Jesu Christi ist. Aus diesem Grund hat die jüdische Thora in die Hl. Schrift Aufnahme gefunden. Doch das Judentum ist nicht

---

[73] *Ders.*, Bemerkungen zum Problem des »anonymen Christen«: ebd., X (1964), 531–546, hier 535.
[74] *C. Thoma*, Judentum: SM II (1968), 983–993, hier 989.

einfach im Christentum aufgegangen: Es lebt als das auserwählte Volk Gottes bis in die Gegenwart hinein fort.

Wenn die jüdische Religion die christliche Offenbarung auch nicht anerkennt, so kann sie doch in phänomenologischer und theologischer Hinsicht als Offenbarungsreligion gelten. Es ist nämlich keine andere Offenbarung, sondern eine teilweise andere, konkurrierende Religion auf der Basis eines weitgehend übereinstimmenden Offenbarungsereignisses. Für das Judentum ist es die Sinaioffenbarung, die Offenbarung der Thora, um die sich alles dreht, während aus neutestamentlicher Sicht die Christusoffenbarung zentral ist, sie ist Mitte und Sinn des Ganzen. Soweit eine Offenbarung angenommen wird, ist das Offenbarungsereignis auf zwei Gruppen beschränkt: einerseits auf die Erscheinungen Gottes (Ex 3,1 f.; Ez 11,24) bzw. Erfahrungen der göttlichen Epiphanie und andererseits auf die Worte und Weisungen Gottes (Geschenk der Thora). Dem Judentum und Christentum ist offenbarungstheologisch gemeinsam:

- *Monotheistischer Glaube:* Gemeinsam ist die Auffassung, dass Gott in der Geschichte der Welt, die er geschaffen hat, frei handelnd und sprechend gegenwärtig ist, so dass der Mensch, den er nach seinem Bild geschaffen hat, Gottes Wort vernehmen und ihm frei antworten kann. Allerdings ist dieser Bund seitens der Menschen gefährdet, wobei die Untreue der Menschen aber Gottes Treue nicht aufhebt. Aus diesem Grund ist Gott nicht nur Schöpfer der Erde, sondern zugleich auch ihr Erlöser. In diesem Zusammenhang kommt der jüdischen Geschichte eine besondere Rolle zu: JHWH hat sich das Volk Israel als besonderes Eigentum auserwählt und sich ihm in geschichtlichen Selbsterweisen, in der Thora sowie in den Propheten offenbart. Er schließt mit den Israeliten einen Bund und schenkt ihnen im Dekalog Wegorientierung gemäß seinen Verheißungen.
- *Jesus als Jude:* Jesus gehörte dem jüdisch-palästinischen Milieu des 1. Jh.s an. Der Gott der Juden war auch sein Gott und er teilte die Ängste und Hoffnungen Israels. Als Jude wuchs er inmitten einer jüdischen Familie und dem jüdischen Volk auf. Vor diesem Hintergrund gab es im 20. Jh. erstaunliche Bemühung im Judentum um eine Verständigung bezüglich der Person Jesu Christi und ihrer Bedeutsamkeit. Die Geschichte der jüdischen Neueinstellung zu Jesus gleicht einer Geschichte der Heimholung Jesu in sein Volk bzw. der Wiederentdeckung seiner jüdischen Herkunft. Martin Buber (1878–1965) etwa nennt Jesus »meinen großen Bruder«[75], muss aber seinen Messiasanspruch zurückweisen, ansonsten müsste er

---

[75] M. *Buber*, Zwei Glaubensweisen, Zürich 1950, 11.

Christ werden; Schalom Ben-Chorin (1913–1999) greift das Wort Bubers auf, indem er Jesus gleichfalls als »den ewigen Bruder« bzw. »*jüdische[n] Bruder*«[76] bezeichnet, dann aber ebenso feststellt: »Der Glaube Jesu einigt uns, ... aber der Glaube an Jesus trennt uns«[77]; einer der kühnsten Grenzgänger war Pinchas Lapide (1922–1997). Während für ihn das Christentum eine Wer-Religion ist, versteht er das Judentum als Was-Religion. »Das Christentum ist ... eine *Wer-Religion*, da seine Grundfragen das Wesen der Gottheit betreffen. *Wer* ist der Schöpfer des Weltalls? *Wer* ist sein Sohn? *Wer* ist ein wahrer Christ? Das Judentum hingegen ist eher eine *Was-Religion*, das auf die tief schürfenden Wer-Fragen verzichtet und pragmatisch festzustellen hofft, *was* Gott auf Erden erwirkt hat, *was* seinem Willen entspricht und – im kühnsten Fall – *was* Er mit uns vorhat.«[78]

Das Judentum und Christentum trennt in ihrem Offenbarungsverständnis:

• *Inkarnation:* Das Christentum erkennt Jesus eine Einzigartigkeit zu, die von den Juden geleugnet wird. Konkret betrifft dies Jesu Gottessohnschaft im Sinne der Wesensgleichheit mit JHWH, die welterlösende Kraft seines Kreuzestodes, die Auferstehung und seine eschatologische Mittlerrolle zwischen Gott und der Welt. Damit verbunden verliert das genealogisch auf Abraham zurückgehende Volk Israel seine Bedeutung, exklusiver Träger der göttlichen Offenbarung zu sein (Mt 3,9). Näherhin macht nicht der Messiastitel, den das Christentum Jesus von Nazareth zuerkennt, den zentralen Dissens im christlich-jüdischen Dialog aus, sondern die Inkarnation des Sohnes Gottes und damit das Gottesverständnis im engeren Sinn. Gewichtige Einwürfe bewegen sich auf der philosophischen Ebene:

  * *Emmanuel Lévinas:* Lévinas verfolgt in seiner Philosophie in erster Linie ein ethisches Anliegen, bezeichnet deswegen nicht die Metaphysik als Erste Philosophie, sondern die Ethik, und sucht das Gute jenseits des Seins. Gott ist für ihn der Garant, dass das Gute in der Moral letzten Endes siegen wird: Der Messias wird kommen, indem der Mensch Gutes tut.[79] Von daher weitet Lévinas in »Un dieu homme«[80] die messianische Verantwortung auf alle Menschen aus: Nach ihm

---

[76] *Schalom Ben-Chorin*, Bruder Jesus. Der Nazarener in jüdischer Sicht, München ²1978, 11.
[77] Ebd.
[78] *P. E. Lapide*, Juden und Christen. Verleitung zum Dialog, Zürich 1976, 43.
[79] *E. Lévinas*, Messianische Texte: ders., Schwierige Freiheit. Versuch über das Judentum, Frankfurt a. M. ²1996, 58–103, hier 93–95.
[80] *Ders.*, Un Dieu homme?: Entre nous. Essais sur le penser-à-l'autre, Paris 1991, 69–76; dt:

liegt der trennende Unterschied zwischen Christlichem und Jüdischem nicht in der Idee, dass Gott sich erniedrigt, weil Transzendenz in ihrem Sein nicht anders als demütig gedacht werden könne (1 Kön 19,1–13; Jes 57,15): Wahrheit zeigt sich als verfolgte Wahrheit, als Unterbrechung menschlichen Systemwillens. Der Gedanke der Inkarnation Gottes darf allerdings nach Lévinas nicht dahingehend missverstanden werden, als wäre Gott anwesend und präsent wie anderes innerweltlich Seiendes. Gott dürfe nicht zu einem Thema oder Gegenstand menschlichen Denkens gemacht werden, sondern muss ethisch verstanden werden. Er habe auf dem Antlitz des Anderen seine Spur hinterlassen, so dass das Ich als inkarniertes Subjekt nicht anders könne, als ihm, der mich stört, mein letztes Stück Brot zu schenken, das ich selber zum Überleben nötig hätte.[81] Erlösung geschehe nicht durch die Abgabe meiner Verantwortung an einen anderen Messias, sondern durch die Übernahme meiner Verantwortung für die Welt.

\* *Jean-François Lyotard:* Lyotard interpretiert das christlich-jüdische Bilderverbot (Ex 20,4; Dtn 4,15–18) anders als Lévinas und erinnert an die rabbinische Frage, ob am Sinai mehr zu hören gewesen wäre als ein Aleph (א)[82], als ein stimmloser Hinweis darauf, dass es einen gibt, der mehr ist und auf den hin moralisch (dem Gesetz getreu) gehandelt werden muss.[83] Von daher bedeutet für ihn die Idee der Inkarnation ein Zurückfallen hinter das Bilderverbot, weil von einem inkarnierten Gott sicher Offenbarung und Gebot zu erhalten ist, so dass das Christentum eine gestimmte Stimme denkt[84], wohingegen Lyotard für die Geheimnishaftigkeit und Nicht-Eindeutigkeit Gottes plädiert, woraus auch die Interpretationsnotwendigkeit für sein Gebot resultiert.

\* *Jacques Derrida:* Die Figur des Messianischen nimmt bei Derrida einen breiten Raum ein. Allerdings denkt er einen Messianismus ohne Messias, weil dieser eine eindeutige Bestimmung wäre, er wäre die

---

Menschwerdung Gottes?: Zwischen uns. Versuche über das Denken an den Anderen, München 1995, 73–82.

[81] *Ders.*, Jenseits des Seins oder anders als Sein geschieht, Freiburg i. Br. 1998, 134, 149, 164, 166, 168 f., 174 f., 178, 304, 312.

[82] *J.-F. Lyotard*, Vor dem Gesetz, nach dem Gesetz: E. Weber (Hg.), Jüdisches Denken in Frankreich, Frankfurt a. M. 1994, 157–182, hier 161–163.

[83] *Ders.*, Von einem Bindestrich: ders., E. Gruber (Hg.), Ein Bindestrich – Zwischen »Jüdisch« und »Christlich«, Düsseldorf 1995, 27–51, hier 27.

[84] Ebd., 45.

Erfüllung einer Hoffnung, die sich dadurch auszeichnet, dass sie nicht erfüllt werden kann[85]: Innerweltlich und mit weltlichen Kategorien ist das Ende der Zeit und der Geschichte nicht zu denken und das ›Danach‹ bzw. ›Dahinter‹ erst recht nicht. Ähnlich radikal betont Derrida: die Abwesenheit, Ausständigkeit, Jenseitigkeit und Geheimnishaftigkeit Gottes: Gott darf nicht in der Zeit oder an einem Platz verortet werden. Dies hängt auch mit Derridas: Kampf gegen den vereindeutigenden Logozentrismus zusammen, dem gegenüber er für die Vorrangigkeit und Mehrdeutigkeit der Schrift eintritt, da diese immer wieder neu angeeignet werden muss und so nicht Gefahr läuft, präsentisch und eindeutig missverstanden zu werden. Trotz all seiner Kritik an zentralen christlichen Gedanken ist Derridas Idee der Gabe nicht unbedeutsam für den Versuch, Inkarnation zu denken. »Gabe« und damit auch die Gabe des eigenen Lebens »gibt es nur, wenn es keine Reziprozität gibt, keine Rückkehr, keinen Tausch, weder Gegengabe noch Schuld.«[86] Von hierher könnte man Jesu Selbsthingabe als reine Gabe deuten, die nichts verlangt und nicht darauf aus ist, dass Jesus selber etwas für seine Gabe erhält. Jesus gibt nur, gibt sich als Leib und Blut. »Damit es Gabe gibt, *ist es nötig,* daß der Gabenempfänger nicht zurückgibt, nicht begleicht, nicht tilgt, nicht abträgt, keinen Vertrag schließt und niemals in ein Schuldverhältnis tritt.«[87]

Weitere Einwände argumentieren aposteriorisch: Die Menschwerdung des Sohnes Gottes kann das Judentum deshalb nicht annehmen, weil ihm das Wort Gottes, so, wie es vom Judentum gehört wird, dies nicht ausdrückt und der jüdische Glaube es auch nicht bezeugt. »Die gegenseitige Begegnung von Ich und Du in ihrer Unmittelbarkeit erweist sich für Buber zugleich als einzig tragfähige Basis, auch von der Unmittelbarkeit des Menschen gegenüber dem ewigen Du zu sprechen … Wenn sich das Judentum als inkarnationslose Gottesbeziehung versteht, dann verweist Bubers negierende Sprechweise schon darauf, daß die Lehre von der Inkarnation wohl so etwas wie Vermittlung bedeuten müsse. Damit fällt das Christentum mit seinem zentralen Dogma von der ›Fleischwerdung‹ aus der Gott-Unmittelbarkeit heraus.«[88]

---

[85] *J. Derrida,* Glaube und Wissen. Die beiden Quellen der »Religion« an den Grenzen der bloßen Vernunft: ders., G. Vattimo (Hg.), Die Religion, Frankfurt a.M. 2001, 9–124, hier 31 f.

[86] *Ders.,* Falschgeld. Zeit geben I, München 1993, 22 f.

[87] Ebd., 24.

[88] *J. Wohlmuth,* Zum unterscheidend Jüdischen bei Martin Buber – Bemerkungen zu einer

- *Messianität:* Das Dokument der Päpstlichen Bibelkommission »Das jüdische Volk und seine Heilige Schrift in der christlichen Bibel« sagt, dass »die jüdische Messiaserwartung ... nicht gegenstandlos« sei, sie hat Sinn und Berechtigung.[89] Der jüdischen, nachbiblischen Messiashoffnung wird also von kirchlicher Seite aus eine höchst positive Qualität zugesprochen. Die »Christen können und müssen zugeben, dass die jüdische Lesung der Bibel eine mögliche Leseweise darstellt, die sich organisch aus der jüdischen Heiligen Schrift der Zeit des Zweiten Tempels ergibt, in Analogie zur christlichen Leseweise, die sich parallel entwickelte. Jede dieser beiden Leseweisen bleibt der jeweiligen Glaubenssicht treu, deren Frucht und Ausdruck sie ist. So ist die eine nicht auf die andere rückführbar.« (Nr. 22) Die jüdische Leseweise oder Kommentartradition ist demnach nicht Abirrung oder Verfälschung eines ursprünglichen Sinns, sondern eine sich organisch aus der Bibel Israels ergebende Möglichkeit. »Wir wie sie leben von der Erwartung. Der Unterschied ist nur, dass Derjenige, der kommen wird, die Züge Jesu tragen wird, der schon gekommen ist, unter uns gegenwärtig ist und handelt.« (Nr. 21). Die jetzige jüdische Messiashoffnung schließt zwar den Glauben an Jesus als den Messias aus, sie wird aber in der Parusie ihr Nein überwinden und zur Anerkennung des Wiederkommenden finden. So scheint die Spannung befristet. Der jüdische Religionsphilosoph Martin Buber sagte einmal bei einem Seminar für Juden und Christen: »Wir haben viel gemeinsam. Ihr Christen glaubt, dass der Messias schon einmal hier war, wieder weggegangen ist und dass er wiederkommen wird. Wir Juden glauben, dass er kommen wird, aber dass er noch nicht hier war. Mein Vorschlag: Lasst uns doch zusammen auf ihn warten. Und wenn er kommt, können wir ihn ja selbst fragen, ob er schon einmal hier gewesen ist. Und ich werde in der Nähe stehen und ihm ins Ohr flüstern: Sag nichts!«[90]
- *Trinität:* Das Christentum hat die konkrete Manifestation Gottes in der Welt in das Gottesverständnis selbst mit aufgenommen, was im Trinitätsdogma seinen Ausdruck gefunden hat. Demgegenüber kennt das jüdische Denken zwar auch verschiedene Formen der Gegenwart Gottes in der

---

Rede von 1930 in Stuttgart: ders., Im Geheimnis einander nahe. Theologische Aufsätze zum Verhältnis von Judentum und Christentum, Paderborn 1996, 29–39, hier 32.
[89] Päpstliche Bibelkommission, »Das jüdische Volk und seine Heilige Schrift in der christlichen Bibel« (24. Mai 2001) (VApSt 152), Bonn 2001, Nr. 21.
[90] Zit. nach: *J. Friedrich*, 1. Advent – 1.12.1996. Matthäus 21,1–9: GPM, 4 (1996), 13–19, hier 18.

Welt (Name, Herrlichkeit, Weisheit etc.), ohne aber beides in Einheit zu begreifen.

Die Stellungnahme »Dabru Emet«[91] stellt in acht Thesen Neuansätze zu einer jüdischen Interpretation des Christentums vor und ist das Ergebnis eines jahrelangen Diskussionsprozesses einer kleinen Gruppe jüdischer Wissenschaftler mit Erfahrungen im christlich-jüdischen Dialog. Mittlerweile haben sich über 300 weitere Unterzeichner angeschlossen. Ausgangspunkt ist die Feststellung, dass sich ein »beispielloser Wandel der christlich-jüdischen Beziehungen« (S. 9) durch die beeindruckenden Veränderungen der christlichen Einstellung vollzogen hat. Die Christen erkennen den »unverändert gültigen Bund Gottes mit dem jüdischen Volk« an und würdigen »den Beitrag des Judentums zur Weltkultur und zum christlichen Glauben selbst« (ebd.). Die Autoren sehen sich aufgefordert, als Juden darüber nachzudenken, was das Judentum dem Christentum sagen kann. Sie erläutern:

- »*Juden und Christen beten den gleichen Gott an.* … Wenngleich der christliche Gottesdienst für Juden keine annehmbare religiöse Alternative darstellt, freuen wir uns als jüdische Theologen darüber, dass Abermillionen von Menschen durch das Christentum in eine Beziehung zum Gott Israels getreten sind.« (S. 9 f.)

- »*Juden und Christen stützen sich auf die Autorität ein und desselben Buches – die Bibel* … und ziehen aus ihm ähnliche Lehren: Gott schuf und erhält das Universum; Gott ging mit dem Volk Israel einen Bund ein und es ist Gottes Wort, das Israel zu einem Leben in Gerechtigkeit leitet; schließlich wird Gott Israel und die gesamte Welt erlösen. Gleichwohl interpretieren Juden und Christen die Bibel in vielen Punkten unterschiedlich. Diese Unterschiede müssen immer respektiert werden.« (S. 10)

- »*Christen können den Anspruch des jüdischen Volkes auf das Land Israel respektieren.*« (ebd.)

- »*Juden und Christen anerkennen* … die unveräußerliche Heiligkeit und Würde eines jeden Menschen. … (Dies) … kann die Grundlage für ein verbessertes Verhältnis zwischen unseren beiden Gemeinschaften … [und] auch zur Grundlage eines kraftvollen Zeugnisses für die gesamte Menschheit werden.« (ebd.)

- »*Der Nazismus war kein christliches Phänomen*« und »kein zwangsläufiges Produkt des Christentums. Wäre den Nationalsozialisten die Vernichtung

---

[91] *National Jewish Scholars Projects*, Dabru Emet. Eine jüdische Stellungnahme zu Christen und Christentum vom 10. September 2000: R. Kampling, M. Weinrich (Hg.), Dabru emet – redet Wahrheit. Eine jüdische Herausforderung zum Dialog mit den Christen, Gütersloher 2003, 9–12. Die Seitenangaben im Text beziehen sich hierauf.

der Juden in vollem Umfang gelungen, hätte sich ihre mörderische Raserei weitaus unmittelbarer gegen die Christen gerichtet.« (ebd.)

- »*Der nach menschlichem Ermessen unüberwindbare Unterschied zwischen Juden und Christen wird nicht eher ausgeräumt werden, bis Gott die gesamte Welt erlösen wird.* … So wie Juden die Treue der Christen gegenüber ihrer Offenbarung anerkennen, so erwarten auch wir von Christen, dass sie unsere Treue unserer Offenbarung gegenüber respektieren.« (S. 11)
- »*Ein neues Verhältnis zwischen Juden und Christen wird* … nicht zu einer unangebrachten Vermischung von Judentum und Christentum führen. Wir respektieren das Christentum als einen Glauben, der innerhalb des Judentums entstand und nach wie vor wesentliche Kontakte zu ihm hat.« (ebd.)
- »*Juden und Christen müssen sich gemeinsam für Gerechtigkeit und Frieden einsetzen.* … Obgleich Gerechtigkeit und Frieden letztlich in Gottes Hand liegen, werden unsere gemeinsamen Anstrengungen … helfen, das Königreich Gottes … herbeizuführen.« (ebd.)

Der jüdisch-christliche Dialog wurde durch die Karfreitagsfürbitte des außerordentlichen Ritus (2008) schwer belastet, da diese Fürbitte implizit die Frage der Judenmission erneut aufwarf. In der daraufhin entbrannten Debatte zeigte sich, dass die die Frage der Judenmission katholischerseits keineswegs ausdiskutiert ist. Während der jüdisch-christliche Gesprächskreis des Zentralkomitees der deutschen Katholiken eine Judenmission explizit verwarf, sich gleichwohl zum Dialog zwischen Juden und Christen bekannte[92], sah sich Bischof Gerhard Ludwig Müller, Vorsitzender der Ökumenekommission der Deutschen Bischofskonferenz, zu einer Richtigstellung genötigt, in welcher er besonders die Bedeutung des Christusbekenntnisses herausstrich.[93] Genau betrachtet ging es in der Debatte weniger um die Frage der Judenmission, als vielmehr um die Stellung des christlichen Bekenntnisses im jüdisch-christlichen Dialog.[94]

[92] Nein zur Judenmission – Ja zum Dialog zwischen Juden und Christen. Erklärung des Gesprächskreises »Juden und Christen« beim Zentralkomitee der deutschen Katholiken, Bonn 2009.
[93] G. L. Müller, Das Christus-Bekenntnis der Kirche im christlich-jüdischen Dialog. Stellungnahme zur Erklärung des Gesprächskreises »Juden und Christen« beim Zentralkomitee der deutschen Katholiken »Nein zur Judenmission – Ja zum Dialog zwischen Juden und Christen«, in: W. Dettling (Hg.), Das Feuer entfachen. Die Botschaft des Evangeliums in einer globalen Welt (FS Erzbischof Ludwig Schick), Würzburg 2009, 40–52.
[94] H. Frankemölle, J. Wohlmuth (Hg.), Das Heil der Anderen. Problemfeld »Judenmission« (QD 238), Freiburg i. Br. 2010.

## b) Islam

Neben dem Christentum und Judentum erhebt auch der Islam einen Anspruch auf die Offenbarung einer personalen Transzendenz. Die abrahamitischen Religionen stehen theologisch und historisch in einem Zusammenhang und haben sich gegenseitig beeinflusst. Sie beziehen sich auf dieselbe geschichtliche Offenbarung, wenn auch auf ihre je eigene Weise. Es handelt sich also um drei Offenbarungsreligionen, die eigentlich drei Religionen ein und derselben Offenbarungsgeschichte sind. Trotz der gemeinsamen Wurzel bestehen jedoch zwischen dem Offenbarungsverständnis des Christentums und des Islams große Unterschiede, zumal sich der Islam als Konkurrenzreligion zu den beiden anderen abrahamitischen Religionen versteht. Damit scheint die Idee eines Abrahamismus als gemeinsame Basis der drei Weltreligionen als unbegründet.

Mohammed (um 570–632) hatte nach islamischer Tradition im 40. Lebensjahr erste religiöse Visionen, in denen ihm der Erzengel Gabriel erschien. Er brachte ihm ein mit Schriftzeichen besticktes Tuch, gab ihm dreimal den Befehl »Lies!« und würgte ihn dabei mit einem Seidentuch (Sure 96,1–5).[95] Mohammed, der Analphabet gewesen sein soll, hat so während dieser Entrückungszustände (Sure 74,1) den göttlichen Willen empfangen und in arabische Sprache gefasst. Die außergewöhnliche Weise des Wortempfangs ist als Indikator, als psychisches Echtheitszeichen für den göttlichen Ursprung des Empfangs zu denken. Von dem psychisch Außergewöhnlichen wird auf Geistwirkung und göttliche Legitimation geschlossen. Außerdem wird die kunstvolle Sprache des Korans, die als einmalig und unnachahmlich empfunden wird, als Beglaubigungswunder betrachtet.

Islam und Christentum ist offenbarungstheologisch gemeinsam:

- *Monotheistischer Glaube:* Mohammed verweist seine Landsleute an den einen Gott »Allah« (Sure 112), der für ihn kein anderer als der Gott der Juden und Christen ist. Zweimal hat darum das Zweite Vatikanum den islamischen Gottesglauben ausdrücklich mit dem christlichen verbunden (LG 16; NA 3), da auch die Muslime den einzigen Gott anbeten. Papst Johannes Paul II. nannte deshalb die Muslime »Brüder und Schwestern«.[96] Nach der Erklärung »Dominus Jesus« können »Gestalten … anderer Religionen« die Funktion der »teilhabende[n] Mittlerschaft« an der

---

[95] Der Koran. Aus dem Arabischen übers. v. M. Henning. Einleitung und Anmerkungen v. A. Schimmel, Stuttgart 2005.
[96] *F. Gioia*, (Hg.), Interreligious Dialogue. The official teaching of the Catholic Church (1963–1995), Boston 1997, Nr. 363.

Einzigkeit Christi übernehmen.[97] Mohammed könnte so von christlicher Seite als »Botschafter« des einen Gottes, nicht aber als »Siegel der Propheten« anerkannt werden. Für den islamischen Glauben ist Gott Schöpfer (Sure 36,81 f.; 42,49) und Richter (99–101; 81,1–14; 79,42–44) der Welt, die einen Anfang und ein Ende hat und in der sich Schöpfer und Geschöpfe gegenüberstehen – »Nichts ist gleich ihm« (Sure 42,11). In seiner Offenbarung teilt Gott sich mit; er ist also sprechend und ansprechbar, und die Menschen sind zur Antwort fähig. Die Geschichte zwischen Gott und den Geschöpfen ist durch die geschöpfliche Verweigerung des göttlichen Willens geprägt und durch die Zuwendung und Nähe Gottes. Zwar spielt der Heils- und Erlösungsgedanke im Islam keine zentrale Rolle, doch außer Sure 9 ergehen alle Suren »im Namen des barmherzigen und gnädigen Gottes«, so dass die Zuwendung Gottes wie selbstverständlich zur Sprache kommt.

- *Abraham:* Der Koran enthält zahlreiche Hinweise auf Gestalten aus der jüdisch-christlichen Überlieferung wie Adam, Noah, Abraham, Isaak, Jakob, Josef, Moses oder Jesus, in deren Reihe Mohammed das letzte Glied, das »Siegel der Propheten«, bildet. Wiedergegeben werden allerdings nur diejenigen Details der Erzählungen, die sich mit der Kernaussage des Korans decken. Abraham ist eine Schlüsselfigur in der Theologie des Korans. Allerdings unterscheiden sich die Schilderung und Deutung der Stammvatergeschichten im Koran deutlich von denen des AT, insofern Abraham nicht als Stammvater der Juden gilt, sondern als erster Anhänger des muslimischen Glaubens und Errichter der Kaaba in Mekka. Damit eignet sich die Abrahamsgestalt nur bedingt als Integrationsfigur und zur Begründung eines gemeinsam verbindenden Erbes zwischen den drei montheistischen Religionen, denen dennoch der Glaube an Gott nach dem Modell Abrahams gemeinsam ist. Mohammeds Sinnen und Trachten richtete sich auf nichts anderes als die Wiederherstellung der Religion Abrahams (Sure 16,123). Sie war durch die Juden (Sure 2,41.174; 3,71; 5,13.15; 7,165) und Christen (Sure 5,14.73.77.116 f.) korrumpiert worden. »Abraham war weder Jude noch Christ. Vielmehr war er lauteren Glaubens, ein Muslim, und keiner derer, die Gott Gefährten geben.« (Sure 3,67). Gott eröffnet mit Abraham keine neue Erwählungsgeschichte. Die wahre Religion ist schon Adam vollständig geoffenbart worden. Das schließt inhaltlich Neu-

---

[97] *Kongregation für die Glaubenslehre*, Erklärung Dominus Jesus. Über die Einzigkeit und die Heilsuniversalität Jesu Christi und der Kirche (6. August 2000) (VApSt 148), hg. v. Sekretariat der Deutschen Bischofskonferenz, Bonn 2000, Nr. 14.

es aus. Mohammed identifiziert sich im Koran völlig mit dem Glauben Abrahams und versteht sich als dessen Erbe (Sure 33,12; 6,79). Die Echtheit seiner prophetischen Sendung wird hauptsächlich auf die Übereinstimmung seiner Botschaft mit dem Glauben Abrahams gegründet (Sure 87,18–19; 53,36–37). Mohammed ist somit kein Begründer einer neuen Religion, sondern letzter und authentischer Verkünder des Glaubens an den einen Gott, der so alt ist wie die Menschheit. Die Unterscheidung zwischen dem Stammvater Abraham und den Religionsstiftern im Judentum (Mose) und Christentum (Jesus) erlaubt es Mohammed, als Dritter in den Kreis der Abrahamskinder einzutreten. Seine Aufgabe sei es, für die Nachkommen des in die Wüste verstoßenen Abrahamssohnes Ismael Gottes Offenbarung zu verkünden und ihnen die Hl. Schrift zu geben.

- *Gottes- und Nächstenliebe:* Das »Royal Aal al-Bayt Institute for Islamic Thought« in Amman veröffentlichte am 13. Oktober 2007 einen offenen Brief und Aufruf von islamischen Gelehrten an Papst Benedikt XVI. und andere christliche Kirchenführer, der auch wegen der Anzahl der Unterzeichner »Brief der 138« genannt wird. Darin wurde, ausgehend vom Koran und der Bibel, die These vertreten, dem christlichen und islamischen Glauben seien im Kern die zwei Gebote der Liebe gemeinsam. Gottes- und Nächstenliebe seien Bestandteil der »absolut grundlegenden Prinzipien beider Glaubensrichtungen«, so dass die Anhänger beider Religionen im Doppelgebot der Liebe zusammenkommen könnten, so wie es in Sure 3,64 heißt: »Sprich: ›O Volk der Schrift, kommt herbei zu einem gleichen Wort zwischen uns, daß wir nämlich Allah allein dienen und nichts neben Ihn stellen und daß nicht die einen von uns die anderen zu Herren nehmen neben Allah.‹ Und so sie den Rücken kehren, so sprechet: ›Bezeuget, daß wir Muslime sind‹.« Allerdings stellt sich die Frage, ob im koranischen Imperativ zur Sorge um den Nachbarn und Fremden auch das jesuanische Gebot der Nächstenliebe, das an keine ethnischen oder religiösen Grenzen gebunden ist und in der Feindesliebe gipfelt, impliziert ist. Umfasst das Liebesgebot auch die Sorge um die Menschenwürde und die Anerkennung der Menschenrechte, einschließlich der uneingeschränkten Gewissens- und Religionsfreiheit?

Islam und Christentum trennt in ihrem Offenbarungsverständnis:

- *Koran:* Unter den Propheten gibt es eine besondere Gruppe, die sich als Gesandte auszeichnen, da sie von der einen ewigen Schrift (Sure 3,7; 13,39; 43,4) eine Offenbarungsschrift erhalten haben. Es gibt nach islamischer Auffassung vier: die Thora wurde Mose offenbart, die Psalmen David, das NT Jesus und der Koran Mohammed. Die Substanz dieser

Bücher war ursprünglich dieselbe, doch ist es durch die Vergesslichkeit der Menschen zu Verfälschungen gekommen (Sure 34,5–8; 7,157; 61,16). Der Koran wurde als endgültige Schrift herabgesandt, um die Differenzen zu beseitigen. Er gilt im Islam als unmittelbar empfangene Offenbarung, ist Folge des psychisch-extraordinären Offenbarungswiderfahrnisses und beinhaltet den Willen Gottes. Die Offenbarung ist Legitimator für ein unüberbietbares, vollkommenes und absolut zuverlässiges Buch. Ansatzweise liegt hier zwar eine Bejahung der Offenbarungsgeschichte vor, aber als Offenbarungsqualifikator wird ausschließlich der Koran angesehen. Nach religiöser Doktrin hat er einen weit höheren Stellenwert als der Prophet, denn das Wort Gottes ist hier nicht Fleisch (Inkarnation), sondern Buch (Inlibration) geworden. Der Koran ist das unmittelbare Wort Gottes, von dem eine Urschrift im Himmel niedergelegt ist. Nach islamischem Anspruch fasst der Koran nicht nur die ganze Offenbarungsgeschichte zusammen, sondern ersetzt auch die Thora der Juden und das Evangelium der Christen. Der Koran bemüht sich zu zeigen, dass Abraham die reine, unverfälschte Religion besessen habe; ihr entspricht der Islam. Die Muslime beanspruchen die leibliche und glaubensmäßige Abstammung von Abraham, denn dieser wurde von Gott rechtgeleitet, ehe die Thora und das Evangelium offenbart wurden (Sure 3,65), in denen aber schlimme Irrtümer passiert seien. »Nein, die Religion Abrahams, der den rechten Glauben bekannte und kein Götzendiener war (ist unsere Religion)« (Sure 2,135).

- *Maria und Jesus:* Die Erklärung »Nostra aetate«, die Mohammed mit keinem Wort erwähnt, erinnert: »Jesus, den sie [die Muslime] allerdings nicht als Gott anerkennen, verehren sie doch als Propheten, und sie ehren seine jungfräuliche Mutter Maria, die sie bisweilen auch in Frömmigkeit anrufen.« (NA 3). Im Koran wird Maria Wahrhaftige (Sure 5,75) genannt und sie ist Empfängerin einer göttlichen Offenbarung, in der ihr die Geburt Jesu verkündet wurde. Mariae Verkündigung wird im Koran ähnlich wie in den Evangelien erzählt (Sure 3,42–48; 19,16–21). Schon bei der Verkündigung wird Jesus von den Engeln »Jesus Christus, der Sohn der Maria« genannt (Sure 3,45). Er ist von Gott ohne Zutun eines Mannes erschaffen (Sure 3,42–61; 19,35; 21,91); er ist ein Gesandter Gottes (Sure 3,48 f.; 4,157.171; 5,75), aber dennoch nichts als ein Mensch (Sure 2,116; 3,59–63; 4,171; 5,17.72; 9,30 f.; 19,35; 43,57–60). Jesus ist ein wahrer Diener Gottes (Sure 4,172; 19,30; 43,59.172), Muslim, der die Menschen aufruft, ihrerseits Gottesknechte, Muslime zu werden (Sure 19,36). Er hat die Thora bestätigt (Sure 3,50; 61,6) und auf Mohammed verwiesen, der nach ihm kommen wird (Sure 61,6). Die Inkarnation wird kategorisch abgelehnt, weshalb auch Maria nicht θεοτόκος genannt wird: Gott »erschuf ihn aus Erde, alsdann sprach Er zu ihm: ›Sei!‹ und er ward.« (Sure 3,59) In aller Schärfe wird die Gottessohnschaft Jesu zurückgewiesen, um die monotheistische Vorstellung zu wahren (Sure 3,45; 4,171; 5,72; 9,30f.; 112). Die Todesart Jesu wird nicht beschrieben, allein der Kreuzestod wird eindeutig bestritten (Sure 4,157f.). Jesus wurde von Gott in den Himmel aufgenommen (Sure 3,55; 4,158) und er wird nach islamischer Tradition beim Endgericht Zeuge für den rechten Glauben seiner Anhänger sein (Sure 4,159b). Das recht verstandene Christentum ist identisch mit dem Islam: Jesus ist ein Lehrer des Islams. Nichtsdestotrotz trifft der Islam das Christentum insofern an einem zentralen Punkt, als er dessen universalen Heils- und Offenbarungsanspruch bestreitet: Nicht Jesus, sondern Mohammed ist das »Siegel der Propheten« (Sure 33,40). Der Anspruch Mohammeds auf definitive prophetische Autorität widerspricht dem eschatologischen Anspruch Jesu.

- *Gottesbild:* Der Koran spricht von Gott als dem Ewigen, Einzigen, Allmächtigen, Allwissenden und Barmherzigen (Sure 2,255; 59,22–24). Aufgrund seiner göttlichen Erhabenheit bleibt sein Wesen verborgen. Damit werden auch die Gottessohnschaft Jesu und sein Kreuzestod geleugnet und es fehlt das Fundament der christlichen Erlösungslehre. Der Koran kennt weder die Erbsünde (Sure 6,164; 7,28; 17,15; 35,18; 39,7) noch die Erlösung durch Jesus Christus. Nach islamischer Auffassung verhöhnt die Erbsündenlehre und ihre Überwindung durch den Kreuzestod des menschgewordenen Gottessohnes die Majestät und Souveränität Gottes. Jeder Mensch ist vor Gott für seine Sünden selbst verantwortlich (Sure 52,21; 53,38; 56,4–11; 82,19; 99,7f.) und er wird von Gott erlöst, indem dieser seinen Willen, nicht aber sein Wesen kundtut. Die Offenbarung bringt rechte Leitung, Licht und Ermahnung (Sure 5,46) und ist somit Erlösung von der Unwissenheit bzw. vom Heidentum (Sure 3,154). Zum christlichen Offenbarungsverständnis bestehen demnach große Differenzen, wird doch das Christusgeschehen nicht als zentrales Ereignis der göttlichen Offenbarung gesehen, wie auch die Offenbarung überhaupt nicht als Wesensoffenbarung Gottes, sondern als Willensoffenbarung gedacht wird und die Menschen nicht zu Gottes Töchtern und Söhnen werden. Im Gottesbild des Korans ist Gott insofern auch über die Geschichte und allen Wandel erhaben und unfähig zu leiden, ein aus Liebe leidender Gott wie im Christentum ist undenkbar, ebenso seine Begegnung im Nächsten. »Nichts ist gleich Ihm« (Sure 42,11).

- *Trinität:* Dem Islam, der die absolute Einheit Gottes betont, ist eine trinitarische Gottesvorstellung fremd. Die Lehre von der Dreieinigkeit Gottes gilt im Sinne des Tritheismus als eine der schlimmsten Sünden (Sure 5,72 ff.; 4,171) Die christliche Dreifaltigkeitslehre wird als heidnischer Polytheismus verworfen (Sure 5,116). In Gott gibt es keine Zeugungs- oder Hauchungsvorgänge. Doch muss ohne eine reale Selbstmitteilung Gottes die Verbindung von Transzendenz und Immanenz nicht offen bleiben? Nicht nur die Trinität, sondern ebenso der koranische Monotheismus gibt also innerhalb eines christlich-islamischen Dialogs Fragen auf.

Die Väter des Zweiten Vatikanums ermahnen die Christen und Muslime die Zwistigkeiten und Feindschaften der Vergangenheit zu überwinden und »sich aufrichtig um gegenseitiges Verstehen zu bemühen und gemeinsam einzutreten für Schutz und Förderung der sozialen Gerechtigkeit, der sittlichen Güter und nicht zuletzt des Friedens und der Freiheit für alle Menschen.« (NA 3) Dessen ungeachtet herrschen in Christentum und Islam unterschiedliche Offenbarungsverständnisse vor. Ist die Offenbarung im Islam Legitimator für ein Buch (Inlibration), so ist Gottes Wort nach christlichem Verständnis Fleisch geworden (Inkarnation) in der Person des gekreuzigten und auferstandenen Christus. Somit ist der Islam eine Buchreligion par excellence, die keine »Heilsgeschichte im Sinne einer fortschreitenden Offenbarung von Gottes Mysterium« kennt.[98] Das bedeutet ferner, dass Gott im Koran nicht sich selbst offenbart, sondern seinen Willen. Der Koran beinhaltet geoffenbarte Sätze, denen eine unbezweifelbare Gültigkeit zukommt (Sure 2,1) und nicht interpretierbar sind. Sie gelten als unüberbietbar, vollkommen und absolut zuverlässig. Damit nimmt der Koran im Islam eine andere Stellung ein als die Hl. Schrift im Christentum: Er ist »die endgültige, einzigartige und uneingeschränkt authentische Manifestation des Wortes Gottes«.[99]

## 3.2. Apersonale Transzendenzkonzeptionen

*H. Waldenfels*, Kontextuelle Fundamentaltheologie, Paderborn ³2000, 238–247; *H.-G. Pöhlmann*, Wer war Jesus von Nazareth? Gütersloh ⁸2002, 54–70; *H. von Glasenapp*, Die fünf großen Religionen, Teil I, Düsseldorf 1952, 79–151; *M. u. U. Tworuschka* (Hg.), Die Welt der Religionen. Geschichte – Glaubenssätze – Gegenwart, München 2006, 10–117; *A. Sharma* (Hg.), Innenansichten der großen Religionen, Frankfurt

---

[98] *Ch. W. Troll*, Unterscheiden um zu klären. Orientierung im christlich-islamischen Dialog, Freiburg i. Br. 2008, 205.
[99] Ebd., 202.

a. M. 2000, 13–107; 293–386; *H. Küng, H. von Stietencron*, Christentum und Weltreligionen: Hinduismus, Gütersloh 1987, 23–52; 83–103; 123–139; *S. Schlensog*, Der Hinduismus. Glaube – Geschichte – Ethos, München 2006, 168–286; *H. Küng, H. Bechert*, Christentum und Weltreligionen. Buddhismus, Gütersloh ²1990, 22–41; *W. K. Essler, U. Mamat*, Die Philosophie des Buddhismus, Darmstadt 2006, 21–192.

### a) Hinduismus

Beim Hinduismus handelt es sich weder um eine im strengen Sinne einheitliche noch durch Dogmen oder Institutionen abgrenzbare Religion, sondern um ein vielschichtiges Phänomen. »In Indien gibt es eine Vielzahl geschichtlich gewordener Religionen, … ohne dass diese unter das Etikett einer einzigen Religion klassifiziert werden.«[100] Trotz bestehender Unterschiede kann man jedoch von einigen gemeinsamen, verbindenden Begriffen der verschiedenen Glaubensweisen in Indien sprechen. Eine davon ist die Vorstellung, die in der alten, klassischen Sprache Indiens, Sanskrit, Dharma (Rechtschaffenheit und Tugend) genannt wird. Der Begriff bezieht sich auf Ordnung und Sitte, die das Leben und das Universum ermöglichen und aufrechterhalten. Darum nennen die Inder selber ihre Religion meist ewige, unveränderliche Ordnung (Sanatana dharma). Der Begriff »ewige Ordnung« ist für das Dharma zentral; er meint die Ordnung, das Gesetz, die Pflicht. Mit Sanatana dharma ist keine Rechtsordnung gemeint, sondern eine allumfassende, kosmische Ordnung, die alles Leben bestimmt. Weniger als bestimmte Rechte ist hier die große Bestimmung eines Menschen gemeint: Es geht um die Pflichten, die ein Mensch gegenüber Familie, Gesellschaft, Gott und den Göttern hat. An diese Pflichten sollen sich alle halten, unabhängig davon, welcher Kaste oder Klasse sie angehören; bestimmend ist das innerhalb einer Kaste ausgeübte Dharma. Im Hinduismus geht es demnach nicht in erster Linie um Glaubenssätze, nicht um Dogmen oder um Rechtgläubigkeit; der Hinduismus kennt kein Lehramt. Vielmehr geht es um das richtige Handeln, den richtigen Ritus, die Sitte und all das, was gelebte Religiosität ausmacht.

Die vier klassischen Lebensziele (Purusharthas) eines Hindus sind Kama (Streben nach Angenehmem und der Sinnengenuss), Artha (Streben nach Nützlichem und der Erwerb von Wohlstand), Dharma (Bemühen um Rechtschaffenheit und Tugend) und Moksha (Streben nach Befreiung und Erlösung aus dem Kreislauf der Wiedergeburten und Rückkehr des individuellen Selbst, Atman, zum universalen Bewusstsein, Brahman). Das Zweite Vatika-

---

[100] *W. Klausnitzer*, Glaube und Wissen. Lehrbuch der Fundamentaltheologie für Studierende und Religionslehrer, Regensburg 1999, 112.

num beschreibt den Hinduismus so: »[I]m Hinduismus [erforschen] die Menschen das göttliche Geheimnis und bringen es in einem unerschöpflichen Reichtum von Mythen und in tiefdringenden philosophischen Versuchen zum Ausdruck und suchen durch aszetische Lebensformen oder tiefe Meditation oder liebend-vertrauende Zuflucht zu Gott Befreiung von der Enge und Beschränktheit unserer Lage.« (NA 2)

Die meisten Hindus glauben an einen Gott, ein Absolutes, das sie aber je nach Richtung mit einer ganz bestimmten göttlichen Offenbarungsgestalt verbinden. Der Hinduismus kennt also verschiedene, v. a. drei göttliche »Gesichter«, die sich aus dem Pantheon der früheren Götter gelöst haben. Sie sind nicht mit der christlichen Trinität gleichzusetzen:

- *Brahman:* Er ist der in menschlichen Worten nicht zu fassende Schöpfer und Urgrund des Seins. Er tritt in einer der deistischen Gottesauffassung vergleichbaren Weise in den Hintergrund, so dass er kaum noch verehrt wird. Er wird vierarmig dargestellt und hält in den Händen die vier Veden, die als Offenbarung des Gottes gelten. Brahman durchdringt die Dinge in den flüchtigen Erscheinungsformen des Atman. Damit ist das individuelle Selbst oder die Seele gemeint, die aufgrund des guten oder schlechten Karmas, bedingt durch die Lebensführung, höher oder niedriger wiedergeboren wird.

- *Vishnu:* Er ist der Erhalter und Schützer des Alls und als solcher allgegenwärtig und bereit, sich den Menschen zuzuwenden. Mannigfaltig sind die Erscheinungs- und Herkunftgestalten, in denen er sich inkarniert, um die Guten zu belohnen und die Bösen zu bestrafen. Die Vishnuisten glauben an mehrere Inkarnationen des Gottes Vishnu. »Immer wenn der Dharma verfällt und der Adharma zunimmt, erschaffe ich [Vishnu] mich selbst, o Nachkomme des Bharata. Zum Schutz der Guten, zum Zweck der Vernichtung der Übeltäter und der Festigung des Dharma erschaffe ich mich in jedem Zeitalter.«[101] Eine der Manifestationen des Vishnu ist Krishna. In der Bhagavadgita spricht Krishna von den drei klassischen Heilswegen, die den Menschen aus dem Kreislauf des Werdens und Vergehens befreien können: der Weg der Taten, der Erkenntnis und der Liebe.

- *Shiva:* Er ist neben Vishnu einer der zwei wichtigsten Götter des Hinduismus und der große Verwandler der Dinge; als solcher erscheint er widersprüchlich als Gott der Zerstörung und der Zeugung; der Todüberwindung und der Heilsvermittlung; der Ekstase und der meditativen

---

[101] Bhagavadgita. Der vollständige Text mit dem Kommentar Shankaras, unter Heranziehung der Sanskritquellen ins Deutsche übers. v. J. Dünnebier, München 1989, 4,7 f.

Versenkung. Shiva vereinigt somit größte Spannungen und Gegensätze zwischen Dämonischem und Göttlichem in sich. Er ist das letzte Prinzip der Welt und als solches ist er nicht ein Wesen hinter diesen Gegensätzen, sondern er selbst ist diese Polarität, d. h., die Welt ist ein sich selbst erzeugender, dynamischer Prozess. Shiva ist weder Schöpfer, der an eine vorherige Ordnung gebunden ist, noch steht er der Welt gegenüber. Er ist in seiner Bewegung alles in allem. Die Vielfalt der Welt ist von jeher in Shiva, noch bevor er diese manifestiert hat. Insofern Shiva auch die Bewegung ist, verändert die Manifestierung sein inneres Wesen nicht. Wenn auch die Welt ganz und gar in ihm ist, so ist er doch gleichzeitig auch immer transzendent, d. h., er geht nicht im Sinne eines Pantheismus in den Erscheinungsformen auf. Shiva erscheint als Archetyp des asketischen Yogin (einer für heilig gehaltenen Person im Hinduismus, die durch Yoga Erleuchtung erlangt hat), als Liebhaber, der die Welt zeugt, und als ekstatischer Tänzer. Als solcher ist er das schöpferisch-zerstörende Mysterium, das dem manifesten Universum zugrunde liegt. Durch seinen Zaubertanz schafft er die Welt und zerstört sie wieder. Der Tanz ist die kreative Kraft; im Geschehen des Tanzes wird die Ordnung, nach der die zeitlich definierte Bewegung abläuft, von Augenblick zu Augenblick neu geschaffen.

Fragen, die im Dialog zwischen Christentum und Hinduismus von Bedeutung sind, können u. a. sein:

- Der Weg des Menschen zu seinem Selbstverständnis führt über sein Inneres. Die Einmaligkeit menschlicher Existenz, die Einzigartigkeit der einzelnen menschlichen Person, tritt hinter der Eingebundenheit in den natürlichen Kreislauf des Werdens und Vergehens zurück. Wie ist die Stellung des Menschen in der Natur? Wie verhält es sich mit der Personalität und der Würde des Menschen?
- Der Reinkarnationsglaube lässt sich nur schwerlich mit dem Glauben an die Auferstehung versöhnen. Wie und wodurch geschieht Erlösung?
- Wie ist das Gottesbild und wie verhält es sich zum Monotheismus? Ist das Göttliche personal oder apersonal zu denken? Was besagt Offenbarung Gottes? Wie verhalten sich göttliche Dreigesichtigkeit (trimurti) und christlicher Trinitätsglaube, die »Herablassung« des Göttlichen in Menschengestalt (avatara) und die Inkarnation Jesu Christi zueinander?
- Wie verhalten sich Welt und wahre Wirklichkeit zueinander? Wie steht es um die Eschatologie?

*b) Buddhismus*

Der Hinduismus, der auf die Erlösungs- und Heilsfragen der Menschen keine befriedigenden Antworten hatte, ist der bleibende Urgrund des Buddhismus. Buddha, der wie Jesus nichts Schriftliches hinterlassen hat, wollte dem leidenden Menschen helfen, das Leid zu bewältigen und Befreiung und Erlösung zu finden und lehrte die ewige Wahrheit (dharma). In der Welt, die ein Ort unendlichen Elends ist, ist keine Wahrheit, die Wahrheit geschieht vielmehr im Heraustreten aus ihr. So ist die Wahrheitsfrage in der Erlösungsfrage aufgehoben. Die Welt als solche ist Leiden und Wahrheitslosigkeit, nur in der Entweltlichung liegen Wahrheit und Heil. Zu ihr gelangt man durch die »dreifache Zuflucht«: Dharma (authentische Lehre Buddhas), Buddha (persönliches Vorbild) und Samgha (buddhistische Bruderschaft).

Die Erleuchtung hat Buddha das Wissen um seine eigenen früheren Wiedergeburten vermittelt. Ferner erkannte er, dass das Geborenwerden und Sterben der Grund für das Leiden aller Lebewesen sei und Unwissenheit und Leidenschaften endgültig besiegt werden müssten, um dem vom Hinduismus gelehrten verhängnisvollen Kreis der Wiedergeburten entfliehen und zur vollkommenen Leidens- und Bedürfnislosigkeit (Nirvana) gelangen zu können. Es gibt überhaupt kein persönliches Ich, nur eine Kette von Befindlichkeiten, welche die Lebewesen im qualvollen Kreis der Existenzen festhalten. Das persönliche Selbst, die Seele, der Atman des Hinduismus wird als menschliche Projektion in die steten Zyklen des Werdens und Vergehens der Dinge abgelehnt. Alle Lebewesen sind in den Kreis des Werdens und Vergehens eingebunden, und das letzte Ziel ist das Erlöschen gleich einer Kerze im Nirvana. Der Buddhismus betrachtet das Sein als Illusion und das Eigentliche besteht im Nichtsein, dem Nirvana. Nach den durch die Lebensführung (Karma) bedingten Wiedergeburten – entsprechend zum Hinduismus – ist das höchste Ideal das Eingehen in das Nirvana. Die Götter stellen ebenfalls dem Werden und Vergehen unterworfene höhere Stufen der Wiedergeburten dar; doch einen mit Allmacht ausgestatteten Schöpfergott kennt der Buddhismus nicht. Er beansprucht darum Religion ohne Gott zu sein. Man hat vielfach behauptet, der Buddhismus sei eigentlich gar keine Religion, sondern eine Philosophie. Aber eine Philosophie ist der Buddhismus gerade nicht. Er will keine Welterklärung bieten, sondern eine Heilslehre und einen Heilsweg.

Durch die Erfahrung der Erleuchtung erlischt die Flamme der Begierde und der Mensch geht in das Nirvana ein. Buddha war also kein Gottsucher; er erwartete und erfuhr keinen Kontakt zu Göttern oder gar zu einem Gott, noch suchte oder fand er eine übernatürliche Offenbarung, sondern er suchte Erleuchtung. Es geht um keine Erlösung durch Gott, sondern um Erlösung durch Welt- und Selbsterkenntnis. Sie hat Buddha in der »vierfachen edlen Wahrheit« zusammengefasst, in der er die Einsicht in die Ursache und die Überwindung menschlichen Leidens lehrt:

- *Wahrheit des Leidens:* Alles ist leidvoll. Unter dem Leiden versteht der Buddhismus nicht einfach Schmerz im trivialen Sinn: Das Grundgesetz der Welt ist ihre Veränderlichkeit. Der unwissende Mensch strebt nach Permanentem, um seinem eigenen Ich Beständigkeit und Stabilität zu verleihen. Dieser Versuch aber ist von vornherein zum Scheitern verurteilt, da die Wirklichkeit, der ewige Kreislauf der Dinge, das Rad der Wiedergeburten, ihm nicht entspricht. Die Frustration über die Instabilität des Ichs ist das Leiden. Die Welt ist also voller Leiden und alles Leben, das niemals frei von Begierde und Leidenschaft ist, bringt immer neues Leid mit sich.

- *Wahrheit von der Leidensursache:* Die Ursachen für das Leiden können und müssen aufgedeckt werden. Das Leiden, von dem der Mensch zu kurieren ist, ist das Hängen an seinem eigenen Ich, das Begehren nach Befriedigung lebensnotwendiger Triebe – der Selbsterhaltungstrieb.

- *Wahrheit von der Leidenserlösung:* Das Leiden kann beendet werden. Der Ort des Heils ist in der Welt nicht zu finden. Der Weg der Erleuchtung ist der Weg aus dem Durst nach Sein. Der Mensch soll durch die Therapie des Buddhas lernen, sich von seinem eigenen Ich frei zu machen. Er soll den Weg finden von der Ichbezogenheit und Ichverflochtenheit hin zu einer Selbstlosigkeit, die ihn für ein allumfassendes Mitleid frei macht. Erst wenn die Wurzel jeder menschlichen Leidenschaft entfernt wird und die Freiheit von aller Begierde erlangt ist, wird alles menschliche Leiden ein Ende finden. Der Mensch muss das Karma überwinden, d. h. die Summe und Last aller seiner Taten und ihrer Folgen, die sich in seinen früheren Leben angehäuft haben.

- *Wahrheit des praktischen Weges der Leidenserlösung:* Wer den Zustand der Erleuchtung bzw. das Nirvana erreichen möchte, muss angemessen handeln und dem Pfad der Rechtmäßigkeit, dem achtfachen Pfad folgen. Der Buddhist wird dazu angeleitet, die Erleuchtung nicht nur um seiner selbst willen, sondern auch für alle anderen Wesen anzustreben.

Der Buddhismus ist eine Lebenseinstellung zur Erleuchtung, deren Ziel die Befreiung vom Leiden ist, hervorgerufen durch die Unbeständigkeit der Welt. Der Zustand des Bewusstseins der Einheit, das Heil, entzieht sich logischen und begrifflichen Kategorien, es ist im Schweigen Buddhas ausgedrückt. Es lässt sich hierüber lediglich eine negativ gefasste Grenzaussage machen: »Nirvana«, das Erlöschen (der Ich-Anhaftung), wodurch alle Begriffe als leer erscheinen in Bezug auf ein ihnen inhärent zukommendes Wesen. Nirvana ist also im Buddhismus kein der Welt entrückter Ort, sondern eben dieser Zustand des Gelöstseins von allen Dingen und Menschen. Das schweigende Nirvana ist nicht-substanzhaft und nicht-wahrnehmbar weder im epistemologischen noch im ontologischen Sinne. Buddha hat darum auch metaphysische Spekulationen als untunlich zurückgewiesen. Da die Leere eine absolute Leere ist, kann sie auch vollkommene und schöpferische Fülle sein. Nirvana wird darum auch als die eigentliche Realität, das eigentliche Sein bestimmt, das ganz außerhalb der Sinnenwelt, der Illusionen existiert. Es schafft allerdings keine Einzelsubstanzen, sondern ein Gewebe von Beziehungen, eine vollkommene Interrelationalität. Alles ist an der Wurzel seines Seins miteinander verbunden. Diese ursprünglichen Beziehungen sind – in geistig bewusster Wahrnehmung aktualisiert – die Liebe.

Der geschichtliche Buddha war Ausgang verschiedener Initiations- und Überlieferungsketten, in denen ein unmittelbarer Lehrer die Lehre nicht nur auf intellektuelle Art vermittelt, sondern auch als Kraftübertragung, von Bewusstsein zu Bewusstsein, die den Schüler mit Buddhas Geist erfüllt. Auch hier wirkt und lehrt Buddha selbst in einem sog. Seligkeitskörper, der weder an Raum noch Zeit gebunden und nur meditativ wahrnehmbar ist. Die Buddha-Natur ist der unermessliche Grund der Wirklichkeit schlechthin, der ursprüngliche Geist vor jeder Verunreinigung. Der Buddha ist also einerseits eine dem unerleuchteten Bewusstsein außerhalb stehende Realität, andererseits aber die innere wahre Identität jedes Lebewesens selbst, zu der der Mensch erwachen muss.

Die Geschichte des Buddhismus beweist, dass, wann immer ein gewisses Elitedenken sich durchzusetzen droht, eine Gegenbewegung die ursprünglichen Werte wiederherstellt. Beispiele sind das Verhältnis von »Kleinem Fahrzeug« *(Hinayana)* und »Großem Fahrzeug« *(Mahayana):*

- *Hinayana:* Die Götter gibt es, aber sie gehören der Welt des Vorläufigen, nicht des endgültigen Heils an. Diese Sicht ist nur im Hinayana streng durchgehalten.
- *Mahayana:* Das Mahayana kennt viel stärker die soziale Dimension, die Hilfe für die Erlösung des anderen und den Helfer. Aber die Grunderwartung des Einzelnen auf das Erlöschen des Daseins und der Person bleibt doch erhalten, wenn auch weit hinausgeschoben. Innerhalb des Großen Fahrzeugs klingt im sino-japanischen Raum das Verhältnis von Meditationsbuddhismus (jap. Zen-Buddhismus – »durch eigene Anstrengung«) und Glaubensbuddhismus (jap. Amida-Buddhismus – »durch höhere Hilfe«) an.

Das Zweite Vatikanum beschreibt den Buddhismus so: »In den verschiedenen Formen des Buddhismus wird das radikale Ungenügen der veränderlichen Welt [1. Wahrheit] anerkannt und ein Weg [4. Wahrheit] gelehrt, auf dem die Menschen mit frommen und vertrauendem Sinn entweder den Zustand vollkommener Befreiung [3. Wahrheit/kleines Fahrzeug] zu erreichen oder – sei es durch eigene Bemühung, sei es vermittels höherer Hilfe – zur höchsten Erleuchtung [großes Fahrzeug: Meditations- und Glaubensbuddhismus] zu gelangen vermögen.« (NA 2) Buddhisten verstehen die letzte Wirklichkeit, das Absolute, nicht als personale Gottheit, gleichwohl aber gibt es gewisse Parallelen zum Christentum:

- Wie später das Christentum dem Judentum, so bleibt die Buddhabewegung in ihrem Ursprung dem Hinduismus verpflichtet.
- Wie im Christentum steht am Anfang des Buddhismus eine historische Gründergestalt, dem aufgrund seines grundlegenden Erleuchtungserlebnisses der Titel Buddha, der Erleuchtete, Erwachte, geschenkt wurde. Seine Inspiration verdankt Buddha also nicht einem Wort Gottes, sondern der Erleuchtung und dem Erwachen zur wahren Wirklichkeit im Kreislauf der Dinge.

Als »Religion ohne Gott« steht der Buddhismus in entschiedenem Gegensatz zum Christentum:

- Es gibt keine Verehrung des Göttlichen, Gott und Götter fehlen. Wie kommt der Buddhist ohne Gott aus?
- Der Buddhismus versteht sich weniger als ein zu glaubendes Lehrsystem denn als eine Praxis der (Selbst-)Erlösung bzw. Befreiung. Was bedeutet Erlösung? Ist Erlösung nur durch Befreiung von der Welt zu erlangen? Inwiefern kann und soll dann der Mensch noch an der Überwindung des Leidens in der Welt mitwirken? Was ist das Ziel der Welt? Wie verhalten sich ewiges Leben und Nirvana?[102]

---

[102] *H. Waldenfels*, Absolutes Nichts. Zur Grundlegung des Dialogs zwischen Buddhismus und Christentum. Mit einem Geleitwort von Keiji Nishitani, Freiburg i. Br. ³1980.

# Kirchenfrage

# I. Phänomen Kirche

## 1. Einführung zur Kirchenfrage

### 1.1. Kirche als Möglichkeitsbedingung des Glaubens

*E. Biser*, Glaubensverständnis. Grundriß einer hermeneutischen Fundamentaltheologie, Freiburg i. Br. 1975, 149–170; *W. Kasper*, Einführung in den Glauben, Mainz [5]1977, 118–133.

*a) Aufgabenstellung*

Die Kirchenfrage behandelt die theologische Legitimierung und Deutung der Kirche. Die Berufung der Kirche auf Jesus von Nazareth bzw. seine Reich-Gottes-Botschaft soll begründet und die Baugesetze der Kirche sollen reflektierend und argumentierend erhoben werden.

Ausgehend von der Realität Kirche stellt sich die unausweichliche Frage, was sie an sich ist. Wie jede Wirklichkeit, so bedarf auch die Kirche einer Auslegung. Wirklichkeit kann nie unmittelbar erkannt werden; es gibt sie nur als ausgelegte Wirklichkeit. Aufgrund dieses hermeneutischen Umstands können im Blick auf die Kirche verschiedene Theorien und Modelle durchaus miteinander konkurrieren. Sie müssen sich nicht unbedingt ausschließen, sondern können sich auch ergänzen. Jede Ekklesiologie ist ein interpretativer Entwurf bezüglich des vorfindbaren Phänomenkomplexes Kirche. Jede Ekklesiologie arbeitet mit Modellen und Interpretamenten (Volk Gottes, Leib Christi etc.) und stellt einen perspektivischen Zugriff auf die Wirklichkeit Kirche dar.

*b) Glauben und Glaubensgemeinschaft*

Insofern die Fundamentaltheologie als systematisch-theologische Grundlagendisziplin den christlichen Glauben auf seine wesentlichen Fundamente reduziert, gehört die Kirche als Gemeinschaft der Glaubenden mit zu ihren Themengebieten. Die Kirche versteht sich ja als Konsequenz der göttlichen

Selbstoffenbarung in Jesus Christus, als ein Moment des göttlichen Offenbarungsgeschehens und erhebt den Anspruch, die Offenbarung Gottes in Jesus Christus zu vermitteln. So hat sich die Fundamentaltheologie der Kirchenfrage zu stellen, indem sie die Wahrheit der Kirche fundamentaltheologisch darlegt und aufzeigt.

Kirche als Vermittlerin der Offenbarung Gottes ist Bedingung der Möglichkeit des Glaubens. Sie ist gewissermaßen Trägerin des Glaubens und hat die Funktion, den Glauben zu vermitteln und Glaubensmöglichkeiten zu erschließen. Als solches ist sie dem Glauben des Einzelnen vorgeordnet und für dessen Glauben konstitutiv. Der Glaube wird ja primär und ursprünglich nicht geleistet, sondern begehrt, erbeten, empfangen und gewährt. Die Kirche vermag dies zu tun, weil sie eine Gemeinschaft ist, die von diesem Glauben lebt und durch ihn bestimmt ist. Weil der Glaube empfangen wird und vom Hören kommt, gibt es im Glauben einen Primat der Gemeinschaft vor dem Einzelnen. Deshalb besteht auch unter allen christlichen Kirchen Einigkeit, dass die Kirche in das Credo gehört: »Credo unam, sanctam, catholicam et apostolicam Ecclesiam« (Ich glaube an [die] eine, heilige, katholische und apostolische Kirche). Wenn der Glaube vom Verkünden kommt, dann wird der Einzelne durch diesen Vorgang aus sich selbst herausgeführt und in den Zusammenhang mit einer Gemeinschaft gebracht. Glauben heißt, einer Gemeinschaft hinzugefügt zu werden (Apg 2,41). Wer glaubt, glaubt also nie allein.

Wer zum Glauben gelangen will, muss sich der Glaubensgemeinschaft anschließen, er wird in sie aufgenommen und hat an ihr Anteil. Wer glaubt, gehört mit seinem Glauben, der der Glaube der Kirche ist, einer Gemeinschaft an, die ihrerseits durch das verkündigte und gehörte Wort konstituiert ist; sie ist »creatura Verbi«.[1] Das griechische Wort ἐκκλησία (קָהָל: *qahal*) sagt genau dies aus: Kirche ist Gemeinschaft derer, die durch das Wort gerufen und versammelt sind und die, um es zu sein und sein zu können, immer neu gerufen und versammelt werden. Im Gegensatz zur ἐκκλησία der πόλις, die nur eine Versammlung meint, bezeichnet ἐκκλησία im biblischen Sinn das von Gott »berufene und versammelte Volk«.

Die wesentliche Grundstruktur im Glauben, nämlich der Primat des Gegebenen vor dem Aufgegebenen, der Primat des Empfangens vor dem Tun, kommt im Sakrament zum Ausdruck. Es ist eine andere Weise, wie die Kirche in ihrem Tun sich darstellt und äußert, nämlich in der Form der Sichtbarkeit,

---

[1] *M. Luther*, De captivitate Babylonica ecclesiae praeludium (1520): WA 6, 561; 9, 561; 2, 430.

in der Form der Zeichen. Wort und Sakrament sind Lebenszeichen von Kirche. Im Sakrament sind Wort und Zeichen, Hören und Sehen verbunden. Das Wort deutet das Zeichen; zugleich ist das Wort innerhalb des sakramentalen Geschehens ein wirksames, ein Wirklichkeit setzendes, ein performatives Wort. Es ereignet sich jene Wirklichkeit, die im Zeichen angedeutet wird. Beides, Wort und Sakrament, gehen aus der Kirche als ihrer Wurzel hervor und realisieren selbst wiederum Kirche. Auch in dieser Perspektive kommt neben dem Primat des Gegebenen, des Empfangs, der Primat der Gemeinschaft zur Erscheinung: Niemand spendet sich selbst das Sakrament, er empfängt es von einem anderen, der seinerseits die Gemeinschaft repräsentiert und dafür beauftragt ist. Auch als sakramentale Kirche ist die Kirche also Bedingung der Möglichkeit des christlichen Glaubens, sofern sich der Glaube im Sakrament darstellt.

Die aus Wort und Sakrament konstituierte Gemeinschaft ist dem Einzelnen vorgegeben; sie ist der Raum, in dem er seinen eigenen Glauben realisiert und lebt. Die Gläubigen haben aber auch eine gewisse Priorität gegenüber der Kirche. Denn sie ist nicht nur ecclesia bzw. convocatio fidelium, sondern ebenso congregatio fidelium. Das will heißen, die Kirche gibt es nie an sich, unabhängig von den Gläubigen. Convocatio fidelium und congregatio fidelium sind streng korrelativ. Indem der Einzelne seinen Glauben in der Kirche vollzieht, bringt er seine gelebte Glaubenswirklichkeit in die Gemeinschaft der Glaubenden ein und bereichert sie dadurch. Der Glaubende »glaubt nicht für sich allein, sondern in aktueller oder doch wenigstens intentionaler, stellvertretender Gemeinschaft mit den Andern.«[2] Somit bedingen sich das Leben des Glaubens einerseits und die Gemeinschaft der Kirche andererseits gegenseitig, es ist ein Nehmen und Geben.

Kirche als Bedingung der Möglichkeit christlichen Glaubens kann mit dem Primat des Wortes begründet werden, aber auch durch die anthropologische Verflechtung des Glaubens. Der Mensch ist so verfasst, dass er in seiner Existenz nicht von den Zusammenhängen absehen kann, die durch Empfangen, Gewährung, Wort und Gemeinschaft bestimmt sind. Menschliche Existenz ist immer Koexistenz, Dasein ist Mitsein; das Ich erkennt sich in der Begegnung mit dem Du und das Du wiederum erkennt sich, indem es sich zu erkennen gibt. Der Dialog ist der Weg zum λόγος. Sprache, Bildung, Kultur, Kunst, Technik beruhen auf den gleichen Zusammenhängen: dem Hineingenommenwerden des Einzelnen in eine Gemeinschaft, ohne die er ver-

---

[2] E. *Biser*, Glaubensverständnis. Grundriß einer hermeneutischen Fundamentaltheologie, Freiburg i. Br. 1975, 161.

kümmern würde, ja nicht zu sich selbst und zu seinem Eigenen käme. Auf sich selbst gestellt und isoliert wäre menschliches Existieren nicht möglich. So kommt es, dass die Gemeinschaft, die dem Einzelnen vorgegeben ist, den Menschen nicht behindert, sondern zur Bedingung der Möglichkeit seiner selbst wird.

Wenn heute die Dimension des Gesellschaftlichen und Gemeinschaftlichen und die Bedeutung von Institutionen in ihrer Funktion für den Einzelnen deutlicher erkannt werden, dann hat das auch Auswirkungen auf die Glaubensgemeinschaft und auf die Institution Kirche: Es erwacht ein Gespür für die Funktion der Glaubensgemeinschaft und die Institution der Glaubenden als Bedingung der Möglichkeit des Glaubens für den Einzelnen.

Sowohl von der Besonderheit des christlichen Glaubens als auch von der Grundbefindlichkeit des Menschen ist also ein Zugang zur Kirche unter fundamentaltheologischem Aspekt zu gewinnen, nämlich als Bedingung der Möglichkeit des Glaubens. Die Eigenart des christlichen Glaubens ist dadurch zu bestimmen, dass gesehen wird, wie das Phänomen des Vorgegebenen, des Empfangens, des Hörens, der Gemeinschaft eine menschliche Urgegebenheit ist.

## 1.2. Kirche als Thema der Apologetik

*H. Wagner*, Einführung in die Fundamentaltheologie, Darmstadt ²1996, 19–24; *H. J. Pottmeyer*, Die Frage nach der wahren Kirche: HFTh 3 (²2000), 159–184; *H. Döring*, Demonstratio catholica: ders., A. Kreiner, P. Schmidt-Leukel, Den Glauben denken. Neue Wege der Fundamentaltheologie (QD 147), Freiburg i. Br. 1993, 147–244.

### a) Ausbildung des Ekklesiologietraktats

Christliche Theologie bewegt sich immer schon im Raum der Kirche. Denn der christliche Glaube, den die Theologie zum Gegenstand hat, impliziert ja die Kirche als die Gemeinschaft der Glaubenden. Damit ist Kirche nicht nur die Bedingung der Möglichkeit des Glaubens, sondern auch die Bedingung der Möglichkeit von Theologie. Umgekehrt folgt daraus, dass Theologie ihrerseits ein Selbstvollzug von Kirche ist. Als Grundbedingung allen Theologisierens ist das Thema Kirche implizit in jeder theologischen Reflexion enthalten. Mit anderen Worten: Ekklesiologie ist transzendental in jeder Theologie als deren Möglichkeitsbedingung mitgegeben. Unter diesem Aspekt betrachtet, ist die Ekklesiologie der Fundamentaltheologie als der theologischen Grundwissenschaft in besonderem Maße zugewiesen.

Die Kirche wurde erst in der Neuzeit, bedingt durch die konfessionellen Kontroversen, zum eigenständigen Gegenstand theologischer Reflexion. Bis das Thema Kirche traktatbildend wurde, waren die Einzelaussagen über die Kirche in der Theologie weit versprengt (Christologie, Soteriologie, Gnaden- und Sakramententheologie). Überlegungen, welches die Kriterien der wahren Kirche Gottes sind, wurden in der Theologie- und Kirchengeschichte jedoch von Anfang an angestellt. Im Mittelalter erschienen erste Monographien, die die Kennzeichen der Kirche einer ausführlichen Erörterung unterzogen. Infolge des Konziliarismus (15. Jh.) und der Reformation (16. Jh.) entstanden dann eine Fülle von Schriften, die sich in kontroverstheologischer Absicht der Frage nach der wahren Kirche annahmen. Jetzt wurde die Ekklesiologie zu einem Traktat der konfessionellen Apologetik. In der sog. demonstratio catholica brachte man die weit versprengten ekklesiologischen Aussagen nun in eine theologisch-systematische Ordnung.

Ziel der konfessionellen Apologetik war die Selbstverteidigung der eigenen Konfession gegenüber den konkurrierenden Ansprüchen anderer »Kirchentümer«. Jede Konfession rekurrierte nicht nur auf die Kirchengründung durch Jesus, sondern auch auf dessen Einsetzung der jeweiligen Kirchenordnung. Während der Ursprung der Kirche in Jesus Christus immer vorausgesetzt wurde, kulminierte die Auseinandersetzung in der Begründung der jeweils eigenen Kirchenordnung. Dabei wurde der eigene theologische Standpunkt nicht selten in kontroverstheologischer Absicht über die Maßen akzentuiert und zugespitzt. Denn man glaubte, die je eigene Konfession nur im Gegensatz zur anderen Konfession bestimmen zu können.

Während sich die Kirchen der Reformation auf die Treue zum Evangelium beriefen und damit die inhaltliche Kontinuität betonten, setzte die katholische Kirche auf ihre geschichtlich-institutionelle Kontinuität (successio apostolica). Die katholische Sichtweise wurde ermöglicht durch die seit Augustinus geläufige Aufteilung des einen Mysteriums Kirche in eine sichtbare (ecclesia sacramentorum) und eine verborgene Kirche (ecclesia sanctorum). Für die neuscholastische Apologetik galt die Kirche als eine von Christus gestiftete sichtbare Institution (societas), deren Eigenschaften im Sinne des aristotelischen Kausalitätsdenkens kommentiert wurden. Bestimmend war die Idee der äußeren Wirkursächlichkeit. Die Kirche besteht gemäß dem aristotelischen System aus vier Ursachen:

*   *causa materialis:* Kirche besteht aus sichtbaren Menschen, den Gläubigen; doch das Material macht die Kirche nicht zur Kirche, sondern die causa formalis und causa efficiens, denen darum die größte Bedeutung zukommt.

- *causa formalis:* Kirche wird unter der Leitung der Hierarchie unterscheidbar und sichtbar; das Papsttum macht die Kirche zu dem, was sie ist. Petrus ist das höchste sichtbare Zeichen der Einheit.
- *causa finalis:* Kirche besteht, damit die Glieder geheiligt und erlöst werden.
- *causa efficiens:* Kirche ist Stiftung Christi. Das besagt die Übertragung der »potestas docendi, sanctificandi et regendi« (Lehr-, Heiligungs- und Leitungsvollmacht) auf die Apostel durch Christus selbst. Er ist der Ursprung der Hierarchie, v. a. der »institutio primatus Petri« (Papsttum) sowie »institutio collegii Apostolorum« (Bischofskollegium). Infolge der Stiftung durch den historischen Jesus zeichnet sich diese Kirchenstruktur durch indefectibilitas (Unzerstörbarkeit) aus.

Weil die Kirchen der Reformation die verborgene Kirche betonten, ohne indes zu leugnen, dass vom Besonderen der wahren Kirche etwas in der sichtbaren Kirche durchschimmert, hoben katholische Apologeten den institutionellen, sichtbaren Aspekt der Kirche besonders hervor. Nach Bellarmin ist die katholische Kirche als eine Gemeinschaft von Menschen »ein so sichtbarer und manifester Zusammenschluss von Menschen wie das Gemeinwesen des römischen Volkes oder das Königreich Frankreich oder die Republik Venedig.«[3] Eine solche Sichtweise bedeutet eine starke Konzentration auf die Hierarchie und die päpstliche Macht bzw. eine gewisse Vernachlässigung der geistlichen, mystischen Wirklichkeit der Kirche. Bis heute ist die apologetische Intention der Ekklesiologie spürbar, nämlich an ihren jeweiligen konfessionellen Akzentsetzungen bzw. Einseitigkeiten.

### b) Demonstratio catholica

Zur fundamentaltheologischen Ekklesiologie gehört heute, neben der Begründungsproblematik, die Behandlung der Frage nach dem gottgewollten wahren Wesen der Kirche. Denn aufgrund der Kirchenspaltungen steht nach wie vor die Frage im Raum, welches die wesenskonstitutiven Elemente der wahren Kirche Jesu Christi sind und auf welche Weise diese verwirklicht sein müssten, damit Kirchengemeinschaft unter den Konfessionen wieder möglich wäre. Eine fundamentaltheologische Reflexion auf die Kirche kann heute nicht anders als in einem ökumenischen Sinne geschehen.

Die Suche nach den Kennzeichen der wahren Kirche Gottes ist keineswegs neu. Bereits die Urkirche sah sich im Zuge des Aufkommens erster Irrlehren

---

[3] Texte zur Theologie, Abt. 5 Dogmatik, hg. v. W. Beinert, Ekklesiologie II, bearb. v. P. Neuner, Graz 1995, 97.

mit der Frage konfrontiert, worin die Kirche Gottes in Jesus Christus (1 Thess 2,14) und damit ihre Wahrheit gründet und wie sie in dieser Wahrheit bleiben kann. Wie ist und wird Kirche wahr, ist die fundamentaltheologische Fragestellung, die die Kirche von Anfang an begleitet hat. Im Zusammenhang mit verschiedenen Reformbewegungen und den damit verbundenen Kirchenspaltungen wurde allerdings immer weniger nach dem Wahrheitsgrund der Kirche gefragt als vielmehr das eigene Kirchesein verteidigt: Wer ist und wo ist die allein wahre Kirche? Die traditionelle katholische Apologetik strebte nicht so sehr eine grundsätzliche Legitimation von Kirche an, sondern wollte die eigene Kirche als die wahre Kirche gegenüber den anderen falschen Kirchen aufweisen. Mit dieser Aufgabenstellung beschäftigte sich ab dem 16. Jh. in systematischer Weise die demonstratio catholica. Sie hatte in einer kontroverstheologischen Engführung den Aufweis zu führen, dass allein die katholische Kirche die einzig wahre von Jesus Christus gestiftete Kirche sei. Ähnlich versuchten die anderen christlichen Kirchen ihre Identität mit der von Jesus gestifteten Kirche nachzuweisen.

Zum Beweis des exklusiven Wahrheitsanspruchs der streng hierarchisch gegliederten katholischen Kirche gegenüber den anderen Kirchentümern wurden im Laufe der Zeit unterschiedliche Argumentationswege beschritten, die sich in ihrer Anwendung durchaus überschnitten und miteinander kombiniert werden konnten:[4]

- *Via historica:* Auf historischem Weg wurde ein apologetischer Glaubwürdigkeitsbeweis für die alleinige Wahrheit der katholischen Kirche als Verkünderin der Offenbarung zu erbringen versucht. Dies bedeutet unweigerlich, das Problem der Kirchengründung aufzuwerfen: Hat der historische Jesus eine Kirche gestiftet? Die via historica versuchte eine förmliche Kirchenstiftung durch Jesus historisch nachzuweisen. Es sollte historisch bewiesen werden, dass Jesus in formellen juridischen Akten die Kirche samt dem Primat Petri (Mt 16,17–19) und dem Apostelkollegium, die mit der Vollmacht zu lehren, zu heiligen und zu leiten betraut wurden, eingesetzt hat (Mk 3,14–19; Mt 28,18–20). Die dreifache Vollmacht wird mit der Sukzession der Bischöfe weitergegeben. Die ungebrochene apostolische Amtssukzession begründete die Identität der katholischen Kirche mit der von Jesus gestifteten und gewollten Kirche. »In dieser hierarchischen Verfassung leben die den Aposteln und dem Petrus verliehenen Vollmachten fort und garantieren Unvergänglichkeit, Unver-

---

[4] *H. Wagner*, Einführung in die Fundamentaltheologie, Darmstadt ²1996, 19 ff.

änderlichkeit und Unfehlbarkeit der Kirche.«[5] Insbesondere die Definition des Jurisdiktionsprimats auf dem Ersten Vatikanum intensivierte die Suche, die Kirchengründung durch Jesus nachzuweisen, galt doch die Hierarchie als Zweitursache der Kirche (causa formalis) und der Primat Petri als deren formale Einheit. So konzentrierte sich die Beweisführung mehr und mehr auf die Begründung des Papsttums von Jesus her (Mt 16,17–19).

- *Via notarum:* Dass die katholische Kirche die von Jesus Christus gestiftete Kirche ist, wurde auch durch historisch-systematische Reflexion möglicher untrüglicher Kennzeichen (proprietates ecclesiae) der wahren Kirche Christi zu beweisen versucht. Anfangs rechneten die Kontroverstheologen mit einer großen Anzahl derartiger Kennzeichen. Doch in der apologetischen Literatur des 16. bis 19. Jh.s kristallisierten sich die vier im nizäno-konstantinopolitanischen Glaubensbekenntnis genannten Attribute (Einheit, Heiligkeit, Katholizität, Apostolizität) im Sinne von empirisch fassbaren und rational aufzeigbaren Beweisstücken heraus – sie wurden einhellig als notae ecclesiae bezeichnet. Die konfessionelle Apologetik musste zeigen, dass sie einzig und allein in der katholischen Kirche voll verwirklicht sind. Die via notarum wurde zum Hauptargument der kontroverstheologisch ausgerichteten demonstratio catholica, ohne gänzlich zu vergessen, dass den notae ecclesiae nur aus dem Glauben heraus Beweiskraft zukommt. Da sich der wissenschaftliche Beweis der Heiligkeit der Kirche sowie deren Einheit angesichts der Kirchenspaltung als schwierig erwiesen, wurden die Beweisstücke immer mehr eingeengt. Schließlich beschränkte man sich darauf, das Kirchesein der anderen durch das Fehlen eines bestimmten Kennzeichens nachzuweisen; letztendlich wurde mit Hilfe des Papstargumentes (via primatus, nota primatialis) das eigene wahre Kirchesein schlechterdings behauptet. Nur die römisch-katholische Kirche mit dem Papst an der Spitze besitze die Eigenschaften der wahren Kirche und weil diese den anderen nur partiell zukommen, haben jene auf das Prädikat Kirche keinen Anspruch. Die wahre Kirche Jesu Christi wurde exklusiv mit der katholischen Kirche identifiziert.
- *Via empirica:* Ausgangspunkt sind die beobachtbaren Wirkungen der Kirche, die vermeintlich an den Charakter eines Wunders grenzen und sich so als starke Hinweise ihrer Gottgewolltheit verstehen lassen. Die gegenwärtige Kirche wurde quasi als eine konkret göttliche Offenbarung angesehen. Die Besinnung auf die rasante Ausbreitung der Kirche, ihre Bestän-

---

[5] Ebd., 22.

digkeit, Größe, Früchte der Heiligkeit etc. würde beweisen, dass in ihr und an ihr die göttliche Vorsehung in ganz besonderer Weise am Werk sein müsse. Ein solcher Wunderbeweis sollte die göttliche Urheberschaft der Kirche rational begründen. Die via empirica beruhte freilich auf einem allzu optimistischen und triumphalistischen Bild von Kirche – die Sünde in der Kirche wurde gänzlich verschwiegen. Noch das Erste Vatikanum zählte alle Merkmale auf, die die katholische Kirche als die von Gott gewollte Kirche ausweisen: wunderbare Fortpflanzung, hervorragende Heiligkeit und unerschöpfliche Fruchtbarkeit in allem Guten, katholische Einheit und unbesiegbare Beständigkeit. Im Konzilstext erscheint die Kirche geradezu als ein moralisches Wunder (DH 3012–3014).

*c) Schwierigkeiten*

In jüngster Zeit gewann die Frage nach dem gottgewollten wahren Wesen der Kirche wieder verstärkt an Bedeutung. Der Grund war die Folgenlosigkeit der konfessionalistisch geprägten apologetischen Frage, wer und wo die allein wahre Kirche sei.[6] Als schwierig erwies sich nicht nur die Begründung der jeweiligen Kirchenordnung, sondern ebenso die Kirchenstiftungsfrage:

- *Via historica:* Der historische Nachweis unmittelbarer Kirchenstiftung durch Jesus wurde infolge der historisch-kritischen Methode immer unplausibler:
  * Vertiefte Einsichten der neueren historisch-kritischen Forschung und das Bewusstsein von der Geschichtlichkeit der Kirche öffneten den Blick für die Vielfalt an Gestaltungsentwicklungen und Gestaltungsmöglichkeiten der Kirche.
  * Das Ergebnis neuerer Exegese, dass sich der historische Jesus wohl nicht explizit als der erwartete Messias ausgab, widerspricht der Behauptung, Jesus habe mit göttlicher Autorität und Vollmacht im juridischen Sinn eine Kirchenstiftung vollzogen. Neben den Aussagen Jesu über das Reich Gottes findet sich in den Evangelien auch nur an zwei Stellen das Wort ἐκκλησία: Mt 16,18; 18,17. Die sprachliche Basis für den Nachweis einer historischen Kirchenstiftung ist damit äußerst dünn, zumal es sich bei Mt 16,17–19 wohl um kein authentisches Jesuswort handelt.[7] Die juridische Vorstellung einer formellen Kirchenstiftung spielte dennoch lange Zeit eine Rolle. Noch das Erste

---

[6] *H. J. Pottmeyer,* Die Frage nach der wahren Kirche: HFTh 3 (²2000), 159–184.
[7] Erstmals äußerte Anton Vögtle 1957 die mutige Auffassung, dass Mt 16,18 möglicherweise erst der Auferstandene gesprochen haben könnte (*A. Vögtle,* Messiasbekenntnis und

Vatikanum formulierte: »Der ewige Hirt und Bischof unserer Seelen [*vgl. 1 Petr 2,25*] beschloß ... die heilige Kirche zu bauen« (DH 3050). Der entsprechende Text im sog. Antimodernisteneid Pius' X. im Jahre (1910), der bis 1967 in Kraft war, lautete: Ich »glaube ... mit festem Glauben, daß die *Kirche* ... durch den wahren und geschichtlichen Christus selbst, als er bei uns lebte, unmittelbar und direkt eingesetzt und daß sie auf Petrus, den Fürsten der apostolischen Hierarchie, und seine Nachfolger in Ewigkeit erbaut (wurde).« (DH 3540).

* Jesu Aussagen über das Reich Gottes wurden als Aussagen über die Kirche gelesen. Die historisch-kritische Exegese erkannte dies als Anachronismus: βασιλεία τοῦ θεοῦ und das nachösterliche ἐκκλησία τοῦ θεοῦ dürfen nicht ineins gesetzt werden.

* Im 19. Jh. wurde im Zuge der historisch-kritischen Forschung die Bedeutung der Apokalyptik für das Verständnis des NT erkannt. Die apokalyptische Naherwartung Jesu machte eine Kirchenstiftung immer unwahrscheinlicher.[8]

* Wie konnte eine Heidenkirche in der ursprünglichen Intention Jesu liegen, da sich dieser doch ausschließlich zum alttestamentlichen Gottesvolk gesandt wusste? Jesus ging es um die endzeitliche Erneuerung des Gottesvolkes Israel und nicht um die Gründung einer davon unabhängigen Heidenkirche.[9] Jesu Anliegen war die Sammlung des neuen, eschatologischen Gottesvolkes[10], und eine institutionelle Basis brauchte er dazu nicht eigens zu schaffen, sie war in Gestalt des alten Bundesvolkes bereits vorhanden. Das spricht wiederum gegen die Historizität einer gottgewollten Kirchenstiftung.

• *Via notarum:* Die Frage nach den Merkmalen der wahren Kirche lässt sich mit einem ausschließlich rationalen bzw. historischen Begründungsverfahren nicht beantworten. Nicht auf das formale Vorhandensein einer Eigenschaft kommt es an, sondern ihr Vollzug ist das Entscheidende. Die via notarum hat darum als apologetischer Beweisgang ausgedient. Dennoch ist die Frage nach dem Wesen der vera ecclesia angesichts der fortdauernden Kirchenspaltung nach wie vor von hoher Bedeutung. Aller-

---

Petrusverheißung. Zur Komposition Mt 16,13.23 par.: BZ N.F. 1 (1957), 252–272, 2 (1958), 85–103, hier 253).

[8] *H. Conzelmann,* Grundriß der Theologie des Neuen Testaments, München ⁶1997, 37f.
[9] *G. Lohfink,* Jesus und die Kirche: HFTh 3 (²2000), 27–64, hier 47f.
[10] *J. Jeremias,* Neutestamentliche Theologie, Erster Teil: Die Verkündigung Jesu, Gütersloh 1971, 164–174.

dings ist dabei nicht kontroverstheologisch, sondern in ökumenischer Absicht zu verdeutlichen, was konstitutiv zum Wesen der Kirche gehört.

- *Via empirica:* Sie scheiterte oft daran, »daß die Kirche in ihrer konkreten Gestalt vielfach eher als Glaubenshindernis erfahren wird, denn als überzeugendes und unmittelbar einleuchtendes Zeichen Gottes unter den Völkern.«[11] Nach wie vor fiel der konkreten Gestalt von Kirche eine besondere Bedeutung für ihre Legitimation zu. Ihre Begründung musste sich letztendlich an ihren empirischen Erscheinungsformen bewähren, die oftmals aber weniger ein Argument für die Legitimation der Kirche waren; vielmehr stellte ihre Geschichte und destruktive Praxis eine ernsthafte Herausforderung dar. Aufgrund der »Kriminalgeschichte des Christentums«[12] gab es mittlerweile kaum eine Grausamkeit mehr, die man der Kirche nicht zutrauen würde; dazu kam, dass sich Kirche und Theologie weithin wissenschaftsfeindlich und autoritär gebärdeten (Galilei, Darwin, Aufklärung etc.), was nach Hans Albert das »Elend der Theologie«[13] ausmacht. Die Kirche schien demnach jeden Vertrauensvorschuss verspielt zu haben[14], nicht zuletzt auch deshalb, weil sie mit Hilfe dämonischer Gottesbilder, durch Gerichts- und Höllenpredigten Schuldgefühle etc. geschürt hatte und dadurch zu »ekklesiogenen Neurosen«[15] Anlass gab.

## 1.3. Fundamentaltheologische Ekklesiologie

*H. J. Pottmeyer,* Die Frage nach der wahren Kirche: HFTh 3 ([2]2000), 159–184; *F. Schüssler Fiorenza,* Fundamentale Theologie. Zur Kritik der theologischen Begründungsverfahren, Mainz 1992, 198–220; *H. Döring,* Demonstratio catholica: ders.,

---

[11] *H. Wagner,* Einführung in die Fundamentaltheologie, Darmstadt [2]1996, 23.
[12] *K. Deschner,* Kriminalgeschichte des Christentums, 6 Bde., Hamburg 1986 ff.; ders., Die unheilvollen Auswirkungen des Christentums: E. Dahl (Hg.), Die Lehre des Unheils. Fundamentalkritik am Christentum, Hamburg 1993, 182–192.
[13] *H. Albert,* Das Elend der Theologie. Kritische Auseinandersetzung mit Hans Küng, Hamburg 1979.
[14] *F. Buggle,* Denn sie wissen nicht, was sie glauben, Reinbeck 1992; Der Preis des christlichen Trostes: E. Dahl (Hg.), Die Lehre des Unheils. Fundamentalkritik am Christentum, Hamburg 1993, 156–161; *K. Frielingsdorf,* Dämonische Gottesbilder. Ihre Entstehung, Entlarvung und Überwindung, Mainz [2]1993; *K. Deschner,* Der gefälschte Glaube. Eine kritische Betrachtung kirchlicher Lehren und ihrer historischen Hintergründe, München 1988; *T. Moser,* Gottesvergiftung, Frankfurt a. M. 1980.
[15] *K. Thomas,* Sexualerziehung. Grundlagen, Erfahrungen und Anleitungen für Ärzte, Pädagogen und Eltern, Frankfurt a. M. 1969, 4 u. ö.

A. Kreiner, P. Schmidt-Leukel, Den Glauben denken. Neue Wege der Fundamental-theologie (QD 147), Freiburg i. Br. 1993, 147–244; *J. Werbick*, Fundamentaltheologische Ekklesiologie: der Streit um die »unmögliche Institution« Kirche: K. Müller (Hg.), Fundamentaltheologie. Fluchtlinien und gegenwärtige Herausforderungen, Regensburg 1998, 389–409; *K. Deschner*, Die unheilvollen Auswirkungen des Christentums: E. Dahl (Hg.), Die Lehre des Unheils. Fundamentalkritik am Christentum, Hamburg 1993, 182–192.

*a) Heutige Aufgabenstellungen*

Die Ekklesiologie ist eine wichtige fundamentaltheologische Fragestellung, bei der es auf der Basis des christlichen Offenbarungsverständnisses um die Legitimität der Kirche in dreifacher Hinsicht geht:

- *Gründung und Werden:* Von fundamentaltheologischem Interesse ist die Stiftung bzw. Setzung der Kirche durch Jesus und der Aufweis, dass sie in den Offenbarungsvorgang selbst mit hinein gehört und im Dienst der Offenbarung Gottes in Jesus Christus eine bestimmte Funktion ausübt, nämlich als deren Trägerin und Vermittlerin. Diese Aufgabe wird heute über die Konfessionsgrenzen hinweg gemeinsam zu lösen versucht. Dabei greift in der Kirchenstiftungsfrage eine rein historische Vorgehensweise zu kurz; es bedarf einer theologisch-hermeneutischen Methode, einschließlich dessen, was die menschliche Vernunft über den Glaubensgegenstand Kirche in Erfahrung zu bringen vermag. Denn auch in der Ekklesiologie kann nichts Geltung beanspruchen, was der Vernunfterkenntnis widerspricht.
- *Struktur/Selbstverständnis:* Des Weiteren rückt die komplexe Wirklichkeit der Kirche als Offenbarungswirklichkeit in den Blick. Die Grundlagenbesinnung fragt hier nach dem Kirchenverständnis und den zentralen Aspekten katholischer Ekklesiologie. Es geht um die Frage nach der durchgehenden Grundstruktur der Kirche, die sich als Offenbarungsstruktur herauszustellen hat. Wie kann die Kirche in ihrem Selbstverständnis die erforderliche sakramentale Offenbarungsstruktur so beibehalten, dass sie Vermittlerin und Trägerin der Offenbarung Gottes ist? Was sind die »wahren Züge der von Gott gewollten Kirche?«, »[W]ie ist und wird Kirche wahr?«[16]
- *Dimensionen/Kennzeichen:* Das schließt auch die Interpretation der notae ecclesiae (Einheit, Heiligkeit, Katholizität und Apostolizität) als entscheidende Dimensionen der Kirche notwendig mit ein. Bei der Frage nach

---

[16] *H. J. Pottmeyer*, Die Frage nach der wahren Kirche: HFTh 3 (²2000), 159–184, hier 159.

den wesenskonstitutiven Elementen der wahren Kirche Jesu Christi spielt die Suche nach der sichtbaren Verwirklichung der zerbrochenen Kircheneinheit eine zentrale Rolle.

*b) Intrinsezistische Methodik*
Während man sich in den kontroverstheologischen Auseinandersetzungen der Reformationszeit v. a. der Schrift- und Traditionsargumente bediente, bemühte sich die demonstratio catholica insbesondere der historischen Argumentation. Im Zuge des aufkommenden neuzeitlichen Rationalismus und Historismus verlagerte sich die apologetische Beweisführung auf die rationale und sozialphilosophische Ebene. Da die Adressaten nun weniger die anderen Konfessionen als vielmehr die Nichtchristen waren, musste jetzt ein rationales Begründungsverfahren für den göttlichen Ursprung der Kirche gefunden werden; dabei blieben Glaubensinhalte bewusst außen vor.

Die fundamentaltheologische Grundfrage nach der wahren Kirche lässt sich heute nicht mehr allein durch eine formale, extrinsezistische Argumentation beantworten. Was Kirche eigentlich ist und soll, kann nicht mit Hilfe äußerer Legitimationsmerkmale beantwortet werden, sondern muss v. a. inhaltliche Gesichtspunkte zu Rate ziehen. Bei den Glaubensinhalten hat die Suche nach den gottgewollten Zügen der wahren Kirche zu beginnen. Ein historisch-juridisches Legitimationsmodell kann höchstens die äußere Legalität einer Institution begründen, nicht aber die essentielle, wesensmäßige Legitimität und Identität von Kirche. Eine intrinsezistische Fundamentaltheologie wird bei der Beantwortung der Frage nach der Wahrheit der Kirche auf inhaltliche Gesichtspunkte und Sachkriterien zurückgreifen müssen. Ein hermeneutischer Ansatz ist bei einer kritisch-normativen Sinnauskunft über die Kirche auch deshalb unverzichtbar, da das Verständnis von Kirche immer soziokulturell bedingt ist. Weil die kognitive Erschließung des Wesens der Kirche grundsätzlich geistesgeschichtlich beeinflusst ist, ist eine kritische, hermeneutische Selbstreflexion unverzichtbar. In diesem Zusammenhang wird heute gegenüber Wesens- oder Grundbegriffen der Kirche zunehmend Zurückhaltung geübt. »Der kognitive Anspruch, die Wirklichkeit der Kirche sprachlich zu erfassen, wird nicht mehr mit einem umfassenden Wesensbegriff eingelöst, sondern in einen hermeneutischen Rahmen gestellt, innerhalb dessen eine Pluralität von Begriffen und Bildern für die Kirche ihre semantische Bestimmtheit erreicht.«[17] Darüber hinaus bevorzugt das jüngere

---

[17] *J. Meyer zu Schlochtern*, Kirchenbegriffe – Kirchenverständnisse – Kirchenmetaphern:

ekklesiologische Schrifttum aufgrund der Abstraktion von Begriffen die bildhafte Sprachform, wenn es um den Begriff Kirche geht.

Ein intrinsezistisches Vorgehen ist nicht zuletzt deshalb notwendig, weil sich die neuzeitlichen Angriffe auf die Legitimität der Kirche einer inhaltlichen Argumentation bedienen. Die Glaubwürdigkeit der Kirche hängt vom begründeten Aufweis ihrer Verbindung zum göttlichen Beziehungshandeln ab. Verkündet die Kirche tatsächlich die Offenbarung Gottes? Gründet sie wirklich in der Sache Jesu?

### c) Neuzeitliche Kirchenkritik

Die Geschichte der Kirche war immer auch eine Geschichte von Unheil und Schuld. So war es oft ein Leichtes, in und an der Kirche Kritik zu üben und ihren Gottesbezug in Frage zu stellen.[18] Kritikgegenstand waren sowohl die Unzulänglichkeiten der Mitglieder als auch unsachgemäße kirchliche Strukturen oder unbiblische Selbstaussagen. Die Kirche war sich im Laufe ihrer Geschichte mehr oder weniger bewusst, dass sie selbst zum Skandal werden konnte und auch geworden ist. Schuldeingeständnisse gab es immer wieder. Zuletzt sprach Papst Johannes Paul II. in der Fastenzeit des Jahres 2000 im Rahmen eines Bußgottesdienstes ein Schuldbekenntnis und eine Vergebungsbitte aus. Wie er hatte schon Papst Hadrian VI. (1522–23) im Jahre 1522, also in der Reformationszeit, seinen Nuntius angewiesen, beim Nürnberger Reichstag nicht nur die Kirchenspaltung zu verurteilen, sondern auch die Schuld der Kurie zu bekennen:»Wir wissen wohl, daß auch bei diesem Heiligen Stuhl schon seit manchem Jahr viel Verabscheuungswürdiges vorgekommen: Mißbräuche in geistlichen Sachen, Übertretungen der Gebote, ja daß alles sich zum Ärgeren verkehrt hat. So ist es nicht zu verwundern, daß die Krankheit sich vom Haupt auf die Glieder, von den Päpsten auf die Prälaten verpflanzt hat.«[19]

Kritik an und innerhalb der Kirche gab es von Anfang an. Doch aus der Kritik an einzelnen Erscheinungsformen der Kirche wurde in der Neuzeit eine Fundamentalkritik: Die Kirche widerstreite dem Wesen des Christentums und habe die Botschaft Christi verraten. Den Weg dazu bereitete u. a. Martin Luther, dem es nicht darum ging, eine neue Kirche zu gründen, sondern die

Fundamentaltheologie. K. Müller (Hg.), Fundamentaltheologie. Fluchtlinien und gegenwärtige Herausforderungen, Freiburg i. Br. 1998, 411–426, hier 419.
[18] J. Werbick, Den Glauben verantworten: eine Fundamentaltheologie, Freiburg i. Br. ³2005, 657–687.
[19] C. Mirbt, Quellen zur Geschichte des Papsttums und des römischen Katholizismus, Tübingen ⁴1924, 261.

bestehende zu erneuern, das, was der wahren Kirche widersprach, zu bekämpfen. Dabei berief er sich auf die letzte aller Normen, das Evangelium, von wo aus sich für ihn das institutionelle Moment in der römischen Kirche relativierte. Er kämpfte gegen das Machtstreben der Kirche, die Veräußerlichung der Kirche und des Glaubens, die kirchliche Obrigkeit, insbesondere den Papst, der das Evangelium verrate. Bei all dem ging es ihm letztlich um die Heilsfrage. Doch mit der Grundsätzlichkeit seiner Papstkritik bot er einer ernsthaften Kirchenkritik Anknüpfungspunkte. Die neuzeitliche Kirchenkritik wandte sich in ihrer Radikalität dann sogar selbst gegen die neu entstandenen Kirchentümer der Reformation. So war es etwa Ende des 17. Jh.s der Pietismus, der die Missstände des Altprotestantismus sowie der katholischen Kirche radikal kritisierte.

Die pietistische Kirchenkritik fand in der Aufklärung ihre Fortsetzung. Die Glaubwürdigkeit der Kirche wurde radikal in Frage gestellt, so u. a. durch Johann Salomo Semler (1725–1791), der der Vertiefung und Befreiung des Christentums aus klerikaler Vormundschaft das Wort redete. Dazu grenzte er das innere geistliche Leben scharf von allen institutionellen Bedingungen des Glaubens ab, insbesondere von der institutionell verfassten Kirche. Ähnlich fasste auch sein Zeitgenosse Immanuel Kant das Gottesreich nicht als ein messianisches, sondern als ein moralisches Reich auf. Er differenzierte zwischen Kirchentümern und reinem, allgemeinem Religionsglauben und gab damit die ekklesiologische Reich-Gottes-Idee preis, die seit Gregor dem Großen prägend war und wonach die Kirche selbst das Reich Gottes auf Erden sei. Die bürgerliche Aufklärung zielte auf das unsichtbare Gottesreich der reinen Sittlichkeit, das durch die »Erziehung des Menschengeschlechts«[20] zu einer sittlichen Vernunftreligion befördert werden sollte. Hierbei stelle die biblische Offenbarung einen menschheitspädagogischen Prozess zur Vermittlung der Wahrheit über Gott und die menschliche Bestimmung dar, der aber bei entsprechendem Fortschritt der Vernunft durch diese selbst abgelöst werden müsse. Unter diesen Bedingungen würden die sichtbaren Kirchentümer obsolet, die sich schon jetzt als Zwangssysteme erweisen, sich auf die partikularen Überlieferungen versteifen und in ihrer konkreten Erscheinung der sittlichen Botschaft ihres Gründers teilweise diametral widersprechen.

Im 18. und 19. Jh. richtete sich die Kirchenkritik, die sich nun v. a. historisch-kritischer Erkenntnisse bediente, gegen die Behauptung, die faktische

---

[20] *G. E. Lessing*, Die Erziehung des Menschengeschlechts: ders., Werke, Bd. 8: Theologiekritische Schriften III, Philosophische Schriften, hg. v. H. G. Göpfert, München 1979, 489–510.

Kirche sei als Gottes bzw. Christi Stiftung und Werk anzusehen. Sören Kierkegaard setzte mit seiner radikalen Kritik bei der Vergesellschaftung des Christentums an. Er polemisierte gegen die Heuchelei der christlich-bürgerlichen Kirchlichkeit, in der der Glaubensernst fehle und das Christsein nur noch gespielt würde. Die Verkirchlichung des Christlichen berge die Gefahr der Entchristlichung; an die Stelle der Christusnachfolge trete die Bequemlichkeit und Suche nach Lebensgenuss. In eine ähnliche Richtung weist die apokalyptisch ausgestaltete Kirchenkritik Vladimir Solowjews (1853–1900). In seiner »Kurze[n] Erzählung vom Antichrist« (1899)[21] wirft er dem Christentum vor, es sei der Verführung des Antichristen, der Diktatur des Angenehmen und Annehmbaren erlegen. So habe die Kirche das Christuszeugnis verraten und sich selbst aufgegeben.

Angesichts der Kirchenkritik des 19. u. 20. Jh.s sieht sich die Kirche vor die Frage nach ihrer Legitimität gestellt: Kann die Vermittlung zwischen der christologischen Sperrigkeit, dem »λόγος vom Kreuz« (1 Kor 1,18) und von Welt, in die hinein die Kirche wachsen, in der sie Akzeptanz finden wollte, überhaupt gelingen? Kann eine Kirche, die gezwungen ist, auf die Heilsbedürfnisse der Massen Rücksicht zu nehmen, überhaupt den jesuanischen Impuls wahrheitsgemäß leben und verkünden?

Friedrich Nietzsche interpretierte das geschichtlich gewordene Christentum als Phänomen der Verführung der Schwachen auf Kosten der Edlen und Starken. Das Christentum orientiere sich an der Masse der Zu-kurz-Gekommenen, um deren Bedürfnisse zu befriedigen, weshalb an die Stelle der Wahrheit die Frage nach der Wirkung getreten sei. Das kirchliche Christentum ist für ihn eine »Heerdenreligion«[22] und »die Geschichte des Christentums ist die Nothwendigkeit, daß ein Glaube selbst so niedrig und vulgär wird, als die Bedürfnisse sind, die mit ihm befriedigt werden sollen«.[23] Das Christentum habe aber nicht nur wegen der Wirkung auf die Massen den Glauben vulgarisiert, sondern auch den Willen und die Absicht Jesu in das Gegenteil verkehrt. Denn Jesus selbst habe nur die innere Welt für die wahrhafte gehalten. Weil er aber mit seinem Rückzug aus der Welt in den erfüllten Frieden der Innerlichkeit am Kreuz gescheitert ist, führt die Kirche nicht Jesu Christlichkeit fort, sondern nennt nur das christlich, was Dauer hat und geschicht-

---

[21] *W. Solowjew*, Kurze Erzählung vom Antichrist: Deutsche Gesamtausgabe der Werke von Waldimir Solowjew, Bd. 8, hg. v. L. Müller, München 1980, 259–294.
[22] *F. Nietzsche*, Nachgelassene Fragmente Herbst 1887: KSA, Bd. 12, 453–582, hier 569.
[23] *Ders.*, Nachgelassene Fragmente November 1887–März 1888: KSA, Bd. 13, 9–194, hier 156.

liche Macht in dieser Welt begründet. Die Kirche ist »nicht nur die Carikatur des Christenthums, sondern der organisierte *Krieg gegen das Christenthum*«.[24] Sie musste das authentisch Christliche ins Gegenteil verkehren, da es nur auf dem Weg der Herrschaft überdauern und zu einer geschichtlichen Macht werden konnte; es musste über die Edlen und Starken herrschen, indem es dieses Leben rücksichtslos nihilistisch entwerte.

Die Kirchenkritik Nietzsches wurde von seinem Freund Franz Overbeck (1837–1905) auf den Punkt gebracht. Nach Overbeck hat das Christentum, das in seinem ursprünglichen Sinne die Welt verneint, in der Kirche nur wider Willen eine Geschichte gehabt. Die Weltverneinung begründet Overbeck, anders als Nietzsche, durch die Apokalyptik des Urchristentums. Jesus habe auf ein nahes Weltende Bezug genommen und daran seine Paränese ausgerichtet. Die Kirche habe jedoch nur dadurch geschichtlich überleben können, dass sie das apokalyptische Erbe der authentischen Jesusüberlieferung übergangen habe. Overbecks Kirchenkritik zielte also nicht mehr auf die Unvereinbarkeit der jesuanischen Weltentsagung mit der kirchlichen Weltzugewandtheit (Kierkegaard, Nietzsche), vielmehr setzte sie tiefer an, bei der Sache selbst: Apokalyptische Naherwartung und geschichtliche Selbstbehauptung schließen sich gegenseitig aus; Apokalyptisches und kirchliche Institutionalisierung vertragen sich nicht: »Der Widerspruch der altchristlichen Eschatologie und der Zukunftsstimmung der Gegenwart ist ein fundamentaler und vielleicht die Grundursache der Zerfallenheit der Gegenwart mit dem Christentum. Dieses begann mit dem Glauben an ein nahes Weltende. Nichts liegt der Gegenwart ferner als dieser Glaube.«[25]

Eine fundamentaltheologische Ekklesiologie muss die neuzeitliche Kirchenkritik, die sich nicht bloß gegen irgendwelche Symptome richtet, sondern die Kirche in ihrem Lebensnerv treffen und ihr Existenzrecht strittig machen möchte, widerlegen. Dazu muss die kirchliche Verfasstheit des christlichen Glaubens grundsätzlich legitimiert werden, was nur gelingen kann, indem aufgezeigt wird, dass die Kirche in der Predigt Jesu bzw. in dessen religiöser Vorstellungswelt einen berechtigten Ort hat. Dabei ist die Frage, ob die Reich-Gottes-Botschaft Jesu tatsächlich apokalyptisch gefärbt war, nicht unbedeutend. Konnte sich die Kirche nur dadurch in der Geschichte behaupten, dass sie die Nähe des von Jesus angekündigten Anbruchs des Gottesreiches ins Unermessliche gedehnt und so verdrängt hat? Handelt es

---

[24] Ebd., 104.
[25] *F. Overbeck*, Werke und Nachlaß, Bd. 6/1: Kirchenlexicon. Materialien Christentum und Kultur, hg. v. B. von Reibnitz, Stuttgart 1996, 99.

sich bei der Kirche um die Institutionalisierung eines apokalyptischen Glaubens in Form einer auf Dauer abgestellten Verdrängung? Nur im Bezug auf die Botschaft Jesu kann die göttliche Sendung der Kirche aufgewiesen und der Kirchenkritik der Neuzeit entgegengetreten werden, die ja behauptet, die Kirche hätte den Anfangsimpuls des Christlichen zwangsläufig verfälschen müssen, um geschichtlich überlebensfähig zu sein.

Kann sich die Kirche mit Recht auf die Verkündigung Jesu von Gottes Reich berufen? Verhält es sich tatsächlich so, wie es das Zweite Vatikanum sagte: »Jesus machte den Anfang seiner Kirche, indem er die frohe Botschaft verkündigte, die Ankunft nämlich des Reiches Gottes, das von alters her in den Schriften verheißen war« (LG 5) oder wie Alfred Loisy (1857–1940) ähnlich formulierte: »Jesus hatte das Reich angekündigt, und dafür ist die Kirche gekommen«[26]?

## 2. Reich-Gottes-Botschaft Jesu

### 2.1. Zentrum der Botschaft Jesu: Reich Gottes

*W. Klausnitzer*, Jesus von Nazaret. Lehrer – Messias – Gottessohn, Regensburg 2001, 68–105; *H. Merklein*, Jesu Botschaft von der Gottesherrschaft. Eine Skizze, Stuttgart ³1989, 37–58; *E. P. Sanders*, Sohn Gottes. Eine historische Biographie Jesu, Stuttgart 1996, 254–302; *H. Küng*, Christ sein, München 1974, 205–216; *Th. Söding*, Jesus und die Kirche. Was sagt das Neue Testament? Freiburg i. Br. 2007, 54–88.

*a) Reich Gottes als Sinnmitte der Botschaft Jesu*
Um verstehen zu können, was Kirche ist und wozu Kirche ist, ist zuallererst zu fragen, wer Jesus war und wofür er sich einsetzte. Was war sein Ziel? Was wollte er? Nach dem Zeugnis der synoptischen Evangelien ist für das Auftreten Jesu die Botschaft vom Reich Gottes zentral. Bei Mt kommt der Begriff βασιλεία mehr als hundertmal vor, während sich der ἐκκλησία-Begriff lediglich zweimal und dazu noch an exegetisch äußert umstrittenen Stellen (Mt 16,18; 18,17) wiederfindet.

Mk schildert nach der Vorgeschichte über den Täufer den Beginn des öffentlichen Wirkens Jesu in Galiläa: »Nachdem man Johannes ins Gefängnis geworfen hatte, ging Jesus wieder nach Galiläa; er verkündete das Evangelium Gottes und sprach: Die Zeit ist erfüllt, das Reich Gottes ist nahe. Kehrt um,

---

[26] *A. Loisy*, Evangelium und Kirche, Paris 1902, dt. München 1904, 112 f.

und glaubt an das Evangelium!« (Mk 1,15) Dieser Text macht unverkennbar deutlich, die βασιλεία τοῦ θεοῦ ist der zusammenfassende Inhalt der Verkündigung des historischen Jesus. Ähnlich heißt es in Mt 4,17: »Kehrt um! Denn das Himmelreich ist nahe« und in Lk 4,21 bezieht Jesus in seiner Antrittsrede in Kapharnaum die Ankündigung des Gottesreiches durch den Gottesknecht auf sich selbst. Die Verkündigung des Reiches Gottes ist nach Lk auch die Aufgabe und Tätigkeit des Auferstandenen (Apg 1,3). Die herausragende Stellung des Reich-Gottes-Motivs in der Predigt Jesu spiegelt sich zudem in der Prioritätenordnung wider: »Euch aber muss es zuerst um sein Reich und um seine Gerechtigkeit gehen; dann wird euch alles andere dazugegeben« (Mt 6,33; Lk 12,31).

Die Botschaft vom Reich Gottes ist nicht nur Inhalt der Verkündigung und Praxis Jesu, sondern auch den Jüngern aufgetragen: »Und er sandte sie aus mit dem Auftrag, das Reich Gottes zu verkünden und zu heilen.« (Lk 9,2) »Geht und verkündet: das Himmelreich ist nahe« (Mt 10,7; Mk 3,13–19; Apg 19,8; 20,25 u. ö.). In der Apostelgeschichte findet sich eine Rückbesinnung auf Paulus, nachdem er in Rom angekommen war: »Vom Morgen bis in den Abend hinein erklärte und bezeugte er ihnen das Reich Gottes« (Apg 28,23). Paulus ist Zeuge für das Reich Gottes. »Er verkündete das Reich Gottes und trug ungehindert und mit allem Freimut die Lehre über Jesus Christus, den Herrn, vor« (Apg 28,31). Auch die Predigt des Philippus wird in dem Satz zusammengefasst, er habe »das Evangelium vom Reich Gottes und vom Namen Jesu Christi« verkündet (Apg 8,12).

Die Synoptiker konzentrieren die Botschaft Jesu auf das Reich Gottes, und die Exegeten sind sich einig, dass das eschatologische Gottesreich das Zentrum des Wirkens Jesu bildet. Die Verkündigung: »Nahegekommen ist die ›basileia‹ Gottes« ist die »programmatische Zusammenfassung der Verkündigung Jesu«.[27] Der βασιλεία-Begriff ist der Inbegriff aller Verheißungen und die Zusammenfassung allen angesagten Heils.

*b) Das Reich und die Wirklichkeit Gottes*
Das Reich Gottes ist nicht beschreibbar, nicht definierbar, aber es lässt sich in einer Vielzahl von Bildern umschreiben und ankündigen: als aufgegangene Saat, als königliches Festmahl, als reife Ernte etc. Zudem geht es in der βασιλεία-Verkündigung Jesu immer und betont um die βασιλεία Gottes. Das bedeutet, die βασιλεία-Aussagen sind vom Sein Gottes her zu verstehen. Das Reich Gottes ist kein klar umrissener Bezirk, sondern eine Existenzweise,

---

[27] *H. Merklein*, Jesu Botschaft von der Gottesherrschaft. Eine Skizze, Stuttgart ³1989, 37.

in der Gott selbst sowie sein Gottsein als alles bestimmende Wirklichkeit anerkannt wird und im Leben der Menschen zur Verwirklichung gelangt. Aus diesem Grund darf nicht beim βασιλεία-Begriff angesetzt und Gott anschließend in eine schon bekannte Größe eingesetzt werden, stattdessen ist bei der Wirklichkeit Gottes anzusetzen und von hier aus eine gottgemäße Realität, eine vom Sein Gottes bestimmte und erfüllte Realität zu denken, die βασιλεία τοῦ θεοῦ heißt. Sie entspringt und besteht, wo Gottes Sein geschichtlich so zur Auswirkung kommt, dass eine vom Sein Gottes geprägte geschichtliche, soziale Wirklichkeit entsteht. Die βασιλεία τοῦ θεοῦ ist also theologisch vom Sein und der Wirklichkeit Gottes in ihrer qualitativen Bestimmtheit zu denken. Die βασιλεία ist das aus der Wirklichkeit Gottes heraus geschichtlich Gewirkte.

Sein Gottes meint nicht einfach das Dasein Gottes, sondern die innere qualitative Bestimmung Gottes. Von ihr her ist die βασιλεία zu denken. Sie ist da, wo Gott in seinem Sein zur bestimmenden Macht für die Geschöpfe und geschöpflichen Verhältnisse wird. Das Reich Gottes ist zu denken als das Ankommen und Wirksamwerden der Wirklichkeit Gottes in der Schöpfung; es ist zu denken als Reich der Gerechtigkeit, der Freiheit, der Freude, der Liebe, des umfassenden Friedens etc. Als solches ist das Reich Gottes in sozialen Formen zu denken. So wie Gott ist, sollen sich die Menschen im Reich Gottes verhalten. Nicht das menschliche, sondern das göttliche Wesen ist die alles bestimmende Macht in der βασιλεία Gottes.

## 2.2. Spuren des Reich-Gottes-Motivs

*J. Gnilka*, Jesus von Nazaret. Botschaft und Geschichte, Freiburg i. Br. 1993, 51–74; *J. Roloff*, Jesus, München 2000, 32–53; *G. Vermes*, Jesus der Jude. Ein Historiker liest die Evangelien, Neukirchen-Vluyn 1993, 232–251; *W. Klausnitzer*, Jesus von Nazaret. Lehrer – Messias – Gottessohn, Regensburg 2001, 57–67; Jesus und Muhammad. Ihr Leben, ihre Botschaft – eine Gegenüberstellung, Freiburg i. Br. 2007, 107–117; *E. Zenger,* Jesus von Nazaret und die Hoffnung des alttestamentlichen Israel: Studien zum Messiasbild im Alten Testament, hg. v. U. Struppe, Stuttgart 1989, 23–36.

*a) Außerhalb Israels*

Jesu Verkündigung steht in einem reichen Traditionsstrom mit einer Fülle von Motiven hinsichtlich dessen, was der Inhalt von Gottes Reich sein soll. Die βασιλεία-Predigt Jesu steht darin in der Weise von Anknüpfung und Widerspruch.

Unter empirisch-religionswissenschaftlichem Aspekt ist das Reich-Got-tes-Motiv keineswegs etwas exklusiv Jüdisch-Christliches. Spuren finden sich in den Religionen Indiens und Persiens, näherhin im Vedismus (12.-9. Jh. v. Chr.) bzw. Brahmanismus (8.-5. Jh. v. Chr.) und im Parsismus (1800–600 v. Chr). Wenn das Reich-Gottes-Motiv womöglich kein universalreligiöses Motiv war, so besaß das Königtum in den altorientalisch-politischen Theo-logien auf jeden Fall eine sakrale Komponente. Die staatliche Organisation der Macht hatte reale empirische Heilsbedeutung. Das heilige Zentrum der Macht war der König als Repräsentant der Götter oder selbst als Gott.

Im Alten Orient galt der König als Gott und als Mensch: als Gott in sei-nem Königsamt, indem er göttliche Herrschaftsfunktionen übernahm und als Gottessohn erschien, und als Mensch in einer Person, indem er seinen per-sönlichen Eigennamen beibehielt. Darüber hinaus begegnet man bereits im Pharaonenreich einer Staats- und Königstheologie. Die antiken Großreiche (Assur, Babylon, Persien, Römer) bedienten sich einer politischen Theologie, indem sie ihre historische Stellung und Sendung durch eine Metaphysik des Imperiums untermauerten. Im Kontext dieses staatlich-politischen Heilsden-kens wuchsen die großen Utopien von der Aufrichtung eines umfassenden Friedensreiches als ewigem Endreich durch einen Retterkönig, Imperator oder Weltheiland (Alexander der Große, römische Kaiser). Die imperiale Idee fand auch Eingang in das AT. Die alttestamentliche Apokalyptik transponier-te die antike Reichsidee ins Eschatologische, wodurch »aus der uralten Meta-physik des Imperiums die apokalyptische Theologie des Reichs« erwuchs.[28]

### b) Frühjudentum

Das Judentum kann das Reich-Gottes-Motiv nicht exklusiv für sich bean-spruchen. Ebenso ist das Wort von der βασιλεία keine originäre Schöpfung Jesu, er konnte es voraussetzen. In der politischen Theologie des AT und in der religiösen Umgangssprache war es eine lebendige Größe. Das Reich-Got-tes-Motiv gehört zum lebensweltlichen Kontext, in dem sich die gesamte bib-lische Geschichte abgespielt hat. Jesus knüpfte an Aussagen und Gegebenhei-ten an, die schon im AT verankert sind, v. a. in der Botschaft: »Jahwe ist der Herr«, »Jahwe ist der König Israels« (Ps 10,16; 24,10; 29,10; 47,3; 74,12; 93,1; 96,10; 98,6; Jes 6,5; 24,23; 43,15; Jer 10,10; Sach 14,16; 1 Sam 8,7; 12,12). Diese Botschaft war in gleicher Weise Verheißung und Verpflichtung: JHWHs Wort und Wille sollen Grundlage und Grundordnung in seinem Volke Israel sein. »Die Herrschaft Gottes ist ein Heilsbegriff, ein Machtbegriff und ein

---

[28] E. Stauffer, Die Theologie des Neuen Testaments, Gütersloh ⁴1948, 65.

Gemeinschaftsbegriff: ein Heilsbegriff, weil sie die Fülle des Lebens bedeutet; ein Machtbegriff, weil das Böse durch das Gute besiegt wird; ein Gemeinschaftsbegriff, weil sie Frieden stiftet zwischen den Menschen und Gott.«[29]

Die unmittelbare sprachliche Entsprechung von βασιλεία τοῦ θεοῦ ist »מַלְכוּת יְהוָה« (*malchut adonai*: Königsein JHWHs). Das älteste Zeugnis der Anwendung des Königstitels auf Gott ist die Berufungsvision Jesajas: »und meine Augen haben den König, den Herrn der Heere, gesehen« (Jes 6,5). Dabei ist der Königstitel keine zentrale Bezeichnung für JHWH. Sie hängt mit den politischen Verhältnissen zusammen und wirkt auf sie zurück im Sinne der Legitimation des faktischen Königtums, aber auch im Sinne seiner Kritik. In der Frühzeit sind zwei Lösungstypen bezüglich der irdischen Auswirkung der »מַלְכוּת יְהוָה« *(malchut adonai)* im institutionellen Bereich in Staat und Gesellschaft aufgetaucht und zueinander in Konkurrenz getreten:

- *Königtum Gottes:* »Gott allein ist König«. JHWH ist der wahre König Israels und sein Königsein bedarf keines irdischen Königs. Zur Ausübung seiner Herrschaft bedient er sich von Fall zu Fall bestimmter Vermittler; er übt sein Königsein mittels charismatischer Führer aus, durch sein Wort, das unmittelbar ergehen kann oder durch sein Gesetz. Diese radikal theozentrische Auffassung findet sich am deutlichsten bei Deuterojesaja (Jes 40–55).

- *Messianismus:* Die Vorstellung von der Königsherrschaft Gottes ist begriffsgeschichtlich prinzipiell von der Herrschaft des Messias zu unterscheiden. Von ihren Ursprüngen her schließt die Königsherrschaft Gottes einen Messias eher aus. In der Not der Exilszeit werden mit ihr aber messianische Erwartungen (Messianismus ohne Messias), gar eine Messiaserwartung (Messianismus mit Messias) verbunden. Im Messianismus mit Messias wird die »מַלְכוּת יְהוָה« *(malchut adonai)* mit einer institutionellen Stellvertretung durch ein irdisches Königtum in Verbindung gebracht. Die »מַלְכוּת יְהוָה« *(malchut adonai)* verwirklicht sich in einem irdischen, politischen Sakralstaat mit königlicher Verfassung. Zwar wird im AT dem König der Endzeit nie der Messiastitel beigefügt, dennoch hat der Messianismus im AT ein sachliches Recht: Er ist an die Glorifizierung der Davidgestalt geknüpft. David und sein Reich erscheinen in diesem Sinne als messianisches Hoffnungssymbol (Jes 9,1–6; Micha 5,1–5; Jer 23,1–8; Ez 34,23–31; 37,15–28). Auffallend ist die zentrale Funktion der Mittlerfigur, die Gerechtigkeit und Frieden schafft und das Reich Israel wiederherstellt. Das Reich wird als Reich dieses Erlösers, als messianisches

---

[29] *Th. Söding*, Jesus und die Kirche. Was sagt das Neue Testament? Freiburg i. Br. 2007, 74.

Zwischenreich verstanden, das zwischen der heillosen Jetzt-Zeit und dem eigentlichen Reich Gottes am Ende der Zeit liegt. Es wird eine lange Dauer haben – nach der Offb 1000 Jahre (Offb 20,2–7). Am Ende der Zeit wird dieses messianische Reich in das Reich Gottes einmünden, bzw. der Messiaskönig wird sein Reich der Sammlung und Vorbereitung Israels am Ende der Tage Gott übergeben.

Seit der Exilszeit knüpfen sich an das Konzept eines königlichen Sakralstaates messianische Erwartungen. David und sein Reich wurden zu einem messianischen Symbol. Man erwartete für die Zukunft einen neuen David mitsamt davidischem Reich. Die Heilshoffnung stützte sich auf die Imagination eines kommenden, neuen Davids, der »die zerfallene Hütte Davids« wieder aufrichten wird (Am 9,11). Mi 5,1–5 berichtet von der wunderbaren Geburt eines Kindes, dessen Ursprung »in ferner Vorzeit, in längst vergangenen Tagen« liegt, in Bethlehem, dem Stammsitz der Davididen. Auch Ez kennt die Erwartung eines davidischen Herrschers (17,22 f.; 34,23 f.; 37,24 f.). Jer 23,5 f. verheißt einen »gerechten Sproß« Davids, der den Programmnamen »Der Herr ist unsere Gerechtigkeit« im Lande ausüben wird, nachdem JHWH dem Volke Sicherheit seiner Existenz verschafft hat.[30]

Jesus verkündigte nicht sein Reich, sondern das Reich Gottes. Es geht ihm um das Offenbarwerden der »מַלְכוּת יְהוָה« *(malchut adonai)* in der Welt. Seine Verkündigung scheint sich damit in Richtung einer Heilserwartung ohne den Königs- bzw. Messiasgedanken bewegt zu haben, zumal Jesus den βασιλεία-Begriff selber nicht auf die alttestamentliche Messias-Königstheologie bezogen hat. Auch hat er sich selbst nicht als Messias bezeichnet und sich auch nicht zum politischen Messias erheben lassen (Joh 6,15). Seine Verkündigung widerspricht der Vorstellung eines national und machtpolitisch verstandenen Königtums JHWHs. Erst nach seinem Tod wird der davidische Titel Messias auf ihn angewandt, als eine Möglichkeit, seine Heilsfunktion auszulegen. Im Stadium der Evangeliumsbildung ist der Messiastitel bereits zu einem wesentlichen Element christologischer Begriffsbildung geworden, und so spielt der Messianismus im NT, entgegen den Intentionen Jesu, nicht nur bei den Synoptikern eine Rolle, sondern auch dort, wo vom Reich des Sohnes gesprochen wird (1 Kor 15,24; Kol 1,13; 2 Tim 4,1; 2 Petr 1,11; Eph 5,5).

### c) Religionsparteien des Frühjudentums

In seiner Grundorientierung hat Jesus nach dem AT gelebt. Doch die zwischentestamentliche Zeit gewann für den Begriff der βασιλεία τοῦ θεοῦ

---

[30] *M. Weise*, Messias im AT und im älteren Judentum: RGG IV (³1986), 902–904.

wachsende Bedeutung. Das Judentum zwischen 200 v. Chr. und 70 n. Chr. war eine sehr komplexe Größe mit vielfältigen, teils divergierenden Strömungen. Das Volk war geistig und religiös gespalten. Es hatten sich verschiedene Religionsparteien mit unterschiedlichen Reichstheologien herausgebildet. Mit ihnen musste sich Jesus auseinandersetzen und gleichzeitig die Begrifflichkeiten seiner Verkündigung formen. Dieser Kontext ist deshalb von hohem historischem und hermeneutischem Instruktionswert.

- *Zeloten:* Das Zelotentum setzte sich aus religiös motivierten, aber politisch orientierten Eiferern zusammen. Ζηλωτής ist eine Sammelbezeichnung für verschiedene Gruppen und Richtungen in der jüdischen Freiheitsbewegung z. Zt. Jesu. Die Ehre JHWHs und die Freiheit des Volkes galten als untrennbar und so erträumten sie sich die Wiedererrichtung der israelitischen Theokratie. Sie organisierten sich in fanatischen elitären Gruppen und hatten ein starkes, apokalyptisches Endzeitbewusstsein. Zeloten waren von einem asketischen, revolutionären Aktivismus der Gewalt erfüllt und verstanden sich als Erben und Sachwalter des alten makkabäischen Geistes, im Sinne eines irdischen, politischen, national-religiösen Messianismus. Sie gingen davon aus, dass Gott sie nur dann in ihrem Verlangen nach Freiheit unterstützen würde, wenn sie sich auch selbst für diese mit aller Entschiedenheit einsetzten. »Ihre Bewegung besaß zusätzlich einen sozialrevolutionären Zug. Den Armen und Unterdrückten verhießen sie mit der Ankunft des Reiches Gottes die Wiedereinsetzung in ihr Recht und die Herstellung einer neuen Ordnung durch Gott«.[31] Der Prozess Jesu und die Geschichte des Urchristentums weisen Berührungen mit dem Zelotentum auf (Lk 6,15; Apg 1,13).

- *Rabbinerschulen:* Sie entwickelten den Gedanken von einer gegenwärtigen, aber verborgenen Herrschaft Gottes. Damit wurde der Glaube verbunden, man könne durch Gesetzesgehorsam und Gesetzestreue die Herrschaft und das Reich JHWHs herbeiführen.

- *Essener:* Nachdem Alexander der Große das Perserreich gestürzt hatte (330 v. Chr.), wurde Israel in das Reich der Ptolemäer und Seleukiden eingegliedert, was zur Auseinandersetzung mit der griechischen Kultur zwang. Aus dem Glaubenskrieg unter König Antiochus IV. ging eine kleine Schar von Gerechten hervor (2./1. Jh. v. Chr.), die u. U. mit den Frommen von Qumran, die in der Regel auch Essener genannt werden, identisch ist. Für sie ist das Königtum Gottes das Reich der Auserwählten, der Gerechten, der sogenannten Söhne des Lichtes. Sie können dies nur sein,

---

[31] *J. Gnilka*, Jesus von Nazaret. Botschaft und Geschichte, Freiburg i. Br. 1993, 64.

wenn es das Reich der Finsternis und die Söhne der Finsternis gibt, die im Kampf gegen das Licht stehen, aber in diesem Kampf von den Lichtsöhnen vernichtet werden. Das heißt, der Reich-Gottes-Glaube ist verinnerlicht, spiritualisiert und ethisiert. Der Weg zum Reich führt über das Gesetz. Um es richtig und heilschaffend verstehen zu können, bedarf es der besonderen geoffenbarten Deutung. Sie war der innere Besitz der Gemeinde. Um die Heiligkeit des wahren Gottesvolkes, des heiligen Restes, wahren zu können, ist die Absonderung vom Volk angesagt. In der Gemeinderegel von Qumran heißt es: »In jener Zeit sollen die Männer der Gemeinschaft ein heiliges Haus für Aaron absondern, um vereint zu sein als Allerheiligstes, und ein Haus der Gemeinschaft für Israel die in Vollkommenheit wandeln.«[32] Ideell stand die Gemeinschaft den Pharisäern und Schriftgelehrten nahe.

- *Pharisäer:* Die Pharisäer waren anders als die Essener nicht äußerlich, sondern innerlich emigriert; sie waren eine zur Makkabäerzeit entstandene Laienbewegung, die sich gegen die Kompromisse mit der hellenistischen Welt erhob. Ihr ursprüngliches Ziel war es, die gewissenhafte Befolgung des Gesetzes in jedem kleinsten Aspekt des Lebens wiederherzustellen. Aus der Strenge der Anfangszeit entwickelte sich im Laufe der Zeit ein gewisser Formalismus bzw. eine gewisse Kasuistik. Die Mehrheit des Berufsstandes der Schriftgelehrten gehörte ihnen an; führende Schriftgelehrte waren Häupter dieser Religionspartei. Die Pharisäer richteten in ihren eschatologischen Erwartungen die Hoffnung auf das Kommen des königlichen Messias aus dem Hause Davids. Dabei meinten sie, das Gottesreich durch entschlossene Gesetzestreue herbeizwingen zu können. Das brachte die Gefahr mit sich, das Reich Gottes zu eng und zu formalistisch an die Beachtung kultisch-ritueller Reinheitsgesetze zu binden. Zugleich verstanden sie ihren Wandel im Willen und in der Weisung Gottes als ein figuratives, repräsentatives Geschehen, d.h. als gegenwärtige Erfahrung der Heilswirklichkeit Gottes.
- *Sadduzäer:* Die Sadduzäer, eine vorwiegend politische Partei mit Anhängern aus der Priesterschaft, bezogen sich, ihrem Lehrer, dem Priester Zadok (1 Kön 1,32) folgend, allein auf die ersten fünf Bücher Mose, nicht aber auf die mündliche Thora bzw. die Überlieferung der Alten. Zentrum ihres Glaubens war der Jerusalemer Tempel mit seinen Opfern, für dessen Erhalt sie mit den Römern sympathisierten. Religiös waren sie orthodox,

---

[32] 1 QS 9,5f.: Die Texte aus Qumran, hebräisch und deutsch mit masoretischer Punktation, Übers., Einf. und Anm., hg. v. E. Lohse, München ³1981, 33.

hielten an den alten überkommenen Lehren fest und pflegten »keinerlei apokalyptisch geprägte Heilserwartung«.[33]

### d) Prophetentum

Das Frühjudentum mit seiner Königstheologie ist die unmittelbare theologisch-religiöse Lebenswelt Jesu. In ihr hat er seine Botschaft geformt und verkündet. Zugleich muss aber das gesamte Zeugnis des AT mitbedacht werden. Denn für die jesuanische βασιλεία-Botschaft ist die ganze Denk- und Sprachwelt des AT relevant, v. a. wo es sachliche Entsprechungen gibt wie die Gesellschaftskritik und das Heilsdenken der Propheten. In ihren utopischen Gesellschaftsmodellen wird eschatologisches Heil ganz außerhalb der Messias-Königstheologie skizziert. Greifbar wird das v. a. im Rahmen der prophetischen Kritik am bestehenden sozialen und religiösen Unrecht und der prophetischen Ansage einer kommenden Weltordnung in Recht, Gerechtigkeit und Frieden (Jes 60,17).

In der Vision von der Wallfahrt der Völker zum »Berg mit dem Haus des Herrn« (Jes 2,1–5; Mi 4,1–5) manifestiert sich ein utopisches Bewusstsein. Der faktischen Welt wird in ihren Negativitäten eine völlig andere, nicht nur bessere, sondern gute und ganz gut gewordene Welt entgegengesetzt. Es ist der Ausblick auf eine ganz andere, ganz zum Frieden bestimmte Welt im Sinne von eschatologischem Heilsein von Mensch, Welt und Geschichte – der Inbegriff des Eschatons. Gott führt es herauf und stellt es in seiner Qualität dar. Auch wenn hier der Ausdruck Reich Gottes fehlt, scheint die endzeitliche Völkerwallfahrt doch sachgerecht vom Inbegriff des Eschatons in und durch Gott zu sprechen, von dem, was Reich Gottes in nichtköniglicher, neutestamentlicher Denkform meint. Es handelt sich um eine Schöpfungswelt, in der die Gotteswirklichkeit zur Menschenwirklichkeit geworden ist. In der prophetischen Sachutopie geht es damit um dieselbe Art eschatologischen Heilsdenkens, wie sie bei Jesus in der βασιλεία τοῦ θεοῦ zum Ausdruck kommt.

### e) Apokalyptik

Die Apokalyptik ist eine Weltanschauung, die in der zwischentestamentlichen Zeit eine große Bedeutung hatte. Die apokalyptische Denkform stellt ein einflussreiches und zugleich rätselhaftes Phänomen dar[34] und ist außerordentlich wichtig für die neutestamentliche Theologie des Reiches Gottes.

---

[33] *J. Roloff*, Jesus, München 2000, 52.

[34] *K. Koch*, Ratlos vor der Apokalyptik. Eine Streitschrift über ein vernachlässigtes Gebiet

Der Begriff »Apokalyptik« bedeutet wörtlich »Enthüllung, Entbergung, Offenbarung«; er steht für religiöse Weltanschauungen, für die das Enthüllen oder Aufdecken des Weltlaufes und v. a. des Endes der Welt und der letzten Zeit zentral ist. Die letzten Dinge werden temporal ausgelegt als Zeit im Anschluss an die jetzige Geschichtszeit. Gottes Walten in Gericht und Rettung wird also nicht mehr ausschließlich innerweltlich gesehen, sondern man blickt jetzt auf das Ende der Geschichte. Mit dem Durchblick durch das Diesseitige in eine jenseitige, kommende neue Welt war ein ganz anderer geschichtlicher und eschatologischer Standort gewonnen. Vom Ende her eröffnet sich nun ein neuer, umfassender Blick auf vergangene Geschichtsabläufe. Die futurische Vorstellung von Gottes Herrschaft und Reich wurde in Israel besonders in Zeiten der Drangsal, in Situationen der Niederlage, der Gefangenschaft und des Exils lebendig.

Im NT finden sich in vielen Einzelbegriffen und Einzeltexten Anklänge an die apokalyptische Denkform für die Reich-Gottes-Idee. Eine endzeitliche Dramatik des Kommenden bzw. die apokalyptische Sprache des Hereinbrechens lassen ein breites Spektrum an inhaltlichen Modellen des Reich-Gottes-Verständnisses offen. Es reicht von den politischen Zeloten, die eine Beschleunigung und Bestärkung des Chaos anstreben, über das davidische Messias-König-Motiv bis hin zur völligen Universalisierung einer neuen Gesellschaftsordnung, die auf wundersame Weise vom Himmel herabsteigt.

Erst im 19. Jh. wurde im Zuge der historisch-kritischen Forschung die Bedeutung der Apokalyptik für das Verständnis des NT erkannt. Vor allem Albert Schweitzer und Johannes Weiß (1863–1914) zeigten auf, dass die Botschaft Jesu nur mit Hilfe der Apokalyptik richtig zu verstehen sei: Das Reich Gottes sei in der Predigt Jesu etwas konsequent Eschatologisches. Für Ernst Käsemann ist die Apokalyptik gar die »Mutter der christlichen Theologie«.[35]

## 2.3. Bedeutung des Reich-Gottes-Motivs

*J. Gnilka*, Jesus von Nazaret. Botschaft und Geschichte, Freiburg i. Br. 1993, 87–165; *H. Merklein*, Jesu Botschaft von der Gottesherrschaft. Eine Skizze, Stuttgart [3]1989, 37–58; *J. Schröter*, Jesus von Nazaret. Jude aus Galiläa – Retter der Welt (Biblische Gestalten, Bd. 15), Leipzig 2006, 69–266; *E. P. Sanders*, Sohn Gottes. Eine historische Bio-

---

der Bibelwissenschaft und die schädlichen Auswirkungen auf Theologie und Philosophie, Gütersloh 1970.
[35] *E. Käsemann*, Die Anfänge christlicher Theologie: ZThK 57 (1960), 162–185; Zum Thema der urchristlichen Apokalyptik: ebd. 59 (1962), 257–284.

graphie Jesu, Stuttgart 1996, 254–302; *Th. Söding*, Jesus und die Kirche. Was sagt das Neue Testament? Freiburg i. Br. 2007, 54–88; *J. Ringleben*, Jesus. Ein Versuch zu begreifen, Tübingen 2008, 10–136.

## a) Botschaft Jesu als εὐαγγέλιον

Neben dem Begriff εὐαγγέλιον findet sich im NT auch die Formel εὐαγγέλιον τῆς βασιλείας. Εὐαγγέλιον bedeutet Frohbotschaft, aber nicht nur in einem paränetischen, emotionalen Sinn. Vielmehr beinhaltet εὐαγγέλιον auch eine Sachaussage. Mit der Formel εὐαγγέλιον τῆς βασιλείας benennt Jesus zugleich den Sachgrund der Freude, nämlich Gottes Reich. Gottes Sache setzt sich durch, darum ist die βασιλεία-Botschaft Verkündigung einer frohen Botschaft, sie ist die Ansage von Frieden, Freude, Heil.

Anknüpfungspunkt ist Jes 61,1. Den Armen wird eine frohe Botschaft gebracht. Jesus konkretisiert den alttestamentlichen prophetischen Verheißungsglauben: Die absolute Zeit, die Gegenwart Gottes, die Erfüllung des angesagten Heils ist da. Ganz im Sinne alttestamentlicher Heilsutopie verkündet Jesus das Reich der vollen Gerechtigkeit, der unüberbietbaren Freiheit, der universalen Liebe und Versöhnung. Darin gründet die Freude, dass nun Gegenwart und Zukunft Gott gehören und von seiner universalen Gegenwart selbst bestimmt sind.

Im Sprachgebrauch der Antike kann der Begriff εὐαγγέλιον zwar auch nur »gute Nachricht« bedeuten, aber zunehmend ist er Terminus der politischen Theologie bzw. der Geisttheologie geworden. Er wird für heilsbedeutsame Ereignisse auch gesellschaftlicher Art verwendet, wie etwa die Thronbesteigung eines Kaisers. Damit soll ausgedrückt sein, dass jetzt eine Heilszeit anbricht. Εὐαγγέλιον ist also Terminus technicus der Heilsansage. Das neutestamentliche Judentum und auch das AT kennen den Wortsinn Heilsansage. In diesem Sinne begegnet man der Evangeliumsterminologie bei Deutero- und Trito-Jesaja (Jes 61,1; 52,7). Demzufolge ist der εὐαγγελιζόμενος der eschatologische Heilsverkünder.

Die Synoptiker führen den Begriff εὐαγγέλιον nicht nur an, sondern bringen die Botschaft Jesu auf diesen Begriff. In den Summarien qualifizieren sie Jesus formell als eschatologischen Heilsbringer und seine Botschaft als eschatologische Heilsansage: Jesus »zog in ganz Galiläa umher, lehrte in den Synagogen, verkündete das Evangelium vom Reich (εὐαγγέλιον τῆς βασιλείας) und heilte im Volk alle Krankheiten und Leiden« (Mt 4,23; 9,35 par.).

Das Reich Gottes ist das definitive Heil, das Gott wirkt und das in Jesus schon zum Ereignis wird. Wenn es auch umstritten ist, ob Jesus den Begriff

»εὐαγγέλιον« wirklich verwendet hat, so gibt es doch gewichtige Gründe, dass Jesus sein Auftreten, seine Botschaft, seine Sendung in diese begrifflich hermeneutische Tradition gestellt und seine Botschaft darin ausgelegt, d. h. mit diesem Heilsakzent belegt hat. Er verstand sein Wirken als ein neues geschichtliches Handeln Gottes (Mk 1,14 f.; 4,12–17; Lk 4,14 f.; 7,22). Das Zitat aus Jes 61,1 (52,7) soll deutlich machen, dass die eschatologische Freudenbotschaft von Jes gerade jetzt an die Armen ergeht. Damit erweist sich die Predigt Jesu als qualitative Botschaft mit erfüllendem Heilscharakter. Auch in Lk 4,18; 4,21; 16,16 wird das Reich Gottes definitiv als Heilsrealität ausgerufen. Darüber hinaus verkündet Jesus nicht nur die Freudenbotschaft, sondern lebt die Freude existentiell, so dass die Hochzeitsgäste nicht fasten können, solange der Bräutigam bei ihnen ist (Mk 2,19).

Die Bezeichnung des Kündens Jesu als εὐαγγελίζεσθαι und der Reichsbotschaft Jesu als εὐαγγέλιον bedeutet, dass die βασιλεία als eschatologische Zielgröße aufgefasst und ausgerufen wird. Dabei ist allein Gottes Initiative maßgeblich, der Mensch kann sich für das Kommen des Reiches öffnen, bereitmachen und bereithalten, doch Gottes Reich wird nicht durch Menschen geschaffen oder erobert, vielmehr muss man es annehmen wie ein Kind (Mk 10,15). Es wird gegeben wie ein Geschenk (Lk 12,32), es wächst wie die Saat von selbst (Mk 4,26–29). Der Mensch kann um das Kommen des Reiches bitten und es suchen, wie man eine kostbare Perle oder einen Schatz im Acker sucht (Mt 13,44–46). Wo man das Heil, die βασιλεία Gottes findet, herrscht eine alles überbietende Freude.

*b) Wegfall des Rachegedankens*

Bei den Synoptikern erfolgt die erste Vorstellung Jesu und seiner Botschaft in ausdrücklicher Bezugnahme auf Johannes den Täufer (Mk 1,1–8 par.). Ein Grund ist die gemeinsame Überzeugung hinsichtlich der Lage ganz Israels: Es befindet sich in einer Unheilssituation und ist als Unheilskollektiv dem Gericht verfallen. Außerdem dient der Täufer als Kontrastfigur. Im Vergleich mit seiner Predigt wird das Besondere der Reich-Gottes-Botschaft Jesu erkennbar. Vor dem Hintergrund der Gerichtspredigt des Täufers und seiner Beschreibung des Kommenden als Gerichtsgestalt tritt die Botschaft Jesu deutlicher in ihrer Eigenart zutage.

Die Täuferpredigt (Mt 3,7–12 par. Lk 3,7–9.16 f.) ist nicht Freudenbotschaft des Heils, sondern unerbittliche Drohbotschaft des Gerichts. Jesus spricht zwar auch vom Gericht, doch ist für ihn das Gnadenangebot Gottes zentral. Auch für Jesus ist ganz Israel ein einziges Unheilskollektiv, weshalb er gleichfalls zur Umkehr aufruft. Damit verbindet Jesus jedoch nicht die Androhung des Zornes Gottes, sondern – und das ist das radikal Neue – die Ansage des eschatologischen Erwählungshandelns Gottes. Jesus ist Siegkünder des Reiches Gottes; seine Heilsbotschaft ist nicht apokalyptisch, sondern eschatologisch. Er kündigt das Heil der βασιλεία Gottes apodiktisch an (Mt 11,2–6; Lk 5,33–39; 11,20 u.ö.), den Zorn Gottes dagegen konditional (Mt 7,1–5; 24–27; 10,33; Lk 6,24–26 u.ö.). Denn nun ist das Gericht nicht mehr der unausweichliche apokalyptische Schlusspunkt der israelitischen Unheilssituation, sondern erst die Folge eines Zurückweisens des jetzt ergehenden göttlichen Heilshandelns.

Der Täufer ist ein apokalyptischer Gerichts- und Bußprophet, der das Gericht Gottes nicht nur konditional, sondern apodiktisch (Mt 3,7b) ankündigt; er lebt und predigt aus einer extremen apokalyptischen Naherwartung heraus und spricht vom unmittelbar bevorstehenden Ende der Geschichte. Vor dem unaufhaltsam hereinbrechenden, endgültigen (Zorn-)Gericht Gottes gibt es kein Entrinnen. Selbst die Abrahamskindschaft lässt keine Heilshoffnung mehr zu; der Kommende lässt die Welt in Feuer und Sturm vergehen. Israel hat keine andere Zukunft mehr als Gott selbst in seinem Gericht. Davor kann nur die Umkehr retten als Ausdruck der Anerkennung des Gerichtes Gottes. Die apokalyptische Naherwartung wird also vom Gerichtsgedanken her ethisch interpretiert. Die Umkehrtaufe besitzt eschatologische Qualität, da sie von den Sünden befreit, die den Grund des göttlichen Gerichtsurteils darstellen. Aufgrund der Kontinuität des Erwählungshandelns Gottes wird zwar mit der Möglichkeit des Heils gerechnet, doch das eschatologische Heil wird nicht eigens thematisiert, sondern nur die kollektive Unheilssituation und das Gericht. Positive Bilder des Heils finden sich in seiner Predigt, wenn überhaupt, nur versteckt.

Jesus dagegen predigt zuallererst die Heilszeit und das Heilsgut. Dazu greift er alttestamentliche messianische Texte auf. Bei seiner Aktualisierung lässt er jedoch ein entscheidendes Element fallen; er übergeht in Mt 11,5 f. die eschatologische Rache an den Heiden, obwohl sie an allen drei alttestamentlichen Stellen, an die Jesus anknüpft (Jes 35,4 f.; 29,20; 61,1), angekündigt wird. Der Wegfall der Rache gehört zum Skandalon der Botschaft, vor dem Jesus anschließend warnt: »Selig ist, wer an mir keinen Anstoß nimmt.« (Mt 11,6 par.) Hierher gehört auch Lk 4,16–30 – das erste öffentliche Auftreten Jesu in Galiläa. Jesu Predigttext (V. 18 f.) ist die Heilsansage in Jes 61,1 f. Er schließt sein Zitat mit den Worten: »damit ich die Zerschlagenen in Freiheit setze und ein Gnadenjahr des Herrn ausrufe« und bricht damit mitten im Satz ab – es fehlt die Fortsetzung: »›und einen Tag der Rache unseres Gottes‹«.[36] Der Wegfall des Elements der Rache macht deutlich, dass Jesus in seiner βασιλεία-Botschaft die alttestamentliche Verheißung nicht unverändert aufgreift, sondern sie im Licht eines neuen Gottesbildes deutet. »*Gerade durch das aber, was Jesus durchstreicht in den Erwartungen seiner Zeitgenossen, wird seine Reich-Gottes-Predigt verständlich für jedermann. Was bei Jesus vom Reich-Gottes-Begriff übrigbleibt, kann man jetzt ganz ohne dieses Wort ausdrücken. Es genügt, von der Nähe Gottes jetzt und in aller Zukunft zu sprechen.*«[37]

Jesus verkündigte die Gnade Gottes ohne Ankündigung des von allen erwarteten Gerichts. So entschieden wie Johannes der Täufer das Gericht predigte, so entschlossen vertrat Jesus das Heil Gottes. Zwar schwächte er die urteilende Feststellung des Täufers nicht ab, verkündete aber den Gott, der gerade angesichts dieser Situation der voraussetzungslos und bedingungslos Vergebende ist. Die Ansage von Gottes Reich geschieht in der Gestalt der Freude, der Hoffnung, des Trostes, der Sinngebung, der Vergebung von Schuld, insbesondere für die Zukurzgekommenen. Das entscheidende Merkmal des Reiches Gottes ist die totale Vergebung aufgrund göttlicher Liebe, dies wiederum zieht Neubeginn, Freude und Freiheit nach sich. Darum übt Jesus auch keine Askese oder schafft in der Wüste eine Sondersituation, sondern er geht zu den Menschen. Sein Auftreten ist Freude gleich einem Hochzeitsmahl. Nicht von ungefähr thematisieren einige Gleichnisse in der Verkündigung Jesu den Schmerz über das Verlorene und die Freude über das Gefundene. Dieses Motiv variiert in den Bildern vom verlorenen, verirrten Schaf in der Wüste (Lk 15,3–7), vom verlorenen und gefundenen Geldstück (Lk 15,8–10) sowie vom verlorenen Sohn (Lk 15,11–32).

*c) Neuorientierung des Handelns*

Die Verkündigung der eschatologischen Gegenwart des Reiches Gottes ist mit der Aufforderung zur Umkehr verbunden. Dabei ist es fraglich, ob Jesus den Begriff μετάνοια bzw. μετανοεῖτε verwendet hat. Der einzige Beleg hierfür ist im Verbund mit dem Begriff βασιλεία Mk 1,15: »Die Zeit ist erfüllt, das Reich Gottes ist nahe. Kehrt um, und glaubt an das Evangelium!« Zweifellos hat Jesus aber eine radikale Sinnesänderung verlangt, die mit μετάνοια gemeint ist: Die eigene Verschlossenheit und Selbstherrlichkeit abzubauen und Gott als die alles bestimmende Wirklichkeit anzuerkennen.

---

[36] *J. Jeremias*, Neutestamentliche Theologie, Erster Teil: Die Verkündigung Jesu, Gütersloh 1971, 199 f.
[37] *O. H. Pesch*, Rechenschaft über den Glauben, Mainz ²1979, 75.

Der Hinkehr zur βασιλεία folgt eine Neuorientierung des Handelns. An der βασιλεία kann erkannt werden, wie gehandelt werden muss: entschieden, bestimmt (Mt 8,21 f.). Zudem wird das Gottesreich zum materialen Handlungsprinzip, das mit dem Alten, der Thora unvergleichbar ist (Mk 2,21 f. par.). Die Streitgespräche um die Thoragebote (Mk 7,1–23; 10,2–12.17–22; 12,28–34) zeigen, dass die Thora als kodifizierte Norm weder gegen das neue unmittelbare Gottesverhältnis ausgespielt noch negiert werden darf. Denn die Neuheit des eschatologischen Ethos Jesu ist ja nicht die materiale Andersheit, sondern der neue Begründungszusammenhang im Kontext der βασιλεία. Das proklamierte Reich Gottes schafft eine neue Tat-Wirklichkeit und schenkt die Kraft, das neue Ethos des eschatologischen Gottesvolkes zu leben, das in der Feindesliebe seinen ganz besonderen Ausdruck gewinnt (Mt 5,38–48; Lk 6,27–38).

### d) Jesuanisches Gottesbild

Zum Gottesbild Jesu gehört zentral, dass Gott nicht als ein Gott der Vergeltung gedacht wird. In der Bergpredigt werden Gewaltfreiheit und Feindesliebe mit der Vollkommenheit Gottes begründet: »Ihr sollt also vollkommen sein, wie es auch euer himmlischer Vater ist.« (Mt 5,48) Demnach ist es Gottes Natur, die Feinde zu lieben und sie nicht im Zorn zu vernichten. Diese Feindesliebe Gottes offenbart sich v. a. im Verhalten Jesu gegenüber den Sündern. Ob Jesus direkt und explizit Sünden vergeben hat, ist exegetisch umstritten, unumstritten aber ist, dass er sich auf besondere Weise den Sündern zugewandt und sogar mit ihnen gegessen hat. Dies belegen die Vorwürfe, die gegen ihn erhoben wurden (Mt 11,16–19; Mk 2,15–17; Lk 15,1–7; 19,7). Durch die Mahlgemeinschaft trat Jesus aber nicht in die Gemeinsamkeit der Sünder ein (Mk 2,15), sondern die Sünder traten über das gemeinsame Mahl mit ihm in die Gemeinsamkeit der Gnade ein (Mk 2,17).

Durch sein Verhalten gegenüber den Sündern und durch seine deutenden Gleichnisse (Lk 15,1–16,8) offenbart Jesus, wie Gott seinen Feinden, den Sündern, gegenübersteht: Er lädt sie zur Mahlgemeinschaft ein. Im Verhalten Jesu, in seiner Tischgemeinschaft mit den Sündern, ereignet sich das Geschehen der βασιλεία Gottes, und die Gleichnisse bringen dies zur Sprache. »Die Güte, die im Gleichnis zur Sprache kommt, ist die *Güte des eschatologisch handelnden Gottes,* der um seines eschatologischen Erwählungshandelns willen von den Gerichtsfolgen der Unheilsgeschichte Israels absieht und ihm vergibt.«[38]

---

[38]  H. *Merklein,* Jesus, Künder des Reiches Gottes: HFTh 2 (²2000), 115–139, hier 126.

Die Botschaft Jesu vom neuen eschatologischen Handeln Gottes, der Wegfall des Rachegedankens in seiner βασιλεία-Verkündigung und die Deutung des Handelns Gottes als Feindesliebe bzw. Liebe zu den Sündern haben ihr Zentrum in der neuen Art, wie Jesus Gott erfahren und angeredet hat. Die typische Gottesbezeichnung Jesu war »Vater«, als konkrete Form der traditionellen Vateranrede aber diente das Wort »Abba«, das der familiären Umgangssprache entnommen ist. Es gilt als »exegetischer Konsens«[39], dass man es hier »mit einem völlig *eindeutigen Kennzeichen der ipsissima vox Jesu* zu tun« hat.[40] Die neue Gotteserfahrung Jesu, die sich insbesondere im Wort »Abba« ausdrückt, ist für dessen βασιλεία-Botschaft von fundamentaler Bedeutung. Denn an der Frage, wer Gott in Wirklichkeit ist, entscheidet sich auch die Frage, was sein Reich als εὐαγγέλιον für den Menschen bedeutet. Weshalb Jesus die traditionelle Gottesbezeichnung Vater in seine eschatologische Botschaft integriert hat, wird in den beiden Funktionen erkennbar, die dem Vatersein Gottes zugeschrieben werden: Güte (Lk 11,13 par.), Barmherzigkeit (Lk 6,36 par.) und Vergebung (Mk 11,25) einerseits und Für-Sorge (Lk 12,30 par.) andererseits. In der Abba-Anrede drückt sich somit aus: Gott handelt am Menschen neu, er rächt nicht die Sünde, sondern vergibt den Sündern bedingungslos. Nicht in dem Sinn, dass die Umkehr überflüssig würde, wohl aber, dass die Vergebung der Umkehr zeitlich und logisch vorausgeht.

Jesus verkündet keinen neuen Gott, sondern der Gott Israels erschließt sich in dem von Jesus proklamierten Reich-Gottes-Geschehen neu: als Vater, den man als »Abba« anrufen darf. Jesus proklamiert die βασιλεία dieses vergebenden Gottes als ein bereits gegenwärtiges Geschehen. Die unbegreifliche Güte Gottes, die alle Kategorien menschlichen Normalverhaltens sprengt, gilt allen Menschen. Das macht Jesus v. a. im Gleichnis von den Arbeitern im Weinberg (Mt 20,1–16), vom unbarmherzigen Gläubiger (Mt 18,25–35) sowie vom verlorenen Sohn (Lk 15,11–32) deutlich. Die Gleichnisse sprechen von der neuen Gerechtigkeit, die durch Gottes Güte errichtet wird und die ihre Gültigkeit dadurch empfängt, dass es Jesus ist, der sie zusagt. Denn er sprach nicht nur von der unbeschränkten, unfasslichen Güte Gottes, vielmehr war das neuschaffende Handeln Gottes in seinem Wirken Ereignis. Die Gleichnisse entfalten als Geschehensereignis der βασιλεία ihren Sinn nur

---

[39] *Ders.*, Die Gottesherrschaft als Handlungsprinzip. Untersuchungen zur Ethik Jesu, Würzburg ³1984, 207 Anm. 281.
[40] *J. Jeremias*, Abba. Studien zur neutestamentlichen Theologie und Zeitgeschichte, Göttingen 1964, 59.

aus der Erfahrung, die im Wirken Jesu aufschien: die bedingungslose Vergebung der Sünden bzw. sein Verhältnis zu den Sündern. Vor dem Hintergrund dieser Praxis vergegenwärtigen die Gleichnisse das durch Jesus vermittelte Heil, die grundlose Güte Gottes.

### e) Adressaten

Primäres Ziel der Botschaft Jesu vom Reich Gottes ist die Versöhnung mit Gott und die Geschwisterlichkeit unter den Menschen. In diesem Sinne ist das Reich universal (Mt 8,11; 11,20–24; 12,41; Lk 10,13; 11,31; 13,29). Alle, die glauben und umkehren, können in dieses Reich gelangen. Allerdings räumt Jesus den Armen ein gewisses Vorrecht ein (Lk 6,20b-21; Mt 5,3.6); ihnen wird in den Seligpreisungen, die mutmaßlich echt jesuanisch sind, bedingungslos das eschatologische Heil zugesprochen. Wer ist mit den »Armen« gemeint? An wen richtet sich letztlich die βασιλεία-Botschaft Jesu?

Die Seligpreisung der Armen wurzelt in der alttestamentlich-frühjüdischen Überlieferung und hat in der deuterojesajanischen (Jes 41,17; 49,13) und tritojesajanischen Tradition (Jes 61,1 f.; 66,2) ihre wichtigste Grundlage. Hier sind die »Armen« eine Kollektivbezeichnung für ganz Israel. Auf dem Hintergrund der Exilserfahrung bezeichnet »arm« die reale und soziale Situation Israels. Dabei war das real Bedrückende im Exil nicht nur die materielle Armut, sondern auch die demütige Anerkennung des gerechten Gerichts Gottes (Jes 57,14–21; 59,1–21). Wenn Israel im demütig-frommen Sinne »arm« ist, kann es mit der Hilfe und Erlösung Gottes rechnen. Denn Gott kümmert sich um die Zerschlagenen und Bedrückten (Jes 57,15), er blickt auf »den Armen und Zerknirschten und auf den, der zittert vor … [meinem] Wort« (Jes 66,2).

In nachexilischer Zeit, während der seleukidischen Religionsverfolgung, steht der Begriff »Arme« für die thoratreuen Frommen (Chassidim), die aufgrund ihrer Ergebenheit unter Gottes Willen auch äußere Not zu erleiden haben, zugleich aber dürfen sie auf die eschatologische Hilfe Gottes vertrauen. So nimmt der Armenbegriff zunehmend religiöse Züge an. Er bezeichnet nun die Frommen und Gerechten, ohne die ursprüngliche Begriffsbedeutung der sozialen Notlage völlig auszublenden. Besonders religiöse Gruppen drücken nun mit Hilfe des Begriffs »arm« ihr eigenes Selbstverständnis aus. So versteht sich beispielsweise die Qumran-Gruppe als die »Gemeinde der Armen«[41]. Weil sie mit dem endzeitlichen Eingreifen Gottes zu ihren Gunsten

---

[41] 4 QpPs 37 II,9; III,10: Die Texte aus Qumran, hebräisch und deutsch mit masoretischer Punktation, Übers., Einf. und Anm., hg. v. E. Lohse, München ³1981, 273; 277.

rechnen dürfen, bezeichnen sie sich auch als »Arme deiner [Gottes] Erlösung«[42] oder in Anlehnung an Jes 61,1 f.; 66,2 als »die, die demütig [...] des
Geistes sind«[43].

Der Begriff »Armut« erfährt bei Jesus eine Konkretisierung und theologische Einordnung in die Verheißungsgeschichte des Eschatons. Ganz Israel als
Unheilskollektiv und nicht nur einer elitären Gruppe wird das eschatologische Heil bedingungslos zugesprochen. Die βασιλεία wird auf Gesamtisrael
hin und dessen religiöse wie sozial-ökonomische Befindlichkeiten ausgerufen. Israel wird nicht über das Heil belehrt, sondern die Dignität des Erwäh-
lungskollektivs wird ihm proklamiert. So wird in den Seligpreisungen das
Unheilskollektiv Israel zum eschatologischen Heilskollektiv. Mit Jesus ist die
Stunde der Einlösung des Eschatons für alle, die seiner real bedürftig sind, die
Armen, da.

Jesus fand eine sozio-religiöse Privilegiertenordnung vor: Fromme, Ge-
rechte, Gesetzestreue haben ein Vorrecht auf das eschatologische Erbe. Das
Reich wird nun für die Unterprivilegierten geöffnet, für die, die aktiv nichts
aufzuweisen und beizutragen haben: die Kleinen, Unmündigen, Schwachen
und Ausgestoßenen, die nichts zu sagen haben und auch religiös und moralisch nichts vorweisen können. Sie werden jetzt zu Subjekten der Zusage.
Indem Standesunterschiede überwunden werden, werden indirekt auch politische Maßstäbe gesetzt. Zwar geht es Jesus weder um eine politisch-religiöse
Theokratie noch um eine unmittelbare Beseitigung der wirtschaftlichen Armut, nichtsdestotrotz ist die βασιλεία-Botschaft nicht nur vertröstend. Gottes Reich ist nicht weltenthoben, vielmehr werden die, zu denen sich Jesus
gesandt weiß, schon jetzt zu Subjekten des Reiches Gottes und zu Erben eingesetzt.

Die Seligpreisungen formuliert Jesus explizit auf Zustände des Entbeh-
rens hin und proklamiert in diese Realitäten hinein das Heil. »Weil Gott das
*sündige* Israel zum Gegenstand seines eschatologischen Erwählungshandelns
macht, muß und kann Israel seine akute und konkrete Notlage als Spiegelbild
seines wahren Unheils anerkennen und sich so in der mit letzter Konsequenz
gedachten Haltung des ›Armen‹, das heißt des ›Demütig-Frommen‹, für das
Heilshandeln Gottes öffnen.«[44] Der Begriff »Arme« hat also eine vielschichtige Bedeutung: ökonomisch meint er die materielle und soziale Not, theo-
logisch-existentiell das Bewusstsein der Heilsdifferenz und in religiös-spiri-

---

[42]  1 QM 11,9: ebd., 207.
[43]  1 QM 14,7: ebd., 213.
[44]  H. *Merklein*, Jesu Botschaft von der Gottesherrschaft. Eine Skizze, Stuttgart ³1989, 50.

tueller Hinsicht das demütig-fromme Anerkennen des Gerichts Gottes, woraus Hoffnung auf Erlösung erwächst.

*f) Werk und Wort*

Wenn es Jesus als seine Berufung angesehen hat, die βασιλεία τοῦ θεοῦ als eschatologische Heilsrealität zu proklamieren, dann muss die ganze Praxis Jesu auf das Reich Gottes hin befragt werden. In Lk 24,19 wird das gesamte Auftreten Jesu zusammenfassend als »mächtig in Wort und Tat« beschrieben. Demnach zeichneten sich nicht nur die Machttaten Jesu, sondern ebenso seine Worte durch einen machttathaften Charakter aus.

Der größte Teil der Praxis, in der Jesus die βασιλεία machtvoll ins Spiel brachte, geschah auf verschiedene Weisen des Sprechens bzw. der Sprache. In der Sprachphilosophie besagt der Begriff »Sprachhandlung«, dass Sprache einen Geschehenscharakter besitze; »etwas *sagen* [heißt] etwas *tun.*«[45] Man könne durch sie handeln, d. h. Wirklichkeit stiften und verändern. Insbesondere beim performativen Sprachgebrauch werde eine neue Wirklichkeit herbeigeführt, insofern die Rede bewirkt, was sie besagt. In diesem Sinne war Jesus wesentlich Verkündiger. »[S]ein Leben [war] ein Sein in der Tat des Wortes *von der Gottesherrschaft*«.[46] Näherhin werden im NT verschiedene Weisen der Sprachhandlung bei Jesus unterschieden, wenn auch nicht immer in konsequenter Durchführung. Am wichtigsten ist in diesem Zusammenhang die Unterscheidung von κηρύσσειν (künden, proklamieren, ansagen, ausrufen) und διδάσκειν (lehren).

- *κηρύσσειν:* Die gegenwärtige Realität wird durch ansagendes Reden gestiftet. In ähnlicher Bedeutung wird »εὐαγγελίζεσθαι« verwendet. Die beiden Tätigkeitsbezeichnungen finden sich u. a. in den Summarien der Evangelien. In diesem Kontext sind sie Terminus technicus für das kündende Ausrufen des eschatologischen Heils (Mk 1,14; Mt 4,23). Dieses Künden meint ankündigen, nicht verkündigen.
- *διδάσκειν:* Das Lehren zielt auf die kognitive Erschließung von Sachverhalten sowie auf die Darlegung und Auslegung von Weisungen. Bemerkenswert ist, dass speziell vom Lehren berichtet wird, es habe Verwunderung erregt. Gerade die kognitive Erschließung des Reiches bewirkt Verblüffung. Auch wenn sich in der Lehre Jesu zahlreiche bekannte Motive finden, so ist doch sein Verständnis des Wortes Gottes anders und neu

[45] J. L. Austin, Theorie der Sprechakte, Stuttgart 1972, 33.
[46] E. Jüngel, Jesu Wort und Jesus als Wort Gottes: der., Unterwegs zur Sache, 1972, 126–144., hier 129.

Kirchenfrage

beurteilt worden. In allen Evangelien tritt Jesus dominierend als Lehrer auf und seiner Lehre wird ἐξουσία (Vollmacht) zugesprochen (Mk 1,22.27). Er lehrt mit Vollmacht und ist insofern Lehrer und Lehre in einer Person. Der gewaltige und erregende Eindruck, den Jesus hinterlässt, gründet hier nicht auf seinen Wundertaten, sondern wird mit seiner Lehre oder seinem Lehren begründet.

Jesus war Hermeneut der βασιλεία, aber nicht nur Lehrer und Ausleger, sondern auch Künder, der die βασιλεία-Wirklichkeit kraft seiner Sprachkompetenz stiftete. »[D]ie ganze Verkündigung Jesu ist Geschehensereignis der Gottesherrschaft«.[47] Inbegriff der Botschaft Jesu war die Gegenwart der βασιλεία und mit seiner Person waren die Nähe und das Gekommensein des Reiches in besonderer Weise verbunden. »Die Vollmacht Jesu besteht gewiss auch darin, bedenkenswerte Aussagen zu machen und berechtigte Forderungen zu stellen; eigentlich aber besteht sie darin, der Autorität der Wahrheit Gottes selbst Geltung zu verschaffen.«[48] In diesem Sinne bezeichnete Origenes Jesus als das Gottesreich in Person, als die αὐτοβασιλεία.[49]

Jesus ist der vollmächtige Lehrer, der auch Wundertaten (ἔργα) bzw. Machttaten (δυνάμεις) gewirkt hat. Für das NT sind die Wunder integraler Bestandteil der jesuanischen Reich-Gottes-Botschaft. Als soteriologisch-christologisch gedeutete Machttaten kommt ihnen ein Erkenntniswert für das Reich Gottes zu. Die Verbindung von Eschatologie und Wunder ist religionsgeschichtlich singulär und macht deutlich, dass Jesu Machttaten als Geschehensereignisse des Reiches Gottes zu betrachten sind. Sie illustrierten in theologischer Hinsicht die Gegenwart des Heils. Durch die Werke Jesu und in deren heilschaffender Kraft weist sich die Heilszeit als dynamisch präsent aus; an ihnen ist die Gegenwart der eschatologischen Heilszeit zu erkennen. Damit tragen die Machttaten auch sachlich etwas zur Stiftung dieser Gegenwart bei, sie begründen diese Gegenwart mit. Mit ihnen ist das Reich schon auf Erden angekommen (Lk 11,20; Mt 12,28); sie sind wie das Leben Jesu im Ganzen Epiphanie des Reiches Gottes. Die Werke zeigen die Zeitenwende an und machen für den Glaubenden die dynamische Präsenz des Reiches Gottes mit ihrer helfenden, heilenden und rettenden Kraft erfahrbar.

---

[47] *H. Merklein*, Jesu Botschaft von der Gottesherrschaft. Eine Skizze, Stuttgart ³1989, 73.
[48] *Th. Söding*, Jesus und die Kirche. Was sagt das Neue Testament? Freiburg i. Br. 2007, 83.
[49] *Origenes*, In Matthaeum Commentarius, XIV 7 (GCS 40,289; BGrL 30,40).

## 2.4. Reich-Gottes-Motiv und menschliche Vernunft

*M. Seckler*, Reich Gottes als Thema des Denkens. Ein philosophisches und ein theologisches Modell (E. Bloch und J. S. Drey): Im Gespräch: der Mensch. Ein interdisziplinärer Dialog, hg. v. H. Gauly u. a., Düsseldorf 1981, 53–62; *E. Gilson*, Die Metamorphosen des Gottesreiches, München 1959, 222–240.

### a) Thema neuzeitlicher Philosophie

Die Kirche hat die Botschaft vom Reich Gottes als eschatologische Bestimmung aus der Verkündigung Jesu in Form des Evangeliums Gottes empfangen. Insofern ist die Botschaft vom Reich Gottes eine biblische Gegebenheit und keine menschliche Erfindung; es ist eine Glaubensgröße und keine Vernunftgröße. Da aber das Reich Gottes die eschatologische Bestimmung von Mensch, Welt und Geschichte ist, kommt der Reich-Gottes-Botschaft ein Universalitätsanspruch zu. In diesem Zusammenhang stellt sich die fundamentaltheologische Frage, ob das Reich Gottes etwas rein glaubensmäßig zu Erfassendes sei, oder ob es auch eine Sache des vernünftigen Denkens und der Verantwortung sein könne. Entfaltet die Reich-Gottes-Botschaft aufgrund ihrer anthropologischen Sinnhaftigkeit eine allgemeine Überzeugungskraft? Die Fundamentaltheologie hat nachzuweisen, dass die Reich-Gottes-Botschaft vernunfthafter, universaler Vermittlung zugänglich ist, dass sie den anthropologischen Grundgegebenheiten weder fremd gegenübersteht noch unvermittelt neben dem steht, was Menschen kraft ihrer Vernunft vom Sinn und Ziel der Geschichte wissen wollen und können. Die Reich-Gottes-Botschaft »ist zwar keine Erfindung der Vernunft, wohl aber eine Aufgabe der Vernunft, wenn sie vernünftig bleiben will«.[50]

Der Reichsgedanke wurde v. a. in der Neuzeit zum großen philosophischen Thema, v. a. bei Kant und dem von ihm beeinflussten Deutschen Idealismus. Dies geschieht in einem universalgeschichtlichen sowie anthropologischen Zusammenhang. Das Reich-Motiv wurde als umfassender Begriff für die Realisierung des Endzwecks der Schöpfung bzw. des Menschen philosophisch und theologisch zu denken versucht. Das emanzipierte Philosophentum der Neuzeit nahm den Reichsgedanken auf, tat dies aber im Bewusstsein, den Wesenskern der biblischen Botschaft und deren Universalität besser zu artikulieren als die Kirchen mit ihrem konfessionalistischem Denken im 18.

---

[50] *M. Seckler*, Reich Gottes als Thema des Denkens. Ein philosophisches und ein theologisches Modell (E. Bloch und J. S. Drey): Im Gespräch: der Mensch. Ein interdisziplinärer Dialog, hg. v. H. Gauly u. a., Düsseldorf 1981, 53–62, hier 62.

und 19. Jh. Das Reich-Gottes-Motiv wurde von Kant und dem Deutschen Idealismus darum in nichtkirchlicher Absicht verwendet – partikularistische bzw. exklusivistische Vorstellungen wurden abgelehnt.

- *Immanuel Kant:* Kant versteht unter Reich Gottes das Reich der sittlichen Vernunftwesen, die Idee der sittlichen Gemeinschaft, eine »allgemeine [...] Republik nach Tugendgesetzen«.[51] Reich Gottes ist der vornehmste Inhalt der praktischen Vernunft. Zu diesem Reich gehören alle, die nach den universalen Wertvorstellungen leben, und die das in Christus manifeste Ideal der sittlich vollkommenen Menschheit repräsentieren. Das Reich Gottes ist Aufgabe des menschlichen Strebens nach Vollkommenheit. »Das Reich Gottes auf Erden: das ist die letzte Bestimmung des Menschen. Wunsch (Reich Gottes).«[52] Von der Kirche kann das Reich Gottes nur unvollkommen verwirklicht werden – es muss durch Gott vollendet werden.

- *Johann Gottlieb Fichte:* Nach ihm zielt die Vollendung des Reiches Gottes in der Geschichte auf die Errichtung einer geistigen Welt; sie ist das Ziel der vernünftig-freien Entwicklung der Menschheit auf ihr wahres, ewiges Leben hin, begründet durch die in Jesus exemplarisch gesetzte Einheit von Göttlichem und Menschlichem. Diese geistige Welt soll im »Vernunftstaat«[53] realisiert werden.

- *Georg Wilhelm Friedrich Hegel:* Das Reich Gottes beschreibt zum einen den Zustand innerer menschlicher Vollkommenheit und zum anderen ist es der Endzweck der Welt- bzw. Kirchengeschichte, auf den sie sich in einem dialektischen Prozess hin entwickeln. Das Ziel ist die vollendete Realisierung der Idee der Freiheit bzw. der Sittlichkeit in der Selbstauslegung des absoluten Geistes in der Zeit. »Das Reich Gottes hat ... seinen Repräsentanten, d. i. die Weise seiner Existenz, zunächst an diesem existierenden Menschen [Christus].«[54]

- *Friedrich Daniel Ernst Schleiermacher:* Er versuchte das Reich Gottes universalistisch zu deuten. In der Menschwerdung Christi sah er die Natur-

---

[51] *I. Kant*, Religion innerhalb der Grenzen der bloßen Vernunft: I. Kant, Werke VIII (ed. W. Weischedel), Frankfurt a. M. ⁴1982, 645–879, hier 756.

[52] *Ders.*, Kant's handschriftlicher Nachlaß, Akad.-Ausg. XV,2, Berlin 1923, 608.

[53] *J. G. Fichte*, Der geschloßne Handelsstaat. Ein philosophischer Entwurf als Anhang zur Rechtslehre, und Probe einer künftig zu liefernden Politik mit einem bisher unbekannten Manuskript Fichtes »Ueber StaatsWirthschaft«, auf der Grundlage der Ausgabe v. F. Medicus hg. und mit einer Einl. vers. v. H. Hirsch (PhB 316), Hamburg 1979, 11 f.

[54] *G. W. F. Hegel*, Vorlesungen über die Philosophie der Religion, Bd. II/2, hg. v. G. Lasson, Hamburg 1974, 157.

werdung des Reiches Gottes. Dieses Reich verwirklicht sich als Erlösung. Der Erlöser nimmt die Erlösten in das Reich Gottes hinein. Die Geschichte dieses Gottesreiches ist die Geschichte der Menschwerdung aufgrund der Wiedergeburt in dem von Jesus Christus gestifteten neuen Leben. Das Reich Gottes ist somit das Wachstumsziel der Kirche, die als Gemeinschaft der Wiedergeborenen mit dem Reich sachlich identisch ist.

- *Richard Rothe (1799–1867):* Für ihn ist die Entwicklung des Reiches Gottes die Entwicklung des Sittlichen als Bestimmung der materiellen Natur durch die Persönlichkeit. Damit geht die Welt nicht wie bei Schleiermacher in der Kirche auf, vielmehr ist der vollendete christliche Staat, die *»absolute Theokratie (Gottesherrschaft)«*, das Ziel der »Weltwerdung« Gottes.[55] Die Entkirchlichung, die Aussiedlung des christlichen Lebens aus der Kirche hinein in das Sittliche, ist die Vollendung des Gottesreiches. Die konfessionelle Kirchlichkeit wird in allgemeinverbindliche Christlichkeit transformiert. Staat und Kirche sind zu wechselseitiger Selbstexplikation aufgerufen, um im sittlichen Gemeinwesen zu einer Synthese zu gelangen.
- *Albert Ritschl (1822–1889):* Nach ihm führt die Erfüllung der Berufsethik, die Erfüllung der Pflicht, das Reich Gottes herauf. Das Reich Gottes ist das durch Jesus Christus offenbarte Lebensideal des Christen. Die Annäherung an das Reich Gottes geschieht durch ein pflichtbewusstes, rechtes Leben. Die Nächstenliebe ist die innerweltliche Form der Entwicklung des Reiches Gottes.
- *Johann Sebastian von Drey:* Bei ihm wurde der Reich-Gottes-Begriff zum eigentlichen Konstruktionspunkt der gesamten Theologie. Denn »der Zweck, zu welchem Gott seinen Sohn an die Menschen gesendet, ist zunächst *die Verkündigung der frohen Botschaft vom Reiche Gottes«.*[56] Die »höchste Idee des Christenthums«, nämlich das »Reich Gottes«, nennt Drey »auf dem wissenschaftlichem Standpunkt den höchsten und universalen Socialismus«[57]: »[D]er Geist des Christenthums ist sowohl in seiner universellen Anschauung als in seinem Streben Socialismus, der höchst, da er Gott und die Menschen miteinander verbinden will, der edelste, da

---

[55] R. *Rothe*, Theologische Ethik, Bd. 2, Wittenberg ²1869, 475 f.
[56] J. S. *Drey*, Die Apologetik als wissenschaftliche Nachweisung der Göttlichkeit des Christentums in seiner Erscheinung, Bd. 2: Die Religion in ihrer geschichtlichen Entwicklung bis zu ihrer Vollendung durch die Offenbarung in Christus, Mainz 1843, 247.
[57] Ebd., Bd. 3: Die christliche Offenbarung in der katholischen Kirche, Mainz 1847, 86.

er nicht die gleiche Vertheilung von irdischer Arbeit und irdischem Lohn, sondern die gleichmäßige geistige Veredlung aller Klassen und Stände bezweckt, in seiner Ausdehnung der weiteste, da er nicht blos einzelne Staaten und Völker, sondern die ganze Menschheit umfaßt.«[58] Das Reich Gottes als »Centralidee des N.T.«[59] sei »die wahre Idee von Religion überhaupt«[60] und »Inbegriff aller Ratschlüsse Gottes im Universum«[61]. Die Idee des Reiches Gottes als »Idee einer *allgemeinen Versöhnung*«[62] sei Konvergenzpunkt des ganzen Weltprozesses und habe »absolute Nothwendigkeit und Wahrheit … vor der Vernunft«[63]. Für Drey ist sie »eine wahre und notwendige Vernunftidee, weil ohne sie eine sinnvolle, vernünftige Praxis überhaupt nicht möglich wäre«; erst »aus dieser Idee heraus« könne »die Vernunft selbst … so etwas wie ›vernünftig‹« sein.[64] »Diese Idee [des Reiches Gottes] … ist zwar durch das Christentum selbst erst gegeben und bekannt gemacht worden; sie ist aber in der Vernunft gegründet, eine wahre Vernunftidee, die wie alle andern erst durch den von außen anregenden Strahl der erziehenden Offenbarung zum freien Hervortreten in der Vernunft geweckt wurde.«[65]

### b) Leben in Gemeinschaft

Auch in den theologischen Anthropologien der Gegenwart spielt das Reich-Gottes-Motiv eine wichtige Rolle. Nach Pannenberg ist der Mensch zur Einheit von Ich und Wirklichkeit, zur Ganzheit seines Daseins bestimmt.[66] Diese Bestimmung, die über das menschliche Ich hinausweist, ist allen Menschen eigen; sie umfasst die Einheit der Menschheit. Das kommt allein schon darin zum Ausdruck, dass sich die Menschen gegenseitig als Personen mit derselben Zielbestimmung anerkennen. Auf Grund dessen, dass die Menschen in ihrer

---

[58] Ebd., IV.
[59] *Ders.*, Kurze Einleitung in das Studium der Theologie mit Rücksicht auf den wissenschaftlichen Standpunkt und das katholische System, Tübingen 1819, 38.
[60] Ebd., 38.
[61] Ebd., 45.
[62] Ebd., 19.
[63] Ebd., 41.
[64] *M. Seckler*, Reich Gottes als Thema des Denkens. Ein philosophisches und ein theologisches Modell (E. Bloch und J. S. Drey): H. Gauly u.a. (Hg.), Im Gespräch: der Mensch. Ein interdisziplinärer Dialog. Joseph Möller zum 65. Geburtstag. Düsseldorf 1981, 53–62.
[65] *J. S. Drey*, Kurze Einleitung in das Studium der Theologie mit Rücksicht auf den wissenschaftlichen Standpunkt und das katholische System, Tübingen 1819, 41.
[66] *W. Pannenberg*, Systematische Theologie, Bd. III, Göttingen 1993, 606 f.

Bestimmung eins sind, diese »Einheit der menschlichen Bestimmung«[67] aber immer noch gesucht werden muss, sind die Menschen darauf angewiesen, miteinander in Verbindung zu treten. Sie sind auf menschliche Gemeinschaft hin angelegt, in der sich die menschliche Bestimmung zur Einheit von Ich und Wirklichkeit konkretisiert.

Bei dieser Gemeinschaft muss einerseits für das Gespräch gelten, dass für alle Menschen nur eine Wahrheit verbindlich sein kann, und andererseits muss das Handeln innerhalb dieser Gemeinschaft von der Liebe gekennzeichnet sein, die den anderen als eine unverfügbare Person ansieht und achtet. Denn hinter seinem Streben steht ja dieselbe unendliche Bestimmung, die in keinem Lebensentwurf je eingeholt werden kann. Die Achtung und Förderung der unendlichen Bestimmung des anderen bedeutet, der eigenen unendlichen Bestimmung gerecht zu werden. Die Liebe ist damit die Voraussetzung für jede Gemeinschaft von Menschen in all ihren Unterschieden, sie ist »das Fundament aller wahrhaft menschlichen Beziehungen«.[68] Diese gegenseitige Anerkennung ist zugleich die Bedingung der Möglichkeit von Individualität.

In Gemeinschaftsformen, die sich durch gegenseitige Anerkennung auszeichnen, bestätigen die Menschen die Einheit ihrer Bestimmung nach außen hin dadurch, dass sie miteinander Verbindung aufnehmen und Vereinigungen eingehen. Aber auch nach innen hin bekundet sich die Einheit der menschlichen Bestimmung, nämlich im Selbstbewusstsein eines jeden Menschen. Denn dieser weiß sich in seinem Gewissen an die Maßstäbe und die Moral der Gemeinschaft gebunden. Ebenso wie das Gewissen hängt auch die Freiheit des Menschen mit dieser Einheit menschlicher Bestimmung zusammen. Denn der Mensch erfährt sich in all jenen Situationen als wirklich frei, in denen er spürt, dass er sich in Übereinstimmung mit seiner Bestimmung befindet bzw. dass die Gemeinschaft ihn seiner Bestimmung näher bringt. Vor diesem Hintergrund kann man die Bedeutung der Ich-Du-Beziehung für das menschliche Personsein und damit »die übergeordnete Bedeutung des Gemeinschaftslebens für das Menschsein des Menschen ... kaum überschätzen.«[69] Die Gemeinschaft kann jedoch die Endgestalt der menschlichen Bestimmung nur anfanghaft verkörpern, da »die Sünde, die Ichbezogenheit, ... die Individuen in Gegensatz gegen die Gesellschaft und die Gesellschaft

---

[67] *Ders.*, Was ist der Mensch? Die Anthropologie der Gegenwart im Lichte der Theologie, Göttingen [7]1985, 60.
[68] Ebd., 60.
[69] Ebd., 66.

gegen die Individuen«[70] bringt. Das kann den Menschen allerdings nicht davon abhalten, stets nach einer vollkommenen Gemeinschaft, entsprechend seiner Bestimmung, Ausschau zu halten.

Die Wesensnatur des Menschen ist insofern politisch, als er zu einem Leben in Gemeinschaft bestimmt ist, wenngleich er diese Bestimmung von sich aus in keiner politischen Herrschaftsordnung voll realisieren kann. »Diejenige gemeinsame Lebensordnung, in der die Bestimmung der Individuen voll aufgehen könnte, übersteigt als Reich Gottes alle Möglichkeit politischer Integration durch menschliche Herrschaft.«[71] Denn alle gesellschaftlichen Verhältnisse können in ihrem politischen Handeln nie ganz von ihren Eigeninteressen und Bedürfnissen absehen, so dass erst im Reich Gottes die Herrschaft von Menschen über Menschen aufgehoben sein wird. Dieses Reich kann nicht durch politische Aktivitäten herbeigeführt werden. Zwar ist der Mensch im politischen Sinne zum Reich Gottes bestimmt, dennoch »kann dieses Ziel nicht gefördert, sondern nur pervertiert werden, wo es direkt zum Gegenstand politischen Handelns gemacht wird, indem solches Handeln einmal mehr unter der Verheißung geschieht, dadurch werde jene ganz neue und endgültig humane Gesellschaft verwirklicht.«[72]

Der Mensch ist von Natur aus ein politisches und darum auf Gesellschaft hin angelegtes Wesen, ohne seine Bestimmung je selbst erreichen zu können. Daraus folgert Pannenberg, dass der Mensch zur eschatologischen Gemeinschaft mit Gott bestimmt ist, wie dies in der Reich-Gottes-Botschaft Jesu zum Ausdruck kommt, und dies eine eschatologische Gemeinschaft der Menschen untereinander einschließt. Denn jeder, der die Gemeinschaft mit Gott aufrechterhalten möchte, kann dies nur, indem er an der universalen Liebe Gottes partizipiert, die »auf eine universale Gemeinschaft aller Menschen in Verbundenheit mit ihm selber« zielt.[73] In Bezug auf das Wir-Sein des Menschen lässt sich also die Reich-Gottes-Botschaft anthropologisch vermitteln.

### c) Gelingen der Menschlichkeit

Die Vernünftigkeit der Reich-Gottes-Botschaft kann ausgehend von der Bedeutung des Gemeinschaftsgedankens für den Menschen aufgewiesen werden oder vom Gelingen der Menschlichkeit. Das Reich Gottes schenkt eine

---

[70] Ebd., 67.
[71] Ders., Anthropologie in theologischer Perspektive, Göttingen 1983, 463.
[72] Ders., Die Bestimmung des Menschen. Menschsein, Erwählung und Geschichte, Göttingen 1978, 25.
[73] Ebd., 26.

Menschlichkeit wie sie sonst nirgends gegeben ist. Denn wenn das Reich Gottes von den Bestimmungen des göttlichen Wesens her geprägt und beherrscht wird, zeigen sich hier auch die wahren Formen der Menschlichkeit. Entgegen dem menschlichen Selbstbehauptungstrieb entfallen hier alle errichteten Abwehrmechanismen: Für die von Anderen Ausgestoßenen und sozial Geächteten wird Partei ergriffen, die Schranke des Feindeshasses wird eingerissen, Mauern, errichtet durch Schuld, werden durch das Verzeihen niedergerissen und so ein neuer Anfang gewährt, Gesetzespraktiken, die Leben verhindern und Freiheit gefährden, werden aufgedeckt und kritisiert.

Mehr noch als von der Persönlichkeit Jesu waren die Menschen vom Reich Gottes fasziniert, das er in Gang setzte. Was er sagte, war so neuartig und ungewöhnlich, wie er handelte, so außerordentlich, dass die Menschen betroffen reagierten: Die einen empörten sich und hassten ihn, die anderen kehrten um, glaubten und folgten ihm. In der Reich-Gottes-Botschaft und Reich-Gottes-Praxis Jesu wird eine Welt erkennbar, in der wahre Menschlichkeit herrscht, wodurch allen Menschen ungeteilte Zukunft eröffnet wird. »Daß die Verheißung des universalen Reiches Gottes auch den *Toten* gilt, manifestiert sich in der *Auferstehung Jesu* ... Sie zeigt an, daß selbst die Schranke des Todes überwunden ist, die der Erfüllung des Lebenssinns jener eine absolute Grenze setzte, denen hier keine Gerechtigkeit widerfuhr. Das Verheißungszeichen der Auferstehung des Leibes, die sich an Jesus vorausweisend für uns ereignete, entspricht der radikalsten Sinnhoffnung der Menschen, ja überbietet sie.«[74]

## 2.5. Frage der Naherwartung

*H. Küng*, Die Kirche, Freiburg i. Br. 1967, 70–99; *H. Merklein*, Jesu Botschaft von der Gottesherrschaft. Eine Skizze, Stuttgart ³1989, 59–132; *Th. Söding*, Jesus und die Kirche. Was sagt das Neue Testament? Freiburg i. Br. 2007, 65–73; *J. Ringleben*, Jesus. Ein Versuch zu begreifen, Tübingen 2008, 93–131.

*a) Problemhorizont*

Die Frage nach dem Wann des Kommens der βασιλεία ist ein entscheidender Aspekt für die Legitimation der Kirche. Die Frage der Naherwartung Jesu ist nämlich ein ekklesiologisches Problem. Denn sollte Jesus mit dem unmittel-

---

[74] *H. J. Pottmeyer*, Zeichen und Kriterien der Glaubwürdigkeit des Christentums: HFTh 4 (²2000), 265–299, hier 298.

baren Eintreffen des Gottesreiches gerechnet haben, wäre für die Kirche als Institution kein Rahmen mehr geblieben, innerhalb dessen sie eine Aufgabe und Sendung hätte ausüben können. Allerdings gehört die Interpretation der Naherwartungstexte »zu den schwierigsten und heikelsten Problemen, die dem neutestamentlichen Exegeten aufgegeben sind.«[75]

In den Evangelien finden sich unterschiedliche Aussagen Jesu über die zeitliche Nähe der βασιλεία. Das Reich Gottes begegnet in einer zeitlichen Zweidimensionalität; es ist auf Zukunft und Gegenwart hin ausgerichtet. Näherhin lassen sich folgende Textgruppen unterscheiden:

- *Nichtwissen:* Aussagen, die ein Nichtwissen des Termins ausdrücken und eine termingerechte Ansage des Kommens der βασιλεία verweigern (Lk 17,20 f.; Mk 13,32, Mt 24,42). Jesus scheint die Terminfrage nie zum ausdrücklichen Thema seiner βασιλεία-Verkündigung gemacht zu haben – die sog. Terminworte (Mk 9,1; 13,30; Mt 10,23) sind sehr wahrscheinlich nachösterlich.

- *Noch-nicht-gekommen-Sein:* Die Zukünftigkeit der βασιλεία wird besonders in der Vaterunser-Bitte festgemacht: »Dein Reich komme« (Mt 6,10; Lk 11,2). Die Zeitform Aorist (ἐλθέτω) lässt die Bitte auf ein einmaliges, zukünftiges Kommen gerichtet sein, das als Gabe Gottes ohne Zutun des Menschen erwartet wird. Die Zukünftigkeit des Reiches Gottes klingt auch beim sog. Einlassspruch (Mk 10,25) sowie der Todesprophetie Jesu beim letzten Abendmahl an (Lk 22,18).

- *Im-Kommen-Sein:* Die Wachstumsgleichnisse sprechen sowohl von der Gegenwart des Reiches Gottes als auch von der vollendeten βασιλεία als Ziel der Geschichte (Mk 4,3–8; 4,26–29; Mk 4,30–32; Mt 13,24–30.47– 50). In der Proklamation Jesu ist schon der Beginn der βασιλεία gegeben, deren Wachstum bzw. eschatologische Vollendung trotz aller Ablehnung mit großer Zuversicht in Aussicht gestellt wird. Das Ende ist so mit dem Anfang verbunden, dass das Ende des Reiches Gottes gewiss aus dem Anfang desselben folgt. Die βασιλεία ist unaufhaltsam im Kommen; sie steht in ihrer vollen Evidenz zwar noch aus, dennoch aber ergreift sie schon jetzt die Gegenwart dynamisch.

- *Außerordentlich-nahe-Sein:* Das künftige eschatologische Heil der βασιλεία berührt die Gegenwart schon so wirksam, dass dessen Nähe nicht mehr mit zeitlichen Kategorien zu fassen ist. Jesus lebte nicht in der Hoffnung auf das Reich Gottes, sondern proklamierte die Nähe der βασιλεία in allernächster Zukunft (Mt 10,23). Die βασιλεία ist so nahe, dass von

---

[75] R. *Schnackenburg*, Gottes Herrschaft und Gottes Reich, Freiburg i. Br. [4]1965, 135.

ihr nur noch proklamatorisch gesprochen werden kann und zeitliche Kategorien nicht mehr greifen. Die Seligpreisungen der Bergpredigt (Lk 6,20–23 par.) gelten den gerade Anwesenden, weil sie bald in unsagbarem Maß das Heil erfahren werden. Ebenso müssen die Worte Jesu von der Sorglosigkeit gegenüber der Sicherung des Lebens, der Nahrung und Kleidung (Mt 6,25–34) und über die Entscheidung, die keinen Aufschub duldet (Lk 9,62), vor dem Hintergrund der unmittelbaren Nähe der βασιλεία gesprochen worden sein. Zu erwähnen ist schließlich das Motiv der Plötzlichkeit in der βασιλεία-Predigt Jesu, das zur Wachsamkeit auffordert und somit gleichfalls eine Naherwartung impliziert (Lk 17,22–37).

• *Gegenwart:* Es finden sich eine Reihe von Aussagen, die die Gegenwart des Reiches, die Erfüllung der Verheißung ansagen. Zugleich ist das Reich Gottes im Handeln Jesu gegenwärtig. Dies ist die gewichtigste Aussagengruppe. Die Gegenwart der βασιλεία kommt zum Ausdruck in den Summarium (Mk 1,15), bei der Antrittsrede Jesu in der Synagoge in Nazareth (Lk 4,16–30 par.), in der heilenden Tätigkeit Jesu (Mt 11,2–6; Lk 5,12–16; 11,14 u. ö.), in seinem Verhalten gegenüber den Sündern (Lk 15,11–32; Mt 18,12–14), im Bildwort vom Fasten und Fest (Mk 2,19; Mt 9,14–17; Lk 5,33–39) etc. Die ganze Botschaft Jesu ist nicht auf ein nahes Ende angelegt, sondern auf Leben in der Gegenwart und Handeln in der Zeit. Weil das Reich Gottes »mitten unter euch« (Lk 17,20 f.) ist, es »für die Seinen schon da«[76] ist, ist nicht rasche Bekehrung gerade noch vor dem Umsturz verlangt, sondern liebende Vergebung, die sich wieder und wieder ereignet. Es geht Jesus um das Leben im Heute als Existenzanweisung auf Dauer. Das drängende Ethos Jesu ist drängend nicht wegen eines unmittelbar bevorstehenden Weltuntergangs, sondern wegen der Wichtigkeit der Aufgabe und der Notwendigkeit des Engagements.

Grundsätzlich ist in der neutestamentlichen Textgeschichte mit einer Verstärkung der apokalyptischen Denkform zu rechnen. Um angesichts der Parusieverzögerung das Ankommen der βασιλεία terminlich präziser fassen und so mit der noch ausstehenden Zeit überschaubarer umgehen zu können, wurden die Zukunftsaussagen verstärkt. Re-Apokalyptisierung der Botschaft Jesu meint die zeitliche Entschärfung seiner βασιλεία-Predigt, die Verstärkung möglicher Zukunfts- und Naherwartungsaussagen sowie die Rückübertragung der Botschaft Jesu in apokalyptische Denkformen und Ausdrucksgestaltungen hinein.

---

[76] *J. Ringleben*, Jesus. Ein Versuch zu begreifen, Tübingen 2008, 132.

Kirchenfrage

## b) Erfüllte Zeit

Aussagen, die die Zukunft der βασιλεία betreffen, und solche, die von ihrer Gegenwart sprechen, dürfen nicht gegeneinander ausgespielt werden. Jesus hat die βασιλεία als Heilserfahrung des Menschen und als geschichtliche Heilsmacht Gottes verstanden, als eine gegenwärtige Realität und als eine eschatologisch-futurisch zu beachtende Größe. Beide zeitlichen Relationen müssen ernst genommen werden. Doch die Gegenwartsaussagen haben vom Umfang und von der Eindeutigkeit her das Übergewicht. Der charakteristischste Zug der Botschaft Jesu ist unzweideutig sein Insistieren auf der Gegenwart des Reiches.

In der Eschatologie Jesu besitzt der βασιλεία-Begriff eine unverwechselbare Dynamik, so dass sich die βασιλεία als Gegenwart und die βασιλεία als Zukunft gleichermaßen gegenüberstehen. Dabei gilt uneingeschränkt die Gegenwart der βασιλεία; das Denken ihrer Zukunft stellt allerdings ein Problem dar, das in der Theologiegeschichte unterschiedlich gelöst wurde und wird. Während die futurische Eschatologie die Gegenwartsaussagen Jesu ausblendet, vernachlässigt die präsentische Eschatologie die Zukunftsaussagen Jesu. Die dialektische Vermittlung zwischen beiden Aussagengruppen in Form von »schon« und »noch nicht« hat meist zur Konsequenz, dass das Reich Gottes in der Gegenwart nur als anfanghaft präsent gedacht wird. Jesus aber insistiert auf die Gegenwart des Reiches ohne Wenn und Aber.

Jesus denkt das Reich Gottes nicht im Schema traditioneller Apokalyptik. Für ihn führt nicht die Zuspitzung des Dualismus zwischen Welt und Reich Gottes durch die Vermehrung der Negativität zum Einbrechen des Reiches Gottes. Er kennt keine Diskontinuität. Vielmehr steht die Geschichte unter dem definitiven Heilshandeln Gottes in der Zeit. Deshalb hofft er nicht auf ein Jenseits, sondern auf das qualitative Eschaton, das schon jetzt die Gegenwart prägt und bestimmt. Diese qualitative Zukunft ist nicht apokalyptisch, d. h. temporal oder chronologisch zu sehen. Jesus geht es nicht um den temporalen Endzustand der Geschichte, sondern um die Ausrufung einer befreiten Gegenwart im Jetzt. Jesus verkündet die βασιλεία als wirkliche Gegenwart und fordert dazu auf, sie in ihrer Gegenwärtigkeit zu ergreifen. Dadurch gewinnt sie eine dieser Geschichtszeit gemäße Realität, auch wenn der Kampf gegen die Negativität als Daseinsaufgabe bleibt. Das Qualitative wird also präsentisch terminiert.

Das Reich Gottes kann unter den Bedingungen dieser Geschichtszeit nicht ganz da sein. »Die Gottesherrschaft ist da – aber nie so, als ob die Heilsgegenwart, mag sie auch überwältigend sein, nicht noch einmal auf eine unendliche größere Heilsvollendung verweisen würde. Die Gottesherrschaft ist Zukunft –

aber nie so, dass sie nicht alle Zeit bestimmte. Ihre Gegenwart bestätigt – den Glaubenden – die Verkündigung Jesu; mehr noch ist sie eine Verheißung kommender, größerer Herrlichkeit.«[77] Das Eschaton von Welt, Mensch und Geschichte wird unter den Bedingungen der Zeit schon im vergänglichen Jetzt rein, wenngleich fragmentarisch anschaubar.[78] »Auch wenn die geschichtliche Zeit, anders als Jesus gemeint haben mochte, noch andauert, ist sie doch im christlichen Sinn nur von ihrem Ende im Jenseits dieser Zeit her zu verstehen: dem vollendeten Reich Gottes, das nahe gekommen ist und deshalb nahe bleibt.«[79]

Das Heil ist so lange noch nicht im Ganzen da, solange seine Gegenmöglichkeit, das »Antireich«, nicht ausgeschaltet ist. Eine andere geschichtliche Daseinsweise des Reiches ist unter den Bedingungen dieser noch unversöhnten Welt und der geschichtlichen Verfasstheit menschlicher Freiheit nicht denkbar. Dem durch keine Freiheit mehr gefährdeten, vollkommenen Reich stehen die Bedingungen dieser Geschichtszeit und der menschlichen Freiheit jetzt noch entgegen. »Die fragliche Struktur von ›Schon/Noch-nicht‹ muss als die Selbst-Entzweiungsstruktur der im Werden zu ihrer Einheit begriffenen Basileia verstanden werden.«[80] Das Reich Gottes ist als Realität ganz da, ohne dass dadurch die Gegenmöglichkeit dieser Realität automatisch ausgeschaltet wäre. Es ist in der Geschichte so Gegenwart, wie es in der Geschichte nur Gegenwart sein kann. Das Reich Gottes ist zwar unter den bestimmten Geschichtsbedingungen nicht als Ganzes da, wohl aber ist es ganz da und nicht bloß ein Stück weit.

Erlösung ist nur in der Mitte der Geschichte zu finden. Es gibt nur den Alltag der Erlösung und dieser wächst aus der Erlösung des je konkreten Augenblicks. Ein Leben nur in der Hoffnung auf eine zukünftige Erlösung wäre ein Leben im Aufschub, doch es geht Jesus um das Leben im erfüllten Augenblick. »Es kommt alles darauf an, inwieweit dieser Gottesbegriff der Wirklichkeit, die damit gemeint ist, ihr eben als Wirklichkeit gerecht zu werden vermag.«[81] Der Sinn des Lebens ist nur in der Gegenwart zu erlangen. »Du bist nicht fern vom Reich Gottes« (Mk 12,34). Solche Nähe ist offensichtlich nicht temporal zu verstehen. Der Schriftgelehrte ist dem Reich Got-

[77] *Th. Söding*, Jesus und die Kirche. Was sagt das Neue Testament? Freiburg i. Br. 2007, 69.
[78] *M. Seckler*, Die letzte Bestimmung des Menschen: ders., Die schiefen Wände des Lehrhauses, Freiburg i. Br. 1988, 17–25, hier 25.
[79] *Th. Söding*, Jesus und die Kirche. Was sagt das Neue Testament? Freiburg i. Br. 2007, 81.
[80] *J. Ringleben*, Jesus. Ein Versuch zu begreifen, Tübingen 2008, 116.
[81] *M. Buber*, Gottesfinsternis. Betrachtungen zur Beziehung zwischen Religion und Philosophie, Gerlingen ²1994, 16.

tes in seiner Praxis und in seinem Denken nahe; er erfährt die Wirklichkeit Gottes.

Weil die Erwartung des nahe bevorstehenden und von Gott selbst herbeigeführten Endes dieses Äons nicht das Zentrum der Verkündigung Jesu ausmachte, konnte das Nichteintreffen der Parusie den Grund und Inhalt des Glaubens an die Reich-Gottes-Botschaft nicht erschüttern. Die Parusieverzögerung hat keine Existenzkrise ausgelöst. Vielmehr hat das Ausbleiben der Naherwartung erst den Gedanken an die Erfüllung und Präsenz des Reiches Gottes in Jesus hervorgebracht. Vor allem im Schicksal von Kreuz und Auferweckung erfuhren die Jünger den qualitativen Aspekt der βασιλεία. Die Auferweckung bestätigte die von Jesus verkündete Güte Gottes, die nun sogar noch jene Sündhaftigkeit des Menschen überwand, die Jesus ans Kreuz gebracht hatte. So wurde Jesus mit seinem ganzen Schicksal zum Ausdruck des Gottesreiches. In der Auferweckung Jesu erkannten die Jünger das definitive eschatologische Heilshandeln Gottes, das bereits an sein Ziel und zur Vollendung gelangt ist. In ihrer Gemeinschaft bzw. im Hl. Geist erfuhren sie die Realisation dieses qualitativen Eschatons. Die Frage, ob sich die Naherwartung Jesu erfüllt hat, oder ob er sich täuschte, darf darum nicht nur unter dem Gesichtspunkt der Parusieverzögerung verhandelt werden. Denn dadurch wird die Gegenwart des qualitativen Eschatons völlig übergangen und die eigentliche Frage verzerrt.

Im Zentrum frühchristlicher Verkündigung steht Jesus als der Christus, durch dessen Auferstehung das Ziel der Schöpfung schon erreicht, das Reich Gottes schon Realität geworden ist. An Jesus als den Christus zu glauben wird nachösterlich zum Synonym für Nachfolge. Jesus-Nachfolge bedeutet nachösterlich: Leben im Christusglauben. Die Gemeinschaft der Christgläubigen bildet die Kirche, die im Horizont der unter diesen Geschichtsbedingungen präsenten βασιλεία steht. In ihr nimmt die Reich-Gottes-Botschaft bleibend Gestalt an, unter Ausblick auf die transzendentale Erfüllung.

## II. Kirche Jesu Christi

## 1. Ἐκκλησία im NT

### 1.1. Paulinisches Zeugnis

*P. Neuner*, Ekklesiologie – Die Lehre von der Kirche: Glaubenszugänge. Lehrbuch der katholischen Dogmatik, hg. v. W. Beinert, Bd. 2, München 1995, 458–463; *K. Berger*, Kirche II. Neues Testament: TRE 18 (1989), 201–218.

*a) Sprachlicher Befund*

Für Jesus war die βασιλεία Mitte seiner Botschaft, was insbesondere durch die Synoptiker mit Nachdruck herausgestellt wird. Allerdings trat schon bald nach dem Tod Jesu der βασιλεία-Begriff zugunsten anderer Begriffe, wie etwa dem der ἐκκλησία stark zurück. Während der βασιλεία-Begriff als religiöser Begriff im NT mehr als 140-mal vorkommt, begegnet man ihm in der Apostelgeschichte nur 6-mal (Apg 1,3; 8,12; 14,22; 19,8; 28,23.30) und im corpus Paulinum nur 10-mal (Röm 14,17; 1 Kor 4,20; 6,9; 15,50; Kol 4,11; 1 Thess 2,12; 2 Thess 1,5 u. ö.). Umgekehrt kommt der ἐκκλησία-Begriff im NT über 110-mal vor, aber nur 2-mal im Matthäusevangelium (Mt 16,18; 18,17). Das heißt, die ältesten Texte schweigen dem sprachlichen Befund nach nahezu ganz vom Reich Gottes; hier ist fast nur von ἐκκλησία die Rede. Im Sprachgebrauch erfolgt jedoch bald eine Neuorientierung und Rückbesinnung auf die Sprache Jesu. Die Synoptiker haben die gemeinsame Überzeugung, dass es sich beim Reich Gottes um die Mitte der Botschaft Jesu handelt, weshalb sie den Reich-Gottes-Ausdruck verstärkt ins Spiel bringen und theologisch und ekklesiologisch stärker gewichten.

Während Paulus den Inhalt des Evangeliums hin zu Gnade, Rechtfertigung und Erlösung transformiert, gewinnt in den späteren synoptischen Evangelien der βασιλεία-Begriff so sehr an Übergewicht, dass der ἐκκλησία-Begriff vollkommen in den Hintergrund tritt. Wie ist dieser Sachverhalt zu bewerten? Ist die ἐκκλησία bei Paulus eine Ersatzgröße für die βασιλεία, oder ist ἐκκλησία nur ein anderer Name für dieselbe Sache?

- *Abfallstheorie:* Der Weg zur ἐκκλησία ist der Weg des Abfalls von der Botschaft Jesu. Es handle sich um eine Umwandlung des jesuanischen Glaubens. Nach Adolf von Harnack zielte die theologische Tendenz des Evangeliums auf die Bildung einer neuen Gemeinschaft von Menschen. Sie wurde tatsächlich von Jesus ins Leben gerufen, aber nach einem hoffnungsvollen Anfang sei sie schon bald zur heilsanstaltlichen Institution pervertiert.

- *Substitutionstheorie:* Ἐκκλησία τοῦ θεοῦ ist der notdürftige Ersatz angesichts der ausgebliebenen Parusie, wobei allerdings das von Jesus selbst Intendierte weitgehend verloren ging. Nach Hermann Samuel Reimarus propagierten die Jünger durch die Enttäuschung über den Tod Jesu die Kirche, während Jesus selbst das Davidische Königtum in Palästina wieder herstellen wollte.

- *Transformationstheorie:* Weil die Botschaft Jesu in eine andere Denkform und einen anderen Erfahrungskontext übertragen wurde, lautet bei Paulus der Zentralbegriff δικαιοσύνη τοῦ θεοῦ (Gerechtigkeit Gottes). Die sachliche Identität blieb dabei erhalten. Ähnliches begegnet bei Johannes: Bei ihm kommen die Begriffe ἐκκλησία und βασιλεία nur selten vor, sie sind aufgehoben in dem Zentralbegriff ζωὴ αἰώνιος, das für den Gläubigen schon jetzt gegenwärtig ist (Joh 3,15 f.36; 4,14.36 u. ö.).

### b) Transformation der Botschaft Jesu

Bei Paulus kommt es zu einer Transformation und Konkretisierung der Sache des Reiches Gottes in die theologische Anthropologie hinein. »[D]enn das Reich Gottes ist nicht Essen und Trinken, es ist Gerechtigkeit, Friede und Freude im Heiligen Geist« (Röm 14,17). Gottes Gerechtigkeit und Gnade sind genauso gegenwärtig wie für Jesus das Reich Gottes. Das Wesen der βασιλεία besteht in δικαιοσύνη, εἰρήνη und χαρά. Der sachtheologische Ort, an dem Paulus vom Reich Gottes spricht, ist mit diesen drei Termini umschrieben.

Paulus war wohl selbst der Meinung, dass die Begriffe seiner Theologie mit der jesuanischen Botschaft sachlich übereinstimmen. Doch sein Thema war nicht das Leben des irdischen Jesus, sondern der Κύριος und so thematisiert er die Heilstat Gottes in Jesus Christus. Weil er nicht das Evangelium von Jesus Christus, sondern Jesus, den Christus, verkündet, fehlt bei ihm der Begriff der βασιλεία im Sinne des Evangeliums von Jesus. Paulus formuliert seine Rechtfertigungsverkündigung im Kampf gegen judaisierende Gegner: Ihnen gegenüber muss er die christliche Heilsgewissheit im Zusammenhang mit dem Kreuzestod Jesu begründen, wozu er sich auf alttestamentliche Bilder stützt und die Gesetzesproblematik sowie den Rechtfertigungsbegriff aus der Gerichtspraxis aufgreift (Röm 3,21–26). Seine Rechtfertigungsverkündigung versteht er dabei durchaus als legitime Interpretation der christlichen Heilsbotschaft.

Kriterium für die Legitimität der frühkirchlichen Transformation der Botschaft Jesu ist nicht zuletzt die Frage, ob sie das Gegenwartsmoment der βασιλεία-Botschaft Jesu zu wahren versucht. Hier gilt es festzuhalten, dass Paulus, so wie Jesus in seiner Botschaft von der βασιλεία die Gegenwart des Eschaton ausgerufen hat, es auch in seiner Theologie der Rechtfertigung tut: Die Gegenwart der χάρις und der δικαιοσύνη wird verkündigt. Paulus hat in diesem Sinn ein eschatologisch-präsentisches Verständnis der Heilsgegenwart (2 Kor 6,2; Röm 5,20 f.; Kol 1,13). Allerdings bereitet das paulinische Rechtfertigungsverständnis schon etwas mehr Probleme als die Heilsmöglichkeit der βασιλεία-Botschaft Jesu.

## 1.2. Altes und erneuertes Israel

*Päpstliche Bibelkommission*, Das jüdische Volk und seine Heilige Schrift in der christlichen Bibel (24. Mai 2001) (VApSt 152), hg. v. Sekretariat der Deutschen Bischofskonferenz, Bonn 2001; G. *Lohfink*, Jesus und die Kirche: HFTh 3 (²2000), 27–64; Der Ablauf der Osterereignisse und die Anfänge der Urgemeinde: ThQ 160 (1980) 162–176; Die Korrelation von Reich Gottes und Volk Gottes bei Jesus: ThQ 165 (1985) 173–183.

### a) Ἐκκλησία-Begriff

Die Theologie der Kirche im NT ist keineswegs einheitlich.[1] Die geschichtliche Gestalt der Kirche ist vielfältig und noch im Werden begriffen. In den unterschiedlichen Ausgestaltungen der Kirche spiegeln sich verschiedene theologische Implikationen wider. Die unterschiedlichen neutestamentlichen Konzeptionen von Kirche sind nur schwer zu systematisieren und miteinander auszugleichen. Das plurale Selbstverständnis der Kirche schlägt sich allein schon in der Vielfalt der Selbstbezeichnungen der frühen Christen nieder: Heilige, Schüler, Jünger, Nazaräer, Arme, Christen, Glaubende, Auserwählte,

---

[1] *P. Neuner*, Ekklesiologie – Die Lehre von der Kirche: Glaubenszugänge. Lehrbuch der katholischen Dogmatik, hg. v. W. Beinert, Bd. 2, München-Wien-Zürich 1995, 401–578, hier 453–465; *N. Lohfink*, Jesus und die Kirche: HFTh 3 (²2000), 27–64, hier 28–46.

Knechte Gottes, Brüder, wahres Israel, Pilger, ἐκκλησία u. a. Aus diesem reichlichen Angebot hat sich während des Selbstfindungsprozesses der frühen Christengemeinden als einzig bleibende Bezeichnung »ἡ ἐκκλησία τοῦ θεοῦ« durchgesetzt. Diese Selbstbezeichnung wird zunächst von der Urgemeinde, dann von einzelnen judenchristlichen Gemeinden, von paulinischen Gemeinden und schließlich von der Gesamtkirche (Apg 20,28; 1 Tim 3,15) übernommen und zum Terminus technicus.[2]

Die Urgemeinde übernahm den ἐκκλησία-Begriff aus dem Sprachgebrauch ihrer Zeit: Zum einen bezeichnet er die Volksversammlung als Rechtssubjekt der πόλις und zum anderen wurde in der LXX die קָהָל (qahal), das herausgerufene Volk Gottes, mit ἐκκλησία κυρίου übersetzt (Dtn 23,2; Ri 20,2; 1 Kön 8,14.22.55).[3] Die Bezeichnung ἐκκλησία τοῦ θεοῦ lehnt sich an die alttestamentliche Charakterisierung Israels an. Die Jerusalemer Urgemeinde verstand sich nicht als etwas völlig Neues, sondern sah sich in Kontinuität zum alttestamentlichen Gottesvolk. Neu ist nicht das Volk Gottes, sondern das Erlösungswerk Jesu Christi. Das ist der Grund, weshalb sich die neutestamentlichen Gemeinden fortan als messianisches Gottesvolk verstanden, in dem das endzeitliche Gottesreich unwiderruflich seinen Anfang genommen hat. Sie begriffen sich als die von Jesus, ihrem Messias, versammelte Gemeinde, die als eschatologische Heilsgemeinde dazu berufen ist, das verstreute und innerlich gespaltene Israel durch den Glauben an Jesus Christus wieder zusammenzuführen (Apg 2,36). Das deutsche Wort »Kirche« ist heute kaum mehr geeignet, den neutestamentlichen Sinn von Kirche, nämlich den Versammlungscharakter, auszudrücken.

Wie sich das Alte Israel als Eigentumsvolk Gottes (קְהַל־יְהוָה: qᵉhal adonai) verstand, so sieht sich die Urchristenheit der Sache nach als das wahre Israel (Apg 20,28; Gal 6,16; Röm 9,6). Damit lebt im ἐκκλησία-Begriff des Urchristentums der Volk-Gottes-Gedanke der alttestamentlich-jüdischen Überlieferung weiter. Der eigentliche alttestamentliche Anknüpfungspunkt für diese heilsgeschichtlich-theologische Dimension ist das Sinaiereignis, wo בְּרִית (bᵉrith) als »Gott nimmt ein Volk in seine Pflicht« zu übersetzen ist. Die Sinaigemeinde bildet sich unter dem Wort Gottes. Dabei wird in Ex 19,5 f. zwischen λαός (Kooperation von lauter unmittelbaren Dienern Gottes) und ἔθνοι (theologisch nicht qualifizierter Volksbegriff; Gott, Herr über alle) un-

---

[2] *N. A. Dahl*, Das Volk Gottes. Eine Untersuchung zum Kirchenbewußtsein des Urchristentums, Darmstadt ²1963, 175–193.

[3] *K. Kertelge*, Die Wirklichkeit der Kirche im Neuen Testament: HFTh 3 (²2000), 63–84, hier 66 f.

terschieden: »wenn ihr auf meine Stimme hört und meinen Bund haltet, werdet ihr unter allen Völkern (ἔθνοι) mein besonderes Eigentum (λαός) sein ... ihr aber sollt mir als ein Reich von Priestern und als ein heiliges Volk gehören«.

Im ἐκκλησία-Begriff, der als Selbstbezeichnung der frühen Christengemeinden dient, sind also zwei Komponenten zusammengeflossen: Durch das juden- sowie heidenchristliche Vorverständnis kommt es zu einer gemeinsamen Selbstbezeichnung. Zu Grunde liegen theologische Sachentscheidungen:

- Man wählt der inneren Strukturierung nach ein Vorbild der griechischen πόλις, nicht primär aus politischen Erwägungen, sondern um eine theologische Aussage zu machen: die ἐκκλησία ist keine wild wuchernde Sekte bzw. Sondergruppe, sondern allgemein, öffentlich und strukturiert. Die Christengemeinden zeichnen sich durch ihren Öffentlichkeitscharakter, ihre Institutionalisierung und durch rechtliche Interaktionen aus.
- Man versteht sich in Kontinuität zum alttestamentlichen Volk Gottes. In diesem Zusammenhang bezieht sich die Selbstbezeichnung ἐκκλησία sowohl auf die Kultversammlung (1 Kor 11,18; 14,19.28.33) als auch auf die Gesamtkirche (1 Kor 15,9; Gal 1,13; Phil 3,6) sowie auf die Ortskirche (1 Kor 1,2; 16,1; Gal 1,2).

Ἐκκλησία als abstrakter Begriff und normative Idee bezeichnet eine die Einzelgemeinde übersteigende, eschatologische Gemeinde Gottes. Doch gewinnt die Kirche als eschatologisches Eigentumsvolk Gottes in den Ortsgemeinden Gestalt. Allerdings gehört man nicht via Ortsgemeinde zur ἐκκλησία als dem Volk Gottes, sondern durch reale Partizipation am Reichs- und Heilsgeschehen. Indem sich die neutestamentlichen Gemeinden vom ἐκκλησία-Begriff her deuten und sich ihre institutionelle Verfassung geben, vermeiden sie, sich in irgendeiner Art und Weise als institutionalisierte βασιλεία auszugeben. Sie verstehen ἐκκλησία nicht als institutionalisierte, wohl aber als eine Institution der βασιλεία, nämlich als jene Institution, die aus der Verkündigung der βασιλεία erwächst, um der Verkündigung der βασιλεία zu dienen.

Mit der Selbstbezeichnung ἐκκλησία τοῦ θεοῦ korrespondiert die aus der apokalyptischen Tradition entnommene Vorstellung vom heiligen Rest der Endzeit. Mit ihr verbindet sich der Begriff »die Heiligen«, der in Dan 7,18–27, den Oden Salomos, im Henochbuch und in den Qumrantexten zur Bezeichnung des endzeitlichen Gottesvolkes verwendet wird. So drückt sich auch im Begriff »die Heiligen« die eschatologische Grundhaltung der Jerusalemer Urgemeinde aus, auf die dieser Begriff zurückgeht (Apg 9,13; Röm 15,25 f.).

## b) Israel und Kirche

Das von Jesus angekündigte Heil war auf das Volk Israel bezogen. Er wandte sich ausdrücklich an ganz Israel, das er für das kommende, nahe Reich Gottes sammeln wollte. Doch mit seiner Ablehnung ist Israel an sein Ende gekommen. Das belegen seine Gerichtsworte auf drastische Weise (Mt 8,12; 12,41 f.; 11,21–24; 21,43; Lk 10,13–15; 13,28). Das Ende des Alten Israels und damit verbunden das Scheitern Jesu waren aber für Neuanfänge offen: Selbst wenn sich Israel der βασιλεία-Botschaft versagt, so werden doch die Völker kommen (Mt 8,11 f.). Indem Jesus die Völkerwallfahrtsidee neu interpretierte, eröffnete er selbst die Möglichkeit der Universalisierung seiner βασιλεία-Predigt, ohne dadurch aber sein Volk aufzugeben. Würde er die Wirkungslosigkeit seiner Botschaft gegenüber Israel einräumen, wäre sein Auftreten ad absurdum geführt. Nach der Verweigerung Israels geht somit die Sammlung des Gottesvolkes unter christologischen Vorzeichen im Namen Jesu Christi weiter. Durch das Christusereignis werden die Christgläubigen endgültig in die Heilsgemeinde Gottes hinein befreit, weshalb sich die Urkirche als Ort der Sammlung des eschatologischen Gottesvolkes versteht und die Qualitäten des wahren Israels und des Gottesvolkes der Endzeit beansprucht.

Die israelkritischen Schriftstellen dienten in der nachösterlichen Auseinandersetzung zwischen Christentum und Judentum immer wieder zur Untermauerung der Substitutionstheorie: Wegen der Verwerfung des Messias Jesus durch Israel habe Gott seinem erwählten Eigentumsvolk den Bund aufgekündigt, es selbst verworfen, und sich ein neues Volk erwählt (Mk 12,7–12 par.). Die Theorie von der Enterbung des ersten Bundesvolkes war geeignet, die christlichen Gemeinden in ihrer Verfolgungssituation zu stärken. Sie wird heute aber nicht mehr vertreten.

Paulus denkt v. a. im Römerbrief (Röm 9–11) über das Verhältnis Israel und Kirche nach. Er sieht die Kirche streng nachösterlich und versteht sie als das Gottesvolk der neuen Schöpfung, als eschatologische Heilsgröße, die aus Juden und Heiden besteht. Kirche setzt er mit der heiligen Wurzel Israel in eins (Zef 3,12–13.15; Sach 8,20–23). Die Rest-Metapher hilft ihm, die ungebrochene Erwählung Israels zum Volk Gottes hervorzuheben, aber auch die Scheidung in diesem Volk in Christgläubige und Verstockte zu erklären: Die Verstockung hat einen heilsgeschichtlichen Sinn, denn die Nichthörenden und Nichtsehenden Israels müssen mit ihrer Verstockung die Teilhabe der Heiden am Heil ermöglichen. Dennoch aber bleibt der Bund Gottes mit Israel bestehen, seine Erwählung gilt unwiderruflich. Deshalb ist der Heilsplan Gottes erst erfüllt, wenn ganz Israel in der Erfüllung seines Glaubens und der ihm geltenden Verheißungen den »Retter aus Zion« erkannt haben wird. Paulus hofft, dass in der letzten Zeit »ganz Israel zum Glauben kommt« (Röm 11,8–12), »ganz Israel gerettet werden« wird (Röm 11,26). Die Stellvertreterfunktion erklärt somit die Bedeutung des Restes Israels, dem die Heiden eingegliedert werden und begründet die Hoffnung, dass doch noch ganz Israel durch das Rest-Volk aus Juden und Heiden zum Glauben finden wird.

Trotz der Ausweitung göttlichen Heils auf die Heiden dauert die heilsgeschichtliche Rolle Israels an. Darum ruft Paulus die heidenchristlichen Gemeinden auf, ihre Herkunft nicht zu vergessen: »Nicht du trägst die Wurzel, sondern die Wurzel trägt dich« (Röm 11,18). Für Paulus bleibt Israel die gesamte göttliche Erwählungsgeschichte hindurch der eigentliche Heilsraum. Darum greift er auch den alttestamentlichen Begriff des Volks Gottes zur Kennzeichnung der christlichen Gemeinde auf (Apg 15,14; Röm 9,25 f.; 2 Kor 6,16; Tit 2,14; 1 Petr 2,9 f.; Hebr 4,9; 8,10; 10,30; 13,12). Kirche ist das gottgewollte Volk, das wahre, eigentliche Israel.

Die Erwählung Israels als Eigentumsvolk Gottes ist unwiderruflich und darum stehen Israel und die Kirche in einer unauflöslichen, heilsgeschichtlichen Relation zueinander. Nicht nur die Kirche ist eine heilsgeschichtliche Realität, sondern ebenso das Judentum, ohne das die Kirche sich selbst nicht erkennen, richtig verstehen und zu ihrer wahren Identität finden kann. Die Kirche hat Anteil an der Erwählung Israels, d. h. an der Heilsbedeutsamkeit des jüdischen Volkes. Sie ist bleibend auf Israel verwiesen. Nur in der Verwiesenheit auf Israel kann die christliche Kirche die Heilszusage Jesu auf sich beziehen und nur Israel und die Kirche zusammen bezeugen Gottes Heilshandeln in der Geschichte. Beide leben aus derselben Verheißung und Treue Gottes. Aufgrund ihres gemeinsamen Glaubens an Gottes Wort sind die Juden den Christen nicht unter- oder nachzuordnen. Beide repräsentieren die Tatsache, nämlich das Geschick und die Hoffnung des wandernden Gottesvolkes. Sie ergänzen oder lösen sich nicht gegenseitig ab, sondern stehen als ko-existente Gottesvölker einander gegenüber. Sie stellen sich gegenseitig in Frage und kommen nicht voneinander los.

Aus der Verschränkung von Judentum und Christentum ergibt sich die Notwendigkeit des Dialogs. In ihm bedarf es v. a. der Frage und der Klärung, wie es sich mit der bleibenden Berufung Israels zu Jesus Christus als Messias, Erlöser und Gottessohn verhält. Dabei macht nicht der Messiastitel den zentralen Dissens aus, sondern der Titel Sohn Gottes. Der christlich-jüdische Dissens dreht sich um das Gottesverständnis, näherhin um das Thema der Inkarnation des Sohnes Gottes in Jesus Christus.

## 2. Legitimation der Kirche

### 2.1. Kirchenstiftungsfrage

*F. Schüssler Fiorenza*, Fundamentale Theologie. Zur Kritik theologischer Begründungsverfahren, Mainz 1992, 116–197; *S. Wiedenhofer*, Das katholische Kirchenverständnis. Ein Lehrbuch der Ekklesiologie, Graz 1992, 55–103; *M. Kehl*, Die Kirche. Eine katholische Ekklesiologie, Würzburg 1992, 267–319.

*a) Existential-transzendentaler Ansatz*

Im NT erscheint der historische Jesus weder als Kirchenstifter noch ist von ihm ein explizites Stiftungswort überliefert. Er hat sich nicht an einen heiligen Rest oder eine Schar Auserwählter gewandt, sondern an ganz Israel. Auch hat er das Wort ἐκκλησία wohl kaum selbst verwendet. Das ekklesiologische Grunddilemma wird hier deutlich: Die Kirche ist einerseits aus der Botschaft vom Reich Gottes hervorgegangen, andererseits scheint sie nicht ausdrücklich in dieser Botschaft enthalten zu sein. Ist die Kirche also nur Ersatzgröße?

Karl Rahner hat eine existential-transzendentale Begründung der Kirche in drei Schritten vorgenommen:

- Der christliche Glaube an Jesus als den »absoluten Heilsbringer«, als die endgültige und unwiderrufliche Selbstzusage Gottes an die Menschheit impliziert die bleibende Gegenwart dieses Glaubens.
- Dieser Glaube muss sich dazu in einem öffentlichen und gemeinschaftlichen Bekenntnis artikulieren. Der Mensch ist seinem Wesen nach auf Interkommunikation angelegt, welche die gesellschaftlich sich konkretisierende Zwischenmenschlichkeit mit einschließt. Das Heil, das den ganzen Menschen erfasst, kann darum nur insofern das irreversibel zugesagte Heil sein, als es vom Menschen als Gemeinschaftswesen in Gemeinschaft bezeugt wird.
- Das setzt eine Institution voraus, die sich als geschichtliche Größe etabliert. Ihr Sinn ist es, die Gottesliebe öffentlich zu machen und vor dem Angesicht der Welt zu verwirklichen. Die Geschichtlichkeit dieser Institution impliziert echte Veränderung und bleibende Selbigkeit.

Die unüberbietbare Selbstmitteilung Gottes in Jesus Christus drängt darauf, im Glauben der Menschen bleibend präsent zu sein. Weil dieser Glaube von Christus her kommt und auf Gemeinschaft zielt, ist auch die Kirche als die Gemeinschaft solcher Glaubenden von Jesus herkünftig und daher als von ihm »gestiftet« zu betrachten. Ein solcher Ansatz, der die Notwendigkeit der Kirche aus dem Glauben an Jesus als den absoluten Heilsbringer deduziert, macht nach Rahner eine historische Kirchenbegründung nicht mehr »zwingend notwendig«.[4]

Darüber hinaus kann die Argumentation durch eine transzendentale Reflexion auf das menschliche Wesen ergänzt werden: Wenn Menschen wesenhaft interpersonal und auf geschichtliche Konkretion hin angelegt sind und ihnen wesenhaft eine religiöse Dimension zu eigen ist (übernatürliches Existenzial), dann ist die Kirche als institutionalisierte Vermittlungsinstanz der Religion essentiell. »Wenn Heilsgeschichte als die Geschichte der transzendentalen Selbstmitteilung Gottes an den Menschen Geschichte ist, erfahrbare Geschichte in Raum und Zeit, dann ergibt sich auch von dieser Seite her, daß Religion im christlichen Verstand notwendigerweise eine kirchliche Religion ist.«[5] Wenn der in Jesus Christus geschichtlich ergangene Anruf Gottes den Menschen in seiner Ganzheit trifft, dann ist der Mensch in allen Dimensionen seines Wesens auf diesen Gott bezogen, einschließlich seiner gesellschaftlichen Dimension. Weil das Religiöse keine partikulare Angelegenheit des Menschseins ist, ist er nicht nur mit seinem Innern, sondern auch seinen gemeinschaftlichen und gesellschaftlichen Bezügen in das Wesen des Religiösen einbezogen. Damit ist die »Kirche ... ein Stück Christentum als des Heilsereignisses selber.«[6]

Eine rein formale Begründung genügt indes nicht. Sie bedarf einer inhaltlichen Ergänzung. Denn eine transzendentale Deduktion der Notwendigkeit der Kirche ist von so allgemeiner Art, dass sie auf beinah jede Religion angewandt werden könnte. Zudem löst sie nicht die historische Frage nach der Intention des historischen Jesus hinsichtlich einer Kirchengründung.

### b) Hermeneutische Ekklesiogenese

Bei der Frage nach der Kirchenstiftung bleibt entscheidend, ob die Reich-Gottes-Botschaft Jesu eine nachösterliche Neubelebung durch die Jünger in Gestalt der Kirche zuließ. Tatsächlich wird in einer differenzierten Betrachtung anhand einer Reihe von Tatsachen, Ereignissen und Handlungen des irdischen Jesus erkennbar, dass die Kirche aus dem Christusereignis organisch hervorging und von ihm her Gestalt annahm.

Das NT sieht die Kirche nicht nur im Auferstehungsgeschehen begründet, sondern bezieht sich ebenso auf das geschichtliche Wirken Jesu und versucht, seine βασιλεία-Verkündigung entsprechend der jeweiligen Gemeindesitua-

---

[4] K. Rahner, Grundkurs des Glaubens, Einführung in den Begriff des Christentums, Freiburg i. Br. 1976, 322.

[5] Ebd., 314.

[6] Ebd., 332.

tionen und Glaubenserfahrungen zu interpretieren und zu aktualisieren. Damit »wollen sie [die Gemeinden] zum einen das Gegenwartsleben der Kirche im historischen Wirken Jesu verankern, und sie wollen zum andern bezeugen, daß nunmehr die Gemeinde der Ort seiner lebendigen und tätigen Gegenwart ist«.[7] Die Aneignung der βασιλεία-Botschaft Jesu erfolgt durch Gemeinden, die den historischen Jesus im Licht der Auferstehung sehen. Es waren die Jünger Jesu selbst, die in den Taten und Worten Jesu nachösterlich einen kirchenstiftenden Charakter ausmachten und ihn aufgrund der Geistsendung institutionalisierten. Konkrete Anhaltspunkte für die Kirchenbildung erschließen sich beim historischen Jesus also nur retrospektiv, von der Auferstehung her. Tatsächlich kann nur von Ostern her sinnvoll von der universalen Kirche gesprochen werden. Die Zeit der Kirche ist die Zeit zwischen Auferstehung und Parusie, eine Zeit, die von der Frage beherrscht wird, was Jesus, der Christus, jetzt von denen möchte, die an ihn glauben. Diese Thematik ist eine andere als wie sie zur Zeit des historischen Jesus gegeben war. »Von K.[irche] im eigentlichen Sinn ... kann man erst nach der Erhöhung Christi und der Geistsendung sprechen. Die Jüngergemeinde um Jesus ... ist noch nicht K.[irche], die Gemeinschaft der Erlösten in der künftigen Basileia nicht mehr K.[irche].«[8]

Die Sichtweise, dass die Kirche im Großen und Ganzen das Ergebnis der Absage Israels an Jesu Predigt ist, ist heute weit verbreitet. Aufgrund der Verweigerung Israels habe die Jüngerschaft Jesu einen radikalen Wandel vollzogen und sich der Heidenmission zugewandt. »Erst nach der Zeit der Jünger ... und erst nachdem Israel, in Gestalt seiner religiösen Oberhäupter, Jesus abgelehnt hatte, konnte eine neue Epoche der Heilsgeschichte beginnen. Erst nach dem Ende des Lebens Jesu taucht die Möglichkeit für ein neues Leben auf.«[9] Kirche zeichnet sich wesentlich als Heidenkirche aus. So berechtigt diese Sichtweise historisch betrachtet ist, so birgt sie doch die Gefahr in sich, dass die Kirche in erster Linie negativ fundiert wird und in der Gestalt als Heidenkirche als antijüdische Bewegung missverstanden werden könnte. Dies widerspricht der Freude der Urgemeinde darüber, dass sich das Wirken des Hl. Geistes nicht nur auf Juden bezieht, sondern seine Früchte auch bei den Heiden zu finden sind. Zudem wird die Diskrepanz zum vorösterlichen jüdischen Jüngerkreis und zur judenchristlich geprägten Jerusalemer Urgemeinde

---

[7] *J. Hoffmann*, Ursprung und Strukturen der Kirche: Neue Summe Theologie, Bd. 3, Freiburg i. Br. 1989, 25–86, hier 50.

[8] *R. Schnackenburg*, Kirche im NT: LThK VI (²1961), 167–172, hier 167.

[9] *F. Schüssler Fiorenza*, Fundamentale Theologie. Zur Kritik der theologischen Begründungsverfahren, Mainz 1992, 132.

zu groß. Demgegenüber ist geltend zu machen, dass es in der Tat ekklesiologisch relevante Akte des irdischen Jesus gab, die seine Jünger nachösterlich auslegen konnten: Es gab gemeinschaftsbildende Zeichen Jesu, die durchaus als Vorformen der sich nachösterlich zunehmend institutionalisierenden Kirche verstanden werden konnten:

- *Konkretes Volk:* Jesus verstand sein Wirken als ein neues, geschichtliches Handeln Gottes und als einmaliges Heilsangebot aufgrund des anbrechenden Gottesreichs. »Gottes Herrschaft ist nie ohne Gottes Volk zu denken«[10], in dem sie sichtbar in Erscheinung tritt und durch das sie geschichtlich-gesellschaftlich vermittelt wird. Jesus wendet sich deshalb nicht an einzelne Menschen, sondern an eine Gemeinschaft, in der die Verheißungen und Verpflichtungen von Gottes Reich angenommen und verwirklicht werden sollten. Reich Gottes und Volk Gottes sind Korrelationsbegriffe; es gibt kein Reich Gottes ohne Volk Gottes, die Reich-Gottes-Botschaft konstituiert das Gottesvolk.[11] Zwar spricht Jesus primär das Volk Israel an, das in der Verkündigung Jesu aber bereits über seine eigenen Volksgrenzen hinaus auf Menschen weist, die die Bereitschaft und den Glauben aufbringen, den Jesus in Israel nicht gefunden hat (Mt 8,10). Israel ist nur die gesellschaftliche Basis für das kommende Gottesreich. Er möchte Israel exemplarisch sammeln, stellvertretend für das Gottesvolk als Ganzes. Durch die Konzentration auf Israel, wird die Universalität im Sinne der eschatologischen Völkerwallfahrt deutlich. Das Reich Gottes möchte sich in der Geschichte mit Hilfe der Menschen ausbreiten, die dieses Reich leben. Sie haben die Aufgabe, Zeichen für die anderen Völker zu sein und im Sinne der jesuanischen Sammlungsbewegung Menschen aus allen Völkern zu einem universalen Gottesvolk zu sammeln.
- *Messias, Menschensohn, Gottesknecht:* Mit diesen Hoheitstiteln verbindet sich die Idee einer zu Jesus gehörenden Gemeinschaft, ähnlich einem Hirten und seiner dazugehörenden Herde. Zwar hat sich Jesus selbst nie als Messias bezeichnet, weil die politischen Implikationen dieses Titels seine Sendung nicht verdunkeln sollten, doch hat er diese Bezeichnung auch nicht zurückgewiesen (Mk 8,29 f.) und in seinem Wirken einen messianischen Anspruch erhoben (Mt 11,4–6; Mk 14,62). Das implizite Messiasverständnis Jesu legt zwingend nahe, dass Jesus »auch eine messianische Gemeinde als das Gottesvolk der Endzeit um sich gesammelt

---

[10] *Th. Söding*, Jesus und die Kirche. Was sagt das Neue Testament? Freiburg i. Br. 2007, 75.
[11] *G. Lohfink*, Die Korrelation von Reich Gottes und Volk Gottes bei Jesus: ThQ 165 (1985), 173–183.

haben« muss.[12] Mit dem nachösterlichen Bekenntnis »Jesus ist der Christus« bzw. »Jesus Christus« verbindet sich darum der Gedanke an eine messianische Gemeinde; seine Taten erweisen sich als auf ein Volk hingerichtet. Ebenso verhält es sich mit dem Titel Menschensohn, den Jesus sehr wahrscheinlich selbst gebraucht hat. »Zwischen Jesus und dem Menschensohn besteht … ein inniges Wechselverhältnis.«[13] Der Menschensohn ist der Repräsentant der eschatologischen Königsherrschaft Gottes (Dan 7,13). Diese Umschreibungen implizieren den Bezug auf eine Gemeinschaft von Menschen, eine Gefolgschaft, die im Danielbuch selbst als »Heilige […] des Höchsten« (Dan 7,18) beschrieben wird. Auch mit der Vorstellung vom leidenden Gottesknecht korreliert der Gedanke einer Gemeinschaft in der Gestalt der »vielen«. In Jes 53,12 heißt es, dass er die vielen gerecht macht; ein Gedanke, der sich auch bei Jesus wiederfindet (Mk 10,45; 14,24).

- *Jüngerschaft:* Jesus hat unbestritten seine Jünger selbst berufen, anders als dies bei den Rabbiner- oder Philosophenschulen traditionell der Fall war. Der Nachfolgeruf impliziert die Befähigung, dem Ruf und seinem Auftrag zu folgen (Mk 1,17). Jüngerschaft beinhaltet auch die Sendung zu Menschen, die ihrerseits wieder herausgerufen werden sollen. Nachfolge bedeutet ganz konkret Indienstnahme für die βασιλεία, für die Sammlung des Gottesvolkes. Das Wort Nachfolge (ἀκολουθέω) hat damit einen inneren Bezug zu ἐκκλησία. Zudem besteht durch die Jüngerschaft zwischen der Zeit Jesu und der Zeit der Kirche formal eine strukturelle Kontinuität. Denn die Jünger, die in nachösterlicher Zeit Gemeinden gründen bzw. Kirche konstituieren, sind ja dieselben, die dem historischen Jesus nachfolgten. Die Urgemeinde knüpft so an der Jüngerschaft Jesu an.
- *Zwölferkreis:* Die Synoptiker berichten übereinstimmend davon, dass Jesus aus seinem Jüngerkreis »zwölf« in besonderer Weise beauftragt und gesendet hat (Mk 3,14; Mt 10,1; Lk 6,13). Die Zwölf sind im Sinne der alttestamentlichen Vorstellung von ἀπόστολος bevollmächtigte Zeugen, sachliche und persönliche Repräsentanten, Vermittler und Vertreter Jesu. Jesus stattet die Zwölf mit Vollmachten und Rechten aus. Ihre Aufgabe ist es, durch Wort und Tat Jesus dort zu vergegenwärtigen, wo er selbst nicht anwesend sein konnte, er aber wollte, dass sein Wort und Werk anwesend und gegenwärtig sei. Jesus intendierte somit von Anfang an die Vertretung und Vermittlung seiner selbst durch Gesandte und Beauftragte, ver-

---

[12] *J. Schmid*, Kirche, biblisch: HThG, Bd. I (1962), 790–800, hier 797.
[13] *H. Merklein*, Jesu Botschaft von der Gottesherrschaft. Eine Skizze, Stuttgart ³1989, 165.

bunden mit der Intention, seiner Sache bzw. Sendung auf Zukunft hin Dauer und Beständigkeit zu verleihen. In der Bestellung der Zwölf kann man im Grunde die Kirche vorgebildet sehen, wenn diese, fundamental-theologisch betrachtet, als eine Größe gesehen wird, in der ein Dienst für den Glauben und für die Nachfolge Jesu wahrgenommen wird. Dieser Dienst ist universal, wie auch die Zwölf die zwölf Stämme Israels symbolisieren und darin die Neukonstitution des endzeitlichen Israels, das alle Völker umfassen soll, vorausbilden.

- *Mahlgemeinschaft:* Die Mahlgemeinschaft Jesu mit den Armen ist ein entscheidendes Identifikationszeichen für die wahre Gemeinde des Reiches Gottes. Nicht zuletzt wird von den Ostererfahrungen im NT durchweg im Kontext der Feier des Herrenmahles berichtet. In der gemeinsamen Gedächtnisfeier werden die Gemeinschaft mit dem auferstandenen Herrn sowie die Gemeinschaft der Erlösten am sinnfälligsten erlebt. Herrenmahl und Kirche stehen somit in einer gegenseitigen Beziehung und in diesem Sinne ist das Gedächtnismahl Jesu ein entscheidender Akt der Kirchengründung und zugleich der Archetypus der Kirche. Aus diesem Grund wird die Eucharistiefeier später strukturell zu einem ausschlaggebenden Kriterium der wahren Kirche Christi gegenüber allen häretischen Abspaltungen. Die Zeit der Kirche ist die Zeit des Herrenmahles, das zu seinem Gedächtnis gefeiert wird, bis er wiederkommt (1 Kor 11,24–26).

Kirche ist eine nachösterliche Größe. Sie gründet in der Auferweckung Jesu. Tod und Auferweckung sind demnach Bedingung der Möglichkeit für Kirche. Wie die Auferweckung des Gekreuzigten ganz die Tat Gottes ist, so ist auch die Kirche eine Setzung Gottes. Für diese Kirche gibt es Anknüpfungspunkte im irdischen Leben Jesu; sie steht in einer positiven Zuordnung zum historischen Jesus und seiner Reich-Gottes-Botschaft, ohne selbst das Reich Gottes zu sein. Vielmehr hält sie die Verkündigung Jesu und die in ihr umrissene Hoffnung präsent. Umgekehrt ist aber auch die Wirklichkeit des Reiches Gottes nicht auf die Kirche beschränkt, vielmehr wird das Reich Gottes überall verwirklicht, wo Menschen aus dem Geist Christi leben, ob sie darum wissen oder nicht (Lk 9,50; par. Mk 9,40).

### c)  Pneumatologischer Ansatz

Dem Zeugnis der Evangelien nach war die Gemeinschaft der Jünger nach Jesu Tod zerbrochen. Ein jeder kehrte an seinen Ursprungsort zurück. Doch durch die Erscheinungen des Auferstandenen zuerst in Galiläa (Mk 16,7; Mt 28,16–20; Joh 21,1–23) und dann in Jerusalem (Lk 24,36–53; Joh 20,19–29) wurde in ihnen der Osterglaube geweckt, und eine erneute Sammlung setzte ein.[14] Durch Ostern werden die Versprengten wieder zur Gemeinschaft zusammengeführt, die in der Glaubensgewissheit gründet, dass der Gekreuzigte lebt. Diese Hoffnung kann fortan durch keine Enttäuschung mehr hinfällig werden (Lk 24,13–35). Jetzt erscheint das Kreuz nicht mehr als Zeichen der Niederlage, sondern als Ausdruck göttlicher Weisheit und Kraft, durch die das Heil erschlossen wird.

Der Osterglaube konstituiert die christliche Urgemeinde, die »außergewöhnliche Erlebnisse ... als geistgewirkt bezeichnen konnte«.[15] Er schließt das Erlebnis der Geistausgießung mit ein. Die Geistspendung ist der Ort des Osterglaubens; Gottes Geist bezeugt die Realität der Auferweckung Jesu und begründet die bleibende Gegenwart des Auferstandenen durch die Geschichte hindurch. Damit ist das »Fundament [der christlichen Gemeinden] zugleich christologisch und pneumatologisch ... Die Gemeinden nehmen vom Osterereignis aus Gestalt an als gemeinsames Werk des Geistes und der Gläubigen.«[16] Die Kirche gründet in der Auferweckung Jesu und in der Entscheidung der Apostel, die vom Hl. Geist geleitet war. »[D]ie Erfahrung Christi im Geist macht die ekklesiale Existenz des Christentums als Kirche möglich.«[17] Nicht aus enttäuschter Naherwartung, sondern aus der fortdauernden Präsenz Jesu in der Geschichte und infolge seiner Auferstehung und Geistsendung wurde die Kirche.

Die neutestamentlichen Gemeinden verstehen sich als Ort und geschichtliches Gestaltwerden eines grundlegend österlichen Geschehens. Neben dem Ostererlebnis und dem Geistwirken beziehen sich die frühchristlichen Gemeinden zugleich auf das historische Wirken Jesu. Denn ohne die jesuanische Reich-Gottes-Predigt kann weder die Auferstehung recht verstanden werden noch die Aufgabe der Gemeinden verdeutlicht werden. Die Existenz der Kirche ist eine notwendige Möglichkeitsbedingung dafür, dass die Reichsverkündigung Jesu weitergehen kann und Gottes Reich gegenwärtig bleibt.

In der konkreten Durchführung des pneumatologischen Ansatzes sind nicht unerhebliche Unterschiede auszumachen: Während Walter Kasper[18]

---

[14] *G. Lohfink*, Der Ablauf der Osterereignisse und die Anfänge der Urgemeinde: ThQ 160 (1980), 162–176.

[15] *J. Kremer*, Pfingstbericht und Pfingstgeschehen. Eine exegetische Untersuchung zu Apg 2,1–13 (SBS 63/64), Stuttgart 1973, 63.

[16] *J. Hoffmann*, Ursprung und Strukturen der Kirche: Neue Summe Theologie, Bd. 3, Freiburg i. Br. 1989, 25–86, hier 71.

[17] *F. Schüssler Fiorenza*, Fundamentale Theologie. Zur Kritik der theologischen Begründungsverfahren, Mainz 1992, 132.

[18] *W. Kasper*, Die Kirche als Sakrament des Geistes: ders., G. Sauter, Kirche – Ort des Geis-

von der Kirche als dem Sakrament des Geistes spricht, macht Hans Küng[19] gemäß der paulinischen Rechtfertigungslehre die Kreuzigung Jesu zum Mittelpunkt, und Edward Schillebeeckx[20] schließlich legt den Schwerpunkt auf das christologische Bekenntnis, das mit der Ostererfahrung verknüpft ist.

*d) Rekonstruierende Hermeneutik*
Die »rekonstruierende Hermeneutik« fragt neben den Intentionen Jesu v. a. nach der Bedeutung, die seine Worte und Taten wirkungsgeschichtlich hatten. Die Intention bzw. Absicht wird bewusst vom Sinn bzw. der Bedeutung eines Ereignisses unterschieden. Es handelt sich bei diesem Ansatz insofern um eine Rezeptionshermeneutik, als über eine Gründergestalt hermeneutisch hinausgefragt wird, nämlich nach der umfassenden Bedeutung seiner Sätze und Handlungen. Neben der Intention von Sätzen soll also auch der pragmatische Aspekt ihres Sinns als Sprechakte hermeneutisch zur Geltung kommen. Bezogen auf die Reich-Gottes-Botschaft Jesu heißt dies, dass ihre Bedeutung nur zusammen mit der Analyse ihrer Aufnahme sachgemäß erkannt werden kann. Man muss sehen, wie Jesus mit seinem Wort und Werk die Erwartungsmaßstäbe seiner Zeitgenossen sprengt – oder im Bild des Archäologen gesprochen: Um »die Wucht eines vor langer Zeit einmal geschleuderten Steins festzustellen«, darf nicht »bloß nach dem Stein« gefahndet werden, sondern man muss auch die Mauern ausgraben, in denen der geworfene Stein »Spuren hinterlassen bzw. die er zum Einsturz gebracht hat. Die Bedeutung der Reichsverkündigung Jesu ist adäquat nur im Blick auf deren sprachlichen Niederschlag im Zeugnis der von Jesu Botschaft Herausgerufenen – der *ekklesia* im ursprünglichen Sinn des Wortes – zu ermitteln.«[21]

Die Reich-Gottes-Botschaft fordert »die Wertvorstellungen einer Gesellschaft heraus [...] und [drängt] beim Hörer auf Entscheidung ... Sie erfahren sich als die Angeredeten, deren geltenden Klischees in Frage gestellt werden, plötzlich als eine Gruppe von Herausgerufenen«[22]. Das besagt: »Auch eine rein eschatologische Botschaft kann auf diese Weise notwendig zur Bildung einer Gemeinde führen, obwohl die direkte Intention des Verkündigenden

---

tes, Freiburg i. Br. 1976, 11–55; Elemente zu einer Theologie der Gemeinde: J. Möhler, H. Kohlenberg (Hg.), Virtus Politica, Stuttgart 1974, 33–50.
[19] *H. Küng*, Die Kirche, Freiburg i. Br. 1967, 205–208; Christ sein, München 1974, 386–409.
[20] *E. Schillebeeckx*, Jesus. Die Geschichte von einem Lebenden, Freiburg i. Br. ³1975, 335–351.
[21] *H. Verweyen*, Gottes letztes Wort. Grundriß der Fundamentaltheologie, Düsseldorf ⁴2002, 372.
[22] Ebd.

nicht darauf abzielte.«[23] Die rekonstruierende Hermeneutik nimmt also auch die Annahme der Botschaft vom Reich Gottes in das gesamte Bedeutungsfeld dieser Botschaft mit hinein. Entscheidender als die Fragen, »was Jesus intendierte oder ob er eine Kirche gewollt hat, ob er das Fundament für die Kirche legen oder ob er eine Interimsgemeinschaft für die Zeit zwischen seinem Ende und seiner Parusie gründen wollte«, ist die eigentliche Frage, nämlich »ob seine Verkündigung und sein Handeln eine Bedeutung haben, die die Gründung der Kirche legitimiert. Haben seine Handlungen eine solche Bedeutung, die die Kirche Jesus nicht einfach zeitlich nachordnet, sondern die die Existenz und die Bedeutung der Kirche teilhaben läßt an der Bedeutung, die Jesu Verkündigung und Handeln haben kann?«[24] Die Antwort lautet: Jesu Verkündigung des Reiches Gottes stellte die normativen Werte der Gesellschaft so sehr in Frage und war so sehr auf das Vertrauen der Zuhörer angewiesen, dass sie eine Gemeinschaft notwendig etablieren und konstituieren musste.

Für die rekonstruierende Hermeneutik ist also nicht nur eine synchrone Verbindung zwischen Jesus und der Kirche wichtig, sondern ebenso zentral ist die diachrone Rezeption, d. h. die Rezeption der Verkündigung Jesu und ihre Auslegung innerhalb der Jüngergemeinschaft. Diese vollzieht sich in immer neuen Schritten, die die jeweils vorausgehenden Konzeptionen nochmals überwinden. So kommt eine solche Rezeptionshermeneutik niemals an ihr Ende; stets müssen neue Analysen der verschiedenen Konkretisierungen der Reich-Gottes-Botschaft im Verlauf der Christentumsgeschichte vorgenommen werden.

## f) Zweites Vatikanum

Das Zweite Vatikanum spricht in der Kirchenkonstitution weder von der Kirche als einer fertigen Größe noch von einem unmittelbaren Gründungsakt durch den irdischen Jesus oder von ihrer Hierarchie. Stattdessen kommt der Anfang der Kirche im Zusammenhang mit der gesamten Heilsgeschichte und dem Reich-Gottes-Geschehen zur Sprache.

| | |
|---|---|
| »Ecclesiae sanctae mysterium in eiusdem fundatione manifestatur. Dominus enim Jesus Ecclesiae suae initium fecit praedicando faustum nuntium, adventum scilicet Regni Dei a saeculis | »Das Geheimnis der heiligen Kirche wird in ihrer Gründung offenbar. Denn der Herr Jesus machte den Anfang seiner Kirche, indem er frohe Botschaft verkündete, nämlich die Ankunft des Reiches Gottes, das von alters her in |

---

[23] Ebd.

[24] F. Schüssler Fiorenza, Fundamentale Theologie. Zur Kritik der theologischen Begründungsverfahren, Mainz 1992, 146.

| | |
|---|---|
| in Scripturis promissi: ›Quoniam impletum est tempus, et appropinquavit Regnum Dei‹ [*Mc 1,15; cf. Mt 4,17*]. Hoc vero Regnum in verbo, operibus et praesentia Christi hominibus elucescit. … Ante omnia tamen Regnum manifestatur in ipsa Persona Christi, Filii Dei et Filii hominis, qui venit ›ut ministraret, et daret animam suam redemptionem pro mulitis‹ [*Mc 10,45*]. Cum autem Jesus, mortem crucis pro hominibus passus, resurrexerit, tamquam Dominus et Christus Sacerdosque in aeternum constitutus apparuit [*cf. Act 2,36; Hbr 5,6; 7,17–21*], atque Spiritum a Patre promissum in discipulos suos effudit [*cf. Act 2,33*]. Unde Ecclesia, donis sui Fundatoris instructa fideliterque eiusdem praecepta caritatis, humilitatis et abnegationis servans, missionem accipit Regnum Christi et Dei annuntiandi et in omnibus gentibus instaurandi, huiusque Regni in terris germen et initium constituit. Ipsa interea, dum paulatim increscit, ad Regnum consummatum anhelat, ac totis viribus sperat et exoptat cum Rege suo in gloria coniungi.« (DH 4105 f.) | den Schriften verheißen war: ›Denn erfüllt ist die Zeit, und genaht hat sich das Reich Gottes‹ [*Mk 1,15; vgl. Mt 4,17*]. Dieses Reich aber leuchtet im Wort, in den Werken und in der Gegenwart Christi den Menschen auf. … Vor allem jedoch wird das Reich offenbar in der Person Jesu Christi selbst, des Sohnes Gottes und des Menschensohnes, der gekommen ist ›um zu dienen und sein Leben hinzugeben als Lösegeld für viele‹ [*Mk 10,45*]. Als aber Jesus nach seinem für die Menschen erlittenen Kreuzestod auferstanden war, ist er als Herr, Gesalbter und auf ewig zum Priester Bestellter erschienen [*Apg 2,36; Hebr 5,6; 7,17–21*] und hat den vom Vater verheißenen Geist auf die Jünger ausgegossen [*vgl. Apg 2,33*]. Von daher empfängt die Kirche, die mit den Gaben ihres Gründers ausgestattet ist und seine Gebote der Liebe, der Demut und der Selbstverleugnung treulich hält, die Sendung, das Reich Christi und Gottes anzukündigen und in allen Völkern zu begründen, und sie stellt Keim und Anfang dieses Reiches auf Erden dar. Während sie allmählich wächst, lechzt sie inzwischen nach dem vollendeten Reich und hofft und sehnt sich mit allen Kräften danach, sich mit ihrem König in Herrlichkeit zu verbinden.« (DH 4105 f.) |

Die Anfänge der Kirche liegen demnach in der βασιλεία-Botschaft Jesu. Christus, der einzige Mittler, hat »seine heilige Kirche, die Gemeinschaft des Glaubens, der Hoffnung und der Liebe, hier auf Erden als sichtbares Gefüge verfaßt und trägt sie als solches unablässig« (LG 8). Die Konzilsväter sprechen hier von constituere (verfassen), während Christus den neuen Bund in seinem Blut instituit (gestiftet) hat (LG 8). Diese so von Christus gegründete bzw. verfasste Kirche ist durch die nachösterliche Geistausgießung zum Dienst am Reich Gottes befähigt. Die Gründung der Kirche ist demnach gestuft zu denken, nämlich Predigt des irdischen Jesus, Kreuzestod und Pfingsten. Am Ende der Zeiten wird diese Kirche vollendet werden (LG 4). Die universale Kirche am Anbeginn ist darauf angelegt, mit der Kirche am Ende vereinigt zu werden.

Der endgültige Durchbruch des göttlichen Heilswillens hat sich bereits in der Auferstehung Christi ereignet. Dieses eschatologische Heil bleibt durch die Geistausgießung in der Kirche gegenwärtig. Der göttliche Heilswille ist Ausgangspunkt der Kirche und bleibendes Ziel. Ihre Zukunft ist die Vollendung und das Offenkundigwerden des Reiches Gottes, die Auszeitigung dessen, was in der Auferstehung schon Wirklichkeit ist. Kirche beruht demnach auf dem gegenwärtigen und kommenden Heil, das ihr unwiderruflich, irreversibel und bleibend zugesagt ist und auf das sie im Glauben und mit Zuversicht zugeht. So ist die Kirche »Keim und Anfang« des Reiches Gottes (LG 5), nicht aber dieses selbst, vielmehr hat es das Reich Gottes anzusagen und es vorweg zu realisieren, ohne sich mit ihm zu identifizieren und zu glauben, es exklusiv zu besitzen.

## 2.2. Glaubwürdigkeitsfrage

*P. Hünermann*, Anthropologische Dimensionen der Kirche: HFTh 3 (²2000), 110–128; Ekklesiologie im Präsens. Perspektiven, Münster 1995, 13–37; *J. Werbick*, Fundamentaltheologische Ekklesiologie: der Streit um die »unmögliche Institution« Kirche: Fundamentaltheologie. Fluchtlinien und gegenwärtige Herausforderungen, hg. v. K. Müller, Regensburg 1998, 389- 409.

### a) Reich Gottes und Institution Kirche

Das Konstitutionsproblem der Kirche berührt u. a. die Frage der Institutionalisierbarkeit der βασιλεία-Predigt Jesu. »Christus ja, Institution Kirche nein«, lautet ein bekanntes Schlagwort. Wie verhält sich das von Jesus verkündete Reich Gottes gegenüber institutionalisierten Strukturen? Zunächst ist festzuhalten, dass das Reich Gottes keine reine Gesinnungssache ist. Es verhält sich nicht indifferent zu den Institutionen und Verhältnissen, vielmehr möchte es diese evangelisieren. Die βασιλεία wirkt auf die Institutionen wie Feuer und Schwert, Salz und Sauerteig. »[D]urch die Macht des Evangeliums selbst [sollen] Urteilskriterien, Werte, die eine größere Bedeutung haben, Denkgewohnheiten, Antriebskräfte und Lebensmodelle, die mit dem Wort und Heilsplan Gottes im Widerspruch stehen«, erreicht und gleichsam umgestürzt werden. (DH 4575)

Die βασιλεία will die Institutionen verändern, insofern verhält sie sich zu den Institutionen nicht indifferent. Zugleich ist sie jedoch auch nicht einfach institutionalisierbar. Darum gibt es einen Widerspruch zwischen der Kirche als Institution und der Nichtinstitutionalisierbarkeit der βασιλεία: Die Kirche ist nicht die institutionalisierte βασιλεία, auch nicht die institutionalisierte Erscheinungsform der βασιλεία, soweit sie geschichtlich möglich ist, sondern es besteht eine grundsätzliche Nichtidentität. Zugleich muss festgehalten werden: Wenn auch kein bruchloser Übergang zwischen der Reich-Gottes-Verkündigung Jesu und der institutionalisierten Kirche besteht, so kann doch aufgezeigt werden, dass das Institutionelle inhaltlich-sachlich in der βασιλεία-Botschaft Jesu begründet ist.

Die Kirche steht in besonderer Nähe zum Reich Gottes, ohne sich allerdings als solches bezeichnen zu dürfen. Diese Nähe ist nicht zuletzt darin begründet, dass sich die βασιλεία τοῦ θεοῦ gegenüber Institutionen nicht völlig entsagend verhält. Sie ist in Institutionen präsent, ohne selbst Institution zu sein. Immerhin gab sie Anlass zur Bildung der Kirche als Institution der Christusgemeinde. Die Kirche hat sich freilich des wirksamen Sinnzusammenhangs mit dem Christusgeschehen zu vergewissern. Sie muss sich verpflichtet wissen, der Verkündigung und Realisierung der βασιλεία als sozialem Subsystem zu dienen. Sie steht nicht im Widerspruch zum Wesen der βασιλεία, wenn ihre institutionellen Strukturen den Sinngehalt der βασιλεία-Botschaft zum Ausdruck bringen, d. h., wenn sie helfen, das in der Selbstmitteilung Gottes in Jesus Christus übermittelte Heil geschichtlich-gesellschaftlich wirksam werden zu lassen. Sie hat die eschatologische Wirklichkeit zu repräsentieren, bei gleichzeitiger Weltverhaftung; sie ist in der Welt, aber nicht von der Welt und muss sich als gesellschaftliche Gegen-Institution verstehen. In der Repräsentation der eschatologischen Heilswirklichkeit darf die Kirche in dieser Welt nicht aufgehen, sondern muss sich in endzeitlicher Entschiedenheit der Gegenwirklichkeit, dem Antireich, entgegenstellen. Die Kirche hat in dieser Welt das »Extra Nos« des göttlichen Heils zu repräsentieren. Sie hat deutlich zu machen, dass sie zwar in der Welt als Institution vorkommt, dass in ihr aber zugleich die Reich-Gottes-Botschaft Gestalt annimmt.

Eine ekklesiologische Institutionalisierung des Eschatons verlangt, dass sich die Kirche auf die Realität dieser Welt so einlässt, dass ihr Zeugnis nicht im Machtgefüge dieser Welt untergeht, sondern die Menschen zu ihrem Heil und zur Umkehr herausfordert. Damit die Menschen in der (Gegen-)Institution Kirche dem auf die Spur kommen können, der sie zu ihrem Heil herausfordert, muss sie in ihrer Kreuzesnachfolge hier und jetzt die neue, »größere Gerechtigkeit« des Reiches Gottes (Mt 5,20) leben. Dazu gehört, dass sie die Weisungen Jesu zum Maßstab ihrer eigenen Lebenspraxis macht. Von ihrer Erfüllung hängt die Glaubwürdigkeit der Institution Kirche unmittelbar ab. Die ethischen Weisungen Jesu gipfeln im Doppelgebot der Gottes- und

Nächstenliebe (Mt 5,43–48; 19,19; 22,37–39 par.). Im Sinne dieser Liebe finden sich im NT verschiedene Sammlungen konkreter Lebensregeln, die für die Jüngergemeinden bedeutsam wurden (Mk 9,33–48; Mt 18,1–35). In dem Maß wie die frühe Kirche die Aussprüche des Meisters auf sich selbst bezog, hat die Kirche Zeichen des gegenwärtigen Gottesreiches zu sein.

### b) Kirche und anthropologische Grundgegebenheiten

Eine fundamentaltheologische Ekklesiologie, die den Nachweis für die Legitimität der Kirche intrinsezistisch führen möchte, muss der Kirche innerhalb der Selbstmitteilung Gottes in Jesus Christus einen legitimen Ort zuweisen können. Sie muss die Kirche als Resultat dieser göttlichen Offenbarung ausweisen: Jesus wollte in Korrelation zu seiner Reich-Gottes-Predigt das endzeitliche Israel sammeln. Indem sich die frühen Gemeinden als ἐκκλησία bezeichnen, machen sie deutlich, dass sie sich als dieses eschatologische Gottesvolk verstehen. Weil die Kirche inhaltlich und historisch von der Reich-Gottes-Botschaft Jesu abgeleitet werden kann, nämlich als deren prägende Verkörperung, ist die Aussage berechtigt, dass der Wille Jesu die ἐκκλησία τοῦ θεοῦ mit impliziert.

Eine fundamentaltheologische Ekklesiologie, die intrinsezistisch orientiert ist, muss darüber hinaus deutlich machen, dass die Kirche als Glaubensgemeinschaft den anthropologischen Grunddimensionen nicht widerspricht. Denn die Kirche kann nur dann legitimerweise den Anspruch erheben, Zeichen des angebrochenen Reiches Gottes und Anbruch erfüllten menschlichen Daseins zu sein, wenn sie den wichtigsten anthropologischen Wesenzügen nicht fremd gegenübersteht, sondern sich korrelativ zu ihnen verhält:

- *Leibhaftigkeit:* Das Wesen der Kirche steht der Leibhaftigkeit als einer Grundbestimmung menschlichen Daseins nicht fremd gegenüber, sondern ist korrelativ zu ihr. Denn die Kirche ist ja Zeichen des Reiches Gottes, jener Lebensfülle, auf die hin sich der Mensch in seiner Leibhaftigkeit bzw. Weltoffenheit selbst transzendiert. In der leibhaftigen Selbsthingabe Jesu Christi erfährt die leibhaftige Weltoffenheit des Menschen ihre Erfüllung. »Die Kirche hat ihren Ort jeweils in der leibhaftigen Existenz des Menschen, in der Annahme der Raumzeitlichkeit, der Übernahme des Ausgesetztseins, im Bekenntnis zur Schuld, in der unverschleierten Anerkennung von Leiden, Sterblichkeit und Tod.«[25] Das Wesen der Kirche als leibhaftig eschatologische Gemeinschaft widerspricht nicht dem bzw.

---

[25] *P. Hünermann*, Anthropologische Dimensionen der Kirche: HFTh 3 ([2]2000), 110–128, hier 111.

verschweigt nicht das leibhaftige Dasein des Menschen, sondern bringt es auf den Begriff und zur Erfüllung.

• *Miteinandersein:* Die Verwiesenheit des Menschen auf ein personales Gegenüber gehört zu seiner Wesensverfasstheit. Ich und Selbst des Menschen sind nämlich Produkt eines Entwicklungsprozesses, bedingt durch soziale Beziehungen. Der Mensch ist in seiner Leibhaftigkeit auf die Anerkennung durch ein personales Du angewiesen. Daraus resultiert ein menschliches Miteinandersein. Dieses ist aufgrund der Körperlichkeit des Menschen immer leibhaftiger Art und kann auf ganz unterschiedliche Weise Gestalt gewinnen. Das leibhaftig gelebte Miteinandersein Jesu und sein radikales Mit-Sein bis hin zur Lebenshingabe ist gleichsam als Konstitutionsgrund auf die frühe Kirche übergegangen. Diese vollendete menschliche communicatio ist in der Kirche, v. a. in der Eucharistie präsent. Das menschliche Miteinandersein als eine anthropologische Grunddimension verwirklicht sich besonders in der Kirche und hier in der eucharistischen Gemeinschaft.

• *Weltbezug:* Aufgrund seiner Körperlichkeit ist der Mensch nicht nur weltoffen, sondern auch immer weltverhaftet. Nur mit seiner und nicht gegen seine Leibhaftigkeit und Weltbezogenheit kann der Mensch zur Ganzheit finden; er muss die Welt mit einbeziehen und versuchen, sich die Naturwelt dienstbar zu machen. Das Verhältnis der Menschen zur Natur beeinflusst immer mehr deren gesellschaftliche Beziehungen (Gesellschaftsprozess).[26] Der Gesellschaftsprozess soll die Menschen ihrer Bestimmung näher bringen. Auch der Naturbezug bleibt als eine weitere anthropologische Grunddimension menschlichen Daseins in der βασιλεία-Predigt Jesu nicht außen vor, verkündet er doch die βασιλεία als eschatologische Vollendung der gesamten Schöpfung, einschließlich Welt, Mensch und Geschichte. Diese Einheit von Schöpfung, Natur und Erlösung gewinnt in der Praxis Jesu wie auch in der Kirche Gestalt: Die Kirche blendet ihre weltliche Existenz nicht aus, sondern versteht sich als eine komplexe Wirklichkeit, in der Natur und Erlösung, Schöpfung und Schöpfer ihrer ursprünglichen Einheit wieder zugeführt werden. Die Kirche ist keine civitas platonica, sondern eine »komplexe Wirklichkeit, die aus menschlichen und göttlichen Elementen zusammenwächst«; sie ist »in dieser Welt als Gesellschaft verfaßt und geordnet« (LG 8; GS 4). Sie realisiert ihr In-der-Welt-Sein auf vielfältige Weise, ohne in ihrer Weltverhaftung

---

[26] *W. Pannenberg,* Was ist der Mensch? Die Anthropologie der Gegenwart im Lichte der Theologie, Göttingen ⁷1985, 77.

völlig aufzugehen. Dennoch aber darf sich die Kirche nicht weltfremd realisieren wollen, sondern hat ihr eigenes In-der-Welt-Sein in einer bewussten Weltzugewandtheit zu leben. Sie muss sich um eine Vergesellschaftung mühen, indem sie sich selbst in einem durchaus politischen Sinne in das gesellschaftliche Zusammenleben der Menschen einbringt und sich der Menschen und deren realer Nöte, Freuden, Hoffnungen und Sorgen annimmt und sich mit ihnen identifiziert.

- *Sinnfrage:* Der Mensch ist darauf angewiesen, dass ihm Sinnzusammenhänge, die er nicht selber erkennen kann, in der Geschichte überliefert werden. So ist der Mensch nicht nur ein gesellschaftliches, sondern ebenso ein geschichtliches Wesen. Die Kirche weiß sich zur Verkündigung Jesu Christi und des mit ihm angebrochenen Reiches Gottes als die Erfüllung aller Verheißungen berufen. Mitten in der Geschichte und als Teil dieser Geschichte vermittelt sie einen Sinnzusammenhang, der nicht geschichtsbedingt ist, sondern von eschatologischer, bleibender Qualität. Aufgrund dieses eschatologischen Sinnziels, das in der Kirche lebendig ist, ist sie universal und umfasst die gesamte Menschheitsgeschichte. Sie weiß sich deshalb zu allen Völkern gesandt, wodurch sie notgedrungen mit den unterschiedlichsten Kulturen konfrontiert wird. Weil die Kirche selbst kein bestimmtes gesellschaftliches System voraussetzt, kann sich die Botschaft vom Reich Gottes auch in einer multikulturellen Situation behaupten, diese durchdringen und so ihre Universalität erweisen. Die Kirche muss die jeweiligen Kulturgüter aufnehmen und sie von innen her erneuern und damit der Botschaft des Evangeliums neuen Ausdruck verleihen (AG 15).

Wichtige anthropologische Wesenszüge haben innerhalb der Kirche durchaus einen Platz, mehr noch, sie erfahren entsprechend dem eschatologischen Charakter der Kirche eine spezifische Fortführung und Vertiefung. Allerdings können sie aufgrund des Versagens der Kirche auch in ihr Gegenteil verkehrt werden. Darum lässt sich »die Glaubwürdigkeit der Kirche und ihrer Botschaft ... durch die fundamentaltheologische Reflexion immer nur unzulänglich und annäherungsweise aufzeigen. Zumutung und Wagnis des Glaubens bleiben bestehen. Die eigentliche Entscheidung zum Glauben kann immer nur fallen in einem Setzen auf den Geist Gottes und Jesu Christi, der auch Sünde und Versagen der Kirche und der Glaubenden durch sein bleibendes Wirken aufzuheben vermag.«[27]

---

[27] *P. Hünermann*, Anthropologische Dimensionen der Kirche: HFTh 3 (²2000), 110–128, hier 126.

## 3. Konziliare Ekklesiologie

### 3.1. Sakramentalität der Kirche

*P. Neuner*, Ekklesiologie – Die Lehre von der Kirche: Glaubenszugänge. Lehrbuch der katholischen Dogmatik, hg. v. W. Beinert, Bd. 2, München 1995, 512–521; *S. Wiedenhofer*, Das katholische Kirchenverständnis. Ein Lehrbuch der Ekklesiologie, Graz 1992, 175–212; *P. Hünermann*, Ekklesiologie im Präsens. Perspektiven, Münster 1995, 38–54; *J. Werbick*, Den Glauben verantworten. Eine Fundamentaltheologie, Freiburg i. Br. ³2005, 831–844; *R. Miggelbrink*, Einführung in die Lehre von der Kirche, Darmstadt 2003, 57–70; *B. Schoppelreich*, Zeichen und Zeugnis. Zum sakramentalen Verständnis kirchlicher Tradition, Münster 2001, 42–90; *Ch. Böttigheimer*, Sakramentalität der Kirche im ökumenischen Kontext. Das Wesen der Kirche als ein ökumenisches Grundproblem: Anzeiger für die Seelsorge 109 (2000), 344–348.

### a) Kirche im 19./20. Jh.

Bis zum Zweiten Vatikanischen Konzil war das katholische Bild von der Kirche überwiegend statisch und defensiv.[28] In Abwehr zur neuen, modernen Gesellschaft, die aus der Aufklärung und der Französischen Revolution hervorgegangen war, wurde von den katholischen Kirchenrechtlern des 18. und 19. Jh.s die Lehre von der societas perfecta entwickelt.[29] Nach ihr ist die katholische Kirche wie der Staat eine vollkommene Gesellschaft, die selbst über alle Mittel zur Erreichung ihrer Ziele verfügt. Dem Staat kommt keinerlei Eingriffskompetenz in Kirchenangelegenheiten zu. Es herrschte die Überzeugung vor, dass die Kirche dank ihrer Verfassung und Struktur ihre Ziele aus eigener Souveränität erreichen und gar eine eigene Kultur hervorbringen könne. So glaubte sie, im Bewusstsein totaler Unabhängigkeit, auf Gegenkurs zur Moderne gehen zu können und ihre Eigenkultur, das »katholische Milieu«, pflegen zu müssen (Kulturkampf).

Die Kirche ist als societas perfecta eine societas inaequalis; sie ist hierarchisch strukturiert: Die von Christus verliehene Gewalt wird vom Papst gemeinsam mit den Bischöfen ausgeübt. Als Garanten für das als Körperschaft verstandene kirchliche System galten so Papsttum und Bischofsamt. In der

---

[28] *H. Fries*, Der Sinn von Kirche im Verständnis des heutigen Christentums: HFTh 3 (²2000), 1–10.

[29] Papst Leo XIII. hat in der Enzyklika »Immortale Dei« (1885) die Lehre von der societas perfecta auch auf den Staat angewandt (*Papst Leo XIII.*, Enzyklika »Immortale dei«. Über die christliche Staatsordnung (1.11.1885), Nr. 17).

Hierarchie, so sagte man, lebe jene Vollmacht fort, die Petrus und den Aposteln übertragen worden sei. Sie garantiere die Unvergänglichkeit, Unveränderlichkeit und Unfehlbarkeit der wahren Kirche Jesu Christi. Daraus ergab sich eine starke Betonung der organisatorischen Seite der Kirche: Kirche war auf die Hierarchie konzentriert.

Die hierarchische Engführung schlug sich in einem römischen Zentralismus nieder. Die sog. ultramontanistische Kirchensicht war dabei durchaus apologetisch motiviert, diente sie doch der Verteidigung der Kirche gegenüber einer säkularisierten und der Kirche feindlich gesonnenen Welt. Der neuen Gesellschaft begegnete die Kirche mit ständigem Misstrauen; sie grenzte sich nach außen gegenüber der modernen Welt ab und übte nach innen Geschlossenheit. Die innere Festigkeit wurde zum einen durch die Objektivierung der Glaubensinhalte in Form klarer Definitionen herbeigeführt, zum anderen forcierte das kirchliche Lehramt den Glaubensgehorsam und versuchte eine ekklesiologische Eigenständigkeit ihrer Mitglieder zu unterbinden. In der sog. Katholischen Aktion sollten die katholischen Christen zwar ihrem Apostolat in der zunehmend säkularisierten Welt nachkommen, nicht aber ohne die ständige Bezogenheit auf das kirchliche Amt. Die unbedingte Autorität des Amtes und die Unterordnung der Gläubigen unter dieses waren durch die Christus-Repräsentation der Amtsträger geradezu institutionalisiert. Aus der communio fidelium drohte eine totalitäre Institution zu werden, bestehend aus jenen, die in persona Christi capitis lehrten, und solchen, die hörten und belehrt wurden. Aus den Gläubigen drohten unmündige Empfänger des Lehramtes zu werden.

Doch schon im 19. Jh. wurde dieses restaurative Kirchenverständnis von verschiedenen Theologen kritisch hinterfragt und Johann Adam Möhler, ein Vertreter der sog. Tübinger Schule, karikierte diese »Hierarchologie« mit den Worten: »Gott schuf die Hierarchie, und für die Kirche ist bis zum Weltende mehr als genug gesorgt«.[30] Unter anderem war es ein Verdienst der Tübinger Schule, dass sich in der zweiten Hälfte des 19. Jh.s ein neues Kirchenbild entwickeln konnte. Schließlich änderte sich die hierarchisch-juridische Kirchensicht der neuscholastischen Römischen Theologie mit dem Pontifikat Johannes' XXIII. (1958–63) schlagartig. Er gab dem Zweiten Vatikanum als Leitlinie vor: »Wir müssen diesen Unglückspropheten widersprechen, die immer nur Unheil voraussagen … In der gegenwärtigen Situation werden wir von der göttlichen Vorsehung zu einer allmählichen Neuordnung der

---

[30] *J. A. Möhler*, ThQ 5 (1823), 497.

menschlichen Beziehungen geführt«.[31] Die Bischöfe folgten der Linie des Papstes.

Die ekklesiologische Wende gegenüber dem sich abschottenden Selbstverständnis der Kirche im 19. und 20. Jh. wird besonders in den Anfangsworten der Pastoralkonstitution deutlich: »Freude und Hoffnung, Trauer und Angst der Menschen von heute, besonders der Armen und Bedrängten aller Art, sind auch Freude und Hoffnung, Trauer und Angst der Jünger Christi. Und es gibt nichts wahrhaft Menschliches, das nicht in ihren Herzen seinen Widerhall fände. Ist doch ihre eigene Gemeinschaft aus Menschen gebildet, die, in Christus geeint, vom Heiligen Geist auf ihrer Pilgerschaft zum Reich des Vaters geleitet werden und eine Heilsbotschaft empfangen haben, die allen auszurichten ist. Darum erfährt diese Gemeinschaft sich mit der Menschheit und ihrer Geschichte wirklich engstens verbunden.« (GS 1) Mit einem Male erschien die Kirche den Menschen als welt- und menschenfreundlich. Im Wissen um den Ursprung der Kirche und um ihre Verantwortung für die Gegenwart schauten die Konzilsväter nicht mehr in ängstlicher Abwehr auf ihre Umwelt, sondern suchten darin nach den »Zeichen der Zeit« als Anruf Gottes (GS 4).

Das neue Verständnis von Kirche war von dem Bewusstsein geprägt, dass die Kirche nicht nur das Amt, sondern jeden getauften Christen umfasst. Vor allem in der liturgischen Bewegung kam ein kirchliches Wir-Gefühl auf, das Romano Guardini 1922 veranlasste in seinen Bonner Vorträgen über den »Sinn der Kirche«, davon zu sprechen, dass »ein religiöser Vorgang von unabsehbarer Tragweite« eingesetzt habe: »Die Kirche erwacht in den Seelen.«[32] »Das Kirchenverständnis in der liturgischen Bewegung ... hatte seinen Ursprung im Wir-Erlebnis ... In der Liturgischen Bewegung wird Kirche nun nicht mehr als institutionelle Größe erfahren, ›als religiöse Zweck- und Rechtsanstalt‹, die den einzelnen Gläubigen in seinen subjektiven religiösen Vollzügen anleitet, begleitet und für ihn die Sakramente verwaltet, sondern als Wert an sich.«[33]

---

[31] *L. Kaufmann, N. Klein,* Johannes XXIII. Prophetie im Vermächtnis, Fribourg 1990, 126.

[32] *R. Guardini,* Vom Sinn der Kirche. Fünf Vorträge (1922), Mainz ⁴1955, 19.

[33] *A. Baumgartner,* Die Auswirkungen der Liturgischen Bewegung auf Kirche und Katholizismus: Religiös-kulturelle Bewegungen im deutschen Katholizismus seit 1800, hg. v. A. Rauscher, Paderborn 1986, 121–136, hier 132.

*b)  »Zeichen und Werkzeug«*

Das Zweite Vatikanum wurde zu einem Konzil der katholischen Kirche über die Kirche. Erstmalig in der Geschichte beschäftigte sich ein Ökumenisches Konzil ausdrücklich und ausführlich mit der Kirche in all ihren Aspekten und bereitete insofern einer ekklesiologischen Neuorientierung innerhalb der Theologie den Boden. Die patristischen Aussagen über die Kirche wurden wiederentdeckt sowie das Kirchenbild der Tübinger Schule rezipiert. Aus der Mitte und Fülle des Glaubens heraus sollte ein neues Selbstverständnis von Kirche gewonnen werden, in dem nicht mehr die juridische Sichtweise im Mittelpunkt stand, sondern das Motiv des Mysteriums.

Allein anhand der Überschriften der acht Kapitel der Dogmatischen Konstitution über die Kirche »Lumen gentium« wird deutlich, dass hier ein organisches Ganzes vorliegt. Die innere Harmonie besteht nicht so sehr in der diskursiven Ausarbeitung einer Idee, sondern in einer echt biblischen Sicht von Kirche. Die beiden ersten Kapitel sprechen nämlich von den geheimnisvollen Anfängen der Kirche im Ratschluss Gottes (»Das Mysterium der Kirche«/»Das Volk Gottes«), die vier darauffolgenden Kapitel beschreiben die hierarchische und charismatische Struktur der Kirche als geschichtliche Größe (»Die hierarchische Verfassung der Kirche, insbesondere das Bischofsamt«/»Die Laien«/»Die allgemeine Berufung zur Heiligkeit in der Kirche«/ »Die Ordensleute«), und die beiden Schlusskapitel verdeutlichen den eschatologischen Charakter der Kirche in Zusammenschau ihres irdischen und himmlischen Aspektes (»Der endzeitliche Charakter der pilgernden Kirche und ihre Einheit mit der himmlischen Kirche«/»Die selige jungfräuliche Gottesmutter Maria im Geheimnis Christi und der Kirche«).

Das Konzil stellt die Kirche also in den Gesamtkontext von Heilsplan und Heilsgeschichte und betont infolgedessen deren geschichtliche sowie eschatologische Dimension. Indem die Kirche wieder ganz und gar vom Heilsgedanken her beschrieben und auf die Reich-Gottes-Botschaft Jesu bezogen wird, wird sie innerhalb der Heilsgeschichte funktional verortet. Jetzt taucht das Reich-Gottes-Motiv wieder als ekklesiologischer Schlüsselbegriff auf. Es war ja erst in der Philosophie und Theologie der Aufklärung wieder entdeckt worden. In vorkonziliarer Zeit findet es sich nur an ganz wenigen Stellen kirchlicher Lehraussagen, wobei das Reich Christi als Christokratie gedacht wird, in der die Kirche mit ihren Gliedern zur Mitherrschaft gelangen soll. Anders dagegen in den Texten des Zweiten Vatikanums: Das Reich Gottes wird als Zentralidee des Christentums und als Verkündigungsauftrag der Kirche dargestellt und als Inbegriff soteriologischer Fülle eingeführt (LG 5, 9, 13, 19; GS 39, 45, 72; AG 1). In diesem Zusammenhang wird nun auch der Sakramentsbegriff wieder neu auf die Kirche angewandt. Der Gedanke der »societas perfecta« wurde aufgegeben und die geheimnisvolle Dimension der Kirche neu entdeckt. Dieser Schritt wurde durch die bereits erwähnte Tübinger Schule, die Enzyklika »Mystici Corporis« von Papst Pius XII. (1943) sowie durch Theologen wie Otto Semmelroth, Henri de Lubac, Edward Schillebeeckx und Karl Rahner vorbereitet.

Im 19. Jh. war es die Tübinger Schule, die das neuzeitliche Geschichtsbewusstsein aufgegriffen und innertheologisch fruchtbar gemacht hat. Sie erkannte immer mehr die Lebendigkeit der christlichen Tradition und unterschied zwischen ihrem Inhalt und ihrer Manifestation in der menschlichen Geschichte, zwischen Gottes Wort und seiner geschichtlichen Ausformung. Demgemäß besitze die Tradition sowohl ein objektives Element, das äußerliche, historische Zeugnis, und ein subjektives Element, das fortwährend in den Herzen der Gläubigen lebende Wort Gottes. Während die innere Realität bzw. das Wesen der Tradition zeitlos sei, ändere sich ihre Erscheinungsform aufgrund historischer, kultureller und menschlicher Faktoren. Indem die Tübinger Schule als erste innerhalb der katholischen Theologie die lebendige Dimension der Tradition erkannte und sich in diesem Zusammenhang bewusst mit den Quellen der Alten Kirche befasste, stieß sie auf die in Vergessenheit geratene mystische Sichtweise von Kirche.

Das mystische Motiv fand in der Enzyklika »Mystici Corporis« von Papst Pius XII. (29. 6. 1943) eine kirchenamtliche Rezeption. In ihr wurde der Begriff »corpus mysticum Christi« (mystischer Leib Christi) als Grundbegriff von Kirche wieder zur Geltung gebracht. »Bei einer Wesenserklärung dieser wahren Kirche Christi … kann nichts Vornehmeres und Vorzüglicheres, nichts Göttlicheres gefunden werden als jener Ausdruck, womit sie als ›der mystische Leib Jesu Christi‹ bezeichnet wird.«[34] Die sichtbare, soziologisch fassbare Kirche ist also mehr als eine bloße Institution, vielmehr ist sie ein Gegenstand des Glaubens und zeigt – in einem mystischen Sein – die Wirklichkeit des Leibes Christi. So wurde die institutionelle und spirituelle Sicht von Kirche wieder miteinander verbunden: Die Institution Kirche erscheint nun als eine geistgewirkte Realität, als ein mystischer Leib Christi. Erstmals wurde kirchenamtlich wieder die mystische, sakramentale Dimension der Kirche betont, allerdings die Identifizierung zwischen Kirche und Christus noch nicht aufgebrochen.

---

[34] *Papst Pius XII.*, Enzyklika »Mystici corporis« (29. 6. 1943). Über den mystischen Leib Jesu Christi: Gerechtigkeit schafft Friede. Reden und Enzykliken des Heiligen Vaters Papst Pius XII., hg. v. W. Jussen, Hamburg 1946, 275–347, hier 283.

Auf dem Zweiten Vatikanum trat die sakramentale Wirklichkeit von Kirche noch stärker in den Blick. »Die Kirche«, so formulierten die Konzilsväter gleich zu Beginn von »Lumen gentium«, »ist ja in Christus gleichsam das Sakrament, das heißt Zeichen und Werkzeug für die innigste Vereinigung mit Gott wie für die Einheit der ganzen Menschheit.« (LG 1) Die Konzilsväter sprachen explizit von der Kirche als Quasi-Sakrament. Die Rede von der Kirche als Sakrament wurde geradezu zum ekklesiologischen Schlüsselbegriff der Kirchenkonstitution (LG 9, 48, 59). Die Kirche ist in den Heilsratschluss Gottes, die Welt mit sich zu versöhnen (Kol 1,20), einbezogen und steht im Rahmen des göttlichen Heilsplans. Sie ist Sakrament, insofern in ihr das Heil Jesu Christi bewahrt und vermittelt wird. Die Kirche ist also nicht aus sich Sakrament des Reiches Gottes, sondern nur »in Christo«, d. h. als Leib Christi, und in der Kraft des Hl. Geistes ist die Kirche »μυστήριον«. Die Sakramentalität der Kirche hat folglich eine christologische Basis; sie rührt ausschließlich von der Teilhabe an Jesus Christus her. Auf Grund ihrer Christusverbundenheit ist die Kirche ein sakramentales Heilszeichen. Sie ist Zeichen und Werkzeug des Reiches Gottes:

- *Zeichen:* Jesus wollte mit seiner Reich-Gottes-Predigt alle Menschen zur Einheit sammeln und der ganzen Welt das Heil schenken. So ist er nach biblischer Auskunft Haupt der ganzen Menschheit. Was für alle Menschen gilt, soll in der Kirche, deren Haupt Christus nicht minder ist, zeichenhaft vorweggenommen werden. Die Kirche soll in der Welt sichtbar machen, was Jesu Botschaft vom Reich Gottes für alle bedeutet; sie ist »die *sakramentale* Gestalt der Anwesenheit Gottes« in der Welt.[35] In Christus ist sie Zeichen; sie weist von sich weg auf das Heil Gottes hin. Zeichen und Zeugin des Reiches Gottes ist die Kirche in dem Maße, wie sie selbst auf das Reich Gottes hin transparent wird. »Während sie [die Kirche] allmählich wächst, streckt sie sich verlangend aus nach dem vollendeten Reich« (LG 5). Von ihrer Zeichenhaftigkeit für das Reich Gottes hängt die Glaubwürdigkeit der Kirche ab. »In dem Maße, in dem eine Kirche Zeichen des Reiches Gottes ist und wird, ist sie wahre Kirche«.[36] Von diesem »ekklesiologischen Grunddatum«[37] her bestimmt sich die Norm der Kirche.

---

[35] *H. Döring*, Demonstratio catholica: ders., A. Kreiner, P. Schmidt-Leukel, Den Glauben denken. Neue Wege der Fundamentaltheologie (QD 147), Freiburg i. Br. 1993, 147–244, hier 164.

[36] *H. J. Pottmeyer*, Die Frage nach der wahren Kirche: HFTh 3 (²2000), 159–184, hier 165.

[37] *J. Meyer zu Schlochtern*, Sakrament Kirche. Wirken Gottes um Handeln der Menschen, Freiburg i. Br. 1992, 291.

Ihre Glaubwürdigkeit wird durch die Reich-Gottes-Botschaft Jesu konditioniert.

- *Werkzeug:* Kirche ist auch Werkzeug für das Reich Gottes. Zwar verleiht allein Gott in Jesus Christus Heil, doch teilt die Kirche der Welt bzw. den Menschen in Wort und Sakrament das Heil Gottes mit. So gehört zur Kirche wesentlich der »Dienst der Versöhnung« (2 Kor 5,18), der Menschen mit Gott und untereinander verbindet. Diesen Dienst übt die Kirche im Namen Gottes und dank seines Geistes aus: Die Verkündigung des Wortes Gottes macht sichtbar, dass Gott sein Volk ruft, die Sakramente zeigen, dass Gott sein Volk heiligt, die Ämter, dass Gott sein Volk leitet, die Diakonie, dass Gott sein Volk zuerst geliebt hat, und die Charismen, dass Gottes Geist sein Volk treibt. Nicht die Kirche selbst ist wichtig, sondern das, wofür sie steht: Kirche ist nicht Selbstzweck, sondern steht im Dienst der Vermittlung des Gottesreiches. Sie selbst ist lediglich Mittel zum Zweck. Ihre Handlungsvollzüge sind nur sinnvoll, insofern sie Zeichen und Mittel des Heils sind. Dazu muss sich die Kirche der konkreten Gegenwart bewusst zuwenden. Nur in der Weltzugewandtheit kann sie Instrument des Heils Gottes sein. Wenn sie nicht bei den Menschen in ihren konkreten Situationen ist, dann können die Menschen auch nicht in der Kirche sein. »Eine Kirche, die sich von den Menschen entfremdet hat, darf sich nicht wundern, wenn sich die Menschen ihrerseits von der Kirche entfremden.«[38] Die Sache der Kirche ist die Verkündigung des Evangeliums vom Reich Gottes. Dieses hat sie den Menschen so nahe zu bringen, dass daraus inmitten ihrer Existenzprobleme eine heilvolle Erfahrbarkeit und Betroffenheit erwächst. Nur eine Kirche, die mitten in der Welt steht und die Menschen kennt und ihnen dient, kann Gottes Reich heilend und befreiend nahebringen.

Die Rede von der Sakramentalität der Kirche wird schließlich nur unter einer eschatologischen Perspektive gänzlich verständlich. Sie drückt nämlich aus, dass Kirche eine vorläufige Einrichtung ist, die in ihrer Pro-Existenz die Welt zu ihrer endgültigen Bestimmung hinführt. Als Sakrament ist Kirche zwar sichtbares Unterpfand des endzeitlichen Heils, sie kann jedoch lediglich eine Ahnung vom Eschaton geben: Kirche bleibt immer ein unvollkommenes Zeichen für die Gottesgemeinschaft, die sich in ungebrochener Weise erst im

---

[38] *N. Mette*, Die pastorale Konstitution über die Kirche in der Welt von heute. Gaudium et spes: F. X. Bischof, St. Leimgruber (Hg.), Vierzig Jahre II. Vatikanum. Zur Wirkungsgeschichte der Konzilstexte, Würzburg 2004, 280–296, hier 281.

kommenden Gottesreich erfüllt. Von daher verbieten sich jede kirchliche Überheblichkeit und naiver Triumphalismus.

Neben der eschatologischen Dimension der Kirche ist zuletzt auch ihre prä-existente Dimension anzusprechen: Wie Christus, so war auch die Kirche »schon seit dem Anfang der Welt vorausbedeutet« (LG 2); sie war im ewigen Heilswillen Gottes voraus entworfen. Damit umfasst die Kirche die gesamte Schöpfungsgeschichte: den Beginn der Geschichte einschließlich Abel und allen Gerechten des Alten Bundes. Die Kirchenväter sprachen von der »ecclesia ab Abel«, und sie umfasst auch das Ziel aller Geschichte: Das umfassende Heil, auf das sie verweist. Erst wenn die Kirche darum mit der versöhnten Menschheit identisch ist, ist sie die »allumfassende Kirche (ecclesia universalis)« (LG 2) und mit sich selbst identisch. Das bedeutet »eine [...] gewisse [...] *Relativierung* der partikulär-institutionellen Gestalt der Kirche zugunsten ihrer stärkeren *Universalisierung* auf die ganze Weite der zum Heil berufenen Wirklichkeit hin.«[39]

Durch die Betonung der Sakramentalität der Kirche wird deutlich, dass Kirche nicht in erster Linie Institution und Hierarchie ist, sondern eine geistlich-spirituelle Wirklichkeit. Als solche gründet sie weder in der Vollmacht des kirchlichen Amtes noch im Kirchenrecht, sondern verdankt sich dem göttlichen Heilshandeln, das im Christusereignis seinen Höhepunkt gefunden hat.

*c) Motive und Intentionen*

Die Bezeichnung Kirche als Sakrament war auf dem Konzil nicht unumstritten. Dass sich am Ende der Vorstoß von 130 Vätern durchsetzen und es damit zu einer der zentralsten Aussage des Konzils kommen konnte, hat wesentlich zwei Gründe:

- Kirche wird nur analog zu den Einzelsakramenten, also sehr zurückhaltend als Sakrament des Heils bezeichnet: Sie ist »gleichsam« (veluti) Sakrament. Als solches geht sie den übrigen sieben Einzelsakramenten voraus. Als Grund- oder Wurzelsakrament wird die Kirche in den Einzelsakramenten konkret. Die sakramentalen Zeichen, in denen die Kirche in entscheidender Weise ihr Leben gestaltet und gewinnt, entspringen aus ihr selbst. Das entlastet davon, für jedes Sakrament ein Einsetzungswort oder einen Stiftungsvorgang durch den historischen Jesus aufweisen zu müssen.

---

[39] *M. Kehl*, Die Kirche. Eine katholische Ekklesiologie, Würzburg 1992, 93 f.

- Die Terminologie »Kirche als Sakrament« ist keineswegs neu. Sie geht auf den paulinischen Ausdruck »Mysterium« zurück, der den durch den Kreuzestod Christi verwirklichten göttlichen Heilsplan meint (1 Kor 1,23) und vom Verfasser des Epheserbriefes explizit auf das liebevolle Verhältnis Christi zu seiner Kirche bezogen wird (Eph 5,32). Demnach ist die Kirche Teil der göttlichen Heilsökonomie, die das NT allgemein »Mysterium« nennt (Kol 1,27; 2,2). Allerdings wird in der Tradition der ersten christlichen Jahrhunderte der Gedanke der Sakramentalität der Kirche nur selten bezeugt.[40]

Mit der Rezeption der altkirchlichen Terminologie »Kirche als Sakrament« verfolgten die Konzilsväter eine zweifache Intention:

- Mit dem Sakramentsbegriff sollte die Zuvorkommenheit Gottes ausgedrückt werden: Kirche gründet nicht in ihrer institutionellen Verfassung, sondern, wie es der dritte Artikel des Apostolischen Glaubensbekenntnisses sagt, im »Heiligen Geist, der Herr ist und lebendig macht«. Kirche verdankt sich zunächst und zuallererst der Zuwendung Gottes zum Menschen, sie lebt aus der Gnade Gottes, die allen menschlichen Aktivitäten zuvorkommt.

- Der Sakramentsbegriff sollte dazu beitragen, die Identifizierung der Kirche mit Christus aufzuheben. Denn im 19. Jh. wurde mit Hilfe des »corpus-Christi«-Gedankens die Kirche als Fortsetzung der Inkarnation Jesu Christi gedeutet, als »incarnatio continua« oder als »Christus prolongatus«, als verlängerter Arm Jesu Christi. Johann Adam Möhler beschrieb sie z. B. als »der unter den Menschen in menschlicher Form fortwährend erscheinende, stets sich erneuernde, ewig sich verjüngende Sohn Gottes, die andauernde Fleischwerdung desselben.«[41] Nun aber sollte durch den Sakramentsbegriff die Unterscheidung von Kirche und Christus herausgestellt werden. Es sollte deutlich werden, dass die Kirche nur sichtbares Zeichen und wirkmächtiges Mittel des unsichtbaren Heils ist, nicht aber das Bezeichnete, das Heil selbst. Als Realsymbol des wirkenden Geistes Gottes verfügt die Kirche weder über das göttliche Heil noch ist sie das Reich Gottes, vielmehr ist sie nur wirksames Zeichen und Werkzeug für das Heilshandeln Gottes. Nicht sie, sondern »Christus ist das Licht der

---

[40] Cyprian von Karthago und Augustinus kommen im Kontext ihrer Überlegungen zur Heilsökonomie dem Gedanken der Kirche als Mysterium bzw. Sakrament nahe (*W. Beinert*, Die Sakramentalität der Kirche im theologischen Gespräch: J. Pfammater, F. Furger (Hg.), Theologische Berichte 9, Zürich 1980, 13–66, hier 15 ff.).
[41] Texte zur Theologie, Abt. 5 Dogmatik, hg. v. W. Beinert, Ekklesiologie II, bearb. v. P. Neuner, Ekklesiologie II, Graz 1995, 105.

Völker«, das »auf dem Antlitz der Kirche [lediglich] widerscheint« (LG 1).

Die Kirche ist nicht das Heil selbst, sondern nur Heilswerkzeug und als solches setzt sie sich aus göttlichen und menschlichen Elementen zusammen. Zu ihr gehören darum immer auch Mängel und Deformationen wie z. B. Machtstreben, Totalitarismus, Zentralismus, Inhumanität, Schwerfälligkeit oder geistlose Erstarrung. Durch die Verwendung des Sakramentsbegriffs wurden wieder eine kritische Selbstreflexion und das Bekenntnis eigener Sündhaftigkeit möglich. Auf dem Zweiten Vatikanum bekannte das konziliare Lehramt erstmals, dass die Kirche von der Sünde selbst durchdrungen würde. Die Kirche sei »das sichtbare Heilszeichen« nur »in der Schwachheit des Fleisches« (LG 9) und ihr Antlitz sei »nicht ohne Makel und Runzeln« (UR 4), so dass es den Menschen »nicht recht aufleuchtet und das Wachstum des Reiches Gottes verzögert wird.« (UR 4) Aufgrund ihrer menschlichen Elemente umfasse sie »Sünder in ihrem eigenen Schoße« (LG 8). So sei sie »heilig und [zugleich] stets der Reinigung bedürftig« und hätte »immerfort den Weg der Buße und der Erneuerung« zu gehen (LG 8). Als »menschliche und irdische Einrichtung« sei die Kirche zur »dauernden Reform gerufen« (UR 6), und darum müssten »wir alle täglich beten: ›Vergib uns unsere Schuld‹ (Mt 6,12)« (LG 40), nur so könne »das Zeichen Christi auf dem Antlitz der Kirche klarer erstrahle[n]« (LG 15). Die Kirche muss sich beständig für eine Kritik an ihrer jeweils konkreten Gestalt offenhalten; sie muss sich dauernd vom Maßstab des Gottesreiches her hinterfragen und notfalls reformieren lassen. Doch obgleich die Kirche mit Sünde behaftet ist und es sündige Strukturen in ihr gibt[42], ist sie nach Überzeugung des Zweiten Vatikanums dennoch »in der Kraft des Heiligen Geistes die treue Braut des Herrn geblieben … und [hat] niemals aufgehört …, das Zeichen des Heils in der Welt zu sein« (GS 43).

Die Bezeichnung »Kirche als Sakrament« führte in nachkonziliarer Zeit zu verschiedenen Missverständnissen. Manche Konzilsväter befürchteten, dass mit der sakramentalen Sicht der Kirche die katholische Ekklesiologie durch reformatorische Elemente durchsetzt würde. Die protestantische Theologie, die den Sakramentsbegriff exklusiv christologisch interpretiert, erteilte demgegenüber der Sakramentalisierung der Kirche beinahe durchwegs eine Absage. Es herrschte die Sorge vor, durch die Rede von der Sakramentalität der Kirche solle diese gegenüber jeder Kritik immunisiert bzw. in den Bereich

---

[42] *Papst Johannes Paul II.*, Enzyklika »Ut unum sint«. Über den Einsatz für die Ökumene (25. 5. 1995) (VApSt 121), hg. v. Sekretariat der Deutschen Bischofskonferenz, Bonn 1995, Nr. 34.

schweigender und lobpreisender Verehrung entrückt werden. Außerdem wurde gemutmaßt, die Kirche käme als wirksames Zeichen des Heils zwischen Gott und den Menschen zu stehen, so dass die Sakramentalität der Kirche der Rechtfertigungsbotschaft, dem sola gratia, eindeutig widersprechen würde.

Doch die Intention des Konzils war es gerade, die Kirche einerseits deutlich von Christus zu unterscheiden und andererseits die Herkünftigkeit des Heils von Christus zu unterstreichen. Durch die spirituelle Sichtweise sollte deutlich werden, dass Kirche grundsätzlich über sich selbst hinaus verweist: Weder ist sie um ihrer selbst willen da, noch vermittelt sie aus sich selbst heraus Heil.

### d) Funktionale Kirchenbegründung

Das sakramentale Verständnis von Kirche ermöglicht eine funktionale Begründung von Kirche: Für das Bekenntnis zu Jesus Christus ist eine weitertragende Institution notwendig. Die Reich-Gottes-Botschaft braucht institutionalisierte Instanzen, um tradiert zu werden, um ihre individuellen und sozialen Implikationen entfalten und in eine lebendige Praxis umsetzen zu können. Das vermag die Kirche zu leisten, insofern sie inhaltlich auf den von Jesus verkörperten qualitativen Aspekt des Gottesreiches rückbezogen ist. Kirche legitimiert sich so funktional von der Reich-Gottes-Botschaft Jesu her, nämlich als Zeichen und Werkzeug der Einheit mit Gott (Gottesliebe) und der Einheit der Menschheit (Nächstenliebe).

Die Legitimation der Kirche besteht in ihrer Funktion, sakramentales Heilszeichen zu sein. Die Kirche verweist über die Welt hinaus auf das endzeitliche Heil Christi, das sie vermittelt und vergegenwärtigt. Darin besteht ihr Auftrag und ihr Wesen als Sakrament und letztlich ihr Existenzrecht. Es leitet sich ab aus dem innersten sakramentalen Wesen der Kirche: »Zwischen Christus und der Kirche besteht eine strukturelle und funktionale Ähnlichkeit. … Es besteht eine strukturelle Ähnlichkeit, weil Jesus und die Kirche dieselbe Funktion haben. … Die Kirche verkündet nicht nur Jesus als das Realsymbol der Gegenwart Gottes, sondern die Kirche in ihrer Verbindung mit Jesus führt es selbst als Symbol fort.«[43]

Die von der sakramentalen Ekklesiologie implizierte, funktionale Begründung von Kirche begegnet jener Kritik, die sich auf die grundsätzliche kirchliche Verfasstheit des Christentums richtet. Außerdem wird die Kritik am konkreten Wesen der Kirche trotz ihres Anspruchs, Fundamentalkritik

---

[43] F. Schüssler Fiorenza, Fundamentale Theologie. Zur Kritik der theologischen Begründungsverfahren, Mainz 1992, 120 f.

zu sein, auf die Ebene der Symptomkritik verwiesen. Denn nur wenn die Kirche ihren Wesensauftrag, sakramentales Heilszeichen zu sein, völlig verfehlt, d. h., auf jeder Ebene ihrer konkreten Vollzüge und Einrichtungen ausschließlich disfunktional wirkt, hätte sie keine rationale Legitimation mehr. Doch man wird schwerlich behaupten können, dass die Kirche in ihrer Geschichte ihren sakramentalen Auftrag gänzlich verraten hätte, weshalb ihre Existenz als in Gott begründet gelten darf. Damit sollen Fehler und Vergehen nicht einfach entschuldigt werden, wohl aber soll darauf hingewiesen werden, dass die Kirche als Zeichen und Werkzeug der universalen Heilzusage Gottes nicht vollkommen sein kann und es auch nicht zu sein hat. Oder um es mit den Worten des Konzils auszudrücken: Die Kirche schreitet mit den Tröstungen Gottes ausgestattet, »auf ihrem Pilgerweg dahin« (LG 8), trägt aber in ihren Vollzügen und Einrichtungen die irdisch gebrochene Gestalt dieser Welt, die vergeht (LG 48).

Wenn die heutige Kirchenkritik gegen den sakramentalen Auftrag der Kirche auch nichts ausrichten kann, da sie den Wesensauftrag der Kirche nicht in Frage zu stellen vermag, so kann sie dennoch zur Selbstkritik herausfordern und Anlass zu der kritischen Frage sein, ob die Kirche ihrem Wesensauftrag gerecht wird. Auf dieser Ebene kann man mit der gegenwärtigen Kirchenkritik durchaus in einen sinnvollen und konstruktiven Dialog treten. Dabei wird stets einzuräumen sein, dass sich die Kirche darum mühen muss, zu werden, was sie zu sein behauptet und wozu sie beauftragt ist.

*e) Eucharistie und communiale Kirche*

Das Konzil betonte die sakramentale Verfasstheit der Kirche. Dadurch lenkte es den Blick unmittelbar auf jene Heilsgüter hin, durch die die Kirche für ihren sakramentalen Dienst zugerüstet wird, allen voran die Eucharistie. Durch die Eucharistie wird die Kirche fortwährend zum Volk Gottes auferbaut. Aus der Eucharistie lebt die Kirche und wächst sie immerfort bis zu ihrer Vollendung in der Liturgie des himmlischen Jerusalems (LG 26). Ausdrücklich wird in LG 3 betont, dass sich in der Eucharistie nicht nur »das Werk unserer Erlösung« vollziehe, sondern dass »durch das Sakrament des eucharistischen Brotes [zugleich auch] die Einheit der Gläubigen, die einen Leib in Christus bilden, dargestellt und verwirklicht (1 Kor 10,17)« werde.

In der Auslegung der eucharistischen Ekklesiologie sind v. a. folgende zwei Stellen aus dem ersten Korintherbrief von Bedeutung. Sie drücken die enge Verbindung zwischen dem eucharistischen Brot und dem Leib Christi aus. Denn das Wort Leib in 1 Kor 12,27: »Ihr aber seid der Leib Christi, und jeder einzelne ist ein Glied an ihm« kann nichts anderes bedeuten als in 1 Kor

10,16 f.: »Ist der Kelch des Segens, über den wir den Segen sprechen, nicht Teilhabe am Blut Christi? Ist das Brot, das wir brechen, nicht Teilhabe am Leib Christi? Ein Brot ist es. Darum sind wir viele ein Leib; denn wir alle haben teil an dem einen Brot«. Bei der Feier der Eucharistie wird demnach das Brot zum Leib Christi, und durch die Teilhabe daran werden die Feiernden selbst zum Leib ihres Herrn. Das hat direkte Auswirkungen auf das Verständnis der Eucharistie, v. a. auf die Frage nach deren Träger: Den Gläubigen wird eine Subjekthaftigkeit zu eigen: Sie nehmen zusammen mit dem Priester am eucharistischen Opfer tätig teil (SC 27; AEM 5; CIC/1983 can. 835 § 4). Die Christen »sollen Gott danksagen und die unbefleckte Opfergabe darbringen nicht nur durch die Hände des Priesters, sondern auch gemeinsam mit ihm und dadurch sich selber darbringen lernen« (SC 48; PO 2, 4; LG 11). Vollzog noch im Messopferdekret von Trient die Kirche die Eucharistie lediglich durch die Priester, so ist nun erstmals von der aktiv mitfeiernden Gemeinde die Rede.

In der Eucharistie vollzieht sich also die communio mit Christus und unter den Gläubigen real. So wird in der Eucharistie das Wesen der Kirche sakramental gegenwärtig. »Beim Brechen des eucharistischen Brotes erhalten wir wirklich Anteil am Leib des Herrn und werden zur Gemeinschaft mit ihm und untereinander erhoben« (LG 7). In der Eucharistie findet die Kirche als communio ihre höchste Verwirklichung. Hier vollzieht sich sowohl ihre äußere wie auch innere, ihre sichtbare als auch verborgene Dimension real: Die Eucharistie »trägt ... im höchstem Maße dazu bei, daß das Leben der Gläubigen Ausdruck und Offenbarung des Mysteriums Christi und des eigentlichen Wesens der wahren Kirche wird« (SC 2). Das Zweite Vatikanum hat die Verbindung zwischen Kirche und Eucharistie intensiviert und die Zeichenhaftigkeit der Eucharistie in Bezug auf die Kirche vervollkommnet. Kirche und Eucharistie durchdringen sich in den Konzilstexten so sehr, dass die Eucharistie geradezu zum Kristallisationspunkt für die Kirche wird und dadurch eine eucharistische Kirchensicht grundgelegt wird.

Für die Ekklesiologie bedeutet diese eucharistische Kirchensicht konkret, dass jede Ortsgemeinde die Kirche Gottes in Christus ist, weil Christus in seinem Leibe inmitten der zur Eucharistie versammelten Gemeinde gegenwärtig ist. Die Unteilbarkeit des Leibes Christi bedingt die Fülle der Kirche Christi in jeder Ortskirche, die wiederum Voraussetzung für die gültige Feier der Eucharistie in einer Ortskirche ist. Die Ortskirche ist somit nicht bloß ein Teil von dieser Kirche, sondern jede einzelne Ortskirche ist und alle Ortskirchen sind demzufolge eine heilige katholische und apostolische Kirche. Die Ortskirche, der ein Bischof vorsteht, ist Kirche in ihrer Ganzheit und Fülle, weil in der Feier der Eucharistie der ganze Christus präsent ist und nicht nur ein Teil von ihm.

Die Eucharistie wäre in einer Ortskirche nicht möglich, wenn diese nur einen Teil der gesamten Kirche darstellte. Wo die Eucharistie ist, da ist die Fülle der Kirche und umgekehrt, nur da, wo die Fülle der Kirche ist, kann die Eucharistie gefeiert werden. »Jede Ortsgemeinde erfreut sich der ganzen Fülle der Kirche Gottes in Christus. Die Mehrzahl der Ortsgemeinden zerstört die Einheit der Kirche Gottes keineswegs, denn die Mehrzahl der Feiern des Herrenmahles und der dazu Versammelten löst die Einheit der Eucharistie weder im Raume noch in der Zeit auf ... In der sichtbaren Wirklichkeit bezeugt sich die Einheit der Kirche in der Vielfalt der Ortsgemeinden, und die Vielfalt der Ortsgemeinden gewährleistet die Einheit der Kirche Gottes in Christus. Die Zunahme oder Abnahme der Zahl der Ortsgemeinden ändert nichts an der Einheit und an der Fülle der Kirche, sondern sie verändert nur die Zahl ihrer sichtbaren Erscheinungen in unserer Wirklichkeit ... Die eucharistische Ekklesiologie[44] stellt somit die Universalität der Kirche keineswegs in Abrede, aber sie unterscheidet die äußere Mannigfaltigkeit – als eine Seite dieser Universalität – im Sinne der Begrenztheit ihrer Mission von der inneren Universalität, die immer und unter allen Umständen sich selbst gleich bleibt; denn diese bedeutet, daß die Kirche immer und überall in ihrer Fülle und in ihrer Einheit in Erscheinung tritt.«[45]

Obwohl jede einzelne lokale Kirche alles in sich hat, was sie für das Leben benötigt, kann sie nicht ohne andere Kirchen existieren und außerhalb der anderen leben. Sie kann sich nicht unbeteiligt zeigen bei dem, was in den anderen Kirchen geschieht, weil alles in der einen und derselben Kirche Gottes geschieht. Die Ortskirchen bilden darum eine Einheit, die auf der Liebe und auf der Eintracht gründet. Sie bilden eine communio »miteinander kommunizierender eucharistischer Tischgemeinschaften«.[46] Hier kommt die Kollegialität der Bischöfe, die communio episcoporum, (LG 22 f.) ins Spiel. Sie ist sichtbarer Ausdruck der Kommunikation und Einheit der Ortskirchen, der communio ecclesiarum. »Die Kirche ist zunächst dadurch eins, daß sie im Wort und im Brot ... kommuniziert. Als eucharistische Tischgemeinschaft

---

[44] Theologisch richtiger müsste man hier eigentlich vom eucharistischen Aspekt der trinitarischen Ekklesiologie sprechen, um so jegliche Gefahr von Christomonismus auszuschließen.

[45] N. *Afanassieff*, Das Hirtenamt der Kirche: in der Liebe der Gemeinde vorstehen, in: B. Bobrinskoy u. a. (Hg.). Der Primat des Petrus in der orthodoxen Kirche, Zürich 1961, 7–66, hier 27 f.

[46] J. *Ratzinger*, Das neue Volk Gottes. Entwürfe zur Ekklesiologie, Düsseldorf 1969, 234.

verwirklicht an sich jede einzelne Gemeinde das ganze Kirchesein der Kirche, aber doch nur dadurch, dass sie mit allen anderen Gemeinden in Kommunionverbindung steht, die ihrerseits wiederum ohne die Einheit des gemeinsam geglaubten und bezeugten Wortes unmöglich ist. Das Netz von Kommunionen, das die Kirche demnach bildet, hat in den Bischöfen seine Fixpunkte; ihnen obliegt als der nachapostolischen Fortsetzung des Collegium apostolorum die Verantwortung für die Reinheit des Wortes und für die Rechtheit der Kommunion.«[47]

## 3.2. Leitbegriffe

*J. Werbick*, Den Glauben verantworten. Eine Fundamentaltheologie, Freiburg i.Br. ³2005, 688–830; *H. Verweyen*, Gottes letztes Wort. Grundriß der Fundamentaltheologie, Düsseldorf ⁴2002, 378–384; 392–416; *P. Neuner*, Ekklesiologie – Die Lehre von der Kirche: Glaubenszugänge. Lehrbuch der katholischen Dogmatik, hg. v. W. Beinert, Bd. 2, München 1995, 512–525.

*a) Kirche als »Volk Gottes«*

In der Hl. Schrift finden sich zwei unterschiedliche Vorstellungen von »Volk Gottes«:

- Die (Selbst-)Bezeichnung des Volkes Israel als das von Gott gerufene Volk ist bereits im Deboralied, der frühesten Exodus-Erzählung (Ri 5,1–31) und seit dem Propheten Hosea (Hos 2,1) anzutreffen. Das Volk Israel versteht sich als das Volk Gottes, da Gott es selbst ist, der in die Geschichte dieses Volkes helfend eingreift. Trotz aller späteren Verwerfungen, Bundesbrüche, Strafen und Zornandrohungen seitens Gottes behält sich das Volk Israel die Gewissheit bei, Volk Gottes zu bleiben, wie Gott es im Noah-Bund zugesagt hat.
- Daneben findet sich im NT das Verständnis der ersten Christengemeinde, »Volk Gottes« zu sein (Tit 2,14; 1 Petr 2,9 u.ö.). Mit der Vertreibung aus Jerusalem und der damit verbundenen Öffnung der jungen Christenheit auf die Heiden hin wird die Zugehörigkeit zum Volke Gottes und auch die Integration heidenchristlicher und judenchristlicher Gemeindenteile problematisch (Apg 15,1–35). Die verborgene Frage lautet, ob der Weg zum christlichen Glauben über das Judentum führen muss. Es wurde erkannt, dass nicht die Christen einfach Volk Gottes sind, sondern das Nichtvolk

---

[47] Ebd., 117.

der Christen nur durch die Einbeziehung in Christus Volk Gottes sein kann. »Wir sind Volk Gottes nicht anders als vom gekreuzigten und auferweckten Leib Christi her.«[48]

Im Laufe der Jahrhunderte verlor der Volk-Gottes-Begriff für die Wesensumschreibung der Kirche an Gewicht zugunsten des Leib-Christi-Begriffs. Der Begriff »Volk Gottes« wurde jedoch auf dem Zweiten Vatikanum dem Leib-Christi-Begriff wieder zur Seite gestellt, da es einige ekklesiale Elemente gibt, die mit der Metapher des Leibes Christi nicht recht zu erfassen sind:

- Gott war es, der sein Volk Israel sammelte; entsprechend ist die Kirche als Volk Gottes keine von Menschen geschaffene Gesellschaft. Sie ist vor allen soziologischen Momenten zunächst eine theologische Größe. Konstitutiv für dieses Volk Gottes sind die vom λαός (Volk) her als »Laien« angesprochenen Gläubigen; alle Mitglieder der Kirche sind zunächst Mitglieder des Volkes und als solche »Laien«. Das ist die Grundstruktur der Kirche: Sie ist grundlegend laikal, weshalb das Episkopale und das Sazerdotale nicht zum Prägemal von Kirche gemacht werden darf. Allen Berufungen und Diensten geht das eine Volk Gottes voraus.

- Freilich ist das Jesus nachfolgende Volk nicht völlig unstrukturiert. Jesus lehrt das Volk und seine Jünger. Er sammelt und sendet sie. Eine bedeutende Rolle spielt von Anfang an die Bezeichnung Apostel. Von den Jüngern sind einmal die Zwölf auserwählt (Mk 3,13–19 par. Mt 10,1–4), sodann werden 72 Jünger (Lk 10,1–16) ausgesandt. Es gibt die Sonderstellung von drei Aposteln sowohl auf dem Berg Tabor als auch auf dem Weg zum Garten Getsemane (Mk 9,2–10 par. Mt 17,1–9; 14,37–42 par. Mt 26,40–46) und die Sprecherrolle des Simon Petrus (Mk 8,27–30 par. Mt 16,13–20; Lk 22,31–34; Joh 21,1–23). Dennoch definiert sich die Jüngergemeinde nicht von den verschiedenen Funktionen der Jünger her, sondern von der Jesusbindung des Einzelnen. So gesehen ist das Volk Gottes eine offene Gesellschaft, die unterschiedliche Grade von Nähe und Ferne zu Jesus Christus zulässt.

- Der Begriff Volk Gottes wurde vom Konzil v. a. in ökumenischer Hinsicht eingeführt: Glied am Leib Christi ist man oder man ist es nicht, Zwischenstufen sind nicht möglich. Doch das Volk Gottes ist differenzierter. Ausgehend vom Volk-Gottes-Gedanken kann das Verhältnis der nichtkatholischen Christen zur katholischen Kirche mit dem Begriff »Verbin-

---

[48] *Ders.*, Kirche als Volk Gottes: Vom Wiederauffinden der Mitte. Grundorientierungen. Texte aus vier Jahrzehnten, hg. v. Schülerkreis, Freiburg i. Br. 1997, 143–147, hier 146.

dung« umschrieben werden und die der Nichtchristen mit dem Wort »Zuordnung« (LG 15 f.).

- Die Kirche ist zunächst als Gemeinschaft verfasst und dann erst als hierarchische Gesellschaft. Dies wird auch in der Anordnung der Kapitelreihenfolge der Kirchenkonstitution »Lumen gentium« deutlich. Das ganze zweite Kapitel ist dem biblischen Bild des Volkes Gottes gewidmet, das die fundamentale Gleichheit aller Christen am deutlichsten zum Ausdruck bringt.

- Ein Leib ist ein Leib, aber ein Volk ist immer der Geschichte unterworfen, so auch die Kirche. Sie ist nie am Ziel, sondern immer auf dem Weg durch die Zeit. Zwar stammt sie als das von Gott gerufene Volk nicht von der Welt, aber doch existiert sie in der Welt und muss sich deshalb den Herausforderungen der Zeit stellen. Durch die Volk-Gottes-Perspektive werden Wachstum, Veränderung und wirkliche Bewegung ins Bild gesetzt. Weil Wachstum und vollständige Fülle einander ausschließen, bricht das Bild vom Volk Gottes die starre Leib-Christi-Identität auf: Kirchliche Identität ist immer auch gekennzeichnet durch Sünde und Differenz.

- Die christologische Differenz drückt der Begriff »Volk Gottes« deutlicher aus als der Begriff »Leib Christi«. Denn die Kirche ist nicht, wie der nach dem Ersten Weltkrieg teilweise entfaltete Leib-Christi-Gedanke nahelegte, der fortlebende Christus auf Erden und nicht die weitergehende Inkarnation des Sohnes. Kirche ist nicht identisch mit Christus, sondern ihm gegenüber. Sie ist auch Kirche der Sünder, ja selbst die sündige Kirche und bedarf darum immer wieder der Erneuerung und der Reinigung. Der Volk-Gottes-Gedanke entlässt den Reformgedanken aus sich selbst weit mehr als der Leib-Christi-Gedanke.

- Durch die Selbstbezeichnung Volk Gottes ist die Kontinuität zur Wurzel Israel gewahrt. Die Kirche ist bleibend auf das Volk Israel verwiesen, das ja nach wie vor ebenso Volk Gottes ist. So zeigt der Begriff »Volk Gottes« die Einheit der Gottesgeschichte mit den Menschen auf.

*b) Kirche als »Leib Christi«*

In der Patristik bzw. im Frühmittelalter fand im Anschluss an die paulinische Leib-Christi-Lehre der »corpus-Christi«-Begriff teilweise unterschiedliche Anwendung sowohl auf die Eucharistie als auch auf die Kirche. Die Kirche ist Leib Christi, weil sie vom (sakramentalen) Leib Christi lebt. Noch vor der ersten Jahrtausendwende wurde zum Leib-Christi-Begriff das Wort »mysticum« hinzugefügt und zur Bezeichnung der Eucharistie verwendet. Der corpus Christi mysticum bzw. corpus mysticum bezeichnete nun den sakramentalen Herrenleib zur Unterscheidung vom Leib, den Maria gebar und von jenem Leib, der die Kirche ist. Die Kirche selbst galt als der eigentliche »corpus Christi«.

Der Begriff corpus mysticum, also die Bezeichnung des mystischen, sakramentalen Leibes Christi, konnte infolge der Abendmahlsstreitigkeiten des 11./12. Jh.s in einem rein spiritualisierten Sinn fehlgedeutet werden. Um dieses spiritualisierte Missverständnis auszuschließen, wurde die Eucharistie jetzt als corpus verum bezeichnet und der Ausdruck corpus mysticum der Kirche vorbehalten. Kirche und Eucharistie wurden somit getrennt. Das hatte weitreichende Auswirkungen auf das Verständnis von Eucharistie und Kirche:

- Die Eucharistie oder Kommunion wurde weithin individualistisch als persönliche Kommunion mit Christus verstanden, was zu einer rein persönlichen eucharistischen Frömmigkeit führte, mehr oder weniger abgetrennt vom Aspekt der kirchlichen communio.
- Die Kirche wurde zum Leib im analogen Sinne (mysticum bezeichnete nicht mehr die Sakramentalität, sondern nur noch die Uneigentlichkeit der Aussage), zur juristisch-sozialen Körperschaft im Sinn der Rechtssprache. Im Gefolge der gregorianischen Reform wurde die Kirche zunehmend als Christenheit verstanden und als soziologische und politische Ethnie gesehen, die man eher mit Begriffen des Rechts und der Macht umschrieb als in Begriffen des Sakraments. Das Kirchenverständnis verlagerte sich von der durch die Eucharistie versammelten Gemeinschaft auf die universale Einheit der Kirche unter der Leitung des Papstes.

So ergab sich in der Folgezeit zwangsläufig die Herauslösung der Kirche aus dem sakramentalen Zusammenhang, was im Spätmittelalter zu drastischen Freiheiten in der Verwendung des Begriffs »Kirche« bei völliger Loslösung von der biblischen Grundlage führte. Die sichtbare Kirche wurde fortan als der mystische Leib Christi in seiner real-irdischen Existenz ganz im körperschaftlichen Sinne gedeutet, ohne auf die Unmittelbarkeit des Leibes Christi in der Eucharistie und der Kirche als Leib Christi zu achten. Die geistliche Wirklichkeit der Kirche kam damit immer weniger in den Blick. Weder die Reformation noch die katholische Romantik vermochte die Aushöhlung des Leib-Christi-Begriffs zu überwinden. Die Reformation griff zwar hinter die juristische Idee des corpus mysticum auf den paulinischen Gedanken des corpus Christi zurück, doch sie sah darin nur einen sinnbildlichen Ausdruck für die verborgene, inwendige Gnadengemeinschaft zwischen Christus und dem Einzelnen. Diese inwendige Gemeinschaft tangierte nach Ansicht der Reformatoren die sichtbare Ordnung der Kirche nicht. Das führte dazu, dass der Begriff »corpus Christi mysticum« als protestantisch belastet empfunden wurde.

Die neue Romantik zwischen den beiden Weltkriegen brachte bedeutsame historische Untersuchungen. Sie ermöglichten schließlich den Durchbruch auf das Ursprüngliche hin. Allerdings drangen diese Untersuchungen bei ihrem systematischen Bemühen noch nicht bis zum eigentlichen Kern der Frage vor, denn das Wort »mystisch« wurde nicht im Sinne der Väter als mysticon, d. h. sacramentale gedeutet, sondern als Adjektiv zur neuzeitlichen Innerlichkeitsmystik. Damit konnte das Wort vom corpus Christi mysticum wiederum nicht zu einer ganzheitlichen Ekklesiologie führen.

Es ist das Verdienst der Enzyklika »Mystici corporis« von Papst Pius XII., den Begriff »corpus mysticum Christi« (Leib Christi) als die umfassendste Wesensdefinition und insofern als Grundbegriff von Kirche neu zur Sprache gebracht zu haben. Auf dem Zweiten Vatikanum trat die sakramentale Wirklichkeit von Kirche noch stärker in den Blick. Ausgangspunkt der Darstellung ist die Erlösung des Menschen durch Christi Tod und Auferstehung und die Umgestaltung dieses Menschen zu einem neuen Geschöpf. Der unbiblische Ausdruck »mystischer Leib« wird zunächst vermieden: »Indem er [Christus] nämlich seinen Geist mitteilte, hat er seine Brüder, die er aus allen Völkern zusammenrief, in geheimnisvoller Weise gleichsam zu seinem Leib gemacht« (LG 7). Anschließend wird die sakramentale Vermittlung des Leib-Christi-Seins durch Taufe und Eucharistie zum Ausdruck gebracht und übergeleitet zu den paulinischen Aussagen über die Verschiedenheit der Glieder in dem einen Leibe. Ganz im Unterschied zur Enzyklika »Mystici corporis«, die die Identifizierung der Kirche mit Christus noch nicht aufgebrochen hatte, wird dabei die Differenz zwischen Gliedern und Haupt deutlich unterstrichen.

Die Bezogenheit der geglaubten Kirche als der Leib Christi auf Christus das Haupt prägt sich in der Struktur der sichtbaren Kirche aus: »Die mit hierarchischen Organen ausgestattete Gesellschaft und der geheimnisvolle Leib Christi, die sichtbare Versammlung und die geistliche Gemeinschaft, die irdische Kirche und die mit himmlischen Gaben beschenkte Kirche sind nicht als zwei verschiedene Größen zu betrachten, sondern bilden eine einzige komplexe Wirklichkeit, die aus menschlichem und göttlichem Element zusammenwächst. Deshalb ist sie in einer nicht unbedeutenden Analogie dem Mysterium des fleischgewordenen Wortes ähnlich. Wie nämlich die angenommene Natur dem Göttlichen Wort als lebendiges, ihm unlöslich geeintes Heilsorgan dient, so dient auf eine ganz ähnliche Weise das gesellschaftliche Gefüge der Kirche dem Geist Christi, der es belebt, zum Wachstum seines Leibes (Eph 4,16).« (LG 8) Der Sakramentsbegriff bringt die Gemeinsamkeit bei gleichzeitiger Unterschiedenheit zwischen dem mystischen Leib Christi, der geglaubten Kirche und der irdischen, institutionell verfassten Kirche zum Ausdruck.

Der Leib-Christi-Begriff »bezeichnet … die besondere Sichtbarkeit der Kirche, die ihr als geordneter Tischgemeinschaft Gottes von der Feier des Herrenmahles her in dieser Welt zukommt. So drückt er genau die besondere Seinsart der Kirche aus: Weder ist sie Teil der sichtbaren Ordnungen dieser Welt, noch civitas platonica bloßer geistiger Gemeinsamkeit, sondern sacramentum, i. e. sacrum signum; als Zeichen sichtbar u.[nd] doch nicht in der Sichtbarkeit sich erschöpfend, sondern dem ganzen Sein nach nichts anderes als Verweis auf das Unsichtbare und Weg dahin.«[49]

### c) Kirche als »communio«

Die zweite außerordentliche Bischofssynode (25. November – 8. Dezember 1985), also die außerordentliche Generalversammlung zwischen dem Papst und den Bischöfen aus aller Welt, hob ausdrücklich hervor, dass die communio-Ekklesiologie »die zentrale und grundlegende Idee der Konzilstexte« sei.[50] So wurde in nachkonziliarer Zeit der communio-Begriff offiziell zum Leitbegriff der konziliaren Ekklesiologie erklärt, auch wenn das Konzil diesen Begriff nicht in einem eigenen Kapitel abgehandelt hat.

Der communio-Begriff wurzelt im NT im Wortfeld κοινωνία. Das Verb κοινωνέω meint in seiner profan-griechischen Grundbedeutung: teilen, teilnehmen, Anteil haben, mit jemanden etwas gemeinsam haben oder zusammen handeln. Die Bedeutungsvielfalt ermöglicht den Verfassern neutestamentlicher Schriften eine differenzierte Darstellung soteriologisch-ekklesiologischer Zusammenhänge. Κοινωνία kann sowohl die Gemeinschaft (Apg 2,42) bzw. Gütergemeinschaft (Apg 4,34 f.) als auch die gemeinsame Teilhabe an Christus (1 Kor 1,9) bzw. die kirchliche Gemeinschaft (1 Kor 10,16 f.; 1 Joh 1,6 f.) bezeichnen. Die neutestamentliche Verwendung des κοινωνία-Begriffs lässt deutlich werden, dass es sich bei den Christengemeinden nicht um selbstständige Zusammenschlüsse Gleichgesinnter handelt. Communio bzw. κοινωνία entsteht nicht von unten, sondern durch Teilhabe (participatio) an den gemeinsamen Gütern des Heils. In dieser Heilsteilhabe finden sich die, die zur communio gehören, immer schon vor und sind darum a priori aufeinander verwiesen. Der altkirchliche communio-Begriff besagt nach LG 1:

---

[49] *Ders.*, Leib Christi, dogmatisch: LThK VI (²1961), 910–912, hier 912.
[50] *W. Kasper*, Zukunft aus der Kraft des Konzils. Die Außerordentliche Bischofssynode '85. Die Dokumente mit einem Kommentar v. W. Kasper, Freiburg i. Br. 1986, 33.

- communio ist die participatio am göttlichen Leben im Sinne einer personalen Gemeinschaft. Die Kirche ist Zeichen der Gemeinschaft zwischen Gott und den Menschen;
- communio hat ihre einmalige geschichtliche Realisierung in Jesus Christus, der als der Menschgewordene sozusagen mit jedem Menschen eins ist und den Inbegriff aller communio zwischen Gott und Menschen darstellt. Ihrer inneren Wirklichkeit nach wurde die Kirche als Mysterium von Gott durch Jesus Christus gestiftet;
- communio ist die Einheit mit Gott und der Glieder der Kirche untereinander, die durch den Geist verwirklicht wird. Im Hl. Geist wird sie fortwährend geheiligt, indem sie auf sakramentale Weise am göttlichen Leben partizipiert, insbesondere durch die Heilsgüter des Wortes Gottes und der einzelnen Sakramente. Aus diesem Grund wurde bis ins Mittelalter hinein die communio sanctorum als Gemeinschaft am Heiligen verstanden, als gemeinsame Teilhabe an den sakramentalen Gaben, die die Gläubigen heiligt und zum Leib Christi zusammenfügt. Von daher versteht es sich auch, dass der Eucharistieempfang schon früh als κοινωνεῖν bzw. als Κοινωνία-nehmen bezeichnet wurde.

Communio bzw. κοινωνία resultiert aus der participatio an dem einen Evangelium, am einen Geist, an dem einen Herrn Jesus Christus, am Leben des dreieinigen Gottes, konkret an der einen Taufe (1 Kor 12,13) und an dem einen eucharistischen Leib des Herrn, durch den man Glied an dem einen ekklesialen Leib des Herrn wird (1 Kor 10,16 f.). Die katholische Tradition spricht von der Einheit im einen Glauben, in denselben Sakramenten und – beiden dienend zugeordnet – im einen Dienstamt.[51]

Der communio-Begriff steht für die trinitarische Verfasstheit der Kirche: Sie ist die im Geist durch Christus ermöglichte Teilhabe an der göttlichen communio. Kirche ist die Teilhabe aller Getauften am göttlichen Leben, die auf geschichtlich einmalige Weise in Jesus Christus, dem Mittler allen Heils, ermöglicht wurde. Sie ist das bleibende Fortwirken dieser transzendenten Heilswirklichkeit durch den Geist Gottes, der in allen Gläubigen und damit in der Kirche wohnt. »Die Kirche ist gleichsam die Ikone der trinitarischen Gemeinschaft von Vater, Sohn und Heiligem Geist«[52]; sie ist als communio sakramentales Bild der dreifachen communio in Gott (LG 4; UR 2).

---

[51] LG 14; UR 2; *Papst Johannes Paul II.*, Enzyklika »Ut unum sint«. Über den Einsatz für die Ökumene (25.5.1995) (VApSt 121), hg. v. Sekretariat der Deutschen Bischofskonferenz, Bonn 1995, Nr. 9.

[52] *W. Kasper*, Die Communio-Ekklesiologie als Grundlage für eine erneuerte Pastoral.

## 3.3. Communio und kirchliches Amt

*H. Verweyen*, Gottes letztes Wort. Grundriß der Fundamentaltheologie, Düsseldorf ⁴2002, 417–434; *P. Neuner*, Ekklesiologie – Die Lehre von der Kirche: Glaubenszugänge. Lehrbuch der katholischen Dogmatik, hg. v. W. Beinert, Bd. 2, München 1995, 532–557; *Ch. Böttigheimer*, Der Diakonat der Frau: MThZ 47 (1996), 253–266; Die Krise des Amtes eine Chance der Laien?: StZ 216 (1998), 266–278; Amtsfrage: Angelpunkt evangelisch-katholischer Ökumene. Problembestimmung und Lösungsansätze: KuD 51 (2005), 157–171.

*a) Bischofsamt*

Neben der heilsökonomischen Bedeutung bezieht sich der communio-Begriff auch auf die äußere Kirche (LG 10); hier wird die sakramentale, verborgene Teilhabe aller Getauften am Leben Gottes konkret sichtbar. Damit kommt dem communio-Begriff auch eine sozial-ekklesiale Komponente zu, im Sinne der Gemeinschaft der Heiligen. In ihr nimmt nach altkirchlicher Vorstellung der Bischof als Leiter der Ortskirche eine zentrale Bedeutung ein. Nach den Worten des Märtyrerbischofs Ignatius von Antiochien ist das Volk Gottes dort, wo der Bischof ist, und wo die Eucharistie mit ihm gefeiert wird, wird die Einheit und Gemeinschaft mit Christus konkret und sichtbar.[53] Der Bischof steht für die eucharistische Verbindung mit dem Herrn und die apostolische Verkündigung des Evangeliums und wahrt die communio ecclesiarum, aus der faktisch die communio episcoporum hervorgeht.

Nach dem Amtsverständnis von Lumen gentium verdankt sich das Bischofsamt göttlicher Einsetzung und es ist die Nachfolgeinstitution der Apostel, weshalb es an die »auf den Ursprung zurückreichende [...] Nachfolge« gebunden bleibt (LG 20). Das bedeutet, dass die Apostolische Amtssukzession für das Bischofsamt konstitutiv ist. Nur ein Priester, der von einem in apostolischer Nachfolge stehenden Bischof ordiniert wurde, ist gültig geweiht und darf der Eucharistie vorstehen. Außerdem vermag der Episkopat sein Dienstamt, das ein Dienst der Lehre, des Kultes und der Leitung der Kirche ist, nur in Gemeinschaft mit den übrigen Bischöfen auszuüben. Das Bischofskollegium hat die höchste Gewalt in der Kirche inne, es symbolisiert das Band kirchlicher Einheit und gibt auf unfehlbare Weise die Lehre Christi weiter

---

Überlegungen zur pastoralen Bedeutung der ekklesiologischen Leitidee des II. Vatikanischen Konzils, Rottenburg 1990, 8.

[53] *Ignatius von Antiochien*, Ad Smyrn 8,2 (PG 5,713).

(DV 10). Zur Bezeichnung der Gemeinschaft der Bischöfe hat das Zweite Vatikanum den Begriff »Kollegium« wieder neu aufgenommen.

Das Konzil verwendet den Begriff »communio« keineswegs univok, vielmehr lässt sich eine allgemeinsprachliche Weise von einer theologischen Anwendung unterscheiden. Im ekklesiologischen Sinn bezeichnet er in den Dokumenten des Konzils:

- *communio in gradualitate bzw. plena:* die Gemeinschaft aller Getauften (UR 3),
- *communio fidelium:* die Gemeinschaft aller Gläubigen, die mit Christus als Quelle ihres Lebens Gemeinschaft haben (UR 2; LG 13),
- *communio ecclesiarum:* das Verhältnis zwischen Glied- und Teilgemeinschaften untereinander oder in Bezug auf die Gesamtkirche. Auf der strukturellen Ebene lebt die Kirche als Gemeinschaft von Kirchen (LG 23),
- *communio hierarchica:* die hierarchische Struktur des Volkes Gottes und der Gemeinschaft der Bischöfe (LG 21 f.; Nota explicativa praevia 2; CD 5; PO 7, 15),
- *vinculum communionis sacerdotalis:* hierarchische Struktur einer Einzelkirche (LG 41).

Innerhalb der communio ecclesiarum nehmen die Bischöfe eine besondere Stellung ein. Sie sind nicht mehr Stellvertreter des Römischen Bischofs, sondern »vicarii et legati Christi« (LG 27); sie erhalten also ihre sacra potestas unmittelbar von Jesus Christus selbst und leiten darum eigenverantwortlich ihre Einzelkirchen, die im Verbund mit der Gesamtkirche je für sich Leib Christi sind. Wo eine gläubige Gemeinde mit ihrem Bischof das Evangelium verkündet und die Sakramente feiert, ist »die eine, heilige, katholische und apostolische Kirche« als Ortskirche vollgültig verwirklicht und wahrhaft gegenwärtig (CD 11). Dies bedeutet, dass die katholische Gesamtkirche in und aus Teilkirchen (LG 23) besteht, die untereinander gleichrangig sind. Jede Einzelkirche ist tatsächlich Kirche; freilich ist sie nicht schon die ganze Kirche. Umgekehrt unterscheidet sich die Gesamtkirche nicht von der Gemeinschaft der Einzelkirchen, ohne jedoch nur deren Zusammenschluss zu sein. »Daher stellen die Einzelbischöfe je ihre Kirche, alle zusammen aber in Einheit mit dem Papst die ganze Kirche im Band des Friedens, der Liebe und der Einheit dar.« (LG 23)

Der Bischof bildet theologisch und verfassungsrechtlich die Verbindungsstelle zwischen gesamt- und einzelkirchlicher Dimension und steht am Schnittpunkt dieser Beziehung. Als Haupt seiner Ortskirche und ausgestattet mit der Fülle der sacra potestas, gewährleistet er die Immanenz der Universalkirche in der Ortskirche; als Glied des Bischofskollegiums in seiner gesamt-kirchlichen Sorge sorgt er in umgekehrter Richtung für die Immanenz der Ortskirche in der Universalkirche. Man kann von einer Repräsentation in doppelter Richtung sprechen: in Richtung auf die Universalkirche, die aus vielen Ortskirchen besteht, und in Richtung auf die einzelne Ortskirche, in der die Universalkirche gegenwärtig ist. Der Bischof steht im Zentrum der Doppelstruktur der communio ecclesiarum. Sein Dienstamt lässt sich be-stimmen als theologischer und verfassungsrechtlicher Ort, an dem das Uni-versale und Partikulare in wechselseitiger Durchdringung zum Ausdruck kommen. In seinem Wirken gibt es darum keine strikte Trennung von uni-versalkirchlichem und ortskirchlichem Element. Sein Handeln ist zunächst und v. a. ein Dienst in und an der einen Kirche Christi, unabhängig davon, ob ein konkretes Tun in formaler Hinsicht sich auf die Ebene der ihm anver-trauten Kirche vor Ort oder auf die universalkirchliche Ebene bezieht. Immer ist sein Wirken Ausdruck seiner unteilbaren, kirchlichen Verantwortung.

Für das Verhältnis zwischen Universalkirche und Einzelkirchen ist wich-tig, dass sowohl zentralistische wie partikularistische Tendenzen vermieden werden. Die Universalkirche kann nicht ohne die ortshafte Konkretisierung in den Einzelkirchen sein und die Einzelkirchen müssen am Wesen der Uni-versalkirche teilhaben; es geht demzufolge um eine reziproke Immanenz der einen in der anderen. Um Kirche zu sein, müssen beide Elemente da sein: Universalität und Partikularität müssen sich als die beiden untrennbaren Di-mensionen der einen Kirche Jesu Christi gegenseitig durchdringen.

Innerhalb der communio von Einzelkirchen ist die Kirche von Rom zu-nächst selbst eine Einzelkirche und als solche Schwesterkirche aller anderen Einzelkirchen. Als Sitz des Patriarchen des Abendlandes ist sie zudem Schwes-terkirche der übrigen Patriarchate. Seinen Primat innerhalb dieser communio hat der Papst als Bischof von Rom so zu vollziehen, dass die Teil- bzw. Schwes-terkirchen nicht in ihrer Identität beeinträchtigt werden. Aus diesem Grund hielten die Konzilsväter fest, dass die Gesamtkirche »vom Nachfolger Petri und von den Bischöfen in Gemeinschaft mit ihm geleitet wird.« (LG 8) Somit kommt die höchste Vollmacht in der Kirche dem Bischofskollegium und dem päpstlichen Primat zu (LG 21–23). Die Bischöfe können ihr Lehr- und Lei-tungsamt nur in der hierarchischen Gemeinschaft mit dem Haupt des Bi-schofskollegiums und seinen Gliedern ausüben.

Mit seiner communio-Theologie hat das Zweite Vatikanum nicht nur das Bischofsamt, sondern auch die kollegiale Verantwortungsstruktur der Kirche aufgewertet und ihren konziliar-synodalen Charakter wiederentdeckt. Das schlug sich v. a. in der Betonung nationaler Bischofskonferenzen bzw. Bischofssynoden nieder (LG 23; CD 37 f.). In diesen synodalen Zwischeninstanzen kommt die episkopale Vollmacht auf kollegiale Weise zum Ausdruck. Insofern ihnen eine theologische Bedeutung zu eigen ist, müsste ihnen im Grunde auch eine Entscheidungskompetenz zugebilligt werden.[54]

### b) Gemeinsames und amtliches Priestertum

Der Amtsbegriff ist ein Relationsbegriff und darf darum nicht isoliert oder funktional reflektiert werden, sondern muss ausgehend vom Kirchenbegriff bzw. vom gemeinsamen Priestertum entfaltet werden. Grundsätzlich bestimmt sich das Amt von der Kirche her. Ausgangspunkt und Rahmen der Lehre vom Amt ist die Kirche als Mysterium und priesterliches Volk Gottes.

Es gehört zur Struktur der Kirche, dass sie, um ihre Sendung erfüllen zu können, ein Amt braucht, das auf die fundamentale Abhängigkeit von Jesus Christus, dem Haupt der Kirche (Eph 1,22; 5,23; Kol 1,18 u. ö.) hinweist. Das Amt ist repraesentatio Jesu Christi (LG 10, 21, 28; PO 2, 12); es repräsentiert »das unaufhebbare Zuvor göttlichen Offenbarungswirkens gegenüber allen menschlichen Vollzügen.«[55] Im Sinne eines Gegenübers Christi ist das Amt wesentliches Zeichen für das Heil und insofern eine conditio sine qua non von Kirche. In ihr kann mit sakramentaler Vollmacht nur handeln, wer von Christus gesandt ist. Das Amt spricht und handelt im Namen Christi und hat den Heilsgütern, aus denen die Kirche lebt, zu dienen. Seine Aufgabe ist es, die Kirche zu dem zuzurüsten, was sie zu sein hat: Gemeinschaft derer, die die Liebe Gottes in Jesus Christus erfahren haben und diese allen Menschen anbieten. Weil die Kirche nicht aus sich selbst heraus lebt, kann sie Ämter auch nicht einfach delegieren, vielmehr entspringen sie dem Entstehungsgrund der Kirche selbst. Wie die Kirche im Christusereignis ihren Ursprung hat, so verhält es sich auch mit dem kirchlichen Amt: Es wurde von Christus nicht explizit eingesetzt, sondern eher vorweg abgebildet durch die Gruppe der Zwölf.

Neutestamentlich ist διακονία das umfassende, tiefste und häufigste Wort für Amt (2 Kor 3,4–18; 6,3; 2 Tim 4,5 u. ö.), das auch als χάρις (Röm 1,5; 1 Kor 3,10, Gal 2,9) sowie als ἐξουσία (Mk 3,15; 2 Kor 10,8; 13,10) bezeichnet werden kann. Wörter, die ein Herrschaftsverhältnis ausdrücken,

---

[54] Im Gegensatz zu CIC/1983 can. 342 f.; *P. Hünermann*, Ekklesiologie im Präsens. Perspektiven, Münster 1995, 266–284.

[55] *Ders.*, Eucharistie – Gemeinde – Amt. Dogmatische Reflexionen zur gegenwärtigen Problemlage: Das Recht der Gemeinde auf Eucharistie. Die bedrohte Einheit von Wort und Sakrament, hg. v. der Solidaritätsgruppe katholischer Priester (SOG) der Diözese Speyer, Trier 1978, 30–46, hier 37 f.

werden vermieden. Darum sollte auch besser von auctoritas und nicht von potestas in der Kirche gesprochen werden. Das Wort διαχονία wird als Bezeichnung für das Amt in der Kirche gewählt, weil es »keine Assoziationen mit irgendeiner Behörde, Obrigkeit, Herrschaft, Würde- oder Machtstellung wachrufen konnte«.[56] Amt ist ein Dienst an der Gemeinde und findet seine Wegweisung und Orientierung an Jesus, der von sich sagt: »Ich aber bin unter euch wie der, der bedient.« (Lk 22,27; Mk 9,33–37; 10,41–45; Mt 20,24–28; 23,2–12; Joh 13,1–17). In seinem Gegenüber zur Gemeinde bleibt das Amt stets auf Jesus Christus verwiesen, und dem Geist Christi entspricht das Amt nur solange, wie es nicht auf Macht und Wissen gründet, sondern als διαχονία verstanden und gelebt wird.

Das Amt steht der communio fidelium komplementär gegenüber und steht doch auch zugleich in der communio fidelium. Es repräsentiert nicht nur Christus, sondern zugleich auch die Kirche. Beide Gesichtspunkte sind für das Verständnis des Amtes wesentlich: die ekklesiologisch-pneumatologische Begründung ebenso wie seine christologische Fundierung. »Wird das Amt nur christologisch verstanden, so steht es isoliert unter dem Vorzeichen von auctoritas und potestas Christi und entartet schließlich – wie dies gerade die Geschichte der Westkirche zeigt – zu einem unerträglichen hierarchischen Superioritätsfaktor. Wird es aber ausschließlich pneumatologisch begriffen, besteht die Gefahr, die spezifische Sendung und Beauftragung des Amtes für die anderen zu übersehen. Weil aber die Kirche das unteilbare Werk des dreieinigen Gottes ist, wird sie vom Vater begründet als Volk, das zwar eins ist im Heiligen Geist und das doch in seiner Gestalt so strukturiert ist, daß in der kirchlichen communio der Vorrang Christi im Amt sakramental in Erscheinung tritt. Wenn man formal sprechen will, kann man sagen, in persona Christi stellt der Priester Christus als das ständige Voraus und Haupt der Kirche dar, in persona ecclesiae dagegen ist er Dienstorgan des durch den Heiligen Geist zusammengefügten und von ihm mit Leben erfüllten Leibes Christi.«[57] Das Amt steht also in der Gemeinde, und als deren Sprecher steht es Christus gegenüber. Zugleich steht es der Gemeinde gegenüber als der bevollmächtigte Gesandte Christi. Diese Balance kann nur gewahrt werden, wenn das Amt seinen Dienstcharakter bewahrt und keinem Privilegierungsanspruch verfällt.

---

[56] *H. Küng*, Die Kirche, Freiburg i. Br. 1967, 459.
[57] *G. Greshake*, Gottes Heil – Glück des Menschen, Theologische Perspektiven, Freiburg i. Br. 1983, 319.

Das kirchliche Amt setzt das gemeinsame Priestertum voraus; Gläubige und Amtsträger sind bleibend aufeinander verwiesen (LG 10), ohne sich gegenseitig in ihrer gemeinsamen Würde, Subjekthaftigkeit und Eigenständigkeit zu beschneiden (AEM 5, 58). Gläubige und Amtsträger brauchen sich gegenseitig und können nur im gemeinsamen Tun das sakramentale Wesen der Kirche vollziehen. In der Kirchenkonstitution heißt es, das amtliche Priestertum unterscheide sich vom gemeinsamen Priestertum aller Getauften »dem Wesen und nicht bloß dem Grade nach«. (LG 10). Die nächsten Sätze machen deutlich, wie diese Formulierung »dem Wesen nach« verstanden werden muss: Das Wesen des Amts besteht im Dienst an Wort und Sakrament, darin unterscheidet er sich vom gemeinsamen Priestertum. Nach scholastischer Denkform besagt ein Wesensunterschied keine ontologische Steigerung, vielmehr ist das amtliche Priestertum insofern wesensverschieden, als es auf einer ganz anderen Ebene liegt und demzufolge auf ganz andere Weise am Priestertum Christi teilhat, nämlich nicht auf der des Christseins, sondern des Dienstes am Christsein der anderen. Dabei ist es dem Wort und Sakrament dienend zugeordnet.

Nach dem Zweiten Vatikanum wird das Amt seit alters (ab antiquo) – nicht mehr »divina ordinatione« wie noch in Trient (DH 1776) – in den Ämtern des Bischofs, des Priesters und des Diakons ausgeübt. Diese drei Grundworte begegnen schon im NT: ἐπίσκοπος (Aufseher) (Phil 1,1; 1 Tim 3,1–7; Tit 1,7; 1 Petr 2,25), πρεσβύτερος (Ältester) (Apg 11,30; 14,23; 15,2.4.22 f.; 16,4; 20,17; 21,18; 1 Tim 5,17.19; Tit l,5f.; Jak 5,14; 2 Joh 1,1; 3 Joh 1,1), διάκονος (Diakon) (Phil 1,1; 1 Tim 3,8–13). Daneben finden sich in der Anfangsphase der Kirche freilich auch die Bezeichnungen wie Apostel, Propheten, Lehrer, Evangelisten und Hirten. Die Entwicklung zum dreigliedrigen Amt scheint erstmals im 1. Klemensbrief (um 96) in Verbindung mit dem Sukzessionsgedanken auf. Endgültig erscheint die Dreiheit Bischof – Priester – Diakon in den Briefen des Ignatius von Antiochien. Er spricht wiederholt vom Bischof (im Singular), dem Presbyterium oder den Presbytern und Diakonen, wodurch sowohl das monarchische wie das synodal-kollegiale Moment kirchlich-gemeindlicher Leitung zum Ausdruck kommen. Die vertikale Gliederung wird ferner ergänzt durch die horizontale Gliederung, die durch das Bischofskollegium entsteht, das als Ganzes in der Nachfolge des Apostelkollegiums steht.

Das dreigegliederte kirchliche Amt ist als ein ministerium (Dienstamt) (LG 20–22, 26, 28, 31) zu verstehen, dessen qualitative Funktionen sich zum einen aus der Sendung Jesu Christi herleiten, zum anderen sich im Blick auf die Gläubigen ergeben, für die der Dienst bestimmt ist: Das Amt hat der

Kirche das ihr von Christus eingestiftete, sakramentale Wesen zu vermitteln (Eph 4,12; LG 30), indem es Christus mit sakramentaler Vollmacht repräsentiert. Zum amtlichen Handeln gehören wesensmäßig drei Aufgabenbereiche:

- *Dienst an der Apostolizität:* Das Amt dient der Apostolizität der Kirche. Es steht im Dienst der Treue zum Wort Gottes, das ein für allemal verkündigt wurde. Es hat die apostolische Überlieferung lebendig zu halten und dafür zu sorgen, dass sie nicht durch Fremdes ersetzt und überlagert wird. Dabei wird nicht einfach das immer schon Gesagte und Gewusste wiederholt. Die Tradition, der das Amt zu dienen hat, erweist sich vielmehr als ein dynamischer Prozess. Der amtliche Dienst ist ein priesterlicher, weil er als Verkündigungsdienst des Evangeliums und zugleich als Aufforderung verstanden wird, in das Opfer Jesu Christi einzugehen. So begreift sich Paulus als »Diener Christi Jesu für die Heiden«, der das »Evangelium Gottes wie ein Priester verwalte[t]; denn die Heiden sollen eine Opfergabe werden, die Gott gefällt, geheiligt im Heiligen Geist.« (Röm 15,16) Nicht der Kult, die Darbringung des Opfers steht im Mittelpunkt des priesterlichen Dienstes, sondern die Bezeugung der Selbsthingabe Jesu und die Vergegenwärtigung dieses Opfers Christi als Gabe im bezeugenden Wort.
- *Sakramentaler Dienst:* Dem Amtsträger kommt es zu, neue Glieder in die Gemeinde aufzunehmen, also die Sakramente der Initiation zu spenden. Zudem hat er die getreue Weitergabe der Verkündigung dadurch zu gewährleisten, dass er neue Amtsträger bestellt und sie in die Aufgabe einweist, das zu verkündigen, was ihm selbst übergeben wurde. Das heißt, Amtsträger haben zu ordinieren und Mitarbeiter zu bestellen, die dafür sorgen, dass das Wort Gottes nicht verstummt und die Sakramente gespendet werden. Für diese Weitergabe des Heils bedarf es des Überindividuellen und Institutionellen. Gerade die Amtlichkeit in der Vermittlung des Heils schützt die Unmittelbarkeit zu Gott; Heilsvermittlung ist nicht abhängig von der persönlichen Heiligkeit der Amtsträger. Das Weiheamt ist »in sich gesehen, ein niedriges, oft sogar erbärmliches Zeichen, das aber als Sakrament über sich hinaus auf Christus weist und sein Heil vergegenwärtigt.«[58]
- *Dienst an der Einheit:* Das Amt ist der Kircheneinheit diachron und synchron zur Geschichte verpflichtet. Der Amtsträger dient als Gemeindeleiter der Einheit der Kirche am Ort. Durch die Gemeinschaft der Amtsträger untereinander wird die Einheit der Ortskirchen in der Uni-

---

[58] Ebd., 315.

versalkirche gewährleistet und ausgedrückt. Der Amtsträger bindet die Ortskirche, die er repräsentiert, in die Gemeinschaft mit den anderen Ortskirchen und deren Amtsträgern ein. Durch die Offenheit der Ortskirchen untereinander und durch ihr Für-einander-Einstehen ereignet sich jeweils am Ort die eine Kirche Jesu Christi. Aufgrund der Verpflichtetheit des Amtes zum Dienst an der Einheit steht nach dem Glauben der frühen Kirche die Feier der Eucharistie unter der Leitung des Amtsträgers. Denn in der Eucharistiefeier wird die synchrone und diachrone Einheit der christlichen Kirche bezeichnet; sie verwirklicht die Einheit in Raum und Zeit. Da der kirchliche Leitungs- und Heilsdienst in der Feier der Eucharistie seinen höchsten Ausdruck findet, sind Gemeindeleitung und Eucharistievorsitz wesensmäßig eins.

Was die ökumenische Entwicklung in der Amtsfrage anbelangt, kann im Blick auf die sog. Lima-Erklärung[59] festgehalten werden, dass frühere Lehrverwerfungen aufgearbeitet und Konvergenzen in der Frage der göttlichen Einsetzung des kirchlichen Amtes, der Ordination, seiner Sakramentalität sowie des »characters indelebilis« (unauslöschliches Prägemal) erzielt werden konnten. Darüber hinaus wird von einzelnen Kirchen reformatorischen Ursprungs die Apostolische Sukzession im Bischofsamt zunehmend als Ausdruck der successio apostolica der gesamten Kirche anerkannt, ja sogar die Gemeinschaft mit dem in Apostolischer Sukzession sich befindenden Bischofsamt als erstrebenswert erachtet.[60] Dies geschieht allerdings nur um der Fülle der Zeichenhaftigkeit willen, nicht aber im Sinne katholischer Lehre, welche die episkopale Amtssukzession theologisch und ekklesiologisch als konstitutiv erachtet. Damit ist ein Konsens in der Frage Apostolischer Sukzession im Sinne der geschichtlichen Weitergabe des Bischofsamtes bislang nicht gegeben, wodurch eine wechselseitige Anerkennung der Ämter und eine damit verbundene gegenseitige Einladung zur Eucharistie verhindert wird.

---

[59] Taufe, Eucharistie und Amt. Konvergenzerklärungen der Kommission für Glauben und Kirchenverfassung des Ökumenischen Rates der Kirchen (»Lima-Dokument«) 1982: DwÜ I (1983), 545–585, hier Amt 567–585.

[60] Die Meissener gemeinsame Feststellung (1991). Kirche von England, Bund der Evangelischen Kirche in der Deutschen Demokratischen Republik, Evangelische Kirche in Deutschland: DwÜ III (2003), 732–748; Die Porvooer gemeinsame Feststellung (1992). Britischen und irische Anglikanische Kirchen und Nordischen und Baltischen Lutherischen Kirchen: DwÜ III (2003), 749–777.

### c) Laienapostolat

Das Modell vom Laien als verlängertem Arm der Bischöfe bestimmte die katholische Theologie bis zum Vorabend des Zweiten Vatikanums, das jedoch im Rückgriff auf die Alte Kirche mit dieser Konzeption gebrochen hat. Das Konzil bestimmte die Kirche nicht mehr von der Hierarchie her. Noch vor jeder Differenzierung in einzelne Aufgaben, Funktionen, Charismen und Ämter sei die Kirche Volk Gottes, in dem alle Brüder und Schwestern und als solche untereinander gleich sind.

Wenn das Konzil über den Laien spricht, dominiert das Konzept der Kirche als communio. Damit hat die Wertung der Laien eine völlig neue Grundlage erhalten. »Der Apostolat der Laien ist Teilnahme an der Heilssendung der Kirche selbst. Zu diesem Apostolat werden alle vom Herrn selbst durch Taufe und Firmung bestellt.« (LG 33) Laien haben Teil am Apostolat der Kirche und sind von Christus selbst dazu berufen. Damit ist das Konzept der Katholischen Aktion vom verlängerten Arm der Bischöfe überwunden. Die Laien sind nicht von der Hierarchie, sondern vom Herrn selbst mit dem Apostolat betraut und haben »Pflicht und Recht zum Apostolat … kraft ihrer Vereinigung mit Christus, dem Haupt.« (AA 3) Sie haben Teil am Apostolat der Kirche, nicht an dem der Hierarchie. Sie haben ihren eigenständigen Ort innerhalb der communio der Kirche. »Jeder Laie muß vor der Welt Zeuge der Auferstehung und des Lebens Jesu, unseres Herrn, und ein Zeichen des lebendigen Gottes sein« (LG 38); die Gläubigen sollen sich deshalb darin »einüben, Zeugnis abzulegen für die Hoffnung, die in ihnen ist (1 Petr 3,15)« (GE 2). Auffallend ist, wie noch vor dem Zeugnis des Wortes das Zeugnis des Lebens wegen seiner Zeichenhaftigkeit hervorgehoben wird. Die Glieder werden dazu aufgerufen, »durch das Zeugnis ihres Lebens« dazu beizutragen, »im Glanz von Glaube, Hoffnung und Liebe Christus den anderen kund zu machen.« (LG 31)

Die communio-Ekklesiologie ist dadurch geprägt, dass die Kirche als Gemeinschaft verstanden wird, in der alle im Auf-einander-Hören und im Dialog zu einem Konsens kommen und darin die Botschaft Jesu Christi in Wort und Werk leben und verkündigen. Vielleicht hat ein allzu optimistisches Bild von Kirche und der Bereitschaft zum Konsens das Konzil bestimmt. Die Vorstellung, dass der Konsens nicht gefunden werden kann, hat im Konzil jedenfalls keine gewichtige Rolle gespielt. Das Konzept von der communio sollte in der Folgezeit auch in die Praxis, einschließlich der Rechtsordnung der Kirche, überführt werden. Diese Aufgabe wurde zweifellos noch nicht eingelöst. Wo synodale Strukturen und Gremien zugelassen wurden, blieben sie auf Beratung beschränkt, und die Amtsträger waren in aller Regel frei, sich ihre

Berater zu suchen. Entscheidungsvollmacht haben Synoden und Gremien bislang praktisch nirgendwo erlangt.

### d) »communio hierarchica«

In der Kirchenkonstitution »Lumen gentium« wird der communio-Begriff auf dreifache Weise verwendet:

- zur Charakterisierung der Kirche als Ganzer (4, 7, 9, 13, 15, 50 f., 69);
- als Ausdruck der Verbindung der Bischöfe mit dem Papst (8, 18, 24 f.) bzw. der Presbyter oder Diakone mit dem Bischof (20, 29, 41);
- zur Bezeichnung der Gemeinschaft mit dem Hl. Stuhl bzw. dem Papst (8, 14 f.).

In den Konzilstexten finden sich auch Formulierungen des vorkonziliaren, hierarchischen Kirchenverständnisses. Denn auch dem Anliegen der Minderheit musste Rechnung getragen und ihre Zustimmung erleichtert werden. Vor allem die Formel »communio hierarchica« ist eine Kompromissformel[61]: Das Konzil bezieht sie nur ein Mal auf die Kirche als Ganze (PO 15), ansonsten dient sie zur Bezeichnung der hierarchischen Struktur (LG 20, 43, 44) oder der Gemeinschaft der Amtsträger (LG 21 f.; CD 4 f.; PO 7, 5; LG 29).

Das unvermittelte Nebeneinander zweier Ekklesiologien in den Konzilstexten, nämlich die sakramentale communio-Ekklesiologie der Patristik und die juridische Einheits-Ekklesiologie, d. h. die im Zeichen der auctoritas stehende Ekklesiologie des Hochmittelalters, der Gegenreformation und des Ersten Vatikanums, ermöglicht es sowohl den Anhängern des kommunialen als auch des hierarchischen Kirchenmodells, sich gleichermaßen auf Passagen der Kirchenkonstitution zu stützen. Die Kontroverse wird v. a. dadurch erschwert, dass die beiden Kirchenbilder kaum miteinander harmonisierbar sind. Insofern erweist sich die Formel »communio hierarchica« als besonders irreführend; sie gleicht einer Quadratur des Kreises. Ziel dieser äußerst spannungsgeladenen Formel ist es, die unterschiedlichen Ekklesiologien in einen inneren Zusammenhang zu bringen.

Selbst wenn die Formel »communio hierarchica« auf die hierarchische Struktur des kirchlichen Amtes bezogen wird, bleiben noch Fragen offen. Dies gilt v. a. für die Vereinbarkeit von päpstlicher Jurisdiktionsvollmacht, wie sie auf dem Ersten Vatikanum definiert (DH 3060) wurde, und der episkopalen Eigenständigkeit, die auf dem Zweiten Vatikanum unterstrichen wurde: Die Bischöfe sind nicht »Stellvertreter der Bischöfe von Rom«, sondern

---

[61] B. J. Hilberath, Kirche als communio. Beschwörungsformel oder Projektbeschreibung?: ThQ 174 (1994), 45–65.

»vicarii et legati Christi«, die »in voller Wahrheit Vorsteher des Volkes [heißen], das sie leiten.« (LG 27) Sie erhalten ihre Vollmacht unmittelbar von Jesus Christus. Trotz allem aber kommt dem Papst die Kompetenz zu, zu entscheiden, wann er von seiner höchsten Gewalt zu Regelung teil- und ortskirchlicher Angelegenheiten Gebrauch machen möchte.

Eine Vermittlung zwischen dem Jurisdiktionsdogma und der konziliaren communio-Ekklesiologie, insbesondere mit der kollegialen Solidarität des Episkopats, steht noch aus. Dies umso mehr, als die juridische Unabhängigkeit des Papstes in der erläuternden Vormerkung (Nota explicativa praevia) in Bezug auf die Kollegialität des Episkopats sagt: »*Kollegium* wird nicht im *streng juridischen* Sinne verstanden, das heißt nicht von einem Kreis von Gleichrangigen, die etwa ihre Gewalt auf ihren Vorsitzenden übertrügen, sondern als fester Kreis, dessen Struktur und Autorität der Offenbarung entnommen werden müssen.«[62] Es wird darauf hingewiesen, dass im Papst das Haupt des Bischofskollegiums zu sehen sei. Ohne ihn habe das Kollegium keine Existenzberechtigung. Als Haupt des Kollegiums könne er selbst auch Handlungen vollziehen, die dem einzelnen Bischof nicht zukommen. Ausdrücklich wird gesagt: »Der Papst als höchster Hirte der Kirche kann seine Vollmacht jederzeit nach Gutdünken (ad placitum) ausüben, wie es von seinem Amt her gefordert wird.«[63]

Eine communio-Struktur schließt eine rein positivistisch motivierte oder gar willkürliche Ausübung der Höchstvollmacht aus. Darum müsste das Subsidiaritätsprinzip institutionalisiert werden, d. h., das Papstamt müsste auf rechtswirksame Weise durch das Kollegialitätsprinzip in das communiale Gefüge der Kirche reintegriert werden. Innerhalb der einen, obersten Leitungsstruktur der Kirche wäre die papale Autorität mit der kollegialen als selbstständiges Korrektiv zu vermitteln. Regiert der Papst nicht durch, sondern mit dem Bischofskollegium, dann gibt der Primat die Funktion der episkopalen Kollegialität frei und umgekehrt. Das Wesen der im Einheitsdienst grundgelegten Höchstvollmacht vollzieht sich nicht als eine gegenüber der ortsbischöflichen zusätzliche, parallele, quasi verdoppelte Ausübung von Vollmacht vor Ort. Sie ist vielmehr Bestätigung, Stärkung und Schutz des bischöflichen Dienstes. Wie der bischöflich-ortskirchliche Dienst nur in der hierarchischen Gemeinschaft mit Haupt und Gliedern des Bischofskollegiums wirksam ausgeübt werden kann, so ist auch der höchstkirchliche Einheitsdienst in die hierarchische communio der Kirche eingebunden. Diese

---

[62] Nota explicativa praevia 1.
[63] Ebd. 4.

gleichsam wechselseitige hierarchische Bindung ist die Wiederspiegelung der ekklesiologisch-strukturellen wechselseitigen Immanenz des Universalen und Partikularen.

Mit der Synthese aus Jurisdiktionsprimat und kollegialen, konziliaren und subsidiären Verantwortungsstrukturen in der Kirche, geht eine stärkere Akzentuierung des spezifischen, pastoralen Sinns des Petrusamtes einher: des Zeugnisses des Evangeliums und des Liebesdienstes an der communio der Kirche. Wenn die dienende Funktion des Papsttums über dessen Amtsvollmachten dominiert, könnte aus dem Jurisdiktionsprimat ein ökumenischer, pastoraler Dienstprimat werden, ein interkonfessionell anerkanntes Dienst- und Wächteramt für das Bleiben der Kirche in Glaube und Liebe.

### 3.4. Kennzeichen von Kirche

*P. Neuner*, Ekklesiologie – Die Lehre von der Kirche: Glaubenszugänge. Lehrbuch der katholischen Dogmatik, hg. v. W. Beinert, Bd. 2, München 1995, 484–501; *S. Wiedenhofer*, Das katholische Kirchenverständnis. Ein Lehrbuch der Ekklesiologie, Graz 1992, 241–294; *R. Miggelbrink*, Einführung in die Lehre von der Kirche, Darmstadt 2003, 77–122; *W. Kasper*, Katholische Kirche. Wesen – Wirklichkeit – Sendung, Freiburg i. Br. 2011, 223–284; *P. Neuner*, Theologie der Befreiung – was ist das?: MThZ 42 (1991), 109–120; *O. Gonzáles de Cardedal*, Befreiungstheologie in einer Zeit kirchlichen Umbruchs: Internationale Theologiekommission, Theologie der Befreiung, Einsiedeln 1977, 79–153; *B. Bujo*, Afrikanische Theologie in ihrem gesellschaftlichen Kontext, Düsseldorf 1986 79–121; *J. S. Pobee*, Grundlinien einer afrikanischen Theologie, Göttingen 1981, 78–96; *A. Pieris*, Theologie der Befreiung in Asien. Christentum im Kontext der Armut und der Religionen (Theologie der Dritten Welt 9), Freiburg i. Br. 1986, 131–224.

### a) Einheit

Die Einheit wird im Credo als wichtigstes Kennzeichen der Kirche an erster Stelle genannt. Auch für die Ekklesiologie des Zweiten Vatikanums ist sie von fundamentaler Bedeutung, gilt sie doch als ein überzeugender Beweis der Sendung Jesu (Joh 17,23). Unter »Einheit der Kirche« wird sowohl Einzigkeit als auch Einheitlichkeit, d.h. die Zusammengehörigkeit aller Kirchenglieder und Einzelkirchen in all ihrer Unterschiedlichkeit verstanden. »Solch eine Vielfalt ist wesentlich für das Entstehen wahrer und vollkommener Einheit und hat ihre tiefste Grundlage in der Vielfalt in Einheit des dreinigen Gottes.«[64] In

---

[64] Auf dem Weg zur Koinonia im Glauben, Leben und Zeugnis. Ein Diskussionspapier;

Bezug auf die Einheit der Kirche können zwei Prinzipien unterschieden werden:

- *Inneres Prinzip:* Einheit meint in erster Linie die einzigartige Gemeinschaft der Kirche mit Jesus Christus (Eph 4,2–6; Joh 17,21–23; 17,11). Von ihrem theologischen Ansatz her ist die kirchliche Einheit damit trinitarisch verankert: Der dreifaltige Gott selbst ist das innere Prinzip kirchlicher Einheit.

- *Äußeres Prinzip:* Die Kircheneinheit findet ihren Ausdruck in dem einen Glauben und erstreckt sich auf die Gemeinschaft der gegenwärtigen Gläubigen (ecclesia militans) wie auch auf die Gemeinschaft der Verstorbenen (ecclesia triumphans). Glaube und Kirchengliedschaft werden in der Taufe grundgelegt und finden ihre höchste Darstellung und Verwirklichung in der Eucharistie, die schon für die Urgemeinde zum Zeichen der Einheit (1 Kor 10,16 f.) wurde. Aus ihr erwächst die Verpflichtung, Einheit zu stiften.

Kirche ist zum »Dienst der Versöhnung« (2 Kor 5,18) berufen; sie hat die im Geiste Gottes angebotene Versöhnung durch ihr Dasein zu realisieren. »Dies geschieht nicht dadurch, daß sie nur diese geistige Einigkeit behauptet, auch nicht dadurch, daß sie Einheitlichkeit institutionell erzwingen will, sondern dadurch, daß sie innerhalb der Kirche den ›Frieden Gottes‹ – wenigstens anfanghaft – realisiert«[65], in einem spannungsvollen Miteinander. Sie soll selbst ein Zeichen des Friedens und der Einheit sein; »Zeichen und Werkzeug für die innigste Vereinigung mit Gott wie für die Einheit der ganzen Menschheit« (LG 1). Ihr Friedens- und Einheitsdienst hat sich also auf alle Menschen zu erstrecken. In LG 1 ist von einer vierfachen Einheit die Rede:

- *»intima cum Deo unio«:* Einheit aus der Lebensgemeinschaft mit Gott selbst;
- *»totius generis humani unitas«:* Einheit der Menschheit als Zielvorstellung;
- *»missio universalis«:* universale Sendung der Kirche, für die Einheit der Welt die je größere Einheit Gottes anzubieten;
- *»plena in Christo unitas«:* Einwurzelung der Einheit der Welt in das Lebensprinzip Christi.

Theologisch betrachtet hat die Einheit einen deutlichen Vorrang vor aller Vielheit. Wie die Pluralität die Einheit nicht auflösen darf, so kann umgekehrt Einheit nicht sterile Uniformität bedeuten. Einheit lässt sich nicht verordnen,

---

Fünfte Weltkonferenz für Glauben und Kirchenverfassung, Santiago de Compostela 1993, Genf 1993, Nr. 55.

[65] *H. Döring,* Grundriß der Ekklesiologie, Darmstadt 1986, 182.

sondern darf sich angesichts der Vielfalt und sich gegenseitig bedingender Gegensätze in der Kirche als göttliche Gabe entfalten. Von dem göttlichen, trinitarischen Urgrund her ist die Einheit der Kirche nicht Unitas, sondern communio. Kirche ist eins, insofern sie am dreifaltigen Leben Gottes teilhat. »[D]ie ganze Kirche [erscheint] als ›das von der Einheit des Vaters und des Sohnes und des Heiligen Geistes her geeinte Volk‹.« (LG 4)

Die Sichtweise der kirchlichen Einheit ist so umfassend, dass auch die Kirche – nicht nur die Welt – ihre eigene Einheit erst gewinnen muss, wenn sie die »una sancta« sein will. »D. h., die Kirche weiß sich nicht im Besitzstand der Einheit, sondern die ›una sancta‹ ist das Richtmaß der Einheit für die gesamte Kirche und alle Verwirklichungsformen in ihr.«[66] Die Einheit der Kirche ist kein ein für allemal gegebener Zustand der Kirche, sondern um ihn muss immer wieder neu gerungen und, falls er verloren ging, nach ihm gesucht werden.

### b) Heiligkeit

Der Ursprung der Kirche liegt im dreifaltigen Leben Gottes (LG 2–4). Dies ist auch die Wurzel ihrer Heiligkeit. Heilig ist die Kirche, insofern sie sich von Gott, der allein heilig ist (Jes 6,3), berufen weiß und sich als sein Eigentum versteht. Heiligkeit rührt ausschließlich vom heiligen Gott her und nicht von irgendwelchen menschlichen Leistungen. Gottes »Glanz« (כָּבוֹד: kabod, δόξα) fällt auf alles, mit dem er in Berührung kommt. Dazu zählen die heilige Kirche mit ihren heiligen Zeichen ebenso wie die Menschen, die sich von Gott berührt und damit als geheiligt verstehen. Wie weit Gottes δόξα trägt, zeigt LG 12, wo von der Teilnahme des Gottesvolkes am prophetischen Amt Christi die Rede ist und von der Gesamtheit der Gläubigen gesagt wird, sie könne im Glauben (in credendo) nicht irren.

Die ersten Christen nannten sich, weil von Gott geheiligt, die »Heiligen« (Apg 9,13) in enger Beziehung zum »heiligen Volk« (Ex 19,6) und zu Jesus Christus, dem »Heiligen Gottes« (Mk 1,24; Lk 4,34). In diesem Sinne spricht auch Paulus von den ersten Christen als den »Heiligen« (Röm 1,7; 16,15; 1 Kor 14,33; 16,15; 2 Kor 1,1; 13,12 u. ö.). Offenkundig ist das Attribut heilig das älteste, das der Kirche zuerkannt wurde. Im Credo ist im Zusammenhang mit der Heiligkeit der Kirche auch von der »communio sanctorum« die Rede, was als Teilhabe am Heiligen (sanctorum: Pl. n. von sancta) oder als Gemeinschaft der Heiligen (sanctorum: Pl. m. von sanctus) verstanden werden kann.

---

[66] Ders., Grundriß der Ekklesiologie, Darmstadt 1986, 171.

Aus der Teilhabe der Kirche an der Heiligkeit Gottes resultiert die Verpflichtung zur Heiligkeit, d. h. allein von Gott, von seinem Wort, seinem Trost und seiner Verheißung her zu leben. Um allein Gott die Ehre geben zu können, ist es nötig, innerhalb und außerhalb der Kirche die Geister zu unterscheiden und die Götzen zu bekämpfen. Die Kirche hat in kritische Distanz zu allem zu gehen, was nicht heilig, also Gott ungemäß ist. Sie muss Salz der Erde und gerade darin Zeichen der Hoffung sein. In diesem Sinne betonen die Konzilsväter das wahrhaftige Zeugnis als Zeichen der Glaubwürdigkeit: »Jeder Laie muß vor der Welt Zeuge der Auferstehung und des Lebens Jesu, unseres Herrn, und ein Zeichen des lebendigen Gottes sein.« (LG 38); die Glieder werden dazu aufgerufen, »durch das Zeugnis ihres Lebens« dazu beizutragen, »im Glanz von Glaube, Hoffnung und Liebe Christus den anderen kund zu machen.« (LG 31). Die Heiligkeit, die sie zu leben berufen sind, ist gemäß Mt 5,48 die Heiligkeit des Vaters selbst; »durch diese Heiligkeit wird auch in der irdischen Gesellschaft eine menschlichere Weise zu leben gefördert.« (LG 40) »Denn es muß in ihnen der neue Mensch erscheinen, der nach Gottes Bild in wahrer Gerechtigkeit und Heiligkeit geschaffen ist (vgl. Eph 4,24)« (AG 21), damit »die anderen Menschen ihre guten Werke sehen, den Vater preisen (vgl. Mt 5,16) und an ihnen den wahren Sinn des menschlichen Lebens und das alle umfassende Band der menschlichen Gemeinschaft vollkommener wahrnehmen können.« (AG 11)

Die Heiligkeit der Kirche ist freilich ein theologischer Maßstab, dem die Kirche im Sinne einer sittlichen Qualität nie entsprechen kann. Stets hat sie mit der Sünde in ihren eigenen Reihen zu kämpfen und sich immer wieder um Erneuerung zu mühen. Von Gott her gesehen ist sie heilig, doch im Blick auf ihre Glieder immer auch sündig. Da sich die Sünden unweigerlich auch auf die kirchlichen Strukturen niederschlagen, kann zu Recht von der sündigen Kirche gesprochen werden, selbst wenn das Konzil dies nicht getan hat.

*c) Katholizität*

Die Kirche ist katholisch (καθολικός: umfassend, allgemein), weil sie umfassend und überall zugegen ist, wo Menschen sich zu Christus bekennen und Gottes Reich erwarten. Sie ist auf Universalität ausgerichtet, weil sich die mit ihrer Heiligkeit gegebene Ausstrahlung auf die ganze bewohnte Welt (οἰκουμένη) erstreckt (Mt 28,19; 24,14). Katholizität steht so für die universale Sendung der Kirche. Die Kirche Jesu Christi ist zu allen Völkern gesandt und ihre Verbreitung über den ganzen Erdkreis ist gottgewollt; sie überspannt Raum und Zeit und schließt niemanden vom Heil aus. Ursprünglich richtete sich das Bekenntnis zur Katholizität der Kirche gegen markionitische und gnostische Strömungen, die bestimmte Menschengruppen vom Heil aus-schließen wollten. Demgegenüber bedeutet Katholizität universale commu-nio mit Gott und allen Gläubigen untereinander. Katholisch hat insofern auch eine inhaltliche Bedeutung: Die Fülle der Heiligkeit Gottes (Eph 3,18 f.), die sich in der Menschwerdung Jesu Christi der ganzen Welt mitgeteilt hat, gilt der gesamten Menschheit und sie wird durch die Kirche vermittelt, da sie in allen Veränderungen im Grunde inhaltlich-sachlich dieselbe ist. Mit ande-ren Worten: Grundlage der Katholizität ist die Identität, und erst die Folge solcher Katholizität ist die Universalität. Katholizität meint also Einheit im weitesten Sinn des Wortes: quantitativ, vor allem aber qualitativ.

Katholizität im Sinne der Fülle bedarf der sich gegenseitig durchdringen-den Gegensätze, denn nur so ist eine spannungsvolle Einheit möglich. Einheit in der Vielfalt, so lautet das katholische Prinzip. Geht die Einheit im Glauben verloren, liegt ein defectus catholicitatis vor; keine einzelne Kirche kann für sich allein Katholizität in Anspruch nehmen. Katholisch ist ein Merkmal der ganzen Kirche Jesu Christi oder besser: der ganzen Christenheit. Die Konfes-sionalisierung der Katholizität war und ist ein Selbstwiderspruch.[67] Über-haupt ist konfessionelle Identität nur um den Preis der Einschränkung christ-licher Identität zu haben. Solange darum die verschiedenen Kirchen noch nicht in voller Gemeinschaft miteinander leben, leiden sie alle denselben Mangel an Katholizität. Sie müssen »den Mut haben zu erkennen, was ihrer Katholizität fehlt, und müssen ihr Leben und Handeln immer mehr ›katho-lisch‹ werden lassen.«[68]

Der Begriff »katholisch« findet sich erstmalig bei Ignatius von Antio-chien: »Wo immer der Bischof sich zeigt, da sei auch das Volk, so wie da, wo Jesus Christus ist, auch die katholische Kirche ist«.[69] Mit anderen Worten: Die Gesamtkirche Christi ist im Gegensatz zu den Lokalkirchen katholisch. Wo der Bischof ist, ist die Gemeinde, wo aber Christus ist, ist die katholische Kirche. Die neue ökumenische Realität im Sinne von οἰκουμένη wurde nun als katholisch bezeichnet. Das bedeutet nach Kyrill von Jerusalem (um 315–386)[70], dass die Gesamtkirche alle Glaubenswahrheiten lehrt, das ganze Men-schengeschlecht zur wahren Anbetung Gottes führt, Heil und Vergebung aller Sünden bringt und alle Gaben des Geistes besitzt.

---

[67] *M. Seckler*, Katholisch als Konfessionsbezeichnung?: ders., Die schiefen Wände des Lehr-hauses, Freiburg i. Br. 1988, 178–197.
[68] Studiendokument über Katholizität und Apostolizität: ÖR 20 (1971), 185–193, hier 189.
[69] *Ignatius von Antiochien*, Ad Smyrn 8,2; 9,1.
[70] *Kyrill von Jerusalem*, Katechese 18,23 (PG 33,1044).

Die Katholizität der Kirche spiegelt sich letztlich im sakramentalen Kirchenverständnis wider, wonach die Kirche »in Christus gleichsam das Sakrament, das heißt Zeichen und Werkzeug für die innigste Vereinigung mit Gott wie für die Einheit der ganzen Menschheit« ist (LG 1). Wie sich Jesus nicht an eine Sondergruppe oder einen heiligen Rest wandte, sondern stellvertretend für alle Völker an ganz Israel, so darf sich auch die Kirche nicht selbst beschränken, sondern hat weltoffen zu sein, umfassend zu denken und zu handeln. Für den kirchlichen Auftrag bedeutet diese Form von Katholizität das Verlangen nach einer »Universalität, die nicht nur Platz hat für Völker, Kulturen und religiöse Traditionen, sondern auch für soziale Klassen, Altersstufen, Geschlechter (Gal 3,28), sowie für diejenigen, für die sonst kein Platz mehr ist«.[71]

Kirche und christlicher Glaube sind keine abstrakten Größen, sondern existieren nur in sozio-kulturellen Verwirklichungsformen. Damit diese dem universalen Selbstverständnis von Kirche nicht widersprechen, muss sich die Katholizität als Kontextualität verwirklichen lassen. Möchte die Kirche katholisch sein, muss sich der christliche Glaube den unterschiedlichen, soziokulturellen Kontexten öffnen. Nur im Rahmen der Kontextualität konterkariert die historisch partikulare, soziokulturell gebundene Herkunft der Kirche nicht ihre universale Sendung. In diesem Sinne bleibt Katholizität eine beständige, kirchliche wie theologische Aufgabenstellung. Theologie und Kirche müssen sich zu immer neuen Kontexten in Beziehung setzen lassen.[72]

Das Zweite Vatikanum erklärt bezüglich der Verhältnisbestimmung von Evangelium und Kultur, dass die christliche Botschaft anderen Kulturen angepasst werden soll, sofern diese den christlichen Grundsätzen nicht widersprechen (SC 37–40). Analog zum Bild von Kern und Schale, sollen die Kulturen erhalten bleiben, die Religionen aber durch das Christentum ersetzt werden. Im Jahre 1659 veröffentlichte die Kongregation zur Verbreitung des Glaubens eine Instruktion, in der es u.a. heißt: »Seht eure Aufgabe nicht darin und bringt die Völker auf keinerlei Weise dazu, ihre Bräuche, ihre Gewohnheiten und Sitten zu verändern, wenn diese nicht deutlich im Widerspruch zur Religion und den guten Sitten stehen. Was kann denn noch törichter sein, als Frankreich, Spanien, Italien oder ein anderes europäisches Land nach China zu bringen? Nicht das, sondern den Glauben sollt ihr ein-

---

[71] *H. Häring*, Kirche B. Systematisch: NHthG. Erw. Ausgabe, Bd. 3 (1991), 119–133, hier 130.
[72] *P. Schmidt-Leukel*, Grundkurs Fundamentaltheologie. Eine Einführung in die Grundfragen des christlichen Glaubens, München 1999, 257–269.

pflanzen, der die Bräuche und Gewohnheiten keines einzigen Volkes verachtet oder vernichtet …, sondern sie unversehrt bewahrt sehen will.«[73] Ähnlich lehren die Väter des Zweiten Vatikanums: Die Kirche »pflegt und fördert … das glanzvolle geistige Erbe der verschiedenen Stämme und Völker; was im Brauchtum der Völker nicht unlöslich mit Aberglauben und Irrtum verflochten ist, das wägt sie wohlwollend ab, und wenn sie kann, sucht sie es voll und ganz zu erhalten.« (SC 37). Besonders erwähnt werden in diesem Zusammenhang Initiation (SC 65) und die Musik (SC 119). Allerdings hatte das Konzil mit der heilsgeschichtlichen Verankerung der Mission in der Inkarnation Jesu Christi den Boden dafür bereitet, dass die Methode der (äußerlichen) Übersetzung und Anpassung des Evangeliums an fremde Kulturen in nachkonziliarer Zeit durch die Methode der Inkulturation überwunden werden konnte, die »den schwierigen, wechselseitigen, aber unabdingbaren Prozeß des Hineingehens in die andere Kultur und damit den steinigen Weg der Selbstentäußerung«[74] impliziert.

Der Begriff der Inkulturation kam erst nach dem Konzil durch Pedro Arrupe SJ (1907–1991) auf. »Inkulturation ist die Inkarnation des christlichen Lebens und der christlichen Botschaft in eine bestimmte Kultur hinein, und zwar in der Weise, daß diese Erfahrung sich nicht nur in Formen ausdrückt, die der betreffenden Kultur eigen sind (das wäre nur eine oberflächliche Anpassung), sondern so, daß sie zum Prinzip einer neuen Inspiration wird, zur Richtschnur und zur einigenden Kraft zugleich, die diese Kultur umwandelt und neu schafft. Die Inkulturation steht so am Beginn einer Neuschöpfung.«[75] Wie Gott sich auf die Welt, ihre Geschichte und auf einen ganz bestimmten Kulturkreis einlässt, so ist letztlich Jesus Christus selbst das Modell für die Inkulturation, zu deren notwendigen Voraussetzungen Religionsfreiheit und Dialog gehören. Mission bedeutet mehr als bloße Verkündigung des Evangeliums, sondern »muß die eigentliche Seele dieser Gemeinschaft, dieser sozialen Gruppe, erfassen und in ihr Christus und seine Kirche heimisch werden lassen.«[76] Mission führt innerhalb einer bestimmten Kultur zu einer neuen Inkarnation des Evangeliums Christi und seiner Kirche, was so-

---

[73] Zit. n. A. *Mulders*, Missionsgeschichte. Die Ausbreitung des katholischen Glaubens, Regensburg 1960, 271.

[74] S. *Demel*, Von der Kulturmission zur Glaubensmission. Der Auftrag des Zweiten Vatikanischen Konzils: StZ 224 (2006), 435–449, hier 440.

[75] M. *Maier*, Inkulturation: StZ 225 (2007), 505 f., hier 505.

[76] J. *Schütte*, Fragen der Mission: ders., (Hg.), Mission nach dem Konzil, Mainz 1967, 9–20, hier 15.

wohl eine Veränderung des Kulturkreises als auch der christlichen Botschaft bedeutet.

In einem anderen Sinne als die Inkulturation bestimmt die sog. Theologie der Befreiung die Katholizität als Kontextualität. Ihren Vertretern, Gustavo Gutiérrez Merino (* 1928), Leonardo Boff (* 1938) und Jon Sobrino SJ (* 1938), geht es um den Erweis der befreienden Relevanz des christlichen Glaubens innerhalb verschiedener gesellschaftlicher Verhältnisse in der Weise, wie schon das Zweite Vatikanum den Menschen in seinem sozio-ökonomischen Umfeld in den Blick nahm (GS 40–45). Ausgangspunkt ist die bewusste »Option für die Armen«, die sich die Generalversammlungen des lateinamerikanischen Episkopats 1968 in Medellín (Kolumbien) und 1979 in Puebla (Mexiko) zu eigen gemacht haben.[77] »Medellín hatte ein klares Bewußtsein von der Notwendigkeit, von der Wirklichkeit des Volkes auszugehen, inmitten dessen die Kirche sichtbares Zeichen des Reiches Gottes sein sollte. Dieses ›Sehen‹ bedeutet ein Lesen und Unterscheiden der Zeichen der Zeit im Licht der Botschaft des Evangeliums.«[78] Konfrontiert mit dem Leiden der Armen, Hungernden, Kranken, Analphabeten, Unterdrückten etc. möchte die Befreiungstheologie ihnen eine Stimme geben, indem sie ihre Wirklichkeit analysiert, die so untersuchte Situation theologisch reflektiert und sodann nach konkreten Handlungsschritten sucht. Dabei ist die Kreuzestheologie von zentraler Bedeutung. »Auf der einen Seite löst sich [in der Befreiungstheologie] der Befreiungsbegriff vom ausschließlich politisch-ökonomischen Sprachgebrauch, er wird auf die Geschichte und das Handeln des Menschen übertragen und schließlich zum Schlüsselbegriff für den Plan Gottes. Auf der anderen Seite holt die ThB [Theologie der Befreiung] den Befreiungsbegriff [der traditionellen Theologie] aus seinem religiösen und moralischen Winkel und bringt ihn mit der sozio-politischen Realität in Berührung. Aus dem Begriff Befreiung wird ein theologisches Konzept, das Auswirkungen auf die soziale Realität hat.«[79] Erlösung wird also »im Horizont der Befreiung« herausge-

---

[77] Dokumente von Medellín. Sämtliche Beschlüsse der II. Generalversammlung des Lateinamerikanischen Episkopates, Medellin 24. 8. – 6. 9. 1968 (Adveniat: Dokumente, Projekte 1–3), Essen 1970; Dokument der III. Generalkonferenz des lateinamerikanischen Episkopats in Puebla (13. Februar 1979) (Stimmen der Weltkirche 8), hg. v. Sekretariat der Deutschen Bischofskonferenz, Bonn 1979, 193–197.

[78] G. Gutiérrez, Medellín als geistliche Erfahrung. Zum 40. Jahrestag der Zweiten Lateinamerikanischen Bischofskonferenz: StZ 226 (2008), 628–630, hier 628.

[79] J. B. Libanio, 25 Jahre Theologie der Befreiung. Ein Überblick über die Entwicklung in der systematischen Theologie der Spiritualität: R. Fornet-Betancourt (Hg.), Befreiungs-

arbeitet.[80] Die Theologie der Befreiung hilft den Armen und Unterdrückten ihre eigene Lebens- und Leidensgeschichte in der Geschichte Jesu Christi wiederzufinden und ihnen so die Augen für die Gegenwart Christi in ihrem Leid zu öffnen, damit ihnen Würde und Kraft verliehen wird.

### d) Apostolizität

Apostolizität besagt Treue zum Ursprung. Sie verpflichtet die Kirche, dem Ursprung treu, also an die Apostel rückgebunden zu sein. Grundlegend ist darum das apostolische Zeugnis; die Kirche ist auf »das Fundament der Apostel und Propheten gebaut« (Eph 2,20). Kirche muss verkünden und leben, was ihr von den Aposteln überliefert wurde. Sie ist apostolisch, sofern sie sich in die Nachfolge Jesu begibt und die Fortführung seiner Sendung zu ihrem ureigensten Auftrag macht. In LG 17 wird die Apostolizität der Kirche mit dem universalen Missionsauftrag verknüpft: »Wie nämlich der Sohn vom Vater gesandt ist, so hat er selbst die Apostel gesandt (vgl. Joh 20,21) mit den Worten: ›Gehet hin und lehrt alle Völker, taufet sie im Namen des Vaters und des Sohnes und des Heiligen Geistes, lehrt sie alles halten, was ich euch geboten habe. Und siehe, ich bin bei euch alle Tage bis ans Ende der Welt‹ (Mt 28,18–20). Diesen feierlichen Auftrag Christi zur Verkündigung der Heilswahrheit hat die Kirche von den Aposteln erhalten und muß ihn erfüllen bis zu den Grenzen der Erde (vgl. Apg 1,8).«

Die Treue zum Ursprung ist auch eschatologischer Natur, denn sie besagt: Treue auf dem Weg der Nachfolge, »bis Er wiederkommt«. Bis dahin soll die Kirche dank ihrer Gnadengabe der Apostolizität die Zwischenzeit füllen und die substantielle Identität des Endes und des Anfangs sichern. Insofern ist die Kirche ebenso sehr vom Ende wie vom Anfang her zu verstehen. Das hat Auswirkung auf die Weitergabe der apostolischen Lehre: Sie ist nicht einfach an die Vergangenheit rückgebunden, sondern enthält auch innovative, prophetische Momente. »Jeder Schriftgelehrte also, der ein Jünger des Himmelreiches geworden ist, gleicht einem Hausherrn, der aus seinem reichen Vorrat Neues und Altes hervorholt.« (Mt 13,52) Verkündigungs- und Verwirklichungsformen der Kirche können damit nicht uniform, sondern nur vielgestaltig sein.

Bei den vier grundlegenden Kennzeichen der Kirche (notae ecclesiae): Einheit, Heiligkeit, Katholizität und Apostolizität handelt es sich um Gaben

---

theologie: Kritischer Rückblick und Perspektiven für die Zukunft, Bd. 1, Mainz 1997, 31–61, hier 36.

[80] Ebd., 36.

Gottes und nicht um Eigenschaften, die die Kirche von sich aus hervorbrächte. Diese Gaben werden der Kirche immer wieder neu durch Wort und Sakrament zuteil. Insofern bezeichnen die notae ecclesiae keine empirisch erhebbaren Wirklichkeiten von Kirche, sondern deren theologische Qualitäten. Bei den Kennzeichen der Kirche Jesu Christi handelt es sich um theologische Vorgegebenheiten und eschatologische Zielbestimmungen. Sie stellen weder eine Zustandsbeschreibung dar noch hängen sie vom Verhalten der Kirchenglieder ab; vielmehr machen sie deutlich, dass die Kirche im universalen Heilswillen Gottes gründet. Insofern sind die notae der Kirche vorgegeben und ihr zugleich aufgegeben. Doch sie können nur in ökumenischer Gemeinschaft aller Kirchen miteinander verwirklicht werden: »Das Ziel der Suche nach voller Gemeinschaft ist erreicht, wenn alle Kirchen in den anderen die eine, heilige, katholische und apostolische Kirche in ihrer Fülle erkennen können. Diese volle Gemeinschaft wird auf der lokalen wie auf der universalen Ebene in konziliaren Formen des Lebens und Handelns zum Ausdruck kommen. In einer solchen Gemeinschaft sind die Kirchen in allen Bereichen ihres Lebens auf allen Ebenen miteinander verbunden im Bekennen des einen Glaubens und im Zusammenwirken in Gottesdienst und Zeugnis, Beratung und Handeln«.[81] So erwächst die eine, heilige, katholische und apostolische Kirche aus der ökumenischen Gemeinschaft aller ihrer Glieder.

### 3.5. Papsttum in ökumenischer Perspektive

*P. Neuner*, Ekklesiologie – Die Lehre von der Kirche: Glaubenszugänge. Lehrbuch der katholischen Dogmatik, hg. v. W. Beinert, Bd. 2, München 1995, 560–573; *M. Hardt*, Papsttum und Ökumene. Ansätze eines Neuverständnisses für den Papstprimat in der protestantischen Theologie des 20. Jahrhunderts (MUS FB Kath. Theologie, Bd. 20), Paderborn 1981, 139–160; *H. Döring*, Grundriß der Ekklesiologie. Zentrale Aspekte des katholischen Selbstverständnisses und ihre ökumenische Relevanz, Darmstadt 1986, 273–285; Das Dienstamt der Einheit des Bischofs von Rom in der neueren ökumenischen Literatur: A. Rauch, P. Imhof (Hg.), Das Dienstamt der Einheit in der Kirche, Primat, Patriarchat, Papsttum (Koinonia, Schriftenreihe des Ostkirchlichen Instituts Regensburg, Bd. IX), St. Ottilien 1991, 449–505; *Ch. Böttigheimer*, Von der ökumenischen Relevanz des Papsttums: IKaZ 27 (1998), 330–342; Der Papst – Hilfe oder Stolperstein der Ökumene? in: StZ 224 (2006), 3–17; Veränderung in der Titula-

---

[81] Im Zeichen des Heiligen Geistes. Bericht aus Canberra 1991. Offizieller Bericht der Siebten Vollversammlung des Ökumenischen Rates der Kirchen (7.–20. Februar 1991 in Canberra/Australien), hg. v. W. Müller-Römheld, Frankfurt a. M. 1991, 174.

tur des Papsttums – ein ökumenisch bedeutsamer Schritt?: Cath 61 (2007), 42–55; Lutherisch-Katholische Gruppe von Farfa Sabina, Gemeinschaft der Kirchen und Petrusamt. Lutherisch-katholische Annäherungen, Frankfurt a. M. ²2011.

*a) Petrusamt und Jurisdiktionsprimat*

Gemäß dem neutestamentlichen Zeugnis spielt Petrus gerade nach dem Tod Jesu eine herausragende Rolle, ohne dass er deswegen schon von den anderen Aposteln isoliert wäre. Neben seiner Autorität (v. a. Johannesevangelium) gibt es auch die etwas anders geartete Autorität der anderen Apostel. »Trotz aller offenbleibenden exegetischen Detailfragen scheint … die Annahme eines übergeordneten Leitungsamts in der Nachfolge des Petrus vom Zeugnis des Neuen Testaments her begründet.«[82] Die petrinische Autorität fand wohl zunächst keinen monepiskopalen Nachfolger, sie kann aber im Bewusstsein der römischen Gemeinde teils theologisch (nicht nur soziologisch) nachgewiesen werden.[83] Von Anfang an hatten die römische Gemeinde und die auf Petrus folgenden Bischöfe von Rom eine mehr oder weniger bevorzugte Stellung in der Kirche inne, insbesondere in Bezug auf die Einheit und die Reinheit der Lehre.

Ein grundlegendes Problem ist jedoch, dass die Frühgeschichte des Papsttums keinesfalls identisch ist mit der zentralistischen Kirchenverfassung der katholischen Tradition. Die Kirche des Anfangs war nicht zentralistisch organisiert, sondern lebte die communio aus vielen eigenständigen Bischofskirchen. Das heißt, die Orts- und Gebietskirchen lebten als Gleichberechtigte nebeneinander, weshalb das Verhältnis der Bischöfe zueinander paritätisch und kollegial war. Diese ursprüngliche Kirchenstruktur gleichrangiger Kirchen und Bischöfe ist mit einem Primat des Papsttums nur schwer in Einklang zu bringen. Und tatsächlich wurde der Anspruch der römischen Bischöfe auf einen Vorrang vor anderen Bischöfen als ein Angriff auf das gängige Verständnis des Bischofsamtes und der Kirchenordnung verstanden. Dennoch begann sich der Primat des römischen Ortsbischofs gegen die bestehenden Strukturen in der Kirche durchzusetzen. Diese Entwicklung fand einen gewissen Abschluss auf dem Ersten Vatikanum. Hier wurde dem römischen Bischof die volle, ordentliche und unmittelbare Gewalt zuteil, die gesamte Kirche zu leiten, zu regieren und zu verwalten (DH 3059–3064). Au-

---

[82] *H. Verweyen*, Gottes letztes Wort. Grundriß der Fundamentaltheologie, Düsseldorf ⁴2002, 430.
[83] *W. de Vries*, Die Entwicklung des Primats in den ersten drei Jahrhunderten: Papsttum als ökumenische Frage, hg. v. der Arbeitsgemeinschaft ökumenischer Universitätsinstitute, München 1979, 114–133, hier 119 ff.

ßerdem ist im Primat des Papstes mit der höchsten Lehrgewalt auch das Charisma der Unfehlbarkeit gegeben (DH 3065–3075).

Nach dem Zweiten Vatikanischen Konzil sucht man eine neue Perspektive, um das Papstamt und seine Funktion der Zeit entsprechend zu umschreiben und es mehr in die Kirche zu integrieren. Dabei bleiben viele Fragen bestehen, die die Funktion des Papstes betreffen, weswegen das Konzil den Beginn der Diskussion über Wesen, Ort und Gestalt des Petrusdienstes in der Kirche markiert.

Der Begriff »Jurisdiktion« schließt im rechtlichen Sinne die Vollmacht zur Gesetzgebung, Rechtsprechung und Verwaltung ein. Im Verlauf der Kirchengeschichte verband sich mit diesem kirchenrechtlichen Begriff die Vorstellung von der Monarchie als der vollkommensten Form der Kirche. Sakramental betrachtet ist der Papst jedoch Bischof wie jeder andere Bischof auch. Insofern bereitet es erhebliche Schwierigkeiten, die hoheitliche Gewalt des Papstes mit der geschwisterlichen Grundstruktur der Kirche und dem bejahten Dienstcharakter des Amtes in Verbindung zu bringen. Der Jurisdiktionsprimat setzt eine Unterscheidung von Rechtswirklichkeit und sakramentaler Lebenswirklichkeit voraus, die erst im 2. Jahrtausend aufkam und für die Orthodoxe Kirche als unannehmbar gilt. Es gilt darum als ökumenischer Konsens, dass die Anerkennung des Jurisdiktionsprimats nicht möglich ist. Wie kann die Papstentwicklung des 2. Jahrtausends mit der communio-Ekklesiologie in Einklang gebracht werden? Wäre der Papst nicht völlig in die Kirche eingebunden, so wäre die Einheit der Kirche nur auf ein einziges Einheitsprinzip gegründet und müsste totalitär werden. Wenn aber die Kirche in relativ unterschiedlichen Prinzipien gründet, die miteinander in Übereinstimmung zusammenarbeiten, wäre sie ein offenes System.

Heute ist eine neue Hermeneutik des Jurisdiktionsprimates notwendig. Vorgeschlagen wird u. a., man solle eher von einem Pastoralprimat des Papstes sprechen, der mit dem seelsorgerlichen Dienst an der gesamten Kirche verbunden wäre.[84] Dies entspricht dem alten Titel servus servorum Dei, der eng mit dem neutestamentlichen Bild des guten Hirten in Zusammenhang steht. Petrus ist besonders zu diesem Dienst berufen (Joh 21,15–19); sein Primat ist v. a. ein Primat des Dienstes. Papst Johannes Paul II. unterstreicht in seiner Enzyklika »Ut unum sint« die Bedeutung und das Wesen seines Amtes, das in dem von Papst Gregor dem Großen (590–604) stammenden

---

[84] *W. Kasper*, Dienst an der Einheit und Freiheit der Kirche. Zur gegenwärtigen Diskussion um das Petrusamt in der Kirche: J. Ratzinger (Hg.), Dienst an der Einheit. Zum Wesen und Auftrag des Petrusamtes, Düsseldorf 1978, 81–104, hier 90f.

Titel »servus servorum Dei« ausgedrückt wird. »Diese Definition [servus servorum Dei] schützt am besten vor der Gefahr, die Amtsvollmacht (und im Besonderen den Primat) vom Dienstamt zu trennen, was der Bedeutung von Amtsvollmacht im Sinne des Evangeliums widersprechen würde: ›Ich bin unter euch wie der, der bedient‹ (Lk 22,27), sagt unser Herr Jesus Christus, das Haupt der Kirche«.[85] Mit seinem Dienstauftrag für alle Christen und für die ganze Ökumene leistet der Papst einen wichtigen Dienst an der Einheit der Kirche.

Weit verbreitet ist heute eine communiale Tendenz, die den Papst in erster Linie als den Bischof von Rom sieht, also im Zusammenhang mit seiner Ortskirche. Als Bischof von Rom käme dem Papst der gesamtkirchliche Dienst der Einheit zu. Diese Sicht habe eine Beschränkung der universalkirchlichen Verantwortung des Papstes zur Folge. Dadurch könnte seine spezifisch petrinische Funktion zum Ausdruck kommen, die mehr im geistlichen und sakramental-pastoralen Dienste an der Einheit der Kirche läge. Es sei ein geschichtliches Unglück gewesen, dass diese Funktion des Papstes mit der rein administrativen Funktion verwechselt wurde. Der Papst solle sich in der Zukunft von diesem historischen Ballast freimachen, um für den größeren Dienst an der Einheit der Kirche frei zu sein. In diesem Sinne ist die Diskussion über das Papstamt heute nicht am Ende, sondern am Anfang einer neuen Epoche.

Es gibt hoffnungsvolle Ansätze. Grundsätzlich ist dem theologischen Denken der orthodoxen Kirchen die Idee des Primats ja nicht fremd. Eingeräumt wird, dass es innerhalb der synodalen und kollegialen Wirklichkeit der Kirche einen Bischof als Ersten unter den Bischöfen geben kann, dem der Primat zuerkannt wird. Eine synodale Struktur der Kirche schließt den Primat also nicht gänzlich aus, allerdings den Jurisdiktions- und Unfehlbarkeitsprimat nach römischem Verständnis sehr wohl. Als Erster unter den Bischöfen (primus inter pares) besitzt der Primat in Analogie zu Gott-Vater, der den Vorrang in der trinitarischen Liebe hat, nicht eine Befehlsgewalt, sondern lediglich das Vorrecht der Koordination, des Rates und des Zeugnisses. Mit dem Konzil von Karthago wird er als »episcopus primae sedis« bejaht, abgelehnt aber wird er als »summus pontifex«.

Wenngleich sich also im Dialog mit der Ostkirche und dem Protestantismus Konturen eines päpstlichen Einheitsamtes abzeichnen, so bewegen sich

---

[85] *Papst Johannes Paul II.*, Enzyklika »Ut unum sint«. Über den Einsatz für die Ökumene (25.5.1995) (VApSt 121), hg. v. Sekretariat der Deutschen Bischofskonferenz, Bonn 1995, Nr. 88.

diese außerhalb der katholischen Lehre vom Jurisdiktionsprimat. Nach ihr ist der Papst zwar in die Kirche eingebunden, doch steht er ihr zugleich gegenüber, indem er den Einheitsgrund der Kirche repräsentiert: Jesus Christus. Mit seiner Vollmacht ist er ein wirksames Zeichen dafür, dass die Kirche ihre Einheit nicht einfach aus dem freien Zusammenschluss der einzelnen Glieder hat, sondern durch die Stiftung Jesu Christi. Der Papstprimat ist demnach ein Rechtsprimat, der christologisch begründet ist. Doch so wenig die Bischöfe Apostel sind, so wenig ist der Papst einfachhin Petrus. Er braucht wie jedes andere Glied der Kirche täglich die Gnade Gottes, um sein Amt vollziehen zu können. Sein Dienst ist, wie der Dienst des Apostels Petrus, ein Dienst aus der Gnade selbst: »Wenn du dich wieder bekehrt hast, dann stärke deine Brüder« (Lk 22,32). Die päpstliche Vollmacht ist nur im Kontext der »Barmherzigkeit Gottes« erklärbar.[86]

Mit dem Verständnis des Papstamtes als universalkirchliches Dienst- bzw. Pastoralamt sind aber nicht alle Fragen in Bezug auf den Jurisdiktionsprimat gelöst. Es bleibt die Frage nach der Bedeutung der Kirche als Institution. Sind Recht und institutionelle Struktur der Kirche die Grenze der Freiheit oder sind sie Raum und Voraussetzung für Freiheit? Vermag der Jurisdiktionsprimat die geschwisterliche Grundstruktur der Kirche und ihren Dienstcharakter auszudrücken? Das neutestamentlich verstandene Amt ist der Dienst am Evangelium von der Freiheit. Dieses Amt schließt jede Macht aus, die die Freiheit unterdrückt, aber es schließt die geistliche Vollmacht im Dienst der Freiheit ein. Diese Vollmacht dient dann der christlichen Freiheit und ist keine willkürliche Macht, die rein rechtlich verstanden werden kann. So ist der Petrusdienst ein vollmächtiger Dienst an der Einheit der Kirche in evangelischer Freiheit. Er übernimmt die Aufgabe, alle Vielfalt der Gaben und Möglichkeiten in der Kirche zur Entfaltung zu bringen und zu integrieren. Der Papst soll Schützer der Freiheit sein und Zentrum der Einheit und Kommunikation.

### b) Unfehlbarkeitsdoktrin

Das Zweite Vatikanum hat die Äußerungen des Ersten Vatikanischen Konzils zur Unfehlbarkeit des Papstes aufgegriffen und ergänzt (LG 25). Die Unfehlbarkeit wird nun sowohl dem ordentlichen und außerordentlichem Lehramt der Bischöfe als auch der Kirche als Ganzer zugesprochen. Das Lehramt der Kirche ist an den Glauben der Gesamtkirche gebunden und zusammen mit allen Gläubigen steht es unter Christus, dem »einen Lehrer« (Mt 23,10). Wie

---

[86] Ebd., Nr. 92.

ist dieser Anspruch der Kirche auf Unfehlbarkeit fundamentaltheologisch zu begründen?

Der Anspruch der Kirche auf eine infallible Interpretation der endgültigen Selbsterschließung Gottes als die Wahrheit schlechthin[87] entspringt der Verheißung ihrer Indefektibilität (Mt 16,18). Unzerstörbarkeit und die Zusage des Bleibens in der Christuswirklichkeit und -wahrheit bedingen einander: Sie sind das Werk des Hl. Geistes. Das Bleiben der Kirche in der Wahrheit impliziert die Bezeugung der Christuswahrheit durch menschliche, endliche Sätze; nur so kann die Kirche »die Säule und das Fundament der Wahrheit« (1 Tim 3,15; Joh 14,15–17; 16,13; Mt 28,18–20 u. ö.) sein. Aufgrund der Geistverheißung wird die Kirche nicht aus der unwiderruflichen Wahrheit der in Jesus Christus eröffneten Offenbarung herausfallen: »[K]einer kann sagen: Jesus ist der Herr!, wenn er nicht aus dem Heiligen Geist redet.« (1 Kor 12,3) Hier besteht innerhalb der Ökumene weitgehend Einigung. Das Bekenntnis zur Indefektibilität und Perennität der Kirche in der Wahrheit gehören, wie die Confessio Augustana[88] und die Apologie[89] beweisen, zur Grundüberzeugung der christlichen Kirchen. Differenzen werden aber dort sichtbar, wo die verbindliche Bezeugung des christlichen Glaubens erörtert wird.

Die Offenbarung Gottes darf von der empfangenden Kirche nicht im Sinne eines Besitzes verstanden werden. Gleichwohl darf die Christusverbundenheit von der empfangenden Kirche aktuell vollzogen werden. Ansonsten droht die Rede von einem Bleiben der Kirche in der Wahrheit Jesu Christi, von der Präsenz des Geistes etc. zur bloßen Leerformel zu werden. Aufgrund der bleibenden und wirkmächtigen Geistgegenwart darf die Kirche auf das Gelingen ihres Tuns vertrauen und in der vertrauenden Bitte gewiss sein. Die Verheißung der Wahrheit darf sich darum nach katholischer Lehre in konkreten geschichtlichen Vollzugsweisen manifestieren, die über die protestantische Auffassung der Selbstevidenz des Evangeliums und der Wahrnehmung der Verantwortung für die Lehre durch die ganze Kirche ebenso hinausgehen, wie über das orthodoxe Festhalten an der Verbindlichkeit der ersten sieben bzw. acht Ökumenischen Konzilien. Die nichtkatholischen Kirchen lehnen eine Unfehlbarkeitsdoktrin für die lebende Lehrautorität der Kirche ab. Doch wenn das Amt als Zeichen und Garantie des vom Geist geleiteten, ständigen Christusereignisses zu sehen ist, dann sollte amtliches Leh-

---

[87] *Thomas von Aquin*, S.th. II–II q. 1 a. 1.
[88] CA 7: BSLK 61,1–3.
[89] ApolCA VII: BSLK 235,55–236,23.

ren als von Gottes Gnaden zuverlässig, wahr und verbindlich um der Einheit willen und als unfehlbar betrachtet werden. Die ökumenische Frage ist, ob ein solches Amtsverständnis für andere Traditionen, die andere Instanzen und Verfahren entwickelt haben, um bindende Entscheidungen in Glaubensangelegenheiten zu treffen, akzeptabel sein kann.

Gottes Geist ist der Grund für die Glaubensunfehlbarkeit der Gesamtkirche. »Die Gesamtheit der Gläubigen, welche die Salbung von dem Heiligen haben (vgl. 1 Joh 2,20.27), kann im Glauben (in credendo) nicht irren« (LG 12). Die authentisch-kritische Interpretation des Wortes Gottes liegt zwar letztlich allein beim kirchlichen Lehramt (DV 10), weil aber das ganze Gottesvolk dank seines »übernatürlichen Glaubenssinn[s]« in der apostolischen Lehre verharrt (LG 12), ist das kirchliche Lehramt stets auf den sensus fidelium verwiesen. Der Glaubenssinn aller Gläubigen ist eine eigenständige Bezeugungsinstanz der Glaubenswahrheit (locus theologicus). Die Infallibilität aller im Glauben bildet die Basis päpstlicher Lehrunfehlbarkeit. Nur als Repräsentant einer unfehlbaren Kirche ist der Papst selbst unfehlbar. Er ist nicht unfehlbar aufgrund irgendwelcher persönlicher Befähigungen, sondern kraft seiner Funktion im Bischofskollegium und in der Gesamtkirche. Der Anspruch auf Unfehlbarkeit gilt auch nicht habituell, sondern aktuell, d. h. in eindeutig beschriebenen Situationen:

- Der Papst muss in Ausübung seiner höchsten Autorität als Träger des Petrusamtes, als oberster Hirte und Lehrer aller Christgläubigen sprechen.
- Die Unfehlbarkeit des Papstes bzw. Lehramtes reicht so weit wie die Unfehlbarkeit der Kirche, nämlich »so weit wie die Hinterlage der göttlichen Offenbarung, welche rein bewahrt und getreulich ausgelegt werden muß, es erfordert.« (LG 25) Als Objekt der Unfehlbarkeit gelten damit die Fragen des Glaubens und der Sitte (fides vel mores).
- Er muss seine Entscheidung in einer solchen Sache für alle Gläubigen verbindlich und eindeutig, »in einem endgültigen Akt« (definitivo actu) (LG 25) verkünden (ex cathedra) (DH 3074/CIC can. 749 § 3). Diese endgültigen »Definitionen des Römischen Bischofs [sind] aus sich, nicht aber aufgrund der Zustimmung der Kirche unabänderlich (ex sese, non autem ex consensu ecclesiae)« (DH 3074). Das »ex sese« schließt jede Appellation aus.

Derselben Unfehlbarkeit wie der Papst erfreut sich auch unter bestimmten Bedingungen das Bischofskollegium: »Die einzelnen Bischöfe besitzen zwar nicht den Vorzug der Unfehlbarkeit; wenn sie aber, in der Welt räumlich getrennt, jedoch in Wahrung des Gemeinschaftsbandes untereinander und mit dem Nachfolger Petri, authentisch in Glaubens- und Sittensachen lehren und eine bestimmte Lehre übereinstimmend als endgültig verpflichtend vortragen, so verkünden sie auf unfehlbare Weise die Lehre Christi. Dies ist noch offenkundiger der Fall, wenn sie auf einem Ökumenischen Konzil vereint für die ganze Kirche Lehrer und Richter des Glaubens und der Sitten sind.« (LG 25)

Auch kann der Papst im Rahmen seines ordentlichen Lehramtes solche Lehren verbindlich bestätigen (als endgültig), die bereits vom ordentlichen und allgemeinen Lehramt auf der Grundlage von Hl. Schrift und Tradition der Kirche vorgetragen wurden. So forderte Papst Johannes Paul II. beispielsweise die definitive Zustimmung zur Lehre von der Unmöglichkeit der Frauenordination[90] oder zur moralischen Verurteilung der direkten und freiwilligen Tötung eines unschuldigen Menschen, der Abtreibung und der Euthanasie als schwere Sünde.[91]

Im Kontext der Unfehlbarkeit des kirchlichen Lehramtes ist zwischen primären und sekundären Objekten der Unfehlbarkeit zu unterscheiden, zwischen dem, was zum depositum selbst gehört, und dem, was zu dessen Auslegung und Verteidigung erforderlich ist. Da diese Differenzierung nicht immer einfach vorzunehmen ist, wird über den Umfang des Sekundärobjektes lehramtlicher Unfehlbarkeit breit diskutiert. Zudem ist zwischen der Glaubenshinterlage (depositum fidei) bzw. den Glaubenswahrheiten und ihrer Aussageweise zu differenzieren. Doch das depositum kann, wenn es von einer bestimmten Aussageweise abgelöst wird, wiederum nur mittels Sprache ausgesagt werden. Das Unwandelbare bleibt immer in der Wandelbarkeit der Sprache ausgesagt.

Im katholisch-lutherischen Studiendokument »Communio Sanctorum« (2000) beteuern lutherische Theologen, dass es aus ihrer Sicht »gegen einen gesamtkirchlichen ›Petrusdienst‹ als pastoraler Dienst an der weltweiten Gemeinschaft der Kirchen und ihrer gemeinsamen Bezeugung der Wahrheit … keine grundsätzlichen Einwände« geben würde.[92] Eine »Unfehlbarkeit« sei aber für sie nur akzeptabel, wenn letztverbindliche Entscheidungen »einem

---

[90] Apostolisches Schreiben von Papst Johannes Paul II. über die nur Männern vorbehaltene Priesterweihe. Erklärung der Kongregation für die Glaubenslehre zur Frage der Zulassung der Frauen zum Priesteramt (15. Oktober 1976) 22. Mai 1994 (VApSt 117), hg. v. Sekretariat der Deutschen Bischofskonferenz, Bonn 1994, Nr. 4.

[91] *Papst Johannes Paul II.*, Enzyklika »Evangelium vitae«. Über den Wert und die Unantastbarkeit des menschlichen Lebens (25. März 1995) (VApSt 120), hg. v. Sekretariat der Deutschen Bischofskonferenz, Bonn 1995, Nr. 57; 62; 65.

[92] Bilaterale Arbeitsgruppe der Deutschen Bischofskonferenz und der Kirchenleitung der

letzten Vorbehalt durch die in der Heiligen Schrift gegebenen Offenbarung unterliegen« und wenn die »Gesamtverantwortung aller Getauften gewahrt sei«.[93] Katholische Gesprächspartner erklären, dass sie die so formulierten Bedenken für berechtigt halten. Die Unfehlbarkeit des päpstlichen Lehramtes dürfe auch nach ihrer Überzeugung nur in der absoluten Treue zum apostolischen Glauben ausgeübt werden. Ein Papst, der dies nicht berücksichtige, sei eo ipso kein Papst mehr, sowenig wie einer, der sich von der Kirche isoliert.[94]

---

Vereinigten Evangelisch-Lutherischen Kirche Deutschlands, Communio Sanctorum. Die Kirche als Gemeinschaft der Heiligen, Nr. 194.
[93] Ebd., Nr. 198.
[94] Ebd.

# III. Ökumenische Bewegung

## 1. Kircheneinheit

### 1.1. Kirchenspaltungen und Ekklesiologien

*H. Döring,* Ökumene – Realität und Hoffnung: HFTh 3 ($^2$2000), 185–198; Kirchen unterwegs zur Einheit. Das Ringen um die sichtbare Einheit der Kirche in den Dokumenten der Weltkirchenkonferenzen, München 1969, 65–142; *P. Neuner,* Ökumenische Theologie. Die Suche nach der Einheit der christlichen Kirchen, Darmstadt 1997, 75–157; *F. Nüssel, D. Sattler,* Einführung in die ökumenische Theologie, Darmstadt 2008, 10–16; *H. Wagner,* Fundamentaltheologie und Ökumene: K. Müller (Hg.), Fundamentaltheologie. Fluchtlinien und gegenwärtige Herausforderungen, Freiburg i. Br. 1998, 427–440; *Ch. Böttigheimer,* Communio Sanctorum. Kirche im ökumenischen Dialog: Cath 60 (2006), 53–68; Sakramentalität der Kirche. Die Konzilsaussage und ihre Implikationen: KNA – ÖKI Nr. 49 (4. 12. 2007), Thema der Woche, 1–8; Dem Wirken des Gottesgeistes Raum geben. Kirche als Sakrament im römisch-katholischen/evangelisch-lutherischen Dialog: ebd. Nr. 5–6 (29. 1. 2008), Thema der Woche 1–10.

### a) Einzigkeit der Kirche Jesu Christi

Im NT begegnet man der Kirche ausschließlich in der Einzahl: Es gibt sie nur als die eine Kirche Jesu Christi. Das kommt u. a. in den zahlreichen Bildern zum Ausdruck, die auf die Kirche angewandt werden: der Schafstall (Joh 10,1–10), der Acker Gottes (Mt 21,33–43), der Ölbaum (Röm 11,13–24), das Bauwerk (1 Kor 3,9–11), das Haus Gottes (1 Tim 3,15), die Familie Gottes (Eph 2,19–22), der Tempel (1 Kor 3,16 f.; 6,19; Eph 2,21 u. ö.), die heilige Stadt (Offb 21,1–22,5), die Braut (Offb 19,7; 21,2.9; 22,17 u. ö.), der Leib (1 Kor 10,17; 12,12–31; Kol 1,18; Eph 1,22 f. u. ö.).

Dass es die Kirche Jesu Christi nur als eine und ganze geben kann, kommt insbesondere in der Johanneischen Abschiedsrede Jesu durch die Bitte zum Ausdruck, dass alle, die an ihn glauben, eins sein sollen (Joh 17,21). Immer wieder ermahnt der Apostel Paulus die Gemeinden, die Einheit zu wahren und kämpft gegen Spaltung, Parteiungen und Zwietracht an (1 Kor 1,10–4,21; Eph 4,1–6). »Ist denn Christus zerteilt?«, fragt Paulus die streitsüchtigen Korinther (1 Kor 1,13). Die Einzigkeit der Kirche verdankt sich näherhin dem Sakrament der Taufe. »Durch den einen Geist wurden wir in der Taufe alle in einen einzigen Leib aufgenommen« (1 Kor 12,13). Weil es nur eine Taufe gibt, kann es nur eine Kirche geben.

Wenn die Kirche Zeichen und Werkzeug der universalen, communio stiftenden und einzigen Heilsmittlerschaft Jesu Christi sein soll, kann sie nur als eine und einzige existieren. Die Einheit und Einzigkeit der Kirche gehört zu ihrem Wesen und ist Bestandteil des von allen Konfessionen gemeinsam gesprochenen Glaubensbekenntnisses. Wie es nur einen einzigen Christus gibt, so kann es nur einen einzigen Leib Christi geben (Eph 4,2–6; Joh 17,21–23; 17,11). Auch wenn heute verschiedene Kirchen vorgefunden werden und von verschiedenen Kirchen gesprochen wird, so darf der Plural Kirchen den Singular Kirche nicht verdunkeln. Die Verwirklichung der sichtbaren Einheit der Kirche ist die Aufgabe der Ökumene. Die Kirchen des »Ökumenischen Rats der Kirchen« (ÖRK) stehen »dem inneren Widerspruch gegenüber, dass es einerseits nur eine Kirche Christi geben kann und dass es andererseits doch so zahlreiche Kirchen gibt, die den Anspruch erheben, Kirchen Christi zu sein, und dabei doch nicht in einer lebendigen Einheit zusammenleben.«[1]

### b) Früh- und mittelalterliche Kirchenspaltungen

Der Kirche Jesu Christi ist es im Laufe ihrer Geschichte nicht gelungen, die ihr vorgegebene und aufgetragene Einheit zu wahren, was aber nicht heißt, dass dadurch die Einzigkeit und Einheit der Kirche und alles, was ihre Integrität ausmacht, zerstört worden wäre. Die Kirche gründet nicht im Einheitswillen der Menschen, sondern im universalen Heilswillen Christi, der verheißen hat, seine Kirche nicht zu verlassen (Mt 16,18; 28,20) und sie mit seinem Geist zu führen (Joh 16,13). Die Einzigkeit der Kirche kann von Menschen weder gestiftet noch zerstört werden. Doch wo sie aus menschlicher Schuld in ihrer Sichtbarkeit zerbrach, ist es menschliche Pflicht, um ihre Wiedergewinnung zu ringen.

Schon in frühchristlicher Zeit schienen Trennungen, Spaltungen, gegenseitige Verwerfungen und Exkommunikationen gerade unter Berufung auf die eine Kirche unvermeidbar. Streitpunkte traten auf allen Feldern kirch-

---

[1] *L. Vischer* (Hg.), Die Einheit der Kirche. Material der ökumenischen Bewegung, München 1965, 256 f.

lichen Lebens auf: im rituellen Bereich (Ostertermin, Gestaltung der Eucharistie, der Taufpraxis etc.), in sittlichen Fragen (ethischer Rigorismus, Bußpraxis etc.), im theologischen Bereich (Erlösungsverständnis, Christologie, Trinitätslehre, Gnadenlehre, Rechtfertigungslehre, Sakramentenlehre etc.) und nicht zuletzt auf institutioneller Ebene (päpstlicher Primat, bischöfliche Sukzession, Priestertum etc.). Die sichtbare Einheit der Christen zerbrach zusehends.

Insbesondere in der Zeit vom 5. bis 7. Jh. führten christologische Streitigkeiten zu Spaltungen: Die Kirche Persiens folgte der antiochenischen Theologie. Ein Teil des Patriarchats Antiochia wandte sich einem (verbal begriffenen) Monophysitismus zu; in ähnlicher Weise taten dies auch nahezu das gesamte Patriarchat Alexandrien und die äthiopische und armenische Kirche. Der Ausgang für eine maronitische Kirche innerhalb des Patriarchats Antiochia war der sog. Monotheletismus. Auffallend ist, dass alle bestehenden Ostkirchen historisch auf eines der fünf Patriarchate zurückzuführen sind und die Spaltung zwischen den chalkedonischen und vorchalkedonischen Kirchen vom Christusbekenntnis her zustande gekommen ist, allerdings erst an einer sehr vorgeschobenen Stelle der begrifflichen Klärung des Christusgeheimnisses. Trotz allem blieb darum die Einheit im Bekenntnis zur Gleichwesentlichkeit des Sohnes mit dem Vater und im Bekenntnis zum Menschsein Gottes in Jesus (mit Nicäa) bestehen.

Mit dem Ja zum Konzil von Nicäa (325) blieben die ausgebildeten Glaubens- und Kirchenstrukturen gewahrt. »Mit der Schrift ist auch die aus und in ihr gewordene Kirche als Gefäß des Wortes in der Grundform als richtig und unverzichtbar angenommen, die sich bis zu Nikäa hin entfaltet hatte. Zu dieser Grundform gehört, dass die Bischöfe kraft ihrer sakramentalen Weihe und der damit übernommenen kirchlichen Überlieferung die Einheit mit dem Ursprung verkörpern; das heißt, es gehört zu dieser Struktur tragend jenes Grundmoment, das schon seit dem 2. Jahrhundert in den Begriff der Successio apostolica, der apostolischen Nachfolge gefaßt wurde. Nochmals anders gesagt: Die strukturelle Einheit ist nicht zerstört.«[2] Generell gilt also, dass diese alten, von der orthodoxen Reichskirche getrennten Kirchen (die Kirche der Nestorianer, der Armenier, die syrisch-jakobitische, die koptische, die äthiopische und maronitische Kirche), der orthodoxen Reichskirche sehr nahe stehen.

---

[2] *J. Ratzinger*, Theologische Prinzipienlehre. Bausteine zur Fundamentaltheologie, München 1982, 204.

Unter all den verschiedenen Schismen ragen v. a. die Trennung der Kirche in Ost und West (1054) sowie die reformatorische Spaltung der Christenheit im Abendland (16. Jh.) hervor. Bei den orthodoxen Kirchen handelt es sich um katholische Kirchen im wahren Sinne des Wortes, besitzen sie doch »trotz ihrer Trennung wahre Sakramente …, vor allem aber in der Kraft der apostolischen Sukzession das Priestertum und die Eucharistie, wodurch sie in ganz enger Verwandtschaft bis heute mit uns verbunden sind« (UR 15). Zwischen orthodoxer und katholischer Ekklesiologie bestehen große Gemeinsamkeiten: Die Kirche ist eine menschliche Institution, bei der die Antriebe und die Leitung des Hl. Geistes entscheidend sind. Zwischen Pneumatologie und Ekklesiologie besteht eine tiefe, gegenseitige Beziehung und Durchdringung. In Analogie zu Jesus Christus wird die Kirche als ein gott-menschlicher Organismus verstanden, dessen Ziel es ist, die Menschen in die gott-menschliche Wirklichkeit hineinzunehmen und der Vergöttlichung der menschlichen Natur durch Jesus Christus zu dienen. Kirche steht somit im Dienste der Weiterführung und Vervollständigung des Erlösungswerkes Christi. Sie darf aber nicht nur als lebendiges Geschehen verstanden werden, vielmehr kommt ihr als lebendige Wirklichkeit auch ein fester Rahmen sichtbarer Kontinuität zu. Als mystischer Leib ist sie ihrem Wesen nach verborgen, und doch nimmt sie als gottmenschlicher Organismus sichtbare Gestalt an und begegnet den Menschen in sichtbaren Erscheinungsformen. Zu den unabdingbaren Faktoren der sichtbaren Einheit der Kirche gehören die Einmütigkeit im Glauben, die gemeinsame Teilnahme an den Sakramenten, vornehmlich an der Eucharistie, und die hierarchisch gegliederte Struktur der Kirche um ihrer Einheit willen. Konstitutivelemente sichtbarer Einheit sind demnach: das Bischofsamt in Apostolischer Sukzession, die sieben Sakramente und das einheitliche Glaubensbekenntnis auf der Grundlage der ersten sieben ökumenischen Konzilien.

*c) Neuzeitliche Kirchenspaltungen*
Rechtfertigten die Unterschiede zwischen Ost- und Westkirche keine Trennung im Glauben – das Prädikat Kirche sprachen sie sich zu keiner Zeit ab –, so verhält es sich zwischen der katholischen Kirche und den Kirchen der Reformation anders. Hier beanspruchen beide Seiten, die eine Kirche Jesu Christi zu sein und die Einheit kontinuierlich bewahrt zu haben. Damit ist dem Anspruch nach erstmals aus der einen Kirche Jesu Christi eine Vielzahl von Kirchen entstanden. Je für sich behaupteten sie, jenen Singular von Kirche zu besitzen und darzustellen, der zur Kirche Jesu Christi gehört. »Das Thema ›Kirche‹ ist das ›wehtuende‹ Thema zwischen Katholiken und Luthe-

ranern, es ist nicht nur eines unter mehreren, sondern dasjenige, an dem herauskommt, was alle festgestellte Übereinstimmung in anderen Fragen letztlich und wirklich wert ist.«[3]

Auch in England kam es im 16. Jh. zu einer Reformation, durch deren Auswirkungen die Insel zum Mutterland des angelsächsischen Protestantismus wurde. Das auslösende Moment war, anders als auf dem Kontinent, keine Lehrfrage, sondern ein kirchenrechtliches Problem. König Heinrich VIII. verlangte vom Papst die Auflösung der Ehe mit seiner Schwägerin Katharina von Aragon. Als dieser die Annullierung verweigerte, erklärte sich der König mit der Suprematsakte (1534) zum rechtlichen Oberhaupt der »Anglikanischen Kirche«, deren offizieller Name »Kirche von England« ist. Von Parlament und Klerus verlangte er einen Treueid, den aber viele Geistliche und Laien verweigerten. Der Grund lag jetzt in theologischen Fragen. An sich war Heinrich selbst eher katholisch gesinnt, doch der damalige Erzbischof von Canterbury, Thomas Cranmer, suchte mit Hilfe von Theologen des Festlandes, Lehre und Verfassung der Kirche zu reformieren. Er wollte katholische wie reformatorische Extrempositionen vermeiden. Das Ergebnis war das noch heute gültige »Book of Common Prayer« (Allgemeines Gebetbuch). Die Oppositionellen richteten sich entweder als Katholiken gegen die Protestantisierung oder als radikale Neuerer gegen die katholischen Überreste, von denen sie die Kirche »reinigen« wollten (Puritaner). Geistliche und Laien kamen ins Gefängnis oder wurden hingerichtet bzw. wanderten aus.

Im 19. Jh. ereigneten sich noch weitere kirchliche Spaltungen: So trennten sich nach dem Ersten Vatikanum Katholiken von Rom, weil sie das auf diesem Konzil verkündete Dogma des päpstlichen Jurisdiktionsprimats und der Unfehlbarkeit höchster päpstlicher Lehrentscheidungen missbilligten. Sie bezeichnen sich als »Altkatholiken« bzw. als »Altkatholische Kirche« und wollen an die katholische Kirche des ersten Jahrtausends anknüpfen.

### d) Kontroverstheologie und Ökumene

Die traditionelle Apologetik wollte in der demonstratio catholica beweisen, dass die Kirche Jesu Christi in der katholischen Kirche und ausschließlich in ihr existiert. Die anderen Kirchen kamen nur in Form der konfessionalistischen Ab- und Ausgrenzung vor. Da ihnen keine kirchliche Dignität zugesprochen wurde, nahm auch die Frage nach der Kirchlichkeit anderer Kirchen und ihrem Verhältnis zur katholischen Kirche keinen breiten Raum ein.

---

[3] *O. H. Pesch*, Hinführung zu Luther, Mainz [3]2004, 227.

Aufgrund der sich widersprechenden ekklesiologischen Ansprüche kam in den kontroverstheologischen Auseinandersetzungen bald die Frage nach den Wesensbestimmungen der Kirche auf. Dabei zeigte sich das unterschiedliche Selbstverständnis von Kirche:

- Nach reformatorischer Auffassung ist die Kirche kein allumfassendes und wirkendes Heilszeichen, sondern nur Heilsfrucht und somit lediglich Zielpunkt göttlichen Heilshandelns. Offenkundig entschied sich die Reformation für die Schrift allein (sola scriptura), für den Glauben allein (sola fide), für die Gnade allein (sola gratia), für das Wort allein (solus Christus) in dem Sinn, dass die Kirche auf die zweite Stelle rückte. Das ist ein ekklesiologisches Charakteristikum des Protestantismus. Die empirische Gestalt der Kirche ist weder das von Gott gesetzte, sakramentale Zeichen des endgültig siegreichen Heilshandelns Gottes in der Welt noch ist sie Vermittlerin seines Heils. Vielmehr ist die sichtbare Gestalt der Kirche lediglich ein Ort, der erst im Vollzug der Verkündigung selbst Sinn erhält. Erst aufgrund göttlichen Handelns wird aus der sichtbaren Gestalt die eschatologische Gemeinschaft. So ist die Kirche nach protestantischem Verständnis wesenhaft Zeugniskirche, und der Schwerpunkt liegt auf der Gemeinde als dem »zentralen Haftpunkt der reformatorischen Grunderkenntnisse und Denkstrukturen.«[4] Deshalb sind die reformatorischen Kirchen nicht episkopal verfasst, sondern communial-synodal und presbyteral. Theologisch wird das Bischofsamt als ein Pfarramt in kirchenleitender Funktion begriffen. Luther, der sich durchaus in Kontinuität zur Alten Kirche sah[5], unterstrich die Verborgenheit der Kirche, wenngleich diese freilich auch der Sichtbarkeit bedürfe, aber eben nachgeordnet. Die Einheit der Kirche wird primär als eine verborgene, spirituelle Wirklichkeit verstanden. Ausgehend von dem verborgenen und dem offenbaren Gott, wird dialektisch zwischen der unsichtbaren und der sichtbaren Kirche, zwischen dem Menschen als Gerechtem und Sünder unterschieden. Nur Gott kennt die Einheit all jener, die ihm angehören. Kirche ist überall dort, wo das Wort Gottes rein gepredigt und die Sakramente (Taufe und Abendmahl) stiftungsgemäß gespendet werden. Das »ist genug« (satis est) für die wahre und sichtbare Einheit der christlichen Kirchen (CA 7). Die Einheit ist Bekenntnis- und Verkündigungseinheit, die in der Abendmahlsgemeinschaft gelebt wird.[6] Unklar bleibt,

---

[4] *G. Gloege*, Gemeinde, begrifflich: RGG II (³1986), 1325–1329, hier 1329.
[5] *M. Luther*, WA 51,487 f.
[6] In ähnlicher Weise inklusiv ist die Ekklesiologie der Reformierten. Sie betonen aber stär-

inwieweit das Amt – nach CA 5 von Gott eingesetzt und der Ordination unter Gebet und Handauflegung bedürftig[7] – Bedingung für die Herstellung der Einheit ist. Aus evangelischer Sicht lässt sich das Verhältnis der Kirchen zueinander in einem kopernikanischen Modell beschreiben, bei dem alle Kirchen auf je ihre Weise auf Christus bezogen sind.

- Der römisch-katholischen Kirche geht es wie der der orthodoxen Tradition um ein sakramentales Verständnis von Kirche, ausgehend von der Inkarnation Gottes in Jesus Christus. An der geheimnisvollen Vereinigung von Gott und Mensch hat die Kirche durch Christus als sein Leib teil und erhält heilsmittlerische Funktion. Freilich ist in der Neuzeit dieses sakramentale Verständnis mehr und mehr verloren gegangen, zugunsten einer einseitigen Betonung der sichtbaren Dimension von Kirche. Katholische Theologen hielten an der Sichtbarkeit der Kirche fest. Weil die katholische Kirche die sichtbare Einheit immer bewahrt habe, seien die, die offensichtlich nicht mehr zu ihr gehören, Häretiker, Abtrünnige und Schismatiker; sie bilden auch keine Kirche. Die katholische Apologetik hielt an der historischen Einheit der katholischen Kirche mit der Kirche Jesu Christi sowohl ihrer verborgenen wie auch ihrer sichtbaren Dimension nach fest. Kirche konstituieren ihrer Meinung nach die Lehre der Apostel, die Sakramente und das kirchliche Amt. Die Argumentationsführung konzentrierte sich allerdings verstärkt auf die sichtbare, institutionelle Seite der Kirche. In der Hierarchie, so die Meinung, lebe jene Vollmacht fort, die Petrus und den Aposteln übertragen worden sei. Sie garantiere die Unvergänglichkeit, Unveränderlichkeit und Unfehlbarkeit der wahren Kirche Jesu Christi.

Die kontroverstheologische Apologetik versuchte die Identität zwischen der wahren Kirche Jesu Christi und der katholischen Kirche zu beweisen: Nur die römische Kirche mit dem Papst an der Spitze besitze die Merkmale, die zugleich die Eigenschaften der Kirche seien, und weil diese den anderen nur partiell oder gebrochen zukommen, hätten sie auf das Prädikat Kirche keinen Anspruch. Folglich handle es sich bei den aus der Reformation hervorgegangenen Kirchen um »sectae catholicae«, um häretische Gemeinschaften bzw. Religionsgemeinschaften oder Religionsparteien. Die Kirche Jesu Christi wurde also exklusiv mit der katholischen Kirche identifiziert und jeder Plural von

---

ker das Moment der Kirchenzucht, weshalb sie das Sichtbare der Kirche stärker hervorheben und bei ihnen sichtbare und unsichtbare Kirche ineinander gehen.

[7] CA V: BSLK 58 f.; ApolCA XIII: BSLK 293 f.

Kirchenfrage

Kirche als illegitim erklärt. Ein kirchlicher Relativismus war sowohl den Reformatoren als auch den katholischen Theologen gänzlich fremd.

Heute, nachdem sich die katholische Kirche auf dem Zweiten Vatikanum der Ökumenischen Bewegung geöffnet hat, kann der fundamentaltheologische Kirchentraktat nicht mehr konfessionalistisch konzipiert werden, vielmehr muss er sich der ökumenischen Aufgabestellung intensiv annehmen.

## 1.2. Ökumenische Bewegung und katholische Kirche

*H.-G. Stobbe*, Lernprozeß einer Kirche. Notwendige Erinnerung an die fast vergessene Vorgeschichte des Ökumenismus-Dekrets: P. Lengsfeld (Hg.), Ökumenische Theologie. Ein Arbeitsbuch, Stuttgart 1980, 71–123; *R. Frieling*, Der Weg des ökumenischen Gedankens, Göttingen 1992, 71–146; *F. Nüssel, D. Sattler*, Einführung in die ökumenische Theologie, Darmstadt 2008, 16–45; *P. Neuner*, Ökumenische Theologie. Die Suche nach der Einheit der christlichen Kirchen, Darmstadt 1997, 18–74; *Ch. Böttigheimer*, Communio Sanctorum. Kirche im ökumenischen Dialog: Cath 60 (2006), 53–68; Sakramentalität der Kirche. Die Konzilsaussage und ihre Implikationen: KNA – ÖKI Nr. 49 (4.12.2007), Thema der Woche, 1–8; Dem Wirken des Gottesgeistes Raum geben. Kirche als Sakrament im römisch-katholischen/evangelisch-lutherischen Dialog: ebd. Nr. 5–6 (29.1.2008), Thema der Woche 1–10; Grundkonsens statt Wesensdifferenz: Cath 51 (1999), 54–61; Die eine Taufe und die Vielfalt der Kirchen. Über die ökumenische Relevanz des Initiationssakramentes: ders., H. Filser (Hg.), Kircheneinheit und Weltverantwortung (FS Peter Neuner), Regensburg 2006, 515–537; Einzigkeit der Kirche Christi – Pluralität der Konfessionskirchen. Anmerkungen zum Schreiben der Kongregation für die Glaubenslehre: »Antworten auf Fragen zu einigen Aspekten bezüglich der Lehre über die Kirche«: US 62 (2007), 217–230.

### a) Ökumenischer Rat der Kirchen (ÖRK)

Die ökumenische Bewegung ist in ihrer institutionellen Form aus den reformatorischen, anglikanischen und orthodoxen Kirchen in drei Strängen hervorgegangen:

- *Internationaler Missionsrat (International Missionary Council):* Die erste Weltmissionskonferenz (Edinburgh 1910) des Internationalen Missionsrats gilt allgemein als Geburtsstunde der ökumenischen Bewegung. Die Weltmissionskonferenzen sollten der besseren Koordination missionarischer Aktivitäten zwischen den verschiedenen protestantischen Kirchen und Missionsgesellschaften dienen. Außerdem war man von der Auffassung geleitet, dass eine uneinige, zerstrittene Christenheit wenig attraktiv wirke und die Erfüllung des Missionsauftrags behindere.

- *Bewegung für Glauben und Kirchenverfassung (Faith and Order):* 1927 etablierte sich die Bewegung für Glauben und Kirchenverfassung auf ihrer ersten Weltkonferenz in Lausanne. Sie wollte die Möglichkeiten einer dogmatischen Einheit (im Glauben) und rechtlichen Einheit (in der Kirchenverfassung) ausloten. Das Augenmerk galt hier also der Orthodoxie.
- *Bewegung für Praktisches Christentum (Life and Work):* Die Bewegung für Praktisches Christentum hielt 1925 in Stockholm ihre erste Weltkonferenz ab. Sie bemühte sich um ein konkretes Zusammenwirken der christlichen Kirchen in diakonischen und sozialpolitischen Aufgaben, legte also den Schwerpunkt auf die Orthopraxie. Im Hintergrund stand ein zweifaches Einheitsmotiv: Noch ganz unter dem Eindruck des Ersten Weltkriegs sah man zum einen in der Förderung der zwischenkirchlichen Kooperation einen wichtigen Beitrag für die Bewahrung des Friedens. Zum anderen glaubte man, auf diesem Weg einer Überwindung der Spaltungen näher zu kommen, getreu dem Motto: Der Dienst eint, wo die Lehre trennt.

1937/38 beschloss man innerhalb von »Glauben und Kirchenverfassung« und »Praktischem Christentum« die Zusammenlegung zu einem gemeinsamen »World Council of Churches« (WCC) bekannt als: »Ökumenischer Rat der Kirchen« (ÖRK). Ihm gehören heute rund dreihundertfünfzig Kirchen an. Doch erst 1948 nach dem Zweiten Weltkrieg erfolgte der Zusammenschluss in Amsterdam. »Glauben und Kirchenverfassung« behielt dabei eine gewisse Eigenständigkeit innerhalb des ÖRK.

Der ÖRK ist keine eigene Kirche, sondern »eine Gemeinschaft von Kirchen, die den Herrn Jesus Christus gemäß der Heiligen Schrift als Gott und Heiland bekennen und darum gemeinsam zu erfüllen trachten, wozu sie berufen sind, zur Ehre Gottes des Vaters, des Sohnes und des Heiligen Geistes«, so die Basisformel. De jure und de facto ist er ein *Rat* von *Kirchen*. Er ist eine Organisation, die auf dem Wege der Verwirklichung der sichtbaren Einheit eine Hilfe darstellt, und es sind die Kirchen, die dieser Institution das Gepräge geben und für seine Existenz konstitutiv sind. Der ÖRK hat darum auch eine gewisse ekklesiologische Qualität und kann in Vertretung der Una Sancta sprechen und handeln. Doch er ist keine Körperschaft, die die Einheit schon irgendwie zum Ausdruck brächte.

1950 präzisierte man in Toronto die Mitgliedschaftsbedingung im ÖRK dahingehend, dass aus der Mitgliedschaft nicht die Verpflichtung folge, »alle anderen Mitgliedskirchen als Kirchen im wahren und vollen Sinn des Wortes« anzuerkennen, wohl aber die Anerkennung von »Elemente(n) der wahren

Kirche« bei den anderen.[8] Die Erklärung hebt hervor, dass keine der Mitgliedskirchen des ÖRK gehalten sei, die anderen Mitgliedskirchen als Kirchen im wahren und vollen Sinne zu betrachten. »Die Aufnahme lebendiger Beziehungen resultiert nicht aus der Erkenntnis, daß alle Kirchen als solche an der pneumatischen Realität vollen Anteil haben, sondern daraus, daß in allen christlichen Gemeinschaften wahre Gliedschaft am Leibe Christi möglich ist.«[9]

1961 wurde der Internationale Missionsrat auf der Vollversammlung des ÖRK in Neu Delhi in den ÖRK integriert. Seit dieser Vollversammlung ist die communio-Ekklesiologie im ÖRK präsent, und auf der Vollversammlung von Canberra (1991) setzte sie sich allgemein durch. Man fand folgende Einheitsformel: »Nach der Heiligen Schrift ist es Gottes Wille, die ganze Schöpfung unter der Herrschaft Jesu Christi zusammenzufassen, in dem durch die Kraft des Heiligen Geistes alle in die Gemeinschaft mit Gott geführt werden sollen (Eph 1). Die Kirche ist die Vorwegnahme dieser Gemeinschaft mit Gott und miteinander. Die Gnade unseres Herrn Jesu Christi, die Liebe Gottes und die Gemeinschaft des Heiligen Geistes befähigen die eine Kirche, als Zeichen der Herrschaft Gottes und Dienerin der Versöhnung mit Gott zu leben, die für die ganze Schöpfung verheißen und gegeben worden ist. Die Kirche ist berufen, Menschen mit Christus in der Kraft des Heiligen Geistes zu vereinen, Gemeinschaft im Gebet und Handeln sichtbar zu machen und so auf die Fülle der Gemeinschaft mit Gott, mit der Menschheit und der ganzen Schöpfung in der Herrlichkeit des Gottesreiches hinzuweisen.«[10]

Ab dem Jahr 1968 arbeitet die katholische Kirche durch einzelne Delegierte bei »Glauben und Kirchenverfassung« mit. Große Teile der nichtkatholischen Kirchen gehören mittlerweile dem ÖRK an – außer manchen Teilen der Pfingstkirchen und der katholischen Kirche. Der wichtigste Grund ist, dass aufgrund der Größe der katholischen Kirche durch ihren Beitritt erhebliche Probleme aufgeworfen würden: Ihre Delegierten würden über alle anderen dominieren oder aber der Proporz müsste zur Benachteiligung der katholischen Kirche stark geändert werden.

1992 erfolgte eine Strukturreform. Seither gliedert sich der ÖRK in ein Generalsekretariat und vier Programmeinheiten. In den Programmeinheiten

---

[8] *H. Döring*, Grundriß der Ekklesiologie, Darmstadt 1986, 214.
[9] Ebd., 214.
[10] Im Zeichen des Heiligen Geistes. Bericht aus Canberra 1991. Offizieller Bericht der Siebten Vollversammlung des Ökumenischen Rates der Kirchen, 7.–20. Februar 1991 in Canberra/Australien, hg. v. W. Müller-Römheld, Frankfurt a. M. 1991, 173 f.

I, II und IV wird an den traditionellen Anliegen von »Glauben und Kirchenverfassung«, »Internationalem Missionsrat«, »Weltrat für Christliche Erziehung« und »Praktischem Christentum« gearbeitet. Die Programmeinheit III repräsentiert die Zielsetzungen des sogenannten »Konziliaren Prozesses« für »Gerechtigkeit, Frieden und Bewahrung der Schöpfung«, einer in den 80er Jahren des letzten Jahrhunderts entstandenen Bewegung, die sich v. a. aus Impulsen der Befreiungstheologie, der Atomwaffengegner und der ökologischen Bewegung speist.

Innerhalb des ÖRK wird die Einheit durchaus unterschiedlich bestimmt. Die Bandbreite reicht von der Orthodoxie bis zur Orthopraxie und von der Christozentrik bis zur Theozentrik:

- *Orthodoxie bis zur Orthopraxie:* Das Einheitsband kann das Band der Liebe oder aber das des Glaubens sein. Demgemäß umfasst die Einheit alle Menschen guten Willens oder aber alle christlich Getauften, die Jesus als den Christus bekennen.

- *Christozentrik bis zur Theozentrik:* Das Einheitsband bestimmt sich von Jesus Christus her oder aber von Gott, so dass die Einheit alle gottesfürchtigen und rechtschaffenen Menschen und ihre Gemeinschaften umfasst. Die Spannungen zwischen einem christozentrischen und einem theozentrischen Einheitsverständnis entzünden sich innerhalb des ÖRK v. a. in Bezug auf das 1971 offiziell beschlossene Programm des interreligiösen Dialogs: Haben die interreligiösen Beziehungen ebenfalls eine ökumenische Qualität? Widerspricht das Dialog-Programm des ÖRK dem ursprünglichen ökumenischen Anliegen der gemeinsamen Mission (christozentrische Orientierung) oder bietet der Dialog die Grundvoraussetzung dafür, dass alle zu Gott gehörenden Menschen in den verschiedenen Religionen gemeinsam die »Mission Gottes« wahrnehmen, d. h. ihren Auftrag in der Welt (theozentrische Orientierung) erfüllen können?

Die ökumenische Bewegung kann rückblickend in drei Phasen eingeteilt werden:

- *ca. 1850 – Anfang 20. Jh.:* Die erste Phase ist durch den Zusammenschluss bzw. die Festigung der einzelnen Konfessionen auf Weltebene gekennzeichnet sowie durch private Initiativen einzelner Gruppen und Bewegungen mit dem Ziel einer ökumenischen Zusammenarbeit in der Friedensbewegung, der Bibel- und Jugendarbeit, der Arbeiterseelsorge bis hin zur christlichen Mission.

- *Anfang – Mitte 20. Jh.:* Die Katastrophe des Ersten Weltkrieges führte zu einer intensiveren Reflexion über die Kirche. Seither engagieren sich die großen christlichen Kirchen, außer der katholischen Kirche, in einer kirchenamtlichen Ökumene. Hervorzuheben sind etwa die Weltmissionskonferenz in Edinburgh (1910), die bemerkenswerte Enzyklika des Ökumenischen Patriarchates von Konstantinopel »An die Kirchen Christi überall« (1920), welche als Motto 1 Petr 2,2: »darum hört nicht auf, einander von Herzen zu lieben« übernimmt und praktische Vorschläge für eine Zusammenarbeit der Kirchen macht, die Weltkirchenkonferenz für Praktisches Christentum 1925 in Stockholm, die Weltkirchenkonferenz für Glauben und Kirchenverfassung 1927 in Lausanne sowie die Gründung des Ökumenischen Rates der Kirchen (ÖRK) 1948 in Amsterdam.

• *Seit Mitte 20. Jh.*: Die dritte Phase beginnt mit der Arbeit der ÖRK und der Öffnung der römisch-katholischen Kirche für die ökumenische Bewegung auf dem Zweiten Vatikanum.

### b) Vorkonziliare Theorien kirchlicher Zugehörigkeit

Bis zum Zweiten Vatikanum wurde die Kirche Jesu Christi mit der katholischen Kirche exklusiv identifiziert und jeder Plural von Kirche als illegitim erklärt. Damit konnten die anderen Religionsparteien keine Instrumente zum Heil darstellen. Für die Ökumene bedeutete dies, dass sich katholischerseits nur ein Weg als legitim erwies: die Rückkehr zur katholischen Kirche (Rückkehrökumenismus). Darin liegt der Grund, weshalb sich die katholische Kirche bis zum Zweiten Vatikanischen Konzil gegenüber der ökumenischen Bewegung recht ablehnend verhielt, ja diese gar verurteilte. Die Enzyklika »Mortalium Animos« (1928) von Papst Pius XI. (1922–39) verbot den Katholiken jede ökumenische Mitarbeit und bezeichnete die ökumenische Bewegung gar als »große Gottlosigkeit«.[11] Als möglicher Weg der Vereinigung galt allein die Rückkehr in den Schoß der katholischen Kirche. Die Enzykliken »Mystici Corporis« (1943) und »Humani Generis« (1950) bekräftigten die ablehnende Haltung Roms. Die Instruktion des Hl. Officiums vom 20. 12. 1949 erlaubte dann aber erstmals das Weitergehen auf dem ökumenischen Weg. Diese Tendenz verfestigte sich mit der Errichtung des »Sekretariats für die Einheit der Christen« im Kontext des Zweiten Vatikanums. Mit der Öffnung gegenüber der ökumenischen Bewegung stellte sich u. a. die Frage nach dem kirchlichen Status nichtkatholischer Christen.

Schon zur Zeit der Gegenreformation bedurfte die Kirchengliedschaft einer näheren Definition. Im Anschluss an Bellarmin wurde die sog. Tria-Vincula-Lehre weithin verbindlich, wonach ein dreifaches Band die Zugehö-

---

[11] *Papst Pius XI.*, Rundschreiben »Mortalium animos«. Über die wahre Förderung der Einheit im Glauben (6. 1. 1928), übers. und erläutert v. Prof. Dr. v. Meurers, Trier 1928, 14.

rigkeit zur Kirche Jesu Christi konstituiere: »das Bekenntnis des wahren Glaubens, die Gemeinschaft der Sakramente und die Unterwerfung unter den legitimen Hirten, den römischen Papst. Aufgrund des ersten Teiles werden alle Ungläubigen ausgeschlossen … Aufgrund des zweiten Teils werden die Katechumenen und die Exkommunizierten ausgeschlossen … Aufgrund des dritten Teils werden die Schismatiker ausgeschlossen, die … sich nicht dem legitimen Hirten unterwerfen und deshalb außerhalb [der Kirche] den Glauben empfangen und die Sakramente empfangen. Zugehörig aber sind alle anderen, selbst wenn sie schlecht, verbrecherisch und gottlos sind.«[12] Nach der »Tria-Vincula-Lehre« können nichtkatholische Christen nicht der katholischen bzw. wahren Kirche Jesu Christi angehören – beide wurden miteinander identifiziert. Sie sind damit auch nicht Glieder des Leibes Christi. Wie der Leib Christi nur einer sei, so gäbe es auch nur eine wahre Kirche und das sei die katholische. Weil ihr die Einheit nicht genommen werden könne, könnten ihr die Abspaltungen nichts anhaben und könne es neben und außerhalb der katholischen Kirche keine weiteren kirchlichen Wirklichkeiten geben. Daraus folgerte die Enzyklika »Mystici corporis« konsequent: Es »ist, wer sich weigert, die Kirche zu hören, auf Geheiß des Herrn als Heide und öffentlicher Sünder anzusehen [vgl. Mt 18,17].« (DH 3802)

Anfang des 20. Jh.s konnte diese Sichtweise immer weniger überzeugen. Zum einen erschien die Identifizierung von Christus und katholischer Kirche zunehmend fragwürdig und zum anderen übte die ökumenische Bewegung ihren Einfluss aus. Zur Bestimmung des kirchlichen Status nichtkatholischer Christen boten sich verschiedene Modelle an:

- *Lehre vom votum:* Es wurde versucht, die Zugehörigkeit nichtkatholischer Christen zur katholischen Kirche von der traditionellen »Votum-Lehre« her einsichtig zu machen: Wie es ein Votum, einen guten Willen zur Taufe gibt (Begierdentaufe), so gäbe es auch ein Votum zur katholischen Kirche, so dass analog von einer Begierdenzugehörigkeit gesprochen werden könne. Dies bedeutet, dass jemand infolge seines inneren Verlangens an die katholische Kirche gebunden sein kann, selbst wenn er davon explizit nichts weiß, ja dies sogar leugnet. Allerdings blieb bei der Theorie vom »votum ecclesiae« die kirchliche Dimension außen vor, kann doch gemäß der traditionellen Votum-Lehre ein Votum immer nur Einzelnen zuerkannt werden, nicht aber einer Gemeinschaft als Ganzer. Bei Institutionen und Körperschaften könne man nicht von einem »Tun guten Willens«

---

[12] Texte zur Theologie, Abt. 5 Dogmatik, hg. v. W. Beinert, Ekklesiologie II, bearb. v. P. Neuner, Ekklesiologie II, Graz 1995, 97.

sprechen. Mit der Vernachlässigung der kirchlichen Dimension blieb auch die Frage nach der konkreten, einen Kirche ausgeklammert.

- *Teilhabe-Gedanke:* Die Unterscheidung zwischen tätiger und konstitutioneller Kirchengliedschaft ermöglichte es, die in der Taufe begründete, konstitutionelle Mitgliedschaft nichtkatholischer Christen zu würdigen. Ihre Verbindung zur Kirche bestehe nicht bloß aufgrund eines Wunsches, sondern sei sakramentaler Art. Der Teilhabe-Gedanke geht davon aus, dass alle konkreten Kirchen je auf ihre Weise an der Heilswirklichkeit der einen Kirche Christi teilhaben, trotz äußerer Unterschiedenheit und Trennung. Dies darf jedoch nicht dazu verleiten, das konkrete Kirchesein als eine rein geistige Größe zu verstehen; Kirche hat immer eine konkrete Erscheinung; sie ist Institution mit ganz bestimmten Strukturen, die man nicht teilen kann, und die folglich auch nicht mitteilbar sind. Nichtsdestotrotz ist der Teilhabegedanke ein in der Theologie bedeutsamer Grundbegriff. Er kann die Teilhabe der verschiedenen Kirchen an dem, was allen Kirchen gemeinsam ist, zum Ausdruck bringen. Zudem lässt er viele Grade und Stufen des Teilhabens an der katholischen Fülle zu, ohne von der Konkretheit der Kirche absehen zu müssen.

- *Koινωνία:* Dieser Begriff möchte die Teilhabe (participatio) und die Gemeinschaft (communio) zusammendenken. Das gelingt ihm, indem er auf das Geheimnis des dreifaltigen göttlichen Lebens verweist, das den Menschen offen steht, und durch das Gemeinschaft unter ihnen gestiftet wird. Gemeinschaft mit Gott verwirklicht sich in der Gemeinschaft mit den Menschen und durch sie hindurch. Konkret stellt die Eucharistie diese Gemeinschaft Gottes mit den Menschen und der Menschen untereinander dar und ist ihre Verwirklichung. So drückt sich in der κοινωνία die Beziehung der Kirchen zueinander aus. Bei der Deutung gerade dieses Begriffs ist immer wieder die Versuchung gegeben, aus den vielen Möglichkeiten eine Auswahl kirchenkonstitutiver Elemente zu treffen und die übrigen Elemente aus den Augen zu verlieren.

- *Elementen-Theorie:* Sie begründete eine wirkliche, gestufte Kirchengliedschaft. Immer wieder wurde von Werten und Wertvollem, von Spuren, Realitäten und Bruchstücken des Kircheseins in den anderen kirchlichen Gemeinschaften gesprochen. So betonte beispielsweise schon Papst Pius XI. gegenüber den orthodoxen Kirchen: »[D]ie abgespalten Teile eines goldhaltigen Steins sind doch ebenfalls goldhaltig.«[13] Mit Hilfe der Theorie von Spuren und Elementen in anderen Kirchen wurde also die

---

[13] Zit. n. *G. H. Tavard*, Geschichte der Ökumenischen Bewegung, Mainz 1964, 120.

kirchliche Wirklichkeit nichtkatholischer Gemeinschaften umschrieben. Es gibt eine Kirchenzugehörigkeit in mehreren Stufen, in die sogar Nichtgetaufte einbezogen werden können. Schon vor dem Konzil setzte sich die Elemententheorie durch. Auch der ökumenischen Bewegung der vergangenen Jahre ist dieses Denken nicht fremd. Die sog. Toronto-Erklärung formuliert: »Allgemein wird in den verschiedenen Kirchen gelehrt, daß andere Kirchen bestimmte Elemente der wahren Kirche haben, die in manchen Traditionen *vestigia ecclesiae* genannt werden.«[14]

### c) Elementen-Ekklesiologie

Das Zweite Vatikanum war ein Konzil der Erneuerung, das der Ökumene eine hohe Bedeutung einräumte, der ökumenischen Frage grundsätzlich offen gegenüberstand und kein Thema aus der ökumenischen Perspektive ausklammerte. Die Konzilsväter erkannten in der ökumenischen Bewegung nun das »Wehen der Gnade des Heiligen Geistes« und ermahnten jetzt sogar »alle katholischen Gläubigen … mit Eifer an dem ökumenischen Werk« teilzunehmen (UR 4).

Das konziliare, sakramental vertiefte Kirchenverständnis wurde auch für die Ökumene fruchtbar gemacht. Weil der exklusive Wahrheitsanspruch der katholischen Kirche aufgegeben wurde, konnten nunmehr die kirchlichen Elemente auch außerhalb ihrer selbst gewürdigt werden – allen voran die Taufe. Sie sei das wichtigste sakramentale Element (UR 22). Sie ist ein sichtbares Zeichen für die Verbundenheit der Kirchen in Jesus Christus. Die Taufe schafft darum auch eine besondere Verbundenheit mit der katholischen Kirche, zusammen mit den in ihr eingeschlossenen Implikaten: Schrift als Glaubens- und Lebensform, Empfang der Sakramente der jeweiligen Kirchen oder kirchlichen Gemeinschaften, Gemeinschaft im Gebet und in anderen geistlichen Gütern sowie eine wahre Verbindung im Hl. Geist. Vor diesem Hintergrund lehrte das Konzil erstmals, dass jene, die »in rechter Weise die Taufe empfangen« haben, der »Ehrenname des Christen« zukommt und sie »durch den Glauben in der Taufe gerechtfertigt und Christus eingegliedert sind«, weshalb sie »mit Recht … von den Söhnen der katholischen Kirche als Brüder im Herrn anerkannt« werden (UR 3).

Die Elemententheorie erkennt bei den Nichtkatholiken nicht nur subjektive Motive an, sondern auch objektive Elemente von Kirchlichkeit. Auf ihrer Basis erfuhr der kirchliche Status der von der katholischen Kirche getrennten

---

[14] *L. Vischer* (Hg.), Die Einheit der Kirche. Material der ökumenischen Bewegung, München 1965, 258.

Brüder eine Neubewertung, verbunden mit dem Gedanken einer gestuften Kirchengliedschaft (LG 14–16):

- *plene incoporari:* Die »voll Eingegliederten« sind die Mitglieder der katholischen Kirche;
- *coniunctum esse:* Die mit der Kirche »Verbundenen« sind alle nichtkatholischen Christen;
- *ordinatum esse:* Die auf die Kirche »Hingeordneten« sind alle gottsuchenden Menschen, wobei in erster Linie die Juden, danach die Muslime genannt werden und nicht zuletzt die schuldlosen Atheisten.

Das Konzil greift zwar auf den Sprachgebrauch der Elemententheorie zurück, führt die Elementen-Ekklesiologie jedoch an einem entscheidenden Punkt weiter: Wie bei der gestuften Kirchenzugehörigkeit werden die Elemente der wahren Kirche Jesu Christi nicht bloß willkürlich aufgezählt, sondern auf eine gemeinsame Mitte hin bezogen und als Grundfunktionen und Wesensbestimmungen von Kirche verstanden: Aus diesen »Elemente[n] oder Güter[n]« wird »die Kirche erbaut« und gewinnt »ihr Leben« (UR 3). Zudem werden die verschiedenen Elemente in eine wohlbedachte Ordnung gebracht (LG 14–16) – von innen nach außen: Zuerst werden die spirituellen Elemente genannt, dann erst die äußeren, sichtbaren: »das geschriebene Wort Gottes, das Leben der Gnade, Glaube, Hoffnung und Liebe und andere innere Gaben des Heiligen Geistes und sichtbare Elemente« (UR 3). Erst die Ganzheit dieser Elemente und ihre Ausrichtung auf die Mitte hin macht das Wesen der Kirche aus. Damit wird eine rein juridische Denkweise überwunden. Die volle Kirchenzugehörigkeit kommt freilich jenen zu, die nicht nur »im Besitze des Geistes Christi« sind (LG 14), sondern weitere Elemente aufweisen: die Annahme der ganzen Ordnung der Kirche und aller »in ihr eingerichteten Heilsmittel« sowie »in ihrem sichtbaren Verband mit Christus, der sie durch den Papst und die Bischöfe leitet, verbunden sind, und dies durch die Bande des Glaubensbekenntnisses, der Sakramente und der kirchlichen Leitung und Gemeinschaft.« (LG 14).

Die veränderte Sichtweise der »verbundenen Brüder« verlangte nach einer Neubewertung jener Gemeinschaften, in denen diese ihr Christsein leben. »Die Erkenntnis, dass ἐκκλησία (Kirche) und ἀδελφότης (Brüderschaft) gleichbedeutend sind«[15], legte es nahe, ausgehend von einer gestuften Kirchengliedschaft, auch das Verhältnis zwischen der katholischen Kirche und anderen christlichen Kirchengemeinschaften differenziert zu bestimmen. Die Konzilsväter räumten ein, dass »einige, ja sogar viele und bedeutende Ele-

---

[15] *J. Ratzinger Benedikt XVI.*, Die christliche Brüderlichkeit, München 2006, 116.

mente oder Güter, aus denen insgesamt die Kirche erbaut wird und ihr Leben gewinnt, auch außerhalb der sichtbaren Grenzen der katholischen Kirche existieren können« (UR 3). Der Taufe kommt als dem sakramentalen Band der Einheit in Christus (UR 22) zweifellos eine institutionelle, kirchenbegründende Wirkung zu, doch finden sich daneben noch weitere »wahre Sakramente« (UR 15). All diese kirchlichen Elemente außerhalb der katholischen Kirche dienen als Mittel des Heiles und sind grundsätzlich als Frucht des Hl. Geistes anzuerkennen (UR 3, 19; LG 8, 15; AG 15). Gemeinschaften, in denen diese Elemente empfangen und vermittelt werden, bewirken christliches Leben und besitzen darum kirchliche Qualität. Das Konzil bezeichnet sie deshalb als »Kirchen oder kirchliche [...] Gemeinschaften« (LG 15). Mit dieser Bezeichnung wird zum Ausdruck gebracht, dass in allen christlichen Gemeinschaften wahre Gliedschaft am Leib Christi möglich ist. Allerdings hat es das Konzil offen gelassen, welche Konfessionen mit Kirche und welche mit kirchlicher Gemeinschaft gemeint sind.

Die ersten Textentwürfe unterschieden zwischen den Kirchen des Ostens, denen allein der Titel Kirchen vorbehalten war, und den Gemeinschaften des Westens, die aus der Reformation hervorgegangen waren. Doch diese Differenzierung erregte Widerspruch. Die nichtkatholischen Konzilsbeobachter meinten, es sei »hart zu hören« und »dient nicht dem ökumenischen Fortschritt«[16] und die Anglikaner bekräftigten, »als ›Kirche‹ im theologischen Sinne betrachtet zu werden«, da sie, wie die orthodoxen Kirchen, das Amt ebenfalls gültig bewahrt hätten.[17] In der dritten Sitzungsperiode einigte man sich schließlich darauf, den Titel »Kirche« den orthodoxen Kirchen zuzuerkennen und die Konfessionen des Westens generell als »Kirchen und kirchliche Gemeinschaften« zu bezeichnen, ohne näher zu klären, welche Konfessionen als Kirchen und welche als kirchliche Gemeinschaften zu werten seien.

### d) Existenzformen der Kirche Jesu Christi

Dem Zweiten Vatikanum gelang im Zuge einer sakramental erneuerten Ekklesiologie die verborgene und sichtbare Dimension von Kirche einander neu zuzuordnen und damit zu einer theologischen Offenheit gegenüber anderen Kirchen und kirchlichen Gemeinschaften zu finden. Dieser Wandel hatte einen zweifachen Grund:

---

[16] *L. Jaeger*, Das Konzilsdekret »Über den Ökumenismus«. Sein Werden, sein Inhalt und seine Bedeutung, Paderborn ²1968, 43.
[17] Ebd., 46 f.

- Es setzte sich die Einsicht durch, dass die Kirchenspaltung nicht bis zur Wurzel des christlichen Glaubens reicht, sondern ein »gemeinsames Erbe« fortbesteht (UR 3, 4; LG 8, 15). Eine unvollkommene Einheit zwischen allen Getauften und deren Kirchen besteht also nach wie vor. Trotz aller Spaltung existiert die eine, verborgene Gemeinschaft aller Glaubenden, begründet in der Beziehung zu Christus, konkret in dem sakramentalen Band der gültigen Taufe. »Denn wer an Christus glaubt und in rechter Weise die Taufe empfangen hat, steht dadurch in einer gewissen, wenn auch nicht vollkommenen Gemeinschaft mit der katholischen Kirche.« (UR 3)
- Anders als noch in der Enzyklika »Mystici corporis«, werden Kirche und mystischer Leib Christi nicht mehr einfach miteinander identifiziert. Die Differenzierung wurde mit Hilfe des Gedankens der Sakramentalität möglich: Die Kirche ist ein Mysterium; sie besitzt einen sakramentalen Charakter und ist umfassender als die spezifisch katholische Kirche.

Auf dem Konzil wurde die Sakramentalität der Kirche mit Hilfe »einer nicht unbedeutenden Analogie« (LG 8) näher umschrieben. Die faktische Kirche und die Kirche des Glaubensbekenntnisses werden mit Hilfe der christologischen Zwei-Naturen-Lehre einander zugeordnet. Demnach ist die faktische, institutionelle Kirche mit der Kirche als Mysterium vergleichsweise so eins, wie die menschliche Natur Christi mit dem göttlichen λόγος. Die faktische, in der Geschichte existierende Kirche dient der Kirche Jesu Christi als konkrete Erscheinungsform in der Welt. »Analog zur Einheit der beiden Naturen in Christus ist die in der Geschichte existierende Kirche die konkrete Form, wie die im Heilsplan Gottes gründende Kirche in Raum und Zeit eine Verwirklichung findet«.[18] Analog zu den beiden Naturen in Christus darf die katholische Kirche nicht mehr mit der Kirche Christi direkt und exklusiv gleichgesetzt werden. »Diese Kirche [die Kirche des Glaubensbekenntnisses], in dieser Welt als Gesellschaft verfaßt und geordnet, ist verwirklicht [»subsistit in«: »hat ihre konkrete Existenzform«, »ihre bleibende Wirklichkeit«] in der katholischen Kirche, die vom Nachfolger Petri und von den Bischöfen in Gemeinschaft mit ihm geleitet wird« (LG 8). Das erste Schema »Über den Ökumenismus« hatte noch formuliert: »Haec igitur Ecclesia ... est Ecclesia Catholica, a Romano Pontifice et Episcopis in eius communione gubernata«. Das exklusive »est« wurde durch das positive und offene »subsistit in« ersetzt. Die nicht mehr exklusive, sondern analoge Zuordnung von katholischer Kir-

---

[18] *P. Neuner*, Belastung für die Ökumene. Anmerkungen zum Kirchenverständnis in einem Dokument der Glaubenskongregation: in: StZ 218 (2000), 723–737, hier 729.

che und Kirche Jesu Christi verbindet Einheit und Verschiedenheit miteinander. »Höchstes Vorbild und Urbild des Geheimnisses der Einheit der Kirche ist die Einheit des einen Gottes, des Vaters und des Sohnes im Heiligen Geist in der Dreiheit der Personen« (UR 2).

Die Kirche Jesu Christi wird als subsistierend beschrieben. Subsistenz (subsistere: stehen, verharren) ist das gänzlich selbstständige, nicht von anderem abhängige, sich zeitlich durchhaltende Sein, das Bestehen durch sich selbst. Der Begriff drückt also aus, dass die eine Kirche Christi unabhängig von menschlichem Tun oder Unterlassen in, mit und unter dem »sichtbaren, gesellschaftlichen Gefüge« der katholischen Kirche real präsent ist. Sie ist also kein »Menschenwerk«, wie die Übersetzung »ist verwirklicht« missverstanden werden kann. Die katholische Kirche ist die institutionelle, konkrete Existenzform »der von Christus gewollten Kirche, aber die Verwirklichung der Kirche erschöpft sich nicht im Institutionellen. Schon gar nicht ist die katholische Kirche ›lateinisch‹. In diesem ökumenischen Geist wird die Kirche hier (und öfters) nicht als ›römisch‹, der Nachfolger Petri nicht als ›Pontifex Romanus‹ bezeichnet; entsprechende frühere Formulierungen wurden gestrichen.«[19]

Anstelle einer Identifizierung der Kirche Gottes mit der römisch-katholischen Kirche wird nun gesagt, dass die katholische Kirche eine Existenzform der Kirche Gottes sei. Durch diese Selbstrelativierung kommt zum Ausdruck, dass auch für die römisch-katholische Theologie die Katholizität bzw. Einheit der Kirche im Vollsinn mehr besagt als das, was innerhalb der eigenen Kirche an Einheit vorhanden ist; alle Christen müssten deshalb katholisch werden. Bewusst wird zwischen der eschatologischen Gesamtstruktur der Kirche und der sichtbaren Konkretheit der römisch-katholischen Kirche unterschieden. Damit wird implizit eingeräumt, dass es neben der römisch-katholischen Kirche noch andere Subsistenzen der wahren Kirche Jesu Christi geben kann. Die Katholizität des Glaubensbekenntnisses greift über das Gefüge der römisch-katholischen Kirche hinaus. So subsistiert etwa auch in den orthodoxen Kirchen die Kirche Jesu Christi (UR 14–18) – obgleich sie nicht in Gemeinschaft mit dem Papst stehen. Doch sie haben das Bischofs- und Priesteramt und die Feier des Herrenmahls gültig bewahrt.

Bis zum Zweiten Vatikanum hatte man den Kirchen der Reformation jede kirchliche Dignität abgesprochen. Doch aufgrund der Differenzierung zwischen der Kirche Christi und ihrer konkreten Existenzform erschienen plötzlich die Kirchen der Reformation in einem neuen Licht. Auch sie stellen eine kirchliche Wirklichkeit dar, weil in ihnen »vielfältige Elemente der Heiligung

[19] K. Rahner, H. Vorgrimler, Kleines Konzilskompendium, Freiburg i. Br. [18]1985, 107.

und der Wahrheit zu finden sind« (LG 8). Hier kommt also auch die Elemen-ten-Ekklesiologie zum Tragen; Elemente von Kirche werden auch außerhalb der eigenen entdeckt und gewürdigt: Hl. Schrift, religiöser Eifer, Glaubens-bekenntnis, Sakramente, Ämter, Gemeinschaft im Gebet und den geistlichen Gütern – und eben die »wahre Verbindung im Heiligen Geist«.

Verschiedene Elemente der wahren Kirche Christi können auch außer-halb der katholischen Kirche vorhanden sein. »In dem Maße, in dem ... [sie es] sind, ist die eine Kirche Christi in ihnen wirksam gegenwärtig.«[20] Damit wird eine gewisse Pluralität von Kirche anerkannt: Es gibt analoges (ver-gleichbares) Kirchesein – ein univokes (einförmiges) Kirchesein ist nicht Bedingung von Kirchengemeinschaft[21], ähnlich wie es ja auch in der Recht-fertigungslehre unterschiedliche Akzentsetzungen geben darf. Für den Öku-menismus ergibt sich daraus, dass die anderen Kirchen und kirchlichen Ge-meinschaften ihre ekklesialen Elemente noch erweitern müssen, zumindest um jene, die für die Subsistenz der einen Kirche Jesu Christi in ihnen unbe-dingt erforderlich sind. Zu nennen wäre hier besonders die Fülle der sakra-mentalen Strukturelemente, näherhin das ekklesiale Element des historischen Bischofsamtes.

Für den ökumenischen Dialog wäre es hilfreich, im Rahmen der Elemen-ten-Ekklesiologie zu fragen, ob sich nicht auch in den anderen Kirchen und kirchlichen Gemeinschaften jene konstitutiven Elemente finden lassen, die zur wahren Kirche Jesu Christi gehören. Entscheidend dabei sind weniger die zeichenhaften Strukturelemente als vielmehr die inneren Elemente, die Gaben des Geistes und die dadurch bewirkte sakramentale Lebenswirklich-keit. Hierauf müsste sich die Frage nach dem Kirchesein anderer Konfessio-nen zunächst richten. Die institutionellen Elemente sind freilich nicht un-wichtig, doch für die Einheit der Kirche sind sie nicht die einzigen Kriterien.

### e) »Hierarchia veritatum«

Die These, dass Rangunterschiede innerhalb der kirchlichen Lehraussagen einzuräumen seien, sofern diese auf das Fundament des christlichen Glau-bens bezogen werden, wird ausdrücklich auch vom Zweiten Vatikanum in seinem Ökumenismusdekret vertreten: »Beim Vergleich der Lehren miteinan-der soll man nicht vergessen, daß es eine Rangordnung oder ›Hierarchie‹ der

---

[20] *Papst Johannes Paul II.*, Enzyklika »Ut unum sint«. Über den Einsatz für die Ökumene (25.5.1995) (VApSt 121), hg. v. Sekretariat der Deutschen Bischofskonferenz, Bonn 1995, Nr. 11.
[21] *W. Kasper*, Wege der Einheit. Perspektiven für die Ökumene, Freiburg i. Br. 2004, 94.

Wahrheiten innerhalb der katholischen Lehre gibt, je nach der verschiedenen Art ihres Zusammenhangs mit dem Fundament des christlichen Glaubens.« (UR 11) Hier wird deutlich, dass im ökumenischen Gespräch auf eine qualitative Differenzierung kirchlicher Lehraussagen nicht verzichtet werden kann. [22]

Mit der vom Zweiten Vatikanum eingeräumten »hierarchia veritatum« ist keine vordergründige quantitative Reduktion gemeint, vielmehr handelt es sich um den Beginn einer »tiefgreifende[n] Konzentrationsbewegung«. [23] Das »im Zweiten Vatikanum ausgesprochene Prinzip von der ›Hierarchie der Wahrheiten‹ [ist] ein Prinzip nicht der Selektion, sondern der rechten Interpretation«. [24] Darauf machte bereits die Begründung des Konzilstextes aufmerksam, die in Bezug auf den ökumenischen Dialog aussagt: »›Es dürfte für den ökumenischen Dialog von größter Bedeutung sein, daß sowohl die Wahrheiten, in denen die Christen übereinstimmen, wie auch die Unterscheidungslehren mehr gewogen als nur aufgezählt werden. Obwohl zweifellos alle geoffenbarten Wahrheiten mit demselben göttlichen Glauben festzuhalten sind, so unterscheidet sich doch ihre Bedeutung und ihr ›Gewicht‹ jeweils nach ihrer Verbundenheit mit der Heilsgeschichte und mit dem Mysterium Christi.‹« [25]

Weil es bei der Rangordnung der Glaubenswahrheiten innerhalb der katholischen Lehre also auf deren Gewichtigkeit, nämlich auf deren mehr oder weniger engen Bezug zum »Fundament des christlichen Glaubens« ankommt, handelt es sich hier um eine qualitative Bestimmung, die demnach im Sinne einer Konzentration auf das »Ur-Mysterium, welches Christus selbst ist« [26], nichts mit einer quantitativen Reduktion zu tun hat. »Im Sinne des Konzils muß von solchen geoffenbarten Wahrheiten« gesprochen werden, »die fun-

---

[22] Gemeinsame Synode der Bistümer in der Bundesrepublik Deutschland. Offizielle Gesamtausgabe, Pastorale Zusammenarbeit im Dienst der Einheit, Freiburg i. Br. 1976, 765–806, hier 780.

[23] *U. Valeske*, Hierarchia Veritatum. Theologiegeschichtliche Hintergründe und mögliche Konsequenzen eines Hinweises im Ökumenismusdekret des II. Vatikanischen Konzils zum zwischenkirchlichen Gespräch, München 1968, 171.

[24] *H. Fries, K. Rahner*, Einigung der Kirchen – reale Möglichkeit, 31; *H. Fries*, Dienst am Glauben. Aufgaben und Probleme der theologischen Arbeit, München 1981, 77.

[25] *L. Kardinal Jaeger*, Das Konzilsdekret »Über den Ökumenismus«. Sein Werden, sein Inhalt und seine Bedeutung. Lateinischer und deutscher Text mit Kommentar, Paderborn 1965, 98.

[26] *H. Mühlen*, Die Lehre des Vatikanums II über die »hierarchia veritatum« und ihre Bedeutung für den ökumenischen Dialog: ThGl 56 (1966), 303–335, hier 311.

damental sind, und solchen, die auf diese zurückgeführt werden können«[27], so wie dies schon in der thomasischen Lehre von den Glaubensartikeln sowie in der Unterscheidung der traditionellen Schultheologie zwischen der fides explicita und implicita zum Ausdruck kam.

Wenngleich das Konzil an der traditionellen Lehre festhält, dass wohl innerhalb des Glaubensgutes, nicht aber in Bezug auf den Glaubensgehorsam zu differenzieren sei, so kann dennoch unter einem inhaltlichen Aspekt gesagt werden, dass das Ökumenismusdekret im Zusammenhang mit der »hierarchia veritatum« die Frage nach dem »Fundament des christlichen Glaubens« aufwirft, wie auch schon »für Luther selbst … die zentripetale Kraft der Theologie wesentlich war«.[28] In die Richtung der Konzentration theologischer Aussagen weisen auch die Überlegungen der Weltkonferenz für Glauben und Kirchenverfassung in Lund (1952), die davon ausgehen, dass in der Frage der Ekklesiologie allein die Christologie den kriteriologischen Weg der Einheit weisen kann: »Wir haben klar erkannt, daß wir keinen wirklichen Fortschritt auf Einheit hin machen können, wenn wir nur unsere verschiedenen Vorstellungen vom Wesen der Kirche und die Traditionen, denen sie eingefügt sind, miteinander vergleichen. Es hat sich wiederum gezeigt, daß wir einander näherkommen, indem wir Christus näher kommen.«[29]

Erfreulicherweise besteht seit der Unterzeichung der »Gemeinsamen Erklärung zur Rechtfertigungslehre« (1999), des bislang von der katholischen Kirche und des Lutherischen Weltbundes einzig offiziell ratifizierten ökumenischen Dokuments, Einigkeit darüber, dass es innerhalb der Hierarchie der Wahrheiten der Rechtfertigungsartikel sei, der über das dogmatische Gewicht der einzelnen theologischen Wahrheiten entscheidet. Er gilt als »Maßstab oder Prüfstein des christlichen Glaubens«, dem »keine Lehre widersprechen« darf. Ausdrücklich wird festgestellt, dass die Rechtfertigungslehre »ihre einzigartige Bedeutung im Gesamtzusammenhang des grundlegenden trinitarischen Glaubensbekenntnisses der Kirche« hat.[30] Von hier aus kann zwischen dogmatischem Leichtgewicht und dogmatischem Schwergewicht konkret unterschieden werden.

---

[27] Ebd., 304.
[28] *H. L. Martensen*, Luthers ökumenische Bedeutung heute: Lutherische Monatshefte 6 (1967), 9–14, hier 13.
[29] *L. Vischer* (Hg.), Die Einheit der Kirche. Material der ökumenischen Bewegung, München 1965, 93 f.
[30] Gemeinsame Erklärung zur Rechtfertigungslehre des Lutherischen Weltbundes und der Katholischen Kirche. Anhang (Annex) zur gemeinsamen offiziellen Feststellung (E 3): DwÜ III (2003), 438–441, hier 440.

## 2. Ökumenische Zielvorstellungen und Einigungsmodelle

### 2.1. Problematik

*H. Döring*, Ökumene vor dem Ziel, Frankfurt a. M. 1998, 233–255; *K. Raiser*, Ökumene im Übergang. Paradigmenwechsel in der ökumenischen Bewegung, München 1989, 11–49; *F. Nüssel, D. Sattler*, Einführung in die ökumenische Theologie, Darmstadt 2008, 120–150; *H. Meyer*, Ökumenische Zielvorstellungen, Göttingen 1996, 11–16; *P. Neuner*, Ökumenische Theologie. Die Suche nach der Einheit der christlichen Kirchen, Darmstadt 1997, 281–296; *Ch. Böttigheimer*, Das Ringen um die Einheit der Kirchen. Chancen und Schwierigkeiten des ökumenischen Modells der »versöhnten Verschiedenheit«: StZ 217 (1999), 87–100; Ökumene ohne Ziel? Ökumenische Einigungsmodelle und katholische Einheitsvorstellungen: ÖR 52 (2003), 174–187; Einheit ja, aber welche? Über die Problematik ökumenischer Zielbestimmung: StZ 223 (2005), 24–36.

*a) Schwierigkeiten der ökumenischen Bewegung*
Mit der Formulierung eines Ziels ist nicht schon automatisch auch dessen Gestalt näher bestimmt. Auf die ökumenische Problemstellung angewandt bedeutet dies, dass mit dem Ziel des ökumenischen Prozesses, nämlich der Kircheneinheit, über deren konkrete Form noch nichts ausgesagt ist. Geht es darum, Struktur und Ordnung der Una Sancta näher zu bestimmen, kann dies auf höchst unterschiedliche Weise geschehen. Tatsächlich finden sich in der ökumenischen Diskussion sehr divergierende Vorstellungen über die angezielte Einheit der Kirche, von den verschiedenen Umsetzungsvorschlägen ganz zu schweigen. »Es gibt, so wie es verschiedene Kirchen gibt, auch unterschiedliche Ökumenismen, also konkurrierende Vorstellungen darüber, wie sich die Pluralität der Kirchen mit ihrem jeweiligen Wahrheitsanspruch untereinander verbinden – und also auch zu dem je eigenen Wahrheitsanspruch ins Verhältnis setzen läßt.«[31] Die jeweilige konfessionelle Ekklesiologie führt zu unterschiedlichen ökumenischen Einheits- oder Gemeinschaftsmodellen:
- Das protestantische Kirchenverständnis stellt das ökumenische Konzept der Kirchengemeinschaft, v. a. in der Gestalt der Leuenberger Konkordie in den Vordergrund.

---

[31] *F. W. Graf, D. Korsch*, Jenseits der Einheit: Reichtum der Vielfalt. Der Widerstreit der ökumenischen Bewegungen und die Einheit der Kirche Jesu Christi: Dies. (Hg.), Jenseits der Einheit. Protestantische Ansichten der Ökumene, Hannover 2001, 9–33, hier 24.

- Die römisch-katholische Kirche geht aufgrund ihres Kirchenverständnisses vom Konzept der sichtbaren Einheit der Kirchen aus.
- Die orthodoxen Kirchen bauen aufgrund ihres eigenen ekklesiologischen Verständnisses auf eine Gemeinschaft von autokephalen Kirchen.

Das traditions- und konfessionsspezifische Kirchen- bzw. Einheitsverständnis darf nicht ökumenisch verabsolutiert werden, doch gerade diese Gefahr ist bei allen Kirchen gegeben. Die Uneinigkeit über die konkrete Gestalt und den Gehalt der zukünftigen Kircheneinheit macht die derzeitige Krise der ökumenischen Bewegung aus.[32] Eine klare Zielvorstellung sowie ein gemeinsames Kirchen- und Einheitsverständnis wären aber Grundvoraussetzung dafür, um über die Hinlänglichkeit ökumenischer Ergebnisse entscheiden zu können. Neben der Frage nach der Zielbestimmung bereitet auch eine mangelnde Differenzierung zwischen Einheitsverständnis und ihrer konkreten Umsetzung Schwierigkeiten im ökumenischen Prozess. Die ökumenische Zielvorstellung kann nämlich auf unterschiedliche Weise konkrete Gestalt annehmen, d. h. durch verschiedene Einigungsmodelle operativ umgesetzt werden.

### b) Katholische Situation

Die katholische Kirche hat nach der Überwindung der Rückkehrökumene bislang weder eine klare ökumenische Zielbestimmung noch ein eigenes Einheitsmodell entwickelt bzw. vorgelegt. Das Zweite Vatikanum maß der Ökumene zwar eine hohe Bedeutung bei und reihte sich in die ökumenische Bewegung ein, unterließ es jedoch, den Weg zur Einheit der Kirchen und etwaige Zwischenziele konkret zu beschreiben. Lediglich das ökumenische Fernziel wurde benannt: die völlige kirchliche Gemeinschaft (perfecta communio ecclesiastica), die sich in Kanzel- und Eucharistiegemeinschaft auszudrücken hat (UR 4). Die katholische Zielvorstellung orientierte sich am Bericht der Apostelgeschichte von der Jerusalemer Urgemeinde: »Sie hielten an der Lehre der Apostel fest und an der Gemeinschaft, am Brechen des Brotes und an den Gebeten.« (Apg 2,42)

Die katholische Position hält an der sichtbaren Einheit der Kirche fest. Auch das Ökumenische Direktorium sagt, dass die »Einheit, die ihrer Natur nach eine volle sichtbare Gemeinschaft aller Christen verlangt, ... das endgültige Ziel der ökumenischen Bewegung« ist.[33] Bei der sichtbaren Einheit gehe

---

[32] *H. Meyer*, Ökumenische Zielvorstellungen, Göttingen 1996, 174–180.
[33] *Päpstlicher Rat zur Förderung der Einheit der Christen*, Direktorium zur Ausführung der Prinzipien und Normen über den Ökumenismus (25. März 1993), aus dem amtlichen fran-

es näherhin um Einheit im Glauben, in den Sakramenten und im apostolischen Dienstamt (UR 2). In der konkreten Ausgestaltung dieser sichtbaren Einheit sei Vielfalt möglich, ja sogar wünschenswert. In diesem Sinn geht es katholisch nicht um eine Einheitskirche, sondern um Einheit in Vielfalt.

Ein katholisches Einheitsmodell kann schwerlich vom Bischofsamt aus entwickelt werden, wenngleich es das »sichtbare Prinzip und Fundament der Einheit« der Kirche ist (LG 23). Denn ist für das katholische Einheitsverständnis die Gemeinschaft im Bischofsamt auch wesentlich, so messen die protestantischen Kirchen dem kirchlichen Amt eine oftmals geringe Bedeutung bei (Leuenberger Kirchengemeinschaft). Die bischöfliche Struktur und Nachfolge ist darum zwar in den Grundkonsens miteinzubeziehen, nicht aber als Konstruktionspunkt eines katholischen Einheitsmodells zu wählen. Stattdessen ist die Verwirklichung von Kirchengemeinschaft als ein umfassenderer Prozess zu verstehen, der sich v. a. und zunächst auf die Gemeinschaft im Apostolischen Glaubensbekenntnis und im sakramentalen Leben zu konzentrieren hat.

Im Sinne der sakramentalen communio-Ekklesiologie wird die Einheit der Kirche durch all jene Heilsgüter garantiert, die die κοινωνία zwischen Gott und den Gläubigen sowie der Gläubigen untereinander auferbauen und die Kirche für ihren sakramentalen Dienst zurüsten, allen voran die Eucharistie. In diesem Sinne ist die Kirche als communio wesentlich eucharistische Tischgemeinschaft. Zwischen participatio (Teilhabe) und communio (Gemeinschaft) besteht ein grundsätzliches Wechselverhältnis: Gemeinschaft entsteht durch geschenkte Teilhabe an Christus (UR 2; LG 3, 7, 11). Neben der Eucharistie ist die Taufe ein wichtiges sakramentales Element. Denn diese geht von Christus aus, bewirkt die Eingliederung in den mystischen Leib Christi und führt folglich zur eucharistischen Gemeinschaft und damit zu einer grundlegenden Gemeinschaft mit der Kirche Christi hin.

Im Rahmen einer sakramentalen communio-Ekklesiologie müsste sich die Suche nach der Kircheneinheit auf die Frage konzentrieren, ob sich die Kirchen bezüglich ihres sakramentalen Lebens gegenseitig anerkennen können. Das heißt, das eucharistisch-sakramentale Geschehen müsste der entscheidende Beurteilungsmaßstab für Kirchengemeinschaft sein. Damit verbunden wären all jene Elemente heilsnotwendig und für die Ökumene

zösischen Urtext ins Deutsche übertragen vom Johann-Adam-Möhler-Institut für Ökumenik, Paderborn (VApSt 110), hg. v. Sekretariat der Deutschen Bischofskonferenz, Bonn 1993, Nr. 20

hinreichend, die das eucharistische Geschehen aus sich heraus freisetzt bzw. einfordert: Gemeinschaft im Bekenntnis des apostolischen Glaubens, Übereinstimmung in den übrigen, auf die Eucharistie hingeordneten Sakramenten sowie im kirchlichen Amt. Glaube, Sakrament und Dienst verleihen der sakramentalen Dimension der Kirche sichtbare Gestalt. Dennoch stehen sie nicht für sich selbst, sondern verweisen auf das Christusgeheimnis, das im sakramental-liturgischen Lebenskontext der Kirchen die eigentliche Basis kirchlicher Einheit darstellt.

### 2.2. Konzeption des ÖRK

*H. Döring*, Kirchen unterwegs zur Einheit. Das Ringen um die sichtbare Einheit der Kirche in den Dokumenten der Weltkirchenkonferenzen, München 1969, 472–481; *P. Lengsfeld*, Konziliare Gemeinschaft und christliche Identität: ders., (Hg.), Ökumenische Theologie. Ein Arbeitsbuch, Stuttgart 1980, 355–367; *H. Meyer*, Ökumenische Zielvorstellungen, Göttingen 1996, 121–173; *P. Neuner*, Ökumenische Theologie. Die Suche nach der Einheit der christlichen Kirchen, Darmstadt 1997, 281–296.

*a) »Völlig verpflichtete Gemeinschaft«*
In ihrer Anfangsphase beschränkte sich die ökumenische Bewegung für Glauben und Kirchenverfassung zunächst allein auf die Absicht, die jeweils anderen Konfessionen näher kennen zu lernen und Gemeinsamkeiten und Differenzen in der Lehre auszuloten. Das Anfangsstadium wurde aber schon 1952 auf der Weltkonferenz in Lund überwunden. Im Christusgeheimnis wurde das zentrale Kriterium aller ökumenischer Fragen erkannt.[34] Die Kirchen schauten sich nun nicht mehr gegenseitig an, sondern richteten ihren Blick auf die Person und das Werk Jesu Christi. Mit dem Paradigma des christozentrischen Universalismus war ein wesentlicher Durchbruch innerhalb der ökumenischen Bewegung erreicht. Das Ziel war nun die Gemeinschaft im Glauben an Jesus Christus und die Wiedergewinnung der zerbrochenen Einheit unter den Kirchen. Dies führte 1961 auf der Vollversammlung des ÖRK in Neu-Delhi zu einer ersten, maßgeblichen Zielformulierung: *»Wir glauben, daß die Einheit ... sichtbar gemacht wird, indem alle an jedem Ort, die in*

---

[34] *L. Vischer* (Hg.), Die Einheit der Kirche. Material der ökumenischen Bewegung, München 1965, 93 f.

*Christus getauft sind und ihn als Herrn und Heiland bekennen, durch den Hl.*
*Geist in eine völlig verpflichtete Gemeinschaft geführt werden«.*[35]

Ziel war nicht, die wesenhafte Einheit der Kirche in Jesus Christus zu schaffen, da diese immer schon vorgegeben ist, vielmehr ging es darum, die sichtbare Einheit der Kirche an jedem Ort in organischer Union wieder zu verwirklichen. Doch welche Elemente gehören notwendig dazu? Genannt wurden: gegenseitige Anerkennung der Taufe, Übereinstimmung im Glaubensbekenntnis und der Evangeliumsverkündigung, Abendmahlsgemeinschaft und Übereinstimmung im liturgischen Leben, gegenseitige Anerkennung der Ämter und gemeinsames, weltzugewandtes Zeugnisgeben und Handeln einschließlich der dazu erforderlichen strukturellen Voraussetzungen.[36] So könnten die Kirchen nach innen und nach außen als eine Kirche am jeweiligen Ort in Erscheinung treten.

Seit den 70er Jahren wurde die Einheitserklärung von Neu-Delhi innerhalb und außerhalb des ÖRK mit Hilfe des κοινωνία-Begriffs vertieft. Die Präambel der Grundsatzerklärung des ÖRK von 1996 besagt: »Wir sind getrieben von der Vision einer Kirche, die alle Menschen in Gemeinschaft mit Gott bringt, einer Kirche, die auf sichtbare Weise eins ist«.[37]

### b) Konkretionen

- *Organische Union bzw. Einheit:* Das Einigungsmodell »organische Union bzw. Einheit« strebte einen so hohen Grad an struktureller Einheit an, nämlich im gemeinsamen Bekenntnis, im Gottesdienst, in der Sakramentenverwaltung und im kirchlichen Amt, dass die einzelnen Konfessionskirchen zu einer neuen Identität verschmelzen sollten. Konkret meint dies: Sie verlieren ihre institutionelle Eigenständigkeit und ihre konfessionelle Identität. Es entsteht eine organische Union, eine nach innen wie nach außen geeinte, transkonfessionelle Kirche am Ort, mit neuer Identität und Einheit in Struktur und Leitung. Das Motto lautet: Ökumene statt Konfessionen. Die organische Union wäre demzufolge der Höchstfall kirchlicher Einheit.

- *Konziliare Gemeinschaft:* Nach Neu Delhi entwickelte der ÖRK seine Zielbestimmung im Hinblick auf die universale und überregionale Einheit

---

[35] Neu-Delhi 1961. Dokumentarbericht über die Dritte Vollversammlung des ÖRK, hg. v. W. A. Visser't Hooft, Stuttgart ²1962, 130.

[36] Ebd., 131–136.

[37] Ökumenischer Rat der Kirchen. Auf dem Weg zu einem gemeinsamen Verständnis und einer gemeinsamen Vision des Ökumenischen Rates der Kirchen. Arbeitsentwurf für eine Grundsatzerklärung, Genf 1996, 5.

der Kirche weiter. Vielheit und Verschiedenheit kamen im Zusammenhang der Einheit der Kirche in den Blick; Katholizität und Konziliarität
traten deutlich hervor. In Uppsala (1968) führte dies zur Vision einer
»Konziliaren Gemeinschaft« der Kirchen. In mehreren Konsultationen
war die Konziliarität als Strukturprinzip von Kirche dargestellt worden.
Im Blick auf die weltweite Ökumene wurde das Einheitsmodell von Neu
Delhi erweitert: Die organisch geeinten Ortskirchen sollten untereinander
konziliar verbunden sein. Seit Nairobi (1975) regelt die Konziliarität das
Verhältnis der Ortskirchen zueinander, die zwar durch Raum, Zeit und
Kultur voneinander getrennt seien, in sich aber eine organische Union
bilden sollten. Das Verhältnis der Ortskirchen untereinander sollte konziliar gestaltet sein, sie sollten sich gegenseitig als Glieder derselben Kirche
bejahen: im Bekenntnis desselben apostolischen Glaubens, in voller Tauf-
und Abendmahlsgemeinschaft, in voller gegenseitiger Anerkennung der
geistlichen Ämter und im Einssein in Zeugnis und Dienst in und vor der
Welt. Diese so verstandene Einheit sollte in den konziliaren Zusammen-
künften sichtbaren Ausdruck gewinnen. »Bezeichnet ›Katholizität‹ die innere Qualität und Fülle dieses vielgestaltigen, aber in Jesus Christus wur-
zelnden Lebens der Kirche, so verweist die ›Konziliarität‹ auf die Praxis,
die danach strebt, die Disziplin der Gemeinschaft in Vielfalt festzuhalten«.[38]

### c) Methode: Konsens

Mit der Zielbestimmung »völlig verpflichtete Gemeinschaft« korreliert die
Konsensmethode: Aufarbeitung der Kontroversfragen mit dem Ziel umfassender Übereinstimmung. Dazu wurde in den vergangenen Jahren eine Vielzahl von bilateralen und multilateralen Dialogen geführt. In den Konsens-
bzw. Konvergenzpapieren wurden die bereits bestehenden oder neu erzielten
Übereinstimmungen festgehalten. Die drei großen, multilateral orientierten
Projekte von »Glauben und Kirchenverfassung« sind:

- Das Projekt »Taufe, Eucharistie und Amt«, das sog. Lima-Papier (1982).
  Es sollte einem Diskussionsprozess dienen, an dessen Ende ein solches
  Maß an Übereinstimmung stehen sollte, dass die beteiligten Kirchen die
  Tauf-, Eucharistie- und Amtspraxis der jeweils anderen Kirchen als gültig
  anerkennen können.

---

[38] *K. Raiser*, Ökumene im Übergang. Paradigmenwechsel in der ökumenischen Bewegung?
München 1989, 117 f.

- Das Projekt »Gemeinsam den einen Glauben bekennen« (1991). Es versuchte, das Glaubensbekenntnis von Nizäa-Konstantinopel (381) als eine auch heute noch tragfähige Formel der Übereinstimmung im Glauben aufzuweisen.[39]
- Das Projekt »Kirche und Welt« (1991) bemühte sich um eine grundsätzliche Übereinstimmung hinsichtlich der Ziele und Wege des Handelns der Kirchen in der Welt.[40]

Die mangelnde Rezeption dieser und vieler anderer Konvergenzpapiere macht allerdings die Schwierigkeit der Konsensmethode offenbar: Es gibt keine einheitliche Vorstellung vom Konsensbegriff, und aus Sorge um die konfessionelle Identität werden die konfessionellen Unterschiede umso mehr betont, je größere Konvergenzen entstehen.

## 2.3. Konzeption konfessioneller Weltbünde

*H. Meyer*, Ökumenische Zielvorstellungen, Göttingen 1996, 121–173; *P. Neuner*, Ökumenische Theologie. Die Suche nach der Einheit der christlichen Kirchen, Darmstadt 1997, 281–296.

*a) Zielvorstellung: Versöhnte Verschiedenheit*
Parallel zum Einheitsmodell der »organischen Union« entwickelte sich v. a. durch die Initiative der konfessionellen Weltbünde, eines Zusammenschlusses von Kirchen gleicher Bekenntnisse, ein alternatives Konzept, das der »versöhnten Verschiedenheit«. Dieser Ansatz versucht nicht, die Übereinstimmung zu festigen, sondern die Vielfalt zu legitimieren. Demzufolge sollen die Konfessionen nicht in einer übergeordneten Union aufgelöst, sondern stattdessen miteinander versöhnt werden: Ziel ist eine Kirchenunion, in der die Einzelkirchen ihre jeweiligen konfessionellen Eigenheiten und Traditionsbildungen nicht zugunsten eines umfassenden Konsenses und einer Offenheit am Ort preisgeben müssen.

---

[39] Gemeinsam den einen Glauben bekennen: Eine ökumenische Auslegung des apostolischen Glaubens, wie er im Glaubensbekenntnis von Nizäa-Konstantinopel (381) bekannt wird (Studiendokument der Kommission für Glauben und Kirchenverfassung), Paderborn 1991.
[40] Kirche und Welt. Die Einheit der Kirche und die Erneuerung der menschlichen Gemeinschaft (Studiendokument der Kommission für Glauben und Kirchenverfassung), Frankfurt a. M. 1991.

Der Lutherische Weltbund machte sich 1977 in Daressalam die Vorstellung einer »Einheit in versöhnter Verschiedenheit« zu eigen. Die Unterschiede verlieren »ihren trennenden Charakter und werden miteinander versöhnt«.[41] Der Lutherische Weltbund glaubte, dass diese Zielbestimmung geeignet sei, »eine wichtige Orientierungshilfe im gegenwärtigen Prozess ökumenischen Ringens zu bieten, indem es einen Weg der Einheit beschreibt, der nicht notwendig die Preisgabe konfessioneller Tradition und konfessioneller Identität impliziert«.[42] »Die Verschiedenheiten werden nicht ausgelöscht. Sie werden auch nicht einfach konserviert und unverändert beibehalten. Sie verlieren vielmehr ihren trennenden Charakter und werden miteinander versöhnt«.[43]

Anders als das Einheitskonzept der »organischen Union« versucht das der »Einheit in der Verschiedenheit« bzw. der »Einheit durch Vielfalt« die konfessionellen Traditionsbildungen nicht zu überwinden bzw. abzuschaffen, sondern sie als legitime Interpretationen der einen christlichen Grundwahrheit so miteinander zu versöhnen, dass eine Einheit in legitimer Vielfalt, unter Beibehaltung der konfessionellen Identität, entstehen kann. Hier wird also der Sorge um die konfessionelle Identität Rechnung getragen, die ja gerade in der Konsensökumene dazu führt, mit steigender Zahl an Konsens- bzw. Konvergenzerklärungen die konfessionellen Unterschiede wieder stärker zu gewichten. Diese ökumenische Zielbestimmung fand auch katholischerseits Zustimmung; Kardinal Ratzinger fasste das Ziel mit den Worten zusammen: Die Kirchen sollen »*Kirchen* bleiben und *eine* Kirche werden.«[44]

Das Modell der »organischen Union« und das der »Einheit in der Verschiedenheit« stehen sich zwar alternativ gegenüber, doch sie müssen sich nicht gegenseitig ausschließen. Es ist denkbar, dass die »Einheit in der Verschiedenheit« das ökumenische Nahziel markiert und die »organische Union« das Fernziel. Die partielle Identifikation könnte dadurch überwunden werden, indem die einzelnen konfessionellen Traditionen in eine umfassendere einfließen und aus den Schwesterkirchen eine wirkliche Una Sancta wird.

*b) Konkretionen*

- *Modell der κοινωνία bzw. gegenseitiger Anerkennung:* In den 90er Jahren des 20. Jh.s trat der Begriff »κοινωνία« zunehmend ins Zentrum der

---

[41] Daressalam 1977. In Christus eine neue Gemeinschaft. Offizieller Bericht der Sechsten Vollversammlung des Lutherischen Weltbundes. Bearb. v. H.-W. Heßler, G. Thomas, Frankfurt a. M. 1977, 205.
[42] Ebd.
[43] Ebd.
[44] *J. Ratzinger*, Die Kirche und die Kirchen: Reformatio 13 (1964), 85–108, hier 105.

ökumenischen Bewegung. Denn er findet sich nicht nur in den verschiedenen christlichen Traditionen, vielmehr vermag er die legitimen Verschiedenheiten der Kirchen positiv zu bewerten. Der biblische Begriff zeigt sowohl die göttliche Gemeinschaft als auch deren Verwirklichung in der menschlichen Gemeinschaft an, v. a. in der Eucharistie. Es geht bei der κοινωνία um eine Form der Einheit, in der sich die verschiedenen Konfessionen die Ansicht, legitime Existenzform der Kirche zu sein, nicht gegenseitig absprechen trotz ihrer bleibenden Verschiedenheit. Die Vollversammlung des ÖRK in Canberra (1991) sowie die von Glaube und Kirchenverfassung in Santiago de Compostela (1993) verhalfen dem Modell der κοινωνία zum Durchbruch.[45] Es möchte die theologischen, liturgischen und spirituellen Eigenheiten und Traditionsbildungen miteinander versöhnen, ohne den Konfessionen ihre institutionelle Eigenständigkeit zu nehmen. Die Kirchen sollten sich gegenseitig als eigenständige, legitime Realisierung der einen, wahren Kirche Jesu Christi anerkennen und ihre traditionellen Eigenheiten als evangeliumsgemäß akzeptieren. »Das Ziel der Suche nach voller Gemeinschaft ist erreicht, wenn alle Kirchen in den anderen die heilige, katholische und apostolische Kirche in ihrer Fülle erkennen können.«[46] Im Hintergrund steht die Besinnung, dass das Wesen der Kirche das Spiegelbild des dreieinigen Gottes ist.

- *Kirchengemeinschaft durch Konkordie:* In der »Leuenberger Kirchengemeinschaft« (heute: »Gemeinschaft Evangelischer Kirchen in Europa« [GEKE]), die auf der »Leuenberger Konkordie« (1973) beruht, findet das Modell der »gegenseitigen Anerkennung« seine bisher wichtigste konkrete Anwendung.[47] In der GEKE stellen über einhundert lutherische, reformierte und unierte Kirchen sowie vorreformatorische Kirchen (Hussiten, Waldenser) einen Grundkonsens im Verständnis von Evangelium und Sakramenten fest, nehmen wechselseitige Lehrverurteilungen zurück und erklären Kanzel- und Abendmahlsgemeinschaft. Auf der Basis eines

---

[45] Fifth World Conference on Faith and Order. Santiago de Compostela 1993, Message, Section Reports, Discussion Paper. Towards Koinonia in Faith, Life and Witness (Faith and Order Paper No. 164), Geneva 1993.

[46] Im Zeichen des Heiligen Geistes. Bericht aus Canberra 1991. Offizieller Bericht der Siebten Vollversammlung des Ökumenischen Rates der Kirchen (7.–20. Februar 1991 in Canberra/Australien), hg. v. W. Müller-Römheld, Frankfurt a. M. 1991, 174.

[47] Wachsende Gemeinschaft in Zeugnis und Dienst. Reformatorische Kirchen in Europa. Texte der 4. Vollversammlung der Leuenberger Kirchengemeinschaft in Wien (3.–10. Mai 1994), hg. v. W. Hüffmeier, C.-R. Müller, Frankfurt a. M. 1995, 16–58.

gemeinsamen Evangeliumsverständnisses und seiner rechten Weitergabe in Verkündigung, Taufe und Abendmahl wird Kirchengemeinschaft aufgenommen. Sie verwirklicht sich im Leben der Kirchen als Gemeinschaft in Wort und Sakrament; dem strukturellen Moment kommt dabei eine untergeordnete Bedeutung zu, denn Gestalt und Struktur des kirchlichen Amtes werden der legitimen Vielfalt überlassen. Die Zielvorstellung des kontinentalen Protestantismus begnügt sich also mit einem Grundkonsens in der Auslegung des Evangeliums, lässt aber die institutionelle Gestalt weitgehend offen, d. h., jede Konfession kann ihre bisherige Ordnung mehr oder weniger behalten, sei es eine episkopale, presbyteriale oder synodale Ordnung oder auch Mischformen zwischen diesen verschiedenen Formen. Obgleich die Frage eines organisatorischen Zusammenschlusses der beteiligten Kirchen zurückhaltend behandelt wird, fordert die Leuenberger Kirchengemeinschaft die beteiligten Kirchen dennoch zu kontinuierlichen Lehrgesprächen auf, um Differenzen, die als nicht kirchentrennend gelten, abzubauen und so die bestehende Kirchengemeinschaft weiter zu stärken und zu vertiefen.

## c) Methode: differenzierter Konsens

Das Modell der »versöhnten Verschiedenheit« impliziert eine bestimmte Methode: Am Ausgangspunkt steht die Überlegung, dass die kirchliche Spaltung nicht bis zur Wurzel reicht, ja überhaupt das Ziel der Einheit (vor-)gegeben sei, empfangen wird und schon jetzt in fundamentalen Elementen wirksam sei (UR 3 f.). »Die Einheit die wir suchen, ist in ihren Anfängen *bereits verwirklicht.«*[48] Eine unvollkommene Kircheneinheit zwischen den getrennten Kirchen besteht also schon. Anstatt einen umfassenden Konsens zu erwirken, wird deshalb nach einer Überwindung gegenseitiger Lehrverurteilungen und Übereinstimmung in elementaren christlichen Lehrgehalten gesucht.

Obgleich die »Einheit in versöhnter Verschiedenheit« keinen vollständigen Konsens voraussetzt, entlässt sie die einzelnen Schwesterkirchen dennoch nicht in die Beliebigkeit von Glaubensvollzug und Lehraussagen. Bedingung ist vielmehr ein Konsens in fundamentalen Glaubensüberzeugungen sowie die Bereitschaft, die jeweils andere Konfessionskirche als eigenständigen Typus der einen wahren Kirche anzuerkennen. Weil die konfessionellen Eigenheiten, sofern sie mit dem gemeinsamen Glaubensfundament in Einklang stehen, für legitim erachtet werden, wird nicht nach einem alle Lehraussagen

---

[48] *Gemeinsame röm.-kath./ev.-luth. Kommission*, Wege zur Gemeinschaft, Paderborn 1980, 10.

umfassenden Konsens Ausschau gehalten, sondern nach einer Übereinstimmung in elementaren christlichen Lehrgehalten und einer Überwindung gegenseitiger Lehrverurteilungen. Dem kommt die Lehrverwerfungsstudie (1986) des »ökumenischen Arbeitskreises evangelischer und katholischer Theologen« entgegen, die nachweist, dass die Lehrverurteilungen des 16. Jh.s hinsichtlich der jetzigen Auffassungen der Kirchen zu Rechtfertigung, Sakramenten und Amt als nicht mehr kirchentrennend zu erachten seien. »Die heutige Lehre [wird] nicht mehr von dem Irrtum bestimmt …, den die frühere Verwerfung abwehren wollte.«[49] Schwierigkeiten bereitet bei der Methode des differenzierten Konsenses die Frage, wie viel Einheit und wie viel Vielfalt nötig sind.

## 2.4. Konzeptionen partieller Einigung

*K. Raiser*, Ökumene im Übergang. Paradigmenwechsel in der ökumenischen Bewegung, München 1989, 125–170; *H. Meyer*, Ökumenische Zielvorstellungen, Göttingen 1996, 121–173; *E. Geldbach*, Ökumene in Gegensätzen (BenshH 66), Göttingen 1987, 108–126; *P. Neuner*, Ökumenische Theologie. Die Suche nach der Einheit der christlichen Kirchen, Darmstadt 1997, 281–296.

### a) Ökumene in Gegensätzen

Zu den Modellen umfassender kirchlicher Einigung stellt das vom Deutschen Ökumenischen Studienausschuss (DÖSTA) und in der theologischen Diskussion der 80er Jahre entworfene Einigungsmodell »Ökumene konstruktiver Spannung« oder »Ökumene in Gegensätzen«[50] keine wirkliche Alternative dar. Hier wird weder den konstitutiven Elementen kirchlicher Einheit Rechnung getragen, noch werden kirchentrennende Lehrverurteilungen aufgearbeitet. Stattdessen sollte trotz aller Gegensätze eine Einheit realisiert werden.

Die Einheit in Gegensätzen wurde von Konrad Raiser im Bild des Hauses (οἶκος) bzw. der Hausgenossenschaft konkretisiert: »Hausgenossen sind gleichberechtigt und doch verschieden; sie schaffen sich das Haus nicht selbst,

---

[49] *Ökumenischer Arbeitskreis ev. und kath. Theologen*, Lehrverurteilungen – kirchentrennend? Bd. I: Rechtfertigung, Sakramente und Amt im Zeitalter der Reformation und heute, hg. v. K. Lehmann, W. Pannenberg, Freiburg i. Br. 1986, 15.

[50] *E. Geldbach*, Ökumene in Gegensätzen (BenshH 66), Göttingen 1987; *E. Herms*, Einheit der Christen in der Gemeinschaft der Kirche. Die ökumenische Bewegung der römischen Kirche im Lichte der reformatorischen Theologie. Antwort auf den Rahner-Plan, Göttingen 1984.

sondern werden eingegliedert, ›hinzugetan‹; auch die Schwachen, die Abhängigen, die Zweifelnden und Nicht-Engagierten gehören zum Haushalt Gottes als vollgültige Haugenossen. Im einen Haus des Vaters gibt es viele Wohnungen und nicht nur eine verpflichtete Gemeinschaft. Hausgenossenschaft schließt Partizipation für alle Mitglieder des Hauses ein.«[51] Im Zusammenhang mit der universalen Bedeutung des Christusereignisses sollte die Konzentration auf die Kirche überwunden werden. Im Zuge einer theozentrischen Ausrichtung wird nun Pluralität großgeschrieben und nahezu ganz auf strukturelle Einheit verzichtet. Diese drücke sich bestenfalls in gemeinsamen Diensteinrichtungen, institutionalisierten Formen des theologischen Austauschs und gelegentlichen ökumenischen Gottesdiensten aus. Was sichtbar werden sollte, ist die gemeinsame Berufung auf Jesus Christus, die Verpflichtung zum Dienst in der Welt und der lebendige kirchlich-theologische Dialog. Die erforderliche Einheit wird als erreicht angesehen, wenn trotz der konfessionellen Gegensätze und gerade in ihnen eine geschwisterliche Gemeinschaft sichtbar wird.

Dissense werden nicht vermittelt, sondern als »kontradiktorischer *Lehrgegensatz*« auf das unterschiedliche Wirken des Hl. Geistes zurückgeführt, und dadurch wird ein ekklesiologischer Dualismus legitimiert.[52] Ähnlich wie beim Rückkehrökumenismus wird auch hier der Dissens nicht als Anfrage an die eigene Position produktiv verarbeitet. Der Glaubensinhalt steht fest. Jeder Versuch, die unterschiedlichen christlichen Glaubensvorstellungen zu vermitteln, wird als Bedrohung der Reinheit und Ursprünglichkeit des eigenen Glaubens empfunden. Doch eine Ökumene, die sich der Frage nach der biblisch-evangelischen Wahrheit nicht mehr stellt und sich nur um eine äußerliche, menschliche Einheit bemüht, verrät im Grunde den Auftrag des Herrn, der dazu auffordert, die von Gott schon gegebene christliche Einheit zu entdecken.

---

[51] *K. Raiser*, Ökumene im Übergang, München 1989, 160.
[52] *E. Herms*, Einheit der Christen in der Gemeinschaft der Kirche. Die ökumenische Bewegung der römischen Kirche im Lichte der reformatorischen Theologie. Antwort auf den Rahner-Plan, Göttingen 1984, 192, 200; *O. Cullmann*, Einheit durch Vielfalt. Grundlegung und Beitrag zur Diskussion über die Möglichkeit ihrer Verwirclichung, Tübingen 2. erw. Aufl. 1990, 56 f.; *J. L. Leuba*, Institution und Ereignis. Gemeinsamkeiten und Unterschiede der beiden Arten von Gottes Wirken im Neuen Testament (Theologie der Ökumene 3), Göttingen 1957, 98 f.

*b) Kooperativ-föderatives Einigungsmodell*

Das älteste Einigungskonzept ist das der »Föderation«, das in der sichtbaren Gestalt kirchlicher Einheit den Schwerpunkt auf das gemeinsame weltzugewandte Handeln der Christen und der Kirchen legt. Diese sollen selbstständige Kirchen bleiben mitsamt ihrer konfessionellen Besonderheit und Identität. Hier ist die Vorstellung von Schwesterkirchen einzuordnen. Damit dominiert die praktische Zusammenarbeit in einem begrenzten Bereich über die Frage der Kircheneinheit, und der Einigungsprozess wird umgekehrt: Ausgehend von der Praxis wird die Einigung des Christentums erhofft.

Beim Modell der kooperativ-föderativen Einigung handelt es sich um eine bloße Vorform kirchlicher Einheit; sie ist nicht identisch mit einer kirchlichen Union, insofern eine verpflichtende und umfassende Gemeinschaft nur im Handlungsbereich gefordert wird und nicht auch in Bezug auf Glauben, Sakramente und Amt.

*c) Säkularökumenismus*

Nachdem die Ökumenische Bewegung im Anschluss an Neu-Delhi nicht den erhofften Erfolg brachte und sich der weitere Weg schwierig gestaltete, bildete sich eine neue ökumenische Richtung innerhalb des ÖRK aus, die mit dem Begriff »Säkularökumenismus« bezeichnet wird. Einheit wird überwiegend von einer Einheit in der Orthopraxie her verstanden. Die Idee der ökumenischen Einheit wird v. a. auf all jene Menschen bezogen, die sich im Kampf für soziale Gerechtigkeit und gegen jede Form von Ausbeutung und Unterdrückung engagieren. Durch gemeinsames Tun und gemeinsame Weltverantwortung soll die Einheit der Kirche realisiert werden. Dabei wird die säkulare Welt als Brennpunkt gemeinsamen christlichen Handelns gesehen. Weil der Dienst an dieser Welt v. a. ins Praktische transformiert wurde, dominierte besonders das politische Engagement, während die Frage der Einheit in den Hintergrund trat, wie auch die Aufarbeitung überkommener Lehrdifferenzen.

In Vancouver (1983) kam zu den Themen Frieden und Gerechtigkeit die Problematik der Ökologie hinzu, aus dem sich der sog. Konziliare Prozess (Gerechtigkeit, Frieden, Bewahrung der Schöpfung) formierte. Die Einheit der Kirche wird mit jener der Menschheit und Schöpfung zusammen gesehen, wobei die Dimension der Versöhnung bzw. des Friedens die Richtung weist. Auf der Europäischen Ökumenischen Versammlung in Graz (1997) wurde Versöhnung zum Hauptthema erhoben und von ihren biblischen Wurzeln her reflektiert. Ihre Relevanz wurde nicht nur interkirchlich, sondern ebenso interreligiös entfaltet.

Auch dieses Einigungsmodell kann nicht als ein umfassendes angesehen werden, da die Einheit v. a. in der gemeinsamen Weltverantwortung gesucht wird, nicht aber so sehr in der Aufarbeitung traditioneller Kontroversen und der Verwirklichung einer sichtbaren Kircheneinheit. Zudem zeigte sich in der Praxis, dass selbst in ethisch-politischen Fragen eine größere Uneinigkeit herrschte als zunächst angenommen. Denn auch hier spielten dogmatische Themen mit hinein. Konfliktfelder waren u. a.: Aspekte der Rollen von Männern und Frauen im Leben der Gemeinschaft; Strukturen des Familienlebens; Geburtenkontrolle und Sexualethik; Formen und Mittel christlicher Reaktion auf die Notwendigkeit sozialer Veränderungen; Methodenprobleme in der Ethik. Vor allem Aussagen Roms zur Geburtenregelung und zur Bevölkerungspolitik erwiesen sich oft als belastend.

## 2.5. Anfragen an versöhnte Verschiedenheit

*H. Fries*, *K. Rahner*, Einigung der Kirchen – reale Möglichkeit. Erweiterte Sonderausgabe: Mit einer Bilanz »Zustimmung und Kritik« von H. Fries, Freiburg i. Br. 1985, 157–189; *O. Cullmann*, Einheit durch Vielfalt. Grundlegung und Beitrag zur Diskussion über die Möglichkeiten ihrer Verwirklichung, Tübingen 1986, 147–217; *Ch. Böttigheimer*, Ökumenische Hermeneutik. Vom Theoriedefizit der ökumenischen Bewegung: StZ 224 (2006), 392–406; »Differenzierter Konsens« und »versöhnte Verschiedenheit«. Über die Tradition der Konzentration christlicher Glaubensaussagen: Cath 59 (2005), 51–66.

*a) Grundkonsens und »hierarchia veritatum«*
Der Erfolg der »versöhnten Verschiedenheit« hängt wesentlich von der gemeinsamen Einigung auf die Einheitsprinzipien, also von der Bestimmung jenes Glaubensinhaltes ab, der als fundamental und daher für die Kirche als konstitutiv erachtet wird. Die Ermittlung dieses Grundkonsenses bedeutet eine qualitative Konzentration christlicher Glaubensaussagen auf ihre heilsnotwendige Mitte hin und schließt als solche eine Differenzierung zwischen zentralen Glaubensartikeln und jenen, die weniger zentral sind, mit ein. Die ökumenische Konzeption von der versöhnten Verschiedenheit geht des Weiteren davon aus, dass sich Gewicht und Verbindlichkeit von Glaubensaussagen gegenseitig entsprechen, also in Bezug auf weniger gewichtige Lehraussagen keine explizite Zustimmung erforderlich sei, sondern eine tendenziell positive als ausreichend zu erachten sei.

Spricht das Zweite Vatikanum erstmals von einer »Hierarchie der Wahrheiten«, so muss doch einschränkend festgehalten werden, dass die katholische Kirche zwar einer qualitativen Wertung von Glaubensartikeln zu keiner Zeit zugestimmt hat (DH 3683), wohl aber einer abgestuften Verbindlichkeit objektiver Heilswahrheiten. Sie erkannte darin ein quantitatives Ausgrenzen von Glaubenswahrheiten aus der kirchlich verbindlichen Lehre. Ihrer Auffassung nach müsste sich der Glaubensakt formal auf die christliche Lehre in ihrer Ganzheit beziehen, da sich in allen Glaubensaussagen die göttliche Offenbarung widerspiegle.

Ein Grund, die hierarchia veritatum dennoch im Sinne eines Autoritätsprinzips zu verstehen, wird aus der Tatsache ersichtlich, dass das Zweite Vatikanum den Ostchristen u. a. den Zugang zum Sakrament der Eucharistie einräumte (OE 27), ungeachtet dessen, dass von den orientalischen Kirchen der universale Jurisdiktionsprimat und die Unfehlbarkeit des Papstes verworfen wurden. Demnach gründet die Kommunionsgemeinschaft allein darin, dass in der Frage des Amtes und der Eucharistie Einigkeit besteht, unabhängig von der Frage des Papsttums (OE 25). Gemessen am christlichen Grundmysterium kommt diesem Konsens ein größeres Gewicht zu als der Unterscheidungslehre bezüglich des Papsttums. Von hier aus kann gefolgert werden, dass Kommunionsgemeinschaft grundsätzlich dann möglich ist, wenn in den christlichen Grundmysterien Übereinstimmung herrscht, während ein Konsens in nichtfundamentalen, vom Grundmysterium abgeleiteten Glaubensartikeln, keine notwendige Bedingung der Möglichkeit einer Kommunionsgemeinschaft darstellt.

Dass die katholische Lehre nicht nur eine sachliche Rangordnung christlicher Glaubensinhalte, sondern auch eine gestufte Art von Verbindlichkeit kennt, darauf weist ferner die Gemeinsame Synode der Deutschen Bistümer (1971–75) hin, indem sie einräumt, dass »die katholische Kirche von ihren Mitgliedern nicht [verlangt], daß sie alle Ausprägungen und Ableitungen in der Geschichte des gelehrten und gelebten Glaubens in gleicher Weise bejahen.«[53] Da sie dies auch von den anderen Christen nicht erwarte, müsse geprüft werden, »inwieweit eine Einigung in der Weise möglich ist, daß eine Kirche die Tradition der anderen als zulässige Entfaltung der Offenbarung

---

[53] Gemeinsame Synode der Bistümer in der Bundesrepublik Deutschland. Offizielle Gesamtausgabe, Pastorale Zusammenarbeit im Dienst der Einheit, Freiburg i. Br. 1976, 765–806, hier 780; *Gemeinsame röm.-kath./ev.-luth. Kommission*, Einheit vor uns. Modelle, Formen und Phasen kath./luth. Kirchengemeinschaft, Paderborn. 1985, Nr. 61–66.

Kirchenfrage

respektieren und anerkennen kann, auch wenn sie diese für sich selbst nicht übernehmen will«.[54]

Außerdem sei noch auf den viel zitierten Vorschlag Kardinal Ratzingers verwiesen, den dieser in Bezug auf die Kirchenunion zwischen der westlichen und östlichen Kirche geäußert und auch als Präfekt der Glaubenskongregation nicht verworfen hat. Demnach muss »Rom … vom Osten nicht mehr an Primatslehre fordern, als auch im ersten Jahrtausend formuliert und gelebt wurde.«[55] Auch aus dieser These kann gefolgert werden, dass für eine Kirchenunion kein umfassender Konsens vorausgesetzt werden muss, sondern kontroverstheologische Lehraussagen dann stehen bleiben können, wenn sie sich als legitime, traditionelle Ausgestaltungen des Christusmysteriums, als nicht kirchentrennend, und weil weniger gewichtig, auch als weniger verbindlich erweisen. Ähnlich hat Papst Johannes Paul II. den Gedanken der Differenzierung in Glaubensaussagen aufgegriffen: »Wenn wir heute, am Ende des zweiten Jahrtausends, die volle Einheit wiederherzustellen trachten, müssen wir uns auf diese so strukturierte Einheit [des ersten Jahrtausends] berufen.«[56] Eine am Grundkonsens orientierte Ökumene rückt heute immer näher, umso mehr als die »Gemeinsame Erklärung zur Rechtfertigungslehre« einen differenzierten Konsens darstellt.[57]

*b) Grundkonsens statt Wesensdifferenz*
Der ökumenische Plan »Einheit in der Verschiedenheit« zielt auf die Frage ab, inwieweit sich in den einzelnen Konfessionskirchen die fundamentale Glaubenswahrheit widerspiegelt. Gegen die Wurzeln dieses ökumenischen Denkansatzes wird immer wieder mit der Behauptung einer konfessionellen Grund- bzw. Wesensdifferenz argumentiert.

Ende des 19. Jh.s gewann der Wesensbegriff in der ökumenischen Diskussion im Sinne konfessioneller Wesensgegensätze neu an Bedeutung. Denn im Zuge ökumenischer Fortschritte und wachsender Einigkeit in mittlerweile fast allen traditionellen Kontroverspunkten wurden die weitreichenden Über-

[54] Gemeinsame Synode der Bistümer in der Bundesrepublik Deutschland. Offizielle Gesamtausgabe, Pastorale Zusammenarbeit im Dienst der Einheit, Freiburg i. Br. 1976, 765–806, hier 780 f.
[55] J. Ratzinger, Theologische Prinzipienlehre. Bausteine zur Fundamentaltheologie, München 1982, 209.
[56] Papst Johannes Paul II., Enzyklika »Ut unum sint«. Über den Einsatz für die Ökumene (25.5.1995) (VApSt 121), hg. v. Sekretariat der Deutschen Bischofskonferenz, Bonn 1995, Nr. 55.
[57] Gemeinsame Erklärung zur Rechtfertigungslehre des Lutherischen Weltbundes und der Katholischen Kirche: DwÜ III (2003), 419–441.

einstimmungen u.a. durch den Hinweis auf grundsätzliche Wesensunterschiede zwischen den Konfessionen auszuhebeln versucht.[58] Dabei verstärkte der Einwand, die erarbeiteten ökumenischen Konvergenzen und Konsense würden jeglichen gemeinsamen Grundentscheids entbehren, zusätzlich die Krise der Konsensökumene.

Wie schon zur Jahrhundertwende die Frage nach dem Wesen der jeweiligen Konfession eine Vielzahl an Antworten erfuhr, von denen keine eine bestimmte konfessionelle Wirklichkeit hinreichend zu beschreiben vermochte, so vermag auch heute das Wesensargument im Sinne einer konfessionellen Grunddifferenz nicht zu überzeugen. Der Versuch, eine solche Grunddifferenz zu bestimmen, ist im Laufe der Geschichte obsolet geworden und kann heute nicht wiederbelebt werden. Unter anderem deshalb nicht, weil »ein Grunddissens, der sich auf der Ebene der Einzelprobleme nicht mehr auswirkt«, als grundsätzlich überwunden zu gelten hat, da sich das Wesen einer Konfession nicht anders als phänomenal äußern kann.[59] Außerdem kann das Wesen nicht von einer bestimmten Idee her auf den Begriff gebracht werden, sondern nur von einem sich entwickelnden geistigen Prinzip, das dualistisch geprägt sein muss. So liegt es nahe, die Konfessionen als unterschiedliche Ausprägungen ein und derselben »geistigen Einheit« zu begreifen: »Alle Kirchen [sind] als ein Ganzes aus verschiedenen Grundelementen zu verstehen, die sich gegenseitig durchdringen und bereichern, ohne voneinander herleitbar zu sein«; Konfessionsspezifisches rührt davon her, dass innerhalb dieser Elemente »jeweils besondere Schwerpunkte ... gesetzt« werden, ohne dass es sich hierbei aber »um Wesensgegensätze handeln [muss], die einander ausschließen«.[60]

Anstatt retrospektiv, von bestimmten Kontroversthemen ausgehend, eine konfessionelle Grundentscheidung konstruieren zu wollen (Wort oder Sakrament; Rechtfertigung oder Kirche), ist beim heilsnotwendigen Glaubensgut anzusetzen, das sich trotz der konfessionellen Lehrstreitigkeiten in allen Einzelkirchen wiederfindet. Auch das Zweite Vatikanum geht ja davon aus, dass die Kirchenspaltung nicht bis zur Wurzel des christlichen Glaubens reicht, sondern ein »gemeinsames Erbe« fortbesteht (UR 3, 4; LG 8, 15). In der Annahme eines Grundkonsenses gründet die ökumenische Bewegung als Gan-

---

[58] *P. Neuner*, Ökumenische Theologie. Die Suche nach der Einheit der christlichen Kirchen, Darmstadt 1997, 277–281.
[59] *Ders.*, Der konfessionelle Grundentscheid – Problem für die Ökumene?: StZ 202 (1984), 591–604, hier 603.
[60] Ebd.

zes; eine verborgene Einheit im Glaubensfundament ist die Bedingung der Möglichkeit von Ökumene überhaupt. »Wenn sich diese Auffassung [vom Grunddissens] durchsetzt …, dann kann man das Buch der Ökumene schließen, und es ist, als hätte die ökumenische Arbeit überhaupt noch nicht begonnen«.[61] Wenn stattdessen Grundentscheide nicht absolut gesetzt werden und anstelle von Grunddifferenzen von Grundproblemen gesprochen wird, können sich konfessionelle Eigenheiten »gegenseitig durchdringen und bereichern und … dadurch anerkennen«.[62]

### c) Skepsis und Kritik

Mit der »Gemeinsamen Erklärung zur Rechtfertigungslehre« und dem darin enthaltenen »Konsens in Grundwahrheiten«[63], haben sich die römisch-katholische Kirche und der Lutherische Weltbund verbindlich für die »Einheit in versöhnter Verschiedenheit« ausgesprochen, samt der mit diesem Einheitsmodell verbundenen Methode, des differenzierten Konsenses. Sie war von Anfang an nicht unumstritten, könnte man doch dem Missverständnis erliegen, hier würde die katholische Glaubenslehre zumindest in Teilen der Beliebigkeit und Manipulation preisgegeben oder gar in der Wahrheitsfrage einem halbherzigen Kompromiss Vorschub geleistet.[64]

Menschliche Sprachmuster und Denkformen unterliegen den jeweiligen situativ-begrifflichen Artikulationsschemata, weshalb menschliche Erkenntnis stets unvollkommen, kontingent und als geschichtlicher Prozess offen und plural ist. Aufgrund seiner Geschichtlichkeit und Begrenztheit vermag der Mensch die ewige Wahrheit Gottes nie auszuschöpfen – auch nicht in ihrer geoffenbarten Form. Theologie und Kirche können die vollkommene Wahrheit nur defizitär erfassen. Weil die ewige Wahrheit Gottes nur innerhalb des Geschichtsprozesses artikuliert, rezipiert und interpretiert werden kann, ist grundsätzlich mit einer vielfältigen Weise der Aktualisierung kirchlicher Glaubenslehre zu rechnen. Mit der Offenheit theologischer Lehrsätze korreliert die Offenheit bzw. Pluralität der Theologie allgemein. Wie alle

---

[61] *H. Fries*, Trotz allem: Einigung wäre möglich. Eine Bilanz der Ökumene heute, Frankfurt a. M. 1988, 15.

[62] Ebd.

[63] Gemeinsame Erklärung zur Rechtfertigungslehre des Lutherischen Weltbundes und der Katholischen Kirche: DwÜ III (2003), 419–441, hier Nr. 5; 13; 40.

[64] *L. Scheffczyk*, »Differenzierter Konsens« und »Einheit in der Wahrheit«. Zum Ersten Jahrestag der Unterzeichnung der Gemeinsamen Offiziellen Feststellung zur Rechtfertigungslehre: Theologisches 30 (2000), 437–446, hier 438; Ökumene. Der steile Weg der Wahrheit, Siegburg 2004, Vorwort.

theologischen Aussagen entwicklungsfähig und damit vielfältig sind, so gestaltet sich auch die Theologie plural und nicht uniform. Darum verbietet sich die Auffassung, allein ein vollkommener Konsens sei fähig, dem Wahrheitsanspruch auf den Grund zu gehen. Die Forderung, allein die totale Übereinstimmung in allen Teilaspekten christlicher Lehre könne den Anspruch der Wahrheit in seiner ganzen Tiefe ausloten, verkennt die Bedingungen menschlichen wie theologischen Erkenntnisvermögens.

Ein Blick in die Theologie- und Kirchengeschichte lehrt, dass der katholischen Kirche ein differenzierter Konsens keineswegs fremd ist. Aufgrund der Fülle christlicher Glaubensaussagen war während der gesamten Theologiegeschichte stets die Notwendigkeit zur Besinnung auf das fundamentum fidei christianae, auf die Grundwahrheiten des Glaubens (articuli fidei fundamentales) und damit zur Differenzierung zwischen fundamentalen Artikeln und nichtfundamentalen Glaubenslehren oder Einzellehren gegeben. Auf diesen Sachverhalt weist eine Vielzahl an Fakten unmissverständlich hin:

- Die neutestamentlichen Einzelwahrheiten gründen in dem apostolischen Kerygma, dem »Ur-Dogma …, … [das] die Offenbarung Gottes, sein in Christus erschlossenes ›Mysterium‹ (Eph 1,9) gleichsam in wenigen Worte zusammenfaßt«.[65] Wo dieses apostolische Kerygma, das Tod und Auferstehung Jesu Christi umfasst, in der kirchlichen Vermittlung autoritative Gestalt annahm, sprach man ab dem 2. Jh. von der »regula fidei« bzw. »regula veritatis« (Glaubens- bzw. Wahrheitsregel).[66] In dieser Richtschnur des Glaubens waren die zentralen Inhalte der apostolischen Überlieferung, also die fundamentale Tradition, zusammengefasst; sie brachte das Glaubensbewusstsein der Kirche zum Ausdruck. Die regula fidei war vor der Kanonisierung der Hl. Schriften der erste Kanon der Kirche, der zunächst noch nicht wörtlich abgefasst war. Im Laufe der Theologiegeschichte nahm er, v. a. aus apologetischen und katechetischen Gründen und durch Konzilsbeschlüsse sowie symbolische Bekenntnisformeln eine immer bestimmtere Sprachgestalt an, bis die regula fidei in den Symbola und Dogmen ihre erste schriftliche Fixierung fand. Insofern sich die regula fidei auf den Kern der apostolischen Tradition bezieht und eine »*durch* den Glauben selbst gegebene Richtschnur«[67] darstellt, steht sie

---

[65] *W. Seibel*, Der eine Glaube und die Vielfalt der Dogmen: StZ 169 (1961/62), 264–277, hier 265.
[66] *H. J. Pottmeyer*, Normen, Kriterien und Strukturen der Überlieferung: HFTh 4 (²2000), 85–108, hier 89.
[67] *W. Beinert*, Regula fidei: LThK VIII (³1999), 976–977, hier 976.

für ein mehr oder weniger festes Lehrgefüge innerhalb eines Pluralismus von Theologien, der schon in neutestamentlicher und nachapostolischer Zeit greifbar wird. Die Ausbildung einer christlichen Glaubenslehre ging demnach einher mit einer verstärkten Konzentration auf die Glaubensinhalte sowie der Vorstellung, dass sich die rechte Lehre auf zentrale, geoffenbarte Glaubensinhalte zurückführen lassen muss. Somit markiert die regula fidei die theologische Einheit in Vielfalt und steht für die grundsätzliche Möglichkeit, ja Notwendigkeit, innerhalb der christlichen Glaubensaussagen zu differenzieren und zu gewichten.

- Von dem katholischen Prinzip der Einheit in Vielfalt spricht explizit ein Schreiben[68] des Patriarchen von Konstantinopel, Photius I. (von 858–867 und 878–886) an Papst Nikolaus I. (858–867) im September des Jahres 861. Obschon es kurze Zeit später im Zusammenhang mit der sog. Bulgarenfrage zwischen Photius I. und Nikolaus I., der ein entschiedener Verfechter des päpstlichen Primats war, zur gegenseitigen Exkommunikation kam, so war der besagte Brief aus dem Jahre 861 noch in einer eindeutigen irenischen, d. h. friedensbewahrenden Gesinnung abgefasst. Der Patriarch unterstrich darin »das Prinzip, dass man zwischen grundlegenden Glaubenswahrheiten, die in den ökumenischen Konzilen entschieden wurden und für alle Gläubigen heilsnotwendig sind, und solchen, die sekundär sind bzw. nur von einigen Christen übernommen wurden, d. h. eine Art Lokaltraditionen bilden, unterscheiden muss.«[69] Zwischen verschiedenen Patriarchaten können also sehr wohl sekundäre Lehrdifferenzen wie auch unterschiedliche Bräuche – etwa hinsichtlich des Samstagsfastens in der Großen Fastenzeit, der Gestattung von Milchspeisen in der ersten Woche der Quadragesima, des Priesterzölibats, der Hochgebetstradition etc. – bestehen; eine gewisse Vielfalt innerhalb der Glaubenswahrheiten und des kirchlichen Lebens ist nicht verwerflich, sondern selbst in soteriologischer Hinsicht legitim: »Die Unterschiedlichkeit und die Abweichung in den genannten Dingen hat nicht verhindert, dass diejenigen, unter denen diese sich vollziehen, die eine ... und vergöttlichende Gnade des Geistes in vollem Umfang ... und unverändert empfangen«.[70] Das bedeutet, dass unbeschadet der Heilszuwendung Gottes, innerhalb der christlichen Glaubenslehre zu differenzieren ist und dabei im Sinne des

---

[68] *J. Valettas*, Letters of Photius, London 1864 (PG 102,593–618).

[69] *Th. Nikolaou*, Vervollständigung des Schismas zwischen Ost- und Westkirche im Jahre 1204 und die Anfänge des Uniatismus; in: Rundbrief des Zentrums für ökumenische Forschung, München 2004, 13–32, hier 17.

[70] Zit. n. ebd., 18.

Ökumenische Bewegung

Subsidiaritätsprinzips die Eigentraditionen der Lokalkirchen zu respektieren sind.

- Ein weiteres, nachdrückliches Beispiel für die inhaltliche Gewichtung von Glaubensaussagen findet sich in der scholastischen Theologie, insbesondere bei Thomas von Aquin, der die inhaltliche Rangordnung dogmatischer Glaubensaussagen bzw. »Glaubensartikel« (articuli fidei) systematisierte. In der Scholastik war noch nicht von Dogmen, sondern von Glaubensartikeln die Rede, welche wesentlich auf die zwölf Wahrheiten des Apostolicums bzw. auf die vierzehn Wahrheiten des Nizäa-Konstantinopolitanums bezogen wurden. Mit Hilfe aristotelischer Begrifflichkeit unterscheidet der Aquinate zwischen »articuli fidei« als »fidei objectum per se« bzw. »prima credibilia«, die jeder Christ zu glauben habe, und den von diesen Fundamentalwahrheiten unterschiedenen Nichtartikeln (indirecte credibilia), die das kennzeichnen, was »per accidens, aut secundario« zu glauben sei.[71] Diese hierarchische Differenzierung innerhalb der credibilia nimmt Thomas unter einem rein soteriologischen Gesichtspunkt vor, nämlich der Hinordnung auf die Heilsbedeutsamkeit, d. h. das »ewige Leben«.[72] Die Glaubensartikel als »objectum fidei per se, proprie« werden näherhin durch drei Momente bestimmt: Es handelt sich um Wahrheiten, die unmittelbar formell von Gott geoffenbart wurden, die für den christlichen Glauben von fundamentaler, heilsnotwendiger Bedeutung sind und in einem Symbolum Aufnahme gefunden haben.
- Mit der Besinnung auf die heilsnotwendige Glaubenswahrheit steht die Lehre von der fides implicita in unmittelbarem Zusammenhang, die bis in die Väterzeit zurückreicht, aber erst in der Hochscholastik ausgebildet wurde, weshalb auch die Begriffe »fides explicita« und »implicita« erst im 13. Jh., u. a. bei Wilhelm von Auxerre (gest. 1231/1237) begegnen.[73] Gemäß dieser Lehre setzen die Glaubensartikel eine explizite Glaubenszustimmung voraus, durch welche dann auch die Nichtartikel mit eingeschlossen werden, so dass sich der formale Glaubensakt, selbst wenn er auf die Glaubensartikel beschränkt bleibt, stets auf die gesamte Lehre der Kirche richtet. Damit gibt es zwar keine Differenzierung innerhalb des

---

[71] *Thomas von Aquin*, S.th. II–II q. 2 a. 5.
[72] Ebd., II–II q. 6 a. 1 ad 1. »Es gibt einige Glaubensgegenstände, auf welche sich der Glaube an und für sich bezieht; es gibt aber auch Glaubensgegenstände, auf welche sich der Glaube nicht an und für sich bezieht, sondern im Zusammenhang mit anderen Glaubensgegenständen.« (ebd.)
[73] *G. Hoffmann*, Die Lehre von der fides implicita, Bd. I: Innerhalb der katholischen Kirche, Leipzig 1903, 61 f.

Glaubensgehorsams, wohl aber innerhalb der Glaubenslehre, insofern Glaubensaussagen entweder absolut notwendig, d. h. fundamental, oder weniger notwendig sind und infolgedessen das eine Mal eine fides explicita und das andere Mal eine fides implicita voraussetzen. »Nach traditioneller katholischer Lehre brauchen nicht alle Inhalte der Offenbarung von allen ausdrücklich geglaubt zu werden. Die fides explicita, die die heilsnotwendigen Wahrheiten ergreift, kann verbunden sein mit einer fides implicita, welche die nicht-heilsnotwendigen Wahrheiten nur im Glauben der Kirche bejaht.«[74] Zwischen dem Glauben des Einzelnen, der nicht alle Glaubensaussagen in derselben Weise zu glauben hat und dem Glauben der Kirche können also Differenzen bestehen, die legitim sind, sofern der Einzelne grundsätzlich an der Treue zur Kirche festhält.

- Eine inhaltliche Rangordnung christlicher Glaubenswahrheiten kennt und lehrt auch der Catechismus Romanus. Der 1566 von Pius V. (1566–72) herausgegebene Katechismus konzentriert sich, unter Absehung von Unwesentlichem (Ave-Maria, kirchliche Gebote etc.) auf die vier Grundformeln des christlichen Glaubens (Apostolicum, Sakramente, Zehn Gebote und Vaterunser)[75] und nimmt damit innerhalb der Fülle christlicher Glaubenslehre eine auf das Fundament bezogene Differenzierung der Glaubensaussagen vor.[76] Die eigentliche Grundlage der christlichen Unterweisung wird formelhaft zusammengefasst. Die Trinität wird beispielsweise als »Grundfeste und Gesamtinhalt der Wahrheit« (veritas fundamentum ac summam) bezeichnet, die »alle zuerst und notwendig … zu glauben haben« (primo ac necessario omnibus credendum est)[77], ebenso der Glaubensartikel von Jesus Christus als »die stärkste Grundfeste unseres Heiles und unserer Erlösung« (fundamentum firmissimum est nostrae salutis ac redemtionis).[78] Und während auf dem Artikel vom Leiden Christi »die christliche Religion und der Glaube« ruhen (articulo

---

[74] H. *Schützeichel*, Das hierarchische Denken in der Theologie: Cath 25 (1971), 90–111, hier 107; P. *Neuner*, Was muß der Christ glauben? Die Lehre von der Fides implicita zwischen amtlicher Dogmatik und partieller Identifikation: StZ 212 (1994), 219–231.

[75] J. *Hofinger*, Catechismus Romanus: LThK II (²1958), 977 f.

[76] U. *Valeske*, Hierarchia Veritatum. Theologiegeschichtliche Hintergründe und mögliche Konsequenzen eines Hinweises im Ökumenismusdekret des II. Vatikanischen Konzils zum zwischenkirchlichen Gespräch, München 1968, 84–86.

[77] Der Römische Katechismus nach dem Beschlusse des Konzils von Trient für die Pfarrer auf Befehl des Papstes Pius des Fünften herausgegeben. Unter Zugrundelegung der Ausgabe und der Übersetzung von Kanonikus Dr. Smets bzw. Prof. Dr. Buse. Vierte verbesserte Auflage, Bd. I, Regensburg 1905, Pars. I Caput. I/IV. 11.

[78] Ebd., Pars. I Caput. III/I. 25.

veluti fundamento quodam Christiana religio et fides nititur)[79], heißt es im Zusammenhang mit dem Kirchenartikel differenzierend, dass »nicht ebenso an die Kirche [ge]glaubt« werden dürfe, »wie an Gott« (Non ut in Deum ita in ecclesiam credendum est); wir glauben »eine heilige, und nicht *an* eine heilige Kirche …, um auch durch diese verschiedene Redeweise Gott … von den erschaffenen Dingen zu unterscheiden«.[80] Wie der Tridentinische Katechismus die christliche Glaubenslehre auf die vier katechetischen Hauptstücke hin konzentriert, so greift auch der »Katechismus der katholischen Kirche« (1992) diese theologische Gewichtung in Form der vierfachen Gliederung auf: Glaubenbekenntnis, Sakramente, Dekalog, Gebet.

• Die vom kirchlichen Lehramt seit der Scholastik geübte Praxis der Lehrbeurteilung impliziert gleichfalls eine Hierarchie christlicher Glaubenswahrheiten. Indem die theologischen Lehren dogmatisch beurteilt (Notationen) wurden und so der Gewissheitsgrad entweder ihrer Verwerfung (negative Zensuren) oder aber ihrer Annehmbarkeit (positive Qualifikationen) festgestellt wurde, wurde auch über deren Nähe zur regula fidei remota (Schrift und Tradition) bzw. proxima (kirchliches Lehramt) befunden. Kam es v. a. im 17. und 18. Jh. zur Ausbildung vielfältiger und noch variierender Abstufungen, so nahmen diese insbesondere im 19. Jh. eine eindeutigere Gestalt an.[81]

Eine sachliche Differenzierung zwischen zentraleren und mehr peripheren Aussagen des christlichen Glaubens, »zwischen dem, was Konsens erfordert, und dem was des Konsenses nicht bedarf«[82], wurde von Anfang an in der christlichen Theologie vorgenommen. Glaubenssätze wurden hierbei nicht der Beliebigkeit anheim gestellt, vielmehr wurden bei der Bejahung fundamentaler und unverzichtbarer Glaubenssätze die weniger wichtigen, die lediglich Teilaspekte der göttlichen Offenbarung in Jesus Christus benennen, immer schon mit gemeint. Indem der »differenzierte Konsens« Einheit im

---

[79] Ebd., Pars. I Caput. V/V. 41.

[80] Ebd., Pars. I Caput. X/XIX. 85 f.

[81] An positiven Qualifikationen wurden unterschieden: 1) fides divina; 2) fides divina et catholica; 3) fides proximum; 4) fides ecclesiastica; 5) theologice certum; 6) sententia communis; 7) sententia pia; 8) sententia probabilis; 9) sententia tolerata – für die negativen Zensuren trafen die entsprechenden Entgegensetzungen zu.

[82] K. *Lehmann*, Unterzeichnung der Gemeinsamen Erklärung in Augsburg. Grundlegend einig. Ermutigung ökumenischer theologischer Arbeit: Auf dem Weg zur Einheit. Das Ökumene-Fest in Augsburg. Lutheraner und Katholiken besiegeln Konsens in Grundwahrheiten der Rechtfertigungslehre (KNA Sonderpublikationen), Bonn 2000, 75–80, hier 77.

Zentralen konstatiert und die noch verbleibenden Unterschiede als Ausdruck legitimer Vielfalt interpretiert, ohne sie deshalb für beliebig zu erklären, kann er sich zu Recht auf die kirchliche Tradition berufen.

Außerdem ist zu bedenken, dass sich das kirchliche Lehramt im Laufe der Geschichte zu verschiedenen, das christliche Zentrum nicht unmittelbar betreffenden Fragen, keineswegs immer einheitlich äußerte. Das belegt: In weniger zentralen Fragen christlichen Glaubens ist ein Pluralismus, der sogar Gegensätzliches umfassen kann, durchaus legitim. Erinnert sei in diesem Zusammenhang nur an das Verhältnis der katholischen Kirchen zum modernen Liberalismus und seinen demokratischen und menschenrechtlichen Forderungen.[83] Erst in der zweiten Hälfte des 20. Jh.s begann das kirchliche Lehramt von seiner bisherigen Lehre nicht nur graduell, sondern auch prinzipiell abzurücken, indem zwischen der christlich-biblischen Tradition und den liberalen Menschenrechten eine innere Affinität erkannt wurde und darum die Demokratie ebenso wie die modernen Menschenrechte anerkannt werden konnten (DH 3982; GS 31). Als besonders bahnbrechend kann in diesem Kontext die Anerkennung der Religionsfreiheit sowie des Autonomiegedankens angesehen werden. Ähnlich verhält es sich mit den äußerst divergierenden Aussagen des kirchlichen Lehramtes zur Heilsnotwendigkeit der Kirche.

Plural und vielfältig sind also die Äußerungen des kirchlichen Lehramts. Diese lassen in sekundären Glaubensfragen verschiedene Paradigmenwechsel erkennen, ohne die Einheit im Glauben bzw. das apostolische Kerygma zu gefährden. Die grundlegende Implikation des »differenzierten Konsenses« hat somit als prinzipiell legitim zu gelten und das ökumenische Modell »Einheit in Verschiedenheit« als durchaus evangeliumsgemäß.

---

[83] *M. Heimbach-Steins*, Menschenrechte in Kirche und Gesellschaft. Lernprozesse – Konfliktfelder – Zukunftschance, Mainz 2001.

# Hand- und Lehrbücher

A. *Lang*, Fundamentaltheologie, Bd. 1: Die Sendung Christi; Bd. 2: Der Auftrag der Kirche, 4. neu bearbeit. Aufl., München 1967/8.

A. *Kolping*, Fundamentaltheologie, Bd. I: Theorie der Glaubwürdigkeitserkenntnis der Offenbarung; Bd. II: Die konkretgeschichtliche Offenbarung Gottes; Bd. III: Die katholische Kirche als die Sachwalterin der Offenbarung Gottes, I. Teil: Die geschichtlichen Anfänge der Kirche Christi, Münster 1967–91.

J. *Ratzinger*, Einführung in das Christentum. Vorlesungen über das Apostolische Glaubensbekenntnis, München 1968.

H. *Fries*, Fundamentaltheologie, Graz 1985.

W. *Kern*, H. J. *Pottmeyer*, M. *Seckler (Hg.)*, Handbuch der Fundamentaltheologie. 4 Bde., 2., verbesserte u. aktualisierte Aufl., (Freiburg i. Br. 1985–1988) Tübingen ²2000.

E. *Biser*, Glaubensverständnis. Grundriß einer hermeneutischen Fundamentaltheologie, Freiburg i. Br. 1975.

H. *Peukert*, Wissenschaftstheorie – Handlungstheorie – Fundamentale Theologie. Analysen zu Ansatz und Status theologischer Theoriebildung, Düsseldorf 1976.

K. *Rahner*, Grundkurs des Glaubens. Einführung in den Begriff des Christentums, Freiburg i. Br. 1976.

J. B. *Metz*, Glaube in Geschichte u. Gesellschaft. Studien zu einer praktischen Fundamentaltheologie, Mainz (1977) ⁵1992

P. *Knauer*, Der Glaube kommt vom Hören. Ökumenische Fundamentaltheologie, Graz 1978.

K. *Rahner*, K.-H. *Weger*, Was sollen wir noch glauben? Theologen stellen sich den Glaubensfragen einer neuen Generation, Freiburg i. Br. 1979.

H. *Wagner*, Einführung in die Fundamentaltheologie, 2. neubearb. Aufl., Darmstadt (1981) ²1996.

H. *Waldenfels*, Kontextuelle Fundamentaltheologie, 3., aktualisierte und durchges. Aufl., Paderborn (1985) ³2000.

*H. Verweyen*, Gottes letztes Wort. Grundriß der Fundamentaltheologie, Düsseldorf (1991) ⁴2002.

*F. Schüssler Fiorenza*, Fundamentale Theologie. Zur Kritik theologischer Begründungsverfahren, Mainz 1992.

*K. H. Neufeld*, Fundamentaltheologie, Bd. I: Jesus – Grund des Glaubens; Bd. II: Der Mensch – Bewußte Nachfolge im Volk Gottes, Stuttgart 1992/93.

*H. Döring, A. Kreiner, P. Schmidt-Leukel*, Den Glauben denken. Neue Wege der Fundamentaltheologie (QD 147), Freiburg i. Br. 1993.

*K. Müller* (Hg.), Fundamentaltheologie. Fluchtlinien und gegenwärtige Herausforderungen, Regensburg 1998.

*P. Schmidt-Leukel*, Grundkurs Fundamentaltheologie. Eine Einführung in die Grundfragen des christlichen Glaubens, München 1999.

*W. Klausnitzer*, Glaube und Wissen. Lehrbuch der Fundamentaltheologie für Studierende und Religionslehrer, Regensburg 1999.

*W. Klausnitzer*, Gott und Wirklichkeit. Lehrbuch der Fundamentaltheologie für Studierende und Religionslehrer, Regensburg 2000.

*J. Werbick*, Den Glauben verantworten. Eine Fundamentaltheologie, 3., vollst. neu bearb. Aufl., Freiburg i. Br. (2000) ³2005.

*M. Knapp*, Die Vernunft des Glaubens. Einführung in die Fundamentaltheologie, Freiburg i. Br. 2009.

*W. Klausnitzer*, Kirche, Kirchen und Ökumene. Lehrbuch der Fundamentaltheologie für Studierende, Religionslehrer und Religionslehrerinnen, Regensburg 2010.

*H.-J. Höhn*, Gott – Offenbarung – Heilswege. Fundamentaltheologie, Würzburg 2011.

# Register
## Bibelstellen

| | | | | | |
|---|---|---|---|---|---|
| 11,24 | 45 | 9,2 | 571 | 1,29 | 323, 430 |
| 11,25 | 415, 585 | 9,50 | 425, 614 | 2,8 | 46 |
| 12,7–12 | 607 | 9,62 | 598 | 2,11 | 46 |
| 12,28–34 | 584 | 10,1–16 | 639 | 3,5 | 507 |
| 12,34 | 600 | 10,13 | 586 | 3,8 | 526 |
| 12,35 f. | 142 | 10,13–15 | 607 | 3,12 | 45 |
| 12,41–44 | 433 | 10,18 | 411 | 3,14 | 429 |
| 13,1 f. | 427 | 10,25–37 | 199, 524 | 3,15 f. | 603 |
| 13,30 | 597 | 11,1–4 | 149 | 3,16 | 46 |
| 13,32 | 597 | 11,2 | 411, 415, 597 | 3,21 | 46, 425, 528 |
| 14,21 | 429 | 11,13 | 585 | 3,34 | 477 |
| 14,24 | 613 | 11,14 | 598 | 3,36 | 603 |
| 14,25 | 427 | 11,20 | 415, 589 | 4,1–26 | 199 |
| 14,32–42 | 429 | 11,31 | 586 | 4,14 | 603 |
| 14,36 | 414 | 11,49 ff. | 429 | 4,20–24 | 134 |
| 14,41 | 437 | 12,8 | 412 | 4,36 | 603 |
| 14,50 | 426 | 12,30 | 415, 585 | 5,24 | 46 |
| 14,62 | 612 | 12,31 | 571 | 5,36 | 477 |
| 15,34 | 418 | 12,32 | 415, 581 | 5,40 | 46 |
| 16,7 | 614 | 13,28 | 607 | 6,15 | 575 |
| 16,16 | 507 | 13,29 | 586 | 6,35 | 46 |
| 20,28 | 435 | 13,34 f. | 429 | 6,37 | 46 |
| | | 15,1–7 | 584 | 6,40 | 46 |
| Lk | | 15,1–16,8 | 584 | 6,44 | 46 |
| 1,1–4 | 144 | 15,3–7 | 583 | 6,47 | 46 |
| 1,4 | 135 | 15,11–32 | 412, 583, 585 | 6,53–56 | 430 |
| 1,5–2,25 | 415 | 15,11.32 | 598 | 6,65 | 46 |
| 3,1–22 | 415 | 16,16 | 581 | 6,69 | 45–46 |
| 3,7–9 | 581 | 17,20 | 413 | 7,16 f. | 528 |
| 3,16 f. | 581 | 17,20 f. | 597–598 | 7,17 | 46 |
| 4,1–14 | 415 | 17,22–37 | 598 | 8,28 | 122 |
| 4,14 f. | 581 | 19,1–10 | 412 | 8,31 f. | 46, 425, 525 |
| 4,16–30 | 135, 415, 582, | 19,7 | 584 | 8,32 | 30, 97, 122, 518 |
| | 598 | 22,18 | 597 | 8,52 | 122 |
| 4,18 | 581 | 22,27 | 649, 668 | 10,1–10 | 674 |
| 4,21 | 571, 581 | 22,31–34 | 639 | 10,10 | 512 |
| 4,22 | 413 | 22,32 | 669 | 10,11 | 436 |
| 4,34 | 658 | 23,2 | 415 | 10,18 | 437 |
| 5,12–16 | 598 | 23,34 | 437 | 10,35 | 134 |
| 5,33–39 | 598 | 24,13–35 | 615 | 10,38 | 46 |
| 6,13 | 613 | 24,19 | 389, 412, 588 | 11,17–44 | 424 |
| 6,15 | 576 | 24,30 ff. | 425 | 12,25 | 352 |
| 6,20–21 | 586 | 24,36–53 | 614 | 12,34 | 429 |
| 6,20–23 | 598 | 24,45 | 30 | 13,1 | 435 |
| 6,20–26 | 149 | | | 13,1–17 | 649 |
| 6,24–26 | 582 | Joh | | 13,13 | 50 |
| 6,27–38 | 584 | 1,1–18 | 477 | 13,35 | 122 |
| 6,36 | 415, 585 | 1,4 f. | 512 | 14,2 | 511 |
| 7,11–17 | 424 | 1,9 | 512 | 14,6 | 46, 419, 440, 516, |
| 7,16 | 412 | 1,14 | 419, 512 | | 525 |
| 7,18–35 | 413 | 1,17 | 419, 525 | 14,6a | 511 |
| 7,22 | 581 | 1,18 | 45 | 14,6b | 511 |
| 7,22 f. | 135 | 1,19–34 | 415 | 14,7 | 122 |
| 7,47 f. | 412 | 1,26 | 412 | 14,9 | 45, 477 |

# Personen

# Stichworte